农业现代化体制机制创新与工业化、信息化、城镇化同步发展研究

孔祥智◎等著

本书是国家社会科学基金重点项目『农业现代化体制机制创新与工业化、信息化、城镇化同步发展研究（13AZD003）』的研究成果，其中部分成果获农业部软科学研究成果一等奖

人民日报出版社
北京

图书在版编目（CIP）数据

农业现代化体制机制创新与工业化、信息化、城镇化同步发展研究 / 孔祥智等著. —北京：人民日报出版社，2022.8

ISBN 978-7-5115-6849-6

Ⅰ. ①农… Ⅱ. ①孔… Ⅲ. ①农业现代化—研究—中国 Ⅳ. ①F320.1

中国版本图书馆CIP数据核字（2020）第262872号

书　　名：农业现代化体制机制创新与工业化、信息化、城镇化同步发展研究
NONGYE XIANDAIHUA TIZHI JIZHI CHUANGXIN YU GONGYEHUA、XINXIHUA、CHENGZHENHUA TONGBU FAZHAN YANJIU
著　　者：孔祥智 等

出 版 人：刘华新
责任编辑：刘天一
封面设计：中尚图

出版发行：人民日报出版社
社　　址：北京金台西路2号
邮政编码：100733
发行热线：（010）65369509　65363527　65369846　65369828
邮购热线：（010）65369530　65363527
编辑热线：（010）65369844
网　　址：www.peopledailypress.com
经　　销：新华书店
法律顾问：北京科宇律师事务所（010）83622312
印　　刷：天津中印联印务有限公司

开　　本：889mm × 1194mm　1/16
字　　数：1295千字
印　　张：48.5
印　　次：2022年8月第1版　2022年8月第1次印刷

书　　号：ISBN 978-7-5115-6849-6
定　　价：158.00元

目录 CONTENTS

导　论

第 1 节　研究背景及基本概念界定

一、选题背景

改革开放以来，尤其是进入 21 世纪以来，中国工业化、信息化、城镇化和农业现代化快速发展，取得了巨大的成就，有力地推动了全面建设小康社会和现代化建设。目前，中国已经入工业化中后期阶段，信息化与城镇化正处在加快发展时期，农业现代化正处于快速成长阶段。然而，由于自然、历史等方面原因，中国农业现代化明显滞后于工业化、城镇化和信息化。这既是中国市场发育不成熟的表现，又有体制机制方面的原因。一方面，城乡要素交换体系、农产品市场体系、农业社会化服务体系、国家农业支持保护体系还不健全，制约了农业与农村经济发展；另一方面，长期以来，在依靠实施农业积累优先发展重工业的战略指导下，中国推行了城乡分离、城乡分治、工农业剪刀差等户籍制度、社会管理制度和工农产品差别交换制度，形成了城乡二元结构，使得城乡矛盾突出。农业现代化发展滞后于工业化、城镇化和信息化，已成为中国现代化建设的瓶颈，不仅影响农村经济社会的持续发展，还会削弱工业化、城镇化和信息化进一步发展的基础，严重阻碍“四化”的同步推进。

面临新形势，中共十八大报告作出了促进工业化、信息化、城镇化、农业现代化同步发展的战略部署。目前，“四化”同步既拥有良好的机遇和条件，又面临许多新问题和新挑战。因此，本课题将在理论层面，针对“四化”发展中的不平衡、不协调、不同步等问题，亟须进一步明晰中国“四化”发展基本格局，研究“四化”同步发展的相互关系和内在机制，明确“四化”同步战略框架和推进路径，针对体制机制、要素流动与经营模式等具体问题进行宽视角、深层次地探讨，对国内外经验进行全面的研究、总结，为中国“四化”同步发展提供理论依据和政策参考。

二、概念界定

农业现代化是和现代农业联系紧密的概念。2007 年中央一号文件现代农业的内涵进行了界定，指出：“要用现代物质条件装备农业，用现代科学技术改造农业，用现代产业体系提升农业，用现代经营形式推进农业，用现代发展理念引领农业，用培养新型农民发展农业，提高农业水利化、机械化和信息化水平，提高土地产出率、资源利用率和农业劳动生产率，提高农业素质、效益和竞争力。”[1] 这段话包含两层含义，一是现代农业包括六大方面，即现代物质条件、现代科学技术、现代

[1] 由于中央文件都可以在出版物或网络上查到，故本书一般不注明出处.

产业体系、现代经营形式、现代发展理念和新型农民。这六个方面缺一不可，是一个综合而统一的整体。二是现代农业的目标也是综合的，包括土地产出率、资源利用率和农业劳动生产率，也包括提高农业素质、效益和竞争力。

怎样理解农业现代化？从字面上理解，农业现代化就是将传统农业"化"为现代农业的过程。2007年中央一号文件指出："建设现代农业的过程，就是改造传统农业、不断发展农村生产力的过程，就是转变农业增长方式、促进农业又好又快发展的过程。"显然，这个过程就是农业现代化。

这个概括也反映了理论界和政策界对现代农业认识的变化。早期理论界对农业现代化的认识主要是科技化、机械化、水利化、电气化、化学化等。早在1954年召开的第一次全国人民代表大会，就明确提出了包括农业现代化在内的"四个现代化"的任务。新中国成立以后与农业相关的一系列生产关系和生产力的变革，如土地改革、合作化、人民公社化、兴修水利、大搞农田基本建设、贯彻"八字宪法"精神等，都是农业现代化的组成部分。20世纪80年代初期农村改革完成后，对农业现代化的理解，曾主要集中在农业机械、化学肥料等现代要素的投入上，一度认为农业机械化、化学化的水平就能够代表农业现代化水平[1]。这种观点虽较片面，但是与当时改善农业生产条件与生产手段的迫切需求是相一致的，也是符合实际的。1964年，中国人民大学农业经济系出版的《农业经济学》教材认为："农业现代化的基本特征是：在农业生产中以现代的机械和电气代替人畜力；大量使用化学肥料、农药、除草剂和其他化学制剂；实行水利化；以及在生产中广泛应用农业科学，或如马克思所说：'自觉的科学的农学应用。'农业机械化和电气化是农业现代化的中心环节。"[2]

20世纪70年代末至80年代末期，以包产到户为核心的农村基本经营制度改革的完成，并带动了相关领域（如流通领域）的改革，学术界对于农业现代化的理解也逐渐从农村生产领域扩展到农业经营管理领域，认为农业现代化不仅包括生产过程的现代化，还包括经营管理方式的现代化[3]。1979年中共十一届四中全会正式通过的《中共中央关于加快农业发展若干问题的决定》特别部署了农业现代化问题，主要从科学技术、农业机械化、农业布局、农产品生产基地建设、农畜产品加工业，以及现代工业和交通运输业对农业的武装、发展小城镇建设和加强城市对农村的支援等，主要是从农业内部要素和城乡、工农关系两个角度进行调整。随着农村改革的深入，理论界对农业现代化的认识也在不断深入。

20世纪90年代初期至90年代末期，在社会主义市场经济体制初步建立、商品经济空前活跃、农村富余劳动力向城乡二三产业转移加快的大背景下，理论界对于农业现代化的认识进一步深化，注重从农业生产基本要素、经营管理方式和发展终极目标等方面来理解农业现代化[4]。

进入21世纪以来，尤其是加入WTO后，中国现代农业发展面临着全新的内外部环境和条件，农业现代化进入了一个新阶段。这一时期，学术界主要把农业现代化作为一个开放条件下的综合性系统工程来研究，从农业与农村以及其他经济社会方面的相互关系中综合分析农业发展问题，而不是简单地谈论农业自身的现代化[5]。如王亚鹏主编的全国高等农林院校"十一五"规划教材《现代农

[1] 孔祥智, 毛飞. 农业现代化的内涵、主体及推进策略分析［J］. 农业经济与管理, 2013(2):9-15.

[2] 中国人民大学农业经济系农业经济教研室. 农业经济学（初稿）［M］. 北京:中国人民大学出版社, 1964:112.

[3] 邓宏海. 关于中国农业发展战略的问题［J］. 农业经济问题, 1981(11):30-35.

[4] 参见：顾焕章, 王培志. 论农业现代化的涵义及其发展［J］. 江苏社会科学, 1997(1):30-35.
卢良恕. 21世纪的农业和农业科学技术［J］. 科技导报, 1996(12):3-8.

[5] 高天云. 知识化农业：21世纪中国农业的发展方向［J］. 辽宁教育学院学报, 2000(4):32-33.

业经济学》认为农业现代化包括农业生产手段现代化、农业生产技术现代化、农业劳动者的现代化、农业生产组织管理的现代化四个方面[1]。综上，随着时代环境的变迁、科学技术的发展、生产水平的提升和发展理念的进步，农业现代化的内涵经历了一个由狭义走向广义的过程，不仅仅关注农业生产技术或生产手段的现代化，还包含了组织管理、市场经营、社会服务和国际竞争的现代化。2008年召开的中共十七届三中全会提出的农业现代化"必须按照高产、优质、高效、生态、安全的要求，加快转变农业发展方式，推进农业科技进步和创新，加强农业物质技术装备，健全农业产业体系，提高土地产出率、资源利用率、劳动生产率，增强农业抗风险能力、国际竞争能力、可持续发展能力"。就是对这种综合性认知的反映。

2016年中央一号文件结合本年度农业农村工作的部署，提出："大力推进农业现代化，必须着力强化物质装备和技术支撑，着力构建现代农业产业体系、生产体系、经营体系，实施藏粮于地、藏粮于技战略，推动粮经饲统筹、农林牧渔结合、种养加一体、一二三产业融合发展，让农业成为充满希望的朝阳产业。"实际上是上述六个方面的具体化。可见，2007年中央一号文件的表述反映了改革开放以来农业产业及其与国民经济之间关系所方式的深刻变化，凝聚了社会各界对现代农业、农业现代化的最新认识。

在《现代汉语词典（第6版）》中，同步"泛指互相关联的事物在进行速度上协调一致"[2]。中共十八大报告指出："坚持走中国特色新型工业化、信息化、城镇化、农业现代化道路，推动信息化和工业化深度融合、工业化和城镇化良性互动、城镇化和农业现代化相互协调，促进工业化、信息化、城镇化、农业现代化同步发展。"这里的"同步"实际上是"协调"的意思，而不完全是速度的一致。事实上，如果能够用同一个指标衡量的话，那么，在某一阶段（比如2004年以来），农业现代化的速度有可能超过另外"三化"的速度。如果我们用著名的"木桶理论"来解释，那么，在由工业化、信息化、城镇化、农业现代化四块木板组成的木桶中，农业现代化这块板明显低于另外三块板（当然，工业化、信息化、城镇化也并不整齐划一，那是另外的问题了），"四化"同步就是要补上农业现代化这块短板，使之与另外"三化"协调发展。

本课题研究就是基于上述认识而展开的。

第2节 文献综述

一、"四化"基本格局、同步现状与相互关系研究

（一）"四化"基本格局研究

要促进工业化、城镇化、信息化与农业现代化同步发展，首先必须明确"四化"发展基本格局。众多学者认为进入新世纪以后，中国已从工业化初期阶段向中期阶段转型，目前已经进入工业化中后期阶段（孔祥智、何安华，2011；黄祖辉等，2013；张小林，2009；马晓河，2013）。进入工业化中期阶段以后，国民经济主导产业转变为非农产业，经济增长主要贡献来自第二、三产业，工农

[1] 王亚鹏. 现代农业经济学（第二版）[M]. 北京: 中国农业出版社, 2008:31-33.

[2] 中国社会科学院语言研究所词典编辑室. 现代汉语词典（第6版）[M]. 北京: 商务印书馆, 2015:1305.

关系基本特征转变为“以工促农、以城带乡”。中国信息化进程与水平研究未像工业化那样获得近似一致的结论（黎雪林等，2003；国际统计信息中心课题组，2004、2006），由于研究者采用不同测算指标，对中国信息化水平的分析有不同结果，且结果间缺乏可比性（周先波等，2008；张彬等，2010）。不少学者针对工业化与信息化融合理论展开研究。胡鞍钢（2001）认为，新型工业化是以信息化带动的在消耗较少资源、带来较少环境污染条件下取得良好经济效益并能充分发挥人力资本优势的工业化。而谢康等（2012）认为2000—2009年中国省市工业化与信息化融合质量整体上未达到最优的完全融合目标，在时间序列上融合水平呈波动特征，并表明工业化和信息化各自过度投入不一定导致两者融合或使融合程度提高。也有研究集中讨论农村信息化对农村发展与城乡一体化的影响作用（高永敏，2006；许大明等，2004）。然而，由于知识产权保护等问题，中国信息化发展还是面临制约。目前私人部门投资不足，绝大多数企业仍主要依靠公共部门的技术从事生产与经营活动（胡瑞法等，2009）。

与工业化、信息化进程相伴，中国城镇化也取得了快速发展。城镇化不仅仅表现为城镇空间的扩展，更重要的还表现为人口的集聚和城镇人口规模的扩大。20世纪80年代以来，中国农村城镇化进入了高速发展时期，城镇化水平以平均每年0.625%的速度递增。以城镇人口增长为例，2000—2010年10年间城镇化率平均每年增加1.37个百分点。然而，政府为了优先推进工业化，同时又避免“城市病”发生，利用行政力量限制城镇化的发展，采取种种措施将大量公共资源用于工业化方面，同时又通过城乡二元体制限制农村人口向城镇流动，导致城镇化长期落后于工业化（马晓河，2013）。尽管经历了改革后的高速发展，中国农村城镇化水平仍然大大低于工业化和非农化水平（孔祥智，2001）。到2010年，中国城镇人口占全社会人口比重只有49.95%，还处于中等收入国家水平。即便如此，中国城镇人口占总人口的比重仍然存在很大的“虚高”成分，一是农村地区“被城镇化”，二是农村人口“被市民化”。如果仅仅扣掉进城务工农民人口数，中国的城镇化率就会下降到39.5%，远远低于中下收入国家水平（马晓河，2013）。

中国实现农业现代化既要尊重基本国情和特殊农情，又要服从于现代化建设总体战略。目前中国农业现代化正处于统筹城乡发展阶段，表现出明显的阶段特征（毛飞、孔祥智，2012；王国敏、赵波，2011）。城乡二元结构矛盾突出，是中国农业现代化面临的最大问题。2000—2009年这10年间，中国的二元结构强度系数均在5.0以上。中国农业现代化水平滞后于工业化与城镇化水平，主要可从两个方面来判断。一是从产业结构与就业结构的关系看，中国农业劳动力比重大大高于农业增加值比重；二是从三次产业部门的劳动力对GDP的贡献率来看，第一产业劳动生产率对GDP的贡献率最低（黄祖辉等，2013）。

（二）“四化”同步现状与存在问题研究

曾福生和高鸣（2013）运用SBM-HR-Regoprobit模型，定量分析了“三化”协调发展问题，研究发现中国“三化”发展失衡不仅存在于东部、西部和中部地区之间，也存在于各地区内部；中国城镇化具有很大潜力，但各地区城镇化发展水平不协调，农业现代化是束缚“三化”协调发展的重要因素。黄祖辉等（2013）定性分析了工业化、城镇化和农业现代化协调发展问题。从静态角度和宏观层面来看，中国城镇化滞后于工业化，农业现代化滞后于工业化和城镇化，同时，工业化质量不高，而城镇化存在一定程度的高估；从动态来看，相对于工业化和城镇化的发展水平，农业现代化滞后性在进一步加剧，而相对于工业化的发展水平，城镇化的滞后性在缓解；从地区差异上看越是经济相对发达的地区，其城镇化水平越是滞后于工业化水平，农业现代化却未显示出多大优势。张宜红（2012）认为工业化、城镇化和农业现代化推进所面临的突出问题主要表现在：重城轻乡、重工轻农思维惯性和政策偏向严重、区域经济差距难以协调、城乡要素资源配置不合理、工业化、城镇化与农业现代化发展不协调。中国改革开放的经验表明，中国的工业化和城镇化具有鲜明的特征，即政府主导城镇化发展进程和城镇化发展相对滞后于工业化进程（徐大伟等，2012）。韩长斌（2011）指出，农业现代化发展滞后于工业化、城镇化，已成为中国现代化建设的瓶颈，不仅影响农村经济社会的持续发展，还会削弱工业化、城镇化进一步发展的基础，严重阻碍“三化同步”的推进。韩俊（2011）强调，推进“三化同步”发展，就是要把解决好“三农”问题放在现代化建设重中之重的位置上。

（三）“四化”之间相互关系研究

小城镇位于城市之尾、农村之首，与农村经济具有千丝万缕的联系，是实现农业现代化的重要支撑体系。在21世纪前半期中国实现农业现代化进程中，小城镇必然会以较快的速度向前发展，从而是中国城镇化进程中的中坚力量（孔祥智，2000）。刘玉（2007）通过研究表明，农业现代化依赖城镇化，同时又推动城镇化不断发展，城镇化与农业现代化之间存在互相促进、辩证统一的相互关系。从新农村建设的角度，农村城镇化与农业现代化都是建设新农村的手段和路径，二者之间存在互为依托、互为基础、互为前提、相互促进、相互制约的关系（曾福生等，2010；吴文倩，2007）。赵弘（2012）认为城镇化与农业现代化不仅相辅相成、密不可分，而且须相互协调、同步发展，才能顺利推进城乡发展一体化，才能实现中国现代化建设目标。马远和龚新蜀（2010）结合新疆1970—2007年的样本数据，在建立VAR模型的基础之上，对城镇化、农业现代化、产业结构调整之间的关系进行了实证分析，结果表明：三者之间具有长期的均衡关系，城镇化、农业现代化与产业结构调整之间具有明显的相互促进作用，从长期来看，城镇化对产业结构调整的促进作用要高于农业现代化；产业结构调整同样对城镇化和农业现代化具有正效应对城镇化的影响会受到户籍政策、结构性失业等问题的影响出现短暂为负的情况，对农业现代化则具有持续的正向拉动作用。

工业化与城镇化之间关系是一种相互联系、互相促进的关系(Chen and Gao，2011)，具体体现在以下五方面：一是工业化与城镇化同生同长或相互依存、共同发展；二是工业化是城镇化发展的基本动力，城镇化是工业化发展的基本土壤；三是工业化是城镇化的加速器，城镇化是工业化发展的必然结果；四是工业化以城镇化为基础，城镇化反过来作用于工业化；五是工业化是近现代经济发展的主旋律，城镇化则是近现代社会发展的主旋律（姜爱林，2003）。

著名经济学家H.钱纳里和M.塞尔昆则进一步将工业化与城镇化互动关系，视为一个由紧密到松弛的发展过程。即发展之初的城镇化是由工业化推动的。在工业化率与城镇化率共同达到13%左右的水平以后，城镇化开始加速发展并明显超过工业化。到工业化后期，制造业占GDP的比重逐渐下降，工业化对城镇化的贡献作用也由此开始表现为逐渐减弱的趋势（姜爱林，2004）。同工业化相比，城镇化在很大程度上可以创造需求，城镇发展从基础设施建设、公共服务体系构建和消费品市场扩张两方面都能带来巨量需求，大量消纳工业化产品。从供给角度分析，工业化推进到一定阶段后，城镇化是产业结构调整和升级的推动力量，也是推动社会结构转型的动力来源（马晓河，2013）。与此相反，秦跃群等（2005）建构了全国工业化和城市化水平的衡量指标，实证研究显示城市化与工业化存在协同关系，表现为一种单向因果关系，工业化水平的提高或降低必然引起城市化水平的提高或降低，并认为二者没有互动，表现为一种较低的协同状态。也有研究表明，城市化与工业化没有显著的相互影响关系，城市化、工业化与城乡收入差距对经济增长的影响均不显著（许秀川、王钊，2008）。

从农业发展的视角来看工业化，工业化的本质是传统农业社会向现代工业社会转变的过程。工业化是一个农业收入在国民收入中比重和农业人口在总人口中的比重逐渐下降、而以工业为中心的非农业部门所占比重逐渐上升的经济结构变化过程。在这一过程中，工业发展绝不是孤立进行的，而总是与农业现代化和服务业发展相辅相成的，总是以贸易的发展、市场范围的扩大和产权交易制度的完善等为依托的。因此，工业化不是以工业取代农业，而是以工业化的创新变革来促进农业的全面现代化发展进程（徐大伟、段姗姗、刘春燕，2012）。因此，工业化与农业现代化的相互关系是：农业产业化的本质是农业的工业化，农业工业化是农业现代化的表现特征，为工业化提供发展的物质基础和空间保障，是实现工业化的前提和基础，必须高度重视推进农业现代化以保障工业化的深入发展（钱津，2010）；工业化是农业现代化的物质载体和重要环节，工业化提升农业现代化水平（夏春萍等，2010），对农业现代化具有带动作用。

近几年，随着中国信息技术的飞速发展，信息技术在农业领域的应用也越来越广泛，农业信息技术日益成为农民增收的主要依靠力量，是推进农村市场化改革、实现农业跨越式发展的重要手段（张玉香，2005）。在20世纪末和21世纪初，许多学者都对农业信息化问题进行了探讨（梅方权，2001；傅洪勋，2002；马云泽，2003等），指出农业信息化将是21世纪农业现代化的发展趋势，并开始对农业信息化内涵、模式、判断标准等问题进行了探讨。同时，农业发展方式的转变以及新农业发展理念的普及，在为信息化发展提供材料支撑的同时，也对农业信息化建设提出了新要求。可见，信息化与农业现代化之间存在相互促进、相互协调的关系。一方面，农业信息化已成为农业现代化的重要内容和标志。没有农业信息化，就没有农业现代化，亦没有现代农业（郑国清等，2004）。然而，当前城乡数字鸿沟、信息孤岛仍普遍存在，信息化服务三农的整体水平不高。因此，中国的现代农业建设，要以信息化带动农业现代化，通过现代信息技术的促进，加快转变农业经济增长方式，实现农业高效、可持续发展（刘金爱，2009）。刘丽伟（2009）从经济增长理论出发，认为农业信息化是中国新的农业经济增长点，对中国农业生产力的跨越式发展具有重要的现实意义。总之，在新的历史发展时期，农业信息化将始终与农业现代化相伴相随。另一方面，农业生产飞速发展的实践，也对中国的农业信息化提出的迫切要求，促进了信息化发展（孟枫平，2004）。

在对工业化、城镇化和农业现代化相互关系的研究中，许多学者研究指出三者之间存在相互依存、相互推进的关系，认为工业化发展对城镇化进程具有带动作用，同时也有助于农业现代化水平的实现；城镇化对带动工业化发展与农业现代化发展具有促进作用；农业现代化发展与工业化和城镇化均有协调一致的关系（吴磊、顾桥，2006；夏春萍，2010）。从农业发展的角度来看，工业化、城镇化可以带动和装备农业，农业现代化则为工业化、城镇化提供支撑和保障。工业化、城镇化不发展，农业现代化就缺乏动力；反过来，农业现代化不发展，粮食等农产品供不应求，会导致工业化、城镇化发展受阻，甚至可能出现“逆城镇化”（陈锡文，2012）。还有的学者认为，工业化是农业经济发展的手段，城镇化是农业经济发展的外在体现，农业现代化是农业经济发展的目标。农业现代化是中国经济发展过程中工业化、城镇化的必要条件，而工业化和城镇化为农业现代化提供了充分的条件（徐大伟等，2012）。可见，工业化、信息化、城镇化和农业现代化是一个相互联系的有机整体，相辅相成，互相促进，共同形成新历史时期的发展动力（郑奋明，2012）。

国外关于“四化”协调研究较多地关注于产业结构、科技进步与工业化、城镇化、农业现代化的关系协调（Clark，1957；Lucas，1988；Davis，2003；Henderson，2003）。从世界主要国家或地区的发展经验看，许多率先完成工业化的国家或地区进入大规模反哺期后，主要国家和地区的反哺农业政策主要特征为：一是政策目标以提高长效性的农业生产能力为主，兼顾增加农民收入和保护环境；二是工业反哺农业的政策种类开始增多、力度加大、范围得到拓展，形成扇面支持特点；三是政策手段以土地等基础设施投入、农用生产资料补贴、信贷服务和价格支持为主，提升农业现代化水平；四是资源短缺型国家和地区努力提高土地经营规模，资源富裕型国家开始保护生产能力（马晓河等，2005)。赵鹏（2011）利用美国、日本和韩国处理“四化”同步的成功经验和拉美国家（如巴西）的失败教训指出，要将工业化、城镇化和农业现代化有机地结合起来，同时推进“四化”协调发展，进而进入现代化国家行列。

二、工业化、城镇化、信息化对农业现代化的带动机制研究

工业化、城镇化、信息化对农业现代化的带动作用主要依靠城乡之间的要素流动与要素交换来实现的。在现有政策和制度框架下，多样化、混合型的农业现代化发展模式和经营形态在中国农村将长期存在，资本、劳动、土地等要素将不断相互碰撞和重新组合（张晓山，2012）。这种组合又和中国各项制度安排交织在一起，必然影响到工业化、城镇化、信息化的发展方向以及农业现代化的实现路径。

（一）土地要素流动与农业现代化发展

在社会经济活动中，土地是最基本的生产要素。土地要素的自由流动是其他要素顺畅流转的前提，是城乡一体化发展的核心，因而也是影响农业现代化发展的重要因素。然而，在城乡土地利用中，国有土地和集体土地的产权长期存在着不平等的关系（沈守愚，1995）。集体建设用地流转至今仍存在诸多法律和政策上的限制，以至形成了“两种产权、两个市场”的城乡土地二元结构（钱忠好 1999）。张红宇（2003）、陈雪原（2006）等认为，应允许农村集体建设用地进入土地一级市场，让土地所有者通过土地使用权入股、出租等方式直接参与土地开发。周其仁（2002）、韩俊（2003）从产权建设的层面，认为应赋予农民物权化的土地经营权，让农民在自主的基础上进行集体建设用地流转。蒋省三、刘守英（2007）认为，集体土地所有权和国有土地所有权在中国是两种平等的产权制度安排，应赋予其土地参与工业化和城市化的平等权利。因此，要实现工农协调、城乡协调和区域协调发展，就必须充分保障农民的土地权益，让农民分享城镇化和工业化带来的土地增值收益，推动集体建设用地使用权公开规范流转（袁枫朝、燕新程，2009）。

土地承包经营权的流转有利于土地资源的适当集中，促进农业经营方式转变，提高农业效率。有关研究结论表明，耕地细碎化会产生效率的损失，而农地产权的自由流转有利于农地资源利用和交易效率提高（王兴稳、钟甫宁，2008；Yao，2000）。多数学者认为农地流转能够促进土地规模经营，从而带来规模经济和效率的提高（Wang andWailes，1996；马晓河、崔红志，2002）。原因在于，土地生存权和土地发展权构成了农民土地权益的基本内容，而这些权益的最终落实也有赖于土地自由流转的实现（李政、冯宇，2009；刘刚，2010）。故而，在稳定农业基本经营制度的基础上，健全农地承包经营权流转市场，鼓励在一些经济发达地区率先探索、试验各种农地流转新形式，不仅非常必要而且完全正确（Yao，2000）。在土地流转基础上发展规模经营，不仅是发达地区当前稳定粮

食生产的重要措施，而且也是小农户生产方式与生产组织参与现代农业竞争的重要选择，是农业长远发展方向（舒亚清，1996；康喜平、胡金荣，2005）。

在农业现代化过程中，如何保障农民土地权益方面，刘洪彬、曲福田（2006）认为集体建设用地流转过程中存在收益分配不合理、行政干预较大、流转纠纷发生频繁、国家宏观调控能力的削弱及集体建设用地价值难以完全显化等问题。部分学者认为，计划经济和城乡二元制度的综合作用是失地农民权益损失的体制原因，而现行的土地流转制度不完善是其直接原因（张秉福，2006；杜伟，2007），具体表现为：而户籍制度改革和农村社保制度建设滞后间接赋予了土地就业功能和社保功能，使农民不愿放弃土地，从而阻碍农地流转（周先智，2000；邓大才，2001；邢姝媛、张文秀等，2004；许恒周等，2005）。有学者认为，征地制度设计的不完善是导致大量失地农民悲剧的开端（陈锡文，2004）；征地范围过宽，“公共利益”界定不清，导致了大量土地流失（汪晖，2002）；不合理的征地补偿制度使城乡土地使用权之间形成价格“剪刀差”，农民的土地权益被强制剥夺（曾令秋等，2006）。

与建设用地流转相比，土地承包经营权流转中的农民土地权益保障更应受到关注。王培刚（2007）、杨少垒（2009）认为，地方政府和集体组织在流转中扮演着十分强势的角色，对农户功能的发挥产生一定的“挤出效应”。在博弈过程中，村集体组织、用地单位和地方政府往往容易形成一个共同利益集团，利用信息不对称优势，使农民只能被动接受土地“被流转”。姚洋（2000）、张红宇（2002）、赵阳（2004）等认为，土地调整所产生的不利影响造成了对土地使用权的预期不稳定，而赋予农民长期的土地使用权和收益权，有利于稳定土地的长远预期。王小映（2003）、刘芳等（2006）认为，土地股份合作制将农民组织起来，提升了农民与政府的谈判能力，使农民能够分享土地增值收益。但是，目前各地在构建农地股份合作社的组织架构时，大多采用村民委员会和股份合作社“多组织合一”和交叉任职的形式，这就使农地股份合作社的经济自由不可避免地受到行政威权的冲击，导致效率的损失（钱忠好、曲福田，2006）。

（二）资金要素流动与农业现代化发展

农业现代化发展需要资源要素合理流动、科学配置，资金有序供给和流动是根本。根据新古典经济学的理论，资本的边际报酬是递减的，资本收益率对资本流向的影响。从收益角度分析资本流向的研究表明，资本会流向全要素生产率（FTP）较高的地区（Kalemi-Ozcan et al.，2005），其结果就是资本在多元化的高收入经济体之间的流动并伴随着相对欠发达的经济体逐步边缘化的双重态势（Schularick，2006）。然而，这并不是由资本收益率这一单一因素决定的，资本的要素流动的规模和方向还受投资环境的影响。首先，区域间的信息不对称是导致资本缺乏流动性的重要原因（Gorden and Bovenberg，1994；Portes and Rey，2005）。其次，被投资地区的政治格局、宏观经济环境会影响相关的贸易和财政制度，从而影响资本的流向。低质量的制度体制是导致资本缺乏向不发达地区流动性的关键性因素（Kalemli-Ozcan et al.，2010；Alfaro et al.，2006）。

要改变资金流动的方向，一个重要前提是提高不发达地区制度和体制的质量，促进外部资本的注入（Ahlquist，2006；Schularick and Steger，2008）。金融发展与经济增长的正向关系在许多实证研究中得出了一致性的结论（Goldsmith，1969；King and Levine，1993；Rajan and Zingales，1999），然而，关于金融发展与城乡之间收入差距的研究却表明，金融发展对经济的促进作用并不能得出金融发展将减小收入的不平等的结论（孙永强、万玉琳，2011）。农村金融市场集中度较高，多元化的程度有限，金融服务竞争严重不足，不利于缓解区域收入不平等（何广文，2008）。长期以来，中国金融市场存在城乡二元结构，农村信贷配给和城市金融深化并存，造成农村资金长期向城市输送，抑制农民收入增长的同时促进城市居民收入的提高，城乡收入差距拉大（马九杰，吴本建，2012；温涛等，2005）。

对于农业和农村而言，要想提高其农业生产效率，就要使农民更多、更快地转移出来，让能够高效率创造社会财富的农业信贷资金、农业投资资金更多地进入农村（陈锡文等，2005）。政府支持资金要素向农村流动的手段是推动普惠金融体系的建设和促进收入的再分配。由于信息不对称、交易成本过高（Stiglitz et al.，1981；Karla et al.，1990），农村金融信贷配给问题突显。融资机制和金融产品创新成为近年来研究的焦点。从农户角度来说，有研究发现预防性动机的确是快速经济转型时期农户持有财富的重要原因。政府在完善农村正规金融和保险市场以及农村社会保障体系所做出的努力将不可避免地逐步挤出预防性储蓄，因此，农户自保险策略在多大程度上被替代决定了公共支出在提高社会福利上的效率（黄祖辉等，2011）。

对于贫困地区，金融带动产业发展的有效组织形式是发展供应链金融。鉴于农业的弱质性及农业重要的战略意义，各国普遍对农业进行财政支持。政府投入是改造农业的重要手段（Schultz，1964）。一般而言，财政支农资金对农业产出具有正向的影响，但不同类型的财政支农资金的边际产出存在差异（卢昆、郑风田，2007；李焕彰、钱忠好，2004；唐朱昌、吕彬彬，2007）。这种相互关系也适用于财政支农资金与农民收入。黄季焜等（2011）通过对粮食生产补贴进行分析，发现补贴对农民收入提高发挥了一定作用，没有扭曲市场，对粮食生产和农资投入没有产生影响。然而，虽然中国财政支农资金的投放总量逐年增加，占财政支出的比重却在逐年减少（陈锡文，2005），并且由于财政体制的不完善、事权与财权的不统一，影响了财政支农资金对于三农支持效用的发挥，而财政支农资金整合使得信息成本降低，对农村公共产品的投入更有针对性，也成为目前备受关注的领域。

（三）劳动力要素流动与农业现代化发展

劳动力要素流动加剧，农村劳动力就业日益多元化，会对农业现代化进程产生深刻影响（Taylor and Martin，2001）。对于劳动力输出地而言，边际产出为正的农村劳动力迁移会降低转移者家庭的农业产量，但转移者向农村家庭的汇款对家庭产出和收益能够产生积极的影响（Rozelle et al.，1999），也能够增强农村家庭应对风险的能力（Giles，2006；Giles and Yoo，2007）。在信贷普遍缺乏的情况下，转移者向家庭的汇款可以被用来扩大农业物资的采购数量，直接或间接地刺激了农业生产，提高了农业生产率和农产品数量，从而补偿了部分因为劳动力流失造成的农业收入损失（Rozelle et al.，1999；Taylor et al.，2003）。改革开放以来，中国农村劳动力向城市流动不仅没有导致农业生产的萎缩，而且推动了传统农业改造和现代农业的发展，也有益于农业现代化（盛来运，2007）。但是，农村劳动力流动正改变着从事农业生产的劳动力的年龄结构（李旻、赵连阁，2010）。白南生等（2007）的研究表明：成年子女外出务工使农村老人农业参与率上升5.8个百分点，加重了农村老人的农业劳动负担；照料孙子孙女对老人农业生产劳动的替代效应并不显著。李琴、宋月萍（2009）的研究结果表明：劳动力流动整体上增加了农村老年人的农业劳动时间，但这种影响因流动模式不同而存在差异；在劳动力以跨省流动为主的中西部地区，家庭成员外出打工显著地增加了老年人的农业劳动时间，而在劳动力以省内流动为主的沿海地区，家庭成员外出打工并没有增加老年人的农业劳动时间。另外一些研究也表明，劳动力转移促使留守人员从事了比先前更多的农业工作，即使转移者回流没有改变这种劳动分配变化情况（Mu and van de Walle，2011；Chang et al.，2011）。劳动力要素流出对输出地农户就业模式的影响也十分明显。Wouterse and Taylor（2008）的研究表明，劳动力转移能够促使农村家庭进入高回报的产业，但由于家庭劳动力损失，对农户选择劳动密集型产业具有负面影响。劳动力转移对农户就业模式的影响与家庭特征紧密相关，这些因素包括留守家庭成员的年龄、性别和就业部门（Atamanov and van den Berg，2012)，转移的季节或永久特征（Görlich and Trebesch，2008；Atamanov and van den Berg，2012），家庭资产（Taylor and Wyatt，1996；Wouterse and Taylor，2008)，以及导致流动性限制的原因（Démurger and Li，2012）。尽管转移者的汇款能够通过缓解农村家庭的流动性约束来减小失去劳动力的负面影响，但汇款提高了非转移人员的保留工资且降低了闲暇的机会成本，可能反过来通过抑制留守人员参加工作强化了失去劳动力的负面影响（Amuedo-Dorantes and Pozo，2006；Lokshin and Glinskaya，2009；Binzel and Assaad，2011；Atamanov and van den Berg，2012）。Démurger 和 Li（2012）的研究表明，无论是在个人还是在家庭水平，中国农村的个人职业选择都对转移经历敏感。个人的转移经历与本地非农就业工作显著相关，返乡的转移者更愿意选择非农工作而不是从事农业劳动（Démurger and Xu，2011）。因此，转移者的返乡能够促使个体转换到更高回报的活动，从而促进了乡村的非农活动发展（Démurger and Li，2012）。劳动力要素流出总体上改善了输出地农户的资本禀赋水平，影响了农户的技术采纳能力。首先，劳动力转移对于提高农民收入水平发挥了重要的作用。劳动力转移形成的务工收入成为农民增加收入的主要来源（武国定等，2006；盛来运，2007；张鹏、王婷，2010；），改善了农村家庭的福利状况（蒲艳萍，2011），缓解了农村的贫困局面（盛来运，2007）。其次，劳动力转移对于提升农民的人力资本水平也有积极的影响。曹利平（2009）的调查发现，劳动力转移孕育并诞生了一大批农民经纪人。刘晓昀（2010）的研究发现，农村劳动力外出务工总体上可以显著提高农村居民的健康水平，而且不同性别的劳动力外出务工对家庭成员健康水平的影响存在明显的差异。最后，劳动力流动也影响了输出地农户的技术采纳，但相关研究的结论并不一致。一些研究表明，劳动力转移对农业产出率的提高和技术进步的作用不显著（柳建平、张永丽，2009），但曹利平（2009）的调查结果却表明劳动力流动推动了县域内的农业机械化，加快了农业新技术的应用。展进涛、陈超（2009）的进一步研究表明，总体上劳动力转移程度越高的农户对农业技术的需求就越小，并且选择农业技术推广部门作为技术渠道的可能性会随着家庭劳动力转移数量的增加而降低。

三、农业现代化内部动力机制研究

（一）农业现代化内涵及相关理论的演变

农业现代化的概念是在传统农业与现代农业二元划分基础上提出来的。美国学者西奥多·W. 舒尔茨（1987）在《改造传统农业》一书中提出，发展中国家的经济成长，有赖于农业的迅速稳定增长；而传统农业并不具备这种潜力，因而需将传统农业改造成现代农业，即实现农业的现代化。新中国成立初期，由于农业生产装备较为落后，一般将“农业现代化”与“农业机械化”等同起来，侧重于现代工业技术在农业生产中的运用（张冬平，2012）。这种观点将农业现代化视为农业生产过程现代化，具有一定片面性，并对以后相关政策带来负面影响。改革开放以来，以“包产到户”为核心的农村基本经营制度改革的完成带动了相关领域（如流通领域）的改革。学术界对于农业现代化的理解也逐渐从农村生产领域扩展到农业经营管理领域，认为农业现代化不仅包括生产过程的现代化，还包括经营管理方式的现代化（《中国农业经济学》编写组，1984；邓宏海，1981）。

随着20世纪90年代社会主义市场经济体制基本建立，理论界对于农业现代化的认识进一步深化，在重视现代先进科技的基础上，加入了市场化、产业化等元素（顾焕章等，1997），并开始用科学化、集约化、产业化、社会化和商品化等概念来概括农业现代化的特征（卢良恕，1996），突出了市场机制在农业现代化中的重要作用。此外，部分学者还扩展了农业现代化内涵，使之从农业生产部门延伸至农村资源环境和农民生活消费领域。余友泰（1987）、王利民等（1999）认为，农业现代化不应局限于农业生产，而应包括流通、消费等过程的现代化，从而构建出经济结构现代化、生产技术现代化、经营管理现代化以及流通消费过程现代化的四位一体现代化格局。还有学者认为，农业现代化应融入可持续发展理念，把生态和谐作为农业现代化的重要目标（徐更生，1994）。

进入21世纪以来，尤其是加入WTO后，中国现代农业发展面临着全新的内外部环境和条件，使中国现代农业发展面临空前机遇的同时，也承受着更大挑战。这一时期，学术界主要把农业现代化作为一个开放条件下的综合性系统工程来研究，从农业与农村以及其他经济社会方面的相互关系中综合分析农业发展问题，而不是简单地谈论农业自身的现代化（黄祖辉，2003）。陈锡文（2012）认为农业现代化的核心标志是物质能量循环的转变、技术进步、农业支持保护体系和现代农业组织体系。农业现代化不能简单地理解为现代技术物质问题，更涉及整个社会的体制和农村社会的组织问题。

可见，农业现代化是一个相对的、动态的概念。随着时代发展与变革，农业现代化内涵经历了一个由狭义走向广义的过程，人们对于农业现代化的理解会随时代背景和发展条件的不同而不断扩展和演变（毛飞、孔祥智，2012）。因此，在现实中国农业现代化进程中，各地往往是社会主义初级阶段的一种混合型、多样化的新模式，是一条政策的弹性较大、兼容性较强的道路（张晓山，2012）。这条道路也是一条以生物技术创新为核心、以城镇化拉动为手段、以农业产业化为基础的可持续发展的道路（孔祥智，1999）。

（二）农业经营模式创新与新型农业经营主体研究

农业经营模式是农业经营形式与农业经营方式的有机统一（曾福生，2011）。不同的农业经营形式或经营系统折射了不同的农业现代化发展模式，并决定了农业劳动者在农业产业化经营中不同的地位与作用（张晓山，2012）。农业现代化的发展路径始终与农业经营主体地位与作用息息相关。农业经营主体是指直接或间接从事农产品生产、加工、销售和服务的任何个人和组织（张义珍，1998）。改革开放以来，中国的农业经营主体已由改革初期相对同质性的家庭经营农户占主导的格局向现阶段的多类型经营主体并存的格局转变（黄祖辉等，2010），然而以小农为主的家庭经营仍然具有主导地位。小规模家庭经营对于农业现代化具有制约和推动两种属性（王佳友、曾福生，2011）。中国应该选择怎样的农业现代化道路，是一个根本的战略性问题。而农业现代化的实现，在相当的程度上依赖于农业组织化形式的创新（罗必良，2012）。

目前，中国出现了一批新型农业经营主体，主要包括专业大户、家庭农场、农民专业合作社、龙头企业和经营性农业服务组织。这些新型经营主体在经营规模、辐射带动、盈利能力、资金来源、市场导向、产品认证、品牌建设、销售渠道等方面具有明显优势，是建设现代农业、保障国家粮食安全和主要农产品有效供给的重要主体（黄祖辉、俞宁，2010；张照新等，2013）。有学者认为，与大规模的机械化农场相比，专业大户和家庭农场更加符合中国人多地少的基本国情，是在现有城市化及土地流转水平下解决农业隐性失业、收入低下、产业升级困难等一系列问题的出路所在（黄宗智等，2007）。农民专业合作社这一经营主体通过组织制度创新，能够较好地解决小农户和大市场之间的矛盾，在服务社员的同时实现自身的可持续发展，并对周边农户产生一定的辐射带动作用（黄祖辉等，2003）。新型农业经营主体的出现是农业分工的结果，家庭农场的成立是由于劳动交易费用高于分工收益，合作社和农业企业是由于劳动交易费用低于分工收益（楼栋、孔祥智，2013）。

此外，新型职业农民是从事面向市场的商品化、专业化、规模化农产品生产，是具有企业家精神的现代农民，也是中国农业先进生产力代表，未来应重点扶持，同时还可以探索建立中国特色的农业生产法人制度，建立农业退出进入机制（张晓山，2012；黄祖辉、俞宁，2010；张晓山，2013）。目前，国内许多学者对土地流转的规模经营主体，如合作社、家庭农场和农业企业展开了许多研究，认为依托新型经营主体，有利于农业结构调整和农民增收，推进了外向型农业的发展，为现代化农业经营创造制度条件，进而促进农业现代化的实现（冯炳英，2004；黄祖辉、王朋，2008；樊帆，2009；黄延信、张海阳，2011；北京天则经济研究所《中国土地问题》课题组，王晓兵等，2011）。

（三）农业价值链升级及其影响研究

研究农业经营制度的完善和创新，应该从整个农业产业链、农业市场化、农业竞争力提升这个角度来研究，而不是就组织论组织（黄祖辉，2012）。农业经营主体及市场的变化必然要求中国农产品的价值链升级，而价值链的升级则必然引起农产品产业链的变化（Reardon et al，2010）。哈佛大学商学院的 Goldberg 教授于 1965 年首次提出了农产品价值链的概念，并将其定义为始于种子采购终于农产品消费者的全过程。

价值链升级主要是指价值链中的各环节通过创新来提高在价值链中传导的产品的附加值(Giuliani et al.，2005；Porter，1985）。价值链的升级既可以发生在产品质量和生产周期层面（Grossman，Helpmean，1991），又可以表现为产品种类的升级。针对价值链的升级对农户市场参与度的影响，Barrett（2008）使用了 Singh 等学者（1986）提出的农户模型考察了小农户的市场参与度。Carletto 等学者（2010）使用了“持续期分析”方法，从理论层面模拟了小农户的动态市场决策以及技术选择。国外学者认为，小农户被逐渐地“挤出”市场，主要是因为价值链的现代化升级逐步对生产投资的最低门槛提出了更高的要求（Swinnen，2007），因此小农户参与现代价值链升级的最佳途径就是通过产业集群和农业合作社的方式（Bell et al.，2009；Huang et al.，2009；Zhang，2009；Giuliani et al.，2005；Mcdermott et al，2009）。

国内针对农业价值链转型及其影响的研究主要包括对于各个利益主体行为的影响研究、对利益分配机制的影响研究、对食品安全的影响研究三个方面。农业价值链转型及其对各个市场主体的影响研究，侧重于产业链中的某一个或者某一类参与主体，并没有对产业链的横向和纵向关系、外部冲击对产业链演化的影响进行系统研究（黄祖辉，2007；杨启智，2004）。也有学者以公司 + 农户、契约、合作社等为主题，农业价值链升级及其对利益分配机制的影响。中国学者对形式进行了很多研究（应瑞瑶，1998；周立群等，2002）。价值链升级还会引起产业链转型，对食品安全的影响。汪普庆等（2009）比较分析了国内多种供应链组织模式的影响因素及其对食品安全的作用，认为供应链的一体化程度越高，其提供产品的质量安全水平越高，而确保食品与农产品的安全是农业现代化的典型标志之一（戴化勇，2007；胡定寰，2010）。

（四）农业社会化服务领域拓展及体系创新研究

家庭经营体制加社会化服务的市场经济生产方式的经济合理性在于规模经济效应，农业社会化服务的产生和发展源于技术上的可分性（孔祥智等，2012）。这种技术可分性又反过来影响到社会化服务的内容。在农业社会化服务中，供给、生产和销售分别为产前、产中和产后服务的中心，而信息、技术和市场这三个方面的服务又分别为产前、产中和产后服务的主要内容（翟虎渠等，2001）。传统农业社会化服务的核心是技术服务，而在市场化建设过程中，要进一步探索社会化服务的内容和发展空间，改变目前以技术服务内容为主的单一服务方式，加快向信息、营销、资金、监管、创业支持等“全要素”服务领域拓展。很多学者分别从技术采纳、资金需求、信息需求等方面对技术服务进行了研究。如在技术采纳方面，林毅夫（1991）利用湖南省的500个农户的截面数据发现农户户主的教育水平、从事农业生产的年数和土地规模对杂交水稻的采用有正的显著相关性；孔祥智等（2004）研究了西部农户禀赋对农业技术采纳的影响。关锐捷（2012）认为当前的主要任务，一方面培育新型服务主体，另一方面积极拓展社会化服务领域。

关于农业社会化服务体系创新和路径选择方面，有研究认为在实现农业社会化创新和发展的过程中，农业规模化经营是重要的动力机制，发展农业社会化服务对于推进农业经营规模化来说是更具普遍性、更有快速发展潜力的现实途径（薛亮，2008），而建立现代化的农业社会服务体系，一个必然的路径选择是充分发挥龙头企业和农业合作社的示范带动作用，提高农民的组织化长度和农业产业链的长度，实现产前、产中、产后各环节的规模化和一体化（宋洪远，2010；张颖熙、夏杰长，2010；李春海，2011）。此外，市场其他方面的不完善性，比如，对于有风险的农业生产，保险市场的不完善，对于需要大量贷款的农业生产，金融市场的不完善等，都有可能影响某一农产品的耕作集约度和农民是否采纳农业社会化服务（蔡基宏，2005）。

国外社会化服务体系提供方式，大体可以分为三种：一是以政府农业部门主导的农业技术服务体系，例如，德国、加拿大的农业技术服务的机构按自然区划设置，实行垂直管理，主要负责管理、组织和实施相应级别的农业技术研究、培训以及推广（卢道富，2005）；二是依靠政府与农民组织、私有企业等合作的农业技术服务体系，例如，荷兰、法国和丹麦政府和各类农民合作组织以及私有企业之间分工合作，互通有无，相互补充（林若扬，2004）；三是政府与大学合作的农业技术服务体系。

四、“四化”同步发展策略选择

一些研究对在工业化、信息化、城镇化、农业现代化发展过程中，如果没有全局和可持续发展观念，就容易产生认识和行为上的偏差，忽视农业发展，导致“四化”不同步的一些突出问题包括征地问题、人口转移问题和农民工市民化问题（陈锡文，2012）。中国东、中、西部城乡居民收入之间的巨大差异，将会对工业化、城镇化和农业现代化水平的统筹发展产生一定影响，必然导致东、中、西部在统筹发展的步伐、规模和水平上的不一致，也必然导致这三大区域统筹工业化、城镇化和农业现代化发展中的对策建议和发展模式的不同（淮建峰，2007），推进“三化同步”发展，必须充分考虑东、中、西部在社会经济发展基础上的差异性，构建适合各区域的、不同的具体发展模式（夏春萍、路万忠，2010）。基于目前中国总体上处于工业化转型期、信息化提升期、城镇化加速期和农业现代化加快期的阶段性特点，“四化”同步的思路为：推进城乡联动改革、加快城乡一体化发展；扭转城镇化发展偏差，加快中小城市发展；注重内源驱动发展，加快传统产业转型；创新农业经营机制，加快现代农业发展等（黄祖辉等，2013）。具体发展策略还包括：优化区域间资源配置，调整产业结构，提高资源使用效率；建立健全保障制度和运行机制，加快消除城乡二元结构；调整生产力布局和结构，发展新型工业和新型城镇；加快农业科技创新，加快农业现代化进程等（曾福生、高鸣，2013）。加快城乡一体化发展必然带来土地、资金、劳动力等生产要素在城乡之间加速流动。金融支持城乡一体化发展关键性的问题是通过资金由城市向农村地区流动，缓解农村地区普遍存在的信贷配给，以资金投入推动农村技术的积累和劳动生产率的提高，从而促进农村经济的发展。此外，还要加快土地、劳动力等生产要素配置的市场取向改革，转变政府对农业的扶持方式，营造农业创业与就业的良好环境，建立农业经营者的退出与进入机制（黄祖辉等，2010）。加快推进城镇化，是中国社会经济发展一项长期的基本战略。但现阶段以偏重大中城市为主要特征的城镇化模式，扩大了城乡收入差距，而且存在农民失地又“失利”的现象（孔祥智、王志强，2004）。应改变现行大中城市偏向的城市化模式，实施以中心镇为主线的城镇化发展战略，让农民更多地分享城镇化的成果（罗必良，2013），就要逐步改变传统的增长导向型城镇化模式，不是简单的人口比例增加和城市面积扩张，而是实现产业结构、就业方式、人居环境、社会保障等由“乡”到“城”的重要转变（董志凯，2013）。发展经济学理论学家认为，工业反哺农业，既是一般发展规律，也是由农业在国民经济中的基础地位决定的。因此，发展农业现代化就要加大工业反哺农业、城市支持农村的力度（Chenery，1975；Jorgenson，1967）。钱津（2010) 进一步认为农业现代化的责任不在农村，而是在于城市与工业的发展，在于城镇化的推动与服务业的振兴。中国农业现代化水平呈现出非均衡性、整体偏低性、梯度演变性和动态性的特征，各类地区资源禀赋、人文环境和经济发展水平差距很大，不同地区在现代农业发展过程中对于上述三方面关系应采取不同处理方式，因地制宜，形成不同模式（孔祥智，2000；孔祥智、李圣军，2007；王国敏、周庆元，2012）。推进农业现代化，促进“四化”同步发展，关键在于制度创新和组织创新。制度创新指健全农业支持保护体系、完善农产品价格支持体系和加强农民增收支持体系。组织创新就是要在大力发展农民专业合作社的基础上，加大龙头企业和社会化服务体系的支持力度，改善农民生产经营外部环境（陈锡文，2012）。

五、文献评析、研究方向及选题价值

（一）文献评析及研究方向

以上文献在“四化”发展基本格局、“四化”之间的互动关系、城乡之间的生产要素流动以及农业经营主体、价值链升级与社会化服务等方面形成了丰富的文献，但进一步研究的空间也很大。

第一，已有的研究缺乏一个统一的视角，因此形成了很多相互矛盾的结论，多数研究主要基于宏观层面和静态视角的分析和判断，缺乏深入研究的基础。部分研究要么针对抽象的现代化理论展开论述，要么针对具体的工业化、城镇化、农业现代化等指标体系进行统计描述，缺乏可追踪的数据调查研究，并且在具体讨论中又缺少系统性分析视角。因此存在着宏观分析过多，而中观、微观分析不足；静态分析为主，动态分析不足的倾向。因此，本课题将从动态和静态视角出发，将“四化”同步放到一个整体框架内，对其进行宏观、中观和微观三个层面的深入分析。

第二，在研究属性上，许多研究表明，工业化、城镇化、信息化、农业现代化之间存在相互促进、相互协调的内在互动关系，并且有的研究也指出这种互动关系具有两面性，但现有的研究过多地分析四者之间相互促进关系，而忽视了对相互制约关系的讨论，更缺乏对这种双重属性转化条件、障碍因素及优化路径的讨论。因此，本课题将研究重点放在“四化”之间内在关系及互动机制讨论上，尤其是重点对“四化”之间“相互制约关系”的转化条件、障碍因素及优化路径展开讨论。

第三，关于“四化”之间不平衡、不协调的归因分析，现有文献集中对中国城乡二元体制、中国工业化模式以及中国城市化发展战略与政策偏向展开研究，但是从数据出发，对中国经济社会的转型阶段与“四化”同步之间相互影响的分析不足。因此，本课题将借鉴国际经验，从数据出发，对中国经济社会的转型阶段进行分析，归纳转型阶段“四化”发展特点，并厘清转型阶段特征与“四化”同步之间影响机制。

第四，小农户作为中国农村社会与农业经济的基础，其未来的出路，与现代市场的对接、与城镇发展的协调等，依然是一个颇具争议性的话题。对于农业现代化而言，在农业产业转型升级加快的背景下，各种农业经营形式与组织模式层出不穷，对未来农业发展模式的争论也没有形成共识。因此，本课题将评析各类农业经营模式，并就中国家庭基本经营制度的发展走向展开讨论。

第五，现有文献中虽然有关于工业化、信息化与城镇化对于农业现代化的带动机制的探讨，也有关于农业现代化的内在发展动力方面的研究，但是关于“四化”之间的生产要素流动和价格传导机制的分析比较薄弱。由于各自的侧重点不同，关于“四化”同步的发展建议，往往得出不一致的结论。因此，本课题加大“四化”之间的生产要素流动和价格传导机制的分析力度，并从整体构建“四化”同步发展的战略框架与策略选择。

（二）研究价值与意义

现代经济学理论认为，从传统农业社会向现代社会转变的过程是经历信息化与工业化，实现城镇化与农业现代化的过程，是经济社会从城乡一元结构发展到城乡二元结构，并最终过渡至城乡融合的过程。改革开放以来，中国经济维持了多年的高速增长，但在经济繁荣的同时存在着诸多结构性矛盾，其中城镇化滞后于工业化，农业现代化滞后于城镇化、工业化，信息化高度发展而应用不足等“四化”之间存在不协调、不同步、不融洽等问题，直接影响着经济的可持续发展。从“四化”整体发展水平上看，农业现代化发展明显滞后，经营效率还较低，没有从根本上摆脱传统农业的低水平生产力现状，成为制约“四化”同步发展的瓶颈。

党的十七届五中全会明确提出，要在工业化、城镇化深入发展中同步推进农业现代化。党的十八大报告进一步提出，坚持走中国特色新型工业化、信息化、城镇化、农业现代化道路，推动信息化和工业化深度融合、工业化和城镇化良性互动、城镇化和农业现代化相互协调，促进工业化、信息化、城镇化、农业现代化同步发展。城镇化、工业化是传统农业社会向现代社会转变的必然途径，信息化、农业现代化是小康社会的主要特征，四者之间关系不仅极为密切而且错综复杂，分析四者的内在互动关系及协同发展机制，对完善现代化理论具有重要意义。

本课题将在深化“四化”内涵及其相互关系的科学认识的基础上，考察国际上主要国家和地区“四化”同步发展经验，提出政策调整思路，将对于促进中国工业化、信息化、城镇化、农业现代化道路同步发展，全面建成小康社会和全面深化改革开放的战略目标具有重要现实意义。

第 3 节　中国农业现代化：资源约束与发展方向

在工业化、信息化、城镇化深入发展中同步推进农业现代化，是关系全面建设小康社会和现代化建设全局的一项重大任务。在资源环境约束不断加剧的情况下，推进农业现代化，必须立足中国的基本国情和发展阶段，坚持和完善基本经营制度，进一步健全规范土地管理制度，培育四大经营主体，并着力推进六大战略重点。

一、中国农业现代化的大前提和小前提

（一）大前提

2014 年中央一号文件指出："努力走出一条生产技术先进、经营规模适度、市场竞争力强、生态环境可持续的中国特色新型农业现代化道路。"这里的"特色"之处，就在于人多地少水缺的基本国情。这既是中国农业现代化道路的逻辑起点，也是农业现代化路径选择的大前提。

中国是一个农业大国，目前正处于并将长期处于社会主义初级阶段。中国土地资源总量虽多，但人均占有量少，尤其是耕地少，耕地后备资源匮乏，导致人多地少的资源矛盾十分突出。中国人均占有耕地仅有 1.38 亩，约为世界平均水平的 40%。此外，耕地分布十分不均衡。全国有 666 个县人均耕地面积低于联合国粮农组织确定的 0.8 亩的警戒线。随着工业化和城镇化的进一步发展，耕地资源会进一步减少，而人口继续增长的势头短期内不会改变，中国人多地少的矛盾将更加尖锐。在这样的资源约束条件下，中国农业现代化建设必须立足于基本国情，最大限度保护耕地资源和农民土地承包权益，健全严格规范的农村土地管理制度。党的十七届三中全会明确提出，要按照产权明晰、用途管制、节约集约、严格管理的原则，进一步完善农村土地管理制度。完善农村土地管理制度，最重要的是坚持和完善农村基本经营制度，其根本在于将现有的农村土地承包关系保持稳定并长久不变，赋予农民更加充分而有保障的土地承包经营权。健全农村土地管理制度与坚持农村基本经营制度是相互配套、相辅相成的，其根本目的都在于最大限度地保护耕地资源和农民土地权益，共同构成中国特色农业现代化道路的制度前提。

（二）小前提

任何国家实现农业现代化，都必须从本国实际出发，从本国的人口、资源和经济社会条件出发。从中国国情和当前发展的阶段性特征看，推进农业现代化，还应遵循以下三个小前提。

1. 确保国家粮食安全，保障重要农产品有效供给

粮食安全是经济发展、社会稳定和国家自立的基础。多年来，随着农业综合生产能力不断提升，中国已经摆脱了农产品供给长期短缺的局面，跨入农产品供求总量基本平衡、丰年有余的时代。然而，随着农产品需求总量刚性增长、居民消费结构快速升级，中国又出现了供求总量平衡偏紧、结构性短缺的新特征。再加上人多地少水缺的矛盾加剧、农业对外依存度明显提高，中国保障粮食安全和重要农产品有效供给的任务依然十分艰巨。

据测算，中国粮食、肉类、水产品的常年消费量分别约占世界相关产品消费总量的 27%、27% 和 45% 以上。此外，农产品需求总量刚性增长的态势十分明显。近年来，中国人口每年增加 700 万人左右，大体上要求增加 80 亿斤粮食、80 万吨肉类和 50 万吨植物油。城镇化率每年增加 1 个百分

点以上。随着城市新增人口的增加，水果、肉蛋奶消费增长迅速、消费结构快速升级、食品加工业及能源消耗增加，对粮食安全造成了新的挑战。农业对外依存度进一步提高，也将对中国粮食安全带来新的冲击。中国一直是玉米的净出口国，但自2004年起，玉米出口量骤减。和出口量相比，中国玉米进口量一直很少，但2010年玉米进口量突然猛增，由2009年的8万吨上升至157万吨，增幅将近20倍，为中国十年来首次大量进口玉米。到了2015年，玉米的净进口量达到471.9万吨。此外，2015年，中国还进口了大麦1073.2万吨，同比增98.3%；高粱1070.0万吨，同比增85.3%；玉米酒糟（DDGs）682.1万吨，同比增26.0%。这些进口农产品都是替代即将超出配额限制的玉米且主要用作饲料，可见中国动物饲料的缺口较大。大豆产业面临的形势尤其严峻。进入21世纪以来，大豆进口量逐年增加，2015年达到8169.4万吨，占到国内消费总量的80%以上，致使中国国内大豆生产和加工业不断萎缩。农产品进口，虽然可以缓解国内农业资源环境压力，但部分领域农产品大量进口及国际资本进入，已对国内相关产业带来了严重冲击。因此，中国推进农业现代化，必须立足于国内，强化农业物质技术装备，提高粮食综合生产能力，确保粮食安全和保障重要农产品有效供给。2014年中央一号文件指出："综合考虑国内资源环境条件、粮食供求格局和国际贸易环境变化，实施以我为主、立足国内、确保产能、适度进口、科技支撑的国家粮食安全战略。任何时候都不能放松国内粮食生产，严守耕地保护红线，划定永久基本农田，不断提升农业综合生产能力，确保谷物基本自给、口粮绝对安全。更加积极地利用国际农产品市场和农业资源，有效调剂和补充国内粮食供给。"这里所确立的新时期粮食发展战略是符合中国国情的。

2. 改变农业发展方式，突破资源环境约束

随着中国经济的发展和城镇化、工业化的快速推进，农业与非农产业、农村与城镇在耕地和水资源等方面的竞争将日益激烈，水土流失、土地荒漠化加剧，守住18亿亩耕地红线的压力越来越大。以化肥和农药为主的农业现代要素投入，在带来粮食增产的同时，也成为农业面源污染的主要来源。在资源和环境约束加剧的情况下，外延式农业发展模式已经难以为继。

据农业部全国耕地地力调查数据，按十等份计，全国评价为一至三等的耕地面积为4.98亿亩，占耕地总面积的27.3%；评价为四至六等的耕地面积为8.18亿亩，占耕地总面积的44.8%；评价为七至十等的耕地面积为5.10亿亩，占耕地总面积的27.9%。[1]其中，第七至十等耕地的生产力很低。截至2009年年底，中国荒漠化土地面积达262.37万平方公里，沙化面积173.11万平方公里。2010年底中国水土流失面积达356.92万平方公里，全国有水土流失严重县646个。此外，中国90%可利用天然草原不同程度出现了退化。在水资源方面，目前中国人均淡水总资源仅2100立方米左右，约为世界人均水平的四分之一。据水利部统计，全国农业灌溉用水缺口达到300多亿立方米，自2010年起中国已经进入了严重缺水期，并将于2030年出现缺水高峰。资源性缺水与污染性缺水并存，又反过来降低了耕地资源利用率，进一步强化了耕地和水资源短缺对农业发展的约束。在农业投入品方面，我国化肥用量由1978年的884万吨增加到2015年的6022.6万吨，而化肥利用率不足50%，每年大约有1500万吨氮肥流失到农田以外。农药的利用率则更低，仅为30%左右。大约有1.4亿亩耕地受到农药污染。另外，农膜残留和畜禽粪对农业环境的污染也越来越严重。面源污染与化学投入品不当使用叠加，致使农产品质量安全事件频发。因此，推进农业现代化，中国必须以缓解资源约束，减轻环境承载压力为前提，通过科技、资本和劳动力的集约化投入，促进农业资源高效利

[1] http://www.moa.gov.cn/sjzz/zzys/dongtai1/201412/t20141217_4297895.htm，2016-06-23.

用，缓解资源短缺和生态环境保护对农业发展的约束。必须按照2015年中央一号文件所要求的那样："做强农业，必须尽快从主要追求产量和依赖资源消耗的粗放经营转到数量质量效益并重、注重提高竞争力、注重农业科技创新、注重可持续的集约发展上来，走产出高效、产品安全、资源节约、环境友好的现代农业发展道路。"

3. 农村劳动力继续向非农产业或城镇转移

农业现代化并不是一个孤立的过程，而是应该与工业化、城镇化、信息化共同构成一个相互联系的有机整体，共同推进。城镇化是指农村人口不断向城镇转移，第二、三产业不断向城镇集聚，从而使城镇数量增加、城镇规模扩大的一种历史过程。工业化是一个农业收入在国民收入中比重逐渐下降、而以工业为中心的非农业部门所占比重逐渐上升的经济结构变化过程。工业化、城镇化与农业现代化之间的相互作用，是依靠人的移动，来实现城乡之间资金、技术等要素流动与交换的。因此，农村剩余劳动力继续向城镇及非农产业转移，加速土地流转与规模经营，也是中国农业现代化的前提条件之一。

中国进入在工业化中后期阶段以后，工业化和城镇化不断推进，二三产业吸纳就业的能力不断增强。1978年二三产业就业人数占比为29.5%，2015年达到71.7%。在这个过程中，农民工数量在不断扩大，据国家统计局统计，2003年中国有1.139亿农村劳动力外出务工，到了2015年年底，这一数量已经增加到2.77亿，平均每年以1000万人以上的规模增长；其中，外出农民工1.69亿人。长期外出务工的农村劳动力，客观上产生了把土地流转出去的需求。据农业部门统计，目前中国已经有6329.5万农户部分或全部转出土地，占承包耕地农户数量的27.5%。截止到2015年年底，全国土地经营权流转面积达到4.47亿亩，占家庭承包耕地面积的33.3%。[1]可以预见，在未来一个时期内，中国工业化、城镇化还将继续推进，农村劳动力也将持续向外转移，这必将进一步推动农业技术进步、促进农村土地流转与规模经营，为高效、集约的现代农业发展创造客观条件。

二、两个转变与农业现代化

农村基本经营制度是党的农村政策的基石。改革开放以来，中国农业和农村经济取得的成就表明，中国现行的农村基本经营制度具有旺盛的生命力，不仅适应以手工劳动为主的传统农业，也适应采用先进科学技术与生产手段的现代农业。然而，随着农村经济社会快速发展，农村基本经营制度的一些固有缺陷开始显现，主要是集体经济组织"统"的职能发挥不足、家庭经营过于分散等，需要进一步完善农村基本经营制度。为了应对新形势和新变化，十七届三中全会把"推进农业经营体制机制创新，加快农业经营方式转变"作为稳定和完善农村基本经营制度的重要内容，并从"统"和"分"两个层次提出了"两个转变"的政策要求，既指明了农村基本经营制度的完善方向，又明确了农业现代化的实现路径。

（一）稳定土地承包关系，提高家庭经营集约化水平

党的十七届三中全会提出，"家庭经营要向采用先进科技和生产手段的方向转变，增加技术、资本等生产要素投入，着力提高集约化水平。"家庭经营制度的关键是要赋予农民更加充分而有保障的土地承包经营权，核心是稳定和完善土地承包关系。只有保持农民土地承包关系稳定并长久不变，

[1] 王蕾、张伟民、金文成."十二五"时期农村土地承包和流转情况分析［J］. 农村经营管理，2016(6):10-11.

才能使农户真正成为农业最基本的经营主体。党的十五届三中全会也指出："稳定土地承包关系，才能引导农民珍惜土地，增加投入，培肥地力，逐步提高产出率；才能解除农民的后顾之忧，保持农村稳定。"现阶段，要按照2019年中央一号文件的要求，抓紧研究现有土地承包关系保持稳定并长久不变的具体实现形式，完善相关法律制度；2016年中央一号文件也要求"研究制定稳定和完善农村基本经营制度的指导意见"。建议结合农业部门正在实施的农村土地承包经营权确权、颁证、登记工作，推进土地承包管理信息化、规范化建设；结合土地流转规范化管理和服务试点工作以及农村土地承包经营纠纷调解仲裁体系建设工作，探索土地承包经营权有偿退出机制等。同时，鼓励和支持承包土地向专业大户、家庭农场和合作社流转，发展多种形式的适度规模经营，也是稳定土地承包关系的有效方式。

农户作为基本经营主体，不仅是由农业产业特征决定的，而且是由农户家庭的社会经济属性决定的，符合世界各国农业发展的经验。然而，由于受人多地少基本国情的制约，中国农户家庭经营普遍比较弱小，分散性明显。全国有近2.3亿农户承包了全国95%的集体耕地，户均耕地7.5亩，且分散在不同地块上。为适应现代农业的发展要求，一方面，要加快科技创新与推广体系建设，引导和支持广大农户采用先进的科技和生产手段，加大资本、技术等生产要素投入，不断提高农户集约化经营水平；另一方面，要加大专业大户、家庭农场等新型经营主体的培育力度，完善财政、税收、金融、保险等扶持政策，造就建设现代农业的新型职业农民队伍。

（二）发展农户联合与合作，构建新型经营服务体系

党的十七届三中全会提出，"统一经营要向发展农户联合与合作，形成多元化、多层次、多形式经营服务体系方向转变，发展集体经济、增强集体组织服务功能，培育农民新型合作组织，发展各种农业社会化服务组织，鼓励龙头企业与农民建立紧密型利益联结机制，着力提高组织化程度。"统一经营是为了克服家庭承包经营规模小、组织化程度低与抗风险能力弱等缺点，实现小农户与大生产的对接。早在1991年，中共十三届八中全会通过的《中共中央关于进一步加强农业和农村工作的决定》，就明确了"统一经营"的内容及作用。文件指出，"要在稳定家庭承包经营的基础上，逐步充实集体统一经营的内容。一家一户办不了、办不好、办起来不合算的事，乡村集体经济组织要根据群众要求努力去办。要做到集体财产有人管理，各种利益关系有人协调，生产服务、集体资源开发、农业基本建设有人组织。这不仅不会影响家庭经营，而且会给家庭经营注入新的活力，推动全体农户共同发展。"一直以来，中国农村就有合作的传统。在农村社区内，农户享有共同的自然资源、风俗习惯、价值观念等，容易达成相互的信任，而这种信任关系是农户开展合作的必要条件。新时期，我们要充分发挥农村的"熟人社会"特点，构筑农户间新型合作关系，发展多种形式的联合与合作。例如，我们可以结合农田基本建设，鼓励有条件的地方组织农户自愿开展互换并地，推动土地规模化经营。除此之外，我们还可以通过加快发展农民专业合作社、继续扶持龙头企业做大做强，来提高农业生产经营组织化程度。

在农业社会化服务方面，应该按照现代农业的发展要求，培育经营性服务组织，帮助农户实现与大市场的对接。一是要支持龙头企业开展科技创新。在农业技术推广过程中，要将龙头企业作为项目重要的实施主体，鼓励龙头企业通过生产、加工、销售一体化经营，以多种方式开展为农服务，并在服务过程中与农户建立紧密的利益联结机制；二是培育壮大农民专业合作社、专业服务公司、专业技术协会等经营组织，提高其市场竞争力和专业化服务能力；三是要加大对家庭农场、种养能手、农机户、农村经纪人和其他类型能工巧匠等农村各类专业户的培育力度。目前，与公益性服务组织相比，中国经营性服务组织发育不充分，经济实力较弱。因此，需要对经营性服务组织从市场准入、税收减免、资金支持等方面加大扶持力度，创新政府购买服务模式，拓展其生存空间与服务领域，鼓励支持经营性服务组织参与公益性服务。在培育新型服务主体的过程中，还必须强化公益性服务机构建设，不断壮大农村集体经济，积极改造供销社、信用社等传统服务主体，创新现代社会化服务方式和新型农业服务业态，构建服务主体多元化、形式多样化、运作市场化的新型经营服务体系。

三、农业现代化进程中的四大主体培育

2016年中央一号文件指出："大力推进农业现代化，必须着力强化物质装备和技术支撑，着力构建现代农业产业体系、生产体系、经营体系"，"积极培育家庭农场、专业大户、农民合作社、农业产业化龙头企业等新型农业经营主体。"构建新型农业经营体系核心在于新型农业经营主体的培育。新型农业经营主体以市场为导向，从事专业化生产、集约化经营和社会化服务，是中国商品农产品生产的主体，是农业社会化服务体系服务的主体，因而也是农业现代化的主体。当前中国新型农业经营主体主要包括专业农户、家庭农场、农民专业合作社、农业企业四大类。

（一）专业农户

专业农户是家庭劳动时间大部分用于农业中的某一产业，且收入占全部收入50%以上的纯农户。专业农户是在农产品生产市场化、商品化、专业化程度不断提高的进程中涌现出来的，以农业为主要收入来源的农户。专业农户主要由专业种植户、养殖户、营销户、农机户等构成。他们从事完全以市场需求为导向的专业化生产，是具有企业家精神的现代农民，是中国农业先进生产力的代表。随着农业区域化布局、专业化生产水平不断提高，大量专业农户成为中国农业现代化和商品农产品生产的主导力量。

随着农村劳动力的持续向外转移，一些专业农户通过转入土地而形成规模较大的专业大户。根据农业部公布的数据，当前全国共有50亩以上（含流转土地）的种植专业大户276万户。专业大户作为一种新型农业经营主体，既有采用良种、良法，降低生产成本的能力，又有增加农业生产投入，采取先进生产技术与管理方法的动力。专业农户虽然具有过渡性特征，但其向专业大户转化并不是必然，受到社会资本、经营能力、土地制度、自然环境等条件的限制。发展现代农业，就要坚持家庭经营为主体的原则，尊重和保护农民的土地承包经营权，鼓励土地向专业农户集中。同时，加强土地流转规范化管理与服务体系建设，加大政策引导与扶持力度，促使专业农户稳步扩大经营规模，积极采用先进的生产技术与管理方法，使其成为新型职业农民的主体。

（二）家庭农场

家庭农场是以家庭经营为基础，融合科技、信息、农业机械、金融等现代生产因素和现代经营理念，实行专业化生产、社会化协作和规模化经营的新型微观经济组织。它可以被视为专业大户升级后的市场主体，属于职业化、专业化的法人农民。结合中国国情，家庭农场的特征可以归纳为家庭经营、适度规模、市场化经营、企业化管理和经营者知识化等显著特征。

近年来，中国劳动力转移与土地流转速度不断加快，为家庭农场的发展奠定了基础。在各级政府的引导与支持下，家庭农场数量保持较快增长，规模化经营趋势明显。据农业部统计，全国共有

家庭农场 87.7 万个，经营耕地面积达到 1.76 亿亩，占全国承包耕地面积的 13.4%。家庭农场平均经营规模达到 200.2 亩，是全国承包农户平均经营耕地面积的近 27 倍。[1]家庭农场作为一种经济组织，本身就是改造传统农业经营制度，适应农业生产力发展的结果。它既继承了家庭经营的传统优势，又具备了现代物质条件、现代科技、现代经营方式和现代发展理念等新优势。家庭农场的快速发展，可以提高农业机械化、商品化和信息化水平，提高投入产出率、资源利用率和农业劳动生产率，推动现代农业发展。

（三）农民专业合作社

农民专业合作社指在农村家庭承包经营基础上，同类农产品的生产经营者或者同类农业生产经营服务的提供者、利用者，自愿联合、民主管理的互助性经济组织。进入 21 世纪以来，农民专业合作社开始快速发展。截至 2017 年 9 月底，农民专业合作社 193.3 万家，实有入社成员数超过 1 亿户。越来越多的合作社从简单的技术培训、信息服务、农资供应向市场营销、统防统治服务延伸，有近 50% 的合作社能为成员提供产加销一体化服务，约 5 万家合作社注册了商标，3 万多家通过了无公害、绿色、有机等农产品质量认证。

党的十八大提出发展农民专业合作和股份合作。2013 年中央一号文件第一次提出了农民合作社的概念，指出："大力支持发展多种形式的新型农民合作组织。……鼓励农民兴办专业合作和股份合作等多元化、多类型合作社。"2016 年中央一号文件进一步指出："鼓励发展股份合作，引导农户自愿以土地经营权等入股龙头企业和农民合作社。"可见，未来中国农民合作的领域和内容将进一步拓宽，农民合作社将真正成为集生产、销售、服务、融资、投资等功能为一体的综合性新型经营主体。农民合作社可以起到以下三方面的作用：一是农民合作社是带动农户进入市场的主体，是联结农户和市场的主要桥梁和纽带；二是农民合作社是发展农村集体经济的新型实体，可以通过股份合作制改造，壮大集体经济实力；三是农民合作社是创新农村社会管理的有效载体，能够引导农民广泛参与农村民主管理，成为农村社区治理和建设的主要力量。尤其是目前全国已经注册农民合作社联合社 10000 家以上，在湖北、江苏、山东等地，联合社发展尤为迅速，对于单个农户在合作社基础上的再联合、提高市场话语权起到了积极作用。在联合社框架下，很可能发展出家庭农场和专业大户搞经营、成员合作社搞服务、联合社做市场，从而带动千千万万个小农户共同闯市场的现代农业综合体，正是中国特色农业现代化之"特色"的重要表现。

（四）农业企业

农业产业化是中国对接小生产与大市场的重要途径，是现代农业发展的方向。农业企业通过资本、技术、人才等生产要素的投入，可以带动农户实现专业化生产、集约化经营与市场化管理。现阶段，中国农业企业主要包括农业产业化龙头企业、涉农工商企业、农业科技企业以及以乡镇企业、村办企业或个体私营企业为主的本地企业四种类型。在以上几类主体中，龙头企业实力不断壮大，成为中国构建现代农业产业体系的重要主体。目前，全国共有各类农业产业化经营组织 28.4 万个，其中龙头企业 12 万家，所提供的农产品及加工品占市场供应量的 30% 以上。实践证明，以龙头企业为主的产业化经营组织快速发展，为农业生产注入了现代农业生产要素，已经成为农业生产和农产品市场供应的重要主体，对保障国家粮食安全和重要农产品有效供给发挥了重要支撑作用。2012

[1] 由于数据来自农业部门不同时期、不同标准的统计，故这里的家庭农场和前述专业大户数据疑有重复。

年 3 月，国务院印发了《关于支持农业产业化龙头企业发展的意见》，提出了培育壮大龙头企业、发展龙头企业集群、建设一批与龙头企业有效对接的生产基地、强化农产品质量安全管理、构建优势产业体系、强化龙头企业社会责任等主要目标，对于加快推进农业产业化和建设现代农业具有里程碑意义。

四、中国农业现代化的六大重点

2007 年中央一号文件《中共中央国务院关于积极发展现代农业与扎实推进社会主义新农村建设的若干意见》明确提出，“要用现代物质条件装备农业，用现代科学技术改造农业，用现代产业体系提升农业，用现代经营形式推进农业，用现代发展理念引领农业，用培养新型农民发展农业”。这既是现代农业的发展要求，也是推进农业现代化的战略重点。

（一）用现代物质条件装备农业

改善农业设施装备，是建设现代农业的重要内容。当前，中国农业基础较差，农田水利老化失修、服务功能退化，严重制约了农业健康发展。全国小型农田水利工程的平均完好率仅为 50%，小型水库的隐患日渐突出。农机化发展水平尚待提高，除小麦以外，水稻机插、玉米机收的比例还很低，油菜、棉花等经济作物的机械化技术还很薄弱。另外，随着全球气候环境的变化，中国农业灾害呈多发频发态势，农业风险防控能力日益严峻。

用现代物质条件装备农业，关键是要加快农业基础建设，提高现代农业的设施装备水平。一是要搞好农田水利建设，扩大节水技术改造范围和规模，积极支持高标准农田；二是加快发展农村清洁能源，推进农业生产、生活垃圾的综合治理和转化利用，改善农业生产条件；三是加大农机补贴力度，改善农机装备结构，积极培育和发展农机大户和农机专业服务组织，推进农机服务市场化、产业化；四是发展新型农用工业，积极发展新型肥料、低毒高效农药、多功能农业机械及可降解农膜等新型农业投入品；五是加强农业防灾减灾能力建设，加快构建监测预警、应变防灾、灾后恢复等防灾减灾体系，提高应对自然灾害和重大突发事件能力。

（二）用现代科学技术改造农业

近些年来，中国农业科技发展取得了巨大成就，大幅度提高了农业综合生产能力，推动了农村经济增长和农民收入水平提高。但是，中国农业科技创新与技术推广体系中还存在一些问题。例如，中国农业研发及推广经费渠道少、规模明显不足，致使农业科技基础研究成为薄弱环节；农业科研体系不健全，农业科技创新与生产实践脱节，科技成果转化率只有 40% 左右，科技进步贡献率比发达国家低 20 个百分点左右；涉农企业科技竞争力低，引进式技术进步多于创新式技术进步；农民对现代农业科技接纳能力差，影响了农业科技推广整体质量的提高。

用现代科学技术改造农业，关键是要增强农业科技自主创新能力，加快农业科技成果转化应用，提高科技对农业增长的贡献率，促进农业集约生产、清洁生产、安全生产和可持续发展。一是要大幅度增加农业科研投入，改善农业科研条件，强化农业基础研究和科技储备，重点扶持对现代农业建设有重要支撑作用的技术研发；二是要继续加强基层农业技术推广体系建设，推动技术服务社会化，加快实施科技进村入户工程；三是要加快农业信息化建设，用信息技术装备农业，推动农业生产经营信息化；四是强化企业技术创新能力建设，鼓励企业通过并购、参股等方式，提升企业科研综合实力，尤其是提升种业科技创新能力。

（三）用现代产业体系提升农业

农产品国际竞争的实质是现代农业产业体系的竞争。在工业化、信息化、城镇化的引领推动下，中国农产品加工业保持高速发展态势，但农业产业链条短、技术装备落后、管理方式粗放等状况并没有根本改变。截至 2016 年年底，全国规模以上加工企业主营业务收入达到 20.3 万亿元，农产品加工业总产值超过 23 万亿元，加工品与农业总产值比值达到 2.2 ：1 与“十一五”末的 1.7 ：1 相比有较大提升，但仍然远远低于发达国家（3~4）：1 的比重。农产品加工行业呈现出“三多三少”，即农产品初加工多、精加工少，原料型产品多、高附加值产品少，大众性产品多、知名品牌少的现象，远远不能满足城乡居民日益增长的消费需求。此外，农产品物流体系尚不完善，尤其是冷链物流建设严重滞后。目前中国仅有 10% 的肉类、20% 的水产品和少量的牛奶、豆制品通过规范的冷链系统流通，远低于发达国家 85% 左右的比例。

用现代产业体系提升农业，关键是要大力发展农产品加工业，延长农业产业链，拓展农业多功能，促进农业结构不断优化升级。一是要稳定发展粮食生产，加强蔬菜水果、肉蛋奶、水产品等产品优势产区建设，构建粮食安全保障体系；二是要做大做强农产品加工领军企业，推进农产品加工区域合作，大力发展精深加工，提升农产品国际竞争力；三是要加强物流体系建设，升级改造农产品批发市场，大力发展冷链体系和生鲜农产品配送；四是要注重开发农业的多种功能，深入挖掘农业的生态保护、休闲观光、文化教育等功能，推进一二三产业融合发展。

（四）用现代经营形式推进农业

随着工业化、城镇化进程加快，农村基本经营制度也面临着许多挑战，需要进一步丰富和完善。由于中国承包农户经营规模过小、农业比较收益过低，农户兼业化倾向十分严重。农民专业合作社、龙头企业和社会化服务组织是解决小生产与大市场之间矛盾的根本途径。但是，由于农民专业合作社仍存在管理不规范、龙头企业面临与农户间利益联结机制不紧密以及社会化服务体系不健全等问题的存在，迫切需要发挥农村基本经营制度的优越性，进一步改造传统农业经营体系。

用现代经营形式推进农业，关键是要促进兼业化的分散经营向专业化的适度规模经营转变，加快构建集约化、专业化、组织化、社会化相结合的新型农业经营体系。一是要在稳定土地承包关系的基础上，促进土地有序流转，引导农户通过互换、联合与合作等方式，发展多种形式的适度规模经营；二是要积极培育专业大户、家庭农场、农民合作社、农业产业化龙头企业等新型农业经营主体，依靠主体建设带动体系构建；三是要在提高服务能力目标下，积极培育多元化服务主体、拓展服务领域，构建覆盖全程、综合配套、机制灵活、保障有力、运转高效的新型农业社会化服务体系；四是创新农业社会化服务模式，大力推进山东等地创造的土地托管等为农服务经验；五是推进农村产权制度改革，探索农村集体经济的有效实现形式。

（五）用现代发展理念引领农业

长期以来，中国实行城乡分治的制度，使得农业生产要素单方向从农村流向城市，形成城乡二元经济结构。在粗放式农业发展模式下，化肥、农药的大量投入诱发了严重的环境危机，传统经营方式又使得农业资源过度消耗。此外，部分农产品生产者法制观念淡薄、诚信经营意识较差，只重视数量不重视质量，造成动植物激素滥用，使得农产品质量安全事件频发。

用现代发展理念引领农业，关键是要把适应社会化大生产、符合市场经济规律、能够有效提高资源利用效率和实现可持续发展的现代经营理念，引入和应用到农业领域，促进农业发展方式的转变，推动传统农业向现代农业跨越。一是要坚持用统筹城乡发展的理念引领农业，建立完善工业反哺农业、城市带动农村的体制机制，加大农业支持保护力度，促进城乡发展一体化；二是要用现代营销的理念发展市场农业，以市场为导向，加强农产品质量标准体系建设，构筑现代农业市场营销体系；三是要生态理念发展可持续农业，通过科技、人才与技术的集约化投入，突破农业发展的资源环境约束。

（六）用培养新型农民发展农业

由于农业生产周期长、风险高且比较效益低，大量有文化的农村青壮年劳动力持续向城镇和非农产业流动。"谁来种地""地如何种"成为农业发展面临的新挑战。中国农业劳动力供给已经出现总量过剩与结构性、季节性、区域性短缺并存的局面。此外，农业劳动力的低素质对现代农业发展的制约越来越明显。目前，受过高中及以上教育的农村劳动力仅占15.6%，拥有绿色证书的农村劳动力5%左右。农业现代化归根结底是人的现代化。建设现代农业，最终要靠一支结构合理、长期稳定的高素质农业生产者队伍。

2016年中央一号文件提出了"加快培育新型职业农民"的部署，指出："将职业农民培育纳入国家教育培训发展规划，基本形成职业农民教育培训体系，把职业农民培养成建设现代农业的主导力量。"用培养新型农民发展农业，关键是要以培养新型职业农民，造就建设现代农业的人才队伍为目标，全面提升农业劳动力整体素质，真正使有文化、懂技术、善经营的年富力强的新型农民成为现代农业的经营主体。一是要大力培育新型职业农民，建立农民职业教育培训体系，加快推进农民职业化进程；二是要依托科研院所和农广校系统，整合农民教育资源，创新办学方式与教学模式，全面提高农业经营者素质；三是要依托新型经营主体培育，通过培训、考察、讲座等形式加强农村实用人才培养；四是针对年轻返乡农民工，加强创业能力培训，积极培育新一代青年农民。

五、小结

"十三五"是全面建设小康社会的关键时期，是深化改革开放、加快转变经济发展方式的攻坚时期，是加快发展现代农业的重要机遇期。在工业化、信息化、城镇化深入发展中同步推进农业现代化，必须从中国基本国情出发，以粮食安全和重要农产品有效供给为首要目标，依靠科技创新和技术进步突破资源环境约束，坚持和完善农村基本经营制度，转变农业发展方式，用现代物质条件装备农业，用现代科学技术改造农业，用现代产业体系提升农业，用现代经营形式推进农业，用现代发展理念引领农业，用培养新型农民发展农业，努力走出一条具有中国特色的农业现代化道路。

第4节 "三个导向"与新型农业现代化道路选择

一、引言

农业现代化是一个相对和动态的概念，是从传统农业向现代农业转化过程的总称。其内涵随着技术、经济和社会的进步而变化，表现出时代性；又基于各国和地区自身历史背景、经济发展水平和资源禀赋的不同而呈现区域性；又由于经济的全球化而具有世界性。农业现代化既包括生产条件、生产技术、生产组织管理的现代化，又包括资源配置方式的优化，以及与之相适应的制度安排，因而其内涵又具有整体性。[1]在2007年中央一号文件对农业现代化认识的基础上，2014年中央“1号文件”进一步提出了以“三个导向”为内涵的新型农业现代化道路：“要以解决好地怎么种为导向加快构建新型农业经营体系，以解决好地少水缺的资源环境约束为导向深入推进农业发展方式转变，以满足吃得好吃得安全为导向大力发展优质安全农产品，努力走出一条生产技术先进、经营规模适度、市场竞争力强、生态环境可持续的中国特色新型农业现代化道路。”与过去的提法相比，新型农业现代化道路也是基于当前国情农情，顺应时代要求做出的制度设计。不同的是，以“三个导向”为内涵的新型农业现代化有着其特殊性与历史性。本节旨在揭示“三个导向”为内涵的新型农业现代化的逻辑起点、科学内涵，并借此提出推动新型农业现代化道路的相应政策建议。

二、新型农业现代化道路的逻辑起点

提出“三个导向”的新型农业现代化道路主要基于中国特殊的国情、农情，理解新型农业现代化的内涵就必须深刻了解当前中国农业面临的新情况，这也是新型农业现代化道路的逻辑起点。

（一）农村劳动力转移与农业副业化

农村改革近40年来，在实行以家庭承包经营为基础、统分结合的双层经营体制基础上，中国农业农村发展取得了举世瞩目的成就：粮食产量翻了近一番，各类农产品成倍增加，农民收入较快增长，农村面貌发生显著变化。但在工业化、城镇化快速推进的新形势下，农业农村发展也面临着诸多新的矛盾和挑战。从农业经营体制的角度看，当前迫切需要回答的两大问题是将来“谁来种地”和“怎么种地”。[2]

首先，农村劳动力大量转移，中国农业面临着未来“由谁来种地”的新问题。进入21世纪以来，随着城镇经济的快速的发展，农村劳动力大量向城镇转移，农业就业人员数量锐减。据国家统计局《2013年国民经济和社会发展统计公报》，2013年全国农民工总量达到2.69亿人，比上年2.4%。同时期，农村就业人员锐减。据《中国统计年鉴》统计，2012年全国乡村就业人员3.96亿人，比2003年减少0.79亿人，10年内年均减少2.0%。随着城镇化的加速推进，农村劳动力还将进一步向城镇转移，农村劳动力仍将继续减少。

在农村劳动力转移的同时，农业劳动力开始呈现出老龄化、妇女化的特点。2002年以来，中国农村中40岁以上的劳动力年龄人口占劳动力年龄人口总数的比例逐年上升，2008年该比例首次突破50%，反映了中国农村劳动力的老龄化特点（孔祥智，2012）。张红宇（2011）指出，目前中国从事农业生产的劳动力平均年龄在50岁以上，其中上海等经济发达地区务农农民年龄已接近60岁。据第二次全国农业普查主要数据公报显示，2006年全国农业从业人员中女性占比达53.2%；在农业生产中，从事农业长达6个月以上的人员中，女性占比为50.3%。因此，无论是从业人数还是从业时间，女性都已经成为农业生产的主要力量，农业女性化已经成为一种全国性的客观现象。

其次，农业收入占农民纯收入比重正在明显下降，农业已逐渐副业化。人多地少的基本国情下，中国绝大多数农户承包经营的耕地面积较小而且还高度分散，农业生产效率较低，抵抗自然、市场风险能力还十分不足。为增加收入，越来越多的农户不得已以主要的劳动力外出务工或就地从事非

[1] 毛飞，孔祥智.中国农业现代化总体态势和未来取向［J］.改革，2012(10):9-21.

[2] 陈锡文.构建新型农业经营体系刻不容缓［J］.求是，2013(22):38-41.

农产业，农民收入中纯收入所占比重正在逐渐下降。如图 0-1 所示，从 1996 年起，农村居民家庭人均农业纯收入占人均纯收入比重开始出现逐年下降，从 1995 年的 50.67% 下降到 2012 年 26.61%。农业已经从农民获取收入的主业地位下降到了从属地位。种地，对于相当多数的农户而言，正在变成食之无肉、弃之可惜的“鸡肋”，正越来越成为农民家庭经营结构中的“兼业”。因此，“怎么种地”的问题已难以回避。加快探索如何在家庭承包经营基础上提高农业效率的有效形式已经刻不容缓了，这也是回答好将来“怎么种地”问题的关键（陈锡文，2013）。

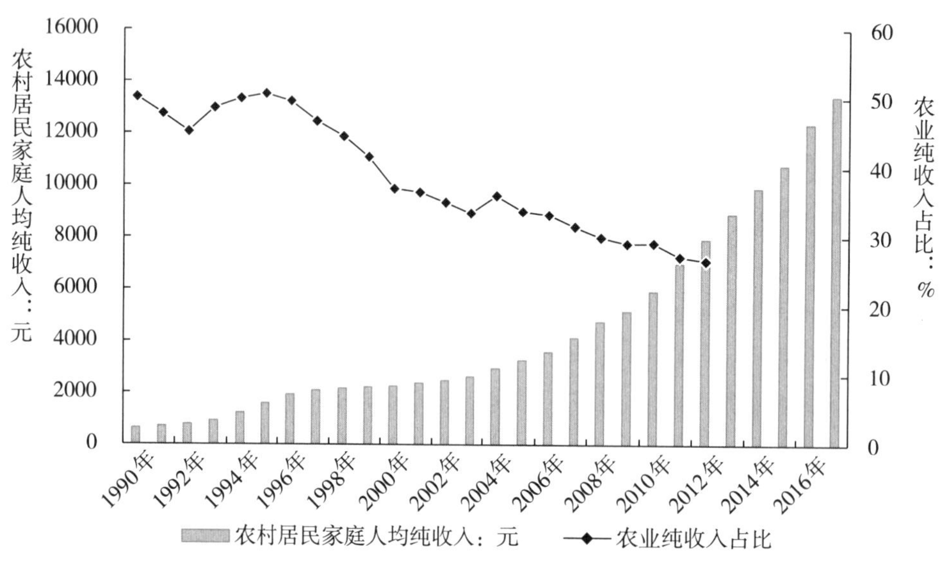

图 0-1　1990—2016 年农村居民家庭人均农业纯收入占人均纯收入比重

数据来源：历年《中国统计年鉴》。2013年后，《中国统计年鉴》未统计农村居民人均农业纯收入。

（二）地少水缺的资源环境约束

中国虽然地大物博，但是相对世界其他国家而言，农业资源还十分缺乏，农业生产正面临着严峻的资源环境约束，其中地少水缺是农业生产的主要瓶颈。

首先，人多地少的现实矛盾严重制约着中国农业现代化的推进。据《中国统计年鉴》统计，2000—2016 年，中国总人口从 12.67 亿人增加到 13.83 亿人，增长了 9.16%；同时期，中国耕地资源从 2000 年开始呈现逐渐减少的趋势，人多地少的矛盾正在逐步恶化。据世界银行统计，2011 年中国人均耕地量仅为 1.25 亩，不及世界平均水平的 40%。与世界其他国家相比，中国人均可用耕地面积水平大致相当于美国的 1/6，加拿大的 1/15，巴西的 1/5，俄罗斯的 1/10，澳大利亚的 1/26。早在 21 世纪初，中国科学院国情分析研究小组（2001）就预测，2030 年时中国人口数量将接近 16 亿大关，人均占有耕地面积将下降到约 1.1 亩，临近国际上一般承认的警戒线。随着中国城镇化进程的逐步加快，耕地资源在未来仍会逐渐减少，保持住 18 亿亩耕地红线面临着巨大的挑战。更为严重的是，以水土流失和土地荒漠化为特征的土地质量下降是当前中国耕地资源的又一约束。据水利部统计，2010 年年底中国水土流失面积达 356.92 万平方公里，亟待治理的面积近 200 万平方公里，全国现有水土流失严重县 646 个，每年水土流失给中国带来的经济损失相当于 GDP 的 2.25% 左右，带来的生态环境损失更是难以估算。根据国家林业局的报告，截至 2009 年年底，中国荒漠化土地面积达 262.37 万平方公里，沙化面积 173.11 万平方公里，虽然荒漠化土地面积和沙化面积经过治理呈现减少的态势，但年复一年的水土流失和土地荒漠化加速了本已十分珍贵的土地资源的丧失，对农业可持续发展造成了非常不利的影响。在这样的耕地资源的紧约束下，中国农业现代化面临着严峻的挑战。

其次，水资源短缺严重地影响着中国农业生产，制约农业现代化的进程。水资源对农业生产的重要性可通过灌溉对粮食安全的影响来体现，中国 75% 的粮食作物生长在灌溉土地上（Jin and Young，2001）。中国的水资源与耕地资源存在同样的不利条件（Shao et al.，2003）。中国是世界缺水国家之一。据水利部计算，中国工业、农业、生活及生态环境总需水量在中等干旱年为 6988 亿立方米，供水总量 6670 亿立方米，缺水 318 亿立方米，自 2010 年起中国进入严重缺水期，并将于 2030 年出现缺水高峰。《中国水利年鉴》统计，2008—2012 年中国平均水资源量为 2.7 万亿立方米，人均占有量约为 2018 立方米，不及世界人均占有量的四分之一。中国的水资源在时空上分布不均匀且在全球气候变化的影响下变化愈加复杂，总体下降趋势难以扭转。然而，随着中国人口规模的增长，近年来用水量却在不断增长。2015 年全国用水量 6180 亿立方米，比 2000 年的 5530.7 亿立方米增加 649.3 亿立方米；其中农业用水量也在同时增加，但占比总体上呈下降趋势。工业化、城镇化与农争水的局势日益紧迫。目前，中国农田灌溉率还比较低。2011 年全国农田有效灌溉面积为 9.25 亿亩，仅占 18 亿亩耕地的 51.4%，约半数的农田存在“靠天吃饭”的现象。2012 年因干旱全国农田成灾面积达 5265 万亩。此外，根据中国科学院农业政策研究中心的调查，1995—2005 年，井灌区 77% 的村地下水位都呈现了下降趋势。在下降的村中，年均下降速度为 1.02 米；甚至于还有 14% 的村水位下降幅度已经超过了国家警戒线（1.5 米 / 年）。从流域层面来看，水位下降是很多流域面临的普遍问题（曹建民等，2009）。

值得注意的是，中国耕地和水资源分布不一致，往往是有水的地方地少、有地的地方水少。由于气候原因，农业用水在时间上也出现了不平衡，受到干旱、洪涝以及旱涝急转的影响较大。同时，水污染问题逐渐突出，导致部分地区的农业发展面临严重的污染性缺水。这些状况进一步强化了耕地和水资源短缺对农业发展的约束。

（三）农产品数量质量安全问题严峻

随着中国工业化和城市化的快速推进、人口增加以及人民生活水平的提高，中国农产品的供需形势一直处于波动的紧平衡状态之中，供给压力还将继续存在。农产品质量问题还十分严峻。

首先，中国主要农产品的供求持续紧平衡状态，部分农产品结构性短缺凸显。主要表现在以下几个方面：一是粮食自给率下降。在粮食供给方面，尽管中国粮食连年增产，实现了十连增，但由于需求的刚性增长，粮食自给率明显下降，已从 20 世纪 90 年代的 99.6%（农业部软科学课题组，2001），下降到 2010 年的 90% 左右[1]，突破了过去承诺的不低于 95% 的底线（陈锡文，2011）。2000 年以来，中国粮食基本处于净进口状态，2013 年，中国谷物约净进口 1358.4 万吨，增 4.8%。2004 年是中国农产品国际贸易的转折点，农产品贸易由顺差创汇阶段进入逆差状态，此后连续 9 年中国农产品进出口一直处于贸易逆差状态（如图 0-2），并呈现出逆差扩大趋势。二是部分农产品结构性短缺凸显。大豆在 90 年代后期开始净进口并大豆进口量从逐年递增，2016 年大豆净进口 8378 万吨，同比增长 2.72%。在棉花供给方面，中国自 2002 年入世后，棉纺制品出口量剧增，国内棉花生产供不应求，棉花进口量大幅增加。2001 年中国成为棉花净进口国，2003 年成为世界第一大棉花进口国，

[1] 2010年中国大豆进口5480万吨，接近1100亿斤，中国把大豆算作粮食，从这个角度看中国进口的粮食差不多相当于国产粮食的10%，也就等于过去承诺的粮食的自给率不低于95%的线实际上已经被突破了。

2004 年以后，棉花进口量更是大幅度增长，2013 年达到 450.0 万吨；2014 年后，中国棉花进口数量开始减少，2016 年进口棉花数量将至 90.0 万吨。

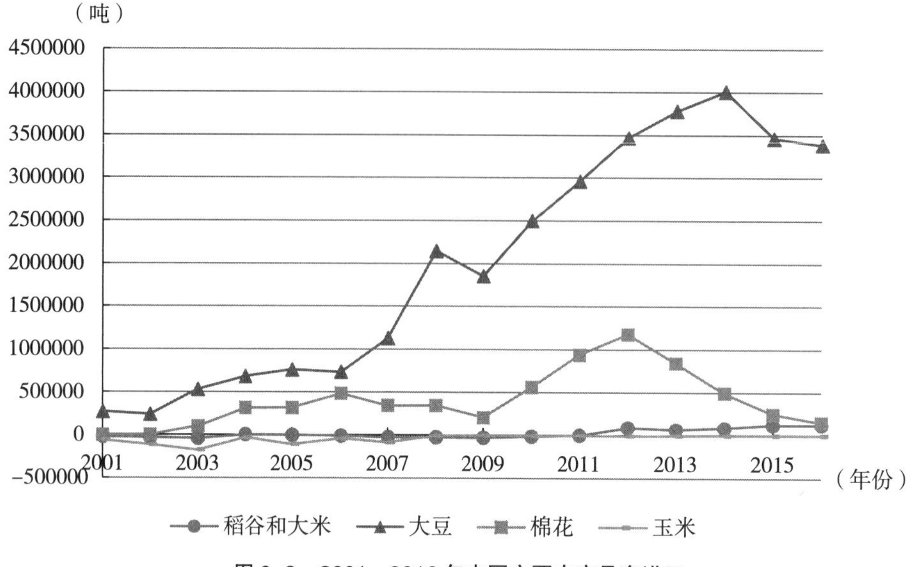

图 0–2　2001—2016 年中国主要农产品净进口

数据来源：海关总署，单位（万美元）。

其次，农产品质量问题突出。近年来，各种农产品质量安全事件充斥于公众的视野内，如红心鸭蛋、多宝鱼、毒豇豆、毒韭菜、瘦肉精、速生鸡、镉大米等食品安全事件不绝于耳。据研究表明，中国每年因食用农药污染的食品而发生农药中毒的人数年均近 20 万人，约占食物中毒总人数的 1/3（倪艳华等，2005）。中国农产品质量安全突出表现在以下几个方面。

一是随着农药的大量以及不合理使用，中国食品农药残留问题日益显露（武文涵等，2010）。根据姚建仁（2004）的研究，中国每年农药中毒者超过 10 万人，死亡约 1 万人。近几年来，随着政府治理力度的逐渐增强，农产品农药残留合格率逐步提高；但是农业农药使用量却仍在增加，农药残留对农产品安全的威胁依然存在。

二是农产品重金属超标。农药、化肥的投入使用不仅通过残留物对农产品安全造成了直接威胁，而且还通过残留在土壤、水体或大气中的绝大部分，通过生态循环系统进入动植物体内，构成食品安全的隐性威胁。全国至少有 1/5 的耕地受到重金属的严重污染，且每年被重金属污染的粮食多达 1200 万吨（课题组，2006）。赵其国（2004）的研究表明南京、苏州、无锡三市基本农田保护区重金属超标率几乎达 100%；南京、无锡的产品中重金属铅、汞、镉超标率分别达到 66.7%、33.3%、25%。李秀兰、胡雪峰（2005）研究表明 2003—2004 年上海市宝山区蔬菜铅和镉等重金属超标率分别达到 81. 97% 和 54.1%。

三是动植物激素的投入使用构成了新的安全问题。目前，许多地区的蔬菜生产中大量采用激素助长与催熟。然而这些激素的使用直接构成了产品安全问题。根据终南山（2004）的研究，近年来肠癌、妇女宫颈癌和卵巢癌发病率的上升与农产品中大量生长剂、催熟剂、保鲜剂的残留有直接关系，而且这些激素类物质还会导致青少年早熟。动物激素的使用同样也会造成食品不安全。例如“瘦肉精”，它能加快生猪生长，提高瘦肉率，但是有着严重的毒副作用。这些毒副作用之所以能被“及时”发现，是因为“瘦肉精”的有效成分本身是治疗哮喘的一种药物，经过几十年的临床实验，最终人们才发现它的毒副作用（倪国华等，2012）。目前，还有大量的动植物激素正在推广使用，其中绝大部分的毒副作用还不明确，这些对农产品的质量安全的构成了新的威胁。

三、"三个导向"与新型农业现代化道路的科学内涵

正如上文所述，以解决好地怎么种、解决好地少水缺的资源环境约束和满足吃得好吃得安全为导向的新型农业现代化道路是由中国特殊的国情与农情决定的。针对这"三个导向"，一号文件分别提出了加快构建新型农业经营体系、深入推进农业发展方式转变和大力发展优质安全农产品的政策方向以构建新型农业现代化道路，其逻辑框架如图 0-3 所示。"三个导向"不仅紧密联系中国实际情况，也与新型农业现代化道路之间存在着深刻的科学内涵。

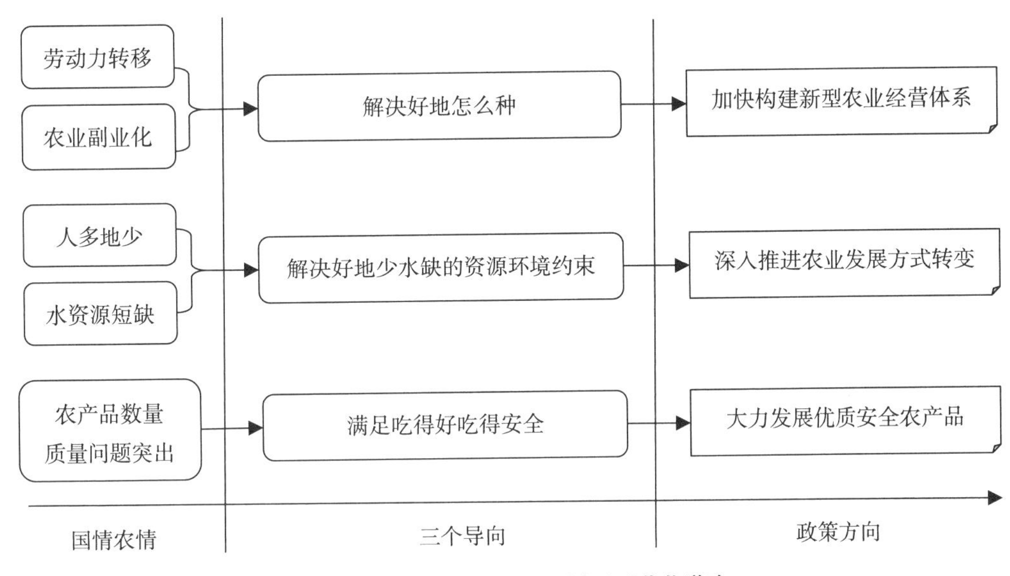

图 0-3 "三个导向"与新型农业现代化道路

（一）解决好地怎么种与构建新型农业经营体系

面对中国农业生产出现的"谁来种地"与"怎么种地"等新问题，党的十八大报告指出："……培育新型经营主体，发展多种形式规模经营，构建集约化、专业化、组织化、社会化相结合的新型农业经营体系。"十八届三中全会指出："坚持家庭经营在农业中的基础性地位，推进家庭经营、集体经营、合作经营、企业经营等共同发展的农业经营方式创新。"2014 年中央一号文件从四大方面对本年度新型农业经营体系的构建进行了政策部署。

首先，新型农业经营主体是对农村基本经营制度的丰富与发展，是解决未来中国农业"由谁来种地"的重要途径。随着农业人口的大量转移，农业生产急需要有新的主体来承担。在这样的背景下，专业大户或家庭农场、农民专业合作社和农业企业等新型农业经营主体应运而生。相比传统家庭农户而言，新型农业经营主体更具有生产技术、资金上的优势（苑鹏，2003；任巧巧，2005；汤文华等，2013）。新型农业经营主体的出现，改变了过去中国农业生产单纯地由农户承担的局面，是对家庭经营的补充和升华，肩负着农业经营的历史重任，是未来中国农业生产的生力军。

其次，新型农业经营主体产生于农村土地流转背景下，承担着农业适度规模经营的历史重任，能够有效解决"怎么种地"问题。农业逐渐副业化的根本原因在于中国人多地少的基本国情，绝大多数农户承包经营的耕地规模细小且高度分散，生产效率低，农业经营收入难以提高。进入新世纪以后，中央多次重申鼓励土地承包经营权流转，尤其是十七届三中全会强调家庭承包经营制度"长

久不变”后，农户转出和转入土地的愿望更加强烈了。另一方面，改革开放以来，在农村职业分化过程中形成了一支庞大的种田能手队伍，他们的种植规模只有达到一定限度后才能获得和外出务工或经商相接近的收入水平，客观上产生了转入土地的强烈需求。二者的有机结合，极大地推进了土地流转。因此，通过流转承包耕地的经营权实行土地经营规模的家庭农场、专业大户、土地股份合作社等，便在这一领域应运而生。随着土地流转的进一步推进，新型农业经营主体不断流入土地，历史性地承接了中国农业适度规模经营的重任。农业部经管司的统计数据显示，截止到2013年年底，全国流转耕地中，流转入农户、合作社和企业的分别占比61.8%、18.9%和9.7%，和2011年年底的67.2%、13.4%和8.4%相比较，流转到合作社好企业的比例明显提高。通过土地流转形成的新型农业经营主体适度规模经营的农业方式逐步建立，实现了中国农业制度的重大创新，初步解决了“谁来种地”和“怎么种地”的问题。目前，在中国的1.67亿纯农户中，有一半左右为专业农户，而商品农产品主要是由专业农户生产的。专业大户或家庭农场是专业农户中的佼佼者，而农民合作社和农业企业主要是为专业农户服务的，是连接专业农户和市场的主要桥梁。新型农业经营主体的出现，使农业经营者变得有利可图，使农业变成体面的产业，使“怎么种地”问题迎刃而解。

最后，农业社会化服务体系是新型农业经营体系的重要组成部分，是促进新型农业经营主体培育与发展的重要保障措施。新型农业经营主体的形成及其重要地位，要求农业社会化服务体系的建设必须转变思路，从为一般农户服务转变为主要为新型农业经营主体服务，兼顾一般农户，从而保证农产品的商品化生产，逐步提高农业现代化水平。国内外的实践表明，农业经营主体的专业化水平越高，对社会化服务的需求就越大。目前，中国的新型农业经营主体尚处于发展的初期阶段，土地流转规模以及在流转过程中经常出现的纠纷仍然是制约其健康发展的重要因素，一些主要环节的服务（如贷款、保险、对病虫害的统防统治等）还远没有到位。构建兼有社会化服务功能的新型农业经营体系正是出于对以上事实的考虑。

（二）解决好地少水缺的资源环境约束与深入推进农业发展方式转变

中国农业生产一直面临着地少水缺的资源约束，为满足国内日益增长的农产品需求，中国农业走上了一条以农药、化肥替代土地资源的生产道路。这种农业生产方式在短期内的确能对农业增产起到作用，但是严重不可持续，面临着两个突出性的问题。

首先，化肥农药要素投入避不开边际报酬递减规律的约束。按照现代经济学理论，在技术水平不变的条件下，增加要素投入所带来的边际报酬是一个先增后减的过程。尽管粮食作物增产与化肥施用量增加高度相关，但随着化肥的大量使用，化肥的肥效快速下降，其直接表现为化肥促进粮食产量增加的效率下降。有研究指出，随着氮肥施用量的增加，水稻产量渐增，但增势减缓，到最高产量后，继续增加氮肥施用量，产量转而下降且肥料成本增加引发净收入减少（朱兆良，2006）。长期过量使用化肥会造成耕地贫化、土地板结和水土流失，这些是导致氮肥肥效迅速下降的主要原因。农药的使用也没能避开边际报酬递减规律。有学者研究结果表明1996—2008年农药使用量对粮食产量的回归系数在-10.664到0.978之间，变化不大，说明粮食产量几乎不受农药使用量的影响（张立超、翟印礼，2010）。此外，相关研究也表明，减少农药使用量并不影响农作物产量（生态农业简报，2010）。

其次，化肥农药的过量使用导致了严峻的环境与安全问题。从国际比较看，中国氮肥施用量是美国的3倍，是法国的1.5倍，是德国的1.6倍（孟宪江，2005），单位农田的氮肥施用量远远高于世界发达国家的用量（程存旺等，2013）。1998—2011年，中国农药施用量从123万吨增加到178.7万吨，且普遍存在使用高毒性农药的现象。农药化肥施用量持续增加，为增加粮食产量做出一定贡献的同时，在局部地区成为农业面源污染的来源。2010年，国家相关部门对31个省（区、市）的274个农村“以奖促治”村庄开展了环境质量监测。结果表明，空气质量总体良好，地表水总体为中度污染，氨氮、高锰酸盐就是其中主要污染物之一。正如上文所述，农药化肥的大量使用已经造成了当下中国严重的农产品质量安全问题。

因此，面对中国农业生产中的自然资源约束与当前所出现的突出问题，深入推进农业发展方式转变业已刻不容缓。转变农业发展方式涉及方方面面，要重点在以下几个方面实现根本性转变（韩长斌，2010）。

第一，促进农业发展由主要依靠资源消耗向资源节约型、环境友好型转变。缓解当前中国农业面临的资源环境约束，从根本上改善农业生态环境，必须转变过去粗放的农业发展方式。要采取综合措施，切实加大农业资源和生态环境保护力度，深入推进农业生态文明建设，坚决执行最严格的耕地保护制度和集约节约用地制度，推广农业节本增效技术，发展循环农业，提高资源利用效率，减少面源污染，促进资源永续利用和农业永续发展。

第二，促进农业生产条件由主要“靠天吃饭”向提高物质技术装备水平转变。物质技术装备水平既是现代农业的重要标志，也是提高农业综合生产能力的关键环节，更是加快转变农业发展方式的重要条件。过去中国农业生产是以农药化肥的大量投入替代耕地资源的不足，如今转变农业生产方式是要以科学技术的投入替代耕地资源的不足。这就包括需要用现代科学技术改造传统农业，推进农业机械化，建立农业防灾减灾体系，逐步提高农业科技进步的贡献率，提升农业抵御自然风险的能力。

第三，促进农业劳动者由传统农民向新型农民转变。当前中国农村劳动者文化素质还普遍偏低，相对缺乏适应发展现代农业需要的新型农民。提高农业劳动者的文化素质是改造传统农业，提升农业生产效率的有力方式（Schultz，1980）。因此，发展农村职业教育，积极开展农民培训，切实加强农村实用人才开发必然要成为转变农业生产方式的重要内容。

（三）满足吃得好吃得安全与大力发展优质安全农产品

正如2013年中央农村工作会议所指出，中国是个人口众多的大国，解决好吃饭问题始终是治国理政的头等大事。因此，面对中国农产品严峻的数量质量安全问题，吃得好与吃得安全关系着千家万户的切身利益。从实践来看，大力发展优质安全农产品是保障人民群众吃得好吃的安全的重要途径。

首先，保障国内农产品数量安全供应需要大力发展农业产业，尤其是大力发展优质安全农产品。受城乡居民生活水平提高等因素影响，中国农产品需求呈刚性增长态势。据测算，到2020年粮食自给率要稳定在95%以上，全国每年大体增加粮食需求400万吨、肉类80万吨、植物油50万吨（韩长斌，2010）。因此，在今后的一段时间内国内农产品的供给压力依然存在，形势也十分严峻。其中，最重要的是必须保障粮食的本国自给。要按照2014年中央一号文件的要求，实施“以我为主、立足国内、确保产能、适度进口、科技支撑”的国家粮食安全战略，“确保谷物基本自给、口粮绝对安全”。中国人的饭碗任何时候都要牢牢端在自己手上，并且主要装中国的粮食。一个国家只有立足粮食基本自给，才能掌握粮食安全主动权，进而才能掌控经济社会发展大局。在此基础上，充分利用国际市场，适当进口，调剂余缺。

从实践来看，大力发展优质安全农产品是保障国内农产品充足供给的重要方式。2003—2007 年，中国实施了“优势农产品区域布局规划”，规划实施以来在提升优势区域综合生产能力上都取得了积极效果。据农业部统计，九大粮食优势产业带对全国粮食增产的贡献率超过 85%，为粮食“十连增”作出了突出贡献，为保障国家粮食安全、确保主要农产品基本供给发挥了重要的支撑作用[1]。因此在未来一段时间内，为保障农产品的供应，还必须继续大力发展优质农产品，通过科技手段培育良种，坚持科技兴粮为主攻方向，通过科技手段为农业增产增效。

其次，保障农产品质量安全也需要发展优质安全农产品。食品安全源头在农产品，基础在农业，必须正本清源，首先把农产品质量抓好，确保广大人民群众“舌尖上的安全”也是新型农业现代化道路的必然要求。食品安全，首先是“产”出来的，要把住生产环境安全关，治地治水，净化农产品产地环境，切断污染物进入农田的链条。这些都是发展优质安全农产品的重要内容。实践也证明了发展优质安全农产品也是保障农产品质量安全的重要举措。2003—2007 年优势农产品规划实施以来，农产品质量水平得到了较大提升。一是优势农产品品种品质结构不断优化。2007 年，水稻、小麦、玉米、大豆四大粮食品种优质化率分别达到 72.3%、61.6%、47.1%、70.3%，分别比 2002 年提高了 21 个、31.2 个、23 个和 24.4 个百分点；苹果、柑橘优质化率由 30% 分别提高到 55% 和 50%；牛肉、羊肉优质化率分别达到 35%、30%。二是优势农产品质量安全水平持续提高。无公害、绿色、有机农产品稳步发展，“三品”大米生产面积分别达到 5000 万亩、3000 万亩、50 万亩，无公害大米认证品牌近 500 个；生猪“瘦肉精”污染检测合格率达 98.4%，比 2002 年提高了 5.6 个百分点；水产品产地药残抽检合格率稳定在 95% 以上[2]。因此，必须大力实施《优势农产品区域布局规划（2008—2015）》《全国现代农业发展规划（2011—2015）》《新一轮“菜篮子”工程建设指导规划（2012—2015）》，以科学保障安全，以制度促进安全，以政策引导安全。

四、实施新型农业现代化道路的政策建议

“三个导向”为内涵的新型农业现代化道路是基于中国国情农情进行的制度设计，对推动中国农业发展，促进“四化同步”具有战略性意义。针对加快构建新型农业经营体系、深入推进农业发展方式转变和大力发展优质安全农产品的新型农业现代化道路的具体举措，我们提出如下政策建议。

首先是逐步建立起以家庭承包经营为基础，以专业大户、家庭农场为骨干，以专业合作社和龙头企业为纽带，以各类社会化服务组织为保障的新型农业经营体系（孙中华，2013）。一是加快培养新型职业农民。拓宽培训渠道与形式，开展职业教育培训，扩大阳光工程和农村实用人才培训规模，广泛开展种粮大户、养殖大户、家庭农场经营者和合作社带头人等培训。研究制定职业农民的认定标准，并作为培育和扶持的依据。二是大力发展专业大户、家庭农场。探索不同生产领域专业大户、家庭农场的认定标准，新增农业补贴重点向认定的专业大户、家庭农场倾斜。鼓励和支持承包土地向专业大户、家庭农场流转。三是加快发展农民合作社。鼓励农民兴办专业合作和股份合作等多元化、多类型合作社。建立示范社评定机制，分级发布示范社名录，把示范社作为政策扶持重点。四是做强农业产业化龙头企业，积极推动龙头企业与农户、合作社合作，走农业企业与农户、合作社

[1] 农业部《全国优势农产品区域布局规划（2008—2015年）》。
[2] 农业部《全国优势农产品区域布局规划（2008—2015年）》。

共赢的协同发展道路。五是加快培育经营性农业服务组织，完善农业社会化服务新机制。从市场准入、税收扶持、金融支持、人才引进、土地流转等方面加大政府对新型农业经营主体的扶持，推动农业社会化服务主体多元化、市场化发展。

其次是多措并举深入推进农业发展方式转变。一是实施最严格的耕地、水资源保护制度，建立资源节约型农业模式。严守 18 亿亩耕地红线，划定永久基本农田，建立严厉的惩罚措施；切实实施最严格水资源管理制度，管好水资源三条红线。二是积极推进农业科技创新和应用。科技是农业生产摆脱对资源环境过度依赖的重要方式。因此要加大财政资金对农业基础研究、科技储备上投入，制定农业科技创新与应用鼓励措施。以节地、节水、节肥、节药、节种、节能，资源综合循环利用为重点，开发农业节约型技术。三是继续加大农业机械化投入，在实施农机补贴的基础上，扶持农机服务组织发展，进一步提高农机装备水平和服务能力。四是强化农业基础设施建设，切实改变“望天吃饭”的生产状况。强调建设高标准农田和改造中低产田，继续将农田水利设施建设列入农业基础设施建设的重中之重。

最后是建立鼓励政策，推动优质安全农产品发展。一是大规模开展粮食高产创建活动，鼓励集成推广良种良法，通过提高单产水平来克服耕地资源限制，保障农产品安全供应。二是积极推进农业结构调整，实施优势农产品区域布局规划，提升高效经济作物和园艺产业、现代畜牧水产业的比重，加快形成优势突出和特色鲜明的农产品产业带。三是加快发展无公害农产品、绿色食品和有机农产品，实行规模化种养、标准化生产、品牌化销售和产业化经营，进一步提升农产品质量安全水平。四是建立安全优质农产品生产者补贴与奖励政策，新增农业补贴扩大对优质农产品主产区的投入，保护和调动农民务农种植优质农产品和地方政府重农的积极性。五是用最严谨的标准、最严格的监管、最严厉的处罚、最严肃的问责，确保广大人民群众“舌尖上的安全”。食品安全，也是“管”出来的，要形成覆盖从田间到餐桌全过程的监管制度，尽快建立农产品追溯体系，实施更为严格的食品安全监管责任制和责任追究制度，使权力和责任紧密挂钩。

参考文献:

［1］Aimin Chen, Jie Gao. Urbanization in China and the coordinated Development Model—The case of Chengdu original Research Article［J］. The social Science Journal, 2011, 48(3): 500-513.

［2］Chenery, Hollis B. The Structuralist Approach to Development Policy［J］. American Economic Review, 1975 , 65(2): 310-315.

［3］Clark Colin. The conditions of economic progress［M］. London: Macmillan, 1957: 26-27.

［4］Davis James C., J. Vernon Henderson. Evidence on the political economy of the urbanization process［J］. Journal of Urban Economics, 2003(53): 98-125.

［5］De Brauw A., Huang J K, Rozelle S. The evolution of China’s rural labor markets during the reform［J］. Journal of comparative economics, 2002, 30(2): 329-353.

［6］Dixit A., Stiglitz J. E. Monopolistic Competition and Optimum Product Diversity［J］. American Economic Review, 1977, 67(3): 252-284.

［7］Evans N., Morris C., Winter M. Conceptualizing agriculture: a critique of post-productivism as the new orthodoxy［J］. Progress in Human Geography, 2002, 26(3): 313-332.

[8] Giuliani E., C. Pietrobelli, R. Rabellotti. Upgrading In Global Value Chains: Lessons From Latin American Clusters [J]. World Development,2005, 33(4): 549–573.

[9] Goldsmith R. Financial Structure and Development [M]. New Haven: Yale University Press, 1969.

[10] Gorden Bovenberg. Why is Capital so Immobile Internationally: Possible Explanations and Implications for Capital Income Taxation [Z]. NBER working paper, 1994.

[11] Grossman G. M.,E. Helpman. Quality Ladders and Product Cycles [J]. The Quarterly Journal of Economics, 1991, 106(2): 557-586.

[12] He Xiao-ying, Li Fei, Guo Bei. Loss of Ecological Value in Farmland during Farmland Conversion: A Case Study of Shaanxi Province [J]. Asian Agricultural Research, 2012, 4(10) : 34-37, 41.

[13] Henderson J V. Urbanization and economic development [J]. An-nals of Economics and Finance, 2003(4): 275-341.

[14] Henderson, J. V. Urbanization in China: Policy Issues and Options [Z]. China Economic Research and Advisory Program. Working Papers, http: //www. econ. brown. edu/faculty/henderson/papers. Html, 2007.

[15] Hoff, Karla, Joseph E., Stiglitz. Imperfect information and rural credit market [J]. The World Bank Economic Review, 1990(3): 235-250.

[16] Jin L., Warren Y., Water Use in Agriculture in China: Importance, Challenges, and Implications for Policy [J]. Water Policy, 2001, 3(3): 215-228.

[17] Jirong Wang, Eric J., Wailes, A Shadow-Price Frontier Measurement of Profit Efficiency in Chinese Agriculture [J]. American Journal of Agricultural Economics, 1996,78(1):146-156.

[18] Johns Ahlquist. Economic Policy, Institutions, and Capital Flows: Portfolio and Direct Investment Flows in Developing Countries [J]. International Studies Quarterly, 2006, 50(4): 961.

[19] Jorgenson D. W. Surplus Agricultural Labor and the Development of a Dual Economy [J]. Oxford Economic Papers, 1967, 19(3): 288-312.

[20] King R., R. Levine. Finance and Growth: Schumpeter Might Be Right [J]. The Quarerly Journal of Economics, 1993(3): 681-737.

[21] Laura Alfaro, Sebnem Kalemli-Ozcan, Vadym Volosovych. Why Doesn't Capital Flow from Rich to Poor Countries? An Empirical Investigation [Z]. Harvard University Woking paper, 2006.

[22] Lewis W.A. Economic development with unlimited supplies of labor [J]. Manchester School of Economic and Social Studies,1954(22): 139-191.

[23] Robert E. Lucas, Jr. On the mechanics of economic development [J]. Journal of Monetary Economics, 1988(49): 783-792.

[24] Moritz Schularick. A tale of two 'globalizations' : Capital Flows from Rich to Poor in Two Eras of Global Finance [J]. International Journal of Finance and Economics, 2006,11(4): 339-354.

[25] Porter M. E. The Competitive Advantage of Nations [M]. Basingstoke, UK: Macmillan,1990.

[26] Portes Richard, Rey Helene. The Determinants of Cross-border Equity Flows [J]. Journal of International Economics, 2005,65(2): 269-296.

[27] Rajan R., L. Zingales. The Politics of Financial Dvelopment [Z]. mimeo, University of Chicago, 1999.

[28] Reardon T., C. P. Timmer, B. Minten. The Supermarket Revolution in Asia and Emerging Development Strategies to Include Small Farmers [Z]. PNAS: Proceedings of the National Academy of Science, 2010.

[29] Schularick Moritz, Steger Thomas M. The Lucas Paradox and the quality of institutions: then and now [Z]. Free University Berlin Woking paper, 2008.

[30] Schultz Theodore W. Nobel Lecture: The Economics of Being Poor [J]. Journal of Political Economy, 1980, 88(4): 639-651.

[31] Sebnem Kalemi-Ozcan, Ariell Reshef, Sorensen, Yosha. Net Capital Flows and Productivity: Evidence from U. S. States [J]. IIIS Discussion Paper, 2005.

[32] Sebnem Kalemli-Ozcan, Ariell Reshef, Bent E. Sorensen, Oved Yosha. Why Does Capital Flow to Rich States? [J]. The Review of Economics and Statistics, 2010.

[33] Secular et al. The Urban-Rural Income Gapand Inequality in China [J]. Review of Income and Wealth, 2007.

[34] Shao X., Wang H., Wang Z. Inter-basin Transfer Projects and Their Implications: A China Case Study [J]. International Journal of River Basin Management, 2003,1(1): 5-14.

[35] Smith Adam. An Inquiry into the Nature and Causes of the Wealth of Nations [M]. Oxford: Clarendon Press, 1776.

[36] Stiglitz J.E., Weiss A. Credit Rationing in Markets with Imperfect Information [J]. American Economic Review, 1981(3): 393-410.

[37] Van der Ploeg, J. D. Renting, H. Brunori G. Rural development: From practices and policies towards theory [J]. Sociologia Ruralis, 2000, 40(4): 391.

[38] Yao Yang. The Development of the Land Lease Market in Rural China [J]. Land Economics, 2000,76(2): 252-266.

[39] 曹建民，王金霞．井灌区农村地下水水位变动：历史趋势及其影响因素研究 [J]．农业技术经济，2009(4): 92-98.

[40] 曾福生，高鸣．中国农业现代化，工业化和城镇化协调发展及其影响因素分析——基于现代农业视角 [J]．中国农村经济，2013(1): 24-39.

[41] 曾福生，吴雄周，刘辉．论中国目前城乡统筹发展的实现形式——城镇化和新农村建设协调发展 [J]．农业现代化研究，2010(1): 19-23.

[42] 曾福生．中国现代农业经营模式及其创新的探讨 [J]．农业经济问题，2011(10): 4-10+110.

[43] 陈锡文，韩俊，赵阳．中国农村公共财政制度：理论政策实证研究 [M]．北京：中国发展出版社，2005.

[44] 陈锡文．中国特色农业现代化的几个主要问题 [J]．改革，2012(10): 5-8.

[45] 陈锡文．构建新型农业经营体系刻不容缓 [J]．求是，2013(22): 38-41.

[46] 程存旺，石嫣，温铁军．氮肥的真实成本 [J]．绿叶，2013(4): 77-88.

[47] 邓宏海．关于中国农业发展战略的问题 [J]．农业经济问题，1981(11): 30-35.

[48] 董志凯．以新型“四化”推动经济持续发展 [J]．当代中国史研究，2013(1): 13-16.

[49] 杜辉．中国农业支持目标体系构建研究：诱致性创新理论视角 [J]．农业经济，2011(11): 3-5.

[50] 高强，孔祥智．中国农业社会化服务体系演进轨迹与政策匹配：1978—2013 年 [J]．改革，2013(4): 5-18.

[51] 高强，刘同山，孔祥智．家庭农场的制度解析：特征，发生机制与效应 [J]．经济学家，2013(6): 48-56.

[52] 高天云．知识化农业：21 世纪中国农业的发展方向 [J]．辽宁教育学院学报，2000(4): 32-33.

[53] 顾焕章，王培志. 论农业现代化的涵义及其发展 [J]. 江苏社会科学，1997(1): 30-35.
[54] 国际统计信息中心课题组. 1999—2001 年中国各地区信息化水平测评与比较研究 [J]. 统计研究，2004(3): 3-11.
[55] 国家统计局. 中华人民共和国 2012 年国民经济和社会发展统计公报 [EB/OL]. http://www.stats.gov.cn/tjgb/ndtjgb/qgndtjgb/t20130221_402874525. htm, 2013-2-22.
[56] 韩俊. 大力推进"三化"同步发展 [J]. 中国合作经济，2011(6): 7-8.
[57] 韩俊. 统筹城乡经济社会发展改变城乡二元结构 [J]. 红旗文稿，2003(12): 14-18.
[58] 韩俊. 中国食物生产能力与供求平衡战略研究 [M]. 北京：首都经济贸易大学出版社，2010.
[59] 韩长斌. 加快推进农业现代化，努力实现"三化"同步发展 [J]. 农业经济问题，2011(11): 4-7.
[60] 韩长斌. 加快推进农业发展方式转变 [N]. 经济日报，2010-10-18.
[61] 韩长斌. 农业部部长韩长斌谈土地流转和适度规模经营 [EB/OL]. 中国农业信息网，2013-7-24.
[62] 何爱，曾楚宏. 诱致性技术创新：文献综述及其引申 [J]. 改革，2010(6): 45-48.
[63] 何广文. 农村金融改革成效及深化改革路径 [J]. 中国农村信用合作，2008(10): 22-24.
[64] 胡鞍钢. 新型工业化与发展：专家谈走新型工业化道路 [M]. 北京：经济科学出版社，2003: 149-152.
[65] 胡瑞法，梁勤，黄季焜. 中国私部门农业研发投资的现状和变化趋势 [J]. 中国软科学，2009(7): 28-34.
[66] 黄季焜等. 粮食直补和农资综合补贴对农业生产的影响 [J]. 农业技术经济，2011(1): 4-12.
[67] 黄宗智，彭玉生. 三大历史性变迁的交汇与中国小规模农业的前景 [J]. 中国社会科学，2007(4): 74-88+205-206.
[68] 黄祖辉，金铃，陈志钢，喻冰心. 经济转型时期农户的预防性储蓄强度：来自浙江省的证据 [J]. 管理世界，2011(5): 81-92.
[69] 黄祖辉，徐旭初. 大力发展农民专业合作经济组织 [J]. 农业经济问题，2003(5): 41-45+80.
[70] 黄祖辉，俞宁. 新型农业经营主体：现状，约束与发展思路——以浙江省为例的分析 [J]. 中国农村经济，2010(10): 16-26+56.
[71] 黄祖辉. 在农业转型中完善创新农业经营制度 [J]. 农村经营管理，2012(3): 24-25.
[72] 黄祖辉等. 农业现代化：理论，进程与途径 [M]. 北京：中国农业出版社，2003：1-6.
[73] 黄祖辉，邵峰，朋文欢. 推进工业化、城镇化与农业现代化协调发展 [J]. 中国农村经济，2013(1): 8-14+39.
[74] 霍利斯・钱纳里，莫尔塞斯・塞尔昆. 发展的格局 [M]. 李小青等译. 北京：中国财政经济出版社，1989: 22-23.
[75] 姜爱林. 城镇化，工业化与信息化协调发展研究 [M]. 北京：中国大地出版社，2004: 234-235.
[76] 蒋和平，辛岭等. 中国特色农业现代化建设机制与模式 [M]. 北京：中国农业出版社，2013: 63.
[77] 蒋省三，刘守英. 土地制度改革与国民经济成长 [J]. 管理世界，2007(9): 1-9.
[78] 课题组. 中国农业污染的现状及应对建议 [J]. 国际技术经济研究，2006(4): 17-21.
[79] 孔祥智，方松海，庞晓鹏等. 西部地区农户禀赋对农业技术采纳的影响分析 [J]. 经济研究，2004(12): 85-96.
[80] 孔祥智，李圣军. 试论中国现代农业的发展模式 [J]. 教学与研究，2007(10): 9-13.
[81] 孔祥智，楼栋，何安华. 建立新型农业社会化服务体系：必要性，模式选择和对策建议 [J]. 教学与研究，2012(1): 39-46.

[82] 孔祥智 , 毛飞 . 农业现代化的内涵，主体及推进策略分析［ J ］. 农业经济与管理 , 2013(2): 9-15.
[83] 孔祥智 , 王志强 . 中国城镇化进程中失地农民的补偿［ J ］. 经济理论与经济管理 , 2004(5): 60-65.
[84] 孔祥智 . 当前农村小城镇发展中存在的主要问题和对策建议［ J ］. 管理世界 , 2000(6): 156-164.
[85] 孔祥智 . 若干国家农业现代化的经验教训与发展趋势［ J ］. 行政论坛 , 2000(5): 40-43.
[86] 孔祥智 . 中国农村小城镇建设：现状，问题与对策［ J ］. 农业经济问题 , 2001(3): 47-52.
[87] 孔祥智 . 中国农业现代化道路的选择［ J ］. 调研世界 , 1999(11): 16-19.
[88] 孔祥智 . 农业农村发展新阶段的特征及发展趋势［ J ］. 农村工作通讯 , 2012(2): 46-48.
[89] 孔祥智 . 培育新型农业经营主体［ J ］. 山东财政学院学报 , 2013(5): 5-10.
[90] 黎雪林 , 吕永成 . 中国各地区信息化水平的综合评价与分析［ J ］. 统计与预测 , 2003(5): 8-10.
[91] 李炳坤 . 发展现代农业与龙头企业的历史责任［ J ］. 农业经济问题 , 2006 (9): 4-8+79.
[92] 李小建 , 修晨 , 张建华 . 用现代发展理念引领和发展农业［ J ］. 中州学刊 , 2009(2): 50-52.
[93] 李秀兰 , 胡雪峰 . 上海郊区蔬菜重金属污染现状及累积规律研究［ J ］. 化学工程师 , 2005(5): 36-38.
[94] 刘巽浩 , 任天志 . 中国农业（农村）现代化与持续化指标体系的研究［ J ］. 农业现代化研究 , 1995(5): 287-291.
[95] 楼栋 , 孔祥智 . 新型农业经营主体的多维发展形式和现实观照［ J ］. 改革 , 2013(2): 65-77.
[96] 卢昆 , 郑风田 . 财政支农科技投入与中国粮食综合生产能力［ J ］. 社会科学研究 , 2007(1): 33-37.
[97] 卢良恕 . 21 世纪的农业和农业科学技术［ J ］. 科技导报 , 1996(12): 3-8.
[98] 罗必良 . 关于农业组织化的战略思考［ J ］. 农村经济 , 2012(6): 3-5.
[99] 罗必良 . 缩小城乡收入差距的城镇化战略［ J ］. 农村经济 , 2013(1): 9-11.
[100] 马九杰 , 吴本建 . 利率浮动政策，差别定价策略与金融机构对农户的信贷配给［ J ］. 金融研究 , 2012(4): 155-168.
[101] 马晓河 , 蓝海涛 , 黄汉权 . 工业反哺农业的国际经验及中国的政策调整思路［ J ］. 管理世界 , 2005(7): 55-63.
[102] 马晓河 . 积极推进城镇化释放内需潜力［ J ］. 前线 , 2013(1): 33-36.
[103] 毛飞 , 孔祥智 . 中国农业现代化总体态势和未来取向［ J ］. 改革 , 2012(10): 9-21.
[104] 孟宪江 . 解决农资问题的第三条出路——兼谈中国农业生产方式的变革［ N ］. 经济日报 , 2005-5-14.
[105] 倪国华 , 郑风田 . 粮食安全背景下的生态安全与食品安全［ J ］. 中国农村观察 , 2012(4): 52-58.
[106] 倪艳华 , 李忠阳 . 食品农药污染现状及监督管理对策［ J ］. 中国卫生监督 , 2005(1): 58-60.
[107] 农业部编写组 . 农业农村有关重大问题研究［ M ］. 北京：中国农业出版社 , 2013.
[108] 农业部经管司 经管总站 . 2011 年农村土地承包经营及管理情况［ J ］. 农村经营管理 , 2012(5): 24.
[109] 农业部课题组 . 农业农村经济重大问题研究［ J ］. 北京：中国财政经济出版社 , 2011.
[110] 钱忠好 . 关于中国农村土地市场问题的研究［ J ］. 中国农村经济 , 1999(1): 10-15.
[111] 乔金亮 . 全国家庭农场达 87.7 万个［ N ］. 经济日报 (7 版), 2013-6-5.
[112] 任巧巧 . 基于 SWOT 分析的农业企业发展战略选择［ J ］. 农业经济问题 , 2005(4): 68-72.
[113] 生态农业简报 . 内部资料 , 2010(3).
[114] 速水佑次郎 , 弗农・拉坦 . 农业发展的国际分析［ M ］. 郭熙保 , 张进铭等译 . 中国社会科学出版社 , 2000.
[115] 孙永强 , 万玉琳 . 金融发展，对外开放与城乡居民收入差距——基于 1978—2008 年省际面板数据

的实证分析［J］. 金融研究 , 2011(1): 28-39.
［116］孙中华 . 加快构建新型农业经营体系［J］. 农村经营管理 , 2013(1): 1.
［117］汤文华 , 段艳丰 , 梁志民 . 一种新型农业经营主体：家庭农场——基于新制度经济学的分析视角［J］. 江西农业大学学报 (社会科学版), 2013(2): 186-190.
［118］万宝瑞 .“三化”统筹发展是实现共同富裕的根本途径——关于重庆市“三化”统筹发展的调研［J］. 农业经济问题 , 2012(2): 4-6.
［119］王国敏 , 赵波 . 中国农业现代化道路的历史演进：1949—2010［J］. 西南民族大学学报 (人文社会科学版), 2011(12): 207-212.
［120］王佳友 , 曾福生 . 小规模家庭经营对农业现代化的影响分析［J］. 湖南农业大学学报 (社会科学版), 2011(1): 20-25.
［121］王培刚 . 当前农地征用中的利益主体博弈路径分析［J］. 农业经济问题 , 2007(10): 34-40+111.
［122］王兴稳 , 钟甫宁 . 土地细碎化与农用地流转市场［J］. 中国农村观察 , 2008(4): 29-34+80.
［123］温涛 , 冉光和 , 熊德平 . 中国金融发展与农民收入增长［J］. 经济研究 , 2005(9): 30-33.
［124］温涛 , 熊德平 .“十五”期间各地区农村资金配置效率比较［J］. 统计研究 , 2008(4): 82-89.
［125］沃尔特・威尔科克斯 . 美国农业［M］. 刘汉才译 . 北京：农业出版社 , 1979.
［126］武文涵 , 孙学安 . 把握食品安全全程控制起点——从农药残留视角看中国食品安全［J］. 食品科学 , 2010(19): 405-209.
［127］西奥多・W. 舒尔茨 . 改造传统农业［M］. 梁小民译 . 北京：商务印书馆 ,1987: 4-8.
［128］西蒙・库兹涅茨 . 现代经济增长：事实和思考［J］. 美国经济评论 , 1973(6).
［129］徐更生 . 关于市场经济条件下中国粮食问题的思［J］. 世界经济与政治 , 1994(8): 28-32.
［130］许大明 , 修春亮 , 王新越 . 信息化对城乡一体化进程的影响及对策［J］. 经济地理 , 2004(2): 221-225.
［131］姚建仁 . 点击农药污染［J］. 中国农村科技 , 2004(7): 15-17.
［132］姚洋 . 集体决策下的诱导性制度变迁——中国农村地权稳定性演化的实证分析［J］. 中国农村观察 , 2000(2) : 11-19+80.
［133］于转利 . 当代中国农业现代化发展现状及存在的问题［J］. 经济研究导刊 , 2010(30): 28-29.
［134］苑鹏 . 农民专业合作经济组织：农业企业化的有效载体［J］. 农村经营管理 , 2003(5): 4-7.
［135］张红宇 .“老人农业”难题可以破解［J］. 农村工作通讯 , 2011(14): 37.
［136］张立超 , 翟印礼 . 中国农业投入产出的关系研究［J］. 统计与决策 , 2010(14): 79-80.
［137］张小林 . 城乡统筹：挑战与抉择［M］. 南京：南京师范大学出版社 , 2009.
［138］张晓山 . 走中国特色农业现代化道路——关于农村土地资源利用的几个问题［J］. 学术研究 , 2008(1): 75-79.
［139］赵其国 . 现代生态农业与农业安全［J］. 科技与经济 , 2004(1): 58-64.
［140］中国科学院国情分析研究小组 . 两种资源两个市场——构建中国资源安全保障体系研究［M］. 天津：天津人民出版社 , 2001.
［141］终南山 . 食品安全问题已经是一个很严重的问题，如果不采取相应的解决办法，再过 50 年，很多人将生不了孩子［N］. 南方日报 , 2004-3-27.
［142］朱兆良 . 推荐氮肥适宜施用量的方法论刍议［J］. 植物营养与肥料学报 , 2006(1): 1-4.

第1章 “四化”同步及其测度

第1节 “四化”同步的内涵

一、从“三化”同步到“四化”同步

2010年，党的十七届五中全会通过《中共中央关于制定国民经济和社会发展第十二个五年规划的建议》首次提出“在工业化、城镇化深入发展中同步推进农业现代化”。2011年，国家“十二五”规划纲要中明确提出要“在工业化、城镇化深入发展中同步推进农业现代化”。“三化同步”作为我国把握现代化发展规律、着眼我国经济社会发展全局的一个重大战略要求和历史任务确定下来。同时，“三化同步”进一步明确了我国构建新型工农、城乡关系的方向和目标。对于我国推进社会主义现代化协调发展和提高农业现代化水平具有重大而深远的指导意义。

2012年11月8日，党的十八大报告指出：“要坚持走中国特色新型工业化、信息化、城镇化、农业现代化道路，推动信息化和工业化深度融合、工业化和城镇化良性互动、城镇化和农业现代化相互协调，促进工业化、信息化、城镇化、农业现代化同步发展。”十八大首次在“三化”同步的基础上，更进一步，提出要“四化”同步。2013年中央一号文件再次强调“必须统筹协调，促进工业化、信息化、城镇化、农业现代化同步发展，着力强化现代农业基础支撑，深入推进社会主义新农村建设”，强调“落实‘四化同步’的战略部署”。2014年中央一号文件再次强调“工业化、信息化、城镇化快速发展对同步推进农业现代化的要求更为紧迫，保障粮食等重要农产品供给与资源环境承载能力的矛盾日益尖锐，经济社会结构深刻变化对创新农村社会管理提出了亟待破解的课题”。强调“四化”同步下推进农业现代化的紧迫性。

相比“三化”同步，“四化”同步不仅新增加了有关信息化的内容，而且对于“四化”的结合作了全新的阐释。从“三化”同步发展到“四化”同步，表明党和政府在不同时期、不同国情下对构建新的城乡、工农关系的理解不断深入，国家发展战略有了更明确的方向和更丰富的内涵。同时，也更加注重工业化、信息化、城镇化对农业现代化的推动和影响。

二、“四化”同步的内涵

从我国发展历程看，工业化、城镇化、农业现代化一直是我国现代化建设的三条主线，而信息化贯穿于工业化、城镇化、农业现代化过程始终，是工业化、城镇化、农业现代化发展的催化剂。而工业化、信息化、城镇化、农业现代化同步发展，就是“四化”同步。其途径是“信息化和工业化深度融合、工业化和城镇化良性互动、城镇化和农业现代化相互协调”。

信息化和工业化深度融合，是产业升级的方向与动力，是实现我国经济转型的必由之路。改革

开放40多年来，我国工业化快速发展，为我国的现代化提供了强大的支撑，也逐渐缩小与西方发达国家的差距。但是，一方面传统的工业化模式也对我国的物质资源和生态环境带来了严峻的挑战，原有的粗放型经济增长模式难以为继；另一方面，信息化推动下，工业化也进入了一个新的发展阶段，传统的工业手段、设备、技术、市场经过信息技术的改造，生产力得到了质的飞跃。但是我国现在工业化还没有完全完成，又迎来了信息化浪潮。若是仍然走先工业化后信息化的老路，必然错失发展机遇，尤其在当前我国转变经济发展方式、实现产业升级的关键时刻，促进信息化与工业化深度融合，两步并作一步走，既是提高经济效率、激发增长潜力、促进经济增长的有效途径，也是转变生产方式、加快结构调整，促进经济转型的必由之路。

工业化和城镇化良性互动，是现代经济社会发展的必然要求。从经济发展史的内在逻辑看，城镇化和工业化是相伴而生的。工业化创造供给，是城镇化的经济支撑和发动机；城镇化创造需求，是工业化的空间载体和加速器。推动工业化和城镇化良性互动，既是为工业化创造条件，也是城镇化发展的内在规律，有利于实现社会经济的协调可持续发展。改革开放以来，我国的城镇化水平由1978年的17.92%提升到2016年的57.35%，年均提高约3.12个百分点，发展速度较快。尤其是近年来，城镇化步伐明显加快。2000年以来中国城镇化步伐以年均约2.99%的速度增长。但我国城镇化水平逐步提升但仍然滞后于工业化水平(陈俊梁、陈瑜，2012)。工业化和城镇化不是相互脱离、相互割裂的，而应是相互联系、相辅相成的。因此要大力促进城镇化和工业化良性互动，以工业化引领城镇化，以城镇化促进工业化，在两者互动中实现同步发展。

城镇化和农业现代化相互协调，是我国城乡一体化发展的必然趋势。随着城镇化的推进，农村富余劳动力向城镇流动，能缓解农村的土地压力，改善传统农业下紧张的人地关系，提高劳动生产率进而促进农业现代化，实现农民收入的增长，缩小城乡之间的贫富差距。而推动农业现代化，能实现农产品的有效供给，为快速发展的城镇化提供了基本保障，没有农业现代化，城镇化就会成为无源之水、无本之木，城镇化的进程就不能顺利进行。然而，长期以来，我国农业现代化始终跟不上城镇化的步伐，已经影响到了我国整个现代化的建设进程。当前城乡二元结构仍然是我国经济发展过程中最为显著的特征，城乡分割、城乡失衡是我国最大的社会结构性矛盾。城市和农村是一脉相连，加快实现城镇化和农业现代化的相互协调对于实现城乡一体化有重要作用。

“四化”之间是相互依存、互相促进，共同构成一个整体系统。工业化创造供给，城镇化创造需求，工业化、城镇化带动和农业现代化，农业现代化为工业化、城镇化提供支撑和保障，而信息化推进和加速其他“三化”。可见，促进工业化、信息化、城镇化、农业现代化同步发展的本质是实现“四化”互动。只有“四化”在互动中实现融合，在互动中实现同步，在互动中实现协调，才能实现社会生产力的跨越式发展。

三、农业现代化与其他“三化”

新中国成立之前，传统农业在我国一直占据着主导地位，人们大多都居住在乡村为，工业化、城镇化发展十分缓慢。新中国成立之后，随着劳动密集型工业、资本密集型工业迅速发展，农村劳动力不断向城镇流动，资本在城镇快速积累，农业产值和就业份额逐步下降，工业逐渐占据主导地位。从农业现代的关键点—农业劳动生产率看，随着工业化的发展，大量农村剩余劳动力向非农产业转移，农村紧张的人地矛盾逐步得到缓解。同时，随着城镇化发展，大量农村居民进入城镇，农民对土地的观念也在改变，农村土地承包权和经营权实现分离，农村土地流转加快，也进一步促进了农业规模经营。工业化、城镇化推动农村富余劳动力转移、促进农村土地流转与规模经营和农业技术进步，为农村生产集约化、专业化、组织化和社会化创造了客观条件。并且，信息化的发展也促进了农业生产与科学技术的高效结合，提高农业科技进步贡献率。这些因素的叠加，促进了我国几千年来以提高土地生产率的传统农业发展方式向提高劳动生产率的现代农业发展方式的转变。

工业化、城镇化是农业现代化的先决条件，农业现代化为工业化、城镇化提供了重要保障，信息化在工业化、城镇化以及农业现代化的过程中起到了催化剂的作用，而农业现代化则是整个经济社会发展的根本基础和重要支撑，使上述“三化”的推进速度更快、质量更高。李克强总理曾指出工业化、信息化、城镇化、农业现代化，是实现我国现代化的基本途径，这“新四化”相互联系、相互促进。工业化与信息化是发展到一定阶段的“孪生子”，其深度融合是产业升级的方向与动力；城镇化蕴含着最大的内需潜力，是现代化建设的载体；而农业现代化则是整个经济社会发展的根本基础和重要支撑。

当前，与快速推进的工业化、日新月异的城镇化和风起云涌的信息化相比，农业现代化明显滞后，是实现现代化的短板（韩长斌，2012）。“四化”同步最薄弱的环节依然是农业现代化，突出表现是农业基础仍然薄弱，农民增收仍然困难，农村发展仍然乏力。农业现代化仍将是今后一个时期内“四化”同步发展的重点和难点。新时期新形势下如何推动“四化”同步，事关我国现代化建设的成败。

第2节 农业现代化与“三化”的互动关系

一、工业化与农业现代化

工业化通常被定义为工业(特别是其中的制造业)或第二产业产值(或收入)在国民生产总值(或国民收入)中比重不断上升，以及工业就业人数在总就业人数中比重不断上升的发展过程。在这个过程中，工业化促进传统农业向现代农业的转变。这种转变主要在投入方式与发展方式上。在投入方式上，从主要依靠以高劳动投入为主逐渐转向以机械、化肥、农药等现代要素投入为主；在发展方式上，从以提高土地生产率为主逐渐转向以提高劳动生产率为主。

（一）工业化促进农业投入方式转变

传统农业发展方式的特点是农民投入世代使用的各种农业生产要素，并带来低收益率（舒尔茨，1964），而现代农业发展方式的特点则是投入机械、化肥等现代生产要素，建立起与技术变迁相适应的制度，并带来相应的土地生产率，尤其是劳动生产率、全要素生产率（TFP）增长。现代农业发展方式就是将现代要素投入农业来替代传统要素（Schultz，1971）。从这个角度上说，在新中国成立之前的中国五千年历史里，我国是一个不折不扣的传统农业大国。

传统农业生产主要依靠增加劳动时间提高土地生产率，但随着工业化的发展，农村劳动力向非农产业大规模转移。农业就业人口比例持续下降，在2016年下降到27.7%(见图1-1)，为进一步缓解农村人地关系、改变农业相对要素价格、促进农业生产组织与制度变迁提供了机会（刘守英等，2013）。

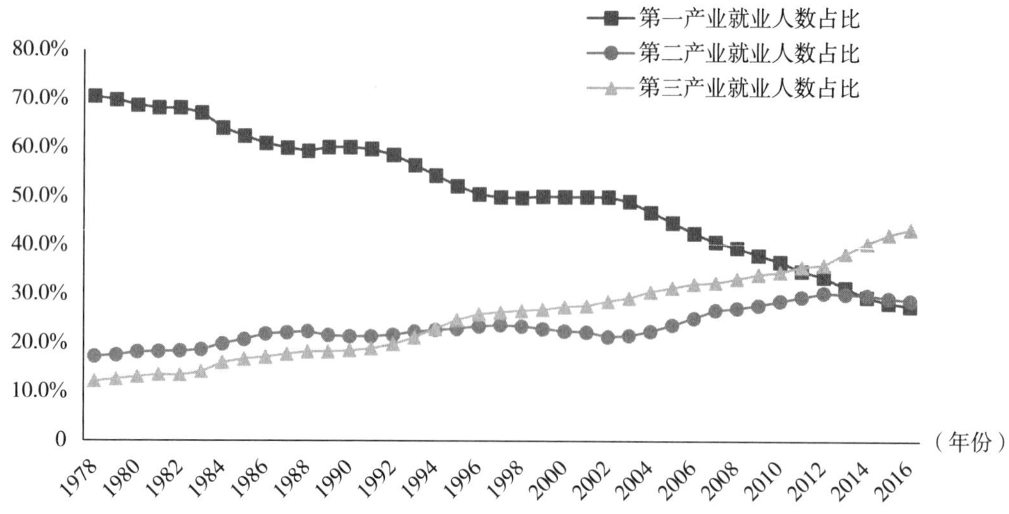

图 1-1 1978 年以来三次产业就业人数占比的变化情况

数据来源：历年《中国统计年鉴》。

从事农业劳动力人数减少和整个农村人口的绝对量减少，农民务工收入上升，我国农业依靠高劳动强度提高农业产出的模式发生重大改变。最显著的变化是：农作物用工成本上升、用工数较少。人工成本近 10 年的增速很快。三种粮食平均人工成本从 2004 年 14.17 元 / 天增加到 2015 年的 79.72 元 / 天，增长了 5.5 倍多（见图 1-2）。雇工工价折算从 2004 年的 22.51 元 / 天增加到 112.39 元 / 天，年均增长 16.0%；家庭用工价折算也从 2004 年的 13.70 元 / 天增加到 2015 年的 78.00 元 / 天，年均增长 17.5%。

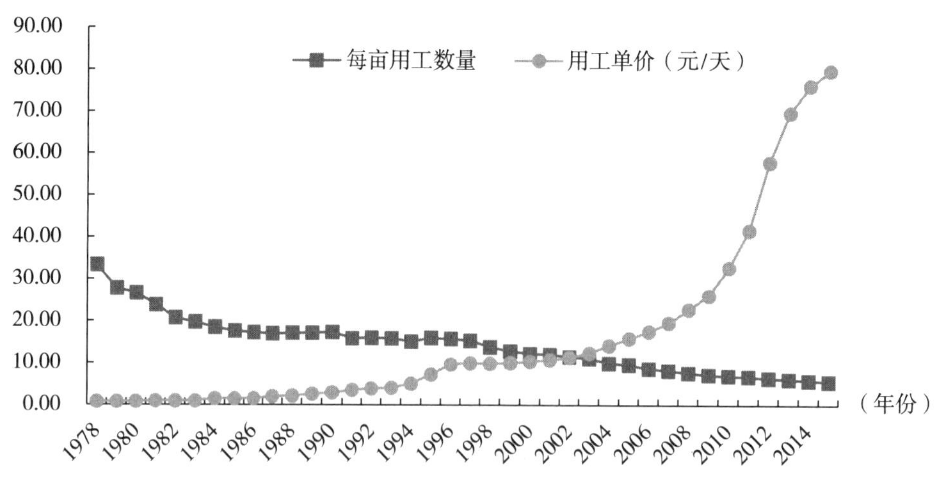

图 1-2 1978—2015 年三种粮食平均生产人工成本与用工数量变动情况

数据来源：历年《全国农产品成本收益资料汇编》《建国以来全国农产品成本收益资料汇编1949-1997》；用工单价等于每亩用工成本折价除以每亩用工数量。

与之形成鲜明对照的是，农业机械投入增加与机械化水平提高。改革开放以来，全国的农业机械总动力增长迅速。1978—2002 年，全国农用机械总动力从 1.17 亿千瓦增加到 5.79 亿千瓦，年均增长 6.9%。2003 年以来，全国农用机械总动力保持高速增长，从 2002 年年末的 5.79 亿千瓦增加到 2016 年年底的 9.72 亿千瓦（见图 1-3）。2000 年以来全国各种主要农业机械拥有量增长迅速，这是支撑农业机械总动力高速增长的重要条件。2012 年全国农用机械总动力超过 10 亿千瓦，2016 年农作物综合机械化水平达到 66%。

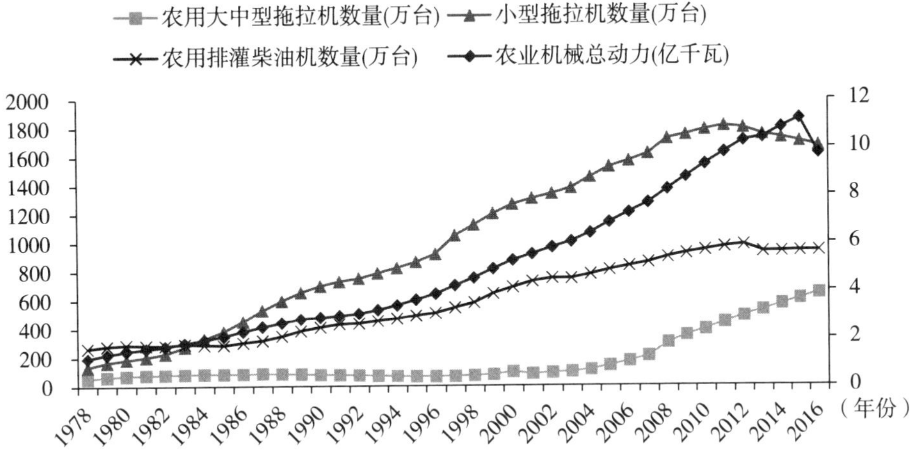

图 1-3 1978—2016 年全国主要农用机械及机械总动力增长情况

数据来源：国家统计局网站。

（二）工业化促进农业发展方式转变

在工业化之前，我国由于有大量富余劳动力存在，资本稀缺，农业发展方式一直以提高土地生产率为主。尽管在 21 世纪以前，随着工业化发展，我国已经有条件加大良种、化肥、抗病虫害技术等现代要素投入来促进农业增长，同时，2016 年全国农用化肥施用量比 1990 年提高 131.04%，农药使用量提高 132.98%。但总体上说，仍然是以提高土地生产率为主，而非提高劳动生产率。

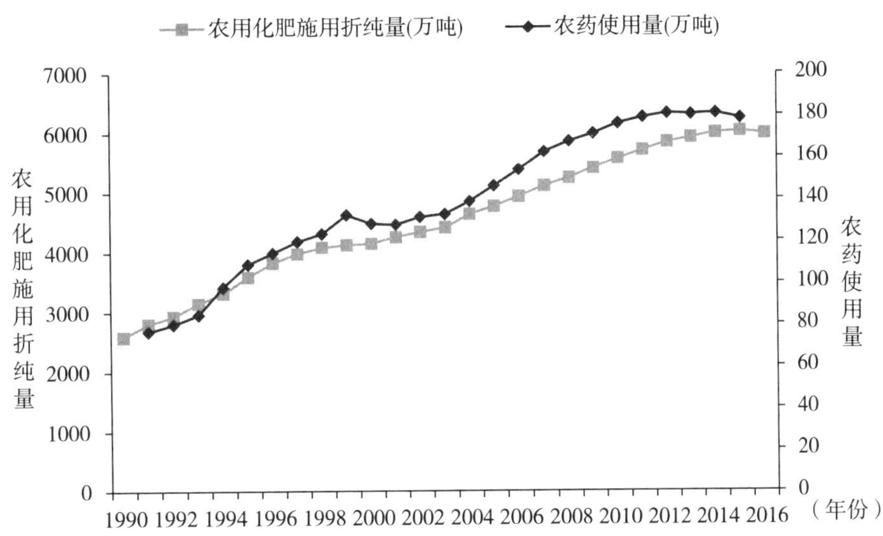

图 1-4 1990 年以来我国农药使用量、农用化肥施用量

数据来源：国家统计局网站。

21 世纪以来，随着劳动力成本上升，机械对劳动的替代上升，农业发展方式逐步转向以提高劳动生产率为主。而自 2004 年以来，农村劳动力的负增长让新中国成立以来持续加大的人地压力得到缓解，2016 我国人地比率提高到 3.44 亩 / 人左右（农用地与乡村人口的比值），也为我国提高劳动生产率，进一步转变农业发展方式奠定基础。

另一方面，工业技术和工业产品广泛应用于农业，促进农业经济增长的同时，环境污染也越来越严重。过度施用化肥、农药造成土壤污染，焚烧秸秆造成大气污染和土壤氮、磷、钾缺失，畜禽粪便大量排放造成水体污染，温室农业产生的塑料等废弃物对环境造成污染等，农业的可持续发展前景受到拷问，转变农业经济发展方式迫在眉睫。必须实现高产高效与资源生态永续利用协调兼顾，促进农业现代化。

（三）农业现代化为工业化发展提供有力支撑

农业是国民经济发展的基础，农业现代化为工业化发展也提供必要的支撑。

一是农业现代化保障农产品对非农产业的供应。工业化发展的任何阶段，都离不开农产品的基本供应，随着农业现代化的推进，农产品结构优化、农业劳动生产率提高，能保障农产品的有效供给，满足工业化对农产品日益增加的需求，为工业化所需的多样化原料提供有力支撑，保障工业化的大规模发展。

二是农业现代化有助于人力资本进入工业领域。农村富余劳动力能向非农产业转移，从而能释放大量劳动力进入工业领域，丰富且廉价的劳动力，为工业化的发展提供充足的人力资本，推动工业化的快速发展。过去 30 多年中国经济高速增长就是在农业劳动力大规模转移和低劳动力成本的进入工业的背景下产生的。在这一段时期，农业从业人员占从业人员总数比重从 1978 年 70.5% 下降到 1992 年 58.5% 和 2014 年的 29.5%，而农民工总数从 1985 年 6700 万人增长到 2000 年约 1.5 亿，2016 年达到 2.82 亿，占到我国当年非农劳动力总数的一半左右。

三是农业现代化增加对物质装备和生产资料的需求。另一方面，农业现代化目标之一是促进农民收入增加，而农民增收能刺激农民对农业生产过程中的物质装备和工业产品产生更大需求，这也为工业化的发展提供了广阔的应用基础（见图 1-5）。

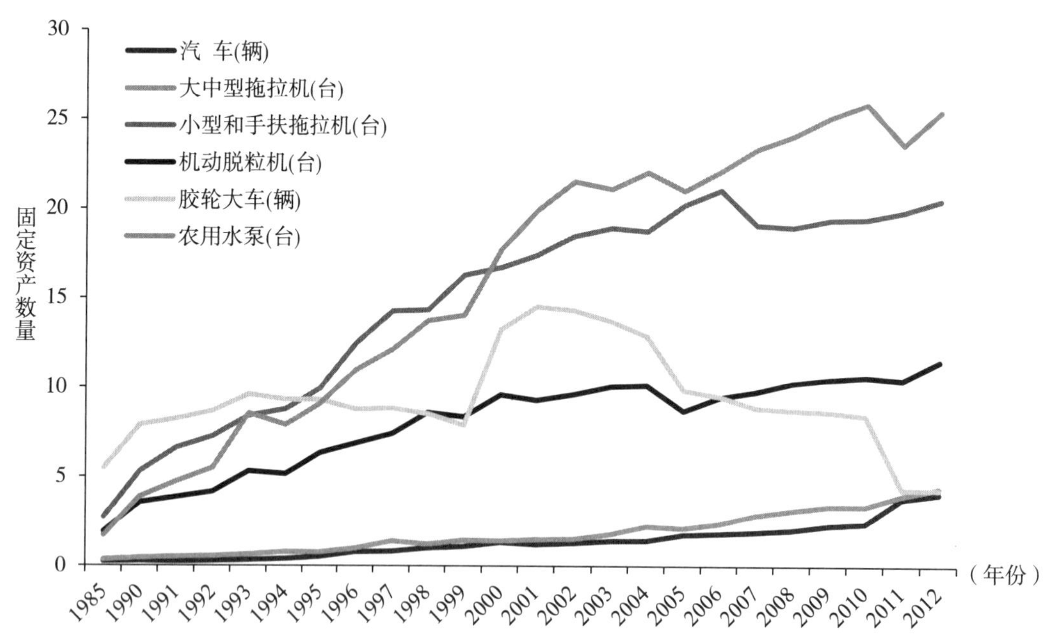

图 1-5　农村居民家庭平均每百户拥有主要生产性固定资产数量情况表（年底数）

数据来源：《中国统计年鉴》。

二、城镇化与农业现代化

改革开放以来，我国城镇化水平由 1978 年的 17.92% 逐步提升到了 2016 年的 57.35%，我国早就入城镇化高速发展时期，大量农村人口转移进入城镇，促进了经济社会快速发展（见图 1-6）。

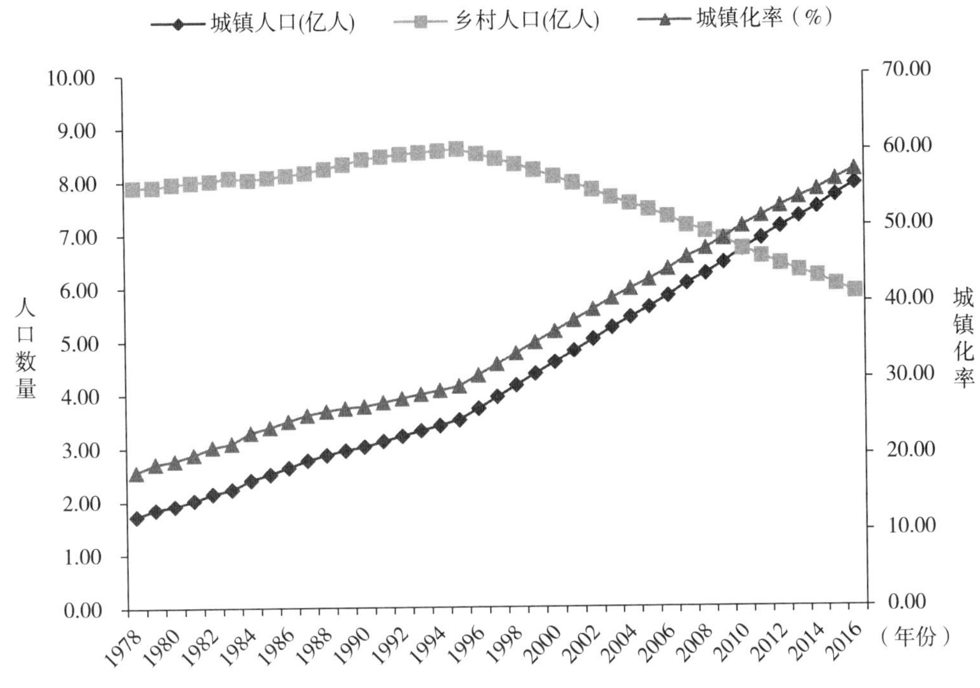

图 1-6 1978—2016 年我国城镇化率情况表（年底数）

数据来源：《中国统计年鉴》。

（一）城镇化占用农地，对保障农产品有效供应提出更高要求

在上一轮的经济增长中，大量优质耕地被消耗，长三角、珠三角从粮食主产区变成主销区。1987—2016 年，我国共征占农民土地超过 5380 万亩。根据国土资源部（现自然资源部）的统计数据，1990—2000 年，城市建设用地面积扩大 90.5%，1996—2006 年，全国耕地减少了 1.24 亿亩。可用耕地濒临 18 亿亩红线。2008 年年底全国耕地面积为 18.26 亿亩，预计“十二五”期间，全国新增建设用地需求在 4000 万~4500 万亩（2013 年至 2016 年，全国新增建设用地 2458.65 万亩）。按照 2020 年全国城镇化率达到 58%，每年 1500 万~1800 万人进入城镇，人均 100 平方米的用地计算，每年至少需要城镇用地 225 万亩，今后十年共需要 2250 万亩建设用地。

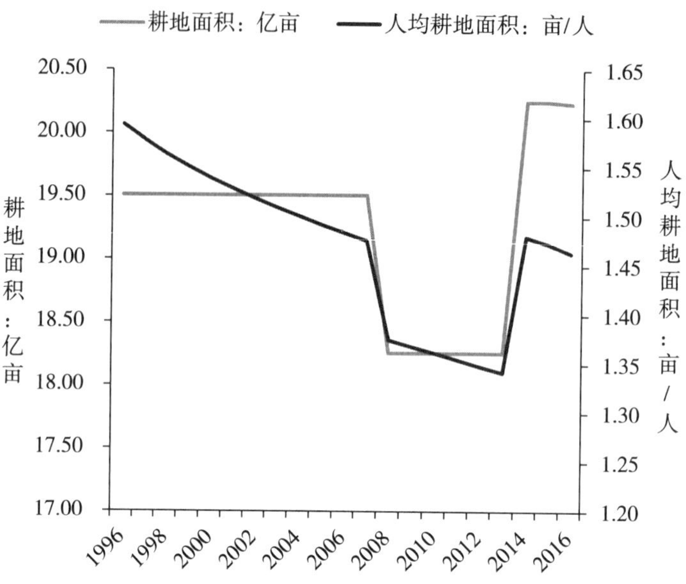

图 1-7　1996 年以来我国耕地面积和人均耕地面积

数据来源：《中国统计年鉴》。

在耕地大量减少，农业资源日益短缺的情况下，农业现代化发展，有效保障了主要农产品，尤其是粮食的供应。改革开放后，家庭承包制确立，我国粮食生产能力大幅度提升。21 世纪以来，政府的一系列强农惠农政策，促使我国进入历史上少有的粮食连续增产阶段。尤其是 2004 年以来，我国粮食产量实现“十二连增”。2016 年粮食产量达到了 61625.1 万吨的历史最高水平，比 2005 年提高 27.3%，十二年间年均增长 2.24%，粮食生产取得了巨大成就。但随着经济发展，城镇化水平提高，人们饮食结构优化等，我国粮食消费快速增长。2012 年我国粮食消费量高达 65809.5 万吨，比 2004 年提高 33.5%，消费提高幅度远远超过粮食增产幅度。2016 年，我国粮食净进口量高达 11287 万吨，粮食自给率急剧下降到 84.5%。在快速工业化城镇化下造成的耕地面积锐减的形势下，未来粮食供求缺口将更加显著，粮食安全形势非常严峻，这无疑对农产品的有效供应提出了更高要求。

面临耕地减少、水资源短缺、劳动力转移等诸多挑战，尤其是更少的耕地和农村劳动力，供养更多的城市居民这一严峻现实，倒逼我国农业生产率快速提高，这将进一步加快农业现代化进程。

（二）城镇化对农产品的需求，促进农业内部结构改善

随着城镇化水平提高，大量农村人口进城，城镇居民不断增加，人们饮食结构优化等，我国食品消费快速增长。特别是对多样化、高质量农产品需求的不断增加，直接促进了农业内部结构的改变，迫使产业结构和产品结构的优化升级，推动农业生产的规模化、市场化发展，提高农业劳动生产率，推动传统农业向现代农业的转化。据统计，1978—2016 年农业内部结构呈现出显著的变化，在农、林、牧、渔业中，农业所占的份额业份额逐步下降，而林业、牧业、渔业等份额都呈现出不同程度的增加（见图 1-8）。

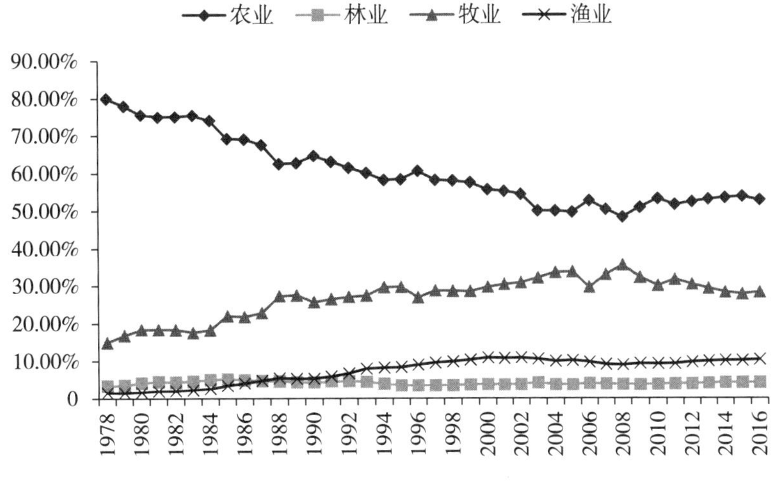

图 1-8 1978—2016 我国农林牧渔产值占比变化情况

数据来源:《中国统计年鉴》。

（三）农业现代化保障城镇化进程

农业现代化发展的同时也促进和保障了城镇化的顺利进行。首先，农业现代化一个最明显特征是农业劳动生产率提高。把大量农村富余劳动力解放出来，进一步促使农村剩余劳动力向城镇流动，推动了农村人口向城市迁徙，推动了城镇化的发展。

其次，劳动生产率提高，带来农业剩余产品增多，农产品供给得到保障，确保城镇居民的基本生活需求和国家粮食安全，保障了城镇化的顺利推进。

最后，农业劳动生产率的提高，带来农民收入的增长，进一步缩小城乡收入差距，促进城乡一体化，使得城镇化的质量得到进一步提高。

三、信息化与农业现代化

信息化不仅是各国推动经济社会发展的重要手段，也是推进农业现代化的关键手段。在现代信息社会，高科技的发展，互联网络的普及，农业信息网络已经渗入广大农民群众的生产、学习和生活中去。信息化引领支撑现代农业发展、转型、升级的方向，为其带来新型产业化经营思路、规模化经营方式、标准化生产技术、组织化生产形式。可以说，没有农业信息化就没有农业现代化。加快农业信息化建设，对于大力发展现代农业，促进农业现代化，不但十分重要，极为必要，而且非常紧迫。

（一）农业信息技术促进农业产业发展

农业信息技术先进性、泛在性的特点，让其能够融入农业各个方面和各个环节，促进生产发展。农业信息技术能够贯通市场、政府部门、企业、农户等各个环节，链接生产、销售、管理、服务等全过程，让产业发展更加智能。特别是智能农业、精确农业的兴起，能在农业资源利用、生产精细化管理、生产养殖环境监控、农产品质量安全管理与产品溯源等方面发挥作用，提升资源利用率、劳动生产率、抗病防灾率和经营管理效率，能够大大提高农业生产的标准化、集约化、自动化、产业化及组织化水平，助力农业加快实现现代化。例如，精确农业的发展就受益于空间信息技术的推广，利用卫星定位系统（GPS）、地理信息系统（GIS）和遥感（RS）（简称“3S 技术”）的理论与技术，同时结合计算机技术和通信技术可以在农作物从种植、田间管理直至最终收获全过程中，精确的观察和诊断农作物的空间差异及原因，定位、定量、定时地在每一个生产区域进行精确的灌溉、施肥、喷洒农药，优化资源的配置效率提高劳动生产率，起到减轻资源负荷和减少农业生产对环境的污染的作用，应用空间信息技术发展精确农业无疑拥有巨大的潜力。

（二）农业信息技术助推农业科技进步

科学技术是第一生产力，而农业信息技术则是农业科技的关键组成部分。衡量农业科技进步对农业总产值增长率的贡献一般采用农业科技进步贡献率这一指标。2015 年全国农业科技进步贡献率超过了 56%，农业部提出力争 2020 年全国农业科技进步贡献率达到 63%。从世界范围来看，发达国家科技在农业增长中的贡献份额平均为 70% 左右，部分发达国家高达 80%。由此可见，我国进一步提升农业科技进步贡献率还有很大的空间。

我国农业科技进步贡献率从新中国成立初期的 20% 提升到“十一五”（2006—2010）期末 52%，并在 2015 年达到 56%。我国农业科技进步贡献率在“一五”期间为 20%，虽然在“二五”期间快速下滑到负值，但在“三五”之后开始快速增长，并在“六五”期间达到 35%。“七五”期间下降到 28%，经过“八五”“九五”期间的恢复性增长，在“九五”期末达到 37%，并在“十五”期末快速增到 48%。但是，在“十二五”时期，我国农业科技进步贡献率增长放缓。在 2016 年只达到 56.2%（见图 1-9），增长速度远远低于“十五”期间。当前，传统农业发展面临着资源、环境、生态等多重约束，只有借助信息化浪潮、大力发展农业信息技术，提高农业科技水平，才能加快提升农业科技进步贡献，推进农业现代化。

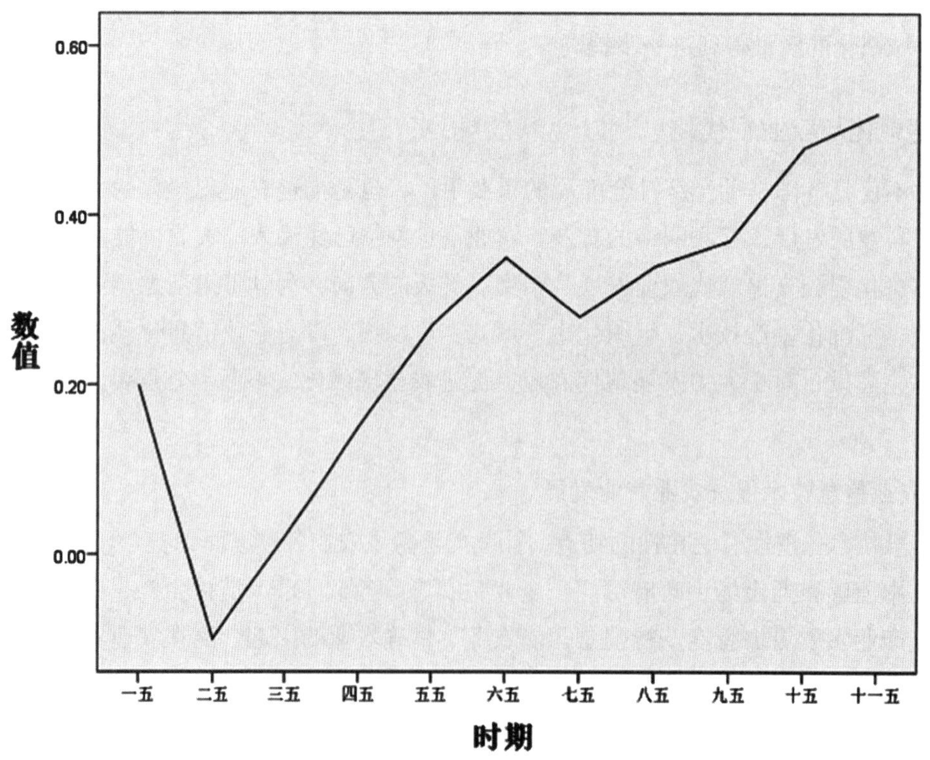

图 1–9　我国各个时期农业科技进步贡献率示意图（%）

（三）信息化降低农业物流成本

据国家发改委、统计局和中国物流与采购联合会的公布的数据，2016 年我国社会物流总费用 11.1 万亿元，同比增长 2.9%。其中，运输费用 6.0 万亿元，占 54.1%；保管费用 3.7 万亿元，占 33.3%；管理费用 1.4 万亿元，占 12.6%。我国经济运行中的物流成本依然较高，社会物流总费用与 GDP 的比率为 14.93%。社会物流总费用占 GDP 的比重是衡量一个国家物流业发展水平的重要指标。目前，发达国家物流总费用只占 GDP 的 10% 左右。

而我国农产品物流成本更高，陈文玲（2011）表示，中国的整个农产品物流环节的损耗，总的平均下来是 30%，而发达国家比如美国、日本农产品损耗是 3%，甚至在 3% 以下。据 2012 年国家农产品保鲜工程技术研究中心研究统计，我国每年生产的农产品在流通中的损失率高达 30%，而发达国家普遍控制在 5% 以下，日本果蔬在保鲜物流环节的损耗率仅为 1%~2%。王耀球（2013）认为我国果蔬产品的年损耗率达到了 34%，而且冬季的损耗率还会高于这一平均指标。过高的物流成本，成为影响我国农产品价格的一项重要因素。从粮食流通看，目前我国主要的产粮地都集中在东北地区、淮北地区和长江中下游地区，而主要销售地为北京、天津、上海以及东南沿海地区。粮食产销区空间距离过大导致了我国粮食必须进行跨省市长距离运输。粮食流通成本高居不下成为制约我国粮食供销平衡的一大问题。而蔬菜水果物流成本更高，北京的蔬菜从新发地批发市场到社区零售店的“最后一公里”物流成本，约为从山东寿光拉到北京新发地费用的 4 倍。

而基于信息技术、物联网技术的重要应用之一智能物流，可以通过建设库存监控、配送管理、安全追溯等现代流通应用系统，打造跨区域、行业、部门的物流公共服务平台，能实现电子商务与物流配送一体化管理，大幅度减少信息不对称造成的产销分立、供应链不畅等物流成本。以粮食为例，将智能物流应到粮食流通的各个环节，可以将粮食生产、收购、储存、运输、加工到销售联结成有机联系的整体，把粮食运输过程中的搬运、仓储、装卸、包装、配送串联起一条完整信息链，能有效降低粮食物流成本。

并且，基于信息技术的智能物流可以保障农产品安全管理与溯源。在食品安全备受关注的今天，智能物流在供应链各个环节的应用可以实现农产品从种植、生产、加工到运输销售的全过程质量控制，实现质量溯源，保障食品安全，降低物流成本。目前，基于信息技术，成都、青岛等地区投入较低成本，初步建立起“食品安全追溯系统”。以猪肉安全为例：进入农贸市场的猪肉安装上电子芯片，以跟踪猪肉产品的生产、加工、批发以及零售等各个环节。具体来说，就是在农贸市场的猪肉经营店配备电子溯源秤，消费者在购买猪肉时可索取含有食品安全追溯码的收银条，凭借收银条上的追溯码查询生猪来源、屠宰场、质量检疫等多方面信息。

第 3 节 “四化”同步测度

一、研究回顾

进入 21 世纪以来，我国工业化、信息化、城镇化和农业现代化（以下简称“四化”）快速发展，取得了巨大的成就，有力地推动了全面建设小康社会和现代化建设。2010 年党的十七届五中全会明确提出“在工业化、城镇化深入发展中同步推进农业现代化”，首次提出了“三化协调”的经济社会发展目标。2012 年在党的十八大报告中继而又明确作出了促进工业化、信息化、城镇化、农业现代化同步发展的战略部署。"四化同步"成为现阶段中国经济社会发展的重要战略与实践目标，也成为当前学术界讨论的热点话题。如何推进"四化同步"成为众多研究的落脚点。

促进"四化同步"发展，首先必须要明确"四化"发展的基本格局。围绕"四化"同步的基本格局，国内学者做了大量的研究，也形成了较为丰富的研究结论。例如，黄祖辉等（2013）的定性研究就指出当前中国城镇化滞后于工业化，农业现代化滞后于工业化和城镇化，并且农业现代化滞后性在进一步加剧；同时，工业化质量不高，而城镇化存在一定程度的高估。徐维祥等（2014）通过构建"四化"同步发展的评价指标体系，并以 2010 年 287 个地级及以上城市为研究对象，采用 PLS 通径模型和空间距离测度模型对我国"新四化"同步发展水平进行测度和评价。研究表明：中国"新四化"发展呈现地区间发展不均衡和地区内发展不同步的双重矛盾；总体上，城镇化落后于工业化，农业现代化发展相对滞后；信息化融合城镇化、工业化、农业现代化程度及其推动作用地区差异明显。舒季君、徐维祥（2015）基于 2000—2012 年 287 个地级及以上城市数据，采用相对发展率结合 ArcGIS 空间分析刻画了我国的"四化"同步发展水平时空分异特征，研究认为我国的"四化"同步发展水平总体呈上升趋势，但发展速度略有下降，地区间相对发展率的差异和变动引起了"四化"同步发展水平的相应变化。李裕瑞等（2014）的研究也认为"四化"各自发展水平、综合指数、耦合度、协调度均存在明显的空间差异。

还有大量的研究集中分析某几化之间的协调关系。如 Eswaran and Kotwal（2002）的研究就认为农业高产出可以加速工业化进程，然而工业生产的滞后将阻碍农业的发展。Bhaduri（2003）也得到了工农相互促进的研究结论。还有的学者指出，随着工业快速增长，农业向工业提供要素的同时，工业化还能提高城镇化水平（Golden and Hilda，1954）。但是，也有的学者指出，城镇化会导致城乡收入差距扩大，加速农地非农化，对农业可持续发展产生负面影响（Ralph et al.，2004）。国内学者，如王贝（2011）使用协整方法，分析了工业化、城镇化和农业现代化之间的动态关系，研究认为中国农业现代化与工业化、城镇化呈现出反向变动趋势，三者之间的发展严重不够协调。钱丽等（2012）探索了 1996—2010 年中国省际工业化、城镇化与农业现代化耦合协调度的时空变化差异，研究发现中国"三化"耦合协调度差异不明显，仍处于初级协调状态，而且农业现代化发展滞后是制约"三化"协调发展水平提升的主要因素。

不过，纵观这些研究，笔者认为他们在"四化"协调度的测度上还存在较大的局限性。已有的研究主要采取了如下四种测度方法：一是层次分析法（舒季君、徐维祥，2015；李裕瑞等，2014），二是耦合协调度评价模型（钱丽等，2012；徐维祥等，2014），这两种方法大多需要人为地赋予权重或熵值，得到的测算值过于主观；三是 SBM-HR 法（曾福生、高鸣，2013），这种方法是用产出技术效率值表征"四化"发展水平，然而技术效率值与"四化"发展水平却是两个不同维度的指标，就如同边际产出与总产出一般，因此这种方法在逻辑上就存在很大缺陷；四是协整检验法（王贝，2011），协整检验法测算出的仅仅是"四化"之间长期的均衡关系，是种相关关系，还不能代表"四化"的协调度。因此，提出新的科学的"四化"协调度测算方法显得尤为重要。

为此，本研究将在现有文献基础上，重新构建出"四化"发展水平指标体系，给出新的测算方法，分析并探讨当前中国"四化"同步的基本格局。更重要的是，本研究还将进一步地研究影响"四化同步"的主要因素。这一点也是目前已有研究关注较少的方面。希冀通过本文的研究提出促进"四化"同步发展的政策建议。

二、中国“四化”指标体系与协调度模型构建

（一）“四化”指标体系构建

“四化”涉及的方面较多，由于现有的“四化”同步发展水平的评价指标体系尚未统一。本文借鉴现有研究成果，构建了如表 1-1 所示的“四化”发展水平测算指标体系。在工业化指标选取上，我们选择了工业化率、工业就业率与工业劳动生产率三个指标，这三个指标是目前衡量工业化的常用指标（刘文耀、蔡焘，2014；徐维祥等，2014；舒季君、徐维祥，2015），其中工业化率反映了地区工业产值占经济比重的情况，工业就业率折射出工业吸纳就业情况，更为重要的是工业劳动生产率体现出了工业生产效率实况。在信息化指标选择中，许多研究以邮电业务量（周先波、盛华梅，2008；俞立平等，2009；谢康，2012；徐维祥等，2014）、互联网普及率（黎雪林等，2003；王瑜炜、秦辉，2014；舒季君、徐维祥，2015）表征信息化程度，这两个指标一方面反映了地区信息产业的发展情况，另一方面也能体现出信息化的普及程度，此外本文在这些研究的基础上还加入了信息就业率，表征信息产业的发达程度。在城镇化指标构建中，我们选择了人口城镇化率、非农产业比重两个常用指标（陈明星等，2009；丁志伟等，2013；徐维祥等，2014；刘文耀、蔡焘，2014；舒季君、徐维祥，2015），另外还有的研究选择了城镇人口恩格尔系数（舒季君、徐维祥，2015），但是为使研究指标具有一致的方向性，我们选择了城镇居民年人均可支配收入，用于衡量城镇化的质量。农业现代化指标选取中，我们选择了农业劳动生产率（徐维祥等，2014；李裕瑞等，2014），用于测量农业生产效率。众所皆知，农业机械化是农业现代化的重要衡量指标，为此许多研究选择了农机总动力表征农业机械化（郭震，2013；刘文耀、蔡焘，2014；徐维祥等，2014）。不过与这些研究不同的是，本文选择主要农作物耕种收综合机械化率代表农业机械化，事实上农机总动力还无法准确地衡量某一个区域真实的农业机械化实况。这是因为随着农机工业的发展，动力大小对农机作业水平能力的决定作用正在弱化，越来越多的小动力机械具有高效能的作业能力；另一方面农机跨区作业是我国农业机械化中的常态，某个地区农机总动力水平低已经不能说明其农业机械化水平低，在农机跨区作业下低农机总动力的区域依然能有高水平的机械化程度。重要的是，使用主要农作物耕种收综合机械化率比农机总动力更为直接、准确地反映出了地区农业机械的作业情况。另外，我们还选择了农村居民年人均纯收入来代表某个区域的农业现代化质量。基于以上指标选择，本文构建了 1998—2013 年全国 31 个省市区的面板数据。

表 1-1 “四化”发展水平测算指标体系

	“四化”	指标	含义
“四化”同步发展水平	工业化	工业化率	第二产业增加值/GDP
		工业就业率	第二产业从业人员数量/总从业人员数量
		工业劳动生产率	第二产业增加值/第二产业从业人员数量
	信息化	邮电业务指数	邮电业务量/邮电业从业人员数量
		互联网普及率	互联网使用人数/总人口数
		信息就业率	邮电从业人员数量/总从业人员数量
	城镇化	人口城镇化率	城镇人口/总人口
		非农产业比重	第二、三产业增加值/GDP
		城镇居民年人均可支配收入	

续表

	"四化"	指标	含义
"四化"同步发展水平	农业现代化	农业劳动生产率	第一产业增加值/农林牧副渔从业人员
		农业机械化水平	主要农作物耕种收综合机械化率
		农村居民年人均纯收入	

注：本研究的数据来源与缺失值处理方法如下：（1）第二产业增加值与GDP数据来源历年《中国统计年鉴》；第二产业从业人员数量指标中，1998—2005年，2007—2010年的来自历年《中国统计年鉴》，2006年的为2005年与2007年的平均值，2011—2013年的数值为估算值，使用2009—2010年的年平均增长率乘以2010年的数值推算出2011年的，进一步用这个年平均增长率乘以2011年数据推算出2012年的，再以这个年平均增长率乘以2012年数据推算出2013年的；总从业人员数量指标中1998-2005，2007—2010年的来自历年《中国统计年鉴》，2006年的为2005年与2007年的平均值，2011—2013年各省市区的数据根据这三年全国从业人员总数乘以2010年各地区总从业人员数量占全国的比重而来，即假设各地区2011—2013年从业人员数量占全国的比重一致。（2）邮电业务量，其中1998、2001—2013年各省市区数据来自国家统计局，1999—2000年没有分省的数据，但是《中国统计年鉴》统计了全国总数，为此我们根据1998年与2001年各省邮电业务量占全国的比重的均值作为当年各省邮电业务量占全国的比重，以此比重推算出当年各省的邮电业务量；邮电行业从业人员数据为交通运输、仓储及邮电通信业城镇单位就业人员与信息传输、计算机服务和软件业城镇单位就业人员之和，其中2003—2013年的来自历年《中国统计年鉴》，1998年、2002年《中国统计年鉴》未分别统计各省交通运输、仓储及邮电通信业城镇单位就业人员与信息传输、计算机服务和软件业城镇单位就业人员数据，但是公布了交通运输仓储和邮电通信业城镇单位就业人员数据，我们以此作为当年邮电业从业人员指标，1999—2001年数据缺失，我们根据1998—2002年的数据计算出这几年的年平均增长率，并用这个年平均增长率乘以1998年的数据推算出1999年的，进一步乘以1999年的得到2000年，再者得到2001年的；互联网使用人数、总人口数量来自历年《中国统计年鉴》。（3）城镇人口中2005—2013年的数据来源历年《中国统计年鉴》，1998—2004年的城镇人口为总人口减去乡村人口所得，1998—2004年的乡村人口数据来源《新中国农业六十年统计资料》；非农增加值为第二、三产业增加值之和，数据来源历年《中国统计年鉴》；城镇居民年可支配收入数据来自历年《中国统计年鉴》。（4）第一产业增加值来源历年《中国统计年鉴》；农林牧副渔从业人员数据中，1998—2012年的数据来自国家统计局官网，2013年的数据采用估算的方法，根据2010—2012年年平均增长率乘以2012年的数据推算出2013年的数据；主要农作物耕种收综合机械化率数据由农业部在统计测算，它的测算方法是由机耕水平、机播水平与机收水平分别按照0.4、0.3、0.3的权重加权平均，机耕水平、机播水平与机收水平数据中1998—2004年的来自《全国农业机械化统计资料汇编1949—2004》，2004—2012年的来自历年《全国农业机械化统计年报》，2013年的数据《全国农业机械化统计年报》尚未统计，该数据来自农业部内部资料；农村居民年人均纯收入来自历年《中国统计年鉴》。

（二）"四化"发展水平值测算与"四化"协调度模型构建

依据表1-1中的指标体系，我们需要首先测算出"四化"发展水平值。许多研究常采用算术平均法或专家咨询法等来确定权数（秦玫芬，2000；李裕瑞等，2014；舒季君、徐维祥，2015），但是这种方法人为因素较大。结合已有研究成果，本文提出了一种新的测算方法。下面以工业化为例介绍这种方法。

第一，对指标进行面板标准化处理。在测算中需要将各级指标数据转换成同一数量级别的无量纲数据，由于本文选择的指标均为正指标，为此本研究将使用面板标准化的方法。面板标准化公式如式（1）所示，通过（1）式处理后各变量均实现了无量纲化。无量纲化后的变量取值范围为［0，1］，为了保证变量取值都大于0，借鉴周先波、盛华梅（2008）的处理方式，我们对无量纲化的零值做了如下处理：用该指标第二小的数值的十分之一对零值做替换。

$$INFX_{it}=\frac{X_{it}-\min\{X_{it}\}}{\max\{X_{it}\}-\min\{X_{it}\}} \tag{1}$$

第二，计算"四化"发展水平值。我们分别用X_1、X_2、X_3代表工业化率、工业就业率与工业劳动生产率，这三个指标的无量纲化变量分别用$INFX_1$、$INFX_2$、$INFX_3$表征。在这里我们摒弃了用算术均值计算工业化水平的方法，而是用几何平均值，如式（2）所示。几何平均值不同于算术平均值，算术平均值基于各变量间相互并列的关系，因而采用了加法原理；但是，事实上较高的工业化率、工业就业率与工业劳动生产率是工业化的必要条件而不是充分条件，某方面的指标如工业就业率较高并不能一定就代表着较高的工业化率，也存在着工业劳动生产率较低的可能性，因而这也就决定了计算工业化时应使用乘法原理而不是加法原理（赵本东、赵宗禹，2011）。举个极端的实例，若工业化率、工业就业率与工业劳动生产率取值为（0.01，0.9，0.9），那么算术平均值的测算结果为0.603，然而几何平均值的测算结果却为0.27，这说明了几何平均值在一定程度上比算术平均值更能体现出工业化各指标间的协调性与工业化的质量，它强调了各变量的协同发展。

$$Industrialization = \rho_1 = \sqrt[3]{(\prod_{i=1}^{3} INFX_i)} \tag{2}$$

依照这种方法我们不难测算出工业化、信息化、城镇化与农业现代化的水平值，本研究分别用ρ_1、ρ_2、ρ_3、ρ_4表征。值得注意的是，本研究测算出的“四化”水平值是个相对概念，它是有时间约束的，判断的是1998—2013年这个时间内的相对水平值。倘若改变测量时间段，测算的结果会随之发生较大的改变。不过，这种分析有利于我们比较“四化”水平值在封闭时间段内的变迁，也能对“四化”间进行横向比较。

测算出工业化、信息化、城镇化与农业现代化的水平值后，我们采用工业化、信息化、城镇化与农业现代化水平值的几何平均数表征“四化”的综合水平值，记为$\bar{\rho}^*$，如式（3）所示。采用几何平均值表征“四化”的综合水平值，也是因为几何平均数比算术平均数更加强调了“四化”间的协调性。

$$\bar{\rho}^* = \sqrt[4]{(\rho_1 \rho_2 \rho_3 \rho_4)} \tag{3}$$

进一步，我们还需要测算出“四化”间的协调度，以此判断出“四化”的协调发展状况。在对“四化”协调度的测量中，许多学者借鉴了物理学中的耦合度概念（廖重斌，1999；徐大伟等，2012；钱丽等，2012；李裕瑞等，2014）。但是耦合度计算出来的数值分布区间较窄，缺乏层次性，不利于判断。为此，本研究借鉴薛红霞等（2010）、曾福生、高鸣（2013）的方法，建立评价“四化”协调度的HR模型：

$$HR = 1 - \frac{S}{\bar{\rho}} \tag{4}$$

其中，S为“四化”水平值的标准差，$\bar{\rho}$为“四化”水平值的算术平均值，即$\bar{\rho} = (\rho_1 + \rho_2 + \rho_3 + \rho_4)/4$，因而$\frac{S}{\bar{\rho}}$为变异系数，也称失衡值。如此，变异系数式可表征为：

$$C_v = \frac{S}{\bar{\rho}} = \frac{\sqrt{(\rho_1 - \bar{\rho})^2 + (\rho_2 - \bar{\rho})^2 + (\rho_2 - \bar{\rho})^2 + (\rho_4 - \bar{\rho})^2 / 4}}{\bar{\rho}} \tag{5}$$

变异系数是统计学中的重要概念，用于反映数值间的离散程度，变异系数取值越大，数值间的离散程度越高。在（4）中用1减去变异系数，不难得到数值的集中程度，即协调度。事实上，薛红霞等（2010）、曾福生、高鸣（2013）使用HR模型表征协调度基于$0 \leq C_v \leq 1$的前提条件，即保证HR的取值大于0且小于1。但是事实上C_v并不一定具备这样的性质[1]。为此，本研究对（4）式做了如（6）式的调整变换，其中$C_{v\max}$是C_v的最大值。如此就保证了$\frac{C_v}{C_{v\max}}$具备大于0小于1的性质。

[1] 本研究的测算已显示出C_v的取值范围能大于1。

$$HR=1-\frac{C_v}{C_{v_{\max}}}=1-\frac{1}{C_{v_{\max}}}\times\frac{\sqrt{(\rho_1-\bar{\rho})^2+(\rho_2-\bar{\rho})^2+(\rho_2-\bar{\rho})^2+(\rho_4-\bar{\rho})^2/4}}{\bar{\rho}} \tag{6}$$

（6）式中 HR 的数值介于 0 与 1 之间，且其值越大，说明“四化”间的协调度越好。当 $C_\rho=1$ 时，“四化”之间高度协调；当 $C_\rho=0$ 时，“四化”之间处于完全无关状态。如此，我们用 $\bar{\rho}^{*}$ 与 HR 这两个变量分别表征“四化”的综合发展水平与协调度关系。

三、中国“四化”基本格局及其协调度的描述分析

（一）中国“四化”基本格局

根据表 1-1 中的“四化”指标体系，式（1）与式（2）的测算方法，我们计算出了 1998—2013 年全国 31 个省市区的“四化”发展水平值，如表 1-2 所示。

表 1-2　1998—2013 年中国“四化”发展水平描述

年份	工业化			信息化			城镇化			农业现代化		
	最大值	最小值	均值	最大值	最小值	均值	最大值	最小值	均值	最大值	最小值	均值
1998	0.4099	0.0142	0.1550	0.1549	0.0018	0.0367	0.4519	0.0200	0.1275	0.2328	0.0007	0.0494
1999	0.4096	0.0182	0.1671	0.1839	0.0091	0.0495	0.5133	0.0399	0.1526	0.2229	0.0025	0.0510
2000	0.4256	0.0154	0.1845	0.2204	0.0166	0.0654	0.5401	0.0190	0.1716	0.2305	0.0028	0.0523
2001	0.4360	0.0523	0.1978	0.2264	0.0234	0.0727	0.5694	0.0726	0.1921	0.2280	0.0033	0.0556
2002	0.4367	0.0261	0.2068	0.2376	0.0392	0.0902	0.5800	0.0405	0.2096	0.2415	0.0044	0.0608
2003	0.4805	0.0900	0.2326	0.2747	0.0335	0.1048	0.6158	0.0198	0.2283	0.2789	0.0060	0.0676
2004	0.5103	0.0837	0.2595	0.2853	0.0363	0.1191	0.6533	0.0457	0.2446	0.3137	0.0078	0.0802
2005	0.5553	0.1005	0.2856	0.3030	0.0314	0.1321	0.7119	0.1648	0.3388	0.3593	0.0110	0.0924
2006	0.5868	0.1236	0.3115	0.3352	0.0175	0.1511	0.7426	0.1896	0.3704	0.4389	0.0140	0.1083
2007	0.6226	0.1421	0.3357	0.4444	0.0472	0.1893	0.7846	0.2231	0.4037	0.4583	0.0191	0.1258
2008	0.6465	0.1521	0.3637	0.5066	0.0825	0.2256	0.8232	0.2435	0.4360	0.5642	0.0235	0.1484
2009	0.6481	0.1630	0.3658	0.5153	0.0941	0.2516	0.8489	0.2604	0.4608	0.5986	0.0301	0.1648
2010	0.6851	0.1868	0.4039	0.5574	0.1113	0.2772	0.8852	0.2803	0.4934	0.7269	0.0408	0.1951
2011	0.7397	0.2032	0.4401	0.4509	0.0876	0.2150	0.9298	0.2966	0.5299	0.7974	0.0538	0.2266
2012	0.7650	0.2009	0.4501	0.4756	0.0879	0.2319	0.9666	0.3138	0.5634	0.7518	0.0680	0.2466
2013	0.7780	0.1782	0.4493	0.5202	0.1470	0.2703	1.0000	0.3437	0.5936	0.8241	0.0001	0.2611

注：这里的均值指算术平均值。

从表 1-2 中的数据，我们能获得如下几个结论。

第一，1998—2013 年，中国“四化”发展水平逐年持续增长。各地区工业化、信息化、城镇化与农业现代化各项指标均实现了快速增长，“四化”发展水平较 1998 年发生了重大变化。当前中国“四化”发展水平已然是 1998 年的数倍乃至数十倍。

第二，“四化”发展水平中以农业现代化和信息化增长得最为迅速。（1）1998—2013 年内，中国各地区农业现代化的平均水平值从 0.0494 快速增长到了 2013 年的 0.2611，年均增长 11.74%，超过了同时期工业化与城镇化的增长速度。值得注意的是，2004 年以来农业现代化发展得尤为迅速，其

平均水平值在2004—2013年几乎每年都能以0.02个单位持续增加，同时本时期内的年均增长率更是达到了14.01%，远高于1998—2003年的6.47%。我们认为这与2004年以来中国连续颁布十二个涉农中央“一号文件”，以及同年开启的农业补贴、实施农业税减免等重大惠农强农富农政策密切相关。这些政策的实施极大地推动了我国农业现代化的进程。（2）中国信息化起点较低，2000年以前信息化水平落后于其他“三化”。然而，进入21世纪以来中国信息化得到了突飞猛进地发展。经测算，1998—2013年间信息化水平年均增长14.24%，远大于其他“三化”的增长速度。信息化的迅速发展与同时期内中国信息科技的广泛应用与普及有着紧密的联系。

第三，横向比较“四化”各自发展水平，中国城镇化、工业化远高于信息化与农业现代化，农业现代化滞后于其他“三化”的发展。当前“四化”中，城镇化发展水平最高，工业化次之，信息化第三，农业化最低。从数值来看，信息化与农业现代化发展水平不及城镇化的50%，不及工业化的60%。“四化”之间内部差距较大。

为了进一步对中国“四化”基本格局进行分析，本研究参照张光南等（2010）的分法将中国划分成东、中、西三个地区进行比较[1]。图1-10~图1-12是东部、中部、西部三个区域“四化”发展水平值，各年份的数值为各省份的算术平均值。经比较，可知：

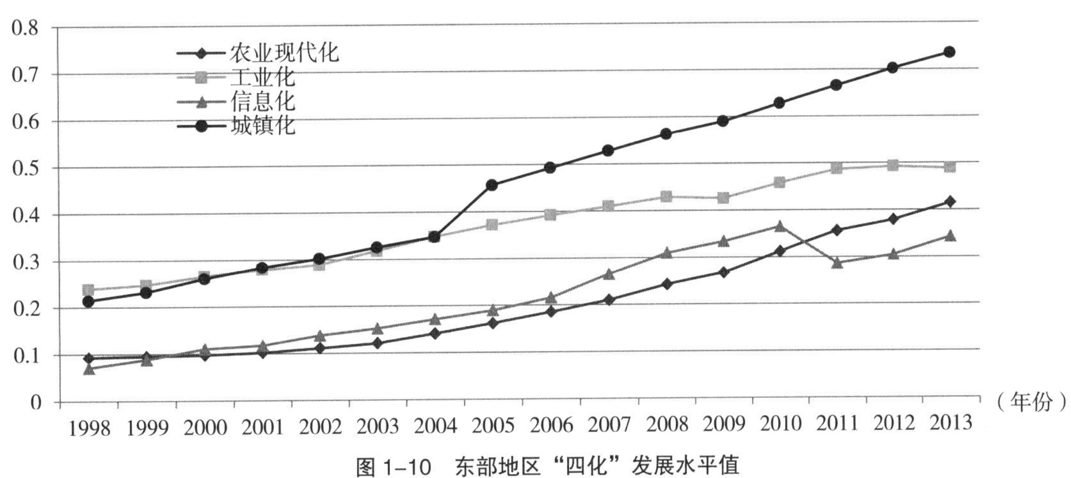

图1-10 东部地区“四化”发展水平值

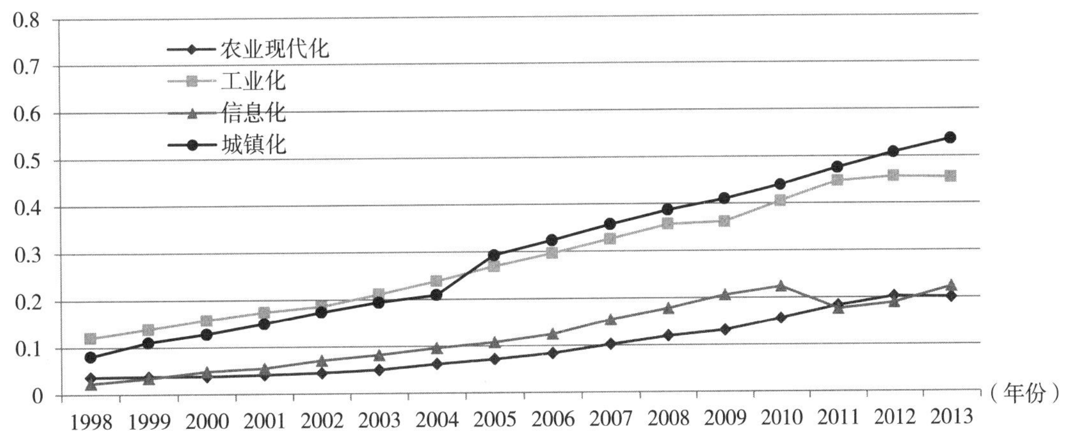

图1-11 中部地区“四化”发展水平值

[1] 具体分法是，东部地区包括北京、天津、河北、辽宁、上海、江苏、浙江、福建、山东、广东、海南（11个）；中部地区包括山西、吉林、黑龙江、安徽、江西、河南、湖北、湖南（8个）；西部地区包括重庆、四川、贵州、广西、云南、西藏、陕西、内蒙古、甘肃、宁夏、青海、新疆（12个）。

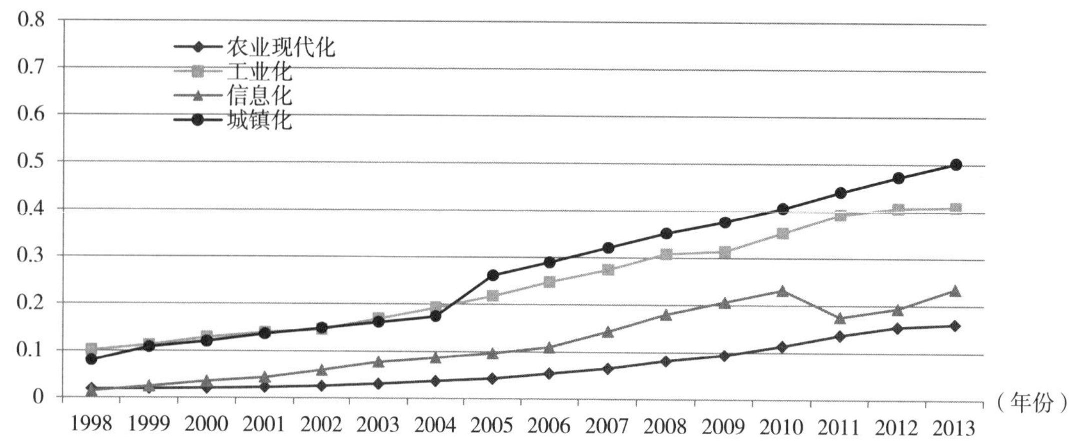

图 1–12　西部地区“四化”发展水平值

（1）中国“四化”发展失衡较为明显。横向比较，东中西部“四化”失衡的表象各有不同。2004 年前，东中西部“四化”基本格局较为相似，工业化与城镇化协调发展，信息化与农业现代化发展水平较为一致，然而两组之间的差异却十分明显；不同的是，中西部地区“四化”发展水平的起点严重落后于东部地区。2005 年始，东中西部地区“四化”发展格局逐步变化，逐渐形成了地域特征。2005 年后，东部地区城镇化快速发展，其他“三化”虽有增长，但是增长速度不及城镇化。及至今日，东部地区“四化”现状表现出了城镇化遥遥领先于其他“三化”，其他“三化”之间相对协调的基本态势。然而，中部地区城镇化与工业化始终保持着高度协调性，两者的发展水平几乎保持着同步增长的态势；中部地区信息化与农业现代化也呈现出了这样同步增长的趋势。不过，中部城镇化与工业化，信息化与农业现代化这两组之间的差距却在逐年扩大。西部地区，城镇化与工业化逐步形成差距，信息化与农业现代化的发展水平也逐渐拉开，尤其是在 2010 年前，信息化与城镇化的差距呈现出了逐年扩张的趋势，2011 年后这种差距有所缩小。值得注意的是，西部地区不仅表现出了工业化、城镇化、信息化与农业现代化四者之间的不协调性，而且还显现出了城镇化与工业化，信息化与农业现代化两组之间的组间不协调性。

（2）农业现代化发展与工业化、信息化、城镇化不协调。从图 1-10~ 图 1-12 中，我们发现无论是东部、中部还是西部地区，绝大多数年份内农业现代化发展水平都落后于其他“三化”。农业现代化的这种滞后性在西部地区表现得尤为明显。

综合这些分析，我们不难形成如下研究结论：第一，1998—2013 年中国“四化”发展较快，实现了较大突破；第二，中国“四化”发展失衡较为明显；第三，农业现代化滞后于其他“三化”是“四化”基本格局中的显著特征，这一点与主流的研究结论高度一致。

（二）中国“四化”综合发展水平与协调度

测算出工业化、信息化、城镇化与农业现代化的发展水平值后，运用公式（3）可计算出“四化”的综合发展水平。图 1-13 描绘了 1998—2013 年内各省“四化”综合发展水平的平均值。

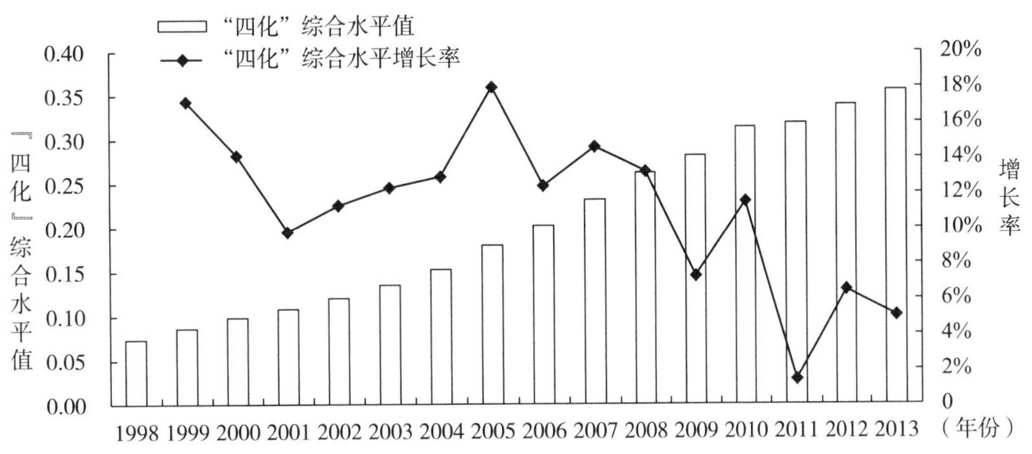

图 1-13 1998—2013 年中国“四化”综合发展水平

从图 1-13 中可知：第一，1998—2013 年，中国“四化”综合发展水平逐年递增。测算结果表明，“四化”综合发展水平从 1998 年的 0.0737 稳步增长到 2013 年的 0.3561，年均增长 11.07%. 第二，“四化”综合发展水平的增长率表现出明显的倒“U”形曲线规律，即先增后减。2001—2005 年内，增长率逐年增加，于 2005 年达到最高值；2005 年后，综合发展水平的增长率呈现出了波动下降的态势。尤其是近几年来“四化”综合发展水平的增长率已降至 16 年来的最低点。由此可见，当前中国“四化”发展已显现出了动力不足的迹象。我们认为动力不足的根源在于农业现代化滞后于其他“三化”，图 1-10- 图 1-12 充分说明了这一点。

在“四化”发展水平值的基础上，运用（7）式可测算出各省份“四化”协调度。图 1-14 展示出了代表年份全国各省份“四化”协调度的时空分布图。从图 1-14 中，我们获悉：

第一，1998—2013 年，全国各省份“四化”关系逐渐趋于协调。1998 年时，全国仅北京、吉林、江苏、海南、广东等地区“四化”较为协调，值得注意的是，当时这种协调还仅仅是低水平的，远不及 2005 年与 2013 年的。及至 2005 年，图 1-14 中图中灰黑色面积相比 1998 年大幅度增加，并且颜色明显加深，这表明全国“四化”协调发展的范围逐步扩大，并且协调程度与日俱增。2013 年时，这种变化表现得尤为突出。如图 1-14 右图所示，全国版图中灰黑色面积再度增加，许多地区灰色再次加深。

第二，2013 年测算的数据表明我国“四化”协调度还仅处于“中等”水平。从图 1-14 右图中，我们也能发现当前许多地区的“四化”协调度都集中在 0.6~0.7。理论上协调度的取值范围为 0~1。虽然当前各地区“四化”正逐步趋于协调，但是理论上显示这种协调程度还并不高。因此，推进我国“四化”协调发展仍有较长的道路。

第三，中西部是当前我国“四化”协调发展中的薄弱地区。在图 1-14 左图中，我们能清晰地发现东部地区“四化”协调度率先领先于其他地区，尤其是中西部地区。中图表明，随着各地区“四化”协调度逐步增强，中西部“四化”协调度仍然明显弱于其他地区。在右图中，我们仍然能清楚地发现我国云南、贵州、重庆、广西、湖南、安徽、吉林等地的“四化”协调度显著地低于其他地区。我们认为这是因为这些地区的农业现代化严重滞后于其他“三化”，从而导致了“四化”协调度明显弱于其他地区。

不过，值得考虑的是，有些地区虽然“四化”发展同步，但是发展水平却较低。例如，2013 年西藏地区“四化”协调度高达 0.7068，位于全国前列；但是“四化”综合发展水平却仅有 0.2214，位于全国倒数第三。因此，判断“四化”协调发展还应综合考虑“四化”发展水平的质量。为此，本文借鉴曾福生、高鸣（2013）的方法，结合“四化”综合发展水平与协调度，将中国各省份按“四化”协调度分为 5 类，记为 ORD，具体划分标准如表 3 所示。表 1-3 给出了 1998—2013 年“四化”协调发展类型省份数量的时间变迁情况。

表 1-3 “四化”协调发展类型

ORD	协调发展类型	划分标准	代表省份（2013年）
1	不协调	HR<0.55，$0\leqslant\bar{\rho}^*\leqslant1$	贵州、云南
2	协调且无效	HR≥0.55，$\bar{\rho}^*\leqslant0.2$	西藏（2012年）
3	协调且一般有效	HR≥0.55，$0.2<\bar{\rho}^*\leqslant0.4$	湖北、湖南、河南、安徽、山西、河北
4	协调且较有效	HR≥0.55，$0.4<\bar{\rho}^*\leqslant0.6$	北京、浙江、江苏、广东
5	协调且有效	HR≥0.55，$\bar{\rho}^*>0.6$	上海、天津

注：由于1998—2013年间各地区HR的算术平均值为0.55，因此本研究以0.55为界划分“四化”发展的协调性。另外本文测算结果显示，$\bar{\rho}^*$的取值范围为0～0.7，结合$\bar{\rho}^*$的分布，做出了如表3的划分。2013年无ORD取值为2的省份，表3中用2012年的表征。

根据我们测算的结果来看，当前各省份“四化”协调发展类型大多处于第 3 类，即协调且一般有效。其中，经济发达地区如上海、天津、北京、广东等地区则处于第 4-5 类；欠发达地区主要集中在中部，“四化”协调发展类型处于第 3 类；落后地区如贵州、云南等地，“四化”发展高度不协调。不过，从历史角度来看，中国“四化”协调发展状况正在逐步改善，如表 1-4 所示。2000 年前后，大多数省份的“四化”协调发展类型处于第 1 类，即不协调。随着时间的推移，“四化”协调发展类型逐步向“协调”转变，效率也由“无效”向“有效”过渡。值得注意的是，2006 年时全国“四化”协调发展类型发生了重大变化，不协调省份数量大量减少，协调类型位于第 3 类的省份数量迅速增多；并且这种趋势延续至今，2013 年时，仅有 2 个省份“四化”协调发展类型处于第 1-2 类。我们认为这可能与 2006 年起全国范围内取消农业税，加大对农业财政投入等系列惠农政策相关联。

表 1-4 中国“四化”协调发展类型变迁

年份	ORD=1	ORD=2	ORD=3	ORD=4	ORD=5
1998	26	3	2	0	0
1999	24	5	2	0	0
2000	26	2	3	0	0
2001	23	5	3	0	0
2002	20	8	3	0	0
2003	16	11	4	0	0
2004	14	11	5	1	0
2005	20	4	6	1	0
2006	15	4	10	2	0

续表

年份	ORD=1	ORD=2	ORD=3	ORD=4	ORD=5
2007	9	6	14	2	0
2008	7	4	18	2	0
2009	4	5	19	2	1
2010	3	1	21	5	1
2011	6	1	17	6	1
2012	3	1	20	5	2
2013	2	0	20	7	2

注：表中数值表示该年“四化”协调发展类型的省份个数。

第 4 节　影响“四化”同步的因素：基于农业现代化视角

从上节分析中并结合现有学者的研究结论，我们知道农业现代化滞后是制约中国“四化”协调发展的主要原因。为此，本文将基于农业现代化的视角，分析制约“四化”协调发展的主要因素。希冀通过我们的研究调整现代农业发展方向或改善农业投入，从而提高农业现代化水平，进一步促进“四化”协调发展。

一、现代农业指标选取

本研究将从三个层面选择现代农业指标，一是生产基本面的，如资本、土地、劳动、化肥等要素的投入；二是农业生产环境，如农业灌溉条件，受灾、成灾情况；三是制度变量，用于分析制度变迁对农业现代化的作用，具体如表 1-5 所示。根据表 1-5 中的指标本文构建了 1998—2013 年 31 个省市区的面板数据。

第一，生产基本面中本文选择了资本劳动比、资本土地比、农业财政投资强度、农业技术人员与单位面积化肥施用量五个指标，涵盖了农业生产中资本、土地、劳动力三要素信息。现有的研究业已证实农业资本积累及其深化是当代中国农业增长的重要动力（李谷成等，2014）。因而本文结合已有文献的衡量方式，用资本劳动比和资本土地比表征农业资本深化。不过，与其他文献不同的是，本研究没有选择当年农业固定资本投资作为农业资本的衡量指标，而是使用了农业资本存量。农业资本存量比当年农业固定资本投资更能准确地反映出农业资本的实情，它既包含了当年投资也包含了以往投资积累形成的净资本。此外，本文考虑了农业财政投资强度，它反映了政府对农业的实质性态度，能从投资的层面影响农业在“四化”中的地位，因而能对“四化”协调度产生影响。农业技术人员能在一定层面上反映出地区科技支农的情况，因而能对农业产出形成影响。单位面积化肥施用量则是常用的要素投入指标，也是影响农业产出的重要变量。

第二，农业生产环境指标中本文选择了农业受灾率、农业成灾率与农业有效灌溉率三个变量。其中，农业受灾率反映了各地区农业灾害发生情况，体现了不可控气候因素对农业生产的影响；农业成灾率折射出了各地区面对农业自然灾害的应对能力；农业有效灌溉率反映了各地农业灌溉情况，也是农业生产的关键变量。

第三，制度变量中，本文选择了农业结构调整、农村工业化、农业开放程度与农业税四个指标。

农业结构调整，采用粮食作物播种面积占总播种面积表示，主要考虑农业种植结构是否朝比较优势方法发展及其对农业的影响（李谷成等，2014）。农村工业化，以乡镇企业为代表的农村工业化是中国工业化进程中的一大特色，它涉及了劳动力转移、“反哺”等因素，因而也能对农业现代化产生影响，进而影响“四化”协调度。农业开放程度，自“入世”以来，中国农业对外大为开放，引入这个变量用于分析“入世”对农业现代化的影响。农业税，大量的研究都表明农业税改革对中国农业现代化起到了显著的影响（周黎安、陈烨，2005；徐翠萍等，2009）。因此，本研究也将考虑农业税改革对“四化”协调发展的作用。

表 1–5　现代农业因素的指标选取

指标	代码	含义
农业资本劳动比	*Cap_labor*	农业资本存量/农林牧渔从业人员数量，单位：万元/人
农业资本土地比	*Cap_land*	农业资本存量/农作物播种面积，单位：万元/公顷
农业财政投资强度	*Fisc*	地方农业财政投资/地方财政总投资
农业技术人员	*Tech_labor*	每万名农林牧渔劳动力拥有农业技术人员数量，单位：人
单位面积化肥施用量	*fertilizer*	农用化肥施用折存量/农作物播种面积，单位：吨/公顷
农业受灾率	*Affect*	农作物受灾面积/农作物播种面积
农业成灾率	*Disaster*	农作物成灾面积/农作物受灾面积
农业有效灌溉率	*Irrigation*	农作物有效灌溉面积/农作物播种面积
农业结构调整	*Stru*	粮食作物播种面积/农作物播种面积
农村工业化	*Indus*	乡镇企业总产值/第一产业增加值
农业开放程度	*Depd*	农产品进出口总额/第一产业增加值
农业税	*Tax*	虚拟变量，2006年前取值为1，2006年及以后取值为0

注：数据来源与缺失值处理方法：（1）农业资本存量依照李谷成等（2014）的方法进行测算，本研究使用数据时间跨度为1998—2013年，资本存量基期选择李谷成等（2014）提供的1995年的数据，由于该文没有提供海南、重庆、西藏1995年的数据，为此使用李谷成等（2014）提供的公式K1995=I1995/(5.42%+gI)进行测算，其中K1995、I1995、gI分别为1995年农业资本存量、农业固定资本形成总额与1995—2013年第一产业增加值的几何平均增长率，不过由于海南1995年农业固定资本形成总额数值相比其他几年发生了突变，为此用1996年的数据进行估算，测算数据来源以及缺失值处理方法与李谷成等（2014）一致，此处不再赘述。（2）农林牧渔从业人员数量来源见表1下注。（3）农业财政支出包括地方与中央两部分，然而由于现有统计年鉴仅有中央财政支农的全国总数，没有分省数据，另一方面地方财政支农占农业财政支出的主要部分，如2013年地方财政农林水事务支出占全部财政农林水事务支出的96.1%，因此本研究以地方财政口径统计计算。其中，2007—2013年的统计指标为“财政农林水事务支出”；2003—2006年的指标为“农业支出、林业支出、农林水利气象等部门事业费”三者之和；1998—2002年的指标为“支援农村生产支出、农业综合开发支出、农林水利气象等部门事业费”三者之和。数据来自历年《中国统计年鉴》。（4）农业技术人员以“公有经济企事业单位农业技术人员”为代理指标，数据来源历年《中国科技统计年鉴》。（5）乡镇企业总产值数据来自历年《中国农业年鉴》。其中，2006年山西省数据缺，用2005与2007年的均值替代；2000年西藏数据缺失，用2001与1999年的替代，西藏1998年数据缺，用1999—2001年年平均增长率进行估算；2009—2012年西藏数据缺失，用同时间青海省的年增长率替代西藏的增长率进行估算；2010—2012年贵州的数据缺失，用同时间广西区的年增长率替代贵州的增长率进行估算；2013年各省份数据均缺失，用2010—2012年3年年平均增长值估算。（6）农产品进出口总额数据主要来自历年《中国农业年鉴》。其中，1998—2000年仅有全国总数，为此本文用2001年各省农产品进出口总额占全国比重乘以1998—2000年的全国总额数进行估算；2013年也仅有全国农产品进出口总额数，数据来自农业部官方网站，用2012年各省农产品进出口总额占全国比重乘以2013年的总额数进行估算。（7）1998—2012农作物成灾面积、受灾面积来自国家统计局官方网站，2013年数据来自2014年《中国农村统计年鉴》，缺失值用前一年与后一年的算术平均值替代。（8）第一产业增加值、地方财政总支出、农作物播种面积、粮食播种面积、农作物有效灌溉面积、农用化肥施用折存量数据来自历年《中国统计年鉴》。

二、“四化”协调发展影响因素模型估计

在对“四化”协调发展的影响因素分析中，我们以“四化”协调发展类型 ORD 作为因变量，ORD 是取值为 1~5 的有序序列数。基于因变量与研究样本数据的特征，我们选择随机效应有序 probit 模型（Random-effects ordered probit regression）对上述问题进行研究。

模型估计结果如表 1-6 所示，在表 1-6 中我们选择了 Robust 的稳健标准误。

表 1-6 “四化”协调发展影响因素的随机效应有序 probit 模型分析

	模型(1)	模型(2)	模型(3)	模型(4)	模型(5)	模型(6)
Cap_labor	1.0485***		0.7817***	0.7790***	0.7780***	0.7936***
	(4.65)		(4.07)	(4.10)	(4.88)	(5.19)
Cap_land		0.4543**				
		(2.45)				
Fisc	15.1725***	19.9188***	11.7898**	11.3605**	2.4696	
	(2.99)	(3.07)	(2.14)	(1.97)	(0.40)	
fertilizer			8.9279***	7.8531**	1.7811	1.8393
			(2.72)	(2.42)	(0.52)	(0.55)
Tech_labor			399.1934**	319.3465**	245.3648*	239.7511*
			(2.36)	(2.05)	(1.86)	(1.84)
Affect				-0.9891**	-0.8221*	-0.8242*
				(-2.22)	(-1.96)	(-1.92)
Disaster				-0.4690**	-0.5183**	-0.5279**
				(-2.40)	(-2.30)	(-2.34)
Irrigation				0.9948	0.4224	0.4440
				(1.14)	(0.42)	(0.45)
Indus					0.2210	0.2155
					(1.32)	(1.29)
Depd					2.7086	2.6453
					(1.26)	(1.32)
Stru					-5.9603**	-5.7707**
					(-2.06)	(-2.04)
Tax					-1.8672***	-1.9061***
					(-4.95)	(-5.03)
cut1_cons	1.7474***	2.0230***	5.2760***	4.7376***	-2.9707	-3.0702
	(3.97)	(4.13)	(3.86)	(3.44)	(-1.07)	(-1.15)
cut2_cons	2.4840***	2.7093***	6.1197***	5.5946***	-1.9654	-2.0728
	(5.64)	(5.61)	(4.68)	(4.24)	(-0.72)	(-0.80)
cut3_cons	5.2908***	5.1727***	9.1227***	8.7109***	1.5039	1.3938
	(7.23)	(7.84)	(6.11)	(5.82)	(0.53)	(0.52)
cut4_cons	9.1882***	8.1668***	12.9711***	12.5209***	6.3348**	6.2699**

续表

	模型(1)	模型(2)	模型(3)	模型(4)	模型(5)	模型(6)
	(4.46)	(4.33)	(7.44)	(7.44)	(2.03)	(2.05)
sigma2_u_cons	2.1705***	2.4234**	1.6728**	1.7348**	2.3921**	2.2562**
	(2.92)	(2.63)	(1.97)	(2.02)	(2.31)	(2.48)
N	496	496	496	496	496	496

注：括号外的数值为估计系数，括号内为该系数下的Z值，其中*$p< 0.1$，**$p< 0.05$，***$p< 0.01$。

模型（1）与模型（2）分析了农业资本存量或投入与“四化”协调发展之间的关系。考虑到资本劳动比与资本土地比之间存在着的高度相关性，在我们的研究中没用将这两个变量同时放入估计模型中。在模型（1）与模型（2）中，*Cap_labor*、*Cap_land* 与 *Fisc* 的估计系数显著为正，并且表现出了较高的显著性水平。随着研究变量的逐步增加，如模型（1）至模型（6）中，我们发现 *Cap_labor* 的估计系数始终为正，并且均在 1% 的水平下显著，这充分说明了 *Cap_labor* 对“四化”协调度有着显著地、稳健地正向影响。事实上，*Cap_land* 对“四化”协调度的作用也表现出了这种稳健性，不过囿于篇幅本文未对估计结果进行报告。同样的，*Fisc* 也表现出了这样的稳健性，如模型（1）- 模型（4）。虽然在模型（5）中，*Fisc* 的估计系数并不显著，但是这种不显著是由新增变量与 *Fisc* 之间高度的相关性造成的。因而在模型（6）中我们减去了变量 *Fisc*。

模型（3）在模型（1）和模型（2）的基础上增加了化肥投入与农业科技人员两个变量。在模型（3）中，*fertilizer* 与 *Tech_labor* 的估计系数显著为正。不过，*fertilizer* 估计系数的稳健性不高，在模型（5）与模型（6）中，估计系数并不显著。然而，*Tech_labor* 估计系数的显著性却非常稳健。这说明了 *Tech_labor* 是“四化”协调发展的稳健性因素。

模型（4）增加了农业生产环境变量，从模型（4）至模型（6）的估计结果来看：*Affect*、*Disaster* 对“四化”协调发展均表现出显著的负向作用，并且估计系数在模型（4）至模型（6）中都表现出了较高的稳健性。*Irrigation* 则对“四化”协调发展的作用并不显著。

模型（5）与模型（6）则再次增加了些许制度变量。从估计结果来看，*Stru* 与 *Tax* 是影响“四化”协调发展的因子，并且都对“四化”的协调发展产生了显著的负向影响。

通过对表 1-6 的分析，我们不难有如下几个研究结论：第一，农业资本深化是促进“四化”协调发展的显著性因素。研究发现资本劳动比、资本土地比以及农业财政投资强度均对“四化”的协调发展有着显著的促进作用。这充分表明，随着农业资本的深化以及农业财政投入强度的加大，“四化”正朝着协调的方向发展。第二，农业科技人员数量的增多也有利于“四化”的协调发展。农业科技人员数量反映出了各地区对农业的科技投入或科技支撑情况，因而研究结论表明了农业科技投入有助于“四化”的协调发展。第三，农业灾害制约了“四化”的协调发展。其中，农业成灾率对“四化”协调发展有着显著的负面影响，这间接反映出了应对农业自然灾害能力与“四化”协调发展间的关系，即应对能力越强，越有利于促进“四化”协调。第四，粮食作物播种面积占比与“四化”协调之间表现出了显著的负向关系，这说明粮食作物播种面积比重越低的地区，“四化”的发展状况越协调。第五，农业税的取缔显著地促进了“四化”的协调发展。

三、稳健性检验

在表 1-6 中我们得到了影响“四化”协调发展的几个核心因子，并且形成了如上五个研究结论。

然而，上述结论是否具有较高的准确性，这还需要做出进一步的讨论与检验。为此，本部分将对以上研究结论做深入的稳健性检验。

表 1-6 中的模型使用“四化”协调发展类型 *ORD* 作为因变量，在本部分中我们将使用新的指标衡量“四化”的协调发展。该指标记为 *Y*，测算方法如（7）式所示。新指标是“四化”综合发展水平与协调度的乘积，它既考虑了“四化”的综合发展水平，又关注了“四化”间的协调度。一般而言，*Y* 值越大，意味着“四化”综合发展水平越高且协调度越好。

$$Y = HR \times \overline{\rho} \tag{7}$$

此时，研究因变量不再是有序的序列数，而是一个连续型变量。为此，我们将采用面板 *OLS* 的方法进行估计。一般而言，面板数据常具有异方差、序列相关和截面相关等特征；然而，常用的面板 *OLS* 估计很难处理这些问题，最终会使得估计结果出现严重的偏离（Hoechle，2007）。为此，本文在面板 *OLS* 模型估计中，将选择估计系数的 *Driscoll and Kraay* 标准误（Driscoll and Kraay，1998）。这种估计方法能处理面板数据常有的异方差、序列相关和截面相关等特征，从而能得到有效、无偏的估计结果。模型估计结果如表 1-7 所示。

表 1-7 “四化”协调发展影响因素稳健性估计（一）

	模型(7)	模型(8)	模型(9)	模型(10)	模型(11)	模型(12)
Cap_labor	0.0382***		0.0251***	0.0246***	0.0211***	0.0218***
	(3.58)		(4.01)	(3.81)	(3.98)	(3.88)
Cap_land		0.0200***				
		(3.10)				
Fisc	1.0477***	1.1813***	0.5951***	0.5684***	0.2054	
	(3.47)	(3.55)	(2.68)	(2.68)	(0.81)	
fertilizer			0.4890***	0.4527***	0.1965***	0.1988***
			(15.88)	(9.67)	(3.41)	(3.39)
Tech_labor			23.2495***	21.6341***	13.5288***	13.3422***
			(6.23)	(7.24)	(5.64)	(5.68)
Affect				-0.0407***	-0.0407***	-0.0420***
				(-3.10)	(-4.26)	(-3.85)
Disaster				-0.0046	-0.0047	-0.0059
				(-1.13)	(-1.15)	(-1.04)
Irrigation				0.0219	0.0139	0.0204
				(0.64)	(0.45)	(0.75)
Indus					0.0049	0.0046
					(1.57)	(1.32)
Depd					0.0085	0.0126
					(0.10)	(0.15)
Stru					-0.0742	-0.0687
					(-1.09)	(-1.07)
Tax					-0.0624***	-0.0670***
					(-2.86)	(-3.27)

续表

	模型(7)	模型(8)	模型(9)	模型(10)	模型(11)	模型(12)
_cons	-0.0014	-0.0083	-0.1790***	-0.1597***	0.0582	0.0709
	(-0.08)	(-0.45)	(-11.09)	(-9.18)	(0.84)	(1.01)
R2	0.6395	0.5690	0.7652	0.7710	0.8327	0.8300
F	108.8063	96.6732	151.8982	108.2793	363.9430	280.2602
地区固定效应	Yes	Yes	Yes	Yes	Yes	Yes
N	496	496	496	496	496	496

注：1.括号外的数值为估计系数，括号内为该系数下的t值，其中*$p<0.1$，**$p<0.05$，***$p<0.01$。

2.Hausman检验的结果表明，模型（7）~模型（12）应使用地区固定效应。

考虑到 Y 具有 $0 \leqslant Y \leqslant 1$ 的取值特性（由于 HR 与 $\bar{\rho}$ 的取值范围都在 0~1），即因变量为受限解释变量。为得到更为一致的估计，我们还有必要建立面板 Tobit 受限因变量模型对影响“四化”协调度的因素进行估计。估计结果如表 1-8 所示。

表 1-8 “四化”协调发展影响因素稳健性估计（二）

	模型(13)	模型(14)	模型(15)	模型(16)	模型(17)	模型(18)
Cap_labor	0.0394***		0.0258***	0.0251***	0.0213***	0.0218***
	(18.79)		(13.72)	(12.95)	(12.56)	(12.94)
Cap_land		0.0208***				
		(14.77)				
Fisc	0.9652***	1.0977***	0.5759***	0.5533***	0.1561**	
	(10.08)	(10.58)	(7.24)	(7.00)	(2.08)	
fertilizer			0.4862***	0.4531***	0.2166***	0.2164***
			(13.60)	(11.74)	(5.45)	(5.46)
Tech_labor			21.4336***	19.8850***	13.0912***	12.8580***
			(9.70)	(8.49)	(6.35)	(6.24)
Affect				-0.0429***	-0.0414***	-0.0424***
				(-3.37)	(-3.81)	(-3.88)
Disaster				-0.0048	-0.0046	-0.0054
				(-0.94)	(-1.04)	(-1.22)
Irrigation				0.0175	0.0143	0.0171
				(1.21)	(0.92)	(1.10)
Indus					0.0063***	0.0061**
					(2.59)	(2.50)
Depd					0.0132	0.0088
					(0.22)	(0.15)
Stru					-0.0649	-0.0618
					(-1.55)	(-1.48)
Tax					-0.0637***	-0.0675***
					(-13.58)	(-15.57)
_cons	0.0045	-0.0023	-0.1712***	-0.1498***	0.0490	0.0621

续表

	模型(13)	模型(14)	模型(15)	模型(16)	模型(17)	模型(18)
	(0.30)	(-0.14)	(-10.46)	(-8.40)	(1.16)	(1.50)
sigma_u _cons	0.0711***	0.0775***	0.0580***	0.0568***	0.0475***	0.0454***
	(7.48)	(7.50)	(7.51)	(7.48)	(7.45)	(7.52)
sigma_e _cons	0.0449***	0.0491***	0.0362***	0.0358***	0.0306***	0.0308***
	(30.41)	(30.42)	(30.42)	(30.41)	(30.41)	(30.44)
N	496	496	496	496	496	496

注：括号外的数值为估计系数，括号内为该系数下的t值，其中*$p<0.1$，**$p<0.05$，***$p<0.01$。

表 1-7 与表 1-8 的估计结果近乎一致。最大的不同是，在表 1-8 中 Indus 的估计系数显著为正，而在表 7 中这种显著性并没有显现出来。表 1-7、表 1-8 的估计结果与表 1-6 相比，有如下几方面的特点：

第一，表 1-6 中估计系数显著的变量如 *Cap_labor*、*Cap_land*、*Fisc*、*Tech_labor*、*Affect* 与 *Tax*，在表 1-7、表 1-8 中依旧表现出高度的显著性，并且对“四化”协调发展的作用方向也显现出了较高的一致性。这说明了这些变量是影响“四化”协调发展的稳健性因素，也表明了表 1-6 与表 1-7、表 1-8 的估计结果的一致性较高。

第二，表 1-6 中估计系数显著的变量如 *Disaster* 与 *Stru* 在表 1-7 与表 1-8 中的估计结果不显著。这说明这两个变量对“四化”协调发展的作用并不稳健。不过，这两个变量在表 1-6、表 1-7 与表 1-8 中对因变量的作用方向却是一致的。

第三，与表 1-6 相比，表 1-7、表 1-8 中新显现出了两个估计系数显著的变量，*fertilizer* 与 *Indus*。事实上，*fertilizer* 在表 1-6 中模型（3）和模型（4）的估计系数也非常显著，只是随着研究变量的增多，这种显著性并没有持续下去。可见，*fertilizer* 对“四化”协调发展作用的稳健性并不及其他变量。在表 1-7 与表 1-8 中，*Indus* 表现出了对“四化”协调发展显著的正向促进作用，这与我们的预期较为一致，表明以乡镇企业为特征的农村工业化的确起到了“以工促农”，带动农民就业，增加农民收入，促进“四化”的同步的作用。

进一步，为更好地验证以上变量的有效性与稳健性，我们将选择门限模型对以上显著变量进行再次估计。在回归分析中，我们常常关心系数估计值是否稳定，即如果将整体样本分割成若干个子样本分别进行回归，是否还能得到大致相同的估计系数。门限模型就是基于样本划分的原理，通过给定一个划分标准即“门限值”对样本进行估计（陈强，2014）。这里我们将以 ORD 作为研究因变量，使用随机效应广义排序概率模型（*Random-effects generalized ordered probit regression*）。随机效应广义排序概率模型不仅考虑了估计系数随门限值变化而变动的情况，并且还增加了一个截面个体随机效应项（Boes and Winkelmann，2004、2006）。因此，该模型考虑的约束条件较为充分。运用该模型，我们将以上估计出来的显著变量单独地与 ORD 一一做回归。由于 ORD 只有 5 个取值，因而随机效应广义排序概率模型报告出了四个门限值下各变量的估计系数值。模型估计结果如 1-9 所示。

表 1–9 “四化”协调发展影响因素随机效应广义排序概率模型估计

	ML_eq1	ML_eq2	ML_eq3	ML_eq4
capital_labor	4.1855***	3.8342***	0.9863***	0.3319***
	(11.67)	(12.71)	(7.44)	(3.34)

续表

	ML_eq1	ML_eq2	ML_eq3	ML_eq4
capital_land	1.9188***	1.5800***	0.8834***	0.1378***
	(11.10)	(14.45)	(7.12)	(2.99)
Fisc	29.5433***	32.4258***	24.1110***	12.5015
	(10.97)	(11.78)	(6.00)	(1.21)
fertilizer	15.5110***	14.3214***	14.0109***	5.0228**
	(9.84)	(9.80)	(8.85)	(2.06)
Tech_labor	526.4774***	540.9420***	378.4423***	488.5925***
	(10.52)	(10.89)	(7.27)	(3.90)
Affect	-2.5370***	-2.9011***	-4.9314***	-4.8147
	(-5.27)	(-5.89)	(-4.25)	(-1.62)
Indus	-1.0151***	-1.0118***	-0.4569***	-0.5514**
	(-9.61)	(-9.38)	(-3.59)	(-2.34)
Tax	-2.1260***	-3.0454***	-3.0185***	-7.0263
	(-12.45)	(-13.88)	(-6.46)	(-0.00)

注：括号外的数值为估计系数，括号内为该系数下的Z值，其中*$p< 0.1$，**$p< 0.05$，***$p< 0.01$。

从表 1-9 的估计结果来看，我们发现以上变量的估计系数均非常显著。尤其是在前 3 个门限值下，各变量均在 1% 的水平下高度显著，并且估计系数的符号与表 6 至表 8 中的保持一致。在第 4 个门限值下，仅 *Fisc*、*Affect* 与 *Indus* 的估计系数不太显著。整体而言，我们认为表 9 中所列变量是影响“四化”协调发展显著并且稳健的因素。

第 5 节　政策含义

一、主要结论

本文通过构建“四化”指标体系，采用几何平均数法与 HR 评价模型分别测算出了“四化”综合发展水平与协调发展程度，并从农业现代化的视角出发分析了影响“四化”协调发展的因子。通过这些研究，本文得出如下几个重要结论。

第一，当前中国“四化”发展较快，并且“四化”关系也在逐年趋于协调。我们的测算表明，“四化”综合发展水平从 1998 年的 0.0737 稳步增长到 2013 年的 0.3561，年均增长达 11.07%。各地区“四化”关系逐渐从不协调向协调发展，大多数地区的“四化”关系都处于“协调且一般有效”之中。不过，值得注意的是，理论分析表明我国各地区“四化”协调度还仅处于“中等”水平。

第二，“四化”发展不同步的问题仍然突出，农业现代化的滞后性严重制约了“四化”同步发展。“四化”不同步主要表现为两个方面：一是农业现代化严重滞后于其他“三化”。本文研究表明无论是东部、中部还是西部地区，绝大多数年份内农业现代化发展水平都落后于其他“三化”，并且这种滞后性在我国西部地区表现得尤为明显。更为重要的是，农业现代化的滞后性已经严重影响了“四化”综合水平的提高。近几年来“四化”综合发展水平的增长率已降至 16 年来的最低点，已明显显现出了动力不足的迹象。二是各地区间"四化"发展失衡。中西部是当前我国"四化"协调发展中的薄弱地区，这些地区的"四化"协调度显著地低于其他地区。其原因也是因为这些地区的农业现代化严重滞后于其他"三化"，从而使得"四化"协调度明显弱于其他地区。

第三，研究表明如下农业现代化因子是影响"四化"协调发展显著且稳健的因素。(1)农业资本深化是促进"四化"协调发展的显著性因素。研究结论显示，随着农业资本的深化、化肥投入增多以及农业财政投入强度的加大，"四化"正朝着协调的方向发展。这表明以资本和化肥为代表的现代要素投入是农业增长的重要源泉（李谷成等，2014）。(2)农业科技人员数量的增多也有利于"四化"的协调发展，这说明农业科技投入有助于"四化"的协调发展。(3)农业自然灾害严重制约了"四化"的协调发展，这间接反映了我国在应对农业自然灾害上的能力还非常欠缺。(4)乡镇企业的发展也是促进"四化"协调发展的重要因素，这表明农村工业化在"以工促农"，吸纳农民就业，增加农民收入上发挥了积极的作用。(5)农业税的取缔显著地促进了"四化"的协调发展，这折射出了新世纪实施的农村税费改革的重大效果。

二、政策含义

农业现代化滞后是制约"四化"协调发展的主要原因。从国际经验与我国实际情况来看同步推进"四化"发展的关键是加快发展农业现代化。结合研究结论，本文有如下政策含义。

第一，政策上加大对农业资本的投入。资本是农业增长、促进农业现代化最为活跃的要素，大量的研究都已表明资本投入有利于促进农业现代化（Timmer，1998；黄金辉，2004；Huang et al.，2006；Haggblade，2007），这一点与本文的研究结论一致。然而，当前中国却仍然处于向农村抽取资金的发展阶段，农业现代化的资金投入严重不足（周振等，2015）。这对"四化"的同步发展产生了较大的负面效果。因此，这就需要：一是大幅度增加财政支农资金投入。进一步提高三农支出在中央财政支出中的比例，增加对农业基础设施建设、农业补贴和公共服务各项政策资金投入，并建立支农资金的稳定增长机制。二是建立普惠型的现代农村金融制度，加快建立商业性金融、合作性金融、政策性金融相结合，资本充足、功能健全、服务完善、运行安全的农村金融体系，引导更多信贷资金和社会资金投向农村。

第二，大力发挥科技对农业的支撑作用。现代农业的发展需要插上科技的翅膀。发挥科技对农业的支撑作用需要解决农技推广体系建设这"最后一公里"问题。因此，要在政策上鼓励、支持建设以公益性农技推广机构为主导，农业科研教学单位、社会化服务组织等广泛参与的"一主多元"的农技推广体系，充分发挥不同主体在农技推广服务中的作用。强化基层公益性农技推广服务，引导科研教育机构积极开展农技服务，培育和支持新型农业社会化服务组织，振兴发展农业教育，加快培养农业科技人才，大力培训农村实用人才等。

第三，建立多重应对农业自然灾害的处理机制。当前中国农业靠天吃饭的局面还没有根本改变，农业应对自然灾害的能力还很脆弱。提升农业应对自然灾害的能力，必须大力加强以农田水利为重点的农业基础设施建设，从根本上增强农业抗御自然灾害的能力。这就需要切实加强与完善小型农田水利建设，加快推进节水灌溉农业。此外，还应逐步建立健全农业保险制度，充分发挥农业保险在稳定生产、防范和化解农业生产风险、促进农业和农村经济发展的功能。

第四，扶持乡镇企业，积极促进一二三产业融合。乡镇企业因其地理位置的特殊性，在工业反哺农业，"以城带乡"上发挥着重要作用。扶持乡镇企业的发展成为促进农业现代化的一个重要着力点。这就需要在政策上给予乡镇税收减免、财政奖励、信贷扶持等优惠政策。在扶持乡镇企业发展之际，注重推动农村一二三产业融合。立足市场需求导向，以用地、财政、税收、金融等扶持政策为抓手，推动农村特色种养业、农产品加工业、农村服务业的发展。

本文的研究还存在不足之处：一是构建的“四化”指标体系还并不完善。如工业化体系中，选取的指标主要是工业产出变量，忽略了节能、治污能力等能反映绿色工业化的指标。事实上，绿色工业化是当前工业化的重要内容。不过，由于数据可获得性的问题，本文未能全面考虑。二是本文仅从农业现代化的视角考虑了影响“四化”协调发展的因素，而未从工业化、信息化和城镇化的角度选择相关因素。在今后的研究中我们将会对这些问题进行探讨。

参考文献：

[1] Bhaduri A. Effective demand and the terms of trade in a dual economy: a Kaldorian perspective [J]. Cambridge Journal of Economics, 2003,27 (4): 583-595.

[2] Boes S, Winkelmann R. Income and Happiness: New Results from Generalized Threshold and Sequential Models Stefan Boes and [Z].Working paper, 2004.

[3] Boes S, Winkelmann R. The Effect of Income on Positive and Negative Subjective Well-Being [Z]. Working paper, 2006.

[4] Driscoll J C, Kraay A C. Consistent Covariance Matrix Estimation With Spatially Dependent Panel Data [J]. Review of Economics & Statistics, 1998, 80(4): 549-560.

[5] Eswaran M, Kotwal A. The role of the service sector in the process of industrialization [J]. General Information, 2002, 68(2): 401-420.

[6] Golden K D. Hilda H.Urbanization and the Development of Pre-Industrial Areas [J]. Economic Development & Cultural Change, 1954, 3(1):6.

[7] Haggblade S. Returns to investment in agriculture [J]. Policy synthesis.East Lansing: Michigan State University, 2007(9):1-8.

[8] Hoechle D. Robust standard errors for panel regressions with cross-sectional dependence [J]. Stata Journal, 2007, 7(3):281-312.

[9] Huang J K, Rozelle S, Wang H L. Fostering or stripping rural China: Modernizing agriculture and rural to urban capital flows [J]. Developing Economies, 2006, 44(1):1–26.

[10] Ralph J., Alig A, Jeffrey D., Kline A. Mark Lichtenstein B.Urbanization on the US landscape: looking ahead in the 21st century [J]. Landscape & Urban Planning, 2003(69): 219-234.

[11] Timmer C P. The agricultural transformation [M]. Handbook of development economics(Part II), 1998: 276-331.

[12] 曾福生，高鸣．中国农业现代化、工业化和城镇化协调发展及其影响因素分析——基于现代农业视角[J]．中国农村经济，2013(1): 24-39.

[13] 陈俊梁，陈瑜．“三化”同步及其策略选择[J]．求实，2012(11): 43-45.

[14] 陈明星，陆大道，张华．中国城市化水平的综合测度及其动力因子分析[J]．地理学报，2009(4): 387-398.

［15］陈强．高级计量经济学及 stata 应用［J］．高等教育出版社，2014:505-506.
［16］陈文玲．我国农产品物流环节损耗是美日十倍［J］．江苏农村经济，2011(8): 13-13.
［17］陈锡文．推进工业化、城镇化、农业现代化同步发展［J］．中国报道，2011(4): 65-65.
［18］丁志伟，张改素，王发曾．中原经济区“三化”协调的内在机理与定量分析［J］．地理科学，2013(4): 402-409.
［19］冯献，崔凯．中国工业化、信息化、城镇化和农业现代化的内涵与同步发展的现实选择和作用机理［J］．农业现代化研究，2013(3): 269-273.
［20］郭震．工业化、城市化、农业现代化发展的区域差异研究——基于中国 1978—2009 年省级面板数据的实证［J］．河南社会科学，2013(2): 44-46.
［21］韩长斌．巩固发展农业农村经济好形势［J］．中国合作经济，2012(12): 13-14.
［22］黄金辉．中国农业现代化的瓶颈：投资不足［J］．四川大学学报（哲学社会科学版），2004(3): 5-9.
［23］黄宗智．长江三角洲小农家庭与乡村发展［M］．北京：中华书局，1992.
［24］黄宗智．华北的小农经济与社会变迁［M］．北京：中华书局，1986.
［25］黄宗智．中国的隐性农业革命［M］．北京：法律出版社，2010.
［26］黄祖辉，邵峰，朋文欢．推进工业化、城镇化和农业现代化协调发展［J］．中国农村经济，2013(1): 8-14.
［27］蓝庆新，彭一然．论“工业化、信息化、城镇化、农业现代化”的关联机制和发展策略［J］．理论导刊，2013(5): 35-39.
［28］黎雪林，吕永成．我国各地区信息化水平的综合评价与分析［J］．统计与预测，2003(5): 8-10.
［29］李谷成，范丽霞，冯中朝．资本积累、制度变迁与农业增长——对 1978~2011 年中国农业增长与资本存量的实证估计［J］．管理世界，2014(5): 67-79.
［30］李裕瑞，王婧，刘彦随等．中国“四化”协调发展的区域格局及其影响因素［J］．地理学报，2014(2): 199-212.
［31］廖重斌．环境与经济协调发展的定量评判及其分类体系：以珠江三角洲城市群为例［J］．热带地理，1999(2): 171-177.
［32］刘守英，伍振军．新时期农村改革与发展的几个问题［N］．中国经济时报，2014.
［33］刘文耀，蔡焘．“四化同步”的本质特征和指标构建［J］．改革，2014(8): 65-71.
［34］卢锋．我国就业转型的特征与启示［R］．CMRC“开放宏观视角下中国就业增长”研讨会，2011.
［35］鹿锦秋．大聚焦：十八大后中国未来发展若干重要问题解析［M］．研究出版社，2013.
［36］钱丽，陈忠卫，肖仁桥．中国区域工业化、城镇化与农业现代化耦合协调度及其影响因素研究［J］．经济问题探索，2012(11): 10-17.
［37］秦玫芬．信息化水平测算方法的改进及实例研究［J］．情报理论与实践，2000(5): 325-327.
［38］舒季君，徐维祥．中国“四化”同步发展时空分异及其影响因素研究［J］．经济问题探索，2015(3): 50-57.
［39］王贝．中国工业化、城镇化和农业现代化关系实证研究［J］．城市问题，2011(9): 21-25.
［40］王瑜炜，秦辉．中国信息化与新型工业化耦合格局及其变化机制分析［J］．经济地理，2014(2): 93-100.
［41］伍振军．我国农业科技改革发展的成就与问题［R］．国研中心调查报告，2012.
［42］谢康．中国工业化与信息化融合质量：理论与实证［J］．经济研究，2012(1): 4-16.

[43] 徐翠萍，史清华，Wang H. 税费改革对农户收入增长的影响：实证与解释——以长三角 15 村跟踪观察农户为例［J］. 中国农村经济，2009(2): 22-33.

[44] 徐大伟，段姗姗，刘春燕. “三化”同步发展的内在机制与互动关系研究：基于协同学和机制设计理论［J］. 农业经济问题，2012(2): 8-13.

[45] 徐维祥，舒季君，唐根年. 中国工业化、信息化、城镇化、农业现代化同步发展测度［J］. 经济地理，2014, 34(9) : 1-6.

[46] 薛红霞，刘菊鲜，罗伟玲. 广州市城乡发展协调度研究［J］. 中国土地科学，2010(8): 39-45.

[47] 杨爱君. 工业化、城镇化与农业现代化的互动发展研究［J］. 学术论坛，2012(6): 110-114.

[48] 俞立平，潘云涛，武夷山. 工业化与信息化互动关系的实证研究［J］. 中国软科学，2009(1):34-40.

[49] 张光南，李小瑛，陈广汉. 中国基础设施的就业、产出和投资效应——基于 1998—2006 年省际工业企业面板数据研究［J］. 管理世界，2010(4): 5-13.

[50] 赵本东，赵宗禹. 乘法［M］. 美国学术出版公司，2011.

[51] 周黎安，陈烨. 中国农村税费改革的政策效果：基于双重差分模型的估计［J］. 经济研究，2005 (8): 44-53.

[52] 周先波，盛华梅. 信息化产出弹性的非参数估计分析［J］. 数量经济技术经济研究，2008(10):130-141.

[53] 周振，伍振军，孔祥智. 中国农村资金净流出的机理、规模与趋势：1978—2012［J］. 管理世界，2015(1):63-74.

第2章 “剪刀差”：现代农业发展的不平等环境

中共十八届三中全会指出：“城乡二元结构是制约城乡发展一体化的主要障碍。必须健全体制机制，形成以工促农、以城带乡、工农互惠、城乡一体的新型工农城乡关系，让广大农民平等参与现代化进程、共同分享现代化成果。”这是基于城乡差距的现实而作出的准确判断，体现了明确的政策趋向。那么，当前我国的城乡差距究竟有多大？本研究表明，在改革开放之前农民通过工农产品价格“剪刀差”等方式为国家工业化积累了大量资金；改革开放以后，农民依然通过各种方式做出了额外贡献。这就决定了现阶段中国现代农业的发展仍然处在不平衡的地位上。准确把握这一点，是研究和制定现代农业政策的前提。本研究在前人研究的基础上计算出新中国成立以来的工农产品价格剪刀差、外出农民工和城镇职工之间的工资剪刀差和征地过程中产生的地价剪刀差。此外，农村资金的外流也在一定程度上体现了工农两大产业的不平等环境，我们对此也做了专题研究。

第1节 工农产品价格剪刀差及其计算：1952—1997年

一、引言

剪刀差一词源于20世纪20年代的苏联，用来描述工农两大产业自己的不平等交换关系。由于两大产业技术进步水平的差异，剪刀差是客观存在的，尤其是工业化初期阶段。但在实行计划经济的国家，如苏联和中国，采用政策工具加快工业化积累，人为地加大了剪刀差数额，加剧了工农产业的不平等，对国家的农业现代化路径一直产生着极为重要的影响。中国还有一个特殊情况，就是鸦片战争以后，外国资本和工业产品的涌入并和中国国内农产品进行不等价交换，产生了最初的剪刀差。这个剪刀差和新中国成立以后实现计划经济条件下的工业化战略而产生的剪刀差叠加在一起，使中国的剪刀差现象尤为严重。因此，剪刀差一直是中国学术界研究的热点问题之一。20世纪70年代，学界前辈黄达（1990）先生开始研究剪刀差问题，他的研究结论与学术界关于抗日战争爆发前的1930—1936年剪刀差最低不同，认为：“战前的30年代正是20世纪末和1920年左右两次剪刀差高峰之后的第三次剪刀差高峰”，并提出仅仅研究价格指数是不够的，要在剪刀差研究中引进劳动生产率因素。

进入20世纪90年代，理论界逐步认识到，工农两大产业的不平等交换关系是制约农业发展的重要因素，由此掀起了研究剪刀差问题的热潮。王忠海（1993）认为，剪刀差是苏联政府实行的、通过强行压低农产品价格、提高工业品价格而导致的农民利益流失，是农民向政府缴纳的超额税。林毅夫等（2009）认为，剪刀差是指发展中国家（尤其是社会主义国家）的政府从农民那里赚来的利润用来补贴城市部门的工人，并加快政府积累速度。刘福垣（1992）认为，人们对于剪刀差经济本质及其实体有四种不同认识，一是工农产品价格指数剪刀差；二是政府定价和市场价格之间的差额，即斯大林所说的超额税；三是是工农产品交换过程中农产品价格低于其价值，工业品价格高于其价值而形成的不等价交换关系；四是工农产品实际成交价格背离其价值形成的价格差额。严瑞珍等（1990）认为，剪刀差有两种表现形式，即以价格动态表现和价格偏离价值程度表现。前者称为比价剪刀差，后者称为比值剪刀差。比值剪刀差真正反映了剪刀差的实质。

二、剪刀差的计算

数额的计算是剪刀差研究的核心问题。韩兆洲（1993）运用部门可比劳动力和实际物耗推算该部门产品价值总额的方法，计算出1952—1990年的工农产品剪刀差为11703亿元，农民以“剪刀差”的方式平均每年为国家工业化建设贡献资金300亿元。崔晓黎（1988）通过农产品（主要是粮食）国家统购价格与市场价格的差异，计算出1953—1984年农民的实际无偿贡献总额为4282.97亿元，如果减去农业税，农民通过牌市差价给国家的无偿贡献为2323.14亿元。严瑞珍等（1990）按照社会必要劳动时间决定价值的理论，采用工农业劳动者折合法，“即把工农业劳动者具体劳动化为在本质上没有差别的可比劳动，在总量上计算工农两大部门产品的价值量，然后同按现行价格计算的工农业总产值进行对比，其差额即为剪刀差”。

诚然，由于剪刀差产生的原因极其复杂，目前尚没有被理论界所认可的精确计算方法。但我们认为，在各种计算方法中，工农业劳动者折合法最能够体现剪刀差的本质，因此，我们采用严瑞珍先生的方法对新中国成立以来国内产品价格剪刀差进行计算。[1]

具体计算方法如下：以严瑞珍先生推算的1982年的剪刀差值及相关指标作为参照值，首先找出影响剪刀差变化的有关因子，求出每一个目标年份诸因子与1982年相应诸因子的相对数，然后根据这些因子与剪刀差有关指标的比例关系，间接求得目标年份的剪刀差(严瑞珍等，1990)。几个主要年份具体指标的计算见表2-1（孔祥智等，2009）。

表2-1　1952—1997年几个年份有关指标计算表

项目	单位	1952	1962	1972	1978	1982	1992	1997
农业劳动生产率指数	%	67.5	56.7	73.0	84.7	100.0	159.0	251.2
工业劳动生产率指数	%	27.0	51.9	91.4	90.9	100.0	186.3	321.4
农村工业品零售价格指数	%	96.5	111.3	96.4	96.6	100.0	176.6	285.0
农副产品收购价格指数	%	39.5	65.0	65.3	70.6	100.0	196.2	371.3
相对于1982年的工农产品综合比价比值指数	%	97.86	156.63	184.73	146.80	100.00	105.45	98.21
工农产品综合比价比值指数	%	138.25	221.27	260.96	207.38	141.27	148.97	138.75
剪刀差的差幅		0.28	0.55	0.62	0.52	0.29	0.33	0.28
剪刀差差幅的年度差异系数		0.95	1.88	2.11	1.77	1.00	1.13	0.96
农副产品收购总额	亿元	140.8	211	377.1	557.9	1083	4412	1325.1
农副产品收购总额年度差异系数		0.13	0.19	0.35	0.52	1.00	4.07	1.22
剪刀差绝对额	亿元	35	103	208	258	283	1297	331
农业增加值	亿元	346	457.2	834.8	1027.5	1777.4	5866.6	14441.9

[1] 这一方法比较复杂，我们不在这里详述。具体参见：严瑞珍等.中国工农业产品价格剪刀差[M].北京：中国人民大学出版社，1988: 29-98.

续表

项目	单位	1952	1962	1972	1978	1982	1992	1997
农业部门新创造的全部价值	亿元	381	561	1043	1286	2060	5933	14543
剪刀差相对量	%	9.2	18.4	19.9	20.1	13.7	21.9	2.3

注：（1）资料来源：《新中国55年统计汇编1949—2004》《中国统计年鉴》（2008）、《中国农村统计年鉴》（2008）、《中国财政年鉴》（2000）；（2）计算农业劳动生产率指数时，1952—1977年使用的是第一产业从业人员数，1978—1997使用的是农林牧渔业从业人员数；（3）农副产品收购总额1992年以前为原社会农副产品收购总额，1993—1997年为批发零售贸易业（不包括个体）农副产品购进额。（4）农业部门新创造的全部价值=剪刀差绝对额+农业增加值。（5）剪刀差相对量=剪刀差绝对额÷农业部门新创造的全部价值×100%。

从经济运行的实际情况看，1953—1986 年，国家对农产品实行统购统销，通过工农产品价格剪刀差的“暗税”方式为工业发展汲取了大量农业剩余。即使在 1986 年改革统购统销制度以后，“剪刀差”仍然在城乡分割的制度下继续存在。通过试算，我们认为，“剪刀差”到了 1997 年以后就微不足道了。因此，我们仅计算到 1997 年。为了简明起见，下面仅把估算出的 1952—1997 年各年度剪刀差的数值列于表 2-2，具体计算过程从略（孔祥智等，2009）。

表 2-2 1952—1997 年工农产品价格剪刀差数值

年份	工农产品综合比价比值指数（%）	剪刀差绝对额（亿元）	剪刀差相对量（%）	年份	工农产品综合比价比值指数（%）	剪刀差绝对额（亿元）	剪刀差相对量（%）
1952	138.25	35	9.2	1976	203.58	214	18.0
1953	151.83	51	11.8	1977	218.21	240	20.1
1954	156.71	46	10.3	1978	207.38	258	20.1
1955	160.96	66	13.5	1979	168.15	259	16.9
1956	151.10	58	11.5	1980	170.12	311	18.5
1957	178.64	86	16.5	1981	153.80	299	16.1
1958	62.94	-121	-36.8	1982	141.27	283	13.7
1959	125.05	50	11.4	1983	136.70	304	13.3
1960	206.16	101	22.8	1984	125.25	260	10.1
1961	167.67	74	14.3	1985	120.75	258	9.1
1962	221.27	103	18.4	1986	116.04	246	8.1
1963	241.19	125	19.9	1987	113.13	246	7.1
1964	260.18	149	20.9	1988	114.80	346	8.2
1965	270.20	173	20.8	1989	124.79	602	14.0
1966	272.88	196	21.7	1990	115.81	453	8.9
1967	231.38	175	19.6	1991	134.97	965	17.9
1968	216.33	163	18.2	1992	148.97	1297	21.9
1969	264.65	180	19.5	1993	152.42	771	11.0
1970	281.52	201	20.0	1994	133.32	552	5.7
1971	267.84	207	19.9	1995	126.44	543	4.5
1972	260.96	208	19.9	1996	127.23	568	4.0
1973	251.19	235	20.4	1997	138.75	331	2.3
1974	234.94	229	19.4				
1975	234.06	245	20.0	合计		12638	

由表 2-2 可以看出，1952—1997 年的 46 年间，农民以工农产品价格“剪刀差”的方式为国家工业化提供资金积累 12638 亿元，平均每年 274.7 亿元。1978—1997 年国家以工农产品价格“剪刀差”方式从农村抽离资金 9152 亿元，平均每年 457.6 亿元。从 1993 年起“剪刀差”的相对量（“剪刀差”与农业创造的所有价值的比值）逐渐下降，1997 年降到 2.2%，但绝对额仍高达 331 亿元。这一计算结果与实际情况是相符的。随着经济发展，农业在国民经济中比重不断下降，使得工农产品交换对国家经济的重要性下降，导致农民利益向国家转移的方式由传统的产品价格“剪刀差”逐渐转向提供廉价劳动力和土地资源，我们称之为工资剪刀差和地价剪刀差，这两类剪刀差即“新剪刀差”。

第 2 节　改革开放以来外出农民工对我国经济社会发展的隐性贡献研究

一、引言

进入 21 世纪以来，随着政府取消农业税，工农业产品的“价格剪刀差”得到基本缓解，但不同户籍劳动者之间的“同工不同酬”现象逐步显现，外出农民工与城镇职工之间的“工资剪刀差”问题越来越突出。城乡二元结构使农民工很难享受到与城镇职工同等的诸如工资、社会保障等方面的市民化待遇，而户籍制度进一步阻碍了农民工的城市融入。2014 年 7 月 30 日，国务院正式出台了《关于进一步推进户籍制度改革的意见》，要求坚持以人为本，进一步调整户口迁移政策，着力促进有能力在城镇稳定就业和生活的常住人口有序实现市民化，稳步推进城镇基本公共服务常住人口全覆盖。因此，弄清外出农民工与城镇职工之间的工资差距以及在基本服务方面所受的不公正待遇既是维护农民工合法权益的前提，也是推进户籍制度改革的有力证据。本文将利用《中国统计年鉴》《中国农村住户调查年鉴》等公开发布的资料，通过测算改革开放以来外出农民工由于户籍歧视而导致的工资差距、农民工在社保方面受到的歧视以及公共财政在社保方面的城乡差距，来推算农民工为我国经济社会发展作出的隐性贡献，并在此基础之上，提出相应的对策建议。

二、农民工与城镇职工之间的工资差距

（一）“同工不同酬”现象突出，户籍歧视是主因

《2013 年全国农民工监测调查报告》显示，2013 年全国农民工总量达 26894 万人，其中外出农民工 16610 万人。2013 年年末外出农民工人均月收入水平为 2609 元，比 2012 年增加了 319 元。虽然农民工收入有所增加，但与城镇职工相比，二者之间收入差距依然很大。同年城镇职工月收入为 3897 元，比务工农民高出 70.2%。许多学者指出农民工工资权益被漠视主要源于户籍制度造成了城乡居民的地位和等级差异（蔡昉，2003；林光彬，2004）。王美艳（2003）运用 Oaxaca 工资差异分解模型对转轨时期农村迁移劳动力的工资歧视做了计量分析，研究表明城镇居民与务工农民工资差异的 76% 可用户籍歧视来解释。我们的另外一项研究，利用 CHNS2011 年数据，同样证实了在非农就业领域里存在着户籍上的工资歧视，并且测算出了因户籍差别形成的工资差异。研究结论表明：（1）从城乡就业人员的整体数据来看，城镇居民的年工资性收入比务工农民高出 10620.54 元；（2）在控制年龄、性别、教育程度、职业性质以及工作单位等可能影响就业人员工资的变量后在城乡劳动力常见的 9 个就业行业里，仅因户籍的差异，城镇居民的年工资收入比务工农民至少高出

5000元，而因生产率形成的工资差异占比不到70%；（3）通过重点比较分析务工农民职业选择集中的技术工、非技术工和服务行业，在这些领域内同样存在着工资上的户籍歧视，平均而言城镇居民比务工农民年工资至少高出3000多元（周振等，2014）。

（二）农民工劳动时间长，平均小时工资低

许多专题调研报告也证明了“同工不同酬”现象的普遍存在。在就业于同一行业、身份同为雇员的情况下，农民工与户籍人口之间的劳动报酬明显不同。有调研表明，从平均月工资来看，就业于住宿餐饮业的城镇户籍人口平均月工资比农民工高18%，而制造业的城镇户籍人口平均月工资比农民工高14%［国家卫生和计划生育委员会（现国家卫生健康委员会），2013］。除此之外，农民工的从业时间和劳动强度也远远超过城镇职工。根据《2013年全国农民工监测调查报告》，2013年外出农民工月从业时间平均为25.2天，日从业时间平均为8.8小时，有41%的农民工日工作超过8小时，有84.7%的农民工周工作超过44小时。与2012年相比，超时工作农民工所占比重有所上升。[1]

表2–3 2010年分行业的流动人口与户籍人口平均月工资和小时工资差异情况

	平均月工资（元）			平均小时工资（元）			流动人口行业分布（%）
	流动人口	城镇户籍	比值	流动人口	城镇户籍	比值	
制造业	2125	2416	1.1	9.7	13.6	1.4	22.7
批发零售	1912	1943	1.0	9.3	10.6	1.1	26.0
住宿餐饮	1673	1978	1.2	7.9	10.8	1.4	13.7
社会服务	1851	1800	1.0	9.1	11.1	1.2	16.1
其他行业	2824	2944	1.0	14.9	17.9	1.2	21.5

注：比值计算方法为当地城镇户籍人口除以流动人口相应数据；资料来源：国家卫生和计划生育委员会（现国家卫生健康委员会）. 2013中国流动人口发展报告［M］. 北京：中国人口出版社, 2013: 90.

如果考虑农民工的就业强度大、劳动时间长而采取小时工资数来比较，则发现所有行业中，城镇户籍人口的平均小时工资均高于外出农民工。如表2-3所示，与城镇户籍人员相比，农民工就业较为集中的制造业和住宿餐饮业平均小时工资差异分别达到41%和37%。即使在差距最小的批发零售业，农民工与城镇户籍人口之间的工资差异也达到13%。

（三）教育程度越高，外出农民工与城镇职工的工资差越大

有调查表明，外出农民工与城镇户籍人口之间的工资差异随教育程度的升高而加大。如表2-4所示，平均而言，2012年外出农民工与城镇职工之间的工资差额为1147元。分教育程度来看，小学及以下文化程度劳动者中农民工平均工资为2353元，而城镇职工的收入为2383元，二者相差50元；大专及以上文化程度的农民工平均工资为3460元，而城镇职工的收入却高达4587元，二者之间的差额为1127元。这说明，随着教育程度的升高，外出农民工与城镇职工之间的工资差额逐渐加大。

［1］ 参见国家统计局《2013年全国农民工监测调查报告》，http://www.stats.gov.cn/，2014-5-12.

表 2-4　2012 年分行业分教育程度分户籍的流动人口雇员平均月工资差异情况

（单位：元）

行业	户籍性质	小学及以下	初中	高中/中专	大专及以上	总计
制造业	城镇	2484	2667	3132	4500	3571
	农村	2373	2551	2791	3380	2606
	比值	1.1	1.1	1.1	1.3	1.4
批发零售	城镇	2568	2307	2946	4032	3312
	农村	2154	2292	2499	3058	2419
	比值	1.2	1.0	1.2	1.3	1.4
住宿餐饮	城镇	1879	2287	2584	2908	2530
	农村	1928	2171	2404	2838	2233
	比值	1.0	1.1	1.1	1.0	1.1
社会服务	城镇	1845	2269	2721	3754	3005
	农村	1870	2212	2492	2939	2304
	比值	1.0	1.0	1.1	1.3	1.3
其他行业	城镇	2589	3103	3511	4914	4370
	农村	2545	2868	3030	3815	2948
	比值	1.0	1.1	1.2	1.3	1.5
总计	城镇	2383	2650	3141	4587	3766
	农村	2353	2546	2750	3460	2619
	比值	1.0	1.0	1.1	1.3	1.4

资料来源：国家卫生和计划生育委员会（现国家卫生健康委员会）. 2013中国流动人口发展报告［M］. 北京：中国人口出版社, 2013: 91-92.

三、外出农民工与城镇职工之间的“工资剪刀差”

（一）“工资剪刀差”主要测算指标解释

1. 外出农民工数量

根据国家统计局的指标解释，外出农民工指调查年度内，在本乡镇地域以外从业 6 个月及以上的农村劳动力。全国范围的外出农民工数据资料主要由国家统计局农调队提供和发布。尤其是，国家统计局于 2008 年底建立了农民工统计监测调查制度，对全国 31 个省（区、市）6.8 万个农村住户和 7100 多个行政村的农民工进行监测调查。调查结果统一整理为历年的《全国农民工监测调查报告》。本文中 2008—2013 年的外出农民工数据，均来源于该报告。其余年份的数据主要来源于盛运来的《流动还是迁徙——中国农村劳动力流动过程的经济学分析》以及农村住户调查资料。

2. 月工资额

农民工工资额主要指外出农民工的名义月平均工资收入。为了保持计算口径的一致，本文主要采用的是国家统计局农调队抽样调查提供的农民工工资数据。其中，2001—2013 年数据，来源于国家统计局颁布的《全国农民工监测调查报告》以及整理过后的农村住户调查资料。其余各年度月工资额数据来源及处理方法参考了 2012 年卢锋在《中国社会科学》第 7 期发表的“中国农民工工资走势”一文。

3. 其他指标

城镇职工年工资额为城镇单位在岗职工的平均工资。该项数据来源于历年出版的《中国统计年鉴》，其中2013年的数据是根据近3年的增长趋势，以2012年工资额为基础的推算值。农民工实际年工资由月工资额计算得出。根据《2013年全国农民工监测调查报告》，外出农民工年从业时间平均为9.9个月。因此，本文将10倍的农民工月工资额作为农民工实际年工资。在具体运算过程中，我们以城镇职工的年平均工资为参照，采用刘秀梅、田维明的研究结果，即农民工的劳动生产率与城市非农产业工人的劳动生产率之比是1:1.45，这样农民工应得的年平均工资就等于城镇职工的年平均工资除以1.45，而农民工为城镇建设所节省的劳动力成本就等于农民工应得工资与实际年工资的差额。为了保持一致，本文在具体运算过程中，我们以10个月的城镇职工工资额为基础，测算得出农民工应得工资。工资“剪刀差”为全国农民工数量与工资差额之间的乘积，也就是外出农民工对我国经济发展的“工资贡献”。

（二）外出农民工的“工资贡献”

由表2-5可知，农民工的月工资由20世纪中后期的500~600元，上升到21世纪初的600~700元，2004—2008年工资逐年升高，直至超过1000元，2008年以后农民工月工资继续攀升，用3年的时间突破了2000元。同时，与城镇职工工资对比，我们可以发现一些值得关注的现象。1995—1996年外出农民工年工资高于城镇职工年工资，二者比率为1.11和1.18。20世纪90年代末以后，工资相对比率持续下降，到2007年降为0.46，为最低值。2008年以后，工资相对比率又开始逐渐回升，2013年增长到0.60。这表明，在20世纪90年代初中期，农民工工资与城镇职工之间曾出现过工资“逆剪刀差”的现象。许多类似研究以及其他调查也证明了这一现象的真实性。

表2-5 外出农民工的“工资贡献”

年份	农民工数量（万人）	农民工月工资（元）	农民工实际年工资（元）	农民工应得工资（元）	城镇职工年工资（元）	工资差额	工资“剪刀差”（万元）
1995	3000	495	4950	3074	5348	-1876	—
1996	3400	590	5900	3437	5980	-2463	—
1997	3890	460	4600	3703	6444	-897	—
1998	4936	587	5870	4279	7446	-1591	—
1999	5240	489	4890	4781	8319	-109	—
2000	7600	518	5180	5364	9333	184	1398400
2001	9050	642	6420	6226	10834	-194	—
2002	10470	656	6560	7111	12373	551	7444170
2003	11390	646	6460	8028	13969	1568	12847920
2004	11823	701	7010	9149	15920	2139	15949227
2005	12578	780	7800	10460	18200	2660	23269300
2006	13181	860	8600	11986	20856	3386	33295206
2007	13697	946	9460	14207	24721	4747	49405079
2008	14041	1340	13400	16608	28898	3208	45043528
2009	14533	1417	14170	18531	32244	4361	63378413
2010	15335	1690	16900	20999	36539	4099	62858165

续表

年份	农民工数量（万人）	农民工月工资（元）	农民工实际年工资（元）	农民工应得工资（元）	城镇职工年工资（元）	工资差额	工资“剪刀差”（万元）
2011	15863	2049	20490	24022	41799	3532	56028116
2012	16336	2290	22900	26879	46769	3979	65000944
2013	16610	2609	26090	29752	51769	3662	60825820
总计							496744288

资料来源：历年《中国统计年鉴》《中国农村住户调查年鉴》《全国农民工监测调查报告》。

由于早年农民工市场规模较小、外出打工交易成本较高等制约因素的存在，企业只有支付更高的相对工资才能吸引农民工离土离乡就业。而随着20世纪90年代城镇企业改制逐步推进，原有正式职工隐性福利部分转变为显性货币薪酬，这可能导致职工工资快速增长并远远超过农民工（Lin，2003）。倘若考虑农民工与城镇职工之间的劳动生产率差距，将农民工的应得工资与农民工实际工资进行比较，我们可以发现直到2000年左右“工资差额”指标基本为负。这说明，农民工与城镇职工之间的“同工不同酬”现象是自2000年开始逐渐严重起来的。如表2-5所示，2001年以后，外出农民工与城镇职工之间的“工资剪刀差”急剧增加，到2012年达到历史最高值6500亿元。经过计算汇总，改革开放以来，我国外出农民工由于“工资剪刀差”为我国经济发展做出49674亿元的贡献。

四、外出农民工的“社保贡献”

（一）农民工社会保障制度的建立

2000年以前，尽管农民工已经成为我国经济建设中重要的生力军，在市场经济发展中具有重要地位，但这一时期外出农民工少于本地农民工的数量，始终没有超过5000万。2001年以后，外出农民工数量开始显著增加，其总体数量占我国产业工人五成以上。这一时期，由于社会保障制度的不完善以及户籍歧视，农民工难以融入城市并享受相应的福利待遇。联合国《经济、社会及文化权利国际公约》第9条规定：“本公约缔约国各国承认人人有权享受社会保障，包括社会保险。”可见，保障本国国民享受基本的生活权利是各国作出的庄严承诺。2003—2006年，为了解决农民工问题，我国出台了一系列改善农民工待遇的政策措施。例如，2003年1月5日，国务院办公厅发布了《关于做好农民工进城务工就业管理和服务工作的通知》，提出要以“公平对待、合理引导、完善管理、搞好服务”四项原则，要求逐步取消对农民工进城务工就业的不合理限制。2004—2006年，中央连续出台的三个一号文件都强调了解决农民工问题的重要性。尤其是，2006年1月18日，国务院出台了《关于解决农民工问题的若干意见》，为全面系统地解决农民工问题指明了方向，提出“积极稳妥地解决农民工社会保障问题”。

尽管《劳动法》和2001年原劳动保障部《关于完善城镇职工基本养老保险政策有关问题的通知》，对农民工参加基本养老保险做出了明确规定。2004年正式实施的《工伤保险条例》，强调各单位招用的农民工均有依法享受工伤保险待遇的权利。2004年5月，原劳动和社会保障部发布《关于推进混合所有制企业和非公有制经济组织从业人员参加医疗保险的意见》，提出要以与城镇用人单位建立了劳动关系的进城务工人员为重点，积极探索农民工参加医疗保险。2006年《关于解决农民工问题的若干意见》出台后，原劳动和社会保障部又发布了一系列文件，要求加快提高农民工参保比例。[1]可见，尽管2006年以前，从制度层面我国已经为外出农民工参加法定的基本养老、医疗、失业、工伤等社会保险敞开了大门，然而实际上农民工的参保率极低，工伤、医疗、失业和生育保险几乎为零。2009年2月1日公布的中央一号文件强调，抓紧制定适合农民工特点的养老保险办法，解决养老保险关系跨社保统筹地区转移接续问题。2月5日，人力资源和社会保障部就《农民工参加基本养老保险办法》向社会公开征求意见。这标志着农民工的社会保障制度建设进入了新的发展阶段。

（二）农民工参保率低，社会保险歧视严重

我国现行的社会保障制度是以城镇人口为参照对象制定的，虽然制度层面上并没有排斥正规就业的农民工，但由于农民工流动性较大、劳动关系不规范且尚未建立统一的社会保障制度，致使农民工参保率偏低，在社会保险方面受到严重歧视。在一系列政策支持与推动下，2006年农民工参加社会保险人数开始逐步增加。根据《中国劳动和社会保障年鉴》，2006年我国参加养老保险的农民工有1417万人，参加工伤保险的农民工有2537万人，参加医疗保险的农民工有2367万人，参保率分别为10.7%、19.2%和17.9%。[2]2006年以后，各项社会保险的参保人数开始缓慢增长。

表2-6　外出农民工参加社会保障的比例

（单位：%）

	2006年	2007年	2008年	2009年	2010年	2011年	2012年	2013年
养老保险	10.7	10.3	9.8	7.6	9.5	13.9	14.3	15.7
工伤保险	19.2	22.3	24.1	21.8	24.1	23.6	24.0	28.5
医疗保险	17.9	17.5	13.1	12.2	14.3	16.7	16.9	17.6
失业保险	—	6.4	3.7	3.9	4.9	8.0	8.4	9.1
生育保险	—	—	2.0	2.4	2.9	5.6	6.1	6.6

注释：2008—2013年，数据来源于《2013年全国农民工监测调查报告》；2006年和2007年由笔者根据《中国劳动和社会保障年鉴》中参加各项社会保险的农民工数量计算得出。

如表2-6所示，在各项社会保险中，农民工参加比例最高的为工伤保险，由2006年的19.2%增加到2013年的28.5%；其次为医疗保险和养老保险，近3年参保率为15%左右；而参保率偏低的是失业保险和生育保险，均在10%以下，其中生育保险的参保率最低，2013年仅为6.6%。除社会保障之外，不同身份的就业者之间的待遇差异，还体现在各种形式的公共福利上。根据《2013年全国农民工监测调查报告》，2013年外出农民工与雇主或单位签订了劳动合同的农民工比重为41.3%，比2012年下降2.6个百分点。[3]即便是与雇主或单位签订了劳动合同的农民工，也基本上无法享受就业单位发放的奖金、津贴、加班费、出勤补贴、出差补贴、过节费、子女生活补贴等福利。有地区外出农民工与城镇职工之间的死亡抚恤金等民事赔偿亦存在差异，出现了“同命不同价”的问题。

[1] 例如，2006年5月16日，劳动和社会保障部办公厅劳社厅发〔2006〕11号《关于开展农民工参加医疗保险专项扩面行动的通知》；2006年5月17日，劳动和社会保障部办公厅劳社厅发〔2006〕11号《关于实施农民工“平安计划”加快推进农民工参加工伤保险工作的通知》。

[2] 参保率为参加社会保险农民工数量与农村外出务工劳动力的数量。由于参保农民工没有区分本地农民工与外出农民工，这里采用的数据为农民工总量（包括本地农民工）13212万人。数据来源于《中国农村住户调查年鉴》。

[3] 参见：国家统计局《2013年全国农民工监测调查报告》，http://www.stats.gov.cn/, 2014-5-12。

这些差异还以各种形式的成文法规或条例等颁布，形成了制度层面的不平等。[1]

（三）"社保贡献"的测算

由于我国社会保障制度是一个逐步健全完善的过程，各类社会保险的实施年份也存在差异。对于城镇职工而言，我国社会保障制度是从 20 世纪 90 年代中后期开始逐渐建立起来的。例如，养老保险制度始建于 20 世纪 50 年代，历经数次改革、调整而不断完善。1991 年，国务院颁布了《关于企业职工养老保险制度改革的决定》，在全国范围内重新实行养老保险社会统筹制度。1994 年 12 月原劳动部颁发了《企业职工生育保险试行办法》，规定城镇企业及其职工适用于生育保险，生育保险费用实行社会统筹。1995 年，在企业职工养老保险制度中首次引入个人缴费和缴费确定型制度，强调了个人在养老保险中的责任和义务。1996 年，原劳动部发布了《企业职工工伤保险试行办法》(劳部发〔1996〕266 号)。2003 年 4 月 27 日国务院颁布了《工伤保险条例》替代了原规定，并于 2004 年 1 月 1 日起施行。1998 年，中国政府颁布了《关于建立城镇职工基本医疗保险制度的决定》，开始在全国建立城镇职工基本医疗保险制度。《失业保险条例》自 1999 年 1 月 22 日起实行。由此可见，除基本养老保险制度之外，我国基本上是在 1995 年以后逐步建立起了各项社会保险制度，因此本文重点针对 1996 年以来农民工的"社保贡献"进行测算。

1996—1998 年，城镇失业保险尚未全面实行，1996—1997 年城镇职工医疗保险制度也尚未建立。因此，我们对 1996—1998 年 3 年的"社保贡献"进行单独核算（按 22% 的比例仅计算养老、工伤、生育保险三项），结果显示 1996 年外出农民工的"社保贡献"为 441 亿 3200 万元，1997 年为 393 亿 6680 万元，1998 年为 695 亿 3837 万元，3 年合计 1530 亿 3717 万元。1999—2005 年，由于农民工参保率的数据缺失，因此我们假定农民工各项社会保险的综合参保率为 10%。按照国务院规定的参保缴费率，基本养老保险单位缴费率为 20%，基本医疗保险单位缴费率为 6%，失业保险单位缴费率为 2%，工伤和生育保险平均缴费率一般为 1% 左右。因此，按照实际年工资 30% 的缴费率进行核算，得出这段时期外出农民工的"社保贡献"为 12051 亿 2564 万元。

表 2–7　2006 年以来未参加社会保障的外出农民工人数

（单位：万人）

项目	2006年	2007年	2008年	2009年	2010年	2011年	2012年	2013年
养老保险	11771	12286	12665	13428	13878	13658	14000	14002
工伤保险	10650	10643	10657	11365	11639	12119	12415	11876
医疗保险	10822	11300	12202	12760	13142	13214	13575	13687
失业保险	13181	12820	13521	13966	14584	14594	14964	15098
生育保险	13181	13697	13760	14184	14890	14975	15340	15514

资料来源：根据表2-3和表2-4计算而来。

2006 年以后，政府部门对外出农民工的参保情况进行了专门统计。因此，我们将表 2-7 中未参加社会保障的农民工数量乘以农民工实际年工资再乘以相应的社会保险缴费率，就可以得出外出农民工的"社保贡献"。如表 2-8 所示，2006 年以来，由于未参加各类社会保险，我国外出农民工做出的"社保贡献"约为 53055 亿元。由此可以得出，1995 年以来，我国外出农民工由于未参加社会保障为我国城镇经济发展做出 66637 亿元的贡献。

[1] 国家卫生和计划生育委员会（现国家卫生健康委员会）. 2013中国流动人口发展报告［M］. 北京：中国人口出版社, 2013: 90.

表 2-8 2006 年以来外出农民工“社保贡献”

（单位：万元）

保险	2006年	2007年	2008年	2009年	2010年	2011年	2012年	2013年	合计
养老	20246120	23245112	33942200	38054952	46907640	55970484	64120000	73062436	355548944
工伤	915900	1006827.8	1428038	1610420.5	1966991	2483183	2843035	3098448.4	15352843.8
医疗	5584152	6413880	9810408	10848552	13325988	16245292	18652050	21425629.8	102305951.4
失业	2267132	2425544	3623628	3957964.4	4929392	5980621	6853512	7878136.4	37915930
生育	1133566	1295736.2	1843840	2009872.8	2516410	3068378	3512860	4047602.6	19428265.1
总计	30146870	34387100	50648114	56481761.7	69646421	83747957	95981457	109512253	530551934.3

资料来源：根据表2-3和表2-5计算而来。

五、外出农民工的公共财政“成本节约”

由于我国尚未建立统一的社会保障制度，各地社会保险模式从覆盖对象、保障内容、缴费标准、赔付水平以及经办机构等方面都存在巨大差别。各地的社会保险模式不同，政府的财政补贴额度也不同。例如，北京和广东采取的是直接扩面型社会保险模式，将农民工作为扩大社会保险覆盖面的对象，纳入城镇职工社会保险体系，享受养老、工伤和医疗保险；而上海和成都针对外来农民工设计了专门的“综合保险”模式，实行“一种保险三项待遇”（工伤、住院医疗、老年补贴）。在缴费标准上，以农民工医疗保险为例，深圳市为每月 12 元，其中用人单位承担 8 元，个人承担 4 元；北京市以上一年职工月平均工资 60% 为基数、按 2% 的比例由用人单位按月缴纳；上海市以上一年职工月平均工资 60% 为基数、按 12.5% 的比例由用人单位按月缴纳，而外地企业的缴纳比例为 7.5%（郑功成等，2007）。

在医疗保险方面，我国目前的医疗保障体系包括城市居民医疗保障、城市职工医疗保障以及新农合医保构成。2013 年，国务院提出要推进“三保”并轨工作。由于城镇居民医保与新农合存在一定的共性，费用缴纳均由个人和政府部门负担，并轨工作相对较容易。然而，试点工作仅在部门地区开展，由于城镇职工医保具有不同的筹资和保障水平，截至目前，城乡统一的社会保障制度仍然没有建立起来。从国家层面来讲，财政对于城乡之间基本养老保险、居民合作医疗，以及失业保险等社会保险等补助存在一定的差距。这部分差距即是进城务工的农民工市民化的公共成本。换句话说，外出农民工非市民化为我国公共财政节约了大量的成本。

表 2-9 农民工社会保障的平均公共财政成本

（单位：元）

项目		城镇	农村	城乡差距
居民合作医疗补助		67.86	45.63	22.23
基本养老保险		771.97	198.94	573.03
其他社会保障	工伤保险	36.8	0	36.8
	医疗救助	793.62	635.75	157.87
	失业保险	4.63	0	4.63
	生育保险	2.59	0	2.59
总成本（元）				797.15

资料来源：丁萌萌，徐滇庆. 城镇化进程中农民工市民化的成本测算［J］. 经济学动态，2014(2):36-43.

如表 2-9 所示，2011 年农民工社会保障的平均公共财政成本为 797.15 元，全体外出农民工共“节约”公共财政 1264.5 亿元。若按每年 9.6% 的增长速度简单向前推算，改革开放以来，外出农民工非市民化为我国公共财政节约社保成本至少 14303 亿元。事实上，随着我国外出农民工中的举家外出农民工的逐年增多，农民工非市民化“成本节约”远远不止这些。根据国务院发展研究中心的测算，除社保成本之外，农民工市民化的成本还应包括农民工随迁子女教育成本、社会管理费用以及保障性住房支出等成本。一个农民工如果成为市民需要增加政府的支出约为 8 万元左右（国务院发展研究中心课题组，2011）。按照这一标准，2013 年仅举家外迁的 3525 万人，就需要公共财政支付 28200 亿元的资金。

六、结论与建议

进入 21 世纪以来，工农业产品的“价格剪刀差”基本消除，但外出农民工与城镇职工之间的“工资剪刀差”却逐步扩大。农民工由于“同工不同酬”以及无法享受城镇职工的公共福利待遇，为我国经济发展做出了巨大的隐性贡献。人口红利主要由“工资贡献”“社保贡献”以及公共财政“成本节约”三部分构成。经过我们的测算，上述三项合计高达 130614 亿元。虽然我国在提高农民工工资收入、保障农民工合法权益、推进户籍制度改革与完善社会保障体系等方面加大了支持与改革力度，但在短时期内外出农民工与城镇职工之间的“工资剪刀差”仍将继续存在。

为适应推进新型城镇化需要，2014 年 7 月 30 日国务院正式出台了《关于进一步推进户籍制度改革的意见》（以下简称《意见》），要求进一步调整户口迁移政策，全面放开建制镇和小城市落户限制、有序放开中等城市落户限制、合理确定大城市落户条件与严格控制特大城市人口规模。同时，该《意见》还明确要求，建立城乡统一的户口登记制度，取消农业户口与非农业户口性质区分和由此衍生的蓝印户口等户口类型，统一登记为居民户口。这标志着我国实行了半个多世纪的城乡二元户籍管理制度退出了历史舞台，也为实现外出农民工有序市民化，稳步推进包含农业转移人口在内的城镇基本公共服务全覆盖创造了条件。然而，城乡二元户籍管理制度虽然将从名义上被终止，但附着在原有户籍制度上的公共福利差异短期内不会消除，外出农民工户籍价值的同城化待遇问题仍将继续存在。面对城市严峻的就业形势与公共服务财力约束，一些省份在劳动力市场上针对农民工提供差别化的就业待遇，采取措施限制甚至排斥农民工进城等现象依然存在。因此，只有切实落实户籍制度改革的各项政策措施，抓紧制定教育、就业、医疗、养老、住房保障等方面的配套政策，让农业转移人口享有与城镇居民一样的公共福利待遇，才能提高农民工外出务工积极性，健康有序地推进新型城镇化。

（一）进一步规范劳动力市场，消除就业市场的户籍歧视

在新型城镇化加快推进的进程中，劳动力市场中的户籍歧视，不仅使农民工遭到不公正的待遇，而且限制了某些行业农民工的进入，造成了农民工就业群体的不稳定，阻碍了经济可持续发展。《意见》尽管提出：“完善就业失业登记管理制度，面向农业转移人口全面提供政府补贴职业技能培训服务，加大创业扶持力度，促进农村转移劳动力就业。”但并没有给予就业市场的户籍歧视应有的关注。因此，我国应当以新一轮的户籍制度改革为突破口，充分发挥市场在劳动力资源配置中的决定性作用，规范用工秩序，保证相同、相近与相似岗位上，同等熟练程度的劳动者，享有相同的待遇。目前，针对农民工与城镇职工工资差额较大的现象，政府要敢于担当，企业要勇于承担社会责任，逐

步建立农民工的工资增长机制，以保证在短时期内实现二者之间的工资拉平。

（二）破除体制性障碍，建立农民工社会保险转移接续机制

农民工既有农业户口，又从事非农职业，游走于城市与农村之间。因此，与农民、城镇居民相比，农民工所受城乡分割的社会保障体系的制约最大，改革需求也最迫切。《意见》明确提出，要“把进城落户农民完全纳入城镇社会保障体系”。这为改革社会保障体系，构建实施城乡统一的社会保险制度指明了方向。在制度安排上，要破除体制障碍，允许就业稳定的农民工参加城镇职工基本养老制度，在农村参加的养老保险规范接入城镇社会保障体系；改善医疗保险的筹资机制，实现城镇居民基本医疗保障、城市职工医疗保障与新型农村合作医疗的并轨，加快实施统一的城乡医疗救助制度；改善社会保障管理体制与运行机制，提高统筹层次，打破城乡分割、地区分割与职能部门分割，由财政依据农民工贡献度、行业属性、岗位特性进行补贴，建立农民工社会保险关系转移接续过渡机制，逐步实现社会保障体系统一性及其整体功能的全面发挥。

（三）保障农民工合法权益，推进公共福利均等化

在城镇化过程中，如何使外出农民工共享改革发展成果，融入所在城市，是我国经济社会发展中的重大战略问题。《意见》明确提出，要“切实保障农业转移人口及其他常住人口合法权益”。落实国务院精神，保障农民工合法权益，推进公共福利均等化：一是要完善农村产权制度，切实保障外出农民工的土地承包经营权、宅基地使用权、集体收益分配权，不得以“三权”退出作为农民进城落户的前提条件；二是要按照“公平对待、合理引导、完善管理、搞好服务”的原则，加大劳动监察力度，通过逐步提高外出农民工的劳动合同签订率、逐步扩大签订无固定期限劳动合同的比例、逐渐降低外出农民工被拖欠工资的比重等措施，维护农民工合法权益；三是要加大财政转移支付力度，扩大基本公共服务覆盖面，将新旧市民共同纳入城市管理与公共服务体系，在就业、教育、居住、医疗等方面同民同权、同等对待；四是构建社会融合机制，尊重进城农民工的公民权利，建立农民工社会管理参与机制，让农民工真正融入城市。

第3节 中国城镇化进程中的地价“剪刀差”成因及测算

工业化和城镇化的发展都需要土地空间的支撑。随着中国工业化和新型城镇化的进一步推进，越来越多的农民将会失去土地，因征地问题引发的社会矛盾也将不断加剧。进入21世纪后，中国的城镇化进程已然加速，但人口城镇化滞后于土地城镇化的问题也日益突出，地方政府逐渐走向了“以地谋发展”的城市发展和经济增长模式。当前，土地出让已成为地方财政的一项主要收入来源，土地出让金也成为地方政府支持城市建设的重要资金。长期以来，基于土地原用途的产值倍数法执行的征地补偿制度受到各界诟病，即使近些年的征地补偿标准有所提高，但仍难有重大突破。以政府低价征地、高价出让为表现形式的地价“剪刀差”，其真实存在性是毋庸置疑的。那么，地价“剪刀差”为何会出现？地价“剪刀差”究竟有多大？回答上述两个问题，都需要我们对目前的中国征地制度缺陷进行分析以及土地增值收益分配进行科学测算。在统筹城乡发展和深化农村改革的大背景下，测算地价“剪刀差”就有着重要的理论意义和现实意义。基于此，本文利用2002—2012年的中国国土资源统计资料，估算全国的地价“剪刀差”数量。

一、什么是地价“剪刀差”

（一）“剪刀差”概念及泛化使用

传统“剪刀差”概念是学界对工农业产品比价关系的形象概括。“剪刀差”概念产生于20世纪20年代的苏联，20世纪30年代被介绍到中国，并针对中国的国情被发展和广义化。国内学者普遍认为，工农业产品价格“剪刀差”是指在工农产品交换过程中，工业品价格高于其价值，农产品价格低于其价值，由这种不等价交换形成的剪刀状差距。随着我国从计划经济走向市场经济，工农业产品价格“剪刀差”逐渐缩小，到1997年已降到2.3%，绝对额为331亿元。一般认为，20世纪末期到21世纪初期，工农产品价格“剪刀差”逐渐变得微不足道了。进入21世纪以后，“剪刀差”因剪刀口之贴切形象而广泛被用于城乡发展差距的各种表现，例如，城乡居民收入剪刀差、城乡居民消费水平剪刀差、社会消费品零售剪刀差等。

（二）地价“剪刀差”的形成

近年来，随着我国工业化和城镇化进程的加速，建设用地总量大幅增长，2001—2012年，城市建成区面积从24027平方千米增加到45566平方千米，增加了21539平方千米，相当于11年增加了90%。而大约90%的城市建设用地需求满足是通过征收农村土地去实现的，剩下的10%才是城市未开发的建设用地(P291)。据《中国统计年鉴》数据，2001—2012年，共有20280平方公里的农村土地被征收并转变为国有土地，用于城市建设用途。由于农村集体土地必须经由政府征收转变为国有土地之后才能用于城市建设，而在农村集体土地的有偿征收过程中，政府以低价从农民和村集体手中征得土地（购买农村集体土地的所有权），经过必要的前期投入，如“七通一平”之后，再以较高的价格出让给土地使用者（出让国有土地使用权）。农村集体土地经过政府的征收和必要投入，形成低价征用和高价出让两种价格，且价格走势形成鲜明对比，有如剪刀状，地价“剪刀差”也因此得名。仅从征地总费用和国有土地出让收入数据看，2003年，二者差距为3752.94亿元，到2011年扩大到27128.15亿元，2012年有所下降，为23902.59亿元，见表2-10。即使扣除政府征得农村集体土地后，将生地转变为熟地的前期开发投入，以及土地出让业务费等，政府征地并出让仍有较大的利润空间。

表2-10 个别年份的国有土地出让收入与征地总费用

年份	国有土地出让收入（亿元）	征地总费用（亿元）	差额（亿元）
2003	5421.31	1668.37	3752.94
2011	32126.08	4997.93	27128.15
2012	28042.28	4139.69	23902.59

资料来源：历年《中国国土资源年鉴》，剩余年份数据缺失。

二、地价“剪刀差”的原因

我国出现地价“剪刀差”的原因是多方面的，但从本质上仍是制度不完善所致。

（一）土地用途管制使得政府成为征地和国有土地出让的垄断者，土地发展权市场机制缺失，这是形成地价“剪刀差”的本质原因

我国城乡土地采取的是不同的法律治理，农村土地受《农村土地承包法》规制，而土地转用和

城市国有土地受《土地管理法》规制。《土地管理法》规定，“农民集体所有的土地的使用权不得出让、转让或者出租用于非农业建设”，农民对土地非农使用的权利仅限于“兴办乡镇企业和村民建设住宅经依法批准使用本集体经济组织农民集体所有的土地的，或者乡（镇）村公共设施和公益事业建设经依法批准使用农民集体所有的土地”。换言之，农村集体土地一旦被征收，农民随即失去土地非农利用的使用权、收益权、转让权和发展权；农村也失去土地所有权和发展权。同时，我国法律规定，城市土地属于国有，地方政府是农用地转为建设用地的唯一合法主体。因此，农村土地一旦纳入城市建设规划而转为建设用地，其所有权就必须从农民集体所有转为国家所有。从本质而言，政府通过征地这一手段将农民集体所有的土地变成了国家所有。如果将征地视为一种市场交易，地方政府则是征地市场的唯一买方，而且是强势和有利己色彩的垄断者，这就为强制征地和压低征地补偿标准提供了空间。

从国有土地使用来看，《土地管理法》规定，“任何单位和个人进行建设，需要使用土地的，必须依法申请使用国有土地”，即国有土地成为非农建设的唯一合法用地。使用国有土地又大多遵从有偿使用原则，法律规定了以出让等有偿使用方式取得国有土地使用权的建设单位要按规定缴纳土地使用权出让金和土地有偿使用费和其他费用。由于地方建设用地实行指标控制，稀缺的建设用地成为众多建设单位竞价争夺的商品。在国有土地使用权出让环节，地方政府又成为唯一合法的供给者。因此，不管是征地市场还是国有土地使用权出让市场，地方政府都扮演着市场垄断者的角色，制度赋予的垄断权利必然导致有利益需求的地方政府走向低价征地、高价出让的道路。

（二）中央和地方存在土地出让收益分配关系，滞后的政绩考核促使地方政府大肆征地支持招商引资，这是形成地价“剪刀差”的重要诱因

中央和地方按比例分配土地出让收益导致地方政府有低价征收土地的动机。土地出让金于1987年在深圳特区率先收取，当年深圳市通过招拍挂获得的土地出让金占土地出让总收入的3%。1987—1991年，全国土地出让收入一直处于较低水平，到1992年才增至525亿元。在20世纪90年代初，用于地方基础设施建设的土地出让收入大约占20%，剩余的80%由中央和地方政府分享。到1992年，中央所得比例从最初的40%下降到5%。1994年分税制改革之后，土地出让收入被划入地方财政收入，地方政府从此取得了土地出让收入的完全控制权。正是由于政府是农用地转为建设用地的垄断者，1994年实行分税制及2003年地方政府纷纷建立土地储备制度以便垄断土地一级市场和经营城市土地资产，土地出让逐渐成为地方政府财政收入的主要来源(P46-48)。1999—2012年，国有土地出让收入成交价款与地方财政收入之比从0.092：1上升到0.459：1，地方发展对土地出让收入的依赖性不断增强。从财政收入的角度看，只要地方政府争取到建设用地指标，征地并有偿出让，地方政府和中央政府都能从土地出让收入中获益。

当前的官员升迁考核机制仍主要以地区经济发展彰显政绩，地方政府以城镇化和经济增长为最终目的，“招商引资”自然就成了其直接目标，形成了地方基于土地出让的工业化和城镇化发展战略。地方政府之间的竞争式发展必须征收大量农村集体土地用于城镇基础设施建设、工业用地、住宅用地和商业用地。这一地方增长模式和当前的征地制度也决定了征地权行使服从地区增长的需要，进而形成征地范围无限制(P13)。“以地谋发展”的经济发展模式使得地方政府迫切需要土地出让金作为其缩小地方财政收支缺口的主要依靠。因此，地方政府通过低价征地、高价出让方式获取的垄断收益恰好成了其推动工业化和城镇化及其他政绩工程的主要资金来源。

（三）基于土地农业用途的产值倍数法去制定征地补偿标准，剥夺了村集体和农民的土地发展权收益，这是形成地价“剪刀差”的直接原因

从我国的征地补偿标准看，农民获得的补偿水平是比较低的。在自主、自愿的前提下，如果农民获得的征地补偿是足够和公平的，农民普遍能够接受，但从政府征地遇到的障碍及群众的反抗情绪可以知道，当前失地农民获得的补偿非常有限。现行法律规定，国家为了公共利益的需要可以依照法定程序征收或征用土地并给予补偿。表 2-11 反映了我国不同时期的土地征收补偿规定和标准。1982 年以前，国家征收土地的补偿是极低的，当时国有土地还实行行政划拨和无偿使用，并通过企业税收回收土地租金。自 1982 年开始，土地补偿标准跟被征收土地原用途的年产值挂钩，尽管补偿范围在扩大，补偿的年产值倍数在提高，但补偿的额度基本上被限制死了。2004 年 10 月 21 日，虽然国务院在《关于深化改革沿革土地管理的决定》中规定：土地补偿费和安置补助费的总和达到法定上限，尚不足以使被征地农民保持原有生活水平的，当地人民政府可以用国有土地有偿使用收入予以补贴。然而，这一规定仍然没有实质性的突破。

表 2-11　不同时期，国家征收农村（集体）耕地的土地补偿及安置补助标准

时期	征收土地类型	土地补偿标准	安置补助标准	两项之和
1950—1953年	私人农用地	给予适当补偿或用相等国有土地调换	给耕种该土地的农民适当安置	
1954—1981年	私有土地	以国有、公有土地调换或者给予3~5年的产量总值	安排就业	
	农业合作社土地	可以不给予该类补偿	给耕种该土地的农民以适当补助	
1982—1998年	集体土地	原年产值的3~6倍	原年产值的2~3倍，最高不超过10倍	不能超过原年产值的20倍
1999—2004年	集体土地	原年产值的6~10倍	原年产值的4~6倍，最高不超过15倍	不能超过原年产值的30倍
2005年至今	集体土地	原年产值的6~10倍	原年产值的4~6倍，最高不超过15倍	可超过原年产值的30倍，超过部分用国有土地有偿收入补贴

资料来源：根据《城市郊区土地改革条例》（1950年）、《国家建设征用土地办法》（1953年、1982年）、《中华人民共和国土地管理法》（1986年、1988年、1998年和2004年）和国务院28号文件（2008年）整理。

根据目前的征地补偿标准，农民得到的补偿很低。按理说，从农民手里拿走土地，给予他们对等的补偿是天经地义的事。可是，农民实际拿到的只是土地在农业用途上的价格，土地改变用途而发生的增值并没有流进农民的口袋。廖洪乐根据 2005 年《全国农产品成本收益资料汇编》计算出南方早稻和晚稻每公顷耕地的平均年产值为 1.23 万元，北方小麦和玉米每公顷耕地的平均年产值为 1.04 万元，大中城市郊区蔬菜每公顷平均年产值为 3.89 万元。按年均产值 30 倍的补偿标准，南方每公顷耕地的征地补偿总额为 36.9 万元，北方每公顷耕地的征地补偿总额为 31.2 万元，大中城市郊区每公顷耕地的征地补偿总额为 116.7 万元 (P140)。如果按 2004 年全国人均耕地 0.1 公顷，征地补偿取年均产值的 30 倍，农村居民人均生活消费支出 2185 元计算，南方地区农民足额获得征地补偿额仅够其生活 16.9 年，北方地区农民仅够生活 14.3 年。这只是从农业用途的土地价格计算，还没有考虑 70 年后土地仍可用于农业生产、土地用途改变发生增值等因素，即没有对农民的土地发展权收益进行测算和补偿。

三、地价“剪刀差”的数量

政府通过低价征地、高价出让形成的地价“剪刀差”究竟有多少，归根结底是一个经验问题而非理论问题。直接估算地价“剪刀差”的数量往往比较困难，不少学者以国有土地出让价格与对农民的征地补偿之差额代替地价“剪刀差”的做法，本文认为值得商榷。为了更科学估算政府低补偿征地形成的地价“剪刀差”数量，在借鉴已有研究成果的基础上，本文通过土地要素贡献份额去估算土地出让纯收益中应当归属于农民的土地要素报酬，估算出的土地要素报酬可视作地价“剪刀差”。

（一）已有研究关于地价“剪刀差”的估算

已有研究估算过农民的征地损失，或者说是农民为了国家建设而通过让出土地的方式做出贡献，笔者认为农民的征地损失或土地贡献是地价“剪刀差”的另类表述，本质上都是农民的部分土地权益得不到对价补偿。考虑土地从农民手里流到政府手里，再从政府流到开发商的整个过程，土地收益增长了几十倍甚至上百倍，而农民却将这部分增值收益几乎全部留给了城市，留给了国家，那么，农民出让土地的贡献就更大了，即地价“剪刀差”更大。

在一些经济发达地区，土地征用、土地出让和市场交易的价格比已经达到 1∶10∶50。由于国家垄断了土地一级市场，高价出让国有土地使用权，而农民获得的征地补偿费不及土地出让金的1/10，甚至仅有 1/30 左右。据有关调查资料显示，在土地用途转变而发生的增值收益中，地方政府大约获得 60%~70%，村级集体组织获得 25%~30%，真正到农民手里的已经不足 10%。据王朝林（2003）引用的数据，1979—2001 年，全国通过征地从农民手中剥夺的利益超过 2 万亿元。党国英（2005）则认为由于土地制度的缺陷，1952—2002 年，土地征用中农民向社会无偿贡献的土地收益为 51535 亿元，以 2002 年无偿贡献的土地收益 7858 亿元计算，相当于无偿放弃了价值 26 万亿元的土地财产权。周天勇（2007）认为改革开放以来，国家从农村征用了 1 亿多亩耕地，若按每亩 10 万元计算，高达 10 多万亿元，但征地补偿标准较低，地方各级层层扣留，真正到农民手中的不足 7000 亿元。孔祥智等（2007）对东中西部共 9 个城市的农户进行调研，发现失地农民愿意接受的土地补偿额是土地征用价格的 5 倍左右，并根据地方政府在 1992—1995 年给予失地农民 91.7 亿元补偿费，推算出农民在此期间仅被征土地一项就为国家工业化作出了 366.8 亿元的贡献。孔祥智和何安华（2009）从各年的地方财政收入粗略估算过农民失地为工业化做出的贡献，其估算方法如下：根据1987—2007 年各年的地方财政收入总额按 35% 的比例算出各年的土地出让金，然后取征地补偿费占土地出让金的比重为 10%，则土地出让金的 90% 就是农民失地的资本贡献，最终的估算结果为 4.4万亿元左右。从上述研究结果发现，由于数据搜寻难度大及估算方法差异，各学者估算的地价“剪刀差”的数值差异比较大，而且详细介绍了估算方法的文献非常少。因此，重现估算我国农民失地过程存在的地价“剪刀差”是非常有必要的。

（二）地价“剪刀差”的重新估算

1. 估算思路

土地征用采取产值倍数法制定的补偿标准是导致失地农民补偿不足的制度性根源（崔晓黎，1988），产值倍数补偿只是对农民土地农业使用权收益进行了补偿，而对土地发展权（土地用途变更或利用强度改变）收益未进行补偿。农用地经政府征收后，土地就由农地转变为生地（国有土地），再经过政府的前期开发投入，生地就转变为熟地，而熟地经政府出让就变为市地供土地开发商使用（见图 2-1）。这一土地开发过程必然也是一个增值过程。地价“剪刀差”正是源于被征地农民未能参与分享土地由农地转为市地的巨大增值收益。

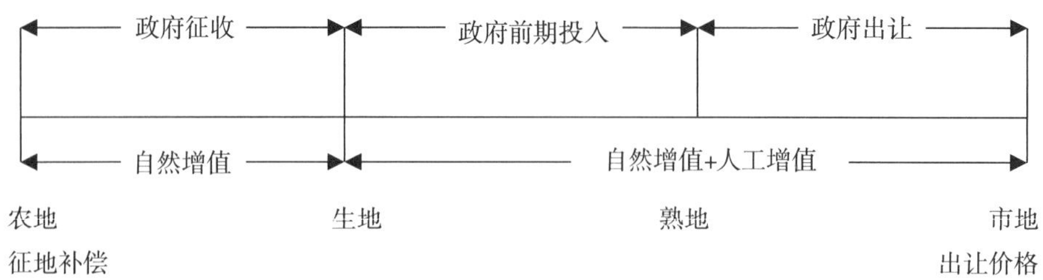

图 2–1　土地开发过程和土地增值形成

假设政府是经济理性的，即政府在征地后将生地转变为熟地并出让的各个环节，其付出资本投入必然要求获得对价的甚至超额的资本要素报酬。土地由农用地转变为市地，其增值部分以出让价格与征地补偿费之差来表示。土地增值来源有自然增值和人工增殖，其中自然增值包括用途变更、社会经济发展等引发的增值，人工增殖主要是政府在出让土地前的投入引起的，如“七通一平”使地价上升等。从要素报酬分配来看，土地的增值部分就可分为土地和资本两类要素的要素报酬。土地在征用前归农村集体所有，即土地要素由被征地农民提供，而资本要素则是由政府提供。从理论上讲，被征地农民和政府应按各自提供要素的贡献份额分享土地增值收益。因此，估算地价“剪刀差”的思路如下：

土地增值来源 = 自然增值 + 人工增值 = 土地要素增值 + 资本要素增值

土地增值收益 = 出让收入 – 征地补偿费 – 政府资本投入

地价剪刀差 =（出让收入 – 征地补偿费 – 政府资本投入）× 土地要素贡献份额

由于现有统计数据中，缺失全国范围内历年的征地补偿费和政府资本投入总额[1]，本文在具体估算时尚须对这两项数据做粗略匡算，土地要素贡献份额则可应用学界已有的研究成果。

2. 估算过程

（1）农民征地补偿费估算

对被征地农民的土地使用权收益的补偿主要包括土地补偿费和安置补助费。《土地管理法》规定，征收耕地的土地补偿费，为该耕地被征收前三年平均年产值的 6~10 倍。征收耕地的安置补助费，按照需要安置的农业人口数计算，每一个需要安置的农业人口的安置补助费标准，为该耕地被征收前三年平均年产值的 4~6 倍，最高不超过 15 倍。同时，土地补偿费和安置补助费的总和不得超过土地被征收前三年平均年产值的 30 倍。后来尽管允许可超过平均年产值的 30 倍，但也无重大突破。本文估算被征地农民的征地补偿费仍以征地前三年平均年产值的 30 倍进行测算。使用 2000—2013 年《中国统计年鉴》中的农业（种植业）总产值和农作物总播种面积数据及《中国国土资源年鉴》中的土地出让面积数据，可估算出 2002—2012 年各年的征地补偿总额。估算过程如表 2-12 所示。

[1] 征地总费用数据在《中国国土资源年鉴》中仅提供了2003年、2011年和2012年数据。

表 2-12 征地补偿费的估算（2002—2012 年）

年份	农业总产值（亿元）①	农作物播种面积（万公顷）②	前三年平均产值（元/公顷）③	征地补偿费（元/公顷）④=③×30	土地出让面积（公顷）⑤	征地补偿总额（亿元）⑥=④×⑤
2002	14931.54	15463.55	9061.86	271855.84	124229.84	337.73
2003	14870.10	15241.50	9273.55	278206.51	193603.96	538.62
2004	18138.36	15355.25	9566.90	287006.99	181510.36	520.95
2005	19613.37	15548.77	10408.25	312247.59	165586.08	517.04
2006	21522.28	15214.90	11394.30	341829.00	233017.88	796.52
2007	24658.10	15346.39	12857.37	385721.03	234960.59	906.29
2008	28044.15	15626.57	14275.77	428273.12	165859.67	710.33
2009	30777.50	15861.35	16053.22	481596.67	220813.90	1063.43
2010	36941.11	16067.48	17806.08	534182.28	293717.81	1568.99
2011	41988.64	16228.32	20113.92	603417.69	335085.17	2021.96
2012	46940.46	16341.57	22756.33	682689.96	332432.34	2269.48

资料来源：历年《中国统计年鉴》《中国国土资源年鉴》；年产值按当年价格计算。

（2）政府资本投入估算

鉴于《中国国土资源年鉴》只提供了 2003—2008 年的国有土地出让纯收益数据，2002 年的国有土地出让纯收益数据引自孙辉（2014）的资料，笔者根据“政府资本投入 = 土地出让收入 - 征地补偿总额 - 出让纯收益”估算出 2002—2008 年各年政府将生地开发为熟地并出让的资本投入额（如表 2-13）。

表 2-13 政府资本投入估算（2002—2008）

年份	土地出让面积（公顷）⑤	土地出让收入（亿元）⑦	征地补偿总额（亿元）⑥	出让纯收益（亿元）⑧	政府资本投入（亿元）⑨=⑦-⑥-⑧
2002	124229.84	2416.79	337.73	1342.56	736.50
2003	193603.96	5421.31	538.62	1799.12	3083.57
2004	181510.36	6412.18	520.95	2339.79	3551.44
2005	165586.08	5883.82	517.04	2183.97	3182.81
2006	233017.88	8077.64	796.52	2978.29	4302.83
2007	234960.59	12216.72	906.29	4541.42	6769.01
2008	165859.67	10259.80	710.33	3611.95	5937.52

资料来源：⑤、⑦、⑧来自《中国国土资源年鉴》（历年），⑥见表2-12；2002年的土地出让纯收益数据来自孙辉：《财政分权、政绩考核与地方政府土地出让》. 北京：社会科学文献出版社, 2014: 50.

政府将生地开发为熟地并出让的资本投入额与土地出让面积有很强的相关关系，同时政府对于土地开发的资本投入也可能与时间变量有联系，这是因为随着时间推移，资本对地区经济增长的作用日益突出，政府可能在土地的前期开发中投入更多资本。对此，为估算 2009—2012 年各年的政府资本投入，使用 2002—2008 年的土地出让面积构建模型：

$$ginves_t = -1591.846 + 0.01447 larea_t + 679.549(t - 2001) \quad (1)$$

$$(0.0089) \qquad (162.6812)$$

$$R^2 = 0.9007 \qquad P = 0.0099$$

式（1）中，*ginves* 为政府资本投入，*larea* 为土地出让面积，*t* 为时间变量。根据模型拟合结果，2009—2012 年政府将生地开发为熟地并出让的资本投入额分别为 7039.72 亿元、8774.19 亿元、10052.33 亿元和 10693.49 亿元。由此可计算得出 2009—2012 年政府出让国有土地的出让纯收益（见表 2-14）。表 2-14 显示，2012 年政府出让国有土地获得的纯收益为 15079.31 亿元。

表 2-14　政府资本投入和土地出让纯收益估算（2009—2012）

年份	土地出让收入（亿元）⑦	征地补偿总额（亿元）⑥	出让纯收益（亿元）⑧=⑦-⑥-⑨	政府资本投入（亿元）⑨=模型估算值
2009	17179.53	1063.43	9076.37	7039.72
2010	27464.48	1568.99	17121.30	8774.19
2011	32126.08	2021.96	20051.79	10052.33
2012	28042.28	2269.48	15079.31	10693.49

资料来源：⑦来自历年《中国国土资源年鉴》，⑥见表2-12。

（3）地价“剪刀差”估算

表 2-13 和表 2-14 给出了 2002—2012 年各年的国有土地出让纯收益，假设国有土地出让纯收益（土地增值部分）由土地要素和资本要素的报酬贡献构成。只要知道土地要素的贡献份额便可估算出土地出让纯收益中的地价“剪刀差”。文献中已有关于土地要素对经济增长贡献的研究，如李名峰（2010）的研究表明，1997—2008 年，土地要素对我国经济增长的贡献率达到了 20%~30%，资本要素贡献率在 30%~60%，认为随着我国城市化和工业化的逐步实现，土地要素对于经济增长的贡献率将不断降低。叶剑平等（2011）利用生产函数和空间面板数据，发现 1992—2000 年、2001—2009 年全国土地要素贡献率分别是 13.93% 和 26.07%，同时期资本要素贡献率分别为 76.00% 和 62.94%。张友祥和金兆怀（2012）运用随机前沿函数模型，使用中国 2001—2008 年 266 个地级及以上城市的面板数据，发现土地投入对我国经济增长的贡献度仅为 11.42%，较大程度上低于资本要素贡献度。张乐勤等（2014）运用 C-D 生产函数，测算出 1997—2002 年安徽省建设用地投入对该省经济增长的贡献率为 49.94%，同期的资本投入贡献率为 28.98%，而 2002—2011 年，建设用地投入对经济增长的贡献趋于下降，贡献率为 11.40%，同期的资本投入贡献率上升到 60.82%。大体而言，进入 21 世纪后，无论是在全国还是局部地区，土地要素对经济增长的贡献已低于资本要素，而且二者的贡献率差距呈扩大趋势。

比较已有研究成果，本文估算地价“剪刀差”时，2002—2008 年的土地要素贡献率和资本要素贡献率采用李名峰（2010）的计算结果，由此可得出 2002—2008 年各年土地要素对土地出让纯收益的贡献份额。2009—2012 年各年土地要素对土地出让纯收益的贡献份额则以 2008 年数值为基数，按式（2）计算：

$$Garea_{t+1} = Garea_t * \frac{larea_{t+1} / larea_t}{ginves_{t+1} / ginves_t} \quad (t = 2008\ 2009\ 2010\ 2011) \qquad (2)$$

式（2）中，*Garea* 为土地要素贡献份额，*ginves* 为政府资本投入，*larea* 为土地出让面积。

表 2-15 地价剪刀差估算（2002—2012）

年份	出让纯收益（亿元）⑧	资本贡献率（%）⑩	土地贡献率（%）⑪	土地贡献份额（%）⑫=⑪/(⑪+⑩)	地价剪刀差（亿元）⑬=⑧×⑫
2002	1342.56	31.24	31.29	50.04	671.82
2003	1799.12	30.73	24.15	44.01	791.70
2004	2339.79	38.57	33.52	46.50	1087.94
2005	2183.97	41.69	25.69	38.13	832.68
2006	2978.29	40.99	26.98	39.69	1182.20
2007	4541.42	40.28	20.14	33.33	1513.81
2008	3611.95	62.74	26.81	29.94	1081.37
2009	9076.37			33.62	3051.26
2010	17121.30			35.88	6142.64
2011	20051.79			35.73	7163.70
2012	15079.31			33.32	5024.13
合计	80125.87				28543.24

资料来源：⑩和⑪来自李名峰：土地要素对中国经济增长贡献研究［J］. 中国地质大学学报(社会科学版), 2010(1): 60-64.

由表 2-15 可知，地价“剪刀差”绝对数量由 2002 年的 671.82 亿元上升到 2012 年的 5024.13 亿元，2002—2012 年的地价“剪刀差”累计达到 28543.24 亿元，而同期的征地补偿费总额只有 11755.57 亿元，地价“剪刀差”数量超出农民获得的征地补偿 16787.67 亿元，即 2002—2012 年的 11 年来，政府通过低补偿征地造成的地价“剪刀差”是被征地农民获得的征地补偿费的 2.43 倍，被征地农民只获得其土地财产权益的 29.17%。

四、结语

中国的城镇化进程中，通过向农民低价征地和向城市建设用地需求方高价出让国有土地使用权，造成了地价“剪刀差”。地价“剪刀差”的本质原因是土地用途变更受到法律和制度层面的管制，土地发展权市场机制严重缺失，导致农民对土地发展权的收益几乎是被剥夺的。据测算，地价“剪刀差”从 2002 年的 671.82 亿元上升到 2012 年的 5024 亿元，11 年累计达到 28543.24 亿元，远高于同期被征地农民获得的征地补偿费。解决地价“剪刀差”问题，须理顺土地价格，尤其是对农民的征地补偿，需要从体制和制度方面进行。十八届三中全会提出，要赋予农民更多的土地财产权，对被征地农民而言，就是要重构合理的征地程序和征地补偿机制，建立以市场价值为补偿基础的土地发展权补偿制度，让被征地农民按土地要素贡献分享土地发展权增值带来的收益。地价“剪刀差”能否真正消除，很大程度上取决于政府，尤其是中央政府，是否有魄力和决心进行更深层次的体制改革，改变中国当前不可持续的地方“以地谋发展”的城镇发展和经济增长模式。

第4节　中国农村资金净流出的机制、规模与趋势

一、引言

大量的研究以及许多国家的发展实践均表明，大规模的财政和金融投资对于农业现代化的发展至关重要（Huang et al.，2006）。首先是资本投入有利于农业的增长，Timmer（1998），李焕彰、钱忠好（2004），Haggblade（2007）以及李谷成等（2014）的研究都证实了这一结论。其次是资金投入有利于农村减贫，Fan et al.（2000）、Fan et al.（2002）从印度和中国的案例研究中，得出了这样的结论。最后是资金投入有利于农业的可持续发展，Haggblade（2007）的研究对此进行过充分的论证。然而，自新中国成立以来，我国采取了重工业、重城市的倾向型政策，导致大量农村资金外流到城市（孔祥智、何安华，2009），进一步造成了当前农村资金空心化的局面（易远宏，2013）。资金大量外流的直接后果是降低了农村内生性农业投资规模，从而使得农业资金匮乏，有学者就指出我国农业现代化的瓶颈就在于投资不足（黄金辉，2005）。

农业现代化发展需要资源要素合理流动、科学配置，资金有序供给和流动是根本。那么，中国农村资金外流依循着什么样的机制呢？根据新古典经济学的理论，资本的边际报酬是递减的，资本收益率影响资本流向。从收益角度分析资本流向的研究表明，资本会流向全要素生产率（FTP）较高的地区（Kalemli-Ozcan et al.，2005），其结果就是资本在多元化的高收入经济体之间的流动并伴随着相对欠发达的经济体逐步边缘化的双重态势（Schularick，2006）。然而，实际上这并不完全是由资本收益率这一单一因素决定的，资金流动的规模和方向还受投资制度环境的影响。大量研究表明制度是导致资本缺乏向不发达地区流动性的关键性因素（Alfaro et al.，2008；Kalemli-Ozcan et al.，2010）。中国农村资金的大量外流也与现有的制度环境密切相关（姚耀军、和丕禅，2004；孔祥智、何安华，2009）。因此，我们有必要深入剖析中国农村资金净流出的机制。

另一方面，改革开放以来从农村地区流入到城市地区的资金规模究竟有多大呢？对于这个问题，目前学术界还尚未给出答案。从事这方面研究的文献也不多，Huang et al.（2006）虽做过这方面的研究，但是他们仅仅测算了1978—2000年中国农村资金净流出的规模，更为重要的是他们的测算方法还存在着明显的不足之处。Huang等人是从财政、金融以及强制性粮食定购三个资金外流渠道里计算农村资金净流出的规模，然而他们测算的“强制性粮食定购”渠道还不能完全反映出农村资金外流的真实情况。这是因为：在改革初期，我国很长一段时间内实行的是农产品统购统销的政策，在制度上压低农产品收购价格，在政策上抬高工业产品价格，即以“工农产品价格剪刀差”的方式抽走农村资金。如此，Huang等人的研究至少存在两方面的不足：一是仅仅测算粮食，忽略了其他农产品，存在测算范围不全的问题；二是仅仅测算出了农民在粮食价格上少获得的部分，而没有计算农民在购买工业产品上多支付的部分，因而存在测算方法上的问题。据此，本研究将在Huang等人研究的基础上，用“工农产品价格剪刀差”取代“强制性粮食定购”，从财政、金融以及工农产品价格剪刀差三个渠道上测算1978—2012年里中国农村净流入城市的资金规模。

在本文中，我们不仅关注35年内从农村地区净流向城市地区的资金总量，而且也关心资金流动的发展趋势。这些研究有助于我们理解中国的改革和农村的发展，同时也有助于决策者从农村资金

支持方面制定出有利于农业现代化的策略和政策；尤其是在当前工业化、信息化、城镇化、农业现代化“四化同步”的大战略背景下，这些研究有助于决策者在“如何增加农村资金投入，减少资金流出”的政策制定上提供理论与经验证据的支持。

二、农村资金外流渠道、机理与测算方法

我们认为农村资金净流入城市地区至少存在着三条渠道：财政、金融机构与工农产品价格“剪刀差”。这三条渠道内资金的外流机制与测算方法如下所述。

（一）财政渠道下资金净流出的机理与测算方法

在农村部门里，每年都有大量的资金通过税费的方式流入城市；同时，也有许多的支农资金以财政的方式回流到农村。

税费上缴是农村资金外流最为明显的一个渠道。“皇粮国税”自古以来都是农村资金外流的直接路径。这个渠道主要包括两个方面：一是农业税，二是农民缴纳的各项杂费。

改革开放以来，针对农村生产和经营活动的税收大体可以分为两类，即以个体农户为主的农业各税以及针对以乡镇企业的税收。（1）农业各税包括农牧业税、农业特产税、契税、耕地占用税和烟叶税。其中，农牧业税即为俗称的农业税，与农业特产税一道于2006年废止，从历年的统计数据来看，这两项税收占据了农业各税的主要部分。农业特产税始于1983年，最初命名为农林特产税，1994年更名；农业特产税的征收对象包括烟叶收入、园艺收入、水产收入、林木收入、牲畜收入和食用菌收入以及省级政府确定的其他农业特产品收入，其税率一般定为5%~10%。契税是以所有权发生转移变动的不动产为征税对象，向产权承受人征收的一种财产税；应缴税范围包括：土地使用权出售、赠予和交换，房屋买卖，房屋赠予，房屋交换等。值得注意的是，在农业农村领域内，农牧业税、农业特产税和契税的纳税对象都是农村居民，而烟叶税和耕地占用税的征收对象就不全是农村居民。其中，烟叶税是向收购烟叶产品的单位征收的税种，税负由烟草公司负担，征收烟叶税不会增加农民负担。耕地占用税是国家对占用耕地建房或者从事其他非农业建设的单位和个人，依据实际占用耕地面积、按照规定税额一次性征收的一种税，始于1987年，赋税对象一般为企业、行政单位、事业单位，乡镇集体企业、事业单位，农村居民和其他公民，即耕地占用税的纳税对象不一定都位于农村地区。因此，耕地占用税还不能较好地折射出农村资金外流的情况，Huang et al.（2006）在测算农村各项税收时，就剔除了耕地占用税。因而，在我们的分析中，也将采用与Huang et al.（2006）一样的方法，以农牧业税、农业特产税与契税之和计算个体农户所缴纳的农业各税。（2）农村系统里，另一块较大的税收则是乡镇企业上缴的税金，虽然这部分税收纳税对象为企业，但也是从农村流出的资金，因而也必须纳入计算之中。

农民上缴的各项杂费也是农村资金外流的途径之一。自20世纪90年代中后期开始，农民负担，特别是“乱摊派”问题突出。这个时期农民除了向政府缴纳正式的税收以外，还需要上缴非正式杂费。不过，根据Wong（1997）的研究，大部分费用还是留在了农村系统，少部分流入了城市系统。进入21世纪后，许多地区逐渐试点农村“费改税”，2003年后税费改革在全国范围内展开，农业费至此也逐步消亡。然而，现有的官方数据还尚未对这部分费进行过统计，在后文中我们将通过农业财政收入与农村赋税进行推算。

财政支农是城市资金回流农村的主要渠道。改革开放以前，为支持城市工业化建设，国家在农

村提取大量资金，而回流农村支援乡村发展的资金却少之又少。改革后，国家财政对农业的支持发生了实质性变化，尤其是21世纪以来，大量的财政资金投向了农村，特别是中央财政对“三农”的投入和转移支付大幅度增长。2004年开始，以粮食直补、农机购置补贴、良种补贴以及农资综合补贴为内涵的“四补贴”逐渐在国内展开，掀开了国内财政支农的浪潮。2003—2008年，中央财政对“三农”的支出由2145亿元增加到5955亿元，年均增长达到22.7%，超过了同时期中央财政总支出的18.3%的增长速度。

因而，税费流出与财政支农的差值即为财政渠道内的农村资金净流出。

（二）金融机构渠道下资金净流出的机理与测算方法

相比财政渠道，金融机构无疑是农村部门更为重要的资金外流渠道。新中国成立以来，我国银行业均实行分支行制，总、分行设在大城市，各行及分支行的资金实行统一调配和管理。这一制度往往要将各地的资金吸收聚集后转移到大城市发放，另一方面由于我国农村金融市场固有的信息不对称、抵押物缺乏、特质性成本与风险、非生产性借贷四大基本问题，也形成了许多金融机构在农村地区惜贷的局面（韩俊等，2007），从而导致大量的农村资金外流到城市地区。

当前在中国农村地区吸收资金的正规金融机构主要有农村信用社（或农村商业银行、农村合作银行）、中国农业银行与中国邮政储蓄银行。首先，对于农村信用社而言，它在农村地区吸收的存款也并非全部应用于支持“三农”，实际上有大量的信贷资金通过农村信用社以上缴存款准备金、转存银行款的形式流向中央银行，还有相当部分农村资金被农村信用社通过购买国债和金融债券等方式大量从农村中流出。进入21世纪以来，农村信用社掀起了一轮商业化改制的浪潮，许多农村信用社改制为农村商业银行或农村合作银行，商业化改制后的农村信用社逐利特性更加凸显，很有可能会加速农村资金的外流。其次，对于中国农业银行而言，随着其商业化改革措施的施行，在农村地区设置的分支网点也较少向农户和农业企业提供贷款，也呈现出只吸存不放贷的趋势。最后，邮政储蓄机构在农村地区则实行了多年的只存不贷，一度成为吸收农村地区资金的“准抽水机”。

那么，如何对这部分外流资金进行测量呢？常用的办法是用本期期末金融机构的存贷差余额减去上一期期末（本期期初）的存贷差余额，作为度量本期资金外流的指标（Huang et al.，2006；姚耀军、和丕禅，2004）。这种测量方法的原理如下：首先，期前提条件是金融机构具有充足的存款准备金，当增加存款时，不用额外增加存款准备金，因而可视存款准备金为一个常数。进一步假定，农村金融机构资金全部来自存款，其用途分为三个部分：贷款、存款准备金与外流资金。如表2-4-1所示，X为上期期末时资金外流余额，不难得出如下等式$a_1=b_1+A+X$，则有：上期期期末存贷差余额$=a_1$（存款）$-b_1$（贷款）$=A+X$；另一方面，对于本期期末而言，则有：本期期末存贷差余额$=a_2$（存款）$-b_2$（贷款）$=A+X+\Delta X$，其中$X+\Delta X$为本期期末的资金外流余额，而ΔX则恰好是本期内新增的外流资金，即本期内发生的资金净流出。两期期末存贷差余额相减，则有：本期期末存贷差余额－上期期期末存贷差余额$=(A+X+\Delta X)-(A+X)=\Delta X$，如此即能测算出本期内金融机构净流出的资金，如表2-16所示。

表2-16　农村金融机构资金外流测算方法示意

时期	存款余额	贷款余额	存贷差余额	存款准备金	资金外流余额
上期期末	a_1	b_1	a_1-b_1	A	X
本期期末	a_2	b_2	a_2-b_2	A	$X+\Delta X$

（三）工农产品价格“剪刀差”渠道下资金净流出的机理与测算方法

“价格剪刀差”的概念由苏联经济学家普列奥布拉任斯基（Preobrazhensky）于1926年提出，它指的是发展中国家（尤其是社会主义国家）的政府如何从农业部门的农民那里赚取利润来补贴城市工业部门的工人；同时，通过实施价格剪刀差，政府可以加快资本积累速度。

正如林毅夫（Lin，2003、2005、2007）所言，与许多欠发达国家相似，新中国成立后采用了重工业导向的发展战略。由于重工业属于资本密集型，其项目的生产需要巨额资本投入并且周期很长，而中国当时是一个资本短缺的农业国家。同时，广大农民刚刚从旧社会重税压迫下解放出来，要求“轻徭薄赋，休养生息”的意愿非常强烈。为了稳定农民的情绪，同时也兼顾工业化建设所需要的资金，政府的唯一出路就是通过压低农民出售的农产品价格同时提高卖给农民的工业产品的价格来取得农业剩余，投入重工业的资本积累。简言之，在这个战略下，政府自然而然会选择不利于农民的价格剪刀差来发展工业。新中国成立以来，特别是在1953—1986年，国家对农产品实行统购统销，制度性地压低农产品收购价格以及政策性地抬高工业产品价格，通过这种工农产品价格剪刀差的“暗税”方式为工业发展汲取了大量农业剩余，导致了农村资金严重外流。

进入20世纪90年代后，随着市场经济的逐步确立，国家逐渐缩小农产品的统购（或称合同购买）比例，逐步扩大其市场化流通比例。到1997年，约85%以上的生产资料价格、90%以上的农产品价格、95%以上的工业品价格已由市场决定，基本上形成了以市场机制为基础的资源配置方式。有学者（武力，2001）认为，新中国成立以来如果说有剪刀差的存在，也是从农产品统购统销到完全放开工业品价格和农产品购销价格之前这段时间。因此，在我们的研究中，选取1978—1997年的时间跨度来测算改革开放以来通过工农产品价格剪刀差的方式流出农村的资金规模。

许多学者在引用“剪刀差”来计算农民为工业化积累资金的贡献时，由于采用的理论依据和测算方法、口径不同，测算结果差异较大（崔晓黎，1988；温铁军，2000；韩兆洲，1993；江苏省农调队课题组，2003）。工农产品价格“剪刀差”差额的计算是一个非常困难的问题，目前还没有一种能够较准确测算出并且被学术界公认的方法。在推算方法上，本文使用严瑞珍等（1990）的比值剪刀差动态变化相对基期求值法。严瑞珍等按照社会必要劳动时间决定价值的理论，首先测算出1982年的剪刀差，然后通过可比劳动法分别测算出各年工农产品剪刀差。相对而言，严瑞珍等（1990）的测算方法得到了学术界较高的认可，后续的一些研究都延续了严瑞珍等（1990）方法，如韩兆洲（1993）、李微（1996）等。

三、测算结果

（一）财政渠道与农村资金净流出

农业税收一向是农村财政收入的主要来源。表2-17汇报了1978—2012年农业税收的详细情况。从表2-17的数据中，我们也能观察到改革开放以来我国农业税收总量变化的特征。第一，是农业各税，1978—1993年合计的农业各税逐年增长，不过增速较缓；1993—1996年农业各税在总量上展现出了高速增长的态势；1996—2007年，农业各税总量处于波动增长之中；2007年后，农业各税总量再次表现出高速增长的趋势。第二，是农牧业税，在改革初期农牧业税的名义总量几乎一直保持不变，这使得真实量（扣除物价增长）实际上显著下降。1993年后农牧业税征收总量处于波动之中：1993—1996年农牧业税总量出现了较快的增长，然而至1997年后迅速下降，但是到2002年与2003

年时再次增长到历史最高点，尔后迅速下降直至消亡。第三，是契税，自 1986 年征收以来，始终保持增长，1997 年后农村契税规模出现了快速增长，25 年内年均增长 30.8%。第四，农业特产税税收总量呈现出了倒“U”形曲线的发展规律，从 1988 年的 46.02 亿元增长到 2007 年时的最高值 603.08 亿元，此后税收规模迅速下降，直至 2006 年后与农牧业税一道消亡。第五，耕地占用税的变化规律与契税的几乎一致，1987—2003 年契税税收规模几乎不变，2004 年后迅速增长。第六，自 2006 年以来，烟叶税的税收规模也处于波动增长中。

除农业税收以外，农民缴纳的费也是农业财政收入的重要部分。至实行家庭联产承包责任制后，农民需缴纳系列的费用，如乡镇统筹费、农村教育集资、行政性事业收费以及政府性基金等，部分流出农村的费用与农业税构成了农业财政收入。在表 2-17 中，第（7）列与第（1）列之差即为农业财政收入中来源于农业的其他杂费。2004 年后全国范围内掀起了农村“费改税”试点，至此这部分费也在国内逐渐消亡。因而，我们可以认为 2004—2012 年的农业财政收入接近于农业各税收入［如表 2-17 中的第（7）列］。进一步，我们测算了农民缴纳费用在农业财政收入中的占比。1978—1985 年，费的比重逐年递增，整个 20 世纪 80 年代里费的平均占比超过了 40%，其中 1983 与 1985 年里的比重均超过了 50%。这些进一步折射出 20 世纪 80 年代中国农民承担着较高费用压力的现实。20 世纪 90 年代初期，费占比暂时性出现下降，然而至 1993 年再次增高，我们认为这可能与国家分税制改革有关，使得地方政府税收收入减少从而增加农村收费。

不过，农业财政收入［表 2-17 中的第（7）列］还不能完全反映财政渠道里农村资金的流失，我们还需要剔除烟叶税与耕地占用税。剔除这两项税收后，即可得到实际农业财政收入［表 2-17 中的第（8）列］。

除以农民为个体缴纳的农业税费以外，乡镇企业上缴税金也是农村资金外流的一个重要渠道（表 2-18 中的第（2）列）。35 年内，乡镇企业上缴税金规模保持着持续增长的态势，年均增长 10.4%，年均缴纳税金 5954.06 亿元，合计 208392.02 亿元。

表 2-18 中的第（1）列与第（2）列数据之和即为农村外流流量资金，农村外流流量资金与财政支农资金之差即为财政渠道里农村资金的净流出。35 年里，财政支农资金规模也在波动式发展。改革之初（1978—1988），国家分配给农业的资金从 20 世纪 70 年代末的 3900 多亿元下降到 1988 年的不到 2000 多亿元的规模。20 世纪 80 年代末至 21 世纪初期，财政支农资金逐渐缓慢增长，直到 21 世纪初期的支农资金规模才逐渐回升到 20 世纪 70 年代末的水平。2005 年始，国家安排了大量支农资金，2005—2012 年，财政支农资金以年均 14.1% 的速度增长，远远超过了同时期的经济增长速度。

表 2-18 中第（4）列数据展现了改革开放 35 年来，财政渠道里农村资金净流出的情况。改革初期（1978—1983），财政渠道对农村资金的影响表现为净流入，不过净流入的规模却在逐年递减。1984 年后，农村资金则表现为净流出。其中，1984—1994 年为农村资金加速流出时期，年均净流出资金近 700 亿元，年均增长 47.2%。1995—1998 年，财政渠道里农村资金净流出规模逐年下降；1999—2005 年，资金净流出规模则表现出波动增长的趋势。2005—2009 年，正值农村税费制度改革，农村资金净流出规模迅速下降；不过，2010—2012 年，资金净流出规模再次增长。

综上分析，1978—2012 年内通过财政渠道从农村净流出的资金规模达 110269.11 亿元，年均净流出 3150.55 亿元。

表 2-17 1978—2012 年中国农业财政收入与农业税收

单位：亿元（按 2012 年价格进行折算）

年份	农业各税：合计（1）	其中：农牧业税（2）	其中：契税（3）	其中：农业特产税（4）	其中：烟叶税（5）	其中：耕地占用税（6）	官方统计农业财政收入（7）	实际农业财政收入（8）=（7）-（5）-（6）
1978	688.30	0.00	0.00	0.00	0.00	0.00	767.06	767.06
1979	664.87	0.00	0.00	0.00	0.00	0.00	720.97	720.97
1980	578.09	0.00	0.00	0.00	0.00	0.00	691.74	691.74
1981	562.80	0.00	0.00	0.00	0.00	0.00	769.46	769.46
1982	534.80	0.00	0.00	0.00	0.00	0.00	897.76	897.76
1983	541.24	0.00	0.00	0.00	0.00	0.00	1109.58	1109.58
1984	496.71	0.00	0.00	0.00	0.00	0.00	870.39	870.39
1985	528.34	0.00	0.00	0.00	0.00	0.00	1097.89	1097.89
1986	513.89	510.43	3.46	0.00	0.00	0.00	927.71	927.71
1987	525.63	506.49	4.66	0.00	0.00	14.48	930.95	916.46
1988	685.05	436.00	6.32	46.02	0.00	196.71	1128.39	931.68
1989	758.83	507.52	8.49	91.57	0.00	151.25	1265.27	1114.03
1990	755.89	512.93	10.15	107.46	0.00	125.35	1087.28	961.93
1991	714.31	446.40	14.89	112.29	0.00	140.74	1053.31	912.57
1992	822.00	483.53	24.90	112.02	0.00	201.55	1031.27	829.72
1993	761.07	439.73	37.59	106.10	0.00	177.65	1428.62	1250.98
1994	1239.07	639.69	63.27	340.91	0.00	195.21	1619.97	1424.76
1995	1341.96	618.26	88.12	468.91	0.00	166.68	1747.12	1580.45
1996	1620.66	798.62	110.54	574.64	0.00	136.86	2112.98	1976.12
1997	1595.21	731.95	129.79	603.08	0.00	130.39	2057.92	1927.53
1998	1484.29	664.99	219.55	475.62	0.00	124.12	1991.22	1867.09
1999	1464.62	563.99	331.86	454.53	0.00	114.23	1873.97	1759.74
2000	1484.10	536.38	418.08	416.99	0.00	112.65	1911.96	1799.31
2001	1418.63	483.93	462.61	359.21	0.00	112.88	1843.01	1730.12
2002	1938.12	867.99	645.46	269.85	0.00	154.81	2518.58	2363.77
2003	2139.13	820.10	878.58	219.86	0.00	97.91	2711.73	2613.82
2004	2010.88	442.90	1203.82	96.49	0.00	267.67	2010.88	1743.21
2005	1875.06	25.63	1472.06	93.33	0.00	284.04	1875.06	1591.02
2006	1926.43	0.23	1541.92	6.26	73.93	304.09	1926.43	1548.41
2007	2240.17	0.00	1877.72	0.00	74.41	288.04	2240.17	1877.72
2008	2398.80	0.00	1856.59	0.00	95.77	446.44	2398.80	1856.59
2009	3184.04	0.00	2255.87	0.00	105.07	823.10	3184.04	2255.87
2010	4039.84	0.00	2901.53	0.00	92.24	1046.07	4039.84	2901.53
2011	4235.38	0.00	2978.69	0.00	98.42	1158.27	4235.38	2978.69
2012	4626.50	0.00	2874.01	0.00	131.78	1620.71	4626.50	2874.01
总计	52394.70	11037.68	22420.52	4955.13	671.61	8591.91	62703.21	53439.68

续表

年份	农业各税：合计（1）	其中：农牧业税（2）	其中：契税（3）	其中：农业特产税（4）	其中：烟叶税（5）	其中：耕地占用税（6）	官方统计农业财政收入（7）	实际农业财政收入（8）=（7）-（5）-（6）
年均	1496.99	408.80	830.39	141.58	19.19	245.48	1791.52	1526.85

注：1. 各年数据依据居民物价指数（CPI）折算成2012年价格，下同；

2. 数据（1）全部来自2013年《中国财政年鉴》；数据（2）~（6）来自2013年《中国财政年鉴》，数据（2）~（6）为数据（1）中的一部分；数据（7）中1978—1983年来自《中国农村经济统计大全（1949-1986）》，1984—1995年来自1997年《中国农村统计年鉴》；

3. 1995年后数据（7）改变了统计口径，1996—2003年的数据我们采用Huang et al.（2006）的方法，运用前五年（1）/（7）的平均值进行估计；另一方面，由于2004年后全国范围内掀起了农村"费改税"试点，因而我们可以认为2004—2012年的农业财政收入接近于农业各税收入。

表 2-18　1978—2012 年财政渠道下农村资金净流出

单位：亿元（按 2012 年价格进行折算）

年份	财政收入来源		财政支农（3）	资金净流出（4）	年份	财政收入来源		财政支农（3）	资金净流出（4）
	实际农业财政收入（1）	乡镇企业上缴税金（2）				实际农业财政收入（1）	乡镇企业上缴税金（2）		
1978	767.06	533.19	3652.33	-2352.08	1997	1927.53	6125.64	3075.80	4977.37
1979	720.97	509.18	3924.54	-2694.39	1998	1867.09	5891.67	4298.04	3460.73
1980	691.74	536.93	3133.84	-1905.16	1999	1759.74	6188.65	3755.09	4193.29
1981	769.46	680.92	2324.87	-874.48	2000	1799.31	6367.81	3927.85	4239.26
1982	897.76	813.67	2328.69	-617.26	2001	1730.12	6797.42	4290.05	4237.49
1983	1109.58	967.21	2313.57	-236.79	2002	2363.77	7272.27	4268.00	5368.05
1984	870.39	1291.68	2014.36	147.70	2003	2613.82	7680.65	4305.16	5989.31
1985	1097.89	1726.36	1929.91	894.34	2004	1743.21	8154.02	5210.25	4686.98
1986	927.71	2039.64	2126.21	841.13	2005	1591.02	10374.35	4906.52	7058.85
1987	916.46	2393.83	2024.52	1285.78	2006	1548.41	10849.62	5638.68	6759.35
1988	931.68	2881.87	1990.35	1823.20	2007	1877.72	9441.34	6722.12	4596.94
1989	1114.03	3255.43	2375.46	1993.99	2008	1856.59	10243.71	8456.34	3643.96
1990	961.93	3369.05	2648.09	1682.89	2009	2255.87	12628.34	9430.29	5453.91
1991	912.57	3582.21	2739.06	1755.72	2010	2901.53	13334.86	10099.69	6136.70
1992	829.72	4393.14	2593.53	2629.33	2011	2978.69	14445.72	11306.02	6118.39
1993	1250.98	6409.84	2666.23	4994.59	2012	2874.01	15450.25	12387.60	5936.66
1994	1424.76	8521.35	2852.94	7093.17	1978-2012				
1995	1580.45	6939.28	2774.26	5745.46	合计	53439.68	208392.02	151562.60	110269.10
1996	1976.12	6300.92	3072.34	5204.70	年均	1526.85	5954.08	4330.36	3150.55

注：1. 乡镇企业上缴税金数据中1978—1986年来自《中国农村经济统计大全（1949—1986）》，2012年数据由于尚未公布，采用2009—2011年的年平均增长率与2011年数值的乘积进行替代，其余年份数据来自历年《中国乡镇企业及农产品加工业年鉴》（曾名《中国乡镇企业年鉴》）；

2. 财政支农数据中1978年、1980年、1985—2012年的数据全部来自2013年《中国农村统计年鉴》，其他年份数据来源《中国财政年鉴》。

（二）金融机构与农村资金净流出

依据中国实情，农村信用社（农村商业银行或农村合作银行）、中国农业银行和邮政储蓄银行是农村地区的主要金融机构，也是农村信贷资金外流的重要组织平台。因而，我们将从这三个金融机构出发，分别测算出农村资金的净流出。

农村信用社一直以来都是农村地区最主要的金融机构。1978—2012 年，62.09% 的农村资金存入农村信用社，同时约 65.15% 的资金通过农村信用社回流到农村。进入 21 世纪以来，我国有些地区的农村信用社逐步开始了商业化改制工作，改制为农村商业银行与农村合作银行。从数量上来看，几乎所有的农村信用社都改制为农村商业银行，而农村合作银行的数量则少之又少。自 2007 年始，《中国金融年鉴》统计了全国农村商业银行的信贷业务数据，至于农村合作银行则暂时未单列统计。因而，在我们的分析中对农村合作银行暂时不做考虑。

中国农业银行在我国农村地区的网点经历了多次的建立与撤销。早在改革开放以前，农业银行就经历了几起建立与撤销的历程。改革开放后（1979）农业银行再次建立，至 20 世纪末，伴随着农村金融机构改革的浪潮，农业银行在乡镇地区的网点被大量撤销。虽然如此，但是农业银行在农村地区金融资源的流动中依然扮演着重要的角色。改革开放的这 35 年内，就有 21.03% 的农村金融资源存入到农业银行里，26.94% 的金融资源从农业银行内流入农村。

中国邮政储蓄银行于 1989 年开始在农村地区吸收储蓄，然而这一期间却始终不在农村地区开展贷款业务，一度成为农村资金的“抽水机”。自 2007 年起，邮政储蓄银行开启了面对农村地区的贷款业务。

围绕农村信用社（农村商业银行或农村合作银行）、中国农业银行和邮政储蓄银行这些主要的农村金融机构，我们测算出了 1978—2012 年农村存款、农村贷款与资金净流出的情况，如表 2-19 所示（具体测算过程请查阅附录）。在我们的计算中，农村存款包括农户储蓄、乡镇企业存款以及其他组织在农村地域内的金融机构存款；农村贷款包括农户贷款、乡镇企业贷款以及其他农村地域内组织的贷款。表 2-19 分别汇报了四个涉农金融机构的农村资金净流出（按照物价指数折算成 2012 年价格）情况：（1）1979—2012 年，通过农村信用社净流出的农村资金总量达 26357.86 亿元，年均净流出 753.08 亿元。35 年内，信用社净外流的农村资金呈现出波动的发展趋势。其中，少数年份，如 1978 年、1984 年、1988 年、1992—1993 年、1995 年、2005 年与 2010 年，甚至出现了信贷资金在农村地区的净流入。至农村信用社商业化改制以来，我们发现农村商业银行加速了农村信贷资金的外流。2007—2012 年这 6 年来，通过农村商业银行净流出的资金竟达 19645.02 亿元，净外流规模远远高于农村信用社（农村信用社年均外流 3274.17 亿元），约为农村信用社的 4 倍。（2）1980—2012 年，通过中国农业银行净流出的农村资金总量为 4701.44 亿元，年均净流出 142.47 亿元。其中，1996 年外流资金规模较为特殊，由于当年正值农村信用社脱离农业银行改制，使得农业银行内大量的信用社存款回流农村，从而出现一次规模较大的农村资金净流入。（3）我们发现邮政储蓄银行始终扮演着农村资金“抽水机”的角色。1990—2012 年，邮政储蓄银行共从农村地区抽离资金 66256.89 亿元，年均净流出 676.20 亿元。其中，1990—2005 年，净流出资金呈现出加速发展的趋势；2006 年后，外流资金规模虽有波动，但整体趋势仍是在加速农村资金的流出。

综上分析，1978—2012 年通过农村信用社、农村商业银行、中国农业银行与中国邮政储蓄银行从农村净流出的资金规模达 66256.89 亿元，年均外流 1893.05 亿元。其中，1978—1996 年，外流资金波动较大，并时而伴随资金对农村的净流入；不过，在 1997—2012 年，信贷资金不断被抽离农村，而且呈现出了规模扩大的趋势。

表 2-19　1978—2012 年金融机构与农村资金净流出

单位：亿元（2012 年价格）；年末余额

年份	农村信用社			农村商业银行			中国农业银行			中国邮政储蓄银行			合计：资金净流出 (13)
	农村存款 (1)	农村贷款 (2)	资金净流出 (3)	农村存款 (4)	农村贷款 (5)	资金净流出 (6)	农村存款 (7)	农村贷款 (8)	资金净流出 (9)	农村存款 (10)	农村贷款 (11)	资金净流出 (12)	
1977	3675.30	1074.44											
1978	3623.24	1093.03	-70.64										-70.64
1979	4474.50	1070.18	874.10				5506.72	2841.06					874.10
1980	5264.85	1704.81	155.73				6035.99	3339.00	31.33				187.05
1981	6203.75	1913.73	729.98				6660.81	3452.66	511.16				1241.14
1982	6969.86	2206.18	473.66				7227.91	3564.11	455.65				929.31
1983	7783.62	2688.14	331.80				7702.67	3526.93	511.94				843.74
1984	8683.90	5054.08	-1465.66				6649.58	4944.02	-2470.18				-3935.84
1985	8905.72	5025.80	250.10				7032.65	4972.02	355.07				605.17
1986	10869.99	6562.17	427.91				8336.75	6349.66	-73.54				354.37
1987	12417.10	7980.13	129.14				8797.06	6892.15	-82.18				46.96
1988	12726.73	8446.68	-156.92				8476.48	7233.97	-662.40				-819.33
1989	14567.23	9781.46	505.71				9017.18	7656.77	117.90	217.94	0.00		623.61
1990	18048.85	12156.45	1106.63				10612.34	8573.01	678.92	393.71	0.00	175.77	1961.33
1991	20836.86	14251.62	692.85				11894.78	9407.68	447.77	693.58	0.00	299.87	1440.49
1992	23343.84	16926.23	-167.64				12393.89	9859.83	46.96	860.36	0.00	166.78	46.10
1993	17771.24	14111.86	-2758.23				14112.58	9879.44	1699.08	1302.33	0.00	441.97	-617.18
1994	29647.21	16527.77	9460.06				15361.52	9714.66	1413.72	1814.70	0.00	512.37	11386.15
1995	33734.76	18694.35	1920.97				15788.35	10745.99	-604.50	2639.16	0.00	824.46	2140.93
1996	37612.92	20841.60	1730.92				8444.80	11063.28	-7660.84	3246.29	0.00	607.13	-5322.78

续表

年份	农村信用社			农村商业银行			中国农业银行			中国邮政储蓄银行			合计：资金净流出 (13)
	农村存款 (1)	农村贷款 (2)	资金净流出 (3)	农村存款 (4)	农村贷款 (5)	资金净流出 (6)	农村存款 (7)	农村贷款 (8)	资金净流出 (9)	农村存款 (10)	农村贷款 (11)	资金净流出 (12)	
1997	41299.60	22193.82	2334.45				9160.87	12220.66	-441.32	3542.86	0.00	296.57	2189.71
1998	44223.60	23895.79	1222.03				9953.25	13112.88	-99.84	4015.75	0.00	472.89	1595.08
1999	44906.48	24993.34	-414.66				10316.27	12580.93	894.97	4366.80	0.00	351.05	831.36
2000	46564.48	26016.17	635.16				10604.48	8613.50	4255.64	5207.44	0.00	840.64	5731.45
2001	48531.84	27273.95	709.58				10876.92	7965.15	920.78	5963.30	0.00	755.86	2386.23
2002	50830.06	28943.61	628.56				11280.99	7517.30	851.93	6781.74	0.00	818.44	2298.93
2003	54728.04	31291.88	1549.71				12140.09	7139.23	1237.16	7523.63	0.00	741.89	3528.76
2004	57134.24	32196.12	1501.96				12701.53	6770.76	929.91	8399.13	0.00	875.51	3307.38
2005	52135.25	27804.72	-607.59				13071.80	6138.52	1002.51	9735.13	0.00	1335.99	1730.91
2006	51028.49	26269.89	428.07	7391.30	3300.38		13776.83	6584.01	259.54	10232.50	0.00	497.37	1184.99
2007	51281.16	26163.15	359.41	7724.28	3548.83	84.53	13654.49	6201.25	260.42	10666.37	287.49	146.38	850.74
2008	55580.24	27998.60	2463.63	8851.05	4156.69	518.91	15196.73	5027.10	2716.39	11341.48	431.48	531.11	6230.04
2009	57924.30	29681.62	661.05	13729.91	6403.95	2631.60	14580.59	6198.01	-1787.05	12665.64	650.09	1105.55	2611.16
2010	55792.32	28327.21	-777.58	24733.31	11298.14	6109.21	16412.79	6649.52	1380.68	14654.66	1177.16	1461.95	8174.27
2011	56469.59	28161.83	842.65	33397.44	16222.12	3740.14	18137.40	6859.12	1515.01	15898.77	1457.90	963.37	7061.17
2012	56207.21	27248.49	650.96	46599.66	22863.71	6560.63	14613.74	7246.65	-3911.18	17648.67	1878.15	1329.64	4630.05
1978—2012													
合计	1111798.36	606570.93	**26357.86**	142426.95	67793.82	**19645.02**	376530.86	250840.83	**4701.44**	159811.92	5882.27	**15552.58**	**66256.89**
年均	30883.29	16849.19	**753.08**	20346.71	9684.83	**3274.17**	11074.44	7377.67	**142.47**	6658.83	245.09	**676.20**	**1893.05**

注：（1）以农村信用社为例，资金净流出的测算方法为［$(1)_t$-$(2)_t$］-［$(1)_t$-1-$(2)_{t-1}$］；

（2）资金净流出中，正号表示资金从农村净流出，负号表示资金从农村净流入。

（三）工农产品价格剪刀差与农村资金净流出

在改革时期，工农产品价格剪刀差是农业资本外流的一个重要渠道。1978—1997 年各年间的剪刀差绝对额和相对量的计算方法如下：以严瑞珍推算的 1982 年的剪刀差值及相关指标作为参照值，“首先找出影响剪刀差变化的诸因子，求出目标年诸因子与 1982 年相应诸因子的相对数，然后根据这些因子与剪刀差有关指标的比例关系，间接求得目标年的剪刀差”。如果我们把几个主要指标抽出来汇总成表 2-20，就可以十分鲜明地看出国家逐渐取消对农产品统购统销之后工农产品价格剪刀差的变化动态（见表 2-20）：

表 2-20　1978—1997 年几个年份有关指标计算表

项目	单位	计算公式	1978	1982	1992	1997
农业劳动生产率指数	%	(1)	84.70	100.00	159	251.2
工业劳动生产率指数	%	(2)	90.90	100.00	186.3	321.4
农村工业品零售价格指数	%	(3)	96.60	100.00	176.6	285
农副产品收购价格指数	%	(4)	70.60	100.00	196.2	371.3
相对于1982年的工农产品综合比价比值指数	%	(5)=［(2)×(3)］÷［(1)×(4)］	146.84	100.00	105.45	98.21
工农产品综合比价比值指数	%	(6)=(5) ×141.27%	207.44	141.27	148.97	138.75
剪刀差的差幅		(7)=1-1 ÷(6)	0.52	0.29	0.33	0.28
剪刀差差幅的年度差异系数		(8)=(7) ÷0.29	1.77	1.00	1.13	0.96
农副产品收购总额	亿元	(9)	557.90	1083.0	4412	1325.1
农副产品收购总额年度差异系数		(10)=(9) ÷1083	0.52	1.00	4.07	1.22
剪刀差绝对额	亿元	(11)=(8) ×(10) ×283	258	283	1297	331
农业增加值	亿元	(12)	1027.5	1777.4	5866.6	14441.9
农业部门新创造的全部价值	亿元	(13)=(11)+(12)	1285.5	2060.4	7163.6	14772.9
剪刀差相对量	%	(14)=(11) ÷(13) ×100%	20.1	13.7	18.1	2.2

注：（1）资料来源：《新中国55年统计汇编（1949—2004）》《中国统计年鉴》(2008)、《中国农村统计年鉴》(2008)、《中国市场统计年鉴》(2000)；（2）计算农业劳动生产率指数时，1978—1997使用的是农林牧渔业从业人员数；（3）农副产品收购总额1992年以前为原社会农副产品收购总额，1993—1997年为批发零售贸易业（不包括个体）农副产品购进额；（4）以上价格为当年价格。

为了简明起见，我们把 1978—1997 年剪刀差的变化列成表 2-21：

表 2-21　1978—1997 年工农产品价格剪刀差变动情况

单位：亿元 2012 年价格；%

年份	工农产品综合比价比值指数	剪刀差绝对额	剪刀差相对量	年份	工农产品综合比价比值指数	剪刀差绝对额	剪刀差相对量
1978	207.38	6252.82	20.1	1990	115.81	3897.29	8.9
1979	168.15	5835.32	16.9	1991	134.97	7604.12	17.9
1980	170.12	6497.49	18.5	1992	148.97	8946.30	18.1
1981	153.80	5935.75	16.1	1993	152.42	4666.65	11
1982	141.27	5151.40	13.7	1994	133.32	2954.64	5.7
1983	136.70	4992.03	13.3	1995	126.44	2620.33	4.5

续表

年份	工农产品综合比价比值指数	剪刀差绝对额	剪刀差相对量	年份	工农产品综合比价比值指数	剪刀差绝对额	剪刀差相对量
1984	125.25	3706.80	10.1	1996	127.23	2491.56	4
1985	120.75	3241.64	9.1	1997	138.75	1328.41	2.2
1986	116.04	2839.56	8.1	1978-1997			
1987	113.13	2544.87	7.1	合计	——	90101.59	
1988	114.80	3216.54	8.2	年均	——	4505.08	
1989	124.79	5378.06	14.0				

由表2-21可以看出，1978—1997年的19年间，国家以农产品剪刀差的方式为在农村地区抽离资金90101.59亿元，平均每年4505.08亿元。此外，自1993年起，工农产品剪刀差的相对量逐渐下降，到1997年已降到2.3%，但绝对额仍高达4666.65亿元。这一计算结果与实际情况是相符的。随着经济发展，农业生产在国民经济中的比重不断下降，同时来自农业的收入在农民收入中所占比重也在下降，这使得工农产品交换在国家经济中的重要性下降，导致农民利益向国家转移的方式由传统的“剪刀差”逐渐转向提供廉价劳动力和土地资源（孔祥智、何安华，2009）。

（四）资金净流出的总规模

将上述各个渠道的资金流动加以汇总，通过表2-22我们发现，1978—2012年35年间从农村地区净流向城市的资金量约为266627.58亿元，年平均净流出7617.93亿元。除1984年以外，每年都有大量的资金从农村流向城市。改革开放的这35年里，中国仍然处于从农村抽取经济资源的发展阶段。

表2-22 1978—2012年通过财政系统、金融系统与工农产品价格剪刀差从农村净外流的资金

单位：亿元（2012年价格）

年份	财政系统	金融系统	工农产品价格剪刀差	合计	年份	财政系统	金融系统	工农产品价格剪刀差	合计
1978	-2352.08	-70.64	6252.82	3830.10	1997	4977.37	2189.71	1328.41	8495.48
1979	-2694.39	874.10	5835.32	4015.04	1998	3460.73	1595.08		5055.80
1980	-1905.16	187.05	6497.49	4779.38	1999	4193.29	831.36		5024.65
1981	-874.48	1241.14	5935.75	6302.41	2000	4239.26	5731.45		9970.71
1982	-617.26	929.31	5151.40	5463.46	2001	4237.49	2386.23		6623.72
1983	-236.79	843.74	4992.03	5598.98	2002	5368.05	2298.93		7666.98
1984	147.70	-3935.84	3706.80	-81.34	2003	5989.31	3528.76		9518.06
1985	894.34	605.17	3241.64	4741.15	2004	4686.98	3307.38		7994.37
1986	841.13	354.37	2839.56	4035.07	2005	7058.85	1730.91		8789.77
1987	1285.78	46.96	2544.87	3877.61	2006	6759.35	1184.99		7944.33
1988	1823.20	-819.33	3216.54	4220.42	2007	4596.94	850.74		5447.67
1989	1993.99	623.61	5378.06	7995.67	2008	3643.96	6230.04		9874.01
1990	1682.89	1961.33	3897.29	7541.51	2009	5453.91	2611.16		8065.07
1991	1755.72	1440.49	7604.12	10800.33	2010	6136.70	8174.27		14310.96
1992	2629.33	46.10	8946.30	11621.73	2011	6118.39	7061.17		13179.56

续表

年份	财政系统	金融系统	工农产品价格剪刀差	合计	年份	财政系统	金融系统	工农产品价格剪刀差	合计
1993	4994.59	-617.18	4666.65	9044.06	2012	5936.66	4630.05		10566.71
1994	7093.17	11386.15	2954.64	21433.95	1978-2012				
1995	5745.46	2140.93	2620.33	10506.71	合计	110269.10	66256.89	90101.59	266627.58
1996	5204.70	-5322.78	2491.56	2373.48	年均	3150.55	1893.05	4505.08	7617.93

四、资金净流出的趋势与结构分析

（一）资金净流出的趋势

改革开放以来，每年从农村地区外流的资金规模呈现出波动发展的态势。整体而言，农村资金净流出的规模并没有缩减，而是在逐渐增加，从 1978 年的 3830.10 亿元已然增长到 2012 年的 10566.71 亿元。根据资金的规模以及增长情况，我们可以将资金净流出的情况划分为五个阶段，如图 2-2 所示。

第一阶段（1978—1988）：这一阶段是我国改革开放的头十年，本时期内每年农村资金净流出的规模也较为稳定。每年净流出的资金规模大体较为一致，保持在 5000 亿元规模上下。不过这一时期里，1984 年的情况较为特殊，这一年流入农村的资金要高于流出的资金，不过流入农村的资金规模并不大，仅仅只有 81.34 亿元，不及这段时期内年均流出量 5000 亿元的 2%。

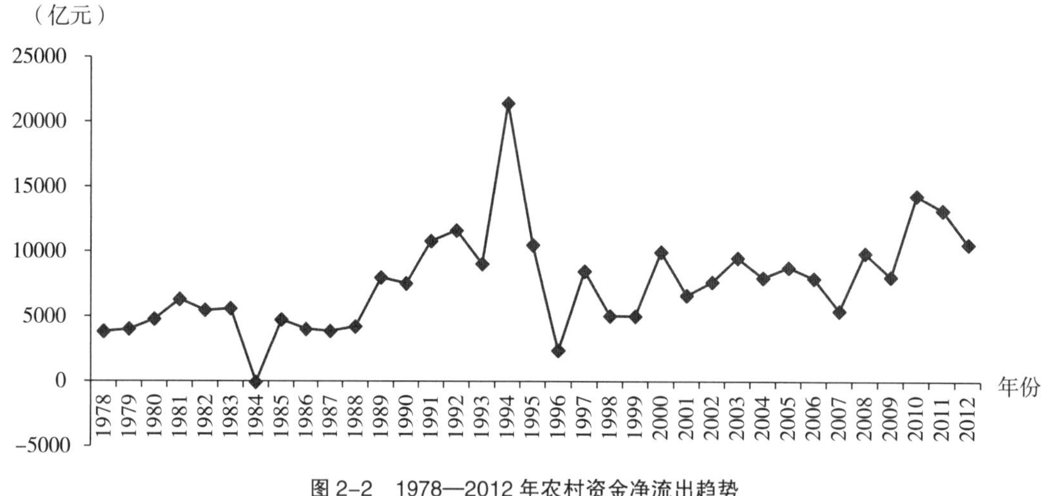

图 2-2　1978—2012 年农村资金净流出趋势

第二阶段（1989—1994）：这一时期正值我国改革逐步深化、市场经济雏形逐渐形成之际，本阶段农村资金呈现出了加速外流的发展态势。从 1989 年的 7995.67 亿元增加到 1994 年的 21433.95 亿元，年均增长 21.8%。其中，1989 年比 1988 年增长了 89.5%，1994 年比 1993 年增长了近 1.4 倍。1994 年外流资金规模达到了 35 年内的历史最高值，仅这一年流出的资金规模就占据了 35 年总规模的 8%。进一步，这六年内从农村净流出的资金总规模达总规模的 1/4。

第三阶段（1995—1996）：这个时期内从农村净流出的资金规模迅速下降。农村资金加速外流的时期于 1995 年结束，1995—1996 年净流出的资金规模呈现出直线下落的趋势。其中，1995 年外流资金规模就比 1994 年减少了 10000 亿元，1996 年在 1995 年的基础上再次减少近 8000 亿元。若除去 1984 年，1996 年从农村外流的资金规模就是 35 年内的最低值。综合第二、三阶段的发展态势，我们发现 1989—1996 年内，农村资金净流出的规模显现出了倒“U”形的发展规律。

第四阶段（1997—2012）：这一阶段内，每年从农村净流出的资金呈现出波动式的变化，波动周期较短。其中，1997—2009 年内，净流出的资金规模在 5000-10000 亿元范围内波动，年均净流出资金量为 7728.51 亿元；及至近年来，农村资金净流出规模出现再次攀升的趋势。2010-2012 的三年内净流出资金规模都在 10000 亿元以上，远远高于 35 年的年均水平。

（二）资金净流出的结构

从结构上来看，1978—2012 年内通过财政系统从农村地区净流出资金量为 110269.10 亿元，占比 41.4%；从金融系统内流出资金量为 66256.89 亿元，占比 24.8%；以工农产品价格剪刀差的形式流出的资金量为 90101.59 亿元，占比 33.8%。35 年内，通过财政系统净流出的农村资金量最大。然而，在不同的历史时期，财政系统、金融系统以及工农产品价格剪刀差对农村资金净流出的贡献是不同的（图 2-3 所示）。

在市场经济制度确立以前（1978—1993），农村资金净流出主要依赖于工农产品价格剪刀差。这一时期内，我国并没有完全放开工农产品市场，这种制度性地压低农产品收购价格与政策性地抬高工业产品价格的方式，促使大量的农村资金外流。在这个时期，通过工农产品价格差从农村净流出资金量就达 93785.58 亿元，占据同时期总量的 86.05%，同时占 35 年总规模的 35.2%。不过，我们也发现这个时期内工农产品价格剪刀差对资金净流出的贡献整体上呈现出逐年递减的趋势（1984 年较为特殊），其相对占比从 1978 年（这一年财政系统和金融系统均对农村净流入资金）的 163.3% 已下降到 1993 年 51.6%。与此同时，随着人民公社制度的逐渐瓦解，国家在农村医疗、保险、教育等社会福利上的完全退出，财政对农村的投入逐年缩小，另一方面乡镇企业上缴税金规模的增加，使得财政系统内净流出的资金量却在持续增加。1978—1993 年，财政系统内净流出的资金相对量在逐年攀升，1993 年时财政系统内流出的资金量已然超过了工农产品价格剪刀差。此外，从金融系统内外流的资金无论是绝对量还是相对比重都处于剧烈波动之中，本阶段内从金融系统累计净流出农村资金量规模较小，不及总规模的 4%。

市场经济制度确立后的十多年内（1994—2007），随着市场制度的逐步形成，生产资料价格、农产品价格以及工业品价格逐渐由市场决定，工农产品价格剪刀差在抽离农村资金上的作用逐渐弱化，财政系统成为抽离农村资金的重要角色，这个时期内约 63.00% 的农村资金通过财政系统净流出。1994—2007 年，财政系统净流出的农村资金经历了两个发展阶段：一是相对比重快速上升的 1994—1999 年，二是相对比重波动变化的 2000—2007 年。在 1994—1999 年，正值我国农业税负较为繁重之际：一方面农业各税总量增加，农民年均上交给国家的税金就比 1980 年代增长了近 1 倍；另一方面，随着乡镇企业私营化的逐渐深化，企业上缴税金的规模也在逐步扩大，本时期内乡镇企业的年均上缴税金比 1980 年代高出了近 3 倍。这一阶段内财政系统净流出资金的相对量从 1994 年的 54.69% 增长到了 1999 年的 83.45%（其中，1996 年较为特殊，这一年金融系统对农村净流入资金量一度超过了财政系统的净流出）。进入 21 世纪后，国家高度重视“三农”，一方面逐步减轻了农业赋税，另一方面加大了对“三农”的投入。2000—2007 年，农民赋税总量逐年下降，不过乡镇企业上缴税金却在迅速增加。这段时期里，乡镇企业上缴税金成为财政系统里农村资金外流的重要方式，这也是在农业税减免时期里，财政渠道仍为抽取农村资金主要渠道的重要原因。不过从图 2-3 中，我们也能观察到在 2000—2007 年财政系统内资金净流出的速度在逐渐放缓，资金净流出的相对比重显现着波动式的发展态势。

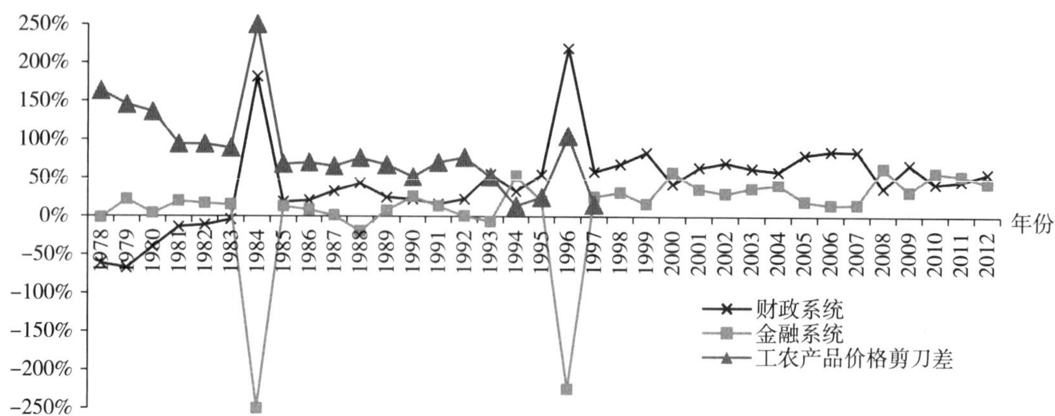

图 2–3　财政、金融与工农产品价格剪刀差对农村资金净流出的贡献

注：数据根据表2-22计算而来，例如财政系统的年度贡献=财政系统净流出资金/农村资金净流出总量，正号表示对资金净流出有促进作用，负号表示对资金净流出有缓冲作用。其中，1984年工农产品价格剪刀差、金融系统的贡献比分别为4557.44%与-4839.04%，其他数据取值均如坐标轴刻度所示。

近年来（2008—2012），随着国家税费制度的变革以及农村金融机构市场化改革的深入，金融系统成为抽离农村资金的主力军，2008—2012 年约 51.26% 的资金通过金融机构从农村净流入城市，资金总规模为 28706.68 亿元。这 5 年是我国农村金融机构市场化改革时期，然而农村资金加速外流成为这个时期的一个显著性特征。经测算，我们发现这五年内从金融系统内净流出的资金总量就占据了 35 年内金融系统累计量的 43.3%；另外，此五年里金融系统与财政系统净流出的农村资金量也占到了 35 年累计量的 21.0%，一跃成为资金净流出规模最大的 5 年。值得注意的是，我们发现随着农村信用社的商业化改制，通过农村商业银行外流的农村资金呈现出了加速增长的态势。2008—2012 年，农村商业银行里外流的农村资金年均增长 88.6%，远高于同时期中国邮政储蓄银行的 25.8%（这个时期里，农村信用社里外流资金量却在逐年递减）。进一步，在农村信用社尚未大规模商业化改制的时期里，我们测算出 2003—2007 年从农村信用社里外流的农村资金仅为 3231.56 亿元，还不及 2008—2012 年时农村商业银行流出的 17%。由此可见，农村金融的市场化改革加速了农村资金的净流出（Huang et al.，2006；陈雨露、马勇，2010；项俊波，2011）。

综上所述，在特定的历史时期内，工农产品价格剪刀差、财政系统与金融系统先后扮演着抽离农村资金主力的角色。在市场经济制度确立以前（1978—1993），农村资金净流出主要依赖于工农产品价格剪刀差；市场经济制度确立后的十多年内（1994—2007），财政系统成为抽离农村资金的重要角色；近年来（2008—2012），随着农村金融机构市场化改革的深入，金融系统成为抽离农村资金的主力军。

五、主要结论与政策含义

（一）主要结论

通过以上分析，我们得到了如下几个结论：首先，改革开放以来，大量的资金从农村流向城市。在我们的计算口径下（财政、金融以及工农产品价格剪刀差），初步测算出 1978—2012 年从农村净流出的资金达 266627.58 亿元。其次，在改革的初期（1978—1994），农村资金外流呈现出加速发展的趋势；至20世纪90年代末期起，农村资金净外流速度虽放缓，但规模依旧庞大。最后，在不同历史时期，财政系统、金融系统以及工农产品价格剪刀差对农村资金净流出的贡献存在着较大的差异。1978—1993年，约86.05%的资金通过工农产品价格剪刀差从农村流向城市；1994—2007年，约63.00%的农村资金通过财政系统净流出；2008—2012年，约51.26%的资金通过金融机构从农村净流向城市。

值得注意的是，在当下中国，金融机构成为抽离农村资金的主力军。这一点无疑值得我们深思，即随着农村金融机构的市场化改革，产生的直接效果不是在资金上支持三农的发展，反而是从农村抽离资金，表2-19中农村商业银行的信贷数据就充分说明了这一点。另外，目前从财政系统里抽离的农村资金虽说规模不小，但是我们能清晰地发现，自农村税费制度改革以来，农村中小企业（乡镇企业）纳税成为农村税收的主要来源，而农户纳税仅占微小部分。因此，我们认为应该关注当前金融机构对农户资金大量抽离的这一现象。

（二）政策含义

虽然自21世纪起中央高度重视三农问题，2003—2012年，中央财政“三农”投入累计超过6万亿元；逐年增加的财政投入，缓冲了农村部分资金外流，也对改善“三农”状况起到了至关重要的作用。但也应该看到，当前中国农村依然没能摆脱资金净流出的局面，而且农村系统内仍然面临着资金短缺的问题。为提升农村资本存量，减缓资金外流，促进我国农业现代化的发展，今后在以下几个方面，除了需要不断增加财政投入外，在体制、机制等方面也要深化改革。

第一，大幅度增加财政支农资金投入。进一步提高三农支出在中央财政支出中的比例，增加对农业基础设施建设、农业补贴和公共服务各项政策资金投入。切实修订和完善《农业法》《农业投资法》，对于支农资金投入做出更加明确和具有可操作性的规定，建立支农资金的稳定增长机制。

第二，建立普惠型的现代农村金融制度。农村资金在现有的市场化改革背景下只会加速外流，以市场化为导向的农村金融制度不利于农业现代化的发展。为此，我们认为应本着普惠型的原则建立现代农村金融制度。一是要加快建立商业性金融、合作性金融、政策性金融相结合，资本充足、功能健全、服务完善、运行安全的农村金融体系，重点突出政策性金融的建设。二是建立以村镇银行、贷款公司、农村资金互助社、农业担保公司等为主体的多元化农村金融机构，注重扶持农村内生性金融主体的发展，有条件的地方可尝试成立正规与非正规相结合的二元农村金融体系。三是综合运用财税杠杆和货币政策工具，定向实行税收减免和费用补贴，引导更多信贷资金和社会资金投向农村，尤其是注重对专业大户、家庭农场，农民合作社以及农业企业等新型农业经营主体的金融扶持工作。

不过，从理论上说，部分农业农村发展过程中积累的资金流向工业和城镇有其合理性，但是过多的资金外流也导致农业农村发展资金缺乏，制约我国农业生产率的提高、农民的增收和农村经济的发展。然而，农村实际的资金需求规模是多少，35年来又有多少资金是合理外流到城镇的，又有多少资金是过度外流的，这部分过度流出的资金对农业、农村的发展造成了哪些不利的影响？对于这些方面的研究将是我们下一步研究的方向与重点。此外，对影响农村资金净流出的因素研究以及特殊年份如1984年、1994年资金外流规模结构突变的原因等，这些都将会是我们今后研究的方向。

参考文献：

［1］Alfaro L., S. Kalemli-Ozcan, V. Volosovych. Why doesn't capital flow from rich to poor countries? An empirical investigation［J］. The Review of Economics and Statistics, 2008, 90(2): 347-368.

［2］Fan S., P. Hazell S. K. Thorat. Impact of public expenditure on poverty in rural India［J］. Economic and Political Weekly, 2000, 35(40): 3581-3588.

［3］Fan S., L. Zhang, X. Zhang. Growth, inequality, and poverty in rural China: The role of public investments［R］. International Food Policy Research Institute, 2002.

［4］Haggblade S. Returns to investment in agriculture［Z］. Policy synthesis. East Lansing: Michigan State University, 2007.

［5］Kalemli-Ozcan S., A. Reshef, B. E. Sorensen, O. Yosha. Net capital flows and productivity: evidence from US states［Z］. IIIS Discussion Paper, 2005.

［6］Kalemli-Ozcan S., A. Reshef, B. E. Sorensen, O. Yosha. Why does capital flow to rich states?［J］. The Review of Economics and Statistics, 2010, 92(4): 769-783.

［7］Lin J. Y. Viability, Economic Transition and Reflection on Neoclassical Economics［J］. Kyklos, 2005, 58(2): 239-264.

［8］Lin J. Y. Development Strategy, Viability and Economic Convergence［J］. Economic Development and Cultural Change, 2003, 51(2): 277-308.

［9］Lin J. Y. Development and Transition: Idea, Strategy and Viability［R］. Cambridge University: Cambridge, 2007.

［10］Lipton M. The family farm in a globalizing world: The role of crop science in alleviating poverty［R］. International Food Policy Research Institute, 2005.

［11］Schularick M. A tale of two 'globalizations': capital flows from rich to poor in two eras of global finance［J］. International Journal of Finance & Economics, 2006, 11(4): 339-354.

［12］Timmer C. P. The agricultural transformation［Z］. Handbook of development economics(Part II), 1998: 276-331.

［13］蔡昉 . 城乡收入差距与制度变革的临界点［J］. 中国社会科学 , 2003(5): 16-25+205.

［14］陈锡文 . 资源配置与中国农村发展［J］. 中国农村经济 , 2004(1): 4-9.

［15］陈雨露 , 马勇 . 中国农村金融论纲［M］. 北京：中国金融出版社 , 2010.

［16］崔晓黎 . 统购统销与工业积累［J］. 中国经济史研究 , 1988(4): 120-135.

［17］党国英 . 土地制度对农民的剥夺［J］. 中国改革 , 2005(7): 31-35.

［18］葛丰 . 农民利益严重受损，土地价格剪刀差理应消除［EB/OL］. http://business.sohu.com/20060321/n242385627.shtml, 2006-3-21.

［19］国家卫生和计划生育委员会（现国家卫生健康委员会）. 2013 中国流动人口发展报告［M］. 北京：中国人口出版社 , 2013: 90.

［20］国务院发展研究中心 , 世界银行 . 中国：推进高效、包容、可持续的城镇化［M］. 北京：中国发展出版社 , 2014.

［21］国务院发展研究中心课题组 . 农民工市民化：制度创新与顶层政策设计［M］. 北京：中国发展出版社 , 2011.

[22] 韩俊，罗丹，程郁．农村金融现状调查［J］．农村金融研究，2007(9): 9-20.

[23] 韩兆洲．工农业产品价格剪刀差的计量方法研究［J］．统计研究，1993(1): 49-51.

[24] 黄金辉．中国农业现代化的瓶颈：投资不足［J］．四川大学学报（哲学社会科学版），2004(3): 5-9.

[25] 江苏省农调队课题组．中国农村经济调研报告［M］．北京：中国统计出版社，2003.

[26] 孔祥智，顾洪明，韩纪江．我国失地农民状况及受偿意愿调查报告［J］．经济理论与经济管理，2006(7): 57-62.

[27] 孔祥智，何安华．新中国成立 60 年来农民对国家建设的贡献分析［J］．教学与研究，2009(9): 5-13.

[28] 雷潇雨，龚六堂．基于土地出让的工业化和城镇化［J］．管理世界，2014(9): 29-41.

[29] 李谷成，范丽霞，冯中朝．资本积累、制度变迁与农业增长——对 1978—2011 年中国农业增长与资本存量的实证估计［J］．管理世界，2014(5): 67-79+92.

[30] 李焕彰，钱忠好．财政支农政策与中国农业增长：因果与结构分析［J］．中国农村经济，2004(8): 38-43.

[31] 李名峰．土地要素对中国经济增长贡献研究［J］．中国地质大学学报（社会科学版），2010(1): 60-64.

[32] 李微．农业剩余与工业化资本积累［M］．昆明：云南人民出版社，1996.

[33] 廖洪乐．中国农村土地制度六十年——回顾与展望［M］．北京：中国财政经济出版社，2008.

[34] 林光彬．等级制度、市场经济与城乡收入差距扩大［J］．管理世界，2004(4): 30-40+50.

[35] 刘伟，平新乔．对我国经济发展过程中流民的考察［J］．经济研究，1989(6): 50-58+27.

[36] 刘永湘，杨继瑞，杨明洪．农村土地所有权价格与征地制度改革［J］．中国软科学，2004(4): 50-53+137.

[37] 卢锋．中国农民工工资走势：1979—2010［J］．中国社会科学，2012(7): 47-67.

[38] 孙辉．财政分权、政绩考核与地方政府土地出让［M］．北京：社会科学文献出版社，2014.

[39] 万朝林．失地农民权益流失与保障［J］．经济体制改革，2003(6):73-76.

[40] 汪晖．中国征地制度改革：理论、事实与政策组合［M］．杭州：浙江大学出版社，2013.

[41] 王美艳．转轨时期的工资差异：工资歧视的计量分析［J］．数量经济和技术经济研究，2003(5): 94-98.

[42] 温铁军．中国农村基本经济制度研究［M］．北京：中国经济出版社，2000.

[43] 夏永祥．工业化和城市化：成本分摊与收益分配［J］．江海学刊，2006(5): 84-89+238.

[44] 项俊波．建设一个好的农村金融：中国农村金融的实践与思考［M］．北京：中国金融出版社，2011.

[45] 严瑞珍，龚道广，周志祥，毕宝德．中国工农业产品价格剪刀差的现状、发展趋势及对策［J］．经济研究，1990(2): 64-70.

[46] 姚耀军，和丕禅．农村资金外流的实证分析：基于结构突变理论［J］．数量经济技术经济研究，2004(8): 28-33.

[47] 叶剑平，马长发，张庆红．土地要素对中国经济增长贡献分析——基于空间面板模型［J］．财贸研究，2011(4): 111-116+124.

[48] 易远宏．农村空心化趋势的资金外流综合测度与分析［J］．统计与决策，2013(19): 91-94.

[49] 张乐勤，陈素平，陈保平．安徽省近 15 年土地要素对经济贡献及 Logistic 曲线拐点探析［J］．地理科学，2014(1): 40-46.

[50] 张良悦．土地发展权框架下失地农民的补偿［J］．东南学术，2007(6): 4-9.

[51] 张友祥，金兆怀．城市土地要素的产出弹性及其对经济增长贡献［J］．经济理论与经济管理，

2012(9): 49-54.
[52] 郑功成、黄黎若莲 . 中国农民工问题与社会保护 [M] . 北京：人民出版社 , 2007: 381-382.
[53] 周天勇 . 现代化要对得起为发展做出巨大贡献的农民 [N] . 中国经济时报 , 2007-7-12.
[54] 周振 , 牛立腾 , 孔祥智 . 户籍歧视与城乡劳动力工资差异——基于倾向值的匹配分析 [J] . 区域经济评论 , 2014(4): 122-130.
[55] 朱胜 , 从日玉 , 成美纯 . 新时期城乡差距“剪刀差”的新表现 [J] . 统计观察 , 2007(9): 90-91.
[56] 黄达 . 工农产品比价剪刀差——从鸦片战争前后到新中国建国之际的史的考察 [M] . 北京：中国社会科学出版社 , 1990: 17-19.
[57] 王忠海 . 走出“剪刀差”的误区 [J] . 经济研究 , 1993(1): 33-38.
[58] 林毅夫 , 余淼杰 . 我国剪刀差的政治经济学分析：理论模型与计量实证 [J] . 经济研究 , 2009(1): 42-56.
[59] 刘福垣 . 破除剪刀差概念上的迷雾 [J] . 农业经济问题 , 1992(11): 34-38.

附录：农村金融机构资金外流测算过程

（一）农村信用社与农村资金净流出

由于《中国金融年鉴》统计口径的多次调整，我们用三种统计方法展示出了 1977—2012 年农村信用社的存款余额的情况（如表 2-23 所示）。（1）1977—1992 年年末，年鉴将农村信用社的存款余额分为了四类：集体农业、乡镇企业、农户储蓄与其他。其中，集体农业存款、乡镇企业存款与农户储蓄存款均为农村地区内的储蓄，三者之和即为农村年末存款余额（本文将农村存款定义为农村区域内个体与组织的存款）。不过，1993 年仅统计了信用社的存款总量，并未进行分类统计，我们利用前三年农村存款的占比进行估计，在 Huang et al.（2006）类似的研究中也采用过这种方法。具体办法是：计算出 1990—1992 年年末农村存款余额占总存款余额的比例 [如表 2-23 中的第（7）列]，然后计算出这 3 年的平均值，赋 1993 年农村存款余额占比为这个平均值，进一步用这个值与总存款余额相乘，即为估计的农村存款余额值。在本文中，我们姑且称这种方法为“比率估计法”[1]。（2）1994—1997 年年末的数据则仅公布了集体存款、农户存款，以及总存款的情况，从中我们还无法将存款分离为农村部分与城镇部分，为此我们采取估计 1993 年农村存款余额的办法，估计 1994—1997 年的农村存款余额。（3）1998—2007 年年末的统计数据，将存款余额分为了企业存款、农业存款、储蓄存款与其他存款四类。其中，农业存款指农村集体经济组织和乡镇企业的存款余额。不过，储蓄存款却没有剥离出农村部分与城市部分，然而农村信用社的储蓄存款几乎全部来自农村地区。我们发现，1997 年的农户储蓄余额 9132.17 亿元，就与 1998 年的储蓄存款余额 10441.03 非常接近；进一步考虑存款的增长情况，如合计存款余额从 1997 年的 10555.75 亿元增加到 1998 年的 12191.47

[1] “比率估计法”的一个重要的假设前提是，估计年份的数值与前几年具有相同或相似的发展趋势，数值大小并没有发生结构性突变。在这里我们用1990—1992年的数值估计1993年农村存款数据，这是因为1993年的存款合计规模与1990—1992年的基本相差不大；另一方面，1994年后存款合计数据则发生了较大的变化，很有可能发生了数据的结构性突变，因而采用1994年后的数据估计1993年的不大合适。在后文中，我们延续这一前提对多个数据进行了估计，有的数据需要用前几年的数据进行估计，而有的数据需要用后几年的数据进行估计，其原因就在此。

亿元，增长率 15.5%，按照这个比率，估计的 1998 年的农户储蓄余额为 10547.29 亿元，与 1998 年的储蓄存款规模几乎一致。因此，我们计农业存款与储蓄存款之和为农村存款余额。2008—2012 年的数据则仅公布合计存款余额的情况，我们仍采用估计 1993 年的方法对农村存款余额的规模进行估计。

农村信用社贷款余额数据的统计口径也进行过多次调整，如表 2-23 所示。（1）1977—1992 年年末的数据将信用社的贷款余额分为了集体农业贷款、农户贷款、乡镇企业贷款以及其他贷款四项，从资金流向的地域来看，我们将集体农业贷款、农户贷款与乡镇企业贷款之和定义为年末农村贷款余额（本文将农村贷款定义为农村区域内个体与组织的贷款）。（2）1994—2001 年年末的数据则仅将贷款余额分为了农业贷款、乡镇企业贷款与其他贷款三项。其中农业贷款包括农村企业及各类组织贷款和农户贷款，不过不包括乡镇企业贷款；乡镇企业贷款单列。因而，农业贷款与乡镇企业贷款之和即为农村贷款年末余额。另外，1993 年的数据则仅公布了贷款的合计数据，而乡镇企业贷款数据来自《中国乡镇企业年鉴》。为此，我们仍采取估计 1993 年农村存款的方法来估计同年的农村贷款，不同的是我们用 1994—1996 年农村贷款占比的平均值来估计 1993 年的农村贷款占比，进一步估算出当年的农村贷款数值[1]。（3）2002—2007 年年末的数据则将信用社贷款余额进行了细致的分类分项，具体而言分为三大类：短期贷款、中长期贷款与贴现（2006—2007 年还增设了各项垫款一类）。其中，短期贷款细分为农业贷款、乡镇企业贷款与其他短期贷款三项，农业贷款进一步又细化为农户贷款、农业经济组织贷款、农户小额贷款、农户联保贷款与农村工商业贷款。因而，短期贷款中农业贷款与乡镇企业贷款之和即为农村贷款。（4）2008—2012 年的统计数据则又仅统计了贷款合计数据，没有统计分类数据，为此我们仍采取上述比率估计法的办法来进行估计。

据此，我们测算出了 1977—2012 年末农村信用社的农村存款余额数据［表 2-23 中的第（6）列］与农村贷款余额数据［表 2-24 中的第（5）列与第（10）列］。

表 2-23　1977—2012 年农村信用社存款余额情况

单位：亿元（当年价格；年末余额）

年份	存款合计(1)	集体农业存款(2)	乡镇企业存款(3)	农户储蓄存款(4)	其他存款(5)	农村存款(6)	农村存款占比(7)	农村存款占比前三年均值(8)
1977	151.30	89.30		46.50	15.50	135.80	89.76%	
1978	166.00	93.80		55.70	16.50	149.50	90.06%	
1979	215.90	98.30	21.90	78.40	17.30	198.60	91.99%	
1980	272.30	105.50	29.50	117.00	20.30	252.00	92.54%	90.60%
1981	319.60	113.20	29.70	169.60	7.10	312.50	97.78%	91.53%
1982	389.90	121.10	33.70	228.10	7.00	382.90	98.20%	94.10%
1983	487.40	91.80	62.30	319.90	13.40	474.00	97.25%	96.18%
1984	624.90	89.90	81.10	438.10	15.80	609.10	97.47%	97.74%

［1］我们使用1994—1996年的数据进行估计，而不采用1990—1992年的数据，这是因为：1993年时乡镇企业的贷款规模与1994—1996年的基本一致，而比1992年的数值却增加了0.66倍。从这里我们可以认为乡镇企业的贷款数据在1993年时发生了结构性突变，这种突变很有可能也会发生在其他领域对农村的贷款。因而，采取1994—1996年的数据进行估计比1990—1992年的要略显合适。

续表

年份	存款合计(1)	集体农业存款(2)	乡镇企业存款(3)	农户储蓄存款(4)	其他存款(5)	农村存款(6)	农村存款占比(7)	农村存款占比前三年均值(8)
1985	724.90	71.90	72.10	564.80	16.10	708.80	97.78%	97.64%
1986	962.30	83.90	91.70	766.10	20.60	941.70	97.86%	97.50%
1987	1225.20	89.90	104.70	1005.70	24.90	1200.30	97.97%	97.70%
1988	1399.80	98.40	128.30	1142.30	30.80	1369.00	97.80%	97.87%
1989	1669.50	92.30	126.20	1412.10	38.90	1630.60	97.67%	97.88%
1990	2144.90	106.50	149.90	1841.50	47.00	2097.90	97.81%	97.81%
1991	2709.40	135.90	191.70	2316.70	65.10	2644.30	97.60%	97.76%
1992	3477.70	215.20	301.80	2867.30	93.40	3384.30	97.31%	97.69%
1993	3009.09					2936.07	97.57%	97.57%
1994	5681.15	865.13		4816.02		5538.84	97.50%	97.50%
1995	7172.85	977.29		6195.56		6990.73	97.46%	97.46%
1996	8793.58	1122.97		7670.61		8574.60	97.51%	97.51%
1997	10555.75	1423.58		9132.17		10290.65	97.49%	97.49%
1998	12191.47	211.87	1441.00	10441.03	97.57	11882.03	97.46%	97.49%
1999	13358.09	265.16	1767.65	11217.25	108.03	12984.90	97.21%	97.49%
2000	15129.43	388.64	2244.11	12355.25	141.43	14599.36	96.50%	97.39%
2001	17263.45	588.96	2657.77	13821.36	143.07	16479.13	95.46%	97.05%
2002	19875.47	806.47	3279.47	15547.19	242.34	18826.66	94.72%	96.39%
2003	23710.20	1024.50	4298.54	18004.99	382.17	22303.53	94.07%	95.56%
2004	27289.10	1144.08	4867.34	20766.17	511.51	25633.51	93.93%	94.75%
2005	27605.61	1050.86	4296.85	21739.33	518.57	26036.18	94.31%	94.24%
2006	30341.28	983.06	4737.30	23977.47	643.45	28714.77	94.64%	94.11%
2007	35167.03	1399.27	5741.42	27201.68	824.66	32943.10	93.68%	94.30%
2008	41548.86					39143.21	94.21%	94.21%
2009	47306.73					44551.18	94.18%	94.18%
2010	50409.95					47395.65	94.02%	94.02%
2011	55698.92					52432.30	94.14%	94.14%
2012	59724.84					56207.21	94.11%	94.11%

注：1. 以上数据均来自历年《中国金融年鉴》，1977—1992年数据来自1993年《中国金融年鉴》，1993年乡镇企业贷款数据来自1994年《中国乡镇企业年鉴》。

2. 1993—1997年与2008—2012年农村存款数据为估计值；

3. 2002—2007年中“其他”项存款为原年鉴里“机关团体存款”与“其他存款”之和。

表 2-24 1977—2012 年农村信用社贷款余额情况

单位：亿元（当年价格；年末余额）

年份	贷款合计(1)	集体农业贷款(2)	农户贷款(3)	乡镇企业贷款(4)	农村贷款(5)	年份	贷款合计(6)	农业贷款(7)	其中：农户贷款(8)	乡镇企业(9)	农村贷款(10)
1977	39.70	18.40	11.40	9.90	39.70	1993	3116.14			2437.71	2331.49
1978	45.10	21.80	11.20	12.10	45.10	1994	4168.55	808.38		2279.42	3087.80
1979	47.50	22.40	10.90	14.20	47.50	1995	5175.83	1094.85		2779.11	3873.96
1980	81.60	34.50	16.00	31.10	81.60	1996	6289.84	1486.61		3264.64	4751.25
1981	96.40	35.70	25.20	35.50	96.40	1997	7273.21	1843.6		3686.45	5530.05
1982	121.20	34.80	44.10	42.30	121.20	1998	8340.18	2659.29		3761.05	6420.34
1983	163.70	28.20	75.40	60.10	163.70	1999	9225.59	3039.64		4187.29	7226.93
1984	354.50	38.40	181.10	135.00	354.50	2000	10489.29	3587.98		4568.87	8156.85
1985	400.00	41.40	194.20	164.40	400.00	2001	11971.16	4417.57		4843.38	9260.95
1986	568.50	44.60	258.00	265.90	568.50	2002	13937.71	5579.28	3237.67	5140.98	10720.26
1987	771.40	64.50	347.60	359.30	771.40	2003	16978.69	7056.38	4021.52	5696.12	12752.50
1988	908.60	80.10	372.40	456.10	908.60	2004	19237.84	8455.7	4731.21	5989.22	14444.92
1989	1094.90	107.30	415.70	571.90	1094.90	2005	18680.86	9331.01	4989.69	4554.58	13885.59
1990	1413.00	134.10	518.20	760.70	1413.00	2006	20681.9	10853.03	5666.9	3929.57	14782.60
1991	1808.60	169.90	631.40	1007.30	1808.60	2007	24121.61	12321.42	6421.72	4485.83	16807.25
1992	2453.90	222.60	759.50	1471.80	2453.90	2008	27452.32				19718.43
						2009	32156.31				22828.95
						2010	33972.91				24064.00
						2011	36715.91				26148.40
						2012	38370.09				27248.49

注：1. 以上数据均来自历年《中国金融年鉴》，1977—1992年数据来自1993年《中国金融年鉴》；

2. 1993与2008—2012年农村存款数据为估计值；

3. 1977—1992年数据中集体农业贷款与农户贷款为平行统计分类项；1993—2007年中农户贷款数据为农业贷款的一项。

表 2-25 汇报了 2006 年至 2012 年年末农村商业银行的信贷业务，但是统计数据并未分列农村存贷业务。另一方面，信用社虽然进行了商业化改制，但是其地理网点位置却并未发生变化。因而我们可以采用信用社同年的农村存款余额占比与农村贷款余额占比的数据进行估计，即用农村商业银行的总存、贷款余额数据乘以同年农村信用社农村存、贷款余额占比值估算出农村存、贷款余额数据，如表 2-25 中的第（3）列与第（6）列。

表 2-25 2006—2012 年农村商业银行信贷业务

单位：亿元（当年价格；年末余额）

年份	各项存款合计(1)	农村存款占比(2)	农村存款(3)	各项贷款合计(4)	农村贷款占比(5)	农村贷款(6)
2006	4394.83	94.64%	4159.24	2598.34	71.48%	1857.19
2007	5297.07	93.68%	4962.09	3271.91	69.68%	2279.77

续表

年份	各项存款合计 (1)	农村存款占比 (2)	农村存款 (3)	各项贷款合计 (4)	农村贷款占比 (5)	农村贷款 (6)
2008	6616.58	94.21%	6233.48	4075.59	71.83%	2927.41
2009	11213.21	94.18%	10560.06	6937.88	70.99%	4925.46
2010	22347.25	94.02%	21010.98	13549.89	70.83%	9597.78
2011	32941.65	94.14%	31009.69	21149.55	71.22%	15062.32
2012	49516.02	94.11%	46599.66	32195.64	71.01%	22863.71

注：1. 各项存款与各项贷款数据来源历年《中国金融年鉴》；
2. 农村存款占比与农村贷款占比用当年的农村信用社的数据替代。

（二）中国农业银行与农村资金净流出

在存款数据中，我们将中国农业银行在农村地区吸收的存款分为乡镇企业存款、农业存款和农户储蓄存款三类。（1）1996 年后，中国农业银行不再单独公布乡镇企业存款数据，1997—2012 年乡镇企业的存款数据仍采用比率估计法进行测算。（2）1979—1995 年的农业存款数据包含国营农业企事业存款、集个体农业存款、信用社存款与信用社存款准备金；不过至 1995 年后，农村信用社脱离中国农业银行，因而 1996—2012 年农业存款数据则仅包括国营农业企事业存款与集个体农业存款；2006—2012 年农业银行也不再单独公布农业存款数据，我们仍将采用上述办法进行估计。（3）中国农业银行公布了 1979—2008 年年末的储蓄存款余额数据，不过尚未对储蓄进行城乡划分。为此，我们采取了一种估计的办法：《中国金融年鉴》统计了全国金融机构的城乡储蓄存款，我们利用这个数据测算出全国范围内每一年农户储蓄的占比，进一步利用这个比例乘以农业银行的储蓄存款数据，从而估算出农户储蓄的数值，如表 2-26 中的第（5）列数据。2009—2012 年的储蓄存款数据，由于没有单项公布，我们仍采取比率估计法进行估计。

在贷款数据中，我们将农村贷款分为两项：乡镇企业贷款与农业贷款。（1）在《中国金融年鉴》的统计中，1979—1990 年年末的乡镇企业贷款余额包含了流动资金贷款、固定资产贷款与农村电力工业贷款，然而 1991 年后农村电力工业贷款不再列入乡镇企业贷款里。为保持统计口径一致，1979—1990 年的乡镇企业贷款余额里我们剔除农村电力工业贷款这一项。然而，2006 年后，统计年鉴不再公布乡镇企业贷款情况，为此我们采取比率估计法估计 2006—2012 年乡镇企业贷款余额值。（2）1979—1992 农业贷款包括国营农业贷款、集体农业贷款、农户贷款、信用社贷款、扶贫贴息贷款、外资配套贷款与开发性贷款；1993—2005 的数据则仅公布了农业贷款的总值，并未分项汇报；由于 2006—2012 年的农业贷款数据没有公布，我们仍用比率估计法进行估计。

通过以上办法，我们得到了 1979—2012 年中国农业银行的农村存款与农村贷款数据。

表 2-26 1979—2012 年中国农业银行信贷业务

单位：亿元（当年价格；年末余额）

年份	各项存款 (1)	乡镇企业存款 (2)	农业存款 (3)	储蓄存款 (4)	其中：农户储蓄 (5)	农村存款 (6)=(2)+(3)+(5)	各项贷款 (7)	乡镇企业贷款 (8)	农业贷款 (9)	农村贷款 (10)=(8)+(9)
1979	280.07	7.96	230.54	21.20	5.91	244.41	410.98	26.13	99.97	126.10
1980	368.04	0.00	279.48	32.20	9.43	288.91	512.01	46.06	113.76	159.82
1981	422.57	13.67	308.07	42.56	13.78	335.52	565.02	53.87	120.05	173.92
1982	502.20	16.24	362.68	53.76	18.16	397.08	623.08	64.17	131.63	195.80
1983	588.04	17.17	427.90	66.96	24.00	469.07	716.23	70.37	144.41	214.78
1984	718.80	35.40	394.76	100.51	36.25	466.41	1459.64	144.43	202.35	346.78
1985	912.35	30.79	474.87	155.32	54.06	559.72	1687.70	173.96	221.76	395.72
1986	1211.80	45.66	588.39	257.68	88.19	722.24	1996.12	270.26	279.83	550.09
1987	1487.30	54.28	656.99	426.19	139.10	850.37	2319.26	327.55	338.68	666.23
1988	1713.73	62.15	672.22	593.71	177.44	911.81	2632.15	381.35	396.80	778.15
1989	2055.46	56.25	722.52	848.51	230.58	1009.35	3058.17	393.14	463.93	857.07
1990	2640.55	66.33	853.67	1212.10	313.52	1233.52	3774.31	433.55	562.93	996.48
1991	3319.51	86.36	1027.66	1577.64	395.49	1509.51	4578.07	498.43	695.45	1193.88
1992	4130.94	132.48	1183.40	1972.43	480.94	1796.82	5468.10	582.51	846.93	1429.44
1993	5183.83	272.30	1463.49	2533.00	595.82	2331.61	6565.02	774.61	857.62	1632.23
1994	6971.53	315.13	1730.74	3681.99	824.05	2869.92	5524.59	938.37	876.57	1814.94
1995	6939.42	331.87	1934.52	4813.35	1005.37	3271.76	6560.53	1105.49	1121.36	2226.85
1996	9106.51	441.83	238.83	6249.70	1244.50	1925.16	8566.42	1291.43	1230.66	2522.09
1997	11322.41	534.21	263.80	7523.65	1484.61	2282.62	9809.57	1514.54	1530.49	3045.03
1998	13324.29	637.45	300.42	8881.85	1736.38	2674.25	11378.79	1747.63	1775.55	3523.18
1999	15492.79	741.28	341.78	10098.46	1899.93	2982.99	15550.61	1900.39	1737.44	3637.83

续表

年份	各项存款 (1)	乡镇企业存款 (2)	农业存款 (3)	储蓄存款 (4)	其中：农户储蓄 (5)	农村存款 (6)=(2)+(3)+(5)	各项贷款 (7)	乡镇企业贷款 (8)	农业贷款 (9)	农村贷款 (10)=(8)+(9)
2000	17515.89	834.16	371.87	11032.25	2118.79	3324.82	14497.16	1412.76	1287.83	2700.59
2001	20242.53	967.00	377.01	12537.73	2349.28	3693.29	16045.95	1449.52	1255.07	2704.59
2002	23985.41	1145.23	423.91	14719.38	2609.16	4178.30	18580.41	1542.20	1242.09	2784.29
2003	29061.23	1386.62	417.90	17915.78	3142.98	4947.50	22118.20	1679.27	1230.21	2909.48
2004	34173.21	1631.56	441.18	20874.86	3625.86	5698.59	25146.26	1786.88	1250.85	3037.73
2005	39702.82	1895.20	383.63	24357.58	4249.18	6528.02	27405.80	1726.53	1339.03	3065.56
2006	46712.74	2229.63	575.39	27753.79	4947.49	7752.51	30518.35	2136.09	1568.87	3704.96
2007	52059.45	2485.13	605.45	29657.27	5681.08	8771.66	33754.22	2295.87	1687.82	3983.69
2008	60185.69	2872.90	674.28	37227.63	7155.34	10702.53	30235.85	2025.90	1514.51	3540.41
2009	74974.42	3578.80	878.48	35757.61	6757.06	11214.34	40113.86	2741.30	2025.76	4767.06
2010	88876.20	4242.47	1023.57	44543.52	8676.64	13942.69	47877.49	3245.43	2403.35	5648.78
2011	98496.00	4701.62	1130.64	53526.70	11008.41	16840.67	53985.20	3655.29	2713.44	6368.73
2012	110921.00	5294.72	1283.46	58785.66	8035.56	14613.74	61274.83	4163.28	3083.36	7246.65

注：1. 存款数据中：乡镇企业存款数据中，1991—1995的来自《中国农业银行统计年鉴（1979—2008）》，1996—2012年为估计值，其他年份数据来自1991年《中国金融年鉴》；农业存款数据中，1991—1994年与1996年数据来自《中国农业银行统计年鉴（1979—2008）》，1997—2005年的数据来自历年《中国金融年鉴》，1995年与2006—2012年数据为估计值；储蓄存款数据中，1979—2008年来自《中国农业银行统计年鉴（1979—2008）》，2009—2012年的为估计值；农村储蓄数据为估计值；

2. 贷款数据中，2006—2012年乡镇企业贷款为估计值，2006—2012年农业贷款为估计值，其余年份数据来自历年《中国金融年鉴》。

（三）中国邮政储蓄银行与农村资金净流出

在存款数据中，2008—2012 年年末的农村存款余额数据采用比率估计法估计获得，其余年份存款数据皆来自《中国金融年鉴》。贷款数据中，2007—2008 年的农村贷款数据为估计值，具体方法为：首先测算出 2009—2011 年农村贷款的年平均增长率；其次，我们假设 2007—2009 年农村贷款的年均增长率与 2009—2011 年相同，据此反向推算出 2007—2008 年的农村贷款年末余额数据。见表 2-27。

表 2-27　1989—2012 年中国邮政储蓄银行信贷业务

单位：亿元（当年价格；年末余额）

年份	各项存款 (1)	农村存款 (2)	农村贷款 (3)	年份	各项存款 (1)	农村存款 (2)	农村贷款 (3)
1989	100.84	24.40	0.00	2001	5908.46	2024.85	0.00
1990	180.34	45.76	0.00	2002	7363.46	2511.85	0.00
1991	315.15	88.02	0.00	2003	8985.69	3066.13	0.00
1992	476.76	124.73	0.00	2004	10787.25	3768.31	0.00
1993	615.90	215.16	0.00	2005	13598.98	4861.69	0.00
1994	994.25	339.03	0.00	2006	16016.45	5758.04	0.00
1995	1615.83	546.90	0.00	2007	17216.54	6852.09	184.68
1996	2146.55	740.06	0.00	2008	21490.65	7987.40	303.88
1997	2645.68	882.78	0.00	2009	25881.35	9741.49	500.00
1998	3202.05	1078.96	0.00	2010	32587.88	12449.16	1000.00
1999	3815.37	1262.68	0.00	2011	39188.72	14762.09	1353.67
2000	4579.21	1632.69	0.00	2012	46644.31	17648.67	1878.15

注：1. 各项存款数据来自历年《中国金融年鉴》；1989—2007年的农村存款数据来自《中国金融年鉴》，2008-2012的农村存款数据为估计值；

2. 2011年与2012年农村贷款数据来自《中国邮政储蓄银行2012年“三农”金融服务报告》，2009年与2010年数据来自：http://bank.jrj.com.cn/2009/03/1904003871767.shtml；2007年与2008年数据为估计值。

第 3 章　坚持和完善农村基本经营制度

第 1 节　农村基本经营制度的形成

现行农村基本经营制度是新中国成立之初集体化运动和 20 世纪 70 年代末期农村“家庭承包制”改革共同作用的产物，是从农民的实践经验总结升华出来并被 1991 年中共十三届八中全会通过的《中共中央关于进一步加强农业和农村工作的决定》正式表述为“以家庭联产承包为主的责任制、统分结合的双层经营体制”。这一制度的确立，激发了亿万农民的积极性和创造性，开创了中国农村改革发展的新局面，为全面改革提供了坚实的物质基础和取之不竭的精神动力。

一、农民合作运动与集体所有制初步形成：1949—1956 年

在土地改革完成之后，原本的无地少地农民获得了土地，生产积极性极大提高。一些缺少生产资料的农民为了解决生产中遇到的困难，按照自愿互利的原则，开始在私有财产的基础上进行互助合作，成立了互助组。1951 年发布的《中国共产党中央委员会关于农业生产互助合作的决议（草案）》把互助组分为三种：简单的劳动互助、常年互助组和以土地入股为特点的农业生产合作社。合作社中的土地是私有的，入股也是根据自愿和互利的原则，并且可以自由退股。当时，中央认为农民的生产积极性具有两个方面：一个是个体经济的积极性，自发趋向是资本主义；另一个是互助合作的积极性。两个方面的积极性会不可避免地在农村产生社会主义和资本主义两条发展道路。为了克服资本主义自发趋向，把农民引导到互助合作的轨道上来，逐步过渡到社会主义，中共中央于 1953 年发布了《中国共产党中央委员会关于发展农业生产合作社的决议》；1955 年发布《中国共产党第七届中央委员会第六次全体会议（扩大）关于农业合作化问题的决议》，都试图通过合作社引导农民过渡到更高级的社会主义。1955 年公布的《农业生产合作社示范章程》进一步将农业生产合作社的发展分为初级和高级两个阶段。初级社是以土地入股、统一经营为特点的农业生产合作社，具有半社会主义性质；高级社中农民的生产资料包括土地都转化为全体社员集体所有，因此高级社属于完全社会主义性质。1956 年通过的《高级农业生产合作社示范章程》再次强调了高级社的社会主义性质，并指出高级社要“按照社会主义的原则，把社员私有的主要生产资料转为合作社集体所有”。生产队是农业生产合作社的基本单位，有固定成员并负责经营固定土地和固定的副业生产。1955 年 7 月份以后，针对合作社发展缓慢的现象，党内开始批评所谓的“小脚女人走路”，[1]农业合作化加速。至 1956 年 4 月，全国绝大多数地区已经基本完成了初级形式的农业合作化，10 月底，多数省市

［1］资料来源：薄一波. 若干重大决策与事件的回顾(上卷)［M］. 北京：中共中央党校出版社, 1991:327.

实现了高级形式的合作化。[1] 至此，我国农村的集体所有制初步形成，集体所有制和部分集体所有制的合作经济已经在农业经济中占据了绝对优势地位。

二、人民公社时期“三级所有、队为基础”的正式确立：1957—1978 年

但是集体化过程中所有制单位的突然扩大不可避免地导致了生产管理不善和劳动生产率的下降。意识到合作社发展初期存在的问题后，中共中央在 1957 年 9 月连续作出了《关于做好农业合作社生产管理工作的指示》和《关于整顿农业生产合作社的指示》，以通过加强生产管理工作来调动社员的积极性、提高劳动生产率，发挥合作社的优越性。文件要求，合作社的组织规模，一般以百户以上的村为单位，实行一村一社；生产队的规模，一般以与居住地接近为原则，20 户左右为宜。社和生产队的组织规模确定之后，应当长期稳定下来。这两个文件使得生产队的成员基本固定。直到现在，由生产队演化而来的村民小组仍然是我国最基本的农村组织形式，也是最基本的农村集体经济组织。至 1957 年年底，除部分还没有进行土地改革的少数民族地区之外，全国个体农户的比例只剩 3%，[2] 生产队一级的基层集体所有全面提高。

不过，按照当时中央的思路，人民公社是合作社发展的必然趋势，因此要积极推进从生产队小集体所有制向人民公社大集体所有制转变。1958 年 8 月，中共中央作出了《关于在农村建立人民公社问题的决议》，认为随着我国农业生产“大跃进”和农民政治觉悟的不断提高，人民公社的高潮即将来临。决议指出，人民公社的组织规模，以一乡一社、2000 户左右农户较为合适，并给出了小社并大社进而升级为人民公社的做法和步骤。中央试图以人民公社的形式，使社会主义集体所有制向全民所有制过渡，从而全面实现全民所有制。此后，农村基本核算单位上调至人民公社，实现了农村生产资料的完全公有化、农村经济活动的高度集中统一化、农民收入分配的极大平均化。

此后不长时间，为了解决集体财产和劳动力被平调而诱发的“四多四少”问题，[3] 基本核算单位便开始下放。1959 年 8 月，中共中央政治局通过了上海会议纪要《关于人民公社的十八个问题》，首次明确了人民公社的三级所有制，即人民公社所有制、生产大队（原高级社）所有制和生产队所有制，其中生产大队所有制为主导。为了防止人民公社中“一平二调”[4] 的共产风、应对连续两年的严重自然灾害、充分调动农民群众的生产积极性，中共中央在 1960 年 11 月发出了《关于农村人民公社当前政策问题的紧急指示信》，强调“以生产队为基础的三级所有制，是现阶段人民公社的根本制度，从一九六一年算起，至少七年不变”，再次将核算单位下放。1962 年 2 月中共中央发布《关于改变农村人民公社基本核算单位问题的指示》，不仅论述了以生产队为基本核算单位的诸多好处，还提出农村土地可以确定归生产队所有。1962 年 9 月公布的《农村人民公社工作条例修正草案》（即人民公社“六十条”）再次明确，人民公社的基本核算单位是生产队，生产队有权决定自己的生产计划。生产队实行独立核算，自负盈亏，直接组织生产，组织收益分配，而且“这种制度定下来以后，至少三十年不变”。“六十条”明确指出，生产队范围内的土地归生产队集体所有，这使得生产队的

[1] 资料来源：《关于勤俭办社的联合指示》，中国人民大学农业经济系资料室《农村政策文件选编（一）》:389.

[2] 资料来源：《关于正确对待个体农户的指示》，中国人民大学农业经济系资料室《农村政策文件选编（一）》:579.

[3] “四多四少”是指：吃饭的人多，出勤的人少；装病的人多，吃药的人少；学懒的人多，学勤的人少；读书的人多，劳动的人少。

[4] 人民公社的一平二调是指：平均主义的供给制、食堂制（一平）和对生产队的劳力、财物无偿调拨（二调）。

基本所有制度得到进一步加强。直到 1978 年启动农村改革前，尽管中间略有调整，我国农村一直实行“三级所有，队为基础”的集体所有制度。

三、“统分结合、双层经营”最终成为农村基本经营制度：1978—1991 年

1978 年底，党的十一届三中全会召开，在解放思想、实事求是的精神指导下，全会决定把全党的工作重心转移到经济建设上来，并提出要集中精力把农业搞上去，原则通过了《中共中央关于加快农业发展若干问题的决定（草案）》（以下简称《草案》），指出“我们一定要加强对农业的合乎客观实际的领导，切实按照经济规律和自然规律办事，按照群众利益和民主方法办事”，“我们的一切政策是否符合发展生产力的需要，就是要看这种政策能否调动劳动者的积极性”。《草案》提出了发展农业生产力的 25 条政策和措施，包括大幅度提高粮食收购价格和降低农业生产资料价格。正是由于对会议精神的理解，加上对此前召开的中共中央工作会议精神的学习，才使包括小岗村在内的一批贫困农村敢于在 1978 年年底偷吃包干到户的“禁果”。

但在当时的背景下，《草案》仍然强调“不许包产到户，不许分田单干”。而且，作为一届中央全会，只是原则通过了决议的草案，本身就说明中央高层对农业农村问题的认识差异极大。此后，随着党内思想的进一步解放，对农村改革的呼声逐渐加大。终于在 1979 年 9 月通过的《中共中央关于加快农业发展若干问题的决定》中，把《草案》中的“不许包产到户，不许分田单干”，改为“不许分田单干。除某些副业生产的特殊需要和边远山区、交通不便的单家独户外，也不要包产到户”。正是这一改动，使广大农民和基层干部看到了制度创新的希望。到 1979 年年底，全国包产到户的比重已经达到 9%。但是，要在党内特别是高级干部中统一认识，尚需时日。包产到户的主要倡导者杜润生曾坦言，像包产到户这样的问题，能否推动的关键在于党的主要领导人。据杜润生回忆，1980 年 1 月，当时的国家农委就包产到户向中央做汇报时，邓小平说：对于包产到户这一大问题，事先没有通气，思想毫无准备，不好回答。[1] 可见，此时连最高领导对包产到户都有顾虑。4 月，在中央召开的长期规划会议上，杜润生提出在贫困地区搞包产到户试验。会议的主持人、时任国务院副总理兼国家计委主任的姚依林表示支持。在姚依林向邓小平汇报时，邓小平也表示赞成。此后，更多的高级干部开始接受包产到户、包干到户。[2]

为了进一步推进农业生产责任制，1980 年 9 月，中央召开省、市、区第一书记座谈会，会议文件草稿提到“要遵从群众意愿，不禁止自愿选择家庭承包”，受到了多数参会者的反对。他们希望在非贫困地区设个“闸门”，以免包产到户自由蔓延。其中一位负责同志说：包产到户，关系晚节，我们有意见不能不提，留个记录也好。[3] 作为妥协的结果，会议通过了国家农委代中央起草的《关于进一步加强和完善农业生产责任制的几个问题》（后中央以 75 号文件下发），文件肯定了“党的十一届三中全会以来……普遍建立各种形式的生产责任制，改进劳动计酬办法，初步纠正了生产指导上的主观主义和分配中的平均主义”。但同时，文件又强调“集体经济是我国农业向现代化前进的不可动摇的基础。它具有个体经济所不能比拟的优越性，这是二十年来农业发展的历史已经证明了的。……毫无疑问，农业集体化的方向是正确的，是必须坚持的”。“我国多数地区集体经济是巩固

[1] 资料来源：杜润生. 杜润生自述：中国农村体制变革重大决策纪实［M］. 北京：人民出版社，2005: 108-111.
[2] 资料来源：杜润生. 杜润生自述：中国农村体制变革重大决策纪实［M］. 北京：人民出版社，2005: 114-115.
[3] 资料来源：杜润生. 杜润生自述：中国农村体制变革重大决策纪实［M］. 北京：人民出版社，2005: 118.

的或比较巩固的，”但“在那些边远山区和贫困落后的地区，长期‘吃粮靠返销，生产靠贷款，生活靠救济’的生产队，群众对集体丧失信心，因而要求包产到户的，应当支持群众的要求，可以包产到户，也可以包干到户，并在一个较长的时间内保持稳定”。实际上是给“双包”责任制开了个更大的口子。根据杜润生在那次会议上的发言，“据今年麦收前后的不完全统计，全国90%的生产队建立了各种形式的责任制，其中，定额包工的约占55%，包产到组的约占25%……6月以后，包产到户有较大发展，初步估计，现在可能达到20%左右，并且向中心地区发展”。[1]尽管这次会议的争论比较大，但在当年5月31日，邓小平与中央负责同志谈话时对安徽省凤阳县大包干制度的肯定，[2]不仅有利于统一会议参加者的思想，也直接鼓励了正在推进和准备推进“双包”责任制的地方干部和农民。杜润生认为：“75号文件也可以说是一份承前启后的文件，它实际上把十一届三中全会决议中关于生产责任制的规定向前推进了一步。它肯定包产到户是一种为解决温饱问题的必要措施，应承认群众自由选择的权利，不能自上而下用一个模式强迫群众。这是在农业政策上对‘两个凡是’的破除。”[3]会后各地改革的步伐大大加快，说明了杜润生判断的正确性，也说明大包干这种责任制形式在当时已经成为无法阻挡的大趋势。

1981年，中央召开了全国农村工作会议，这次会议通过的《全国农村工作会议纪要》作为1982年中央一号文件下发，指出包产到户、包干到户“不同于合作化以前的小私有的个体经济，而是社会主义农业经济的组成部分”正式承认了“双包”责任制的合法性。为了保留公有制和统一经营的优越性，同时减轻制度变迁的阻力，1982年中央一号文件还强调包括“双包”责任制在内的各种责任制都“……是建立在土地公有基础上的，农户和集体保持承包关系，由集体统一管理和使用土地、大型农机具和水利设施，接受国家的计划指导，有一定的公共提留，统一安排烈军属、五保户、困难户的生活，有的还在统一规划下进行农业基本建设”。“实行责任制以后，有些事情分散到农户承担，这样更需要改进工作方法，加强集体统一领导、统一管理和协调的工作……生产大队、生产队作为集体经济组织，仍应保留必要的经济职能。”可见，这个文件已经把“统一经营”中“统”的必要性和职能阐述得非常清楚了。

1987年，中央政治局向全党发布《把农村改革引向深入》的通知，指出：“乡、村合作组织主要是围绕公有土地形成的，与专业合作社不同，具有社区性、综合性的特点。由于经济发展程度不同，目前在乡一级，有些根据政企分开的原则设立了农工商联合社等机构；在村一级，有的单设合作机构，有的则由村民委员会将村合作和村自治结合为一体。不管名称如何，均应承担生产服务职能、管理协调职能和资产积累职能，尤其要积极为家庭经营提供急需的生产服务。有条件的地方，还要组织资源开发，兴办集体企业，以增强为农户服务和发展基础设施的经济实力。”不仅明确了“统”的内在原因和必要性（公有土地），还构建了“统”的基本框架，此后的中央文件，尽管说法有差异，但关于统一经营的核心内容基本上没有离开这个通知的构想。

1991年中共十三届八中全会通过的《中共中央关于进一步加强农业和农村工作的决定》把“以家庭联产承包为主的责任制、统分结合的双层经营体制”正式确立为我国乡村集体经济组织的一项

[1] 资料来源：杜润生. 杜润生文集（1980-1998）（上）[M]. 山西：山西经济出版社, 1998: 2.

[2] 此次谈话的部分内容，后来中央以讲话稿的形式发布了题为《关于农村政策问题》的文件。参见：邓小平文选（第二卷）[M]. 第2版, 北京：人民出版社, 1994: 315-317.

[3] 资料来源：杜润生. 杜润生自述：中国农村体制变革重大决策纪实[M]. 北京：人民出版社, 2005: 119.

基本制度，并要求不断对其充实完善。至此，“集体所有、农户承包、统分结合”成为我国农村改革尤其是土地制度改革的基础和出发点。

四、农村基本经营制度形成的原因分析

（一）家庭经营的优势

马列主义经典理论认为，小农经济缺乏生命力，一定会被资本主义和社会主义的大农业所取代。因此各国的共产党在取得政权后，都积极消灭农业的家庭经营，努力走集体化道路。我国土地改革完成后，中央认为获得土地后的家庭经营不可避免地会滑向资本主义，为了向社会主义转变，必须引导推进农业的合作化和集体化。因此，在农业合作化之后，家庭经营被看作集体经济的对立物，似乎只有彻底铲除，才能巩固和发展集体经济。在20世纪50年代后期和60年代初期，包产到户则被认为是试图恢复家庭经营的最主要形式，多次受到严厉打压。但是，无论是农业生产合作社的“统一经营、统一分配”，还是生产队的“小段包工”“定额计配”，由于无法把社员的劳动与农业的最终产出联系起来，对于农业生产的最终结果而言，责任不清和赏罚不明问题，总是无法避免。这就使得在20多年的集体化阶段，一直无法避免“大概工”，也克服不了平均主义“大锅饭”等弊端（陈锡文，1993）。

为了解决集体经营的生产队中的“搭便车”问题，必须考虑农业生产的特殊性，发挥家庭经济的优势，让家庭经营重新成为农业生产的基本单位。因此，每当农业生产中遇到困难时，广大农民都会自觉选择包产到户，通过家庭经营改善整个农业生产和他们自身的生存状态。从这一点上来说，我国农村改革的过程，就是包干到户、包产到户的多次尝试和最终在农村普及的过程，也就是恢复家庭经营主体地位的过程。正如杜润生在1981年的一次会议上所言：“从1956年出现包产到户到现在，已经是四起三落了，如果我们再拒绝接受，予以打击，它还会有第五次、第六次。”[1]当然，农业集体化的各种弊端，不只在我国存在，其他社会主义国家，如苏联、中东欧和越南等，也都广泛存在。后来这些国家的农村改革大都放弃了农业的集体统一经营，重新确立了家庭经营的主体地位，所不同的是，他们连所有制也一同改革了。

农村改革的过程就是重新发现家庭经营，让家庭成为微观农业经营主体的过程。中国几千年来的小农经济一直是以家庭经营为主。在土地改革之后到初级社建立之前的短暂时期内，每一个农民都获得了土地所有权，原先相当一部分农民在租佃耕地上进行农业生产活动的情况得到改变。不过，直到实行农业合作化，农村中的家庭，从来就是一个独立的经济主体，农村的生产、交换、积累和消费都是以家庭为单位进行的。但初级社建立之后，农村耕地逐渐转变为农业生产合作社统一经营，家庭丧失了经营主体的地位，演变为单纯的消费单位（陈锡文，1993）。1978年以后，随着党的农村政策的逐步转变，包产到户获得快速发展，家庭作为农村经营微观主体的地位才被重新确立。至1980年底，安徽全省实行包产到户、包干到户的生产队已经发展到总数的70%（陈锡文，1993）。贵州、内蒙古和辽宁等地的包产到户也发展很快。为了进一步减少各地推行家庭承包的制度阻力，1982年的一号文件指出，与农村集体经济并存的，还有国营农场和作为辅助的家庭经济，包产到户、包干到户都是社会主义集体经济的生产责任制形式。1983年的一号文件进一步明确，分户承包的家

[1] 资料来源：杜润生. 杜润生自述：中国农村体制变革重大决策纪实［M］. 北京：人民出版社, 2005: 133.

庭经营是合作经济中一个经营层次，是一种新型的家庭经济。到了 1983 年春天，全国 95% 以上的生产队都实行了“双包”责任制。至此，家庭再次成为我国农业的微观经营主体。

家庭经营，尤其是作为双层经营体制中基础层次的家庭经营，具有十分明显的优势。第一，它与农业生产的特征相适应。土地在农业生产中的不可替代性决定了农业生产过程具有极强的空间分散性；农业以动植物为劳动对象又决定了生产过程具有极强的连续性；农业生产时间与劳动时间不一致决定了其具有季节性；农业生产受环境影响较大决定了其具有不稳定性。家庭经营则能够实现对动植物的精心管理和照料，这也是我国几千年来农业精耕细作的优良传统。同时，农业中活劳动资源弹性大，家庭经营可以根据实际需要及时合理地调节劳动投入，并可以采取机动灵活的适应性措施。第二，它与当时的农业生产力水平相适应。20 世纪 70 年代末期，尽管农业生产力比新中国成立之初有了一定发展，但并未改变以手工操作为主、以畜力为主要动力的状况。在这种生产力水平下，社会分工不发达，社会化程度不高，市场发育不健全，农业劳动力整理素质不高，都不宜简单地扩大生产规模，进行较大规模的集体经营。而家庭经营则与这种生产力水平相适应。小规模生产中适宜互助和合作的部分，则可以由统一经营层次来完成。当生产力水平有了较大提高后，家庭经营可以借助统一经营层次提供的逐步完善的社会化服务，或者通过农户之间的联合与合作，进一步参与社会分工与专业化生产，克服规模小和决策分散等不利因素，实现与大市场的顺利对接，实现农业的现代化。目前，我国农村家庭经营正在实现由传统向现代的转变。第三，它与血缘关系、历史关系相适应。家庭经营是以最亲密的血缘与婚姻关系为基础，加之中国传统家庭观念，能够使家庭在农业中集经营者与劳动者与一身，保证利益目标和行为动机的一致与协调。家庭成员自愿把自身目标与家庭整体目标统一起来，在农业生产中尽其所能地发挥自己的体力和智力，还能够精打细算，节省开支，降低成本，这就不存在控制和监督失效或成本过高的问题。相反，雇工经营或者集体经营的农业，往往难以达到农场主预期的经营效果。家庭经营在我国得以推行，还有重要的历史原因。我国几千年来自给自足的农业生产体系，以家庭为主经营的传统观念根深蒂固，家庭作为一个生产单位在农业中很难被割裂或者替代，时至今日，我国农村家庭仍然是一个活跃的社会经济细胞。事实上，农业的家庭经营一直是世界范围内的普遍形式，其他的经营主体只占很小的比例。以美国为例，10 个农场中有 9 个是家庭农场，而且公司制农场的 85% 是家族公司（韩俊，2012）。东亚的日本、韩国以及我国台湾地区，农业的经营主体也都是农民家庭。

随着农村改革的推进和包产到户在全国范围内普遍实行，1978—1984 年，我国农业农村快速发展，农作物产出迅速增长，农民收入情况明显改善，家庭经营的优势得到充分展现。而且，最重要的是，这一核心制度的重新确立，诱发了整个农村经济体制机制的变革，如取消人民公社和村民自治制度的建立等，并推动了流通体制、劳动力管理制度、户籍制度、金融制度以至整个经济体制的改革，为进入新世纪以后的中国经济起飞奠定了微观基础。

（二）为何保留农村土地集体所有制

由于各国的文化、经济和政治形势不同，其他原社会主义国家在农村改革时，大都抛弃了农村土地的国家所有制或集体所有制，选择了土地私有化政策，有些国家甚至允许土地自由交易。如南斯拉夫在农村改革后，很快就退回合作化之前的土地私有。这是由于南斯拉夫的合作化只搞了 3 年，人们对土地私有的记忆比较深刻，对合作化感情则没有那么深，一旦集体化出现问题，想退回合作化之前的愿望较强，遭受的制度阻力也较小。越南 1988 年开始的土地改革，放弃了土地的集体所有，实行“土地国家所有 + 农户 20 年使用权”的政策。在承包期内，在不改变土地用途的前提下，农户的农地和宅基地可进行买卖、抵押、转租、继承等所有权交易。2003 年，在修订的《土地法》颁布后，越南的土地实现了变相私有（李昌平，2009）。对于苏联解体后的东欧国家而言，它们的农村改革是在共产党失去执政地位后进行的，首先从思想上就已经放弃了社会主义，甚至急于和任何带有社会主义属性的事物划清界限。因此，这些国家没有动机也没有理由再坚持单一的公有制度，于是它们承认并构建了国家所有、私人所有、集体所有、集体股份所有等多元化土地所有制结构。

我国的农村改革之所以保留土地集体所有制，我们认为，主要是由以下三方面原因决定的。

一是执政的中国共产党有坚定的社会主义信念。20 多年的集体化道路，已经让绝大部分党员认为是土地集体所有是社会主义的重要标准，改变土地的集体所有就是走资本主义道路，是断然不能接受的。就连承包经营，党内高层的争论也是异常激烈，并反映在中央文件上。杜润生在 1981 年全国农村工作会议上的讲话中提道：“有的同志说，在包产到户这个问题上，中央几个文件前后不连贯，下面很被动。对于包产到户，先是说‘不准’，后来说‘不要’，再后来是有条件的要。”[1]实际上，1980 年前后，当时农村自发实行的责任制形式很多，有联产的，也有不联产的。不联产的如小段包工定额计酬，即定额包工，一般是按农事季节将农活承包给作业组或个人，按质、按量、按时完成任务后，由生产队按照定额规定拨付工分。联产的，当时主要是包产到组，一般是将土地、劳力、耕畜、农具固定到作业组，制定出产量、用工和生产费用等三项指标，由作业组承包完成任务后，包产部分上交生产队统一分配，剩余的由作业组在组内分配。一些地方在包产到组的基础上进一步发展为包产到户，再到包干到户，并逐渐成为责任制的主要形式，承包者除了上交一定数量的集体提留和农业税，其余部分全部归自己所有，[2]已经不存在联系产量问题了，但为了减少阻力，这种以“大包干”为核心内容的责任制仍然采用了《草案》中肯定的做法——“联系产量计算劳动报酬”，在名称上确定为“家庭联产承包责任制”。[3]把这种体制上的重大变化仅仅归结为计算劳动报酬方式、方法的改变，既表现了当时“大包干”推进者和主要领导人的政治智慧，也足以说明当时并不宽松的政治环境。

二是农民只想获得土地使用权，像自留地那样，并不奢望土地所有权。经历了“大跃进”式的高级社、人民公社，农民深受“集体统一经营、统一分配”的低效率所害，长期遭受严重的饥饿威胁，他们急于脱离集体统一经营和“大锅饭”。至于包产到户或者其他承包方式能够持续多少年，他们不去想也不敢想这样的问题。最早搞包产到户的安徽省凤阳县小岗村，当时的滁县地委书记王郁昭也只能“允许小岗干三年，继续进行试验，并在实践中不断完善提高”。[4]万里在 1980 年春节前到小岗村考察时批准干 5 年。[5]当时，广大农民对于政策的要求只限于此。较为稳定的土地使用权，已经能够满足广大农民最根本的需求，包产到户就可以提高生产积极性和农业生产率，从而极大地改善他们的生存状态。此外，从新中国成立以后的历史看，自土地改革起，农民真正拥有土地所有权的时间很短，经过几十年的社会主义教育，早已接受土地集体所有或者公有的现实，要求土地私

[1] 资料来源：杜润生. 杜润生文集（1980—1998）（上）[M]. 山西：山西经济出版社, 1998: 56.

[2] 资料来源：杜润生. 杜润生文集（1980—1998）（上）[M]. 山西：山西经济出版社, 1998: 2.

[3] 1998年党的十五届三中全会开始使用“家庭承包经营”这个名称，实现了责任制名称上的“正本清源”。

[4] 资料来源：王郁昭. 往事回眸与思考 [M]. 北京：中国文史出版社, 2012: 192.

[5] 资料来源：王郁昭. 往事回眸与思考 [M]. 北京：中国文史出版社, 2012: 206.

有的愿望并不强烈。

三是由于我国农村特殊的资源禀赋决定的。人多地少，只有采取社区所有的集体所有制，才能保证起点和终点的公平性。当时的集体还的确拥有少量不可分割的固定资产，并可以依托这部分资产为农户提供统一服务。温铁军（2009）认为："1978年以来的农村政策之所以始终强调土地的集体所有，农民分户承包经营，主要在于社区集体仍然或多或少地拥有生存保障和教育、治安等基本公共品。"并进一步认为，"农村土地的'村社所有制'的制度收益是社会稳定""中国农村土地制度的福利化特征属于不以人的意志为转移的趋势。只要政府尊重这个客观规律，农村就会相对稳定"。如果当时采取的是和后来苏联、东欧等国家一样的土地私有化改革，那么经过30多年努力形成的农村基层政权体系就会轰然倒塌，不复存在，后果可能是灾难性的。

（三）统一经营的必要性

1982年1月，中共中央关于农业农村政策的第一个一号文件要求"宜统则统，宜分则分，通过承包把统和分协调起来，有统有包"，指出"联产承包制的运用，可以恰当地协调集体利益与个人利益，并使集体统一经营和劳动者自主经营两个积极性同时得到发展"。承包者开始在政策上被视作一个独立的经营主体。1983年的中央一号文件指出："完善联产承包责任制的关键是，通过承包处理好统与分的关系。以统一经营为主的社队，要注意吸取分户承包的优点。……以分户经营为主的社队，要随着生产发展的需要，按照互利的原则，办好社员要求统一办的事情。"这实际上已经指出，农村的基本经营形式分为两类，一类是统一经营，另一类是分户经营。"统"的层次主要是为农户经营提供服务，解决那些一家一户办不好的事情。1984年的中央一号文件进一步指出："为了完善统一经营和分散经营相结合的体制，一般应设置以土地公有为基础的地区性合作经济组织。""地区性合作经济组织应当把工作重点转移到组织为农户服务的工作上来。"不仅明确了"统分结合"的经营体制，同时强调了"统"的重点是组织为农户的服务工作。1986年的中央一号文件再次强调，"地区性合作经济组织……应当坚持统分结合，切实做好技术服务、经营服务和必要的管理工作"。1987年，中央政治局在《把农村改革引向深入》的通知中，提出"完善双层经营，稳定家庭联产承包制"，认为"乡、村合作组织实行分散经营和统一经营相结合的双层经营制，农民是满意的，要进一步稳定和完善，绝不搞'归大堆'，再走回头路"。1991年，中共十三届八中全会通过了《中共中央关于进一步加强农业和农村工作的决定》，把这一体制正式表述为"统分结合的双层经营体制"，并一直沿用至今，同时指出："要在稳定家庭承包经营的基础上，逐步充实集体统一经营的内容。一家一户办不了、办不好、办起来不合算的事，乡村集体经济组织要根据群众要求努力去办。要做到集体财产有人管理，各种利益关系有人协调，生产服务、集体资源开发、农业基本建设有人组织。这不仅不会影响家庭经营，而且会给家庭经营注入新的活力，推动全体农户共同发展。"进一步明确了"统一经营"的内容及作用。

从农村改革之初的中央文件可以看出，党中央始终认为，集体经济组织的"统"是必要的，因为在分散经营的情况下，有许多事是一家一户办不了、办不好，或者办了也不合算的，农民在大型农机具的使用、农田水利设施的建设、农业中某些环节的服务等方面确实有相互合作和"统"的需要。在农业生产力较落后的条件下，集体的"统"，有利于落实党在农村的各项基本政策和保持已有的农业生产力。几十年来的实践证明，这一判断是极为正确的。

第2节 农村基本经营制度面临的问题与挑战

农村改革以来，尤其是21世纪前后，随着城乡经济社会的快速发展，农村基本经营制度的一些固有缺陷开始显现，集体经济组织“统”的职能发挥不足、家庭经营过于分散等方面的原因导致农民增收、农业增效的难度加大。同时，工业化、城镇化快速推进，一方面导致青壮年农村劳动力持续流失，影响农业综合生产力的提高，加剧了农业兼业化、农民老龄化和农村空心化，另一方面增加了农民土地流转的需求，为我国农业规模经营的实现和新型经营主体的培育提供了新机遇。

一、农村基本经营制度的既有缺陷亟待修补

（一）现行土地制度不能适应现代农业发展要求

首先，“均田制”导致农村土地细碎化严重，降低了农地的规模经营效益和粮食产量。虽然在实行家庭承包经营制度时，中央在1982年一号文件中明确“提倡根据生产的需要按劳力或人劳比例承包土地；由于劳力强弱、技术高低不同，承包土地的数量也可以不同”，但土地是农民最基本的生产资料，为了体现公平、减少矛盾，各地主要采取了按人头把土地分给农户的“均田制”，即在土地按优劣分级之后，把每一等级的耕地都在村民之间平均分配，以保证同一集体组织内部的每一农民家庭都拥有本村各个等级的土地。这就导致一片土地可能被分成很多小块，每户的耕地都散落在不同的地块上。此后，随着农村人口的持续增长，农地细碎化程度日益严重。杜润生在回忆这一问题时说：“现实中不能令人满意的一个问题，就是土地分割得非常零碎。各地分配土地的具体办法，一是把土地分成上、中、下三等，按等级计算‘分数’，然后按‘分数’配给土地。但农民要求，分配时必须好坏搭配，结果不得不把好地、坏地平均分成了若干块，最多的一户农民有分到9块土地的。”[1] 1997年全国第一次农业普查结果表明，我国90%以上农户的农地经营规模在1公顷以下，这些农户经营的农地占全国的79.07%。21世纪以来，农村耕地的细碎化程度进一步加剧。据农业部农村固定观察点办公室调查，2003年我国农户家庭平均土地经营规模为7.517亩，户均有土地块数5.722块，平均每块大小为1.314亩，其中东部地区由于人地比例较高，农户家庭平均土地经营规模4.438亩，户均有土地块数3.850块，平均每块大小仅有1.153亩。至2006年全国第二次农业普查，我国农地经营面积不足1公顷的农户数量比重高达92%，全国农地总面积的84.8%由这些小农户分散经营。2011年，国务院发展研究中心“统筹城乡发展中农民土地权益保障研究课题组”对全国范围内669户农户的调查表明，拥有自有承包者耕地的受访者共有耕地平均4.82块，其中10.9%的受访者共有耕地1~2块，53.1%的受访者共有耕地2~5块，25.7%的受访者共有耕地5~10块，10.3%的受访者共有耕地10块及以上（张云华、罗丹，2011）。

黄宗智的研究发现，农地细碎化是中国传统农业生产中的一个突出特征。大部分学者认为，土地细碎化阻碍了农业生产规模效益和粮食产量的提高，降低了农户收入水平，浪费了农村劳动力（万广华、程恩富，1996）。事实也是如此，目前我国多数地区土地的严重细碎化，已经阻碍了农业综合

[1] 资料来源：杜润生. 杜润生自述：中国农村体制变革重大决策纪实［M］. 北京：人民出版社, 2005: 154.

生产力的进一步提高和农业现代化进程。我们在各地农村调查发现，农地细碎化导致中国农地的有效耕种面积被缩小了5%~10%。也就是说，即使农业生产效率不变，只要有效解决农地细碎化的问题，我国的农业产出就有可能增加5%~10%。有学者计算，如果让所有家庭的零散土地完全归整，即如果每户只有一块土地，则我国的粮食产量每年可以增加7100万吨。[1]秦立建等（2011）采用随机前沿生产函数研究了农地细碎化对农户粮食生产的影响，发现土地地块数量对农户的资本投入有负面影响——地块数量增加1%，将导致农户资本投入减少0.32%，因为农地细碎化会减少农户的资本投入和劳动力投入，从而降低了农户的粮食生产效率，减少了粮食产量。

其次，农村土地所有权界定不清，影响了农地利用效率和农业长期发展。《中华人民共和国宪法》（以下简称《宪法》）规定，农村的土地除法律规定的以外，属农民集体所有。《中华人民共和国土地管理法》（以下简称《土地管理法》）进一步规定，农村土地除了村集体所有和乡集体所有的之外，由村内各农村集体经济组织或者村民小组经营、管理。但是，由于对“集体”的界定不明确，这些规定让人对土地究竟归谁所有产生了认识上的混乱。杜润生在回忆当时的情况时说：“承包土地的所有权究竟归谁，不明确。人民公社核算单位以队为基础是指生产队，后来的村民委员会在《宪法》上定为自治单位，而在很多地方村委会是原来的生产大队。还有少数地方把土地宣布为乡镇所有了。”[2]

据农业部1987年对全国1200个行政村的调查，实行土地归行政村所有的占34%，实行土地归村民小组所有的占65%。与农村改革之初的1981年相比，土地所有权归村委会的比重明显提高，相当一部分原来的生产队，失去了原有的土地所有权（陈锡文，1993）。高飞（2008）基于全国10个省30个县1799个农户的抽样调查数据发现，农户认为土地所有权属于国家的占41.91%，认为属于村集体的占29.57%，认为属于村民小组的占6.23%，认为属于个人的占17.62%。国务院发展研究中心“统筹城乡发展中农民土地权益保障研究课题组”2011年在全国范围内对669个农户的调查结果表明，32.9%的家庭没有土地承包经营权证，33.7%的家庭没有与集体签订过土地承包合同。另外，在受访者中，认为土地所有者是村集体和国家的比例分别是40.6%和44.7%，另有14.7%的受访者说不清土地的所有权归属（张云华、罗丹，2011）。上述研究成果表明，我国农村土地所有权虚置问题十分严重，而且有从村民小组所有向村集体所有转变的趋势。所有权虚置、地权关系不稳定，是改革至今各种侵犯农民合法土地权益事件的根源，如农业结构调整过程中强迫农民统一种植某种作物、征地补偿时村级组织甚至乡镇政府随意提高留成比例、土地流转过程中强迫农民转出土地或接受某一价格等。这一状况如不能尽快改变，必将对农业长期发展和农村稳定产生重大影响。

从市场经济的逻辑看，产权清晰是市场有效率运行的重要前提，因此土地制度的经济效果，一直是学术界比较关注的问题。近年来，一些学者对土地所有权虚置造成的效率损失进行了测算。据杨小凯估计，如果在1987年允许土地自由贸易的话，中国农民的人均真实收入将增加30%。[3]虽然其结论背后隐藏的土地私有化逻辑需要讨论，但是，这一研究仍然让学界对土地所有权清晰能够产生的经济效益有了量化认识。还有的学者指出，集体土地所有权先天性缺陷与制度供给不足引致了土地经营的低效益、高成本，也直接导致了农村、农民的贫困和农业经济的全面萎缩，因此，需要

[1] 转引自许庆，田士超等. 农地制度、土地细碎化与农民收入不平等［J］. 经济研究，2008(2): 83-92+105.

[2] 资料来源：杜润生. 杜润生自述：中国农村体制变革重大决策纪实［M］. 北京：人民出版社，2005: 154.

[3] 转引自党国英. 当前中国农村土地制度改革的现状与问题［J］. 华中师范大学学报(人文社会科学版)，2005(4): 8-18.

进一步完善我国的农村土地制度（刘云生，2007）。

（二）集体经济组织“统”的职能发挥不够

实行家庭承包经营之后，集体经济组织逐渐退出了农业生产活动，经营活动逐渐向非农产业转移，其“统”的职能也转变为农业社会化服务，主要负责组织农民进行农田水利建设和向农民提供某些生产服务等。孔祥智（2009）研究发现，当前农村集体经济组织为农户提供的社会化服务具有以下四个特征：一是集体经济组织为农户提供的服务种类普遍较少，且项目之间被提供的频率具有较大差异。被提供最多的几项服务分别为灌溉服务、技术指导、信用评级证明和政府法律信息、技术培训和购买良种。二是集体经济组织提供的社会化服务以产前、产中服务为主，产后服务比较薄弱。服务主要集中在灌溉、购买良种、饲养技术、畜禽防疫等产前、产中环节，而产后环节的服务，如种植业产品的包装、储藏、运输以及畜禽产品的屠宰、运输和加工等，则很少被提供。三是集体经济组织提供的社会化服务大多是自发性的，收费的服务项目比较少。无论是农田灌溉服务、技术指导和技术培训服务，还是政策法律信息服务、良种购买服务等，绝大部分都是集体经济组织主动为农户免费提供的。四是村干部比较重视农业社会化服务，但有计划向农户提供服务的集体经济组织并不多。

在农业社会化服务体系中，村集体经济组织起到连接农户和各种服务主体的作用。早在1991年，《国务院关于加强农业社会化服务体系建设的通知》就指出：“农业社会化服务的形式，要以乡村集体或合作经济组织为基础，以专业经济技术部门为依托，以农民自办服务为补充，形成多经济成分、多渠道、多形式、多层次的服务体系。”党的十七届三中全会也提出要“发展集体经济、增强集体组织服务功能”。但在整个服务体系中，村集体经济组织始终是最薄弱的环节。造成集体经济组织“统”的职能发挥不够，为农户提供的社会化服务普遍较少、可持续性差、覆盖的生产环节不全面的主要原因，可以归结为以下四个方面。

首先，集体经济实力薄弱，无力向农户提供高水平的农业社会化服务。“包产到户的实行，意味着经营权力的转移，把经营权下放给农户了。对基层干部的工作又做得不够充分，使他们感到有点意外，由原来的不积极，转向放任自流。同时出现农民的短期行为，对于公共财产（虽然文件上都要求‘保护公共财产’但缺乏具体章法）如农业机械、水利设施、仓库、农具、车马等，有的贱价处理了（约占70%），有的卖不出去而废置（约有30%左右的固定资产丧失效用）。”[1]国务院发展研究中心“推进社会主义新农村建设研究”课题组（2007）年对17个省（市、区）2749个村庄进行的调查表明，所调查村庄中一般集体收入不到5万元，其中资不抵债的村庄占到32.9%，净资产处于0元到-10万元的村占到21.9%。可见，村级集体经济的收入十分微薄，集体经济实力普遍不强，受其制约，为农户提供服务的能力也就十分有限。

其次，集体经济组织涣散，难以有效承担提供农业社会化服务的职能。“统”的职能，或者说农业社会化服务体系，需要通过相应的组织架构才能实现。但是，由于集体经济组织收入微薄，部分村级集体组织已经不能正常运转，村级组织的凝聚力很弱、村干部的积极性不高，为农户提供服务的能力不足。

再次，集体经济组织在农业化服务体系建设中的定位不明，主体功能不突出。在改革开放以后

[1] 资料来源：杜润生. 杜润生自述：中国农村体制变革重大决策纪实［M］. 北京：人民出版社, 2005: 155.

出台的法律法规中，自始至终没有对农村集体经济组织给予定位，在市场经济中，缺乏明确定位的主体是无法充分发挥作用的，也无法实现财富的自我积累。在这种情况下，虽然中央多次强调集体经济组织在农业社会化服务体系建设中的重要作用，并明确集体经济组织开展的服务应以统一机耕、排灌、植保、收割、运输等为主，引导其将服务的重点放在产中环节，但是实际上大部分村集体经济组织根本没有能力提供全面的产中服务。

最后，集体经济组织缺乏外部支持，开展农业社会化服务的能力受到限制。这种限制来自两方面：一是少数农户的“搭便车”行为使村级社会化服务难以有效开展；二是政府扶持的缺位导致村级社会化服务难以正常开展。

近些年来，尤其是2006年在全国范围内取消农业税费后，农村集体经济组织不再负责收取农田灌溉费用，也就没有了参与农田水利设施建设的组织能力和制度激励。农村集体经济组织逐渐脱离农田灌溉和农村水利基础设施建设，其农业社会化服务职能进一步弱化。集体经济组织“统”的功能无法顺利实现，不仅阻碍了现代农业技术的采纳和农业生产率的提高，还恶化了农户小生产和大市场的对接关系，加剧了农产品的“卖难”问题。

二、经济社会转型要求提高农村基本经营制度的包容性

（一）工业化城镇化加速给“三农”带来的新挑战

自20世纪末以来，城乡壁垒逐渐被打破，农村青壮年劳动力大量流入城市，成为城市社会群体中重要的组成部分。据国家统计局统计，2003年，我国有1.139亿劳动力离开农业农村，到了2015年年底，全国农民工的数量已经增加到2.775亿，增加了1倍多。农村人口离开农业农村进入城市和工厂，不仅迅速减少了农民的隐蔽性失业，提高了农民的绝对收入，改善了农民的生活状况，还有效弥补了城镇劳动力供给的结构性不足，有效地抑制了劳动力成本的上升速度，为发挥劳动力资源优势、提高我国企业的竞争力做出了不可磨灭的贡献。但是，因工业化、城镇化引发大量青壮年劳动力持续离开农村，也给农业农村乃至城乡一体化发展带来了诸多挑战。具体来看，这些挑战集中体现在四个方面。

一是“谁来种地”问题突出。自20世纪末以来，我国工业化、城镇化推进加快，农村劳动力持续向城市转移，不少农村出现务农劳动力老龄化和农业兼业化、副业化现象，农业劳动力结构性不足的问题日益凸显。张红宇（2011）调查发现，目前从事农业生产的劳动力平均年龄在50岁以上，其中上海等经济发达地区务农农民年龄已接近60岁，“老人农业”现象已成为困扰中国农业发展的现实难题。湖南宁乡县农业局2012年对县里100个村1000户农户进行的调查结果显示，1000户农户中，粮食生产从业人员50岁以上的占了63%，20~29岁的只有3.5%，30~49岁的约占25.3%；从男女比例来看，男性仅占34.3%，女性占到了65.7%；从文化程度来看，小学文化占17.2%，初中文化67.7%，高中及以上学历的，仅15.1%。[1]全国产粮先进县尚且如此，其他地方的农村劳动力的老龄化、女性化和低学历化情况可想而知。同时，农业兼业化副业化现象越来越突出。有学者指出，虽然工业化、城镇化能为农民创造大量的非农就业机会，但农户在综合权衡各种利益得失后，一般并不会选择放弃土地，甚至不会参与土地流转，而是选择兼业化经营，以获得更多的收益（钱忠好，

[1] 资料来源：颜珂. 明天，谁来种地？[N]. 人民日报, 2012-12-23.

2008）。钱忠好（2002）对江苏、河南、宁夏等地467户农户的调查表明，高达66%的被调查农户认为其承包土地面积偏低，生产经营能力未能得到充分利用。为了实现收益最大化，农户必须充分利用其劳动能力，兼业化、副业化往往成为第一选择（韩俊，1988）。

二是农村“空心村”现象严重。农村宅基地过度占用耕地、大量房屋闲置造成的土地浪费十分严重。国土资源部（现自然资源部）的数据显示，当前农村居民点空闲和闲置用地面积达0.3亿亩左右，低效用地面积达0.9亿亩以上，分别相当于现有城镇用地规模的1/4和3/4[1]。以河南省为例，仅“空心村”就浪费耕地150万亩。农户新建住宅像“摊煎饼”一样不断外扩，该省正阳县户均宅基地达3亩，是国家宅基地划拨标准的10倍，全县合计浪费耕地20万亩，其中有一户人家的宅基地多达13亩，且长年闲置。在其他省份的一些地方，随着农村人口持续向城市转移，长期闲置的宅基地和荒废宅院也日渐增多，有的地方闲置比例高达11%。[2]21世纪以来，劳动力向城市转移速度加快，农村空心化程度日益严重。据估计，目前传统农区1/4至1/3的村庄有空心化问题，全国空心村综合整治潜力可达757.89万公顷，相当于5个北京城的面积。[3]空心村不仅侵占了大量耕地，浪费了土地资源，还诱发了一些社会问题。

三是农业劳动生产率提高缓慢。农业劳动生产率是指平均每个农业劳动者在单位时间（一般指一年）内生产的农产品产量或产值。研究表明，自20世纪90年代以来，无论是与其他国家相比，还是与国内的非农产业相比，我国的农业劳动生产率提高都过于缓慢。从国际对比角度看，我国与世界主要国家的农业劳动生产率差距持续扩大。世界银行公布的《世界发展指数（2013）》数据表明，2011年我国每个农业劳动者年生产农业产值为571美元，比2000年的358美元增加213美元，11年来共增长59.5%。缓慢的增长速度，不仅导致我国的农业劳动生产率远远低于巴西、俄罗斯等金砖国家，也使得我国与美日等发达国家的农业劳动生产率的绝对差距进一步扩大。[4]从国内不同的产业部门来看，农业与非农产业的相对劳动生产率差距也非常明显。2000年，我国农业产值占GDP的份额为15.9%，而农业的就业人口比例高达50%，非农产业与农业的劳动生产率差距已从1990年的3.93倍扩大为5.29倍。[5]虽然新时期以来，随着城镇化加速和农村劳动力转移加快，农业劳动生产率有所提高，但与非农产业相比，仍然有很大差距。《2012年国民经济和社会发展统计公报》的数据表明，至2012年，农业产值占我国GDP的份额为10.1%。但是，农业就业人口依然占到总就业

[1] 数据来源：国土资源部（现自然资源部）. 推进土地节约集约利用的指导意见解读之一［EB/OL］. http://www.mlr.gov.cn/xwdt/mtsy/xinhuanet/201410/t20141028_1333615.htm，2014-10-28.

[2] 资料来源：张正河. 准城市化下空心村解决思路［J］. 中国土地, 2009(8): 29-31.

[3] 资料来源：中国科学院地理科学与资源研究所. 中国乡村发展研究报告——农村空心化及其整治策略［M］. 北京：科学出版社, 2011: 7-11.

[4] 据世界银行《世界发展指数（2013）》的数据，2000—2011年间，一些国家（以2000年为基期的、美元为单位的不变价格）的农业劳动生产率增长情况如下：美国从35599增至51370，增幅44.3%；日本从26181增至40385，增幅54.3%；法国从38417增至57973，增幅50.9%；德国从21274增至32866，增幅54.5%；韩国从9996增至20559，增幅105.7%；巴西从2348增至4461，增幅90.0%；俄罗斯从1953增至3281，增幅68.0%；印度从420增至523，增幅24.5%；中国从358增至571，增幅59.5%。

[5] 数据来源：张红宇. 现状:农民收入实现恢复性增长［J］. 人民论坛, 2002(4): 18-19.

人口的 33.6%。[1]据此可以算出，至 2012 年，非农产业劳动生产率仍然为农业劳动生产率的 4.5 倍。[2]当然，考虑到流向城市的农村劳动力主要是青壮年，而留守农村的主要为女性或文化程度较低、年龄较大的男性，这些农民难以在城市找到合适的工作，而且对新技术、新品种的采纳能力和意愿都较弱，我国农业劳动生产率提高缓慢有其现实背景。

四是城乡建设用地不合理的“双增长”。21 世纪以来，我国城镇化的步伐显著加快，大量农村人口不断向城镇迁移。预计到 2030 年，我国的城镇化率将达到 70% 左右，期间仍会有大量的农村人口迁入城镇成为市民。一般来讲，城乡土地资源的统筹利用，要求随着农村人口向城镇迁移，城市建设用地增加而农村建设用地减少。但是，受限于我国的农村土地制度，农村宅基地使用权不能在市场上合法交易，进城农户有偿退出宅基地的通道也十分缺乏。受此影响，我国在城镇化率不断提高的同时，城市建设用地和农村宅基地面积却不合理地“双增长”。全国农村宅基地面积从 2008 年的 1.36 亿亩，[3]增加至 2013 年年底的 1.7 亿亩；[4]城市（包括县城）建设用地面积则从 2008 年的 0.82 亿亩，增长为 2014 年年底的 1.03 亿亩。[5]由于土地面积的不可增加性，城乡建设用地增加必然以耕地（或潜在耕地）面积减少为代价。这表明，短短几年时间，仅城市建设用地和农村宅基地的增加，就让耕地面积减少了 0.55 亿亩。对于我国这样一个人均耕地面积不足世界平均水平一半的国家而言，这无疑进一步增加了耕地保护的压力。

（二）土地承包关系“长久不变”需要解决几个难题

中共十七届三中全会指出：“赋予农民更加充分而有保障的土地承包经营权，现有土地承包关系要保持稳定并长久不变。”这是完善我国农村基本经营制度的重大举措，具有深远的理论和现实意义。十八届三中全会《关于全面深化改革若干重大问题的决定》再次要求，“稳定农村土地承包关系并保持长久不变”。但是，“长久不变”是一个新的提法，具体如何执行，仍面临着很多现实问题（孔祥智，2010）。

一是如何在长久不变的基础上解决“有地无人种”和“有人无地种”的现实矛盾。大部分地方自第二轮承包后（有的自第一轮承包后），就按照中央的精神，没有对农户的承包耕地进行调整。至今家庭人口已经发生了较大的变化，但承包耕地的总面积没有变化，出现了“一人种多人地”和“多人种一人地”并存的现象，有的耕地甚至已经无人耕种。如果据此确权并“长久不变”，则固化了

---

[1] 数据来源：中经网统计数据库。

[2] 根据劳动生产率的定义，计算非农产业劳动生产率与农业劳动生产率的差距，可以采用如下公式：倍数 $=\frac{GDP\times(1-\alpha)}{P\times(1-\beta)}\div\frac{GDP\times\alpha}{P\times\beta}$，其中$P$为总就业人口，$\alpha$为农业产值占GDP的比例，$\beta$为农业就业人口比例。因此，只需知道$\alpha$、$\beta$的值，即可算出倍数。

[3] 2008年全国宅基地由全国农村居民点用地面积估算。按照国土资源部（现自然资源部）的估算方法，农村宅基地面积=农村居民点面积×村庄居住建筑用地比例，其中村庄居住建筑用地比例取55%。这一比例，既是中心村居住建筑用地比例的下限，也是一般集镇居住建筑用地比例的上限。参见国土资源部（现自然资源部）咨询研究中心2010年2月发布的《农村宅基地节地政策研究报告》。

[4] 数据来源：2008年的数据来自国务院2010年底印发的《全国主体功能区规划》，2013年的数据转引自《经济参考报》2014年12月3日，第二版。

[5] 数据来源：《中国城乡建设统计年鉴（2014）》。

这种由于自然原因而出现的不平等。目前面临的两难困境是，既要有效解决这一问题，又要保持土地承包经营权的稳定，需要在大量调研的基础上拿出解决问题的对策，关键是要看广大农民的选择。从逻辑上看，承包耕地的频繁调整不利于地权的稳定，从而不利于农民对土地的投入，尤其是农田水利设施等固定资产投入；容易诱发农民对土地的掠夺性使用，不愿意培育土地肥力；并且加剧了承包耕地的细碎化。正是基于以上原因，启动了第二轮承包的 1993 年中央 11 号文件指出："为避免承包耕地的频繁变动，防止耕地经营规模不断被细分，提倡在承包期内实行'增人不增地、减人不减地'的办法。"党的十五届三中全会也指出："稳定土地承包关系，才能引导农民珍惜土地，增加投入，培肥地力，逐步提高产出率；才能解除农民的后顾之忧，保持农村稳定。这是党的农村政策的基石，决不能动摇。要坚定不移地贯彻土地承包期再延长三十年的政策，同时要抓紧制定确保农村土地承包关系长期稳定的法律法规，赋予农民长期而有保障的土地使用权。"土地承包关系不稳定及其对农业生产的负面影响，中央自 20 世纪 80 年代中期就发现并于 1987 年决定在贵州省湄潭地区设立农村改革试验区，"最可贵的是与农民协商，接受承包田'生不添，死不减'"[1]。正是在湄潭试验及其他地区大量调研的基础上，才有 1993 年 11 号文件中"增人不增地、减人不减地"做法的出台。因此，这个政策当然应该是符合农民利益的，广大农民也应该自觉选择"增人不增地、减人不减地"，但刘守英（2012）在贵州湄潭的调查结论却与此相反，"农民对土地调整的意愿仍然强烈，93% 的被调查者同意按人口进行土地再分配"。贺雪峰（2013）在同一地区的调查也得出了相同的结论。这起码说明各地情况千差万别并不断变化，如何既确保农民的合法权益得到充分保护，又在统一政策下允许农民有一定的选择弹性，是一个值得深入研究的重大问题。

二是如何保障第二轮承包时放弃承包土地的农户的权利。20 世纪 90 年代，由于当时农村的税费负担较重，一些外出打工收入比较稳定的农民，在农村土地第二轮承包时放弃了承包。近些年来，随着免除农业税费和农村土地流转价格不断升高，这部分人想再次获得承包资格，继续承包农村的土地。从现实中看，有些地方由于留有机动耕地而比较顺利地解决了这类问题，而没有机动地的地方则很难解决，成为农村土地纠纷多发的诱因之一。这个问题涉及的农户较多。在目前正在推进的农村土地承包经营权确权登记颁证工作中，是否考虑、如何考虑这部分农户的承包经营权，应引起有关部门的高度重视。

三是如何在已经实行规模化经营（比如集体农场）的大城市郊区落实长久不变。在 20 世纪 80 年代末期和 90 年代初期，一些大城市郊区推行规模经营，把已经承包的耕地再次集中起来，实行集体农场或者家庭农场的经营模式，这种情况下如何体现长久不变？如何把确权和确利相结合，使农民能够充分享受工业化、城镇化带来的土地收益，是这类地区迫切需要解决的问题。

四是如何在工业化程度较高的村庄落实土地承包的长久不变。少数村由于工业化程度较高等原因，自始至终没有把土地承包到户，而是坚持采取集中经营的方式，把农业打造为一个生产车间，在村庄高度发达的工业的带动下率先实现了农业现代化。村民的收入绝大部分来自非农产业，对农业的依赖很小。这类村庄的共同特点是，20 世纪 80 年代初期开始工业化的资金主要来自改革前 30 年的农业积累；90 年代后期国家实行"最严格的土地制度"，村庄工业的快速发展主要得益于集体所有制下村庄内部土地的非农化。因此，这类村村民对于土地权利的实现，最佳方式可能是以股权换土地，使农民真正获取村庄工业化带来的收益并且与工业化同步增长。

---

[1] 资料来源：杜润生. 杜润生自述：中国农村体制变革重大决策纪实［M］. 北京：人民出版社, 2005: 158.

五是对土地承包经营权的管理和相关法律的修订问题。2009 年中央一号文件指出："抓紧修订、完善相关法律法规和政策，赋予农民更加充分而有保障的土地承包经营权，现有土地承包关系保持稳定并长久不变。"2013 年中央一号文件指出："抓紧研究现有土地承包关系保持稳定并长久不变的具体实现形式，完善相关法律制度。"这是具有重大理论和现实意义的任务。从成都等地"长久不变"的试点情况来看，目前很多涉农法律、法规都需要重新修订，以便明确"长久不变"的起点和期限、《物权法》所规定的农村土地承包经营权用益物权的具体体现、作为用益物权的农村土地承包经营权的登记管理等问题。

（三）农民与农村土地"人地分离"的趋势日益加快

1984 年中央一号文件就明确提出"鼓励土地逐步向种田能手集中"，但 20 世纪 80 年代的土地流转一度十分缓慢，这是和当时的经济社会环境相一致的。自 1995 年《国务院批转〈农业部关于稳定和完善土地承包关系意见的通知〉的意见》提出"建立土地承包经营权流转机制"后，全国范围内的土地流转逐渐兴起。2008 年党的十七届三中全会在作出"长久不变"的决策后，进一步提出"加强土地承包经营权流转管理和服务，建立健全土地承包经营权流转市场"。此后，全国各地的农村土地流转逐渐加快。截至 2012 年 6 月底，广西富川县土地流转面积达到 40 万亩，分别占农用地总面积的 21.4% 和耕地面积的 67.1%。江苏东海县仅 2012 年 1—7 月，全县新增流转土地面积就有 13.92 万亩，累计流转土地面积已达 74.57 万亩，占全县耕地面积的 40.64%，其中新增规模经营面积 19.57 万亩。据农业部统计，2007 年流转土地面积占农村家庭承包经营总面积的 5.2%，2008 年、2009 年、2010 年、2011 年、2012 年分别达到 8.9%、12%、14.7%、17.2%、21.5%。至 2015 年年底，全国家庭承包经营耕地流转面积 4.43 亿亩，占比达 33.3%。

2008 年以后土地流转的加快是由许多因素共同促成的。首先，保护农民产权的法律和政策体系基本形成。《宪法》规定了"公民的合法的私有财产不受侵犯"；《物权法》把农民土地承包经营权界定为"用益物权"；《农业法》《土地承包法》《农村土地承包经营权流转管理办法》《土地承包经营纠纷调解仲裁法》等构建了比较完善的保护农民土地合法权益、促进土地流转的政策法律框架。其次，外出务工农民和种田能手都有流转土地的现实需要。我国有 2.77 亿农村劳动力非农就业，按 2 亿农户计算，每户至少有 1 名劳动力在外务工，其中相当一部分举家外出。这就在客观上产生了把土地流转出去甚至永久退出的强烈需求。据统计，目前已经有超过 4000 万农户部分或全部转出土地。同时，改革开放以来，在农村职业分化过程中形成了一支庞大的种田能手队伍，他们需要种植规模达到一定限度后才能获得和外出务工或经商相接近的收入水平，客观上产生了转入土地的强烈需求。再次，各地政府的大力推动，加速了土地流转和土地退出。据我们调查，全国大约有 20 个省、直辖市、自治区颁布了省级党委或政府有关推进农村土地承包经营权流转的文件，绝大部分市、县都有相应的推进土地流转的举措。一些地区还有专门的奖励措施，如一些地区对转出和转入方各奖励 100 元，有的则各奖励 300 元。到目前为止，以县级土地流转市场（中心）为主体的中介组织基本形成体系。很多村专门成立了由村党支部书记或村委会主任牵头成立的土地流转合作社或土地股份合作社，对于促进土地流转起到了十分重要的作用。此外，宁夏平罗、重庆梁平和河南鹤壁等地，还开展了农户土地承包经营权退出尝试，为"离农、进城"的农户彻底放弃农村土地提供制度通道，受到社会各界的高度关注。

总的来看，现阶段的土地流转和一些地方试点开展的土地退出工作，促进了农业经营规模的扩大，有利于推动现代农业发展；吸引了各方面资金投向农业，实现了农业投入主体多元化；出让人和受让人实现了“双赢”，有利于促进农民增收；有利于提高农产品供给水平，促进农业结构优化升级。而且，土地流转和土地退出机制的建立，改变了一部分农民“亦工亦农、亦商亦农”的长期兼业化状态，解除了土地对这些农民的束缚，使他们能够成为彻底的工商业从业人员。但是，另一方面，有些地方政府对农民意愿不够尊重，对农民的利益考虑不够充分，在推行土地流转和土地退出时存在行政手段强迫、利益分配不公等现象，引发了一些社会矛盾。国务院发展研究中心课题组2006年的调查数据显示，农民上访事件中有26%是土地问题引发的。[1]总之，“人地分离”日益成为影响农业发展和农村社会稳定的重要问题，但是当前的土地产权制度和土地管理制度仍然存在一些问题，亟待通过完善农村基本经营制度加以解决。

第3节　农村基本经营制度的完善与发展

基本经营制度是党的农村政策的基石。自1984年中央一号文件提出“继续稳定和完善联产承包责任制”以来，如何稳定和完善这一基本制度，一直受到中央的高度关注。1991年，《中共中央关于进一步加强农业和农村工作的决定》指出：“把以家庭联产承包为主的责任制、统分结合的双层经营体制，作为我国乡村集体经济组织的一项基本制度长期稳定下来，并不断充实完善。把家庭承包这种经营方式引入集体经济，形成统一经营与分散经营相结合的双层经营体制，使农户有了生产经营自主权，又坚持了土地等基本生产资料公有制和必要的统一经营。这种双层经营体制，在统分结合的具体形式和内容上有很大的灵活性，可以容纳不同水平的生产力，具有广泛的适应性和旺盛的生命力。这是我国农民在党的领导下的伟大创造，是集体经济的自我完善和发展，绝不是解决温饱问题的权宜之计，一定要长期坚持，不能有任何的犹豫和动摇。”2013年中央一号文件明确要求，“充分发挥农村基本经营制度的优越性”。

30多年来的农业、农村、农民面貌的巨大改善和国民经济高速发展，表明我国的农村基本经营制度具有生命力和优越性。但也要认识到，经过30多年的改革和发展，现阶段我国农业和农村发展的微观基础和宏观环境都发生了深刻变化。为了进一步推动农业发展、农村繁荣、农民增收，从而为经济社会发展和国家工业化、城镇化的顺利推进创造条件，必须按照十七届三中全会和十八届三中全会的要求，坚持以家庭承包经营为基础、统分结合的双层经营体制，保持现有土地承包关系稳定并长久不变，在此基础上创新完善农村经营体制机制，积极培育新型经营主体，加快新型农业社会化服务体系建设，在“四化”同步的基础上稳步推进农业现代化。

一、稳定现有土地承包关系并尝试实行长久不变

农民问题的核心是土地问题。土地制度是农村的基础制度，它不仅决定了农民和土地结合的具体方式，还决定了农业生产经营的具体形式。近几年来，农民收入中家庭经营收入所占比重不断上升，土地在提高农民收入中的作用越来越明显。尽管随着农民市民化的推进，一部分农民正逐步摆

[1] 资料来源：蔡敏，马姝瑞. 中国近五成农村劳动力转入非农产业［EB/OL］. 新华网，http://news.xinhuanet.com/politics/2007-01/29/content_5670695.htm, 2007-1-29.

脱对农村土地的完全依赖，但截至2012年年底，常年生活在农村的人仍然占全国总人口的47.4%。即使到2030年前后我国城镇化率达到70%，仍有5亿人生活在农村。如何保证这部分农民在为城镇居民提供充足的优质农产品的同时，达到和城镇居民相近的收入水平，是一个大问题。这要求做出相应的制定安排，为以种植业为主要从业行业的农民获得更多土地从而获得与城镇居民相近的收入提供基础条件。目前，农村社会保障制度还很不完善，土地对农民的生存和生活保障功能依然十分突出，对农村土地的合理利用和管理，不仅关系到农民收入、粮食安全和经济发展，还关系到社会稳定。正因如此，党的十七届三中全会通过的《关于推进农村改革发展若干重大问题的决定》（以下简称《决定》）着重强调，稳定和完善农村基本经营制度，要保持现有土地承包关系稳定并长久不变，并要在此基础上赋予农民更加充分而有保障的土地承包经营权。

21世纪以来，为了完善农村土地制度，中央一号文件做出了多项重大安排。2004年，针对农村土地征用导致农民上访事件多发，中央一号文件提出加快土地征用制度改革。2005年，中央一号文件从严格保护耕地和认真落实农村土地承包政策两个方面做了重点安排。2006年，为了提高粮食产量，中央一号文件提出坚决落实最严格的耕地保护制度，切实保护基本农田、保护农民的土地承包经营权。2007年，针对农村征地和土地流转过程中出现的一些新情况、新问题，中央一号文件再次提出在稳定土地承包关系的基础上加快征地制度改革。2008年和2009年中央一号文件对农村土地问题着墨最多，对农村土地涉及的诸多问题都做出了详细安排。2008年的一号文件对土地制度的关注主要包括以下几点：切实稳定农村土地承包关系，认真开展延包后续完善工作，确保农村土地承包经营权证到户；加强农村土地承包规范管理，加快建立土地承包经营权登记制度，继续推进农村土地承包纠纷仲裁试点；严格执行土地承包期内不得调整、收回农户承包地的法律规定；推进征地制度改革试点，建立征地纠纷调处裁决机制，切实保障农民土地权益等。2009年中央一号文件结合十七届三中全会《决定》关于“现有土地承包关系要保持长久不变”的要求，从三个方面强调了农村土地制度：一是稳定农村土地承包关系，通过抓紧修订、完善相关法律法规和政策，赋予农民更加充分而有保障的土地承包经营权，保持现有土地承包关系稳定并长久不变；二是实行最严格的耕地保护制度和最严格的节约用地制度。这是中央针对农村“空心村”问题和城乡建设用地总规模扩大过快做出的重要部署；三是全面推进集体林权制度改革。用5年左右时间基本完成明晰产权、承包到户的集体林权制度改革任务，推动林地、林木流转制度建设，完善林木采伐管理制度。2010年，中央一号文件要求全面落实承包地块、面积、合同、证书“四到户”，扩大农村土地承包经营权登记试点范围，同时要求有序推进农村土地管理制度改革，力争用3年时间把农村集体土地所有权证确认到每个具有所有权的农民集体经济组织。为了让法律跟上实践的需要，中央首次在一号文件中提出加快修改《土地管理法》。2012年，除了再次要求保持土地承包关系稳定并长久不变之外，中央一号文件提出加快推进农村地籍调查，推进包括农户宅基地在内的农村集体建设用地使用权登记工作，并再次要求加快修改《土地管理法》。2013年，中央一号文件对农村土地问题有了新的具体部署，提出全面开展农村土地确权登记颁证工作，用5年时间基本完成农村土地承包经营权确权登记颁证，并重申加快修订《土地管理法》，要求抓紧研究土地承包关系长久不变的具体实现形式，完善相关法律制度，探索建立严格的工商企业租赁农户承包耕地（林地、草原）准入和监管制度，尽快出台农民集体所有土地征收补偿条例。

具体来看，为了进一步完善农村土地承包制度，必须做好以下两方面工作。

（一）稳定农村土地承包关系

在目前农村土地承包关系总体稳定、农民群众对土地承包关系比较满意的背景下，稳定农村土地承包关系，就是要把现有土地承包所形成的权利义务关系按照法律和政策的规定全部落实下来，搞好土地承包经营权的确权、登记、颁证工作，确保承包合同到户、承包地块和面积明确，把农民承包土地的各项权利依法落到实处。稳定农村土地承包关系，有两个重要的作用。首先，稳定土地承包关系，有助于鼓励农民增加农业投入，提高土地的生产率。正因如此，在第一轮土地承包期15年即将期满时，1993年中央11号文件规定“在原定的耕地承包期到期之后，再延长30年不变”，从而稳定了农民对土地收益预期，同时开启了以“增人不增地，减人不减地”为特征的第二轮承包进程，形成了现有土地承包关系。其次，稳定土地承包关系，有利于缓解因土地调整引发的耕地细碎化及其带来的社会矛盾。在我国的双层经营体制下，土地承包主要与农民户籍相关联。近几十年来，我国农村户籍人口数量增长幅度较大，如果根据户籍人口的变动而频频调整土地承包关系，无疑会导致农村耕地的进一步细碎化。而且土地承包涉及面广量大，情况复杂，土地调整往往会引发许多社会矛盾和利益纠纷，不利于农村社会和谐稳定。

稳定土地承包关系还涉及集体林地承包、草原承包和海洋滩涂、荒山、荒坡承包等，限于篇幅，本章均不予讨论。

（二）实现土地承包关系长久不变

所谓土地承包关系长久不变，从字面意思理解，就是在第二轮承包“30年不变”到期以后，农民与集体之间的土地承包关系长期延续，相应的面积、地块除法律另有规定外仍然保持不变，农民对承包经营的耕地拥有的权利和承担的义务长久不变。但是，我们认为，长久不变还有另外一层意思，亦即我国农村基本制度的核心——家庭承包经营制度长久不变。因此，长久不变既不是耕地承包期30年的简单延长，更不是割断现有土地承包关系的重新承包，而是对现有承包关系的稳定和延续，是完善我国农村基本经营制度的重大举措，具有深远的现实意义。长久不变能够使《物权法》所规定的农民土地承包经营权作为用益物权真正实现，强化了对土地承包经营权的物权保护。在双层经营体制下，土地承包关系长久不变，能够保证农民免于失去土地所有权（虽然土地流转可能在一段时间让其失去经营权）。大量农村劳动力在城乡之间“候鸟式”转移，要经过相当长时期才能达到均衡，农民有了长久的土地承包经营权，能够在城市和乡村之间有所缓冲，不至于成为城市贫民，也无须为基本的温饱而担忧。对土地这种特殊物品，权能时期越长，其价值就越高，这不仅有利于提高农民的收入水平，也能够促进城镇化的可持续发展，有利于整个社会的稳定。

实现长久不变，关键在于确定一个既符合现有法律法规又使农民充分认可的起点。人多地少的禀赋及其特殊性决定了农村土地承包必须把公平放在首要位置，在此基础上通过制度创新和技术创新实现效率的提高，否则，任何貌似有效的制度设计都会被农民所摒弃。那么，这个“起点”如何确定？按照2013年中央一号文件的要求，“健全农村土地承包经营权登记制度，强化对农村耕地、林地等各类土地承包经营权的物权保护。用5年时间基本完成农村土地承包经营权确权登记颁证工作，妥善解决农户承包地块面积不准、四至不清等问题”。目前农业部门正在进行农村土地承包经营权的确权登记颁证工作，我们认为，要以此为契机，把确权登记颁证作为长久不变的起点。自1993年开始第二轮承包后，大部分村都按照1993年中央11号文件的要求，“增人不增地、减人不减地”，因此，按照确权后的承包格局颁证并作为长久不变的起点，广大农民应该是认可的。至于还在进行

“小调整”或者“大调整”的少数村（约占5%），应当由当地农民自行决定长久不变的起点，或者以最后一次调整前作为起点，或者进行再一次调整。但无论如何，起点一经确定，就不再变动，实现长久不变。当然，在确定起点时，要妥善处理前述二轮承包时放弃耕地的农民、大城市郊区和工业化程度较高村中部分农民的权益问题。在某种意义上可以认为，确定长久不变的起点是解决上述问题的最后一次机会。

二、从“两权分离”到“三权分置”逐步强化农民土地财产权

从家庭承包实现了农村土地所有权和使用权的“两权分离”，到十七届三中全会提出的赋予农民更加充分且有保障的土地承包经营权，再到2014年中央一号文件基于十八届三中全会精神，对农村土地制度改革进行了全面具体部署，提出“在落实农村土地集体所有权的基础上，稳定农户承包权、放活土地经营权”，既实现农村土地所有权、承包权和经营权的“三权分置”，我国农户拥有的农村土地权利权能日渐完善。

（一）“两权分离”下的承包经营权及其权能

承包经营权是在我国农村土地集体所有的制度框架下，农民作为农村社区集体经济组织的一分子而天然获得的承包使用集体所有土地的权利。在农村改革后的最初一段时期，承包经营权权能比较单一，主要为农村耕地使用权，承包是获得这种使用权的途径。1986年颁布的《土地管理法》第二条规定：“任何单位和个人不得侵占、买卖、出租或者以其他形式非法转让土地”，“国有土地和集体所有的土地的使用权可以依法转让。土地使用权转让的具体办法，由国务院另行规定”。但是，为了防止土地兼并、实现“以地控人”以及便于征收农业税费，国务院一直没有给出集体土地使用权转让的相关规定，因此土地转让实际上并不受法律法规支持。不过，自20世纪80年代末以来，伴随着城镇务工机会的增多和农业负担的加重，一些农户在保留承包合同的同时，开始放弃土地经营，把土地转包、出租或干脆“抛荒”，事实上造成了承包权和使用权的分离。在这种情况下，1984年中央一号文件明确“鼓励土地逐步向种田能手集中”。1988年修正的《土地管理法》第二条修改为：“任何单位和个人不得侵占、买卖或者以其他形式非法转让土地。”删去了1986年同一条款中的“出租”。根据“法无禁止即可为”的精神，1998年修正的《土地管理法》，显然为农村承包地出租（流转）开了一个口子。至20世纪末，城乡壁垒进一步打破，农村劳动力向城市转移加快，参与土地流转的农户也越来越多。1998年修订的《土地管理法》第二条进一步明确：“土地使用权可以依法转让。”至此，农民通过承包获得的集体土地使用权可以依法转让，被正式写进法律。

进入21世纪以来，随着农村改革步伐加快，土地承包经营权的权能不断丰富。2002年下发的《中共中央关于做好农户承包地使用权流转工作的通知》规定：“农户对承包的土地有自主的使用权、收益权和流转权，有权依法自主决定承包地是否流转和流转的形式。”2003年实施的《农村土地承包法》第十六条指出，土地承包方“依法享有承包地使用、收益和土地承包经营权流转的权利”，把《土地管理法》中的使用权细化为使用、收益、流转等三个具体权利。此外，该法还明确了土地流转的各种方式，规定：“通过家庭承包取得的土地承包经营权可以依法采取转包、出租、互换、转让或者其他方式流转”，“承包方之间为发展农业经济，可以自愿联合将土地承包经营权入股，从事农业合作生产”。2007年实施的《物权法》则把土地承包经营权界定为用益物权，并在第125条规定：“土地承包经营权人依法对其承包经营的耕地、林地、草地等享有占有、使用和收益的权利。”在第

128 条规定："土地承包经营权人依照农村土地承包法的规定，有权将土地承包经营权采取转包、互换、转让等方式流转。"十七届三中全会《决定》明确指出，要"赋予农民更加充分且有保障的土地承包经营权"，"允许农民以转包、出租、互换、转让、股份合作等形式流转土地承包经营权"。承包经营权权利逐渐清晰和权能不断扩大，为我国农村土地流转奠定了制度基础。据农业部统计，截止到 2012 年年底，全国流转土地面积占农村家庭承包经营总面积的 21.5%，超过 4000 万农户部分或全部转出土地。

（二）"三权分置"的提出及其发展

党的十八大之后，随着全面深化改革的推进，党中央开始赋予农民承包土地更多财产权利。2013 年中央一号文件指出，用 5 年时间基本完成农村土地承包经营权确权登记颁证工作。产权清晰是市场经济的基本要求。上述具体工作要求表明我国的农村土地制度改革坚持了市场化的导向。十八届三中全会《决定》要求"赋予农民更多财产权利"，在使用、收益和流转的基础上，提出了农民对承包地的占有权，首次明确承包经营权具有抵押、担保、入股权能。农民获得了把承包土地的经营权拿到金融机构进行抵押、担保或者以土地入股农业企业的权利，从而可以得到金融支持或经营性收入。这些安排，在拓展农村土地承包经营权权能方面，无疑有了重大突破。此后，中央关于农村土地渐进式赋权的思路逐渐清晰。习近平总书记指出，完善农村基本经营制度，要好好研究农村土地所有权、农户承包权、土地经营权三者之间的关系。

为了贯彻落实十八届三中全会精神和习近平总书记的指示，2014 年中央一号文件提出，"在落实农村土地集体所有权的基础上，稳定农户承包权、放活土地经营权，允许承包土地的经营权向金融机构抵押融资"，明确将农村土地所有权、承包权、经营权"三权分置"作为土地制度改革的一个重要方向。此外，该中央文件还进一步明确了农民的土地财产权利，要求"稳定农村土地承包关系并保持长久不变，在坚持和完善最严格的耕地保护制度前提下，赋予农民对承包地占有、使用、收益、流转及承包经营权抵押、担保权能"。2015 年中央一号文件不仅要求"引导农民以土地经营权入股合作社和龙头企业"和"抓紧抓实土地承包经营权确权登记颁证工作，扩大整省推进试点范围"，还提出"分类实施农村土地征收、集体经营性建设用地入市、宅基地制度改革试点。制定缩小征地范围的办法。建立兼顾国家、集体、个人的土地增值收益分配机制，合理提高个人收益。完善对被征地农民合理、规范、多元保障机制"。不久，中办、国办发布了《关于农村土地征收、集体经营性建设用地入市和宅基地制度改革试点工作的意见》。为了落实十八届三中、四中全会精神，2015 年 8 月，国务院印发了《关于开展农村承包土地的经营权和农民住房财产权抵押贷款试点的指导意见》，提出要"按照所有权、承包权、经营权三权分置和经营权流转有关要求，以落实农村土地的用益物权、赋予农民更多财产权利为出发点，深化农村金融改革创新，稳妥有序开展'两权'抵押贷款业务……"2016 年中央一号文件进一步要求，"稳定农村土地承包关系，落实集体所有权，稳定农户承包权，放活土地经营权，完善'三权分置'办法，明确农村土地承包关系长久不变的具体规定"，并明确提出维护进城落户农民的土地承包权，并支持引导其依法自愿有偿转让。《十三五规划纲要》也指出，"稳定农村土地承包关系，完善土地所有权、承包权、经营权分置办法，依法推进土地经营权有序流转"，"激活农村要素资源，增加农民财产性收入。"

总之，实行集体所有权、农户承包权和土地经营权"三权分置"，是对农村土地产权的丰富和细分，新的制度安排坚持了农村土地集体所有，强化了对农户土地承包权的保护，顺应了土地要素合理流转、提升农业经营规模效益和竞争力的需要。可以说，“三权分置”创新了农村土地集体所有制的有效实现形式，在中国特色农村土地制度演进史上翻开了新的一页。当然，也应该看到，我国关于农村土地尤其是承包地的法律法规之间，包括《土地管理法》《农村土地承包法》《物权法》《担保法》等，依然存在着限制农民土地财产权利甚至彼此冲突矛盾的地方。尤其2004年修正的《土地管理法》，已经严重滞后于经济社会发展的需要，中央一号文件也多次提出修法要求，因此必须尽快予以修改。此外，保障农民的财产权利，推进农村土地“三权分置”，还要建立健全土地承包仲裁制度等。

三、多措并举加快农村经营体制机制创新

农村改革30多年的历史表明，以家庭承包经营为基础、统分结合的双层经营体制具有优越性。但是在实践中，各地或者仅注重“分”忽视了“统”，或者在统的方面缺乏行之有效的措施。农户经营规模过小，统一经营不够，是我国农业经营体制的重大缺陷。同时，随着农村转移劳动力的数量增加，农民老龄化、农业兼业化副业化的态势越来越明显，再加上农业生产经营组织化程度低，农产品市场体系、农业社会化服务体系和国家农业支持保护体系不健全，农业持续发展面临着巨大挑战。并且，随着经济发展、农民收入水平的提高，以及广大农民视野、就业和发展的机会的扩大，土地已经由20世纪80年代的社会保障和生存资料演变为社会保障和发展资料，其中，社会保障资料功能要求土地承包经营权保持稳定；生存资料功能则由于土地的稀缺性要求公平性，包括起点公平，也包括过程公平，这是20世纪80年代土地频繁调整的内在；而发展资料功能则要求土地在稳定的基础上具有部分或全部资本功能，这是近年来土地流转速度大大加快的内在原因。因此，推进农业经营体制创新，必须准确把握对于农民而言土地功能的变化。

为了应对新形势，十七届三中全会把“推进农业经营体制机制创新，加快农业经营方式转变”作为稳定和完善农村基本经营制度的重要内容，并从“统”和“分”两个层次提出了“两个转变”的政策要求，即“家庭经营要向采用先进科技和生产手段的方式转变，增加技术、资本等生产要素投入，着力提高集约化水平；统一经营要向发展农户联合与合作，形成多元化、多层次、多形式经营服务体系的方向转变”。这表明，在分的层面，中央已经认识到，超小规模家庭经营难以适应现代农业发展的需要。为了进一步发挥家庭经营的优势，必须推动农户从传统小生产者向采用先进科技和生产手段的现代经营主体转变。但是，按照舒尔茨的逻辑，高度兼业的传统小农户既没有增加技术、资本等生产要素投入和提高集约化水平的意愿，也缺乏运用现代农业科技、获取规模经营效益的能力，因此，《决定》把发展专业大户、家庭农场、农民专业合作社等规模经营主体作为创新农业经营体制机制的重要内容进行了部署。在统的层面，中央充分认识到，当前“统”的职能发挥不畅已经严重制约了现代农业的发展，为了提高农业产前、产中、产后的组织化程度，就要鼓励农户联合与合作，就要发展多种形式的社会化服务组织，强化农户与其他涉农主体的利益联结。其中，中央特别强调了农民专业合作社的地位和作用，不仅将其作为提高农民组织化程度的重要方式，还期待它能“成为引领农民参与国内外市场竞争的现代农业经营组织”。此后，如何在新形式下创新农村经营体制机制，成为稳定和完善农村基本制度的重要内容。2009年中央一号文件强调要推进农业经营体制机制创新。2010年中央一号文件，再次强调了党的十七届三中全会《决定》提出的“两个转变”，并且在统的层面上，对农村集体经济组织、农民专业合作社、农业产业化龙头企业以及各种农业农村社会化服务组织进行了具体安排。2012年中央一号文件明确指出了可以通过政府订购、定向

委托、招投标等方式，促进提高农业产前、产中、产后的组织化程度，推动农村经营体制机制创新。2013年中央一号文件把提高农民组织化水平作为农业生产经营体制机制创新的重要内容，提出要扶持联户经营、专业大户、家庭农场、农民合作社等新型农业经营主体。

农村经营体制机制创新的根本目标，是在保持现有土地承包关系稳定并长久不变的基础上，多措并举，重点解决农民承包地经营规模过小、农村劳动力结构性短缺和农业统一经营程度不足等难题。这需要从三个方面协调推进。

（一）提高规模化经营水平，解决农地细碎化问题

随着农业现代化的推进，我国农地过度细碎化和农户分散经营引发的问题开始显现，推进农地规模经营日益受到中央的重视。早在1987年，中央5号文件就明确提出，有条件的地方可以稳妥地推进土地适度规模经营。1990年，邓小平指出"两个飞跃"，要"适应科学种田和生产社会化的需要，发展适度规模经营"。近几年来，农业技术进步和农村劳动力转移，让适度规模经营的需求越发迫切。应对这种情况，21世纪以来，多个中央一号文件都对加快土地流转、促进规模经营做出了具体安排。

2005年的一号文件提出不得随意收回农户承包地、强迫农户流转承包地，要"尊重和保障外出务工农民的土地承包权和经营自主权"。承包经营权流转和发展适度规模经营，必须在农户自愿、有偿的前提下依法进行，防止片面追求土地集中。2006年，一号文件对土地流转和规模经营表现出更加积极的态度，指出"要健全在依法、自愿、有偿基础上的土地承包经营权流转机制，有条件的地方可发展多种形式的适度规模经营"。随着各地土地流转的迅速兴起，2007年一号文件强调规范土地承包经营权流转。针对土地流转中出现的强迫农民流转、"反租倒包"和通过流转改变土地农业用途等问题，2008年中央一号文件要求尽快完善土地流转合同、登记、备案等制度，健全土地承包经营权流转市场，有条件的地方可以进一步培育发展适度规模经营的市场环境。十七届三中全会《决定》进一步明确，"允许农民……流转土地承包经营权，发展多种形式的适度规模经营"。此后土地流转全面加速，一些不当做法和新问题也频频出现。针对这一情况，2009年一号文件再次强调了土地流转的"三个不得"，即"不得改变土地集体所有性质，不得改变土地用途，不得损害农民土地承包权益"。2010年一号文件要求加强土地承包经营权流转管理和服务，健全流转市场，在依法自愿有偿的基础上，通过土地流转发展多种形式的适度规模经营。2012年一号文件提出要加强土地承包经营权流转管理和服务，并按照依法自愿有偿原则，引导土地承包经营权流转，发展多种形式的适度规模经营。为了应对近期出现的新情况，2013年中央一号文件对土地流转和规模经营做出了更为全面的安排，一是要求引导农村土地承包经营权有序流转，支持和鼓励承包土地向专业大户、家庭农场、农民合作社流转，发展多种形式的适度规模经营；二是鼓励农民采取互利互换方式，解决承包地块细碎化问题，发展规模经营；三是强调土地流转的"四个不"，即不搞强迫命令、不损害农民权益、不改变土地用途、不破坏农业综合生产能力；四是规范土地流转程序，逐步健全县乡村三级服务网络，强化流转服务。

中央的支持和鼓励迅速提高了土地流转的速度和农地规模经营的程度。截至2012年年底，全国家庭承包耕地流转总面积达到2.7亿亩，比2007年底增加2亿多亩，6年间增加了4.22倍；流转面积占家庭承包经营耕地面积的比例达21.5%，比2007年提高16.3个百分点，增幅显著。经营耕地面积在10~100亩的农户达到了3033.3万户，其中经营面积30亩以上的种植专业大户超过900万户

（土地耕种面积超过 5.1 亿亩），50 亩以上的专业大户、家庭农场 276 万户。

从各地的情况来看，适度规模经营发展迅速。山西省的农地规模经营，从 2008 年的 84 万亩增加至 2011 年 6 月的 260 万亩，占总耕地总面积的比例也由不足 2% 增加到 6%。黑龙江省 2009 年农地规模经营的耕地总面积仅为 1803 万亩，占农村耕地总面积的 13.87%，2012 年 7 月规模经营面积已突破 4000 万亩，比例增加到 30.77%。内蒙古自治区 2011 年底的规模经营主体为 10 万户，耕种面积达到 2231 万亩。[1] 在现代农业较为发达的江苏省和浙江省的一些地方，农地的规模化经营推进速度更快。据江苏省农委的数据，截止到 2012 年 7 月，该省农地规模经营比例高达 50% 左右。[2] 而截止到 2011 年年底，浙江宁波市的规模经营面积已经高达 61%。此外，在山东、黑龙江、河北等地，受多方面因素的推动，农地的适度规模经营也快速推进。当然，由于人均耕地面积不同，各个地方对规模经营的界定也不同。黑龙江将面积在 30 公顷（450 亩）以上的认定为规模经营，在山西、浙江、江苏等地则将规模经营界定为不少于 50 亩。其他的大部分地方，如内蒙古、山东、安徽、河北等地都将规模经营面积界定为 100 亩。这种对规模耕种面积的不同要求，既体现了当地的实际情况，也符合中央要求的“适度”精神。

总之，发展适度规模经营是转变农业生产经营方式的重要抓手，是发展现代农业的必然选择，也是提高主要农产品自给水平的重要举措。不过，需要特别指出的是，从现有的政策文件来看，中央并没有把土地流转作为实现适度规模经营的唯一路径，而是鼓励多种形式、多种内容的规模经营，如联户经营、农民合作社经营、农业产业化龙头企业带动经营等。

（二）培育新型农业经营主体，解决“谁来种地”的问题

经营主体是生产力中最活跃的因素。改革开放以来，中国的农业经营主体已由改革初期相对同质性家庭经营农户占主导的格局向现阶段多类型经营主体并存的格局转变（黄祖辉、俞宁，2010）。发展现代农业需要新型农业生产经营主体。准确判断各类经营主体的利益关系，适时调整不适应生产力发展的生产关系，正确引导和合理扶持各类新型主体的健康发展，可以为农业和农村改革发展注入新的活力，扭转农业兼业化副业化、农民老龄化、农村空心化的趋势，推动工业化、城镇化、信息化和农业现代化协调发展。

近年来，随着工业化、城镇化的深入推进，农村劳动力大量转移就业，农业劳动力数量减少、素质结构性下降等问题日益突出。尤其是近几年，许多地方留乡务农的以妇女和中老年为主，小学及以下文化程度比重超过 50%。占农民工总量 60% 以上的新生代农民工不愿意回乡务农，[3] 我国农业微观经营主体发生着深刻变化，传统的家庭承包经营户的衰落让“谁来种地”成为一个重大而紧迫的课题。作为家庭经营的有力补充，新型农业经营主体受到广泛关注。加快培育新型农业经营主体，是我国实现从传统农业向现代农业转型跨越的必然要求，也是坚持和完善农村基本经营制度的重要举措。近年来，为了构建新型农业经营体系，稳定提高农业综合生产能力，确保国家粮食安全和重要农产品有效供给，中央开始着力培育新型经营主体。

2005 年中央一号文件提出支持农民专业合作组织发展，对专业合作组织及其所办加工、流通实

[1] 数据来源：农业部经管司. 农村土地承包经营权流转规范化管理和服务试点工作座谈会会议材料［R］. 2012-12-14.

[2] 资料来源：高峰. 江苏农业适度规模经营的实践与思考［J］. 江苏农村经济, 2012(7):60-62.

[3] 数据来源：韩长斌. 发展现代农业将着力培育新型农业经营主体［EB/OL］. 新华网, http://news.xinhuanet.com/politics/2012-12/21/c_114117135.htm, 2012-12-21.

体适当减免有关税费。2006年，中央一号文件开始从法律和制度着手，提出要加快立法进程，加大扶持力度，积极引导和支持农民发展各类专业合作经济组织。但这一阶段，中央的主要思路是让农民合作组织为农民提供生产服务，提高农户的产业化程度，让农民从产业化经营中得到更多的实惠。2007年，中央一号文件明确要求培育现代农业经营主体，积极发展种养专业大户、农民专业合作组织、龙头企业和集体经济组织等各类适应现代农业发展要求的经营主体。2008年，为了加快推进农业机械化、加强农业标准化，中央一号文件提出扶持发展农机大户、农机合作社和农机专业服务公司，而且要通过农业标准化示范项目，引导龙头企业、农民专业合作组织、科技示范户和种养大户率先实行标准化生产。十七届三中全会《决定》提出要培养新型农民合作组织，扶持农民专业合作社加快发展，“有条件的地方可以发展专业大户、家庭农场、农民专业合作社等规模经营主体”。针对《农民专业合作法》实施以来专业合作社蓬勃发展的实际情况，2009年中央一号文件着重强调要扶持农民专业合作社发展，从人员、财政、金融、登记等方面做出了具体安排，并要求开展示范社建设行动，在金融支持和国家项目扶持方面要向合作社倾斜。此外，2009年中央一号文件还要求加大对农机大户、种粮大户和农机服务组织的扶持力度，加快推进农业机械化。2010年中央一号文件提出，为了提高农业生产经营组织化程度，要推动家庭传统手工经营向采用先进科技和生产手段的方向转变，推动统一经营向发展农户联合与合作；要大力发展农民专业合作社，在政府补助、贷款担保和自办农产品加工企业方面给予照顾。文件还提出，新增农业补贴适当向种粮大户、农民专业合作社倾斜。2012年，为了进一步推动种粮大户、农民专业合作社等新型经营主体的发展，中央一号文件再次强调新增农业补贴向它们倾斜，并提出要加大对它们的信贷投放力度。与以前不同，2013年的中央一号文件在序言中特别指出，要在充分发挥农村基本经营制度优越性的基础上，着力构建新型农业经营体系。为了创新农业生产经营体制，提高农民组织化程度，文件要求尊重和保障农户生产经营的主体地位，培育和壮大新型农业生产经营组织。十七届三中全会《决定》中提出的家庭农场，在2013年一号文件中多次出现。中央将家庭农场作为与专业大户、农民合作社并列的一种新型经营主体来扶持，成为人们关注的焦点。此外，在2013年一号文件中，中央还首次提出要支持联户经营，并指出要像对待专业大户、家庭农场一样，创造良好的政策和法律环境，采取奖励补助等多种办法对其加以扶持。

从我们调研的情况看，当前我国新型农业经营主体至少包括专业农户、家庭农场、农民专业合作社、农业企业、专业服务组织等部分。专业农户是家庭劳动时间大部分用于农业中的某一产业，且收入占全部收入50%以上的纯农户。大体上又可分为两类，一是种植或者养殖规模较大，尤其是从事种植业生产的农户，流转了大量土地，形成了规模化种植。这类农户一般被称之为“专业大户”。第二类就是除了专业大户之外的其他专业农户，种植户一般没有流转或者流转较少土地，但专业化水平很高，如山东寿光的菜农、陕西富平的果农等；养殖户一般规模较小，如养猪户的养殖规模一般在50头左右，奶牛养殖规模一般在20头以下等，但专业化水平很高，其种植业也主要是为养殖业服务的。综合农业部门的各项数据，在1.67亿纯农户中，专业农户数量为一半左右。近年来，一些地方在专业大户发展的基础上，开始培育多种形式的家庭农场，实现农业经营的企业化、规模化、机械化和知识化，如农业部试点的吉林延边专业农场、上海松江家庭农场、湖北武汉家庭农场、浙江慈溪家庭农场等。按照我们的理解，家庭农场就是达到一定规模并到工商行政管理部门登记注册了的专业大户。具有家庭经营、适度规模、市场化经营、企业化管理和经营者知识化等显著特征。在上述两类主体中，如果说“新”，家庭农场是在政府引导下新出现的，属于新型经营主体。目前，国家工商总局（现国家市场监督管理总局）、农业部等部门也在积极准备创立家庭农场的登记制度，一旦实施，并辅之以优惠政策，具备条件的专业大户大都会注册为家庭农场，其数量会大量增加。可以预料，这一制度创新将会对我国的商品农产品供给提到基础性作用。

农民专业合作社指在农村家庭承包经营基础上，同类农产品的生产经营者或者同类农业生产经营服务的提供者、利用者，自愿联合、民主管理的互助性经济组织。作为现代农业的经营主体之一，专业合作社主要起到两方面的作用，一是以农户，尤其是专业农户为主要成员，为他们提供一定的产前、产中、产后服务，据农业部统计，95% 的合作社能够为成员提供有效的技术信息服务，成为连接小农户和大市场的有效载体。二是成为流转土地的重要主体之一。近年来土地流转的一个显著特点，就是农民专业合作社逐渐成为重要的流转主体，江苏、浙江等地还出台地方法规鼓励农民以土地入股专业合作社。2013 年中央一号文件提出："加大力度、加快步伐发展农民合作社，……鼓励农民兴办专业合作和股份合作等多元化、多类型合作社。"极大地拓宽了农民合作的领域和内容，使合作社真正成为集生产、销售、服务、融资、投资等功能为一体的综合性新型经营主体。

作为我国现代农业的重要主体，农业企业主要包括三大部分，一是农业产业化龙头企业，一般不直接从事第一产业的生产活动，而是以"龙头企业 + 农户"的形式为专业农户提供产前、产中、产后服务。应该说，自 20 世纪中期在全国范围内推行的农业产业化政策对提高农业现代化水平起到了极其重要的作用。二是农业科技企业，如从事种子、种苗生产的企业。三是规模较大的专业农户为了生产经营或贷款的方便而到工商部门注册的企业。这三类企业在界定或统计时会有一定的重合的部分，如部分较大的农业科技企业可能会被纳入农业产业化龙头企业的范畴。从调研情况看，农业企业既有直接从事农业生产的功能，又有采取"公司加农户"方式为农民服务的内容。

专业服务组织指在现代农业发展过程中出现的以为农业生产环节服务为核心内容的社会组织，有的以企业的形式出现，有的以合作社形式出现，有的则以个体或个体联合的形式为农民服务，最典型的如农机服务组织。一些地区出现的"抓猪队""抓鸡队""打枣队"等也属于这类组织。

截至 2015 年年底，全国有 50 亩以上的种植专业大户 276 万户、依法登记的农民专业合作社 150 多万个、农业龙头企业 12 万家。新型农业经营主体的涌现，不仅回答了农村劳动力大量转移后，"谁来种地"的问题，还强化了农民的组织化程度，并通过专业化、集约化和社会化提高了农业经营效益，增加了农民收入，稳定了农村生产。我国农业发展迈进了从传统农业向现代农业转型跨越的新阶段，农业生产经营方式开始了由传统小农生产向社会化大生产加快转变的新阶段。从目前情况看，我国从传统农户经营向新型农业生产经营主体经营的几种发展态势逐渐明朗：一是专业化的小规模农户和兼业农户可以组建农民合作社，可以由专业大户或家庭农场领办，也可以由其他农村能人领办，通过合作社为成员提供产前、产中、产后服务；二是传统农户中的小部分种粮能手或经营能人发展为专业大户、家庭农场，获得专业化、规模化、集约化生产经营的优势；三是既无法发展成为家庭农场，暂时也不愿意加入农民合作社的小规模农户，可以走联户经营的路子；四是不仅小规模农户、专业大户或者家庭农场，甚至规模不大的农民合作社，都可以和规模较大的农业产业化龙头企业相连接，通过龙头企业对接国内市场乃至国际大市场；五是近年来在各地出现的专业服务组织为小规模专业农户和兼业农户提供了大量专业化服务，在一定程度上解决了劳动力季节性供给不足等问题。具体分析可见本章第四部分。

当然，我国新型农业经营主体尚处于发展初期阶段，仍然面临诸多制约，培育速度需要提高，经营水平急需改善。针对新型经营主体发展面临的问题，必须通过深化农村改革，创新政策、体制和机制，进一步调整不适应生产力的生产关系，为新型经营主体的健康发展创造有利的政策和制度环境。

（三）加快农业社会化服务体系建设，解决统一经营不足的问题

农业社会化服务体系是农业现代化的重要标志，也是实现农业现代化的重要支撑。纵观发达国家的农业现代化，都是在家庭经营基础上通过健全的社会化服务体系实现的。我国目前有1.98亿农业经营户，户均土地规模不足半公顷，与世界上其他国家相比，属于超小规模经营，建立农业社会化服务体系尤为重要。一方面，由于农户生产经营规模小，生产标准化水平低，产品交易成本高，抵御市场风险和自然风险的能力较弱，虽然已经迅速发展起来276万个专业大户，但农业小生产与大市场的矛盾仍然相当严重，农户经常因市场变动或自然灾害而遭受重大损失；另一方面，由于小规模的分散生产经营，农户经常会遇到一家一户办不了、办不好、办起来不合算的事，特别是随着农村青壮年劳动力大量转移就业，这一问题更加突出。因此，走有中国特色农业现代化道路，必须解决如何在家庭经营的基础上建设现代农业问题。通过建立新型农业社会化服务体系，强化双层经营中"统"的职能，为两亿超小规模农户和几百万专业大户的农业生产经营提供便捷高效的服务，有利于推动传统农业向现代农业转变，有利于促进农村基本经营制度的稳定和完善。

早在1990年，中共中央、国务院在《关于一九九一年农业和农村工作的通知》中就首次提出了"农业社会化服务体系"的概念，并且将服务主体确定为"合作经济组织、国家经济技术部门和其他各种服务性经济实体"。1991年，《国务院关于加强农业社会化服务体系建设的通知》指出："农业社会化服务，是包括专业经济技术部门、乡村合作经济组织和社会其他方面为农、林、牧、副、渔各业发展所提供的服务。"进入21世纪以后，中央更加高度关注农业社会化服务体系建设。2003年党的十六届三中全会提出"健全农业社会化服务体系"，并对相关政策进行安排，使供给主体更加多样化。此后，每年的中央一号文件都对健全农业社会化服务体系做出部署。特别是2006年一号文件提出"培育农村新型社会化服务组织"的新思路，并且将服务内容拓展到法律和财务等领域。十七届三中全会《决定》指出，要在"统"的层次上"培育农民新型合作组织，发展各种农业社会化服务组织"，并重点强调"加快构建以公共服务机构为依托、合作经济组织为基础、龙头企业为骨干、其他社会力量为补充，公益性服务和经营性服务相结合、专项服务和综合服务相协调的新型农业社会化服务体系"。2012年一号文件再次强调培育和支持新型农业社会化服务组织，通过政府订购、定向委托、招投标等方式，扶持农民合作经济组织、工商企业等社会力量广泛参与农业产前、产中、产后服务。2013年一号文件强调，要"构建农业社会化服务新机制，大力培育发展多元服务主体"。

在中央和相关部委的大力推动下，我国各类农业社会化服务组织快速发展，农村的新型社会化服务体系逐渐建立，在农业生产经营的健康快速发展过程中的保障作用日益凸显。首先，政府公益性服务体系不断优化。农业部的数据显示，2011年农业社会化服务组织县均676个，农业服务业增加值县均2.29亿元。科技部的数据表明，自2002年以来，11.6万名科技特派员活跃在农村农业基层，覆盖全国1750个县（市、区）。[1]截至2012年7月，商务部"万村千乡市场工程"已在全国累计建设改造农家店约60万家，覆盖75%的行政村，初步形成了以城区店为龙头、乡镇店为骨干、

［1］数据来源：张来武.科技创业服务林业推动林业科技特派员科技创业深入发展［EB/OL］.国家林业局网站，http://www.forestry.gov.cn/portal/main/s/2264/content-338579.html，2010-1-22.

村级店为基础的农村市场网络。[1] 中央财政从2007年起设立“新网工程”中央财政专项资金，截止到2012年年底，负责这项工程的供销社全系统共扶持开展连锁经营和配送业务的法人企业5709家，配送中心10548个。其中农业生产资料连锁经营企业2118家，配送中心5311个；消费品连锁经营企业1297家，配送中心1882个，批发交易市场253个。2012年年底，全系统各类连锁配送网点91.3万个，其中县及县以下网点43万个。“新网工程”专项资金重点扶持了694个网络薄弱与空白县，已经初步形成了覆盖县、乡、村三级的经营服务网络。其次，社会经营性服务主体加快形成。受国家政策的推动，当前我国各类经营性社会服务主体大量涌现。截至2011年年底，我国各类产业化经营组织达到28.4万个，其中龙头企业11.1万家，辐射带动全国农户数达1.12亿户。[2] 截至2013年第一季度，我国农民专业合作社数量达到73.06万家，服务成员农户达到5400多万。[3] 此外，农村经纪人、基层农资供应商等为主体的个体形式市场性服务主体具有数量庞大、服务内容多样、服务经营形式灵活等特点，在当前的农业社会化服务体系中扮演着重要角色。

党的十七届三中全会和十八届三中全会为新时期农业社会化服务体系建设指明了方向，就是要按照建设现代农业的要求，建立覆盖全程、综合配套、便捷高效的服务体系，形成多层次、多形式、多主体、多样化的农业社会化服务格局。新型农业社会化服务体系的建立，将有利于强化农业双层经营中“统”的功能，为农民生产经营提供便捷高效的服务，把千家万户的分散生产经营变为相互联结、共同行动的合作生产、联合经营，实现小规模经营与大市场的有效对接，提高我国农业的整体素质和市场竞争力。具体地，我们可以从三个方面来建立新型农业社会化服务体系。

一是制度建设。要围绕十八届三中全会提出的“加快构建新型农业经营体系”和十七届三中全会指出的“加快构建以公共服务机构为依托、合作经济组织为基础、龙头企业为骨干、其他社会力量为补充，公益性服务和经营性服务相结合、专项服务和综合服务相协调的新型农业社会化服务体系”的要求展开，在农业技术推广服务、农业生产性服务、农村商品流通服务、农村金融服务、农村信息服务、农产品质量安全服务等方面进行制度优化，形成长效机制。

二是主体建设。就政府主体而言，要加强农业公共服务能力建设，创新管理体制，提高人员素质，在全国普遍健全乡镇或区域性农业技术推广、动植物疫病防控、农产品质量监管等公共服务机构，逐步建立村级服务站点。其中，县级技术推广机构的改革是建立新型农业社会化服务体系的重点之一。无论是农业公共服务能力建设、管理体制创新，还是乡镇农业服务机构健全、村级服务点建立、高素质农技推广人才队伍的培养，都需要在县级技术推广机构的指导下进行。同时，支持供销合作社、农民专业合作社、专业服务公司、专业技术协会、农民经纪人、龙头企业等提供多种形式的生产经营服务。此外，还要认识到扶持新型农业经营主体与建立新型农业社会化服务体系是“构建新型农业经营体系”的两个方面。新型农业经营主体的发展会促进农业社会化服务体系的配套；而农业社会化服务体系的配套反过来又会提高新型农业经营主体的建设水平，促进农业生产的集约化、专业化、组织化和（适度）规模化发展。

[1] 资料来源：房爱卿出席商务部市场体系建设工作会议并讲话［EB/OL］. 商务部网站, http://www.mofcom.gov.cn/aarticle/ae/ai/201207/20120708214686.html, 2012-7-5.

[2] 数据来源：董峻, 于文静. 农业产业化组织成为建设现代农业重要力量［EB/OL］. 新华网, http://news.xinhuanet.com/2012-11/25/c_113793884.htm, 2012-11-25.

[3] 数据来源：张凤云. 我国农民专业合作社逾73万进一步发展需解决八个制约因素［N］. 农民日报, 2013-5-27.

村级集体经济组织的发展也是农业社会化服务主体建设的重要内容。首先，加强农村集体经济组织（社区合作组织）的立法工作，依法享有法人地位，使其运转有法可依，解决生产经营行为受限制问题（郑有贵，2013）；其次，加快农村社区股份合作社改革的步伐，强化社区集体经济组织的合作性质，即“民办，民管，民受益”，调动广大农民的积极性；再次，出台相关政策，切实推进农村社区集体经济组织的发展；最后，明确社区集体经济组织的最主要职能就是为农民提供社会化服务。

三是市场建设。市场机制是除政府之外的优化农业社会化服务的重要力量。为此，一要开拓农村市场，推进农村流通现代化，加快农村日用消费品和农业生产资料连锁经营网络建设，建设以绿色农副产品物流交易中心为龙头的农副产品流通网络，充分发挥信息网络在农村流通现代化中的作用；二要健全农产品市场体系，完善农业信息收集和发布制度，发展农产品现代流通方式，减免运销环节收费，长期实行绿色通道政策，加快形成流通成本低、运行效率高的农产品营销网络；三要保障农用生产资料供应，整顿和规范农村市场秩序，严厉惩治坑农害农行为。

第 4 节　对几个重大问题的进一步讨论

自农村改革以来，针对农村土地所有制等重大问题的争论就一直没有停止过。这表明农村基本经营制度的稳定和完善已经引起了各方面的关注。对这些重大问题的研究，有利于厘清与基本经营制度相关的各种变量之间的关系，有利于深化对这一基本问题的认识。事实上，各种观点都是从不同角度、不同方面对农村基本经营制度的认识，不存在绝对意义上的对错之分。而且任何一种观点即使对于反方观点也都有一定启发。有的是在一个地区的实践经验，虽然由于条件不同无法移植到其他地区，但仍然具有一定的借鉴价值。限于篇幅，本节选取四个在理论或者实践上争论较大的问题进行讨论。

一、农村土地制度走向：国有，集体所有还是私有

土地制度作为农村基本经营制度的核心，事关农业生产发展、农村社会稳定和广大农民的利益，一直受到社会各界的高度关注。如前文所述，自 20 世纪 80 年代后期，家庭承包经营制度就开始暴露出由于过于分散而产生的一些弊端。从那时起，学界和政界就开始思忖、探索农地改革之良策。进入 21 世纪以来，随着现代农业的快速发展和城镇化的迅速推进，集体所有、家庭承包的弊端进一步显露，如何改革和完善农村土地制度已成为学术界争论的焦点。关于农村土地制度的争论，可以归结为是坚持完善集体所有制，还是进行国有永佃制或土地私有化改革的问题。

（一）是否要用国有永佃制替代集体所有制

关于国有永佃制的研究大致可以分为两个阶段。第一阶段是 20 世纪 80 年代中后期，粮食生产由 1984 年的高峰跌入 1985 年的低谷，随后农业发展出现了新的徘徊。学界对集体所有、家庭承包的农村土地制度开始反思。文迪波（1987）认为，农村土地集体所有制从来就没有真实地存在过，社会主义实践的发展已经达到了这样的程度，到了还农村土地国家所有制本来面目的时候了。安希伋（1988）则指出，在人民公社时期，农村土地确属集体所有，但人民公社解体以后，农民集体作为一个经济组织事实上已经不存在了，没有也不可能产生一个新的集体经济组织取代人民公社来充

当集体土地的所有权主体。因此，实行土地国有化、农民永佃制就成为一种现实可行的制度选择，而且这种选择在我国的经济、政治和社会生活中不会引发剧烈动荡。杨勋（1989）认为，由于土地资源的特殊重要性及其在我国的极端稀缺性，实行土地国有化才便于国家对土地资源的高效管理，而如果不建立永佃制，现行的农村土地承包制度的病疾就难以消除。陆学艺（2001）强调农村土地在集体化之前所有权、经营权都是农民的，采取“国有 + 永佃”的方式把土地还给农民，不仅可以减少村干部私自出卖集体土地导致农民利益受损，也有助于减缓一些农民为了多获得土地而过度生育的现象。可见，这一时期的观点主要农地集体所有缺乏明确的人格化代表，即所有权主体缺位，没有主体的所有权不能实现产权的排他性，不仅会导致农业的低效率，还会造成其他利益主体如各级政府、村干部等对农民利益的侵占，因此，绕开农地所有制，而仅对农地使用权进行改革无法解决问题。

第二阶段是党的十七届三中全会前后，随着新时期农业现代化的发展，我国农业、农村出现了一些新情况、新问题，各地开始了新一轮土地制度改革的尝试，关于国有永佃制的讨论也逐渐升温。张鹏等（2007）把永佃制分为两种形式，一是把集体所有土地进行国有化以后的永佃制，二是集体土地所有制下的永佃制，认为永佃制具有很多优点，应该作为土地制度创新的方向。李维庆（2007）认为这一土地制度不仅有利于明晰和稳定农地产权，推动土地的自由流转，有利于国家对土地资源的统一规划和管理，提高农村土地的利用效率，而且“永佃权”作为用益物权的一种，带有私产的性质，因而具有更强的抗第三方侵犯的法律意义，从而可以更好地保护农民的土地权益。董栓成（2008）运用了委托—代理模型对国有永佃制进行了理论分析，认为一旦拥有土地的“永佃权”，农民就会改变当前的消费和积累模式，从而有更高的积极性增加对土地的投入、维护土地肥力，因此永佃制优于家庭承包制，并进而提出中国土地制度改革可以分两步走：第一步，家庭承包→国有永佃制（半自耕农占有制）；第二步，国有永佃制（半自耕农占有制）→家庭经营农场主。可见，这一时期的研究认为，国有永佃制不仅能够更好地保障农户的权益，促进土地流转，还能诱使农户增加土地投入，改善土地肥力，并且推行的社会成本和经济成本都较小，为下一步持续改革提供可能，是替代集体所有制的理想制度。

不过，从中国农业发展的实践来看，当前进行国有永佃制改革的必要性值得怀疑。在农村土地集体所有制下，近几年我国粮食产量连年增加，农民生活水平持续改善，土地流转和农地规模化经营程度显著提高，都表明农村土地的集体所有、家庭承包经营依然适应农业和农村发展的需要，农地流转和规模经营也未必一定要农户拥有“永佃权”。何况，党的十七届三中全会已经作出“现有土地承包关系要保持稳定并长久不变”的决策。家庭承包集体的土地，获得的土地承包经营权，已经受《物权法》保护，享有管理、占有、使用和收益的用益物权，无须再借助永佃制的形式。至于农村土地国有化可以提高土地资源利用效率的观点，则带有明显的计划经济色彩。从实际情况来看，为了推动城市化，地方政府强行征用征收农村土地的事件时有发生，已经引起很多社会问题，如果将农村土地的所有权划归国家，可能会强化地方政府的强行征收行为。认为国有永佃制能够改变农民的消费和积累模式、增加对土地的投入等，则过于牵强，而从家庭承包经过国有永佃制走向家庭经营农场主的发展路径，也没有必要。实际上，1984 年中央一号文件出台前，中央和一些农业主管部门在讨论承包期限时，也曾经有过土地国有的主张，不搞集体所有，但多数不赞成，“因为国有最终也要落实到谁管理，在苏联，虽然说是国有，后来是集体农庄长期使用。实际上集体所有代替国有，但集体所有，未明确这个‘集体’到底是谁”。[1]我国的集体所有是明确的。从十七届三中全会《决定》和2013年中央一号文件对家庭农场的制度安排即可看出，在集体所有制下，随着农村劳动力的持续转移，家庭承包可以通过土地流转、土地自愿有偿退出等方式，直接向家庭农场迈进，无须以永佃制作为过渡。

（二）是否应以土地私有制取代集体所有制

文贯中（2006）认为，土地私有化是人类经历长期探索与实践而得出的具有普适性的结论，狭小的地球之所以能够容纳日益增多的人口正是由于土地的私有制，世界上没有哪个国家是在土地公有制之下富有起来的。对于一些国家来讲，土地私有化的结果不会比现在更糟，只有实行农地私有化，将土地所有权交给农民，才符合经济学逻辑，才能避免爆发农民革命（陈志武，2005；张曙光，2008）。而土地的所有权是土地有效使用的前提，所有权清晰可以保证土地自由流动和组合，实现本身价值和国民生产总值两者的极大化（茅于轼，2011）。农村土地私有化能够让农民获得更多土地收益而变得更富裕，能够让农民卖掉土地带着资产进城，有利于农民的利益。在集体所有制基础上创新农地产权制度，不仅无法提高农村土地使用的经济效率，反而会进一步复杂化产权结构，导致交易成本增加，甚至造成制度的锁定效应，给日后农地制度改革带来更大的阻力。而私有化不仅可以提高农地产权的长期稳定性，增加农地产权的流动性，促进农村劳动力在城乡之间更有效率的配置，还可以为农民提供更为有效的社会保障，因此，农地私有可能是加快城市化进程的最佳改革方案（蔡继明，2009；蔡继明，2007）。

土地私有化的观点受到了广泛的质疑和批评。钟水映和李春香（2012）给出了我国不能进行土地私有化的理由：现实国情决定了土地私有化无法保证耕者有其田，可能会造成新的两极分化，严重损害农民利益；土地私有化不利于保障国家粮食安全，也不可能让大部分农民通过卖地致富；土地私有化会使中国农民丧失最后一条保障线，为城市贫民窟的形成提供条件，等等。也有学者指出，农地私有化的主张，在学理上缺乏坚实的理论基础支持，在实践操作上是一个经济、社会和政治成本极高的路径选择，而且国际经验表明，土地“私有化 + 市场化”并不必然导致土地规模经营，也不是发展中国家的灵丹妙药，人口过亿的大型发展中国家的经验已经表明，土地私有化会导致耕者无其田和城市贫民窟化，并由此造成社会动乱，与我国的新农村建设思路背道而驰（温铁军，2009）。而我国农村土地的集体所有制，不仅在基础设施建设和村庄内部公共服务方面具有优势，还有利于强化村民自治，保证了耕者有其田、居者有其屋，并为新农村的建设规划、农业的专业化经营提供了制度基础，因此应该“慎言农村土地私有化”（李昌平，2003）。

我们认为，当前的农村土地制度是适合中国实际情况的，虽然一家一户的小规模耕作不能满足现代农业发展的需要，但这个问题可以借助土地流转和新型经营主体的规模经营来解决，而没有必要进行国有永佃制或者土地私有化改革。从现实中看，土地集体所有制尽管还需要进一步完善，但其优点还是十分明显的，那就是确保农民不会失去土地的所有权，不会成为无地农民。否则，在2.6亿农民工（并且还以每年1000万人的速度递增）中，只要有一个较小的比例因失地和失业的双重打击而成为城市贫民，就会对社会稳定带来不可估量的影响，甚至会毁掉改革的成就。改革开放以来，我国在流动人口数量连年递增的情况下能够保持社会基本稳定，农村土地制度功不可没。近年来，

[1] 资料来源：杜润生. 杜润生自述：中国农村体制变革重大决策纪实［M］. 北京：人民出版社, 2005: 156.

随着农村基本经营制度完善和农村经营体制机制的创新，粮食产量实现“十二连增”、农民增收实现“十二连快”，以及专业大户、家庭农场、农民合作社等新兴农业经营主体的迅速形成，都表明了现有的农村土地制度仍然具有强大的生命力。当然，无论是永佃制思路，还是私有化思路，其中所蕴含的进一步明晰农村土地产权的政策含义还是十分可贵的。

二、农村宅基地置换与农民市民化

近年来，农村和城市的用地矛盾日益突出。一方面是农民市民化障碍重重与农村宅基地大量闲置并存，另一方面是城市土地飞速升值、城市建设用地严重不足，因此，如何通过城乡土地统筹利用，系统解决农民失地、农民工社会保障和城市建设用地不足等问题受到一些地方政府的重视。在土地增减挂钩的思路下，不少地区开始从农村宅基地、农村建设用地上找出路，进行自然村撤并、村庄整理、集中居住，把整理出的农村宅基地、建设用地，置换为城镇建设用地，以减少农村建设用地为前提增加城镇建设用地，然后通过“两分两换”“地票”制度等方式推动农村城镇化。

（一）重庆的“地票”交易制度

2008 年，重庆市首创了“地票”制度，将农村宅基地与城市建设用地联系起来。所谓“地票”，指包括农村宅基地及其附属设施用地、乡镇企业用地、农村公共设施和农村公益事业用地等农村集体建设用地，经过复垦并经土地管理部门严格验收后产生的指标。“地票”以票据的形式通过重庆农村土地交易所在全市范围内公开拍卖。重庆“地票”交易有四个环节：一是复垦。将闲置的农村宅基地及其附属设施用地、乡镇企业用地、农村公共设施和公益事业用地等农村集体建设用地，进行专业复垦为耕地。二是验收。经土地管理部门严格验收后，腾出的建设用地指标，由市土地行政主管部门向土地使用权人发给相应面积的地票。三是交易。“地票”在重庆市农村土地交易所开展交易。所有法人和具有独立民事能力的自然人，均可通过公开竞价购买“地票”。四是使用。在城镇使用时，可以纳入新增建设用地计划，增加等量城镇建设用地。征为国有土地后，通过“招、拍、挂”等法定程序，取得城市土地使用权。[1] 由于退出收益明显，农民进行宅基地复垦、参与“地票”交易的热情很高。截至 2015 年年底，重庆农村土地交易所累计成交“地票”17.29 万亩（其中 11.7 万亩已投放市场），成交价款 345.66 亿元，亩均价格达 20 万元，惠及农户超过 20 万户。

重庆“地票”制度的推行，一是可以增加城市发展用地规模，在建设用地计划指标之外拓宽城市用地渠道，增加城市建设用地总量。二是降低拆迁成本，减少拆迁矛盾。实行“地票”制度，可以在远郊区县偏远地区拆迁农民住房，在近郊区县用地置换为建设用地，实现宅基地的增值。三是增加农民收入，增加农村建设资金。通过“地票”交易获得的资金，一部分用于直接补偿农民，村集体组织也可以得到一部分资金用于农村基础设施建设和农村社会保障体系建设（张云华，2011）。从长期看，“地票”制度有助于实现城乡建设性用地综合平衡，能够为城市发展和新型城镇化提供建设用地，而且也有利于解决因建设用地稀缺而导致房地产价格畸形高涨的问题。

但是，政府在“地票”交易中既是卖方又是买方，其行为缺乏透明性，寻租空间大，而且“地票”交易背后的收益分配不明晰，对农民的权益保护不力，因而受到多方质疑。重庆 2010 年曾经明文规定，“地票”交易后农户所得每亩不低于 9.6 万元、集体经济组织每亩所得不低于 1.7 万元。

---

［1］ 资料来源：邓力. 重庆开始农村土地“地票”交易［J］. 村委主任, 2009(8): 28-29.

2011 年“地票”交易每亩成交价格多在 20 多万元，扣除相关成本农户所得应该不止 9.6 万元每亩。然而，重庆农村土地交易所对于每桩“地票”成交的实际价格并未及时公布，给予农户放弃宅基地的补偿可能过低。“地票”交易过程中信息不对称、不透明，农民并没有作为主体直接参与到“地票”交易，并不清楚“地票”交易的情况，而且动辄几百亩、上千亩的大额“地票”，也有为重庆市参与“地票”交易的国企量身定做之嫌（周远征，2011）。正因如此，在很长一段时间，重庆农民参与“地票”交易的似乎热情并不高。截至 2011 年 11 月底，重庆全市累计转户 76.72 万户转为城镇户口，但申请退出宅基地及附属设施用地的仅 3.04 万户，占比不到 4%（杨仕省、高咏梅，2012）。

（二）浙江嘉兴的“两分两换”模式

与重庆以“地票”为媒介，直接向放弃宅基地的农户支付资金不同，浙江嘉兴市的“两分两换”不仅考虑了农民的宅基地，还对农民的土地承包经营权进行了统筹安排，在推动农民放弃宅基地成为城镇居民的同时，试图解决农民进城后的社会保障问题。2008 年，嘉兴市抓住浙江省统筹城乡综合配套改革试点地区的机遇，提出了“两分两换”改革试点工作。所谓的“两分两换”，是指宅基地和承包地分开、搬迁与土地流转分开，以宅基地置换城镇房产、以土地承包经营权置换社会保障。在该市南湖区七星镇等 9 个镇进行试点，涉及区域总面积 255.3 平方公里，3.71 万户农户、13.7 万人。在推进“两分两换”时，嘉兴市采取了以下具体做法：对放弃宅基地的农户主要采用补偿农村宅基地置换公寓房和补助农户异地集中自建公寓房两种方式；试点镇政府成立投资公司，构筑融资平台，从银行借入巨额资金作为“两分两换”的先行投入，用于宅基地复垦、农户房屋拆迁、集中安置公寓房建设、奖励和补助放弃宅基地的农户等；宅基地置换房产后，政府通过城乡建设用地“增减挂钩”把新增的土地集中划拨出来，用于城市房地产、商业地产开发和工业建设用地，再把新增土地的部分出让收益填补农村宅基地复垦、新社区开发建设的各项费用（扈映、米红，2010）。

嘉兴市宅基地“两分两换”包括置换和增值两个过程，通过置换，腾退农村宅基地，新增了大量城市和工商业建设用地；通过利用金融、土地市场，实现置换土地的增值（张云华，2011）。从嘉兴市的经验来看，“两分两换”对推进城镇化、推动区域经济发展、实现农业规模集约经营具有重要作用。首先，在国家对建设用地严格控制的调价下，通过内部挖潜获，腾出大量农村宅基地，新增了大量城市和工商业建设用地，获得了城镇化所急需的土地指标，这正是“两分两换”的实质所在。其次，增减挂钩获得的城市建设用地可以为地方政府带来巨额的土地出让收益，有利于缓解因事权和财权不匹配而产生的地方政府的财政压力。再次，遏制了村庄“空心化”的态势，节约了农村建设用地，避免了更多的耕地被占用，提高了农地的规模集约经营程度。最后，部分农民增加了财产性收入，加快了新农村建设和农民的市民化、农村的城镇化进程。正因如此，继浙江嘉兴市之后，广东佛山市等地开始“两分两换”试点，“宅基地换房”成为一些地区推进城乡一体化的主要做法。

但是，对嘉兴市等地的调查发现，“两分两换”也普遍存在一些问题。一是农民宅基地的用益物权受到侵犯。根据《物权法》，农民对宅基地享有占有、使用和收益的用益物权。但在“宅基地换房”的过程中，一些集体和地方政府以宅基地的所有权归集体为名，劝说农民交出宅基地使用权，不仅无视农民宅基地的用益物权，还剥离了农民与农村其他集体建设用地的关系。二是农民庭院收入减少，上楼后生活费用增加。宅基地换房之后，对农民的生产收入和生活成本都会产生较大影响。在农村，农民的宅基地和房屋不仅是生活场所，也是生产场所，农民可以利用庭院养殖家禽家畜、种瓜种菜，这些产品可卖可吃，为生活提供补贴。而一旦进城上楼，这些来源就都没有了，收入也就少了。而且农民上楼后，物业管理费、水电费、燃气费、垃圾处理费等会增加。三是不利于耕地质量保护。宅基地及附属设施用地等复垦之后，质量远不如耕地，短期内甚至无法耕种。而工业和住宅建设用地又往往会占用城市周边的良田。即便实现了数量上的土地占补平衡，也难以实现恢复原有耕地的生产能力。更有甚者，一些地方的“复垦”实际上是玩数字游戏，根本达不到上报或公布的数字。有些只有部分村民上楼的村庄复垦的可能性很低，有的根本没有复垦。

总之，作为地方政府由上而下推动的土地流转创新模式，“两分两换”和地票制度都能够给新型城镇化、农业现代化提供一定的活力。但是，过快地让农民完全放弃土地成为市民，尤其是一些地方打着新农村建设的旗号强行把农民与土地分离，有可能会形成大量的城市低收入群体甚至城市无业流民，给我国城镇化的健康发展造成隐患。一旦爆发经济危机，这种潜在风险有可能显现出来。可以想象，如果农村没有宅基地、农民没有耕地，2008 年金融危机后爆发的 2000 万农民工返乡将会给中国经济社会带来巨大的不稳定因素。此外，类似的探索会使农村土地非农化的“后门”洞开，极易使十八亿亩耕地的“红线”成为“虚线”。我国的特殊国情告诉我们，对于像土地这种极其特殊的高稀缺物品，单纯追求其价值（体现在非农化方面），而不是追求其使用价值（表现为产出物，即农产品），不仅对子孙后代不负责任，对于当代人也是不负责任的。我们在调研中还发现，一些并不十分富裕的地区动员少数相对富裕但并没有脱离农业的农民上楼，在高楼下还为每户建造了猪圈和鸡舍，上楼的农民不仅生活费用大大增加，农业生产劳动也极为不便。可见，“两分两换”和“地票”交易等制度创新，暂时不适合“一刀切”地在更大的范围内推行。

三、农业现代化与规模经营

在家庭经营的基础上能否实现农业现代化？这是自农村改革之初就激烈争论的重大问题之一。1980 年中央 75 号文件强调：“集体经济是我国农业向现代化前进的不可动摇的基础。它具有个体经济所不能比拟的优越性……在我国条件下，不能设想可以在一家一户的小农经济的基础上，建立起现代化的农业，可以实现较高的劳动生产率和商品率，可以使农村根本摆脱贫困和达到共同富裕。”代表了相当一部分传统意识形态坚守者的观点，并且在 20 世纪 80 年代后期农业发展进入低谷时一度甚嚣尘上。为此，1998 年召开的党的十五届三中全会郑重指出：“实行家庭承包经营，符合生产关系要适应生产力发展要求的规律……这种经营方式，不仅适应以手工劳动为主的传统农业，也能适应采用先进科学技术和生产手段的现代农业，具有广泛的适应性和旺盛的生命力，必须长期坚持。”这一判断，成为十五届三中全会的重大理论贡献之一。这次全会还指出：“农村出现的产业化经营，不受部门、地区和所有制的限制，把农产品的生产、加工、销售等环节连成一体，形成有机结合、相互促进的组织形式和经营机制。这样做，不动摇家庭经营的基础，不侵犯农民的财产权益，能够有效解决千家万户的农民进入市场、运用现代科技和扩大经营规模等问题，提高农业经济效益和市场化程度，是我国农业逐步走向现代化的现实途径之一。”“发展农业产业化经营，关键是培育具有市场开拓能力、能进行农产品深度加工、为农民提供服务和带动农户发展商品生产的‘龙头企业’。”事实上，正是由于 20 世纪 90 年代初期开始实施的农业产业化政策，才使我国农业区域化布局、专业化生产的格局基本形成并正在主要农产品供给上发挥着重大作用。

进入新世纪以后，农业农村发展出现了一些新的特点，其中之一就是农业组织化进程加快，“公司 + 农户”“公司 + 合作社 + 农户”“产业协会 + 合作社 + 农户”等多种农业经营方式并存，家庭经营、合作社经营与企业经营高度融合，农业纵向一体化进程加速。受组织化程度的推动，我国的农业经营规模化程度也明显提高。除了前文所述种植业规模在不断扩大，养殖业也呈现出相同的趋势。以生猪养殖为例，2009 年年出栏 50 头以上养殖户（场）比重已占全国总规模的 60% 以上。[1] 如前所述，我们估计在 1.67 亿纯农户中专业农户为一半左右，剩下的一半为兼业化农户。专业化农户又可以进一步划分为超小规模农户和规模化农户。前者主要指经营自己承包的土地，有的甚至连自己的承包地都经营不了，仅仅经营其中的一部分，其余部分还要流转给别的经营主体。如山东寿光的专业菜农，一对夫妇只能经营一个大棚，占地约 2 亩，其余的承包地一般都要出租给种苗企业等经营主体。后者指较大规模的农户，在养殖业指那些养殖规模较大的农户，在种植业指那些通过流转土地形成的专业大户。应该说，两者都是我国现代农业的主体、商品农产品供给的主体。

在专业化的基础上发展较大规模的专业大户或者家庭农场，实现规模经营，或者在专业农户的基础上形成农民合作社，或者由专业农户直接和龙头企业对接形成利益联合体，是 21 世纪以来我国农业发展的最显著特点。仅就种植业而言，尽管各地在规模经营的面积界定、规模经营的发展速度方面存在差异，但在适度规模经营的实现形式上，却具有很高的相似性。近年来的土地流转，为各类新型农业经营主体的形成和发展创造了良好的条件。据统计，截至 2016 年年底，全国家庭承包耕地流转面积 4.79 亿亩，比 2015 年年底 (下同) 增长 7.3%。自 2014 年起，全国家庭承包耕地流转增速出现回落，2014—2016 年，增速同比分别下降 4.2、7.5、3.5 个百分点。流转面积占家庭承包经营耕地面积的 35.1%，提高 1.8 个百分点。流转出承包耕地的农户达 6788.9 万户，占家庭承包农户数的 29.7%，上升 2.2 个百分点。依据土地转出农户对土地承包经营权的转让程度，我们把规模经营的实现形式分为土地租赁型、农户合作型和统一服务型等三种类型。

（一）土地租赁型规模经营

土地租赁型规模经营是指通过转包、出租、互换、转让等形式流转土地，使土地向专业大户、家庭农场和工商企业等规模经营主体集中，扩大农业经营规模。目前专业大户和工商企业是土地租赁型规模经营的主要力量。在吉林省延边市、上海市松江区、湖北省武汉市、浙江省慈溪市等一些试点地区，由专业大户转化而来的家庭农场蓬勃发展，成为现代农业的主导力量。有的地方鼓励工商企业流转土地，对当地农业发展和技术创新起到了明显的推动作用。

专业大户或家庭农场。一般说来，当某一产业收入占 50% 以上的农户，流转了别人的土地达到一定规模，或者养殖业达到一定规模，就是专业大户。由于种植非粮作物难以实现机械化，劳动力投入成本过高，因此在粮食主产区流转土地规模较大的专业大户都以种粮为主，即种粮大户。这些种粮大户的经营规模大多为数百亩甚至数千亩，特别是在一些劳动力输出大省，种粮大户流转土地的比例很高。这些人一般是种田能手、村干部、返乡农民工等，通过租赁承包等形式使土地集中连片，实现适度规模经营。这类经营模式是当前农地规模经营的主要形式之一，是发展现代农业的最重要力量，对节约种粮成本，提高粮食产量，稳定国家粮食安全等方面都具有十分重要的作用（陈洁、罗丹，2012）。通过发展专业大户实现规模经营，并辅以一定政策支持，不仅有利于保障粮食生产，而且由于大户对一般农户有带动示范作用，也有利于促进农业科技推广和提高农业生产率。调查发现，由于农业生产的自然风险和市场风险均较大，专业大户经营收益的稳定性很难保证，不是所有的经营大户都能获得预期高收益。

[1] 数据来源：刘明国. 我国农业发展进入新阶段［J］. 宏观经济研究, 2010(3): 38-41+52.

按照我们的理解，家庭农场就是达到一定规模并到工商行政管理部门登记注册了的专业大户。从我们调查的情况看，家庭农场具有家庭经营、适度规模、市场化经营、企业化管理和经营者知识化等五个显著特征。①家庭经营。家庭农场是在农业家庭承包经营基础上发展起来的，它保留了家庭承包经营的传统优势，又吸纳了现代农业的优点，它是所有者、劳动者和经营者的统一体。因此，家庭农场是完善家庭承包经营的有效途径，是对农村基本经营制度的发展和完善。②适度规模。家庭农场必须具有一定规模才能达到注册的标准，才能够融合现代农业生产要素，具备产业化经营的特征。同时，由于家庭仍旧是经营主体，受资源动员能力和经营管理能力的限制，这就使得经营规模必须处在可控的范围内，不能太少也不能太多，应因地制宜，采取不同的标准。③市场化经营。成立家庭农场的目的是谋求更大的经济利益，针对市场需求，依托当地的自然资源条件，采用新技术和新设备，生产较高附加值和高收益的优质农产品。家庭农场区别于小规模农户的根本特征，就是以完全市场交换为目的，进行专业化的商品生产，而非满足自身需求。④企业化管理。相对于普通农户，家庭农场更加注重农业标准化生产，更加注重吸收现代企业经营管理的方法和经验，重视农产品认证和品牌营销理念。在市场化条件下，为了降低风险和提高农产品的市场竞争力，家庭农场更注重搜集市场供求信息和建立农产品营销体系。⑤经营者知识化。由于家庭农场具有相当的赢利能力，能够吸引返乡创业的农民工甚至大学生作为一条重要的就业途经，这些新兴农业经营者文化水平较高、经营观念较新，其发展方向就是现代农业，并且对改变目前“老人农业”的现状也带来了一线曙光。2007 年中央一号文件对现代农业的特征概括如下：“用现代物质条件装备农业，用现代科学技术改造农业，用现代产业体系提升农业，用现代经营形式推进农业，用现代发展理念引领农业，用培养新型农民发展农业。”我们认为，家庭农场完全符合现代农业的要求，将会成为我国发展现代农业的重要形式。家庭农场的发展既符合农村基本经营制度对“家庭经营”的要求，又能够有效解决这一制度下农户规模小、土地过于细碎化的天然缺陷，因而具有长久的生命力。

从实践中看，在吉林延边等农业部门试点地区，专业大户可以到工商局注册为家庭农场。二者的区别就在于是否注册。注册之后，家庭农场就成为具有法人资格的经营主体。在家庭农场登记方法方面，一些地方探索建立了农业行政部门认定许可、工商行政部门按个体经营户登记的方法，但大部分地方还未进行家庭农场登记。全国范围内的家庭农场仅 700 多家，具有很好的发展潜力和发展前景。但我们在调研中也发现，由于农业产业的固有特征，家庭农场所面临的风险远大于一般专业农户。我们在调研中发现，2011 年，吉林省延边市的部分家庭农场分别种植了几千亩玉米，均因在收获季节连续下雨收割机无法操作而基本颗粒无收，损失惨重。为了促进家庭农场的发展，吉林省延边市政府专门设计了一套针对家庭农场的政策体系，[1] 包括：①设立家庭农场贷款。家庭农场持乡（镇）农村经管部门鉴证的 10 年以上的土地流转合同到指定银行贷款。在 2011—2014 年试点期内，对经营水田、蔬菜和经济作物 50 公顷以上、旱田 100 公顷以上家庭农场贷款利息由政府补贴 60%（州和县市各 30%）根据家庭农场土地经营面积大的情况，对水田、蔬菜和经济作物种植面积 50 公顷以上、旱田 100 公顷以上家庭农场，在原一次性 3 台套农机具购置补贴标准基础上，扩大到可以一次性享受 5 台套农机具购置补贴。②设计实施家庭农场农作物保险。根据家庭农场较一般农户农业生产物化成本高的特点，将专业农场纳入政策性与商业性相结合的农业保险范围，提高保费标准和理赔额。保费增加部分由州财政、县（市）财政、专业农场按 1 ∶ 1 ∶ 1 的比例承担。③加

[1] 吉林省延边市称为“专业农场”，但其中96%为家庭农场，为了论述的方便，我们统称为家庭农场。

大资金支持力度。捆绑使用政策性支农资金，采取以奖代补、项目扶持等形式，重点向家庭农场倾斜。注册登记的家庭农场在初创期，经营水田、蔬菜和经济作物 50 公顷以上、旱田 100 公顷以上，可获得不低于 20 万元的支农扶持资金；经营水田 50 公顷以下、旱田 100 公顷以下的，可获得不低于 10 万元的支农扶持资金，等等。可见，作为一项影响深远的制度创新，必然要产生制度费用，而设计出一套费用分摊机制，是保证制度运行和成功的先决条件。

工商企业。进入农村流转土地的工商企业主要有三种类型，一是种子种苗企业，这类企业在育种或育苗时一定需要土地，但流转的面积都不大，一般为几亩到几十亩。二是较大型的农业产业化龙头企业，一般从事农产品加工或销售，为了提高原料质量、稳定原料渠道而流转大量土地，少数直接从事农产品生产活动，大多则采取反租倒包的形式。三是以前与农业没有任何关联的企业，近来也看好农业的盈利水平，纷纷涉足农业，如联想集团等。与种粮大户的土地流转合同相比，工商企业签署的合同期限一般较长、面积较大，并且签署的主体一般是乡镇政府或村集体组织。与一般观点工商企业流转土地容易导致土地的非粮化不同，我们调查的结果则是，在粮食主产区，流转土地的工商企业往往是粮食加工业，一般种植粮食作物，其目的往往是提供充足而高品质的原料农产品。虽然中央多次提出，不鼓励工商资本长时间大规模直接参与农业经营（陈锡文，2010）。但工商企业参与土地流转和农地规模经营，能够大幅度提高农地流转的价格，甚至为地方带来可观的财政收入，因此受到了农户和地方政府的欢迎，在一些地区发展较快。关于工商企业进入农村流转土地问题，下文将详细分析，这里不再赘述。

（二）农户合作型规模经营

引导农民将土地流转给合作社经营，是完善农村土地流转方式的一种创新，有利于土地资源的优化整合和农业产业化发展，有利于保障农民长期而稳定的收益，也有利于加快农民的非农化转移和农村城镇化进程。据统计，截至 2011 年年底，江苏省农业适度规模经营面积达 3295 万亩，其中 65% 以上由合作社直接经营或提供服务；安徽省耕地流转面积 1100 万亩，由合作社直接或间接流转的约占 40%；宁夏回族自治区流转土地面积达到 15 万亩，其中，流转到合作社面积同比增长了 87%；内蒙古自治区土地流转入合作社的面积为 79.4 万亩，比“十一五”期末增长了 46.8%；重庆市重点探索“股权单一、要素合作和股份混合”等模式，发展了以农村土地承包经营权入股的合作社 273 个，统一经营土地 53.8 万亩。

当前，通过合作社进行土地流转一般有三种形式：一是农民专业合作社流转农户土地进行规模经营，实践中比较常见的是许多农机专业合作社通过成片流转土地进行大规模的农业生产。二是通过成立土地股份合作社（或土地流转合作社）流转农民土地。大体上可以分为两种类型：①村集体牵头成立土地股份合作社，经过土地整理后转租，在土地流转中发挥中介作用，实际上是村集体组织发挥“统”的职能的体现。很多县政府或者乡镇政府会对土地流转达到一定规模的村下拨数千甚至数万元的工作经费作为奖励，这也是村级组织积极推进土地流转的重要动力。此外，分散的土地经整理后一般能多出 5%~10%，同样是村集体的一笔重要收入。②村集体或农户成立土地股份合作社自己经营。如安徽省肥西县三河镇木兰村成立“土地流转合作社”，500 多农户参与流转土地 2100 多亩，一开始合作社仅仅充当流转中介，后来逐渐组织本村的剩余劳动力自己经营。这样既增加了入股农民的分红数额，又增加了村集体的收入。四川省成都市的兄弟农业种植专业合作社是农户以合作社形式流转土地的例子。该合作社流转周边农户土地 900 余亩，现有 5 位成员，农忙时把转出土地的农民吸收进来做帮工，主要经营反季节蔬菜等高价值农产品，每年可实现产值500万元以上。另外，也有先组建农民专业合作社后再鼓励农民以土地入股的，这种类型的运作方式类似于土地股份合作社。三是以村为单位，成立合作农场进行统一经营。与仅以土地入股的土地股份合作社不同，合作农场的入股要素，除了土地外，还可以是资金等其他要素。例如，江苏太仓加入合作农场的农户，土地入股合作社每年可拿租金，资金入股合作社每年可取股金，劳动力加入合作社每月可领薪金。在太仓东林村，以往由700多家农户、1000多农民耕作的土地在成立合作农场后变成了现代化高效农业产地，仅仅需要18名农场职工，他们也成了职业农民。

在农村青壮年劳动力日益减少的情况下，为了节约劳动力和获得农业机械规模经营产生的效益，合作社以多种方式推动规模经营。合作社作为"生产在家、服务在社"的农民联合性经营组织，在进行土地整理、实现土地连片后，或者自己从事农业生产，成为规模经营的新型主体，或者将土地连片出租给其他经营主体，推动规模经营的形成。合作社的规模经营，一般立足于本地的优势和传统产业，较少改变原有的种植结构。虽然有些合作社可能会在土地整理和连片之后，为了追求更高的经营收入而把合作社的部分土地出租给其他经营主体，但相对于土地平整、兴修水利等基础设施之前，使用现代机械化进行连片耕作更加容易，土地生产率水平也会得到明显提高。

理论界一般认为，合作社是农民自己的组织，因而以土地入股合作社不会使农民失去土地。相关法律和政策也是按照这一逻辑推进的。如2002年通过的《农村土地承包法》第四十二条规定："承包方之间为发展农业经济，可以自愿联合将土地承包经营权入股，从事农业合作生产。"[1]十七届三中全会《决定》也指出："允许农民以转包、出租、互换、转让、股份合作等形式流转土地承包经营权，发展多种形式的适度规模经营。有条件的地方可以发展专业大户、家庭农场、农民专业合作社等规模经营主体。"除了中央的一些政策外，一些地方也先后制定了相关的条例和办法，鼓励农民以土地入股合作社。《江苏省农民专业合作社条例》（2009年通过）第十二条规定："农民可以以承包地的经营权作为主要出资方式，设立相应的农民专业合作社（以下称农地股份合作社），增加土地承包经营权收益，分享农业适度规模经营效益。"浙江省于2009年出台了《浙江省农村土地承包经营权作价出资农民专业合作社登记暂行办法》，规定"以家庭承包或通过招标、拍卖、公开协商等其他方式承包农村土地，经依法登记取得农村土地承包经营权证的，其农村土地承包经营权均可以依法向农民专业合作社作价出资"（第三条）。很多省级法规都有类似的规定，都鼓励农民以土地入股合作社。问题在于，包括农民专业合作社在内的各类合作社都是自负盈亏的独立市场主体，都存在着亏损、破产、倒闭的可能性，从而入股农民都有失去土地承包经营权的风险。但是，土地承包经营权是农民作为农村集体成员的身份而获得的，不是本集体组织的成员不具有承包本集体组织土地的权利（通过招标、拍卖等方式除外），因此，农民入股的合作社即使破产也无法以土地承包经营权赔偿给集体组织以外的市场主体，这就造成了事实上对别的市场主体的不公平，而不公平的法律法规实际上是无效的（具体表现为别的市场主体可能根本不承认以土地承包经营权入股合作社的资本金）。当然，如果破产合作社清偿的是本集体组织内部其他成员（或其加入的市场主体）的债务，那么这一行为就会使农民面临失去土地承包经营权的风险了。这里的"失去"和土地承包经营权流转尽管都是同一权利的转让，但其经济意义具有本质的不同。"流转"是主动的，一般表现为转出方拥有收益更高的产业，或者没有足够的劳动能力，不需要或没有能力经营这部分土地；而"失去"则有可

[1] 这里的"合作生产"也可以理解为合作组建企业，但不在本部分讨论的范围之内。

能使这部分农民成为没有其他收入来源的失地农民，从而成为社会问题。1999 版《宪法（修正案）》规定："农村集体经济组织实行家庭承包经营为基础、统分结合的双层经营体制。"那么，上述法律、法规、政策是否都存在着违背《宪法》、在一定程度上无心地损害农村基本经营制度呢？这个问题很值得进一步讨论。可能正是出于对这一问题的考虑，《物权法》第一百三十三条规定："通过招标、拍卖、公开协商等方式承包荒地等农村土地，依照农村土地承包法等法律和国务院的有关规定，其土地承包经营权可以转让、入股、抵押或者以其他方式流转。"[1] 并不包括农民以集体组织成员身份获得的承包土地。总之，我们始终认为，只要是使农民有可能失去土地变成无地农民的制度设计都存在着违宪的可能性，都应该由其上一级部门进行认真审核。

（三）统一服务型规模经营

统一服务型规模经营是指在家庭经营的基础上，受托方通过全方位、高标准的农业社会化服务，为农民提供产前、产中、产后各环节的全程生产服务，实行统一产业布局、统一种苗供应、统一技术标准、统一专业化服务。在实践中，这类规模经营主要通过农机合作社、植保队和其他专业化服务组织提供"土地托管"服务来实现。所谓"土地托管"是指在不变动农户土地承包经营权的前提下，无力耕种或不愿耕种的农户把土地委托给农机合作社或其他社会化服务组织，向其交纳一定的服务费用，由其提供农地耕种和管理服务，最后收成归农户所有的做法。

调查发现，近期在江苏、安徽、山东等地，专门从事"土地托管"服务的农机合作社发展迅速，大大推动了当地的农地规模经营。以江苏兴化市的陶金粮食生产合作社为例，在 2010 开始放弃土地流转而采取"托管包产"的方式提供专业化农业服务、进行机械化规模耕作。托管服务每亩收取一定费用，并按照协议每年向农户支付 800 斤小麦 +1200 斤稻米，扣除两季托管费用 1160 元后，农户每亩纯收益可达 1400 元。2012 年，托管的土地已从 2011 年的 306 亩增加至 1861 亩，预计 2013 年将达 5000 亩。安徽利辛县的土地托管规模更大，截至 2012 年 7 月，全县成立土地托管合作社近 400 家，共托管土地 22 万亩，每个合作社平均托管土地约 550 亩，托管服务涉及农户 114990 余户。托管后，土地收益每年增加 5000 余万元，仅小麦一项，农户亩均增收 400 元左右。[2] 河北省石家庄市通过土地托管等形式，将土地集中起来组成"万亩丰田方"，统一种植品种、统一种植形式、统一精细整地、统一播期播量、统一测土配方施肥，基本实现了每亩"节水 100 方、增产 100 斤、增效 100 元"的目标。

上述案例表明，土地流转并不是实现规模经营的唯一途径，事实上，中央也没有把土地流转作为规模经营的必备前提，而是鼓励多种形式的适度规模经营。无论是把土地流转给专业大户、工商企业，还是把土地入股到农民专业合作社，都可以认为是农民对土地承包经营权的一种让渡——前者让渡的是承包期，后者则让渡了部分经营决策权，主要强调了农地的商品属性。而土地托管的兴起表明，在不改变农户的土地承包权益的条件下也能够实现规模经营。统一服务型规模经营模式下，土地承包经营权仍然可以充分发挥它对农户的基本生活保障功能。

可见，统一服务型规模经营作为一种农业社会化服务，通过规模化的土地代耕、代管、代收，

---

［1］ 农村集体林权制度改革过程中出现的林权证抵押贷款，如果抵押的是林地，同样出现农民失去土地（林地）问题，限于篇幅，本文不予讨论。

［2］ 资料来源：汪乔."土地托管"助推农业现代化［EB/OL］.中安在线，http://ah.anhuinews.com/system/2012/07/07/005067200.shtml, 2012-7-7.

将细碎的土地集中到受托人手中，实现土地的集约化经营，便于机械化耕作和现代化的农业生产管理。同时，它还保留了土地对农民的基本生活保障作用，因而受到农民的广泛欢迎，在一些地方得到迅速发展。

从上述分析可以看出，从转出土地的农民角度看，在三种规模经营形式中，从租赁型规模经营到以“土地托管”为主要内容的统一服务型规模经营，农民对土地承包经营权的转让程度依次减少，而土地的生活保障功能则保留的越来越多。当然，不同地区的自然条件和社会经济条件差异很大，究竟选择何种现代农业发展形式，应该完全由农民自己决定。

四、工商企业进入农业领域：是耶？非耶？

近年来，随着中央对土地流转的推动，工商企业看到了土地流转背后巨大的潜在收益，也积极参与农村土地承包经营权流转。据农业部统计，截至 2016 年年底，全国有 9.7% 的流转耕地流入工商企业。工商企业已经成为重要的农村土地流入主体。工商企业进入农业领域，可能会带来正负两方面的影响。

一方面，工商企业进入农村土地流转市场能够发挥积极作用。首先，它活跃了农村土地流转市场，让农民获得更高的土地流出收益，有助于培育农民的竞争意识和市场参与意识。其次，它为农业和农村发展注入了社会资金，能够缓解长期以来资金从农业部门流出的情况，有利于发展技术和资本密集的现代农业。最后，它为农民尤其是年龄较大的农民带去了就业机会，能够就地为农民提供就业，有助于增加农民工资性收入。例如，2011 年 5 月，山西河津市赵家庄村村民代表一致通过，将村里两个生产小组的 1000 亩土地整体出租给康培集团，用于建设优质苗木培育基地，租期为 20 年。很多村民表示，租给别的农户耕种每年每亩租金 150~200 元，而康培集团可给出 800 元的租价，比自己经营的收益还要多。而且除了每亩 800 元的流转收益外，村民还可以在苗木基地打工，因此绝大部分的村民赞成把土地出租给公司。[1]

另一方面，大型工商企业动辄流转上万亩甚至数万亩土地，本身就是风险极大的经济行为。我们在调研中并没有发现理论界和政策部门一直坚持的大型工商企业流转土地容易导致非粮化的证据，但我们发现，大型工商企业长时间、大面积流转土地，往往会超标准建设生产配套设施，或借配套设施之名建设工商业生产经营用房。在非粮食主产区，工商企业流转土地主要用于种植高价值经济作物，有的企业还会以生产设施用房的名义建造小产权别墅，并赠送一定面积的果园、菜园等，相当于变相的房地产开发。当然，这并不是普遍现象。在大中城市郊区，工商企业流转土地往往建造宾馆、饭店等旅游设施，有的在流转的土地上建造大型温室，实际上也是旅游设施。这些做法都是在蚕食农用地，实行变相的土地非农化。

可见，对于工商企业流转土地，一方面要考虑其高风险特征并有可能把一部分风险转嫁给转出土地的农民，另一方面要严格限制部分企业的非农化行为。早在 2001 年，中央就发布 18 号文件，指出：“工商企业投资开发农业，应当主要从事产前、产后服务和‘四荒’资源开发，采取公司加农户和订单农业的方式，带动农户发展产业化经营。农业产业化经营应当是公司带动农户，而不是公司替代农户。企业和城镇居民随意到农村租赁和经营农户承包地，隐患很多，甚至可能造成土地兼并，使农民成为新的雇农或沦为无业游民，危及整个社会稳定。为稳定农业、稳定农村，中央不提

[1] 资料来源：杨霞. 千亩土地流转的背后［J］. 农村经营管理, 2012(3): 12-13.

倡工商企业长时间、大面积租赁和经营农户承包地，地方也不要动员和组织城镇居民到农村租赁农户承包地。”但这一文件并没有得到认真执行，工商企业进入农业领域有增无减，说明中央政府和地方政府对待这一重大问题的基本态度和理念差异极大，理论界对这一问题的研究结论和学术观点也差异极大。甚至对同一个企业进入农业领域后，不同学者调研后的结论也是相反的。

这种矛盾的认识也反映在2013年的一号文件上。文件先说“引导国有企业参与和支持农业农村发展”，后又提出“探索建立严格的工商企业租赁农户承包耕地（林地、草原）准入和监管制度”“鼓励和引导城市工商资本到农村发展适合企业化经营的种养业”。上述三句话无论在指导思想还是具体内容上都有矛盾之处，可能只有这样矛盾的表达才能容纳各方观点和各种利益关系。我们认为，在当前的法律框架和开放形势下，政府没有权利限制工商企业进入农业领域，实际上也没有必要，但可以通过建立准入和监管制度使其负面效应降到最低程度。

建立准入和监管制度的指导思想，就是党的十七届三中全会提出的“三个不得”，即“土地承包经营权流转，不得改变土地集体所有性质，不得改变土地用途，不得损害农民土地承包权益”。具体说来，就是要坚持农地农业用，确保国家粮食安全和主要农产品供给；坚持农地农民用，确保农民充分就业和农村社会和谐稳定。建立“准入”制度，要根据《土地承包法》的规定，土地流转“受让方须有农业经营能力”，审查工商企业的资质，如三年内是否从事过农业生产活动（强调第一产业）、有无从事第一产业生产活动的能力等；审查其土地利用规划，除了看其是否真正从事农业生产活动，还要看其在经营中是否有土地非农化倾向。当然，还要审查其资金和技术投入能力等。建立“监管”制度，首先要监管其土地利用状况，如利用结构、在长期使用过程中是否导致或可能导致土壤肥力下降等。其次要监管其在土地利用过程中是否存在非农化行为，即是否“暗度陈仓”，搞房地产项目和旅游项目等，一旦发现就要坚决制止。

此外，一些地方在引进工商企业流转土地时，还鼓励农民以家庭承包经营的土地入股企业，以谋求企业和农民利益的一致性。这个做法同样有使农民失去土地变成无地农民的可能性，应该慎重推进。道理和前面分析的农民以土地入股合作社一样，在此不再进一步讨论。

参考文献：

[1] 陈锡文 . 中国农村改革：回顾与展望 [M] . 天津：天津人民出版社 , 1993: 57-118.

[2] 韩俊 . 在家庭经营基础上推进农业现代化 [N] . 人民日报 , 2012-01-18.

[3] 李昌平 . 土地农民集体所有制之优越性——与越南之比较 [J] . 华中科技大学学报 (社会科学版), 2009(1): 11-14.

[4] 温铁军 .“三农”问题与制度变迁 [M] . 北京：中国经济出版社 , 2009: 35+289.

[5] 张云华 , 罗丹等 . 统筹城乡发展中农民土地权益保障研究 [Z] . 2011 年农业部软科学课题结项报告 .

[6] 万广华 , 程恩富 . 规模经济、土地细碎化与我国的粮食生产 [J] . 中国农村观察 , 1996(3): 31-36+64.

[7] 秦立建 , 张妮妮 , 蒋中一 . 土地细碎化、劳动力转移与中国农户粮食生产——基于安徽省的调查 [J] . 农业技术经济 , 2011(11): 16-23.

[8] 高飞 . 集体土地所有权主体制度运行状况的实证分析——基于全国 10 省 30 县的调查 [J] . 中国农村观察 , 2008(6): 35-43+81.

[9] 刘云生 . 集体土地所有权身份歧向与价值悖离 [J] . 社会科学研究 , 2007(2):74-80.

［10］孔祥智．中国农业社会化服务：基于供给和需求的研究［M］．北京：中国人民大学出版社，2009: 252-260.
［11］国务院发展研究中心“推进社会主义新农村建设研究”课题组．新农村调查——走进全国 2749 个村庄［EB/OL］．中国社会科学网，http://www.sociology.cass.cn/shxw/xcyj/t20080122_15261.htm, 2007-1-22.
［12］张红宇．“老人农业”难题可以破解［J］．农村工作通讯，2011(14):37.
［13］钱忠好．非农就业是否必然导致农地流转——基于家庭内部分工的理论分析及其对中国农户兼业化的解释［J］．中国农村经济，2008(10):13-21.
［14］钱忠好．农村土地承包经营权产权残缺与市场流转困境：理论与政策分析［J］．管理世界，2002(6): 35-45+154-155.
［15］韩俊．我国农户兼业化问题探析［J］．经济研究，1988(4): 38-42+60.
［16］孔祥智．论稳定与完善农村基本经营制度［J］．新视野，2010(3):16-18.
［17］刘守英．贵州“增人不增地，减人不减地”24 年政策效果调查［J］．改革内参，2012(7).
［18］贺雪峰．地权的逻辑——地权变革的真相与谬误［M］．北京：东方出版社，2013:12.
［19］黄祖辉，俞宁．新型农业经营主体：现状、约束与发展思路——以浙江省为例的分析［J］．中国农村经济，2010(10): 16-26+56.
［20］郑有贵．改革以来农村社区集体经济组织服务功能定位的历史考察［Z］．农业部农村经济研究中心当代农史研究室编《纪念农村改革开放 35 周年座谈会暨研讨会会议交流材料》，2013: 83.
［21］文迪波．还农村土地所有制形式的本来面目——国家土地所有制［J］．农业经济问题，1987(8): 49-51.
［22］安希伋．论土地国有永佃制［J］．中国农村经济，1988(11): 22-25.
［23］杨勋．国有私营：中国农村土地制度改革的现实选择——兼论农村改革的成就与趋势［J］．中国农村经济，1989(5): 23-29.
［24］陆学艺．永佃制是最好的形式［J］．新财经，2001(9): 38-39.
［25］张鹏等．永佃制——新农村建设背景下农地制度的改革方向［J］．湖北社会科学，2007(3):62-66.
［26］李维庆．我国农村土地产权制度的残缺及变革方向［J］．中州学刊，2007(5): 42-44.
［27］董栓成．中国农村土地制度改革路径优化［M］．北京：社会科学文献出版社，2008: 172-180.
［28］文贯中．解决三农问题不能回避农地私有化［EB/OL］．中国经济学教育科研网，http://www.cenet.org.cn/article.asp?articleid=21093, 2006-5-22.
［29］陈志武．农村土地私有化后结果不会比现在糟［N］．财经时报，2005-10-08.
［30］张曙光．私有或者革命［J］．财经文摘，2008(7).
［31］茅于轼．让农民有自由选择权［J］．财经，2011(3).
［32］杨小凯．中国土地所有权私有化的意义［EB/OL］．学者社区网站，http://www.china-review.com/eat.asp?id=19022, 2007-9-16.
［33］蔡继明．吴敬琏等著名学者激辩“新土改”［J］．理论导报，2009(1): 8-9+19.
［34］蔡继明．中国土地制度改革论要［J］．东南学术，2007(3): 12-18.
［35］钟水映，李春香．农地私有化的神话与迷思［J］．马克思主义研究，2012(2): 94-101.
［36］温铁军．我国为什么不能实行农村土地私有化［J］．红旗文稿，2009(2): 15-17.
［37］李昌平．慎言农村土地私有化［J］．读书，2003(6): 93-98.

[38] 张云华等 . 完善与改革农村宅基地制度研究 [M] . 北京：中国农业出版社 , 2011: 107.
[39] 周远征 . 重庆地票调查：失地农民收益有限 [N] . 中国经营报 , 2011-7-23.
[40] 杨仕省 , 高咏梅 . 制度漏洞开始浮现 重庆地票：成长的烦恼 [N] . 华夏时报 , 2012-3-31.
[41] 扈映 , 米红 . 经济发展与农村土地制度创新——浙江省嘉兴市“两分两换”试验的观察与思考 [J] . 农业经济问题 , 2010(2): 70-76.
[42] 陈洁 , 罗丹 . 种粮大户：一支农业现代化建设的重要力量 [J] . 求是 , 2012(3): 32-34.
[43] 陈锡文 . 人多地少，经营方式怎么转？[N] . 人民日报 , 2010-10-17.

第 4 章　新型农业经营主体建设

第 1 节　新型农业经营主体发展演变与总体态势

一、农业经营主体发展的政策性脉络

（一）市场与政策影响下的农业经营主体

改革开放以后，家庭联产承包责任制的推行使农业经营的主体从农民集体回归到了农户家庭。这一制度创新成功地解决了农业生产中的监督和激励问题，极大地促进了粮食产量和农业经济的快速增长（林毅夫，1992）。但是，随着经济市场化的深入，千家万户的小生产与千变万化的大市场对接问题开始显现。各地开始探索实践多种解决办法。20 世纪 90 年代初，山东省率先提出“农业产业化”的概念，其核心是“产供销、贸工农、经科教”紧密结合的“一条龙”经营体制。1995 年 12 月 11 日的人民日报基于山东经验发表了《论农业产业化》的长篇社论。这使农业产业化的思想在全国得到了广泛传播。从 1997 年“农业产业化”正式进入官方政策文件。其目的就是为了推动产业链的纵向一体化，解决产销衔接等问题（严瑞珍，1997）。其中，主要的支持对象就是农业企业。而依托农业企业为核心形成的诸如“公司 + 农户”“公司 + 中介组织 + 农户”等订单式的经营模式得到了大范围推广。1996 年农业部成立了“农业产业化办公室”，并自 2000 年开始评选国家重点农业产业化龙头企业。截至 2015 年年底，共评选国家重点农业产业化龙头企业 1242 家。

而随着市场化深入发展，企业与农户之间的订单农业也开始出现问题。其集中表现在契约的不稳定性和极高的违约率。已有研究表明，“公司 + 农户”模式的生存时间一般并不长久，契约约束的脆弱性和协调上的困难是这种组织的内在缺陷（周立群、曹利群，2001）。一方面，由于双方订立的契约常常是不完全的，造成了机会主义行为、敲竹杠风险等履约困难（刘凤芹，2003）。尽管在理论上可以通过专用性投资和市场在确保契约履行过程中的作用等方法找到最优的农业契约方式（周立群、曹利群，2002；聂辉华，2013），但在现实中成功的案例不多。另一方面，由于缔约双方的市场力量常常是不均衡的或低水平均衡的，所以双方履约要么难以实现，要么付出高昂的交易成本（马九杰、徐雪高，2008）。此外，由于合作剩余的分配机制常常与双方契约资本配置结构相关（米运生，罗必良，2009），缺乏资本的小农户在利益分配中常常处于被动和不利地位，企业侵犯农民利益的现象屡见不鲜。

为此，尽快提高农民组织化程度、增强农民市场话语权的呼声日盛，并逐步成为社会共识。2003 年全国人大开始研究制定农民合作组织的相关法律，并于 2006 年 10 月底颁布了《中华人民共和国农民专业合作社法》。该法自 2007 年 7 月 1 日施行以来，农民专业合作社迅猛发展，截至 2015 年年底，全国登记注册的农民合作社已达 153.1 万家，入社农户超过 1 亿户，约占农户总数的

42%[1]。然而，这一"形势喜人"的数字应该慎重看待，尤其不能放大合作社对农民的实际带动能力（潘劲，2011）。现实中，由于农户间的异质性和现行的政策环境的影响，所谓"假合作社""翻牌合作社""大农吃小农"等不合意现象大量存在，合作社内部治理、收益分配等制度安排与运行机制问题十分突出（徐旭初，2012）。而真正具备"所有者与惠顾者同一"这一合作社本质特征的农民专业合作社凤毛麟角，大部分仍与大户、公司或"公司＋农户"等其他类型的经营形式十分接近。以至于有些学者提出了"中国到底有没有真正的合作社"的质疑（邓衡山、王文烂，2014）。

正是由于大部分农民合作社常常掌控于大户、公司等少数核心成员，大量针对合作社的政策利好最终落并没有惠及大多数农民成员，于是政策支农的重点对象又很快拓展到了具有一定规模的、懂经营善管理的农户身上，专业大户、家庭农场遂得到了政府实质性重视。实际上，2008年中共十七届三中全会的报告在阐述"健全严格规范的农村土地管理制度"时就提出"有条件的地方可以发展专业大户、家庭农场、农民专业合作社等规模经营主体"。彼时，合作社法刚刚施行一年有余，农民合作社正被寄予厚望而处于如火如荼的发展中，专业大户和家庭农场并未引起各界广泛关注。直到2013年，专业大户、家庭农场被作为新型农业经营主体的重要类型在当年的中央一号文件中得到强调之后，两者（特别是家庭农场）便成为从中央到地方政策文件中出现的高频词汇。2014年农业部还专门出台了《关于促进家庭农场发展的指导意见》，对农场管理、土地流转、社会化服务等方面提出了专门的探索和扶持意见。由此，早在20世纪80年代就出现在官方文件中并为大众熟知的"种田能手""养殖大户"等主体在新时期被赋予新的市场与政策含义后，又再次进入人们的视野，并在近年得到快速发展。据农业部统计，截至2016年6月底，全国经营50亩以上的规模农户已经超过350万户，经营耕地面积超过3.5亿多亩；其中，经农业部门认定的家庭农场比例超过10%，平均经营规模达到150亩左右。

研究认为，家庭农场区别于普通农户的根本特征，就是以市场交换为目的，进行专业化的商品生产，而非满足自身需求；区别于农业企业的根本特征，就是以自有劳动为主，依靠家庭劳动力就能够基本完善经营管理。它兼有家庭经营和企业经营的优势，也可以弥补专业大户和农民合作社的不足。未来在我国土地承包经营权确权颁证工作完成后，家庭农场的融资等市场化能力将进一步提升（高强等，2013；2014）。然而，随着规模经营主体的多样化发展，围绕经营规模展开的关于家庭农场的界限、范围等问题成了各界讨论的焦点。已有研究表明，家庭农场的规模要受到经济发展水平、技术进步、制造业—农业工资比及劳动—资本价格比的影响（郭熙保、冯玲玲，2015）。换言之，合意的家庭农场不可能随意扩张，它至少应该是存在上下限的或有条件的。理论上讲，家庭农场规模的下限是家庭成员的生计需要，家庭农场规模的上限是现有技术条件下家庭成员所能经营的最大面积；同时家庭农场的发育需要政府的支持和特定的社会条件（朱启臻等，2014）。因此，黄宗智（2014）就认为，美国"大而粗"的农场模式不符合当前中国农业的实际，而中国近30年来已经相当广泛兴起的适度规模的、"小而精"的真正家庭农场才是中国农业正确的发展道路。

综上可见，经过几十年的发展，中国农业的经营主体已然由改革初期相对同质性的农户家庭经营占主导的格局转变现阶段的多类型经营主体并存的格局（陈锡文，2013）。这一演变过程不仅是因为市场化程度的不断深化，也不单是源于政府的政策推动，而是在市场与政策的双重影响下农民对农业经营方式自主选择的结果。

---

［1］资料来源：全国42%的农户加入了合作社［N］. 农民日报, 2016-03-21.

（二）新型农业经营体系中的农业经营主体

21世纪以来，我国农业现代化同工业化、城镇化、信息化的步伐逐渐拉大，农业老龄化、妇女化、弱质化趋势越来明显，“谁来种地，地怎么种”的问题日益凸显（张晓山，2006；孙中华，2011）。黄祖辉等（2010）学者较早地使用了“新型农业经营主体”的概念将多种类型的规模经营主体统和在一个框架下来研究转型中的中国农业；并认为，专业大户、家庭农场、农民专业合作社和农业企业是中国现阶段农业发展的中坚力量，它们体现了改造传统农业的历史规律性，引领着现代农业的发展方向，符合提升农业现代性的基本要求。但“新型农业经营主体”的概念被提出的时间毕竟还不长，系统和深入的研究还较为薄弱。多数研究尚集中在逻辑性理论探讨（顾益康，2008；楼栋、孔祥智，2013；郑风田、焦万慧，2013；张照新、赵海，2013）、趋势性调查总结（黄祖辉、陈龙等，2010；于亢亢、朱信凯，2012；张云华、郭铖，2013）和实践性政策分析（韩长斌，2013；郭庆海，2013；孔祥智，2014）等方面。而学术界的这些讨论则充分反映，发展更加有效率的农业经营组织、创新农业经营体制机制的要求日益迫切。

基于上述宏观背景和各地有益的探索实践，中共十八大正式提出要构建集约化、专业化、组织化、社会化相结合的新型农业经营体系。2013年中央农村工作会议和中央一号文件对此做出了相应的年度部署。至此，“新型农业经营主体”一词从学术研究领域“正式”扩展至官方政策视野之中。

2013年11月，十八届三中全会进一步强调，农业经营方式的创新应坚持家庭经营在农业中的基础性地位，推进家庭经营、集体经营、合作经营、企业经营等多种经营形式共同发展。这为新型农业经营体系的构建明确了原则。随后召开的2014年中央农村工作会议将所要构建的新型农业经营体系进一步具体描述为：以农户家庭经营为基础、合作与联合为纽带、社会化服务为支撑的立体式复合型现代农业经营体系。这为新型农业经营体系的额构建明确了目标。即在这一体系中，经营主体的层次来源是多方位的，并将全面覆盖农业产业链的各个环节；各经营主体的经济性质是多元化的，所发挥的功能作用是相互加强和可融合的，而不是相互排斥或界限分明的。在此基础上，2014年一号文件又提出“要以解决好地怎么种为导向加快构建新型农业经营体系”。这为新型农业经营体系的构建明确了导向。换言之，“地谁来种”和“地怎么种”两个问题虽然都十分重要，但后者应更为重要；即重点在如何推动有效的农业经营方式的形成，而不是过多关注经营者的身份问题。这也体现了政策的务实性。2014年11月中办国办联合发布了《关于引导农村土地经营权有序流转发展农业适度规模经营的意见》，从引导土地有序流转和促进适度规模经营的角度，在主体培育、生产支持、服务提供、监督引导等多个方面提出了具体思路。这为新型农业经营体系的构建明确了核心抓手。2015年一号文件从改革的角度，对家庭农场、农民合作社、产业化龙头企业等主体的发展及其社会化服务的开展提出了有针对性的措施。这为新型农业经营体系的构建明确了重点任务。

表4–1　近年来中央关于“新型农业经营体系”的政策性表述一览

时间	来源	主要表述	点评
2012年11月	十八大报告	要构建集约化、专业化、组织化、社会化相结合的新型农业经营体系。	官方正式提出
2012年12月	2013年中央农村工作会议	在坚持农户作为农业生产经营主体的基础上，创新发展专业大户、家庭农场、专业合作社、农业产业化等生产经营形式。	落实十八大提出的“四化结合”的新型经营体系

续表

时间	来源	主要表述	点评
2012年12月	2013年中央一号文件	充分发挥农村基本经营制度的优越性，着力构建集约化、专业化、组织化、社会化相结合的新型农业经营体系。	构建新型农业经营体系开始全面部署
2013年11月	十八届三中全会决定	坚持家庭经营在农业中的基础性地位，推进家庭经营、集体经营、合作经营、企业经营等共同发展的农业经营方式创新。	明确构建原则
2013年12月	2014年中央农村工作会议	要构建以农户家庭经营为基础、合作与联合为纽带、社会化服务为支撑的立体式复合型现代农业经营体系。	明确构建目标
2014年1月	2014年中央一号文件	坚持家庭经营为基础与多种经营形式共同发展……要以解决好地怎么种为导向加快构建新型农业经营体系。	明确构建导向
2014年11月	《关于引导农村土地经营权有序流转发展农业适度规模经营的意见》（中办发〔2014〕61号）	坚持农村土地集体所有，实现所有权、承包权、经营权三权分置，引导土地经营权有序流转……发挥家庭经营的基础作用，探索新的集体经营方式，加快发展农户间的合作经营，鼓励发展适合企业化经营的现代种养业，加大对新型农业经营主体的扶持力度，加强对工商企业租赁农户承包地的监管和风险防范，培育多元社会化服务组织，开展新型职业农民教育培训。	明确将促进土地流转作为构建新型农业经营体系的核心抓手
2015年2月	2015年中央一号文件	鼓励发展规模适度的农户家庭农场，完善对粮食生产规模经营主体的支持服务体系。引导农民专业合作社拓宽服务领域，促进规范发展，实行年度报告公示制度，深入推进示范社创建行动。推进农业产业化示范基地建设和龙头企业转型升级。引导农民以土地经营权入股合作社和龙头企业。鼓励工商资本发展适合企业化经营的现代种养业、农产品加工流通和农业社会化服务。	明确了重点任务
2015年2月	《关于进一步调整优化农业结构的指导意见》（农发〔2015〕2号）	加快构建新型农业经营体系，发挥新型农业经营主体在调整优化农业结构中的示范带动作用。	明确新型农业经营主体在“调结构”中的作用
2015年7月	《关于加快转变农业发展方式》（国办发〔2015〕59号）	培育壮大新型农业经营主体。推进多种形式的农业适度规模经营。大力开展农业产业化经营。加快发展农产品加工业。创新农业营销服务。积极开发农业多种功能。	明确新型农业经营主体在“转方式”中的作用
2015年10月	国家十三五规划纲要	加快转变农业发展方式，发展多种形式适度规模经营，发挥其在现代农业建设中的引领作用……构建培育新型农业经营主体的政策体系。	明确“十三五”时期新型农业经营主体的定位和政府工作重点
2015年12月	2016年中央一号文件	发挥多种形式农业适度规模经营引领作用。坚持以农户家庭经营为基础，支持新型农业经营主体和新型农业服务主体成为建设现代农业的骨干力量，充分发挥多种形式适度规模经营在农业机械和科技成果应用、绿色发展、市场开拓等方面的引领功能。	明确新型农业服务主体和社会化服体系的重要性
2016年10月	《全国农业现代化规划（2016—2020）》（国发〔2016〕58号）	多种形式土地适度规模经营占比达到40%。加快建立新型经营主体支持政策体系，扩大新型经营主体承担涉农项目规模，建立新型经营主体生产经营信息直报制度。实施农业社会化服务支撑工程，扩大农业生产全程社会化服务创新试点和政府购买公益性服务机制创新试点范围，推进代耕代种、病虫害统防统治等服务的专业化、规模化、社会化。	明确了新型经营主体的发展目标和支持政策体系建设的具体任务

续表

时间	来源	主要表述	点评
2016年12月	2017年中央一号文件	积极发展适度规模经营。大力培育新型农业经营主体和服务主体,通过经营权流转、股份合作、代耕代种、土地托管等多种方式,加快发展土地流转型、服务带动型等多种形式规模经营。	明确了新型农业经营主体和服务主体的规模经营形式
2017年10月	党的十九大报告	构建现代农业产业体系、生产体系、经营体系,完善农业支持保护制度,发展多种形式适度规模经营,培育新型农业经营主体,健全农业社会化服务体系,实现小农户和现代农业发展有机衔接。	明确了对新型农业经营主体的战略定位
2017年12月	2018年中央一号文件	统筹兼顾培育新型农业经营主体和扶持小农户,采取有针对性的措施,把小农生产引入现代农业发展轨道。注重发挥新型农业经营主体带动作用,打造区域公用品牌,开展农超对接、农社对接,帮助小农户对接市场。	明确了新型农业经营主体衔接小农户的重要性

资料来源：历年相关政策文件

从近年来的官方文件看，“谁来种地，地怎么种”的问题已经找到答案。但随着居民消费结构升级、资源环境约束趋紧、国内外农产品市场深度融合和经济发展速度放缓等因素，部分农产品供求结构性失衡、农业发展方式粗放、农业竞争力不强、农民持续增收难度加大等问题在“十二五”中后期开始凸显，即“怎么种好地”的问题又成了各界关注的重点。于是，国家在农业领域开始聚焦“转方式、调结构”，而新型农业经营主体在“转方式、调结构”中被赋予重要的功能和政策期待。2015 年 10 月国家出台的“十三五”规划纲要明确了新型农业经营主体的定位，即现代农业建设中的引领地位；而政府相应的工作重点是建立培育新型农业经营主体的政策体系。至此，农业政策的逻辑重点从“支持谁”正式转换到了“怎么支持”上来。2016 年一号文件在部署年度任务的同时，将新型服务主体提高到与新型经营主体等同的地位，即都是建设现代农业的骨干力量。这实际上是强调了新型农业经营体系中生产和服务两大子体系的重要性（钟真等，2014）。而同年 10 月国务院发布的《全国农业现代化规划（2016—2020）》进一步明确了“十三五”期间新型经营主体的发展目标和支持政策体系建设的具体任务。可以预见，在新型农业经营体系的官方架构下，各类新型农业经营主体发展的支持政策将更加完备，而其在农业现代化建设中所肩负的责任也将变得更大。

二、当前新型农业经营主体的发展状况

（一）经营主体

1. 专业大户和家庭农场

目前，关于专业大户和家庭农场的全国性统计工作尚未正式开展。据统计，到 2012 年年底，全国有种粮大户 68.2 万个，经营耕地面积 1.34 亿亩，占全国耕地总面积的 7.3%；全国生猪、肉鸡、奶牛规模养殖户数量已超过一半。截至 2016 年 6 月，全国 50 亩以上的农户超过 350 万户，经营耕地面积超过 3.5 亿多亩。据统计，目前，全国已有超过 87 万家各类家庭农场，经营耕地面积达到 1.76 亿亩，占全国承包耕地总面积的 13.4%。其中，从事种养业的家庭农场达到 86.1 万个，占家庭农场总数的 98.2%，经农业部门认定的家庭农场数量超过 34 万家，平均经营规模 150 亩左右。

2. 农民合作社

自 2007 年我国《农民专业合作社法》实施以来，农民合作社迅速增加。农业部的数据表明，截至 2016 年 12 月底，全国登记注册的农民合作社达 179.4 万家，是 2007 年的 67 倍多，实有入社农户

占农户总数的44.4%[1]。农机合作社作为农民合作社的重要组成部分，也实现了快速成长，从2007年的0.44万家，增长为2015年年底的5.4万家。这些农机合作社除了统一经营适度规模的土地外，还以代耕、代收或土地托管等方式，为周边农户提供农机作业服务。2015年，农机合作社服务总面积为7.12亿亩，约占全国农机化作业总面积的12%，服务农户数达到3887万户。

3. 农业企业

根据农业部的数据，截至2016年8月，全国有各类农业产业化组织38万多个，农业产业化龙头企业12.9万家。农业产业化龙头企业提供的农产品及加工制品，占农产品市场供应量的1/3以上，占主要城市"菜篮子"产品供给的2/3以上。各类农业产业化组织辐射带动农户1.26亿户，参与农业产业化经营的农户每年户均增收超过3300元[2]。

从经济社会功能看，家庭农场、合作社、农业企业等规模经营主体主要通过三种形式实现功能的发挥。一是以"农户+合作社服务"为代表的农户自我经营与服务模式。该模式的最大优势是合作社以成员的需求为导向开展服务，克服了单个农户在人力、资本、技术、市场信息等方面的限制，通过农户之间的联合与合作，增强其市场谈判力，降低市场风险，降低农业生产成本，提高农业生产效率，让农户共享组织化的收益。二是以"公司+合作社服务+农户"为代表的农业产业链经营与服务模式。与传统的"公司+农户"模式不同，新模式下公司借助农民合作社的组织平台作用，为农户提供农资、生产技术、市场销路等服务，并通过合作社约束农户的生产经营行为，以较低的交易成本和监督成本，解决了农产品卖难问题。三是以"适度规模经营农户+市场服务主体"为代表的专业化分工经营与服务模式。让专业的人做专业的事。植保队、农机队等专业化服务组织的出现，可以让农业适度规模经营主体更专注地从事农业生产，对于经营所需要的技术培训、农机作业、病虫害防治、烘干仓储等农业服务，则采取订单外包或向市场购买的方式获得。

（二）经营类型

新型农业经营主的生产经营特征突出表现为土地的规模经营。尽管各地在规模经营的界定、规模经营发展的速度上存在显著差异，但适度规模经营的实现形式却具有很高的相似性。依据农户土地承包经营权的放弃程度，新型经营主体的经营类型可以简单划分为土地租赁型、农户合作型和统一服务型三种类型。

1. 土地租赁型规模经营

土地租赁型规模经营是指通过转包、出租、互换、转让等形式流转土地，使土地向专业大户、家庭农场和涉农企业等规模经营主体集中，扩大农业经营规模。目前专业大户和涉农企业是土地集中的主要力量，因此土地租赁型规模经营也相应地分为专业大户规模经营和涉农企业规模经营。

（1）专业大户

种植非粮作物难以实现机械化，劳动力投入成本过高，因此流转土地规模较大的专业大户都以种粮为主，即种粮大户。这些种粮大户的经营规模大多在1000~10000亩，特别是在一些劳动力输出大省，种粮大户的作用明显。种粮大户规模经营一般是种田能手、村干部、返乡民工或比较富裕

[1] 资料来源：全国农民合作社发展部际联席会议第五次全体会议召开. 农业部新闻办公室,2017-03-09:http://jiuban.moa.gov.cn/zwllm/zwdt/201703/t20170309_5513920.htm.

[2] 资料来源：农业部：支持做大做强城镇龙头企业［EB/OL］. 中国发展网, 2016-08-10: http://www.chinadevelopment.com.cn/news/cy/2016/08/1069808.shtml.

的人，通过租赁承包等形式集中归片，实现适度规模经营。这类经营模式是当前农地规模经营的主要形式之一，是发展现代农业的最重要力量，对节约种粮成本，提高粮食产量，稳定国家粮食安全等方面都具有十分重要的作用（陈洁、罗丹，2012）。

专业大户需要具备一定的资金实力，并且具有较强的管理和经营能力。种植面积越大，对这些能力的要求越高。湖南祁阳县的种粮大户邓冬胜在打工积蓄100万资金后，2004年返乡种田。为了开展规模经营，他先后添置了大、中型农业机械24台，实现了水稻种植全程机械化。到2011年，邓冬胜种粮面积达到2300多亩，先后被评为祁阳县、永州市、湖南省和全国种粮大户。从经营效果看，除去成本705.6元（其中租地成本一般为400~500元），每亩平均利润为400元左右，总面积2300亩，邓冬胜每年的种粮净利润约为92万元（贺利云，2011）。但是，随着化肥、农药、用工等成本的持续走高，种粮大户的利润空间日益受到挤压，扩大经营规模的动力和能力不足。福建福鼎市店下镇的种粮大户邓正钟从周围3个村流转了300多亩稻田，预计亩产可达475公斤，早稻收购价为每公斤2.40元，加上政府的种粮直补、农机补贴等，每亩粮田收益约为1400元。由于种植的各种投入费用增加，据邓正钟估计，2012年每亩土地的种植成本高达1304元，流入土地搞规模经营的亩收益不足100元。一些种粮专业大户认为，经营土地实际就是露天工厂，很容易受到自然灾害的威胁，而且水稻种植投入大、利润低，若没有政府支持，规模经营将难以维持。

通过专业大户实现规模经营，并辅以一定政策支持，不仅有利于保障粮食生产，而且由于大户对一般农户有带动示范作用，有利于促进农业科技推广和提高农业生产率。但是，调查中发现专业大户经营收益的稳定性不足，不是所有的经营大户都能获得收益。种粮大户的经营规模少则三四百亩，多则几千亩，效益很容易受到农业生产风险的影响，需要政府有效引导和扶持。

（2）涉农企业

与种粮大户的土地流转合同相比，涉农企业签署的合同期限一般较长。而且流入之后一般以种植果蔬和养殖畜禽等附加值较高的农产品为主，更倾向于改变原有种植结构。虽然中央多次提出，不鼓励工商资本长时间大规模的直接参与农业经营（陈锡文，2010）。但涉农企业参与土地流转和农地规模经营，能够大幅度提高农地流转的价格，甚至为地方带来可观的财政收入，因此受到了农户和地方政府的欢迎，在各地发展较快。

涉农企业进入农村土地流转市场带来两个方面的影响：一是有利于农民增收和规模经营。例如，2011年5月，山西河津市赵家庄村村民代表一致通过，将村里的两个生产小组的1000亩土地整体出租给康培集团，用于建设优质苗木培育基地，租期为20年。很多村民表示，租给别的农户耕种每年每亩租金150~200元，而公司给800元，比自己种的收益还要多。而且除了每亩800元的流转收益外，村民还可以在苗木基地打工，因此绝大部分的村民赞成把土地出租给公司（杨霞，2012）。二是涉农企业会改变原有的种植结构，增加复垦的难度，企业面临经营风险时可能会中止流转合同，导致农民利益受损。2010年，大自然食品公司与山东寿光市一个村集体签订土地流转合同，共流转承包该村土地1380亩，租期为30年。初始租金为每年每亩1100斤小麦，后每5年增加100斤；而如果农户将土地租给其他农户一般为500（元/亩/年）左右，远低于流转给公司的价格，因此农民更愿意将土地租给公司。该公司流入土地后，修路、建加工厂占去100亩，其余土地主要用来建设蔬菜大棚，发展设施农业，而不再像原村民那样种植小麦和玉米。2011年，公司流入耕地的平均产值约为2000元/亩，除去各项经营开支后，每亩地实际亏损840元，亏损总计达92.4万元。如果该公司扭亏无望而中止经营，将会给农户复耕带来很大困难。

可见，涉农企业进入农村大面积流转土地，在促进村民增收、提高经营效益方面确实有所助益。但企业对市场效益的直接追求会改变传统的小农经营的种植结构，推动农地的“非粮化”“非农化”趋势，这对于我国粮食供给紧平衡的现状是极为不利的。涉农企业无序、过度地流转土地搞规模经营，可能会威胁我国的粮食安全。

2. 农户合作型规模经营

农户合作型规模经营是指在不改变土地承包经营权的前提下，按照合作制原则，把分散的农户组织起来，把分散的作业统一起来，把分散的经营联合起来，推进农业分散经营向规模化、产业化转变。这种形式的规模经营，主要包括农产品专业合作社和农地股份合作社。在农村青壮年劳动力日益减少的情况下，为了节约劳动力和获得农业机械规模经营产生的效益，合作社以多种方式推动规模经营。

合作社作为“生产在家、服务在社”的农民联合性组织，在进行土地整理、实现土地连片后，或者自己从事农业生产，成为规模经营的新型主体，或者将土地连片出租给其他经营主体，推动规模经营的形成。合作社的规模经营，一般立足于本地的优势和传统产业，不改变种植结构。如河北栾城县立杰合作社于 2010 年 3 月成立之后，通过成员农户的土地入股，合作社的耕地面积连年扩张。到 2012 年 8 月，合作社经营土地 1680 余亩。为了提高经营效率，合作社配置了 6 台农业机械，对经营的土地进行机械化耕作。种植结构方面，合作社流入的 1680 余亩土地中 500 余亩用于种植甜瓜，1000 余亩种植小麦、玉米，100 余亩种植蔬菜，与原先的种植结构相比，变化不大。又如安徽宿松县碧岭村在 2009 年被批准为“城乡统筹实验区”之后，为了改善土地的细碎化程度，进行规模经营，在村委会的主导下成立了土地合作社。至 2012 年 6 月，成员入股土地合作社的土地已经从 2010 年的 1700 亩，增加到 4000 亩，占本村农地总面积的 30%。除了将 400 亩土地以每年每亩 520 元的价格出租之外，合作社其余的 3600 余亩土地仍然种植玉米、水稻。但相对于土地平整、兴修水利基础设施之前，土地使用现代机械化进行连片耕作更加容易，土地规模经营水平明显提高。

与专业大户、涉农企业通过土地流转进行规模经营不同，农民专业合作社依靠成员的土地入股来进行统一生产经营，成员农户部分放弃土地的生产经营决策权，获得联合后的规模效益和产品效益，这种形式一般会部分改变原有的种植结构。尽管合作社有破产的可能性，但合作社成员有自由退出权，农户一般不会失去土地，土地仍然可以为农民提供基本的生活保障。

3. 统一服务型规模经营

统一服务型规模经营是指在家庭经营的基础上，受托方通过全方位、高标准的农业社会化服务，为农民提供产前、产中、产后各环节的全程生产服务，实行统一产业布局、统一种苗供应、统一技术标准、统一专业化服务。在实践中，这类规模经营主要通过农机合作社、植保队和其他社会化服务组织提供“土地托管”服务来实现。所谓“土地托管”是指在不变动农户土地承包经营权的前提下，无力耕种或不愿耕种的农户把土地委托给农机合作社或其他社会化服务组织，向其交纳一定的服务费用，由其提供农地耕种和管理服务，最后收成归农户所有的做法。

无论是把土地流转给专业大户、涉农企业，还是把土地入股到农民专业合作社，都可以认为是农民对土地承包经营权的一种让渡——前者让渡的是承包期，后者则让渡了部分经营决策权，主要强调了农地的商品属性。而统一服务型规模经营，则充分发挥了土地对农户的基本生活保障功能，在不改变农户的土地承包权益的情况下实现了规模经营。

有些人强调，土地流转是实现规模经营的前提，为了实现土地规模经营，必须通过土地流转，我们认为，这类观点有失偏颇。土地经营权流转对规模经营的重要性毋庸置疑，但是经营权流转不是实现规模经营的唯一途径，中央也没有把土地流转作为规模经营的必备前提，而是鼓励多种形式的适度规模经营。目前快速兴起的“土地托管”就是一种不涉及土地承包经营权流转的、实现规模经营的有效方式。

调查发现，近期在江苏、安徽、山东等地，专门从事“土地托管”的农民合作社发展迅速，大大推动了当地的农地规模经营。以江苏兴化市的陶金粮食生产合作社为例，在2010开始放弃土地流转而采取“托管包产”的方式提供专业化农业服务、进行机械化规模耕作。托管服务每亩收取一定费用，并按照协议每年向农户支付800斤小麦+1200斤稻米，扣除两季托管费用1160元后，农户每亩纯收益可达1400元。2012年，托管的土地已从2011年的306亩增加至1861亩，预计2013年将达5000亩。安徽利辛县的土地托管规模更大，截至2012年7月，全县成立土地托管合作社近400家，共托管土地22万亩，每个合作社平均托管土地约550亩，托管服务涉及农户114990余户。托管后，土地收益每年增加5000余万元，仅小麦一项，农户亩均增收400元左右。

统一服务型规模经营作为一种农业生产的专业性社会化服务，通过规模化的土地代耕、代管、代收，将细碎的土地集中到受托人手中，实现土地的集约化经营，便于机械化耕作和现代化的农业生产管理。在实现了农地规模经营的同时，为农民创造了比流转土地最高的收益。这种方式不仅能够实现土地集中经营、提高农业生产力，而且一般不会改变原有的种植结构，有助于保障我国的粮食安全。

三、新型农业经营主体支持政策的重点

21世纪以来，我国对农业农民的支持力度持续增加，不仅在2006年取消了已经存在2000多年的农业税费，大大减轻了农民负担，还自2004年起连续发布了13个中央一号文件，制定了一系列强农惠农富农政策，加强了对农业的支持和保护。其中，针对新型农业经营主体的支持政策正在不断完善。

（一）农业补贴向规模经营主体倾斜

自2007以来，我国逐步建立了由粮食直补、良种补贴、农机具购置补贴、农资综合补贴构成的农民种粮“四项补贴”制度。至2016年，各级财政安排的“四项补贴”资金累计达到2011亿元。但是，按照此时的补贴政策，农民只要拥有政策性承包地，不管种不种地、产不产粮，每亩地每年都能拿到90元左右的国家补贴，靠流转土地从事粮食生产的人却拿不到补贴。尤其是党的十七届三中全会之后，随着农村土地流转比例的持续增加，农作物良种补贴、种粮农民直接补贴和农资综合补贴等低标准、广覆盖、普惠制的农业补贴，日益偏离促进粮食生产积极性这一政策目标，逐渐演变为拥有农村土地承包经营权的农民的收入补贴。拥有土地承包权的农民，无论种不种粮食，都可以获得三项补贴，真正种粮、对国家粮食安全做出贡献的新型职业农民，反而无法获得补贴。这显然背离了补贴政策设计的初衷，既不利于推进农业适度规模经营，也不利于提高农业经营主体的种粮积极性，阻碍新型职业农民发展。

针对上述不合理情况，自2015年起，国家选择安徽、山东、湖南、四川和浙江等5个省进行改革试点，对粮食直补、良种补贴、农资综合补贴政策进行调整和完善，将3项补贴资金合并为农业支持保护补贴，重点补贴种粮大户、家庭农场、农民合作社等新型农业经营主体。以试点省四川为

例，非成都平原地区获得3项补贴需达到的种粮面积门槛为：种粮大户30亩，家庭农场100亩。为了给种粮农民更多支持，在试点的基础上，2016年4月，财政部、农业部印发了《关于全面推开农业“三项补贴”改革工作的通知》，规定自2016年起，在全国将农作物良种补贴、种粮农民直接补贴和农资综合补贴“三项补贴”合并为农业支持保护补贴。政策目标从先前的提高农民种粮的积极性，调整为支持耕地地力保护和粮食适度规模经营，并将补贴资金向规模经营主体倾斜，因此新的补贴制度对新型职业农民更为有利。

但是，在支持耕地地力保护方面，“三补合一”后的补贴对象，原则上仍然为拥有耕地承包权的种地农民，而不是拥有经营权的经营者。实际上，将耕地长期出租的、不从事农业生产经营的深度兼业农户与进城定居农户，他们主要关心地租，而不关心耕地地力。因此，尽管新的农业支持保护政策补贴比“三项补贴”制度有明显进步，但要真正实现支持耕地地力保护和粮食适度经营规模的政策目标，从而推动新型农业经营主体的发展，还需要进一步完善补贴对象筛选机制。

（二）加强支持现代农业生产发展

为了支持农田水利设施基础建设、养殖小区或池塘的建设和改造，推动粮食生产以及其他优势特色主导产业发展，财政部于2007年制定了《中央财政现代农业生产发展资金管理办法》，并在2013年进行了修订。2008—2012年，中央财政累计安排拨付现代农业生产发展资金381亿元[1]。此后，按照“对农业扶持力度和对农民支持力度不减少”的思路，国家对现代农业生产发展的支持力度持续增加。2013—2015年，中央财政分别安排拨付现代农业生产发展资金121.5亿元、131.5亿元和203.6亿元[2]。这种扶优做强的农业补贴政策，有助于新型农业经营主体改善生产经营条件，提高规模经营程度，进而提升盈利水平和持续发展能力。

（三）补贴方式向“市场定价、价补分离”转变

从2004年起，我国相继对稻谷和小麦实施最低收购价政策，对玉米、大豆、棉花等农产品实施临时收储政策，对政策性储备粮食、糖和油料等实施公开竞价交易。2014年，国家取消了大豆、棉花临时收储，启动了新疆棉花、东北和内蒙古大豆目标价格补贴试点。按照这一政策，当市场价格低于目标价格时，中央财政根据目标价格与市场价格的差价，以及国家统计局调查的试点省（区）大豆、棉花产量安排补贴资金，再由省级政府将补贴资金兑付给种植者。2016年起，国家开始按照“市场定价、价补分离”的思路，在东北三省和内蒙古实行玉米生产者补贴制度。按照这种补贴制度，玉米价格由市场形成，同时中央财政对各省区亩均补贴水平保持一致。

农产品补贴支持制度的完善，对新型农业经营主体发展来说，既是挑战，也是机遇。一方面，新的市场化主导的农产品定价方式，让农民更加直接地面对市场价格波动和国际农产品市场的冲击。由于我国农业的国际竞争力不强，这显然会对农产品价格带来很大压力，直接影响新型农业经营主体发展。但另一方面，“价补分离”可以让农民更关注市场价格走势，有利于发挥价格机制对生产规模和种植结构调整的引导作用，并能够促进土地等农业生产资料（以更加合理的价格）向新型农业经营主体集聚，最终提升经营规模和提升农业竞争力。

---

[1] 数据来源：2008—2013年数据来自中央人民政府网站: http://www.gov.cn/jrzg/2012-11/06/content_2258916.htm.

[2] 数据来源：财政部网站: http://nys.mof.gov.cn/zhengfuxinxi/bgtGongZuoDongTai_1_1_1_1_3/201412/t20141225_1172089.html; http://nys.mof.gov.cn/zhengfuxinxi/bgtGongZuoDongTai_1_1_1_1_3/201511/t20151130_1589254.html.

（四）为农业发展提供更加完善的金融支持

为了稳定新型农业经营主体的生产经营，缓解金融供给不足对农业的束缚，消减农业风险对农业的冲击，国家采取多种措施改善涉农金融服务水平。

一是加大金融支农力度。农村金融是现代农村经济的核心。开展农业规模经营，流转土地、购买农资、购置农机具、建设烘干塔等，都需要投入大量资金。金融机构的资金支持在新型农业经营主体发展中起着重要作用。国家也一直将金融为解决“三农”问题的重要着力点，注重从“增量”和“存量”两个角度加大金融支农的力度。一方面是发展新型农村金融机构。2006 年年底，银保监会发布了《关于调整放宽农村地区银行业金融机构准入政策更好地支持社会主义新农村建设的意见》；2009 年 7 月，又发布了《新型农村金融机构 2009—2011 年工作安排》。而截至 2016 年年末，全国已组建的新型农村金融机构 93% 以上的贷款投向了农户的小微企业。其中，全国农村中小金融机构的法人机构数也在逐年增加，分别为村镇银行 1443 个，农村商业银行 1143 个，农村合作银行 40 个，贷款公司 13 个，农村资金互助社 48 个。同时，全国金融机构空白乡镇也从启动时（2009 年 10 月）的 2945 个减少到 1296 个；实现乡镇金融机构和乡镇基础金融服务双覆盖的省份（含计划单列市）从 2009 年 10 月的 9 个增加到 29 个。（中国农村金融服务报告，2016）

另一方面是加大传统金融机构的支农力度。2014 年 4 月，国务院发布了《关于金融服务“三农”发展的若干意见》，要求政府有关部门和金融机构“创新农村金融产品和服务方式”，加大对农业经营方式创新等重点领域的金融支持。此后，人民银行连续多次以“定向降准”的方式，增加符合条件的农村金融机构的信贷规模，鼓励其将资金投向“三农”领域。受国家政策影响，近年各类金融机构的涉农贷款显著增加。2014 年，金融机构涉农贷款额达到 29984 亿元，同比增加 13.0%，其中当年农户新增贷款 8556 亿元，同比增长 19.0%[1]。截至 2015 年年底，银行业金融机构涉农贷款余额 26.4 万亿元，同比增长 11.7%，涉农贷款余额在各项人民币贷款余额中的占比达 28.1%，新增贷款中超过 1/3 的款项投向了“三农”领域[2]。

二是完善农业保险政策。我国是农业自然灾害严重的国家之一。国家发改委的数据表明，2017 年全国农作物受灾面积 18478.1 千公顷，其中绝收 1826.7 千公顷，直接经济损失 3018.7 亿元。对于新型农业经营主体而言，经营规模大、风险高，一旦遭受大灾，将面临重大损失，甚至会被迫放弃规模经营。在 2013 年中央农村工作会议上，习近平总书记曾指出“新型农民搞规模种养业，风险也加大了，农业保险一定要搞好，财政要支持农民参加保险”。自 2007 年以来，我国的农业保险支持政策不断发展，中央财政支持和补贴保险费的农牧业产品生产保险的种类已经增加到了 16 类。

当然，必须认识到，我国现有的农业保险还存在品种少、覆盖面小、保障水平低等问题。农业保险支持政策主要集中在粮食作物方面，很多重要的农产品保险，例如，鸡鸭牛羊、设施蔬菜、水果、茶叶、水产养殖保险等，没纳入中央支持和补贴范围。而且，现有的农业保险还存在保险金额低、损失补偿率不高、投保容易理赔难等突出难题。2012—2014 年全国需要补偿的农作物灾害损失约 5997.8 亿元，通过农业保险补偿 565.4 亿元，仅占 9.4%[3]。农业保险保障水平主要由各地根据当地

[1] 数据来源：中国人民银行. 中国农村金融服务报告［M］. 北京：中国金融出版社, 2015.

[2] 数据来源：中国银行业协会. 2015年度中国银行业服务改进情况报告［M］. 北京：中国金融出版社, 2016.

[3] 资料来源：伍跃时委员. 完善农业保险制度 为农民撑起保护伞［EB/OL］. 红网, 2016-03-07: http://ny.china.com.cn/a/renwu/lingjunrenwu/2016/0308/19340.html.

财政实力确定，普遍实行“低保费、低保障、广覆盖”原则，主要承保物化成本，保障水平低。

总的来看，如何更好地发挥农业保险制度的作用，加快开发适应新型农业经营主体需求的保险品种，探索开展重要农产品目标价格保险、收入保险、天气指数保险等险种，全面扩大农业保险产品覆盖面，关系到新型农业经营主体稳定经营和长期发展。

第 2 节　专业大户和家庭农场：现状与问题

2013 年的中央 1 号文件强调指出：“创造良好的政策和法律环境，采取奖励补助等多种办法，扶持联户经营、专业大户、家庭农场。”十八届三中全会《决定》指出：“加快构建新型农业经营体系。坚持家庭经营在农业中的基础性地位，推进家庭经营、集体经营、合作经营、企业经营等共同发展的农业经营方式创新。”随着土地流转与规模经营的加快发展，以土地集中型的规模种养大户大量出现。2013 年以后，各地家庭农场如雨后春笋般蓬勃发展。经过几年的发展，专业大户和家庭农场的经济绩效逐步显现，面临的困难与挑战也更加突出，亟须总结其发展现状与制度特征，分析发展中面临的共性问题，提出有针对性的发展建议。这不仅有助于回答家庭农业是否还有生命力，采取什么样的路径使分散的小农家庭经营模式实现规模经济，而且对于稳定和完善农村基本经营制度，实现农业现代化具有重要意义。

一、背景与特征

（一）专业大户和家庭农场的产生有特定背景条件

专业大户和家庭农场的产生，既符合家庭经营的特点和发展需求，又有着特定的条件和深刻背景。城镇化快速推进、农村劳动力大量外出为专业大户和家庭农场提供了发展条件。从外部环境看，工业化、城镇化发展，农村劳动力大量向非农产业转移，农业劳动力结构性素质下降，迫切需要土地流转和适度集中。从农业内部看，土地经营高度分散，农业抗风险能力和市场竞争能力差，农业比较效益过低，迫切需要扩大经营规模。根据国家统计局抽样调查结果，2016 年农民工总量为 28171 万人，比上年增加 424 万人。截至 2016 年 6 月，全国家庭承包经营耕地流转面积 4.6 亿亩，占比达承包耕地总面积的三分之一，这些因素有力地推动了专业大户和家庭农场的发展。

（二）专业大户和家庭农场与农村基本经营制度相契合

自改革开放以来，我国确立的以家庭承包经营为基础、统分结合的双层经营体制，极大地调动了农民积极性、解放了生产力，对促进我国农业发展发挥了至关重要的作用。农村基本经营制度是党的农村政策的基石，必须毫不动摇地坚持。从“分”的层次看，主要是培育专业大户、家庭农场，提高家庭经营的集约化、专业化和规模化水平。专业大户、家庭农场作为传统农户的升级版，既保留家庭经营的合理内核，又具备从事现代农业生产经营的优势，适合我国基本国情和农村实际，是对以家庭承包经营为基础统分结合的双层经营体制的完善和发展。

（三）专业大户和家庭农场有鲜明的特征与发展定位

专业大户和家庭农场是在农村分工分业发展的背景下，逐步形成的以家庭成员为主要劳动力，面向市场从事集约化、专业化、标准化生产经营，以务农为家庭收入主要来源的新的农业经营主体。

专业大户和家庭农场具有经营规模较大、不存在委托代理、契约化交易为主、监督成本较低等基本特征，是构建新型农业经营体系的骨干，是商品农产品特别是大田作物农产品的主要提供者，也是发展合作经营的核心力量。

（四）专业大户和家庭农场是农业供给侧结构性改革的有效载体

专业大户、家庭农场与传统小型农户相比，可以使分散的土地、资金和劳动力等生产要素在较大范围和较高层面上有效结合，有利于实行统一生产资料供应、技术服务、质量标准和市场拓展，有利于对农业投入品进行监管，推进农业标准化和品牌化建设，便于探索基地农产品的准出和追溯管理，提高我国农业的效益和竞争力。专业大户、家庭农场比小农户更加重视市场，与市场的互动和对接更加充分，更加关注市场变化，重视并以市场需求为导向指导生产经营，提高农产品的质量，为市场提供安全优质的农产品，来适应消费升级的需要。

二、发展现状

2014年起，农业部委托中国社会科学院农村发展研究所启动了全国家庭农场发展情况典型监测工作，在全国31个省（区、市）的91个县（市、区）选择了3000户左右的家庭农场，开展跟踪监测。2015年，有3073户家庭农场纳入监测范围，共获得有效样本2903户。这项典型监测调查能够较好地反映当前我国家庭农场发展的现状特征。

（一）家庭农场经营规模渐趋稳定

根据监测结果，当前家庭农场的经营规模扩展速度减缓。2015年平均经营土地面积373.68亩，比上年增加39.52亩，平均新增面积占比10.58%，比上年下降了8.62个百分点。同时，土地流转租期稳步延长，流转地块最长租期的平均年限为12.8年，流转租期五年以上的土地面积占比达到68.26%。土地流转的平均租金为509.26元/亩，比上年略有增长。其中，种植业家庭农场土地流转价格增速由上年的5.73%下降到0.29%，基本趋于稳定。

（二）家庭农场管理水平逐步提高

家庭农场管理水平有所提高，主要表现在两个方面。一方面，物质装备水平全面提升。家庭农场平均拥有农机具5.72台（套），比上年增加1.03台（套），有2242个家庭农场拥有仓库、2177个拥有农机库棚、2023个拥有晒场，占比分别比上年提升4.1、6.16和19.47个百分点。另一方面，内部管理显著改善。有2110个家庭农场有比较完整的收支记录，占比为72.68%。有1841个家庭农场在工商部门注册登记，占样本总数的63.42%。其中，有96.25%注册为个体工商户和个人独资企业。

（三）家庭农场经营收入和补贴情况变化明显

受补贴政策调整等因素的影响，粮食类家庭农场亩均收入下降。据500个粮食类家庭农场数据分析，2015年亩均纯收入693元，比上年的745元下降了6.91%。但同时，随着国家支持力度不断加大，家庭农场获得补贴金额明显提升。每个家庭农场平均获得各类补贴4.87万元，比上年增加了2.23万元。其中，粮食类家庭农场平均获得各类补贴3.56万元，比上年增加0.8万元。

（四）家庭农场融资保险需求仍然较大

监测数据表明，家庭农场融资渠道进一步向中小银行集中，融资渠道中农村信用社占46.03%，邮政储蓄银行占7.08%，比上年分别提升了3.09和2.96个百分点。而从大型商业银行贷款的比例为

9.35%，比上年下降了4.3个百分点。在农业保险参保方面，家庭农场的投保比例和平均理赔比率有所增加，有51.71%的家庭农场有保险费支出，比上年提升了5.71个百分点，有49.67%的家庭农场获得理赔，比上年提升了29.68个百分点。在最为期待的扶持政策中，家庭农场更多希望在基础设施和保险补贴方面获得扶持，占比为65.55%和64.07%。

（五）家庭农场发展成效显著

家庭农场在商品农产品供给中的保障作用逐渐扩大，不仅促进了先进技术和优良品种推广应用，而且在提升农产品质量安全中的引领作用日益凸显。以浙江省为例，2015年，浙江省家庭农场销售农产品总产值131.8亿元，平均每个家庭农场年产值55.6万元，亩均产值5773.6元。有9.3%的家庭农场年销售农产品总值在100万元以上，9.2%拥有注册商标。在调研中发现，许多家庭农场通过将物联网、先进农业机械、优良品种等应用到生产过程，大力发展设施农业、智慧农业、生态农业，在提高自身资源利用率、土地产出率和劳动生产率的同时，有效带动了周边农户转型升级。

三、存在问题

从调研及各地反映情况看，当前我国专业大户、家庭农场的发展还面临一些困难和问题。特别是近两年，玉米按照市场定价、价补分离的原则，推进玉米收储制度改革，给以种粮为主的专业大户、家庭农场带来较大冲击。

（一）土地流转价格过高，比较效益提升难度越来越大

过高的土地流转价格直接增加了专业大户、家庭农场生产成本，降低了经营利润，也影响了农业规模化生产。在山东省调研时了解到，当地土地流转价格部分超过1000元，从粮食生产的角度来讲，已经没有利润空间，影响了家庭农场从事粮食生产的积极性。同时，家庭农场从农户流转来的地块比较分散，无法形成规模，无形中抵消了规模经营带来的规模效益。如辽宁某家庭农场流转360亩耕地，涉及63块承包地。此外，农村土地流转市场发展不规范也制约了专业大户、家庭农场的发展。

2015年，国家首次下调玉米临储收购价格，价格跌回五年前的水平。受此影响，专业大户、家庭农场的种粮收益大幅减少，面临巨大经营压力。例如，2015年，珲春市板石镇松哲种植专业农场经营耕地面积202公顷，其中种植玉米167公顷。农场主李松哲表示，去年农场纯收入80多万元，而由于玉米价格下降，导致少收入30多万元。由于粮价下跌，专业大户、家庭农场在扩大种植规模上顾虑重重，也影响了生产经营的持续稳定。

（二）生产经营资金缺乏，农业保险保障水平低

调查表明，多数专业大户、家庭农场都有进一步扩大经营规模的意愿，而发展过程中土地流转、地块整理、购置农机、购买农资、改善生产设施和临时雇工都需要大量资金投入且资金周转季节性强。目前，大部分专业大户、家庭农场自身资金有限，缺乏有效的融资渠道，也难以符合金融机构的借贷条件获得大额贷款。如河北省9162个家庭农场中仅有767个家庭农场获得了贷款支持，只占全省家庭农场总数的8.37%，其中贷款金额20万元以上的只有130个家庭农场，仅占获得贷款农场总数的16.95%。

目前我国农业保险覆盖面仍然较窄，大田作物农业保险保额低偏问题突出，在定损、赔偿等环节耗时长，手续繁杂，且赔偿金额难以弥补亏损。尽管近几年我国各地不断提高保险保额，但每亩

的风险保障仍然不到300元。对于专业大户和家庭农场而言，经营规模大、风险高，一旦遭受大灾，将面临重大损失。

（三）基础设施与技术装备依然薄弱，专业经营管理人才缺乏

各地调研发现，农业基础设施薄弱、物质技术装备水平低，抗灾减灾的能力不强仍是制约专业大户、家庭农场发展的一个突出问题，并且这些问题已经由产中环节转向产前、产后环节。如延边州农场主文明哲表示，“想旱田改水田，每亩的成本约为2万元。若建一个100吨的烘干塔需要50万~60万元，远远超出了自身的承受范围”。

同时，人才困境也是专业大户、家庭农场遇到的难题。一方面，农村留守人群受教育程度普遍不高，对现代的经营理念和先进的农业种植方式接受能力较差，难以满足专业大户、家庭农场的人才需求；另一方面，招聘大中专毕业生和专业技术人员的成本较高，且很难吸引到合适的人才。

（四）针对性政策扶持体系不健全，规范化管理亟须加强

专业大户、家庭农场的健康发展离不开政府部门的大力支持。目前，专业大户、家庭农场亟须的财政、金融、保险、用地等方面的扶持政策尚不健全，需要进一步完善。专业大户、家庭农场仓储、晒场、农机场库棚等附属设施用地政策虽然有文件规定，但操作难度很大，政策落实不到位，保障程度较低。此外，我国农业社会化服务体系尚不健全，专业大户和家庭农场急需的经营管理、技术指导、市场分析和粮食收储烘干等服务依然短缺。

由于专业大户缺乏明确的认定标准，家庭农场的资格条件也尚未统一，引导其规范化发展的许多工作还没有充分开展。如许多地方还没有出台家庭农场的认定标准，一些地方把雇工几十人、规模上万亩的农场也登记为家庭农场，明显不符合中央关于以农户为主体发展家庭农场的精神和要求。

四、推动专业大户和家庭农场健康发展需多措并举

推进专业大户、家庭农场健康发展，需要政府进一步发挥政策引导和扶持作用，在管理服务、农业投入、金融保险、人才培养、机制创新等方面有所作为，支持其提升竞争力、注重内涵式发展，促使其更好地发挥在农业供给侧结构性改革和现代农业建设中的引领作用。

（一）加强农村土地流转管理服务

一是健全土地有序流转机制，加强土地流转平台建设，拓展各地土地流转中心的服务内容，扩大土地流转服务覆盖面，提升服务质量和能力。二是完善土地流转价格形成机制监控，引导和鼓励专业大户、家庭农场通过实物计租货币结算、租金动态调整、土地入股保底分红等利益分配方式，稳定土地流转关系。三是加强土地基础条件建设，通过互换并地、转让等方式解决土地细碎化。建议中央财政设立农民互换并地规模化整理专项资金。四是鼓励有条件的地方将土地确权登记、互换并地与农田基础设施建设相结合起，整合商品粮基地、高标准农田建设、农业综合开发、土地整理、农田水利等项目资金，按照农业发展规划建设连片成方、旱涝保收的优质农田，优先流转给专业大户和家庭农场。

（二）健全针对性政策扶持措施

一是落实中央关于农业补贴增量主要支持新型农业经营主体的要求，研究制定农机、良种、农资补贴向专业大户、家庭农场倾斜的具体办法。建议中央设立扶持家庭农场发展专项资金，优先支

持示范性家庭农场改善农田设施、增肥地力，提升经营管理水平。二是加大对金融支持力度。鼓励金融机构创新产品和服务方式，拓展农村有效担保抵押物范围，为专业大户和家庭农场提供金融支持。按照普惠金融的要求，推动各地开展家庭农场信用评定，支持金融机构为家庭农场提供授信服务。三是完善农业保险政策，增强抗风险能力。增设财政支持的政策性农业保险品种，扩大政策性农业保险覆盖范面，创新开发家庭农场专属的“基本险＋附加险”的保险产品，并给予保费补贴。开展农产品价格保险试点，探索自然灾害保险与价格保险相结合的综合性保险业务。四是明确专业大户、家庭农场享有与农户同等的税收优惠政策，在农地农用和符合规划的前提下，同等条件下优先设施农用地审批，通过加大农田水利、土地整理、装备设施、田间道路等农业配套基础设施建设项目扶持力度，为专业大户、家庭农场发展创造良好的农业生产条件。

（三）健全农业社会化服务体系

一是加快构建新型农业社会化服务体系。强化公共服务组织建设，大力扶持经营性服务组织发展，以专业大户为主要服务对象，以家庭农场等新型农业经营主体为重点扶持对象，通过机制创新、主体培育、领域拓展和区域协调，促进农业社会化服务全面快速发展。二是探索政府购买公益服务的新机制。继续扩大“政府采购”的方式，引导市场化组织开展公益性服务，创新公益服务机制。三是强化农业社会化服务体系对专业大户、家庭农场支持力度，实现农业信息、科技、农产品检测、植保、农机、农资农药、农产品营销会展、农业保险、农业气象预警、农业金融等十大农业社会化服务平台服务全覆盖，重点推进农机和谷物烘干服务网点建设。

（四）加强人才培育与规范化管理

一是加大对专业大户和家庭农场经营者的培训力度，在职业农民培训和“阳光工程”转型过程中，将专业大户、家庭农场经营者作为培训重点，制订中长期培训计划。二是完善职业教育制度，大规模、持久性地开展农业基础教育和技术教育，对取得绿色证书的专业大户、家庭农场主优先给予政策扶持，逐步培养一大批有文化、懂技术、善经营、会管理的农业经营者。三是完善家庭农场认定管理制度，出台家庭农场认定和工商注册的相关制度，明确认定标准，指导各地加快出台家庭农场认定管理办法。四是创新多元化发展机制。顺应专业大户和家庭农场的成长规律，鼓励各地立足当地实际，探索家庭农场发展的有效路径，创新组织形式和运行机制，提升经营管理水平。政府要引导专业大户、家庭农场加强联合与合作，鼓励其牵头或参与组建合作社、协会或联盟、现代农业联合体，鼓励工商企业与专业大户、家庭农场建立稳定利益联结机制，提高农业组织化程度。

第 3 节　农民合作社创新发展的案例分析：以黑龙江仁发合作社为例

十七届三中全会指出，我国已“进入加快改造传统农业、走中国特色农业现代化道路的关键时刻”。走中国特色的农业现代化之路，离不开组织有效、功能完善的农业经营主体。近几年来，中央开始着力培育专业大户、家庭农场、农民合作社等新型农业经营主体。尤其是农民合作社，在中央多项政策和有关法律法规的推动下，实现了跨越式发展。但是伴随着农民合作社数量的井喷式增长，社会各界对合作社发展的质疑也逐渐增多。一些学者认为，我国的农民合作社并不能称其为合作社，绝大部分农民合作社，只是一个徒有虚名的、没有实质经营活动的组织。即使是比较乐观的估计，当前运行良好的合作社也只有 1/3 左右，其对于农民增收和农业现代化的作用有限。但理论上讲，农民合作能够解决小农户分散经营的弊端，提升农业经营的规模化、组织化程度，是农业经营体制机制创新和农业现代化的基础支撑。在此背景下，探究农民合作社尤其是农机合作社在农业转型发展中的积极作用，厘清制约其发展壮大的关键因素，有重要理论和实践意义。基于此，本文以黑龙江克山县仁发现代农机合作社（简称仁发合作社）为例，讨论农民合作社能否以及如何在农业现代化中发挥作用，以图为引导农民合作社规范发展、推进农业经营体制机制创新提供决策参考与经验借鉴。

一、仁发合作社出现的背景

（一）新时期的合作社浪潮

20 世纪末以来，随着工业化、城镇化加快，农村人口持续大量向城市迁移，农业劳动力数量减少、素质结构性下降等问题日益突出。留乡务农的以年轻妇女或中老年农民为主，形成了所谓的农业经营的“386199”部队，小学及以下文化程度比重过半。我国农业微观经营主体发生着深刻变化，原有的家庭承包经营模式受到冲击，“谁来种地、如何种地”以及“小生产”与“大市场”如何对接等重大现实问题日益紧迫。作为家庭经营的有力补充，新型农业经营主体受到广泛关注，国家开始大力支持专业大户、农民合作社等新型农业经营主体发展。

2005 年中央一号文件首次提出支持农民专业合作组织发展，对专业合作组织及其所办加工、流通实体适当减免有关税费。2006 年中央一号文件开始从法律和制度着手，提出要加快立法进程，加大扶持力度，积极引导和支持农民发展各类专业合作经济组织。同年 10 月 31 日，全国人大常委会通过了《中华人民共和国农民专业合作社法》。2007 年中央一号文件明确要求培育现代农业经营主体，积极发展种养专业大户、农民专业合作组织等适应现代农业发展要求的各类经营主体。为了加快推进农业机械化，2008 年中央一号文件提出扶持发展农机大户、农机合作社和农机专业服务公司。十七届三中全会审议通过的《中共中央关于推进农村改革发展若干重大问题的决定》提出，要培养新型农民合作组织，扶持农民专业合作社加快发展，“有条件的地方可以发展专业大户、家庭农场、农民专业合作社等规模经营主体”。此后，农民合作社的地位和作用越来越瘦到重视。2009—2016 年的中央一号文件，多次强调要从财政（补贴）、金融等多方面扶持农民合作社发展，支持农业机械的应用和新型农业服务主体开展代耕代种、联耕联种、土地托管等专业化规模化服务。十八届三中全会通过的《中共中央关于全面深化改革若干重大问题的决定》也提出，鼓励承包经营权向专业大户、家庭农场、农民合作社等流转，发展多种形式规模经营；鼓励农村发展合作经济，扶持发展规模化、专业化、现代化经营。

受农业农村发展需要和国家各级政府的大力推动，近年来，农民合作社大量涌现。据国家市场监督管理总局的数据，截至 2015 年年底，全国农民合作社数量已达 153.1 万家，是 2007 年的 58 倍多。同时，作为农民合作社的重要组成部分和当前农业今天体制机制创新的关键推进力量，农机合作社也实现了快速成长，从 2007 年的 0.4435 万家，增长为 2015 年年底的 5.3 万家。不过，受农业生产中需要的农业机械数量相对饱和、其他类型农民合作社增长速度更快等因素的影响，我国农机合作社占农民合作社的比重持续下降，已经从 2007 年的 17.06% 降至 2015 年的 3.53%。

表 4-2 农民合作社以及农机合作社的数量变化

单位：万家；%

年份	2007	2008	2009	2010	2011	2012	2013	2014	2015
农民合作社	2.60	7.96	24.64	37.91	52.17	68.90	97.14	128.88	153.10
其中：农机合作社	0.44	0.79	1.49	2.18	2.80	3.44	4.23	4.74	5.40
农机合作社占比	17.06	9.87	6.05	5.75	5.37	4.99	4.35	3.68	3.53

数据来源：国家市场监督管理总局和农业部公布数据整理汇总。

（二）黑龙江的现代化大农业

作为农业大省，黑龙江有很多优势，最突出的优势就是土地资源优势。不到全国 3% 的人口，拥有全国十分之一的耕地（粮食种植面积一直保持在 2 亿亩以上），人均耕地面积远高于我国其他地区。这一得天独厚的优势，决定了黑龙江在发展现代农业、保障国家粮食安全战略上的特殊使命。2009 年 7 月，胡锦涛同志在黑龙江考察时，曾提出："积极发展现代化大农业，建设国家可靠大粮仓。"2015 年 7 月，习近平总书记在东北调研时指出："要加快发展现代化大农业，积极构建现代农业产业体系、生产体系、经营体系，使现代农业成为重要的产业支撑。"

早在 1959 年，毛泽东主席提出了"农业的根本出路在于机械化"的著名论断。发达国家的经验表明，实现农业现代化，要以实现农业机械化为前提。农业机械是发展现代农业的重要物质基础，农业机械化是农业现代化的重要标志。正是认识到农业机械化的重要性，2004 年 6 月 25 日，全国人大常委会通过了《中华人民共和国农业机械化促进法》。

但是，新时期以来，受工业化城镇化的影响，黑龙江的农业也面临与其他农区一样的挑战——农村劳动力大量外流，农业经营兼业化、副业化情况严重，小农户利用小型农机具分散耕作十分普遍。为了发展现代化大农业，黑龙江选择了一条以大型农机合作社带动农业生产的集约化、专业化、规模化之路。除争取国家大型农机具购置补贴外，黑龙江省还在 2008 年制定了扶持大型农机合作社成立和发展的具体措施，规定凡注册资金达到 400 万元以上的农机合作社，购置农机具时政府将以 1.5 倍的财政资金进行配套。截至 2015 年底，黑龙江省累计投资财政资金 7.98 亿元，支持组建千万元资产规模的现代农机合作社 1224 个。农机合作社的涌现和大型现代农机具的普遍采用，极大地推进了黑龙江现代化大农业的发展，其农业经营的机械化水平和规模化、组织化程度不断提高。至 2015 年，全省农业综合机械化水平达到 93.75%，秸秆还田面积达到 4660 多万亩，累计深耕深松土地面积 2.24 亿亩（次）。此外，规模化经营和耕作方式的转变还提高了亩均单产和粮食总产。2015 年，黑龙江粮食总产量为 1369.58 亿斤，占全国粮食总产量（12428.7 亿斤）的比例高达 11%，是名副其实的"大粮仓"。

二、仁发合作社的现状及成长历程

正是受到新时期农民合作社浪潮和各级政府对农机合作社大力扶持的影响，2009 年 10 月底，黑龙江省克山县仁发村的党支部书记李凤玉，联合本村的 6 户农民，注册成立了克山仁发现代农机合作社（简称仁发合作社）。其中，担任合作社理事长的李凤玉出资 550 万元，其他 6 户农户每户出资 50 万元，共 850 万元。注册之后，仁发合作社成功获得了 1234 万元的大型农机具购置国家财政补贴资金（以下简称"国投资金"），购置了 30 多台（套）大型农机具。经过几年的快速发展，至 2015 年底，仁发合作社已经成为拥有成员 1014 户、大型农机具 130 多台（套）、玉米烘干塔 2 座、经营土地面积达 5.6 万亩、年净盈余达 4196 万元的全国知名的农机合作社典型。依据不同的运营模式，其发展历程可以划分为以下四个阶段。

（一）“提供代耕服务 + 租地经营”阶段：2009—2010 年

黑龙江的纬度较高，冬季非常寒冷，农作物是一年一熟：每年 10 月中下旬收获，然后熬过漫长的冬季，第二年 4 月中下旬天气转暖之后开始耕种，如此往复。这就导致成立于 2009 年 10 月底的仁发合作社，直到 2010 年 4 月才正式运营。在经营策略上，仁发合作社一方面采取与大部分农机合作社相同的经营策略——为周边农户提供代耕服务，每亩服务费约为 50 元；另一方面考虑到土地条件和市场销量，利用自有大型农机具农机的优势，以每亩 240 元的价格流转周边农户土地种植大豆，形成了“代耕服务 + 租地自营”的双轮发展模式。但是，当地每家农户都有拖拉机等小型农机具，有些农户还购置了大型农机具，当地农户的代耕需求并不旺盛，而且代耕市场竞争激烈，每亩代耕服务费只有 50 元左右。再加上代耕的地块非常分散，无法实现连片耕作，大型农机具的优势难以发挥。2010 年全年仅代耕约 6 万亩土地，服务收入不足 100 万元。同时，流转农户土地需要支付租金，很多农户甚至要求预收租金。购置农机后的仁发合作社已无力支付达到一定经营规模的租金，当年只流转了 1100 亩土地开展统一经营。由于代耕和合作社统一经营的土地达不到最小的最优规模（MES），且受国际大豆市场的冲击，国内大豆价格持续下滑。2010 年年底会计核算发现，经营的第一年，仁发合作社净亏损 172 万元。

（二）“分享国家补贴 + 支付超额地租”阶段：2011—2012 年

与政府联合投资 2000 余万，却遭受了亏损，仁发合作社的 7 位出资股东认识到，要想实现规模效益和技术效益，必须尽快提高合作社的土地经营面积。于是，如何让更多的农户相信合作社并愿意把土地交由合作社统一经营，成为摆在理事长李凤玉及其他 6 个股东面前的第一难题。经黑龙江省农委及有关专家的倡议和指导，2011 年 4 月，仁发合作社的 7 个股东召开了会议，最后大家商议决定改变先前“代耕服务为主 + 租地自营为辅”的经营模式，租入土地不再预先向农户支付土地流转费用，而是尝试以承诺“分享国投资金 +（收获后）支付超额地租”的方式，吸引农户把土地交由合作社经营。

具体来看，为了让更多农户“带地入社”，仁发合作社主要采取了以下三个措施：一是保证把政府配套的 1234 万元农机购置补贴，平均量化到户，每个加入仁发合作社的农户都可以获得一份政府财政配套资金份额。二是承诺“凡是把土地交给合作社统一经营的农户，每年每亩土地可以获得 350 元的保底租金”。这一租金比当地土地流转市场上亩均地租高出约 100 元。三是允许“带地入社”成员以分得的国家财政补贴份额和上述 350 元 / 亩的保底租金参与合作社的年终分红。上述措施有效提升了仁发合作社对普通农户的吸引力，合作社成员数量迅速增加到 314 户，统一经营的土地面积超过 1.5 万亩。有了一定的经营规模，仁发合作社当年实现总收入 2763.7 万元，净盈利达到 1342.2 万元，成员（每户）平均可以分得 25873 元。

良好的经营效益进一步提高了仁发合作社对周边农户的吸引力，更多的农户带地入社。至 2012 年，仁发合作社的成员数量增加为 1222 户，统一经营土地面积增加到了 3 万亩，年净盈利 2758 万元，成员的平均亩收益增加为 730 元。以典型成员入社土地 20 亩计算，不考虑国家配套补贴资金每户 5634 元的分红，仅土地入股合作社一项，成员 2012 年收入可达 14600 元。由于提高粮食产量、带动农户增收的成绩突出，2012 年，仁发合作社被评为“全国农民专业合作社示范社”，57 岁的理事长李凤玉被评为黑龙江省劳动模范。

（三）“土地入股 + 按股分配”阶段：2013—2014 年

随着合作社的经济效益和社会声誉越来越好，成员和周边非成员农户对合作社的信任也显著增强。但是，成员入社土地保底收益的存在，使得成员之间的利益链接不够紧密，经营风险在理事长李凤玉及其他出资成员一方过度积累，《农民专业合作社法》所倡导的“收益共享、风险共担”的合作机制没能建立起来。

为了进一步强化合作社的凝聚力，提升合作社的规范性，经合作社理事会提议和成员代表大会通过，2013 年 1 月仁发合作社取消了成员入社土地每亩 350 元的“保底收益”，引导成员以土地入股，并直接将入社土地数量作为成员的交易量。合作社可分配盈余按照《农民专业合作社法》规定的 40∶60 原则，在股东入股资金和成员入社土地（将面积视作交易量）之间分配。新分配方式下，农户把土地交由合作社统一经营的预期收益明显提高。大量的农户踊跃加入，2013 年，仁发合作社的成员迅速增加至 2436 户，统一经营土地面积达到 50100 亩。当年，仁发合作社实现总盈余 5328.8 万元，成员入股的土地每亩收益达 922 元，远高于当地土地流转的价格，合作社统一经营的规模效益进一步显现。周边一些农户要求加入仁发合作社的愿望强烈。2014 年，仁发合作社的成员数量达到 2638 户，统一经营土地面积增加至 54000 亩。但是，受农产品价格尤其是马铃薯价格的影响，当年合作社实现总盈余 4890.27 万元，成员入股的土地每亩收益为 750 元，较上年明显下滑。

（四）“多元经营 + 延长产业链”阶段：2015 年以来

2015 年年初，受多方面因素的影响，仁发合作社与最重要的合作社伙伴麦肯食品（哈尔滨）公司的长期合作被迫终止。自 2011 年以来，仁发合作社一直是麦肯食品（哈尔滨）公司的马铃薯生产基地，按照合同协议为后者种植一定面积的马铃薯。与麦肯食品（哈尔滨）公司合作关系的终止，不仅让仁发合作社失去了将大批量马铃薯推向市场的渠道，还失去了多年以来最重要的利润增长点。原本迅猛发展的仁发合作社第一次感受到规模化农业经营的市场风险。

考虑经营前景和出资股东的经济利益，经理事会提议和成员代表大会通过，仁发合作社对经营模式做出了三个重大调整。一是根据市场销路情况，调整合作社的种植结构。除继续种植玉米、马铃薯、大豆外，合作社开始种植市场销路较好、附加值较高的有机大豆、甜玉米和白甜瓜。2015 年，仁发合作社种植玉米 40500 亩、马铃薯 5500 亩、普通大豆 6000 亩、有机大豆 1000 亩、甜玉米 2500 亩、白甜瓜 500 亩。二是劝退部分带地入社的成员，以避免利润（尤其是国家财政投资部分）被过分摊薄、提高资金股东的投资回报率。2015 年，合作社的成员锐减为 1014 户，规模经营土地面积为 56000 亩。三是积极寻求延长产业链条。为了向产业链上下游进军，除了在 2015 年建造第二座烘干塔外，当年 11 月，在黑龙江省政府的帮助下，仁发合作社带领其他 7 家合作社注册成立的哈克仁发有限公司，与荷兰阿里曼特公司签订了《中荷马铃薯制品加工合作合同》，双方将投资 5.665 亿元，在克山县建设马铃薯种薯繁育、薯产品加工等项目。受国内玉米价格大幅下降和马铃薯种植面积、销售价格大幅下降的影响，2015 年，仁发合作社统一经营 56000 亩耕地，仅实现总盈余 4196.3 万元，入社土地亩均分红 584 元，其经营绩效较前几年显著下滑。

表 4–3　仁发合作社的成长历程

年份	成员数量（户）	统一经营土地面积（亩）	农户/成员亩收益（元）	总收入（万元）	净盈余（万元）
2010	7	1100	240	100.0	-172.0
2011	314	15000	710	2763.7	1342.2
2012	1222	30000	730	5594.0	2758.6
2013	2436	50100	922	10367.9	5328.8
2014	2638	54000	750	10748.0	4890.3
2015	1014	56000	584	9055.2	4196.3

三、仁发合作社的创新实践

为什么仁发合作社从提供代耕服务起步，经历短短几年时间，就迅速成长为经济社会效益十分突出的全国知名的农民合作社？分析发现，仁发合作社之所以取得如此成功，除发挥大型农机具的优势、采用现代种植技术外，主要是它通过组织模式、分配方式、管理机制等方面的创新，大力提高合作社经营管理的规范化程度，在政府有关部门的支持引导下，将资金、土地、技术和企业家才能等要素的作用发挥到最大，从而保障了合作社持续发展的基本动力。

（一）组织模式创新

组织要想获得生存发展所需的资源，必须与控制资源的其他组织或个人交往。“大多数组织行动的焦点在于通过交换的协商来确保所需资源的供给。”（菲佛，2006）同样，农民合作社这种合作经济组织的生存发展，不仅需要乡村骨干小集团的经营能力、社会资本等，还需要普通农户占有的其他互补性资源。资源互补性的存在，为各主体联合起来，通过协同效应提高组织的竞争优势和长期合作效益提供了可能（Harrison and Hitt，2001）。环境越简单稳定，高度互补性资源的所有者联合起来产生的合作效益就越多（Lin et al.，2009）。不过，只有有效地整合和管理互补性资源，才能把这种可能性变为现实。否则，拥有互补性资源的农户将会被锁定在一个“不太合意”的均衡之中，即陷入“低水平均衡陷阱”。

为了解决协作失灵困境，更好地发挥资金、土地等生产要素的积极性，仁发合作社先后进行了三次比较重要的资源组织模式创新。

第一次是吸引拥有土地（承包经营权或经营权）的农户将土地交由合作社统一经营，即所谓的“带地入社”。经历 2010 年的亏损之后，理事长李凤玉及其他投入资金的 6 个成员逐渐认识到，仅仅拥有几十台（套）大型农机具，并不必然产生效益，甚至会亏损。只有把其他互补性资源比如土地与大型农机具结合起来，才有可能“扭亏为盈”，但是，对于刚花费巨资购置了大型农机具的合作社而言，显然再无资金以流转的方式获得所需土地。因此必须尽快创新组织方式，以获得可以“不浪费农机具生产能力”的一定规模的土地。为了达到上述目标，2011 年和 2013 年，仁发合作社进行了两次组织改革。首先，在 2011 年春季，合作社承诺无论秋季收成如何，收获后即向带地入社成员每亩地支付 350 元的保底地租，并在政府相关部门的支持下，承诺把 1234 万元国家配套资金按户平均量化给合作社成员。其次，在 2013 年冬季，合作社按照“保底不分红、分红不保底”的思路，提出将土地与资本一样，入股到合作社，以打造真正“收益共享、风险共担”的合作经济组织。由于此前两年的租金保底、国家财政补贴资金量化到户等做法明显提高了成员收益，周边农户对合作社的信任感增加，这次组织模式变革得到了更多农户的支持，资金、土地等要素的合作更加紧密。在其他农机合作社还在通过传统的“代耕服务”挣扎生存时，仁发合作社已经顺利完成了从“代耕服务”向“股份合作经营”的转变。

第二次是为了应对市场变化，开始成员“租地入社”代替先前的“自有土地入社”，在保证土地面积的同时，减少“分蛋糕”的普通成员数量。仁发合作社在经营中逐渐发现，在农业机械全面替代人工劳动后，土地才是组织成长所依赖的关键性资源，成员数量对合作社经营绩效的影响并不显著。更多的成员数量作为股东，只不过增加了“分蛋糕”的人数。因此，在2015年年初合作社遭受麦肯食品（哈尔滨）公司终止合同带来的市场冲击之后，仁发合作社再一次组织土地资源的模式。其主要做法是：理事会提议和成员代表大会同意，合作社一方面劝退部分带地入社的成员，减少参与分配国家财政补贴资金及其投资分红的股东“户数”，以避免国家财政投资被过分摊薄，进而提高资金股东的投资回报率。成员的减少确实大幅提高了合作社的资本回报率。2015年，合作社每一元出资额的回报率为0.357元，远高于2014年的0.226元。另一方面为了在成员减少的同时保证一定的经营规模，合作社鼓励成员把从市场上流转的连片土地交由合作社统一经营，即“租地入社”。由于一些农户已经有稳定的非农收入，即使退出合作社，他们一般也会将土地流转出去而不会亲自经营，这就为成员“租地入社”提供了条件。2015年，仁发合作社有12个成员将承租的1000多亩土地加入合作社。其中成员杨振刚、马金龙、张玉宝三人“租地入社”的耕地面积分别多达5600亩、4400亩和4000亩。

第三次是实行土地分层管理，创新土地资源使用架构。2014年经营效益的大幅下滑，促使仁发合作社的决策层寻求发展模式转变，减少分配国投资金及其分红的成员户数，显然是最简洁有效的办法之一。理事长李凤玉直言，“成员数量不能太多，仁发下一步必须采取再次分包的方式”。2015年初，经过多轮说服动员，仁发合作社劝退了1600多户带地入社的成员，并引导这些成员将土地出租给合作社的成员。后者向退社成员支付市场价格地租后，带着租入的土地入股仁发合作社，即“租地入股”。这次分配方式的改变彰显了浓厚的追求盈利最大化的“资本逻辑”。一方面合作社仍然有适度规模的土地供其统一经营，另一方面提高了剩余成员的收益——代价是减少了分割国投资金这个“蛋糕”的成员数量。最终，参与“分蛋糕”的普通成员的数量大幅减少，大户“租地入社”，“合作社＋租地大户＋普通农户”的双层土地流转经营模式逐渐形成。

（二）分配方式创新

利益分配永远是组织的核心问题。在市场经济条件下，分配方式一般与资源的组织模式相伴而生。要调动各种要素的积极性，必须对组织发展所依赖的各种资源要素给予相应的回报，并尽力达到利益分配的平衡。根据成员与合作社的交易量进行盈余分配是传统农民合作社的典型特征。按照《农民专业合作社法》的规定，规范的农民专业合作社的盈余分配必须以交易量为依据，且按交易量（额）返还的比例不低于可分配盈余的60%。但是对兼具农机服务合作社、土地股份合作社特点的仁发合作社而言，并不存在典型意义上的交易量。不过，由于资金（大型农机具）和土地是仁发合作社发展中最关键的两种资源，故可以考察其在组织模式变革时，以何种方式、何种比例确定资金和土地两种不同要素的贡献，来关注它的分配方式创新。分配方式上，仁发合作社共经历了两次重要变革。

第一次是改变传统的“按照市场价格预付当年土地租金”[1]的模式，承诺“支付保底租金＋量化国投资金＋租金和国投资金参与分红”，且管理人员不领取工资。以2011年为例，仁发合作社经营总收入2763.7万元，扣除农机具折旧、人员工资、管理费用等支出1421.5万元，当年净盈利1342.2万元。这些盈余在年终怎么分配呢？首先，按照承诺的每亩350元保底收益，兑现带地入社成员的保底租金，1.5万亩土地共计525万元；其次，在剩余的817.2万元可分配盈余中，按章程提取50%的公积金后，把剩余的408.6万元在国投资金（1234万元）、成员资金（850万元）、土地保底租金（525万元）之间按比例分配，每亩土地（折股350元）可分红54.8元；最后，再将国投资金分得的193.3万元平均量化到314户成员，户均6155元。考虑到合作社处于转型的关键期，为了减少摩擦、提高组织的凝聚力，所有成员都按照资金或土地入股的份额获得收益，兼任合作社管理岗位的出资股东不从合作社领取工资。

第二次是“取消保底租金”，把土地与资金一样对待，合作社盈余按约定比例在土地和资金之间分配，兼任合作社管理人员的投资人领取工资。2013年1月仁发合作社取消土地入社的“保底收益”，直接将入社土地数量作为成员的交易量。可分配盈余按照60∶40的原则，在土地交易量和股东入股资金之间分配。2014年，土地和资金的分配比例提高至75%。公积金提取来源、提取比例，视年终总盈余情况而定。2013年和2014年，合作社从土地和资金收益分中提取了40%的公积金。仁发合作社2013年之后的收益分配方式如图4-1所示。

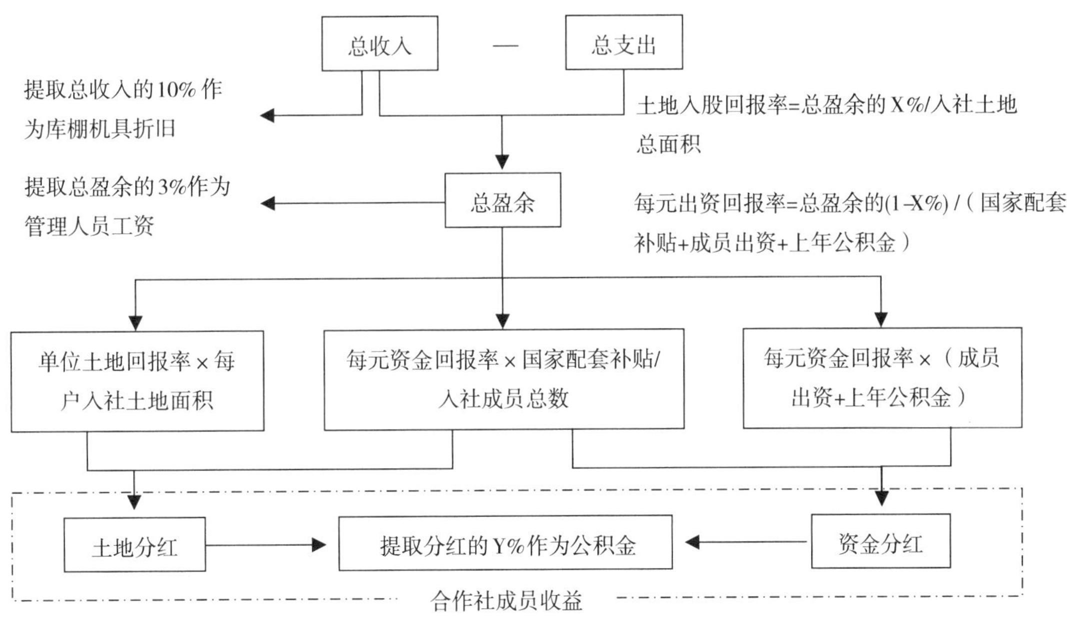

图4-1 仁发合作社的分配机制

按照上述分配方式，2014年合作社4890.3万元的总盈余分配结果如下：土地分红占总盈余的75%，共3667.7万元，54000亩入社土地，平均每亩地分红679.2元；投资者出资、国投资金和上年提取公积金分配其余的25%，共1222.6万元，其中国投资金分得392.8万元，平均量化到2638户，户均1489.0元，上年提取的公积金分红637.3万元，每亩地可分得70.8元。

[1] 受气候影响，黑龙江农作物每年1季，4月中旬耕种，10月中旬收获，土地租金一般在当年1—3月预付。

需要说明的是，由于马铃薯销路不畅和玉米价格大幅下跌，2015 年仁发合作社没有提取公积金，而是把合作社所有盈余都按照 78：22 在土地股和资金股之间进行了分红。

（三）管理机制创新

为了提高规范化程度和组织竞争力，自 2010 年以来，仁发合作社从多个方面强化了内部管理，重点在成员管理、生产管理等方面尝试了管理模式创新。

一方面，强化制度建设，对各类成员实行差别化管理。一是编制成员账户和年终盈余分配明细表，明确入社土地面积或资金，将国家配套补贴资金量化到每户成员，并把总盈余按要素贡献分配。资金入股、土地入股、国家配套补贴资金量化情况一目了然，各种投入的分配清晰。二是择时为合作社管理层提供绩效工资。2011—2012 年理事长、监事长等合作社管理者不领取工资，所有成员都按照资金或土地入股的份额获得相应收益。为了激发从事管理工作的投资人的企业家才能，从 2013 年起，合作社每年提取总盈余的 3% 作为理事长、监事长等管理人员的工资，其中理事长工资占这笔资金的 20%，其他管理人员工资之和占 80%。三是成立党支部，形成了“党支部 + 理事会 + 监事会 + 成员代表大会”的“一部三会”组织架构。2011 年以来成员数量迅速增加，由于成员地域分布比较分散，很多成员与合作社的联系较少，有些成员农户甚至常年在外地务工，无法参与合作社的运营管理，对组织的认可度也不强。为了提高组织的凝聚力，保障无法直接参与合作社经营管理的部分成员权益，合作社党支部借助党员的人脉关系，强化其所在村屯的普通成员与合作社的社会联系，同时依托党员的积极性，协助片区负责人搞好村屯内的粮食生产。

另一方面，将农机具和场区（耕作地块）外包，与机车驾驶员、场区生产工人等签订效率工资合同。在大型农机具使用过程中，合作社充分调动机车驾驶员的积极性，划分了农机作业区，把每台机具承包到驾驶员，统一供油、维修和调度，为驾驶员提供 2 万元保底工资，并对每台车设置了各项工作指标进行考核。成员郭占在 2011 年把自家的 26 亩土地交给合作社统一经营后，与合作社签署了《农机具作业单车核算承包使用协议》，承包了两套农机具，成为一名专业的机车驾驶员。以 2013 年为例，根据协议，郭占完成单车 1.4 万亩的年作业指标，即可获得 2 万元的年基本工资。超出作业指标部分每亩提取 1.4 元，未完成作业指标部分每亩扣发 1 元。按照这一办法，农机驾驶人员每年都能有近 3 万元的工资收入，专业化作业队伍非常稳定。

在生产管理过程中，合作社注重发挥种田能手的作用，依托他们改善对片区农田的管理。村民刘友是附近知名的种田能手，2012 年之前，他一边经营自家的土地，一边在周边帮人做些零工。2012 年，在他把自家的 18 亩土地交由合作社统一经营后，合作社聘请他管理一个片区的 987 亩土地，并签订与产出相联系的工资协议：如果该片区亩产达到 1300 斤，年工资 2 万元，亩产高出部分可得 5% 的提成。按照这一协议，若片区亩产提高至 1400 斤，他的年工资可达 4 万元。因此，他打算做好这份工作，做一个职业的农场管理人员。借助专业化分工和绩效工资，仁发合作社实现了农业生产经营的专业化。

四、仁发合作社的发展成效

仁发合作社在政府有关部门的扶持引导下，依托现代化大型农机具，不断扩大种植规模、调整种植结构、提高种植效益，形成了由 8 个管理人员、21 个机车驾驶人员、5 个机务经理、12 个片区负责人和 200 多个临时工作人员组成的专业化农业经营团队，打造了颇具特色的新型农业经营体系，在区域农业现代化建设中发挥着重要作用。具体来讲，仁发合作社在区域农业现代化中的作用主要有以下三个方面。

（一）提高了农地经营的组织化、规模化程度

农产品产后流通一直是我国农业经济的短板。农产品流通领域，组织化程度低、流通环节多，不仅增加了产后损耗，还导致“谷贱伤农”问题反复出现。为了解决农产品销售问题，避免农民增产不增收，提高农户的组织化程度是必由之路。较大的土地经营规模为仁发合作社发展订单农业，实现“以销定产”奠定了基础。在统一经营土地面积达到15000亩之后，仁发合作社的规模经营优势开始体现。2011年春，仁发合作社以0.85元/斤的价格，与麦肯食品（哈尔滨）公司签署了合作协议，成为该公司的优质马铃薯生产基地，按照订单价格为后者生产2000亩优质马铃薯。与麦肯食品公司的合作，当年为合作社带来700多万元的收益。此后几年，仁发合作社按合作协议为该公司种植的马铃薯面积进一步增加。2012年、2013年和2014年，根据“以销定产”的思路，仁发合作社的马铃薯种植面积分别达到5000亩、10000亩和12000亩，其中绝大部分按照订单协议，销往麦肯食品（哈尔滨）公司。由于销路稳定，而且销售价格比农户分散种植的高出不少（虽然后来由于竞争的加剧，合作社马铃薯销售价格逐渐走低，但销售仍然高于农户分散种植），实现了区域农业的增产增效。

（二）改善了区域农业机械化、现代化水平

仁发合作社对区域农业机械化、现代化水平的改善，主要表现在三个方面。

首先是提高了当地农业机械化水平。现代化大型农机具能够提高土地产出率、资源利用率和劳动生产率，是粮食主产区提升农业现代化水平的重要手段。农村实行家庭承包制以来，“小四轮”的大量使用以及化肥施用方法的不当，造成土壤板结、犁底层上移，土壤的蓄水、透气等理化性状变劣。采用大型农机具深耕，种植活土层接近0.4米，保温、保墒、透气性好，能够改善土地抗旱防涝能力，提高粮食产量。仁发合作社拥有从播种、中耕到收获各环节的大型农机具132台套，田间综合机械化率达到90%以上，真正实现了“用现代物质条件装备农业”。以马铃薯种植为例，仁发合作社利用多台大功率马铃薯播种机联合作业，同时完成开垄、施肥、下种、合垄、镇压等五个流程，极大地提高了农业现代化水平。

其次改善了农田水利基础设施。水利化是农业现代化的基础工程，是粮食高产稳产的重要保障。只有做好水资源利用这篇大文章，才能提高农业抗旱除涝能力，确保粮食高产稳产。目前黑龙江地区的可灌溉农田比例不足30%，严重束缚了粮食生产能力和市场竞争力。近几年来，仁发合作社在统一经营的几万亩耕地上，先后规划设计了48个灌溉网格，最小的网格350亩，最大的网格600亩，并在其中24个网格安装了大型指针式喷灌21台、卷帘式喷灌15台，新打机电井35眼。这些措施有效地改善了本地区的水利基础设施情况，加快了农业水利化建设，为保障粮食稳产增产和提高农业竞争力做出了贡献。

最后是为现代农技农艺推广提供了科技服务对接平台。土地实现规模经营之后，无论是政府公益部门的农技农艺服务推广人员，还是科研院所的创新试验研究，都可以不必再面对分散的、经营小块地块的小农户，技术指导和农业试验有了立足点，推行新种植技术和耕作模式等农业科技更加便捷，选择优质品种、改善种植技术等也就顺理成章。从2011年开始，克山县农业科技人员开始以“科技包保”的形式（所谓“科技包保”，是指农技农艺人员合作社签署科技服务、种苗采用等协议：

如果该技术或品种能够将产量提高一定百分比，农技农艺人员则从合作社获得一定的资金奖励；如果不能达到议定的增产效果，农技农艺人员则要支付一定费用，补偿合作社的损失），有针对性地为仁发合作社提供农作物耕种方面的指导。2014 年，县农机具为仁发合作社提供了 156 人次的技术培训。在农技农艺人员的指导下，仁发合作社改变了当地传统的种植方式，玉米、马铃薯分别采取了 110 厘米“大垄双行栽培技术”和 90 厘米“大垄单行密植技术”，亩产分别增加 120 公斤和 1500 公斤左右，种植收益得到大幅改善。

（三）推动区域新型农业社会化服务体系完善

社会化服务是实现农业现代化的重要支撑。十七届三中全会强调，“建设覆盖全程、综合配套、便捷高效的社会化服务体系，是发展现代农业的必然要求”，并且明确指出，构建新型农业社会化服务体系要以公共服务机构为依托、合作经济组织为基础。自成立以来，仁发合作社在区域新型农业社会化服务体系建设中的作用明显。具体表现在以下两个方面。

一是仁发合作社充当了新型农业服务主体，推动了当地农业社会化服务体系的完善。除了统一经营合作社的几万亩土地外，仁发合作社还为周边 40 余万亩土地提供代耕服务。从农户分散的“小四轮”耕作，到播种、中耕、收获的“一条龙”服务，仁发合作社作为新型农业服务主体，直接促进了区域农业社会化服务体系的完善。此外，为了支持成员的生产生活，仁发合作社向成员提供了资金互助服务，凡带土地入社的成员，合作社以 10% 的年息提供资金借贷服务，最大金额为入社土地的市场价格折价。

二是仁发合作社日益成为金融机构服务“三农”提供了支点，优化了农村金融服务。相对于分散的农户，农民合作社的经营规模更大、市场化程度更高，这些特征让它成为农村金融改革的重要着力点。在 2012 年克山县被确定为国家农村改革试验区后，2013 年 3 月，克山县成立了全省第一家人民银行主管的信用信息中心，258 家农民专业合作社信息悉收入库。有了人民银行的信用评级，一些金融机构开始借助仁发合作社，向其提供金融服务或者希望以仁发合作社为平台，为周边农户尤其是成员农户提供金融服务。中国银行克山县支行等金融机构主动找到仁发合作社商谈贷款事宜，中国建设银行克山支行则把仁发合作社打造为“龙口助农服务点”。仁发合作社成为农民与金融机构之间的桥梁，当地的涉农金融服务体系进一步完善。

三是仁发合作社不断建造烘干塔、存储仓库等设施，改善了当地农业产后服务能力。自 2014 年以来，仁发合作社先后建造了 2 座 500 吨和 1000 吨的玉米烘干塔。2014 年，仁发合作社烘干玉米 3 万吨，仅此一项就为合作社带来 453 万余元的利润。2015 年年底以来，随着仁发合作社主导的哈克仁发有限公司成立，马铃薯存储仓库、初加工等设施设备建设加快。这些设施设备，除储存和加工仁发合作社的产品外，还可以周边其他合作社或农户提供服务。

总之，仁发合作社通过集约化、专业化、组织化、社会化的农业经营，推动了区域现代农业的发展，实现了农业增效、农民增收，为当地的农业转型和“四化同步”发展做出了贡献。

五、仁发合作社存在的问题

当前，我国的农民合作社仍处于探索发展阶段，不可避免存在一些问题，如发展资金、人才缺乏以及规范化建设滞后等。虽然仁发合作社以组织模式和分配方式创新获得了其急需的一定规模的土地，并通过整合各种资源实现了快速成长，但其发展仍存在一些问题。具体而言，为了实现组织的可持续发展，仁发合作社需要破解两个难题，并重点厘清三对关系。

（一）需要应对的两个难题

一是仁发合作社下一步的经营绩效如何保证，或利润增长点在哪里？在2015年以前，仁发合作社的经营绩效或曰利润增长点主要来自为麦肯食品（哈尔滨）有限公司的订单马铃薯种植，并且呈每年递增之势。2014年，仁发合作社的经营收入，有42.82%来自马铃薯种植。但双方终止合作之后，马铃薯种植不再是仁发合作社的利润增长点，2015年马铃薯种植产生的收入仅占当年合作社总收入的19.05%。此外，还需要注意，仁发合作社马铃薯的销售价格，也呈现不断降低的态势。2010年以来，仁发合作社的马铃薯种植及收入情况见表4-4所示。

表4-4 仁发合作社的马铃薯种植及其效益

年份	马铃薯种植面积	马铃薯销售单价（元/斤）	马铃薯销售收入（万元）	合作社总收入（万元）	马铃薯收入占比（%）
2010	0	—	0	100.0	0
2011	2000	0.85	800.1	2763.7	28.95
2012	5000	0.64	2009.4	5594.0	35.92
2013	10000	0.69	4374.3	10367.9	41.93
2014	12000	0.59	4602.0	10748.0	42.82
2015	5500	0.59	1724.7	9055.2	19.05

减少的马铃薯种植的土地，仁发合作社基本都用于种植玉米。2015年，仁发合作社的玉米种植面积达到历史最高的40500亩，比2014年的32000亩增加了8500亩。但是，2015年9月，国家下调了玉米收储价格，每斤下调0.11~0.13元。这一政策变化，直接抵消了合作社种植玉米的利润。因此，在国家粮食过剩、玉米等粮食价格持续下行，政府控制东北低温带玉米产量的背景下，马铃薯销路不稳定的情况下，如何寻求新的利润增长点，是仁发合作社面临的第一个难题。

二是仁发合作社农产品品牌化之路该如何走？在农民联合起来，通过规模经营解决“小生产”与“大市场”对接的矛盾后，只有加强品牌建设，才能实现农产品销售的“柠檬市场”问题，让优质农产品获得更高销售价格。仁发合作社拥有50000余亩土地，而且所在的克山县是国家级生态示范县、首批国家级食品安全示范县，合作社打造安全绿色的农产品品牌有多种优势。但目前仁发合作社的品牌化建设刚刚起步。不过，受制于经营人才、资金和发展理念，仁发合作社主要是经过简单包装后销往市场。比如，仁发合作社生产的有机大豆，是磨制豆浆或生产大豆粉的重要原料，但是仁发合作社仅对其抽真空包装后，即销往市场。由于加工不方便，市场认可度不高。再如仁发合作社生产的白甜瓜，口感较好，但也只是批量销往水果市场，而没有形成自己的品牌和销售渠道。因此，如何充分发挥组织优势、区位优势和政策优势，加快品牌化建设，走出一条农产品品牌化之路，是仁发合作社当前发展面临的另一个难题。

（二）亟待处理的三对关系

首先，合作社经营土地面积和经营绩效的关系。农民合作社作为一种需要参与市场竞争的合作社法人，要想更好地生存发展，必须关注组织的盈利情况，平衡好公益性和营利性这对矛盾。经历过创业初期的合作社统一经营的土地面积过小导致亏损和统一经营土地面积提高后合作社盈利状况急剧改善的“冰火两重天”，仁发合作社过分重视统一经营的土地规模。一个重要佐证是2015年，仁发合作社的成员数量大幅减少，但统一经营的土地面积不仅没有减少，反而比 2014 年增加了 2000 亩。经济学理论表明，任何追求盈利最大化的企业，都必须遵循边际收益等于边际成本的最大化原则。如果边际收益不等于边际成本，企业总可以通过增加或减少产量（或提供的服务量）来改善经营状况。仁发合作社而言，在达到最小化最优规模（MES）之后，由于其利润增长点不是来自普通农产品（玉米、大豆）种植，而是先后来自订单马铃薯、有机玉米和白甜瓜等附加值较高的品种，在市场销路既定的情况下，合作社只要保障了这些高附加值农产品的生产，也就保证了绝大部分的利润。而生产这部分农产品的面积，最大不过 12000 亩（2014 年）。但是，仁发合作社每年将这部分土地产生的收益在合作社全部 50000 余亩中进行分配，显然很大程度上牺牲了组织的经营效率。在 2014 年以前合作社经营绩效节节走高时，还可以勉强维持。随着 2015 年玉米价格大幅度下调之后，合作社的经营效益面临严重挑战，再将利润拉平可能会影响合作社生存。因此，正确认识经营土地面积和经营绩效的关系，是合作社首先需要处理的问题。

其次，合作规则的稳定性和经营的灵活性之间的关系。没有规矩不成方圆，立足于传统农村社区的农民合作社也必定要形成尊重规则的契约精神。博弈论早已证明，基于个人理性的行为，往往会让参与双方陷入无法合作的“囚徒困境”，最终不仅损害了集体（或组织）的整体利益，还会对个人造成严重损失。从仁发合作社的发展历程可以看出，骨干团队主导下的合作社组织规则经常发生变化，缺乏必要的延续性和稳定性。一方面，这当然可以理解为合作社为了迎合不断变化的内外部环境而采取的应对策略，另一方面，这也可能是骨干团队控制下的合作社为了出资人的利益而频繁地调整组织规则，体现出“资本”的任性。2010—2015 年，7 个出资人分红占合作社盈余的比例，分别为 100%、10.06%、16.00%、13.16%、3.94% 和 7.23%。由于合作社的分配方式和分配比例都是由 7 个投资人提议并主导实行的，不断变化的分配规则，体现了合作社中“资本”的任性。另外，2015 年，仁发合作社成员从 2014 年的 2638 户锐减为 1014 户，减少了 61.56%。如果仁发合作社真正按照《农民专业合作社法》的要求，“实行民主管理”，那么即使投资人享有法律允许的 20% 的附加表决权，一次性减少超过 60% 的合作社成员，显然也难以达成。对此，如何在发挥投资人积极性的同时，实现各种资源要素的长期稳定合作社，是仁发合作社当前亟须解决的重要问题。

最后，后李凤玉时代仁发合作社与哈克仁发的关系。自 2015 年由仁发合作社牵头，联合其他 7 家当地较有实力的合作社成立联合社并共同出资注册哈克仁发有限公司之后，理事长李凤玉的精力主要用来处理哈克仁发有限公司的事宜，仁发合作社的事情则交由副理事长卢玉文负责。考虑到企业家精神对农民合作社和农业企业发展的重要性，李凤玉不再实际管理合作社而主要负责与仁发合作社关系密切的哈克仁发有限公司，对仁发合作社有利有弊。不过，就目前而言，无论是组织架构、出资关系还是业务联系，仁发合作社与哈克仁发有限公司的关系都没有厘清。在哈克仁发有限公司投资建设期，两者间模糊不清的关系并不会对仁发合作社造成过多影响，但随着哈克公司的投产运营，如何界定二者的关系将变得越来越重要。

六、进一步讨论与思考

回顾仁发合作社的创新发展，可以有以下讨论和思考。

（一）对仁发合作社创新发展的进一步讨论

第一，规范化能够促进农民合作社的持续发展。对农机合作社而言，大规模的连片耕地、先进的农业科技、优惠的农资价格、畅通的农产品销售渠道等是影响其发展的主要因素。而一定规模的土地，又是其他因素发挥作用的前提。为了解决土地规模这个核心问题，从“土地代耕”到“土地保底价入社”再到“土地入股”，有效的组织和制度创新，让仁发合作社越来越规范。代耕模式下，土地分散束缚了大型农机具的优势，而且合作社的代耕收入与土地增产增收无关，合作社与农户之间是一种零和博弈关系。土地保底价入社模式下，虽然土地规模问题得到解决，但是惠顾者与投资者的收益风险不匹配，经营风险在投资者身上过度积累。土地入股模式下，土地不仅作为“交易量”分享总盈余的60%，同时还均分一份国家财政补贴，投资者、管理者和惠顾者之间找到了新的收益风险平衡点，成员之间的利益联结明显加强。这样，合作社才算真正走上了“利益共享、风险共担”的共同发展之路。

第二，合作社领头人需要有一定的奉献精神，处理好“做蛋糕”和“分蛋糕”的矛盾。仁发合作社成立的初衷是为了获得国家配套补贴资金，它更像是投资者所有的合伙公司而非惠顾者收益的合作社，李凤玉等7个投资者几乎拥有全部的资产使用权和剩余控制权。但是2010年遭受挫折后，经省农委领导点拨，在改革收益尚不确定的情况下，李凤玉团队愿意放弃既得利益，将争取到的国家配套补贴按户平均量化给新成员，充分体现了他们的奉献精神。而且在2011—2012年合作社实现盈利后，李凤玉团队作为管理者，并没有从合作社领取工资，仅仅以股金获得分红。这也体现了在创业初期，为增加组织凝聚力、做强做大合作社获取更多“组织租”，他们愿意牺牲一部分个人利益。正是有了李凤玉团队，仁发合作社才在短短几年时间内，从一个只有7个人的合伙公司，增加到拥有2436个成员土地入股的综合型农民合作社，并从最初的亏损经营迅速转变为目前每年可获得2000多万元盈利，合作社也成为黑龙江乃至整个东北地区合作社的标杆。

第三，政府部门要加强对农民合作社发展的支持和引导。农村的企业特质性资源缺乏，不仅缺乏资金、人才、技术等，还缺乏经营管理理念甚至合作意识。政府的帮助扶持可以有效改变这种情况。仁发合作社的出现及后来的发展壮大，无疑是在扶持政策尤其是巨额配套补贴的刺激下乡村骨干集体行动的结果。没有政府的政策引导，这类千万元规模的大型农机合作社就很难出现，更谈不上成为区域农业现代化发展的动力。就此而言，农民合作经济组织需要政府的支持。但仅仅从资金和优惠政策上支持农民成立合作社，并不能解决农业现代化建设和农村经济社会发展的问题。即便拿到了国家配套补贴的1234万元资金，仁发合作社在2010年仍然有巨额亏损就说明了这个问题。因此，农民需要政府有关部门强化引导，通过专家指导、参观交流等多种方式，把现代经营理念和管理方法带进农村，打破原有的低效率经营状态，重塑本地区的农业现代化发展模式。合作社2011年以来的成功表明，通过创新组织制度和分配制度，做大经营规模、强化利益联结，合作社能够产生巨大的经营效益，能够有力地推动农业现代化建设。

（二）基于仁发合作社的思考

一是关于新形势下农民合作社的创新发展的问题。当前，我国农民合作社的组织有效性仍需提高，持续成长的内源动力亟待加强。乡村骨干作为“有创造力的少数人”，其行为选择对合作社成长有重要影响。在乡村骨干的带领下，合作社通过创新制度安排，能够把异质性成员的互补性资源整合在一起，实现资源的有效配置，从而获得合作效益、规模效益等。当然，乡村骨干既有获得社会荣誉的需要，更有为自己谋取经济利益的动机。为了促进合作社健康发展，有关部门要加强宣传教育尤其是对合作社理事长的培训，注重发挥其积极性和首创精神。

二是关于农民合作社发展的财政扶持资金的有效利用问题。近年来，随着对农民合作社发展的重视，国家对合作社扶持资金也不断增加，2013 年农业部、财政部等有关部门安排的专项扶持资金额度高达 50 亿元。由于农民合作社发展不够规范，只有很少的合作社会像仁发合作社那样，把获得的财政补贴资金量化到每个成员，为走出集体行动困境提供激励。在我国合作社骨干依赖十分突出的情况下，如何强化扶持资金在合作社规范化建设中的引导作用，值得有关部门认真考虑。

三是关于农民合作社的规范化建设的问题。农民合作社既是新型农业经营体系的组成部分，也是农业现代化建设的微观基础。其发展情况直接决定着我国农业现代化建设速度和质量。为加快构建新型经营体系、推进农业现代化进程，政府有关部门要进一步加大对合作社的扶持培育力度，多方面加强农民合作社的规范化建设和经营能力建设。一要完善合作社的分配机制。合作社分配要坚持《农民专业合作社法》确定的基本原则，保证投资者、惠顾者、管理者都能得到相应的收益。二要完善合作社的内部治理机制。健全理事会、监事会、成员（代表）大会等机构，真正发挥其在合作社日常经营中的作用；引导合作社实行民主管理，保障普通成员参与合作社经营决策的权利，逐步减少组织对骨干成员的依赖；规范成员账户、财务报表，把合作社的所有资产和收益都量化到每个成员。三要强化合作社成员之间的利益联结。要坚持收益风险匹配原则，建立“收益共享、风险共担”的紧密利益联结机制，以提高成员的合作意识，避免经营风险过度集中。四要大力支持有条件的农民合作社打造区域乃至全国知名农产品品牌，促进成员收益持续增加和合作社永续发展。

第 4 节　农民专业合作社联合社：主要类型与实践效果

2013 年中央 1 号文件明确提出，引导农民专业合作社以产品和产业为纽带开展合作与联合，积极探索合作社联社登记管理办法。近年来，不少地方也先后开始了联合社的探索工作。联合社作为一种新生事物，是农民专业合作社发展到一定阶段的产物。相比单一的合作社而言，成立联合社，不仅可以通过横向一体化实现规模经济、范围经济，最大限度地降低合作社的交易成本、降低市场风险、提高市场谈判地位，改善为社员的服务；而且可以促进纵向一体化经营，加强资源要素整合，延长产业链条，拓宽合作社发展空间。不过相比国外，我国联合社起步晚，发展还十分不成熟，同时也还存在些许亟待解决的问题。本文基于对全国 10 个省（市）19 个县（市、区）32 个联合社的调查，分析了我国农民专业合作社联合社的成立动因、发展类型，以及当前围绕联合社发展中存在的突出问题，并提出了相应的政策建议。

一、联合社成立的背景与动因

近几年来，我国农民专业合作社获得了长足发展。但是，日益激烈的市场环境要求合作社必须进一步提高经营规模水平和市场竞争力。通过“再合作”组建联合社，无疑是专业合作社做大做强的最佳方式。

（一）联合社发展的背景

第一，我国农民专业合作社的发展已经从“数量增加”进入“质量提高”的新阶段。自 2007 年我国《农民专业合作社法》实施以来，专业合作社大量涌现。据国家工商总局（现国家市场监督管理总局）统计，截至2017年年底，全国的农民专业合作社已达201.7万家。虽然实现了数量上的快速突破，但农民专业合作社在发展中仍然面临经营规模较小、市场竞争力不足等问题，难以与市场对接，无法获得规模经营优势。越来越多的专业合作社意识到要以合作与联合的方式，扩大经营规模、提高议价能力。农民专业合作社正在从传统合作向新型合作演化，从单一功能向多种功能拓展，从农户间互助向合作社间协作迈进。

第二，不少地方先后出台了支持联合社发展的意见条例和实施办法。例如，天津市为支持联合社发展，出台《关于促进农民专业合作社联合社发展的试行意见》；湖北省从登记管理工作着手，出台了《关于农民专业合作社联合社登记管理工作的试行意见》，对联合社的设立依据、原则等进行规范；山东省从有效监管和规范化建设出发，制定了《农民专业合作联合社登记管理意见》。此外，其他一些省（市、区）也做了相关规定。这些政策法规为联合社的成立奠定了制度环境。

（二）联合社发展的动因

通过对国内多家联合社的调查分析，合作社选择再合作组建联合社的动因有如下几点。

首先，提高市场谈判地位是专业合作社“再合作”的根本动机。与单个农户相同，合作社仍然会面临市场谈判力弱的问题。面对大市场，小合作社的生产和经营不可避免地受到挤压，成员增收无法保障。因此，成立联合社，实现合作社“再合作”，增强价格谈判能力，成为很多专业合作社的内在需求和现实选择。以山东临朐县志和奶牛联合社为例，联合社成立之前，乳品企业经常以原料乳质量不达标为由压低收购价格，并以大笔欠款来威胁合作社低价供货，给该地区的很多奶牛合作社造成了不小的经济损失。2010年10月，佳福奶牛养殖合作社联合其他6家奶牛合作社，注册成立了联合社。规模上去了，合作社谈判能力也就增强了。联合社不仅帮助成员社结清了欠款，还让乳品企业把收购价格提高到正常水平。

其次，实现规模化发展是合作社“再合作”的内在动力。单个合作社一般很难实现规模化发展，也很难应对多变的市场需求。组建联合社，通过各个合作社之间的抱团，是合作社实现规模化发展的重要途径。例如，北京绿菜园蔬菜合作社在开展“农社对接”时，就出现生产能力不足的问题，生产的30多个蔬菜品种，不足以满足社区居民的多样化需求的问题。为了增加农产品的种类，提高合作社的市场应变能力，2011年4月，理事长赵玉忠积极协调周边16家果品、中药材、畜禽等专业合作社，成立了北菜园农产品联合社。此后，联合社开办了网上商城，并广泛吸纳其他省、市、区的专业合作社，获得了更多优质农产品资源。目前，联合社除了提供北京地区的优质农产品外，还提供黑龙江的有机土豆、广西的荔浦芋头、甘肃的金丝枣等多个省的名特优农产品。

最后，延长产业链条、拓宽发展空间是专业合作社“再合作”的重要原因。单个专业合作社由于力量较弱，往往处于产业链下端，一般以产品的销售为主要的盈利方式，较少有合作社能开展产品的初、深加工。因而合作社很难分享到产品增值的利润。一些合作社意识到通过联合发展，延长产业链条是保证合作社拓宽发展空间的重要方式。邢台市聚农肉鸡产业联合社就是典型的代表，联合社通过合作社的再合作，拓宽了养殖产业链条，将链条拓展到了养殖饲料的生产供应与肉鸡深加工。

二、联合社的主要类型

由于资源条件、成立动因不同，联合社的发展类型也存在差异，既有单一品种联合的，也有多品种联合的；既有沿产业链上下游联合的，也有跨领域跨区域联合的；既有纯合作社自发联合的，也有农业企业成立合作社牵头联合的。按照经营特点，联合社主要有以下四种类型。

（一）生产型联合社

生产型联合社是一种生产者联盟，旨在通过合作社的联合来扩大生产规模，节约成本。生产型联合社的特点如表 4-5 所示。上高县汇农种植业专业合作联社就是一种生产型联合社，它以“标准化生产、规模化经营、工厂化育秧、机械化操作、现代化管理”为手段，联合种植优质高产水稻近 3 万亩，不仅大大降低了农资价格，还显著提高了销售价格。诸城市北端茗茶叶生产联合社成立以来，积极推行标准化生产，对品种的引进驯化、育苗、施肥、采摘、剪枝及越冬管理进行了统一技术指导，对茶叶的烘炒、包装、销售进行了统一标准要求，每亩茶园的产值由原来的 2000 元增长到 8000 元。

表 4-5　联合社的主要类型

类型＼内容	特点	实例
生产型联合社	1. 主要生产本地区的某一种名、特、优农产品； 2. 吸纳相同产品的合作社加入，形成生产规模； 3. 注重生产的标准化、机械化，并尝试开展初加工、直供直销等业务，向产业链上下游延伸； 4. 一般由经营实力突出、声誉较好的专业合作社牵头领办。	上高县汇农种植业专业合作联社；诸城市北端茗茶叶生产联合社等
销售型联合社	1. 主要从事农产品生产、粗加工和销售，靠近终端消费市场； 2. 由核心成员社带头，与其他合作社开展深度、广度不同的业务协调； 3. 一般有稳固销售渠道； 4. 注重培育联合品牌，将成员合作社的农产品细分并进行差异化营销。	通山县九宫绿园种养殖联合社；北京北菜园农产品联合社等
产业链型联合社	1. 生产技术、管理方法、销售渠道等依托农业企业，企业牵头成立的专业合作社是组织核心； 2. 企业一般是农资生产商或农产品加工销售商，需要用产业链上下游延伸来稳定农资销售或原料收购； 3. 产业链整体协作紧密，企业一般会派出专人协助生产运营，并提供原料、技术、销售等服务。	武汉天惠种养殖联合社；邢台市聚农肉鸡产业联合社等
综合型联合社	1. 植根于传统农村社区，成员分布的地域性很强，多以县、乡（镇）为边界； 2. 成员以本地区的各类合作社为主，并广泛吸纳农户、农业企业等加入； 3. 服务内容和形式灵活多样，经营范围会根据自身需要、社区需求和市场情况不断拓展； 4. 成员主要从联合社获得各类服务。	灵寿县青同镇农民联合社等

（二）销售型联合社

销售型联合社是着眼于农产品流通环节，通过联合不同种类的专业合作社来提高产品多样性、供给稳定性和销售营利性的一种产加销同盟。这是当前联合社的主要类型。销售型联合社改变了每个合作社都要跑市场、搞销售的弊端，摊薄了产品运输成本，为创立联合品牌、提高经营效益奠定了组织基础。在通山县九宫绿园种养殖联合社成立之前，10 家成员合作社的农产品覆盖全县 13 个乡镇，涉及猪、兔、茶叶、蔬菜、药材等 10 多个品种，但每个合作社都面临产品销售难题。2012 年底，合作社抱团成立了九宫绿园联合社，并在武汉市区开设了 2 家社区直销店，直供直销各个专业合作社的产品，大大提高了经营效益。上文中提到的北京北菜园农产品联合社也是销售型联合社的典型代表。

（三）产业链型联合社

产业链型联合社也叫一体化联合社，是以农业企业牵头的专业合作社为核心，以产业链协作为方式，以提高链条整体的市场响应能力和盈利水平为目的的纵向一体化联合。产业链型联合社的上下游合作社联系十分紧密，有助于减少成本、保障货源、稳固销售渠道。例如，依托华森生物科技公司下设的养殖合作社而成立的邢台市聚农肉鸡产业联合社，不仅以优惠价格统一提供鸡苗、饲料、兽药等，还建立了肉鸡深加工厂。联合社成立不到2年，已辐射邢台市8个县（市、区），拥有专业合作社成员10家、大户成员375人，养殖规模居河北省前列。武汉天 × 种养殖联合社是农资生产商——天 × 生物工程公司在2012年1月牵头成立的。通过产前农资、产中农技和产后销售等服务，联合社的“上游标准化生产能力，下游品牌化销售能力”都不断提高，吸引了大批专业合作社加入。目前，该联合社已拥有种养殖合作社成员102家，统一销售大米、蔬菜、食用菌、水果、水产、茶叶、蜂产品等上百个品种。

（四）综合型联合社

综合型联合社是以社会化服务为纽带，以增强社区成员联系、提高区域经济活力为目标，通过资源整合而实现的一种区域性联合体。综合型联合社具有联合会的部分特征。综合型联合社能够充分整合社区内的各种资源，有助于实现各专业合作社和其他成员的协调发展。灵寿县青同镇农民联合社是典型的综合型联合社，现有专业合作社25个，龙头企业6个，村干部5人，农户社员446名。联合社不仅指导成员合作社开展土地入股和连片流转试点，协助流入土地的成员合作社统一规划，搞农业观光示范园，还推动5家养殖合作社和一个养殖企业联合实现“养殖废料再利用”，在解决了农村沼气发电时的粪便原料不足问题的同时，改善了社区的生态环境。

三、联合社的运行机制

根据成员合作社之间“收益共享、风险共担”的程度，我们可以将联合社的运作机制分为紧密产销一体化、同盟松散代买—代卖关系两种类型。

（一）紧密的产销一体化

紧密的产销一体化运行机制一般具有三个特点：一是在紧密的产销一体化同盟中，专业合作社一般采取入股的方式加入联合社，构建出共有的产权基础，建立利益联结机制。二是要求成员合作社接受联合社章程约束，参与联合社的经营管理，联合社有严格的民主决策程序和完善的“收益共享、风险共担”机制来保障成员合作社的利益。三是联合社向成员合作社提供生产资料以及技术服务。在这种联合社中，合作社将生产产品转交联合社，由联合社进行集中销售。联合社再将盈余按照合作社的交易量和股金进行二次返还，如图4-2所示。

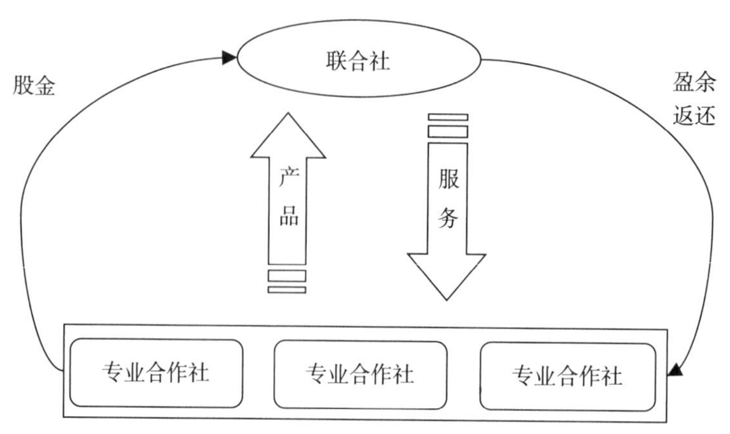

图 4-2　紧密的产销一体化运行机制

例如，辽宁西丰县的众合肉鸡联合社、山西晋中市的犇牛奶牛联合社、黑龙江讷河市的大豆联合社等，在产前以更低价格统一为成员社购买农资、设备等物品，在产中负责技术指导和疾病、疫病防治，并对收获后的达标农产品以统一价格收购和组织销售。联合社的经营收入主要来自以更低价格购买原料、农资，以及从规模销售中获得的返利。在扣除经营成本和公积金后，联合社的盈余按交易量和出资额分配给成员合作社。

当成员社涉及多个种农产品生产时，联合社的运营方式主要表现在共用品牌与销售渠道方面，对不同成员合作社的产品经营收益则分别核算。联合社的收入主要由两部分构成，一是销售成员合作社农产品获得的提成；二是借助联合社自有销售门店代销其他专业合作社的产品获得利润。在扣除经营成本后，联合社再根据每个成员合作社产品交易资金比例进行二次分红，如江苏扬州市的苏合润泽销售联社、湖北通山县的九宫绿园联合社。

（二）松散的代买—代卖合作

松散的代买—代卖是指联合社通过不具有严格约束力的合作协议，或向成员合作社提供种苗、农药、肥料等农资，或收购成员社的农产品进行加工或转手销售。在这种联合社中，一般会有一个实力较强的合作社行使联合社职能，我们姑且称其为“中心社”。联合社的运作实际上表现为中心社与普通合作社之间的合作（如图 4-3 所示）。在这种运营模式中，中心社或联合社是成员合作社部分产品的销售服务代理或者中间经销商，主要以购销差价或者下游收购企业的返利获得收益，经营收入一般不会在成员合作社之间二次分配，很少或完全没有建立“收益共享、风险共担”的利益联结机制。因此，联合社更像是一个合作社联合会或合作社协会，合作双方随时都可能单方面毁约，且不会遭受相应惩罚。不过，代买—代卖式合作利益关系简单，组织成本和运营成本都较低，是目前联合社比较普遍的运行模式。

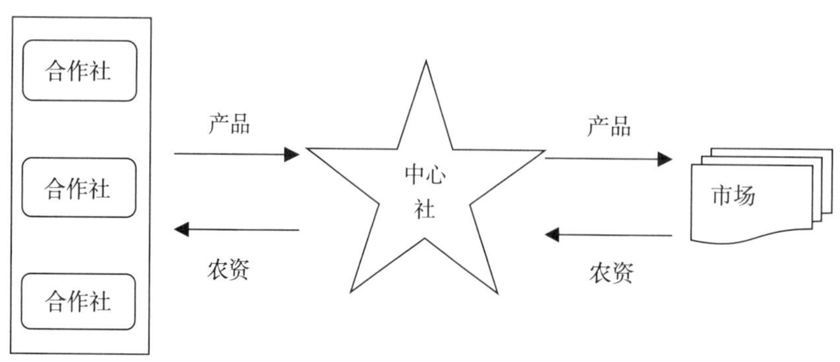

图 4-3　松散的代买—代卖合作运行机制

在这种模式中，中心社与普通合作社之间也形成了一个双赢的格局：首先，中心社收购普通合作社的产品，本质上是对其生产能力的一个补充，有利于中心社扩大农产品销售的种类或数量，获得多样化经营效益。其次，对于普通合作社而言，中心社的收购能解决产品滞销问题，保障了合作社的销售渠道。山东潍坊然中然农产品联合社和北京延庆县北菜园联合社就采取了这种运作模式。

四、联合社的实践效果与面临的问题

（一）联合社的实践效果

从各地的实践来看，联合社提高了农业生产的经营规模与市场竞争力，增加了农民收入，促进了农业技术采纳，改善了农产品质量安全，在农村经济发展中正发挥着积极的作用。

一是推动了生产的规模化。通过合作社之间的再合作，联合社形成了一定的生产规模。如湖北随州农鑫粮食农民专业合作社联社将 6 个合作社进行生产联结，迅速推动了当地粮食的规模化种植，同时还采取统一生产、统一销售的运营方式，既节约了生产成本又提高了经营收入。北京顺义兴农鼎力种植专业合作联合社在示范区承包土地 6000 亩，建立了高端、观赏性高标准粮田。江西彭泽安泰农机合作社联合社，通过联合的力量将农机服务覆盖到全县的 80% 以上，承接了农作物大面积机耕、育秧、机播、机插、机防、机收和对外跨区作业等多项服务，实现了农业生产全程服务的社会化。

二是促进了技术推广应用。联合社结合自身生产的需要，直接与农业、科技等部门联系合作，举办科学技术培训和科技示范活动，并利用其市场优势，引进新品种，向社会传授先进技术，提供科技服务，提高了农民的科技水平。广东惠州广博大种植专业合作联社，与广东省农科院建立合作关系，引进了一些新品种新技术；同时邀请一些专家学者，对疫病防控，田间管理等技术进行传授，提升了生产能力，为促进农业现代化和成员持续增收注入新的动力。

三是增强了市场竞争能力。山东高密和兴盛果蔬专业合作社联合社组建后，各成员合作社统一使用联合社注册的“柏城”牌农产品商标、“胶河土豆”地理标志保护产品认证以及“无公害农产品”质量认证。联合社凭借品牌战略，与家家悦超市、高密金孚隆超市、高密东风商场有效对接，并由原先的销往青岛、上海、深圳等大中城市，扩展到泰国、韩国、日本、新加坡、马来西亚等国际市场。重庆菇娇香菇种植合作社联合社成立前，各香菇合作社各自为政，销售市场受经销商制约，生产资料市场受供货商打压。联合社成立后，组建销售部和供应部，打通了多个销售渠道，如今每天都有 4 辆香菇运输车直供 10 多个农贸市场和超市，实现“小香菇”与“大市场”的联结。

四是带动了农民增收致富。联合社通过集中供应农资节约了生产成本，同时采取统一销售的办法提高了产品市场价格。湖南汉寿围堤湖蔬菜专业联合社集中开展育苗、新品种引进、产品检测和成员培训，使亩均生产成本降低 123.3 元，销售成本降低 22.5 元，销售收入增加了 41.2 元。地处弥河镇的青州市盘龙山山核桃专业合作社是山东潍坊然中然联合社的成员之一，加入联合社前，一斤核桃只能卖出 18~20 元的价钱；加入联合社后，通过统一包装、分级销售等措施，一斤竟卖到了 26~28 元，最好时能卖到每斤 35 元。

五是提升了农产品质量安全水平。联合社成员按照《农产品质量安全法》和无公害农产品标准化种植的要求，严格实行标准化生产，帮助农户在品种选择，肥料、农药施用过程中做到科学、规范、安全，实现基层合作社与联合社两级检测，有利于实现农产品质量可追溯，建立健全农产品安全优质的管理制度。潍坊市丰谷农产品专业合作社联合社以昌乐县乔官镇为中心，拥有高标准基地4800亩，蔬菜大棚3132个，联合社对出产的各种蔬菜严格把关，由质检部负责对各项指标化验，化验合格的出具各项指标化验条，菜农凭条销售，否则，不允许进入市场。同时，联合社主动与各地蔬菜批发市场搞好对接，确保农产品从生产到销售质量安全不留空白。

（二）联合社面临的主要问题

从调研情况看，全国联合社的发展虽然取得了明显的成效，但是也存在一些突出问题，需要认真总结和深入分析。

一是法律政策支持不足。虽然国内已有不少省市出台了联合社的登记管理办法，如湖北、山东、天津、河南等。但是中央层面还没有出台相应的联合社登记管理办法，尤其是《农民专业合作社法》中还未涉及支持联合社发展的法律法规，联合社的发展面临着“无法可依”的窘境。这也直接导致了在不少地方，联合社还面临着登记难、注册难的问题。

二是联合社运行机制不规范。联合社是合作社的“联合”，理应按照民主决策的方式进行日常工作的管理。但是许多联合社还尚未建立合作社之间的民主管理机制，不少联合社在管理中出现了由某一个核心合作社控制的问题。例如，在河北邢台市肉鸡产业联合社中，联合社的大小事务基本上都是由核心合作社聚农养殖专业合作社进行独立决策。再者，当前联合社的联合形态还比较松散，各合作社之间缺乏紧密的利益联结机制，内部缺乏“收益共享、风险共担”的利益联结机制。一方面较少有联合社采取合作社入股入社的联合方式，联合社内部尚未建立起成员社之间的股权合作机制。另一方面许多联合社还没有建立独立的账户，较少有联合社进行独立的核算，更没有成员社之间的产品交易记录，利润也没有在成员社之间进行二次返还。

三是发展缺乏资金支持。联合社的日常管理，产品的统一加工与统一包装等需要大量的资金支持。由于许多联合社还没有建立专属联合社的资产，也没有相应的活动经费，许多联合社面临资金困境。以山东临朐县志和奶业联合社为例，各合作社场房、机器大多破旧原始，联合社打算改造产房、更新机器，但是一直得不到资金支持。

四是经营管理缺乏人才。人才匮乏是专业合作社面临的普遍问题，更是联合社面临的重大问题。相比合作社而言，联合社更需要懂经营、懂管理、懂销售、懂市场的综合型人才。然而，绝大多数的联合社管理人员都很难满足这样的要求。再加上资金的约束，联合社很难从市场上聘请到高素质的管理人才。更有甚者，不少联合社还缺乏专职的管理人员，这些联合社负责日常工作的人员多是中心社或某一个合作社的工作人员，而且大多属于临时工。

五、联合社发展的对策建议

引导农民合作社以产品和产业为纽带开展合作与联合，是2013年中央一号文件提出的新要求，是提高专业合作社经营效益和发展能力的有效途径，是壮大农业产业的重要推手，是增加农民收入的重要举措。为了支持联合社发展，需要加快修改《农民专业合作社法》，对联合社进行引导、规范；重点改善联合社的登记注册政策环境；出台针对联合社的各项优惠政策。针对联合社发展中存在的主要问题，有如下对策建议。

（一）健全法律法规，加强联合社精神和政策的解释与宣传工作

联合社是推动农村发展，促进农民增收的有效组织载体。切实加强组织领导，把联合社作为创

新农业生产经营体制，稳步提高农民组织化程度的重要内容，尽快出台推进联合社发展的具体方案。具体而言，有如下措施：一是抓紧修订《农民专业合作社法》，支持农民专业合作社合作与联合，明确合作社联合社的法律地位。二是工商部门尽快出台《农民专业合作社联合社登记管理办法》，解决当前联合社登记难的问题。三是积极做好联合社精神和政策的解释与宣传工作。利用网络和其他媒体加强联合社精神和政策的解释和宣传，扩大社会影响，争取更多理解和关心，提高社会各界对“联合社”的思想认识。

（二）出台鼓励与帮扶政策，引导联合社规范管理

当前政府针对合作社，开展了国家、省、市、县各级示范社评比工作，在促进合作社规范化管理中收到了不错的效果。因此，在规范联合社发展过程中，可效仿合作社的办法，在全国范围内开展联合社“示范社”评比工作。各地可根据当地实际自行制定出联合社评比的考核办法，着重将规范化管理纳入考核指标之列，并赋予较高的考核权重。通过政策的吸引、鼓励，逐步引导、推进联合社的规范化管理。其次，建议结合基层农经服务体系建设，建立健全各级农民专业合作社指导服务机构，重点培养一批联合社经营管理的业务辅导员，加强对联合社的指导和帮扶，协助联合社建立利益联结机制。

（三）提供资金支持，增强联合社联合发展能力

联合社业务的开展、规模的扩大、管理成本的提高、对成员社和成员提供更好的服务等，都对资金提出了更高的要求。因此，有必要建立联合社资金扶持的长效机制。一方面加大对联合社的财政扶持力度，设立联合社专项扶持资金，主要用于支持联合社厂房建设、机器购买以及产品加工等。另一方面为联合社提供信贷扶持政策：一是要强化金融扶持，在财政支持下成立农业担保公司，为专业合作社提供贷款担保；二是建立健全联合社与成员社的信用档案，在信用评定基础上对联合社开展授信；三是有条件的地方予以联合社贷款贴息。

（四）强化人才培养，培育联合社市场开拓能力

联合社的发展，对人才提出了更高的要求。与单个合作社相比，更需要熟悉合作社知识、懂法律、科技、技术、管理的复合型人才。各地要支持联合社培养引进经营管理、市场营销人才，提高联合社产品变商品、商品变名品的能力。一是依托现代农业人才支撑计划、“阳光工程”培训，以及专业合作社人才培养计划，主要采取集中学习、考察观摩、专家指导等方式，重点培训专业合作社市场营销人员。二是采取优惠政策，支持联合社引进专业管理人才与专业营销人才。三是探索在联合社设立“职业经理”“市场营销经理”等岗位，将其纳入“大学生村官”计划，吸引大学毕业生到联合社从事内部管理与市场营销工作。

第5节　新型农业经营主体中青年农民骨干的作用：以河南省为例

青年农民是农业农村的未来和希望。农业现代化的关键在于新型农业经营主体。加快培育新型农业经营主体，离不开青年农民尤其是青年农民骨干的参与。依据农业部和共青团中央的有关规定，青年农民一般指年龄在45岁以下的农村青年。家庭农场、专业大户、农民合作社和农业企业等新型农业经营主体的领办者、创办者，是青年农民中的骨干。从人员构成看，青年农民骨干主要包括具备一定产业基础的外出务工返乡人员、大学生村官、种养大户、农村经纪人、农民合作社领办人、农业企业创办人等。他们一般有较强的市场意识，而且积极创新，努力把一种从来没有过的关于生产要素和生产条件的“新组合”引入农业经营体系，是熊彼特意义上的企业家。

为了考察新型农业经营主体中青年农民骨干的作用，2014 年 7—8 月，中国人民大学课题组赴河南省深入访谈了 105 位青年农民骨干（其中柘城县 24 位、确山县 22 位、偃师市 21 位、许昌县（现建安区）19 位、郑州市 12 位、鄢陵县 3 位，济源市、濮阳市、博爱县和新野县各 1 位），并与共青团系统的各位负责人进行了座谈。本文在理论分析青年农民骨干重要性的基础上，根据实地调查情况，总结青年农民骨干发挥作用的典型做法、具体成效及其发展态势，最后给出团河南省委促进青年农民骨干发挥作用、加快新型农业经营主体发展的成功经验及其启示。

一、青年农民骨干的重要性：结构洞理论的解释

芝加哥大学社会学教授罗纳德·伯特在《结构洞：竞争的社会结构》一书中提出了著名的“结构洞”理论。所谓结构洞，是指在社会关系网络中拥有互补性资源或信息的个体之间不存在直接或间接联系而产生的空位。如果两个个体之间必须通过第三者才能形成联系，那么第三者就在关系网络中占据了一个结构洞，或者说“中心节点”（伯特，2008）。从经济学的角度看，这个第三者就是企业家，中心节点的职能就是“企业家能力”。因而结构洞与企业家是相辅相成的概念：企业家是结构洞的填补者，结构洞是为企业家准备的位置（汪丁丁，2011）。经济发展可以看作是结构洞和企业家的不断更新与扩展。

农业转型中存在的各种“结构洞”对青年农民骨干有着天然的新引力，而且这些骨干也能够利用中心节点的优势实现自身和组织价值。与老一代农民相比，出生于 1970 年之后的青年农民骨干与我国的市场经济共同成长，除文化水平较高、身体状况较好外，他们还比普通农民更多地接触城市和现代市场经济，有更强的市场竞争意识、更先进的经营管理理念和更丰富的城市社会资本。通过发挥企业家才能，青年农民骨干可以带动新型农业经营主体成长，推动农业现代化。具体来看，其重要性主要体现在以下三个方面。

一是创造超额利润，提高农业经营效益。结构洞的存在，是对企业家创新活动的激励。因为资源互补性的存在，导致局部协作收益小于整体协作收益（这是农民合作社与农业企业合作形成“公司 + 合作社”模式的一个诱因），一旦企业家填补了“中心节点”的空位，将会产生超额利润。据国家工商总局（现国家市场监督管理总局）的数据，截至 2008 年，全国共有农村经纪人员 100 多万人，经纪业务量逾 2500 亿元。借助农村经纪人，农产品和农资的城乡流通得以实现。这些农村经纪人所填充的，正是社会关系网络中的一个结构洞。而近几年一些农村经纪人、务工返乡人员等青年农民骨干纷纷领办农民合作社，则是在新经济社会环境下，对新的社会网络中结构洞的再补充。至 2014 年年底，全国农民合作社数量已达 128.88 万。这些合作社通过农资统一购买和农产品统一销售，将更多利润留存在农业部门，一定程度上提高了农业经营效益。

二是促进资源流动，加快新型经营主体成长。与普通农民相比，青年农民骨干与城市的接触更多，其中一部分还有长期在城市工作、生活的经历，因此在城市有更多的“关系”或曰社会资本。青年农民骨干作为“结构洞”的补充者，可以弥补了城乡社会关系网络的空位，成为农产品进入城市和城市商业资本流向农业农村的关键节点。按照“结构洞”理论的效率原则，普通农民在骨干带领下参与市场竞争，显然比结识同类型的农民更有效率。而且，借助青年农民骨干在城市积累的社会

关系，新型农业经营主体更容易获得其成长急需的信息和资源。比如，青年农民骨干更了解国家对新型农业经营主体的支持政策，可以争取财政支持和银行贷款。资源要素和有关部门的扶持，无疑能够促进新型农业经营主体发展。

三是实现规模经营，推动小生产与大市场对接。填补“中心节点”空位的青年农民骨干，实际上是起到了把个体或小型社会网络联结成更大的社会网络的作用。更大的社会网络，意味着存在通过资源协作实现规模经济的可能性。从实际情况看，青年农民骨干领办或创办农民合作社、农业企业等新型农业经营主体，可以把分散的各类农业经营者联合起来，提高规模经营程度，增强市场议价能力，从而打破市场壁垒，实现小生产与大市场的对接。而且，青年农民骨干的新事物接受能力和市场竞争意识较强，能够采用互联网技术，通过订单农业、社区直销等方式直接把农产品直接销往城市社区，实现生产、销售等不同环节的规模经济。

总之，企业家是创新能力的人格化，青年农民骨干在新型农业经营主体中发挥的作用正是这种创新能力的具体体现。借助青年农民骨干，可以创造超额利润、促进城乡资源要素流动和实现农业规模经营。

二、青年农民骨干发挥作用的做法、成效及态势

近年来，随着国家对城市务工青年、大学生村官等返乡创业扶持政策的不断深化落实，由青年农民领办的新型农业经营主体日益增多。调查发现，这些青年农民骨干依靠自己的优势，结合农业农村的特点，探索出了一些行之有效的做法，带动了新型农业经营主体发展，激发了农业农村经济活力。

（一）典型做法

——做示范。农民是最注重实际的群体，而且出于斯科特意义上的“生存安全”，一般都较厌恶风险。对大部分农民而言，无论是加入合作社，还是注册家庭农场，只有看到其他人获得成功后，他们才愿意跟进。许昌县（现建安区）陈曹乡的史青民等人，成立了“益农高产种植合作社”，购买了大型农机具和高效节水灌溉设备，为成员提供“统一耕种、统一管理、统一机收”等农业服务。虽然2014年河南旱情严重，但借助高效节水喷灌设备，合作社的1000多亩地单产仍高达1200斤。在该合作社的带动下，周边越来越多的合作社或种植大户开始购置高效节水喷灌设备、大型农机等。

——传经验。一些青年农民骨干返乡后，会结合家庭资源禀赋和自身兴趣爱好，从事种植、养殖业或农产品销售工作。他们愿意用新技术、新方法搞农业，学习能力强且注重市场销路，更容易取得经济效益，而且事业处于上升期，也更乐于分享其成功经验。现年35岁的柘城县洪恩乡柿黄村余艳栋，2008年放弃城里的工作回村养山羊，并自学了接生、配料、防疫等养殖技术，成为当地的养殖大户和“羊专家”。周边的养殖户经常就防疫、饲养等向他请教。有了他的成功经验和技术指导，洪恩乡的山羊养殖很快形成了规模，养羊农户已达千余家，其中仅养殖300头以上的就有60多家，成为远近知名的养羊乡。因带动村民致富的能力突出，余艳栋被乡政府选聘为村委主任助理。

——建组织。在国家扶持政策的推动和地方政府的鼓励下，一些青年农民骨干发挥自己的协调管理优势，带头组建了农民合作组织。这青年骨干有理想有抱负，不太看重经济利益，且做事有思路、沟通有技巧。由其领办的农民合作组织，更容易受到农民认可，从而能更好地整合各种资源。2010年7月，为了改变村民分散经营的局面，带动村民增收，柘城县城关镇毛庄村20多岁的大学生

村官吕冬磊牵头成立了“祥和农民专业合作社”，并说服本村的养殖大户冒着培养竞争对手的风险，为成员提供经验和实用技术。很快，合作社成员的种猪养殖规模就突破了1000头，而且还有成员建设了占地2亩多的养鸡场。

——搭平台。青年农民骨干的经营思路比较灵活，敢于对现有的农产品生产和流通方式进行“破坏式创新”。他们会争取与终端经销商签订供货协议，实现“订单农业”，或者借助互联网、微信等方式将产品直接配送至居民社区。而且他们会联合更多供需双方，增加产品种类、稳定市场销路。郑州市蔬菜种植大户韩红刚，在2011年萝卜滞销时发现可以借助微信把蔬菜直接卖给社区居民。于是他开始通过微信接受社区居民的订单，并联络了十多家农民合作社、种植大户，按照客户的要求组织生产。2013年该微信平台的营业额已达100多万元。有一些青年农民骨干还创办了规模较大的农产品销售平台，比如博爱县的马卫东2011年8月创立的“怀庆府农产品电子商务公司”，短短3年时间，累计交易额已经突破1.5亿元。

——创品牌。由于信息不完全，消费者无法了解农产品的真正品质，因此优质农产品市场是一个“柠檬市场”。名特优农产品想实现其真实价值就必须树立品牌。一些青年农民骨干洞察了品牌、口碑背后的商机，开始着力打造优质农产品的品牌。以济源市凤喜翔果蔬种植合作社为例，为了维护声誉、创建品牌，在32岁的理事长谢丹婷的带领下，合作社不惜重大产量损失，也不施化肥、不用农药，坚持生产有机蔬菜。几年下来，合作社生产的有机农产品逐渐获得市场认可，虽然产量低，但效益依然可观。同样，偃师市唐韵家庭农场主李双雷，除在广告宣传外，还以农场采摘、果品礼盒包装等方式提升农场的品牌知名度。

（二）具体成效

从土地流转到农民协作，从农产品销售到产业结构调整，青年农民骨干的参与，增加了新型农业经营体系的活力，提高了农业经营的效益，改变了区域农业农村现状。其作用表现在以下四个方面。

一是促进了农村土地流转，提高了农地经营规模。土地是农民最基本的生产资料。但是农村土地的细碎化严重，无法使用农业机械连片耕作，影响了农业经营效益。为实现农机连片耕作、获得规模经营效益，绝大部分青年农民骨干领办、创办的农民合作社、农业企业等新型农业经营主体都流转了土地。2007年自中央财经大学毕业后，郭可江带头成立的“濮阳市汇金蔬菜种植合作社”先后流转了1600亩土地种植蔬菜。许昌县（现建安区）陈曹乡的种粮大户史青民，不仅自己流转了200亩土地，还以农机服务为纽带，成立合作社帮助周边农户统一耕种。博爱县博大农业种植合作社理事长马卫东，也流转了1000多亩土地种植蔬菜、山药等。在青年农民骨干的带领下，一些农民合作社还充当了农民与用地主体的土地流转服务平台，协调农村土地连片流转。

二是推动了农民联合协作，加快了农民组织化步伐。当前，在农业发展需要以及国家有关政策的推动下，农民合作社建设也全面展开、农业企业与农户的利益联结日益紧密。一些青年农民骨干带动周边农民成立了农民合作社，形成了“收益共享、风险共担”的利益共同体。例如鄢陵县三文园林花木合作社，不仅为成员提供幼苗、种植技术，以高出市价10%的价格回收成员培育的树苗，还在年底按交易量进行二次返利。在其29岁的理事长张策的带领下，该合作社已经带动村里的60多位农户从事园林花木培育。另一些青年农民骨干则创办了农业企业，为农户提供种苗、饲料、种植或养殖技术等，并订单回收农户的产品。比如，据32岁的柘城县邵园乡翠园牧业公司董事长李志斌介绍，他们公司通过“公司 + 养殖合作社 + 农户”的产业链协作模式，为100多户养殖户提供猪崽、饲料，并按照市场价格回收毛猪，每年出栏的生猪达1万头以上。虽然与农民的利益联结有待进一步加强，但青年农民骨干领办的新型经营主体无疑加快了农民的组织化。

三是创新了农产品销售模式，实现了农业增效、农民增收。供需信息不对称和销售渠道不通畅，是造成农民“增产不增效、丰产不丰收”的困境的重要原因。保障农产品销路、提高农业效益，既要充分利用市场信息，做到按需生产，又要打破现有的中间商主导的农产品尤其是蔬菜流通模式（孔祥智、刘同山，2013）。近年来，在政府有关部门和共青团系统的引导帮助下，河南省越来越多的青年农民骨干尝试创新农产品销售模式。除前文提到的微信和电子商务外，还有绿野养猪合作社理事长陶建富打造的“绿野”社区直销店、洛阳健稷农业公司经营的“粮油送”统一配送平台等。以“粮油送”为例，目前洛阳健稷农业公司联合了30多家农民合作社、2000多个农户，拥有300多辆配送车。直供直销、统一配送，既拓展了公司的经营范围，增加了公司、合作社的经营效益，还有效解决了农产品销售难和“谷贱伤农”的问题，直接增加了农民收入。

四是调整了农村产业结构，加快了城乡一体化进程。随着城市化工业化进程加快，调整农村产业结构是经济社会发展的要求，也是农民自身利益的体现。农业的比较效益低，致使农村青年人口不断流失。农村只有通过产业结构调整，发挥自己的资源禀赋优势，实现第一、二、三产业协调发展，才能让青年农民留得下、过得好，才能吸引更多资源要素流向农村，真正形成城乡一体化的新局面。返乡创业的青年农民骨干见多识广、思路灵活，在实现农村产业转型、推动城乡一体化方面起到了突出作用。2012年，38岁的中欣生态农业公司董事长葛国强流转了确山县竹沟镇鲍棚村的农田1520亩、山地14500亩。公司一方面改变传统的种植方式，打造集生态种植、养殖、栽培和繁育于一体的现代化农业庄园；另一方面按照旅游产业理念规划建设园区，发展休闲旅游、生态园区养老产业。村民不仅可以获得每人每月300元的土地租金，还可以选择到公司上班，再挣取一份工资收入。这不仅调整了农村产业结构，增加了农民收入，还可以让部分村民带着资产进入城市，从而加快城乡一体化发展。

此外，青年农民骨干在加快新型农业经营主体引进新技术、采用新品种、购买大型农机具和节水灌溉等方面，也都起到了明显作用。这些内容前面已有论述，此处不再展开。

（三）发展态势

随着农业农村改革的不断深化，我国新型农业经营主体数量不断增加且经营实力日趋壮大，青年农民骨干的行为呈现出一些新态势。

首先，从独自盈利向集体致富迈进。过去一个时期，我国农村商业主要由农资销售商（个体户）、农产品收购商（经纪人）和专业大户来完成。他们仅考虑自己的收益最大化，与普通农户之间的“零和博弈”特征明显。近几年，国家对农户合作行为的宣传引导，让越来越多的青年农民愿意放弃一部分个人利益，组建“我为人人、人人为我”的农民合作社。新野县宛绿蔬菜种植合作社理事长刘洪定坦言，他有技术、有经验、有销售渠道，本可以像其他种植大户那样种好自己的几十亩蔬菜，“省心还发财”，但是合作社凝聚了成员对他的信任，是他的事业，再苦再累也要带着成员把它搞好。柘城县祥和农民合作社的吕冬磊也认为“一枝独开不是春”，因此他积极做养殖、种植大户的思想工作，让他们分享经验和技术，带着村民共同致富。

其次，从无意带动向主动帮扶转变。在原有的“公司 + 农户”或“经纪人 + 农户”模式下，虽然农户也能获得一些收益，但本质上，公司或经纪人为农户提供服务，是为了追求自身利润最大化。增加农户收入，并不是公司或经纪人的经营目标。而现在，除农民合作社之外，越来越多的农业企业开始主动帮助农户，将企业利益和农民利益联系在一起。这在青年农民骨干创办的农业企业中尤为明显。偃师市健稷农业公司本来主要从事粮食收购、加工业务，但发现农民经常因劣质种苗、化肥而遭受损失后，公司开始统一为农户采购农资，以原价卖给农民，并把农资企业的折扣回款，按交易量返还给农户。此外，前面提到的柘城县余艳栋、博爱县的马卫东、新野县的刘洪定等，也都以自己的方式，积极主动向周边农户传授种植、养殖经验和技术，切实帮助农民致富。

最后，从单一环节向全产业链延伸。近年来农村经济的发展，让涉农产业的竞争日益充分，而且全国大流通也加剧了农产品价格的波动。为了培养竞争优势、减少价格波动损失，很多青年农民骨干领办的农业企业、农民合作社等正在从单一环节生产向全产业链经营延伸。确山县竹沟镇是“北羊南运”的中转站，其供应量约占广州市山羊肉消费量的75%。市场竞争加剧，单纯贩羊的收益持续减少，一些青年农民搞起了山羊养殖、羊绒分梳、饲料加工等。该镇四棵树村的邓书印，最初只是单纯贩羊，后来又搞短期养殖育肥。近年，他带头创办了“羊业繁育合作社”，实现了从单打独斗向贩羊、育肥和繁殖于一体的经济组织的转变。另外一些新型农业经营主体在青年农民骨干的带领下，也在积极探索从单一环节向全产业链延伸。比如，河南世纪香食用菌开发公司，在27岁的总经理李伟鹏的推动下，开始从传统的培育、种植食用菌向精深加工迈进，成为蘑菇罐头生产的领头企业。

三、发挥青年农民骨干作用的河南经验与启示

发挥青年农民骨干的作用，对培育新型农业经营主体、繁荣农村经济、增加农民收入有重要意义，既符合中央精神，也顺应农民期盼。近年来，共青团河南省委发挥组织优势，多措并举，显著提高了青年农民骨干的创业带动作用，加快了新型农业经营主体发展，为其他地方开展有关工作提供了有益借鉴。

（一）团河南省委的成功经验

一是建设“青农联”等服务交流平台，扩大青年农民骨干的社会关系网络。针对农民合作社数量多、规模小、沟通合作缺少、市场竞争力弱等特点，2011年8月，团河南省委引导成立了省青年农民专业合作社联合会（简称青农联），并要求符合条件的县（市、区）尽快建立区域性青农联。至2014年6月底，河南已建立省、市、县三级青农联组织95个，其中省级1家，市级18家，县级76家，青农联会员达10661个，涉及种植、养殖、农机、信息服务等多个行业，覆盖农村青年80万人。青农联通过扩大宣传、寻找伙伴、建立团队、组建网络、搭建平台等措施，实现了青年农民骨干的互通互联，缓解了其各自为战的不利局面。此外，团河南省委还利用QQ群、微信等网络工具，打造了以团干部为核心，辐射青农联、青年自组织和青年企业家三个“朋友圈”的“一核三圈”交流平台，有效整合了科层制的高效率和互联网的信息共享优势。总之，在团河南省的帮助下，青年农民骨干的社会网络迅速扩大，社会资本加快形成，发现和填补更多“结构洞”、发挥企业家创新能力的空间显著增加。

二是创新金融服务和销售渠道，为新型农业经营主体发展提供外部支撑。团河南省委充分发挥组织和平台优势，采取多种渠道、多种方式解决新型农业经营主体发展中遇到的资金、销售等难题。

金融服务方面：①联合农行、邮储、农信社等建立健全青年农民合作社的信息征集、信用评定和信贷支持体系，深化农村青年信用示范户（社）评定工作。截至2014年6月底，全省累计评定青年信用示范户5563户，共发放信用贷款9367万元。②联合国家开发银行等金融机构，简化贷款审批流程，提高审贷效率，引导农民合作社参与互助保险和担保业务，解决贷款“担保难”问题。销售渠道方面：①协助青年农民合作社在城市社区开设直营店（超市）。目前，在团河南省委的帮助推动下，全省有近百家农民合作社已在城市社区设有直营门店，比如前文提到的绿野养猪合作社的“绿野”社区直销店。②借助域外力量推动农产品销售模式升级。比如，2014年7月18日，团河南省委联合淘×网等启动了“淘×中国・河南省农村青年电子商务创业就业项目”，以借助青农联的组织优势和淘×网的平台优势创新农产品销售模式。

三是提高青年农民骨干的创业致富能力，为新型农业经营主体成长提供内源动力。“经理封顶定理”指出，一个组织的成长取决于其领导人（的能力），正如金字塔高度不可能超过它的塔尖一样。青年农民骨干是新型农业经营主体的领头羊，只有提升他们的能力，才能保证组织的长期发展。近年来，团河南省委通过多种方式提高青年农民骨干的创业致富能力。首先，实施农村青年“领头雁”培养计划，要求在普遍开展创业小额贷款、实用技能培训等工作的基础上，加大培养和扶持力度，尽快培养1万名青年农民致富带头人。至2014年6月底，已培养“领头雁”1945人。其次，联合省委组织部，设置“大学生村干部发展基金”，引导和帮助大学生村官创业致富。至2014年6月底，该基金成立半年左右时间，已向326名大学生村官发放创业扶持资金754万元。最后，与省供销合作总社、大专院校、涉农企业等合作，开展农村青年创业就业培训。近两年，团河南省委通过举办了“暖春行动”“青春鼎力中原梦”行动、大学生村官创业培训班、农村青年创业就业宴酒坊工作项目、阳光工程农村青年创业就业培训项目等，累计培训32438人次。

需要指出的是，团河南省委支持青年农民骨干的根本目的是通过他们促进新型农业经营主体发展，进而活跃农村经济、实现农民增收，因此，非常注重引导青年农民骨干带动普通农民共同致富。这正是青年农民骨干作用的发展态势“从独自盈利向集体致富迈进、从无意带动向主动帮扶转变”的一个重要原因。

（二）对有关政府部门的启示

一方面要尽快搭建青年农民骨干共同发展的组织和交流平台。合作与联合是新型农业经营主体做大做强的有效手段。对于青年农民骨干领办创办的新型农业经营主体而言，合作与联合能以更小成本、更低风险、在更短时间内实现规模经济和品牌效益。因此，政府有关部门要改变当前线条式的管理和服务思路，实现新型农业经营主体之间的横向联系，加快搭建纵横交错的信息网络。在这方面，可以借鉴团河南省委的成功经验，建立农民合作社联合社或联合会，组建青年农民骨干“朋友圈”，拓展青年农民骨干的社会关系；还可以引导青年农民骨干合作建设区域农产品和农资统一购销平台，实现不同新型农业经营主体之间的紧密协作。

另一方面要发挥政府作用，借助社会力量，全面提高青年农民骨干和新型农业经营主体的发展能力。青年农民尤其是青年农民骨干是决定新型农业经营主体发展好坏的关键。为了加快培育新型农业经营主体，推进农业农村转型发展，必须重视并积极发挥青年农民的领头雁作用。一要进一步加大财政资金支持，创新金融服务方式，解决新型农业经营主体发展中资金缺乏的问题。二要加大宣传和引导，激发青年农民骨干释放更多正能量，真正起到农民致富带头人的作用。三要多种方式促进科研院所、农业院校、涉农企业、门户网站等与新型农业经营主体长期合作，为青年农民骨干更好发挥作用提供技术、智力和平台支持。

参考文献：

[1] 林毅夫 . 制度、技术与中国农业发展 [M] . 上海：上海三联书店 , 1992.

[2] 人民日报社 . 论农业产业化 [N] . 人民日报 , 1995-12-11.

[3] 严瑞珍 . 农业产业化是我国农村经济现代化的必由之路 [J] . 经济研究 , 1997(10): 74-79.

[4] 周立群 , 曹利群 . 农村经济组织形态的演变与创新 [J] . 经济研究 , 2001(1): 69-75.

[5] 周立群 , 曹利群 . 商品契约优于要素契约 [J] . 经济研究 , 2002(1): 14-19.

[6] 聂辉华 . 最优农业契约与中国农业产业化模式 [J] . 经济学 (季刊), 2013(1): 313-330.

[7] 刘凤芹 . 不完全合约与履约障碍——以订单农业为例 [J] . 经济研究 , 2003(4): 22-30.

[8] 马九杰 , 徐雪高 . 市场结构与订单农业的履约分析 [J] . 农业经济问题 , 2008(3): 35-41.

[9] 米运生 , 罗必良 . 契约资本非对称性、交易形式反串与价值链的收益分配：以“公司 + 农户”的温氏模式为例 [J] . 中国农村经济 , 2009(8): 12-23.

[10] 潘劲 . 中国农民专业合作社：数据背后的解读 [J] . 中国农村观察 , 2011(6): 2-11.

[11] 徐旭初 . 农民专业合作社发展辨析：一个基于国内文献的讨论 [J] . 中国农村观察 , 2012(5): 2-12.

[12] 邓衡山 , 王文烂 . 合作社的本质规定与现实检视——中国到底有没有真正的农民合作社？[J] . 中国农村经济 , 2014(7): 15-26+38.

[13] 高强 , 刘同山 , 孔祥智 . 家庭农场的制度解析 : 特征、发生机制与效应 [J] . 经济学家 , 2013(6): 48-56.

[14] 高强 , 周振 , 孔祥智 . 家庭农场的实践界定、资格条件与登记管理——基于政策分析的视角 [J] . 农业经济问题 , 2014, 35(9): 11-18.

[15] 黄宗智 .“家庭农场”是中国农业的发展出路吗？[J] . 开放时代 , 2014(2): 176-194.

[16] 郭熙保 , 冯玲玲 . 家庭农场规模的决定因素分析 : 理论与实证 [J] . 中国农村经济 , 2015(5): 82-95.

[17] 朱启臻 , 胡鹏辉 , 许汉泽 . 论家庭农场：优势、条件与规模 [J] . 农业经济问题 , 2014, 35(7): 11-17.

[18] 陈锡文 . 构建新型农业经营体系刻不容缓 [J] . 求是 , 2013(22): 38-41.

[19] 黄祖辉 , 俞宁 . 新型农业经营主体：现状、约束与发展思路——以浙江省为例的分析 [J] . 中国农村经济 , 2010(10): 16-26.

[20] 黄祖辉 , 陈龙等 . 新型农业经营主体与政策研究 [M] . 浙江：浙江大学出版社 , 2010.

[21] 张晓山 . 创新农业基本经营制度，发展现代农业 [J] . 农业经济问题 , 2006(8): 4-9.

[22] 孙中华 . 大力培育新型农业经营主体夯实建设现代农业的微观基础 [J] . 农村经营管理 , 2012(1): 1-1.

[23] 张照新 , 赵海 . 新型农业经营主体的困境摆脱及其体制机制创新 [J] . 改革 , 2013(2): 78-87.

[24] 楼栋 , 孔祥智 . 新型农业经营主体的多维发展形式和现实观照 [J] . 改革 , 2013(2): 65-77.

[25] 郑风田 , 焦万慧 . 前提设定、农民权益与中国新型农业经营体系的“新四化”[J] . 改革 , 2013(3): 103-113.

[26] 张云华 , 郭铖 . 农业经营体制创新的江苏个案：土地股份合作与生产专业承包 [J] . 改革 , 2013(2): 151-158.

[27] 韩长斌 . 构建新型农业经营体系应研究把握的三个问题 [J] . 农村工作通讯 , 2013(15): 7-9.

[28] 郭庆海 . 新型农业经营主体功能定位及成长的制度供给 [J] . 中国农村经济 , 2013(4): 4-11.

[29] 孔祥智 . 新型农业经营主体的地位和顶层设计 [J] . 改革 , 2014(5): 32-34.

[30] 钟真 , 谭玥琳 , 穆娜娜 . 新型农业经营主体的社会化服务功能研究——基于京郊农村的调查 [J] . 中国软科学 , 2014(8): 38-48.

[31] 陈洁 , 罗丹 . 种粮大户：一支农业现代化建设的重要力量 [J] . 求是 , 2012(3): 32-33.

[32] 贺利云 . 一个种粮大户对土地流转的困惑与期盼——来自湖南省祁阳县的典型调查 [J] . 农业部管理干部学院学报 , 2011(10): 94-96.

[33] 陈锡文 . 人多地少，经营方式怎么转？[N] . 人民日报 , 2010-10-17.

[34] 杨霞 . 千亩土地流转的背后 [J] . 农村经营管理 , 2012(3): 12-13.

[35] 宋洪远 , 赵海等 . 中国新型农业经营主体发展研究 [M] . 北京：中国金融出版社 , 2015.

[36] 农业部农村经济体制与经营管理司 , 中国社会科学院农村发展研究所 . 2015 年中国家庭农场发展报告 [R] . 北京：中国社会科学出版社 , 2015.

[37] 苑鹏 . 农民专业合作社联合社发展的探析——以北京市密云县奶牛合作联社为例 [J] . 中国农村经济 , 2008(8): 44-51.

[38] 孔祥智等 . 中国农民专业合作社运行机制与社会效应研究——百社千户调查 [M] . 北京：中国农业出版社 , 2012.

[39] 陈晓华 . 总结经验，明确任务，促进农民专业合作社又好又快发展——在全国农民专业合作社经验交流会上的讲话 [J] . 中国农民合作社 , 2010(10): 9-13.

[40] 牛若峰 . 论市场经济与农民自由联合 [J] . 中国农村经济 , 1998(7): 73-75.

[41] 唐宗焜 . 合作社真谛 [M] . 北京：知识产权出版社 , 2012.

[42] 罗纳德 · 伯特 . 结构洞：竞争的社会结构 [M] . 上海：格致出版社 , 2008.

[43] 汪丁丁 . 行为经济学讲义：演化论的视角 [M] . 上海：世纪出版集团 , 2011.

[44] 孔祥智 , 刘同山 . “农社对接”的优势、发展思路及前景 [J] . 中国农民合作社 , 2013(9): 21-23.

第 5 章　新型农业社会化服务体系构建

自 1983 年中央“一号文件”首次提出“社会化服务”的概念以来，我国农业社会化服务体系经历了 20 世纪 80 年代的服务内涵拓展期、90 年代的服务体制机制调整期和 21 世纪以来的战略地位全面提升期等阶段，初步形成了以公共服务机构为依托、合作经济组织为基础、龙头企业为骨干、其他社会力量为补充，公益性服务和经营性服务相结合、专项服务和综合服务相协调的基本格局。当前，我国已经进入工业化、信息化、城镇化发展要求农业现代化同步推进的新时期，城乡要素流动加快，农业发展方式转型提速，农业社会化服务的供给和需求面临新的复杂环境，亟待形成一套行之有效的农业社会化服务新机制。党的十八大以来，中央将构建新型农业社会化服务体系上升到了一个新的高度。2015 年“一号文件”进一步将“强化农业社会化服务”作为“促进农民增收，加大惠农政策力度”的主要措施。2016 年“一号文件”则强调了“新型农业服务主体”在新型农业社会化服务构建红的作用。2017 年“一号文件”从“多种形式规模经营的视角”，突出农业社会化服务的带动作用。2018 年“一号文件”和十九大报告都从“小农户和现代农业发展有机衔接”的战略维度说明了构建新型农业社会化服务体系的重要性。这既是对农业社会化服务在提升农业产出效率、提高农民收入方面作用的肯定，也暗示着完善农业社会化服务体系将成为中央惠农政策体系新的着力点。

第 1 节　构建新型农业社会化服务体系的意义和经验

一、构建新型农业社会化服务体系的重大战略意义

（一）“三农”发展适应新常态的必然选择

随着国家宏观经济进入“新常态”，“三农”发展亦呈现出农产品供求总量紧平衡、农业生产成本持续走高、农村劳动力有限剩余、农业经营方式日益多样化、农民工资性收入与家庭经营收入双增长等阶段性特点。特别是农业投入和产出的商品化、市场化程度不断提高，农业增长动力更多地来自农业外部因素等趋势日益突出。例如，种子、化肥、农药、机械、设施等物质投入和相关服务主要源自工业化、信息化带来的现代科技与管理成果，农业资金来源已经由主要依靠“三农”内部供给转变为重点依托“以工补农、以城带乡”的反哺机制，农业经营规模的扩大主要源于工业化和城镇化对农业剩余劳动力的吸收和土地流转的促进。同时，农业的资本化、专业化、规模化已由畜牧业、园艺业向涉及农户数量最大的种植业主要是粮食生产拓展。这必然要求农业社会化服务须紧紧围绕这些新特点和新趋势，不断创新农业社会化服务体制机制，用服务打通和塑造新时期农业发展的动力系统。

（二）农业经营体制机制改革的重要内容

党的十八大以来，农业农村改革发展进入了一个新的阶段。新一届党中央提出要“构建以农户家庭经营为基础、合作与联合为纽带、社会化服务为支撑的立体式复合型现代农业经营体系”，2013年和2014年的“一号文件”相继对包括农业社会化服务在内的新型农业经营体系建设做出了具体部署。2015年以来的中央一号文件则相继强调了新型经营主体对农业社会化服务的带动，而十九大报告更是从小农户和现代农业发展有机衔接的角度说到了这一点。在实践中，农业社会化服务与农业生产经营在多个层次上交织融合。大量新近涌现的各类新型经营主体中，有的既是生产者又是服务者，有的是不直接参与生产的专门性服务者；有的提供专项服务，有的提供综合服务；有的以个体形式存在，有的以组织形式出现等。因此创新和完善农业社会化服务体制机制本身就是构建新型农业经营体系的重要内容。而新型农业社会化服务体系的建立，将有利于强化农业双层经营中“统”的功能，为农业突破变分散经营的局限提供多种可能，真正发挥“统分结合”的制度优势。

（三）实现中国特色农业现代化的关键举措

当前，伴随我国“四化”进程的加快，农村劳动力大量转移，农业物质技术装备水平不断提高，农户承包土地的经营权流转明显加快，发展适度规模经营已成为必然趋势。但农户小规模分散的家庭经营仍然占据绝对比重。故中国的农业现代化必然绕不开亿万农户分散经营的基本事实。相反，只有正视并在此基础之上采取合理有效措施方能加快我国农业现代化进程。近期中央出台《关于引导农村土地经营权有序流转发展农业适度规模经营的意见》指出，要在坚持农村土地集体所有的基础上实现所有权、承包权、经营权三权分置，在坚持家庭经营的基础上发展多种形式的适度规模经营。可见，以服务的规模化来弥补经营的细碎化是实现农业现代化的一个重要的战略取向。但现阶段农业社会化服务水平尚不能完全适应发展适度规模经营的要求。而唯有建立健全新型农业社会化服务体系方能加快实现中国特色新型农业现代化的目标。

二、我国农业社会化服务体系建设的历史经验

改革开放以来，我国政府高度重视农业社会化服务体系建设工作，将其作为稳定和完善农村基本经营制度，深化农村改革的一项重要任务。随着相关政策不断健全和完善，农业社会化服务体系建设取得了快速发展。早在20世纪80年代，中央就曾将“发展农业社会化服务，促进农村商品生产发展”作为农村第二步改革的突破口，进入90年代后，中央明确提出要“建立健全农业社会化服务体系”，并将农业社会服务提到与稳定家庭承包经营同等重要的高度。2004年以来，中央多个一号文件都对“健全农业社会化服务体系”提出了要求，其中党的十七届三中全会做出了“构建新型农业社会化服务体系”的重大部署，并明确了新型农业社会化服务体系的发展方向、依靠力量和实现路径，我国农业社会化服务体系建设步伐加快。可见，农业社会化服务体系建设历程始终与我国农业与农村工作的总体任务与发展目标相适应，并表现出一些阶段性特征。因此，对各阶段相关政策的回顾与梳理，不仅可以总结不同时期农业社会化服务的特点及成效，而且可以把握新形势下农业社会化服务体系建设的演变路径及发展方向。

（一）以解放生产力为导向的农业服务体系建设（1978–1990）

1978年以后，我国农村普遍推行家庭联产承包责任制，人民公社逐步解体，带来了生产力的解放和商品生产的发展，迫切需要为农业提供社会化服务，以进一步推动农村改革。在这种背景下，

"社会化服务"应运而生，并经历了一个内涵不断丰富的过程。针对农产品销路不畅的问题，1982年中央一号文件指出，要"改善农村商业，疏通流通渠道，加强市场管理"，为我国农业服务指明了方向。1983年中央一号文件首次提出了"社会化服务"的概念，认识到"诸如供销、加工、储藏、运输、技术、信息、信贷等各方面的服务，已逐渐成为广大农业生产者的迫切需要"。同年，在一些地区出现了"农业服务公司"。1984年和1986年的中央一号文件提出了"社会服务""商品生产服务体系""生产服务社会化"的概念。在对社会化服务内容规定上，1982年中央一号文件在农业技术推广机构改革的基础上，提出要强化农业服务。1983年中央一号文件提出"当前，各项生产的产前产后的社会化服务，已逐渐成为广大农业生产者的迫切需要"。1984年中央一号文件从加速实现社会主义农业现代化的高度，提出"必须动员和组织各方面的力量，逐步建立起比较完备的商品生产服务体系，满足农民对技术、资金、供销、储藏、加工、运输和市场信息、经营辅导等方面的要求"。1985年在改革农产品统派购制度基础上，提出："科研推广单位、大专院校及城市企业，可以接受农村委托的研究项目，转让科研成果，提供技术咨询服务，或者与商品基地及其他农村生产单位组成'科研—生产联合体'，共担风险，共沾利益。"1986年将"组织产前产后服务"作为农村工作总要求之一，并提出"农民对服务的要求也是各式各样的，不同内容、不同形式、不同规模、不同程度的合作和联合将同时并存"，首次对服务供给的方式形式做出明确要求。

可以看出，20世纪80年代有关农村改革的一些政策文件，把农业社会化服务作为解放和发展农村生产力的重要手段，这对于扩展农业社会化服务内涵、明确农业社会化服务定位意义重大。然而，这一时期虽然已经提出农业社会化服务的概念，但仍未对其内涵作出科学界定，服务内容集中在农业产中环节，体现出较强的时代背景。

（二）以农业技术推广为主的农业社会化服务时代（1991–2008）

以家庭联产承包为主、统分结合的双层经营体制逐渐建立，为农业经济发展注入了新活力，也对农业社会化服务提出了新要求。1990年中共中央、国务院在《关于一九九一年农业和农村工作的通知》中首次提出"农业社会化服务体系"的概念，并且将服务主体确定为"合作经济组织、国家经济技术部门和其他各种服务性经济实体"。1991年，国务院就农业社会化服务体系建设发出专项通知，指出"加强农业社会化服务体系建设，是深化农村改革，推动农村有计划商品经济发展的一项伟大事业"，还对"农业社会化服务"的基本形式进行了科学界定，进一步明确了发展方向和原则，并确立了农业社会化服务体系的基本框架。1992—1998年，我国主要通过制定一系列政策法规，加快农业技术推广体系建设。例如，1993年《中华人民共和国农业技术推广法》的颁布，以法律的形式明确了农业技术推广机构的地位和作用，为公益性推广体系建设开辟了道路。1999年，首次对农业技术推广体系和农业社会化服务体系之间的关系进行了界定，提出："农业技术推广体系是农业社会化服务体系和国家对农业支持保护体系的重要组成部分，是实施科教兴农战略的重要载体。"2003年《中共中央关于完善社会主义市场经济体制若干问题的决定》指出，"深化农业科技推广体制和供销社改革，形成社会力量广泛参与的农业社会化服务体系"，再次将农业社会化服务体系建设确定为深化农村改革，完善农村经济体制的主要内容之一。2004—2007年，4个中央一号文件多次对深化农业科技推广体系改革和建设做出明确部署，提出通过公益性服务与经营性服务相结合的方法，完善农技推广的社会化服务机制。

这一阶段随着农民收入从快速增长到增速放缓，中央将农民增收问题摆在了突出重要位置。因此，我国逐步重视科技创新与技术进步在提高农业综合生产能力上的重要支撑作用，开始加大农业科技创新与技术推广体系建设。党的十六大和十六届三中全会把“三农”问题提高到了空前的战略位置。2007 年中央一号文件又将“发展现代农业”作为社会主义新农村建设的首要任务，提出了现代农业的发展战略，为社会化服务体系建设指明了方向。这一时期农业社会化服务的概念内涵得到科学界定，服务内容涵盖农业产前产中产后环节，对农业气象服务、农产品质量安全监管和市场服务等服务领域也提出了新的要求，尤其是农业科技推广体制改革取得了重大进展。

（三）构建多样化、复合型农业社会化服务体系的新时期（2008 至今）

尽管前一阶段的改革基本达到预期效果，但是随着农业结构调整向纵深推进，统筹城乡力度的不断加大，迫切需要进一步深化改革与创新服务，构建新型农业社会化服务体系，以顺应经济社会发展阶段性变化和建设社会主义新农村的要求。2008 年中央一号文件提出：“加强农业科技和服务体系建设是加快发展现代农业的客观需要。必须推动农业科技创新取得新突破，农业社会化服务迈出新步伐，农业素质、效益和竞争力实现新提高。”同年召开的党的十七届三中全会对家庭经营和统一经营的发展方向做出全新表述，首次提出“新型农业社会化服务体系”的概念，并指出要“加快构建以公共服务机构为依托、合作经济组织为基础、龙头企业为骨干、其他社会力量为补充，促进公益性服务和经营性服务相结合、专项服务和综合服务协调发展的新型农业社会化服务体系”。2009 年中央一号文件重点对“增强农村金融服务能力”“推进基层农业公共服务机构建设”做出具体部署。2010 年中央一号文件再次提出，“推动家庭经营向采用先进科技和生产手段的方向转变，推动统一经营向发展农户联合与合作，形成多元化、多层次、多形式经营服务体系的方向转变”，并要求“积极发展农业农村各种社会化服务组织，为农民提供便捷高效、质优价廉的各种专业服务”。2011 年中央一号文件对“健全基层水利服务体系”做出部署，提出“建立健全职能明确、布局合理、队伍精干、服务到位的基层水利服务体系，全面提高基层水利服务能力”。2012 年中央将农业科技创新提到前所未有的战略高度，提出“提升农业技术推广能力，大力发展农业社会化服务”，并通过政府订购、定向委托、招投标等方式，培育和支持新型农业社会化服务组织发展。2013 年中央一号文件提出“构建农业社会化服务新机制，大力培育发展多元服务主体”，并从强化农业公益性服务体系、培育农业经营性服务组织、创新服务方式和手段三方面做出具体部署。2014 年中央一号文件指出，要大力发展主体多元、形式多样、竞争充分的社会化服务，推行合作式、订单式、托管式等服务模式，扩大农业生产全程社会化服务试点范围，要通过政府购买服务等方式，支持具有资质的经营性服务组织从事农业公益性服务，加快“健全农业社会化服务体系”。

党的十七大以后，工业化、信息化、城镇化、市场化深入发展，农业资源环境和市场约束增强，要求加速转变农业发展方式，加快提升农业竞争力，构建新型农业社会化服务体系。2008 年党的十七届三中全会对新型农业社会化服务体系的地位作用、发展方向、依靠力量与保障制度做出了全新部署。这个阶段改革的重点主要集中在拓展服务领域、完善服务机构、创新服务形式等方面。例如，从 2009 年开始中央每年都对农村金融服务做出部署，并要求加强气象服务、水利服务、农业信息服务、土地流转服务等新兴服务领域的供给能力，逐步培育生产要素服务市场。在机构建设方面，一方面，开始抓紧建设乡镇或区域性公共服务机构，建立政府购买服务制度，提高社会化服务的公益性地位；另一方面，要求积极培育农业经营性服务组织，扶持农民专业合作社、专业服务公司、专业技术协会、农民用水合作组织、农民经纪人、涉农企业等社会力量广泛参与社会化服务体系建设。在创新服务体系方面，鼓励搭建区域性农业社会化服务综合平台，整合资源建设乡村综合服务社和服务中心，探索多种服务模式。

表 5-1　中央对农业社会化服务的关注及其演变

中央文件名称及年份	对农业社会化服务的提法	对农业社会化服务的关注点及内容
1982年中央一号文件：《全国农村工作会议纪要》	立足于改善农村商品流通，未明确提出农业社会化服务	改善农村商业，疏通流通渠道；使供销社在组织农村经济生活中发挥更大的作用；开展农副产品的就地加工、产品精选和综合利用；农副产品可以走走收购—加工—销售的路子。
1983年中央一号文件：《当前农村经济政策的若干问题》	提出商品流通的“社会化服务”和农业生产的“科技服务”	供销、加工、储藏、运输、技术、信息、信贷等社会化服务，已成为农业生产者的迫切需要；适当发展并给予农村个体商业和各种服务业必要扶持；办好农业技术服务机构，为农民提供科技服务。
1984年中央一号文件：《关于一九八四年农村工作的通知》	提出以“社会服务”促进农业生产	向农村专业户提供必要的社会服务，满足他们对信息、供销和技术进步等方面的需求；要加强社会服务，逐步建立商品生产服务体系，满足农民对技术、资金、供销、储藏、加工、运输和市场信息、经营辅导等方面的要求；商品生产服务体系“是一项刻不容缓的任务”。
1985年中央一号文件：《关于进一步活跃农村经济的十项政策》	提出农业技术服务的“科研—生产联合体”	科研推广单位、大专院校及城市企业，可以接受农村委托的研究项目，转让科研成果，提供技术咨询服务，或者与生产者组成“科研—生产联合体”；地区性合作经济组织，要积极办好机械、水利、植保、经营管理等服务项目；城市应继续办好各类农产品批发市场和贸易中心。
1986年中央一号文件：《关于一九八六年农村工作的部署》	指出“农村商品生产的发展，要求生产服务社会化”	农民对服务的需求各式各样，应按照农民的要求，提供良种、技术、加工、储运、销售等系列化服务；对农民的技术服务应以无偿或低偿为主；以“星火计划”为农村提供科技服务；发展蔬菜和副食品批发市场，为大批量农产品进城创造条件。
1990年中共中央、国务院：《关于一九九一年农业和农村工作的通知》	提出“要大力发展农业社会化服务体系”	明确“合作经济组织内部的服务，国家经济技术部门和其他各种服务性经济实体为农业提供的服务”组成了农业社会化服务体系，并对各主体如何提供服务进行了具体说明。
1991年国务院下发了《关于加强农业社会化服务体系建设的通知》	指出农业社会化服务体系建设是一项伟大事业，具有极其重要而又深远的意义	进一步明确“农业社会化服务，是包括专业经济技术部门、乡村合作经济组织和社会其他方面为农、林、牧、副、渔各业发展所提供的服务”；详细规定了农业社会化服务的形式、内容和原则；对农业社会化服务如何保障农业生产的产前产中产后进行了部署；以乡为重点，建立农业社会化服务四级政府协调制度。
1999年国务院《关于稳定基层农业技术推广体系的意见》	明确农业技术推广体系是农业社会化服务体系的重要组成部分	技物结合是农业技术服务的有效形式。各级农业技术推广机构要围绕种子、化肥、农药、饲料、疫苗、农机具及配件等农业生产资料经营，开展与技术指导相结合的多种形式的服务。
2003年中共十六届三中全会：《关于完善社会主义市场经济体制若干问题的决定》	要求健全农业社会化服务体系	农村集体经济组织、农民专业合作组织、工商企业、农机推广机构、供销社和社会力量等多方参与的农业社会化服务体系。工商企业投资发展农产品加工和营销，积极推进农业产业化经营，形成科研、生产、加工、销售一体化的产业链。
2008年中央一号文件：《关于切实加强农业基础建设进一步促进农业发展农民增收的若干意见》	指出“加强农业科技和服务体系建设是加快发展现代农业的客观需要”	加快推进农业科技研发和推广应用；建立健全动植物疫病防控体系；大力培养农村实用人才；支持发展农业生产经营服务组织，为农民提供代耕代种、用水管理和仓储运输等服务；加强农村市场体系建设，鼓励商贸、邮政、医药、文化等企业在农村发展现代流通业；积极推进农村信息化。

续表

中央文件名称及年份	对农业社会化服务的提法	对农业社会化服务的关注点及内容
2008年十七届三中全会:《关于推进农村改革发展若干重大问题的决定》	提出“建立新型农业社会化服务体系”	构建以公共服务机构为依托、合作经济组织为基础、龙头企业为骨干、其他社会力量为补充，公益性服务和经营性服务相结合、专项服务和综合服务相协调的新型农业社会化服务体系；支持供销社、农民合作社、专业服务公司、技术协会、农民经纪人、龙头企业等提供多种形式的生产经营服务。
2010年中央一号文件:《关于加大统筹城乡发展力度 进一步夯实农业农村发展基础的若干意见》	要求“建立健全农业社会化服务的基层体系”	积极发展多元化、社会化农技推广服务组织和农业农村各种社会化服务组织，为农民提供便捷高效、质优价廉的各种专业服务；落实农产品批发市场用地等扶持政策，发展农产品大市场大流通。
2012年中央一号文件《关于加快推进农业科技创新持续增强农产品供给保障能力的若干意见》	提升农业技术推广能力，大力发展农业社会化服务	强化基层公益性农技推广服务；引导科研教育机构积极开展农技服务；培育和支持新型农业社会化服务组织；增强集体组织对农户生产经营的服务能力。通过政府订购、定向委托、招投标等方式，扶持各种社会力量广泛参与农业产前、产中、产后服务。
2013年中央一号文件《持续增强农产品供给保障能力的若干意见》	要求“构建农业社会化服务新机制”，明确农业服务分为“公益性”和“经营性”两类	要坚持主体多元化、服务专业化、运行市场化的方向，充分发挥公共服务机构作用，加快构建公益性服务与经营性服务相结合、专项服务与综合服务相协调的新型农业社会化服务体系；强化农业公益性服务体系；培育农业经营性服务组织；创新服务方式和手段。
2014年中央一号文件:《关于全面深化农村改革加快推进农业现代化的若干意见》	要求“健全农业社会化服务体系”，提出“农业生产全程社会化服务”	稳定农业公共服务机构，健全经费保障、绩效考核激励机制；大力发展主体多元、形式多样、竞争充分的社会化服务，推行合作式、订单式、托管式等服务模式，扩大农业生产全程社会化服务试点范围；通过政府购买服务等方式，支持具有资质的经营性服务组织从事农业公益性服务。
2015年中央一号文件:《关于加大改革创新力度加快农业现代化建设的若干意见》	提出“要增加农民收入，必须完善农业服务体系，帮助农民降成本、控风险”	抓好农业生产全程社会化服务机制创新试点，重点支持为农户提供代耕代收、统防统治、烘干储藏等服务；稳定和加强基层农技推广等公益性服务机构；采取购买服务等方式，鼓励和引导社会力量参与公益性服务；加大中央、省级财政对主要粮食作物保险的保费补贴力度；支持邮政系统更好服务“三农”。
2016年中央一号文件:《关于落实发展新理念加快农业现代化 实现全面小康目标的若干意见》	明确新型农业服务主体在建设现代农业中的骨干力量	支持多种类型的新型农业服务主体开展代耕代种、联耕联种、土地托管等专业化规模化服务。加强气象为农服务体系建设。实施农业社会化服务支撑工程，扩大政府购买农业公益性服务机制创新试点。加快发展农业生产性服务业。
2017年中央一号文件:《关于深入推进农业供给侧结构性改革加快培育农业农村发展新动能的若干意见》	要求“加快发展服务带动型规模经营”，强调了适度规模经经营应向农业社会化服务各领域拓展	大力培育新型农业经营主体和服务主体，通过经营权流转、股份合作、代耕代种、土地托管等多种方式，加快发展土地流转型、服务带动型等多种形式规模经营。总结推广农业生产全程社会化服务试点经验，扶持培育农机作业、农田灌排、统防统治、烘干仓储等经营性服务组织。支持供销、邮政、农机等系统发挥为农服务综合平台作用，促进传统农资流通网点向现代农资综合服务商转型。
党的十九大报告	明确新型经营主体在健全社会化服务体系，实现小农户和现代农业发展有机衔接的作用	构建现代农业产业体系、生产体系、经营体系，完善农业支持保护制度，发展多种形式适度规模经营，培育新型农业经营主体，健全农业社会化服务体系，实现小农户和现代农业发展有机衔接。

续表

中央文件名称及年份	对农业社会化服务的提法	对农业社会化服务的关注点及内容
2018年中央一号文件：《中共中央国务院关于实施乡村振兴战略的意见》	要求“培育各类专业化市场化服务组织”，促进小农户的现代农业发展有机衔接	统筹兼顾培育新型农业经营主体和扶持小农户，采取有针对性的措施，把小农生产引入现代农业发展轨道。培育各类专业化市场化服务组织，推进农业生产全程社会化服务，帮助小农户节本增效。发展多样化的联合与合作，提升小农户组织化程度。注重发挥新型农业经营主体带动作用，打造区域公用品牌，开展农超对接、农社对接，帮助小农户对接市场。

资料来源：根据有关中央文件整理。

回顾改革开放以来关于农业社会服务的主要政策，可以得出以下结论：第一，我国社会化服务体系建设经历了一个服务内涵不断拓展、服务体系不断健全、服务机制不断创新、战略地位不断提升的发展历程；为更好保障和促进农业发展，农业社会化服体系应该适时调整。第二，在宏观经济和制度环境不断变化的条件下，我们有能力调整和构建起符合不同发展阶段特征的农业社会化服务体系。第三，进入工业化、信息化、城镇化和农业现代化同步推进的新时期后，我国将继续转变农业发展方式，创新农业生产经营体制，培育新型经营主体，发展多种形式的规模经营。因此，今后我国家庭小生产与大市场之间的矛盾将更加突出，对社会化服务的需求更加迫切，需要构建农业社会化服务新机制，加快完善新型农业社会化服务体系。事实上，进入 21 世纪、特别是 2008 年以来，随着农业政策顶层设计的主动性越来越明显，适应经济新常态的新型农业社会化服务体系构建势在必行。

第 2 节　我国农业社会化服务体系的基本格局

一、当前农业社会化服务体系发展现状

农业社会化服务是为农民在整个农业生产过程中提供产品、劳务、物流、资金、技术以及信息咨询等服务，包括农产品的包装、运输、加工、储藏、销售等内容。农业社会化服务是非常重要的支农活动，是农业实现现代化过程不可或缺重要因素，涉及农业产前、产中以及产后各个环节，具备全方位综合性等特点。根据服务内容，可以将农业社会化服务主要为 7 类：①生产资料供应服务；②生产作业服务；③技术推广服务；④疫病防治服务；⑤质量安全监管服务；⑥销售流通服务；⑦涉农金融服务。从中国的实际情况来看，提供农业社会化服务的主体主要包括政府部门、农业企业、经纪人与经销商、农产品批发市场、农民专业合作社、农户与市民等。此外，供销社、邮政等一些机构或系统也提供一些服务，其经营特点与农业企业相似。

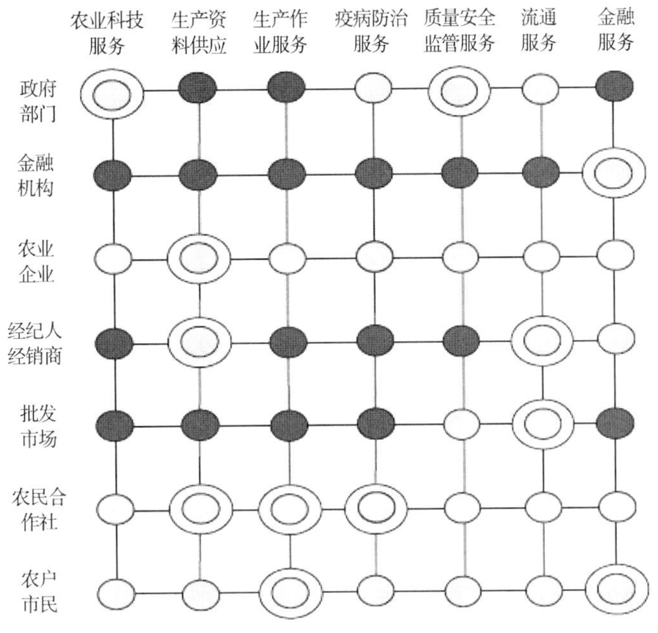

图 5-1 中国的农业社会化服务框架梳理

注：●表示一般不提供服务；○表示提供服务；◎表示主导该项服务。

（一）生产资料供应服务

农业生产资料是农业生产过程中的总体投入，最终经济目的是产出满足消费者需求的农产品，这些投入包括种子（含食用菌菌种）、农药、化肥、农机具及其配件、种畜禽、饲料及其添加剂、兽药、水产苗种、鱼药、渔具等。农业生产过程是基于自然环境资源，科学综合地利用各种农业生产资料以产出最终产品的过程，由此可见农业生产资料的供应服务涉及农业生产的产前以及产中，是农业社会服务中最基础的服务，在农业生产中具有重要作用。为此，我们必须深入了解现有农业生产资料供应服务的现状，本文将从现有农业生产资料供应服务中的服务主体、服务形式及其内容、政府以及行业对农业生产资料供应服务的规制等角度展开。

1. 服务主体

农业生产资料作为商品，其服务主体和其他商品一样，也包含生产者、中间商，零售商等。受我国经济体制的特殊性的影响，计划经济年代，我国农业生产资料由国家生产，各级供销社销售，服务主体较为单一。改革开放以后，农业生产资料供应服务主体逐步出现多元化，形成了生产者—中间商—零售商—用户；生产者—用户；生产者—中间商—用户等多种流通体系。服务主体主要有以下几种。

（1）供销社

供销合作社作为计划经济时代的遗留物，在基层拥有数量庞大的网点，农资品种齐全，并填补了营利性农资供应者不愿进入偏远地区的空白。截至 2016 年年底，全国供销社系统共有县及县以上供销合作社机关 2772 个，其中省级供销合作社共有 32 个，省辖市供销合作社 335 个，县供销合作社 2404 个。在全系统内，基层社有 29016 个，基层社经营网点中农业生产资料网点 11.8 万个，占全部基层社营销网点的 34.91%[1]。截至 2016 年年底，供销社系统内共有农业生产资料连锁经营企业

[1] 资料来源：http://www.chinacoop.gov.cn/HTML/2012/02/22/73568.html.

2354家。其中，配送中心5551个，连锁、配送网点34.4万个，县及县以下网点34万个。

（2）邮政农资

多年来，邮政系统大力开发农村市场，以服务“三农”为重点的连锁配送业务得到快速发展。目前，邮政系统已在农村地区设立了以经营农资为主的自营店1.8万个，连锁加盟店20多万个，服务“三农”网点达到24万多处，覆盖了全国86%的县市和超过1/3的行政村，逐步形成了包括总部、省、市、县、乡、村的5级经营服务体系，开辟了一条工业品下乡、农产品进城的新流通渠道[1]。

（3）涉农企业

市场经济中，企业永远是生力军，在农业生产资料供应方面，是主要供给者。以种业生产企业与兽药生产企业为例，截至2013年年底，全国持有种子经营许可证的种子企业6296家。农业部发证种子企业共计193家，其中育繁推一体化企业由2001年的10家发展到2012年的68家，进出口种子企业48、外资种子企业25家。省级农业行政主管部门发证的企业2404家，地市级农业行政主管部门2149家，县级农业行政主管部门发证的企业1954家[2]。据农业部公布数据显示，截至2016年，全国持证种子企业4316家，比五年前减少一半。近几年来，兽药行业整体规模逐步扩大，截至2015年底，全国共有1808家兽药生产企业，产业产值约462亿元，销售额413亿元，平均毛利率32.63%，从业人员约16万人。在兽药中小型生产企业占主体，其中，微型企业约占企业总数的6.47%，小型企业约占37.9%，中型企业约占52.3%，而大型兽药企业仅3.05%[3]。

（4）农业合作社

农业专业合作社作为一种新型农业经营主体，将分散的小农组织起来，形成规模，提高农民的谈判能力，以使农民可以优惠且专业地采购农业生产资料。截至2017年年底，全国登记注册的农民合作社达到201.7万家，同比增长18.8%，出资总额3.4万亿元，同比增长25.4%；实有入社农户10090万户，约占农户总数的42%，同比提高6.5个百分点。其中，农机专业合作社达到5.65万个，比上年增加7100个，入社成员达到138.3万人[4]。

（5）农业经纪人

目前我国农业经纪人中有很大一部分本身就是规模种养业者，对相关信息、技术以及市场动态十分了解，其种养示范就活生生地向农民提供了正确的生产信息。此外，农业经纪人对相关种养技术的熟练掌握，也可以为农民提供种养技术指导。截至2016年，全国农村经纪人和农产品经销商600万人以上，在衔接产销、搞活流通、促进销售、繁荣农村经济等方面发挥了越来越大的作用，已经成为农业农村经济发展不可替代的重要生力军。为提高农村经纪人业务素质和经纪能力，2011年农业部启动了农村经纪人培训试点，在山东、湖北、广西等10个省（自治区），对3000名重点经纪人进行培训，有2800人通过了农村经纪人职业技能资格鉴定，合格率达到90%以上。按照农业部《农村实用人才和农业科技人才队伍建设中长期规划（2010—2020年）》，计划用10年时间培训3万名农村经纪人，打造一支骨干农村经纪人队伍[5]。2012年，农业部重点培养和建立农村经纪人队

[1] 张喜才, 陈秀兰. 农村商品流通网络的整合发展［J］. 中国流通经济, 2014(4): 20-26.

[2] 中国农业年鉴编辑委员会. 中国农业年鉴2013［M］. 北京：中国农业出版社, 2014.

[3] 中国农业出版社. 中国畜牧业年鉴2012［M］. 北京：中国农业出版社, 2012.

[4] 中国农业年鉴编辑委员会. 中国农业年鉴2016［M］. 北京：中国农业出版社, 2017.

[5] 农业部. 中国农业发展报告2012［M］. 北京：中国农业出版社, 2012.

伍，在粮食主产区选拔扶持3000名农村经纪人，培养造就熟悉农产品流通政策、经营管理素质较高、经纪行为规范的农村经纪人队伍。

（6）农资经销商

截至2012年7月全国累计建设改造农资店约60万家，覆盖75%的行政村，初步形成了以城区店为龙头、乡镇店为骨干、村级店为基础的农村市场网络。据《2012—2013年全国百佳（优秀）农资经销商调查报告》调查结果显示，在200个样本企业中，省级及跨区域龙头企业71家，占比35.5%，区域重点企业45家。占22.5%，县级经销商84家，占42%。由此可见，农资经销商以县级为主体向农民提供农资供应服务。与此同时，在调查对象中，注册资本在500万以下的企业占44.5%，可见农资经销商主要以中小规模为主。从销售方面看，年销售量在3万吨以下的企业占63%，这说明，中小农资经销商是这一行业的重要力量。调查报告显示，被调查企业的网点平均数为1294家，网点增长速度超50%的仅27家，占13.5%。农资经销商的直营店平均值为363家，其中直营店在100家以上的有55家，直营店数量较少的多为基层经销商。相比而言，农资企业的加盟店发展速度较快，被调查企业的加盟店数量均值为673个，约有121家企业的加盟店数量超过100，其中数量超1000家的有30家[1]。

2. 服务形式及内容

（1）“农业合作组织＋农民”模式

农业合作组织作为一种新型农村经营主体的出现，在农资供应服务方面，除了为社员统一采购农资外，由于其与农民接触紧密，还会对农民进行定期的农资使用培训，还能指导农民科学种养。如山西永济蒲韩乡村社区，该社区以农民合作组织为依托，在社区内成立农资店百货连锁超市，有机农业联合社，农民技术培训学校等[2]。湖北省鄂州市泽林镇万亩湖万兴种养殖专业合作社，充分发挥合作社的规模优势，为社员行使代理权，统一种子、统一使用生物有机专用肥、统一防止病虫害、统一销售、集中打造绿色农产品品牌[3]。

（2）“生产企业＋经销商”模式

“生产企业＋经销商”的模式使得企业能更好地控制经销商，使经销商按照企业的要求经营，保证产品质量与使用技术的落实，同时有利于企业对农业生产资料的物流配送，最终达到农资企业服务农民的目的。以中国农业生产资料集团公司为例，其集生产、流通、服务为一体，专业经营化肥、农药、农膜和种子、农机具等农业生产资料，并构建全国性的农资经营网络体系，以“为农服务”为核心，在20多个省市自治区建有2个万吨级码头、11条铁路专用线、37个国家级化肥储备库、800个农资配送中心、2000家农药标准店和5000个农民专业合作社，辐射地域达1200多个农业主产县。此外，其还加强供销系统内部的联合重组，控股多地多家农资公司，以进一步提升服务市场的能力[4]。

（3）农资连锁经营服务模式

农资连锁店是一种非常新颖，有序的销售模式，是若干同业店铺以共同进货或授予特许权等方

[1] 数据来源：2012—2013年全国百佳（优秀）农资经销商调查报告［R］. 中国农资编辑部, 2013.

[2] 资料来源：http://baike.baidu.com/view/10394256.htm?fr=aladdin.

[3] 资料来源：刘同山. 湖北鄂州市泽林镇万亩湖万兴种养殖专业合作社访谈［Z］. 2013-4-27.

[4] 资料来源：http://www.sino-agri.com/intro.php?cid=3.

式联结起来，实现服务标准化、经营专业化、管理规范化、共享规模效益的一种现代经营方式和组织形式。

（4）示范户模式

示范户模式是选取一部分农户优先使用农资产品起到效果而产生示范作用，用以带动周边农户推广使用。示范性农化服务模式是一项十分常见的农资推广方法，被众多农资企业所采用。示范户、示范田、示范园真实地展现出产品或技术的效果，用以点带面和现身说法的方式为农资供应服务带来意想不到的效果[1]。

（5）农资供应综合体模式

浙江省供销社通过构建农资经营服务综合体，以基层供销合作社等为主体，整合相关资源，打造一体化经营、一站式服务。综合体建设将农民专业合作社、村级服务社、社有企业、农产品及农资经纪人协会有机融合在一起，从源头堵住坑农、害农行为，让农民买到放心的农资，同时其又提供了一系列市场信息和销售渠道，帮助农民解决农产品销售问题。这既为农民创收提供了动力，又给农民进行农业生产提供技术指导，同时也保障并扩大了自身农资产品的销售量，实现双赢的局面[2]。

（6）"田间农资店"营销模式

"田间农资店"营销模式，实质指农资销售商将农业生产资料直接送到田间地头的销售方式。农民在使用农业生产资料前只需告知销售商所需品种、数量以及地点，销售商就会立即将其送到指定地点，这种农资营销方式解决了农民存储农资的难题，使得农民可以像经营企业一样进行JIT采购，同时也解决了农民运送农资到田间地头的烦恼。

服务内容上，各主体以农业生产资料销售为主，辅以技术培训与指导。在现行农业生产资料供应主体中，其除了销售如种子、农药、兽药、农机具，化肥等外，也提供农业生产资料的使用培训以及技术服务。农资生产企业、经销商、各级供销社、经营农资的邮政机构以及农资经纪人与农业专业合作社，都会利用自身的便利条件对农资使用者展开技术指导，特别是如农业专业合作社、农资经纪人以及县级农资供应主体等一线农资供应主体会将农资送到田间地头，形成实时供应，随叫随到，还会深入田间地头对农民进行培训。对农资生产企业而言，以化肥企业为例，其在进行化肥生产的之前，会对目标客户群所在地的土壤进行分析，开展肥力测试[3]，为农民施肥提高指导。除此之外，农资企业也会开展农技知识讲座，对农民进行必要的培训，以提高农民科学种田的能力，并加强对企业销售人员和农民技术员的培训，以就地解决农民在农资使用中的技术问题。

3. 有关政策法规

为了保障农业生产的正常进行，政府对农业生产资料的生产供应有着严格的监督和管理。各种政策法规以及部门规章制度等对农业生产资料的供应都予以明晰，涉及种子生产、质量监管等，化肥生产、定价等，农药生产、销售、经营、监管等，农机生产、监管等，饲料生产等，农资物流等多方面的内容，见表5-2。

---

[1] 陈丽丽, 张雅丽. 我国农资营销企业农化服务模式探析［J］. 现代农业科技, 2013(19): 350-351.

[2] 一体化经营，一站式服务，吹响综合服务的号角——浙江省供销合作社系统基层社经营服务综合体建设经验介绍［J］. 中国合作经济, 2013(7): 19-31.

[3] 曲艳娣, 李平远, 陈静霞. 中国农化服务的主要内容与发展现状［J］. 山东农业科学, 2010(1): 118-123.

表5-2　部分农资生产销售监管等方面的相关法律法规以及政府规章制度

时间	名称	主要内容或目的
1997年	农药管理条例	对农药的登记、生产、销售以及违法处罚做出相应规定
1998年	农药广告审查办法	规范农药广告市场，维持正常竞争对广告发布进行审核
2000年	肥料登记管理办法	对肥料登记的申请、审批、登记管理以及登记的事项做出规定
2004年	兽药管理条例	以保证兽药质量、防治动物疾病为目的涉及兽药研制生产、经营以及进出口等方面
2005年	农药生产管理办法	主要规范农药生产企业审批以及农药产品生产审批等
2005年	农作物种子质量监督抽查管理办法	以加强农作物种子质量监督管理、维护种子市场秩序为目的，对农作物种子质量监督抽查管理、抽查方法等内容做出规定
2006年	草种管理办法	涉及草种资源保护、草种生产、经营等多方面内容
2006年	食用菌菌种管理办法	涉及食用菌菌种保护、生产、经营、菌种质量、进出口等内容
2007年	农民专业合作社登记管理条例	规定农民专业合作社的业务范围可以有农业生产资料购买、农产品销售、加工、运输、储藏以及与农业生产经营有关的技术、信息等服务
2007年	农药标签和说明书管理办法	对农药标注内容做出详尽说明，对农药标签制作、使用和管理业做出了相应规定
2007年	农药登记资料规定	以保证农药质量为目的，主要规范农药登记使用的属术语、登记的药物成分内容等
2007年	江西省农业机械管理条例	划分各级政府对农业机械的管理职责，并指出农业机械生产者、销售者应当对其生产、销售的农业机械产品质量负责，并按照国家有关规定承担零配件供应和培训等售后服务责任。
2008年	云南省农作物种子条例	涉及云南省种子的生产、经营、使用、种子质量、服务监督等方面的内容
2008年	兽药经营质量管理规范	指出兽药经营场所的布局以及设施应该符合有关规定且兽药企业相关从业人员必须具备从业资格，有一定专业技能，除此之外还对兽药的采购、陈列等做出相应规定
2009年	上海市农药经营使用管理规定	要求农药销售机构依法获取审批，对分支机构进行统一配送，安全销售、销售溯源、并尽到告知义务等
2013年	饲料和饲料添加剂管理条例	对饲料生产企业资质设立条件，并要求新饲料等上市必须要有试用期，试用合格方可上市的销售等
2013年	种子法	涉及种子资源保护、选育与审定、生产经营、使用、质量、进出口等方面
2014年	饲料质量安全管理规范	为确保饲料产品质量，从原材料采购、生产过程控制、产品质量控制等多方面对饲料生产企业做出强制性控制
2015年	农作物种子生产经营许可管理办法	加强农作物种子生产、经营许可管理，规范农作物种子生产、经营秩序
2015年	中央一号文件	严格农业投入品管理，大力推进农业标准化生产
2016年	中央一号文件	贯彻落实种子法，全面推进依法治种。加大种子打假护权力度
2017年	中央一号文件	深入开展农兽药残留超标特别是养殖业滥用抗生素治理，严厉打击违禁超限量使用农兽药、非法添加和超范围超限量使用食品添加剂等行为
2017年	十九大报告	确保国家粮食安全，把中国人的饭碗牢牢端在自己手中
2018年	中央一号文件	加强农业面源污染防治，开展农业绿色发展行动，实现投入品减量化、生产清洁化、废弃物资源化、产业模式生态化

（二）生产作业服务

农业生产作业服务主要是指面向农业产业链提供生产性服务的服务业，从服务环节上看可分为产前、产中和产后服务[1]，且更多地表现为对农资服务、农机服务、农技服务、农产品物流服务、农业信息服务等专业服务[2]。目前主要涉及农机服务与田间管理等活动。

1. 服务主体

（1）农机合作社

近几年来，我国农机社会化服务发展步伐加快，服务能力持续增强。农机合作社蓬勃发展，截至 2015 年年底，全国农机化作业服务组织达到 18.2 万个，而全国农机合作社数量达到 5.65 万个，比上年增加 7100 个，入社成员数达到 138.3 万个。全年完成作业服务总面积 43733.3 千公顷，约占全国农机化作业总面积的 10.5%，服务农户将近 4000 万户。全国农机合作社经营活动总收入达到 814 亿元，其中农机作业服务是农机合作社的主营业务，总收入到 567 亿元，比上年增加 62 亿元[3]。在我国以农机化社会服务组织为方向，农机化作业组织为主体，农机户为基础，农机中介组织为纽带的农技社会化服务体系越来越稳固。

（2）农作物病虫害防治服务组织

在农业生产过程中，部分生产活动的外包越来越普遍，如农作物收割，播种等。与此同时，作物病虫害防治等服务的外包也日趋流行。2012 年，全国共完成专业化统防统治面积 4333.3 千公顷，截至 2012 年，全国已发展工商部门注册，操作规范的病虫害专业化防治组织 1.88 万个，从业人员达 132 万人，大中型植保机械拥有量 49.7 万台（套），日防控能力达 3766.7 千公顷，统防统治区防治效果在 95% 以上[4]。2012 年，农业部在全国范围内评选认定了 100 个专业化统防统治的“百强服务组织”，以鼓励并加强农作物病虫害统防统治组织的发展。

2. 服务形式及内容

（1）农机化作业

当前在农业生产性服务中，农机化服务是最为常见的一种。农机化服务又以机耕、机播以及机收等为主。2016 年，全国主要农作物耕种收综合机械化水平达 65.19%，比 2003 年年底的 32.47% 提高了 32.72 个百分点，年均增长 5.4%。1978—2003 年，全国主要农作物耕种收综合机械化水平年均增长仅达 1.87%，约为 2003—2016 年年均增速的 1/3。2016 年全国主要农作物机耕、机播、机收水平分别达 81.40%、52.76%、56.01%，分别比 2003 年年底提高了 34.53 个、26.05 个、36.99 个百分点，年均增长分别达 5.1%、6.4%、10.3%。

（2）田间管理

“田间管理”是大田生产中，作物从播种开始到作物成熟收割过程中进行的各种管理活动，主要包括病虫害防治、除草、施肥、追肥、灌溉等农业活动。目前，随着农业产业内分工的形成，田间管理外包给专业组织的情况越来越多。

以湖北省鄂州市万亩湖万兴种养殖专业合作社为例，该社成立于 2011 年 4 月，前身为万亩湖农

---

[1] 曹志清, 蔡玉娟, 刘平. 加快发展农业生产性服务业对策措施的探讨［J］. 浙江农业科学, 2013(12): 1690-1693.

[2] 姜长云. 农业生产性服务业发展的模式——机制与政策研究［J］. 经济研究参考, 2011(51): 2-25.

[3] 中国农业年鉴编辑委员会. 中国农业年鉴2016［M］. 北京：中国农业出版社, 2017.

[4] 中国农业年鉴编辑委员会. 中国农业年鉴2013［M］. 北京：中国农业出版社, 2014.

机专业合作社，是全国农业部首批《全国农作物病虫害防治专业化统防统治示范组织》名录中的组织，在万亩湖万兴合作社成立后，该农机合作社整体并入，成为万兴合作社的植保机防队，原农机合作社负责人担任植保机防队总队长。植保机防队使用耕整机械、插秧机机动喷雾器、诱蛾灯等对周边农户的土地进行统一标准化耕作和病虫害防治。在服务模式上，植保队下设四个分队，每名分队长联系 7~8 位规模种植大户，规模种植大户与万亩湖万兴合作社签订《植保水稻病虫专业化防治服务合同》（见附录 2），由合作社植保机防队提供从水稻移栽后到收割前整个期间的病虫防治。合同明确规定，种植大户须在每年 5 月底前交清预付款 18 元 / 亩，剩余部分在 10 月底前交清。除责任免除情况外，植保机防队须保证将防治作物的病虫危害损失率控制在 5% 以下；如果超标，植保机防队负责补偿超标损失部分。

（3）土地托管

除了上述两种方式之外，土地托管也是现有的生产性服务方式之一。“土地托管”作为土地流转的一种形式，是指部分不愿意耕种或者无能力的农民将全部或者部分经营事务交给土地托管合作社或者其他机构代为管理的一种模式[1]。

国内比较成熟的案例很多，以江苏省兴化市陶金粮食生产合作社为例，该社是在吸纳 2009 年 5 月份成立的“绿蛙植保专业合作社”和“陶庄农机服务专业合作社”基础上，由陶庄镇农技站领办成立。最初，合作社流转土地进行机械化耕作以获取效益。随着土地规模流转难度加大，合作社开始采取“托管包产”的方式，交易标的也从土地转移为专业化农业服务。托管服务每亩收取一定的费用，并按照协议每年向农户支付 800 斤小麦 +1200 斤稻米（或等价现金）。2012 年，托管的土地已从 2011 年的 306 亩增加至 1861 亩，2013 年进一步增加为 5000 亩。合作社对托管土地进行划区，每个区配备一名技术员负责生产技术指导，一个技术员可以管理 2~3 个区域。技术员根据需要向合作社提出生产管理建议，合作社审核确认后，安排合作社的植保人员或农机服务队实施。

由上述可以看出，提供农业生产性服务（农机化作业服务、田间管理、土地托管等）的主体大多是农民自己或者是农民专业组织，而少有公司性的组织进行农业生产性服务，这种现象的原因值得深思。

3. 有关政策法规

农业生产性服务供给涉及多方面的问题，最为重要的是作业质量与作业安全。农业生产过程中，服务（劳动）质量有着难以监控的特性，此外，农用机械在使用过程中，由于操作环境的恶劣以及作物抢收过程中农机操作者连续疲劳作业容易造成事故发生。因此必须要有相关部门或者行业对农业生产性服务供给进行规制，以保护服务购买者的权益与生命财产安全。

表 5–3 部分有关农业生产性服务的法律与约束文件

时间	名称	主要内容或目的
2004年	农业机械化促进法	指出农业机械作业组织可以为本地或外地农民和农业生产经营组织提供有偿服务
2006年	“三夏”作业标准	对谷物（小麦）联合收割机作业质量、旋耕施肥播种联合作业质量、玉米免耕播种机作业质量、水稻联合收割机作业质量、机动插秧机作业质量、玉米收获机作业质量、旋耕机以及水田耕整机、秸秆还田机作业质量等做出标准化规定

[1] 李登旺，王颖. 土地托管：农民专业合作社的经营方式创新及动因分析——以山东嘉祥县为例［J］. 农村经济，2013(8): 37-41.

续表

时间	名称	主要内容或目的
2009年	农业机械安全监督管理条例	对农业机械的生产、销售、维修、事故处理等做出规定，以促进农机的良好健康发展
2010年	拖拉机登记规定	对拖拉机登记做出规范化管理
2010年	拖拉机驾驶证申领和使用规定	对拖拉机驾驶证申领条件、申领、考试、发证、补证以及换证等做出明确的规定
2010年	联合收割机及驾驶人安全监理规定	对联合收割机的登记注册、驾驶证领用、作业安全、事故处理等做出规定
2011年	农业机械事故处理办法	对农机事故划分，事故报案、受理、责任认定、赔偿调节等做出规定
2013年	拖拉机、联合收割机牌证业务档案管理规范	对各类农机在注册登记、转移登记、变更登记、注销登记等过程中需要归档的资料文件做出规定
2014年	山东省《农业社会化服务》	分两部分：第一部分为土地托管服务规范；第二部分为测土配方施肥服务规范。该标准对土地托管服务、土地全程托管与土地半托管服务进行了定义，并对施肥、灌溉等服务的全部流程进行了规范，并设立了评价与改进规范
2014年	扬州市《农机跨区作业服务规范》	建立了3个层次服务标准体系和21各子体系，共计243项指标，围绕作业准备、人机转运、标准作业、后勤保障4个重点环节，把各项标准融入“农机协会+作业队+农户”跨区作业组织模式中
2015年	中央一号文件	抓好农业生产全程社会化服务机制创新试点，重点支持为农户提供代耕代收、统防统治、烘干储藏等服务
2016年	中央一号文件	支持多种类型的新型农业服务主体开展代耕代种、联耕联种、土地托管等专业化规模化服务
2016年	农业生产安全保障体系建设规划（2016—2020）	建设区域农机安全应急救援中心和全国农机作业安全监控信息系统，全面增强全国农机作业的质量监测、远程调度和应急救援能力
2017年	全国农业机械化安全“十三五”规划	要建立责任全覆盖、管理全方位、监管全过程的安全生产综合治理体系，构建安全生产长效机制
2017年	中央一号文件	总结推广农业生产全程社会化服务试点经验，扶持培育农机作业、农田灌排、统防统治、烘干仓储等经营性服务组织
2017年	十九大报告	构建现代农业产业体系、生产体系、经营体系，完善农业支持保护制度，发展多种形式适度规模经营，培育新型农业经营主体，健全农业社会化服务体系，实现小农户和现代农业发展有机衔接
2018年	中央一号文件	培育各类专业化市场化服务组织，推进农业生产全程社会化服务，帮助小农户节本增效

（三）技术推广服务

技术进步对生产力有着强大推动作用，在农业生产中，先进技术的应用不仅可以提高农业生产效率，对动植物疫病也起到防治作用。与此同时，农业先进生产技术的推广应用对生态环境也是有益的，如测土施肥等。因此，积极推进农业技术的发展对我国农业现代化进程有着十分重要的战略作用。

1. 服务主体

（1）农技站

全国农业技术推广站按照类别可以划分为五类，即种植业、畜牧兽医、水产、农机化、经营管理五个系统。截至 2007 年年底，全国五个系统共有基层农技推广机构 12.6 万个，其中县级 2. 4 万个，县以下（指区域站和乡镇站，下同）10.2 万个，其中区域性推广机构 3817 个。与 2005 年相比，县级推广机构增加 1734 个，增长 7.6%；县以下推广机构减少 6991 个，其中区域性推广机构增加 37 个，增长 1%，乡镇推广机构减少 7028 个，减少 6.7%。具体来看，全国种植业、畜牧兽医、水产、农机化、经营管理五个系统基层农技推广机构分别为 2.64 万、3.45 万、0.44 万、1.65 万、2.06 万，与 2005 年相比，种植业减少 1.1%，畜牧兽医增长 2.2%，水产减少 9.6%，农机化减少 8.8%，经营管理减少 13.8%[1]。2015 年年底，全国种植业农技推广体系省、市、县、乡四级机构 41757 个，占总数的 72.4%；编制内农技人员 251664 人，其中乡镇农机人员 131687 人，占总数的 52.3%。

（2）农技推广网站

随着计算机信息技术的发展，网络也成为农技推广的重要阵地。据不完全统计，截至 2007 年，全国省一级涉及农技推广、植物保护、土壤肥料和作物种子等农技推广门户网站 59 个，地级农技推广网站或网页 298 个，市县一级农技推广网站或网页 974 个。60% 的省（区、市）农技部门、60% 的地级和 40% 的县级农技部门建立了农技信息网站或网页[2]。2015 年，各地在农技推广方式和方法创新上做了大量有益的探索，如各地积极利用农技推广信息网、“12316”、手机 App、农技推广 QQ 群、微信群等现代信息技术手段开展农技推广服务。

（3）农业科研机构

农业科研机构使农业技术推广服务中不可或缺的组成成分。目前，我国农业科研机构体系，主要由国家级科研机构，省级科研机构，高等农业院校以及地市级农业科研机构组成。据中国农业科研机构导览网的数据，当前，我国国家级涉农科研机构有 123 家（含中科院涉农科研机构），涉农高等院校有 56 家，省级涉农科研机构有 99 家[3]，地市级涉农科研机构 636 家[4]。

（4）涉农企业

企业是市场经济中积极应用科技并推动科技发展的主体。涉农企业会出于自身利益并在兼顾社会责任的同时不断更新并积极推广农业技术，一方面改进农民种养技术，让农民增收；另一方面促进自身产品销售。以中国供销集团下属企业为例，该集团下属公司中农控股，为推销新产品，组织公司业务骨干和专业的农化服务团队，在活动中深入县镇基层，向广大经销商和农民朋友全面细致地介绍企业经营理念，并针对不同作物种类和土壤条件，制订并提供施肥方案，通过农技培训、田间指导等多种灵活方式，积极组织回访地区的广大农户[5]。

（5）农业专业合作社

农业合作社作为新型农业经营主体，在农业现代化进程中有着举足轻重的作用。其一方面进行农业生产，另一方面提供优质农资。除此之外，其还充分利用自身优势，像农民宣传种养新技术，在农业技术推广方面发挥重要作用。如江西宜春市上高县农资专业合作社，始终把技术推广放在第一位，积极推广测土配方施肥技术并使用高效低毒农药。

---

[1] 资料来源：http://www.natesc.gov.cn/Html/2009_11_26/111948_113562_2009_11_26_114824.html.

[2] 资料来源：http://www.natesc.gov.cn/Html/2007-11-9/2_41243_2007-11-9_41527.html.

[3] 资料来源：http://www.carc.net.cn/Default.aspx.

[4] 资料来源：http://nks.ankang.gov.cn/Article/class2/201203/293.html.

[5] 资料来源：http://www.ccoopg.com/html/2014/09/15/13944.html.

（6）农业生产资料协会

农资协会作为农资行业组织，将农资企业聚集在一起，可以综合利用多方资源并进行整合，向农民提供技术指导。当前，我国有省级农业生产资料协会近 30 家[1]，参会企业涉及农药、种子、化肥等多领域。在进行农业技术推广时，多采用培训班等模式。如江西省农业生产资料协会举办的农技培训班，向农民重点讲解水稻高产栽培技术管理、水田除草剂的发展和应用、化肥使用技术和发展方向等农业技术知识[2]。

2. 服务形式及内容

（1）培训班

举办农业技术推广培训班时最为常见的一种农技推广方式，这种方式深受政府农业部门、农资行业协会、农资企业等农技推广主体的喜爱。培训班举办的形式也是多种多样的，随着信息技术的发展，用视频会议形式进行的培训班发展较快[3]，这种方式成本低，效果好，将农业技术专家和农户紧密结合在一起，既能授课，又能实时解决农户问题。

（2）示范田及观摩会

示范田是进行不同农化产品应用效果对比的有效方式，可以直观地反映出不同技术生产的农化产品的施用效果。湖南隆科农资连锁有限公司（与湖南省土壤肥料工作站合作）在湖南湘潭县茶恩寺镇水稻基地成功召开“金皇冠”复合肥高产示范田现场观摩会，湖南省各市州土肥站站长、各级经销商及种植大户 100 余人参加观摩[4]。

举办产品观摩会是农资生产企业进行新技术推广的重要手段之一。目前，多数农机具生产企业在推出新产品时，会将应用新产品直接放到田间地头实地试用。北京丰茂车有限公司在农田进行新型药械观摩会，将生产的载式机动喷雾机、喷杆式喷雾机、自走式高秆作物喷杆喷雾机、加农炮等新型药械直接放到群众面前，吸引了众多人眼球。

（3）农民田间学校

农民田间学校是全国农业技术推广服务中心在执行联合国粮农组织、欧盟和亚洲开发银行等国际机构资助的水稻、棉花和蔬菜病虫害综合防治项目过程中采用的一种农技推广方式，始于 1994 年，其培训学员和培训地点是开放的，可能涉及当地村、组的整个社区。该方式大力推行以启发式、互动式、参与式为特点的农民田间技术培训活动，强化培训和技术应用工作中农民的主体地位。

（4）科技特派员

科技特派员是指经地方政府按照一定程序选派，围绕解决“三农”问题，按照市场需求和农民实际需要，从事科技成果推广转化、优势特色产业开发，服务产业化基地建设和农业科技园区建设等方面的专业技术人员。目前全国大部分省市开展了科技特派员工作。截至 2011 年年底，全国近 90% 的县市开展科技特派员农村科技创业行动，科技特派员已达 17 万人，直接服务农户 880 万户，辐射带动农村 5700 万人。

---

[1] 资料来源：http://www.chinanzxh.com/index.php?m=content&c=index&a=dfxh.

[2] 资料来源：http://www.chinacoop.gov.cn/HTML/2014/08/07/95271.html.

[3] 资料来源：http://www.kjs.moa.gov.cn/kjfw/201102/t20110217_1834050.htm.

[4] 资料来源：http://www.sino-agri.com/news_show.php?cid=11&id=6714.

（5）农业专家大院

专家大院是把科技人员、农村经济合作组织、龙头企业和种养农户紧密地结成利益共同体，形成了“专家＋高等农业院校＋基层农技部门＋农合组织＋龙头企业”五位一体的新型农村科技服务新模式。这一农技推广模式由陕西省宝鸡市于1999年首创，此后受到了温家宝、回良玉、陈至立等国家领导人的充分肯定，并指出专家大院有效地解决了科技与农民的对接，不仅为农业科技人员提供了用武之地，而且为中国农业产业化发展走出了一条新路，这种模式多次被科技部作为典型向全国推广。

目前，专家大院的模式已经被全国各地广泛运用，在陕西有近百个专家大院，在甘肃、安徽和四川等地，省级农业科技专家大院已经都已达到20余个。农业专家大院通过产学研有机结合，实现了科技与农民的对接，大大提高了农技推广的效率，有效解决了农业科技的“最后一公里”现象。专家、教授结合地方产业发展和市场需求，直接将新品种、新技术、新成果在专家大院进行示范，并为农民提供咨询、培训，为企业、农民合作经济组织提供技术指导，建立了一条使科技直接进入农户的新通道，促进了科技成果转化和地方产业的发展。

总体来看，在农业技术推广上，不同的农技推广主体所提供的服务内容有所不一，归纳起来主要涉及新型农机具的推广、动植物病虫害等的防治技术、田间管理技术等。以“绿蛙植保专业合作社”和“陶庄农机服务专业合作社”为例，实行从机耕到机插、机防、机收的全程机械化、专业化服务。通过科学施肥和用药，解决了过度用肥、用药以及秸秆焚烧等问题，减少了投入成本，改善了粮食品质和环境污染；通过规模生产和现代管理，推动了机插秧等现代科技的使用，减少了人力成本，提高了粮食产量。

企业方面，内蒙古永业集团依托自身条件，建立的农业科技服务站不仅解决农民优质农资购买问题，还提供农产品销售渠道与信息。此外，服务站一端连接永业科学研究院，另一端对农民使用农资（生命素等）进行培训。通过科技服务站，农户对科技的需求得到解决，实现了科技增收，同时科学研究院的科技创新也得到推广，并为科技改进提供信息反馈。除上述个例外，2016年，在全国选择500个县（取土化验县）重点开展测土配方施肥指导服务，在其中的200个县（减肥增效县）开展化肥减量增效示范。

3. 有关政策法规

农业技术的应用对农业现代化与产业化的发展至关重要，但是如果不加以规范控制的话，农业技术的滥用会对农业本身造成难以估量的灾难。随着农业技术的不断发展，我国在农业技术方面的立法日趋完善，从农机推广人员的选定、相关技术创新、转基因技术的规制、农业技术推广信息系统管理，到农业技术推广等，涉及农业技术的各方面。

表5-4　部分农业技术推广约束性文件

时间	名称	主要内容
1994年	农业技术推广研究员任职资格评审实施办法	对农业技术推广人员的任职资格做出详细规定
2011年	保护性耕作关键技术要点	对秸秆还田；免耕、少耕技术；虫、草防控技术；深松技术以及适合各地的耕种技术做出说明
2012年	农业技术推广法	涉及农业技术的推广体系、推广及应用、保障措施以及法律责任

续表

时间	名称	主要内容
2012年	全国基层农业技术推广体系管理信息系统运行管理办法（试行）	主要对基层农技推广体系管理信息系统的权限分类，职责分工、信息及安全管理等做出规定
2012年	全国农技科技创新与推广行动方案	对农机人员培训，农机科技创新与技术推广等做出规定
2012年	玉米生产机械化技术指导意见	制定玉米机械化耕种指导标准
2013年	2013年水利先进实用技术重点推广指导目录	主要介绍了相关性能指标以及技术的适用范围
2013年	农业机械试验鉴定办法	规范农业机械推广应用
2015年	转基因棉花种子生产经营许可规定	加强转基因棉花种子生产、经营许可管理
2016年	农作物种子生产经营许可管理办法	对农作物种子进行生产、经营许可管理

（四）疫病防治服务

农业疫病防治涉及种养的全过程，提供动物植物疫病防治服务的主体有畜牧站、植保站、农业企业、种养大户等。这些主体或为了公共利益提供种养疫病防治技术，或为了自身利益积极开展种养疫病防治服务，服务的方式也依据自身特点的不同而有所差异。

1. 服务主体

（1）畜牧站以及植保站

截至2011年年底，全国31省、自治区、直辖市，分别建立了兽医行政管理、党务卫生监督和动物疫病预防控制机构。乡镇或区域动物防疫控制机构普通健全，按乡镇或综合区域设置乡镇畜牧兽医站34616个，村级动物防疫员达到64.5万人，村级动物防疫体系初步建立。

（2）农业专业组织

截至2015年年底，全国已注册登记且在农业部门备案的农作物病虫防治专业化服务组织达到3.76万个，比上年增长1474个；从业人员161.6万人，增加14万人；持证上岗人员达到58.2万人，增加9.4万人。全国大中型机械保有量26.4万台（套），其中大型机械（日作业能力10公顷以上）5万台，分别比上年增加3.7万台（套），8000台；日作业能力6154.7千公顷，比上年增加786千公顷。2015年实现比上年减少全国农作物病虫草鼠发生面积6623.5千公顷，挽回粮食损失9881.8万吨[1]。

（3）农业企业

农业企业是农业活动中的重要参与者，尤其是农资生产企业中的农化、农药、兽药等生产企业，在动植物疫病防疫上发挥着重大作用。以兽药企业为例，截至2012年，全国共有1800多家兽药生产企业，主要分布在山东、河南、河北、江苏、四川等畜牧业大省。兽药生产企业仍以小型企业和中小型企业为主，其中小型企业（年销售额在1000万元以下）约占企业总数的62%，同比下降约3个百分点；大型企业（年销售额在1亿元以上）约占企业总数的5%，同比持平。其中，小型兽用生物制品企业约占兽用生物制品企业总数的11%，同比下降约9个百分点；大型兽用生物制品企业约占兽用生物制品企业总数的30%，同比持平；小型兽用化学药品企业约占兽用化学药品企业总数的65%，同比下降约2个百分点；大型兽用化学药品企业约占兽用化学药品企业总数的4%，同比持平[2]。

[1] 中国农业年鉴编辑委员会. 中国农业年鉴2016［M］. 北京：中国农业出版社, 2017.

[2] 中国农业年鉴编辑委员会. 中国农业年鉴2013［M］. 北京：中国农业出版社, 2014.

2. 服务形式及内容

（1）建立标准化生产基地

标准化种养基地，在生产过程中严格按照既定标准进行，对动植物疫病防治有着积极作用。截至2011年年底，全国共创建生猪标准化示范场777家，奶牛示范场482家，蛋鸡示范场365家，肉鸡示范场250家，肉牛示范场125家，肉羊示范场110家[1]。在水产方面，2012年，新增水产健康养殖示范场979家。此外，2012年，全国园艺作物标准园创建资金由3亿元扩大到5亿元，创园数由600个增加到1000个，建成了一批技术标准化又高产高效示范基地[2]。

（2）良种保护与改良

品质优良的农牧渔品种对疫病有着较强的抵抗能力，发展优质品种对提升动植物疫病防疫能力十分重要，也是提升动植物产品质量的重要途径。2011年，中央全年安排3350万元用于畜禽良种工程项目，对21个畜禽遗传资源保种场的基础进行改善与规模扩大，并在2011年新增18个国家级畜禽遗传资源保种场。

（3）举办培训班

培训班是提升动植物疫病防疫从业人员专业技能的重要途径，在动植物疫病防疫中有着举足轻重的作用，就动植物疫病防疫班而言，多为政府主导的公益性培训。当前，我国各级政府在对动植物疫病防疫十分重视，全国性的培训班如2014年农业部与联合国粮农组织联合举办中国西部地区兽医流行病学培训班，地方性的如2014年青海省举办的基层兽医培训班[3]。

（4）"规模种养基地＋农资企业"的自我服务模式

表5–5　部分动植物疫病防治约束性文件

时间	名称	主要内容
1992年	植物检疫条例	以防治危害植物的病虫害杂草等为目的，对检疫对象、疫情处理等做出规定
2005年	重大动物疫情应急条例	对重大疫情的监控、通报、公布，防治、病死畜禽处理等方面做出规定
2006年	畜牧法	对畜牧站在畜禽疫病防治方面的作用做出了规定
2007年	植物检疫条例实施细则	划定各级植物检疫站的职责，以及检疫范围，疫病防治、消灭等
2008年	动物防疫法	涉及动物疫病预防、疫情报告、通报、控制、扑灭、诊疗、监管等方面
2008年	动物疫情报告管理办法	建立了疫情报告制度
2012年	国家中长期动物疫病防治规划（2012-2020）	对我国动物疫病防治工作进行规划，提出了对口蹄疫、禽流感、猪瘟等疫病的防治目标，对提升疫病防治能力提出可行方案
2013年	畜禽规模养殖污染防治条例	对染疫畜禽及其排泄物、染疫畜禽产品、病死或死因不明畜禽的处理以及养殖场选址、粪污处理等方面做出规定
2016年	无规定动物疫病区管理技术规范	结合当前我国动物疫病防控实际情况，进一步加强动物疫病区域化管理

农资企业，尤其是农药、兽药、农化以及饲料等企业，会主动和规模型种养基地建立良好合作关系，对种养基地在疫病防疫、病畜禽隔离、饲料使用、粪污处理等方面提供建议或者技术指导，以实现互利共赢。而规模型种养基地本身为了实现经济利益最大化，减少疫病发生，也会配备专业

[1] 中国农业出版社. 中国畜牧业年鉴2012［M］. 北京：中国农业出版社，2012.

[2] 中国农业年鉴编辑委员会. 中国农业年鉴2013［M］. 北京：中国农业出版社，2014.

[3] 资料来源：http://www.cav.net.cn/news/201408/21/804.html.

人员进行定期疫病预防、病畜禽救治等。

从服务内容看，当前动植物疫病防控需求主要有：①疫苗接种，强制免疫，如对口蹄疫、高致病性禽流感等重大动物疫病的强制免疫；②农作物病虫害的防治，如稻飞虱、稻瘟病、蝗虫、麦红蜘蛛、鼠虫害等；③动物免疫效果监测与动物疫病监测；④农作物病虫害检测预警与防治；⑤常见动植物疫病防控措施的实施与指导；⑥动植物疫情巡查与报告等[1]。

3. 有关政策法规

在全民注重食品质量安全的大背景下，消费者对动植物疫病防疫的关注也日趋增多，国家对动植物疫病防治的重视也逐渐提升，出台各种法律法规、政策文件对动植物疫病防治工作做出指导规范。有关动植物疫病防治的政策性文件也日趋成熟。

（五）质量安全监管服务

随着经济社会的快速发展，我国对农产品质量安全越来越重视，采取了许多措施（如“无公害农产品认证”“绿色产品认证”等）以及出台了众多法律法规引导绿色种养行为，以保证“餐桌安全”。在农产品质量安全的监督管理方面，提供监管的主要是政府相关职能部门，辅以行业协会的规制。

1. 服务主体

（1）农产品质量安全管理机构

依据在农产品质量安全监督管理体系中的职能划分，全国农产品质量安全管理机构主要由农业、质检、工商、环保、轻工、公安、法制、教育、认证认可以及标准化等十几个部门构成，每一个部门都是相应环节的监管主体[2]。

（2）农产品质量检测机构

当前，我国共有农产品无公害检测机构159家，涉及30个省级行政区，6个地市行政区，同比减少3.14%。为了进一步加快推进农产品质检体系建设，农业部力争到2020年，省、地（市）两级农产品质检机构100%通过计量认证和机构考核，70%的县级农产品质检机构通过计量认证和机构考核，全面建成布局合理、职能明确、功能齐全、运行高效的农产品质量安全检验检测体系，满足农产品全过程质量安全监管和现代农业发展的需要。

2. 服务形式及内容

（1）农业投入品监管

在农资投入方面，加强农资产品质量安全检验，对农业投入品的生产、经营许可和登记建立科学的管理机制，首先从源头上保证投入品的质量安全。为此，农业部每年都会在全国范围内进行种子、化肥、农药、兽药以及饲料疫苗等方面的质量抽查与打假活动，从源头控制做起，保证农产品质量。

（2）农业生产过程监管

在农业生产过程中，种植业方面通过构建标准化示范园，强化技术培训，组织专家制订标准化生产技术方案，推行测土配方肥，科学合理施药进行病虫害防治，并制定标准园管理办法，对投

---

[1] 黄焱，杨瑛等. 江苏省基层动物疫病防控公共服务与社会化服务体系建设研究［J］. 江苏农业经济，2013(1): 49-52.

[2] 林伟君，柴玲玲，万忠. 广东省农产品质量安全监管体系的现状、问题与对策［J］. 南方农村，2010(5): 52-56.

入、生产、产品检测、基地准出、质量追溯等方面进行规范，建立长效适量监管，以确保农产品安全。畜禽养殖业方面，推行“畜禽良种化、养殖设施化、生产规范化、防疫制度化和粪污无害化”等，创建一片标准化示范场，推行标准化养殖，并进行畜禽产品质量安全追溯以确保畜禽产品的质量安全。

（3）市场进入监管

在生产基地、发市场等农产品交易场所，逐步建立农产品自检制度。产品自检合格，方可投放市场或进入无公害农产品专营区销售。无论是生产基地，还是农产品批发市场、农贸市场，都要自觉接受和配合政府指定的检测机构的检测检验，接受执法单位对不合格产品依法做出的处理。

从服务的内容看，政府主要是从下列三个方面开展的。

一是完善畜禽产品质量安全监管。以现代化设备进行科学监测，构建科学合理的畜禽产品质量安全监督管理体系，在完善市级畜禽产品质量安全监测能力的基础上，进一步强化基层（县区级）和企业级畜禽产品质量安全监测能力。2011 年，全国投入 3800 万元，为 13 个区县疫病预防与控制中心以及大型畜禽屠宰企业购置违禁和药物残留的动物产品质量检测仪器和快速监测设备[1]。

二是建立畜牧产品可溯源体系。当前，全国追溯体系基础工作稳步推进，全国 31 省、自治区、直辖市以及新疆建设兵团都已开展追溯体系建设工作，溯源体系覆盖全国所有省、市、县。按照农业部部署，各地、各有关部门积极开展省级数据库建设，强化“耳标”佩戴以及信息采集传输等工作，稳步推进溯源体系建设工作。此外，农业部门还积极和商务部门合作，将动物标识及疫病可溯源体系与商务部的肉菜流通可溯源体系进行对接，进一步加强农产品质量安全监管工作[2]。

三是绿色无公害农产品认证。无公害农产品是指使用安全的投入品，按照规定的技术规范生产，产地环境、产品质量符合国家强制性标准并使用特有标志的安全农产品。无公害农产品的定位是保障消费安全、满足公众需求，其认证是一种政府行为。无公害农产品标志使用是政府对无公害农产品质量的保证和对生产者、经营者及消费者合法权益的维护，是县级以上农业部门对无公害农产品进行有效监督和管理的重要手段[3]。

3. 有关政策法规

目前，我国已经形成了以《食品卫生法》《食品生产加工企业质量安全监督管理办法》《食品标签标注规定》《食品添加剂管理规定》等及涉及农产品质量安全的法规为主体，地方政府关于食品安全的规章为补充的农产品安全法规体系。除此之外，政府还颁布了与绿色产品、有机农产品等有关的规定。这些法律法规以及规章制度涉及农产品的生产到运输、销售、加工到消费等诸多环节。

表 5–6　部分农产品质量安全约束性文件

时间	名称	主要内容或目的
2002年	无公害农产品管理办法	对无公害产品认定的产地要求、生产管理要求产地认定、标志管理以及监督管理等做出明确的规定
2006年	农产品质量安全法	明确了农产品质量安全标准，对农产品的产地、生产、包装及标志，监督检查等进行明确规定

[1] 中国农业出版社. 中国畜牧业年鉴2012［M］. 北京：中国农业出版社, 2012.

[2] 中国农业出版社. 中国畜牧业年鉴2012［M］. 北京：中国农业出版社, 2012.

[3] 资料来源：http://www.aqsc.agri.gov.cn/wghncp/ywjj/201108/t20110819_81514.htm.

续表

时间	名称	主要内容或目的
2007年	农产品地理标志管理办法	制定并积极引导农产品地理标志的申请登记、农产品地理标志使用以及监管
2008年	农产品地理标志产品品质鉴定抽样检测技术规范	规定农产品地理标志产品品质鉴定中应遵循的规则
2009年	食品安全法	对农药、兽药残留等做出规定
2012年	农产品底地理标志登记程序	规范农产品地理标志登记管理
2012年	绿色食品标志管理办法	对绿色食品生产中的投入品做出规定，要求申请农产品达到生产、包装储运等标准，并对绿色食品标志的使用做出规定
2013年	有机产品认证管理办法	涉及有机产品认证、进出口、认证书及认证标志使用，监督管理等多方面的内容
2014年	中央一号文件	建立最为严格的覆盖全过程的食品安全监管制度、完善法律法规和标准体系
2015年	国家农产品质量安全县管理办法（暂行）	为严格规范国家农产品质量安全县创建、申报、考评、命名、监督管理等工作
2015年	食品安全法	保证食品安全，保障公众身体健康和生命安全
2015年	中央一号文件	落实生产经营者主体责任，严惩各类食品安全违法犯罪行为，提高群众安全感和满意度
2016年	中央一号文件	实施食品安全战略。加快完善食品安全国家标准，到2020年农兽药残留限量指标基本与国际食品法典标准接轨
2017年	中央一号文件	健全农产品质量和食品安全监管体制，强化风险分级管理和属地责任，加大抽检监测力度。建立全程可追溯、互联共享的追溯监管综合服务平台
2017年	十九大报告	确保国家粮食安全，把中国人的饭碗牢牢端在自己手中
2018年	中央一号文件	制定和实施国家质量兴农战略规划，建立健全质量兴农评价体系、政策体系、工作体系和考核体系

（六）销售流通服务

在农业现代化社会服务中，农产品流通服务也是不容忽视的重要组成部分。农产品有着易腐易变质等特性，现代化的农产品流通对农产品质量安全有着保障作用。同时，“农超对接”“农餐对接”等模式的成熟应用能显著减少农产品中间环节的流通成本，为消费者带去福音，同时也为农业生产者提供快速销售通道，起到增收创收的作用。

1. 服务主体

（1）农产品批发市场

截至2015年年底，全国共有农产品批发市场4469家，产地市场约占70%。2014年年底，全国亿元以上农产品专业批发市场到999家，比2013年减少20家；摊位数56.54万个，比2013年减少1.1万个，增长2.3倍；营业面积达到4275.4万平方米，比2013年减少40.9万平方米；年成交额15507.8亿元，比2013年增加923.7亿元。从市场结构看，在2014年亿元以上专业农产品批发市场中，粮食市场占10.5%，肉粮禽蛋市场占12.6%，水产品市场占14.5%，蔬菜市场占30.4%，干鲜果品市场占13.6%，棉麻土畜烟叶产品市场及其他农产品市场占18.3%。总体看，我国已形成以鲜活农产品为主的大型专业市场流通网络，在促进农业生产商品化、专业化、规模化、区域化、标准化，完善农产品大市场、大流通格局，引导农民调整农业结构、实现增产增收和保障供给等方面，发挥了不可替代的作用[1]。

（2）农业经纪人

农业经纪人除了在农业生产资料供应中发挥重要作用外，其对农产品流通业十分重要。截至2011年年底，全国农村经纪人达到600万人左右，从事农、林、牧、渔、运、批、销等各个涉农行业，全国80%的农产品由农村经纪人收购后进入流通环节[2]。2015年，农业部首次召开全国经销商大会，表彰了“十佳惠农经纪人”，进一步规范经销商经纪人经营，促进农产品流通体系建设。

（3）农业专业合作社

农业专业合作社作为一种新型农业经营主体，将分散的小农组织起来，形成规模化的农业专业合作社，以进行标准化生产与管理，提升产品质量。农业专业合作社以自身的规模优势、科学管理，保证农产品质量，形成了“农超对接模式”“农餐对接模式”等农产品直销形式，扩大农产品销售量。

（4）供销社

供销社在农业生产资料供应中有着十分重要的作用，同样对农产品流通而言其也发挥着不可忽略的作用。截至2016年年底，全国供销社系统有县及县以上供销合作社机关2772个，而基层社有29016个，比上年增加1270个。全系统共实现全年从农业生产者购进的农产品购进额11700.1亿元，同比增长25.7%；农副产品市场交易额6949.7亿元，增长9.5%；农业生产资料销售额7986.7亿元，增长9.8%；农业生产服务收入达到了170.5亿元[3]。

（5）农业企业

截至2015年年底，全国规模以上农产品加工企业7.8万家，实现利润总额12908亿元，增长5.3%。从企业平均成本来看，规模以上农产品加工企业每百元主营业务收入中的成本为83.2元，与上年基本持平。农产品加工企业目前已经成为三产融合的重要组织力量。调查显示，有81.3%的食用类农产品加工企业与农户、合作社签订了生产订单。

2. 服务形式及内容

（1）“农超对接”模式

“农超对接”模式指的是农村生产组织和商家（超市）签订意向性协议书，由农户向超市、便民店直供农产品的新型流通方式，是农产品供应链条的优化与创新。“农超对接”的本质是将现代流通方式引向广阔农村，将千家万户分散化的农业小生产领域与千变万化集中性的城市大市场领域直接对接，构建市场经济条件下的产销一体化链条，实现商家、农民、消费者三方共赢。如家乐福超市从2007年年初开始与农民专业合作社展开合作，推行“农民直采”采购模式，由农民专业合作社帮助其采购农产品。

据商务部统计数据显示，截至2011年年底，全国开展“农超对接”模式的连锁零售企业已逾800家，涉及28个省份70个大中城市，与超市对接的合作社也已突破1.6万家，受益社员人数超过100万[4]。

［1］农业部. 中国农业发展报告2012［M］. 北京：中国农业出版社, 2012.

［2］农业部. 中国农业发展报告2012［M］. 北京：中国农业出版社, 2012

［3］资料来源：http://www.chinacoop.gov.cn/HTML/2014/02/17/91535.html.

［4］赵佳佳, 刘天军, 田祥宇. 合作意向、能力、程度与“农超对接”组织效率——以“农户+合作社+超市”为例［J］. 农业技术经济, 2014(7): 105-113.

（2）“农餐对接”模式

“农餐对接”是指餐饮企业直接与农副产品生产基地签约直供，即餐饮企业在分析自身规模及资金实力的基础上，根据前期的业务经营情况来决定采购的品种和规模，然后以订单方式，到农副产品生产基地直接采购产品的方式[1]。2011 年 11 月北京 10 家大型餐饮企业与农民专业合作社签订了 2012 年“农餐对接”的合作协议，成为我国首批实施餐饮企业与农副产品生产基地直接对接的试点企业，开启了餐饮企业的新时代。

（3）“公司 + 基地（合作社）+ 农户”模式 /“公司 + 农户”模式

“公司 + 农户”模式是当前我国农村地区产业化采用率最高的经典模式之一[2]，其将分散又相对独立的农户结合起来，实现了小农户与大市场的联系。这一模式在农资供应，病虫害防治等中都扮演着重要角色。同样，其也促进了农产品的市场流通，该模式在我国得到了长足发展。

（4）网络平台

随着信息技术的快速发展，互联网也成为农产品交易的重要平台。当前，众多互联网购物网站都经营着农副产品，交易量也在逐年增加。如“淘 × 网”“1 × 店”“亚 × 逊”“当 × 网”等众多知名网站纷纷销售绿色健康农产品；许多农产品业进入网络平台，如淘 × 网热销的“阳澄湖大闸蟹”、茶叶等。阿 × 巴巴研究中心的数据显示，2012 年在淘 × 网上经营农产品的网店数已经达到 26.06 万家，2012 年完成的销售额接近 200 亿元。[3]

（5）农展会

当前，农产品的流通方式日趋多样化，除去上述模式外，农业展会也是其中不可忽视的渠道之一，各类农业展会举办如火如荼。我国已经建立起较为成熟的从国家级、省级到地市级等的农业展会体系。2012 年，由农业部主办或参与举办的 50 场展览活动都取得了圆满成功。据统计，由农业部主办或参与举办的全国性区域性农业展会贸易成交额达到 5866 亿元[4]。在展会中，较为出名的有长春农博会、新疆农博会，中国国际农产品交易会等，其中中国农产品交易会目前已举办 11 期，2011 年第十届中国国际农产品交易会农交会展出了 13 大类近万种农产品和 1000 余项农业科技成果、500 多台（套）农机产品，贸易交易额达 705 亿元，比上届增长 17%[5]。

农产品流通中，各个参与主体由于专业分工的不一样，作用不一样，提供的服务也有所不同。农业生产者（含小户农民、家庭农场、合作社、生产基地等）主要是进行农产品生产，或自主或按订单标准进行生产；物流仓储企业则以现代化手段对农产品进行运输与保存；超市与餐饮企业等则是农产品的采购者，向最终消费者提供安全的农产品；涉农企业等一方面为农业生产者提供农业生产资料，另一方面以订单价或者保护价收购农产品，而后对农产品进行加工进行销售；各种涉农网站、农展会等则一方面提供农产品的购销信息以及价格信息等，另一方面向消费者出售农产品提供交易平台。各类参与主体共同协作，保证农产品流通顺畅，保障农业生产者的经济利益。

---

[1] 王鹏飞, 陈春霞, 黄漫宇. “农餐对接”流通模式：发展动因及其推广［J］. 理论探索, 2013(1): 56-59+54.

[2] 高阔, 甘筱青. “公司+农户”模式：一个文献综述（1986—2011）［J］. 经济问题探索, 2012(2): 109-115.

[3] 资料来源：http://ncplt.mofcom.gov.cn/user_base/mtjj/2013/7/1373941227534.htm.

[4] 中国农业年鉴编辑委员会. 中国农业年鉴2013［M］. 北京：中国农业出版社, 2014.

[5] 中国农业年鉴编辑委员会. 中国农业年鉴2013［M］. 北京：中国农业出版社, 2014.

3. 有关政策法规

农产品流通作为农业生产中最后一个环节，对稳定与促进农业良好发展具有十分重要的战略意义。一方面，可以维护农业生产者的利益，使生产的农产品尽快进入市场出售；另一方面，科学的流通方式对农产品质量安全有着较强的保障作用，可使农产品尽快进入餐桌，此外其也可削减流通成本，加强消费者与农业生产者之间的联系，维护双方共同利益。当前，为了确保农产品的顺利流通，我国立法机构以及政府相关部门制定了相关法律与部门规章对农产品流通进行指导与规制，如《农业法》《合同法》《食品卫生法》《产品质量法》《无公害产品管理办法》等。

表 5–7　部分关于农产品流通服务的法律法规

时间	名称	主要内容或目的
1996年	水产品批发市场管理办法	引导、规范水产品市场主体，维护市场秩序，保证水产品流通顺畅等
2012年	生猪调出大县奖励资金管理办法	鼓励生猪养殖，促进生猪生产流通
2013年	农业法	鼓励建立农产品批发市场，支持农产品流通主体的发展等
2008年	生鲜乳收购管理办法	对生鲜乳的生产、收购以及运输、监督管理等做出规定
2008年	乳品质量安全监督管理条例	对乳品流通中不同主体的职责、法律责任进行规定，并规范流通各环节所采取的措施
2009年	流通环节食品安全监督管理办法	对食品经营以及监督管理做出规定，如农药残留等
2010年	农业部定点市场管理办法	对申报农业部定点农产品批发市场的条件进行规定涉及定点市场审批、扶持、管理等多方面内容
2012年	全国蔬菜产业发展规划（2011—2020）	指出将重点发展蔬菜流通，包括农产品批发市场社区菜店等零售网点、冷链物流、信息网络平台等建设
2012年	新一轮“菜篮子”工程建设指导规划（2012—2015）	强调加强“菜篮子”农产品批发市场建设，加强产销衔接等
2014年	农业部展会工作管理办法	强化农产品产销结合，制定对各主体主办展会的管理办法，促进展会工作良好进行
2016年	京津冀农产品流通体系创新行动方案	培育壮大一批具有较强竞争力的龙头示 范企业，成为全国农产品流通体系创新的先行示范区
2017年	农业部 国家发展改革委 财政部关于加快发展农业生产性服务业的指导意见	完善农产品物流服务，推进农超对接、农社对接，利用农业展会开展多种形式的产销对接；积极发展农产品电子商务，促进农产品流通线上线下有机结合

（七）金融服务

1. 服务主体

（1）正规金融机构

虽然很多文献指出，我国农村存在严重的金融排斥问题，但不容否认，很多正规金融机构都将“服务三农”作为其社会责任。参照中国银监会（现银保监会）《关于做好 2015 年农村金融服务工作的通知》的规定，我国提供农村金融服务的正规金融机构主要包括各政策性银行、国有商业银行、股份制商业银行、邮政储蓄银行，以及提供有关涉农金融服务的、受银行业及银监会（现银保监会）直接监管的信托公司、企业集团财务公司、金融租赁公司等。此外，个别地方出现的、具有正规金融牌照的村镇银行，也在涉农金融服务中发挥着重要作用。

中国人民银行农村金融服务研究小组发布的《中国农村金融服务报告 2014》，把我国为“三农”

服务的正规金融机构划分为5类：全国性大型银行、中型银行、小型银行、农村信用合作社和财务公司。其中，全国性大型银行包括中国工商银行、中国农业银行、中国银行、中国建设银行四家国有商业银行、国家开发银行、交通银行、中国邮政储蓄银行；中型银行包括招商银行、中国农业发展银行、上海浦东发展银行、中信银行、兴业银行、中国民生银行、中国光大银行、华夏银行、进出口银行、广发银行、平安银行、北京银行、上海银行、江苏银行；中资小型银行包括恒丰银行、浙商银行、渤海银行、小型城市商业银行、农村商业银行、农村合作银行、村镇银行。不同类型的金融机构的涉农贷款情况见表5-8。

表5-8　不同类型金融机构的涉农贷款分月报表（2016-12-31）

单位：亿元；%

项目/机构	农林牧渔业贷款		农村（县及县以下）贷款		农户贷款		涉农贷款	
	余额	同比增长	余额	同比增长	余额	同比增长	余额	同比增长
全金融机构	36627	4.2	230092	6.5	70846	15.2	282336	7.1
中资全国性大型银行	6200	-1.5	88222	2.0	23979	27.4	103974	2.5
中资中型银行	2190	2.5	44881	11.5	1504	35.5	68773	12.1
中资小型银行	17287	26.6	71497	22.3	30381	27.0	81626	21.1
其中：								
农村业银行	12828	34.8	46107	28.5	23735	34.6	53096	26.2
农村合作银行	730	-23.6	1468	-46.1	989	-41.3	1767	-43.2
村镇银行	1724	18.2	4953	15.4	3234	20.3	5550	16.2
农村信用合作社	10920	-16.1	24712	-17.8	14902	-15.2	27039	-16.7
中资财务公司	30	-11.1	780	1.8	80	20.9	924	4.9

通过多年持续努力，我国正在形成银行业金融机构、非银行业金融机构和其他微型金融组织共同组成的多层次、广覆盖、适度竞争的农村金融服务体系，政策性金融、商业性金融和合作性金融功能互补、相互协作，推动农村金融服务的便利性、可得性持续增强。此外，互联网金融也在农业农村领域发展迅猛。表5-9是中国人民银行农村金融服务研究小组对2016年农村中小金融机构从业人员、法人机构和营业网点情况的统计。

表5-9　主要涉农金融机构相关情况

机构名称	2016年		
	从业人员数（人）	法人机构数（个）	营业性网点（个）
合计	951030	3783	83750
农村信用社	297083	1125	28285
农村商业银行	558172	1114	49307
农村合作银行	13561	40	1381
村镇银行	81521	1443	4716
贷款公司	104	13	13
农村资金互助社	589	48	48

注：资料来源：中国银监会（现银保监会）。从业人员是指在岗人员数，机构数是指法人数，不统计非法人机构数。

据统计，截至2016年年底，全国金融机构空白乡镇从启动时（2009年10月）的2945个减少到

1296个；实现乡镇金融机构和乡镇基础金融服务双覆盖的省份（含计划单列市）从2009年10月的9个增加到29个；全国已组建的新型农村金融机构93%以上的贷款投向了“三农”和小微企业，已有1259个县（市）核准设立村镇银行，县域覆盖率67%。

（2）非正规金融服务主体

由于正规金融机构的贷款流程复杂，且一般要求贷款人提供抵押物，对农业农村而言，其服务有很强的不可得性，即金融排斥。但是从事农业生产经营的主体，比如，农户、农民合作社、涉农企业等，都需要筹措资金实现平滑消费或进行投资。上述供需缺口，导致一些非正规金融服务主体在农村地区大量存在。农村金融服务的提供者，包括个体农民（包括普通农户、专业农户、农产品经纪人等）、农民合作社、涉农企业等。据西南财经大学的金融专家甘犁教授估计，中国民间借贷非常活跃，规模超过8万亿元。显然，其中相当比例是在农村地区发生的。以近几年迅速兴起的农村互助金融为例。为了融通资金，一些农户在《农民专业合作社法》的框架下，成立了资金互助部或资金互助社。据估计，目前全国约有5000个农民资金互助合作社（其中获得银监局金融牌照的49家），主要分布在吉林、江苏、河南、河北、山东等地。此外，在全国128.88万个农民专业合作社中，大部分合作社都为成员提供资金融通服务，比如，成员可以赊购合作社的农资、种苗和农机服务等，也可以直接从合作社中借钱。其中，约2万个农民专业合作社创办了资金互助部，实现合作社成员之间的资金拆借。

2. 服务形式与内容

（1）正规金融机构

正规金融机构在为“三农”提供金融服务时，虽然主要是为有关方面提供资金，但正规金融机构也在根据农业生产经营的特性和农民的群体特征，不断进行服务渠道和贷款模式创新。比如，为了更好地为“三农”发展提供金融服务，中国农业银行通过在供销社、农资店及小商铺等渠道布放电子机具，建立“金融惠农通”工程服务点，真正将金融服务送到每一位农民家门口。截至2014年年底，本行在全国农村地区布设“金穗惠农通”服务点64.9万家，布放电子机具122.8万部，覆盖全国75.2%的行政村。通过科学布局服务点，贴心提供技术指导和维护，推出刷卡消费可享受优惠等方式，使农民对电子渠道的认可程度逐步提升。全国累计发放惠农卡近1.61亿张，2014年新增2125.2万张，更多的农民开始享受现代金融带来的便利。中国邮储银行近年推出了“五户联保”小额贷款业务的一种相互信用担保模式。在该模式下，农户贷款无须抵押，只要有5个农户之间互相连带担保，而且责任在5户之间是连带的，即只要有一户出现信用不良或者相关问题，那么其他4户都有连带责任。而且，联保条件一般要求5个农户的经济背景、经营状态和还贷实力都相当。在“五户联保”模式下，每个农户可以无抵押从邮储银行获得贷款5万元，部分地区甚至可以贷款10万元。比邮储银行的联保更进一步，浙江金华成泰农商银行创新推出了“自助申报、自助担保、自助借贷、自助存取”的金融自助（个人）信用贷款模式，并在该市石狮塘村发放了首笔金融自助信用贷款1万元。截至2015年1月底，该行辖内的5个示范村的金融自助组织，已加入成员204人，授信额度3313万元，发放金融自助信用贷款98户、金额1732万元，缴纳风险保证金212.2万元，平均利率为6.9%。

（2）非正规金融服务主体

作为正规金融的有益补充，非正规金融主体的服务方式比较灵活，服务内容也更加多样。一些搞“公司+农户”的涉农企业，为了稳固与农户的契约关系，通常会采取“供应链”金融的方式向农户提供资金融通服务。以河北邢台市聚农养殖公司为例，在合作农户缴纳一定的风险金（作用相当于保证金或者部分启动资金）后，公司可以为他们提供（养殖）所需要的生产资料和借贷资金（用于建造养殖设施）。因此，想从事养殖的农户，只需要很少的启动资金（风险金），就可以获得有关生产资料，并可以获得贷款建造养殖设施。本质上，这相当于是该公司向农户提供了养殖项目的前期启动和运营资金。

与供应链金融是公司与有关农户之间的线条联系不同，一些农民合作社直接在成员之间开展了资金互助业务，形成了合作社与成员、成员与成员之间的网络联系。以辽宁西丰县永得利蔬菜合作社为例，为了降低成员蔬菜大棚可能面临的各种自然风险和意外灾害，合作社中的党员带头成立了“农业灾害保险互助组”，每个蔬菜大棚投入 100 元的保费，最高可享受 6000 元保险金额。而且，为了调动成员参与互助保险的积极性，合作社规定，保费的 70% 由合作社代替成员支付。与永得利蔬菜合作社相比，河南濮阳的银融资金互助社又向前迈进了一大步——它不仅为成员生产经营和大笔消费提供资金，还吸收成员的储蓄，事实上成为一种草根银行。其具体服务方式和内容包括：一是成员入社需经成员推荐并严格考察，成员必须为当地（柳屯镇）居民或长期在当地生活、工作的人员。二是成员的可贷款额度，取决于其缴纳的股金。具体而言，是施行“股一贷五”，即成员贷款的最高规模不得超过其股金的 5 倍。如此一来，每位贷款人，都必须先成为合作社的股东成员。三是利率高于市场且受法律保护，最长贷款不得超过 1 年。3 个月、6 个月和 1 年的月利率分别为 15‰、16.5‰和 17.7‰（折算成年利率分别为 18%、19.8% 和 21.24%）。考虑到国有大型商业银行进 10 年来 6 个月至 1 年的最低贷款利率为 5.31%，银融资金互助社的上述利率，显然满足有关法律要求“民间借贷利率不得高于银行同期贷款利率的 4 倍，超过 4 倍部分将不受法律保护”的规定。

3. 有关政策法规

金融服务是农业社会化服务中的重要内容。历年来，我国政府高度重视金融在服务“三农”中的作用。从 2004—2018 年的中央一号文件中，就能窥见中央政府在金融服务三农体制机制建设中的决心与力度。如下表 5-10 所示，21 世纪以来，各中央一号文件从不同的金融服务主体出发，部署了系列扶持三农的政策法规。

表 5–10　关于涉农金融服务服务的政策法规

金融服务主体	年份	政策内容
农村信用社	2005	继续深化农村信用社改革，要在完善治理结构、强化约束机制、增强支农服务能力等方面取得成效，进一步发挥其农村金融的主力军作用
	2006	巩固和发展农村信用社改革试点成果，进一步完善治理结构和运行机制。县域内各金融机构在保证资金安全的前提下，将一定比例的新增存款投放当地，支持农业和农村经济发展，有关部门要抓紧制定管理办法
	2015	提高农村信用社资本实力和治理水平，牢牢坚持立足县域、服务“三农”的定位
	2016	稳定农村信用社县域法人地位，提高治理水平和服务能力
	2017	开展农村信用社省联社改革试点，逐步淡出行政管理，强化服务职能
	2018	推动农村信用社省联社改革，保持农村信用社县域法人地位和数量总体稳定

续表

金融服务主体	年份	政策内容
邮政储蓄银行	2005	采取有效办法，引导县及县以下吸收的邮政储蓄资金回流农村
	2006	扩大邮政储蓄资金的自主运用范围，引导邮政储蓄资金返还农村。调整农业发展银行职能定位，拓宽业务范围和资金来源
	2007	引导邮政储蓄等资金返还农村
	2008	邮政储蓄银行要通过多种方式积极扩大涉农业务范围。积极培育小额信贷组织，鼓励发展信用贷款和联保贷款。通过批发或转贷等方式，解决部分农村信用社及新型农村金融机构资金来源不足的问题
	2014	鼓励邮政储蓄银行拓展农村金融业务
	2015	鼓励邮政储蓄银行拓展农村金融业务
	2016	支持中国邮政储蓄银行建立三农金融事业部，打造专业化为农服务体系
	2017	加快完善邮储银行三农金融事业部运作机制，研究给予相关优惠政策
	2018	加大中国邮政储蓄银行“三农”金融事业部对乡村振兴支持力度
商业银行	2004	农业银行等商业银行要创新金融产品和服务方式，拓宽信贷资金支农渠道
	2005	农业银行要继续发挥支持农业、服务农村的作用。培育竞争性的农村金融市场，有关部门要抓紧制定农村新办多种所有制金融机构的准入条件和监管办法，在有效防范金融风险的前提下，尽快启动试点工作
	2006	继续发挥农业银行支持农业和农村经济发展的作用。在保证资本金充足、严格金融监管和建立合理有效的退出机制的前提下，鼓励在县域内设立多种所有制的社区金融机构，允许私有资本、外资等参股
	2014	强化商业金融对“三农”和县域小微企业的服务能力，扩大县域分支机构业务授权，不断提高存贷比和涉农贷款比例，将涉农信贷投放情况纳入信贷政策导向效果评估和综合考评体系。稳步扩大农业银行三农金融事业部改革试点
	2015	鼓励各类商业银行创新“三农”金融服务。农业银行三农金融事业部改革试点覆盖全部县域支行。农业发展银行要在强化政策性功能定位的同时，加大对水利、贫困地区公路等农业农村基础设施建设的贷款力度，审慎发展自营性业务
	2016	深化中国农业银行三农金融事业部改革，加大“三农”金融产品创新和重点领域信贷投入力度。强化中国农业发展银行政策性职能，加大中长期“三农”信贷投放力度。创新村镇银行设立模式，扩大覆盖面
	2017	支持农村商业银行、农村合作银行、村镇银行等农村中小金融机构立足县域,加大服务“三农”力度,健全内部控制和风险管理制度。深化农业银行三农金融事业部改革,对达标县域机构执行优惠的存款准备金率
	2018	加大中国农业银行“三农”金融事业部对乡村振兴支持力
政策银行	2004	农业发展银行等政策性银行要调整职能，合理分工，扩大对农业、农村的服务范围。要总结农村信用社改革试点经验，创造条件，在全国逐步推开
	2005	加大政策性金融支农力度，增加支持农业和农村发展的中长期贷款，在完善运行机制基础上强化农业发展银行的支农作用，拓宽业务范围
	2006	国家开发银行要支持农村基础设施建设和农业资源开发
	2014	支持农业发展银行开展农业开发和农村基础设施建设中长期贷款业务，建立差别监管体制
	2015	国家开发银行要创新服务“三农”融资模式，进一步加大对农业农村建设的中长期信贷投放。提高农村信用社资本实力和治理水平，牢牢坚持立足县域、服务“三农”的定位
	2016	发挥国家开发银行优势和作用，加强服务“三农”融资模式创新

续表

金融服务主体	年份	政策内容
	2017	支持国家开发银行创新信贷投放方式。完善农业发展银行风险补偿机制和资本金补充制度,加大对粮食多元市场主体入市收购的信贷支持力度。稳定农村信用社县域法人地位，提高治理水平和服务能力
	2018	明确国家开发银行、中国农业发展银行在乡村振兴中的职责定位
非正规金融机构	2004	继续扩大农户小额信用贷款和农户联保贷款。鼓励有条件的地方，在严格监管、有效防范金融风险的前提下，通过吸引社会资本和外资，积极兴办直接为“三农”服务的多种所有制的金融组织。
	2005	有条件的地方，可以探索建立更加贴近农民和农村需要、由自然人或企业发起的小额信贷组织
	2006	大力培育由自然人、企业法人或社团法人发起的小额贷款组织，有关部门要抓紧制定管理办法。引导农户发展资金互助组织。规范民间借贷。稳步推进农业政策性保险试点工作，加快发展多种形式、多种渠道的农业保险。各地可通过建立担保基金或担保机构等办法，解决农户和农村中小企业贷款抵押担保难问题，有条件的地方政府可给予适当扶持
	2007	大力发展农村小额贷款，在贫困地区先行开展发育农村多种所有制金融组织的试点
	2009	鼓励和支持金融机构创新农村金融产品和金融服务，大力发展小额信贷和微型金融服务，农村微小型金融组织可通过多种方式从金融机构融入资金
	2010	积极推广农村小额信用贷款。加快培育村镇银行、贷款公司、农村资金互助社，有序发展小额贷款组织，引导社会资金投资设立适应“三农”需要的各类新型金融组织
	2012	发展多元化农村金融机构，鼓励民间资本进入农村金融服务领域，支持商业银行到中西部地区县域设立村镇银行。有序发展农村资金互助组织，引导农民专业合作社规范开展信用合作
	2013	支持社会资本参与设立新型农村金融机构。改善农村支付服务条件，畅通支付结算渠道
	2014	发展新型农村合作金融组织。在管理民主、运行规范、带动力强的农民合作社和供销合作社基础上，培育发展农村合作金融，不断丰富农村地区金融机构类型。坚持社员制、封闭性原则，在不对外吸储放贷、不支付固定回报的前提下，推动社区性农村资金互助组织发展。完善地方农村金融管理体制，明确地方政府对新型农村合作金融监管职责，鼓励地方建立风险补偿基金，有效防范金融风险。适时制定农村合作金融发展管理办法
	2015	积极探索新型农村合作金融发展的有效途径，稳妥开展农民合作社内部资金互助试点，落实地方政府监管责任。做好承包土地的经营权和农民住房财产权抵押担保贷款试点工作
	2016	引导互联网金融、移动金融在农村规范发展。扩大在农民合作社内部开展信用合作试点的范围，健全风险防范化解机制，落实地方政府监管责任。开展农村金融综合改革试验，探索创新农村金融组织和服务。发展农村金融租赁业务。在风险可控前提下，稳妥有序推进农村承包土地的经营权和农民住房财产权抵押贷款试点。积极发展林权抵押贷款
	2017	开展农民合作社内部信用合作试点,鼓励发展农业互助保险。深入推进承包土地的经营权和农民住房财产权抵押贷款试点,探索开展大型农机具、农业生产设施抵押贷款业务
	2018	健全适合农业农村特点的农村金融体系，推动农村金融机构回归本源。强化金融服务方式创新，防治脱实向虚倾向，严格管控风险

二、当前农业社会化服务体系存在的突出问题

“十二五”以来，我国农业社会化服务体系总体取得了明显进展：公益性服务网络的基础地位稳步提升，经营性服务主体多元竞争的格局初步形成，农业社会化服务的领域不断拓展、方式不断创新，多层次、多样化的服务机制逐步建立；但仍然存在如下突出问题。

（一）制度创新不充分，体制机制尚未理顺

在思想认识上，由于对农业社会化服务重视不足或在政府与市场关系上定位不清，导致农业社会化服务体系建设缺乏明晰的思路，对阻碍提高农业社会化服务水平的体制机制因素缺乏有效改革手段。在支持措施上，由于现有农业“四补贴”重点面向农户、主要针对生产，而对农业社会化服务的相关扶持不多，尤其缺乏针对经营性服务主体的补贴种类。从政府层面来看，虽然国务院明确由农业部承担农业社会化服务的主要职能，但科技、教育、供销、金融等涉农部门的条块分割严重，部门权力和利益主导资源分配，政府协调和监督力度不够，致使为农服务资源在部门、行业、区域之间人为化分割，缺乏统一整合。从市场层面来看，伴随着基层服务机构改制，公益性组织从事经营性活动而丧失公共服务功能、经营性组织提供公益性服务而无法得到应有补偿等问题仍普遍存在，制约了社会化服务体系整体效率的提高。

（二）供求结构不合理，多元化需求尚难满足

近年来，我国农业社会化服务不仅供需总量矛盾突出，而且结构不合理十分明显。从服务内容上看，我们的调查显示，农户对综合性社会化服务需求度最高的前三项分别为：信息服务、金融服务、销售服务；而农户接受外部服务最多的前三项分为：技术指导与培训、农产品销售服务、农资购买服务。可见服务的供给并没有与需求的优先序相匹配。特别是农户对金融服务的需求不能得到有效满足。全国金融机构空白乡镇有 1696 个，全国仅有 20% 的农户享受过贷款服务，只有不到 5% 的农户获得了农业保险服务。即便以供给最为充足的技术服务为例，目前增产型技术多于增收型技术，资源利用型技术多于资源节约型技术，农艺型技术多于农机型技术。这与农业发展方式转型的走向是不一致的。从服务主体上看，公益性服务主体因管理体制不顺、队伍素质不高、工作经费缺乏等问题越来越无法满足各类新型经营主体对农业服务的个性化、全程化和综合性需求。例如，家庭农场或种养大户对产前的农资供应、市场信息、技术服务等需求强烈，专业合作社则对产后的运输、加工、储藏和品牌服务需求强烈，而龙头企业则更需要获得信息、金融、保险等服务。但市场化的经营性农业服务发展相对滞后，对政府公益性服务的补充作用尚不突出。我们的调查显示，尽管民间服务主体在涉及产前产中产后的 28 项农业服务中的供给份额均超过 60%（除了水利设施及灌溉服务外），但能够从这些服务中盈利的主体不到 20%。因此，以服务供给的市场化来满足服务需求的多样化任重道远。

（三）村集体服务能力弱，区域供给能力不平衡

村集体是农民基层自治组织，是农民从事农业生产经营重要的自服务组织，也是其他主体向农民提供服务的桥梁。20 世纪 90 年代以来，中央多次强调村级集体经济组织在农业社会化服务体系建设中的基础性作用，并明确指出村级集体经济组织开展的服务应以统一机耕、排灌、植保、收割、运输等为主要内容。但我国大多数村集体经济组织经济实力薄弱，组织机构涣散，难以有效承担提供农业社会化服务的职能。据全国农村经济情况调查的统计，全国近 60 万个村集体组织中，无统一经营收益占 53% 以上。即便提供服务的，服务内容也多以综合性项目为主，并主要集中于产前和产中服务环节，农业产后服务薄弱；同时，有的地区村集体在公益性服务与经营性服务之间定位不准，甚至有借助国家扶持项目“搭便车”收费的现象。此外，由于我国不同区域间农业资源配置、经济发展水平与社会因素相异，各地区农业社会化服务的成本不同，服务能力差异也较大。相当一部分地方政府以配套中央政策为主，鲜有针对区域特点的地方性农业社会化服务计划或工程；而另一些

服务供给能力较强的地区，地方保护主义明显，致使区域间“服务市场”分割严重。

（四）农民职业化程度不高，采纳现代农业服务的积极性偏低

尽管近几年新型经营主体大量涌现，土地流转加快，企业化、资本化的规模经营日益增加，但我国农业的小规模家庭经营仍占主流，农业的糊口特征和农户的兼业现象十分突出，农业尚没有成为农民职业选择的优选项。这对基于高度专业化分工的现代农业服务业发展具有明显的阻碍作用。一是，农户经营规模普遍较小，难以实现集中连片的规模优势，加之劳动的机会成本不高，外包服务的比较效益低，限制了采用新型农业服务的经济动力。二是，部分农民固守传统的农业理念，主动采用新的技术或经营模式的意愿不强，接受起来需要一个较长的过程。我们的调查发现，一些农户即便已经流转了土地或参加了合作社，对专业化服务的接受程度依然不高。三是，目前农村的劳动力老龄化、妇女化、低质化现象突出，部分农户即便有接受现代农业服务的主观需求，也缺乏相应的实际能力，影响了农业社会化服务所能产生的应有效果。

第3节　农业社会化服务供给新机制：政府购买服务

党的十八大明确提出，要加强和创新社会管理，改进政府提供公共服务方式。随后，新一届政府对进一步转变政府职能、改善公共服务做出重大部署，明确要求在公共服务领域更多利用社会力量，加大政府购买服务力度。2013年9月26日，国务院办公厅下发了《关于政府向社会力量购买服务的指导意见》（国办发〔2013〕96号），《意见》中明确了政府购买服务的指导思想、基本原则、目标任务、购买机制等方面的内容，为政府在各个领域开展购买服务业务提供了行动指南。2014年中央一号文件明确提出，要“健全农业社会化服务体系。稳定农业公共服务机构，健全经费保障、绩效考核激励机制。采取财政支持、税费优惠、信贷支持等措施，大力发展主体多元、形式多样、竞争充分的社会化服务，推行合作式、订单式、托管式等服务模式，扩大农业生产全程社会化服务试点范围。通过政府购买服务等方式，支持具有资质的经营性服务组织从事农业公益性服务”。为此，本节将视角立足于政府购买服务的供给机制与实现形式，试图通过调查研究，回答以下三个问题：①哪些农业社会化服务适合通过政府购买的形式提供给农业生产经营主体？②哪些主体适合承担政府购买农业社会化服务的具体项目？③政府购买农业社会化服务的有效实现形式是怎样的？以期为制定扶持农业社会化服务的相关政策提供参考。

一、政府购买农业社会化服务的理论溯源

政府购买农业社会化服务属于政府购买公共服务的一部分。政府购买公共服务（Government Purchase of Services）是指将原来由政府直接提供的、为社会公共服务的事项交给有资质的社会组织或市场机构来完成，并根据社会组织或市场机构提供服务的数量和质量，按照一定的标准进行评估后支付服务费用，即“政府承担、定项委托、合同管理、评估兑现”，是一种新型的政府提供公共服务方式。其核心意义是公共服务提供的契约化，政府与社会组织之间构成平等、独立的契约双方。随着服务型政府的加快建设和公共财政体系的不断健全，政府购买公共服务将成为政府提供公共服务的重要方式。

政府购买服务源于西方发达国家在社会福利制度方面的改革，从20世纪60年代至今已有50

多年的实践历程，对社会服务领域产生了深刻的影响，并波及其他国家和地区。从西方福利国家所走过的历程可以得知，在这一过程中，政府完全退出福利提供的角色，或者尽可能多地剥离政府的社会功能，而由私营组织全部承担起投资和营办服务的责任。众多研究表明，这一过程能够有效降低服务成本，提高服务质量，并为公众提供更多可选择的公共服务（Gormley et al.，1999；Boyne，1998；Bailey，1999）。目前，政府购买公共服务已经逐渐成为一种世界性的制度安排，同时也是学术界研究讨论的热点问题。

（一）政府购买公共服务的内涵与本质属性

什么是政府购买公共服务？这是研究政府购买公共服务必须首先予以思考和解答的问题，回答这一问题要明确政府购买公共服务的内涵和本质属性。

国内学界对政府购买公共服务基本内涵的表述很多，观点基本相同。学者们一致认为政府购买公共服务的实质是政府出资，让营利或非营利组织参与到公共服务提供中来。乐园（2008）认为“公共服务购买，是政府（公共部门）与私人部门之间签订购买协议，由政府出资，将涉及公共服务的具体事项承包给私人部门的行为”。王浦劬等（2010）认为“购买是指政府将原来直接提供的公共服务事项，通过直接拨款或公开招标的方式，交给有资质的社会服务机构来完成，最后根据择定者或者中标者所提供的公共服务的数量和质量，来支付服务费用”。郑卫东（2011）认为，政府购买服务包含如下元素：政府购买服务的委托主体是政府，受托者是营利、非营利组织或其他政府部门等各类社会服务机构，表现为一种通过政府财政支付全部或部门费用的契约化购买行为；政府以履行服务社会公众的责任与职能为目的，并承担财政资金筹措、业务监督及绩效考评的责任。

学者们的研究表明，政府购买服务的本质属性，是在公共服务领域打破政府垄断地位和引入竞争机制，把市场管理手段、方法、技术引入公共服务之中，将公共服务的提供与生产分开，政府依靠市场和非营利组织进行生产，通过购买的方式间接地向公众提供公共服务。而政府的职责在于确定购买公共服务的范围、数量、标准、选择公共服务承办方（出售方）、监督公共服务生产过程、评估公共服务的效果。

（二）政府购买公共服务的模式

国内学者对政府购买公共服务模式的分类主要从公共服务购买双方关系的独立性和购买程序的竞争性两个维度来划分。如王浦劬（2010）从国外实践中归纳出政府向社会组织购买公共服务的四种模式：独立关系竞争性购买模式、独立关系非竞争性购买模式、依赖关系非竞争性购买、依赖关系竞争购买，其中在中国最重要的是前面三种模式，因为实践中较少见到依赖关系竞争性购买模式。王名、乐园（2008）对公共服务购买的案例进行模式化总结分析，认为主要有三种购买模式：依赖关系非竞争性购买、独立关系非竞争性购买和独立关系竞争性购买。蔡礼强（2011）认为可以将公共服务供给划分成五种模式：政府直接提供的公办公营模式、政府间接提供的公办民营模式、政府间接提供的合同购买模式、政府间接提供的民办公助模式、社会自发提供的民办民营模式。

（三）政府购买公共服务的风险

总体来说，政府购买公共服务的风险主要来自供应商垄断、购买双方的投机行为。学术界对这方面的研究也是基于这两个方面，分析了不同的购买模式下存在的风险。

Hodge（2000）认为，政府购买公共服务并没有有效控制政府规模扩张，也没有抑制财政赤字上涨，服务购买存在着风险。Johnston 和 Romzek（1999）分析了政府管理外包合同复杂度，他们在案例中发现，在五种情况下政府对服务合同的管理尤为困难：一是私人获益的比例降低；二是对产出的衡量困难；三是对产出进行衡量的时间长；四是产出是无形的；五是供应方（竞争）减少，以这五个指标来衡量，公共服务中的社会服务面临合同管理的极大复杂性。Dehoog（1990）论述了不同购买模式面临的各种风险，他的研究不但证实了政府购买公共服务的竞争缺乏，而且表明任何一种购买模式都面临风险。他认为，即使是在竞争模式中，也容易出现投机取巧和非法行为，甚至可能出现购买成本高于政府生产的情况；谈判模式适用于供应商较少的领域，能包容不确定性和复杂性，但可能出现政府主导谈判、内幕交易、关注过程而非结果、不透明等问题；合作则是一种基于相互信任，以竞争或谈判模式形成的购买关系为基础的政府购买模式，它能够发挥供应方的优势，能够实现政府与社会合作谋求长远利益的目的；但是，却隐含着双方由合同关系转化为依赖关系，甚至政府将受制于供应商的风险。

王名（2008）针对我国公共服务购买模式分析了各种购买模式存在的问题，他认为："依赖关系非竞争购买实际上侵害了政府购买的内涵与原则，因为这种购买关系中社会组织依赖政府，活动受制于政府，评估形式化，没有真正的法律责任，一些根本不属于政府职责范围的服务，政府也用购买的方式向社会提供服务。部门利益不断扩张，政府权力延伸至私人领域；独立关系非竞争购买一般是政府主导、骨干推动，以定向委托的方式进行，合同通常不是量化与具体化的，甚至连购买的经费也不能确定，因为购买内容时常变动，这种购买事实上是政府职能外包，而不是具体任务的外包；独立关系竞争性购买中，政府系统与非政府组织之间的合作基础薄弱，政府对民间组织缺乏信任，民间组织也缺乏公信力，购买协议对政府的约束力不强，面对强大的政府及与政府合作的利益诱惑，一些组织并没有完全保持自己的宗旨和坚守组织的专业优势。"周俊（2010）认为政府购买公共服务的经济效率仍待检验，同时存在缺乏竞争、机会主义、供应商垄断等风险。政府购买公共服务中应建立基于责任的风险防范框架，政府和供应商应分别加强合同管理和内部控制能力，公民应充分履行参与和监督权利。我国政府购买公共服务应尽快出台法律法规或规范性文件对其进行规制，同时发展政府购买公共服务所需的组织和社会环境。

（四）文献综述小结

通过文献综述可知，我国政府购买公共服务尚处初级阶段，且主要集中于经济较为发达的东部沿海地区，以向社会组织和民间组织购买养老、社区等方面的服务为主，而这些领域的服务购买只是政府公共服务购买中的一小部分，所占比例并不高。由于对政府购买农业社会化服务的基层探索刚刚开始，相关研究较少，且没有形成体系。要进一步研究政府在农业社会化服务购买领域的内涵和具体操作模式，则需要不断地总结西方和我国成功的购买实践经验，并结合我国国情农情，从理论和实践上实现新的突破。

二、政府购买农业社会化服务的供给机制与实现形式

调研情况表明，政府购买农业社会化服务在很多地方还停留在概念阶段，有关部门尚未形成系统的想法；有的地区在构建现代农业经营体系的过程中，对农业社会化服务体系建设给予了充分的重视，政府通过非竞争性购买、竞争性购买、直接资助、政府补贴等方式，形成了一些地方实践。

（一）非竞争性购买

非竞争性购买也称为公办私助。这种模式的买卖双方是独立的法人主体，二者形成契约关系，

但服务的提供是以委托方式进行的。这种非竞争性购买模式的优点是借鉴了市场机制，改变以往单纯依靠政府投入和补贴的方式，有助于提高公共服务效率，降低公共服务成本；缺点是缺少竞争和透明，服务买卖难以监控。

（二）竞争性购买

竞争性购买，应具备四个条件，包括合同双方是两个独立决策的主体、有明确的服务购买目标、有可选择性的竞争市场和公开的竞标程序。由政府部门通过招标的方式选择提供服务的私人部门或非营利组织，并与之签订合同，中标的私人部门或非营利组织提供相应的服务项目，从而实现政府成本最小化、收益最大化的目的。这种竞争性购买具有以下优点：一是发挥了民间组织自身优势，提高了服务的质量；二是有了成本约束机制，提高了服务效率；三通过公开透明的招标，有效地防止腐败，降低政府购买成本。可以预见，随着民间服务机构的壮大，政府以竞争性购买方式提供公共服务将是今后的发展方向。

【实例1】竞争性购买农业社会化服务案例

安徽省是农业部经管司与国务院综改办共同选定的农业社会化服务试点省，该省择定5县1场作为先行试点。以凤台县和霍邱县为例：

凤台县择优选择20个有经营资质、有服务手段、有服务规模的农民专业合作社，明确服务内容，制定服务标准，确定补贴金额，规范购买程序，提供统一供应良种（每亩补10元）、统一测土配方施肥（每亩小麦、水稻各补10元）、统一机械耕地（每亩小麦、水稻各补10元）、统一机械条播（每亩小麦补15元）、统一机械开沟（每亩小麦补5元）、统一机械插秧（每亩水稻补40元）、统一农作物病虫害防治（每亩小麦补15元、水稻补25元）、统一机械收割（每亩小麦、水稻各补10元）、统一订单收购（每亩按小麦400公斤、水稻500公斤补30元）、统一技术指导“十统一服务”。稻麦两季每亩总计补贴200元，约占服务成本的21.4%，总计补贴5万亩。

购买服务程序：公布管理办法→主体自主申报→乡镇政府推荐→组织考核评审→签订服务合同→指导监管验收→公示服务绩效→按季兑现补贴。主管部门：县农委。

霍邱县通过网上征集，公开遴选规模大、实力强、信用好的荃润丰农业科技公司、天禾农业公司，作为承担全县农业生产全程社会化服务试点企业，与7个乡镇、37个行政村、310户农民签订了小麦生产社会化服务合同，服务面积5.8万亩，包括小麦的犁、耙、播种、机开沟和配方施肥、病虫草害防治、收割、烘干8个环节，每个环节补贴实际费用的25%左右。补贴资金500万元。支持原则：政策公开，自愿选择；集中连片，推广科技；限价收费，差额补贴。同时对补贴范围和对象、主体申报和审批、资金拨付和管理、检查验收和监督予以明确。执行单位：县财政局会同县农委。

（三）直接资助

直接资助是政府选择特定的能够提供公共服务的私人部门或非营利组织并给予其资助的方式。直接资助既可以是经费资助，也可以是实物资助，或者是优惠政策扶持，如政府对私人部门或非营利组织，给予开办费、土地无偿使用、减免税收等优惠政策。直接资助模式使政府在不增加固定资产投入的情况下，通过将购买服务的费用转移支付到资助项目上，实现了公共产品的产出，同时改变了政府单一供给公共服务的方式，促进了公共服务供给的社会化发展。

【实例 2】直接资助型购买农业社会化服务案例

山东省齐河县采取政府购买服务的方式，大力扶持和培植规范的社会化服务组织，在农业项目集中整合、技术人才跟踪服务等方面，进行集中打造。特别是对重点打造的山东齐×新农业服务有限公司，在技术人才和项目资金上给予了大力倾斜。2013 年 8 月份，以政府购买服务的方式，依托该公司，对玉米病虫害进行防治，实行了该县 20 万亩粮食高产创建核心区统一飞防，效果非常明显。齐×公司以其雄厚的实力、优良的服务、良好的信誉，获得了“农业全过程社会化服务试点县”作业权，作业总面积达 46 万亩，政府投入财政资金 500 万元，公司自筹 580 万元，实现了财政资金使用效益的最大化。2014 年 5 月 1 日开始，出动农用直升机两架，对祝阿、焦庙、刘桥等乡镇的 15 万亩小麦实施“一喷三防”作业。群众十分满意，社会效益非常明显。目前，齐×新农业服务公司已成为江北最大的社会化服务企业。

（四）政府补贴

政府补贴方式是政府不提供服务，而是向有资格的服务对象按照一定的标准直接提供补贴，从而达到间接购买服务的目的。

【实例 3】政府补贴式购买农业社会化服务案例

2010 年年底，江苏省张家港市出台文件提出，要通过 3~5 年的努力，基本建立统一配送、统一标识、统一价格、统一服务的全市农药集中配送体系。近年来，当地做了系列具体探索和制度建设。

首先，成立“农药集中配送联席会议”，由市政府办牵头，农委、供销合作社、财政局、监察局等众多单位参与，负责决策农药集中配送的有关政策和方法、负责农药招标采购、决定补贴办法、委托配送中心等。随后成立的“张家港市农药集中配送招标小组”，专门负责农药招标、采购全过程的审批、管理和监督。

按照程序，当地农委根据病虫害预测，于每年初提出当年农药主推目录、品种、规格，主推品种符合一是生物农药优先、二是确保主推低毒高效化学农药、三是同类型品种价格低的品种优先等原则，杜绝高毒高残留农药。

其次，在张家港市农业网上公布，由相关农药生产厂商提出申请，并提供资质证明和相关农药的登记证，经市农药集中配送招标小组审定后由市农委备案。

最后，实行农药“零差价”集中配送。由农药配送中心从厂方采购农药，在不加任何费用的情况下，直接配送到农民手里。采购农药的厂家必须是全省最低价，这个价格需接受农民的监督和举报。配送中心及配送点的利润则由市镇两级财政负担，结算办法规定财政补贴经销商利润为农药总经销金额的 18%，其中市镇两级财政各负担 50%。张家港市供销总社则负责监督受托农药批发企业搞好农药采购、配送工作，并监督全市各配送网点做好服务工作。

三、政府购买农业社会化服务存在的主要问题

（一）政策目标与实际效果存在偏差

从理论上讲，政府购买农业社会化服务，应该将购买领域定位于公益性服务领域。农业生产经营中纯粹的公益性服务应该是那些市场主体不愿意参与或是通过个体力量无法提供的、具有明显的正外部性的领域。这些领域的投资或是服务只有积公众之力的财政资金才能够提供，如农机推广、

良种繁育、农田水利、田间道路修建等。然而，从当前的基层实践来看，很多通过政府购买来支持的社会化服务，都不是纯粹的公益性服务，这些领域在政府财政资金介入之前，都有相应的市场主体在提供相关服务，例如，统防统治、机耕、机插、机收等服务项目，均有专业化的服务队或是合作社参与进来，如此一来，政府再介入这些领域，财政资金的实际效果就变成了政府扶持这些市场化服务主体发展壮大，而不是提供公益性的社会化服务。尽管对农业社会化服务体系的发展和规模经营主体起到了一定的积极作用，但真正的公益性服务领域却没有实现政府财政资金购买服务应该起到的"四两拨千斤"的作用，政策效果和目标指向出现了偏差。

（二）社会化服务供给主体内在动力缺乏

从本质上说，目前各地政府实行的农业社会化服务购买业务都是为了发挥财政资金的杠杆作用，通过补贴提供服务的市场主体，撬动社会资金，共同为农业生产经营提供专业化的服务。然而，从调研情况来看，如果没有政府的补贴资金，一些市场主体根本不会涉足农业社会化服务领域，安徽省合肥市庐江县同大现代农业科技园王总经理告诉我们，目前公司成为财政部实施的全程农业社会化服务试点单位，公司为农户或规模经营主体提供包括机插、机耕、机收、统防统治等在内的全程农业社会化服务，相当于农户将土地交给公司托管，公司每年每亩地向农户收取服务费用738元，加上政府补贴的每亩150元，公司实行农业全程社会化服务的收益为888元，与成本相比，处于微利的状态。如果没有政府的补贴，公司从事此项业务则会亏本。王经理说，公司成为该项目的试点单位后才开始涉足为其他农业生产经营主体提供社会化服务领域，在此之前并没有考虑这块业务。

（三）服务内容有待完善和规范

目前承担政府购买服务项目的主体为新型农业经营主体及农户提供了很多便捷服务，但需要加强和规范的环节还较多。如机耕机收服务需要重点发展的环节是机收秸秆粉碎还田，而机收秸秆还田每亩成本增加50元左右，农户大多不愿意承担，机收组织还需要增加设备，但从环境保护和能源利用角度来看，实施机收秸秆粉碎还田还十分必要。植保统防统治的需求大，但目前还没有统一的服务质量标准，导致纠纷调处难。工厂化育秧投入大，一座建设面积20亩左右的育秧工厂需要投入近百万元，且收益慢，是社会化服务的难点环节，当前服务能力与发展需求差距明显。此外，农资和人工成本不断上涨，服务组织在开展服务中成本增加、收费抬高，而粮食生产比较效益相对偏低，农户对市场服务的心理承受价位较低，从而制约了社会化服务的发展。

（四）操作执行环节瓶颈较多

由于农业社会化服务涉及的范围广，服务内容、服务标准和服务效果又很难界定，没有成熟的模式可供借鉴。因此，以政府购买服务的方式推行农业社会化服务的执行难度较大，特别是在公益性服务领域，执行起来更是面临目标和行为不一致的地方，财政资金的支持有限也是重要原因。例如，安徽省庐江县在探索政府购买服务方面开展了一些尝试，创新了动物防疫"四定一统一"承包，即定防区、定任务、定目标、定报酬、统一技术服务，将动物防疫任务通过市场化运作的方式，公开向社会上具有动物防疫资质的人员发包，实行政府购买服务，但防疫员报酬低，工作积极性很难得到较大提高。

四、政府购买农业社会化服务的国际经验

国外政府购买公共服务的模式和案例较为成熟，具体的模式则根据各国的政治、经济体制和文

化传统的特点而有所差异。

（一）美国经验及启示

美国政府关于公共产品和服务采购的历史比较悠久。早在1861年，美国政府就通过一项联邦法案，规定超过一定金额的联邦政府采购，必须采用公开招标的程序，并以统一的单据和格式实行规范化操作管理。实行招标制度的目的是保证政府采购透明、有效和经济节省，政府采购部门及其官员的行为受到有关机构的监督。

为了加强对企业信息的掌握，美国政府规定，凡有意向政府部门提供货物或服务的企业，一般应向有关部门提出申请、注册。政府采购部门对企业按照国家标准局所定标准审查有关项目、索要相关资料，通过分析、评估，对合格企业进行归类和归档，公布合格供应商名单。这样做一方面便于建立供应商信息档案；另一方面，可以提前完成对符合政府采购的供应商资格的预审。

1. 美国政府购买服务的特点

（1）完善法制，依法行事

美国有关政府采购的法律法规已相当完备和严密，形成了以法律（法案、法令）、规章制度、行政和司法三个部分组成的制度体系。美国国会和有关部门制定了大约500种政府采购法规，其中《联邦政府采办法案》和《联邦政府采购条例》是政府采购法规体系的核心，统一规范了政府各机构的采购政策、标准、程序和方法。该法规体系不仅对政府采购的社会经济目的、采购人与纳税人的关系、采购组织形式进行了界定，而且对采购的合同形式、不同采购方式的适用性、操作步骤、采购商品目录等工作细节进行了规范，是政府采购部门和供货商共同遵守的准则。

（2）实施透明化运作，取信于民

美国政府采购制度利用合理的商业竞争规则及财政等手段，不断追求制度的创新与完美，坚持公正与透明的原则，为企业发展创造了众多的机会，并且对促进企业持续发展起到良好作用。美国传统的优先采购方式是密封招标方式，1984年后开始向多种竞争招标方式和竞争性谈判方式发展。但无论采用什么样的方式，无论多大的金额，都必须按照一定的步骤进行，一个完整的项目采购过程包括合同形成阶段和合同管理阶段，共10个程序。规范、透明的采购程序与方式有利于供应商之间的公平竞争，节省了信息成本，同时也降低了监督成本。

（3）高度维护采购信誉，提升非政府组织合作意愿

长期以来，美国政府对公共部门的补贴一直居高不下，财政负担沉重。为此，政府决心“以私补公”，即通过立法的形式保护和促进私营部门尤其是非政府组织进入公共服务领域，以优胜劣汰的竞争机制调动全社会的力量参与到公共服务的供给中来，最终实现提高公共服务质量、降低公共服务成本、减轻财政负担的目标。

美国政府购买服务采用了许多方式，其中最主要的是合同出租和公私合作。在美国的地方政府中，公共服务的合同承包极为普遍，从道路修建到监狱管理，再到图书馆运营、治安消防、垃圾收集、救护服务、咨询服务、数据处理、娱乐服务、路灯维修、街道维护等，地方政府的每一个职能都可能成为签约外包给各类非政府组织的标的。

（4）实行商业化运作，杜绝腐败

《合同竞争法案》明确指出，公平竞争是美国政府采购制度的基石，各级政府可以一次与不同的签约对象签订多项内容相同的合同，然后通过具体的“讨一件订单”，使不同的签约对象之间相互展

开竞争。政府和卖方在市场上是地位平等的交易双方，可以为了各自的利益进行“讨价还价”，如果双方不能达成交易协议，卖方没有任何义务根据特殊条件向政府销售商品和服务。如果政府想从签约方得到优惠的签约条件和采购价格，就必须不断提高自己的购买能力。可见，在政府采购过程中，政府和供应商之间完全是一种商业关系，双方的行为都是以利益为基准。通过这种商业化运作，有利于提高美国企业的竞争能力，为以后参与国际竞争奠定基础。在政府采购招标结束后，任何认为自己受到不公平、不公正待遇的供应商均可提出申诉，维护自己的权益。以上措施保证了政府采购的公正性和透明性，同时有效遏制了采购中腐败行为的发生。

（5）严格执行财政预算

美国所有政府部门的运行经费必须纳入预算，纳入预算的所有货物、服务和工程均需实行政府集中采购。通常情况下，没有预算不允许采购，也不允许超预算采购，更不允许挪用预算资金。美国联邦会计总署（GAO）履行政府预算支出和政府采购监督管理职能。根据美国宪法，GAO 有权力处理国家支出情况，并对政府采购活动实施监督。GAO 负责对行政机关的采购计划进行评估并提出建议，可以获取所有的政府采购文件，对政府采购项目进行审计。此外，GAO 还是受理供应商投诉的权威机构。

（6）实现信息化管理，提高效率

GSA 除了向联邦机构提供采购供应服务外，还负责联邦采购信息管理。主要是建立、更新、维护联邦商机信息系统和联邦采购数据系统。商机信息、系统一方面发布有关采购信息公告，让广大供应商了解政府采购规则和需求信息；另一方面与联邦技术中心（全国有 93 个办事处）联网，让政府部门通过庞大的供应商和商品信息库了解市场。联邦采购数据系统记录了每一单采购结果，除了政府采购信息统计和分析功能外，该系统还能起到辅助动产管理及审核有关动产预算的作用，可以根据上一年的经验数据推算下一年度的采购计划。

（7）鼓励中小企业、少数民族及弱势群体参与政府购买服务

美国州及地方政府的采购更加偏爱中小企业，尤其是优先考虑少数民族、妇女等设立的中小企业。通过一系列优惠计划鼓励他们参与政府采购。这个优惠计划各地方均不一样，总体上看，无非存在三个方面的优惠：一是在政府采购的报价和信息披露方面，为中小企业降低竞争门槛，扩大信息网络和提供社会化服务；二是尽量降低政府采购项目的标的，充分发挥中小企业规模小但很灵活的特点；三是制定面向中小企业的政府采购目标。新泽西州曾经对供应商做过一个调查。发现小企业愿意占有 7% 的政府采购份额，而当时州政府采购中来自小企业的份额只有 1.5%。所以，在次年的政府采购计划中，政府就专门制定了一个目标，即规定政府采购支出的 7%，必须支付给中小企业的供应商。

2. 美国经验对我国的启示

（1）建立完善的法律体系

美国的政府购买服务建立在完善的法律框架之上，用一整套全面有效的法律体系保障了购买服务的规范运行，使得财政资金能够有效利用，取之于民，用之于民，并得到民众的广泛监督。

（2）充分发挥政府购买服务在促进社会公平方面的作用

美国政府购买服务对弱势群体建立的中小企业所采取的一系列扶持政策，在提高政府运营效率之外发挥了更深层次的促进社会公平的作用，这是值得我国政府借鉴的一个重要方面。过去的几十年中，我国政府在提高全民生活水平方面取得了非常大的成效，通过政府购买服务提高政府服务社

会效率的同时兼顾社会公平，无疑能增强政府的公信力。

（二）英国经验及启示

1. 英国政府购买服务的特点

（1）政府立法和政策引导的政府购买服务

自撒切尔政府推行政府购买服务以来，英国一直注重政府购买服务的立法和政策制定，如1980年的《地方政府计划与土地法》，规定地方政府必须将建筑物和高速公路的修建和维护以竞争性投标方式承包给私营企业。此后，强制的竞争性投标适用范围被扩大，如公共汽车运输、地方政府辖下的一揽子密集型服务项目（包括学校膳食、垃圾收集、街道清扫）等。1991年11月，梅杰政府发布了《竞争求质量》白皮书，强调引入竞争机制提高公共服务的水平和质量。对公共服务究竟是由政府部门提供还由私营机构提供可以由“市场检验”；由私营机构提供的服务，必须采用“竞争招标”：在某些指定的服务领域，地方政府必须实行竞争招标；对于必须由政府提供的公共服务，打破地域限制，在公共机构之间展开竞争，让公民拥有选择权。1998年，《教育改革法案》将购买服务引入教育机构。2005年1月生效的《信息自由法案》设立了信息专员一职，推广公共服务提供机构的信息。

（2）构建多层次的政府购买服务管理体制

从撒切尔政府开始，英国政府开始从公共服务直接生产者的角色中淡出。布莱尔政府进一步强调政府应承担公共服务规范和制度制定者的责任。2001年，而J莱尔政府设立了公共服务改革办公室，与公共服务决策部门、执行部门共同开展工作；相关部委制定购买服务政策，下设具体的部门执行。同时，实行了中央与地方实行“分治”，使地方政府拥有了更多的公共服务决策权。在社会层面，独立顾问团、专业消费者组织和行业自律协会在完善公共服务社会管理体系，保护消费者利益方面也发挥了重要的作用。这样就形成了中央政府制定规划、各级政府部门具体执行和社会团体予以辅助的政府服务购买管理体制。

（3）采用多种合同形式

目前，英国政府部门都采用签订合同来购买服务，因为服务的性质不尽相同，合同的形式也有很多种。如地方政府的密集型劳务购买合同，规模较大、格式规范、细节详尽，有周密的收费表，事前确定好价格以及浮动的上下限；医疗、文娱、房屋管理、社会福利等专业服务的购买，则采用金额固定、数量不固定，价格和数量固定，以及个案合同等。

（4）注重绩效评估和责任

绩效评估一直是英国政府购买服务的重要组成部分，英国政府建立了比较完善的绩效评估与改进战略机制，引进“地方公共服务协议”和“全面质量评估”强化价值评估，提高绩效评估的奖励力度和惩罚力度。同时，英国在政府部门中大力开展能力建设，要求每个部门和每个公务人员了解自己在公共服务购买中所需要承担的职责。中央和地方各政府部门每年都要发布“公共服务协议”，公共服务协议明确当年服务的目的、对象和业绩目标，以及谁为实现这些目标而负责，每年向公众和议会发表工作报告，等等。其目的是改善公共服务，强化政府部门的责任感。

（5）注重听取社会的意见

在英国政府推行的公共服务购买中，政府积极寻求公民的参与，注意听取民众的反馈意见，从而对政府购买服务的政策和措施加以改正。政府要求公共服务部门要“弄清客户是谁和他们要什么”，“围绕客户经营业务，制定策略、业绩衡量手段和制度”，“处理与客户的关系”和“利用客户关系实现目标”。政府建立了由行政管理人员，专家学者，来自社区、非政府和商业机构的工作人员构成的 200 多人的特别工作组、顾问组和政策检查组，对政府购买公共服务提供咨询和反馈意见；民众不仅可以更加自由地获得社会公共服务的相关信息，而且成为公共服务的重要评价者。

2. 英国经验对我国的启示

（1）建立健全政府购买服务的法律法规和政策体系

在公共服务的供给过程中，政府的作用不可或缺。政府要建立并完善购买服务的法律法规和政策体系，对公共服务生产、供给过程中涉及的主体进行必要的规范和制约，以引导政府购买服务实践的有序进行，维护公平竞争的秩序，防止形成垄断，促进公共服务质量的提高和供给的公平性。

（2）政府购买服务必须注重公平与效率

在公共服务领域，公平与效率二者不可偏废。传统的公共服务政府垄断供给的模式尽管体现了社会公平，却是以牺牲效率为代价的，缺乏可持续性；市场垄断供给的模式，过分强调效率，却会引发严重的社会不公。因此，政府公共服务必须在处理好公平与效率的关系上进行不断探索，既要利用市场机制提升效率，又要运用政府的力量保障基本的公共服务，促进公平与效率的统一。

（3）多元化供给是政府购买服务的发展趋势

从英国公共服务购买的实践来看，公共服务供给主体多元化趋势越来越明显。政府、非政府组织、企业等都发挥着重要的作用。市场供给、社会组织供给与政府供给相辅相成，多种力量合作来实现公共服务的生产和供给，共同提高公共服务质量和水平。

（4）政府与社会合力推动政府购买服务

政府要和社会合力推进政府购买服务，给个人、私营机构或社会团体提供进入公共服务领域的机会。要建立政府决策与公众沟通反馈的渠道，重视公众对公共服务的反映，采纳公众对改革方案的意见，及时调整政府购买服务的方针政策和具体措施，政府和社会合作推动政府购买服务。

（三）日本政府购买服务特点及对我国启示

1. 政府购买服务的特点

（1）政府购买服务立法先行

日本政府购买服务的历程虽然比较短暂，但是日本政府在公共服务购买的进程中始终坚持立法为先导的原则。政府在启动购买服务改革之前，进行了充分的科学法律论证，全面考虑到改革中可能遇到的问题及对策，然后起草法案。各法案相互补充，《关于通过竞争改革公共服务的法律》明确了政府购买服务的基本原则；《会计法》及相关法规规定了中央政府有关的购买服务程序；《地方自治法》及相关法规规定了与地方政府有关的购买服务程序，从而形成了关于政府购买服务的较为完备的法制框架。

（2）政府购买服务的政策具有连续性

日本政府购买服务进程随着日本规制改革的发展逐步深化，从一开始的试验项目，到正式实施，再到全面展开，内阁几经变换，但是通过开展政府购买服务来提高公共服务的质量、削减公共服务成本、扩大民间企业商机的这一理念始终贯穿于日本各届政府规制改革路线中。每一任政府的购买服务政策既是对前任政府政策的超越和扬弃，又有对其中合理要素的继承，这在很大程度上保证了日本政府购买服务改革的顺利进行。

（3）政府购买服务与 WTO 原则挂钩

日本是 WTO《政府采购协议》的签字国之一，除地方政府的购买服务外，中央政府机构和其他机构有关政府购买的服务都与WTO《政府采购协议》相一致。在政府购买服务领域，日本政府一直执行的是以“公开招标”为基础的非歧视性政策，采用公平、公开、透明的政府购买程序，任何服务供应商都没有特权或受到地方保护。日本政府自愿承担了比《政府采购协议》所要求的更多的义务。

（4）政府和社会合力推进政府购买服务

日本在政府购买服务进程中，非常注意政府和民间力量的结合。作为政府购买服务的指导机关，官民竞争监理委员会成员都是来自民间的企业家、经济学家等；任何政府购买项目都会在相应的地方进行广而告之，公开募集民间的反馈意见，按照反馈及时调整行动。

（5）政府与市场相辅相成

日本政府购买服务的原则是“官民竞争”，“扩大民间的商机”，日本政府改革强调要引入竞争机制，不是完全将公共服务推向市场，而是有目的地引入市场成分，主要是在政府垄断之外允许私人企业进入公共服务领域。在具体操作中，政府并没有从公共服务事业中脱身，而是继续投入和支持公共服务事业；而获得公共服务购买合同的私人企业，同样可获得政府的投入和支持。政府保留了很强的干预能力，如果政府监督发现一个失败的服务，它可采取诸如重新实施或关闭失灵的服务机构等措施。

2. 日本经验对我国的启示

（1）建立和完善政府购买服务的法律法规体系

政府购买服务的发展与相应的法制环境密切相关。政府要建立购买服务的法律法规体系，引导政府购买服务规范发展；要努力探索监督管理机制，建立一详细、配套的监督办法和检查机制，实现政府购买服务的健康发展。政府购买服务项目要坚持政府监督，严格年度检查，设定管理目标和管理重点，开展绩效评估和公信度调查，设立奖惩标准，把检查与奖惩结合起来。完善的法律法规以使政府购买服务的实施合理有据，最大限度地降低因法律缺失而导致的公共服务成本的上升。

（2）制定稳定可调的政府购买服务政策

政府购买服务政策要保持连续性和稳定性，就应充分考虑与原有政策的衔接或过渡，避免朝令夕改；同时必须随环境的变化而做出相应的调整与变动。因此，政府购买服务可先在较小的范围内试验，再循序渐进，逐步扩大改革的力度和范围，这样可以避免公共服务供给的大起大落，使其变成按一定先后顺序事件构成的连续过程。

（3）规范政府购买服务流程

为确保政府购买服务的顺利进行，政府必须明确购买服务的流程。首先，要出台政府购买服务制度，确立委托服务项目和标准、专业评估机构、公益认证部门、公示和公告媒体、问责与责任追究的执法机关；其次，社会组织、企业、民间相关人士应有机会参与政府购买项目的论证、评估，表达利益诉求，政府应认真听取民间的反馈意见，并据此来修正政策；最后，各种社会组织和企业应该以适度竞争的方式获得提供公共服务的机会。

（4）发挥政府主导作用，大力推进公共服务供给的多元化

在政府购买服务的改革中，政府占据主导地位，承担着公共服务安排者的角色，要对公共服务进行科学的规划和设计，对公共服务的提供者进行管理和监督，以保证公共服务的数量和质量。在此基础上，政府要制定切实可行的措施，将原来直接提供的部分公共服务逐步转移给市场或社会组织，并与企业、社会组织在公共服务的供给上形成相互合作、相互补充、相互竞争的关系，共同提

高公共服务质量。

第4节 “十三五”期间完善新型农业社会化服务体系的政策建议

中共十七届三中全会和2013年中央一号文件为新时期农业社会化服务体系建设指明了方向，就是要按照建设现代农业的要求，建立覆盖全程、综合配套、便捷高效的服务体系，形成多层次、多形式、多主体、多样化的农业社会化服务格局，为进一步推进我国现代农业的发展服务。因此，要在构建新型农业经营体系过程中，同步推进新型农业社会化服务体系，要坚持主体多元化、服务专业化、运行市场化的方向，促进公益性服务和市场性服务相结合、专项服务与综合服务相协调，强化公共服务组织建设，大力扶持经营性服务组织发展，以专业农户为主要服务对象，以新型农业经营主体为重点扶持对象，通过机制创新、主体培育、领域拓展和区域协调，促进农业社会化服务全面快速发展，形成公共性服务、合作型服务、市场化服务有机结合、整体协调、全面发展的新型农业社会化服务体系。

一、明确构建新型农业社会化服务体系的思路和原则

深刻领会十八大以来农业农村改革的总方针，明确构建新型农业社会化服务体系的重大战略意义和思路原则。在服务性质上，农业社会化服务兼具公共品与私人品的经济学特征要求公益性服务与经营性服务并举。在服务内容上，农业发展方式的转型要求在强化技术指导与培训、生产资料供应、农产品销售等传统服务的基础上全面拓展包括仓储物流、品牌宣传、电子商务、金融借贷等多方面服务。在服务主体上，多种新型经营主体的涌现要求在强化政府机构、涉农企业等传统服务主体的基础上强化新型经营主体的服务功能，重点扶持农民合作社、农村经纪人、专业化服务机构等新型服务主体。为此，“十三五”时期务必要在构建新型农业经营体系过程中同步推进新型农业社会化服务体系建设，坚持主体多元化、服务专业化、运行市场化的方向，促进公益性服务和经营性服务相结合、专项服务与综合服务相协调，强化公共服务组织建设，大力扶持经营性服务组织发展，以专业农户为主要服务对象，以新型农业经营主体为重点扶持对象，通过机制创新、主体培育、领域拓展和区域协调，促进农业社会化服务全面快速发展，形成公共性服务、合作型服务、市场化服务有机结合、整体协调、全面发展的新型农业社会化服务体系。

二、加大新型农业社会化服务体系的政策设计和资金投入

一方面，完善公益性服务体系，加强农业公共服务能力建设。一是要整合为农服务资源。在体制建设上，要加强政府主体地位，打破部门、领域、行业界限。中央政府应致力于农业科技创新体系、农业技术推广体系等基础制度建设工作，致力于联结政府、教育、科研、企业等多主体协作机制完善工作以及国家政策落实的监督管理工作。地方政府应该建立熟悉当地农情的基层农业综合服务队伍，巩固乡镇涉农公共服务机构基础条件建设成果。建议农技推广、动植物防疫、农产品质量安全监管等公共服务机构率先围绕发展农业适度规模经营拓展服务开展试点。二是加强农口以外涉农力量的参与。积极改革供销社、金融机构、村级集体经济组织、科研院所等传统服务主体的体制机制，创新现代社会化服务方式和新型农业服务业态，形成以农业部门为主、其他部门配合，合力

提供基础性、公益性社会化服务的局面。建议以县为单位开展农业社会化服务示范创建活动。三是要增加政府购买公益性农业服务的投入预算。建议开展政府购买农业公益性服务试点，鼓励向经营性服务组织购买易监管、可量化的公益性服务。研究制定政府购买农业公益性服务的指导性目录，建立健全购买服务的标准合同、规范程序和监督机制。

另一方面，扶持经营性服务组织发展，形成多元竞争的服务格局。一是要支持龙头企业开展农业科技创新。通过国家科技计划和专项等支持龙头企业开展农产品加工关键和共性技术研发，将龙头企业作为农业技术推广项目重要的实施主体，承担相应创新和推广项目，鼓励龙头企业通过生产、加工、销售一体化经营，以多种方式开展为农服务，并在服务过程中建立双方紧密的利益联结机制。二是培育壮大农民专业合作社专业技术协会、农机服务组织、专业服务公司等经营组织，重点解决该类主体内部物质资本、人力资本匮乏问题，提高市场竞争力，提升农机作业、技术培训、农资配送、产品营销等专业化服务能力。三是要加大对家庭农场、种养能手、农机服务户、农村经纪人和其他类型能工巧匠等农村各类专业户的培育力度。这些服务主体具有贴近农民、了解农村、成本低廉、持续性强等特点，能够适应农业生产的社会化、专业化方向发展，在社会化服务体系中发挥生力军作用。与我国农业社会化服务的现实需求相比，这些经营性组织还存在数量较少、覆盖面小、服务能力不强等问题。因此，需要对经营性服务组织从政策、税收、资金等方面加大扶持力度，创新政府购买服务模式，鼓励支持经营性服务组织积极参与公益性服务。在培育新型服务主体的过程中，还必须继续稳定队伍、转换机制，强化公益性服务机构建设，积极改造供销社、信用社、村级集体经济组织、科研院所等传统服务主体，创新现代社会化服务方式和新型农业服务业态，培育多元化、社会化服务主体，构建以农业部门为主，其他部门配合，形成合力提供基础性、公益性社会化服务，以农民专业合作社、龙头企业为骨干，大专院校、科研院所为基础，其他类型的机构为补充的多元化社会服务新格局。

三、提高农业社会化服务的瞄准度和有效性

加大新型农业社会化服务体系建设投入的同时，需要有更高的瞄准度和有效性相配合。一是要提高政府部门公益性服务的准确性。改变目前公益性服务机构以技术服务为主的单一服务方式，加快向信息、营销、资金、创业支持等“全方位”服务领域拓展，加快从“一对多”的广普性服务向“一对一”的重点服务转变，注重传播现代科技知识、市场信息、管理理念，促进农民经营方式、发展理念的转变，使农业社会化服务从关注农业生产力提高转变为更加关注农业经营支持，从关注生产环节转变为更加关注产业链的延长和衔接。二是要优化农业社会化服务市场管理。以市场化为主导，充分发挥各类服务主体的比较优势和服务特色，建立“有进有退”的社会化服务市场机制，在满足多层次服务需求的同时，实现服务资源优化配置。建议针对经营性农业社会化服务组织或个人开展示范评选活动。三是要推动单个服务主体提供多样化服务的同时增强多个服务主体的协调性。重点利用各种经营性服务组织，积极发展良种种苗繁育、统防统治、测土配方施肥、粪污集中处理等农业生产性服务业，大力发展农产品电子商务等现代流通服务业，支持建设粮食烘干、农机场库棚和仓储物流等配套基础设施。积极推广既不改变农户承包关系，又保证地有人种的托管服务模式，鼓励种粮大户、农机大户和农机合作社开展全程托管或主要生产环节托管，实现统一耕作，规模化生产。四是要建立农业社会化化服务的信息反馈和评价机制。加强服务供需双方的互动交流，使广大农户更加充分地参与分享社会化服务的成果。建议试点在公共服务体系中应设置专职人员，负责

科研、教育、行政、企业和经营性服务组织等机构之间的沟通，反馈各方的需求与供给信息，促进农业社会化服务、人才教育、政策资源与生产实践之间的互动协作。

四、强化农业社会化服务的基层供给和区域均衡

提高农业社会化服务的基层自服务能力与区域协调性是构建新型农业社会化服务体系的两个重要层次。一是要在资金、信贷和税收上加大对村集体的扶持。加快完善农村“三资”管理制度，发展壮大村级集体经济，使村集体具备公共服务的能力。提高农民组织化水平，保障农户的生产经营决策权，使村集体或有村集体领办的合作组织成为维护农民利益的有效组织载体，防止龙头企业联合相关机构形成侵害农户的利益联盟。二是要根据区域农业社会化服务特点确定村集体农业服务的角色与功能。建议在有条件的地区，试点建设乡村综合服务社或服务中心（平台），设置专门的动物防疫员、农业技术员、公共卫生员等村级公益服务员。三是要加强区域农业社会化服务能力建设。在充分发挥市场引导作用的基础上，赋予地方政府一定的自主权，形成区域间各具特色、优势互补、分工协作的农业社会化服务格局。鼓励农民合作社及其联合社等具有区域性辐射能力的经营主体发挥农业社会化服务功能。解决区域农业服务主体多、联结散、成本高、效果差的弊端，提高农业服务的综合效益。建议国家和有条件的地区抓紧制定“基准评价指标”和“地区差异指标”相结合的指标体系，尽快编制新型农业社会化服务体系建设规划。

五、加强农民对现代农业服务的接受动力和承接能力

农民对现代农业服务的接受动力的强弱和承接能力的高低是新型农业社会化服务体系建设的关键。一是提高农民对从事现代农业的吸引力。将推进农业转移人口市民化、城乡基本公共服务的完善同支农惠农政策和新型农业经营体系建设结合起来，提升农业的职业含金量，提高农民对从事现代农业的吸引力，促进农民对农业社会化服务的接受主动性。二是要重点开展职业农民教育培训。制定专门规划和政策，整合教育培训资源，改善农业职业学校和其他学校涉农专业办学条件，加快发展农业职业教育，大力发展现代农业远程教育。紧紧围绕主导产业开展农业技能和经营能力培养培训，扩大农村实用人才带头人示范培养培训规模，加大对专业大户、家庭农场经营者、农民合作社带头人、农业企业经营管理人员、农业社会化服务人员和返乡农民工的培养培训力度，把青年农民纳入国家实用人才培养计划。三是要探索建立公益性的农民培养培训制度。加快构建新型职业农民和农村实用人才培养、认定、扶持体系，为提高农民接受新型农业社会化服务的有效性提供制度保障。建议在条件成熟的地区率先开展新型职业农民培养认定与家庭农场、农民专业合作社注册挂钩试点。

参考文献：

[1] Boyne G A. Competitive Tendering In Local Government: A Review Of Theory And Evidence [J]. Public Administration, 1998, 76(4): 695-712.

[2] Bailey, Stephen J. Local Government Economics: Principles and Practice [M]. Basingstoke: Macmillan Press, 1999.

[3] Hodge G A. Privatization: An International Review of Performance [M]. New York: Westview Press, 2000.

[4] Johnston J M, Romzek B S. Contracting and Accountability in State Medicaid Reform: Rhetoric, Theories, and Reality [J]. Public Administration Review, 1999, 59(59): 383-399.

[5] Dehoog R H. Competition, Negotiation, or CooperationThree Models for Service Contracting [J]. Administration & Society, 1990, 22(3): 317-340.

[6] 乐园 . 公共服务购买:政府与民间组织的契约合作模式——以上海打浦桥社区文化服务中心为例 [J]. 中国非营利评论 , 2008(1): 143-160.

[7] 王名 , 乐园 . 中国民间组织参与公共服务购买的模式分析 [J]. 中共浙江省委党校学报 , 2008, 24(4): 5-13.

[8] 王浦劬 . 政府向社会组织购买公共服务研究 [M]. 北京：北京大学出版社 , 2010.

[9] 郑卫东 . 城市社区建设中的政府购买公共服务研究——以上海市为例 [J]. 云南财经大学学报 , 2011, 27(1): 153-160.

[10] 蔡礼强 . 中国民间组织报告 (2010-2011) [M]. 北京：社会科学文献出版社 , 2011: 65-127.

[11] 周俊 . 政府购买公共服务的风险及其防范 [J]. 中国行政管理 , 2010(6): 13-18.

第6章　技术创新与农业现代化

技术创新是推动农业长期增长的关键动力。增长理论清晰地表明了科技作为增长源泉的重要作用。从我国改革开放以来的实践表明，更具激励的制度变革和不断进步的农业科技是我国农业增长的两大源泉。从作用效果来看，根本性的制度变革能够在短期内发挥出很强的激励效应促进农业增长，而科技进步则可以持续不断地为经济增长提供强大的动力。相关研究表明自20世纪80年代中期以来，技术进步已经成为农业增长的主要动力。中国农业科研有很高的回报率，20世纪90年代以来科研投资的总经济收益大约相当于农业产值的1/3，中国农业的快速增长可以归功于农业科研投资、制度创新和市场改革。当前，随着我国人口数量的持续增加、农业市场化程度的不断提高以及居民消费结构的加快转型，耕地减少、水资源短缺、气候变化等对农业生产的约束日益突出，未来保障国家粮食安全和主要农产品供求平衡的压力更大。要有效应对这些挑战，必须深刻把握农业科技的新形势新任务，切实加快农业科技进步与创新，实现农业现代化。

当前，随着我国人口数量的持续增加、农业市场化程度的不断提高以及居民消费结构的加快转型，耕地减少、水资源短缺、气候变化等对农业生产的约束日益突出，农业发展面临的市场风险逐步加大，依靠资源扩张提高农产品产量并不现实，依靠增加化肥、农药的投入提高农业单产也难以为继。同时，由于近年来惠农政策的集中出台造成政策边际效应趋减，依靠投入和政策释放生产力的后续发展空间有限，未来保障国家粮食安全和主要农产品供求平衡的压力更大。要有效应对这些挑战，继续提高农业综合生产能力，必须深刻把握农业科技的新形势新任务，切实加快农业科技进步与创新，形成以科技拉动为主导、政策和投入拉动为补充的农业增长方式，着力提高土地产出率、资源利用率和劳动生产率。2012年中央一号文件指出："实现农业持续稳定发展、长期确保农产品有效供给，根本出路在科技。农业科技是确保国家粮食安全的基础支撑，是突破资源环境约束的必然选择，是加快现代农业建设的决定力量，具有显著的公共性、基础性、社会性。"然而，由于目前我国政府财力有限，短期内大幅增加农业科技投入有一定的难度，要依靠科技保障和提高农业综合生产能力，必须在坚持科技服务产业发展的大原则下，从实际出发，量力而行，合理确定农业科技发展的重点领域和关键环节，有序推进农业科技进步。

第 1 节　农业科技创新体系建设

一、我国农业科研的基本投入情况

从科研投入角度来看[1]，农业科研的公共部门承担了我国农业科研的绝大部分任务。不过，进入21 世纪以来，农业科研的非公部门投入迅速增长，非公部门逐渐成为我国农业科研的一支重要的力量。2000 年非公部门投入资金总量仅占农业科研投入资金的 1/10。到了 2014 年，非公部门的资金总量增长近 10 倍，至少占农业科研投入的 1/5 以上。在非公部门扣除政府投入，在公共部门中扣除非政府投资后计算可知，农业科研中非政府投入已经占政府投入的 1/4 左右，非公部门已经成为我国农业科研投资体系中的重要一环（表 6-1）。

表 6–1　两部门农业科研投入情况及比较

单位：万元

年份	非公部门投入(1)		投入总量(2)		比例	
	总量(a)	公司投入(b)	总量(c)	政府投入(d)	总量比(a/c)	投入比(b/d)
2000	46300	41323	498676	335116	9.3%	12.3%
2005	158217	143523	820182	699734	19.3%	20.5%
2010*	214600	—	1216400	—	—	—
2014*	347100	—	1799400	—	—	—
2015	161012	43505	1485688	1304616	10.8%	3.3%

资料来源：根据《中国科技统计年鉴》和农业部普查数据估算，投入金额均为现价。

注：（1）不包括农资与农产品粗加工行业；（2）2010和2014年根据相关数据估算。

具体来看，非公部门的农业科研投资表出两个特点：第一，科研投入增长快速。第二，投入偏向知识产权易于保护的领域。我国对农业科研部门的改革沿着改善农业科研的激励机制，增加农业科研投入的效率的方向进行，我国农业科研体系在以下三个方面取得了明显进步：

第一，农业科研投入总量增速加快，财政拨款占比逐年增加。我国农业科研投入呈现出很强的阶段性。1976—1985 年，农业科研经费年递增率曾高达 13.5%，然而 1985—1996 年，农业科研投入总量虽然增长近 3 倍，但是扣除物价因素后，农业科研投入年均增长率只有 2.5%。从 1995 年至 2012 年农业科研投入（包括农业、林业、畜牧业、渔业和农业服务业）逐步增加，由 42 亿元增长到 286.5 亿元（现价），增长了 12.7 倍，扣除物价因素后增长 5.3 倍。分阶段以不变价计算，1995—1999 年，农业科研投入年均增速为 2.7%；2000—2004 年，农业科研投入年均增速为 7.5%；2005—

[1] 除特别说明外，本文农业科研投入数据主要来自《中国科技统计年鉴》。《年鉴》中的科技投入的统计来源包括：研究与开发机构、企业、高等院校和其他部门。其中企业数据主要来自规模以上企业，中小企业科研投入存在一定误差。就本文研究目的而言，最大的问题是《年鉴》中并没有公布按行业和按部门的科技投入分类数据。因此，非公部门科研投入数据从以农业部普查数据为基础的相关论文和报告整理得到。此外，两组数据还存在如下问题：第一，《年鉴》中分行业科研投入数据没有包括教育系统的农业科技投入；第二，由于农业部数据的调查口径与《年鉴》口径并不完全相同。尽管存在这些问题，但是通过对比两组数据还是能够反映非公部门的发展趋势。

2015 年，农业科研投入年均增速超过到 10%。见表 6-2。

表 6-2　中国农业科研投入情况

单位：万元

年份	农业科研投入	其中：政府资金	农业科研投入	其中：政府资金
	（现价）		（不变价）	
1995	420248	225586	227028	121867
2000	498676	335116	249914	167945
2005	820182	699734	378567	322973
2008	1456578	1287299	608371	537668
2010	2190700	—	956206	—
2012	2865200	—	1203440	—
2013	2786046	2551411	1170155	1042003
2014	2850251	2547150	1244090	1063872
2015	3163124	2777738	1485688	1304676

资料来源：中国科技统计年鉴；数据经过作者调整，不变价为作者计算。

随着政府投入快速增长，农业科研资金中的财政拨款占比不断上升，政府资金在农业科研资金中的比例由 1995 年的 53.7% 上升至 2008 年的 88.4%，累计增加超过 37 个百分点。不过政府农业科研投入的增速幅度仍然小于同期财政收入和支出的增长幅度。

第二，农业科技人员结构逐渐合理，机构改革成效初现。冗员繁多曾是我国科研机构被长期诟病的一大问题，政府对农业科研体制的一系列改革使这一弊端逐渐减弱。早期的农业科研体制改革并未从减员增效的上着手，20 世纪 90 年代中期前还一度出现科研人员大量流失的现象，科研人员由 1986 年的占职工总数的 70% 下降到 1996 年的 57%，科研人员与非科研人员比例逐年下降，降低了我国农业科研的效率和创新能力。在政府意识到这一问题后，精简行政辅助人员数量成为随后多轮科技体制改革中的重要组成部分。农业科研从业人员由 1995 年 15.5 万人下降到 2008 年 9.7 万人，总共减少 37.4%。同期，从业人员中科学家和工程师的数量增加了 5579 人。科学家和工程师占农业科研从业人员的比重也由 1995 年的 30% 增加至 2008 年的 54%，从 2007 年期超过半数的农业科研从业人员都是具备一定科研能力的专家与学者。然而，农业科研机构科学家和工程师占比仍然低于非农科研部门，2008 年前者比例约为 54%，而后者为 62%。农业科研机构人员结构还具有相当的改进空间。2006 年之后农业科研队伍基本趋于稳定，2015 年农业科研从业人员为 10.0 万人，其中研发人员 5.6 万人。见表 6-3。

表 6-3　中国科研机构人员与经费情况

单位：人；万元

类别 ╲ 年份	农业科研机构			非农业科研机构		
	从业人员	其中：科学家和工程师	人均经费	从业人员	其中：科学家和工程师	人均经费
1995	155396	46735	2.70	833288	316253	5.25
2000	111258	37374	4.48	567719	244841	8.86
2005	101169	44727	8.11	461982	273892	18.80
2006	97234	45685	9.55	469278	283357	19.76

续表

年份 类别	农业科研机构			非农业科研机构		
	从业人员	其中：科学家和工程师	人均经费	从业人员	其中：科学家和工程师	人均经费
2007	97734	49673	12.86	507660	306819	22.43
2008	97274	52314	14.97	517462	320383	24.18
2014	95987	51678	23.30	682874	371401	51.86
2015	100026	56354	31.62	682795	379930	29.16

资料来源：《中国科技统计年鉴》；作者根据行业分类进行调整。

随着农业科研从业人员结构的优化，农业科研人员人均科研经费数量以每五年左右翻一番的速度增加，1995—1999 年，农业科研单位人均科研经费每年 3.3 万元，2000—2004 年，达到 6.1 万元，2005—2008 年增长至 11.4 万元，2008—2015 年达到 23.30 万元。同期非农部门的人均科研经费平均每年分别为 5.9 万元，12.7 万元，21.3 万元、51.86 万元和 29.16 万元。从经费投入数量上看，农业科研部门落后非农部门至少 5 年的水平。农业科研机构改革从总体上看是相对成功的，但是与其他科研部门相比仍显滞后。

第三，农业科研竞争性资金快速增长，稳定性支持增长缓慢。农业科研的投入按照资助方式可以分为竞争性资金和非竞争性资金两类。竞争性资金主要指需要向有关基金会和管理部门申请并通过同行评议后获得的课题经费，非竞争性资金主要是指国家为维持科研机构日常运行和一般科研需要拨付的稳定性支持资金，如科学事业费等。

如表 6-4 所示，我国农业科研机构获得的竞争性资金由 1996 年 5 亿元增加到 2008 年的 44 亿元，增长近 9 倍；同期非竞争性资金由 37 亿增加到 101 亿，增长不到 3 倍。农业科研竞争性资金快速增加导致 1996—2008 年竞争性资金在农业科研资金中所占比重由 11.8% 上升至 30.4%。这种变化体现了政府为增加农业科研机构的激励而进行改革的努力，在农业科研机构中引入了竞争条件，有利于科技资源向优势单位汇集，从而在优胜劣汰的选择机制下提高农业科研投资的使用效率。不过，在我国当前的农业科研体制下，行政力量对科研的影响几乎无处不在，易于导致短期化行为和过度干预的问题。如不能避免这些问题，竞争性资金对稳定支持资金的挤压就对农业科研机构的持续研究能力发展产生不良影响。随着企业作为科技创新的主体在投入方面的增加，以及农业科技投入更加注重推广应用，竞争性课题在农业科研投入中的占比有一定下降，2015 年农业课题经费数占农业科研投入总量的比例升至 47.65%，所占比例有较大增长，如何制约行政对科研的影响，以及如何有效率的分配科研经费，都是值得不断探索和完善的重要问题。

表 6-4　中国农业科研课题经费情况

单位：万元

年份	农业科研投入总量	农业课题经费数	比例
1996	419769	49616	11.82%
2000	498676	109766	22.01%
2005	820182	240354	29.30%
2008	1456578	442204	30.36%
2012	2865200	536664	18.73%
2015	1443180	687658	47.65%

资料来源：《中国科技统计年鉴》；作者根据行业分类进行调整。

二、我国农业科研体系的构成

改革开放之后，我国在恢复农业科研机构同时，尝试建立符合科研活动特点、有利于发挥各层次科研机构优势的组织制度。1980 年国务院下发《关于加强农业科研工作的意见》奠定了我国农业科研体系的基本架构。这个框架涵盖了中央科研机构、地方科研机构以及大学科研教育机构等多种类型的主体。其中，中国农业科学院是全国的农业科学研究中心，进行农业基础理论和全国性重大农业科技问题的应用研究，承担国家和农业部的重点科研项目和有关的科研协作，并对省农业科学院进行技术指导。各省根据本地自然资源条件和农业生产特点，建成地方特色的省级农业科学院、研究所等农业科研机构。这些机构以应用研究和发展研究为主，同时重视农业基础理论研究，按照当地农业发展的需要，开展具有自己特色的重大课题研究，同时承担国家、农业部和有关部门下达的重点农业科研项目。地区农业科学研究所在本省、自治区的统一规划下，根据本地区农业生产的需要，开展具有地区特点和侧重某几项专业的科研工作，引进国内和省、自治区内先进技术进行适应性试验研究，少数有基础、有特长的县农业科学研究所，可以根据生产需要进行一些科学研究。高等农业院校的科研力量侧重农业基础理论的研究，也进行重大科技问题的应用研究。

2000 年以来的改革坚持市场化导向，通过科研和教育领域的改革，进一步调整了原有农业科研体系，实现了对农业科研机构的分类管理，确立了农业科研与教育双线并行的系统，并推动了市场化科研主体的发展，形成了延续至今的农业科研体系。

科研领域的改革对科研机构进行了分类管理，实现了以非营利性科研院所为主体的公益性科研体系与以科技型企业为主体的市场化科研体系的分离。科研机构改革前，国务院部门属公益类院所的人均经费只相当于开发类院所的 1/3～1/2，科技人员年收入绝大部分在 1.5 万元以下，工作条件较差，生活待遇较低。这些严重制约着我国公益性科研事业的发展。2000 年，政府颁布实施《关于加强技术创新，发展高科技，实现产业化的决定》《关于深化科研机构管理体制改革的实施意见》等政策，启动了部门所属科研事业单位的分类改革：一部分按非营利性机构管理和运行；一部分拟转为科技型企业；一部分转为其他类型事业单位；还有一部分被合并或撤销（包括并入高校、医院等）。农业部下属中国农业科学研究院、中国水产科学研究院和中国热带农业科学研究院三家机构改革前共有机构 69 家，经过改革，按照非营利性机构管理和运行的机构 30 家，拟转为科技性企业的机构 22 家，转为其他类型事业的为的 11 家，进入高校的 4 家，因合并减少 2 家。

教育体制改革在农业科研领域形成了研究和教育相对独立的双线体系。2000 年以前全国主要的农业大学由农业部管理，省级农业大学由各省政府部门管理。在研究机构方面，中国农业科学院在行政上由农业部管理，省级科学院则由省级政府部门管理。在教育领域，所有农业大学的管理权在 2000 年改革后都转到了教育系统，三所全国主要的农业大学由教育部管辖，省级农业大学或学院由各省教育部门管辖。我国农业科研体系和包括美国在内的一些国家形成了鲜明对比，美国体系中教育、科研及推广活动都是联系在一起的。中国体系中这种教育、科研及推广的分离对形成完整综合的农业技术系统的形成造成了困难。

在这一轮改革过程中，市场化的导向改变了科研投资的激励机制，客观上鼓励科技产品商业化，促进了科技市场发展，提高了科研成果的商业价值。在改革的激励下，附属于政府机关和事业部门的一些单位，包括国有的种子、农业、食品、化肥及机械公司，转制成为企业；一部分研究技术和产品市场化前景比较好的科研单位也转制为企业；此外，在政策引导和市场竞争下，一些大型农业企业也直接组建或通过合并科研院所成立了自己的研发部门。转制为科技型企业的院所的出现，加上由大型农业企业建立的研发部门，民营、外资农业企业建立的研究部门的发展，形成了以市场为导向，以利润为驱动的各类农业科研的市场主体，农业科研领域的市场力量不断成长，企业逐步发展成为农业科研的重要参与者和投入者。

三、现代农业产业技术体系

2007年，农业部启动现代农业产业技术体系建设，这一体系以农产品为单元、以产业为主线，依托具有创新优势的中央和地方现有科研力量和科技资源，建设从产地到餐桌、从生产到消费、从研发到市场各环节紧密衔接、环环相扣的全新农业研发推广体系。目前该体系已初具规模，并有效引导农业科技创新要素向农业生产实际需要集中，使农科教结合、产学研协作更加紧密，推动了农业科技大联合大协作，产生了广泛的社会影响，发挥了积极的导向作用。但是我国目前现代农业产业技术体系仍然存在一些突出问题，需要在某些重要领域、关键环节上取得更大的突破，才能又好又快地推进现代农业建设，促进农民持续增收。

（一）现代农业产业技术体系产生的背景

首先，农业科研推广体制性障碍明显，条块分割现象严重。我国的农业科研体系基本上是按照行政区划设立，而不是按照自然资源和农业产业设立，因此衍生出大量分属于不同部门、不同系统的同类科研单位，造成了各级农业科研单位的机构、学科、专业低水平重复设置。同时，在现行的农业科研推广体制下，各个主管部门根据管辖权限把农业科研推广硬性分割成相互封闭的庞杂的条条块块。虽然在同一个行政系统内部，它可以有效地加以调节，但对于行政系统之外的科技活动，则无能为力。由于各主管部门互相之间缺乏优势互补的环境和机制，使资源在条块分割的行政组织系统中封闭起来，学科结构、专业结构、人才层次结构无法进行合理调整和整体优化造成有限科技资源的极大浪费，总体运行效率较低。

第二，农业科研投入不足，农业科技创新乏力。农业科技投入是农业科技创新的必要条件。近年来财政对农业科研的公共投资强度虽然一直在增加，但是增长相对缓慢，与建设现代农业要求仍有较大差距。2006年我国农业科研投入强度为0.49%左右，不仅低于1%的国际平均水平，远低于发达国家2.5%~4.0%的水平，而且也低于大部分发展中国家的水平。科研投入不足对农业科技创新产生了不利的影响。一是大部分农业科研单位的科研设备陈旧、设施老化，对农业科技创新活动形成了强烈约束。二是由于缺乏相对稳定的经费支持渠道，农业科研队伍不稳、人才流失严重。三是由于科研经费有限，农业科研过度集中在种植业，忽视了其他行业，特别是小作物的研究。农业科技创新乏力，远不能满足现代农业建设对科技创新的要求。

第三，农业科技成果转化率不高，农业科技贡献率难以提升。农业科技成果转化是解决科技与经济脱节，实现科技对农民增收、农业增效、农村发展重要支撑作用的重要途径之一。长期以来，我国农业科技成果供给是很充足的，我国每年取得6000多项省部级以上农业科技创新成果。但是，目前我国农业科技成果转化率还非常低，约有1/2滞留在实验室或试验田里，而发达国家的农业科技成果转化率接近80%。另外，我国农业科研成果转化周期长。据有关部门调查，在以色列，一项农业科技成果转化时间是2年，而我国则需要7~8年，相差5年以上。我国农业科技成果转化率提高速度较慢。从20世纪90年代的不足40%提高到目前接近的50%，花了大约20年的时间。“高产出，低转化”的农业科技状况成了制约我国农业科技贡献率提升的瓶颈。根据2007年10月举行的第二届国际农科院院长高层研讨会资料，当年中国农业科技进步贡献率仅为48%，与发达国家85%的科技进步贡献率相差很远。

（二）现代农业产业技术体系的重点目标

一是加快体制机制创新，促进现代农业产业技术体系与基层推广体系的衔接。现代农业产业技术体系和基层农技推广体系都是直接服务农业产业发展的公共服务体系，基层农技推广体系主要从事"推广"工作，包括了近百万的农技推广人员；而现代农业产业技术体系，则主要从事"科研"工作，由产业技术研发中心和综合试验站两个层级构成。一边是扎根基层的农技推广大军，一边是汇集领域内高端人才的专家团队，两者的有效沟通和衔接，对于建立专家—农技人员—农民的农业技术转化应用通道，实现农业科技上、中、下游紧密结合具有重要意义。各级农业部门应统筹考虑设计适宜本地农业区域特色和发展需求的农业科技发展规划和推广计划，建立科学合理的分工协作机制；同时，要找准两个体系各自职能的共同点与共同利益，打破体系内部门、区域、单位和学科之间的界限，建立联合与协作；整合相关资源，构建两个体系互相链接、互相交流、信息共享和即时互动，具有基本数据提供、技术咨询等功能的产业技术研发和推广服务。

二是加强优良新品种繁育建设，强化优势作物的产业支撑。优良品种对增加农产品产量、改善农产品品质起着至关重要的作用。以粮食为例，50年来，在中国粮食单产提高的诸多因素中，良种的作用占30%~35%，而在发达国家其作用已达到50%~60%。因此，十二五期间加强种养业良种繁育体系建设，加快良种繁育速度与推广，保障种养业良种安全，提高农畜产品市场竞争力。种植业要按照9个粮食优势产业带的区域特性，通过提高完善现有基础条件，配套提升专用新品种开发能力和配套集成技术规程，在提高小麦、水稻、玉米、大豆4种粮食作物原原种研发和供应能力的同时，巩固完善小麦、常规稻和大豆原种、良种扩繁能力，不断提高专用品种的覆盖率和更新换代能力，形成由"种质创新—新品种选育—扩繁—技术综合配套"等环节组成的良种育繁体系。养殖业要重点加强对生猪良种繁育体系的建设。有条件的地方要加快建立生猪良种繁育基地，逐步完善县、乡、村三级猪的人工授精网络；加强地方生猪良种选育，提高地方生猪生产性能；加强种猪生产经营活动的管理，严格限制盲目引种，严把产地检疫关，严防重大动物疫病传入；加大对养殖户的培训力度，推广科学实用的生猪繁育和养殖技术。

三是加强农副产品深加工技术攻关，促进农业产业化。由于我国农副产品加工转化程度低，综合利用比较落后，造成了我国农副产品资源的极大浪费，综合效益较差，影响农业现代化进程和农民持续增收。因此，加快农副产品深加工技术攻关，延伸农业产业链，特别是将农业科研与农副产品深加工研究相结合，将开辟这一交叉学科广泛的应用前景。另外，我国农产品加工转化增值程度还比较低，发达国家的农副产品加工业产值是农业产值的3倍以上，而我国还不到80%。因此，农副产品加工具有巨大的发展潜力和广泛的发展空间。加快开展农副产品加工共性与关键技术研发、集成创新，依托农业龙头企业，以市场为导向大力发展农产品精深加工，努力实现农产品加工原料基地化，农产品及其加工产品优质化，产加销一体化，推进传统农业向现代农业转变。在50产品中，重点发展具有区域特色的、产业链条比较长、附加值比较高的产品。

（三）现代农业产业技术体系的作用

2007年，我国首批选择10种农畜产品进行现代农业产业技术体系试点建设，到2008年年底，我国启动建设50个现代农业产业技术体系，涉及34个作物产品、11个畜产品、5个水产品。从运行效果上看，现代农业产业技术体系发挥了如下作用。

第一，凝聚了农业科研力量，提升了农业科研整体实力。现代农业产业技术体系建设打破了部门区域学科建设，广泛凝聚了农业科研力量，提升了现代农业科研整体实力。50 个产业技术体系吸纳了 311 个农业科研教学单位，1915 位农业科研专家，其中来自科研单位的占 63.5%、教学单位的占 21.7%、企事业单位的占 14.8%，切实体现了科技上中下游一体，做到了产学研用紧密结合，使农业科研力量得到了优化整合，提升了整体合力。吉林省通过建立现代农业产业技术体系，在不打破现有管理体制的前提下，建立起一个“整合科技资源，凝聚科技力量”的长效机制，将现有农业科研机构、县乡两级农业技术推广机构、农业高等院校（农学院）、市县两级农民教育培训机构等有效地联结机来，形成一支既有国家队又有地方队的农业科技人才队伍，有效地衔接了科技成果与推广转化，充分发挥了科研队伍的整体作用。

第二，统筹布局科研力量，补齐技术支撑“短板”。现代农业产业技术体系统筹布局科研力量，在重视主要粮食作物的同时关注小作物研究。在现代农业产业技术体系确定的农产品研发对象中，既有水稻、玉米、生猪等大宗农产品，也有食用豆、荔枝、水禽等与农民收入密切相关但过去科研较少关注的特色农产品；既有谷子、茶叶、蚕桑等在我国有着悠久历史的传统产业，也有木薯、啤酒大麦、酿酒葡萄等新兴加工原料的农产品。另外，由于农产品产业技术体系建设规划了科学家岗位，每个应聘科学家只能占一个岗位，这些专家都均匀地分散在各个产业的各个环节，保证了每个产业的每个环节、每个区域都有人研究，使产业发展不至于出现技术支撑的“短板”。同时，在每个农产品的产业技术体系内部，通过设立育种、病虫害防控、栽培和养殖、设施设备、产后加工、产业经济等 6 个环节的若干个岗位，解决了以往农业科研过度重视育种环节，整个科研结构不合理、产业内部技术发展不协调和缺乏系统性的问题。

第三，创新了科技管理方式，促进了科研与生产的结合。现代产业技术体系在选题立项上，坚持以产业需求为导向，推动专家梳理和锁定制约产业发展的重大科技问题，广泛征求政府主管部门、企业以及各类产业化经济组织等的意见建议，并开展分层次、递进式研究，提高了农业科研针对性和实效性；在管理方法中，重点考核技术应用效果、支撑作用发挥和应急服务能力，加强了对地方产业技术体系建设的指导；在岗位专家选择上，管理部门通过文献和网络检索、同行专家推荐等，让很多不擅长跑项目、踏踏实实地在一线默默从事科研的人进入了岗位；在经费支持上，实行“以需求定项目，以任务定经费”的方式，一大批优秀专家得到了持续稳定支持，帮助和鼓励了农业科技人员潜心钻研、安心创新；在开展方式上，促进广大产业技术体系专家积极深入一线，扎实开展科研、试验示范和技术推广，有力地服务了农业产业发展。

第四，建立了应对突发事件的快速响应机制，为政府决策提供咨询。现代农业产业技术体系由产业技术研发中心和综合试验站二个层级构成，其中每一个农产品设置一个国家产业技术研发中心（由若干功能研究室组成），在主产区设立若干综合试验站。通过综合实验站可以随时根据上级政府部门的指示，开展相关的情况调研、有效地收集生产实际问题与技术需求信息，监测分析疫情、灾情等动态变化，并将信息快速反馈研究中心，由研究中心专家进行系统分析，制订应对方案等，并参与相应的应急处理工作，以使产业尽快恢复到正常状态，解除公众疑虑，避免或减少农民损失。在 2008 年的南方低温雨雪冰冻灾害、汶川特大地震、三鹿奶粉事件中，现代农业产业技术体系专家在及时收集整理相关信息、开展应急性技术攻关、为政府提供决策咨询等方面做出了重要贡献。

第 2 节　农业科技服务体系建设

改革开放以来，以提高土地产出率、劳动生产率和农产品商品率为主要内容的农业科技创新能力和创新水平持续提升，科技对农业的贡献率不断增加。与农科科技研发水平快速发展不相匹配的是我国一直没有形成高效运转、多元投入的农业科技服务体系。随着我国传统农业向现代农业产业体系转型，当前对科技的需求更加突出，建立新型的农业科技服务体系成为一项迫切任务。

一、农业技术推广体系的现状

在过去相当时间内，我国农业技术的扩散与推广主要依赖政府事业单位性质的农业技术推广体系。我国农技推广体系包含了种植业、畜牧业、水产业、农业机械化、农业经济管理、林业、水利七个部门，仅前五个农业部所属农技部门在县乡两级的机构就超过 15 万个，在编人员 50 余万人。客观地说，农技推广体系对我国农业发展做出了重要贡献，一批重大农业技术，例如，水稻抛秧栽培技术、小麦精播半精播技术、玉米早熟、矮秆、耐密增产技术等的推广、应用与农技推广体系密不可分。农技推广体系在取得显著的成绩的同时也存在一些根本性的问题，其完全依赖政府投入的模式在统筹城乡发展的大趋势下难以满足现实需求。

随着我国农业农村经济发展，农技体系本身固有的缺陷也逐步显露出来：首先，基层农技推广机构经费短缺，很多地区人员工资都不能保证，工作经费更是无从着落；其次，作为行政事业机构设置的农技推广体系在人员管理上缺乏退出机制，人才老化退化现象比较严重；此外，农技人员与本职工作错位现象普遍，很多技术人员多将时间和精力放在政府行政事务上，没有时间和精力搞好本职工作。农技推广体系的运转受到了严重影响，在农业发展中的作用被大大削弱。

2003 年国务院开始深入推进农业技术推广体系改革。改革以明确公益职能、合理设置机构、理顺管理体制为主要方向。首要问题是解决农技推广体系的职能定位问题。新一轮改革中，农技推广体系被定位为公益型政府服务机构，主要从事关键技术的引进、试验、示范，农作物和林木病虫害、动物疫病及农业灾害的监测、预报、防治和处置，农产品生产过程中的质量安全检测、监测和强制性检验，农业资源、森林资源、农业生态环境和农业投入品使用监测，水资源管理和防汛抗旱技术服务，农业公共信息和培训教育服务等。此外，政府在新的改革努力解决投入不足的问题，具体措施是在全国范围内选择试点地区（以县为单位提供支持，2010 年达到 800 个县），每年安排财政资金 100 万元开展技术指导，示范户建设等工作。意图通过不断扩大的试点，探索出一条以职能改革、机构精简为基础的经费投入机制。

二、新型农业科技服务模式

政府努力改革公有农业技术推广体系的同时，在市场激励下，以满足现代农业科技需求为主要目标的各类农业科技服务模式不断涌现出来，促进农业向产业链上下游延伸，推动传统农业向现代农业转型。

全国各地在实践中形成了各具特色的不同模式：宁夏在实际工作中创造了科技特派员创业行动

与农村信息化建设紧密结合的宁夏模式；海南突破了传统农业技术服务半径的限制，发展了以广覆盖性为核心特点的“农技 110”服务模式；北京市整合现有资源，以农村科技服务港、“院乡 1+1”建设和“农业科技协调员”行动为主要内容构建了农技信息港服务模式；浙江省以县级“农技 110”中心为基础，“浙江农网”为骨干，乡镇“农技 110”为补充，利用电视、报纸等综合手段，为农民提供科技和市场信息；河北省通过实施“农业科技传播工程”，培育新型农业科技服务体系；江苏省以有店面、队伍、网络、基地、成果、品牌等“六有”为主要模式，建设总店、分店和便利店三级农村科技超市网络，建设了“科技超市”的新型的农村科技服务体系模式。

在这些科技服务模式不同于以往的农技推广，新模式尊重技术供需双方意愿，以市场需求为导向，以利益激励为动力，把科技服务的范围从传统农业生产扩展到了包括一、二、三产的农村产业体系，助推农业发展的同时也促进了农村经济社会的发展。科技特派员是新型科技服务的提供者。在各地实践中，科技特派员的概念也从最初“南平模式”中政府选派的公职人员变成了政府认定的来自各界优秀的农村科技服务提供者。据统计截至 2015 年年底，全国已有 31 个省（自治区、直辖市）、新疆生产建设兵团的 90% 的县（市、区、旗）开展了科技特派员工作，科技特派员总人数达 72.9 万人，其参与的科技项目直接服务近 1250 万农户，辐射带动受益农民总人数已经达到 6000 万。科技特派员在政府引导下，面向市场，深入农村创业服务，领办、创办、协办科技型农业企业和专业合作经济组织，培育新型农村生产和经营主体，将科技、知识、金融、信息、管理等现代生产要素带到农村腹地，在整个农业产业创新链条上形成新的分工体系，为农业和农村的科技进步带来了更为活跃的局面。

三、大学农业推广模式

2012 年 6 月，科技部、教育部启动建立了首批 10 所高等学校新农村发展研究院；2013 年 12 月，科技部、教育部又启动建立了第二批 29 所高等学校新农村发展研究院。截至目前，我国共有 39 所高等学校新农村发展研究院。建设新农村发展研究院的目标是按照社会主义新农村建设总体要求，紧紧围绕区域新农村建设的综合需求，推动高等学校办学模式改革与机制体制创新，建立基于农村基层多种形式的服务基地和跨地区、跨校的信息化网络服务平台，促进资源共享和政产学研用的紧密结合，形成“多元、开放、综合、高效”的运行机制和服务模式，成为带动和引领区域新农村建设与发展的重要力量。其实质是充分发挥高校人才培养、科学研究、社会服务和文化传承的综合能力，构建农、科、教相结合的新型农村综合服务模式。通过新农村发展研究院的建设，将解决高校科研与产业链条结合不紧密、针对性不强、转化应用成效不明显、服务经济社会发展能力不突出等问题，通过体制机制创新，探索建立适应我国新农村建设需要的大学农业科技推广模式。

高等院校尤其是（农业院校）是农业科技成果、人才、信息的重要源泉，是农业教学和科研的中心。与其他农业服务组织（推广中心、农科院、涉农企业等），其在开展农业技术推广服务方面具有以下优势：一是高等农业院校是农业科技成果的“孵化源”。高等农业院校作为农业科研的主要单位，拥有高水平的创新队伍，多学科环境，仪器和实验设备齐全，信息资源丰富，拥有国家重点实验室、国家工程研究中心、博士学科点、博士后流动站等研究开发基地，拥有多种技术测试和开发平台，成为强劲的高新技术成果源头，承担了大批国家及省、部级的科研项目，每年产出大量的科技成果。二是高等农业院校是农业科技推广的“辐射源”。作为农业科技创新和成果推广的重要源头，高等农业院校一直在科教兴农中扮演着重要角色。近年来，农业院校运用自身的知识、人才优势，开展各种形式的科技服务，形成了许多值得推广的模式，诸如南京农业大学的“科技大篷车”、西北农林科技大学的“专家大院”和河北农业大学的“太行山道路”等，取得了良好的经济社会效益。三是高等农业院校是农业科技人才的“输送源”。随着自身的不断发展，农业高校在办学规模和培养人才的数量和质量上不断地提高，所培养的农业人才分布在农业生产经营的各个环节，有力地推动着我国农业的不断进步。同时，农业高校可以为不同层次的农业参与者提供教育和培训，能够不断地提高农民和农业科技人员的知识和科技文化素质，在农村科技服务工作中具有不可忽视的作用。四是高等农业院校是农业科技信息的“服务源”。高等农业院校拥有覆盖农业、林业、畜牧业、养殖业等多方面的农业专家服务群体和大量的农业科技知识储备，能及时准确地收集外界各种新型农业科技信息，通过大量的实地调查、实验，取得第一手农业基础资料和农业生产经验，并将农业资料进行信息化处理，建立了大量农业资源数据库。高等农业院校以先进的信息技术装备和丰富的农村信息资源为农业生产者和农业管理部门提供信息服务，提高了农业生产的科技含量，实现了农业的现代化生产。

从近年来以新农村发展研究院为代表的大学农村科技服务的现状来看，当前我国大学农村科技服务供给发生三个重要的转变：一是由单一的技术推广向开展综合服务转变。随着农村科技服务内涵的扩展，高校主导的农村科技服务供给也要进一步调整。要从单一的技术服务，转变为对整个产业链提供技术支撑；要从单一支持农业，转变为服务于农村所有产业；要从单一的农村科技创新推广，转变为既包括科技创新推广还涵盖素质培育、发展软环境培育、发展理念塑造等内容综合农村科技服务；要从单一的项目实施，转变为长期、互动发展的全方位、全程支持。二是组织实施方式的转变。农村科技服务供给的复杂程度不断提升，未来高校开展农村科技服务将转变以往单独的、自发的组织方式，探索建立系统化、有组织的实施方式。一方面，加强校内资源的统筹，并协调其他高校（涉农、非涉农）共同参与农村科技服务，开展多校、多学科联合的农村科技协同创新；另一方面，加强与政府、企业、科研机构的合作，形成高校主导，多元参与的合作方式，吸引广泛的资源开展农村科技服务供给。三是由公益性服务为主转变为公益性、市场开发相结合。当前高校开展农村科技服务将更加注重市场机制的作用，转变以往公益性为主的农村科技服务方式。高校公益性科技服务与市场化科技服务同时开展，有偿性服务的农村科技供给走市场化之路，提高其供给的效率。公益性供给的服务，则不断扩大供给覆盖面，通过相应的工作机制，保证科技资源的实用效率。

四、农业科技服务体系应发挥的主要作用

当前我国明确提出在工业化、城镇化过程中加快发展农业现代化的战略举措。这就需要逆转过去压榨农业剩余支持工业发展和汲取农村要素补充城市发展的经济发展方式。长期以来的不平衡发展战略已经使农业成为弱质产业，农村成为落后地区。简单消除过去的干预政策，在市场机制下人才、资源等生产要素也会在循环累积效应下继续从农村流动到城市。实现城乡统筹需要新的政策思路，科技作为长期增长的决定性要素，应该成为注入农村的首选。但是科技要素不会自发流向农村，需要一个全新的农村科技服务体系作为中介和催化剂，加快以科技为代表的各项现代生产要素向农村流动并扩散。

首先，新型的农业科技服务体系要成为由城市到农村的要素流动渠道，并形成一套有效的激励制度。实现城乡统筹，除了财政投入要向农业农村倾斜外，更重要的是要提升农业农村的内生发展

能力，使人才扎根在农村，资源汇聚在农村。从城市向农村流动的人才应该是科技人才或者是懂科技的管理人才，向农村流动的资源应该是汇聚了科技的现代生产要素。这就要求新时期农村科技服务体系应该突破以往农技推广模式的局限，形成良好的激励机制，以人才的流动带动资源要素的流动，切实实现内化于人才和资产的科技要素在广大农村地区推广扩散。

其次，新型的农业科技服务体系必须能够满足经营管理的创新需求，在科技、人才、装备条件等方面提供有效服务。促进城乡一体化要依靠发展现代农业加快农村发展。现代农业是一个包括产前、产中和产后等各阶段并紧密相关的产业体系。现代农业的运行基础为现代市场经济体制，并对科学技术、物质装备和人力资源提出了更高要求。在这种意义下，传统的农技推广体系显然已经不能满足现代农业的要求。从动态看，植入了大量科技要素的现代农业是一个快速发展产业体系，并根据灵活多变的市场需求不断调整自身结构。这就对相应的科技服务体系提出了高效、灵活的要求，新的科技服务体系应在现代管理学和经济学理念的带动下，强调经营理念的革新和经营方式的创新。以行政事业单位为组织形式的推广模式由于官僚体系的固有的稳定特征，不能满足快速灵活变化的要求，因此新的科技服务体系在组织结构上也必定不同以往。

最后，保障粮食安全和食品安全始终是事关全局的重大问题，新型农村科技服务体系要发挥好支撑作用。围绕粮食丰产稳产的优质品种推广，先进适用技术普及，农业病虫害和疫病防治，农业灾害预报、对应与处理的工作必须一直作为农业技术推广应用的基础行为。此外，提供放心的安全农产品，牵动亿万消费者的关注，这也要求在农产品生产过程中加强质量安全检测、监测和强制性检验。这部分工作内容具有很强的公共属性，应由政府主导的农技体系提供。

五、农村科技服务体系应具备的基本特征

在统筹城乡发展的新时期，新型农村科技服务体系要成为促进城市先进生产要素流向农村的有效渠道，在组织机构和人员配备上进行深刻调整，既要满足现代农业发展对科技、人才、资本、信息等要素的需求，又要服务于保障国家粮食安全，维护人民食品安全的重大任务。新型农村科技服务体系要实现可持续、高效率运营，必须保证机制灵活，运营成本合理，资金来源多样。综合这些要求，我国当前要建设和发展的新型农村科技服务体系应具备多元化、专业化和信息化的基本特征。

首先是多元化。从全国实际的发展现状来看，一方面原有的农技推广体系陷入困境，举步维艰；另一方面多样的农村科技服务模式不断涌现，蓬勃发展。从我国农业农村发展对农村科技服务的需求出发，这些科技服务模式都应被纳入新型农村科技服务体系之中，表现出多元化的特征。

具体来说，粮食安全和食品安全是经济平稳运行发展的基础，与广大人民利益密不可分，具有很强的公益性，相关科技服务应由政府建立公益性科技推广服务体系提供，这就需要改革现有农技推广体系来实现。若以向第三方出资购买服务再免费提供给广大农民，也需要一个组织管理机构运作。总之，实现公益性目标的离不开政府直接参与。

另外，发展现代农业，增加农民收入，客观上需要把科学技术与创新能力与广大农民紧密联系起来，使得掌握科技、管理、资金等现代生产要素的人才与农民群众联结成利益共同体。在联结中农民不会被排斥出去，是因为农民能够提供农业生产需要的土地，涉农产业需要的劳动力。实现联结的农民能够通过进入高附加值的现代农业生产领域和农业产业链的深层环节而获得利益。这种联结的基本机制是市场，利益最大化的主体在市场上搜索匹配形成的联结是灵活且高效的，最终结果是双赢的。不过当前农村地区制度建设滞后，市场发育不完备，使得这种联结很难自发地出现和增

长。需要政府有意识的引导意图在现代农业领域进行科技创业的各界人员，进入农村广阔天地施展抱负。这也是农村科技服务的一种形式。当前迅猛发展的农业科技特派员体现了市场化农业科技服务的精髓，成为新型科技服务体系的主要组成内容。

其次是专业化。新型农村科技服务体系的另外一个特征是专业化。公益性的技术推广体系依托现代农业产业体系建设，通过精简人员，加强在职培训交流实现专业化发展。对于市场化的科技服务体系，专业化更是其安身立命的根本，因为市场化的农业科技服务体系的服务模式是在双向选择基础上形成的利益共同体，其生存与发挥都要经过严酷的市场竞争检验，在研发、生产、销售每一个关节都要具备相当的专业水平。

从宁夏发展科技特派员创业行动的经验来看，科技特派员不是简单的科技下乡，而是带着各类要素、各种资源到农村广阔天地和农民风险共担，利益共享，成为创业者，带领农民一起参与竞争，成为农业生产经营的主体力量。科技特派员不仅仅带动科技要素深入农村，同时带到农村的还有营销、资金、金融运作、管理等要素，以现代经营的思维合理分工，并在产权基础上有效整合各方力量形成利益共同体。

最后是信息化。日趋成熟的信息化手段能够在提高农村科技服务覆盖范围、建立有效沟通渠道、响应农民突发需求等方面提供高效、灵活、低成本的解决方案。农村人口众多并居住分散是我国的基本国情，传统的科技服务手段很难协调解决在合理成本范围内提高服务覆盖率的问题。特别是丘陵、山区等特殊地形地貌区域，直接进村上门服务的成本十分高昂，从农村科技服务资金的使用效益来看也不符合优化原则。基于网络的信息传播技术能够有效地解决这种困境，并可以方便地实现科技人员一对多服务，提高服务质量与效率。新型农村科技服务体系建设应该和农村信息化建设有效整合，使信息化成为新型农村科技服务体系的显著特征。

第3节　农业现代化的科技创新需求

要进一步推进农业现代化，保障国家粮食安全和主要农产品有效供给，农业科技的发展必须坚持“自主创新、加速转化、提升产业、率先跨越”的方针，着眼于整个农业产业链，力争在农业重大领域与关键、滞后环节实现突破，在成果转化应用、创新主体培育等方面取得新进展。

一、农业现代化与科技创新

纵观新中国成立以来我国农业发展的历史，科技进步特别是土地节约型技术的变迁，是农业生产能力持续提高的动力源泉，为保障我国粮食安全和农产品有效供给做出了重大贡献。以优良品种的培育应用为例，据不完全统计，我国培育的主要农作物新品种、新组合1万余个，实现了5~6次大规模的品种更新换代，使农作物良种覆盖率从1949年的0.06%提高到目前的95%以上，促进粮食亩产从69公斤提高到目前的330公斤，总产量从2300亿斤提高到10570亿斤。今后一段时期，随着人口数量的继续增长、居民消费结构的加快转型以及畜牧业的快速发展，社会对粮食等主要农产品的需求将持续较快增长；但是，当前我国耕地不断减少、淡水资源趋紧，支农政策效应有所减弱，气候等不确定影响加大，如果在农业技术上没有大的突破，粮食等主要农产品实现较大幅度增产的可能性较小，进一步保持农产品有效供给的难度很大。然而，要切实利用科技手段解决农业生产能力提高的重大瓶颈制约，切实保障国家粮食安全和农产品长期持续有效供给，必须加强核心关键技术的自主创新。

目前，我国许多农业核心技术仍需从国外引进，农业科技自主创新能力不足。这不仅与当前保证粮食等主要农产品有效供给的现实要求不相适应，而且对我国农业谋求长远发展的主动权也十分不利。事实上，许多真正的核心技术是根本购买不到的，完全依靠引进核心技术来支撑产业发展是不现实的。核心技术意味着技术霸权、市场霸权甚至是话语霸权。在经济全球化背景下，农业的国际竞争是科技竞争，是农业科技自主创新能力的较量。面对当前严峻的挑战，要进一步促进我国粮食等主要农产品稳定发展，并在农业国际竞争中占据有利地位，科技发展必须坚持以自主创新为主导模式，着力加强育种技术、农业装备等关键技术的自主创新。

开辟农业发展空间与拓展农业功能，需要加速农业科技成果的转化应用。目前，我国不仅缺少拥有自主知识产权的核心技术和关键技术，而且大量的科技成果无法转化为现实生产力。提高科技对农业发展的贡献率，强化农业基础地位，不仅要根据农业发展的现实需求有针对性地开展基础研究，着力提高农业科技研发能力和储备水平，而且，还应该努力促进科技成果的转化应用，将科技创新驱动与产业发展结合起来。从世界范围看，农业现代化水平较高的国家农业科技成果转化率基本都在 65% 以上，科技对农业的贡献率平均也达到 70% 以上，德国、法国、英国等国家甚至达到 90%。然而，我国目前农业科技成果的转化率很低，与发达国家相比存在较大差距。据农业部科技司 2008 年统计，我国虽然每年有 6000~7000 项农业科技成果问世，但转化率只有 30%~40%，真正形成规模的不到 20%。很多科技成果停留在实验室或试验田里。

拓展和延伸农业产业链，需要加强农产品加工、储运等产后环节的技术创新。农业综合生产是一个涵盖种植业、畜牧业、海洋渔业、林业和农产品加工业的综合体。除产中环节的产出能力外，农产品加工、流通增值能力也是农业综合生产能力的重要标志。当前，世界经济一体化正加速推进，市场竞争的层次不断升级，已经由单个产品、单个产业环节的竞争向产业链之间的竞争转化，产业链效率已经成为衡量综合生产能力的重要指标。因此，要提高农业综合生产能力，仅仅注重生产环节的技术进步是不够的，必须同时加强各个环节的技术创新和耦合，保持各环节之间技术的平衡发展，促进农业产业科技由单一型的技术供给向全面性技术服务与支撑转变。

目前，我国农业产业链各环节之间缺乏有效整合，还没有协调耦合形成一条有竞争力的产业链体系。就各产业环节的效率看，农产品加工、流通严重滞后于生产，产后环节成为制约农业综合生产能力提升的“短板”。这与我国科技资源配置结构不合理有关。当前我国多数政策资源、科技资源都集中在产中环节，国家对加工、流通等产后环节的投入十分有限。据资料显示，我国农业科研力量的 90% 集中在产中环节，其中 55% 又集中在种植业领域，而美国农业科研力量的 70% 集中在产后环节。这种科技资源配置结构难以满足实现农产品有效增值对科技发展提出的要求。为此，未来我国农业科技创新应该着力提高农产品加工转化能力，从而提升农业产业链整体竞争力。要实现这一目标，就必须在科技资源配置上适当向产后环节倾斜，加强加工、流通等产后环节的技术创新，发挥产业链协同效应提升农业综合生产能力。

提高农业资源综合利用效率，需要提升农业资源利用与环境保护的科技含量。我国是一个人多地少的国家，人口增长长期以来对土地、水资源施加着巨大的压力。20 世纪 70 年代以来，随着农村微观经营体制的重构和土地节约型技术的进步，农药、化肥、除草剂等被大量用于农业生产。化学农业的发展极大地提高了农作物的产量，在很大程度上满足了人口膨胀对粮食的需求。但是，化肥、农药、农膜的长期过量使用，不仅使农业增产出现了边际负效应，而且带来了地力衰退、水体污染、作物病虫害加重等一系列不良后果，直接威胁到农业的可持续发展和人类的健康。据资料显示[1]，我国氮肥使用量每公顷高出世界平均水平2.05倍，磷肥使用量每公顷高出世界平均水平1.86倍，使用化肥的强度平均每公顷达400公斤，平均使用量是发达国家化肥安全使用上限的2倍。我国农药的过量使用在水稻生产中达40%，在棉花生产中超过50%。

与此同时，由于我国农业增长长期主要依赖增加资源量的投入，资源利用的效率很低，导致资源浪费严重。以用水为例，我国平均单方灌溉水粮食产量约为1公斤，而世界上先进水平的国家平均单方灌溉水粮食产量达到2.5~3.0公斤；农业用水的利用率只有45%，而节水先进国家达到70%~80%。农业资源浪费与污染并存，加剧了我国农业资源的紧缺程度。要解决常规农业发展带来的资源浪费与污染问题，促进生态环境保护和农业可持续发展，必须依靠科技转变农业增长方式，提高资源利用效率，加强生态环境保护。为此，科技的发展不仅要关注生产领域，而且还需要着力提高农业资源利用与生态环境保护的科技含量，以保障和提升农产品的持续供给能力。

农业生产能力存在地区差异，推荐全面农业现代化，需要坚持农业科技创新的多元化和服务生产的多样化。我国各地生态、土壤、气候差异较大，农业生产的地域类型复杂多样，提高农业综合生产能力受到的科技制约也不尽相同。这一方面决定了我国提高农业综合生产能力必然是一项长期的工作，并非仅靠个别领域、局部地区的技术突破就能实现；另一方面也决定了我国提高农业综合生产能力不能依靠一种或少数几种技术进步路径，必须坚持农业科技创新的多元化和服务生产的多样化。如果忽视地区差异不加区别地确定科技创新重点、技术推广的模式，只会造成科技资源的浪费，对农业综合生产能力的提高也有害无益。因此，要提高农业综合生产能力，必须注重农业科技创新与推广的地区差异，在农业科研资金投向、创新项目时序安排、科技推广模式的选择等方面都必须有所区别。要着重把握有利于提高农业综合生产能力的关键产品、关键环节、关键区域的技术创新和应用，唯有如此，才能提高科技资源的利用效率，实现各地区技术的整体升级，最终达到提高农业综合生产能力和促进产业转型的目的。

二、支撑农业现代的重点科技创新领域

要依靠科技进步提高农业综合生产能力，不仅要着力解决当前农业科技发展存在的重大“瓶颈”制约，还需要选择部分重点领域进行战略布局，构筑现代农业发展的技术高地。在参考相关研究成果的基础上，我们采用技术路线图来确定我国支撑农业现代化的重点科技创新领域。通过研究，我们认为动植物现代育种技术、农业资源高效利用技术、现代农业技术装备、农业信息化技术、农产品精深加工与现代储运技术的创新与推广应该作为今后一段时期我国科技发展的重点领域加以突破。

（一）动植物现代育种技术

种子是农业生产中最活跃和重要的因素，育种技术是农业技术中最核心、最基础、最重要的关键技术。“科技兴农，良种先行”，优良品种对提高农业综合生产能力具有重要作用。据测算，在提高农作物产量、质量以及抗性的诸多措施中，良种的贡献率达36%。当前，育种已经成为国际科技竞争乃至经济竞争的重点领域，国际种业市场竞争日趋激烈。目前，我国动植物优良品种少、稳定

[1] 甘宇平. 农业污染防控形势紧迫［EB/OL］. 人民网, 2007-07-06: www.people.com.cn.

性较差，种业企业科技创新能力不强，与提高农业综合生产能力的要求不相适应。据资料显示，我国拥有科研能力的种子企业不到总数的 1.5%，科研经费投入平均不到销售收入的 1%，而目前世界种业巨头研发投入比例普遍在 8% 以上，有的甚至达到 10% 左右。为此，要进一步提高农业综合生产能力，必须首先在育种技术上取得突破。当前，农业生产对品种的要求越来越高，常规育种技术难以产生聚合多种优良性状的品种，培育出突破性品种的难度越来越大，只有通过现代生物育种技术才有可能实现。目前，我国在动植物现代育种技术上已经取得了较大的进展，定向育种效率显著提高。但是，在具有自主知识产权基因的发掘、高频再生、高频转化、高效表达中还存在不少困难，对各种畜禽品种间的种质特性还缺少从基因图、位点和遗传标记等方面的深入研究，这些问题成为制约育种技术进一步提高的瓶颈。当前，育种技术已经进入生物技术与常规技术有机结合的第三次突破阶段。要构筑农业发展的技术高地，必须继续加快发展发展现代生物育种技术。

要面向高产品种、优质品种、高抗品种、专用品种、功能品种，加快实施生物育种高技术产业化专项，创建具有世界领先水平的高效育种技术平台，重点研究动植物遗传种质资源保护与利用技术。在植物现代育种领域，要充分发掘和利用我国丰富的基因资源优势，应用转基因技术、分子定向育种以及航天诱变育种技术等，重点突破超级稻、优质专用小麦、高产多抗玉米、转基因杂交抗虫棉、优质多抗蔬菜、高油油菜、杂交大豆等新品种的培育。在动物现代育种领域，采用重大产品导向的研发战略，加强猪、牛、羊、禽和水产等具有自主知识产权的优质种的培育。

（二）农业资源高效利用技术

我国人口众多、自然资源短缺，农业发展面临资源紧约束。目前，我国人均耕地面积仅为世界平均水平的 40% 左右，而且耕地数量还在不断减少。进入 21 世纪，我国耕地面积呈现出不断减少的趋势。在耕地面积不断减少的同时，耕地质量也在下降，目前中低产田已占到 2/3，耕地土壤有机质含量平均仅为 1.8%，比欧洲同类土壤低 1.5~3 个百分点。同时，我国是全球 13 个水资源最贫乏的国家之一，淡水资源十分短缺，人均淡水占有量不足世界平均水平的 1/4。目前，我国农业用水每年缺口达 300 亿立方米，有一半以上耕地得不到灌溉。虽然我国农业资源短缺，但资源利用的效率很低，进一步加剧了资源供需矛盾。从用水方面看，我国渠道灌溉区只有 30%~40%，机井灌溉区也只有 60%，远低于发达国家 70%~80% 的水平，单位净耗水的粮食生产效率不足每立方米 1 公斤，与发达国家每立方米 2~3 公斤的水平相差很大。从用肥方面看，我国氮肥当季利用率仅为 30% 右，比发达国家低约 20 个百分点；每公斤化肥生产粮食不到 10 公斤，比世界平均水平低 38%，比美国低 45%；全国每年有机肥资源近 50 亿吨，实际利用率只有 40%。基于我国农业资源现状，如果我们继续走高投入、高消耗、低产出、低质量的农业粗放型增长路子，农业资源将难以为继。要从根本上转变农业增长方式，减轻农业发展对资源环境施加的压力，夯实农业综合生产能力提高的基础，必须大力推进农业生态环境保护和资源高效利用技术的创新，提高资源利用水平和效率，否则就可能引致灾难性后果。

要重点突破土壤改良技术、退化和污染土壤的修复技术、养分资源精准管理技术，加强耕地保育与替代技术、水—肥—能一体化管理的精确机械化施用技术、工程—生物—化学节水技术、智能型化肥、废弃物资源化循环利用等关键技术与产品的创新，加快建立完善的节地型、节水型和节肥节能型农业生产技术体系，提高农业资源利用率。

（三）现代农业技术装备

劳动工具是劳动资料中最主要的、具有决定意义的因素。从西方发达国家农业发展的历程看，没有劳动工具的现代化就不可能有农业生产的全面现代化。我国农业发展的实践也表明，如果没有农业机械化，要实现主要农产品总量供给由长期短缺向总量基本平衡、丰年有余的历史性转变将十分困难。在当前我国农村青壮年大量外流、用工价格不断提高的背景下，大力推进农业机械化，对保障和提高农业综合生产能力具有重要作用。如水稻机插秧效率是人工插秧的20倍左右，亩均降低成本30元、增产50斤以上，且抗病虫害、抗倒伏性好；机械施肥、高性能植保机械喷药分别可节省40%的化肥、35%的农药；干旱地区使用机械进行保护性耕作，平均增加土壤蓄水量17%，提高粮食产量14%。

目前，我国已建立了较为健全的农业装备科研与技术推广体系，农业机械化作业水平逐步提高，装备结构逐渐改善，农业机械化发展由初级阶段跨入了中级阶段。但是，我国农业装备综合技术还很落后，仅相当于发达国家20世纪70年代的水平，而且这种差距还在不断拉大。虽然目前我国小麦生产基本实现了机械化，水稻机收水平接近50%，但水稻机插秧水平只有11%，玉米机收水平仅有8%，花生、马铃薯机收发展刚刚起步，油菜、甘蔗、园艺作物等优势农产品机械化基本空白。而且，区域农业机械化发展也很不平衡，虽然全国机耕水平接近60%，但还有10个省机耕水平低于40%，四川、重庆机耕水平只有20%左右。这种状况与现代农业发展要求不相适应，很难为提高农业综合生产能力提供有力物质条件支撑。因此，要进一步提高农业综合生产能力，必须重视和加强农业装备与农业机械化的科技发展与创新。

要着力解决农作物种子干燥、选别和包衣技术、农作物精密播种和栽插技术与装备、精准低污染施药技术与装备等农机化共性技术问题，重点突破玉米收获机械化关键技术，创新开发棉花、油菜、甘蔗等经济作物生产机械化关键技术，大力推广水稻栽插和收获机械化技术，推动小麦全程生产机械化技术升级换代，提高我国农业装备技术的现代化水平。围绕山地丘陵机械化技术需求，大力开发和研制更多适合丘陵山区的多功能、中小型和轻便型作业机械。积极发展农机化高新技术，搞好技术储备，增强我国农业机械化科技发展的后劲。

（四）农业信息化技术

信息是一种新型战略资源，信息化已经成为当今世界经济社会发展的大趋势。农业信息化是农业生产活动的基本资源和发展动力，是现代农业的重要标志。用现代信息技术全面改造和装备农业，对农业生产的各种要素进行数字化设计、智能化控制、精准化运行、科学化管理，能够降低生产成本，提高产业效益。从世界范围看，农业发达国家已经进入了全面实行农业信息化的重要时期。通过发展农业信息化，这些国家将农业生产、加工、销售、流通等各个环节有机联系起来，不仅为农业生产者和消费者提供了所需的市场信息，而且也加快了农产品的销售和流通。

改革开放以来，特别是近些年来，我国农业信息化取得积极进展，在数据库、信息网络、精细农业以及农业多媒体技术等领域都取得了一定成效。但从总体上而言，我国农业信息化技术的研究和应用只是刚刚起步，不仅基础设施薄弱、信息资源匮乏，而且缺乏统一的农业信息标准和资源共享机制，与发达国家相比还有很大的差距。当前，随着农业市场化和国际化程度的提高，传统的信息模式已经不能适应现代农业发展的要求。要提高农业综合生产能力，必须加强农业信息技术的研发与利用，加快推进农业信息化。

要大力推进农业信息资源开发与利用，加快建设标准统一、实用性强的公用农业数据库。围绕我国农业产前决策、产中管理、产后农产品流通的关键环节，重点突破农业资源精准监测、农作物生产智能作业、智能化动物精细养殖、农业环境数字模拟、农业生产数字化管理与信息服务等关键技术及产品，提高农业生产效率和效益。

（五）农产品精深加工与现代储运技术

当前农业面临的竞争，已经不是初级农产品和单个生产环节的竞争，而是包括农业产前、产中和产后诸环节在内的整个产业体系的竞争。产后经济发展状况，成为衡量一个国家或地区现代农业发展水平和农业竞争力的重要指标。重视和发展农业产后经济，是发达国家农业发展的重要经验。近年来，我国农业产后经济发展取得明显进展，但仍处于较为初级阶段，与发达国家相比还有很大差距。目前，我国农产品加工业科技成果转化率只有 30%，发达国家一般在 70%~80%。农产品加工业技术装备水平 80% 处于 20 世纪 70—80 年代的世界平均水平，15% 左右处于 90 年代水平，只有 5% 左右达到国际先进水平。农产品的加工程度仅为 45%，其中二次以上的深加工只占到 20%，而发达国家基本都达到 80% 以上。同时，我国农产品产后损失率较高。农村粮食产后损失在 8%~10%。我国蔬菜、水果在采摘、运输、加工处理等环节中的损失率高达 25%~30%。农业产后环节发展滞后、产业链整体脱节，对提高农民收入和农业竞争力形成明显制约。要提高我国农业综合生产能力，必须加强农产品加工、储运环节的技术创新与应用，减少农产品产后损失，提升农业产业链整体效率。

要加快农产品加工技术研发体系建设，尽早建立国家级农产品加工研究机构，并围绕粮油、果蔬、畜产品、水产品和传统农产品等五大领域，建立一批国家农产品加工技术研发专业分中心。重点突破酶工程、生物工程、现代发酵工程以及高效分离、杀菌、防腐、干燥等农产品精细加工技术。同时，要加强大宗粮油产品产后减损及绿色储运技术与设施，鲜活农产品保鲜与物流配送及相应的冷链运输系统技术的自主创新，加快物流配送、运输、结算信息服务体系建设，提高农产品流通效率。

（六）高科技素质劳动力培养

要依靠科技提高农业综合生产能力，一方面，在利用科技扩大要素总量的基础上，要着力提高各种生产力要素的质量。应注重技术向其他生产力要素的均衡渗透，使劳动力素质、劳动工具和劳动对象的科技含量的提高保持在一个相对合理的水平。劳动者是生产要素中最重要的因素。无论是实现生产要素还是生产关系的最佳组合与充分利用，都必须通过人的要素来实现。要适应现代农业的发展，提高劳动力的科技素质非常关键。劳动力科技素质的整体提升，不仅有利于降低农业技术推广成本，而且有利于提高科技的应用效率。当前，我国农民科技素质整体偏低，与提高农业综合生产能力、发展现代农业的要求不相适应。据统计，目前我国 8 亿多农村人口平均受教育年限只有 7.3 年，科学素质水平只有城市居民的 1/6 左右，其中受过专业技能培训的仅占 9.1%，接受过农业职业教育的不足 5%，绝大多数农村劳动力仍属于体力型和传统经验型农民，尚未掌握现代生产技术。基于此，要保障和提高农业综合生产能力，必须加强农民科技培训，提升农业劳动者科技素质。

要按照提高农业综合生产能力的要求，建立起多渠道、多层次、多形式的农民教育和培训体系，通过科技下乡、技术服务、科技直通车、农民科技书屋、农业科技信息网等方式，加强对农民的科技培训和技术服务。围绕农村特色种植养殖业、农产品加工业等，加强对农民合作经济组织、农业龙头企业等组织骨干力量的重点培训。大力实施推进科技入户示范工程，提高科技示范户先进实用技术入户率和到位率，继续完善这一新的科技快速转化通道。

第4节　种业科技创新

2000年12月《种子法》实施，我国种业实现了由指令经营转变成许可资格经营的转变，标志着我国种业进入市场化改革阶段，种子产业化发展进程不断加快。2002年，我国加入WTO，按照协议条款种业也开始有限制的对外开放进程。实际上，20世纪90年代初我国已经开始对外开放棉花种子市场。2011年，国务院发布了《关于加快推进现代农作物种业发展的意见》进一步强化了种业市场化研发、生产、销售的改革方向。我国是种子大国，种业进入市场化发展阶段和对外开放后，受到种子市场巨大需求的吸引，国内外资本也不断涌入，种子公司数量快速增长，种业呈现出主体多极、分散的特征，真正意义上的种业开始形成。

一、我国种业发展的历史阶段

新中国成立以来，我国种业大体经历了四个发展阶段。

（一）新中国成立初期的“生产恢复”阶段（1957年以前）

新中国成立初期，为了恢复长期混乱对农业生产的破坏，农业部召开的第一次全国农业工作会议上，把推广良种作为恢复和发展农业生产的重要措施之一，并根据解放初期的农业生产状况，制订了《五年良种普及计划（草案）》，要求以县为单位，广泛开展群众性的选种活动，选育出的品种就地繁殖、就地推广，在农村实行家家种田、户户留种。在这一时期，这种方式极大地促进了我国农业生产发展，取得了一定成果。但家家种田、户户留种方式只适用于生产水平很低的状况，由于户户留种，邻里串换，种子混杂，造成的良种退化，单位面积产量很难大幅度提高，仍处于种子自给阶段。

（二）计划体制下的“四自一辅”阶段（1957—1980年）

种子产业实行了自选、自繁、自留、自用，辅以必要的调剂，简称“四自一辅”。在这一方针指引下，遵照国务院批示，种子经营由粮食和商业部门划归种子部门管理，制定了相应的种子收购、计价、供应政策，提出了财务、会计、报表制度，接管和新建了一批种子库，实行行政、技术、经营三位一体。这一时期，在农业较发达的地方，开始出现事业性质的种子站，并逐步形成科研院所、县原种站和县种子站“三结合”的种子服务体系。逐步形成了以县良种场为核心、公社（大队）良种场为桥梁、生产队种子田为基础的三级良种繁育体系。这些措施对提高产量、改进品质、增加抵抗病虫害能力等起到了重要作用。

（三）双轨体制下的“四化一供”阶段（1980—2000年）

改革开放后种子事业也得到了高速发展。1978年4月，国务院批转了农业部《关于加强种子工作的报告》，批准在全国建立省、市、县三级种子公司，加强种子生产基地的经营基础设施建设，并继续实行行政、技术、经营三位一体。同时还出台了“品种布局区域化、种子生产专业化、加工机械化、质量标准化，以县为单位组织统一供种”的种子工作方针，简称“四化一供”。“四化一供”

工作方针的提出对当时我国种子事业的发展起到了巨大的推动作用。按照“四化一供”目标，我国相继成立了各级种子公司，全国建立各级国有种子公司2549个，职工近7万人。在这一阶段内，虽然各级国有种子公司仍对主要农作物种子实行垄断经营，但也诞生了上万家以经营非主要农作物种子的不同性质的种子实体，形成了主要农作物种子国有垄断，蔬菜、瓜果、种苗种子百家争鸣的市场双轨体制。

（四）市场体制下的“种子产业化”阶段（2001年以后）

2000年12月1日颁布了《中华人民共和国种子法》，政府取消了国家对主要农作物种子的管制，放开了种子的育、繁、销环节，在市场利益的驱使下，各种性质的种子企业纷纷成立，打破了原来国有种子公司一统天下的局面，从而拉开了中国种业激烈竞争的序幕。《种子法》《植物新品种保护条例》的颁布实施，使种子产业制度，上升为法律高度。市场体制机制的不断建设使育种者的权益有了法律保障，加快了种子产业化进程。2011年国务院发布了《关于加快推进现代农作物种业发展的意见》，2013年国务院办公厅发布了《关于深化种业体制改革提高创新能力的意见》明确了市场在种业资源配置中的决定性作用，对公益性育种与商业性育种在功能、定位、支持方式和发展模式上都进行了详尽的阐述，为新时期我国种业发展指明了方向。在市场化阶段，我国种子产业由传统的粗放生产向集约化大生产转变；由行政区域的自给性生产经营向社会化、国际化市场竞争转变；由分散的小规模生产经营向专业化的大中型企业或企业集团转变；由科研、生产、经营相互脱节向育、繁、推、销一体化转变，市场成为种业资源配置的决定性力量，商业运营的种子企业成为种业技术创新主体。

二、当前我国种业的发展现状

2000年以来，我国种子市场保持着年均5%的增长水平，到2007年，我国种子市场的销售额已达250亿元左右，居世界第二位；常年种子使用量在125亿公斤左右。据专家预计，到2016年，我国种子市场规模可以达到700亿元，潜力巨大的市场为我国种子行业富于了巨大的发展空间。种子品种特点各异，玉米、水稻种子商品率较高。种子按照经营品种划分，可以分为粮食作物种子（玉米、水稻、大豆、小麦等）、经济作物种子、蔬菜瓜果种子和花卉种子等。由于不同品种作物，其种子的每亩使用量差异较大，因而每个种子品种的制种量和市场销售量差别较大。

从不同品种种子的商品率来看，玉米的商品率最高，达98.3%，水稻种子64.3%；两类种子播种面积大、产销量大，吸引了众多种子企业参与，它们合计市场占比达53.5%，占据了种子市场的半壁江山。棉花、蔬菜、油菜种子虽然商品率高，但是因为国内播种面积小，产销量少，所以企业参与较少，难以形成有效规模。对于小麦种子而言，农民有使用自留种的习惯，很少到市场购买，所以商品化低，只有24.6%，而瓜果、花卉种子等，因为品种差异大，每个品种又有大量细分，难以形成规模化的生产，因此商品化程度低，市场参与主体少。

目前全国拥有种子经营许可证的企业已超过8700家，其中国有公司就达2700多家，除此之外，从事种子零售经营的企业和其他终端经营者则快速增长到约18万家。我国种业公司分散而且规模较小，2006年，我国种业前10强的销售总额48亿元，相当于世界前10强销售总额的6%，仅是孟山都一家种业公司年销售额的22%。2007年，世界前10强种业企业占世界种子贸易额的35%，而中国前10强同期只占0.8%。截至2008年，全国没有年销售收入超过10亿元的种业公司，企业个体市场占有率均不超过 5%，我国最大种子企业的种子销售收入占总体市值比例不到 3%。

从国内情况来看，1999 年我国各类农作物播种面积 1.53 亿公顷，需种量 125 亿千克，占世界种子需求量的 10.4%，实际供种量 45 亿千克，种子商品率达 36%，商品种子价值 30 亿美元，在世界排名第二，占世界商业种子市场的 10%。综合考虑种子商品率提高、种粮价格比的增大、复种指数的提高和播种面积的减少 4 个因素，到 2020 年我国种业市场商品种子价值将超过 100 亿美元，年增长率将达 10%~15%。2005 年我国人口已达到 13 亿，2030 年将达到 16 亿，因人口的增长到 2030 年增加粮食需求 4900 万吨，可见，种子市场蕴藏着巨大的需求和商业机会。从国际市场来看，由于我国种子的国际竞争力差，国际市场的占有率还很低。2000 年，我国种子进出口总额为 1.33 亿美元，其中出口 0.52 亿美元，进口 0.81 亿美元。随着种业未来的发展，种子进出口贸易必然将有较大的增长。

三、种业科技对保障粮食安全的作用

经过 50 多年的努力，我国已经建立了较完善的动植物育种研究体系和配套的种业产业体系。改革开放以来，在国家攻关计划、“863”计划、转基因植物研究与产业化专项等国家科技项目的支持下，我国在优质高产多抗新品种选育、杂种优势利用、生物技术育种、动植物品种产业化研究等方面取得了显著成就。科技进步对农业增长的贡献率由“九五”的 37% 提高到目前的 48%。成功育成了超级稻、高产优质小麦、超高产玉米、抗虫棉、高油 / 高蛋白大豆等一批高产、优质农作物新品种，良种覆盖率达到了 95% 以上，形成了一批具有一定竞争力的种业集团公司。通过高产、优质、多抗新品种培育和推广，促进了粮食单产的提高。杂交水稻和杂交玉米等品种大面积推广，良种小麦及先进配套技术的广泛应用，提升了粮食生产科技水平，促进了我国粮食产量增长。在多重因素制约下，我国粮食单产从改革初期每亩 168.5 公斤提高到 2008 年的 330 公斤，总产由 3000 多亿公斤增至 5200 多亿公斤，种子品质提高发挥了重要作用。

依靠国家科技发展计划支持，我国科技工作者在水稻品种选育方面达到了世界先进的技术水平，杂交水稻技术路线的确立与实施以及新品种的推广和应用有力地保障了我国粮食安全。中国是水稻生产大国，目前水稻播种面积约占世界水稻播种面积的 19%，是世界第二大种植国，稻谷年均产量占世界稻谷总产量的 35%，居世界第一位。这与我国大力发展杂交水稻技术密不可分。杂交水稻是我国具有自主知识产权的重大科技成果。从发现水稻的杂交优势到实现“三系”配套，再到“两系”突破，我国在杂交水稻生产方面形成了从品种选育到规模制种完整的技术体系。全国水稻科技工作者大协作，科研、生产、推广部门紧密结合，杂交稻组合不断更新，种植面积不断扩大。近年来，杂交稻推广种植面积达到每年 1800 万公顷左右，单产比常规稻增产 15%~20%。据统计，杂交水稻累计推广超过 3.3 亿公顷，为我国粮食增产 5 亿吨。杂交水稻技术不仅为我国粮食安全做出了重要贡献，而且走出国门成为世界上粮食短缺国家的首选技术，目前全世界有 40 多个国家和地区引进了我国杂交水稻，在海外年种植面积近 300 万公顷。

玉米是我国重要的粮食作物，在影响玉米单产增长的各种因素中，种子改良的作用占 40% 左右，杂交玉米技术为保障粮食安全、发展畜牧业等方面发挥了重要作用。随着种植面积和产量的增加，玉米在我国粮食生产中的地位不断提升。1996 年，我国玉米总产量和单产水平超过小麦跃居粮食作物的第二位。2009 年玉米种植面积超过水稻成为我国种植面积最大的作物。从 1949 年至 2008 年，我国玉米单产从每亩 64.1 公斤提高到 370.4 公斤，增加了 306.3 公斤，增幅为 477.8%，每亩年均增产 5.19 公斤；总产量从 0.124 吨发展到 1.659 吨，增加了 477.8%，增加了 12 倍。杂交技术发展推动了玉米产量的持续增加。我国先后选育出了一大批在生产中发挥重大作用的优良杂交种，如早期的丹玉 6 号、中单 2 号、丹玉 13 和掖单 13 等，推广面积大，应用时间长，增产效果显著。如丹玉 13 在 1989 年种植面积达到 5252 万亩，占当年玉米种植面积的 17.2%，掖单 13 引起株型紧凑、耐肥、耐密而连续 8 年播种面积全国第一。近年来，农大 108 等优良品种因高产、优质、广适、多抗而得到迅速推广。特别是郑单 958 的选育提升了我国玉米种业的竞争力，在跨国公司选育的先玉 335 的强大压力下，为民族种业争得了赶超时间。总体来看，改革 30 年以来我国玉米产量增加 1.06 亿吨，占粮食增产总额的 54%，为我国粮食增产做出了重要贡献。

小麦是我国北方地区人民的主粮，依靠育种技术进步，我国小麦产量大幅增加，结束了需要大量进口的局面，实现了供需基本平衡，特别一批优质麦的育成推广，结束了我国在优质小麦方面依靠进口的历史。1952 年我国小麦平均亩产仅为 48.8 公斤，到了 2008 年平均亩产达到 317.5 公斤，增长 6.5 倍，小麦种植面积 1952 年为 3.7 亿亩，1991 年达到历史最高的 4.6 亿亩水平，随后逐年下滑到 2008 年的 3.5 亿亩，相比 1952 年还减少 0.17 亿亩，而依靠科技进步，小麦总产增长了 6 倍多，从 1952 年的 0.18 亿吨到 2008 年的 1.12 亿吨。小麦增产与小麦育种取得的卓越成就是分不开的，科技人员选育的种植面积超过 1000 万亩以上的小麦品种累计超过 60 个，近年来每年在生产上种植的品种有 300~400 个。20 世纪 70 年代，随着绿色革命的兴起，我国也相应育成了一批半矮秆或矮秆、抗倒、抗伏、丰产的优良品种，是小麦平均亩产达到 200 公斤以上。通过国际种质交流，我国进一步育成了一批抗病、抗逆的高产品种。近年来，小麦育种一方面在高产方面持续做出重要贡献，小麦亩产进一步突破了 300 公斤，我国自主创新的“二系杂交小麦应用技术体系”逐步完善。另外，在“国家 973 计划”支持下，优质小麦育种方面基本明确了以美国兰考塔和墨西哥叶考拉为代表的强筋小麦质源和我国自己培育的小偃 6 号为代表的蒸煮类食品小麦质源，在优质小麦选育推广方面取得很大进步，基本结束了优质小麦依靠进口的历史。

粮食丰产科技工程通过精选新品种，配套新技术，强化示范辐射，连接了种业研发、农技推广与农业生产，推动了农业科技成果转化应用，提高了农业生产中的科技水平，粮食增产效应明显，成为依靠科技保障粮食安全的重要举措。通过实施粮食丰产科技工程，三大作物共筛选各类高产优质新品种 186 个，鉴定科技成果 74 项，获国家与省部级科技进步奖 20 余项，申请专利 74 项，制定国家及地方技术标准 36 项，研制新型化肥、生物农药等新产品 34 项，研制农业机械与设备新装置 13 项。这些具有自主知识产权的技术研制与开发为我国粮食作物生产技术水平的提升注入了新的活力。一批高产优质的优势粮食品种广泛应用于核心区、示范区和辐射区，并针对性的集成创新的丰产配套技术，整体性改善和提高了农业生产的科技含量，为粮食丰产丰收打下坚实基础。

在三大平原中，通过粮食丰产科技工程，将单项技术进行优化集成，组装出近百套具有区域特色的三大作物高产优质高效生态安全栽培技术体系。在东北平原，集成了适宜于辽宁、吉林、黑龙江不同生态条件的玉米高产高效抗逆技术体系，创造了雨养条件下春玉米连片亩产 1183.49 公斤和百亩连片玉米机械化栽培 1066.9 公斤的高产纪录；在黄淮海，集成了高产高抗小麦生产技术，粮食作物轮作标准生产技术，创造了黄淮海冬小麦和夏玉米种植，刷新了一年两熟亩产达到 1770.5 公斤的纪录，其中小麦平均亩产达到 751.9 公斤、玉米达到 1018.6 公斤；在长江中下游的 6 省集成了双季稻高产标准化生产技术、水稻精确定量化栽培等不同类型的水稻高产优质高效技术模式，长江中下游稻麦两熟制单季稻实现亩产超过 900 公斤，双季稻高产攻关亩产达到 1325.2 公斤。这些技术在项目核心区、示范区、辐射区得到了广泛应用和示范，截至2010年，累计应用面积达9.19亿亩，累计增产粮食5374万吨，增加经济效益达786亿元，平均每亩增产58.47公斤，年平均增产率达到10.89%。示范区良种采用水平大幅提高，良种与配套耕种技术联合采用使化肥利用率与灌溉水利用率提高10%以上，农药用量减少约25%，每亩节本增效100元左右。

四、我国种业科研存在的问题

我国种业的产、学、研分割严重，科研机构和企业的联系不密切，没有形成很好的对接，上游科研单位较注重新品种新技术的研发，缺乏产业化能力，下游的种子企业技术创新力量薄弱。我国种子的科研、生产、推广和销售长期以来相互分离，科研成果转化速度慢。在推进“产学研”的有机结合过程中，我国科研单位与企业的结合也多以“短、平、快”的项目合作和成果转让为主，战略层次的合作很少，组织形式松散，缺乏持续保障机制，加之我国农业生物产业链的上、中、下游承担的单位及单位性质不同，研发及成果转化环节容易出现断层，大量的科研成果没有获得高效的转化利用。

第一，种业科技投入总量不足，科研项目结构不平衡。我国种业科研投入无论公共投资还是企业投资都严重不足。首先公共性科研投入较少，20世纪90年代是现代生物技术快速实用化的时期，发达国家在种业中的投资大幅增加，美国每年总投资6亿美元左右，我国同期“863”计划和国家科技攻关计划等平均每年投资生物技术研究仅人民币1亿元左右，其中用于农业生物技术方面的比例在20%左右。其次，公司相比国外同行投入差距更大，我国拥有研发创新能力的种子企业不到总数的1.5%，多数企业科研投入仅占销售收入的2%左右，仅少量企业能达到5%以上，而国外种业公司科研投入一般都能达到销售额的10%左右，考虑到公司销售收入的差距，我国种业公司的科研投入与国外领先公司相差更加悬殊。

当前国家对现代生物技术支持力度加大，却没有相应增加常规育种和杂交育种支持力度，造成科研结构不平衡。在国家五年项目对农业的支持计划中，用于生物育种的研发费用达到300亿元，对常规育种项目的安排只有1.8亿元，差距巨大。由于生物技术需要依托传统种子才能发挥技术优势，因此这种投入结构从长远看，不利于种业发展。此外我国科研通行以竞争性项目支持相关研究，这种方式容易偏向支持能够在3~5年内就能见到效益“短平快”的项目，导致对国家基础性的、系统性的研究工作支持不足。长此以往会削弱基础性研究，使得种业创新研究失去坚实的根基。

第二，种业科技研发力量分散，具有自主知识产权的技术和产品少。我国目前有四百多个专门从事作物品种选育和改良的机构，数量位居世界首位，在投入总量并不充裕的情况下，机构数量优势反而分散了有限的科技经费。各科研单位间、甚至同一单位不同研究小组间相对封闭，在种质资源搜集、保存、管理和交流上没有形成畅通渠道，新品种相互鉴定评价及创新技术相互利用工作薄弱，新发现和新发明的知识产权确定和保护不力，不能形成有效的科技研发激励机制。

中国的植物新品种知识产权保护相对起步较晚，1997年颁布《植物新品种保护条例》，1999年加入UPOV1978公约，成为联盟的第39个成员。我国获得的原创知识产权少，获得的专利数不及美国的1/10。从专利权所有人来看，国外农作物品种的研究和更新70%是靠企业完成的，而我国90%是由科研院所来完成，我国专利权人主要为科研院所，这就导致我国很多专利缺乏推广、应用的动力，其潜在应用价值未能得到挖掘，未能发展成带来显著经济效益的核心专利。

第三，种业产学研脱节，难以形成规模化的育种模式。与国外相比，我国种业的产、学、研分割严重，科研机构和企业的联系不密切，没有形成很好的对接，上游科研单位较注重新品种新技术的研发，缺乏产业化能力，下游的种子企业技术创新力量薄弱。我国种子的科研、生产、推广和销售长期以来相互分离，科研成果转化速度慢。在推进“产学研”的有机结合过程中，我国科研单位与企业的结合也多以“短、平、快”的项目合作和成果转让为主，战略层次的合作很少，组织形式松散，缺乏持续保障机制，加之我国农业生物产业链的上、中、下游承担的单位及单位性质不同，研发及成果转化环节容易出现断层，大量的科研成果没有获得高效的转化利用。

由于现代育种技术发展是以综合利用杂交技术、常规技术以及生物技术为基础的，需要在种质搜集、品系搭配、农艺性状鉴定、环境抗性检验、生产性试验、分子标记等许多环节中投入大量的资金和人力，工作量大、重复性强，科研单位难以承担与完成。只有企业加入，运用有效的管理机制和灵活、高效的组织形式，加上大量的资金、人员投入，才能高效率地实现综合开发与试验，不断产生大量新品种。例如我国主要动植物转基因研究一般处于年产转基因植株几十至几百株或几个动物的研究水平，而孟山都一家公司已经达到年产 30 万株转基因植株的技术水平，规模化的商业育种模式的优势巨大。

第四，我国种业的产业集中度低。我国种子产业的一个重要表现就是“散、弱、小”，市场分割与公司弱小的局面制约相关产业进一步发展壮大。随着《种子法》颁布，相关部门制定了一系列配套细则和管理条例，种业的法律制度体系逐渐完善。但是，绝大多种子企业没有形成规模经营，企业在科研投入、技术推广、管理提升、承担种子质量责任等方面能力较弱，分散了行业资源与市场份额。市场缺乏具备较强核心竞争力的经营主体，种子公司的技术创新能力偏弱。规模大一些的种子公司也没有占据足够的市场份额，成为具备稳定持续的市场化供种能力的主力军。面对竞争能力普遍不够强、规模不够大、数量和结构很庞杂的种业大军，政府引导产业发展的难度较大。

我国多数的种子公司经营机制不灵活，资金规模小，利润水平低，经营管理手段落后，缺乏懂技术善管理的人才。绝大多数种子公司没有自主研发机构及产品，对科研单位依附性强，主要经营科研单位育成的品种。多数种子公司经营品种少且经营领域很窄，多数限于种子生产和销售，没有相关农化产品和机械设备的配套开发与经营，企业生产要素配置极不合理，躲避市场风险的能力很低。我国种子企业特别缺乏既懂育种技术又善经营管理的复合型骨干人才，这直接影响了企业的运营。

与发达国家相比，我国种子生产加工发展滞后，精加工还未得到普及应用。种子生产加工是种业市场化经营的重要环节。我国的种子生产加工技术发展较慢，20 多年来，我国的种子生产加工业经历了从引进、仿制、消化、吸收到自行开发研制的发展历程。我国目前种子粗加工能力达到 20 亿吨，但是精加工种子不到 30%，种子生产加工业发展明显滞后，精加工未得到普及应用。据国际种子贸易协会统计，全世界种子市场容量最大的是美国，57 亿美元，中国居第二位，30 亿美元。但是在世界种子贸易总额 300 亿美元中，美国种子年贸易额 60 亿美元，占世界贸易额的 20%，位居第一。中国种子贸易额仅有 3000 万美元左右。我国种子国际贸易不活跃，种子的生产加工技术落后是一个很重要的制约因素。

第五，我国种业形成开放竞争格局，国内种子公司抵御外资竞争能力差，民族种业发展面临巨大压力。在我国加入 WTO 快速融入全球一体化进程的背景下，种业开放已经成为客观的趋势。我国从国外进口的部分动植物品种越来越多，高附加值种子的进口量呈快速增加趋势，2001—2008 年，我国植物种子进口达 6 万多吨，价值超过 7 亿美元。经历了 5 年保护期之后，跨国种业巨头已经开始进入中国种业市场，国内种子产业面临强大的外来竞争。目前，位居全球前10位的跨国种业巨头已经全部进入中国种业市场，在我国注册的外国种业公司已达76家。跨国种业公司快速渗入我国主要农作物、蔬菜、花卉、畜禽等种业市场，发展速度之快远远超出预料。强势跨国种业集团具备全球范围的资源调配能力和长期雄厚的资本积累，采取全方位的扩张战略，采用建立独立的研发机构，建立合资企业，联合科研院所开展合作研究，买断关键专利，对国内单位和个人实施资助、培训和交流等方式强势进入国内种业。跨国种业集团凭借雄厚的资金和垄断全球种业市场的高端技术，对尚处于市场化起步阶段的民族种业发展施加了巨大压力。

在市场开放较早，市场化程度较高的领域，如蔬菜、花卉等，跨国公司迅速取得市场优势。我国蔬菜高端种子市场被外资厂商占据50%以上份额，花卉种业的90%以上市场已由国外企业控制。我国畜禽品种的形势更为严峻，我国是畜禽品种资源最丰富的国家，但集约化、规模化生产用的品种几乎全部是由跨国公司育成的，其中蛋鸡90%、肉鸡70%、种用公猪80%。畜禽优良品种的核心群几乎全部掌控在几家跨国企业手中，我国自主培育品种的市场占有率极低。在成功打入我国蔬菜、花卉、畜牧市场之后，跨国公司近年来又快速进入我国水稻、小麦、玉米等大田作物种业市场。

在全球化背景下，种业对外开放的趋势不可逆转。从好的方面来看，种业开放加速了种子产业化进程，引进了新的品种和耕作技术，为农业种养殖提供了新的资源，增加了农民的比较收益，并且在民族种业中产生了很强的危机意识，刺激了国内种子公司的发展，而且为国内种子公司发展提供可以借鉴的发展路径和模式。但是，与其他产业不同，种业向下联系着粮食生产和食品供应，粮食安全是我国政府最关注的目标之一，种业发展并不能完全适用市场经济的逻辑。加之世界农业问题本来就是一个充斥政治干预的领域，发达国家巨额农业补贴本身也是对市场的严重扭曲。跨国种业公司站在从依靠本国补贴农民身上获得的巨额利润基础上，在发展中国家攻城略地也不完全符合自由竞争的市场信条。跨国种业集团凭借雄厚的资金和高端技术，对尚处于市场化起步阶段的我国民族种业形成巨大压力。在其他新兴市场的发展经历充分表现了跨国种业资本的扩张性，阿根廷、巴西的大豆产业90%以上的种子已掌控在国外垄断企业手中，北美自由贸易协定致使墨西哥粮食进口率由1992年的20%增长到1996年的43%，进口大豆油的收购完全控制了印度食用油产业。在巨大的外来竞争下，民族种业面临巨大挑战，如何在规范外资管理、真正引入一流技术和独特资源的基础上，形成我国种子产业的核心竞争力，实现产业安全成为我国种业当前面对的一项重要任务。

五、推动我国种业发展的战略举措

大多数发达国家的种业发展都经历了前产业化阶段、产生阶段、发展阶段和成熟阶段等阶段。当今的种业是在杂交技术和现代生物技术两次大科技的范式变动推动下的结果。以杂交玉米为代表的杂交技术的成熟并取得在商业上的成功推动种子产业从萌芽到快速发展、增长的全过程；现代生物技术的发展不但改变了种业的科技基础，而且促进了种业与传统的化学生物产业的结合，种业从与其他互补性的农业投入产业融合寻找新的利润空间，从而推动了全球种业市场的寡占式格局。技术范式的变革和产业的发展为全球农民带来巨大收益。当前全球种业发展表现出：以现代生物技术为先导的技术路线，贯穿种业全产业链的科研模式和激励种业创新投入的知识产权战略等特点。私人部门的商业化育种投入成为种业投入的主体，种子产业间的合并重组活动频繁，市场集中度不断提升。我国实施种子产业化以来，种子产业有一定的发展，然而在开放的环境中面对国际竞争对手，我国种业的不足和差距十分明显。

我国种业处于发展起步阶段，产业组织薄弱，产业主体分散，另一方面世界种业经过长期发展已经进入农化一体，经营跨国的寡头垄断阶段，我国种业面临基本的发展战略选择问题。种业既联系着 7 亿农民，也联系着 13 亿食物需求者，种业安全关系重大的国家利益，当前发达国家农业产业一体化的发展趋势保守争议，对第三世界国家对包括种业在内的农业产业控制提出了挑战。然而，从更加务实的角度考虑，产业安全的首要因素是产业的水平和能力，因此有控制的开放战略有利于我国种业发展。从农民对种子的需求看，产业化的深入发展虽然有利于提升产业的供给水平，但是也会影响对偏僻地区、常规品种和小杂粮作物的种子提供，从而不能满足最弱势的贫困农民的生存发展需求，从这个意义上说商业化与公益性科研相分离的战略也是非常必要的。当前我国种业科研能力对产业发展支撑不足，产业发展水平低的问题都对我国种业发展战略提出了目标要求。

从国内外种业发展经验来看，我国种业产业化改革和科技体制创新战略的基本路线有三方面：通过把商业化育种战略，打造种业企业的核心竞争能力，将企业做大做强；通过坚持自主创新在关键基础领域采取追赶战略，提高我国种业科研水平；通过在现代生物技术加大投入，紧紧追赶国际种业发展趋势。

实施种业战略的组织基础是改革现有的农业科研机构，建立产学研联系更加紧密的产业研发组织模式，并通过公益性与商业性的分离，保障基础型和公益性研究的持续投入，并通过商业化育种提高种业的总体科技实力。从历史上看我国农业科研机构经历了多轮改革，目前基本形成了多元化的科研体系，并为农业发展做出了重要贡献。在新一轮科技体制改革中应强化育种机构向科技型中小企业的转型，形成商业化的多层次育种科研体系，提高育种研发的效率和水平。

依靠科技推进种业快速发展是保障粮食安全，满足人民多样化食物需求的基本要求。我国种业发展要以影响我国粮食安全的重要粮油作物（水稻、小麦、玉米、油菜、大豆、棉花、薯类），城乡人民生活息息相关的主要蔬菜（白菜、甘蓝、黄瓜、西甜瓜、番茄、辣椒）和重要的家禽家畜（奶牛、肉牛、羊、猪、鸡）为重点，开展主要农作物现代生物技术研究（高效农作物生物育种技术，生物技术规模化操作系列技术平台，生物技术育种信息化平台，高效规模化转基因技术和生物安全评价技术体系等）和强优势杂交种创制与应用（强优势杂交种骨干亲本创制与资源创新，规模化高效制种关键技术，高产优质多抗强优势杂交种的创制与应用，高质量杂交种种子生产、检验、加工技术集成，农作物种子产业化技术创新体系等），力争在重大品种选育和产业化开发方面取得战略性突破。具体来说，依靠科技促进种业发展的重点任务包括以下几方面。

第一，把种业作为战略性新兴产业的重要组成，集中力量攻克生物育种核心技术，提高种业核心竞争力。重点挖掘具有自主知识产权的高产、优质、抗病虫、抗逆、养分高效利用等重要优良等位基因资源。坚持高新技术与常规技术的紧密结合，重点开展农作物强优势利用核心技术研究，拓宽植物杂种优势利用的范围，提高杂种优势利用的效率。开展农作物高通量转基因及鉴定评价技术，高通量分子标记育种技术，高通量单倍体育种技术以及规模化基因克隆、分子设计育种、动植物高效细胞育种、计算机模拟育种、基因绝育技术等前瞻性新技术研究。研究生物代谢工程技术，培育高附加值农业重大产品，推进我国生物代谢工程和生物反应器产品的产业化。提高种业的核心竞争力，促进民族种业做大做强，为保障我国粮食安全和农民增收服务。

第二，加强种业科技平台能力建设，构建现代种业科技创新体系，推进产业科技创新战略联盟发展。加强种业科技创新基地、产业园、国家重点实验室、工程技术研究中心和育种研究中心建设。有效整合全国的种业科技资源，建设国家级的现代种业科技创新技术公共平台，加大对公共平台先进装备，实验条件和试验设施的投入，集中力量开展共性技术研究，提高种业科技的持续创新能力。克服当前科研体制存在的问题，加强种业科技上中下游的有机结合，建设以市场为导向，公共研究单位与企业紧密结合，以企业为主体的种业科技创新体系。引导种业龙头企业与优势科研单位形成企业与企业，企业与院所的产业科技创新战略联盟，出台相关政策支持战略联盟承担科技项目，促进战略联盟发展，全力推动“产、学、研”实质合作和融合。

第三，提高企业科技投入意识，增强企业科技研发能力，培育具有国际竞争力的现代种业企业。集中整合行业优势资源，避免重复建设与力量分散，提高行业研发、产业投入的整体投资效率。抓住国际种业战略转移的大好时机，增强企业自主创新能力，提高种业企业的竞争力，重点培育几家具有国际竞争力的种业“航空母舰”，培育具有国际竞争力的新型种业企业，保持国家自主企业对中国种业的控制力和影响力。

第 7 章　农业机械化与农业现代化

早在 1954 年召开的第一次全国人民代表大会，我国政府就明确提出了包括农业现代化在内的“四个现代化”的任务。新中国成立以后与农业相关的一系列生产关系和生产力的变革，如土地改革、合作化、人民公社化、兴修水利、大搞农田基本建设、贯彻“八字宪法”精神等，都是农业现代化的组成部分。20 世纪 80 年代初期农村改革完成后，政、学两界对农业现代化的理解，曾主要集中在农业机械、化学肥料等现代要素的投入上，一度认为农业机械化、化学化的水平就能够代表农业现代化水平（孔祥智等，2013）。随着技术、经济和社会的全面进步，农业现代化的内涵逐渐丰富，既包括生产条件、生产技术、生产组织管理的现代化，又包括资源配置方式的优化，以及与之相适应的制度安排（毛飞等，2012）。但是无论农业现代化的内涵如何丰富，农业机械化始终是农业现代化的重要标志，是建设社会主义新农村的重要内容（农业部农业机械化管理司，2008）。

发展农业机械化，是建设现代农业的迫切需要。现代农业靠科技，而农业机械是推广应用先进农业技术的重要载体（宗锦耀，2008）。国外大量的研究表明，农业机械化对农业现代化的发展具有重大贡献。首先是农业机械化有助于增加农业产出。SaLam 等学者（1981）对巴基斯坦的实证研究表明，农业机械化相比人力劳动，不仅能提高单位产出还能降低单位产出成本。Yamauchi（2014）通过对印度尼西亚的研究，发现农业机械化还有利于推动农业的规模化与产业化，对农业增产效果明显；早年 Robert（1949）对美国农业机械化的分析中就指出了，机械化推动了美国农场的经营规模，一度收到了规模经济的效果。其次是机械化促进了农业劳动力的转移。Hicks（1932）、Hayami 和 Ruttan (1971) 在诱致性制度变迁的理论分析中，就指出了机械化在应对劳动力工资上涨与推动劳动力转移上有着显著功效。尔后，许多学者做了大量的实证研究，如 Oshiro（1985）在对日本水稻产业的研究中，就证实了水稻的机械化对推动农业劳动力非农就业有着显著的正向影响。再者是农业机械化对农民的收入的影响。Robert（1949）在分析美国农业机械化时，就指出机械化显著提高了农民的商业化程度，对农民增收起到了明显的促进作用。Jhunjhunwala（1974）通过对印度的研究发现，机械化有助于农民收入分配的均等化，他指出这是因为机械化与劳动力工资上涨往往相伴出现，机械化转移了农业劳动力，起到了增加低收入农民收入的效果。当然，还有许多学者探讨了机械化对农业现代化的其他效果（Nourse，1930；Schmitz，1970；Perelman，1973；Ricoy，2003）。

改革开放以来，中国农业机械化对农业现代化的推进也起到了巨大作用，尤为突出的是实现了 21 世纪以来粮食产量罕见的“十一连增”与促进了农村劳动力大量转移。但是具体而言，农业机械化对粮食产出、劳动力转移做出了多大贡献呢，在发展农业现代化的背景下未来农业机械化政策又该如何设计呢？目前国内学术界对这些问题的研究并不深入，已有的研究多集中在对农业机械化的描述性分析（涂志强、杨敏丽，2005；杨敏丽，2008；郭兵、方锡顺，2015）、发展路径总结（王波、李伟，2012；张月群、李群，2012；白人朴，2014）或者是验证机械化与经济指标的协整关系（朱振亚、王树进，2009；莫红梅，钟芸香，2013；）；也有的研究关注机械化对经济社会的影响（彭代彦，2005；周渝岚，2014；王新利、赵琨，2014），但是这些在估计方法上存在明显的缺陷。为此，本文将以农业机械化与农业现代化的关系为研究主题，归纳总结我国农业机械化的各个发展阶段与取得的成绩，分析并实证研究农业机械化对农业现代化的贡献，进一步提出深化农业机械化的政策建议。我们希望通过以深化农业机械化为支点，来推进农业现代化，以此促进“四化同步”。

第1节　改革开放以来中国农业机械化的发展阶段

改革开放以来，我国农业机械化在人多地少、自然条件及耕作制度复杂、经济底子薄的国情农情下，探索出了中国农业机械化发展规律和发展道路，开创了中国特色农业机械化的新局面，取得了辉煌的成就，积累了丰富的发展经验。回顾这段历程，农业机械化过程大致可以划分为如下三个阶段。

一、体制转换：1978—1993年

这段时期我国农业机械化伴随经济体制改革，经历着发展战略方针、农机所有制的改革。

首先，调整发展战略方针，将“农林牧副渔齐头并进发展机械化”的方针调整为“因地制宜，有选择地发展农业机械化”。20世纪50年代我国就提出了“农业的根本出路在于机械化”的论断，并在1966年确定了“1980年基本实现农业机械化”的目标，由此拉开了采取行政手段、自上而下以大型农业机械为主的农业机械化推进进程的序幕（郑有贵，2001）。1979年农村地区逐步开始了家庭联产承包责任制改革，农业经营规模日益细碎化，大中型农业机械失去了用武之地，面对农村改革中出现的这些问题，1979年党的十一届四中全会提出“因地制宜，有选择地发展农业机械化，不再是农林牧副渔机械化的齐头并进”。1982年中共中央发出的关于改革开放以来第一个关于农村问题的中央1号文件再次指出，农业机械化必须有步骤、有选择地进行。这标志着我国已调整农业机械化发展方针，同时也为新时期农业机械化指明了方向。

其次，改革农机所有制。20世纪80年代初，正值理论界激烈争论生产资料所有制之际，农业机械化领域率先开始了农机所有权改革。1983年中央1号文件针对农机所有制问题，指出：“农民个人或联户购置农副产品加工机具、小型拖拉机和小型机动船，从事生产和运输，对发展农村商品生产，活跃农村经济是有利的，应当允许；大中型拖拉机和汽车，在现阶段原则上也不必禁止私人购置。”1984年国务院颁布《关于农民个人或联户购置机动车船和拖拉机经营运输业的若干规定》，对农民个人或联户购置机动车、小型机动船和拖拉机经营运输业的有关问题做如下规定：一是国家允许农民个人或联户用购置的机动车船和拖拉机经营运输业；二是允许农民个人或联户用购置的机动车船和拖拉机从事营业性运输。这两个文件对农业机械所有制的问题进行了松绑，冲破了生产资料不允许个人所有的思想禁区。由此，农民逐渐成为农机化发展的需求主体，政府和集体逐步退居幕后。从1986—1995年农户、集体、国家农业机械保有量的结构中，我们也能窥探出这一变化。这一时期全国农户农业机械原值占全社会农机原值比重从1986年的66.54%快速增长到了1995年的80.14%。

表 7–1 农业机械化体制转换一览表

类别	时间	内容
发展战略方针	1979年9月	党的十一届四中全会提出“因地制宜，有选择地发展农业机械化，不再是农林牧副渔机械化的齐头并进”
	1982年1月	中央一号文件指出，“农业机械化必须有步骤、有选择地进行”
农机所有制	1983年1月	中央一号文件指出“农民个人或联户购置农副产品加工机具、小型拖拉机和小型机动船，从事生产和运输，对发展农村商品生产，活跃农村经济是有利的，应当允许；大中型拖拉机和汽车，在现阶段原则上也不必禁止私人购置”
	1984年	国务院颁布《关于农民个人或联户购置机动车船和拖拉机经营运输业的若干规定》“国家允许农民个人或联户用购置的机动车船和拖拉机经营运输业；允许农民个人或联户用购置的机动车船和拖拉机从事营业性运输”

随着家庭联产承包责任制逐步确立，由于农民家庭经营规模小、投资能力有限，国家鼓励农户购置小型农业机械，发展以小型农业机械为主的农业机械化，我国形成了以小型机具为主的农机装备格局。1993 年我国小型拖拉机达到 788.34 万台，比 1978 年的 174 万台增长了 352.87%，而大中型拖拉机 72.12 万台，仅比 1978 年的 55.74 万台增长了 29.39%。从结构上来看，1986—1993 年小型拖拉机占比几乎每年都稳定 95% 以上。1993 年，我国农机总动力达到 3.18 亿千瓦，比 1978 年的 1.17 亿千瓦增长了 171.79%。全国农作物机耕、机播、机收水平分别增长到 54.50%、18.13% 与 9.73%。农作物耕种收综合机械化率[1]为 30.16%。

二、市场导向与中国特色农业机械化道路初步形成：1994—2003 年

1994 年党的第十五次全国代表大会提出了建立社会主义市场经济体制的经济改革目标；同年 7 月，国家取消了农用柴油平价供应政策。至此，带有计划经济色彩的农业机械化政策彻底退出历史舞台（刘合光，2008），我国农业机械化进入了以市场为导向的发展阶段，中国特色农业机械化发展道路初步形成。

首先，农机社会化服务逐渐形成，中国特色农业机械化道路已现雏形。制度安排分析是回答中国特色农业机械化道路为何产生，以何种路径产生以及发展到什么程度的重要方法。1990 年代以来，农民收入快速增加，部分农户已经具备了购置农业机械或服务的支付能力；与此同时，我国中小型农业机械生产技术日臻成熟。农业机械适用的内在需求与外部供给条件逐渐成熟。随着农村二三产业的发展，农民兼营他业，农村劳动力价格逐渐攀升。劳动机械两类要素在农业生产中的相对价格逐步变化，劳动对机械的相对价格正在逐渐升高，劳动机械投入比的诱致性制度变迁条件已然形成。从经济效益角度而言，农民已经能够接受并对机械代替人力从事农业生产形成了有效需求。与此同时，北方地区一些农机手在南北地域间小麦成熟时间差中寻到了商机，从南至北沿途为农户机收小麦，由此拉开了中国农机跨区作业的序幕。此举迅速得到了国家的肯定与支持。此后，农业部门几乎每年都组织农机跨区作业动员大会，并出台相应的优惠政策推动农机跨区作业（详见表 7-2）。至此，以农机社会化服务为形式的农机化道路逐步被确立。这标志着我国已初步探索出了中国特色农业机械化道路。

[1] 按照农业部的统计口径，农作物耕种收综合机械化水平是通过农作物机耕水平、机播水平、机收水平加权平均计算而来，权重分别为0.4、0.3、0.3。

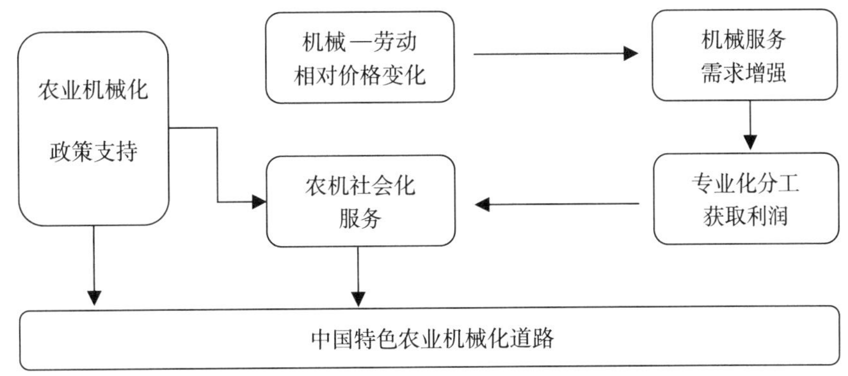

图 7-1 中国特色农业机械化道路制度生成路径

其次，国家多方面扶持农业机械化。1994—2003 年，国家各有关职能部门从计划、财政、科技、能源、环保等多方面采取政策措施，引导和扶持农业机械化的发展。具体内容详见表 7-2。

表 7-2 1994—2003 年国家农机化扶持政策一览表

政策类别	时间	政策内容
计划	1994年	1994年党的第十五次全国代表大会提出了建立社会主义市场经济体制的经济改革目标；同年7月，国家取消了农用柴油平价供应政策。
	1996年9月	农业部印发《农业机械化发展"九五"计划和2010年规划》，指出到2000年全国农机总动力以34%年递增率增长，机耕、机播和机收面积分别达到6100万公顷、4700万公顷和2840万公顷，农业机械化发展到粮食增长和农业总产值增长的贡献份额达到15%，到2010年农机化贡献率将达到20%。
财政	1998年4月	财政部、农业部联合印发《关于编制1998年大型拖拉机及配套农具更新补贴计划的通知》。计划1998年中央财政安排2000万元资金，支持黑龙江省、辽宁省、山东省、内蒙古自治区、河南省、新疆维吾尔自治区、吉林省的农机更新工作。
	1999年5月	财政部向黑龙江、吉林、山东、辽宁、河南、新疆、内蒙古7个重点产量大省（自治区）下达大型拖拉机及配套农具更新补助资金2000万元，用于农机服务组织和农机大户的大型拖拉机及配套农具的更新补助。
	2001年5月	农业部印发《关于下达2001年农业机械装备更新项目计划的通知》，安排2001年中央财政设立的农业机械装备更新补贴专项资金2000万云，主要用于对种粮大户、农机专业户和基层农机服务组织购置大中型拖拉机进行补贴，鼓励发展大中型拖拉机。
科技	1996年12月	农业部印发《关于组织送教下乡开展千万农机手培训活动的通知》，决定用两年时间集中组织农机管理系统的干部和全国2000多所农机学校，送科技知识下乡，对千万农机手进行培训。
	2001年11月	科技部正式批复"十五"国家科技攻关计划"农业机械化关键技术研究开发"项目。项目经费总额为2400万元。项目用于水稻、玉米耕种收高效能机械的研发。
能源	1996年4月	国家安排农业生产救灾柴油50万吨、化肥20万吨。中央财政为此安排专项补贴资金8000万元。其中，救灾柴油专项补贴6000万元。
	1997年10月	经国务院批准，财政部、国家计划委员会联合发布《油品价格调节基金征收使用管理暂行办法》，建立油品价格调节基金，专项用于补助柴油提价影响较大的小麦、水稻、玉米三大粮食作物的机耕、机播、机收等农机田间作业。
环保	1999年5月	农业部下达秸秆综合利用专项资金3000万元，用于北京、天津、石家庄、沈阳、上海、南京、济南、郑州、成都、西安10个大中城市郊区及京津塘、京石、沪宁、济青4条告诉公路沿线地区的秸秆综合利用技术推广补助。主要用于从事秸秆综合利用的单位或个人购置秸秆粉碎还田机等农机具的补贴。

注：根据宋树友. 中国农业机械化大事记（1949—2009）[M]. 北京：中国农业出版社, 2010. 整理而来。

这个时期最大的特点是探索出了以农机社会化服务为形式的符合国情农情的农业机械化道路，保障了我国农业机械化的可持续发展。2003 年，全国农机总动力增加到 6.04 亿千瓦，比 1994 年增长了 78.65%，年均增长 6.66%；农机化作业服务组织数量从 1996 年的 256281 个增长到 2003 年的 30818382 个，年均增长 98.22%，农机化作业服务专业户从 1996 年的 3531890 个增加到 2003 年的 3603792 个，年均增长 0.29%；农作物机耕、机播、机收水平分别为 46.8%、26.7% 与 19.0%，其中机收水平增长较快（如图 7-2 所示）。

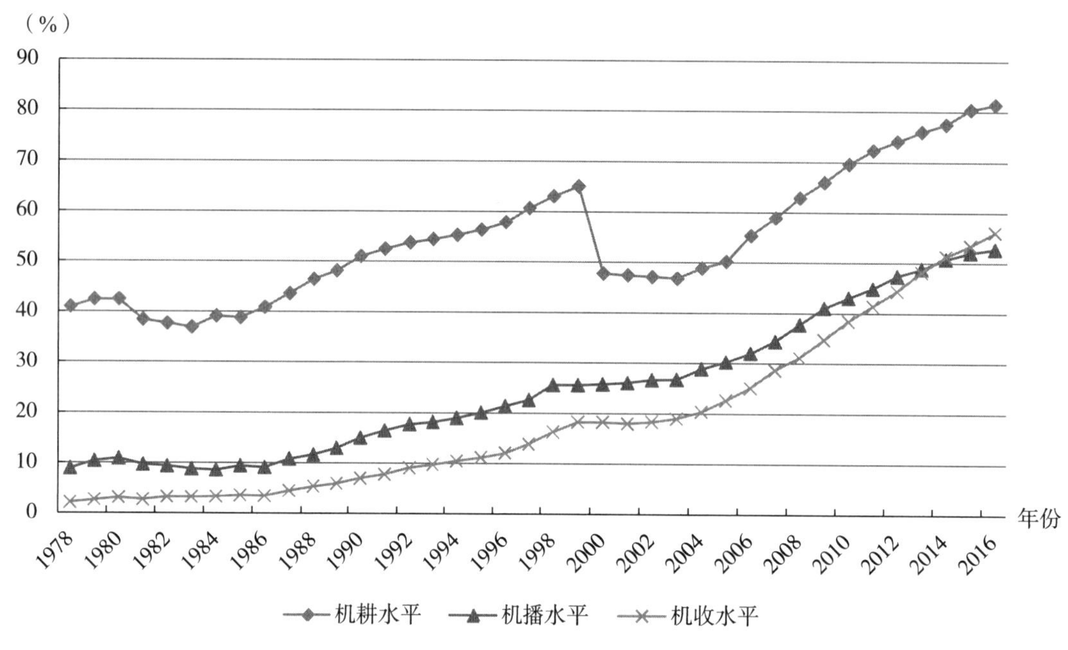

图 7-2　1978—2016 年中国农业机械化水平增长示意图

注：数据来自《全国农业机械化统计资料汇编1949—2004》与2004—2016年《全国农业机械化统计年报》。

三、依法促进与中国特色农业机械化道路进一步深化：2004 年至今

2004 年国家颁布实施了《中华人民共和国农业机械化促进法》，中国农业机械化进入了依法促进的阶段。同年，财政部、农业部共同启动实施了农机购置补贴政策。至此，我国农业机械化进入了依法促进的快车道。

2004 年 6 月，经十届全国人大常委会十次会议审议通过《中华人民共和国农业机械化促进法》，同年 11 月 1 日正式实施。这是我国第一部有关农业机械化的法律。这部法律第二十一条明确指出“国家鼓励跨行政区域开展农业机械作业服务。各级人民政府及其有关部门应当支持农业机械跨行政区域作业，维护作业秩序，提供便利和服务，并依法实施安全监督管理”；第二十二条明确指出了扶持农业机械服务的各类政策。这是农机社会化服务首次写入国家法律，这充分表明中国特色农业机械化道路受到法律认可与支持，中国农业机械化进入了依法促进的阶段。

更为重要的是，2004 年启动实施的农机购置补贴政策为中国特色农业机械化道路的深化增添了强劲动力。2004 年的中央 1 号文件决定，“提高农业机械化水平，对农民个人、农场职工、农机专业户和直接从事农业生产的农机服务组织购置和更新大型农机具给予一定补贴”。同年 3 月，中央财政安排资金 7000 万元，其中 4000 万元在 16 个省（自治区、直辖市）的 66 个县实施，3000 万元用于

农垦补贴。由此拉开了新世纪农机购置补贴的序幕。10 年内中央财政用于农机购置补贴的投入累计近达 950 亿元，有效地带动了农民的农机购置投入。农民农机购置投入从 2004 年的 237.50 亿元快速增加到了 2013 年的 624.60 亿元，年均增长 11.34%。

表 7-3　2004—2016 年农机购置补贴实施情况

年份	实施县数（个）	农机补贴数额（万元）	农民农机购置投入（万元）	农机购置总投入（万元）
2004	66	7000	2375029.00	2491841.66
2005	500	25000	2732638.69	2926179.41
2006	1126	54000	2954663.88	3195106.77
2007	1716	110900	3117086.66	3505958.46
2008	全部	372000	3411600.40	4092555.37
2009	全部	1300000	4528405.23	6097446.59
2010	全部	1549300	5093038.62	7062139.73
2011	全部	1750000	5314401.86	7447057.88
2012	全部	2150000	5963025.60	8569562.16
2013	全部	2175480	6245952.95	8870229.48
2014	全部	2375500	——	——
2015	全部	2375500	——	——
2016	全部	2375500	——	——

注：实施县个数与农机补贴数额由农业部农业机械化管理司提供，其余数据来自2004—2013年的《全国农业机械化统计年报》。

总体而言，这段时期我国农业机械化呈现出两大特点。

第一，以农机购置补贴的方式大力扶持农业机械化，极大地推进了农业机械化。一是表现在农作物综合机械化率上，如图 7-2 所示，在第一、二阶段中机耕水平处于波动增长之中，进入第三阶段后，机耕水平迈进了快速增长时期，年均增长 5.02%；机播、机收水平在第一、二阶段里增长缓慢，年均增长分别为 4.49% 与 9.21%%，而在第三阶段里机播、机收水平年增长率达到了 6.01% 与 10.04%。从全国各区域来看，2012 年底已有 18 个省市区的农作物耕种收综合机械化水平超过 50%，全国农作物耕种收综合机械化达到 59.48%。二是表现在主粮机械化上，第三阶段是三大主粮关键机械化环节起步与高速增长的时期（如图 7-3 所示）。其中，提高最快的是玉米机收水平，2003 年只有 1.89%，到了 2013 年达到了 51.57%，10 年间提高了 27.3 倍；水稻的机播率 2003 年仅为 6.00%，到 2013 年已达到了 36.10%，10 年间提高了 6 倍以上；水稻收获环节的机械化也提高得较快，2003 年只有 23.40%，2013 年达到了 80.91%，10 年间提高了 3.5 倍。

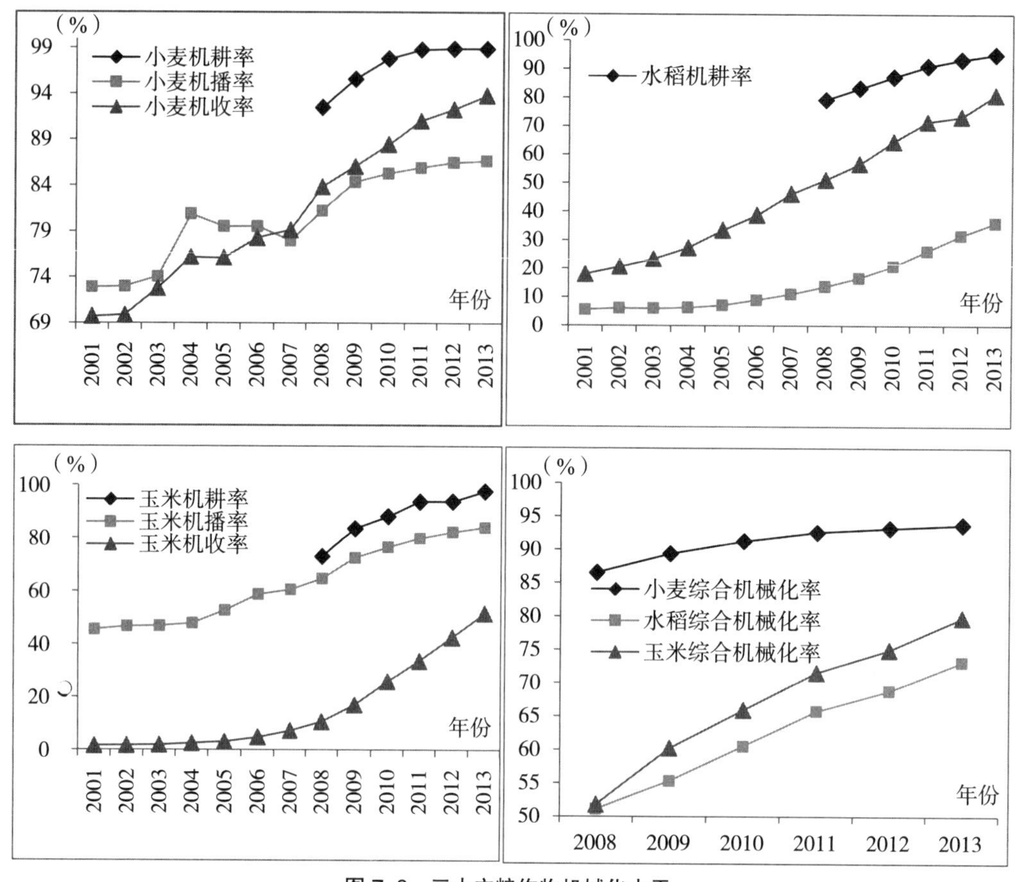

图 7-3 三大主粮作物机械化水平

注：以上数据来自《全国农业机械化统计资料汇编1949—2004》与2004—2013年《全国农业机械化统计年报》。

第二，以农机社会化服务为内涵的中国特色农业机械化道路得到了进一步深化。受农机购置补贴政策的推动，全国农机户数量大增，农机化作业服务专业户从 2004 年的 3607984 个增加到 2013 年的 5242735 个，年均增长 5.48%。农机化作业服务人数的增加进一步增强了农机化服务的供给能力；同时，本时期内全国劳动力转移加速，农机化服务需求空前增加。因而农机手跨区作业面积得到了明显提高，全国跨区机收小麦、水稻、玉米总面积从 2004 年的 15143.58 千公顷增长到 2013 年的 25372.13 千公顷，年均增长 7.65%。

四、中国特色农业机械化道路的科学内涵

2013 年全国农业人口 62961 万人，农机化作业服务专业户人口 730.55 万人，倘若去除自有农机的 5253.11 万人，也就是说 1.16% 的农民为全国 91.66% 的农民提供农机化服务，这是中国农业机械化道路的真实写照，同时也是中国特色的农业机械化道路的现实内涵。纵观中国农业机械化 20 年的发展历程，我们已然探索出了一条“在家庭联产承包经营下，农机手供给农机社会化服务，农户购买服务”的具有中国特色的农业机械化发展道路。中国特色农业机械化道路的开辟有力地回答了两个问题。

第一，中国农业机械化道路不同于美国、欧洲、日本等已经实现农业机械化的国家的发展模式，那么我们为什么没有走上与他们相同的机械化道路呢？纵观世界机械化发展模式，总体而言有三种形式。一是美国、加拿大、澳大利亚式的，由于这些国家劳均耕地多，农户农机购置投入能力很强，因而走的是大面积农田配套大型机械的大规模机械化道路；二是欧洲式的，欧洲国家土地规模适中，

农户农机购置投入能力强，走的是中等规模集约机械化的道路；三是日本、韩国式的，日韩劳均土地规模分别为37.5亩与16.5亩，农户农机购置投入能力较强，主要走的是小规模精细机械化的道路。这三种不同形式的机械化道路都是依据这些国家的国情、农情逐渐确立的，他们虽形式不同但却有着三个共同点：一是走资金与技术密集型的路子，农业机具技术含量高、价值大；二是农业机械一般只是作为替代人畜力作业的手段；三是农户的投入能力较强，购买农机主要是农户自有自用，为自家农业生产服务（周渝岚等，2014）。对于中国而言，人多地少是我国的基本国情农情，人均耕地面积仅有1.35亩，劳均耕地面积也不过6亩，这些基本情况决定了我国无法走上大、中规模机械化的道路；同时，我国农民收入水平低，自我积累能力还很弱，每家每户购买农机，既买不起也不经济，因而决定了我国也无法走上日本、韩国的规模精细机械化道路。

表 7–4　中国与其他国家农业机械化道路比较分析

国别	机械化类型	国情农情	特征
美国、加拿大、澳大利亚	大规模机械化道路	1. 劳均耕地面积多，如澳大利亚劳均耕地面积近1500亩 2. 农户农机购置投入能力很强	1. 走资金与技术密集型的路子，农业机具技术含量高、价值大 2. 农业机械一般只是作为替代人畜力作业的手段 3. 农户购买农机主要是农户自有自用，为自家农业生产服务
欧洲	中等规模集约机械化道路	1. 土地规模适中，如英国、意大利劳均耕地面积分别为36亩与114亩 2. 农户农机购置投入能力强	1. 走资金与技术密集型的路子，农业机具技术含量高、价值大 2. 农业机械一般只是作为替代人畜力作业的手段 3. 农户购买农机主要是农户自有自用，为自家农业生产服务
日本、韩国	规模精细机械化道路	1. 人均耕地面积小，劳均耕地面积较适中，日本、韩国劳均土地规模分别达37.5亩与16.5亩 2. 农户农机购置投入能力较强	1. 走资金与技术密集型的路子，农业机具技术含量高、价值大 2. 农业机械一般只是作为替代人畜力作业的手段 3. 农户购买农机主要是农户自有自用，为自家农业生产服务
中国	家庭联产承包经营下，农机手提供农机社会化服务，农户购买	1. 人均耕地面积小仅有1.35亩，劳均耕地面积也小仅有6亩 2. 农户农机购置投入能力弱	1. 农户以购置中小型农业机械为主 2. 农户购买农机不仅要为自家自用，更重要的是开展社会化服务

注：表格数据来自郭熙保. 加速推进农业规模化经营刻不容缓［J］. 湖湘三农论坛，2012: 21-24.

第二，中国特色农业机械化道路有着什么样的科学内涵呢？须知，在中国发展农业机械化，必须坚持在土地实行家庭联产承包经营的前提下，解决好农业机械大规模作业与亿万小规模农户生产的矛盾。以农机社会化服务为形式的农业机械化道路就有力地化解了这个矛盾。一方面它减少了农机具的重复购置，解决了“有机户有机没活干、无机户有活没机干”的矛盾，做到了“买不起、用得起”；另一方面农民购买农机特别是价值较高的大中型机具不仅服务了自家，更重要的是还开展了农业社会化服务，使得高投入的大中型农业机械在分散经营的一家一户的土地上实现了高产出。中国特色农业机械化道路符合我国基本国情农情。同时，中国特色农业机械化道路科学地回答了什么是农业机械化发展主体、发展机制和发展目标的问题(朱振亚等，2009)。一是农民群众是农业机械化的发展主体，以跨区作业为主要形式的农机社会化服务是中国农民继家庭联产承包经营、乡镇企业之后的又一伟大创举。中国地域广阔，农业耕作方式各地差别很大，采用什么样的农机具、以什么样的经营形式组织作业，农民群众最有发言权。因此，推进中国特色农业机械化道路必须坚持农民群众在发展农业机械化中的主体地位，尊重农民群众的创造和选择。二是社会化服务是中国农业机械化的基本发展机制，农机户和各类农机服务组织依据市场需求来开展作业服务，大力发展农机跨区作业，积极推动农机服务社会化、市场化与产业化。这既是中国特色农业机械化的基本形态，也是今后农机化政策的着力点。三是共同利用、提高效益是农业机械化的发展目标，即鼓励农业生产经营者共同使用、合作经营农业机械，提高农业生产效益，推进农业现代化。

第 2 节　农业机械化对农业现代化的贡献

农业机械化既是农业现代化的核心内容，对农业现代化水平的提高做出了巨大贡献。其中，农业机械化对我国粮食产出、农村劳动力转移与新型农业经营体系建设的作用最为明显。下面我们将具体评价农业机械化在粮食产出、农村劳动力转移与新型农业经营体系建设中的贡献，希冀通过我们的分析为以机械化促进农业现代化提供更为有力的支撑。

一、农业机械化与粮食增产

从 2004 年到 2014 年，我国粮食产量从 46947 万吨稳步增长到 60710 万吨，实现了历史上罕见的“十一连增”。与此同时，这十一年也是我国农业机械化快速发展时期。农业机械化与粮食增产有着密切的联系。农业机械化一方面能够促进粮食播种面积的增加，另一方面也能提升粮食单产，正是通过这两条路径影响着粮食的总产量。

第一，农业机械化与粮食播种面积。农业机械化最直接的效果就是提高了农业生产效率，加快了粮食生产环节机械替代劳动步伐，缓解农业劳动力结构性短缺可能造成的粮食生产萎缩风险。2004 年以来，粮食生产环节机械替代劳动力步伐持续加快，粮食生产中劳动强度较大的环节机械化取得了重大突破。笔者调研获悉，湖南、浙江等一些地方近年已将单季稻恢复为双季稻种植，生产机械化水平快速提高是其中一个重要因素。此外，中国特色农业机械化道路的推进加快了粮食生产抢种抢收，保障了重要农时粮食生产顺利进行。农业机械化有利于完成人畜力无法达到的作业效率和作业质量，起到了“抢农时、防灾害、促丰产”的效果。近年黄淮海小麦玉米一年两作地区，由于广大跨区作业的深入开展，机收机种同时进行，使两作接茬的收、种环节的作业时间缩短 10~15 天，将“三夏”变为“两夏”，减少套种，实现平作，既简化农艺又节本增效。实践证明，没有中国特色农业机械化道路，大范围的农业抢收抢种工作是难以完成的，也无法保障粮食生产。

第二，农业机械化与粮食单产。传统的观念认为，提高粮食单产的关键是水、种、肥、药等要素。事实上，农业机械化对提高粮食单产也有着显著的成效，近年来，随着国家大力推广节水灌溉、精量播种、化肥深施、高效植保、秸秆还田、保护性耕作等先进适用的农机化技术，在提高粮食单产上收到了不错的成效。实验数据对比表明[1]，相同的施肥量，用机械深施基肥可以增产 5%~10%；水稻机插秧比人工插秧每亩可以增产 50 公斤；在同等生产条件下，水稻、小麦、玉米生产全程机械化可实现节种增产减损综合增产能力分别为每亩 53 公斤、37 公斤、72 公斤。在土地资源紧缺，水、肥等资源投入对增产约束增强的情况下，农业机械化已然成为提高粮食单产的理想选择。

根据上面的论述，我们不难得出农业机械化有助于粮食增产的结论。但是，农业机械化对全国粮食增产的贡献究竟有多大呢？我们将通过实证分析对此问题进行探讨。我们采用 CD 函数进行估计，模型如下：

[1] 实验数据来源：http://www.moa.gov.cn/zwllm/zwdt/201011/t20101110_1698014.htm.（农业部官网）

$$Y_{it} = A\ area_{it}^{\alpha}\ ferti_{it}^{\beta}\ pesti_{it}^{\gamma}\ mechan_{it}^{\delta}\ e^{u_{it}} \tag{7-1}$$

式（7-1）中，Y 代表粮食产量，*area* 为粮食播种面积，*ferti* 为亩均化肥投入，*pesti* 为亩均农药投入，*mechan* 为机械化水平，A 为常数项，μ 为估计误差。α、β、γ、δ 为待估参数。对（7-1）式取对数，则有：

$$Ln\ Y_{it} = Ln\ A + \alpha\ Ln\ area_{it} + \beta\ Ln\ ferti_{it} + \gamma\ Ln\ pesti_{it} + \delta\ Ln\ mechan_{it} + \mu_{it} \tag{7-2}$$

基于数据的可获得性，我们选取1998—2012年全国31个省市区的面板数据。其中，粮食产量、粮食播种面积数据来自国家统计局官网；由于年鉴资料，还尚未对粮食生产的化肥、农药投入进行统计，已有的仅仅是全部农作物化肥、农药投入数据，在这里我们用亩均农作物化肥投入、亩均农作物农药投入来替代粮食的。由于1998—2012年内，粮食作物播种面积占农作物播种面积的68.5%，因而这种替代方式能够反映粮食生产中化肥、农药的投入情况。机械化变量选取农作物耕种收综合机械化率。

当估计出机械化对粮食产出的弹性 δ 后，进一步我们不难测算出机械化对粮食增产的贡献率 η，测算公式如下：

$$\eta = \delta\left(\frac{\Delta mechan}{mechan}\right) / \left(\frac{\Delta Y}{Y}\right) \tag{7-3}$$

其中，$\frac{\Delta mechan}{mechan}$、$\frac{\Delta Y}{Y}$ 分别代表机械化率与粮食产量的增长率。

模型估计结果如表7-5所示。我们不难发现，机械化对粮食产量有着显著的正向关系。在不同时间段内，机械化对粮食产量的正向作用都十分显著，由此可见机械化是粮食增产的稳健因素。不过，从估计的弹性系数来看，机械化对粮食增产的作用还远小于播种面积、化肥与农药的。进一步，我们测算出了机械化对粮食增产的贡献度。1998—2012年、1998—2003年、2004—2012年，机械化对粮食增产的贡献度分别为9.79%、9.21%与8.73%。

表7–5 农业机械化对粮食增产贡献度估计结果

	模型(1)	模型(2)	模型(3)
lnmechan	0.0285**	0.1160*	0.0336***
	(2.28)	(1.89)	(2.89)
lnarea	0.9495***	0.8037***	0.8320***
	(29.98)	(11.85)	(14.32)
lnavferti	0.1986***	0.1378	0.1318**
	(5.77)	(1.51)	(2.51)
lnavpesti	0.0572**	-0.0562	0.0648**
	(2.62)	(-1.00)	(2.39)
常数项	0.6230**	0.3930	1.3342**
	(2.33)	(0.81)	(2.55)
N	465	186	279
R^2	0.6990	0.6574	0.5649
Adj_R^2	0.6752	0.5802	0.5043
F	249.6249	72.4254	79.1958

续表

	模型(1)	模型(2)	模型(3)
时间跨度	1998-2012	1998-2003	2004-2012
固定效应	Yes	Yes	Yes
机械化贡献率	9.79%	9.21%	8.73%

注：理论上讲，机械化有助于粮食播种面积的增加；以防自变量之间存在较高的多重共线性，我们对各自变量做了多重共线性检验，检验结果表明VIF的取值为1.45，远小于存在较高多重共线性的VIF临界值（10）。因此，可忽略自变量之间的多重共线性对模型估计的影响。括号外的数值为估计系数，括号内为该系数下的t值或Z值，其中*$p<0.1$，**$p<0.05$，***$p<0.01$。

通过这些分析，我们有如下两个判断：一是农业机械化的确能够对粮食增产起到显著的促进作用；二是在2004—2012年，即粮食产量“九连增”期间，机械化的贡献度达8.73%。这些研究结论为我们提供了发展农业机械化促进粮食增产的政策启示。

二、农业机械化与农村劳动力转移

农村劳动力转移是实现农业现代化的重要内容之一，也是推动四化同步发展的关键因素。农业机械化对农村劳动力转移起到了重大助推作用。

1. 农业机械化与农村劳动力转移的互动关系

农业机械化与农村劳动力转移之间具有相互作用的互动关系。农业机械化对农村劳动力转移起到了推力作用，农村劳动力转移也为农业机械化创造了条件，其理论逻辑如下图7-4所示：

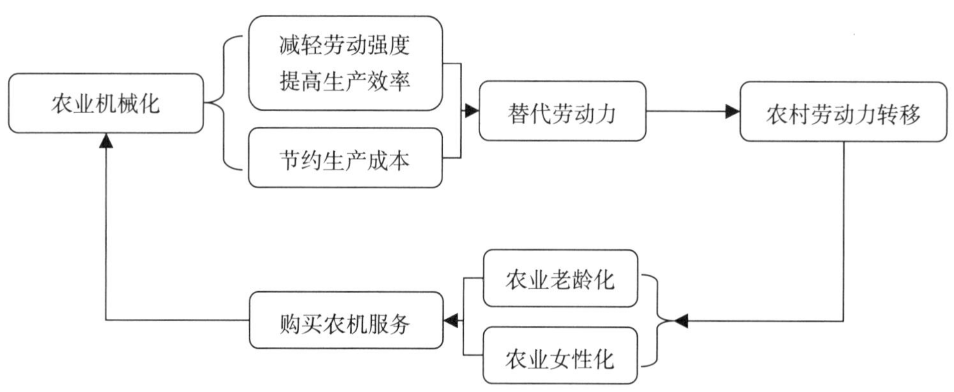

图7-4 农业机械化与农村劳动力转移互动关系示意图

首先，农业机械化推动了农村劳动力转移。农业机械化最直接的效果就是减轻劳动强度，提高生产效率。据农业部测算[1]，目前水稻机插秧效率是人工插秧的20倍，1台水稻联合收割机可替代200多人工作量，1台玉米收获机能替代70~80个劳动力。更为重要的是，随着劳动力成本的高涨，机械化生产还具有节约生成成本的功效。正是因为农业机械化的这些优势，促使了农民广泛购买农机化服务，进一步形成了机械替代劳动的农业生产方式，从而创造了农业剩余劳动力，为农村劳动力的转移孕育了推力。

其次，农村劳动力大量转移也为推进农业机械化创造了条件。当前我国农村正面临着农村劳动

[1] 测算数据来源：http://www.moa.gov.cn/zwllm/zwdt/201011/t20101110_1698014.htm.（农业部网站）

力大量转移的现实，农村劳动力已经开始呈现出老龄化、妇女化的特点（张红宇，2011；孔祥智，2012）。农业老龄化、妇女化为农业机械化提供了发展契机。老人、妇女因其生理因素往往无法承受繁重的农业劳动，因此对农机化服务产生了强烈的需求，从而拉动了我国农业机械化的发展。

2. 数据来源与变量选取

一般的研究，都以农机总动力作为地区机械化水平的指标。本文第一部分业已指出了使用农机总动力这个指标的两大缺陷。在本研究中，我们选取农作物耕种收综合机械化率（*mechanization*，单位 100）作为机械化的衡量指标，这个指标由农业部在统计测算。它的测算方法是：机耕水平（*plowing*）、机播水平（*seeding*）与机收水平（*haversting*）分别按照 0.4、0.3、0.3 的权重加权平均。其中，机耕水平是指机耕面积占各种农作物播种面积中应耕作面积的百分比（农作物播种面积中应耕作面积等于农作物总播种面积减去免耕播种面积）；机播水平是指机播面积占各种农作物播种总面积的百分比；机收水平是指机收面积占各种农作物收获总面积的百分比。农作物耕种收综合机械化率直接反映的是地区农作物机械化作业水平，比间接反映机械化情况的农机总动力更为直接，既包含了本地区农机作业水平，也包含了外地农机到本地的作业情况。因此，综合比较选择农作物耕种收综合机械化率比农机总动力更为合适。综合机械化率的数据来源《全国农业机械化统计资料汇编1949—2004》与 2004—2012 年《全国农业机械化统计年报》。此外，不同环节的机械化率对农村劳动力转移的影响是不同的，我们也试图分别分析机耕、机播与机收水平对农村劳动力转移的影响。

其次，关于农村劳动力转移数量（*labortransfer*，单位万人）也是本文研究的关键变量。我们的测算方法是：由于国家统计局统计了每一年各省市区的乡村从业人员数量与农林牧渔从业人数。其中，乡村从业人员指乡村人口中 16 岁以上实际参加生产经营活动并取得实物或货币收入的人员，既包括劳动年龄内经常参加劳动的人员，也包括超过劳动年龄但经常参加劳动的人员。但不包括户口在家的在外学生、现役军人和丧失劳动能力的人，也不包括待业人员和家务劳动者。从业人员按从事主业时间最长（时间相同按收入最多）分为农业从业人员、工业从业人员、建筑业从业人员、交运仓储及邮电通信业从业人员、批零贸易及餐饮业从业人员、其他从业人员。因而，我们可以视农村劳动力转移数量为乡村从业人员数量与农林牧渔从业人数之差。这些数据来自国家统计局官方网站。

另外，本研究中我们还考虑了家庭人均工资性收入（*wage*，单位元），地区农作物播种面积（*area*，单位千公顷）与第一产业占 GDP 比重（*ration*，单位 %）这些可能对劳动力转移造成影响的变量。家庭人均工资性收入则是劳动力转移的引力因素，这个变量能在一定程度上反映出非农就业工资水平，因而是研究机械化对劳动力转移的核心控制变量。一般而言，家庭人均工资性收入越高，越能吸引农村劳动力转移。农作物播种面积与第一产业占 GDP 比重则反映了地区农业经济发展水平。

图 7-5 描述了农业机械化与农村劳动力转移的相关关系。从图中可以发现，随着农作物耕种收综合机械化率的逐年攀升，农村劳动力转移人数也在逐年增加，尤其是在 2004—2012 年农业机械化快速发展的时期内，农村劳动力呈现出快速转移的增长态势。由此可见，农业机械化与农村劳动力转移有着较为明显的正向相关关系。

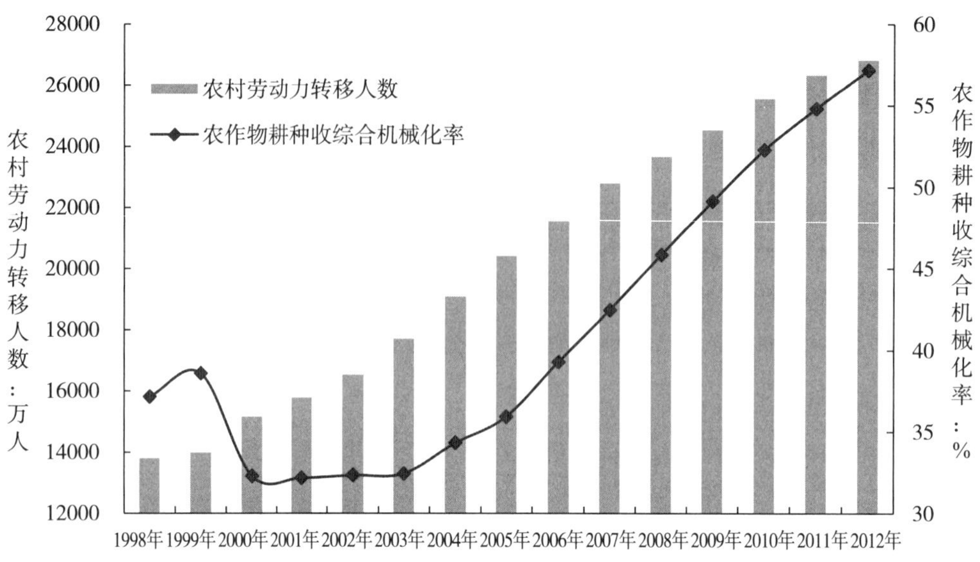

图 7–5　农村劳动力转移人数与农作物耕种收综合机械化率

3. 研究方法

在我们的研究中，选取 1998—2012 年全国 31 个省市区的面板数据作为研究样本。估计模型如下所示：

$$Ln\ labortransfer_{it}=\alpha+\beta\ Ln\ mechanization_{it}+\gamma\ Ln\ Z_{it}+a_i+\mu_{it} \tag{7-4}$$

其中，*labortransfer* 为农村劳动力转移数量，*mechanization* 为农业机械化程度，以农作物耕种收综合机械化率、机耕、机播、机收为度量指标，Z 为其他控制变量，a_i 是个体固定效应[1]，α、β、γ 为待估参数。在估计中，我们对这些变量进行了对数化处理。

正如本文开篇所言，机械化与农村劳动力转移之间具有互为因果的内生性关系：机械化能推动农村劳动力转移，同时农村劳动力的转移能为机械化水平的提升创造条件。为解决这种内生性给模型估计带来的有效性问题，本文拟采用工具变量法来解决估计上的内生性问题。

2004 年起，我国开始了对农民个人、农场职工、农机专业户和直接从事农业生产的农机服务组织购置和更新大型农机具给予一定补贴的农机购置补贴政策，补贴资金从由 2004 年的 7000 多万元，逐步增加到 2013 年的 217.55 亿元。农机购置补贴有效地带动了农户购机，全国农民农机购置投入从 2004 年的 237.50 亿元快速增长到 2013 年的 624.60 亿元，年均增长 11.34%。无论是理论上，还是依据笔者的实际调研情况来看，农机购置补贴都对各地区农业机械化水平的提升起到了巨大的推动作用。在本研究中，我们以各地区获得中央农机购置补贴数额（subsidy）作为工具变量。中央农机购置补贴能够影响到农业机械化水平，然而补贴数额相对农村劳动力转移而言则为外生变量。

通过这种方法估计出参数 β 后，进一步不难测算出农业机械化对农村劳动力转移增长的贡献率 η，测算公式如下：

$$\eta=\beta\left(\frac{\Delta mechan}{mechan}\right)/\left(\frac{\Delta labortransfer}{labortransfer}\right) \tag{7-5}$$

[1] 由于各个省区市经济水平不同，为考察这种差异我们使用了固定效应模型；事实上在后文中经多次Hausman检验，检验结果也支持固定效应模型。

其中，$\frac{\Delta mechan}{mechan}$、$\frac{\Delta labortransfer}{labortransfer}$分别代表机械化率与劳动力转移的增长率。

本研究涉及的估计变量如表 7-6 所示，表 7-6 给出了各变量的取值情况。

表 7–6　变量描述性分析

变量名称	样本量	均值	标准差	最小值	最大值
labortransfer	465	653.22	580.01	8.20	2293.82
mechanization	465	41.28	22.29	1.36	96.08
plowing	465	55.94	25.01	3.01	100.00
seeding	465	31.47	28.34	0.00	94.13
haversting	465	23.67	17.51	0.01	70.90
wage	465	1718.96	1800.93	52.65	11477.70
ration	465	0.14	0.07	0.01	0.36
area	465	5047.40	3511.85	229.40	14262.17
subsidies	465	15460.63	30453.14	0.00	225000.00

4. 基准模型：农业机械化对农村劳动力转移的影响

表 7-7 给出了模型的估计结果。在估计中，我们对 *wage* 进行了滞后一期的处理。这是因为上一期的工资性收入能够影响农户下一期是否选择非农就业的决策，从而影响劳动力的转移；然而，本期的劳动力转移情况则不会影响上一期的工资性收入。如此，也就在理论上消除了 *wage* 与 *labortransfer* 之间互为因果的内生性。

模型（1）未使用工具变量，直接采用面板 OLS 的方式进行估计，估计结果表明农业机械化并未对农村劳动力转移有显著的影响，这与预期结果不符合，控制变量工资性收入则对农村劳动力转移有显著的影响。但是当采用工具变量的估计方法后，如模型（2）至模型（5）所示，结果一致表明农业机械化对农村劳动力转移有着显著的正向影响，这充分论证了使用工具变量估计的必要性。同时，对模型（2）至模型（3）与模型（1）进行了 *Hausman* 检验，检验结果也表明应该使用工具变量法。

在模型（2）至模型（5）一阶段的估计结果中，工具变量 subsidy 对农业机械化都有着显著的影响。由于农机购置补贴政策于 2004 年开始实施，为考察不同时间段，农业机械化对劳动力转移的影响，模型（2）至模型（3）估计了 2004—2012 年农业机械化对农村劳动力转移的影响，模型（4）至模型（5）则估计 1998—2012 年间农业机械化对劳动力转移的效果。模型（2）至模型（3）中，IV 估计与 GMM 估计结果一致表明农业机械化对农村劳动力转移的弹性为 0.5273。同时，通过模型（4）至模型（5）计算出了 1998—2012 年农业机械化对农村劳动力转移的弹性，该弹性为 0.7417。值得注意的是，模型（2）至模型（5）一致表明工资性收入对农村劳动力转移的作用并不显著，由此说明农业机械化成为 21 世纪以来促进农村劳动力转移的主要因素。

进一步，测算出农业机械化对农村劳动力转移的贡献率 η：2004—2012 年，农业机械化对农村劳动力转移增长的贡献率达 86.80%，1998—2012 年的贡献率达 42.41%。由此不难有如下结论：随着农业机械化的深入推进，我国农村劳动力大量向非农领域转移。

表 7–7 农业机械化与农村劳动力转移估计结果

	模型（1）	模型（2）	模型（3）	模型（4）	模型（5）
	面板OLS	IV估计	GMM估计	IV估计	GMM估计
因变量：*lnlabortransfer*					
lnmechanization	0.0202	0.5273***	0.5273*	0.7417***	0.7417***
	(1.14)	(2.74)	(1.91)	(3.19)	(3.09)
Lnwaget-1	0.2797***	0.0779	0.0779	0.0674	0.0674
	(16.31)	(0.57)	(0.40)	(0.61)	(0.54)
常数项	3.9970***	4.7422***		2.8752***	
	(44.61)	(14.18)		(17.73)	
R^2	0.7161	0.0241	0.2396	0.0009	0.0435
一阶段估计					
因变量：*lnmechanization/power*					
lnsubsidy		0.0373***	0.0373***	0.2882***	0.2882***
		(3.06)	(2.90)	(5.65)	(4.89)
$lnwage_{t-1}$		0.5094***	0.5094***	0.0258***	0.0258***
		(6.66)	(5.93)	(3.93)	(4.14)
常数项		0.3635		1.3668***	
		(0.77)		(4.25)	
R^2		0.1456	0.5428	0.1500	0.4827
样本量	279	279	279	465	465
固定效应	Yes	Yes	Yes	Yes	Yes
时间跨度	2004-2012	2004-2012	2004-2012	1998-2012	1998-2012
机械化贡献率		86.80%	86.80%	42.41%	42.41%

注：括号外的数值为估计系数，括号内为该系数下的t值，其中*$p<0.1$，**$p<0.05$，***$p<0.01$。

5. 多控制变量下再分析

表 7-7 中的估计还并未考虑到地区因素对农村劳动力转移的影响。为此，我们选择了地区农作物播种面积（*area*）与第一产业占 GDP 比重（*ration*）这两个变量。经测算，各自变量之间高度相关，为解决各变量之间多重共线性对模型估计带来的影响，我们对各变量的对数值做了标准化处理，处理方法如下：

由于如同式（7-4）的面板固定效应模型，可以转换成截面数据直接使用 OLS 的方法进行估计。处理办法是首先将估计式两边对时间取平均，如式（7-6）：

$$\overline{Ln\ labortransfer_i}=\beta\ \overline{Ln\ mechanization_i}+\gamma\ \overline{Ln\ Z_i}+a_i+\overline{\mu_i} \quad (7\text{-}6)$$

式（7-4）减去式（7-6）可得到原模型的离差形式，如式（7-7）所示：

$$\overline{\overline{Ln\ y_{it}}}=\beta\ \overline{\overline{Ln\ x_{it}}}+\gamma\ \overline{\overline{Ln\ Z_{it}}}+\overline{\overline{\mu_{it}}} \quad (7\text{-}7)$$

定义 $\overline{\overline{Ln\ y_{it}}}=Ln\ labortransfer_{it}-\overline{Ln\ labortransfer_i}$，$\overline{\overline{Ln\ Z_{it}}}=Ln\ mechanization_{it}-\overline{Ln\ mechanization_i}$，$\overline{\overline{\mu_{it}}}=\mu_{it}-\overline{\mu_i}$对（7-7）式使用 OLS 估计的方法就能一致地估计出各参数。对式（7-7）中的各变量进行

标准化处理后，即能解决各自变量间的多重共线性对估计结果的影响，因而模型估计系数为标准化系数。

一般而言，标准化估计系数与未标准化系数之间满足如下关系式：

$$\beta_i = \beta_i^* \Big/ \frac{\sigma X_i}{\sigma Y_i} \tag{7-8}$$

其中，β_i^*为标准化估计系数，β_i为未标准化估计系数，σX_i与σY分别是自变量与因变量的标准差。当估计出β_i^*后，我们不难得出此时机械化对劳动力转移的贡献度η，如（7-9）式所示，其中$\sigma \ln mechan$与$\sigma \ln labortransfer$分别机械化与劳动力转移变量对数值的标准差。

$$\eta = \left(\beta_i^* \Big/ \frac{\sigma \ln mechan}{\sigma \ln labortransfer}\right) \times \left(\frac{\Delta mechan}{mechan}\right) / \left(\frac{\Delta labortransfer}{labortransfer}\right) \tag{7-9}$$

模型估计结果如表7-8所示。在表7-8中，模型（1）至模型（2）的估计结果均表明农业机械化对农村劳动力转移具有显著的正向作用。模型的一阶段估计中，工具变量的估计系数均非常显著。表7-8中选择的几个控制变量，仅*lnarea*对劳动力转移具有正向促进作用，其他几个控制变量的估计系数或不显著或显著性水平并不稳健。这进一步表明了机械化才是影响当前农村劳动力转移的主要因素。

表7–8　多控制变量下农业机械化对农村劳动力转移影响分析

	模型（1）	模型（2）	模型（3）	模型（4）
	IV估计	GMM估计	IV估计	GMM估计
因变量：*lnlabortransfer*				
lnmechanization	0.5627**	0.5627*	0.5969***	0.5969***
	(1.98)	(1.85)	(3.16)	(3.18)
lnwaget-1	-0.0087	-0.0087	0.1845	0.1845
	(-0.03)	(-0.03)	(1.25)	(1.16)
lnration	-0.0497	-0.0497	-0.3741***	-0.3741***
	(-0.49)	(-0.50)	(-6.03)	(-5.72)
lnarea	0.1308***	0.1308***	0.1010***	0.1010**
	(2.75)	(2.65)	(2.87)	(2.55)
常数项	0.4224***	0.4224***	0.0000	0.0000
	(4.18)	(4.56)	(0.00)	(0.00)
R2	0.1006	0.1006	0.5918	0.5918
一阶段估计				
因变量：*lnmechanization*				
lnsubsidy	0.3724***	0.3724**	0.3690***	0.3690***
	(2.66)	(2.37)	(4.74)	(5.11)
lnwaget-1	0.7295***	0.7295***	0.4990***	0.4990***
	(6.41)	(6.06)	(6.22)	(5.70)
lnration	-0.1176	-0.1176	0.1756**	0.1756***

续表

	模型（1）	模型（2）	模型（3）	模型（4）
	IV估计	GMM估计	IV估计	GMM估计
	(-1.07)	(-1.25)	(2.36)	(2.98)
lnarea	-0.0595	-0.0595	-0.0136	-0.0136
	(-0.97)	(-1.13)	(-0.34)	(-0.39)
常数项	-0.4102***	-0.4102***	0.0000	0.0000
	(-5.49)	(-5.49)	(0.00)	(0.00)
R^2	0.5028	0.5028	0.4902	0.4902
样本量	279	279	465	465
固定效应	Yes	Yes	Yes	Yes
时间跨度	2004 ~ 2012	2004 ~ 2012	1998 ~ 2012	1998 ~ 2012
机械化贡献率	37.08%	37.08%	21.59%	21.59%

注：括号外的数值为估计系数，括号内为该系数下的t值，其中*$p< 0.1$，**$p< 0.05$，***$p< 0.01$

依据 *lnmechanization* 的估计系数，即机械化对劳动力转移的弹性系数，根据式（7-9）我们不难测算出机械化对劳动力转移的贡献度。如表 7-8 所示，2004—2012 年，农业机械化对农村劳动力转移增长的贡献率为 37.08%，1998—2012 年的贡献率达 21.59%。

值得注意的，表 7-8 中测算的机械化对劳动力转移的贡献率均小于表 7-7 中的。这说明若不考虑以上控制变量，容易高估机械化在推动农村劳动力转移上的贡献。

6. 进一步讨论：不同环节机械化对农村劳动力转移的影响

事实上，不同环节的机械化率对农村劳动力转移的影响是不同的。为此，我们有必要考虑机耕（*plowing*）、机播（*seeding*）与机收（*haversting*）这三个主要环节的机械化水平对劳动力转移的影响。

此外，表 7-7 与表 7-8 中使用的综合机械化率指标来自农业部的统计，它是由机耕、机播与机收三个环节的机械化水平加权计算而来，是农业部衡量我国总体机械化水平的重要指标。我们认为，对综合机械化的测算采用机耕、机播与机收三个环节的乘积比加权平均值更为合适，理由如下：第一，农业机械化应是所有生产环节的机械化，某个环节的机械化仅仅是综合机械化的必要条件而不是充分条件，因而这也就决定了计算综合机械化率时应使用乘法原理而不是加法原理（赵本东、赵宗禹，2011）。第二，从现实来看，农作物生产全程机械化才能促进更多的劳动力向外转移。以水稻为例，当前水稻机耕与机收机械化水平均已达到较高水平，而机播率则还很低。在机播率较低的情况下，无论机耕率有多高，仍然还是会有大量的劳动力留在农村，限制在水稻种植环节上。这如同木桶原理中的短板效应一般，必须在所有环节机械化率都较高时，才能更好地推动劳动力转移。这也说明了某个环节的机械化是综合机械化的必要条件而不是充分条件，同时也表明使用乘法方法计算的机械化率更符合实际。第三，采用机耕、机播、机收三者的乘积形式，在计量经济学上常被称作交互项，即考察三者之间的交互作用产生的效果，是一种综合效应。

由此，我们分别用机耕，机播，机收，三者之间两两乘积以及三者之积代表机械化率，以此分析机械化对劳动力转移的影响，各变量我们均做了对数化处理。估计方法与表 7-8 中的相同。

估计结果如表 7-9 所示。模型（1）至模型（7）均采用 IV 估计法，仍以 *subsidy* 为工具变量，限于篇幅未列出第一阶段估计结果。在第一阶段估计结果中，*subsidy* 对机械化指标的估计系数均非常显著。在模型（1）至模型（7）的估计结果显示，不同形式的机械化对劳动力转移均具有显著的正向影响，且弹性系数的显著程度均在 1% 水平以下。这进一步表明机械化是推动农村劳动力转移的显著性因素。

表 7–9　不同环节机械化对农村劳动力转移的 IV 估计

	模型（1）	模型（2）	模型（3）	模型（4）	模型（5）	模型（6）	模型（7）
lnplowing	0.6875***						
	(2.76)						
lnseeding		0.7042***					
		(2.74)					
lnharvesting			0.6883***				
			(3.19)				
ln(plowing×seeding)				0.7767***			
				(2.58)			
ln(plowing×harvesting)					0.6448***		
					(3.23)		
ln(seeding×harvesting)						0.5897***	
						(3.22)	
ln(plowing×seeding×harvesting)							0.6465***
							(3.07)
$lnwage_{t-1}$	0.1728	0.2760**	0.1199	0.0879	0.1362	0.2501**	0.1363
	(1.00)	(1.97)	(0.73)	(0.41)	(0.86)	(1.98)	(0.82)
lnration	-0.4003***	-0.2319***	-0.3400***	-0.3904***	-0.3586***	-0.2846***	-0.3769***
	(-5.49)	(-2.80)	(-5.56)	(-5.06)	(-5.95)	(-4.47)	(-5.87)
lnareao	0.0576	0.1377***	0.1672***	0.1754***	0.1334***	0.1188***	0.1647***
	(1.30)	(3.29)	(4.25)	(3.50)	(3.79)	(3.44)	(4.06)
常数项	0.0000	0.0000	0.0000	0.0000	0.0000	0.0000	0.0000
	(0.00)	(0.00)	(0.00)	(0.00)	(0.00)	(0.00)	(0.00)
样本量	465	465	465	465	465	465	465
R^2	0.4644	0.4570	0.5983	0.3876	0.6088	0.6065	0.5653
固定效应	Yes	Yes	Yes	Yes	Yes	Yes	Yes
时间跨度	1998—2012	1998—2012	1998—2012	1998—2012	1998—2012	1998—2012	1998—2012
机械化贡献率	11.46%	59.08%	53.36%	33.79%	44.39%	83.39%	72.50%

注：括号外的数值为估计系数，括号内为该系数下的t值，其中$*p< 0.1$，$**p< 0.05$，$***p< 0.01$。

模型（1）至模型（7）中，我们分别估计了机耕、机播、机收水平单独对劳动力转移的影响。估计的结果充分表明了不同环节机械化水平对农村劳动力转移的影响程度是不同的。其中，机播水平对劳动力转移的贡献度最高，其次是机收水平，机耕水平贡献度最低；并且机播、机收水平的贡献率近乎是机耕水平的 5 倍。我们认为这一结果与实际是相符合的：第一，当前各种农作物的机耕水平都已达到了非常高的水平，因而通过提高机耕水平来释放农村劳动力的潜力空间已不多，在数值上自然表现为机耕水平对劳动力转移的贡献率不高。第二，机播与机收是目前农业机械化中的短板，2013 年的机播、机收水平仅仅只有机耕（机耕为 76%）的 64.2% 与 63.3%，主粮中如水稻的机播率就非常低，经济作物中如棉花的机收率也非常低，因此提升机播与机收水平具有较大地促进劳动力转移的空间。

模型（4）至模型（6）分别估计了以机耕、机播、机收三者之间两两乘积为机械化的指标对劳动力转移的影响，即考察两个环节的整体机械化程度与劳动力转移之间的关系。在估计结果中，机播—机收机械化对劳动力转移的贡献度最高，达到了 83.39%。其中，机耕—机播，机耕—机收的贡献度远远低于机播—机收的，也低于机播水平与机收水平的，这再次印证了机耕水平在推动劳动力转移上潜力相对不足的特征。

模型（7）考察了机耕、机播、机收三个环节综合机械化程度对劳动力转移的影响。采用乘积度量的机械化指标对农村劳动力转移的弹性系数为 0.6465，贡献度达 72.50%。

模型（1）至模型（7）中控制变量对农村劳动力转移的影响作用的估计结果与表 7-8 中的近乎一致。

进一步我们采用 GMM 的估计方法对不同环节机械化对农村劳动力转移的影响进行了再次估计，估计结果如表 7-10 所示。表 7-10 与表 7-9 的估计结果几乎一致，各个环节机械化水平对劳动力转移的弹性系数均在 1% 的水平下显著。这充分说明了我们的估计结果非常稳健。

表 7–10　不同环节机械化对农村劳动力转移的 GMM 估计

	模型（1）	模型（2）	模型（3）	模型（4）	模型（5）	模型（6）	模型（7）
lnplowing	0.6875***						
	(2.98)						
lnseeding		0.7042***					
		(2.88)					
lnharvesting			0.6883***				
			(3.14)				
ln(plowing×seeding)				0.7767***			
				(2.69)			
ln(plowing×harvesting)					0.6448***		
					(3.26)		
ln(seeding×harvesting)						0.5897***	
						(3.25)	
ln(plowing×seeding×harvesting)							0.6465***
							(3.10)
$lnwage_{t-1}$	0.1728	0.2760*	0.1199	0.0879	0.1362	0.2501	0.1363
	(0.98)	(2.02)	(0.69)	(0.41)	(0.83)	(1.95)	(0.80)
lnration	-0.4003***	-0.2319***	-0.3400***	-0.3904***	-0.3586***	-0.2846***	-0.3769***
	(-5.36)	(-2.84)	(-6.08)	(-5.69)	(-6.26)	(-4.42)	(-6.15)
lnareao	0.0576	0.1377***	0.1672***	0.1754***	0.1334***	0.1188***	0.1647***
	(1.25)	(2.82)	(3.46)	(3.34)	(3.19)	(2.90)	(3.57)
常数项	0.0000	0.0000	0.0000	0.0000	0.0000	0.0000	0.0000

续表

	模型（1）	模型（2）	模型（3）	模型（4）	模型（5）	模型（6）	模型（7）
	(0.00)	(0.00)	(0.00)	(0.00)	(0.00)	(0.00)	(0.00)
样本量	465	465	465	465	465	465	465
R^2	0.4644	0.4570	0.5983	0.3876	0.6088	0.6065	0.5653
固定效应	Yes	Yes	Yes	Yes	Yes	Yes	Yes
时间跨度	1998—2012年	1998—2012年	1998—2012年	1998—2012年	1998—2012年	1998—2012年	1998—2012年
机械化贡献率	11.46%	59.08%	53.36%	33.79%	44.39%	83.39%	72.50%

注：括号外的数值为估计系数，括号内为该系数下的t值，其中*$p<0.1$，**$p<0.05$，***$p<0.01$。

综合比较表 7-7、表 7-8、表 7-9、表 7-10 中测算的农业机械化对农村劳动力转移的贡献度，我们有如下研究结论：第一，使用农作物耕种收综合机械化率测算的结果严重低估了机械化在推动农村劳动力转移上的作用。如表 7-11 所示，在同一时期内农作物耕种收综合机械化率测算出的贡献度仅高于机耕水平的测算值，严重低于其他指标的测算值。造成这种低估现象的原因有两个：一是在指标测算时赋予了机耕水平过高的计算权重，事实上机耕水平对劳动力转移的贡献度还远远低于机播、机收水平的，因而造成了低估；二是采取加权平均形式测度的综合机械化率指标并不合适，这种指标忽略了某个环节机械化水平不高依然很难推动劳动力转移的事实。第二，采用机耕、机播、机收三者乘积形式的机械化指标能较为准确地估计出农业机械化在推动农村劳动力转移上的作用，这一指标综合考虑了各个环节机械化的交互影响，考虑了某个环节造成的“短板效应”对劳动力转移的影响。从估计结果来看，机耕—机播—机收对劳动力转移的贡献度就均高于机耕、机播、机收三者单独的水平，这充分说明三个环节机械化水平的提升比单个环节在促进劳动力转移上的功效要更为明显。第三，在推动劳动力转移上，以提高机播、机收水平为政策抓手将大有可有。估计结果就表明，机播、机收、机播—机收对劳动力转移的贡献度均超过了 50%，其中机播—机收的贡献度甚至达到了 80% 以上。

表 7-11 1998—2012 年农业机械化对农村劳动力转移贡献度研究汇总

机械化指标	贡献度	时间跨度	机械化指标测算方法
农作物耕种收综合机械化率	21.59%	1998—2012年	机耕、机播、机收按0.4、0.3、0.3的权重加权计算
	37.08%	2004—2012年	
机耕水平	11.46%	1998—2012年	
机播水平	59.08%	1998—2012年	
机收水平	53.36%	1998—2012年	
机耕—机播	33.79%	1998—2012年	机耕水平乘以机播水平
机耕—机收	44.39%	1998—2012年	机耕水平乘以机收水平
机播—机收	83.39%	1998—2012年	机播水平乘以机收水平
机耕—机播—机收	72.50%	1998—2012年	机耕、机播、机收三者乘积

通过本文的分析，我们有如下研究结论：首先，农业机械化对农村劳动力转移有着显著的正向促进作用。本文的实证研究表明，以农作物耕种收综合机械化率为机械化衡量指标时，1998—2012 年农业机械化对劳动力转移的贡献度为 21.59%；以机耕、机播、机收三者乘积为机械化衡量指标时，同时期内机械化对劳动力转移的贡献度达 72.50%。其次，不同环节的机械化水平对劳动力转移的贡献度大小不同。1998—2012 年，机播、机收对劳动力转移的贡献度均明显高于机耕水平，机耕、机

播、机收对劳动力转移的贡献度分别为 11.46%、59.08% 与 53.36%。

三、农业机械化与新型农业经营体系建设

随着我国农业机械化的深入发展，尤其是 21 世纪农机购置补贴政策的实施，推动了新型农业经营体系建设，这表现为推进了农业社会化服务的深入开展与促进了新型农业经营主体的培育与发展。

1. 农业机械化与农业社会化服务

随着农机购置补贴等农业机械化政策的实施，国内农机化服务主体得到了快速的发展，中国特色农业机械化道路进一步深化。

第一，农业机械化与农业社会化服务主体兴起。伴随农村劳动力的大量转移，农民集聚了较强的农机服务需求。以农机购置补贴政策为重点的农业机械化政策减轻了农民购机负担，催生了许多农机户，在农村地区逐渐形成了一个庞大的农机服务市场。如表 7-12 所示，在农业机械化政策的推动下，以农机服务为核心的农业社会化服务主体正在迅速发展。2004—2013 年全国农机户数量大增，从 2004 年的 31975457 个迅速增加到 2013 年的 42386670 个；其中农机化作业服务专业户从 2004 年的 3607984 个增加到 2013 年的 5242735 个，年均增长 5.48%（如表 7-12 所示）。值得注意的是，2008—2013 年农机合作社的数量增长得尤为迅速，其数量从 2008 年的 8622 个增长到 2013 年的 42244 个，增长了近 4 倍。农机合作社之所以能够取得如此快速的发展与农机购置补贴政策的支持是密不可分的。在农机购置补贴政策实施中，许多地区制定了明显倾向于扶持农机合作社发展的补贴政策。特别是在《农民专业合作社法》颁布之后，政府补贴资金和指标较多地流向农机合作社。为此，许多乡村能人竞相成立农机合作社。

表 7-12　2004—2013 年中国农机社会化服务情况

单位：个；千公顷

年份	农机户	农机化作业服务专业户	农机合作社	机耕面积	机播面积	机收面积	农机跨区作业面积
2004	31975457	3607984		63593.13	44282.04	30450.34	——
2005	33589382	3814495		65217.29	47049.50	34141.16	——
2006	34747861	3870038		67596.35	50238.83	38529.82	——
2007	36295022	4001495		71715.35	52781.31	42223.61	——
2008	38330442	4217258	8622	91152.60	58974.26	47484.04	24090.85
2009	39403370	4464041	14902	95719.27	65093.08	53408.65	27416.27
2010	40589009	4833003	21760	100603.91	69160.92	59846.69	28841.49
2011	41110833	5117262	27848	106880.87	72916.97	66006.41	32924.25
2012	41923428	5196216	34429	110284.83	76794.16	71168.88	34295.88
2013	42386670	5242735	42244	113757.83	80309.56	77416.01	36719.21

注：数据2004—2013年《全国农业机械化统计年报》。

第二，农机社会化服务深入发展。随着农机化作业服务人数的增加进一步增强了农机社会化服务的供给能力，截至 2013 年年底，全国农作物机耕、机播与机收面积分别到达 113757.83 千公顷、80309.56 千公顷与 77416.01 千公顷。跨区作业已从过去的机收小麦逐步发展到小麦、水稻、玉米并重，全国跨区机收小麦、水稻、玉米总面积从 2004 年的 15143.58 千公顷增长到 2013 年的 25372.13 千公顷，年均增长 7.65%，2013 年全国农机跨区作业面积达 36719.21 千公顷。每年“三夏”期间数

十万的联合收割机南下北上，已然形成了我国农业现代化独特的风景线。农机社会化服务深入发展同时也标志着中国特色农业机械化道路进一步深化。

综合上述分析，我们不难有如下研究结论：农机化服务主体是在当前农机服务强烈的内在需求与农机化政策的共同推动下逐步发展起来；农机化服务已然成为当前农业社会化服务中的重要组成部分（如图 7-6）。

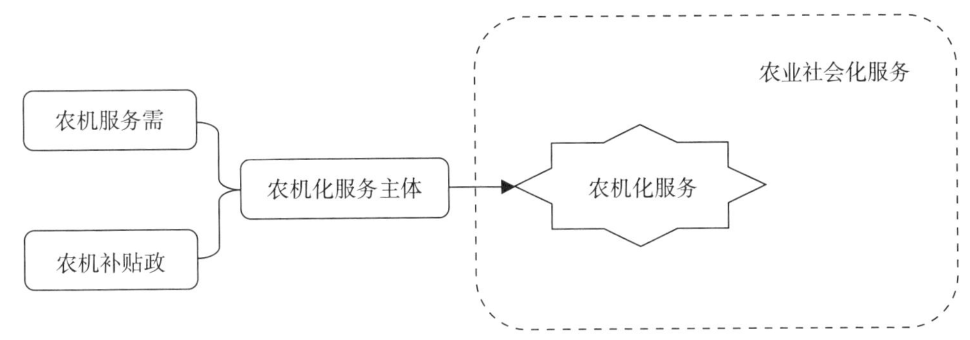

图 7-6　农机化服务主体形成机制与农机化服务供给示意图

2. 农业机械化与新型农业经营主体培育与发展

农业机械化的深入推进，对新型农业经营主体的培育也起到了促进作用。由于机械化给农业生产带来了便利，许多农户或农机手在农业机械的支撑下，逐步向专业大户、家庭农场、农民合作社与农业企业等新型农业经营主体转型。为此，笔者将结合实地调研的案例，对此现象进行分析。

表 7-13　农业机械化与新型农业经营主体的培育与发展

类别	名称	内容
专业大户	甘肃省张掖市山丹县专业大户丁某	1. 2010年购置三台套农业机械，从事农机作业服务。 2. 2011年开始流转土地100亩，种植孜然、小麦与大麦；在农机的支撑下，张某成为当地的种植专业大户。 3. 农业生产实现了全程机械化。
	河南省长垣县专业大户朱某	1. 2010年购置两台套农机，从事农机作业服务。 2. 2013年流转土地300亩，依托农机优势大面积种植小麦与玉米。 3. 农业生产实现了全程机械化。
家庭农场	浙江省海盐县宏亮家庭农场	1. 注册成立于2009年，当年流转土地300亩，主要用于种植水稻；2009年，海盐县水稻机插尚未试行，水稻种植环节以人力为主。 2. 2011年当地推广水稻机插，家庭农场购置3台水稻插秧机；同年，经营规模扩大到了800亩。2013年继续扩大经营规模至1065亩。2014年年初，拥有农机数量9台套；农业生产实现了全程机械化。 3. 目前，宏亮家庭农场的农业经营实现了全程机械化，并且亦有余力为周边农户提供水稻机插服务。2013年机插服务净利润达15万元。
农民合作社	黑龙江省克山县仁发农机合作社	1. 注册成立于2009年，同年购买了30多台现代化的精量点播机、联合收割机、大马力拖拉机等大型农业机械，开展流转土地经营与外出作业服务。 2. 流转土地规模从2011年的1.5万亩增长到2013年的5万亩，主要种植玉米、马铃薯，农业生产实现了全程机械化。 3. 依托大型农业机械的优势，合作社得以经营上万亩土地。近年来，合作社取得了良好的经营绩效。2011—2013年年盈利分别为1342万元、2758万元与5328万元。

续表

类别	名称	内容
农民合作社	广西壮族自治区贵港市港北区的延塘农机专业合作社	1. 注册成立于2012年；农机购置补贴政策的实施使得合作社有足够的资金实力引进先进高效的农业生产和加工设备，并建立了生产基地，目前已建成了占地22.5亩的育秧工厂；同时，合作社引进了大型烘干设备，从而使合作社实现了从秧苗培育到水稻烘干的一体化发展的转变，并实现了全程的机械化。 2. 合作社于2014年流转2000亩土地，实施“小田变大田”的土地平整工程，提高了农机利用率，推进当地水稻产业化发展的进程。
农业企业	河南省瑞阳集团	1. 公司成立于2007年10月，注册资金3500万元。 2. 2013年与当地政府签订了26.5万亩的土地流转协议，有机转换认证5万亩。2014年底完成土地流转5万亩，主要种植小麦与玉米；河南省农机局在农机补贴政策上给予了瑞阳集团优惠政策，保障了对瑞阳生产所需的大型农业机械。2014年，河南省农机局还特批瑞阳集团申请无人飞机，用于农业植保。 3.瑞阳集团初步形成了“规模化种植、机械化耕作、集约化经营、品牌化运作、循环式发展”为特征的“四化一式”瑞阳土地流转经营模式。

资料来源：根据笔者调研材料整理而得。

如表 7-13 所示，专业大户、家庭农场、农民合作社与农业企业均是在农业机械的支撑下得以培育与发展，农业机械化对他们的培育与发展遵循着如下制度变迁路径。

首先，农业机械化促进了新型农业经营主体的培育。农业机械在传统农户向新型农业经营主体转变中起到的是关键的生产力支撑作用，具体而言：伴随我国农机工业的发展，许多农作物耕种收等主要环节已实现了全程机械化，如小麦、玉米与水稻等。这使得农业生产中机械替代劳动成为可能，也为流转土地扩大生产创造了条件，因而促进了新型经营模式的产生，推动了新型农业经营主体的培育（如图 7-7）。同时，农机购置补贴政策的实施，促进了农户对农业机械的购置，为农业生产提供了助力。表 7-13 中所列的各类新型农业经营主体大多受益于农机购置补贴政策。

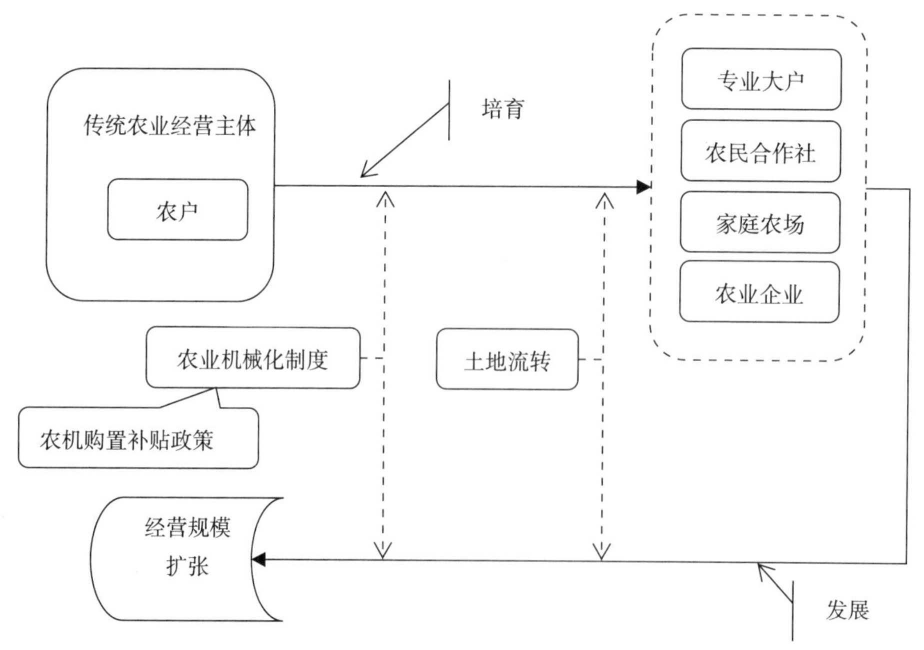

图 7-7 农业机械化与新型农业经营主体的培育与发展

其次，农业机械化进一步促进了新型农业经营主体的发展。如图 7-7 所示，由于农业机械在农业生产中便利性的特征，这些新型农业经营主体完全能够通过进一步的土地流转扩大农业生产规模，实现经营规模的扩张。表 7-13 中的各类新型农业经营主体都是在农业机械的支撑下如此经历过数次经营规模的扩张。如浙江省海盐县宏亮家庭农场 2009 年经营规模为 300 亩，2011 年时经营规模扩张到 800 亩，2013 年经营规模再次扩展到 1065 亩；黑龙江省克山县仁发农机合作社也是如此，经营规模从 2011 年的 1.5 万亩逐步增加到 2012 年的 3 万亩，2013 年为 5 万亩。

因此，根据以上案例的分析，我们不难有如下研究结论：农业机械化推进了新型农业经营主体的培育，也进一步促进新型经营主体的发展。

第 3 节　农业机械化促进农业现代化政策展望

一、本章研究小结

通过本章的分析，我们有如下研究结论：

第一，农业机械化在推进农业现代化上作用突出。我们的实证研究表明，农业机械化对粮食增产有着重大贡献，1998—2012 年与 2004—2012 年，机械化对粮食增产的贡献度分别为 9.79% 与 8.73%；同时，农业机械化促进了新型农业经营体系的建设，改进了农业生产方式。由此可见，农业机械化起到了农业增效的显著功效。另一方面，农业机械化对推进农村劳动力转移也起到了重要作用，我们的研究表明 1998—2012 年与 2004—2012 年，农业机械化对劳动力转移增长的贡献率分别为 21.59% 与 37.08%，劳动力转移为农民增收开辟了道路，联系粮食增产农业机械化进一步起到了农民增收的作用（如图 7-8 所示）。

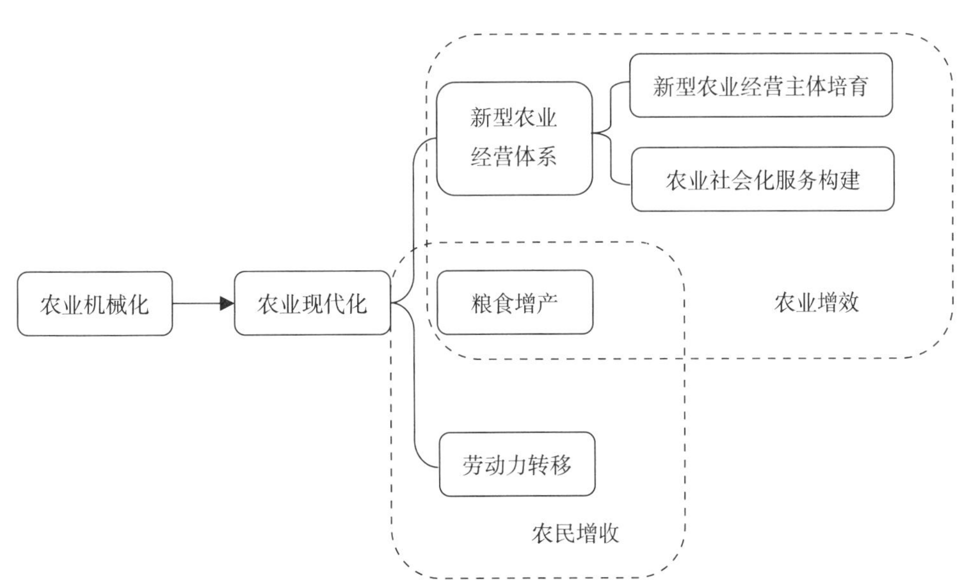

图 7–8　农业机械化对农业现代化实践效果图

第二，中国特色农业机械化道路经验弥足珍贵，农业机械化与农业现代化的成就均来自这条道路的开辟。综观美国、欧洲等已经实现农业机械化的国家的农业机械化模式采取的是大中规模机械化路线，农户的投入能力强，购买农机主要是农户自有自用，为自家农业生产服务。在我国农村人口多、耕地细碎化，每家每户购买农机既买不起也不经济的国情农情下，我们探索出了一条“家庭联产承包经营下，农机手供给社会化服务，农户购买服务”的具有中国特色的农业机械化发展道路。当前我国农业机械化与农业现代化取得的成就与这条道路的开辟密切相关。2013 年全国农机专业作业服务人数 731 万人，而当年全国农民数量达 62961 万人，这些不到 750 万的农机专业服务人员为全国六亿多农民供给农业社会化服务，并且保障了全国粮食生产，促进了粮食产量的“十一连增”；进一步推动了更多地农业劳动力向外转移，促成了农民增收的“十一连快”；同时，也是在这条道路中逐步构建起了新型农业经营体系。

第三，农机购置补贴政策对农业机械化功效明显。我国农业机械化进入第三阶段以来，取得了前所未有的成绩，这与此阶段实施的农机购置补贴政策息息相关。本文第二部分的分析已表明，自实施农机购置补贴政策以来，农业机械化取得了比前两个阶段更为辉煌的成就。这些经验数据充分肯定了农机购置补贴政策对农业机械化的作用。

二、农业机械化推动农业现代化的政策展望

当前农业现代化滞后于其他三化，实现“四化同步”亟须在推动工业化、信息化、城镇化继续深入发展的基础上，进一步夯实农业基础，尽快补齐农业现代化这个短板。我们的研究表明，在今后一段时间内应以农业机械化为政策取向促进农业现代化，推动“四化同步”。综合判断，我国农业机械化仍处于大有作为的战略机遇期，未来我国农机化的发展要坚持量质并举，农机作业领域向全程、全面发展提速，农业机械化向高质、高效转型升级，这也是我国农业机械化发展的新常态。认识新常态，适应新常态，把握新常态，同时结合我们的研究结论，以农业机械化带动农业现代化具体而言要着力在以下几个方面下功夫。

1. 未来的农业机械化必须抓住薄弱环节

进一步推进农业机械化，首要是必须找到影响农业机械化水平提高的主要因素，抓住薄弱环节，补齐农业机械化的“短板”。

第一是薄弱地区。农业机械化的薄弱地区主要是指山地和丘陵地区。这类地区地形复杂，耕地质量较低并以小块为主，适用小型农业机械，价值较低，一方面农业机械制造商由于营利性原因而不愿意投入，另一方面现行农机补贴政策也由于手续烦琐而倾向于取消小型机械，从而导致这些地区农业机械化程度较低。从全国区域来看，这些地区主要集中在我国西南部。2012 年西南地区如重庆、四川、贵州、福建四地的农作物综合机械化分别为 33.05%、40.96%、16.74% 与 33.46%，远低于全国平均水平 57.17%；与机械化程度较高的地区如黑龙江（88.99%）、新疆（81.06%）、山东（78.30%）、河南（73.49%）相距甚远。解决薄弱地区农业机械化问题，首要是支持、引导制造商加大在小型农机领域技术创新的投入力度，力争向市场推出一大批经济适用、作业效率高的小型农业机械，满足这类地区农民的需求。

第二是薄弱品种与薄弱环节。当前如油菜、马铃薯等作物的综合机械化率总体上偏低，2013 年的水平分别仅有 39.18%、37.34%。这些品种综合机械化率偏低主要表现在薄弱环节上。例如，油菜的机播与机收水平就远低于机耕水平，分别只有 16.20% 与 20.29%；马铃薯的机播与机收水平也低于机耕水平，仅达到 23.97% 与 22.14%。同时，也有些综合机械化率较高的农作物也存在薄弱环节。如水稻的机械种植水平，2013 年的水平仅仅只有 36.10%；棉花的机收水平也十分薄弱，2013 年的水平仅为 11.46%。

薄弱品种与薄弱环节机械化水平低，受很多因素的影响，其中农机和农艺结合不够是重要因素

之一。农机、农艺的不配合，在微观上主要表现为农业生物技术进步不能满足机械操作的要求（当然也有相反的情况）；在管理体制上表现为农机部门和农业生产（技术）部门在绝大多数市、县的分设，人为地割裂了二者之间的协同关系。因此，要坚持农机农艺相结合，不断推进技术创新和机制创新。一是要建立不同科研单位协作攻关机制，整合现有院所力量，组织农机和农业科研推广单位、生产企业等联合攻关。二是建立各级农机与农艺融合联席会议制度，形成农机与农艺科技人员技术研讨和交流的平台，并将机械适应性作为科研育种和栽培模式推广的重要指标。三是发挥国家和地方科研投入项目的导向作用，重点扶持现阶段农机与农艺融合的重大课题，激励和支持农机与农艺科技人员合作研究，推进农机与农艺技术一体化进程。

2. 坚持走中国特色农业机械化道路，着力发展农机社会化服务

我国农民购买农机特别是价值较高的大中型机具不仅要为自家服务，更重要的是要开展社会化服务。我国农业机械化工作的中心任务是推进以跨区作业为代表的农机服务市场化、社会化与产业化，这也是中国特色农业机械化道路的内涵。因此，应着力发展农机社会化服务，不断拓展农机服务领域，把分散的农业机械与分散的农户联系起来，把机械化生产和家庭承包经营有机结合起来。

第一，继续多措并举地扶持农机开展社会化服务。结合笔者实际调研，各级政府在扶持农机社会化服务中应重点做好如下工作：一是认真做好跨区作业配套服务工作。协调相关生产企业在跨区作业重点地区设立农机修理、更换、退货“三包”服务网点或特约服务网点；完善跨区作业信息服务系统，每天定时发布最新收割信息，提高直接服务能力；切实解决好农机跨区作业中油料供应问题，可考虑在农忙季节增设油料供应流动点，增加油品供给。二是强化对农机人员的培训。基层政府应加强多层次、多小时的培训，提高农机人员的技术水平，培养一大批精通农机驾驶技术、维修技术，同时又掌握农艺栽培技术的新型农机手，促进农机手社会化服务水平的提高。三是建立健全农机保险政策。将农机互助合作保险纳入农机购置补贴等农业机械化扶持政策范围。在有条件的地方，政府直接可为农机手和其他农机化服务主体免费或低费率配套人身安全保险。支持农机互助合作保险健康发展，为农机田间作业提供保险。

第二，大力发展农机专业合作社。农机专业合作社是农机手的联合组织，是推进农机社会化服务的重要组织。从各地实践来看，农机专业合作社有利于提高农业机械作业效率、农机手技术水平和农机手的收益水平，尤其是对于跨区作业，合作社相对于单个农机手，在作业信息的有效性、作业量、作业效率、经济效益等各个方面都具有明显的优越性。然而，国内相当一部分农机合作社还仅仅停留在较为松散层面上的合作，这极大地影响了农机社会化服务水平，也严重影响了农机效率的发挥。因此，要通过财政奖励、教育培训等方式引导和规范农机合作社的发展。

第三，逐步建立农机作业补贴工作机制。实施农机作业补贴政策，是中央强农惠农富农政策的具体体现，有助于优化农机化投入结构，有利于培育农机作业市场，提升农机社会化服务能力，意义十分重大。实施农机作业补贴政策，尤其注重对机械深耕、机械深松、机械植保、保护性耕作、农田机械节水灌溉、机械秸秆还田、秸秆捡拾打捆等机械作业的补贴，以此实现推进农业机械化，提高粮食综合生产能力，推进耕作制度改革，增强农业生产发展后劲，实现粮食稳产高产、农民持续增收等多重目标。

3. 继续推进与完善农机购置补贴政策

我们的研究表明，农机购置补贴政策对农业机械化起到了巨大的推动作用。因此，推进农业机械化仍应以农机购置补贴政策为着力点，进一步完善政策的实施。

第一，突出补贴目标、明晰补贴对象与明确补贴标准。一是以“粮棉油糖生产全程机械化，提升粮食产量与质量并重”为下一阶段补贴目标。下阶段的农机补贴政策应集中力量支持提升水稻育插秧、玉米收获、马铃薯播种和收获、棉花育苗移栽和收获、油菜播种和收获、甘蔗和甜菜收获等主要农作物多环节的机械化水平，并由耕种收环节机械化向产前、产中、产后全过程机械化延伸。更为重要的是，应注重对有益于提高粮食质量的机械的补贴力度，如加大对粮食烘干机等设备的补贴额。二是以传统农民与新型农业经营主体为补贴对象，补贴向新型农业经营主体倾斜。三是继续增加补贴资金投入，资金分配与粮棉油糖产量相挂钩，逐步提高粮棉油糖主产区农机购置补贴的中央支付比例，逐渐加大补贴资金投入，保持补贴额度稳定增长，坚持“自主购机、定额补贴、县级结算、直补到卡”的资金结算方式。

第二，优化农机购置补贴程序。根据笔者的实地调研，当前农机购置补贴政策在执行上并不完善，存在程序烦琐、政府职能失效与市场机制失灵的问题。我们认为，补贴工作在程序设计上应围绕“简政放权、抓大放小、优化程序、强化市场”展开。一是简政放权，将补贴目录选择、实施方案制订等集中在中央与省级政府手中的核心权限下放的县级政府，以此满足地区的特殊性。二是抓大放小。重点关注粮食生产关键环节机械，建议实施敞开补贴；待粮食作物关键环节生产机具装备量基本满足后，再逐步向大宗经济作物及畜牧、水产领域等重点机具拓展，有重点分阶段推进政策目标实现。三是优化程序。大多数的农民购机需要多次跑“县城”，建议实施农机购置补贴审批一站式服务，探索乡镇直接办理的工作机制。四是强化市场。农机购置补贴也是资源配置的一个方面，因此在操作中凡是能通过市场机制的问题都应交给市场。例如，对于资金充足的地区，可尝试常态化购机机制，只要农民有需求，一年之中任何时间内都能申请购机补贴。

参考文献：

[1] Hick J R. The theory of wages [M]. London: Palgrave Macmillan, 1963.

[2] Jhunjhunwala B. Mechanization and Income Distribution in Indian Agriculture [J]. The American Economist, 1974,18(2): 71-78.

[3] Nourse E G. Some Economic and Social Accompaniments of the Mechanization of Agriculture [J]. The American Economic Review, 1930(20): 114-132.

[4] Oshiro K K. Mechanization of rice production in Japan [J]. Economic Geography, 1985: 323-331.

[5] Perelman M. Mechanization and the Division of Labor in Agriculture [J]. American Journal of Agricultural Economics, 1973, 55(3): 523-526.

[6] Ricoy C. Marx on division of labour, mechanization and technical progress [J]. European Journal of the History of Economic Thought, 2003, 10(1): 47-79.

[7] Robert T. McMillan. Effects of Mechanization on American Agriculture [J]. The Scientific Monthly, 1949, 69(1): 23-28.

[8] SaLam A, Hussain M A, Ghayur S. Farm Mechanization, Employment and Productivity in Pakistan's Agriculture [J]. Pakistan Economic and Social Review, 1981, 19(2): 95-114.

[9] Schmitz A, Seckler D. Mechanized agriculture and social welfare: The case of the tomato harvester [J]. American Journal of Agricultural Economics, 1970, 52(4): 569-577.

[10] Yamauchi F. Wage growth, landholding, and mechanization in agriculture: evidence from Indonesia [J]. World Bank Policy Research Working Paper, 2014 (6789).

[11] Hayami Y, Ruttan V W. Agricultural development: an international perspective [M]. Baltimore, Md/ London: The Johns Hopkins Press, 1971.

[12] 郭兵，方锡顺. 东北地区农业机械化发展形势分析 [J]. 中国农机化学报，2015(1): 324-327.

[13] 孔祥智，毛飞. 农业现代化的内涵、主体及推进策略分析 [J]. 农业经济与管理，2013(2): 9-15.

[14] 刘合光. 中国农业机械化 30 年回顾：经验与问题 [R]. 纪念农村改革 30 周年学术论文集，2008(10): 654-670.

[15] 毛飞，孔祥智. 中国农业现代化总体态势和未来取向 [J]. 改革，2012(10) : 9-21.

[16] 莫红梅，钟芸香. 机械化水平、土地投入与粮食产量关系的实证检验 [J]. 统计与决策，2013(24): 140-142.

[17] 农业部农业机械化管理司. 新的探索、新的跨越——中国改革开放三十年中的农业机械化 [J]. 中国农机化，2008(6): 3-15.

[18] 彭代彦. 农业机械化与粮食增产 [J]. 经济学家，2005(3): 50-54.

[19] 涂志强，杨敏丽. 关于我国农业机械化发展趋势的思考 [J]. 中国农机化，2005(5): 3-7.

[20] 王波，李伟. 我国农业机械化演进轨迹与或然走向 [J]. 改革，2012(5): 126-131.

[21] 王新利，赵琨. 黑龙江省农业机械化水平对农业经济增长的影响研究 [J]. 农业技术经济，2014(6): 31-37.

[22] 杨敏丽. 新阶段我国农业机械化发展态势分析 [J]. 中国农机化，2008(1): 12-17.

[23] 张月群，李群. 新中国前 30 年农业机械化发展及其当代启示 [J]. 毛泽东邓小平理论研究，2012(4): 53-59.

[24] 赵本东，赵宗禹. 乘法 [Z]. 纽约曼哈顿：美国学术出版公司，2011.

[25] 郑有贵. 中国农业机械化改革的背景分析与理论反思 [A]. 北京：中国财政经济出版社，2001.

[26] 周渝岚，王新利，赵琨. 农业机械化发展对农业经济发展方式转变影响的实证研究 [J]. 上海经济研究，2014(6): 34-41.

[27] 朱振亚，王树进. 农业劳动力膳食能量节省与农业机械化水平之间的协整分析——以江苏省为例 [J]. 中国农村经济，2009(11): 69-76.

[28] 宗锦耀. 坚持走中国特色的农业机械化发展道路——在中国农业机械学会 2008 年学术年会上的演讲 [J]. 农业机械，2008(29): 19-23.

[29] 白人朴. 我国农业机械化十年巨变的三个标志与四大特点 [N]. 中国农机化导报，2014-3-31.

第 8 章　粮食安全：中国农业现代化的核心

经历过饥荒年代的人们一定能够深刻体会到丰衣足食的可贵，深刻了解 2008 年国际粮价飙升前因后果的人们一定能够深刻理解我国当时面对粮食危机从容不迫的可贵。民以食为天。粮食安全，是国家安全、社会安全的基础，是中国农业现代化的核心，任何时候都不能掉以轻心、麻痹大意。

第 1 节　什么是粮食安全

粮食安全问题自古就有。现在世界通行的粮食安全概念则来自联合国粮农组织根据形势发展不断完善的定义。20 世纪 70 年代初联合国粮农组织召开世界粮食大会，认定的粮食安全表述为“保证任何人在任何时期都能够得到为了生存和健康所需要的足够食物”，强调了粮食在数量上的保证；1983 年，联合国粮农组织总干事爱德华·萨乌马提出，“粮食安全的最终目标是确保所有的人在任何时候既能买得到，又能买得起所需要的基本食物”，在数量保证的基础上增加了可得性，意味着买不起或买不到，即便有再多的数量也是不能保证安全的；1996 年召开的世界粮食首脑会议重申，人人都有权获得安全而富有营养的粮食，并明确提出“要有足够、平衡的，并含有人体发育所必需的营养元素供给，以达到完善的粮食安全（Food Security）”，在以往的基础上又增加了保证营养的要求；2001 年世界粮食安全大会进一步提出“所有人在任何时候都能够在物质上和经济上获得足够富有营养和安全的食物”，把食物本身的安全问题（我们通常所说的食品安全）纳入了粮食安全的范畴。综合来看，粮食安全应包含以下几大要素：一是有足够数量的食物供给；二是经济上买得起、买得到；三是保证均衡的营养；四是保证食物本身的安全性。

我国现行的粮食安全概念比世界通行的概念要窄一些。粮食安全翻译自 Food Security，而 Food Security 本义应该是食物安全，食物的范围要比粮食更广。我国强调粮食，而不是直接翻译为食物，一方面是为了与食品安全（Food Safety）区分开来，一方面与粮食的特性密切相关。粮食本身具有易保存、易转化、基础性的特点，长期以来它要么作为口粮，要么作为饲料，两者都与食物直接或间接挂钩，既是国人食物结构中的主体，也是其他主要食物的基础。所以粮食安全就几乎等于食物安全，保证了粮食的安全就抓住了食物安全的“牛鼻子”。后来，随着我国经济社会的发展，消费结构发生明显变化，粮食安全的外延在认识上也在发生着变化。在 2008 年国务院发布的《国家粮食安全中长期规划纲要（2008—2020 年）》中，就已经使用了食物的概念，涵盖粮食、食用植物油、肉、禽、蛋、奶及水产品。所以，我国的粮食安全本有狭义、广义之分。

先谈粮食的范围。狭义的粮食，主要包括谷物（小麦、稻谷、玉米等）、豆类和薯类；广义的粮食，就是食物的概念，除了粮食之外，还有非粮食物，如肉、蛋、奶、水产品、水果、蔬菜等。狭义的粮食安全，指以谷物为主的粮食足够、有效供给；广义的粮食安全，是指食物足够、有效、均衡和安全供给。在当前和过去较长时间里，我们沿用的是狭义的粮食安全概念，但随着经济社会的发展，狭义的概念可能将越来越难以适应实际生活的需要和要求。概念的拓展，将是经济社会发展的一种客观要求。

以豆类为例。豆类的主体是大豆，传统上，我国大豆主要用于制作豆制食品，比如，豆浆、豆腐之类，是植物蛋白的主要来源。把豆类归为粮食，虽不是特别准确，但也基本符合国人饮食习惯，没什么明显问题。但进入20世纪90年代以后，大豆，尤其是国外转基因大豆，大量作为植物油原料。我国逐渐增加大豆进口，目的也是用于压榨大豆油。2016年，大豆年进口9554万吨，是国内大豆产量的6倍以上。按照现有的统计口径，仅大豆进口一项，就极大地拉低了国家的粮食自给率水平，很多人也由此自然而然地得出国家粮食自给严重突破警戒线、粮食安全受到严重威胁的判断。但这显然是粮食概念的内涵、外延和统计口径出了问题，没有根据形势的变化及时调整，从而产生了误导。既然大豆的大量进口是用来榨油的，它弥补的是植物油的缺口，那么进口大豆的属性应该跟其他的植物油籽（如油菜籽、花生等）没什么差异。如果粮食安全是狭义概念，那么用于榨油的进口大豆就不应该包含在内；如果粮食安全是广义概念，那么包括其他油籽在内的其他食物也应该纳入计算范畴。从我国实际出发，强调自给率在95%以上的粮食，只能针对以谷物为主体的淀粉类产品，只能是狭义的粮食。如果放大到广义的粮食概念，就需要用更宏观的视野，从营养均衡的角度来考虑食物供给问题，而这就不能用自给率的口径来衡量了。

再谈粮食安全评价指标问题。现在评价粮食安全，最流行、最直观的方法是用自给率来衡量。自给率也容易计算，本国生产的数量除以本国年内消费总量，消费总量往往就简单等于本国生产数量与净进口量相加的和。这方法流行、直观，不容易造假，但也最容易误导别人。我们说粮食安全，是从人民群众吃饭的角度来说生产这么多粮食够不够用。当粮食只是用来吃饭用时，这个自给率的概念很有说服力。但是，当粮食的用途拓展了，不再只是吃饭所需，饲料、油料、工业原料也用了很多粮食，自给率的评价方式就容易出现新误区。比如，一个国家原来生产1亿斤粮食，不用进口，自给自足没问题，现在人口不变，粮食的产量增加到1.5亿斤，因为工业发展需要进口0.5亿斤，自有量增加了50%，但自给率从100%下降到了75%，那现在这个国家的粮食安全状况是出问题了还是变得更好了呢？显然，不同的评价指标可以得出截然不同的判断：如果以自给率为标准，粮食安全出问题了；如果以自给量为标准，粮食安全状态更好了。现在我们的舆论认知就存在这样一个误区。从2003年到2015年，我国粮食连续12年增产，产量稳居1.2万亿斤以上，粮食供给状态处于历史上最佳时期，2016年在供给侧结构性改革的背景下，粮食产量略有回落，但仍达61625万吨，2017年则继续实现增长，达61791万吨。但因为粮食概念里的产品用途更广了，很多大豆用于榨油，很多玉米用作饲料和深加工，进口量持续增加，自给率在下降，带来了很多误解和误判。

评价粮食安全处于什么状态，需要有一个简明但又合理的指标体系。联合国粮农组织（FAO）对粮食安全状况的评估标准是每个国家或地区总人口中营养不良人口所占的比重，使用的是宏观评价；美国农业部则使用问卷调查对家庭和个人的食物安全和营养状况进行评估，属于微观评价（刘晓梅，2004）。国内对粮食安全评价指标体系研究比较系统的主要有朱泽（1997）、马九杰等（2001）、刘晓梅（2004）等。朱泽（1997）选择了粮食总产量波动系数、粮食自给率或粮食贸易依存度、粮食库存水平、人均粮食占有量、低收入人口的粮食供应水平五个指标，赋予相同权重简单平均；马九杰等（2001）设立了粮食总供求差率、食物供求平衡指数、粮食生产波动指数、粮食需求波动指数、粮食储备率、粮食国际贸易依存度、粮食价格上涨率等若干指标，通过加权平均建立了粮食安全预警指标体系；刘晓梅（2004）则选择了人均粮食占有量、粮食自给率、粮食总产量波动率和粮食储备率四个指标，并赋予不同权重，着重强调了人均粮食占有量和粮食总产量波动率。方法越来越完备，也越来越便于理解和衡量。但问题是为什么粮食自给率这个指标往往成为舆论关注的焦点？一个方面是自给率（或进口依存度）直接影响着国际粮食市场，更容易为世界所关注；另一方面是粮食贸易的绝对量不容易造假，更容易为公众接受，进口多了、少了，大家都看在眼里，不像粮食产量，真的是多了还是少了，公众心里没底。既然大家对粮食总产量心里没底，更别谈总量波动率的可信度了。而另一个常用指标，粮食储备率，也多为内部掌握数据，公众难以知晓。所以，所有的指标最终只集中在了一点，就是自给率。但站在科学的角度，人均粮食自给量应该是最核心的指标，这是决定能否提供足够粮食供给保障的根本，当年价格、下年的进口量和储备量与人均粮食自给量都可以构成显著的负相关。评价粮食安全，最理想办法是确保数据的真实性，然后用人均粮食占有量作为核心指标，自给率等其他指标作为辅助参考。同时，由于自给率概念为社会熟知，且有上述优点，在使用上保持原有分量也未尝不可，但要增加人均粮食占有量的考量，并适当调整粮食的口径，回归粮食本意。

2013 年 12 月中央农村工作会明确提出，要确保谷物基本自给、口粮绝对安全。这是新时期对粮食安全的新注脚。粮食的内核是谷物，谷物的核心是口粮。力量首先要集中保证最基本、最重要的核心产品。2016 年中央一号文件提出，要实施“藏粮于地、藏粮于技”战略，推动粮经饲统筹、农林牧渔结合、种养加一体、一二三产业融合发展。在此基础上，不断提升食物供给能力和水平，统筹利用好国内外两种资源、两个市场，为人民群众日渐殷实的小康生活提供坚实、安全、营养、健康的食物供给保障。从战略上，这是一收一放。收，收缩并做实粮食安全内核；放，用更全面的食物概念、用更宽的视野考虑粮食安全问题，促进粮食安全战略的协调和可持续。这样一收一放，走出了原有粮食安全概念日渐不适应形势发展的窘境。评价方式上，保留使用传统又直观的自给率，评价范围上，收缩到核心的谷物，尤其是口粮。这虽然未必是最优方式，但必然是当前形势下最容易为各方理解和接受的方式。

用通俗的话说，粮食安全就是要保证中国人民在任何情况下都能端得起饭碗，吃得到自家的饭，吃得饱，不用看别人的脸色。还要努力不断提高水平，让大家吃得好，吃得营养，吃得健康。

第 2 节　40 年来中国粮食安全回顾

1978 年以来，我国的粮食生产能力和生产水平都有了质的飞跃。1978—2017 年，我国粮食产量（含豆类薯类）从 30477 万吨增加到 61791 万吨，翻了一番多。其中，谷物从 24672 万吨增加到 57225 万吨，增长 131.9%。当然，这近 40 年有起伏、有波动，出现过粮食产量的大幅下滑，出现过粮食价格的大幅上涨，也出现过国际上对中国是否有能力养活自己的质疑。但在中央政府高度重视、全国上下协同努力下，我们成功地克服了种种困难和挑战，使粮食综合生产能力迈上了一个又一个新的台阶，尤其 2003 年以来，粮食实现连续 12 年增产，并且从 2013 年开始，产量稳居 6 亿吨以上。作为粮食安全的回顾，我们根据人均粮食自给量的变化把过去 40 年大致划分为四个阶段[1]（见

[1] 阶段划分有多种标准也有多种划分结果，怎么划分各有各的道理，且阶段之分本来就不严格，只要能够说明问题都可以接受。马晓河、蓝海涛等（2008：p351）就根据中国粮食产量的变动划分为快速增长（1978—1984）、缓慢增长（1985—1993）、相对快速增长（1994—1998）、下降（1999—2003）和恢复（2004年至今）五个阶段。

图 8-1）：

第一阶段（1978—1988）：粮食人均自给量稳步超越 350 公斤。这是改革开放以来农村改革和发展的第一个黄金期，也是农业生产能力、粮食安全保障能力全方位提升的第一个黄金期。家庭联产承包责任制的推行以及农副产品收购价格的提高极大地调动了农民的生产积极性，促进了粮食生产物质投入的增加，粮食产量显著提高。在这阶段的前 6 年里，全国粮食产量的年平均增长速度为 4.9%，是新中国成立以来增长最快的时期（马晓河、蓝海涛等，2008）。这 6 年，人均粮食自给量从 316 公斤增加到 390 公斤，增长 23%；人均谷物自给量从 256 公斤增加到 325 公斤，增长 27%。后四年（1985—1988），粮食产量明显波动，但人均粮食自给量都能稳定在 360 公斤左右，谷物稳定在 300 公斤以上。年度产量的变化是多种因素共同作用的结果，许多偶然性因素的影响都容易导致产量波动，但稳定在某一产量水平之上则是生产能力的反映，也可能是某些瓶颈的制约。这阶段最突出的成果不在于达到人均 390 公斤的峰值，而是能在产量回落之后连续几年较好地稳定在 360 公斤左右。从粮食自给率来看，这期间自给率最低的是 1982 年 95.9%（谷物为 95.1%），最高的是 1985 年 100.6%（谷物 100.3%），多数时间都稳定在 97% 上下。值得一提的是，连续三四年的缓慢增产甚至减产，为 1987—1989 年的全局性通货膨胀埋下隐患。

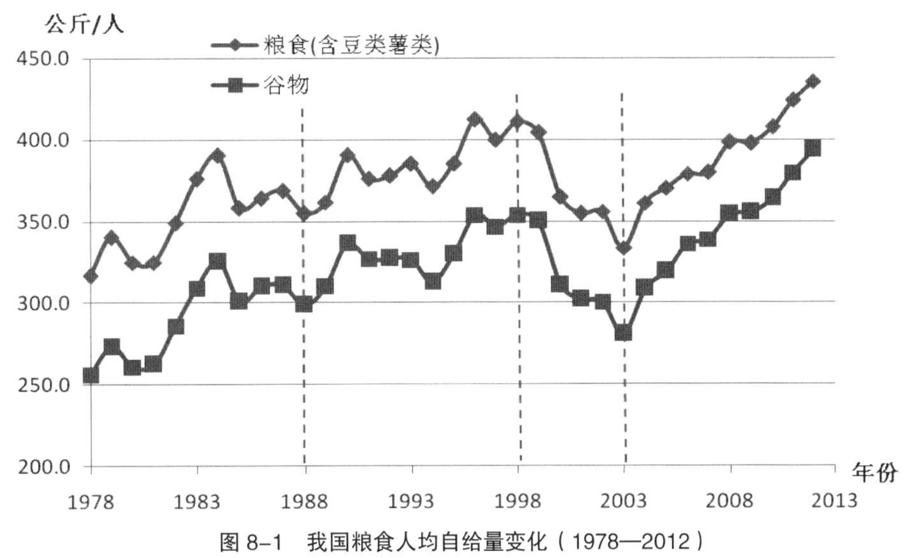

图 8-1　我国粮食人均自给量变化（1978—2012）

资料来源：根据历年中国统计年鉴数据整理计算。

注：2013—2015年延续2003—2012年的走势继续上升。

第二阶段（1988—1998）：粮食人均自给量跨过 370 公斤和 400 公斤两个台阶。这是粮食安全问题跌宕起伏的 10 年，经历了两次的物价改革和相应的通货膨胀，经历了对中国人能否养活自己的质疑和大讨论，经历了粮食总产量 5 亿吨、人均 400 公斤的历史性跨越，也经历了粮食流通体制由计划向市场的重大变革。仅从粮食价格的角度看，这是一个粮食安全面临严峻考验的时期；但从粮食供给水平看，这是粮食安全保障能力迅速、有效提升的时期。1988—1989 年、1993—1995 年两个时间段，粮食价格都迅猛上涨，这种上涨的原因尽管都与粮食有或多或少的联系，但根源都不在于粮食安全的保障能力，而在于经济改革、物价改革本身。

1988 年，中央政治局决定大胆推进改革，改革价格双轨制，取消对更多商品的价格管制。这时期已经经历了连续3年的温和通货膨胀[1]，当1988年8月《人民日报》公布了中央政治局全面放开物价的计划，引起了居民强烈反应，出现了抢购潮，商店的东西一售而空。8月30日国务院放弃了取消物价管制计划的决定[2]，但物价大幅上涨之势已不可避免，1988年下半年零售价格指数同比增长了26%。1988年、1989年的物价指数分别为118.5和117.8。同期，稻谷和小麦两大口粮价格指数分别达到119.8、130.7和115.2、121.9。而后就是经济硬着陆，GDP增速从1988年的11%下跌到1989年的4%。这是一次在供应上准备不足、风险应对缺乏经验的物价闯关，尽管褒贬不一，但至少为后来的价格改革奠定了社会心理基础、积累了经验。从粮食安全的角度看，这期间有个重要的信息不能忽视，就是稻谷价格早在1987年就开始较大幅度上涨，当年价格指数就已达到113.2，远高于其他粮食品种和物价指数，而且涨价是从沿海地区开始的（也就是现在常说的主销区）。

1993—1995年出现的第二轮涨价根源也在经济过热和通货膨胀，而不是粮食供给出现什么实质性的问题。1993年经济走势有两个特点，一个是经济发展速度越来越快，另一个是票子越发越多，物价涨幅越来越高[3]。当然，这是1992年邓小平同志南方谈话之后全国上下加快改革开放步伐的必然。1993—1995年，稻谷价格分别上涨24.6%、54.0%和20.8%；小麦价格上涨5.4%、52.2%和33.1%；玉米价格上涨19.2%、51.3%和40.9%。这3年，只有1994年减产，而1993年、1995年粮食总产量都在增加，人均粮食自给量也稳定在370公斤以上，粮食库存只有1994年下降，其他几年都在增加。粮食涨价不是粮食供给出问题，而是经济大环境推动了粮价上涨，而粮食产量的小幅波动只是强化了上涨态势、加大了上涨幅度。为了抑制粮价上涨，1994年、1995年增加了粮食进口，粮食自给率从1993年的99.1%下降到1995年的95.7%。而在此时，莱斯特·布朗发表了《谁来养活中国》，引发了对中国粮食安全问题的世界性关注。一个本来不因粮食本身引起的经济现象却因一篇文章瞬间把世界眼光、全社会眼光聚焦到粮食问题身上。1996年中央政府还专门发布了《中国的粮食问题》白皮书，对此做了回应。从1995年开始，粮食产量又大幅度增加，1996年粮食总产量突破5亿吨，人均自给量连续四年保持在400公斤以上，谷物就达到350公斤，粮食自给率达到100%以上，粮食库存又达到新的高峰。连续几年的高产，又使我国的粮食面临着幸福的烦恼，怎么化解库存压力、消化陈粮成了1998年以后的重要工作任务。从经济社会发展全局来看，不断提升的粮食供给水平为全方位的改革留下余地。可以肯定地说，如果没有粮食充裕供给的保障，1998—2003年的许多改革可能就会面临更多的困境和挑战。

第三阶段（1998—2003）：人均粮食自给量逐年回落。如果仅从人均粮食自给量来看，这几年粮食安全形势并不乐观。人均粮食自给量从1998年的411公斤下降到2003年的333公斤，谷物从354公斤下降到281公斤，都下降了20%左右。但如果从价格的层面上看，这几年粮价持续平稳下降，2003年稻谷、小麦、玉米价格比1998年都下降了20%以上，比高峰期的1996年更是下降了30%以上。产量下降，供给却很充裕，市场平稳。从这个角度上看，粮食安全形势却是最好的。这五年，物价指数仅在97和99.9之间徘徊，没有一年超过100。这阶段以1998年夏天的洪水开端，从那时起，退田还湖、退耕还林开始提上议事日程，粮食种植面积也在有序地下降。2003年全国粮

[1] 从1985—1987年，物价指数分别为108.8、106、107.3。

[2] [美]傅高义. 邓小平时代[M]. 北京：生活·读书·新知三联书店, 2013: 456.

[3] 朱镕基. 加强宏观调控的十三条措施（1993年6月9日），见朱镕基讲话实录（第一卷）[M]. 北京：人民出版社, 2011: 289.

食种植面积不到15亿亩，比1998年的17亿亩下降了将近13%。这几年，如火如荼地开展了粮食流通体制改革，实行政企分开、中央地方责任分开、粮食储备与经营分开、新老财务账目分开，完善粮食价格机制（“四分开一完善”），除收购环节由国有粮食收储企业垄断经营外，其他加工、批发、零售环节都实行市场竞争。其背景是，1995—1998年，粮食产量连续创造历史新高，粮食库存急剧增加，国有粮食企业亏损严重，国家不堪重负[1]。原因是多方面的，但累计的高库存量是绕不开的事实。根据联合国粮农组织（FAO）数据，从1979年到1999年中国累计增加粮食库存2亿吨，其中仅1995—1999年就增加了6800多万吨。2000—2005年累计消化库存2亿吨，最高的2003年一年消化了6700多万吨。在消化陈粮的过程中，粮食加工业的发展功不可没。从粮食流通体制改革分流出来的一大批人为粮食加工业的发展注入了活力和动力。但是，以消化陈粮为目的的粮食加工企业，在陈粮消化完毕之后却为粮食安全带来了新的烦恼。

第四阶段（2003年至今）：粮食连续12年增产，人均粮食自给量连攀新高。这个时期，粮食自给量最高，粮食发展趋势向好，粮食价格经受住了国际市场波澜的冲击，但是粮食需求旺盛，大豆也放开了进口闸门，廉价而高油的大豆急剧涌入，粮食的自给率也迅速下降。2003年，我国的粮食自给率还维持在99.6%，到了2012年只有88.3%。2015年进一步降到83.3%。但从谷物看，2003年自给率是106.1%，2012年为98%，2015年95%左右，都处于较高水平的自给状态。特别是，近几年国内生产出来的粮食有很大的数量成为超额的储备。从粮食安全的角度看，这十几年可谓五味杂陈。一方面是粮食持续增产，另一方面是进口急剧增加；一方面是要维持高水平的自给率，另一方面是耕地、水资源的频频预警；一方面是要满足人民群众日益提高的多元膳食需要，另一方面是对基本粮食供给丝毫不敢松懈；一方面是比较优势逐渐削弱粮食价格出现倒挂，一方面是在机会成本不断提高的同时要保持农民的种粮积极性……保障国家粮食安全正面临着新考验。最突出的考验有以下两点：一是国内粮食价格顶到“天花板”。在2011—2012年前后，三大主粮国内市场价格开始全面高于国际市场价格，内外价差逐步扩大。较大的价差使得国内粮食产品不具备竞争力，只能靠关税配额等边境保障措施来维持市场的基本稳定。一旦粮食产品内外价差进一步扩大，突破配额外关税保护，国外大宗农产品长驱直入，后果不堪设想。这两年已经表现出来的一个是边境地区活跃的粮食走私和没有配额限制的替代品大量进口。二是农业补贴增长空间受限。当我们无法用价格支持政策提高粮食产品价格时，通过补贴政策鼓励农民种粮几乎成了唯一选择。但进一步提高对农业的支持保护力度面临较大困难，最主要的原因在于我国加入世界贸易组织时，承诺按照世贸组织规则实施农业国内支持政策，对特定农产品的黄箱支持不超过该产品产值的8.5%，对非特定农产品的黄箱支持不超过农业总产值的8.5%。当前我国对于粮食相关的补贴额占比已经不低，理论上已难有补贴空间。在国际市场价格的“天花板”效应愈加明显、国内生产成本不断上升的背景下，我国保障粮食生产的补贴政策选择空间在缩小。

---

[1] 到1998年3月底，粮食收购贷款余额是5431亿元，而粮食库存值是3291亿元，亏损挂账和挤占挪用加起来时2140亿元。见深化粮食流通体制改革刻不容缓（1998年4月29日），朱镕基讲话实录（第三卷）[M]. 北京：人民出版社, 2011: 38.

第3节　未来中国粮食安全展望

保障粮食安全，关键是要做好中国自己的事情。不在于一时的得与失，而在于长久的可持续发展。粮食安全可以用一些指标来衡量，可以是人均自给量，可以是自给率，也是可以是粮食价格波动率等。但没有单一的指标可以准确地说明问题，综合的指标也容易模糊粮食安全的真实状态。所以，我们看到1988年、1994年前后粮食价格飞涨，但粮食自给率水平并不低，供给是有充分保障的；1998—2003年，粮食持续减产，但粮价很稳，因为有长期积累下来的充裕库存；近十年，粮食持续增产，但自给率下降得很明显，因为加工业发展了，粮食的用途广了，综合需求提高了。什么样的状态是安全的？是一种稳定的预期，一种从容的状态。年景好的时候，可以多生产，多储粮，年景不好的时候可以调度，可以调剂。关键的关键，在于储备生产能力，而不是过度开发、竭泽而渔。保护好耕地、培育好耕地的持续生产能力、合理地使用水资源、建设好农业基础设施、不断推进农业技术进步、确保合理有效的粮食储备，这些事情才是粮食安全的根本。但在不少问题上，我们面临着严峻考验。

一、未来的考验

（一）耕地的数量和质量

首先，人均耕地占有量将继续减少。1997—2000年，我国耕地面积年均减少44.9万公顷，2001—2004年这一数据激增到每年145万公顷，2005—2008年下降至每年18.2万公顷。尽管从2009年开始情况有所好转，但是随着我国工业化、城镇化建设的推进，每年占用耕地仍不可避免，2014年和2015年累计净减少17.33万公顷。即使我国总的耕地面积能够大体维持目前的数量，但随着人口持续增长，人均耕地面积仍将继续下降。其次，耕地质量的维持面临考验。根据农业部对全国107个国家级耕地质量监测点数据分析显示，近10年我国基础地力贡献率下降了5%[1]，耕地肥力下降，化肥依赖性增强。东北黑土层越来越薄，土壤污染问题日趋严峻。另外，水土流失、土地荒漠化也在不断侵蚀着本已紧张的耕地资源。《全国水土保持规划（2015—2030）》数据显示，我国水土流失面积尚有294.91万平方公里，占我国陆地面积的30.7%。同时，我国是世界上荒漠化严重的国家之一，全国沙漠、戈壁和沙化土地普查及荒漠化调研结果表明，中国荒漠化土地面积为262.2万平方公里，占国土面积的27.4%，近4亿人口受到荒漠化的影响。据中、美、加国际合作项目研究，中国因荒漠化造成的直接经济损失约为541亿元人民币[2]。尽管我国不断加大对水土流失和土地荒漠化的治理投入，但是由前期工业化造成的环境破坏难以在短时期内得到彻底的改善。

（二）农业灌溉水资源

水是农业发展的根本，然而我国却是一个极度缺水的国家。我国淡水资源总量丰富，仅次于巴

[1] 曲昌荣. 地力下降咋应对［N］, 人民日报, 2013-04-14.

[2] 资料来源：中华人民共和国国土资源部，土地百科：http://www.mlr.gov.cn/tdzt/zdxc/tdr/21tdr/tdbk/201106/t20110613_878377.htm.

西、俄罗斯和加拿大，居世界第四位，但人均占有量仅为世界平均水平的1/4、美国的1/5，在世界上名列121位，是全球13个人均水资源最贫乏的国家之一。但这几年农业用水总量和比重都在持续增加。2016年全国总用水量6180亿立方米，但农业用水效率仍不高。如何进一步提高我国农业用水效率是必须直面的挑战。除此之外，水质恶化也是一大考验。这两年，随着对污水排放的治理，废污水排放总量止住了持续上升的步伐，2014年废污水排放总量771亿吨，接近2009—2010年的排放水平。但水质状况依然不容乐观。2014年对全国对21.6万公里的河流水质评价，Ⅲ类水及以下的河长占50.6%，其中松花江区、黄河区、辽河区、淮河区水质为中，海河区水质为劣。对全国开发利用程度较高和面积较大的121个主要湖泊共2.9万平方公里水面，Ⅳ～Ⅴ类湖泊57个，劣Ⅴ类湖泊25个，分别占评价湖泊总数的47.1%和20.7%。大部分湖泊处于富营养状态，其中处于富营养状态的湖泊有93个，占评价湖泊总数的76.9%。北方地下水污染情况更为严重。北方17省（自治区、直辖市）平原区的2071眼水质监测井监测，水质较差的占48.9%、水质极差的占35.9%[1]。

（三）农业生产投入

伴随工业化、城镇化进程加快，粮食生产的人工成本、物质费用和土地成本都在快速上涨（见表8-1）。2016年我国三种主要粮食的亩均总成本为1201.8元，其中物质费用、人工成本和土地成本上涨分别上涨128.97%、227.15%和247.90%。未来较长一段时间，城镇化进程进一步加快，劳动力等农业生产要素的价格也将进一步上升，物质成本的持续上升也在加大粮食生产成本压力。更重要的是，成本的快速上涨使得我国原有的成本优势在丧失。这几年许多大宗农产品国内外市场价格倒挂，除了人民币升值因素的影响，还有很重要原因就是以劳动力成本为主的生产成本出现反转。此外，以化肥、农药等为代表的农业投入品还存在过度施用、结构失衡等突出问题。2015年2月农业部制定的《到2020年化肥使用量零增长行动方案》显示，我国农作物亩均化肥用量21.9公斤，远高于每亩8公斤的世界平均水平，是美国的2.6倍，欧盟的2.5倍。东部经济发达地区、长江下游地区和城市郊区施肥量偏高，蔬菜、果树等附加值较高的经济园艺作物过量施肥比较普遍。重化肥、轻有机肥，重大量元素肥料、轻中微量元素肥料，重氮肥、轻磷钾肥“三重三轻”问题突出。7000多万吨的有机肥资源总养分实际利用不足40%。同时，根据同期公布的《到2020年农药使用量零增长行动方案》，2012—2014年农作物病虫害防治农药年均使用量31.1万吨（折百，下同），比2009—2011年增长9.2%。但农药的平均利用率仅为35%。农药的过量、低效使用，不仅增加了生产成本，也影响着农产品质量安全和生态环境安全。

表8–1　三种主要粮食作物亩均成本情况

单位：元/亩

三种主要粮食平均成本	2005	2010	2012	2014	2016
总成本	425.0	672.7	936.4	1068.6	1201.8
生产成本	363.0	539.4	770.2	864.6	979.9
物质及服务费用	211.6	312.5	398.3	417.9	484.5
人工成本	151.4	226.9	372.0	446.8	495.3
土地成本	62.0	133.3	166.2	203.9	221.9

数据来源：根据历年《全国农产品成本收益资料汇编》整理。

[1] 资料来源：2014年中国水资源公报。

（四）需求结构

一是城乡居民食品消费结构持续变化，口粮直接消费将进一步降低而肉蛋奶等动物性食品消费在增加。过去几年，无论是城镇居民还是农村居民，对粮食消费有所减少，而猪牛羊肉、禽类、水产品等动物性食物消费在增加，城镇居民动物性食物消费明显高于农村居民。预计到 2023 年，我国的城镇化率将由目前的 52% 提高到 60% 左右。届时中国将拥有 8.7 亿城镇人口和 5.8 亿农村人口，与 2014 年末的人口结构（城镇人口 74916 万人，乡村人口 61866 万人）相比，将新增 1.2 亿城镇人口。即便按着 2014 年城镇人口消费水平计算，我国城镇人口的食品总需求也将增加 16.1%，这已经是一个相当大的数值了，更何况随着收入水平的提高，我国城乡居民的食品需求都在升级。届时，对于肉禽、蛋制品、奶制品的需求将会更大，而肉蛋的产出需要更多的饲料转化，根据测算每公斤猪肉、牛肉、羊肉、禽肉、禽蛋分别需要 5 公斤、3.6 公斤、2.7 公斤、2.8 公斤、2.8 公斤的饲料粮才能转化。因此，可以预测，未来 10 年我国的直接口粮需求将会下降，而饲料类需求将会有较大增加。二是人口老龄化会在一定程度上降低人均食品消费量。我国人口老龄化的趋势正在加剧，根据全国老龄工作委员会办公室公布的资料，2001—2020 年是我国快速老龄化的阶段，从 2021 年进入加速老龄化阶段，并预计到 2023 年老年人口将增加到 2.7 亿，与 0~14 岁少儿人口数量相当。尽管二胎政策实施以后，整体老龄化的节奏将略有放缓，但大趋势依然不可避免。根据钟甫宁（2012）[1]的研究，年龄对人均粮食需求有显著影响。随着我国老龄化速度的加快，未来 10 年将会对人均食品消费水平有较强的负面作用。另外，随着生物燃料二代、三代技术的发展，以粮食为原料的燃料乙醇产业在未来将可能有效调整方向，从而适当缓解粮食间接需求压力。所以，从需求上看，又乐观的因素也有不容乐观的因素，对粮食安全的影响方向取决于各种因素的此消彼长。

二、发展方向

从我国目前的生产能力和未来的潜力来看，确保谷物基本自给、口粮绝对安全在生产上不会有什么问题。在新的粮食安全观指引下，发展思路已在逐渐转变。主要表现在以下几个方面。

第一，更强调可持续发展。确保粮食安全和主要农产品供给，追求的不是一时的产量，而是可持续的供给能力。不再为了增产过度开发利用地下水资源，也不再放任土壤质量持续下降和水体污染，过度强调增加物质投入。鼓励节水型农业，鼓励使用有机肥料和生物技术。对于过度开发区域，进行适度调节；对于严重污染区域，抓紧进行耕地修复。

第二，更重视综合生产能力建设。把保护耕地资源放在首要位置，像保护重点文物、保护国宝一样保护基本农田。深入推进中低产田改造和高标准农田建设，确保有地可种，有好地可种。深入开展农田水利基础设施建设，彻底打通农田水利最后一公里。加强农业关键生产技术的研发、储备和推广应用。

第三，更注重培育新型经营主体。现在强调为土地流转创造条件，促进农业生产的适度规模经营，发展多种形式的新型经营主体，很大程度上也是立足于粮食安全的考虑。种一亩粮食，一年也就挣几百元，没形成一定规模，在现在的市场环境中，难以调动农民生产粮食的积极性。所以，鼓励股份合作、专业合作形成区域规模，鼓励自愿流转扩大单体规模，鼓励发展社会化服务以降低生

[1] 钟甫宁, 向晶. 人口结构、职业结构与粮食消费［J］. 农业经济问题(月刊), 2012(9):12-16+110.

产成本、提升效率；同时，还要鼓励农民通过改造经营模式挖掘增收潜力，把粮食生产、农业现代化与增收致富结合起来。当然，在很长时间内，小规模的家庭经营还是农业生产的主体，面向小农户的社会化服务在这种背景下显得更为重要。

第四，更好地平衡利用国内外两种资源、两个市场。根据新的粮食安全观，在利用国内外两种资源、两个市场问题上我们可能会更加从容。根据底线思维，我们要保证国内口粮自给，但在饲料用粮、工业用粮问题上，我们进口一些不是问题，尤其在大进大出的一些加工领域，用国外的原料加工，再出口，这也是好事。即便看待农产品进出口顺差或逆差，也得更深一层地看顺在哪里，逆在哪里，而不能简单地看见顺差就是好事、逆差就是问题。对外农业合作思路也要有进一步的发展，加强对外农业合作，帮助提升发展中国家的生产能力，利用我们的技术为世界粮食供给做贡献。还要进一步增强适应国际市场游戏规则的能力。

当然，更加重视的还有食品安全、粮食物流体系建设、流通体系改革的深化等。大的方向还是要使市场在资源配置中起决定性作用和更好发挥政府作用。该政府做的，政府要努力做好，像食品安全监管、耕地保护和农民权益的保障等；该让市场发挥决定性作用的领域，像粮食等农产品的价格形成等，就要逐步让市场的调节机制顺畅起来。2014 年在东北三省和内蒙古启动了大豆目标价格改革试点，2016 年启动了玉米收储制度改革，并建立玉米生产者补贴制度，迈出了价格形成机制改革的重要一步。

第 4 节　农民种粮行为与国家粮食安全

一、引言

目前理论界和政策界对于“是哪些人、用多大面积的土地、以什么经营方式、借助哪些方面的支持在生产粮食”，仅有一些模糊图景或个案观察，对于农民种粮行为受哪些因素影响，大部分研究更是缺乏必要的大样本微观数据支持。然而，对理论和政策有益的讨论，应该回归到对粮食安全微观基础的分析之上，这既有利于澄清、印证宏观分析得出的结论，也有利于形成新的分析视角和政策思维。

从微观视角看，农民种粮的资源、能力和意愿，决定着粮食的产出水平，进而构成国家粮食安全的微观基础。当前，在提高种粮资源可得性方面，农业政策重视引导土地、农资、贷款、保险等资源向粮食生产经营主体集中。在强化种粮主体能力方面，农业政策重视提高种业竞争力、科技支撑力、社会化服务能力等方面。在种粮意愿的激励政策方面，针对粮食主产区设立了产粮大县奖励、产油大县奖励等政策，针对粮食生产者设立了包括种粮直接补贴在内的农业生产补贴政策和最低收购价、临时收储、目标价格补贴等价格支持政策。在政策的推动下，农民种粮的资源、能力和意愿得到了改善和加强，这为 2004 年以来粮食生产实现“十二连增”奠定了良好基础。

总体上，目前农民种粮在微观层面上面临着“两个竞争”：粮食作物和经济作物竞争有限的耕地资源，粮食种植和农外就业竞争有限的劳动力资源。由此，在保障粮食安全的压力下，政策制定者产生了“两个担忧”：即“耕地非粮化”问题和“谁来种地”问题。

“耕地非粮化”会直接导致粮食种植面积下降，引发趋势性减产。政府对农民弃粮改种经济作物、土地撂荒、多季改单季等问题始终保持高度警惕。改革开放以来为数不多的粮食年总产量下滑，主要原因正是种粮收益明显偏低、严重抑制农民种粮意愿[1]。对“耕地非粮化”的担忧，强化了政策制定者在粮食政策和农业结构调整政策的保守态度。一方面，在粮食价格政策和流通政策改革上推进缓慢，特别是继续执行粮食托市收购政策，加剧粮食超量存储负担，消耗了大量公共财政资源。另一方面，对主产区农户按市场导向调整种植结构持审慎态度，部分地抑制了农村经济发展和农民收入增长。

对“谁来种地”的担忧则更为现实。在农外就业机会大量增加、务工收入大幅提高、外出务工成为更多农村劳动力选项的形势下，如何让农民安心种粮、专业种粮、种好粮食，政策难度不断上升。很多典型调查显示，在农业劳动力转移较为普遍的一些农区，种粮主力为老人、妇女，青壮年男性劳力仅在农忙季节返乡帮工。为解决这方面的担忧，政策大力鼓励培育“新型生产经营主体”，推进适度规模经营，力图使农内就业能够获得与农外就业“大体相当”的收入，政府资金、技术等支持向这些新型主体倾斜。但在粮食生产方面，家庭经营仍将在较长时期内占绝大多数，这构成了中国农业经营的“基本面”。而且，各类新型生产经营主体在竞争压力下，特别是由规模经营带来的成本压力下，放弃种植粮食、改种经济作物的可能性更高，进一步加剧耕地非粮化的担忧。除此之外，政策强力驱动下的规模经营还可能带来三大潜在后果：一是将尚有劳动能力的老人、妇女排斥在农业劳动之外，代替以雇用青壮劳力，额外增加的工资成本最终转嫁到粮食价格上，进一步压减政府农业政策腾挪空间；二是被排斥的劳动力在粮食上不能自给自足，需要从市场上购买粮食，增加市场需求，这也会拉高粮价；三是土地租金显性化并被计入粮价，进一步驱动粮价上涨。这显然与“保障国家粮食安全”的政策目标是相悖的。

因此，如何保持和提高农民种粮积极性，从微观层面保障国家粮食安全，这成为当前和未来一段时期农业政策的辩论热点和关注重点（陈锡文，2014）。对农户种粮行为的认识，事关中国农业政策方向，即，是鼓励土地流转基础上的适度规模经营，还是鼓励规模服务下的小农户经营，或是两者兼顾。更长远看，对农户种粮行为的认识，还事关中国农业发展方向，即是推进机械化大农业还是推进“小而精”农业。如何通过体制机制创新，让农户愿意种粮、能够种好粮，既是值得研究的现实问题、政策问题，也是具有挑战性的理论问题、战略问题。

我们采用国家统计局全国农村住户调查 2005—2010 年的面板数据来分析粮食主产区农户的种粮行为。国家统计局采用分层随机抽样方法对中国大陆 31 个省、市、自治区农村住户开展跟踪调查，采用日记账和访问调查相结合的数据收集方式，详细记录农村住户家庭基本情况、收入支出情况、住户成员与劳动力从业情况、农业生产结构调整与技术应用情况等。农村住户调查数据是目前中国关于农业农村经济社会发展情况最权威、最全面的微观数据。该调查每隔 5 年调整一次住户样本，2010 年因统计制度改革，延后一年更换样本。这使得 2005—2010 年样本成为国家统计局农村住户调查中唯一的、时间序列最长的连续性样本。我们选取 13 个粮食主产省（区）的 40190 个农村样本户

[1] 比如，对农业部发布的“截至2014年底，家庭承包耕地流转面积达到4.03亿亩，占家庭承包经营耕地总面积的30.4%”这一数据，有的学者认为土地流转比例仍太低，与农业劳动力转移状况不相称，不利于形成适度规模经营；有的学者则认为，土地流转近年来明显提速，与劳动力转移速度变缓的趋势不匹配，主因是一些地方政府政绩观驱动下定任务、下指标、垒大户的结果，其结果必然导致非粮化，若这种由政策导致的行为异化不加以有效纠正，未来将加剧粮食安全困境。

连续 6 年的调查数据，观察值共计 241140 个。而且在此期间，小麦、稻谷的最低收购价格和玉米的临时收储政策已经全面实施，粮食产业在此期间平稳发展，能够说明粮农的经济行为。

按照官方分类，我国 13 个粮食主产省（区）包括河北、内蒙古、辽宁、吉林、黑龙江、江苏、安徽、江西、山东、河南、湖北、湖南、四川。根据国家粮食和物资储备局的数据，2014 年 13 个主产省（区）粮食产量占全国的 75% 以上，库存量占全国的 71%[1]。根据蒋黎和朱福守（2015）的测算，2013 年 13 个主产省（区）贡献了全国粮食总产量增加量的 93.3%，也就是说全国粮食增产主要是主产区增产所致；从 2003 年到 2012 年的 10 年间，主产区的粮食单产增加了 21.3%，而非主产区仅增加了 12.8%，说明粮食单产的增加也主要由主产区带动。因此，粮食主产省份可以代表国家粮食生产的基本面，对这些主产区农户种粮行为的分析，将有助于形成对全国粮食生产及有关政策的认识。

表 8-2　13 个主产省（区）粮食生产情况（2016 年）

地区	粮食播种面积	占全国比重	粮食产量	占全国比重
河北	（千公顷）	（%）	（万吨）	（%）
河北	6327	5.6	3460	5.6
内蒙古	5784	5.1	2780	4.5
辽宁	3231	2.9	2100	3.4
吉林	5021	4.4	3717	6.0
黑龙江	11804	10.4	6058	9.8
江苏	5432	4.8	3466	5.6
安徽	6644	5.9	3417	5.5
江西	3686	3.3	2138	3.5
山东	7511	6.6	4700	7.6
河南	10286	9.1	5946	9.6
湖北	4436	3.9	2554	4.1
湖南	4890	4.3	2953	4.8
四川	6453	5.7	3483	5.7

数据来源：国家统计局.《中国统计年鉴2017》[M]. 北京：中国统计出版社, 2018.

13 个主产省（区）的粮食生产情况差异较大，例如，粮食播种面积最大的黑龙江，是粮食播种面积最小的辽宁的 3.6 倍，粮食产量上也有类似的差距。处在主产区“第一方阵”的是黑龙江和河南，播种面积均超过 1000 万公顷，两省产量之和接近全国总产量的 1/5。河南曾较长时期是粮食产量第一大省，直至 2011 年起被黑龙江超过，但在小麦产量上仍居全国首位。黑龙江用全国十分之一的耕地生产出全国四分之一的商品粮，是全国“大粮仓”，近年来该省粮食产量增长较快，仅

[1] 如赵玻辰和马信男（2005）对1978年以来政府政策调整、农民种粮积极性以及国家粮食安全三者之间的关系进行了梳理，提出农民种粮积极性直接决定着中国的粮食安全，政府政策的不稳定导致农民种粮积极性的波动，因此持续稳定地保护农户种粮积极性，不仅是保障当前国家粮食安全的基础，更是保障未来几十年我国粮食安全的前提。姜天龙和郭庆海（2012）亦对政府政策与粮食生产状况做了梳理，认为20世纪80年代以来我国粮食生产经历了三次大波动，1985—1989年的第一次波动、1992—1994年的第二次波动以及1998—2004年的第三次波动，而这三次粮食生产波动均表现为粮食播种面积的减少，除了第一次面积减少具有农业生产结构调整的合理性因素之外，另外两次面积减少均与政策变化引起的种粮比较收益降低所致。

2014年全省粮食产量的增量，就接近全国产量增量的一半。处在“第二方阵”的是山东、安徽、四川、河北、内蒙古、江苏、吉林等七个省，播种面积在500万~750万公顷，产量占比均超过5%，七省产量之和超过全国总产量的40%，在粮食生产全局中占据举足轻重地位。处在“第三方阵”的是湖南、湖北、江西、辽宁等四个省，播种面积在300万~500万公顷，产量之和超过全国总产量的15%，对稳定粮食生产也有重要作用。

本节从劳动力配置、土地配置、粮食生产水平、种粮农户的收入结构等四个维度进行分析。

二、农户的劳动力配置

（一）不种地农户

不种地农户比例是衡量农业转移劳动力一个重要指标，它反映的是那些在非农部门有稳定就业、且有足够收入来维持家庭生活、转移“较为彻底”的农户情况。这些农户是新型城镇化的重要后备力量。一个地区不种地农户比例越高，某种意义上说明工业化水平越高、城镇化潜力越大。

2005—2010年，13个粮食主产省（区）不种地农户比例从3.16%逐步提高到4.79%，6年平均约为4%。国家统计局农民工监测调查结果显示，2010年全国农民工总数达2.42亿人，其中外出就业1.53亿人，占6.71亿农村居民总人数的22.8%。与之相比，粮食主产区不种地农户的比例明显偏低。一方面，这反映当时粮食主产区农户外出务工比例相对低于非粮食主产区，另一方面，也更为重要的是，粮食主产区农户兼业化程度较高，家中青壮年外出务工、其余成员承担农业生产、不放弃土地成为普遍现象。这种家庭内部的“工农二元结构”，既是对家庭劳动力资源的合理配置，也是对工业化、城镇化就业风险的自我防范和管理，将对国家粮食安全产生深远影响，值得在政策上加以重视。亦即，如何尊重农民的自主选择，在土地经营权流转上不搞强迫命令；如何顺应农业兼业化趋势，在农业社会化服务、乡村留守人员公共服务等方面提供更为有利的条件。

分省区看，绝大部分粮食主产区不种地农户占比呈逐年递增趋势，这与国家工业化、城镇化进程加速的趋势是相对应的。其中，吉林不种地农户所占比例年度间波动较大，湖北则较为平稳。比例最高的四个省区为江苏、内蒙古、山东、河北，均为工业化、城镇化增速较快地区；最低的四个省区为湖南、河南、江西、安徽，均为中部地区。

表8-3 不种地农户占比

单位：%

省区	2005	2006	2007	2008	2009	2010	平均
河北	3.83	5.71	6.33	6.90	6.74	7.07	6.10
内蒙古	7.33	7.57	8.54	8.16	9.47	10.24	8.55
辽宁	3.60	3.65	3.70	3.23	4.60	4.81	3.93
吉林	1.18	3.55	0.72	1.38	2.89	2.57	2.05
黑龙江	3.62	4.29	3.93	4.20	4.24	4.78	4.17
江苏	8.56	9.18	9.94	11.15	12.71	13.15	10.78
安徽	1.45	1.10	1.29	1.26	1.42	1.48	1.33
江西	1.06	1.22	1.27	0.78	1.14	1.51	1.16
山东	6.57	6.10	7.55	8.10	8.69	8.19	7.53
河南	0.45	0.83	0.95	0.81	1.02	1.33	0.90

续表

省区	2005	2006	2007	2008	2009	2010	平均
湖北	2.48	2.55	2.45	2.39	2.48	2.42	2.46
湖南	0.27	0.30	0.30	0.27	0.49	0.59	0.37
四川	1.07	1.73	2.09	2.34	2.32	3.79	2.22
平均	3.16	3.60	3.86	4.05	4.50	4.79	3.99

数据来源：国家统计局农村住户调查数据（2005—2010）。

（二）不种粮农户

非粮化不仅表现在农地资源的配置上，也表现在农业劳动力资源配置上。2005—2010 年，13 个粮食主产省（区）不种粮农户占比总体呈上升趋势，由 6.08% 提高到 10.02%，6 年平均为 8.05%。扣除“不种地农户”后，6 年间种地但不种粮农户平均占比为 4.06%，这表明劳动力外出务工和种植经济作物这两个因素，对农户不种粮决策的贡献度大体相当（均为 4% 左右）。

从分省区情况看，绝大部分省区不种粮农户占比呈逐年递增趋势，但也有一些省份年度间有波动。不种粮农户占比最高的四个省区为江苏、山东、内蒙古、河北，这与不种地农户占比最高的四个省区相一致；比例最低的四个省区为河南、江西、四川、吉林。值得注意的是，不种粮农户占比最高的江苏（18.11%），是占比最低的河南（1.82%）的近 10 倍，这充分说明，即便同为粮食主产区，农户种粮行为也相距甚远。

表 8–4　不种粮农户占比

单位：%

省区	2005年	2006年	2007年	2008年	2009年	2010年	平均
河北	6.79	8.45	10.24	10.81	10.19	10.71	9.53
内蒙古	8.64	8.64	9.76	10.87	11.75	13.30	10.49
辽宁	6.51	6.98	7.41	8.25	9.31	8.52	7.83
吉林	3.09	4.14	2.70	5.13	6.45	5.79	4.55
黑龙江	6.92	7.19	8.84	9.64	9.73	12.05	9.06
江苏	13.44	14.18	15.79	18.94	21.50	24.82	18.11
安徽	6.00	5.45	6.32	7.16	7.35	8.39	6.78
江西	2.16	3.06	3.55	3.27	5.55	6.04	3.94
山东	12.19	12.36	13.12	13.95	13.69	13.21	13.09
河南	1.19	1.76	1.60	1.74	2.12	2.50	1.82
湖北	4.64	5.24	6.15	8.52	7.73	8.48	6.79
湖南	3.16	5.24	6.76	9.11	8.24	9.54	7.01
四川	3.26	3.46	3.28	4.43	4.96	6.13	4.25
平均	6.08	6.75	7.54	8.77	9.15	10.02	8.05

数据来源：国家统计局农村住户调查数据（2005—2010）。

三、农户的土地配置

（一）农户粮食播种面积概况

总的来看，十三个粮食主产省（区）2005—2010 年，无论是农户总的播种面积，还是平均播种面积均变化不大，相应的粮食播种面积占总播种面积的比例也大体稳定。农户平均播种面积约为13.53亩，平均粮食播种面积11.04亩，占比为76.66%。粮食主产区播种面积均值及占比高于全国平均水平。

表8–5 户均总播种面积、粮食播种面积及其占比

单位：亩/户；%

年份	平均粮食播种面积	总播种面积	粮食播种面积占比
2005	10.83	13.67	76.20
2006	11.01	13.49	76.81
2007	11.01	13.51	77.50
2008	11.19	13.72	76.05
2009	11.20	13.72	76.30
2010	11.02	13.07	77.10
平均	11.04	13.53	76.66

数据来源：国家统计局农村住户调查数据（2005—2010）。

从分省区情况看，由于土地资源禀赋的差异，地区间的差异明显。如表8-5所示，六年间户均粮食播种面积，最多的前三个省区是黑龙江、内蒙古、吉林，均在24亩以上；最少的前三个省区是湖南、四川、湖北，均低于7亩。其中最多的黑龙江（38.17亩）是最少的湖南（5.56亩）近7倍。期末（2010年）与期初（2005年）相比，户均粮食播种面积增加的有6个省区，减少的有7个省区，但总体看年度变化幅度不大，这从一个侧面反映了粮食主产区农户粮食种植有相当的“韧性”，即便是2008年国际金融危机导致农民工返乡明显增多、国家加大种粮补贴力度等这类“大事件”，也只是在部分省区短暂、小幅推高了户均粮食播种面积。农户粮食种植这种“韧性”需要为政策制定者所重视，亦即，对任何促进粮食生产的政策，都不能期待有立竿见影的作用，须保持足够政策耐心。

表8–6 分省区户均粮食播种面积

单位：亩

省区	2005年	2006年	2007年	2008年	2009年	2010年	平均
河北	8.05	7.93	7.60	7.66	7.74	7.85	7.80
内蒙古	23.48	25.54	24.38	23.92	25.61	24.11	24.51
辽宁	10.56	10.29	9.64	10.10	10.72	9.96	10.21
吉林	22.26	23.07	24.71	25.22	24.28	24.47	24.00
黑龙江	36.48	36.10	38.70	38.25	39.95	39.56	38.17
江苏	6.38	6.60	6.81	7.45	6.35	6.28	6.64
安徽	10.30	10.20	10.17	11.24	10.82	10.82	10.59
江西	9.26	9.35	9.36	9.51	9.63	9.78	9.48
山东	7.19	7.23	6.99	6.93	7.01	7.04	7.07
河南	10.29	10.43	10.48	11.41	10.65	10.91	10.70
湖北	6.76	6.94	6.63	6.31	6.52	6.56	6.62
湖南	5.83	5.81	5.51	5.41	5.59	5.24	5.56
四川	6.14	6.48	6.26	6.09	5.94	5.20	6.02

续表

省区	2005年	2006年	2007年	2008年	2009年	2010年	平均
平均	10.83	11.01	11.01	11.19	11.20	11.02	11.04

数据来源：国家统计局农村住户调查数据（2005—2010）。

将各省区不种粮农户排除后，期末（2010 年）与期初（2005 年）相比，户均粮食播种面积增加的省区有 9 个，减少的省区只有 4 个，呈现更为积极的态势。在 4 个户均粮食播种面积减少的省区中，四川降幅较大（12.8%），辽宁、湖南次之（4% 左右），山东相对较小（不到 1%），这一点将在后面户均粮食产出中得到相应体现。在 9 个户均粮食播种面积增加的省区中，黑龙江、江苏、吉林增幅最大（均超过 13%），江西、内蒙古、安徽、河南次之，河北、湖北相对较小。这显示，同为粮食主产区，不同地区对政策的反应不尽一致。

表 8–7 分省区种粮户（排除不种粮户后）的户均播种面积

单位：亩

省区	2005年	2006年	2007年	2008年	2009年	2010年	平均
河北	8.64	8.66	8.46	8.58	8.62	8.79	8.63
内蒙古	25.70	27.96	27.01	26.84	29.02	27.81	27.38
辽宁	11.29	11.06	10.41	11.01	11.82	10.89	11.08
吉林	22.97	24.07	25.40	26.58	25.95	25.98	25.15
黑龙江	39.20	38.90	42.45	42.33	44.25	44.98	41.98
江苏	7.37	7.69	8.08	9.19	8.09	8.35	8.11
安徽	10.96	10.79	10.86	12.10	11.68	11.81	11.36
江西	9.47	9.65	9.71	9.83	10.19	10.41	9.87
山东	8.19	8.25	8.05	8.05	8.13	8.11	8.13
河南	10.42	10.61	10.65	11.61	10.88	11.19	10.89
湖北	7.09	7.32	7.07	6.90	7.06	7.17	7.10
湖南	6.02	6.13	5.91	5.96	6.09	5.79	5.98
四川	6.35	6.71	6.47	6.37	6.25	5.54	6.29
平均	11.54	11.80	11.91	12.27	12.33	12.25	12.01

数据来源：国家统计局农村住户调查数据（2005—2010）。

（二）农户种植结构

将粮食播种面积占总播种面积的比重分为 100%、80%、50%，计算大于等于这些比例的农户占全部农户的比重，能看出农户在粮食作物和经济作物中配置耕地的倾向。13 个粮食主产省（区）纯粮户平均占比为 12.17%，总体看纯粮户的比重呈逐年增加的趋势。地区间纯粮户比例差异较大，最高为河北 33.03%，也就是说河北的调查样本中，每三个农户就有一户为纯粮户；最低为江西 0.5%，几乎没有纯粮户（吉林调查数据因 2006 年单一年份数据在计算时发现异常，在农户种植结构分析中将该省剔除）。这背后主要是中西部粮食主产区有间作、套作非粮作物（如棉花、油料等）的耕种习惯，因此，湖北、湖南、江西、四川纯粮户比例均较低。纯粮户增长幅度最大的是黑龙江，从期初的 7.36% 提高到期末的 20.35%。

表 8-8　粮食播种面积比重 100% 的纯粮户占比

单位：%

省区	2005年	2006年	2007年	2008年	2009年	2010年	平均
河北	29.46	30.51	34.11	32.05	34.08	38.15	33.03
内蒙古	25.30	23.37	31.21	25.79	26.92	31.42	27.31
辽宁	5.54	3.95	4.67	5.80	3.00	4.95	4.65
吉林	6.32	4.04	9.61	10.09	10.26	8.05	—
黑龙江	7.36	12.45	11.94	8.53	13.80	20.35	12.39
江苏	5.53	7.93	7.58	7.15	7.14	7.25	7.09
安徽	13.19	12.13	16.93	15.58	17.93	12.87	14.77
江西	0.66	0.79	0.95	0.41	0.12	0.08	0.50
山东	22.58	27.23	27.25	26.24	30.35	30.71	27.38
河南	8.56	9.56	14.47	14.28	17.95	19.31	14.01
湖北	0.75	1.09	0.65	0.40	0.40	0.37	0.61
湖南	0.03	1.41	1.22	0.14	0.19	0.52	0.58
四川	0.13	0.96	0.99	1.04	1.07	0.63	0.80
平均	10.00	11.33	12.60	11.78	13.21	14.09	12.17

数据来源：国家统计局农村住户调查数据（2005—2010）。

当把粮食播种面积比例降至 80% 这一档，符合条件的农户在总农户占比显著提高，全国平均为 58.85%，超过一半，除 2008 年略微有所下降，整体呈逐步升高的趋势。这体现了粮食生产向主产区集中的趋势。其中，最高的是黑龙江 88.67%，意味着绝大多数黑龙江农户将主要土地分配到粮食作物之上，最低为湖北 26.54%，意味着近四分之一的湖北农户将主要的土地用于种粮。

表 8-9　粮食播种面积比重 80% 以上农户占比

单位：%

省区	2005年	2006年	2007年	2008年	2009年	2010年	平均
河北	62.64	62.73	64.72	63.53	65.79	70.38	64.95
内蒙古	66.06	65.23	67.20	62.47	63.86	69.50	65.71
辽宁	75.85	78.47	76.92	73.10	76.26	76.93	76.25
吉林	87.28	91.45	87.59	88.62	90.07	89.00	—
黑龙江	88.51	90.30	87.45	87.51	90.35	87.90	88.67
江苏	48.92	57.48	59.57	58.82	58.39	58.75	56.95
安徽	50.11	54.21	55.29	53.45	52.59	53.60	53.21
江西	60.15	60.87	61.51	58.54	56.07	60.30	59.57
山东	53.49	58.29	58.41	58.78	59.48	64.34	58.78
河南	62.88	65.19	69.35	70.86	74.74	79.20	70.36
湖北	26.69	30.19	27.52	24.74	23.62	26.49	26.54
湖南	57.89	59.91	60.91	54.85	54.40	54.13	57.02
四川	28.45	35.47	41.22	41.43	36.52	36.21	36.53
平均	55.84	57.85	60.43	58.76	58.98	61.23	58.85

数据来源：国家统计局农村住户调查数据（2005—2010）。

再把粮食播种面积比例降至50%，符合条件的农户在总农户占比，全国平均为84.80%，整体略有波动，稳中有降。其中，最高的是变成河南93.05%，意味着仅有不到7%的河南农户将超过一半的土地分配到非粮作物之上，最低的依旧为湖北68.95%，意味着有超过30%的湖北农户将一半以上的土地用于种植非粮作物。

表8–10　粮食播种面积比重50%以上农户占比

单位：%

省区	2005年	2006年	2007年	2008年	2009年	2010年	平均
河北	85.79	86.29	85.66	84.50	86.88	89.06	86.36
内蒙古	88.74	86.45	87.53	84.04	83.11	85.13	85.84
辽宁	91.93	91.65	90.93	87.15	88.30	88.94	89.82
吉林	95.67	96.42	94.53	94.11	95.07	95.17	—
黑龙江	94.72	94.59	92.29	91.99	93.05	90.90	92.93
江苏	78.93	80.93	82.07	78.09	79.48	75.31	79.16
安徽	80.49	81.28	79.80	77.65	78.21	77.34	79.13
江西	91.67	92.07	89.83	87.33	85.26	86.61	88.79
山东	81.88	83.92	82.98	81.92	83.29	84.02	83.00
河南	92.15	91.93	92.14	93.49	94.08	94.50	93.05
湖北	71.44	72.76	70.27	66.07	64.89	68.26	68.95
湖南	85.66	84.44	83.76	81.14	80.50	79.04	82.43
四川	85.19	86.87	88.54	90.20	86.14	87.12	87.34
平均	85.53	85.65	85.55	83.96	83.91	84.23	84.80

数据来源：国家统计局农村住户调查数据（2005—2010）。

（三）分品种户均播种面积

我们把视角转向小麦、水稻、玉米三大主粮的户均播种面积。从平均数看，三大主粮在2005—2010年农户平均种植面积均出现上升，这与前述粮食合计播种面积的趋势是一致的。就小麦而言，播种面积下降有4个省，降幅较大的是黑龙江、江西、辽宁；播种面积增加的有9个省，增幅较高的是湖南、内蒙古、安徽、湖北。就水稻而言，播种面积下降的有河北、辽宁、四川、湖南、安徽5个省，其中河北降幅较大为18%；增加的有8个省，其中增幅较大的是黑龙江、内蒙古、河南，增幅均超过30%。就玉米而言，除江西、湖南、四川3个非重点产区出现较少面积的下降之外，其他10个省播种面积均出现上升，其中增幅最大的安徽、黑龙江、内蒙古、河南。总体上看，东北地区农户减少小麦种植，扩大水稻和玉米的种植；其他地区涨跌互现，但总体有向各自品种优势产区集中的趋势。

表8–11　种小麦户的户均播种面积

单位：亩

省区	2005年	2006年	2007年	2008年	2009年	2010年	平均
河北	4.42	4.43	4.37	4.42	4.43	4.72	4.46
内蒙古	7.01	7.63	7.73	7.89	9.29	9.16	8.03
辽宁	2.08	1.97	1.88	1.71	2.40	1.61	1.98

续表

省区	2005年	2006年	2007年	2008年	2009年	2010年	平均
吉林	1.50	2.00	2.00	1.40	1.56		
黑龙江	29.63	16.50	17.76	24.60	9.67	12.64	21.94
江苏	4.09	4.32	4.48	4.49	4.35	4.67	4.40
安徽	6.18	6.46	6.80	7.17	7.24	7.37	6.86
江西	0.81	0.57	0.54	0.10	0.77	0.39	0.61
山东	4.29	4.39	4.29	4.27	4.26	4.32	4.30
河南	5.65	5.74	5.78	6.15	5.77	5.84	5.82
湖北	3.12	3.38	3.44	3.73	3.40	3.72	3.45
湖南	0.97	1.35	1.84	1.06	2.04	1.56	1.56
四川	1.56	1.59	1.53	1.39	1.44	1.49	1.50
平均	4.39	4.46	4.50	4.61	4.58	4.79	4.55

数据来源：国家统计局农村住户调查数据（2005—2010）。其中，吉林省2010年数据缺失。

表 8-12　种稻谷户的户均播种面积

单位：亩

省区	2005年	2006年	2007年	2008年	2009年	2010年	平均
河北	1.59	1.79	1.96	1.34	1.35	1.30	1.60
内蒙古	7.53	8.23	10.81	9.01	11.91	9.98	9.58
辽宁	7.37	6.74	6.68	7.32	7.55	6.97	7.09
吉林	7.77	8.15	8.76	9.74	9.46	9.60	8.89
黑龙江	22.25	24.10	25.23	26.63	29.46	31.22	26.40
江苏	3.80	3.83	3.99	5.06	4.22	4.42	4.20
安徽	6.22	6.09	5.89	6.91	6.42	6.19	6.28
江西	9.14	9.42	9.49	9.62	10.11	10.23	9.66
山东	2.62	2.15	2.73	2.52	2.61	2.76	2.54
河南	5.49	6.33	6.63	11.98	7.23	7.19	7.39
湖北	5.11	5.18	5.01	4.98	5.13	5.20	5.10
湖南	5.36	5.33	5.29	5.31	5.39	5.21	5.32
四川	2.46	2.66	2.55	2.47	2.55	2.24	2.49
平均	5.72	5.86	5.90	6.29	6.25	6.25	6.04

数据来源：国家统计局农村住户调查数据（2005—2010）。

表 8-13　种玉米户的户均播种面积

单位：亩

省区	2005年	2006年	2007年	2008年	2009年	2010年	平均
河北	4.42	4.62	4.75	4.77	4.98	5.09	4.77
内蒙古	12.34	13.50	14.44	14.70	16.17	16.13	14.49
辽宁	8.37	8.39	8.08	8.48	9.28	8.57	8.53
吉林	17.65	18.75	19.70	19.95	20.51	19.52	19.34
黑龙江	16.10	17.97	21.62	21.40	24.26	23.08	20.69

续表

省区	2005年	2006年	2007年	2008年	2009年	2010年	平均
江苏	1.91	1.97	2.23	2.18	2.21	2.02	2.08
安徽	2.33	2.58	2.76	3.09	3.26	3.45	2.92
江西	0.64	0.32	0.24	0.33	0.44	0.50	0.42
山东	4.10	4.14	4.06	4.13	4.22	4.19	4.14
河南	3.79	4.16	4.30	4.40	4.50	4.81	4.33
湖北	1.99	2.02	1.88	2.23	2.26	2.33	2.12
湖南	1.07	1.04	1.19	1.20	1.29	1.05	1.14
四川	1.75	1.95	1.81	1.89	1.92	1.72	1.84
平均	5.72	6.10	6.48	6.54	6.88	6.67	6.40

数据来源：国家统计局农村住户调查数据（2005—2010）。

四、农户的粮食生产水平

（一）粮食总体单产水平

提高粮食单产水平是实现“藏粮于技”“藏粮于地”粮食安全战略的关键。除2009年有所下降外，13个粮食主产省（区）平均粮食单产水平总体呈逐年递增趋势，每亩产量从期初的356.3提高到期末的392.5公斤，6年平均亩产378.9公斤。其中，平均粮食单产最高的是吉林、辽宁，处在第二梯队的是山东、河南、河北、江苏四省，均在亩产400公斤上下。平均单产最低的是黑龙江、内蒙古，亩产均低于300公斤。从六年平均看，对13个主产省粮食单产水平贡献度最大的是安徽、河南、黑龙江三省。值得注意的是，分省看，户均单产水平年度间波动较大，一方面反映了灾害等突发因素的影响，另一方面说明稳定提高户均粮食单产的潜力仍然巨大，需要在制度、技术和政策上着力。

表8–14　户均粮食单产

单位：公斤/亩

省区	2005年	2006年	2007年	2008年	2009年	2010年	平均
河北	380.70	388.71	413.58	420.92	408.32	394.23	400.89
内蒙古	290.10	281.14	300.68	313.25	267.80	289.97	290.51
辽宁	445.63	466.89	486.25	474.45	401.93	451.47	454.59
吉林	455.31	492.69	410.89	481.38	489.77	523.40	475.17
黑龙江	245.33	279.64	287.88	283.39	287.89	310.38	282.10
江苏	370.96	401.24	390.07	391.84	410.75	408.49	395.07
安徽	310.21	353.06	369.86	363.63	359.97	374.52	355.09
江西	369.77	373.34	379.25	387.18	395.96	386.96	381.97
山东	385.22	394.87	414.50	423.39	429.13	411.59	409.67
河南	353.43	383.41	407.93	421.33	428.16	434.08	404.62
湖北	365.43	364.68	375.23	385.40	383.01	397.11	378.30
湖南	365.06	377.08	379.12	394.29	377.94	384.90	379.55
四川	319.68	304.52	314.92	337.74	333.09	350.15	326.53
平均	356.30	370.59	379.91	390.38	384.79	392.50	378.90

数据来源：国家统计局农村住户调查数据（2005—2010）。

（二）分品种单产水平

分品种看，13 个主产省（区）小麦、水稻、玉米三大主粮的户均单产均呈上升趋势，像小麦单产从 2005 年的每亩 330 公斤提高到 2010 年的每亩 370 公斤，增幅为 12%；水稻从每亩 449 公斤提高到每亩 480 公斤，增幅为 7%；玉米从每亩 416 公斤提高到 443 公斤，增幅为 6.5%。这与粮食户均单产的趋势是一致的。小麦户均单产最高的是河南、山东、河北，最低的是江西和黑龙江。水稻户均单产最高的是江苏和辽宁，最低的是江西、内蒙古、湖南。玉米户均单产最高的是吉林和辽宁，最低的是安徽、江西、四川、江苏。

表 8–15　小麦户均单产

单位：公斤 / 亩

省区	2005年	2006年	2007年	2008年	2009年	2010年	平均
河北	369.91	372.34	407.36	415.19	411.86	372.99	390.89
内蒙古	201.14	218.94	200.84	208.76	224.39	152.99	202.18
辽宁	290.25	293.40	238.60	315.18	247.94	302.78	280.84
吉林	343.75	150.00	200.00	368.33	319.83		
黑龙江	190.32	172.70	261.45	60.02	233.33	124.86	184.92
江苏	362.45	367.00	373.96	377.10	380.84	378.20	373.13
安徽	304.84	349.86	378.04	397.12	371.59	380.27	363.31
江西	142.35	141.75	189.02	200.00	179.17	191.67	164.01
山东	379.49	420.60	398.51	411.87	419.59	413.19	407.08
河南	357.66	391.94	417.31	431.22	436.73	439.07	412.07
湖北	247.33	271.44	297.53	275.48	257.16	297.10	274.46
湖南	213.95	197.30	258.44	217.40	201.08	241.86	220.58
四川	245.94	246.31	242.42	256.05	228.89	226.85	241.93
平均	329.91	351.66	363.26	373.69	371.29	369.81	359.45

数据来源：国家统计局农村住户调查数据（2005—2010）。其中，吉林省2010年数据缺失。

表 8–16　稻谷户均单产

单位：公斤 / 亩

省区	2005年	2006年	2007年	2008年	2009年	2010年	平均
河北	440.51	463.51	483.21	476.56	437.99	463.87	460.24
内蒙古	448.49	443.13	362.11	417.85	407.61	441.69	420.80
辽宁	483.96	510.01	525.04	530.04	532.44	474.50	509.11
吉林	464.71	476.54	458.66	511.52	449.23	462.58	470.59
黑龙江	401.38	426.15	454.48	465.97	420.00	442.41	434.71
江苏	464.52	523.40	506.01	531.03	544.97	532.48	515.73
安徽	422.03	463.85	484.76	472.72	468.98	483.68	465.68
江西	390.12	390.87	395.75	404.85	417.48	403.70	400.32
山东	472.73	486.46	465.01	541.05	471.49	492.48	485.71
河南	476.59	497.67	497.49	502.81	507.74	506.43	497.43
湖北	492.13	480.37	477.26	510.34	510.59	515.94	497.38

续表

省区	2005年	2006年	2007年	2008年	2009年	2010年	平均
湖南	409.85	426.09	426.10	447.18	426.43	439.38	428.82
四川	494.95	450.75	486.93	506.33	496.05	517.85	491.93
平均	449.03	456.69	463.90	481.56	475.32	479.97	467.37

数据来源：国家统计局农村住户调查数据（2005—2010）。

表 8-17　玉米户均单产

单位：公斤 / 亩

省区	2005年	2006年	2007年	2008年	2009年	2010年	平均
河北	446.03	456.12	467.84	481.69	463.72	456.77	461.89
内蒙古	469.11	449.68	462.86	491.25	415.22	441.97	455.42
辽宁	491.63	502.93	523.45	504.76	415.86	477.25	486.09
吉林	524.62	550.97	429.20	520.70	537.23	577.56	522.85
黑龙江	456.70	473.64	436.07	458.23	455.64	495.55	462.60
江苏	315.80	361.56	357.17	374.18	421.52	381.71	366.95
安徽	283.57	347.31	345.63	367.86	373.42	397.71	352.75
江西	379.00	399.29	418.03	336.28	339.15	296.04	361.23
山东	425.29	418.50	465.40	471.95	479.93	446.64	451.02
河南	396.75	415.23	426.94	458.09	468.08	468.33	438.93
湖北	351.71	357.16	383.00	370.66	389.89	391.42	374.29
湖南	369.28	404.38	401.69	414.21	354.17	361.78	383.10
四川	377.17	334.66	347.87	375.08	367.08	385.69	364.66
平均	416.38	422.78	428.61	448.52	436.67	442.93	432.59

数据来源：国家统计局农村住户调查数据（2005—2010）。

五、种粮与农户收入结构

（一）粮食收入在家庭经营收入中的比重

反映粮食种植对农户的重要程度，从价值角度，重点看粮食收入占家庭经营收入中的比重。13个主产省（区）农户粮食收入占家庭经营收入的平均比重逐年上升，从44.16%提高到48.81%，接近于农户经营总收入的一半。这显示，在传统农区，种粮仍是很多农民最重要的家庭经营收入来源，而且与种植经济作物相比，种粮收入的重要性更加突出。分省区看，粮食收入占家庭经营收入比重最高的四个省是黑龙江、吉林、河南、安徽，这四省比重均超过50%，其中黑龙江和吉林超过70%。粮食收入占家庭经营收入比重最低的3个省是四川、湖北、湖南，均低于40%，其中四川还低于30%，这只能以经济作物收入较高来解释。这里的政策含义是，主产区农户家庭经营收入结构差别较大，要巩固和提高主产区农户种粮积极性，必须针对其经营收入结构特征，分类施策，提高政策的针对性和有效性。

表 8–18　粮食收入占家庭经营收入比重

单位：%

省区	2005年	2006年	2007年	2008年	2009年	2010年	平均
河北	46.15	46.95	49.00	50.35	52.46	54.37	49.86
内蒙古	47.58	50.04	49.85	49.69	45.27	49.61	48.67
辽宁	47.42	49.27	50.32	47.20	46.06	50.83	48.52
吉林	68.34	70.34	70.81	70.17	69.48	73.12	70.38
黑龙江	69.44	71.80	70.20	70.09	71.57	72.35	70.91
江苏	42.68	45.82	45.65	45.79	46.92	45.67	45.41
安徽	49.10	51.95	52.85	52.82	53.58	54.06	52.39
江西	44.92	46.58	46.12	47.66	46.23	45.82	46.22
山东	39.02	40.11	42.01	43.42	45.87	46.33	42.78
河南	49.76	50.54	54.85	57.24	58.75	62.04	55.53
湖北	32.59	33.94	32.21	30.73	32.25	34.26	32.66
湖南	34.43	36.86	36.51	38.41	36.49	36.80	36.58
四川	30.29	29.17	29.97	28.99	29.52	30.87	29.80
平均	44.16	45.67	46.45	46.88	47.35	48.81	46.55

数据来源：国家统计局农村住户调查数据（2005—2010）。

（二）粮食收入在家庭总收入中的比重

当我们把指标换成粮食收入占家庭总收入的比重，变动趋势就发生了逆转。13 个主产省（区）农户粮食收入占家庭总收入的平均比重逐年下降，从 2005 年的 28.72% 降至 2010 年的 27.25%，6 年平均比重为 27.72%，亦即，种粮收入在农户家庭收入中的比重仅为四分之一强。这与全国农户工资性收入及占比逐年上涨的趋势是一致的。

分省区看，黑龙江、吉林、安徽等省粮食收入占比较为稳定，江苏、河南比例还有上升趋势，内蒙古、辽宁降幅较大，其他地区呈稳步下降态势。占比最高的仍然是黑龙江和吉林，均超过 50%，占比最低的是四川、江苏、湖南，均低于 20%，这 3 个省都是农民外出务工的大省，工资性收入不断提高，压低了种粮收入在家庭总收入中的比重。按照恰亚诺夫理论，农户最关心的还是满足家庭成员消费需求，因此家庭总收入结构的政策含义更为重要。粮食生产激励政策必须与本地区农户经济行为和收入结构挂起钩来。

表 8–19　粮食收入占总收入比重

单位：%

省区	2005年	2006年	2007年	2008年	2009年	2010年	平均
河北	25.17	24.60	24.92	25.31	24.77	25.10	24.98
内蒙古	39.06	39.57	38.35	33.36	32.94	35.85	36.52
辽宁	31.01	30.33	30.76	27.40	25.69	28.24	28.90
吉林	55.13	55.96	53.19	55.06	52.84	55.54	54.62
黑龙江	57.85	58.03	56.22	55.76	55.28	56.18	56.55
江苏	17.90	18.69	18.27	17.83	17.98	17.56	18.04
安徽	32.41	32.93	32.15	32.02	31.86	31.55	32.15

续表

省区	2005年	2006年	2007年	2008年	2009年	2010年	平均
江西	28.95	28.12	27.33	27.59	26.68	24.76	27.24
山东	21.56	20.55	21.56	20.96	21.43	20.89	21.16
河南	33.97	32.91	33.86	34.38	35.34	36.37	34.47
湖北	22.68	22.19	20.56	19.50	20.06	20.44	20.90
湖南	20.27	20.25	19.21	19.55	17.95	17.44	19.11
四川	20.62	17.66	17.80	16.52	16.14	15.72	17.41
平均	28.72	28.21	27.84	27.29	26.98	27.25	27.72

数据来源：国家统计局农村住户调查数据（2005—2010）。

六、小结

从以上四个维度的数据分析来看，有几个方面启示值得注意。

第一，相对于非粮食主产区，13 个粮食主产省（区）农户层面具有一定的同质性。比如，不种粮的农户比重较低，粮食播种面积占比较高，多数土地用于种粮，单位面积粮食产量较高，种粮对于农户经济的重要性较高等，这些显示出粮食主产区在保障国家粮食安全体系中的核心位置。因此，粮食政策应该继续重点瞄准粮食主产区，巩固和提升其粮食安全保障能力。

第二，与粮食主产区之间的同质性相比，其差异性更应该得到关注。实际上，13 个粮食主产省（区），无论是粮食种植品种结构、户均粮食播种面积，还是户均粮食产出、粮食单产、粮食收入占比，等等，均有相当大的不同，很多指标从高到低形成一个连续的“光谱系”。因此，不能宽泛地、笼统地形成针对“粮食主产区”的单一政策，而应该由中央政府实施顶层设计，考虑各地区具体情况，赋予粮食主产省区更大的政策自主权和政策资源，以收到最好的政策效果。特别是，各主产区农户家庭经营收入和总收入结构差别较大，要巩固和提高农户种粮积极性，必须针对其经营收入结构特征，分类施策、因地施策、精准施策，提高政策的针对性和有效性。

第三，粮食主产区农户家庭内部出现“工农二元结构”的兼业经营体系，家中青壮年外出务工、其余成员承担农业生产、不放弃土地成为较为普遍的现象，这对粮食安全微观基础影响深远，值得高度重视。要认可这种“工农二元结构”存在的合理性，因为这既是对家庭劳动力资源的合理配置、实现家庭内部代际分工，也是对城镇非农就业风险的自我防范和管理，应在制度上继续保障农户对土地的承包权和经营权，尊重农民的选择、在土地流转上不搞强迫命令，给他们留足“退路”和“后路”。同时，政策要顺应这种兼业化趋势，在农业社会化服务、乡村留守人员公共服务等方面提供更为有利的条件。特别是适应种粮主体希望减轻劳动强度的需求，大力发展全程机械化服务。

第四，农民种粮意愿成为粮食生产激励政策的首要着力点。国家对农田基础设施建设和整治的投入力度不断加大，种粮的水土条件不断改善，技术条件不断进步，农户层面趋势性减产一般是由播种面积下降（既可能是土地经营面积减少，也可能是多季种植变成单季种植）引起，而不再是主要地由灾害等因素所致。因此，促进粮食生产稳定增长的政策，要更多地在人的因素上做文章，保持和提高农户种粮意愿。当然，稳定提高户均粮食单产的潜力巨大，仍需要在制度、技术和政策上着力。

第五，粮食主产区农户种粮行为有一定的“韧性”，特别是在户均粮食播种面积上表现尤为明显。要高度重视这种“韧性”，一方面对任何促进粮食生产的政策，都不能期待有立竿见影的作用，须保持足够耐心；另一方面对农户种粮“不积极性”决不能掉以轻心，一旦达到不可逆的程度，就需要花费很大代价才能补救回来，须防范积微成著，导致颠覆性错误。

第 5 节　土地经营规模对粮食生产的影响

一、引言

中国人多地少的现实国情决定了，稳定和不断提高土地产出才是国家粮食安全的可靠底线。同时，由于中国农民数量极其庞大，且这个格局难以在短期内改变，在这种情况下要确保国家粮食安全，就只能立足于提高土地生产率而不能依靠提高劳动生产率（贺雪峰，2011）。

自 1987 年中共中央 5 号文件中第一次明确提出“采取不同形式实行适度规模经营”以来，发展规模经营主体、构建新型农业经营体系一直都是中央重要涉农会议和文件的重要内容，而且重视程度与日俱增。2014 年中共中央办公厅、国务院办公厅印发了《关于引导农村土地经营权有序流转发展农业适度规模经营的意见》，将土地流转和适度规模经营提升到“发展现代农业的必由之路”这一战略高度。在政策的指引下，各级政府积极推动土地流转发展规模经营，甚至有些地方政府不惜通过或定任务下指标、或将流转面积、流转比例纳入政府绩效考核等方式来推进这项工作。

如中央文件所指出的，发展多种形式的适度规模经营这一政策初衷是实现“三个有利于”，即“有利于优化土地资源配置和提高劳动生产率，有利于保障粮食安全和主要农产品供给，有利于促进农业技术推广应用和农业增效、农民增收”。总的看是要实现保障粮食安全和促进农民增收两大目标。

就保障粮食安全的目标而言，决策者希望看到如下结果：土地的单位面积产量随土地经营规模的集中而不断增加；同时，随农地经营规模逐步扩大，更高比例的农地被用于种粮。这样，伴随土地规模经营、更高的粮食单产和更高比重的粮食播种面积，必然使得粮食产量不断增加，粮食安全得到保障。

就促进农民增收的目标而言，决策者期待，在土地经营权向规模经营主体流转后，流出方能顺利转移到非农就业并能获得高于务农的收入，而流入方因经营农地面积增加，相应增加经营收入，这样就能实现增加农民收入的目标。但是如果离开土地的农民难以找到比务农更高收入的非农工作，即便规模经营农户的收入有所提高，土地流转也只能促进部分农民增收，显然有悖“一举两增”的目标。

二、文献回顾

支持适度规模经营的观点大多从农地小规模经营的弊端，发展现代规模农业、提高经济效益等角度，视其为解决中国农业困境的重要途径之一（黄祖辉、陈欣欣，1998；韩俊，1998；黄季焜、马运，2000）。这些研究认为，无论是在发达国家，还是在发展中国家，农地经营规模的集中化趋势，都是不可逆转之潮流。实证研究表明，在发达国家里，从美国、澳大利亚等人少地多的国家，到法国、德国等人地比例适中的国家，再到日本等人多地少的国家，土地经营规模均呈不断集中趋势（Weiss，1997；Eaton and Eckstein，1997；Weiss，1999）。在印度、巴西、乌克兰等发展中国家，同样经历了土地规模不断集中的趋势（Bardha，1973；Nikodemus et al.，2005；Baumanna et al.，2011）。土地经营规模的不断集中已成工业化与城镇化发展的必然结果（Goetz and Debertin，2001；Rober and Lucas，2004）。

然而，实证研究也发现，如果将农业科技进步等其他因素的影响去除掉，单位面积产量随农地经营规模增加而呈现下降的趋势（Sen，1962；Barren et al.，2010）。这种现象在俄国（Chayanov，1926；1986）、印度（Sen，1962；Bardha，1973）、拉丁美洲（Berry & Cline，1979）、非洲（Collier，1983；Barrett，1996；Kimhi，2006）、亚洲（Carter，1984；Heltberg，1998；Akram-Lodhi，2001；Benjamin and Brandt，2002；Rios and Shively，2005）和欧洲（Alvarez and Arias，2004）均得到重复确认。国内的大量实证研究也基本否定了"规模报酬递增"的存在，甚至发现粮食生产中存在许多"规模报酬递减"的事实，破除了粮食单产随农地经营规模增加而增加的乐观预期（Fisher and Liu，1992；农业部农村改革试验区办公室，1994；王昭耀，1996；万广华、程恩江，1996；解安，2002；刘凤芹，2006；许庆等，2011）。

一些研究对粮食生产规模经济性的来源进行探讨，以求形成对适度规模经营的更深入理解。如蔡昉和李周（1990）认为，在我国农业生产中，存在着生产要素投入同比例变化、耕种的土地面积扩大、零散土地改整等三种情况所带来的内部规模经济，和直接生产过程之外的公共设施、市场集聚、产业关联等规模变动的效益流入所带来的外部规模经济。姚洋（1998）指出，土地的规模报酬递增来自某些投入的不可分性，比如，灌溉水井和设施以及一些大型农用机械。这也是内部规模经济产生的原因之一。许庆等（2011）也证明，农业生产部门的规模经济效应，有可能是外部规模经济导致。

在资金、技术等条件制约下，小规模农户通常采用传统的生产方式（Devendra and Thomas，2002；Hayami，2001）。由于劳动力数量、劳动时间、资金等方面的限制，为降低种粮成本和追求其他渠道收益，小规模农户有可能缩减种植面积、减少投入等，开展耕地土壤改良、水利建设的意愿会降低，采用新技术的积极性也受到抑制（史清华、卓建伟，2004），部分农户甚至会采取撂荒的极端行为（曹志宏等，2008）。相比之下，规模经营户在扩大规模的内在动力方面相对较强（张建杰，2008），对现代农业技术的采用水平也要远高于小规模农户（张忠明、钱文荣，2008）。但也有研究表明，经营规模与种粮效益之间的关系非常复杂，对粮食生产的影响也不尽一致。除了经营规模极小的农户外，农场规模与农业生产率的关系是负向的（Carter，1984；Newell et al.，1997），或者不能使规模报酬递增（Feder et al.，1992；Barbier and Burgess，1997；Wan and Cheng，2001）。对美国阿肯色州（Perkins，2011）和密苏里州谷物种植户的研究表明，也存在投入不当和规模不合适的现象，技术效率与农场规模并没有直接关系（Wu and Prato，2005）。在粮食生产中，或许并不存在统计学意义上的"最优规模"（Shen，1965）。

在目前我国家庭承包经营制度下，农户是农业生产的基本单位，也是农业生产经营的主体。若在农户层面发现存在规模经济现象，意味着加总农业生产水平也会存在；反之，则不尽然。已有的定量研究要么采用的是加总数据，要么所依据的资料或样本覆盖范围太小，往往以某一特定地方的截面数据为例，导致数据代表性不足，致使研究并没有产生令人信服的一致结论。虽然也有一些从农户层面出发对我国主要粮食品种进行规模经营问题的定量研究，但利用粮食主产区农户面板数据、分省和分品种测算农户层面粮食生产是否存在规模经济的研究，至今尚未见到。我们认为，高质量的、具有全国范围代表性的农户调查数据，对于政府相关部门制定正确的农地流转政策是十分必要的。

三、数据来源

本文使用的数据来源于国家统计局全国农村住户调查2005—2010年的面板数据。其基本情况上一节已经进行了详细分析。

四、粮食主产区农地流转情况

我国实行的是农村土地集体所有、分户承包经营的制度，所以规模经营往往是伴随着土地流转而展开，农地既可能在农户之间流转，也可能流向非农经营主体。由于本文所用数据来源于国家统计局的农村住户数据，故样本中没有包含非农主体。而且在土地流转指标中，没有按转出对象进行统计，只能分析农户租入土地的情形[1]。

数据显示，在粮食主产区，2005年至2010年期间，约90%的农户没有租入土地，完全是在自有土地上经营。表8-20统计了租地规模超过100亩的农户在全部农户中所占的百分比。除了黑龙江2007年之后超过1%之外，其他省份均不到1%，而且多数省份甚至不到万分之一。

即使我们将租地规模缩小到20亩，超过20亩的农户所占比重，也只有黑龙江、吉林、内蒙古和辽宁三省平均超过1%，其中黑龙江2010年达到15%，吉林和内蒙古超过5%。

将没有租地农户排除在外，考察租地规模的分布（见表8-20）。发现在租入土地的农户中，有68%租地规模小于5亩，这一数据从2005年到2010年基本稳定。

表8–20 在有租地的农户中，租地面积的分布

单位：%

面积	2005年	2006年	2007年	2008年	2009年	2010年	合计
0~5亩	67.48	69.18	67.33	67.61	68.42	68.43	68.13
5~10亩	12.79	13.18	13.56	13.09	12.24	12.53	12.88
10~50亩	15.96	14.98	15.75	16.41	16.03	15.31	15.72
50~100亩	2.81	2.18	2.60	2.31	2.33	2.88	2.51
>100亩	0.96	0.48	0.75	0.58	0.99	0.86	0.77

数据来源：国家统计局农村住户调查数据（2005—2010）。

分省来看，较大规模的租入土地的情形主要发生在黑龙江、内蒙古、吉林等东北地区省份。租入土地超过100亩的农户占有租地农户的比重，黑龙江达到3.9%，内蒙古达到1.74%，吉林达到0.76%。租入土地在50亩到100亩之间的农户占有租地农户的比例，黑龙江也以11.62%遥遥领先其他省区，而吉林和内蒙古分别以5.57%和5.11%紧随其后。

从宏观数据看，近年来，随着农村土地流转加速进行，农业规模经营主体大量出现。据统计，1999年我国耕地流转面积只占到家庭承包耕地总面积的2.53%，到2006年这一比例上升至4.57%，

[1] 实际上，在粮食的规模经营方面，政策的主要方向正是鼓励农户间的流转。例如，《关于引导农村土地经营权有序流转发展农业适度规模经营的意见》强调，要发挥家庭经营的基础作用，重点培育家庭农场，探索新的集体经营方式，加快发展农户间的合作经营，而对于企业经营，则明确提出“鼓励发展适合企业化经营的现代种养业”，并列举了良种种苗繁育、高标准设施农业、规模化养殖等几类“适合企业化经营”的领域。对于从事粮食规模化生产的经营主体，则重点列举了农民合作社和家庭农场。政策的倾向性可见一斑。

2008 年为 8.6%，2011 年上升到 17.8%，2013 年 6 月上升到 23.9%；截至 2015 年年底，全国家庭承包经营耕地流转面积为 4.47 亿亩，占家庭承包耕地总面积的 33.3%。转出耕地的农户 6329.5 万户，占承包耕地农户的 27.5%。从转入主体的情况看，“十二五”期间，转入农民专业合作社的耕地面积由 0.22 亿亩增加到 0.97 亿亩，年均增长 34.5%，占比由 11.9% 上升到 21.8%；转入企业的耕地面积由 0.15 亿亩增加到 0.42 亿亩，年均增长 22.9%，占比由 8.1% 上升到 9.5%；转入农户的耕地面积由 1.29 亿亩增加到 2.62 亿亩，年均增长 15.2%，占比由 69.2% 下降到 58.6%。土地流转促进了家庭农场、专业大户、农民专业合作社和农业企业等新型农业经营主体的发展。

五、模型估计

（一）模型设定与估计方法

农户最优土地经营规模的计算方法以不同标准衡量，存在不同的最优土地经营规模。本章基于粮食生产角度，主要从单产和“非粮化”这两个角度来衡量最优土地经营规模。

如果按政策预期（如图 8-2），随经营规模扩大，单产和粮食播种面积在总播种面积中的比重将随之增长。但现实也许正好与预期相反（如图 8-3），单产和播种面积占比随农地经营规模的扩大均下降，即出现“非粮化”。

当然，现实也许比上述简单的推测更为复杂。如果存在最优规模，则过大或过小的规模都将不利于粮食生产，在某个适度规模经营水平，单产或粮食播种面积占比均达到最高点（图 8-4）。当然，也可能存在另外一种可能，即 U 形图线（图 8-5），在这种情形下，最优的粮食生产经营是两极分化，超大农场与超小规模经营并存。图 8-2 和图 8-3 所示的情形可以统一于图 8-4 和图 8-5，当图 8-4 和图 8-5 中的顶点过大或过小时（如超过现实中的最大经营面积），则图 8-4 和图 8-5 实际上退化为单调递增或递减曲线。

$$y = ax^2 + bx + c$$

就意味着，在局部范围内，若以单产或粮食播种面积占比为因变量，以土地经营面积为自变量，拟合二次函数曲线，通过计量模型确定系数 a 和系数 b，通过分析系数 a 和系数 b 的显著性以及二者之间的关系就可以分析相关极值拐点是否存在。如果存在，则通过上述拟合函数的一阶条件可计算出对应的最优土地经营面积，即 -0.5b/a。当二次型系数 a 显著异于零并为负数时，曲线为倒 U 形，存在最优经营面积；反之，当二次型系数 a 显著异于零并为正数时，曲线为 U 形，并不存在最优经营面积。

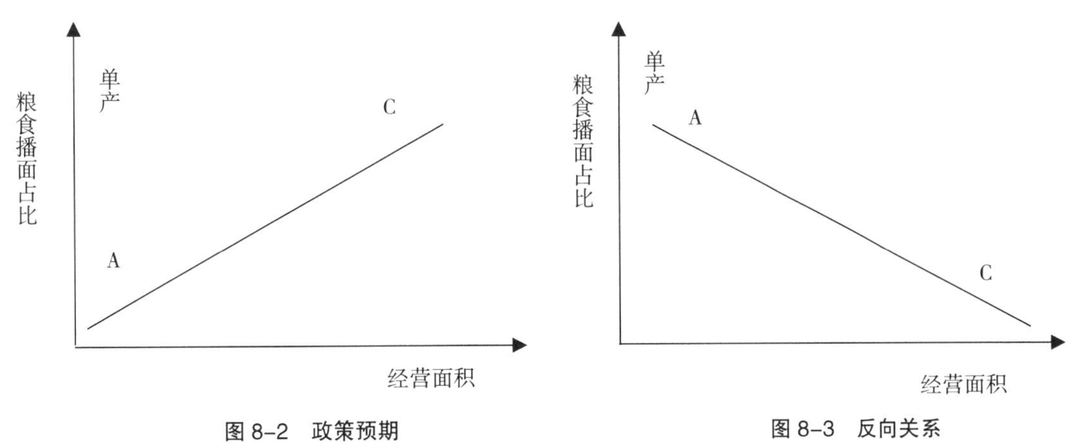

图 8–2　政策预期　　　　图 8–3　反向关系

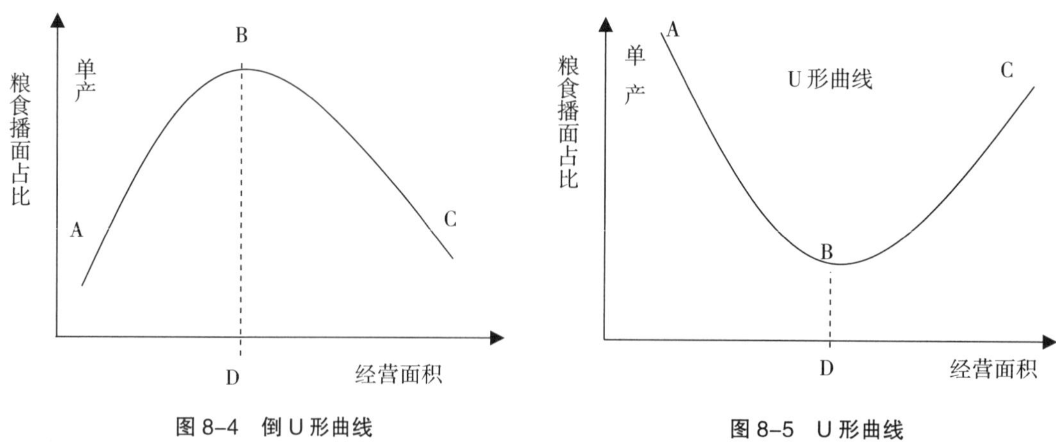

图 8-4　倒 U 形曲线　　　图 8-5　U 形曲线

由于现实数据总是受到诸多因素的复杂影响，因此上述关系的呈现必须尽可能保持其他因素不变。将上式扩展为计量模型：

$$y_{it} = c + ax_{it}^2 + bx_{it} + z_{it}\beta + \gamma_i + \varepsilon_{it}$$

其中 y_{it} 为单产或粮食播种面积占比，x_{it} 为播种面积，z_{it} 为一系列其他影响因变量的控制变量，同时引入 γ_i 控制随时间不变的不可观察的异质性，ε_{it} 为误差项。采用固定效应模型可以消除随时间不变的不可观察变量所导致的偏误，使 a 和 b 的参数估计更好满足一致性。

论文没有将诸如肥料投入量、农业劳作时间等直接投入要素作为控制变量，主要考虑到本文研究的是土地经营规模对单产影响，直接投入要素变量在本文研究话题中更接近于因变量性质，或者至少是一种中介变量。显然，土地经营规模大小会影响肥料投入和农业劳作时间，进而影响到单产水平。在回归模型中，加入和因变量近似的变量反而会影响估计的一致性 (Angrist et. al.，2009)。

（二）粮食播种面积与单产的关系估计

以谷物、小麦、稻谷和玉米单产作为因变量，控制农业经营者特征、家庭特征、社区特征和农业生产资料价格等因素后，分别对其播种面积和播种面积平方进行估计，结果见表 8-21。

表 8-21　分品种播种面积与单产的关系估计结果

	（1）	（2）	（3）	（4）
因变量：单产	粮食	小麦	稻谷	玉米
谷物播种面积	-1.344***			
	（-26.23）			
谷物播种面积平方	0.001***			
	（12.65）			
小麦播种面积		-0.583***		
		（-3.35）		
小麦播种面积平方		0.000*		
		（2.13）		
稻谷播种面积			-1.110***	
			（-14.93）	
稻谷播种面积平方			0.000***	

续表

	(1)	(2)	(3)	(4)
			(12.15)	
玉米播种面积				0.814***
				(4.66)
玉米播种面积平方				-0.010***
				(-4.44)
男性占比	-0.063**	-0.103***	-0.020	-0.030
	(-3.22)	(-4.87)	(-0.72)	(-0.49)
50岁以上劳力占比	0.110***	0.078***	0.062**	0.006
	(7.42)	(4.68)	(3.13)	(0.27)
初中以上劳力占比	0.097***	0.148***	-0.064	0.183***
	(4.16)	(5.86)	(-1.92)	(4.04)
化肥价格	0.122*	0.061	0.087***	0.090
	(2.14)	(0.92)	(4.54)	(0.84)
燃料价格	0.512	6.138***	2.334***	0.335
	(1.02)	(15.05)	(4.90)	(1.12)
农业兼业户	6.059***	5.155***	-5.703**	0.313
	(5.23)	(3.82)	(-2.85)	(0.19)
非农兼业户	8.008***	8.075***	-2.522	-1.653
	(6.57)	(5.75)	(-1.34)	(-0.51)
低保户	-0.103	-0.086	-0.971	-11.595*
	(-0.03)	(-0.02)	(-0.19)	(-2.43)
个体工商户	5.172	0.781	3.155	3.863
	(1.71)	(0.26)	(0.66)	(0.98)
干部户	3.881	7.304**	6.813*	-0.274
	(1.78)	(3.19)	(2.01)	(-0.10)
个体+干部户	2.430	-0.006	-16.809*	0.579
	(0.50)	(-0.00)	(-2.34)	(0.05)
单身或夫妇	4.244	-6.640	8.525	12.643**
夫妇一子	3.581	-5.180	10.722**	10.498*
	(1.21)	(-1.54)	(2.62)	(2.41)
夫妇两子	1.735	0.755	3.991	-2.032
	(0.60)	(0.23)	(1.00)	(-0.50)
夫妇三子	-2.489	6.353	-9.217*	-13.838**
	(-0.79)	(1.80)	(-2.10)	(-3.17)

续表

	（1）	（2）	（3）	（4）
单亲与孩子	-5.765	4.088	-9.266	-5.830
	（-1.17）	（0.82）	（-1.22）	（-0.86）
三代同堂	4.923	-3.426	7.746*	-1.510
	（1.73）	（-1.07）	（2.01）	（-0.37）
丘陵	-27.526***	-69.418***	-4.407	-30.499***
	（-5.36）	（-10.63）	（-1.08）	（-4.89）
山区	-38.450***	-81.855***	-20.061*	-11.653
	（-4.09）	（-6.42）	（-2.53）	（-1.23）
郊区	-0.813	-22.399*	4.932	35.332*
	（-0.06）	（-2.07）	（0.31）	（2.40）
少数民族	-14.534	9.659	-5.051	-44.162***
	（-1.32）	（0.64）	（-0.39）	（-4.01）
距县城距离	-3.986***	-7.952***	7.050***	-7.816***
	（-5.05）	（-10.39）	（7.09）	（-8.53）
距车站码头距离	-5.557***	-6.322***	0.853	1.522*
	（-8.81）	（-9.41）	（1.24）	（2.07）
常数项	419.025***	388.398***	426.066***	463.080***
	（80.29）	（73.09）	（63.69）	（65.84）
样本量	79097	45142	28204	55028

从模型（4）可见，玉米单产和其播种面积之间满足倒U形关系，随播种面积增加，单产先增加后减少，最优规模在407亩左右。但小麦（模型2）和稻谷（模型3）则呈U形关系，且U形的顶点对应的横坐标相当大，远超过样本中的最大经营规模。换言之，单产和播种面积之间实际上是一种负相关关系。就粮食（模型1）来看，同样是U形关系，而且顶点为672亩，大于绝大多数农户的粮食播种面积，即粮食单产与播种面积之间也是负相关关系。

进一步，我们还分省估计了粮食单产和其播种面积之间的关系，结果表明，除了辽宁和山东呈倒U形之外，其他省份多呈U形，而江苏和湖北，播种面积和播种面积平方项前的系数统计不能拒绝显著异于零的原假设。

（三）经营规模与非粮化

为了检验粮食经营规模与非粮化之间的关系，以粮食播种面积占总播种面积的百分比，以及粮食收入占总收入的比重分别测量“非粮化”程度，即这两个指标的取值越小，非粮化程度越高。在控制农业经营者特征、家庭特征和社区特征等变量后，分别对其播种面积和播种面积平方进行估计，结果见表8-22。

表8-22　经营规模与非粮化的关系估计结果

	（5）	（6）
	粮食播种面积占比	粮食收入占总收入比重
总播种面积	0.017	0.388***
	（1.94）	（9.63）

续表

	（5）	（6）
	粮食播种面积占比	粮食收入占总收入比重
总播种面积平方	-0.000***	-0.000***
	（-3.93）	（-7.90）
男性占比	-0.018***	0.011*
	（-5.37）	（2.06）
50岁以上劳力占比	0.002	0.002
	（0.59）	（0.21）
初中以上劳力占比	-0.001	-0.027***
	（-0.31）	（-4.88）
化肥价格	-0.001	0.012**
	（-0.43）	（3.23）
燃料价格	0.006	0.005
	（1.16）	（1.06）
农业兼业户	0.492*	-6.125***
	（2.32）	（-15.15）
非农兼业户	1.478***	-7.759***
	（6.76）	（-16.02）
低保户	1.274*	2.398**
	（2.47）	（2.95）
个体工商户	1.337*	-7.319***
	（2.17）	（-12.40）
干部户	1.040**	-3.134***
	（2.59）	（-6.86）
个体+干部户	-0.759	-5.858***
	（-0.74）	（-5.49）
单身或夫妇	-0.297	9.048
	（-0.47）	（1.16）
夫妇一子	-0.122	7.375
	（-0.22）	（0.91）
夫妇两子	-0.545	6.505
	（-1.03）	（0.80）
夫妇三子	-0.398	7.768
	（-0.67）	（0.96）
单亲与孩子	2.756**	11.227
	（2.87）	（1.42）
三代同堂	0.308	7.187
	（0.59）	（0.87）
丘陵	-0.665	-1.863*

续表

	（5）	（6）
	粮食播种面积占比	粮食收入占总收入比重
	（-0.91）	（-2.33）
山区	0.889	-5.196***
	（0.57）	（-3.30）
郊区	-5.371	-2.926
	（-1.24）	（-1.20）
少数民族	1.169	0.784
	（0.59）	（0.34）
距县城距离	-0.128	0.411*
	（-0.95）	（1.97）
距车站码头距离	0.328**	0.251
	（2.74）	（0.61）
补贴金额	0.001***	
	（7.88）	
前期谷物价格	-0.201	-1.922
	（-0.88）	（-1.74）
常数项	81.515***	28.837***
	（91.31）	（4.90）
样本量	48594	49182

注：*t* statistics in parentheses；

*$p<0.05$，**$p<0.01$，***$p<0.001$。

从模型（5）和可见，由于播种面积的平方项为负，因此规模经营和粮食播种面积占比之间呈倒U形关系，但顶点的横坐标很大，超过样本中农户的最大经营面积，即实际的数据落在倒U曲线顶点的左侧。这意味着农户的经营播种面积越大，粮食播种面积所占百分比越高。模型（6）给出了同样的结论。

进一步，我们也分省估计了播种面积和“非粮化”之间的关系，结果表明，辽宁、黑龙江、江苏、江西、湖南和四川和全国的发现一致，也呈倒U形关系，其他七个省份，播种面积和播种面积平方项前的系数统计不能拒绝显著异于零的原假设，并没有发现明显的相关关系。

六、结论与讨论

利用来自统计局13个粮食主产省的农户面板数据，我们测算了规模经营对粮食单产和“非粮化”之间是否存在倒U形关系，即是否存在适度规模经营的最优面积，能使粮食单产达到最高，同时也能使“非粮化”程度最小化。

结果表明，水稻和小麦的经营规模和单产之间呈U形曲线，但曲线顶点超过绝大多数农户的实际经营面积，样本位于顶点左侧，达不到最优规模，因此单产是随经营规模增加而递减的。玉米存在倒U曲线，存在最优规模，而且最优面积为400亩左右。从经营规模与“非粮化”的关系来看，播种面积与种粮比例虽然呈倒U曲线关系，但是样本点位于曲线顶点左侧，即规模越大越倾向种粮。

本文证实的播种面积与单产之间的“反向关系”与现有的多数实证研究结论一致，但土地经营规模与“非粮化”之间的关系则与当前的担忧和观察似乎不一致。通常人们认为，土地经营规模越大，成本压力也越大，流转土地的租金和雇工吞噬种粮收益、压缩利润空间。因此种粮主体经营规模越大，越容易将土地非粮化，通过种植经济作物来追求更高收益。也就是说，非粮化是规模化的必然。

实证发现经营规模越大，种粮比重越高。可能的原因有六：一是本文的样本限于本地农户，一般本地农户极少超大规模流转本地的土地，通常外来的或非农经营主体才更有可能大规模流转农地，并在政府扶持下从事“非粮化”经营。二是本文的样本限于2005—2010年，在此期间，农地主要以自发流转为主，并且流转规模有限。三是在此期间，正是国家强力推行粮食保护价收购，不断提高粮食最低收购价，并且应收尽收的阶段。这使得粮食经营的价格风险最小化，虽然非粮经营可能有更高收益，但是更大的经济作物价格波动带来的高风险抵消了高收益。绝大多数的农民都属于风险规避型，他们更可能在土地经营规模扩大后，经营粮食以稳定收益。四是随着跨区域机械化作业日益普及，农业劳动力的老龄化和妇女化，人们越来越看重生产的“轻松化”和便利化，而粮食生产经营通常社会化服务程度更高。随着经营规模扩大，对劳动的需求增加，因劳动力成本上涨，多经营粮食便于跨区域机耕机收，可减少劳动投入。五是技术制约，种植经济作物需要掌握新的技术和市场经营能力，而粮食经营比较常规。六是本文主要用了2005—2010年样本跟踪数据，所得结论只能代表这个特定时期土地规模经营对粮食生产的影响。

参考文献：

[1] 黄祖辉，陈欣欣. 农户粮田规模经营效率：实证分析与若干结论［J］. 农业经济问题，1998(11): 3-8.

[2] 韩俊. 从小规模均田制走向适度规模经营［J］. 调研世界，1998(5): 8-9.

[3] Joshua D., Angrist, Jörn-Steffen Pischke. Mostly Harmless Econometrics: An Empiricist's Companion［M］. Princeton University Press, 2009.

[4] Weiss C. R. Do They Ever Come Back Again? The Symmetry and Reversibility of Off-Farm Employment［J］. European Review of Agricultural Economics, 1997, 24(1): 65-84.

[5] Weiss C. R. Farm Growth and Survival, Econometric Evidence for Individual Farms in Upper Austria［J］. American Journal of Agricultural Economics, 1999, 81(1): 103-116.

[6] Eaton J., Eckstein Z. Cities and Growth; Theory and Evidence from France and Japan［J］. Regional Sci. and Econ., 1997(27): 443-474.

[7] Bardhan P. K. Size, Productivity and Returns to Scale; An Analysis of Farm-Level Data in Indian Agriculture［J］. Journal of Political Economy, 1973(81): 1370-1386.

[8] Nikodemus O., Bell S., Grine I., Liepins I. The Impact of Economic, Social and Political Factors on the Landscape Structure of the Vidzeme Uplands in Latvia［J］. landscape and Urban Planning, 2005(70): 57-67.

[9] Baumanna M., Kuemmerlea T., Elbakidzed M. Patterns and Drivers of Post-socialist Farmland Abandonment in Western Ukraine［J］. Land Use Policy, 2011(28): 552-562.

[10] Goetz S. J., Debertin D. L. Why Farmers Quit? A County-Level Analysis［J］. American Journal of Agricultural Economics, 2001, 83(4): 1010-1023.

[11] Robert E., Lucas Jr. Life Earnings and Rural-Urban Migration [J]. Journal of Political Economy, 2004, 112(1): 29-59.

[12] Sen A. K. An Aspect of Indian Agriculture [J]. Economic Weekly, 1962(14): 243-266.

[13] Chayanov V. The Theory of Peasant Economy [M]. Madison: University of Wisconsin Press, 1926.

[14] Berry R. A., Cline W. R. Agrarian Structure and Productivity In developing Countries [M]. Baltimore: Johns Hopkins University Press, 1979.

[15] Collier P. Malfunctioning of African Rural Factor Markets: Theory and a Kenyan Example [J]. Oxford Bulletin of Economics and Statistics, 1983, 45 (2): 141-172.

[16] Barrett C. B. On Price Risk and the Inverse Farm Size-Productivity Relationship [J]. Journal of Development Economics, 1996, 51 (2): 193-215.

[17] Carter M. R. Identification of the Inverse Relationship Between Farm Size and Productivity: An Empirical Analysis of Peasant Agricultural Production [M]. Oxford Economic Papers, 1984(36): 131-145.

[18] Heltberg R. Rural Market Imperfections and the Farm Size-productivity Relationship: Evidence from Pakistan [J]. World Development, 1998, 26(10): 1807-1826.

[19] Akram-Lodhi A. H. Vietnam's Agriculture: Is There an Inverse Relationship? [Z]. Working Paper, Institute of Social Studies, 2001.

[20] Benjamin D., Brandt L. Property Rights, Labor Markets, and Efficiency in a Transition Economy: The Case of Rural China [J]. Canadian Journal of Economics, 2002, 35(4): 689-716.

[21] Rios A. R., Shively G. E. Farm Size and Nonparametric Efficiency Measurements for Coffee Farms in Vietnam [R]. In Paper Presented at the American Agricultural Economics Association Annual Meeting, Providence, RI, 2005.

[22] Alvarez A., Arias C. Technical Efficiency and Farm Size: A Conditional Analysis [J]. Agricultural Economics, 2004, 30 (3): 241-250.

[23] 农业部农村改革试验区办公室．从小规模均田制走向适度规模经营——全国农村改革试验区土地适度规模经营阶段性试验研究报告 [J]．中国农村经济，1994(12):3-10.

[24] 王昭耀．关于传统农区土地适度规模经营问题探讨 [J]．中国软科学，1996(5):10-15.

[25] 万广华，程恩江．规模经济、土地细碎化与中国的粮食生产 [J]．中国农村观察 1996(3): 31-36+64.

[26] 解安．发达省份欠发达地区土地流转及适度规模经营问题探讨 [J]．农业经济问题，2002(4): 38-41.

[27] 刘凤芹．农业土地规模经营的条件与效果研究：以东北农村为例 [J]．管理世界，2006(9): 71-79+171-172.

[28] 许庆，尹荣梁，章辉．规模经济、规模报酬与农业适度规模经营——基于我国粮食生产的实证研究 [J]．经济研究，2011(3): 59-71+94.

[29] 张建杰．粮食主产区农户粮作经营行为及其政策效应——基于河南省农户的调查 [J]．中国农村经济，2008, 6: 46-54.

[30] [美] 傅高义．邓小平时代 [M]．北京：三联书店，2013.

[31] 编辑组．朱镕基讲话实录（第一卷、第三卷）[M]．北京：人民出版社，2011.

[32] 刘晓梅．关于我国粮食安全评价指标体系的探讨 [J]．财贸经济，2004(9): 56-61+96.

[33] 马九杰，张象枢，顾海兵．粮食安全衡量及预警指标体系研究 [J]．管理世界，2001(1): 154-162.

[34] 马晓河，蓝海涛等．中国粮食综合生产能力与粮食安全 [M]．北京：经济科学出版社，2008.

[35] 曲昌荣 . 地力下降咋应对 [N] . 人民日报 , 2013-04-14.
[36] 钟甫宁 , 向晶 . 人口结构、职业结构与粮食消费 [J] . 农业经济问题 , 2012(9): 12-16+110.
[37] 朱泽 . 中国粮食安全状况研究 [J] . 中国农村经济 , 1997(5): 26-33.
[38] 陈锡文 . 新形势下我国粮食安全的现状、挑战及对策 [Z] . 第五届中国经济安全论坛主旨发言 , http://sard.ruc.edu.cn/pub_sard/lectures/20141201/2535.html, 2014.

第9章　财政支农与农业现代化

农业的发展离不开政策的支持，尤其是财政的支持。在新形势下，建设有中国特色的农业现代化目标不仅为转变农业生产方式、优化农业结构、改革体制机制指明了方向，也对完善财政支农政策提出了更高要求。我国财政支农政策经过几十年的演变特别是党的十六大以来的不断完善，已经初步形成了较完整的支农体系，有效地推进了我国农业现代化发展。当前我国农业正处于新的变革时期，面临着一系列机遇和挑战，因此，如何实现新形势下财政支农政策转型，提高财政支农效率，进而推动农业现代化将成为新时期研究重点且意义深远。

第1节　财政支农的必要性与发展历程

一、财政支农的必要性

（一）农业在国民经济中的地位

民以食为天，农业是国民经济的基础。

第一，农业是人类的衣食之源、生存之本，是人类生存发展的基础。人类生存和发展离不开生活资料，尤其是离不开食物，而食物是由农业生产出来的。尽管当前人类可以通过人工合成途径获取食物，但是农业依然是人类最基本生活资料的主要提供者。在当前科技水平下，农业农产品供给的主体位置不会被撼动。

第二，农业的发展是实现社会分工的基础。农业是人类社会最早出现的生产部门，其他部门都是从农业中独立出来的。在农业生产力较低的时候，劳动力等生产资料基本上全部集中在农业部门，没有其他社会分工。随着农业生产率的提高，农业剩余产品增加，劳动力开始流出并专门从事农业以外的其他产业活动，实现了农业和手工业的分离。后期，农业生产率进一步提高，工业、商业等行业相互分离。历史经验证明，国民经济其他部门的发展规模和速度受到农业水平的限制，如果农业发展滞后，劳动力、土地等生产资料便无法有效满足其他部门需求。可见，农业是国民经济各行业独立的基础，也是其进一步发展的保障。

第三，农业在国民经济中的基础地位是客观存在的，不因农业在国民经济产值中的比重下降而发生改变。随着社会经济的发展和社会分工的深化，第二、三产业产值超过农业产值成为必然。依据世界各国的发展轨迹来看，农业产值比重逐渐降低是非常正常和普遍的现象。近年来，我国农业产值比重也在持续下降，1984年我国第一产业比重为32.1%，2016年这一比重仅为8.6%。但应注意到，农业产值比重的降低不能改变农业的国民经济基础地位，因为“农业是国民经济的基础”是一种客观规律，不能通过产业比重来衡量。只要人类需要的食物仍然由农业供给，那么农业的基础地位就不会发生改变。

（二）农业的特点决定了政策支农的必要性

第一，农业是基础性产业。农业是为人类提供食物等生活必需品的基础性产业，也是国民经济各部门独立和进一步发展的基础。农业为人类生产、生活提供了包括粮食在内的最基本的生活资料，如果食物需求得不到满足，人类将无法正常开展各类生产活动，社会分工所需的土地、劳动力等生产资料也不会产生剩余，国民经济各部门的独立将不可能实现。同时，因为粮食安全关系经济社会稳定和国家安全，因此许多国家都对农业生产实施了保护政策，如价格保护、农业技术投入、基础设施建设补贴、风险保障等。

第二，农业弱质性决定了农业的风险高于其他产业。农业弱质性主要表现为与其他经济部门相比，农业生产存在不稳定性、低效益性和易伤害性。农业产业风险主要包括自然风险和市场风险。当前大多数农业生产都离不开自然环境，在人类不能控制天气等自然环境的条件下，农业受旱涝冰雪等自然灾害的影响非常大。同时，由于农业生产的周期性特点、供给弹性小等特性，及生产过程中存在的市场信息不对称等问题，农业产业易产生农产品价格波动等市场风险。因此，农业要想获得持续发展，就必须通过政府的调控和支持。

第三，农业产业具有很强的正外部效应。农业产业不仅具有产品和要素贡献外，还具有文化功能贡献和环境功能贡献。例如，森林、草原和湖泊可以为人类提供树木、畜牧、渔类等资源外，还可以调节气候、净化大气、保持水土、改善环境等，同时也可以与文化、旅游产业结合，丰富人类生活。可见，农业产业为人类活动不可或缺的经济、社会、政治、文化和环境等方面做出了重要贡献。据经济学相关理论，当外部效应出现时，一般无法通过市场机制的自发调节机制来有效配置资源，这就必须由政府给予农业产业一定的补偿以保持农业产业的有效发展。

二、21 世纪以来财政支农政策的演变历程

我国财政支农政策可以追溯至改革开放之前，但政策主干基本源于改革开放之后，特别是十六大以来的不断完善。21 世纪以来，中国领导层开始把解决好“三农”问题作为全部工作的重中之重，坚持“以工促农、以城带乡”的统筹城乡发展基本方略，以 13 个中央一号文件为载体，陆续出台了一系列强农惠农富农的财政支持政策，密度之高，种类之全，力度之大，超过了以往任何一个时期，在我国农业发展史上留下了浓墨重彩的一笔。

（一）21 世纪国家支农政策的出台背景

在新中国成立后一个相当长的时期内，为了尽快摆脱经济落后的局面，实现由农业国向工业国的转变，我国确立并长期实行了重工业优先和城市偏向的发展战略。然而，新中国成立初期，我国经济社会发展水平相当低下。据统计，1952 年我国人均 GDP 仅 119.4 元（约 50 美元），农业 GDP 比重为 51%，工农业 GDP 之比为 0.4：1，农业就业比重高达 83.5%（见表 9-1）。在这样的基础上推行国家工业化，就势必要求农业农民为工业化提供原始积累。国家仅通过工农产品价格剪刀差的“暗税”方式就为工业发展汲取了大量农业剩余，严瑞珍等（1990）按照社会必要劳动时间决定价值的理论，通过可比劳动法测算工农产品剪刀差，认为 1953—1985 年全国预算内的固定资产投资共 7678 亿元，平均每年 240 亿元左右，大体相当于每年的剪刀差绝对额。我们曾经做过简单测算，1952—1997 年，我国农民通过工农产品价格“剪刀差”为工业化提供资本积累，为非农产业提供充

裕廉价的劳动力和土地资源这三种方式为国家建设积累的资金高达 17.3 万亿元（孔祥智、何安华，2009）。应当说，这种工业倾斜和城市偏向的发展战略从国家发展的全局和整体来看是必要的，也被实践证明是有效的。新中国仅仅用了不到半个世纪的时间即完成了从农业国向工业国迈进所必需的资本原始积累，建立起了一套独立的比较完整的现代工业体系和国民经济体系。但问题在于，如果这种以工业和城市发展为导向的国家战略延续时间过长，就会导致本来就相对落后的农业生产的物质技术条件长期得不到相应改善，从而造成农业萎缩凋敝、社会两极分化、城乡和区域差距持续拉大等一系列新的社会矛盾和问题，使国家发展极有可能落入"中等收入陷阱"（韩俊，2005）。

表 9-1　1952—2003 年我国国民经济结构变化情况

指标	1952年	1960年	1970年	1980年	1990年	2000年	2003年
人均GDP（元）	119.4	218.5	276.3	463.3	1644.0	7857.7	10542.0
农业GDP比重（%）	51.0	23.6	35.4	30.2	27.1	15.1	12.8
工农业GDP之比	0.4:1	1.9:1	1.1:1	1.6:1	1.5:1	3.0:1	3.6:1
农业就业比重（%）	83.5	65.7	80.8	68.7	60.1	50.0	49.1
人口城市化率（%）	12.5	19.7	17.4	19.4	26.4	36.2	40.5
国家财政收入（亿元）	173.9	572.3	662.9	1159.9	2937.1	13395.2	21715.3
农业各税占财政收入比重（%）	15.8	4.9	4.8	2.4	3.0	3.5	4.0

数据来源：历年《中国统计年鉴》，表中产值数据均按现价计算得出。

进入 21 世纪，特别是党的十六大以来，我国国民经济结构出现了根本性变化。到 2003 年，我国人均 GDP 达到 10542 元（约 1090 美元），农业 GDP 比重降至 12.8%，工农业 GDP 之比达到 3.6 ∶ 1，农业就业比重降至 50% 以下，人口城市化率达到 40.5%。按照国际经验，这些指标表明我国已进入工业化中期阶段，非农产业代替农业成为国民经济的主导产业，经济增长的动力也主要来自非农产业。同时，我国 GDP 总量达到 11.7 亿元（约 1.4 万亿美元），财政收入超过 2.2 万亿元，其中农业各税占比降至 4%。这表明，我国初步具备了工业反哺农业、城市支持农村的财政实力，有条件对国民收入分配格局进行适当调整，改变农业农村长期以来在资源配置和国民收入分配中的不利地位。基于以上事实，2004 年，时任总书记的胡锦涛同志在中共十六届四中全会上提出了"两个趋向"的重要论断，即在工业化初始阶段，农业支持工业、为工业提供积累是带有普遍性的倾向；但在工业化达到相当程度后，工业反哺农业、城市支持农村，实现工业与农业、城市与农村协调发展，也是带有普遍性的倾向。并明确指出，我国当时在总体上已经到了以工促农、以城带乡的发展阶段。

"两个趋向"重要论断的提出，为我国在新阶段形成"工业反哺农业、城市支持农村"和"多予少取放活"的政策框架定下了基调，标志着国家发展的基本方略开始发生根本性转变。正是在这样的背景下，21 世纪 11 个中央一号文件陆续出台，把财政支农作为一项重要工作予以部署，逐步建立健全了财政强农惠农富农的政策体系。

（二）21 世纪以来国家财政支农政策的演进脉络

进入 21 世纪以来，中央一号文件围绕调整国民收入分配结构、强化农业支持保护力度这一主题，制定实施了一系列财政支农政策措施。本节仅从四个方面进行归纳。

1. 建立投入保障机制

加快建立财政支农资金稳定增长的长效机制一直是一号文件关注的重点。可以说，十一个一号文件接连出台的过程，就是国家财政支农投入不断"开源"、持续扩大的过程（见表 9-2）。2004 年中央一号文件首次提出要按照“多予、少取、放活”的方针，建立健全财政支农资金的稳定增长机制。2005年的中央一号文件进一步明确，新增财政支出和固定资产投资要向“三农”倾斜，并加快相关立法进程。为落实这一原则，在此后几年的中央一号文件中，陆续形成了每年支农投入要“三个高于”的硬性要求，即国家财政支农资金增量要高于上年，固定资产投资用于农村的增量要高于上年，政府土地出让收入用于农村建设的增量要高于上年。此外，2006年的中央一号文件提出要提高耕地占用税税率，新增税收主要用于“三农”的要求；2007年的中央一号文件提出建设用地税费提高后新增收入主要用于“三农”，并要求县级以上各级财政每年对农业总投入的增长幅度应当高于其财政经常性收入的增长幅度；2008年的中央一号文件提出国家在国家扶贫开发工作重点县新安排的病险水库除险加固、生态建设等公益性强的基本建设项目上，要逐步减少或取消县及县以下配套；2009年的中央一号文件将这一政策扩大至所有中西部地区。2010年的中央一号文件要求耕地占用税税率提高后的新增收入和新增建设用地土地有偿使用费全部用于农业。2011年和2012年的中央一号文件则分别强调了水利和农业科技领域的财政投入，要求财政投入的总量和增幅都要有明显提高。2013年的中央一号文件提出要稳定完善强化这些行之有效的投入政策。2014年的中央一号文件再次强调了完善财政支农政策，增加“三农”支出。至此，一套保障财政支农投入稳定增长的长效机制初步建立起来了。

表 9-2　一号文件关于建立投入保障机制政策的梳理

年份	文件内容
2004	按照统筹城乡经济社会发展的要求，坚持“多予、少取、放活”的方针，增加农业投入，强化对农业支持保护，建立健全财政支农资金的稳定增长机制。从2004年起，确定一定比例的国有土地出让金，用于支持农业土地开发，建设高标准基本农田，提高粮食综合生产能力。
2005	新增财政支出和固定资产投资要切实向农业、农村、农民倾斜，逐步建立稳定的农业投入增长机制。尽快立法，把国家的重大支农政策制度化、规范化。
2006	国家财政支农资金增量要高于上年，国债和预算内资金用于农村建设的比重要高于上年，其中直接用于改善农村生产生活条件的资金要高于上年。提高耕地占用税税率，新增税收主要用于“三农”。
2007	财政支农投入的增量要继续高于上年，国家固定资产投资用于农村的增量要继续高于上年，土地出让收入用于农村建设的增量要继续高于上年。中央和县级以上地方财政每年对农业总投入的增长幅度应当高于其财政经常性收入的增长幅度。建设用地税费提高后新增收入主要用于“三农”。
2008	财政支农投入的增量要明显高于上年，国家固定资产投资用于农村的增量要明显高于上年，政府土地出让收入用于农村建设的增量要明显高于上年。国家在国家扶贫开发工作重点县新安排的病险水库除险加固、生态建设等公益性强的基本建设项目，逐步减少或取消县及县以下配套。
2009	国家在中西部地区安排的病险水库除险加固、生态建设、大中型灌区配套改造等公益性建设项目，取消县及县以下资金配套。
2010	耕地占用税税率提高后，新增收入全部用于农业。严格执行新增建设用地土地有偿使用费全部用于耕地开发和土地整理的规定。
2011	将水利作为公共财政投入的重点领域。各级财政对水利投入的总量和增幅要有明显提高。
2012	持续加大农业科技投入，确保增量和比例均有提高，保证财政农业科技投入增幅明显高于财政经常性收入增幅。
2013	要在稳定完善强化行之有效政策基础上，着力构建“三农”投入稳定增长长效机制。
2014	公共财政要坚持把“三农”作为支出重点，中央基建投资继续向“三农”倾斜，优先保证“三农”投入稳定增长。拓宽“三农”投入资金渠道，充分发挥财政资金引导作用，通过贴息、奖励、风险补偿、税费减免等措施，带动金融和社会资金更多投入农业农村。

续表

年份	文件内容
2015	优先保证农业农村投入。增加农民收入，必须明确政府对改善农业农村发展条件的责任。坚持把农业农村作为各级财政支出的优先保障领域，加快建立投入稳定增长机制，持续增加财政农业农村支出，中央基建投资继续向农业农村倾斜。
2016	健全农业农村投入持续增长机制。优先保障财政对农业农村的投入，坚持将农业农村作为国家固定资产投资的重点领域，确保力度不减弱、总量有增加。
2017	改革财政支农投入机制。坚持把农业农村作为财政支出的优先保障领域，确保农业农村投入适度增加，着力优化投入结构，创新使用方式，提升支农效能。固定资产投资继续向农业农村倾斜。
2018	确保财政投入持续增长。建立健全实施乡村振兴战略财政投入保障制度，公共财政更大力度向“三农”倾斜，确保财政投入与乡村振兴目标任务相适应。

资料来源：根据历年中央一号文件整理。

2. 推进农业税费减免

早在 2000 年 3 月，以《中共中央国务院关于进行农村税费改革试点工作的通知》下发为标志，我国正式进入了农村税费改革的历史新时期。最初，中央按照“减轻、规范、稳定”的目标选择在安徽全省进行试点，主要内容是“三个取消、两个调整、一个逐步取消和一项改革”，即取消乡统筹、农村教育集资等专门面向农民征收的行政事业性收费和政府性基金、集资；取消屠宰税；取消统一规定的劳动积累工和义务工；调整农业税和农业特产税政策；改革村提留征收使用办法。这些措施推行后在当年就取得了明显成效，乡镇的“五统筹”和村里的“三提留”分别纳入了农业税和农业税附加，农民除缴纳 7% 的农业税和 1.4% 的农业税附加外，不再承担任何费用。这样，安徽农民的人均负担就由上年的 109.4 元下降至 75.5 元，减幅达到 31%（陈锡文，2009）。2002 年 3 月，国务院又下发了《关于做好 2002 年扩大农村税费改革试点工作的通知》，进一步将农村税费改革的试点地区扩大至 16 个省（市、区）。截至当年年底，全国农村税费改革试点受惠人口达 6.2 亿，占到农村总人口的四分之三。至此，这一阶段以“减轻负担”和“规范税制”为主要目标的改革任务已基本完成。

2003 年，新一届党中央领导人履职，开始着重推动农业税政策改革，逐步取消农业税成为决策重点，并以三个连续的一号文件为载体完成了改革部署。2004 年中央一号文件提出全面取消烟叶外的农业特产税，农业税率整体降低 1%，同时将通过转移支付弥补粮食主产区和中西部地区的财政收入。2005 年中央一号文件要求扩大农业税免征范围，加大农业税减征力度，在扶贫开发重点县推广免征农业税试点，在牧区开展取消牧业税试点。同时，2005 年 12 月 29 日十届全国人大常委会第十九次会议做出了自 2006 年 1 月 1 日起废止《中华人民共和国农业税条例》的决定。从此，在我国延续了 2600 多年的“皇粮国税”终于终结，这极大地调动了农民积极性，对中国农业发展具有划时代意义。见表 9-3。

表 9–3　一号文件关于推进农业税费减免政策的梳理

年份	文件内容
2004	逐步降低农业税税率，农业税税率总体上降低 1 个百分点，同时取消除烟叶外的农业特产税。降低税率后减少的地方财政收入，沿海发达地区原则上由自己消化，粮食主产区和中西部地区由中央财政通过转移支付解决。有条件的地方，可以进一步降低农业税税率或免征农业税。

续表

年份	文件内容
2005	减免农业税、取消除烟叶以外的农业特产税。进一步扩大农业税免征范围，加大农业税减征力度。在国家扶贫开发工作重点县实行免征农业税试点，在其他地区进一步降低农业税税率。在牧区开展取消牧业税试点。国有农垦企业执行与所在地同等的农业税减免政策。因减免农（牧）业税而减少的地方财政收入，由中央财政安排专项转移支付给予适当补助。有条件的地方，可自主决定进行农业税免征试点。
2006	在全国范围内取消农业税。

资料来源：根据历年中央一号文件整理。

【专栏】“告别田赋鼎”的故事

2005 年 12 月 29 日，第十届全国人大常委会第十九次会议，以 162 票赞成、0 票反对、1 票弃权高票通过了《全国人民代表大会常务委员会关于废止〈中华人民共和国农业税条例〉的决定》。至此，在神州华夏延续了 2600 多年的田赋制度宣告终止。

在中国农业博物馆静静陈列的一尊直径八十二厘米、高九十九厘米，重二百五十二千克，上书铭文 560 字的青铜大鼎，默默地提醒人们纪念这一伟大的历史时刻。

青铜鼎承载的是一位农民对国家取消农业税的由衷感激之情。这位农民来自河北省灵寿县青廉村，名叫王三妮。2004 年 3 月，国务院宣布逐步免除农业税。当年，灵寿县全部免除了该县农民的农业税。王三妮算了一笔账：家中 7 口人，14 亩地，以前每年要交农业税费 532 元，现在不但不交钱，政府通过粮食直补政策还补给他家 216 元，里里外外算下来，一年直接受益 748 元。正如鼎身上铸就铭文所述：“田赋始于春秋时代，封建社会形成田赋而生。”自打记事起，王三妮一家就知道，种地耕田，上缴“皇粮国税”，是天经地义的。做梦也想不到的是，不仅税赋取消，国家还开始反哺农业。于是，这位善良朴实的农民，用自己多年积攒的八万块钱，历时一年八个月，亲手铸成了这尊“告别田赋鼎”。

鼎上铭文如下：

田赋：旧指农民的田地税。

田赋始于春秋时代，封建社会形成田赋而生。帝王巩固政权，养兵役，扩充疆土，兴建土木，享乐人生等，所需的一切钱粮都来源于田赋。田赋增减关联王朝兴衰。减轻田赋农民安居乐业而国泰。田赋加重农民无法生存，被逼起义，使王朝被推翻。

春秋以来，我们的先民，灾荒年饥寒交迫，而官吏还要敲骨吸髓，多少人因赋重卖儿鬻女。诗人白居易写过“典桑卖地纳官税，明年衣食将何如”。顽强的先祖农民在苦难的旧社会里挣扎生存。

一九四八年共产党毛主席领导农民闹革命，分得土地，建立新中国，走上了农业合作化道路，让农民人人有饭吃，有衣穿。一九七九年邓小平搞改革开放，施行联产承包责任制，使亿万农民富裕起来。江泽民提出“三个代表”重要思想，祖国山河日新月异，农民生活年年提高。胡锦涛深化改革带领农民全面建设小康社会。社会主义新农村前途似锦。

乾坤转天地变，二〇〇五年十二月二十九日党中央经人大通过，向全国农民宣布从二〇〇六年一月一日起依法彻底告别延续了两千六百多年的田赋，并且还让国家反哺农业。这是史无前例的开端，这是改革开放和“三个代表”的结晶！这是中国共产党领导国家富强的验证！这是党中央和胡锦涛治国的伟大举措！这真正体现了中国共产党对农民的慈爱之心。亿万农民要歌唱中国共产党，社会主义好。亿万农民要高呼中国共产党万岁！

我是农民的儿子，祖上几代耕织辈辈纳税。今朝告别了田赋，我要代表农民铸鼎刻铭，告知后人，万代歌颂永世不忘。

河北省灵寿县农民王三妮

二〇〇六年一月一日

3. 实施农民直接补贴

十余年来，我国逐步建立健全了以农民“四项补贴”为主要内容的农业补贴制度，对调动农民积极性、发展粮食生产、促进重要农产品稳定供给起到了关键性支撑保障作用，也受到了广大农民的普遍欢迎，成为十年中最令人耳熟能详的惠农政策之一。

（1）粮食直补

粮食直补政策是粮食流通体制“三项政策”在支农遭遇困境时的创新与探索，与粮食流通体制改革相辅相成。随着我国市场经济改革的逐步完善，粮食收购和销售市场逐步全面放开，粮食价格回归市场定价，价差亏损明显减少。为减少价格干预，增加农民收入，国家决定从粮食风险基金中拿出一部分用于农民种粮直接补贴，从而实现了补贴对象由流通环节向生产环节的转移，有助于进一步提高补贴资金的使用效率。2004 年的一号文件首次提出，从粮食风险基金中拿出部分资金，用于主产区种粮农民的直接补贴。2005 年要求有条件的地方进一步加大补贴力度。2006 年中央一号文件提出要增加粮食直接补贴，资金规模可提高到粮食风险基金的 50% 以上，2007 年一号文件要求将这一比例延伸至全国。此后，每年一号文件都对持续加大粮食直补规模做出了明确部署。2014 年一号文件指出新增补贴向粮食等重要农产品、新型农业经营主体、主产区倾斜。在有条件的地方开展按实际粮食播种面积或产量对生产者补贴试点，提高补贴精准性、指向性。

（2）良种补贴

为提高良种覆盖率，提高农产品产量和品质，推进农业区域化布局，中央财政于 2002 年开始在东北地区试点良种补贴。2002 年中央财政投入 1 亿元，用于在东北地区推广高油大豆良种补贴，示范面积 1000 万亩，每亩补贴 10 元。2003 年，中央财政继续实施高油大豆良种推广补贴项目，面积增加到 2000 万亩；同时实施优质专用小麦良种补贴 1000 万亩，每亩补贴 10 元。补贴高油大豆 2 亿元，优质专用小麦是 1 亿元。2004 年以来，中央一号文件陆续制定并完善了良种专项补贴政策。2004 年提出在小麦、大豆等粮食优势产区扩大良种补贴范围。良种补贴进一步扩大到小麦、大豆、水稻、玉米四个品种。2005—2008 年要求不断增加补贴资金，扩大补贴范围。2009 年明确提出实现良种补贴对水稻、小麦、玉米、棉花等品种的全覆盖，同时扩大油菜和大豆良种补贴范围。2010 年提出扩大马铃薯补贴范围，启动青稞良种补贴，实施花生良种补贴试点。至此，国家良种补贴政策初步成形，并在此后每年的一号文件中继续得到了落实。

（3）农机具购置补贴

农机具购置补贴在“四大补贴”中实施时间最早，开始于 1998 年。实施初期，补贴覆盖范围主要面向部分特定农用机械，补贴资金也相对有限，每年仅有 2000 万元，对农民使用现金农用机械的导向作用不是很明显。2004 年中央加大了补贴力度和补贴范围，一号文件提出对农民个人、农场职工、农机专业户以及直接从事农业服务的农业组织购置和更新大型农机具给予一定补贴。当年在 66 个县实施农机购置补贴试点，中央财政投入补贴资金 3295 万元。此后，实施区域和补贴数额不断扩大，到 2008 年覆盖全国所有的农牧业县。10 年来，仅中央财政投入补贴资金 951.9 亿元。2013 年，中央财政补贴资金达到了 217.5 亿元，共补贴购置各类农业机械约 594.6 万台（套），受益农户达到

382.8万户，为粮食生产“十连增”、农民增收“十连快”提供了有力技术装备支撑，为现代农业建设和“四化同步”发展做出了重要贡献。

（4）农资综合补贴

2006年，为缓解国际石油价格上扬带动国内柴油、化肥等生产资料价格上涨对农业生产造成的不利影响，国家财政紧急拨付了120亿元资金，作为对农民生产成本的补贴。这项补贴政策在当年取得了良好的效果。2007年、2008年中央一号文件都提出要进一步加大农业生产资料综合补贴力度，2007年补贴金额在原有120亿元的基础上新增156亿元，2008年补贴金额在2007年补贴规模的基础上新增206亿元。2009年中央一号文件明确要完善补贴动态机制，根据农资价格上涨幅度和农作物实际播种面积来增加补贴，实施方法和内容更加科学。2010—2015年，中央一号文件延续这一思路，对落实和完善农资综合补贴动态调整机制进行了部署，并对补贴主体进行了调整，重点向主产区和新型农业主体倾斜，进一步扩大节水灌溉等设备的补贴范围。目前，农资综合补贴已经成为“四项补贴”中支出金额最多的一项，有效地调动了农民生产积极性，对农业规模化生产影响深远。

除了上述四项补贴，中央还于2005年起陆续出台了奶牛良种补贴、生猪良种补贴等一系列畜禽养殖补贴政策。其中，生猪良种补贴标准为每头能繁母猪40元；奶牛良种补贴标准为荷斯坦牛、娟姗牛、奶水牛每头能繁母牛30元，其他品种每头能繁母牛20元；肉牛良种补贴标准为每头能繁母牛10元；羊良种补贴标准为每只种公羊800元；牦牛种公牛补贴标准为每头种公牛2000元。这一政策有力地促进了养殖业的健康发展。

此外，2009年以后的一号文件还特别强调了对补贴资金增量使用方向的调整。要求按照“存量不动、增量倾斜”的原则，新增补贴重点向主产区和优势产区集中，向专业大户、家庭农场、农民合作社等新型生产经营主体倾斜，以提高补贴资金的利用效率，发挥财政投入的导向作用。见表9-4。

表9-4　一号文件关于实施农民直接补贴政策的梳理

年份	文件内容
2004	从2004年开始，国家将全面放开粮食收购和销售市场，实行购销多渠道经营。为保护种粮农民利益，要建立对农民的直接补贴制度。2004年，国家从粮食风险基金中拿出部分资金，用于主产区种粮农民的直接补贴。其他地区也要对本省（区、市）粮食主产县（市）的种粮农民实行直接补贴。2004年要增加资金规模，在小麦、大豆等粮食优势产区扩大良种补贴范围。提高农业机械化水平，对农民个人、农场职工、农机专业户和直接从事农业生产的农机服务组织购置和更新大型农机具给予一定补贴。
2005	对种粮农民实行直接补贴，对部分地区农民实行良种补贴和农机具购置补贴。继续对种粮农民实行直接补贴，有条件的地方可进一步加大补贴力度。中央财政继续增加良种补贴和农机具购置补贴资金，地方财政也要根据当地财力和农业发展实际安排一定的良种补贴和农机具购置补贴资金。实施奶牛良种繁育项目补贴。
2006	2006年，粮食主产区要将种粮直接补贴的资金规模提高到粮食风险基金的50%以上，其他地区也要根据实际情况加大对种粮农民的补贴力度。增加良种补贴和农机具购置补贴。扩大畜禽良种补贴规模。
2007	各地用于种粮农民直接补贴的资金要达到粮食风险基金的50%以上。加大良种补贴力度，扩大补贴范围和品种。扩大农机具购置补贴规模、补贴机型和范围。加大农业生产资料综合补贴力度。继续安排奶牛良种补贴资金。
2008	继续加大对农民的直接补贴力度，增加粮食直补、良种补贴、农机具购置补贴和农资综合直补。扩大良种补贴范围。增加农机具购置补贴种类，提高补贴标准，将农机具购置补贴覆盖到所有农业县。继续实行对畜禽养殖业的各项补贴政策。

续表

年份	文件内容
2009	2009年要在上年较大幅度增加补贴的基础上，进一步增加补贴资金。增加对种粮农民直接补贴。增加对种粮农民直接补贴。加大良种补贴力度，提高补贴标准，实现水稻、小麦、玉米、棉花全覆盖，扩大油菜和大豆良种补贴范围。大规模增加农机具购置补贴，将先进适用、技术成熟、安全可靠、节能环保、服务到位的农机具纳入补贴目录，补贴范围覆盖全国所有农牧业县（场），带动农机普及应用和农机工业发展。加大农资综合补贴力度，完善补贴动态调整机制，加强农业生产成本收益监测，根据农资价格上涨幅度和农作物实际播种面积，及时增加补贴。继续落实生猪良种补贴和能繁母猪补贴政策，继续落实奶牛良种补贴、优质后备奶牛饲养补贴等政策。根据新增农业补贴的实际情况，逐步加大对专业大户、家庭农场种粮补贴力度。
2010	坚持对种粮农民实行直接补贴。增加良种补贴，扩大马铃薯补贴范围，启动青稞良种补贴，实施花生良种补贴试点。进一步增加农机具购置补贴，扩大补贴种类，把牧业、林业和抗旱、节水机械设备纳入补贴范围。落实和完善农资综合补贴动态调整机制。按照存量不动、增量倾斜的原则，新增农业补贴适当向种粮大户、农民专业合作社倾斜。
2012	按照增加总量、扩大范围、完善机制的要求，继续加大农业补贴强度，新增补贴向主产区、种养大户、农民专业合作社倾斜。提高对种粮农民的直接补贴水平。落实农资综合补贴动态调整机制，适时增加补贴。加大良种补贴力度。扩大农机具购置补贴规模和范围，进一步完善补贴机制和管理办法。
2013	按照增加总量、优化存量、用好增量、加强监管的要求，不断强化农业补贴政策，完善主产区利益补偿、耕地保护补偿、生态补偿办法，加快让农业获得合理利润、让主产区财力逐步达到全国或全省平均水平。继续增加农业补贴资金规模，新增补贴向主产区和优势产区集中，向专业大户、家庭农场、农民合作社等新型生产经营主体倾斜。落实好对种粮农民直接补贴、良种补贴政策，扩大农机具购置补贴规模，推进农机以旧换新试点。完善农资综合补贴动态调整机制，逐步扩大种粮大户补贴试点范围。
2014	按照稳定存量、增加总量、完善方法、逐步调整要求，积极开展改进农业补贴办法的试点试验。继续实行种粮农民直接补贴、良种补贴、农资综合补贴等政策，新增补贴向粮食等重要农产品、新型农业经营主体、主产区倾斜。在有条件的地方开展按实际粮食播种面积或产量对生产者补贴试点，提高补贴精准性、指向性。加大农机购置补贴力度，完善补贴办法，继续推进农机报废更新补贴试点。强化农业防灾减灾稳产增产关键技术补助。继续实施畜牧良种补贴政策。
2015	提高农业补贴政策效能。增加农民收入，必须健全国家对农业的支持保护体系。保持农业补贴政策连续性和稳定性，逐步扩大“绿箱”支持政策实施规模和范围，调整改进“黄箱”支持政策，充分发挥政策惠农增收效应。继续实施种粮农民直接补贴、良种补贴、农机具购置补贴、农资综合补贴等政策。选择部分地方开展改革试点，提高补贴的导向性和效能。完善农机具购置补贴政策，向主产区和新型农业经营主体倾斜，扩大节水灌溉设备购置补贴范围。
2016	将种粮农民直接补贴、良种补贴、农资综合补贴合并为农业支持保护补贴，重点支持耕地地力保护和粮食产能提升。完善农机购置补贴政策。
2017	完善农业补贴制度。进一步提高农业补贴政策的指向性和精准性，重点补主产区、适度规模经营、农民收入、绿色生态。深入推进农业“三项补贴”制度改革。完善粮食主产区利益补偿机制，稳定产粮大县奖励政策，调整产粮大省奖励资金使用范围，盘活粮食风险基金。完善农机购置补贴政策，加大对粮棉油糖和饲草料生产全程机械化所需机具的补贴力度。深入实施新一轮草原生态保护补助奖励政策。健全林业补贴政策，扩大湿地生态效益补偿实施范围。
2018	落实和完善对农民直接补贴制度，提高补贴效能。严厉整治惠农补贴、集体资产管理、土地征收等领域侵害农民利益的不正之风和腐败问题。

资料来源：根据历年中央一号文件整理。

4. 支持农业基础建设

10余年来，一号文件还围绕加强农业基础建设、提高农业综合生产能力这一主题，创造性地提出并逐步完善了多项财政支持措施，为农业发展“强筋健骨”提供了政策支持。

（1）实施测土配方施肥补贴

我国是世界上化肥使用量最多的国家，在占世界不足十分之一的耕地上，却施用了世界三分之一左右的氮肥和磷肥。过量的化肥投入，不仅造成了资源浪费，推高了生产成本，还产生了面源污染，对我国农业持续健康发展提出了严峻挑战。有鉴于此，为了改善土壤营养结构，减少化肥面源污染，促进农业增产增效，2005 年一号文件首次提出要推广测土配方施肥，增加土壤有机质。并于当年启动了测土配方施肥补贴项目，对各地进行的土壤成分检测和配方施肥推广工作予以经费补贴。此后，几乎每年的一号文件都对进一步扩大测土配方施肥补贴的范围和规模提出了明确要求，有力地推动了农产品产量的提高和品质的改善。2014 年，中央财政安排测土配方施肥专项资金 7 亿元，农作物测土配方施肥技术推广面积达到 14 亿亩；粮食作物配方施肥面积达到 7 亿亩以上；免费为 1.9 亿农户提供测土配方施肥指导服务，力争实现示范区亩均节本增效 30 元以上。

（2）安排科技入户项目经费

为了加快农业科技创新与推广步伐，构建起“科技人员直接到户、良种良法直接到田、技术要领直接到人”的科技成果转化应用长效机制，我国适时启动了“农业科技入户示范工程”，并安排专门的项目资金，主要用于科技示范户补贴和技术服务补贴。2005 年一号文件首次提出，认真组织实施“科技入户工程”，扶持科技示范户。2006 年一号文件要求扩大重大农业技术推广项目专项补贴规模。2008 年一号文件要求进一步探索农业科技成果进村入户的有效机制和办法。“农业科技入户示范工程”的组织实施，对广大农户积极采用先进适用的农业技术起到了重要的推动作用。2017 年一号文件提出，要强化科技创新驱动，引领现代农业加快发展，加强农业科技研发，强化农业科技推广，完善农业科技创新激励机制。2018 年中央一号文件提出，加快建设国家农业科技创新体系，加强面向全行业的科技创新基地建设。深化农业科技成果转化和推广应用改革。加快发展现代农作物、畜禽、水产、林木种业，提升自主创新能力。

（3）设立小型农田水利设施建设专项资金

长期以来，我国农村小型农田水利设施主要是依靠农民自主筹资投劳建成的。但推行农村税费改革后，由于农民劳动积累工和义务工（俗称“两工”）被强制取消，而国家财政投入又未能及时跟进，导致被称为水利“毛细血管”的小型农田水利建设严重滞后，影响了大型灌溉工程效益的发挥和农业生产的稳定发展。为了尽快补齐这块短板，2005 年一号文件明确提出，要在继续搞好大中型农田水利基础设施建设的同时，不断加大对小型农田水利基础设施建设的投入力度，并新设了小型农田水利设施建设补助专项资金，对农户投工投劳开展小型农田水利设施建设予以支持。2006 年一号文件提出实行中央和地方共同负责，逐步扩大中央和省级小型农田水利补助专项资金规模。2008 年一号文件要求大幅度增加专项资金规模，同时将大中型灌区末级渠系改造和小型排涝设施建设纳入补助范围。2010 年一号文件提出新增一批小型农田水利建设重点县。2011 年一号文件要求优先安排产粮大县加强灌区末级渠系建设和田间工程配套。2012 年一号文件提出实现小型农田水利重点县建设基本覆盖农业大县。2013 年一号文件要求进一步扩大小型农田水利重点县覆盖范围。2018 年一号文件提出，加强农田水利建设，提高抗旱防洪除涝能力。实施国家农业节水行动，加快灌区续建配套与现代化改造，推进小型农田水利设施达标提质，建设一批重大高效节水灌溉工程。

（4）建立健全生态效益补偿机制

实施生态效益补偿，是建设生态文明的重要保障。在综合考虑生态保护成本、发展机会成本、生态服务价值的基础上，采取财政转移支付的方式，对生态保护者给予合理补偿，有利于促进生态保护经济外部性内部化，使全体人民共享改革发展成果。2005 年党的十六届五中全会《关于制定国民经济和社会发展第十一个五年规划的建议》首次提出，按照“谁开发谁保护、谁受益谁补偿”的原则，加快建立生态补偿机制。随后，2006 年一号文件要求建立和完善生态补偿机制。2007 年一号文件提出完善森林生态效益补偿基金制度，探索建立草原生态补偿机制。2008 年一号文件要求增加水土保持生态效益补偿。2010 年一号文件要求提高中央财政对属集体林的国家级公益林森林生态效益补偿标准，由每年每公顷 75 元提高到 150 元。2012 年一号文件提出研究建立公益林补偿标准动态调整机制。2014 年一号文件提出建立江河源头区、重要水源地、重要水生态修复治理区和蓄滞洪区生态补偿机制。2018 年一号文件突出加强农田水利建设，提高抗旱防洪除涝能力。实施国家农业节水行动，加快灌区续建配套与现代化改造，推进小型农田水利设施达标提质，建设一批重大高效节水灌溉工程。见表 9-5。

表 9–5　历年一号文件关于财政支持农业基础建设政策的梳理

年份	文件内容
2005	推广测土配方施肥，推行有机肥综合利用与无害化处理，引导农民多施农家肥，增加土壤有机质。认真组织实施“科技入户工程”，扶持科技示范户，提高他们的辐射带动能力；从2005年起，要在继续搞好大中型农田水利基础设施建设的同时，不断加大对小型农田水利基础设施建设的投入力度；中央和省级财政要在整合有关专项资金的基础上，从预算内新增财政收入中安排一部分资金，设立小型农田水利设施建设补助专项资金，对农户投工投劳开展小型农田水利设施建设予以支持。
2006	增加测土配方施肥补贴，继续实施土壤有机质提升补贴试点；深入实施农业科技入户工程，扩大重大农业技术推广项目专项补贴规模；实行中央和地方共同负责，逐步扩大中央和省级小型农田水利补助专项资金规模；建立和完善生态补偿机制。
2007	扩大测土配方施肥的实施范围和补贴规模；继续支持重大农业技术推广，加快实施科技入户工程。增加小型农田水利工程建设补助专项资金规模；完善森林生态效益补偿基金制度，探索建立草原生态补偿机制。
2008	加快沃土工程实施步伐，扩大测土配方施肥规模。深入实施科技入户工程，加大重大技术推广支持力度，继续探索农业科技成果进村入户的有效机制和办法；大幅度增加中央和省级小型农田水利工程建设补助专项资金，将大中型灌区末级渠系改造和小型排涝设施建设纳入补助范围；建立健全森林、草原和水土保持生态效益补偿制度，多渠道筹集补偿资金，增强生态功能。
2009	继续推进沃土工程，扩大测土配方施肥实施范围。增加中央和省级财政小型农田水利工程建设补助专项资金；提高中央财政森林生态效益补偿标准，启动草原、湿地、水土保持等生态效益补偿试点。
2010	扩大测土配方施肥、土壤有机质提升补贴规模和范围。大幅度增加中央和省级财政小型农田水利设施建设补助专项资金规模，新增一批小型农田水利建设重点县；加大力度筹集森林、草原、水土保持等生态效益补偿资金；从2010年起提高中央财政对属集体林的国家级公益林森林生态效益补偿标准。
2011	加快推进小型农田水利重点县建设，优先安排产粮大县，加强灌区末级渠系建设和田间工程配套。
2012	深入推进测土配方施肥，扩大土壤有机质提升补贴规模。继续增加中央财政小型农田水利设施建设补助专项资金，实现小型农田水利重点县建设基本覆盖农业大县；探索完善森林、草原、水土保持等生态补偿制度，研究建立公益林补偿标准动态调整机制。
2013	深入实施测土配方施肥，扩大小型农田水利重点县覆盖范围；实施全国高标准农田建设总体规划，加大投入力度，规范建设标准，探索监管维护机制。
2014	深化水利工程管理体制改革，加快落实灌排工程运行维护经费财政补助政策。开展农田水利设施产权制度改革和创新运行管护机制试点，落实小型水利工程管护主体、责任和经费。通过以奖代补、先建后补等方式，探索农田水利基本建设新机制。

续表

年份	文件内容
2015	加快大中型灌区续建配套与节水改造，加快推进现代灌区建设，加强小型农田水利基础设施建设。实施粮食丰产科技工程和盐碱地改造科技示范。深入推进粮食高产创建和绿色增产模式攻关。实施植物保护建设工程，开展农作物病虫害专业化统防统治。
2016	大规模推进农田水利建设。把农田水利作为农业基础设施建设的重点，到2020年农田有效灌溉面积达到10亿亩以上，农田灌溉水有效利用系数提高到0.55以上。加快重大水利工程建设。积极推进江河湖库水系连通工程建设，优化水资源空间格局，增加水环境容量。加快大中型灌区建设及续建配套与节水改造、大型灌排泵站更新改造。完善小型农田水利设施，加强农村河塘清淤整治、山丘区“五小水利”、田间渠系配套、雨水集蓄利用、牧区节水灌溉饲草料地建设。
2017	推进重大水利工程建设，抓紧修复水毁灾损农业设施和水利工程，加强水利薄弱环节和“五小水利”工程建设。因地制宜推进平原地区农村机井油改电。
2018	加强农田水利建设，提高抗旱防洪除涝能力。实施国家农业节水行动，加快灌区续建配套与现代化改造，推进小型农田水利设施达标提质，建设一批重大高效节水灌溉工程。加快建设国家农业科技创新体系，加强面向全行业的科技创新基地建设。

资料来源：根据历年中央一号文件整理。

【案例】

Q县是河北省东南部一农业大县，辖6镇1处322个村，面积502公里，人口36万，截至2014年共有农业用地54.9万亩，其中，耕地面积52.6万亩，约占全县总土地面积的71%；属暖温带半湿润大陆性气候，降水年际变化较大；主要农作物有小麦、玉米、棉花、烟草等。

21世纪以来Q县农业经济发展迅速，粮食产量和农民收入都有显著提高。2014年Q县粮食产量达到31.75万吨，同比增长6.5%，实现“十一连增”，全县农业生产总值突破21亿元，同比增长4.2%；2014年农民人均可支配收入达到10587元，同比增长10%，实现“十一连增”。Q县农业经济的发展离不开广大农民的辛勤劳动，更离不开国家农业政策的支持。21世纪以来Q县财政支农力度不断加大，2012年农业财政投入总计14436万元，具体涉及农业、林业、水务、畜牧等多个部门，主要包括农业“四项补贴”、农技推广、土地治理、水利灌溉等基础设施建设、农村社会保障、农村金融改革等项目。其中农业“四项补贴”资金5018万元，占总支农资金的35%，基础设施建设投入3314万元，占比为23%，土地治理资金2615万元，占比18.1%，农业科技投入353万元，占比2.4%。2013年Q县农业财政投入进一步增加，达到19208亿元，支农项目更加优化，其中，农业“四项补贴”比重有所下降，补贴资金为5671万元，占比29.5%，基础设施建设投入近4000万元，比重达到21%，比例基本保持不变，土地治理投入和农业科技投入明显增加，分别为4600万元和655万元，占比分别为24%和3.4%，另外农业保险保费补贴、农业产业化建设投入都有较大比例提高。Q县财政支农资金的持续投入和结构的不断优化有效地增加了农产品产量，提高了农民收入，对完善农业基础设施和农业生产结构影响深远。

表9–6　Q县财政支农资金分配情况

单位：年；%；万元

	2012	比重	2013	比重
总投入	14436		19208	
“四项补贴”投入	5018	35	5671	29.5

续表

	2012	比重	2013	比重
基础设施建设投入	3314	23	4000	21
土地治理投入	2615	18.1	4600	24
农业科技投入	353	2.4	655	3.4
农业产业化建设投入	199	1.4	700	3.6
农业保险等投入	365	2.5	1020	5.3

注：数据主要来自《河北省统计年鉴》、Q县统计局。

第2节　我国财政支农的效果与经验教训

一、财政支农政策影响和效果

21世纪以来，中国坚持“以工促农、以城带乡”和“多予少取放活”的政策导向，把支持解决“三农”问题摆在国家财政工作的优先位置，积极调整支出结构，不断加大投入力度，初步构建了财政支农稳定增长机制，大大改变了国民收入分配格局，为实现我国农业“黄金十年”的跨越发展提供了坚实保障。

（一）支农投入持续增加

2003年以来，国家财政支农力度逐年加大；到2012年年底，国家财政“三农”支出累计近12万亿元（见表9-7）。从总量上看，国家财政“三农”支出从2003年的2144.2亿元增加到2013年的13227.9亿元，增长了6倍多；从速度上看，国家财政“三农”支出2003—2016年平均增长17.5%，高于同期国家财政支出年均增长率17.0个百分点；从比例上看，国家财政“三农”支出在国家财政支出中的比重从2003年的8.7%提高到2016年的8.93%。此外，近年来国家财政还通过采用财政奖补、民办公助、以奖代补、贷款贴息、税收优惠等多样化方式，积极引导农民筹资投劳和社会资金投入农业领域，完善了多元化投入机制，进一步增强了财政资金的导向作用。2006—2011年，中央财政共安排农业综合开发贷款贴息资金46.7亿元，累计撬动银行贷款约2000亿元（谢旭人，2012）；引导农民筹资、投劳折资以及吸引银行贷款、企业自筹资金1010.2亿元，充分发挥出财政资金“四两拨千斤”的作用。

表9-7　2003—2016年中央财政“三农”支出情况

单位：亿元；%

年份	“三农”支出规模	“三农”支出增速	国家财政支出	国家财政支出增速	“三农”支出占比
2003	2144.2		24649.95		8.70
2004	2626.2	22.5	28486.89	15.57	9.22
2005	2975.3	13.3	33930.28	19.11	8.77
2006	3517.2	18.2	40422.73	19.13	8.70
2007	4318.3	22.8	49781.35	23.15	8.67
2008	5955.5	37.9	62592.66	25.74	9.51
2009	7253.1	21.8	76299.93	21.90	9.51

续表

年份	“三农”支出规模	“三农”支出增速	国家财政支出	国家财政支出增速	“三农”支出占比
2010	8579.7	18.3	89874.16	17.79	9.55
2011	10497.7	22.4	109247.79	21.56	9.61
2012	12286.6	17.0	125952.97	15.29	9.75
2013	13227.9	7.7	140212.10	11.32	9.43
2014	13489.1	1.97	151785.56	8.25	8.89
2015	16185.4	19.99	175768.00	15.8	9.21
2016	16768.4	3.60	187841.00	6.87	8.93

数据来源：根据历年《中国农业年鉴》《中国统计年鉴》整理得出。

（二）农民负担大幅降低

20世纪90年代，农民负担问题日益凸显。据表9-8所示，1990—1998年我国农民税费负担逐年增加，并在1998年达到了顶峰，税费负担总额高达1399亿元，农民人均税费负担由55.8元增加至161元，翻了一番多，而这一时期农民人均纯收入也仅维持在1000~2000元。另外，该时期农业各税占农民税费负担总额的比重从未超过35%，增长速度也低于税费总额的增长，可见农村“三乱”（乱收费、乱摊派、乱罚款）在当时是造成农民税费负担急剧增长的主要因素。2001年农村税费改革开始在部分省市进行试点，2003年试点工作全面铺开，内容可以概括为：“三取消、两调整、一改革”[1]。农村税费改革实施效果非常显著，与2002年相比，2003年农民税负下降30%，2004年下降了50%以上，2005年下降了70%以上（陈锡文，2009）。2006年中央全面取消农业税，全国农民每年减少税负1335亿元（谢旭人，2012）。据表9-8所示，1999—2006年，我国农民人均税负由156.6元下降为11元，降幅达93%；农业各税负担比重由7.2%降为0.3%。同时，2000—2012年中央累计安排地方农村税费改革转移支付补助资金7296.2亿元，有效弥补了粮食主产区和中西部地区因为农业税费改革所减少的收入，为农村税费改革的可持续发展创造了条件。

表9-8　1990—2006年我国农民税费负担变化情况

单位：亿元；元；%

年份	农民税费负担总额	农业各税	三提五统	农业各税占农民税费负担总额的比重	农民人均税费负担	税费负担占农民人均纯收入的比重
1990	469	87.9	333.3	18.7	55.8	9.3
1991	518	90.7	363.8	17.5	60.8	8.9
1992	603	119.2	373.1	19.8	71.1	10.0
1993	687	125.7	380.0	18.3	80.7	10.3
1994	958	231.5	461.3	24.2	112.0	12.2
1995	1155	278.1	547.5	24.1	134.3	11.0
1996	1248	369.5	679.7	29.6	144.4	9.2
1997	1379	397.5	703.0	28.8	159.2	8.3

[1]“三取消”指取消乡统筹和农村教育集资等专门农民征收的行政事业性收费和政府性基金、集资；取消屠宰税；取消统一规定的劳动积累工和义务工。“两调整”指调整现行农业税和农业特产税政策。“一改革”指改革现行村提留征收使用办法。

续表

年份	农民税费负担总额	农业各税	三提五统	农业各税占农民税费负担总额的比重	农民人均税费负担	税费负担占农民人均纯收入的比重
1998	1399	398.8	729.7	28.5	161.0	7.7
1999	1363	423.5	669.5	31.1	156.6	7.2
2000	1359	465.3	620.4	34.2	168.4	7.6
2001	717	481.7	551.7	——	90.1	3.8
2002	616	717.9	292.8	——	78.7	3.2
2003	517	871.8	——	——	67.3	2.6
2004	288	902.2	——	——	38.0	1.3
2005	97	936.4	——	——	13.0	0.4
2006	81	1084.0	——	——	11.0	0.3

数据来源：1990—2000年数据根据韩俊等《农村税费改革前农民负担状况及原因分析》（载国务院发展研究中心《调查研究报告》2006年第26期）整理得出；2001年“农民人均税费负担”数据来源于《中国信息报》，2002年4月16日；2002—2006年“农民人均税费负担”数据来源于历年《中国农村经济形势与预测》；2001—2006年“农业各税”和“三提五统”数据分别根据历年《中国农村统计年鉴》和《中国农业年鉴》整理得出；2001—2006年“税费总额”数据根据“农民人均税费负担”与“年底乡村总人口数”之积计算得出。

注：“农业各税”包括耕地占用税、农业特产税、农业税、牧业税和契税；2006年后，“农业各税”仅包括烟叶税、契税和耕地占用税。“三提五统”包括村提留的公积金、公益金和管理费等以及乡统筹的乡村两级办学、计划生育、优抚、民办训练和乡村道路修建等费用。

（三）农业补贴体系初步健全

2004 年以来，中央财政支农补贴范围不断扩大，标准稳步提高，逐步构建了一套较完整的补贴体系。农业“四大补贴”作为补贴体系的核心，对促进粮食生产、增加农民收入、改善生产条件发挥了不可或缺的重要作用。2002—2016 年，国家“四大补贴”财政投入已经超过 1.3 万亿。粮食直补政策开创了国家直接补贴亿万农民的先河，2004 年国家粮食直补资金投入 116 亿元，2016 年增长为 151 亿元，增幅达到 30.2%。良种补贴是唯一的技术补贴，补贴范围从农作物扩大到畜牧养殖业，主要品种尤其是农作物基本实现了产区全覆盖。2004—2016 年，良种补贴资金投入由 2004 年的 28.5 亿元增加到 259 亿元，增长了 9.1 倍。农机具购置补贴作为“四大补贴”中实施最早的优惠政策，补贴机种已经增加到 12 大类 48 个小类 175 个品目，地方补贴机种也扩大至 30 种，已经实现了全国范围覆盖。财政资金投入由 2004 年的 0.7 亿元增长到 2016 年的 236 亿元，累计投入约 1400 亿元，补贴各类农机具超过 3500 万台（套）。2016 年全国农机总动力达 9.7 亿千瓦，比 2004 年增加约 3.24 亿千瓦，农机化水平超过 66%，比 2004 年高 32 个百分点。农资综合补贴投入是“四大补贴”中资金投入最多的一项，2016 年农资综合补贴资金 1071 亿，比 2006 年增加 951 亿元，增长了 8.9 倍。农资综合补贴动态调整机制的不断完善，一定程度上降低了农户的生产成本，增加了农民收入。

同时，国家也完善了农业保险运行机制，进一步建立了目标价格、农机报废更新补贴、粮油畜牧生产大县奖励补贴、新型主体补贴、生态补偿等制度，较全面的保障了农业生产。以农业保险为例，2013 年，我国已经成为亚洲第一、世界第二的农业保险市场。2014 年农业保险市场继续扩大，其中各级政府保费补贴达到 250.7 亿元，保费收入增加为 325.8 亿元，同比增长 6.3%，农业保险赔款 214.6 亿元，收益农户 3244.6 万户，中央财政拨付农业保险保费补贴品种扩大到 15 个且实现全国覆盖。可以预见，随着国家财政实力的增强与政策的倾斜，进一步完善农业补贴体系，增加农业补贴规模，扩大农业补贴范围，通过财政转移支付的方式增强对农业的支持保护力度将会成为未来一个时期深化统筹城乡发展战略的一贯政策（孔祥智，2013）。

表 9-9　2004—2013 年中央财政农民“四项补贴”支出情况

单位：亿元；%

年份	粮食直补	良种补贴	农机具购置补贴	农资综合补贴	四项合计	增幅
2004	116	28.5	0.7		145.2	
2005	132	37.5	3		172.5	18.8
2006	142	41.5	6	120	309.5	79.4
2007	151	66.6	20	276	513.6	65.9
2008	151	120.7	40	716	1027.7	100.6
2009	190	198.5	130	756	1274.5	23.7
2010	151	204	154.9	835	1334.9	5.5
2011	151	278	175	835	1439	7.0
2012	151	220	215	835	1700.6	-1
2013	151	199	217.5	1071	1638.5	15
2014	151	214.5	237.5	1071	1674	2.2
2015	151	259.1	237.6	1071	1718.7	2.7

资料来源：根据历年《中国农业年鉴》及财政部、农业部网站相关文件整理。

（四）农业发展基础更加夯实

为促进现代农业发展、提高农业综合生产能力，11 年来中央不断加大财政投入力度，逐步完善支持政策，着力加强农业基础设施建设，努力提升农业科技水平，积极改善农业生态环境，进一步夯实了农业发展基础，推进了农业发展方式的转变。

一是小型农田水利设施建设专项资金大幅增加，小型农田水利重点县建设稳步推进。2005—2011 年，中央财政小型农田水利设施建设专项资金从 3 亿元增加到 126 亿元，累计投入达 298 亿元，年均增长 91.9%。2009—2011 年，中央财政小型农田水利重点县增至 1250 个，基本覆盖了全国所有的农业大县和产粮大县，有效解决了项目区小型排灌工程“卡脖子”和“最后一公里梗塞”等问题。

二是测土配方施肥补贴和科技入户技术补贴落实到位，农业科技进步贡献率明显提升。2005—2012 年，中央财政累计安排测土配方施肥补贴 71 亿元，覆盖全国所有农业县，测土配方施肥技术示范推广面积超过 10 亿亩，约 1.6 亿农户受益。水稻、小麦、玉米等主要粮食作物单产增加 6-10%，亩均节本增效 30 元以上，其中经济作物亩均节本增效 80 元以上。实施科技入户技术补贴政策，对引导农户采用先进适用的农业技术起到了积极的推动作用。2005—2007 年，中央财政科技入户技术补贴资金超过 2 亿元，累计促进粮食增产 50 亿斤，促进农民增收 150 亿元（陈锡文等，2009）。2011 年，我国农业科技进步贡献率达到 53.5%，比 2002 年提高 10 多个百分点（谢旭人，2012）。

三是森林、草原、水土保持等生态效益补偿基金正式建立，结束了生态效益无偿使用的历史。2001—2012 年，中央财政安排的生态效益补偿资金总额从 23 亿元增加到 780 亿元，累计投入约 2500 亿元。其中，中央森林生态效益补偿资金从 2001 年的 10 亿增加到 2012 年的 133 亿元，累计安排 549 亿元；草原生态奖励补助资金从 2011 年的 136 亿元增加到 2012 年的 150 亿元，累计安排 286 亿元；水土保持补助资金从 2001 年的 13 亿元增加到 2012 年的 54 亿元，累计安排 269 亿元；国家重点生态功能区转移支付从2008年的61亿元增加到2012年的371亿元，累计安排1101亿元（徐绍史，2013）。

二、财政支农政策经验与教训

（一）支农规模总量及比例偏小

尽管改革开放以来，我国财政支农规模增长较快，但是规模总量及财政农业投入占财政支出比例仍然偏小，2016年国家财政支农16768亿元，占总财政支出的8.93%，这远低于发达国家15%-30%的农业投入比例，也低于我国1978年14%的支农比例，财政支农支出占财政支出比重也远低于农业GDP占总GDP的比重，2003年财政支农支出占财政支出比重为7.12%，农业GDP占总GDP比重为13%，2014年比重分别为9.2%和9.45%，尽管差距逐渐缩小，但可以看出农业投入规模仍然较少。从农业支出占GDP比重来看，2008—2014年比例基本不足1%，可见政府对财政支农的总量是低水平的。

表9-10　国家财政用于农业的支出变化情况

单位：亿元；%

年份	财政农业投入	财政支出总额	财政农业投入占财政支出总额比重
2003	1754.45	24649.95	7.12
2004	2337.63	28486.89	8.21
2005	2450.31	33930.28	7.22
2006	3172.97	40422.73	7.85
2007	3404.70	49781.35	6.84
2008	4544.10	62592.66	7.26
2009	6720.41	76299.93	8.81
2010	8129.58	89874.16	9.05
2011	9890	108930	9.08
2012	11903	117210	10.2
2013	13799	139744	9.87
2014	14002	151662	9.23
2015	16187	175877	9.20
2016	16768	187755	8.93

数据来源：根据历年《中国农村统计年鉴》及国家统计局相关数据整理。

（二）地方农业投入积极性不高，财政支农不稳定

1994分税制改革和2002年全面实行的农场税费改革减少了地方财政收入，弱化了地方政府财政支农的能力，当前财政支农补贴地方更多地依赖中央补贴，地方投入明显不足，投入额及增长速度都低于中央财政支农投入。2003—2005年，中西部地区财政支农增长速度为负，2006年以后，增长速度仍低于全国平均水平，1996—2006年，我国东中西地区仅分别有3年、5年和4年的财政农业支出总额增长速度超过当年财政收入的增长速度。另一方面，由于农业发展成效慢，部分地方负责人单纯追究工作业绩，将主要精力放在城建、商业等见效快的行业，阻碍了农业发展。农业投入缺乏长效机制，导致财政支农投入不稳定，2012年财政农业投入占财政支出总额比重达到10.2，为近

十年最高值，但是2013—2014年又出现了下滑。从财政支农投入增长速度来看，2004年财政支农投入同比增长速度为33.24%，而2014年则为1.47%，年际间波动大。

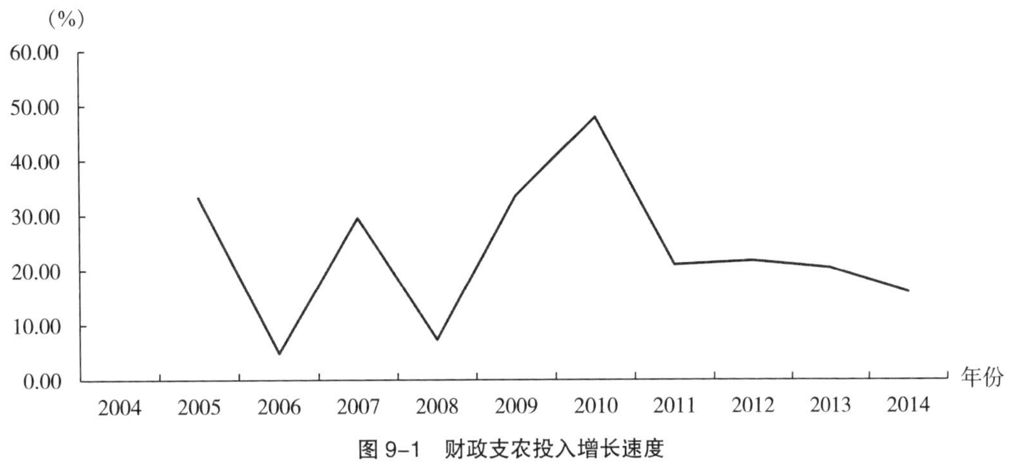

图9-1 财政支农投入增长速度

数据来源：根据历年《中国农村统计年鉴》及国家统计局相关数据整理。

（三）农业基础建设和农业科技投入比重仍然偏小

当前发达国家财政支农结构为农业科技教育投入＞基础设施建设投入＞支农建设投入，但我国财政支农结构表现为支农建设投入＞基础设施建设投入＞农业科技教育投入，主要体现在第一，农业财政投入仍多集中于支农建设。支农建设比例平均占比近80%，近年来财政虽然开始向农业基础建设转变，但是比例仍然较小，平均占比不足20%。第二，农业科技投入较少。本应受重视的农业科技教育建设，投入比例不足1%，且多集中于常规技术研究，缺少高新技术研究。2008年之前科技三项投入比重明显偏低，2008年以后尽管农村教育、卫生等社会事业发展支出比重逐年增加，但是科技投入占比仍然较低，导致了我国获奖农业成果转化率不足60%，推广度不足30%，农业发展可持续性差。

（四）财政支农效益较低

本文重点讨论我国财政支农规模效益和财政支农效率两方面。

1. 财政支农规模效益分析

为方便分析，首先假设本期财政支农资金对本期农业生产起主要作用[1]，财政支农效益系数公式为：

$$财政支农支出收益系数=\frac{该时期农业总产值增长率}{该时期财政支农支出增长率}$$ [2]

该指标表示每单位财政支出所产生的每单位农业总产值，财政支农支出效益系数越大表示财政支农支出效益越好，反之，财政支农支出效益低。以2003—2014年国家财政支农和农业总产值相关数据为例，计算财政支农支出收益系数，如表9-11所示。

[1] 事实上，本期农业生产也会受前一期财政支农资金产生影响，本文为方便分析，只考虑本期农业生产受本期财政支农资金影响这一情况，该结果与滞后一期结果差别不大。

[2] 农业总产值包括农业、林业、牧业、副业和渔业产值。

表 9-11　2003—2014 年财政支农支出效益系数

年份	效益系数	年份	效益系数
2003	13.25	2009	1.08
2004	11.23	2010	6.36
2005	28.50	2011	6.81
2006	1.88	2012	4.05
2007	34.88	2013	3.98
2008	7.99		

数据来源：根据2001—2014年《中国统计年鉴》及国家统计局相关数据整理。

可以看出，我国财政支农支出效益系数在 2007 之前普遍较高，2008 以后明显降低，2007 年收益系数高达 34.88，而 2009 年仅为 1.08，我国农业投入效益呈递减趋势，增加财政投入的同时要重视结构调整，充分发挥资本效用。2003—2013 年财政支农支出效益波动大，可以在保障农业生产的同时，稳定财政支农投入。

2. 财政支农支出弹性系数

财政支农支出弹性系数公式表示为：

$$财政支农支出弹性系数=\frac{该时期农业总产值增长率}{该时期国内生产总值增长率}$$

该指标表示每增长 1% 的财政支农投入将产生的农业总产值增长率，财政支农支出弹性系数越大，说明财政支农投入增长会带来更高的农业总产值增长率，财政支农效率也就越高，反之，财政支农支出弹性低，支出效率越低。以 2003—2013 年国家财政支农和农业总产值相关数据为例，计算财政支农支出弹性系数，如表 9-12 所示。

表 9-12　2003—2013 年财政支农支出弹性系数

年份	效益系数	年份	效益系数
2003	0.76	2009	0.08
2004	0.66	2010	0.71
2005	1.84	2011	0.80
2006	0.12	2012	0.49
2007	2.71	2013	0.53
2008	0.56		

数据来源：根据2001—2014年《中国统计年鉴》及国家统计局相关数据整理。

从表中可以看出，除 2005 年和 2007 年财政支农支出弹性系数大于 1 外，其余年份弹性系数都小于 1，即缺乏弹性，表明国家财政支农资金不能充分拉动农业总产值的增长。

（五）补贴方式滞后

1. 新形势下支农补贴主体不明确

涉及土地的农业补贴政策补贴承包者还是经营者？以四大补贴为例，四大补贴中粮食直补、良种补贴、农资综合补贴与承包土地直接相关，以往支农补贴主要是通过“一卡通”直接发放给原有的土地承包者，而新形势下我国土地流转加剧，土地“三权分立”，传统补贴方式势必会影响土地流转大户、家庭农场及农业合作社的积极性，也不符合农业补贴主旨。尽管部分省份进行了“补贴补经营者”的改革，但是由于缺乏相应政策支持引导，工作进展比较缓慢。

2. 新形势下支农补贴方式及政策不合理

首先表现为近年来我国农产品最低收购价及临时收储制度实施不合理，推高农产品价格，农业面临天花板。2008 年以来，我国农产品价格调控陷入了一个两难境地——工业化推进，农产品成本上升，为保障农民利益，必须提高农产品价格，加大农业补贴投入，而农产品价格越高，粮食价格倒挂越严重，农产品进口量越上升，而最低收购价和临时仓储制度导致的仓储费用和四大补贴逐年增加，也带动了农业成本。当前我国棉花和食糖已经陷入两难，国内价格远高于国外进口完税价格，随着中国入世规定，棉花和食糖关税及配额将逐步减小，如何保障其不成为又一个“大豆”，这必须引起重视。其次，传统的四大补贴面临天花板。四大补贴影响成本和价格，属于黄箱政策，根据 WTO 规定，中国黄箱补贴不超过 8.5%，2013 年粮食产量 16000 亿斤，黄箱补贴只能是 1400 亿元，我国共补贴 1700 亿元（包括棉花、大豆、糖料），谷物补贴即将到达承诺底线。

（六）财政支农相关法规体制不健全，管理制度有待优化

关于财政支农资金具体管理办法，财政部于 2001 年颁布了《财政农业专项资金管理规则》，2003 年财政部和农业部针对农业资金挤占挪用现象联合下发了《财政部关于切实加强农业财政资金管理监督的意见》，对支农资金管理和监督进行了规范。在政策实施中，由于规范具体操作性较差，惩处力度小，支农资金管理面临一系列问题。

1. 支农资金实行分块管理，投入分散，效率低下

当前我国财政农业投入渠道较多，支农板块共有 24 个，不仅涉及农、林、牧、副、渔部门，还涉及财务部、商务部、工信部、民政部、教育部、交通部等相关部门，农业财政支出分部门管理，部门分割严重，相互之间缺乏协调，导致了农业资金在使用上存在相当程度的重复和交叉，造成资源浪费，而各部门分散管理，支农资金投入缺规划、无重点，呈现“撒胡椒面”状态。另外由于多部门掌握财政资金，各个部门职责权限模糊，财政支农资金使用监督与效益评价没有具体可行的制度与规范，往往存在“重过程，轻结果”现象，财政支农效果不高。

2. 支农资金立项不规范，分配权责不清

当前我国实施自下而上的项目审批制度，资金项目仅凭主管部门意见来确定最终结果，容易出现“面子项目”“跑项目”“要项目”等现象，项目的可行性和科学性缺乏专家论证，支农资金投入的随意性，批复透明度低。同时，农业和农村经济发展既是中央政府的事权，也是地方政府的事权，在财政支农问题上，究竟哪些应该归中央管理，哪些归地方管理，当前并没有明确的界定，这就导致了中央和地方在支农问题上推诿扯皮，资金发放不及时。

3. 支农资金监管乏力，挤占挪用现象严重，财政支农效果不明显

财政资金在层层下拨过程中，经常会发生资金截留、拖延现象，资金最终到位往往已经错过季节，影响了财政支农效果，在财政资金使用中，由于缺乏监管，资金挤占挪用作为其他经费现象严重，2003—2004 年，审计署对全国 50 个县 2001—2002 财政支农资金进行了审核，发现这种现象非常普遍，50 个县共挤占挪用支农资金 4.95 亿元，占财政支农资金投入总额的 10%，支农资金专项专用将直接影响农业健康发展。

第3节　国外财政支农经验与政策展望

一、国外财政支农先进经验介绍

农业发达国家在推动农业发展过程中积极发挥财政作用，增加了农业产出，提高了农民收入。本文主要总结美国、日本、欧盟、印度等国家和地区的农业先进经验，以期对我国财政支农政策创新给予启示。

（一）健全和完善法律政策，保障财政支农投入

世界农业发达国家通过立法保证国家对农业的长效投入，对农业支持政策预算安排、实施程序、政策工具、监督管理措施、出现问题及相应的处置措施等都做了详细的规定，可实施性强，同时根据国内外农业发展形势，不断调整农业法律政策以保障农业发展。美国自1933年以来，不断调整农业法案以适应美国农业经济发展，政策法案具有很强的时效性和针对性，涵盖范围广泛，通过几十年的不断完善，美国农业法律逐渐系统化。日本在发展农业过程中，针对农业生产、基础设施建设、农业资本、农业主体培育、土地权益、市场价格、农资生产使用等方面都制定了详细的法律规范，根据国内外形势大约5年调整一次计划。

（二）实施高支出、高补贴、宽领域的支农政策

当前世界许多国家都坚持“多予少取”或者“只予不取”的方针来发展农业，农业发达国家对农业投入比重非常大。2013年美国农业投入占农业收入比重为50%，欧盟比例为40%，韩国60%以上，日本90%，甚至更高。以农民年人均享受补贴计算，美国、欧盟人均为2万美元，日本山区农业每公顷投入约8万日元。农业投入增加了各国农民收入，美国的农民收入40%来自农业补贴，日本这一比例则超过50%，而我国只有4%。各国农业扶持范围十分广泛，欧盟不仅重视农业生产领域，也强调对贸易、营销、信息体系等环节的支持，支持范围包括十多个方面，美国支持范围不仅涵盖农业生产领域，还保障农业市场价格、流通、销售流通、信息建设、进出口等各方面。

（三）重视农村科技、教育和基础设施建设投入

农业科技、教育是实现传统农业向现代农业转变的重要方式，农业发达国家大力支持农业科技、教育，推动了农业产业化发展。美国农业科技投入力度不仅高于发达国家平均水平，也高于国内非农业部门科技投入的平均水平，农业科研经费投入在12亿美元左右，占农业总产值的2%，自1958年开始，农业科技投入保持了年均8%的增长率。日本农业科研机构经费几乎100%来自政府补贴，科研经费占农业总产值的3%左右，并形成了公立科研机构、大学、民间三大系统组成的科研体系，同时通过政策引导、机构推动、媒介宣传等方式积极促进农业科技推广。近年来农业发达国家农业科技在农业增长中的贡献份额占到60%，甚至80%。另外，农业发达国家积极发展农业基础设施建设。美国大型灌溉设施都是由联邦和州政府修建，小型灌溉设施政府给予资助，农业用水基本实现全覆盖，重点支持农产品市场信息系统建设，覆盖全美主要农产品集中产区和集散中心。日本设立各种资助和补贴项目，加大土地改良等农田基本建设，资助占农业预算的80%，20%用于水利设施

建设，重视农协发展，支持农协在仓储、流通、农村金融、道路等方面的建设。

（四）采取优惠政策，促进农业发展

农业是弱质性产业，许多国家对农业生产实行优惠的财税、金融、信贷等政策，以保障其健康发展。印度积极推进多形式的农业信贷，一是短期信贷，主要用于农民购买农业生产资料，期限为15个月，无须担保，利率优惠10%。二是中期贷款，主要用于农田保护和农村电气化建设，期限5年以上，利率普遍较低。三是长期借贷，适用于农业科研、农业基础设施建设、粮食存储等方面。同时政府计划通过低息贷款方式推行农民培训。美国、法国在个人所得税、财产税、投资税上对农业和农民给予了特别优惠，同时，重视农业保险作用，增加农业保险补贴和农业保险覆盖率。

二、财政支农政策展望

（一）加大财政支农力度，健全支农资金增长机制

财政支农是促进农业和农村发展，增加农民收入的必要手段。增加财政支农力度，不仅要保持支农资金绝对数量的稳定增长，也要保持支农资金相对增长率的稳定增长。在发展经济的同时，要调整优化财政支出结构，财政资金重点向“三农”倾斜，在财政增速放缓的新形势下，支农投入应坚持《农业法》规定的“国家财政每年对农业总投入的增长幅度应高于经常收入的增长幅度”这一要求，逐步提高农业支出占财政支出的比重，新增财政支出要提高农业支出比例，另外通过财政预算或者政策法规将农业支出比重确定下来，并保证落实。

（二）优化财政支农结构，加大公共产品供给

结合国内外理论及实践经验，国家农业财政投入应增加农业科技投入、农业推广和农业保险投入、适度发展农业基础设施建设、降低农业事业费支出，农业科技投入重点在农业高新技术创新、农业科技推广和成果转化，农业教育投入重点保障农村义务教育和新型农业农民培训，农业基础设施建设主要包括农田水利建设、农村道路建设、农村土地整理改造以及农村饮水、电网、通信、电子商务、文化等基础设施建设。推动农业发展不能单纯依赖“输血”式的各种补贴，最重要的是通过具有“造血”功能的农村公共产品和农村基础设施。

（三）发挥财政支农资金引导作用，多渠道筹措支农资金

近年来国家财政收入增长减缓，财政支出压力增大，财政支农投入面临许多困难，地方资金更加紧张，为满足农业发展所需的资金，应积极发挥财政支农资金的引导作用，通过多渠道方式筹措支农资金，一方面可以通过发行国债等方式来筹集支农资金，并确保财政支出向农业倾斜，提高支农资金比重，另一方面，运用税收、贴息、补贴等方式，鼓励和引导社会资本投入农业。

（四）积极推进农业补贴政策转型

1. 创新支农补贴方式，培育新型农业主体

农业补贴目的在于保护国内农业生产，提高农业生产积极性，推动农村经济健康发展，新形势下，传统的补贴方式已经严重滞后，当前农业补贴方式应坚持“谁种地谁补贴”原则，提高农业补贴效率，同时以政策方式确定下来。加大农业补贴向新型农业主体的倾斜，不仅在原有的补贴上进行支持，同时也要在新增补贴、税收、金融、政策等方面给予支持。

2. 创新农业补贴政策，坚持目标价格制度

如何在保障农业生产者利益的前提下发挥农产品市场定价机制意义重大，本文认为当前应坚持：第一，通过地区试点，完善目标价格制度。目标价格制度是在市场形成农产品价格基础上，通过差价保护农业生产者的农业支持政策，该政策既保护农户收入，又体现市场需求，有益于缓解粮食价格和成本虚高、农业存储成本及补贴庞大现状，是农业补贴政策的重大转型。实施目标价格制度应在科学合理测定目标价格基准的基础上，认真核定农产品种植面积和市场销售产量，实施价格补贴。第二，实施重点农产品最低收购价制度。尽管当前最低收购价制度产生了许多问题，但是其具有的"价格调控"和"托底购销"功能及保护农业生产的作用是目标价格制度不具备的，如何处理好最低收购价合理定价问题和收购后农产品销售问题是关键。对于农业补贴，应加大绿箱补贴，减少黄箱补贴，逐步提高农产品的竞争优势。

（五）创新财政支农管理制度，提高支农投入效率

1. 健全财政支农相关法律法规

完善财政支农相关法律法规可以引导财政支农有序合理开展，首先应该根据新形势下我国农业发展现状、特点及面临的机遇和挑战等创新和改革相关法律法规，对于滞后性的政策规定给予修订。其次应出台操作性强、指导性强的政策法规，对财政支农程序、监督、管理、效果评审等内容有切实可行措施，并保障政策落实。同时要将地方农业发展作为地方经济考核的重要指标，提高地方支农积极性。

2. 改革涉农管理体制，完善支农资金整合机制

在借鉴国外农业管理与服务先进经验的基础上，转变政府职能，整合涉农管理机构和涉农资金，推进大部门农业运行机制或部长级联席会议制度，从根本上改变支农投入渠道分散，合力不足的局面。深化农村公共财政体系改革，将农村资金投入归纳合并，采用股权投资等方式吸引社会资本参与。尝试自上而下与自下而上的相结合的整合模式，完善县级层面的项目整合。2014 年中央一号文件提出建立支农资金整合机制，并在山东、黑龙江等地进行试点，对改革财政支农管理制度有积极影响。

3. 明确中央地方权责，加大监管力度

制定相关政策，明确中央与地方在财政支农问题上权责，比如，中央与地方支农资金的比例分配等，并监督落实。完善中央、地方支农资金审批流程，通过社会公示、专家评估等确保资金有效分配，使用规范有序。通过引入第三方评估、项目指南、标准文本和资金报账、集中采购等一系列制度，加大支农资金监督力度，保证支农投入资金专项专用，廉洁高效。

参考文献：

[1] 严瑞珍等 . 中国工农业产品价格剪刀差的现状、发展趋势及对策［ J ］. 经济研究 , 1990(2): 64-70.

[2] 孔祥智 , 何安华 . 新中国成立 60 年来农民对国家建设的贡献分析［ J ］. 教学与研究 ,2009(9): 5-13.

[3] 韩俊 . 工业反哺农业 城市支持农村［ J ］. 人民日报 , 2005-11-08(009).

[4] 孔祥智 . 农业政策学［ M ］. 北京：中国农业出版社 , 2013.

[4] 陈锡文等 . 中国农村改革 30 年回顾与展望［ M ］. 北京：人民出版社 , 2009.

［5］谢旭人．构建完善财政支农政策体系，谱写“三农”科学发展新篇章［J］．当代农村财经，2012(12): 2-3.
［6］韩俊等．农村税费改革前农民负担状况及其原因分析［J］．载国务院发展研究中心《调查研究报告》，2006(26).
［7］徐绍史．国务院关于生态补偿机制建设工作情况的报告［R］．http://www.npc.gov.cn/npc/xinwen/2013-04/26/content_1793568.htm, 2013-04-23/2016-09-15.
［8］黎翠梅．我国地方财政支农支出区域差异分析［J］．商业研究，2009(12): 109-111.
［9］范义敏．河北省财政支农问题研究［D］．河北农业大学，2006.
［10］陈锡文．中国粮食政策面临两难选择［N/OL］．http://china.caixin.com/2013-12-31/100623750.htm, 2013-12-31/2015-04-15.
［11］余凌．湖北省财政支农绩效管理问题研究［D］．华中农业大学，2013.
［12］刘鹏．县级财政支农资金整合研究：基于浙江省的调研［D］．浙江财政大学，2012.
［13］财政部财政科学研究所．财政支农支出的国际比较及国外财政农业投入经验对我国的启示［DB/OL］．http://www.crifs.org.cn/crifs/html/ default/_history/2270.html, 2008-08-25/2015-4-15.
［14］张力维．河南省财政支农资金整合研究［D］．河南农业大学，2010.

第 10 章　农业结构调整与农业现代化

农业现代化是我国农业发展的根本方向，改革开放以来特别是进入 21 世纪以来，我国的现代农业建设取得了长足发展，农业现代化水平有了明显提高。农业现代化的过程也是农业政策不断完善，农业结构不断优化，农业产业逐步升级的过程。改革开放以来，经过两次明显的农业结构调整，我国农业产业结构进一步改善、产品结构明显优化、区域布局日趋合理。农业和农村经济在高起点上实现稳中有进、稳中提质、稳中增效，取得了举世瞩目的成就。当前，我国农业农村发展环境发生重大变化，既面临诸多有利条件，又必须加快破解各种难题。农业综合生产成本快速上涨、农产品供求结构性矛盾日益突出，对外依赖程度加深，保障国家粮食安全和重要农产品有效供给的任务面临严峻挑战。因此，我国农业也必须适应新形势的需要，加快农业政策创新，推进农业供给侧结构性改革，加快新一轮的农业结构调整，基于新优势制定新的发展战略。

第 1 节　结构调整、产业升级与农业现代化

农业是全面建成小康社会、实现现代化的基础。没有农业现代化，国家现代化是不完整、不全面、不牢固的。40 多年来，中国农村改革以“渐进”的方式开展并不断走向深入。在这一过程中，国家不断制定、调整与完善农业与农村经济政策，逐步形成了一套完整的政策体系。当前，我国农业发展面临的国内外环境不断发生深刻变化，农业正在经历重要阶段性转换，各种长期问题与短期矛盾叠加，体制性障碍和结构性矛盾交织。2016 年中央一号文件提出，大力推进农业现代化，强调积极构建现代农业产业体系、生产体系、经营体系，使现代农业成为重要的产业支撑。2018 年一号文件则进一步提出，乡村振兴，产业兴旺是重点。必须坚持质量兴农、绿色兴农，以农业供给侧结构性改革为主线，加快构建现代农业产业体系、生产体系、经营体系，提高农业创新力、竞争力和全要素生产率，加快实现由农业大国向农业强国转变。

一、结构调整：形成现代化的生产体系和区域布局

没有农业结构的调整，就不会形成结构合理、保障有力的农产品有效供给。结构调整，就是要调整优化农业的生产结构、产品结构、经营结构和区域布局，通过优化结构改善供给。一是要优化生产结构，大力推动自主创新，用现代科学技术武装农业，构建现代农业生产体系；二是要优化产品结构，增加适销对路的农产品，重点是控制玉米和增加大豆，为消费者提供丰富多样的农产品供给；三是要优化经营结构，在稳定完善家庭基本经营的基础上，发展新型农业经营主体和服务主体，健全新型社会化服务体系，发展多种形式的适度规模经营；四是要优化区域布局，推动生产向优势产区、主体功能区和生产保护区聚集，统筹利用两个市场两种资源，形成区域分工合理、符合农业自然生产特点和比较优势的区域供给新格局（高强、张照新，2016）。

形成现代化的生产体系和区域布局，核心是要促进农业供给更好适应市场需求变化、更好适应资源与环境条件，实现可持续发展。构建现代农业生产体系，就是要以扩大中高端和有效农产品供给为重点，着力提升农产品质量和食品安全水平，更好适应消费者消费结构转型升级和对农产品供给的需求。当务之急，重点是提升牛奶质量，抓好农产品质量提升和品牌创建，大力推进农业标准化生产、品牌化营销和绿色生产，建立健全农产品质量安全追溯体系，科学制订品牌建设规划，打造农产品品牌体系，提升品牌影响力。

农业现代化是农业结构优化升级与发展方式加快转变的同步过程。为此，必须要以加强农业基础设施建设和提高农业装备水平为重点，加强农业基础设施建设，大力弥补制约农业持续发展的薄弱环节，着力提升农业综合生产能力和抗灾减灾能力。把农田水利作为农业基础设施建设的重点，加快高标准农田建设，推动农业机械发展，着力提升薄弱环节、薄弱品种和薄弱地区的农业机械化水平。同时，要注意保护产能，实施藏粮于地、藏粮于技战略，实施耕地质量保护和提升行动，做好生态环境修复治理工作，构建绿色高效粮食生产技术体系。树立大食物理念，科学审视国内农业资源潜力，合理安排农产品生产优先序，加快推进农业结构调整。必须立足资源优势，宜粮则粮、宜经则经、宜牧则牧、宜渔则渔、宜林则林，发挥区域比较优势，加强粮食等大宗农产品主产区建设，加快打造具有区域特色的农业主导产品、支柱产业和知名品牌，建设一批特色鲜明、类型多样、竞争力强的现代化生产基地，优化农业区域布局（郭玮，2016）。

二、产业升级：构建现代化的产业体系和运行机制

构建现代化的产业体系，有利于加快转变农业发展方式，推进实现“四化同步”发展。2007年，中央一号文件提出要用现代产业体系提升农业，明确了建立健全现代农业产业体系的重要任务。在当前工业化、城镇化、信息化深入发展的背景下，加快推进农业现代化，构建现代化的产业体系和运行机制，对于推进农业现代化、优化农业产业结构、拓展农业产业领域、提升农业产业竞争力，具有重要意义。

农业现代化是农业产业要素、产业结构和产业功能不断优化的动态过程。一是农业生产社会化与分工协作推动农业产业链的纵向分工与专业化发展。二是农业产业分工推动形成农业产业集群。在产业集群内各经营主体之间了竞争与合作并存的关系，并形成集群创新网络与产业联合体，提高了集群内生产效率，降低了集群内的成本和风险。三是农业与工业和服务业的产业融合，使产业从高成本、低技术、低附加值与低成长状态向低成本、高技术、高附加值与高成长状态转变，从而推动产业优化与升级。产业链、产业集群和产业融合等成为现代产业体系的主要组织形式。现代产业体系是产业升级的推动下，由现代农业、新型工业、现代服务业等相互融合、协调发展并以产业集群为载体的现代化产业体系。农业现代化通过把价值链、产业链等现代产业发展理念和组织方式引入农业，使割裂的生产、加工、销售和服务等环节在组织纽带和市场机制的作用下，紧密联结起来，构成一个以高度专业化和社会化为基础的、完整的全产业链条。农业现代化通过重组农业与非农业部门，大力推进农业产业化经营，开发多种功能，构建各种资源有效利用、比较优势充分发挥、综合效益整体提升的现代农业产业体系和运行机制（陈锡文、韩俊，2016）。

构建现代化的产业体系和运行机制，核心是要提高农业产业的整体竞争力，促进农民持续增收。为此，必须从农业产业体系整体谋划，着眼推进产业链、价值链建设，推动一二三产业融合发展，提高农业全产业链的综合效益和整体竞争力，让农民分享农业产业链条各环节的利益（郭玮，

2016）。促进农村一二三产业融合发展，通过优化产品链、整合产业链、提升价值链，促进产业间相互渗透、交叉重组，带动资源、要素、技术、市场需求在农村的整合集成，发展壮大新业态和新产业，真正实现产加销协调发展、生产生活生态有机结合。当前的重点：一是发展农产品电子商务，形成线上线下融合互动、农产品上行与农资和消费品下行双向流通格局，促进流通电商化；二是做精做深农产品加工业，积极推进农业产业化经营；三是加快发展休闲农业和乡村旅游，引导新型消费模式，传承农耕渔业文化，最大限度满足社会对农业多功能需求。同时，让更多农民参与产业融合发展，完善利益联结机制，分享产业增值收益。

三、主体培育：构建现代化的经营体系和服务体系

十八届五中全会明确要求，发展多种形式适度规模经营，发挥其在现代农业建设中的引领作用。发展农业适度规模经营，构建现代化的经营体系和服务体系，是引领农业提质增效、提升我国农业竞争力的发展要求，对新形势加快转变农业发展方式、调整农业结构、推进农业现代化具有重要意义。农业适度规模经营，涉及农业经营方式的变革，既涉及生产力，也影响生产关系。研究表明，农业经营主体的素质和规模，很大程度上决定着农业生产的质量和效率，也是影响农业成本的重要因素。农业适度规模经营不仅能够实现粮食增产，还能有效地节约成本。在资源环境约束趋紧和国际市场影响加深背景下，加快发展多种形式的适度规模经营，在保护农户承包权益的基础上，赋予新型经营主体更多的土地权能，不仅有利于促进农业机械和科技成果应用、市场开拓、绿色发展，还有利于土地等资源在更大范围内优化配置，提高劳动生产率、土地产出率和资源利用率。

构建现代化的经营体系和服务体系，并不是要改变现有的农村土地承包关系，而是进一步巩固和完善农村基本经营制度的重要举措。受历史条件、经济发展程度和资源要素禀赋差异的影响，各地在坚持家庭承包经营的基础上，有序推动农村土地流转，创新农业经营模式，形成了不同路径和形式。依据土地经营权让渡和土地经营权共享的划分标准，规模经营可以概括为土地集中的规模经营和服务集约的规模经营两种类型。当前，在一些非农就业机会较多、经济发展程度较高、土地更多地发挥财产功能的地区，农户愿意直接流转土地，将细碎化的地块集中到专业大户、家庭农场、专业合作社等新型农业经营主体手中，实现土地要素集聚。这种类型属于土地集中的规模经营。从长期来看，土地集中的规模经营，有利于打破分散的小农经营格局，符合现代农业的发展要求和市场规律。但与此同时，这种类型的规模经营，也面临的较多的制约条件，需要一个较长的制度变迁过程。相反，在一些非农就业机会较少、农户不愿意退出生产经营领域、土地更多地承担社会保障功能的广大传统农区，农户更倾向于通过土地股份合作、联耕联种、代耕代种、土地托管半托管等形式，实现土地经营权在农户与新型经营主体之间的共享，形成服务集约的规模经营。从短期看，服务集约的规模经营，有利于提升农业社会化、组织化程度，在不改变现有生产格局的前提下，让单个小农户搭上规模经营的“快车”，具有较强的灵活性和适应性，符合现阶段我国农业的现实条件和农村社会规律。

在实践中，现代化的经营体系和服务体系可以有多种实现方式。如江苏省苏州市由村集体经济组织发起，通过土地股份化实现农户承包权让渡，实行统一经营的“合作农场”；北京市平谷区由农民带地加入合作社，合作社以土地参与项目建设，龙头企业统一经营管理，农民在不失去土地的前提下获取土地租金、资产租金等多重收益的“产权式农业”；四川省崇州市探索以土地经营权入股合作社，农户、合作社、职业经理人和专业服务组织共同经营的“农业共营制”；山东省供销社实施的

土地经营权主体不变，农户通过市场购买服务，实现“农民进城打工，供销社给农民打工”的土地托管半托管制。

构建现代化的经营体系和服务体系，核心是发挥多种形式农业适度规模经营引领作用，形成有利于现代农业生产要素创新与运用的体制机制（郭玮，2016）。一是要把握好规模经营的度。在现阶段，过度分散的超小规模经营不能适应农业现代化的发展要求，但经营规模也绝不是越大越好，要特别注意把握好规模的度。在不同的地区，土地、资本和劳动等要素的产出弹性不同，规模经济效益存在地区性差异。在确定农业生产经营的适度规模时，必须从当地的自然经济条件、劳动力转移状况、农业机械化水平、生产者素质及生产效率、社会人口结构等方面综合考虑，兼顾效率与公平、发展与稳定，科学合理确定。二是要控制好推进速度和节奏。当前，我国农业已全面进入由市场决定产业发展方向和经营模式的新阶段。推进规模经营要发挥市场在资源配置中的决定性作用，与城镇化进程和劳动力转移速度、农业生产条件改进程度和农民的流转意愿相协调，统筹考虑产出最大化和利润最大化双重目标，兼顾对农民务农和务工收入的双重影响。规模经营的实现，不是一朝一夕所能完成的，不能搞“一刀切”的行政命令。三是要加快推进政策创新。一方面，需要政府及时调整农业政策、完善法律，加强土地流转用途管制，通过制度约束和项目引导，确保适度规模经营不改变土地用途、不损害农民权益、不破坏农业综合生产能力和农业生态环境。另一方面，要整合资源，健全与发展适度规模经营目标同向的政策扶持体系，在投入、补贴、金融、保险等方面发挥政策支持的导向和激励作用，激发各类经营主体创新经营方式和组织形式的内生动力，最大限度彰显优势及活力。

第 2 节　改革开放以来我国农业结构的演变及现状

改革开放以来，我国的农业结构调整政策以 1985 年、1998 年为界，大致可以划分为两个阶段。改革之初，我国突破了“以粮为纲”的方针政策，粮食作物、经济作物和其他作物发展趋于协调，农、林、牧、渔各业得到了全面发展。随着社会主义市场经济体制的建立，农业结构战略性调整不断深入，以市场为导向的农业生产结构不断优化，农业综合生产能力不断提高。进入 21 世纪以来，确保国家粮食安全和重要农产品有效供给成为现代农业发展的首要任务，也构成了新时期中国农业结构调整政策的重点内容。

一、1985—1997 年，需求导向下的农业结构调整阶段

（一）农业结构政策出台的背景

1978 年以前，我国农业结构处于一个超稳定时期，“农业以种植业为主，种植业以粮食为主，粮食生产又以高产作物为主”，种植业与林牧副渔业的结构比始终维持在 7 ∶ 3 左右，形成了“以粮为纲”的农业生产结构（宋洪远，2008）。与 1952 年相比，1978 年种植业占农业总产值的比重仅下降了 6.9 个百分点，畜牧业比重上升了 3 个百分点，渔业则仅提高了 1.3 个百分点。单一、低效率的农业生产结构制约了农业生产率的提高，也成为农产品供给总量长期短缺的重要原因之一。

1978—1984 年，我国农村经济体制改革的核心内容是确立家庭承包经营制度。到 1984 年年底，全国有 99% 的生产队、97% 的农户实行了包干到户（廖洪乐，2008）。家庭承包经营制度的确立，

使农户真正成为生产经营的主体，也为农业结构调整奠定了制度基础。这一阶段，以统购统销为基础的农产品流通体制继续妨碍着农民生产主动性和积极性的进一步发挥。1981 年，中共中央、国务院转发了国家农委《关于积极发展农村多种经营的报告》，提出“决不放松粮食生产，积极发展多种经营”，确立了农业结构调整的基本方针。1985 年以后，我国开始着手推进农产品购销体制和农业计划管理体制改革，加大农业产业结构调整力度。

（二）农业结构调整的主要政策措施

这一阶段可以分为两个时期，1992 年以前，国家主要对农产品购销体制和农业计划管理体制进行重大改革，使市场机制逐渐成为农业结构调整的主要推动力（宋洪远等，2000）。1992 年以后，随着人们生活水平的提高和国民经济结构的逐步调整，农产品的市场需求结构开始发生变化。这一时期，国家主要致力于在保证粮食总量增长的同时，开始调整农产品的种类和品质结构。

1985 年中共中央一号文件提出“继续贯彻决不放松粮食生产、积极发展多种经营的方针”，在此基础上“大力帮助农村调整产业结构”，提出“国家将以一定的财力物力支持粮棉集中产区发展农产品加工业”。同时，中央还决定“拿出一批粮食，按原统购价销售给农村养殖户、国营养殖场、饲料加工厂、食品加工厂等单位，支持发展畜牧业、水产养殖业、林业等产业”。这是农村改革以来中央文件中首次明确提出农业结构调整问题。从文件内容及后来的政策措施可以看出，这次结构调整是一种需求导向下的农业生产结构调整。1986 年，中央一号文件对调整生产结构政策措施给予肯定并要求继续贯彻执行，强调“在调整产业结构中，要正确处理粮食生产和多种经营的关系”。1987 年，中共中央五号文件《把农村改革引向深入》重点关注产业结构调整与农业劳动力转移之间的关系，提出：“只有使众多的劳动力从种植业转移出来，形成农工商综合发展的产业结构，才能提高种植业的劳动生产率”。同时强调，“任何忽视粮食生产的思想和做法都是有害的”。1988 年，全国农村工作会议会议提出：“调整农村产业结构，一定要正确处理好发展农业与发展第二、第三产业的关系，必须把农业即第一产业作为基础产业。多元化的农村产业结构，必须建立在商品性农业基础之上。调整农村产业结构，一定要因地制宜，不能违背经济规律和自然规律。”1989 年，党的十三届五中全会通过的《关于进一步治理整顿和深化改革的决定》，提出要齐心协力把农业搞上去，确保粮食、棉花等主要农产品的稳定增长，促进农林牧副渔全面发展。这一时期，尤其是 1986 年以后，粮食产量出现了下滑，因此在结构调整过程中要求特别关注粮食生产，确保城乡居民对粮食需求的满足。

高产优质高效农业概念的提出，是这一阶段农业结构调整政策的一个重大转变。1992 年，国务院发布了《关于发展高产优质高效农业的决定》，提出“以市场为导向继续调整和不断优化农业生产结构”，并明确要求“不论种植业还是林业、畜牧业和水产业，都要把扩大优质产品的生产放在突出地位，并作为结构调整的重点抓紧抓好”。该文件同时要求，要以发展加工、保鲜、运输和销售为重点，建立贸工农一体化的经营体制，进一步改善农业生产条件和基础设施，增加对高产、优质、高效农业的投入比重。1993 年，党的十四届三中全会通过的《中共中央关于建立社会主义市场经济体制的决定》提出，“要适应市场对农产品消费需求的变化，优化品种结构，使农业朝着高产、优质、高效的方向发展”，“在保持粮棉等基本农产品稳定增长的前提下，调整农村的产业结构，加快乡镇企业和其他非农产业的发展，为农村剩余劳动力提供更多的就业机会”。可见，和 20 世纪 80 年代相比，虽然 90 年代农业结构调整的形势有了很大变化，但由于农产品流通的格局没有发生根本性改变，因此，结构调整重点关注的依然是确保区域粮食生产总量前提下的农产品质量安全和农业效益。也正是在结构调整的政策影响下，农业生产的经济效益（非粮化）和社会效益（粮食生产）的矛盾开始出现。当然，在当时的经济发展背景下，这一矛盾是不可能有效解决的，这也是后来提出农业产业结构战略性调整的内在原因之一。

这一阶段的政策演变见表 10-1。

表 10–1　1985—1997 年我国农业结构调整政策的演变

时间	文件名称	政策内容
1985年	中共中央国务院关于进一步活跃农村经济的十项政策	改革农产品统派购制度。 要继续贯彻决不放松粮食生产、积极发展多种经营的方针。国家将以一定的财力物力支持粮棉集中产区发展农产品加工业，调整产业结构。支持发展畜牧业、水产养殖业、林业等产业。
1986年	中共中央国务院关于一九八六年农村工作的部署	在调整产业结构中，要正确处理粮食生产和多种经营的关系，粮食是关系国计民生的不可代替的重要产品，粮食生产必须得到切实保证。
1987年	把农村改革引向深入	只有使众多的劳动力从种植业转移出来，形成农工商综合发展的产业结构，才能提高种植业的劳动生产率，实行以工补农，提高农村收入，增强农业的自我发展的能力。
1992年	国务院关于发展高产优质高效农业的决定	在确保粮食稳步增长、积极发展多种经营的前提下，将传统的“粮食—经济作物”二元结构，逐步转向“粮食—经济作物—饲料作物”三元结构。 加快林业、畜牧业和水产业的发展，进一步提高这些产业在整个农业中的比重。在畜牧业的基础上发展加工业。 为乡镇企业发展开辟新的途径。
1993年	中共中央关于建立社会主义市场经济体制若干问题的决定	在保持粮棉等基本农产品稳定增长的前提下，调整农村的产业结构，加快乡镇企业和其他非农产业的发展，为农村剩余劳动力提供更多的就业机会。 实现农业产品结构和农村产业结构调整，必须积极培育农村市场，打破地区封锁、城乡分割的状况，进一步搞活流通。

资料来源：根据相关文件整理。

（三）政策效应及其影响

这一阶段，以市场为导向的农业结构调整加快推进，粮食作物和经济作物的配置趋向合理，林果业、畜牧业、水产业比重上升，乡镇企业突飞猛进，工业、采矿业、建筑业、运输业、商业和其他服务业获得迅速发展。原来那种单一经营和城乡分割的产业结构已经被突破，农村经济正转向多部门综合经营。如表 10-2 所示，从农业部门内部来看，1978—1997 年，种植业在农业结构中的比重由 79.3% 下降到 60.7%，种植业内部结构中粮食作物种植面积的比重由 80.4% 下降到 73.3%，肉类构成中猪肉的比例由 94.2% 下降到 67.3%。可见，计划经济体制下“农业—种植业—粮食”高度单一的农业结构已经在这一阶段大大改善，农业内部各部门之间的关系也趋向合理。同时，随着乡镇企业的快速发展，农业与外部产业部门之间的经济关系也更加协调。

与此同时，这一阶段粮食生产出现徘徊。从 20 世纪 80 年代中期至 90 年代初期，农产品买难、卖难现象时有发生，农产品价格也出现了大幅度波动，供需矛盾凸显。90 年代中后期，粮食等主要农产品连获丰收，农产品的卖难问题更加突出，农业结构亟须进行新一轮调整。

表 10-2　1978—1997 年我国农业生产结构的变化情况

单位：%

		1978年	1985年	1990年	1995年	1997年
农业结构	种植业	79.3	69.3	64.7	63.6	60.7
	牧业	15.5	22.1	25.8	23.5	25.8
	林业	3.6	5.2	4.3	4.3	4.1
	渔业	1.6	3.5	5.4	8.5	9.4
种植业结构	粮食作物	80.4	75.8	76.5	73.4	73.3
	经济作物	9.6	15.6	14.4	15.0	14.6
	其他作物	10.0	8.6	9.1	11.6	12.1
粮食构成	稻谷	45.5	44.5	42.4	39.7	40.6
	小麦	17.9	22.6	22.0	21.9	24.9
	玉米	18.6	16.8	21.7	24.0	21.1
	大豆	2.5	2.8	2.5	3.8	3.8
	其他	15.5	15.3	11.4	10.6	9.6
肉类构成	猪肉	94.2	85.9	79.8	69.4	67.3
	牛肉	2.2	2.4	4.4	7.9	8.1
	羊肉	3.6	3.1	3.7	3.8	4.1
	禽肉	—	8.3	11.3	17.8	20.6

资料来源：全国农业普查办公室编. 中国第一次农业普查资料开发课题研究：农村产业结构调整和小城镇发展研究［M］. 北京：中国统计出版社, 2000: 7.

注：农业结构指的是各部门的产值比例；种植业结构指的是播种面积比例；粮食构成指的是产量比例。1995年、1997年的农业结构按新指标计算。1978年肉类缺少分类统计，以1979年数据代替。

二、1998—2012 年：农业结构的战略性调整阶段

（一）农业结构政策出台的背景

在这一时期，农业综合生产能力显著增强，粮食和其他农产品大幅度增长，由长期短缺到“总量平衡、丰年有余”，基本解决了全国人民的吃饭问题。但与此同时，绝大多数农产品价格持续下跌，农产品出现全面“卖难”现象，农业效益下滑，农民收入增幅连年回落。这表明，我国农产品长期短缺问题基本解决，从而进入了一个全新的发展阶段。1998 年召开的党的十五届三中全会对当前农业发展形势的判断是：“粮食和其他农产品大幅度增长，由长期短缺到总量大体平衡、丰年有余，基本解决了全国人民的吃饭问题。”《中共中央国务院关于做好 2000 年农业和农村工作的意见》指出：“农业和农村经济发展的新阶段，实际上就是对农业和农村经济结构进行战略性调整的阶段。粮食和其他主要农产品由长期供不应求转变为阶段性供大于求，人民生活总体上开始进入小康，我国经济社会发展进程中的这一历史性跨越，为农业和农村经济的发展创造了新的条件和机遇，也提出了新的要求。”随着国内粮食价格的大幅上涨和农产品质量安全问题凸显，农业结构战略性调整目标逐渐由增加总量、发展多种经营，转变为发展高产、优质、高效、生态、安全的现代农业。

（二）农业结构调整的主要政策措施

随着农业和农村经济的发展，农业结构调整的内容和重点也在不断变化。2000 年以前，农业结构调整的主要内容是调整和优化种植业作物和品种结构，优化区域布局，发展畜牧业和农产品加工业。2000 年以后，发展无公害和绿色食品的重要性不断提高。从 2004 年开始，恢复粮食生产，提高粮食综合生产能力又成为农业结构调整的重心和基础（宋洪远等，2007）。

1998 年《政府工作报告》指出："要以市场为导向，调整和优化农业结构，在不放松粮食生产的同时，积极发展畜牧业、水产业和林业，促进农业向高产、优质、高效方向发展。积极稳妥地发展农业产业化经营，拓宽流通渠道，推动农产品生产、加工和销售环节的有机结合和相互促进，使农民不仅从生产中得到收益，也能分享加工和销售环节的利益。"同年，党的十五届三中全会通过的《关于农业和农村工作若干重大问题的决定》指出："调整和优化农村经济结构，要着眼于世界农业科技加速发展的趋势和我国人多地少的国情，适应国内外市场，依靠科技进步，发挥区域比较优势，增强市场竞争能力，提高农村经济素质和效益。按照高产优质高效原则，全面发展农林牧副渔各业；重点围绕农副产品加工和发展优势产品，调整、提高农村工业；结合小城镇建设，大力发展第三产业。"1999 年，农业部《关于当前调整农业生产结构的若干意见》提出，农业结构调整的主要内容是调整和优化种植业作物和品种结构，优化区域布局，发展畜牧业和农产品加工业。2000 年，中央农村工作会议提出，"积极推进农业和农村经济结构的战略性调整，是新阶段农业和农村工作的中心任务"。该会议还进一步指出："调整和优化农业生产结构，当前要着重抓好三个环节。第一，全面优化农作物品种，努力提高农产品质量。第二，积极发展畜牧水产业，优化农业的产业结构。第三，调整农业生产布局，发挥区域比较优势。"2002 年，《中共中央国务院关于做好 2002 年农业和农村工作的意见》指出："调整农业结构是一项长期任务，今年要着重在调整农业区域布局，扶持农业产业化经营，发展畜牧业和保证农产品质量安全方面下功夫，争取有大的进展。"

2004 年、2005 年和 2006 年中央一号文件都提出，要按照高产、优质、高效、生态、安全的要求，调整优化农业结构。2007 年中央一号文件提出，"建设现代农业，必须注重开发农业的多种功能，向农业的广度和深度进军，促进农业结构不断优化升级"。2008 年中央一号文件提出，"确保农产品有效供给是促进经济发展和社会稳定的重要物质基础"，要求"必须立足发展国内生产，深入推进农业结构战略性调整，保障农产品供求总量平衡、结构平衡和质量安全"。同年，党的十七届三中全会通过了《关于推进农村改革发展若干重大问题的决定》，要求继续"推进农业结构战略性调整"。2010 年以后，中央逐步将国家粮食安全提升到新的战略高度。2010 年中央一号文件在继续强调稳定粮食生产、推进菜篮子产品标准化的基础上，增加了生态安全方面的要求，提出"加强农业面源污染治理，发展循环农业和生态农业"。2012 年中央一号文件提出："千方百计稳定粮食播种面积，扩大紧缺品种生产，着力提高单产和品质。""支持优势产区加强棉花、油料、糖料生产基地建设，进一步优化布局、主攻单产、提高效益。"

通过政策梳理可以发现，这一阶段农业结构调整的主要措施包括以下几个方面：一是稳定粮食生产，通过稳定播种面积、提高单产水平、改善品种结构以及促进粮食转化增值，保障国家粮食安全；二是以园艺、畜牧、水产品为重点，发展劳动密集型农产品；三是大力发展无公害农产品和绿色食品，保障农产品的质量安全；四是优化区域布局，培育和建设优势区域的优势产品和特色农业；五是支持发展农产品加工业，延长产业链条，提高农业的整体效益（宋洪远等，2007）。农业产业化虽然是上个时期提出的政策性概念，但在这一时期尤其受到重视，党的十五届三中全会还把它提到实现中国特色农业现代化途径的高度，其实质就是通过延长农业产业链让农民分享二、三产业的收益，提高农业的比较效益，进而提高农民收入，缩小城乡居民收入差距。可见，和上一时期主要侧重于农业内部结构的调整不同，这一时期的战略性调整不仅在农业内部强调农产品的优质化、安全化，还更加侧重于产业链的延长。十五届三中全会进一步提出了农业增长方式转变的战略任务，即"由传统农业向现代农业转变，由粗放经营向集约经营转变"，而结构调整则是增长方式转变的核心内容和基础。甚至我们也可以说，在新阶段，狭义的农业结构调整包括农业生产结构、产业链延长、农产品的优质化安全化，广义的农业结构调整则包括了生产方式的转变。这就是农业结构"战略性调整"的政策含义。

这一时期的政策演变如表 10-3 所示。

表 10-3　1998—2012 年我国农业结构调整政策的主要内容

时间	文件名称	政策内容
1998年	中共中央、国务院关于1998年农业和农村工作的意见	抓住当前粮食供给比较宽松的有利时机，逐步调整我国粮食生产的品种结构和区域布局，下大力提高粮食的品质，满足市场多样化的需求。 农业实行产业化经营，形成生产、加工、销售有机结合和相互促进的机制，是推进农业向商品化、专业化和现代化转变的有效途径，也是调整和优化农村经济结构，提高农业整体素质和效益的有效途径。
1998年	关于农业和农村工作若干重大问题的决定	粮食作物要确保总产量稳定增长，提高单产，改善品质，尽快淘汰不适销品种。主要经济作物要提高质量，合理调整区域布局。 要及时把畜牧业放到更加重要的位置，促进种植业和加工业进一步发展。 乡镇企业要适应农业产业化经营的需要，着重发展农副产品加工业和储藏、保鲜、运销业。
2000年	中共中央国务院关于做好2000年农业和农村工作的意见	对农业和农村经济结构实行战略性调整，不仅是解决当前农产品销售不畅、农民收入增长缓慢等困难的客观要求，更是提高我国农业、农村经济整体素质和效益的有效途径。 当前农业生产结构不合理的矛盾十分突出，调整势在必行。各地要按照适应市场、因地制宜、突出特色、发挥优势的原则，制订当地农业生产结构调整的规划，并通过政策引导、信息服务、技术示范等手段，加强对结构调整的指导。
2002年	关于做好2002年农业和农村工作的意见	按照区域比较优势的原则，因地制宜，分类指导，加快农业区域布局的调整。发展农业产业化经营，关键是尽快培育一批辐射面广、带动力强的龙头企业。加快发展畜牧业是新阶段推进农业结构调整的一项战略任务。 确保农产品质量安全是当前的一项紧迫任务。
2004年	关于促进农民增加收入若干政策的意见	加强主产区粮食生产能力建设，支持主产区进行粮食转化和加工，增加对粮食主产区的投入。全面提高农产品质量安全水平，加快发展农业产业化经营。发展农村二三产业，拓宽农民增收渠道。
2005年	关于进一步加强农村工作提高农业综合生产能力若干政策的意见	要坚持立足国内实现粮食基本自给的方针，以市场需求为导向，改善品种结构，优化区域布局，着力提高单产，努力保持粮食供求总量大体平衡。 加快发展畜牧业。大力扶持食品加工业特别是粮食主产区以粮食为主要原料的加工业。继续加大对多种所有、多种经营形式的农业产业化龙头企业的支持力度。
2006年	关于推进社会主义新农村建设的若干意见	加快建设优势农产品产业带，积极发展特色农业、绿色食品和生态农业，保护农产品知名品牌，培育壮大主导产业。大力发展畜牧业，扩大畜禽良种补贴规模，推广健康养殖方式，安排专项投入支持标准化畜禽养殖小区建设试点。积极发展水产业，扩大优质水产品养殖，发展远洋渔业。

续表

时间	文件名称	政策内容
2008年	关于推进农村改革发展若干重大问题的决定	采取有力措施支持发展油料生产，提高食用植物油自给水平。鼓励和支持优势产区集中发展棉花、糖料、马铃薯等大宗产品，推进蔬菜、水果、茶叶、花卉等园艺产品集约化、设施化生产。加快发展畜牧业，支持规模化饲养，加强品种改良和疫病防控。加强农业标准化和农产品质量安全工作。支持发展绿色食品和有机食品。
2012年	关于加快推进农业科技创新持续增强农产品供给保障能力的若干意见	要切实落实“米袋子”省长负责制，继续开展粮食稳定增产行动，千方百计稳定粮食播种面积，扩大紧缺品种生产，着力提高单产和品质。支持优势产区加强棉花、油料、糖料生产基地建设，进一步优化布局、主攻单产、提高效益。要加快推进区域化布局、标准化生产、规模化种养，提升“菜篮子”产品整体供给保障能力和质量安全水平。

资料来源：根据相关文件整理。

（三）政策效应及其影响

随着农业结构战略性调整的深入推进，生产经营方式发生重大变化，主要农产品生产逐渐向优势产区集中，生产主体和生产方式出现分化。粮、棉、油、糖等大宗农产品生产仍主要以分散的农户为主体，在补贴和价格政策的支持和引导下，逐步向优势产区集中，产量稳步提高；瓜果蔬菜花卉等园艺产品和畜禽等产品生产主体逐步向专业化规模化农户转变，集约化和设施化程度大幅度提高，技术水平快速提升，生产周期大大缩短（农业部农村经济研究中心，2014）。同时，经过这一阶段的农业结构调整，农业产业结构进一步改善、产品结构明显优化、区域布局日趋合理，农产品卖难问题得到了有效缓解。如表 10-4 所示，从 1998 年到 2012 年，农业增加值构成由 62.3% 下降到 57.7%。同时，统计资料显示，2012 年农业增加值占国内生产总值的比重为 10.1%，比 1998 年下降了 7.5 个百分点。与 2000 年相比，2012 年粮食占农作物总播种面积的比例由 70.6% 下降到 67.7%，蔬菜的播种面积由 9.9% 增加到 12.4%。然而，这一时期，伴随工业化、城镇化深入推进，农业综合生产成本快速上涨、农产品供求结构性矛盾日益突出，保障国家粮食安全和重要农产品有效供给的任务面临严峻挑战。为了应对这些挑战，自 2013 年前后，我国开始启动第三轮农业结构调整。

表 10-4 1998—2012 年我国农林牧渔业增加值构成

单位：%

		1998年	2000年	2005年	2010年	2012年
增加值构成	农业	62.3	59.5	55.3	58.4	57.7
	林业	4.2	4.5	4.2	4.3	4.4
	牧业	23.5	24.9	28.2	24.7	25.1
	渔业	10.0	11.1	10.1	9.6	10.1
	服务业	—	—	2.2	2.9	—

资料来源：历年《中国统计年鉴》。

三、2013 年以来：以国际市场为导向的新一轮农业结构调整

（一）农业结构政策出台的背景

应该说，自新世纪以来，尤其是 2004 年以来，中央开始实施“以工补农、以城带乡”政策，城乡关系逐渐趋于协调，农业发展新阶段的特征开始显现（孔祥智，2012），各类经营主体在市场化的

大背景下积极应对新阶段的机遇和挑战，使我国的农业结构逐渐适应国际、国内市场的需要。2008年以后，土地流转比例的逐年上升就是应对这一挑战的表现之一。土地流转促进了新型农业经营主体的发育，成为新时期农业结构调整的基础和保障。这一变化当然是一个渐进的过程。2013年中央一号文件重点对专业大户、家庭农场、农民合作社和农业企业等新型经营主体的扶持政策进行了部署，这就是我们把2013年作为改革开放以来第三次农业结构调整开端的原因。

（二）农业结构调整的主要政策措施

2013年中央一号文件提出，“确保国家粮食安全，保障重要农产品有效供给，始终是发展现代农业的首要任务”，并提出“必须毫不放松粮食生产，加快构建现代农业产业体系，着力强化农业物质技术支撑”。2013年中央一号文件提出的新型农业经营主体建设，既是农业结构调整的基础，又促进了农产品的优质化、安全化和农业产业化。

2013年11月，中共十八届三中全会通过了《中共中央关于全面深化改革若干重大问题的决定》，提出：“坚持家庭经营在农业中的基础性地位，推进家庭经营、集体经营、合作经营、企业经营等共同发展的农业经营方式创新。”这是构建新型农业经营体系的核心内容。十八届三中全会强调：“鼓励承包经营权在公开市场上向专业大户、家庭农场、农民合作社、农业企业流转，发展多种形式规模经营。”为新时期的农业结构调整打下了坚实的基础。

2014年中央一号文件高度重视粮食安全问题，明确要求实施“以我为主、立足国内、确保产能、适度进口、科技支撑”的国家粮食安全新战略，提出确保“谷物基本自给、口粮绝对安全”的国家粮食安全新目标。这一目标与1996年起就一直坚持的粮食自给率95%以上的目标有很大差异，从而为新一轮农业结构调整留下了更大的空间。为了实现这一目标，必须加快构建新型农业经营体系，推进结构改革，并“合理利用国际农产品市场”“加快实施农业走出去战略”“注重农业可持续发展”。

2015年中央一号文件明确提出“深入推进农业结构调整”，并科学确定农产品自给水平、启动生产能力建设规划、促进种植结构调整、培育特色产业、推进农业综合开发、发展农产品精深加工等方面，并对园艺作物、生猪、奶牛、肉牛、肉羊、畜禽、水产等具体品种做出了政策安排。2015年2月，农业部发布《关于进一步调整优化农业结构的指导意见》，对新时期调整优化农业结构进行了系统部署。关于进一步调整优化农业结构，该文件提出以确保国家粮食安全为前提，以数量质量效益并重、竞争力增强、可持续发展为主攻方向，以布局优化、产业融合、品质提升、循环利用为重点，科学确定主要农产品自给水平和产业发展优先序，更加注重市场导向和政策支持、更加注重深化改革和科技驱动、更加注重服务和法制保障，加快构建粮经饲统筹、种养加一体、农牧渔结合的现代农业结构，走产出高效、产品安全、资源节约、环境友好的现代农业发展道路。同时，该文件还从优化调整优化确保国家粮食安全的实现路径、区域生产力布局、粮经作物生产结构、种养结构、优化产业结构、产品结构等方面提出了进一步调整优化农业结构的六项重点任务。

2016年中央一号文件再次强调优化农业生产结构和区域布局，明确提出“在确保谷物基本自给、口粮绝对安全的前提下，基本形成与市场需求相适应、与资源禀赋相匹配的现代农业生产结构和区域布局，提高农业综合效益”。2016年4月28日，《全国种植业结构调整规划（2016—2020年）》正式公布。根据规划，我国将构建粮经饲协调发展的作物结构、适应市场需求的品种结构、生产生态协调的区域结构和用地养地结合的耕作制度。2013年以来，有关农业结构调整的政策内容见表10-5。

表 10-5　2013 年以来中国农业结构调整政策的主要内容

时间	文件名称	政策要点
2013年	关于加快发展现代农业进一步增强农村发展活力的若干意见	粮食生产要坚持稳定面积、优化结构、主攻单产的总要求，确保丰产丰收。支持优势产区棉花、油料、糖料生产基地建设。加大新一轮“菜篮子”工程实施力度，扩大园艺作物标准园和畜禽水产品标准化养殖示范场创建规模。推进种养业良种工程，加快农作物制种基地和新品种引进示范场建设。
2013年	中共中央关于全面深化改革若干重大问题的决定	坚持家庭经营在农业中的基础性地位，推进家庭经营、集体经营、合作经营、企业经营等共同发展的农业经营方式创新鼓励承包经营权在公开市场上向专业大户、家庭农场、农民合作社、农业企业流转，发展多种形式规模经营。
2014年	关于全面深化农村改革加快推进农业现代化的若干意见	任何时候都不能放松国内粮食生产，严守耕地保护红线，划定永久基本农田，不断提升农业综合生产能力，确保谷物基本自给、口粮绝对安全。 更加积极地利用国际农产品市场和农业资源，有效调剂和补充国内粮食供给。在重视粮食数量的同时，更加注重品质和质量安全；在保障当期供给的同时，更加注重农业可持续发展。优化区域布局和品种结构。
2015年	关于加大改革创新力度加快农业现代化建设的若干意见	科学确定主要农产品自给水平，合理安排农业产业发展优先序。加快发展草牧业，支持青贮玉米和苜蓿等饲草料种植，开展粮改饲和种养结合模式试点，促进粮食、经济作物、饲草料三元种植结构协调发展。立足各地资源优势，大力培育特色农业。推进农业综合开发布局调整。支持粮食主产区发展畜牧业和粮食加工业，继续实施农产品产地初加工补助政策，发展农产品精深加工。
2016年	关于落实发展新理念加快农业现代化 实现全面小康目标的若干意见	启动实施种植业结构调整规划，稳定水稻和小麦生产，适当调减非优势区玉米种植。支持粮食主产区建设粮食生产核心区。扩大粮改饲试点，加快建设现代饲草料产业体系。积极推进马铃薯主食开发。加快现代畜牧业建设，根据环境容量调整区域养殖布局，优化畜禽养殖结构，发展草食畜牧业，形成规模化生产、集约化经营为主导的产业发展格局。 启动实施种养结合循环农业示范工程，推动种养结合、农牧循环发展。大力发展旱作农业、热作农业、优质特色杂粮、特色经济林、木本油料、竹藤花卉、林下经济。
2017年	关于推进农业供给侧结构性改革的实施意见	推进农业供给侧结构性改革，是当前的紧迫任务，是农业农村经济工作的主线，要围绕这一主线稳定粮食生产、推进结构调整、推进绿色发展、推进创新驱动、推进农村改革。要把增加绿色优质农产品供给放在突出位置，把提高农业供给体系质量和效率作为主攻方向，把促进农民增收作为核心目标，从生产端、供给侧入手，创新体制机制，调整优化农业的要素、产品、技术、产业、区域、主体等方面结构，优化农业产业体系、生产体系、经营体系，突出绿色发展，聚力质量兴农，使农业供需关系在更高水平上实现新的平衡。

资料来源：根据相关文件整理。

四、改革开放以来农业结构调整政策的启示

改革开放以来，中国政府综合采用价格和收入支持、降低农业投入成本、生产资料供应、信贷补贴、科技支持与基础设施建设等政策工具，对农业生产结构政策做出了一系列调整。这些政策既取得了阶段性成果，也存在着一定的问题。总的来看，中国农业结构调整政策演变体现出以下四个特点。

一是与国家经济体制变革紧密相关。在计划经济体制下，中国实行政府行政控制，并对大多数农产品实行国家垄断的统派购体制。与之相适应，中国形成了“以粮为纲”的农业生产结构。然而，随着家庭承包经营制度的确立和社会主义市场经济体制的推行，中国突破了“以粮为纲”的方针政策，农、林、牧、渔各业及农产品加工业得到了全面发展。

二是与国家宏观经济发展战略紧密相关。改革之前，为国家工业化积累提取农业剩余和保障基本粮食供给是农业发展的首要目标。20 世纪 80 年代中后期，为了适应经济建设需要，国家重点关注产业结构调整与农业劳动力转移之间的关系。随着，工农关系和城乡关系的变化，中国政府适时提出了农业结构战略性调整的发展要求。进入新世纪以来，确保国家粮食安全和重要农产品有效供给成为现代农业发展的首要任务，也成为新时期中国农业结构调整政策的重点内容。

三是与人民群众的消费需求及消费结构变化紧密相关。20 世纪 90 年代以后，随着人们生活水平的提高，农产品的市场需求结构开始发生变化，调整农产品的品质结构也开始成为农业结构调整的主要内容。消费需求日益多元，推动了园艺、畜牧、水产品等产量快速增长。此外，消费者对于农产品质量安全的重视，拉动了无公害农产品、绿色食品与有机产品的消费，促使生态农业重新回归。

四是与国际环境的变化息息相关。农业结构调整政策演变的过程也是农业国际化程度逐步加深的过程。近年来，从国内来看，受资源、环境与人口条件限制，粮食进口量逐年攀升，粮食自给率的保证面临挑战。从国际看，经济全球化与区域经济一体化快速推进，世界农业分工与融合度不断深化。因此，中国对内必须尽快推动新一轮的农业结构调整，优化品种和生产布局；对外需要加快调整农业进出口战略，在确保优势品种和优势产业国际竞争力的同时，更加有效利用国际市场和资源。

第 3 节　农业产业化与农村一二三产业融合发展

产业发展是经济社会发展的基础，也是推进新农村建设和城镇化发展、实现农业现代化的内在支撑。农业产业化发端于 20 世纪 80 年代中后期，至今已近 30 年的历程。实践证明，农业产业化已经成为农户分散经营与市场对接的重要途径，成为促进农业发展、农民增收和农村繁荣的重要支撑，为农业农村经济持续较快发展作出了突出贡献。农业产业化龙头企业集成利用资本、技术、人才、资金等生产要素，带动农户发展专业化、标准化、规模化、集约化生产，是构建新型农业经营体系的重要主体，是推进农业产业化经营的关键。为有效缓解农业发展面临的问题，2015 年中央一号文件提出，转变农业发展方式、增加农民收入，必须推动农村一二三产业融合发展。这一举措不仅适应了新形势下农业发展要求，也为农业发展方式转变提供了新思路，具有重要的现实意义。

一、农业产业化发展实践

多年来，在各级政府高度重视和服务指导下，我国农业产业化发展取得了令人瞩目的成绩，显示出了旺盛的生命力和广泛的适应性。

（一）农业产业化快速发展

1. 实力不断壮大，带动农民增收能力不断增强

以龙头企业为主的农业产业化经营组织快速发展，通过多种方式密切与农民的利益关系，辐射带动能力不断提升。到 2015 年年底，全国各类农业产业化经营组织达到 38.6 万个，辐射带动农户 1.26 亿，农户从事产业化经营户均增收达 3380 元，有力地促进了农业发展、农民增收。

2. 产业链条不断完善，促进了现代农业产业体系完善

农业产业化经营组织不断强化上游原料基地建设，不断引入先进技术，大力发展精深加工，通

过进入仓储、运输、物流、配送及市场营销等环节，延长产业链，推动构建现代农业产业体系，有力提升了农业市场竞争力。据统计，农产品加工和流通增值到近 2.5 倍，不断推动农业产业价值链由低端向高端跃升。

3. 创新能力不断增强，促进了农业科技创新与品牌提升

龙头企业不断加大科研投入，建立研发机构，积极开发新品种、新工艺，加快推广新技能，为农业科技进步提供了基本条件。据统计，有近 90% 的国家重点龙头企业建有专门的研发中心。在农产品质量安全方面，省级以上龙头企业中，来自订单和自建基地的采购额占农产品原料采购总额的 2/3，产品通过各类质量体系认证的占 74%，获得省级以上名牌产品和著名商标的超过 50%。

4. 产业形态不断变化，促进了经营方式创新

随着农业的内涵和外延不断拓展，农业产业形态不断发生变化。农业的生态环境恢复、观光旅游休闲、农耕文明传承、农事体验等功能不断显化，带动了休闲农业发展。据不完全统计，全国各类休闲农业经营主体已经超过 180 万家，接待游客达到 9 亿人次。在流通环节，电子商务、冷链物流等新型业态蓬勃发展，逐步实现实体流通与电商营销的新格局。截至 2016 年年底，农村网店达 832 万家，占全网 25.8%，带动就业人数超过 2000 万人。农村网络零售单品数 (SKU) 达到 2.93 亿个，占全网 20.3%。2016 年全国有网商村庄比重为 17%，东部为 64.5%，中部为 19.6%，西部仅有 8.1%。农村网商发展向中西部辐射 。

（二）农业产业化示范基地创建与发展

2011 年以来，为加快推进农业产业化示范区建设，我国启动了农业产业化示范基地创建工作。经过五年的培育，农业产业化示范基地得到快速发展，已成为推动农业产业转型升级、加快推进农业现代化的重要力量。目前，我国农业产业化示范基地主要包括产业依托型、园区载体型、企业带动型和县域发展型等四种类型。

1. 产业依托型

产业依托型农业产业化示范基地是依托当地主导产业和资源优势，以产业链各个环节为依托，促使龙头企业集中集聚的农业产业化示范基地。这种类型的示范基地具有以下特点：一是产业特色鲜明，主导产业突出，而且生产基地相对集中，有优越的原料生产条件和生产基础。二是主导产品在市场中的占有率较高，产品品牌化建设比较先进。三是上下游企业间广泛合作，竞合关系明显。四是企业对社会化服务需求趋同，政府公共服务供给较为完备。

2. 园区载体型

园区载体型农业产业化示范基地是以农产品加工园区、物流园区或经济开发区的基础上，通过政策引导和强化服务，促使龙头企业在园区或周边区域内集聚建成的农业产业化示范基地。这种类型的示范基地具有以下特点：一是基地覆盖的产业多样，基地规模差异化程度较高。二是基地内产业链条多元，一二三产业融合发展程度较高。三是基础设施完备，规划布局合理。四是扶持政策成熟，管理服务规范。

3. 企业带动型

企业带动型农业产业化示范基地是以一家或几家经济实力较强、产业领域相似的大型龙头企业，围绕其原料生产、产品加工、物流配送等环节，形成的产业化示范基地。这种类型的示范基地具有以下特点：一是龙头企业是基地建设的核心，对基地生产的主导作用明显。二是基地依托龙头企业

建立了较强的研发体系。三是基地内大企业与中小企业间在主业上竞争，副业充分开展合作。四是大型龙头企业资源动员能力较强，较易争取到扶持政策和资源。

4. 县域发展型

县域发展型农业产业化示范基地是配合县域经济整体规划的产业发展特点和定位，在政府推动下引进龙头企业发展形成的农业产业化示范基地。这种类型的示范基地具有以下特点：一是基地规划比较合理，覆盖产业全面，经营主体数量多。二是基地内企业既有同一产业链上下游的纵向合作，又有与不同行业间的横向合作，呈现网状连接。三是基地与县域经济发展的关联度更高，有利于资金、政策集聚。

总体上看，不同类型的农业产业化示范基地在推进农业产业化经营、带动农民增收致富、加快现代农业建设等方面各具优势，但因其形成原因和发展侧重不同，在引导产业发展、带动方式与效果、管理服务等方面也存在着明显区别。

表 10–6　不同类型的农业产业化示范基地情况比较

基地类型	是否建有专门管委会	主导产业发展情况	企业间联系	商贸与物流	基地带动情况	公共服务情况	适宜发展条件
产业依托型	部分示范基地建有管委会，也有由市县级相关部门进行管理	有专一的优势特色主导产业，生产基地较为集中，原料资源丰富	同质企业竞争激烈，产业链条上下游企业合作广泛，竞合关系明显	建有优势产业专业批发商贸市场	对主导产业生产基地带动力强，带动关系稳定，生产基地集中且具规模	围绕优势产业集聚企业的共性需求，建有科研、质检、物流、品牌等公共服务平台	区位优势明显、生产规模较大、主导产业突出的特色农产品产区
园区载体型	基本都建有园区管委会	与当地资源和特色产业结合，覆盖产业多样	产业链条多元化，一二三产业协调发展，企业间呈现相辅相成的专业化分工协作关系	既有小型专业批发市场，也有综合农贸批发市场	覆盖的产业多样，带动各类种养生产基地和多种新型经营主体发展	主要在入园企业行政审批、基地基础设施建设、制定园区企业发展优惠政策方面提供公共服务	已有农产品加工园区或现代农业示范区，且龙头企业集聚已有一定基础的地区
企业带动型	大多由县市主管部门兼管，一般无专门管委会	以大型企业原料为主导产业	大型龙头企业起主导作用，与示范基地内中小企业在主业上存在竞争，在副业有合作	依托大型企业建有围绕其服务的商贸物流体系	大型企业引进优良品种技术自建示范基地辐射带动周边基地，并通过自建或参股农民合作社带动农户	政府围绕有大企业需求提供软硬环境优化，及为大企业争取政策扶持等服务	商品化程度较高的粮棉油等大宗农产品主要产区，拥有生产加工能力较强、品牌知名度高的龙头企业
县域发展型	由县市政府兼管，无专门管委会	以县域农业规划发展的产业为主，无突出主导产业	个别企业有合作关系，但企业分布较散，整体联系不紧密	建有综合农贸批发市场，示范基地物流业主要为整个县域经济服务，对农业企业没有专属物流服务	示范基地内的龙头企业依据自身发展需求分别带动周边农户生产，基地较分散	结合县域经济发展提供的服务，针对性不强	县域产业化整体水平较强、新型经营主体较多、当地领导高度重视的地区

资料来源：农业部农业产业化办公室，中国农业科学院农业经济与发展研究所组编. 农业产业化探索与实践［M］. 中国农业出版社，2015.

（三）工商资本进入农业趋势增强

近些年来，在中央支农惠农政策支持下，工商企业进入农业的热情不断高涨，租地经营呈现明显加快趋势。工商企业在带来资金、技术和先进管理理念的同时，也容易导致耕地“非粮化”与“非农化”，侵害农民的土地权益。

1. 工商企业进入农业的发展现状

土地流转与规模经营加速是工商企业进入农业的重要前提。截至 2014 年年底，全国家庭承包耕地流转面积为 4.03 亿亩，占承包耕地总面积的 30.4%，比 2013 年提高 4.7 个百分点。经营规模 50 亩以上的农户达到 341.4 万户，比 2013 年增长 7.5%，经营面积超过 7.5 亿亩。与此同时，企业租地经营的规模也不断扩大。据农业部统计，2010—2014 年，流入企业的承包地面积从 1508.2 万亩增长到 3882.5 万亩，年均增长 26.7%，总体呈高速增长趋势。据浙江省统计，2010 年以来工商资本投资现代农业的资金累计超过 200 亿元，其中投入粮食功能区和现代农业园区的 109.64 亿元 。在一些地区，企业租赁农地甚至成为土地流转的主要形式。例如，2013 年年底，青岛市黄岛区家庭承包地流转总面积为 11.88 万亩，其中流入企业的耕地面积高达 7.94 万亩，占 66.8%。

2. 工商企业进入农业的积极作用

在“四化同步”战略导向下，工商企业进入农业是弥补农业现代化短板的重要选择，也是调整农业生产结构、转变农业发展方式、促进一二三产业融合发展的重要载体。一方面，工商企业能充分发挥其资源整合、要素配给、融资激励等优势，能够更好地利用先进的技术、管理模式和市场手段，为农业输入现代生产要素。企业自身的发展壮大，也将有助于提升农业规模效益和市场竞争力，促进农业转型升级。另一方面，“龙头企业 + 农户”也是带动农民对接市场的主要途径之一，可以使农民分享到产业链增值收益，促进农民持续增收。此外，工商企业不断加大研发投入，建立涉农研发机构，积极开发新品种，加快推广应用先进适用技术，为农业科技进步提供了物质保障和基础条件。以佳沃集团为例，公司将先进的管理理念引入农业，不仅推广了先进的技术品种，优化了产业生态环境，还扩大了国内高端水果消费市场，提升了区域产品的知名度和竞争力，也促进了当地农民增收（张红宇等，2014）。

3. 工商企业租地经营容易造成的不良后果

尽管工商企业进入农业具有多方面的积极作用，但其长时间、大规模租赁农户承包地极易出现影响粮食生产和耕地保护等问题。由于土地流转市场监管机制不健全、耕地保护措施不力以及企业自律性差等原因，在资本趋利性的作用下，工商企业进入农业盲目上新项目、抬高流转价格、扰乱农地流转市场，造成当地农业耕地资源配置的失衡性，也给其他经营主体造成压力（谭铁安，2014）。从各地情况看，工商企业进入农业容易造成以下三方面的不良后果。

一是随意扩大设施农业用地范围，耕地“非农化”倾向加剧。按照有关规定，设施农业用地按农用地管理，不需办理农用地转用审批手续，但在以农业为依托的休闲观光项目以及各类农业园区，涉及建设永久性餐饮、住宿、会议、大型停车场、工厂化农产品加工、中高档展销等的用地，不属于设施农用地范围，应按非农建设用地管理，需要依法办理建设审批手续 。然而，由于我国目前土地管理制度不规范、行政执法的强制力有限，一些地方还存在企业与政府“合谋”现象，导致许多工商企业随意扩大设施农业用地范围。有的企业大量兴建永久性建筑，有的甚至以“以租代征”等方式违法征占用耕地。例如，2014 年熙和湾集团有限公司在“广东省商品粮基地县”的兴宁市通过“流转”和“租用”的方式从农民手中获取 4400 余亩土地用于建设包括别墅、高尔夫球场、体育公园等在内的熙和湾客家文化旅游产业园项目 。这种单向、不可逆的农用地转为非农用地，破坏了农业综合生产能力，造成耕地资源浪费。

二是“非粮化”趋势严重，可能危及粮食安全。大多数工商企业租赁耕地后，往往改变原有种植结构，转种经济作物。在市场经济条件下，为追求高收益，企业生产高附加值的经济作物，具有一定的经济合理性。但是，有一些产粮大县、粮食主产区或主体功能区，在不具备条件的情况下，盲目依托土地流转开展“非粮化”经营，给粮食生产带来了威胁（高强等，2012）。例如，成都市新津县土地流转用途以种植高价值农产品（蔬菜、食用菌和水果）为主，面积达 4.9 万亩，占土地流转总面积的 51%；其次是旅游观光农业，面积达 1.46 万亩，占比 15%。与此同时，随着城镇人口的进一步增加、居民消费结构快速升级以及农产品工业用途拓展，我国农产品总量需求刚性增长态势明显，确保粮食等重要农产品有效供给任务十分艰巨（钟真、孔祥智，2015）。因此，工商企业租地经营的“非粮化”趋势，将会给国家的粮食安全战略造成威胁，需要引起高度关注。

三是容易发生侵害农民的利益行为。承包地是农民最重要的生产资料。普通农户在与工商企业谈判中居于弱势地位。根据调研掌握情况，企业侵害农民土地利益的行为表现为多种形式。有的企业在政府“招商引资”政策的支持下，恶意压低或拖欠农户土地租金；有的企业与村委会形成“利益联盟”，隐瞒土地租金收入；还有的企业利用信息优势，煽动村集体之间相互竞争，压低土地租金。目前，在承包地确权登记颁证工作尚未完成的情况下，企业与农户签订流转合同往往以二轮延包合同面积为依据，但土地经过整理后，实际面积普遍比合同面积多出 20% 左右。这部分多出土地的租金经常由村委会和工商企业协商处理，农户无法获得。此外，政府监督机制不健全，也容易使企业逃避责任，在遭遇经营破产等情况时，往往“一走了之”，危及农村社会稳定（高强等，2016）。

二、农村一二三产业融合发展

当前，随着工业化、城镇化和信息化快速发展，深化农村改革全面推进，新型农业经营体系加快构建，农业产业化发展进入了一个新阶段。农业是第一产业，不仅产品附加值较低，而且风险也比较大。促进农业的健康稳定发展，必须跳出农业看农业，通过延长产业链条，突破第一产业的限制，“接二连三”发展农产品加工和销售，拓展农业多种功能，将农业发展的不确定性内在化于产业链整体之中，从而提高农业效益、降低农业风险。农业产业化经营通过整合产业链、提升价值链和拓展多功能，能有效促进一二三产业融合互动发展。2014 年 12 月底召开的中央农村工作会议明确提出，大力发展农业产业化，把产业链、价值链等现代产业组织方式引入农业，促进一二三产业融合互动（宋洪远、赵海，2015）。

（一）农村一二三产业融合的概念内涵

农村一二三产业融合发展理念最早由日本学者今村奈良臣提出。20 世纪 90 年代，日本逐渐面临农村劳动力短缺，农民收入出现较大幅度下降等问题，农业面临“谁来种地”“怎么种地”“如何增收”等一系列问题，同时消费者需求发生变化，开始更加关注饮食健康、消费安全。今村奈良臣（1996）研究发现农村产业结构不平衡，尤其是农产品生产附加值过低，导致了农业生产者利润被大量挤占。在此背景下，他从产业链延伸、产业融合方面提出了农业“六次产业”概念，即六次产业 = 第一产业 + 第二产业 + 第三产业，后期他又进一步扩展了这个概念，认为六次产业 = 第一产业 × 第二产业 × 第三产业。六次产业理论认为农村产业链延伸是农民收入增加的关键，应该鼓励农户发展多种经营，实现农村一二三产业融合并产生乘数效应，2008—2010年，日本政府陆续出台相关法律鼓励发展“六次产业”，在农村创造新产业。从根本上来说，农村一二三产业融合发展属于产业融合，是基于技术或制度创新的产物（姜云长，2015）。

如何正确认识和区别农村一二三产业融合，当前并没有具体的评判标准，日本在农业六次产业化发展中，推动了一系列举措，对于深化农村一二三产业融合发展的认识起到推动作用。主要做法包括：①鼓励地产地销，提高农产品转换率和地域内产品自给率，农产品加工尽量使用本区域原料，加工产品逐步替代外来产品，最终将利润留在本区域。②发挥农业龙头企业作用，推动农产品生产、加工、销售一体化，采用订单农业、龙头企业＋农场＋农户等方式带动农户生产，企业尽可能使用本土原料。③推动地域制造，根植于地域生活与文化，发展地方特色产品，着重于地域内共性产业（包括农业、手工业、商业等在内的产业）的融合。④引导农民、农协、自治体等主体自主开展农业生产、加工、销售活动，生产设施有农协、自治体、政府等提供，农业生产者负责经营。

可见，农业是的农村一二三产业融合的基础，离开农业就不能称为农村一二三产业融合。农村内部的一二三产业是农村一二三产业融合的主要内容，区别于国民经济中的一二三产业。农户、专业大户、家庭农场、农民合作社、农业产业化龙头企业等是农村一二三产业融合的主体，农村一二三产业融合离不开新型农业经营主体的带动。农村一二三产业融合主要手段包括政策引导、资源整合、技术渗透、产业延伸、部门协调等方式。因此，农村一二三产业融合可以定义为，以农业为基础，通过农村产业间的融合渗透和交叉重组，将资本、技术及资源禀赋的优化配置，推动农产品生产、加工、销售及农村生态旅游等环节的有效整合，促进农村一二三产业协调发展，最终实现农产品附加值提升和农民收入增加的产业融合（马晓河，2015）。另外，农村一二三产业融合不同于传统的产加销、贸工农方式，也区别于农业现代化，主要在于：一是农村一二三产业融合使产业边界模糊化，产业间更加注重协作，农业等部门在生产等方面相互交集；二是农村一二三产业融合刺激了新型农业经营主体与新业态的发展，如休闲农业、电子农业的发展；三是农村一二三产业融合重视农民等主体的利益联结，农民如何最大程度地享受到农业附加价值是农村一二三产业融合的主要目的。

（二）农村一二三产业融合发展现状

1. 融合形式多样化

各地在农村一二三产业融合发展过程中，呈现出了多种形式的融合方式，主要包括以下几种。

一是产业整合型。该模式主要是以农业优势资源为基础，以涉农组织为主体，将农林牧副渔业连接起来，实现农业产业内部协作和循环。河南某公司在畜牧业发展过程中，依托肉牛养殖，建立了万头肉牛育肥场，发展养牛和甜玉米种植基地村112个，形成了青储玉米养牛、牛粪养蚯蚓，农家肥还田的有机循环，年产值达到15亿元。江苏田娘农场通过建立4万亩生产基地，构建了“玉米、水稻—羊、兔、鸭—有机肥—农田”的循环农业产业链。

二是产业延伸型。该模式主要是由单一企业为主导，从农业单一产业纵向延伸，整合农业产业资源，形成全产业链现代农业。以云南龙大为例，公司通过土地流转和“公司＋农户”模式，建有种植基地3.5万亩，建设厂房5万多平方米，实现了农产品深加工，并建立了完善的销售渠道，产品外销17个国家，2014年吸纳社会劳动力共35万人。

三是产业交叉型。该模式重点开发农业多种功能，发掘农业文化、旅游、教育价值，将农业与休闲娱乐、教育融合起来，当前主要体现为生态旅游农业等建设。黑龙江金福粮油有限公司通过“企业＋村庄（农户）”模式建设万亩生态观光园，积极发展庄园经济，形成“产业＋庄园”双驱动，当前已带动就业人数 500 余人，直接就业人数 1000 余人。

四是技术渗透型。该模式是以信息技术为支撑，以电子交易平台为载体，通过农业信息化特有的全产业链、全价值链、全生态链核心优势，使农业生产、加工、管理、运输、交易等各个环节无缝对接，推动农业发展。浙江遂昌成立网店协会，将农村电子商务各环节（生产、仓储、运输、销售）进行串联，形成了“政府＋协会＋市场”上下联动的发展模式，实现了农产品线上线下快捷交易。

2. 区域特征突出

由于在自然地理条件、经济发展水平、人文社会环境等方面存在差异，各地农村一二三产业融合发展区域特征比较突出，主要表现在以下几个方面。

一是东部地区重视资本与技术作用。东部地区人口密集，农业资源稀缺，但经济发达、市场化程度高，人才、资金充沛，技术先进。因此，东部地区在农村一二三产业融合发展过程中，重视资金、技术、人才在农业中的作用，挖掘农业价值，积极推广农业产业交叉、渗透及产业链延伸等模式。以浙江省为例，浙江打造了“一村一品、一乡（县）一业”格局，并且大力推进农村电子商务、休闲农业、城市农业等发展，2013 年浙江农产品网络销售 100 多亿元，农业观光人数达 1.36 亿元，占全国总观光人数的 15%。

二是中部地区主要围绕农业资源优势发展。中部地区农业资源相对丰富，农业、林业、畜业较为发达。在促进农业发展过程中，中部地区往往依托农林畜等资源，重点发展企业主导的产业链延伸模式及产业整合模式。例如，河南省重点培育新型经营主体，鼓励循环型农业发展，支持农业产业链延伸，2013 年全省共有省级认定标准的农业产业化集群 139 个，实现销售 4364 亿元。

三是西部地区积极发挥特色资源优势。西部地区特色资源丰富，市场认可度高，在农村一二三产业融合发展过程中，西部地区因地制宜，重视农产品深加工及农业附加价值开发。以云南省为例，云南逐步形成了重点经济作物（烟草、糖、茶叶等）、药业与农业生态旅游为主的农业产业体系，2013 年，云南生产成品糖 294.68 万吨，居全国第 2 位，烟草产值达到 1207 亿元。

四是东北地区主要以农产品加工为业主体。东北地区农业资源丰富，工业基础雄厚，农产品加工业较发达。在农村一二三产业融合发展中，东北地区充分依托工业基础，拓展农业产业链，逐步形成了“生产＋加工＋销售”的产业布局。以黑龙江为例，2014 年全省规模以上农业产业化龙头企业达到 1850 家，农产品加工转化率达到 60%，带动种植基地 1 亿亩。

3. 融合效果开始显现

当前，各省市为促进农村一二三产业融合进行了许多有益探索，融合效果初步显现，主要表现为：

一是促进了农业发展。产业融合作为农业发展新理念，转变了农业生产方式，农业生产不再局限于传统的单一的种植、生产、加工和销售环节，农业生产链向横向纵向延伸，农业附加价值得到挖掘，通过引入资本、技术、人才和政策，农业生产更加规模化、专业化、生态化、机械化和信息化。黑龙江中粮美裕公司通过流转土地，组建农民专业合作社，采用“公司＋农户”及“土地入股，农户返聘”方式，带动农户进行农产品生产、加工、销售经营。河南农信通集团依托现代信息技术，打造了“智慧农业”“智慧畜牧”“新农邦”等多个品牌，将涉农政府部门、电信运营商、农业龙头企业及农户联结起来，同时在河南各镇建立益农信息服务站，提升了信息化水平。

二是增加了农民收入。农村一二三产业融合发展将农产品各环节进行了整合，更大限度地提升农业附加值，农户作为生产者开始参与到整个农产品价值链的分享过程中，收入水平有了较大提高。大理沙溪镇寺登村有75%农户从事乡村旅游服务业，拉动村民增收4598元，农民人均纯收入是全县人均纯收入的1.9倍。浙江华统有限公司通过“土地流转、返聘农户”的方式带领农户进行肉鸡标准化生产，2014年带动农户增收800多万元。

三是推动了新农村建设。农村一二三产业融合推动了原料生产基地建设，促进了农村基础设施和公共服务设施完善，带动了农业园区、示范区的发展。浙江省启动了以乡镇为基础的粮食生产功能区和现代农业园区建设，2014年引进培育了1.1万家新型农业经营主体和3900家社会化组织，并投入189亿元强化基础设施和装备条件。同时注重公共服务体系建设，建立了农技推广等“三位一体”的服务体系及公共服务信息平台，2013年参与农户达到186万户。

四是促进了新型农业经营主体培育。农村一二三产业融合改变了传统的农业经营格局，相关主体利益更加紧密。云南省在转变农业生产方式过程中，共建设国家级农业产业化基地5个，省级精品农业庄园73个，发展家庭农场9094户，农民专业合作社2.78万家。黑龙江肇东市在农业产业链延伸过程中，42个农业产业化企业共带动65个合作社发展，同时依托当地优势，发展了23个专业合作社、148个家庭农场、7个畜牧养殖加工厂。

（三）农村一二三产业融合存在的问题

1. 融合程度比较低

一方面，我国农业产业融合发展层次低。农业生产仍以粗放型、劳动力密集型为主，农村一二三产业融合才刚刚起步。当前农村一二三产业融合形式多以产业链延伸为主，即产加销模式，而产业整合、交叉和渗透比例较低，且农村中仍是一产不强，二三产业之间互通性不够。另外，产业链条延伸短，多集中在低水平的生产和加工环节，农产品深加工不足，农产品销售渠道、物流仓储及品牌建设滞后。另一方面，融合利益分配机制不协调。农村一二三产业融合涉及多个主体、多个产业，利益分配机制是产业融合的关键。当前产业融合中，由于融合机制不完善，缺乏足够的激励措施，各主体利益联结并不紧密，农户参与程度低。同时，农户参与形式比较单一，多以订单或者合约形式加入，违约性高，法律保障性低。

2. 新型农业经营主体基础薄弱

专业大户、家庭农场、农民合作社、龙头企业等新型农业经营主体是农村一二三产业融合的主要参与主体。当前我国新型经营主体普遍存在数量少、规模小、质量低，带动能力弱等问题。2014年，我国有70%的农业大户种植规模不足6.7公顷，龙头企业年销量收入小于1亿元的比例超过90%（刘倩倩，2014），许多农民合作社存在管理不规范，内部利益分配不合理等问题。以云南为例，2014年云南农业龙头企业有2562户，但国家级龙头企业只有26户，省亿元以上龙头企业160户，仅占全国的1%。另一方面，农业新业态运行效率和质量普遍不高。当前我国很大比例的休闲旅游农业在内容上几乎千篇一律，都是纯粹追求吃喝玩乐，农业的教育、文化价值挖掘不够，缺乏创新和特色。

3. 融合所需要素分配不当

农村一二三产业融合需要人才、资金、技术、土地等要素支持，这是产业融合发展的内在动力。当前农村一二三产业融合过程中面临“人才紧缺、技术薄弱、资金低效、用地困难”的现状。在人才方面，农村缺乏有效的智力输送机制，人才流动单向化，农村中农户以低学历、老年妇女人群为主，2014 年农村实用人才占农村劳动力的比重仅仅为 1.6%，而受过中等及上的农村职业教育比例不足 4%。在技术方面，我国农村还未形成完善的推广服务体系，农业技术推广效果不理想，而农业经营主体也由于自身能力等条件限制，对农业技术缺乏热情。在资金方面，尽管近年来我国农业资本支持力度不断加大，但总量仍然不足，比例低且缺少持久机制。土地方面，发展农业休闲旅游、物流仓储、畜禽养殖等土地使用受限于当前法律政策，难以保障用地需求，阻碍了农村一二三产业融合发展。

4. 融合发展存在制度约束

农村一二三产业融合需要制度作为保障。虽然当前各地区陆续出台了一些促进农村一二三产业融合发展的政策，但仍然不完善，在一定程度上制约了农村一二三产业融合的深度和广度。同时，农村一二三产业融合涉及多个部门（农业、财政、交通、文化、旅游、环保、国土等），各部门需要协调合作以推动农村一二三产业融合发展。从当前各部门服务水平来看，效果并不理想。一是各部门忽视整体利益，过分强调部门利益，农村一二三产业融合发展中经常出现各部门政策“相互打架”的情况，环评难、办证难、用地难等现象时常发生。二是各部门职责重复，职能交叉，职责协调困难，影响了办事效率，如休闲旅游农业涉及农业局、旅游局、文化局、环保局、国土局等，休闲旅游农业的审批、建设、监督等环节程序复杂，时间成本高。

（四）推动农村一二三产业融合发展的政策建议

1. 推动行政管理体制创新

一方面，应尽快完善相关法律政策。根据国内外农村一二三产业融合先进经验，结合我国实际发展情况，尽快出台具体政策或指导意见，界定农村一二三产业融合发展内涵、规范与标准，制定农村一二三产业融合发展规划、目标及措施，并根据国内外农业发展形势，不断调整农村产业融合政策。同时，促进农村一二三产业融合发展，需厘清各部门职责，激励各部门树立大局意识，坚持市场化原则，提高服务水平。条件成熟时，可以建立部门联席会议制度，设立综合管理议事协调结构，由国家发改委或者农业部主持，其他部门共同参与、集体协商，提高工作效率。

2. 加大财税政策支持

农村一二三产业融合发展是以农业为基础的，农业的弱质性决定了金融支持的必要性。应当坚持财政支农政策，扩大支农比例，建设支农持久稳定机制。优化财政支农结构，重点支持新型农业经营主体及农业社会服务行业，鼓励技术创新、人才培育及农村产业融合发展。加大公共基础设施投入，完善农村水、电、道路、信息建设。对于新型农业主体的生产、扩大经营、技术创新、人才培养等活动应给予一定的税收优惠。可以分层次、分阶段对专业合作社、农业社会服务组织、农业龙头企业、信息农业等实施工业增值税优惠政策。

3. 完善人才制度

健全管理机制，通过宣传、培养、奖励等方法，定期选拔农村实用人才，控制人才外流。建立和完善农村人才回流机制，创立农村发展基金，鼓励高等院校、职业院校的毕业生、外出务工人员、农业科技人才回乡创业或者服务农村。倡导农业等部门科技人员定点、驻村或定期下乡指导农业生产。坚持农民技术培训机制，重点培养农村核心和骨干农民。发展农村基础教育，尝试在县建立高等职业院校，向农村输送人才。发挥农民合作社及农民协会等社会服务组织作用，不断提高农民知识、技术水平。给予农业龙头企业人才培育、招聘等经费，建立以人才交流服务中心为依托的乡镇农村人才市场服务网络，鼓励先进人才进驻企业。

4. 创新土地政策

创新管理办法，优先保障农村产业融合用地需求。允许农村荒废地、废弃矿场、学校等地作为农村一二三产业融合发展用地，且不占用土地指标。在保证农村用地指标总体不变的前提下，对农村一二三产业融合发展用地可给予倾斜，扩大种养业、加工业、休闲旅游农业等场地建设比例。规范农村土地流转制度，支持农民多种形式的土地转租，培育土地中介组织，评估土地价值，协调各方利益分配，配合地方政府土地流转监督管理。重视农业生态经营，避免农业化肥、农药等过度使用，减少土地污染。

第 4 节　新形势、新问题与新一轮农业结构调整

当前，我国政府高度重视“三农”工作，初步形成了有利于农业农村发展的政策环境。农业农村经济在错综复杂的宏观经济环境中，保持了稳步发展的良好态势。但是，随着我国经济步入新常态，国内外宏观环境和经济形势发生深刻变化，农业综合生产成本快速上涨、农产品供求结构性矛盾日益突出，对外依赖程度加深，各种风险和结构性矛盾不断积累集聚，农业农村发展面临着诸多新的挑战。

一、当前我国农业发展现状

（一）粮食生产产量与产能同步提升

保障国家粮食安全和重要农产品有效供给是现代农业发展的首要任务。随着强农惠农富农政策力度的逐步加大，农民种粮积极性迅速提升，粮食播种面积稳步增加，产量持续稳定增长，实现历史性的“十二连增”。截至 2016 年，全国粮食播种面积 17 亿亩，粮食总产量 61625 万吨，此前 2013 年、2014 年，连续 3 年在 12000 亿斤以上。粮食增产主要原因：一方面，国家强农惠农政策有效调动了农民发展粮食生产的积极性，粮食播种面积不断扩大。与此同时，中国建立了由粮食直补、良种补贴、农机具购置补贴、农资综合补贴构成的农民种粮补贴制度。“四补贴”资金由 2004 年的 145 亿元增加到 2015 年的 1718.7 亿元。另一方面，农业生产条件逐步改善，农业综合生产能力明显提高。截至 2016 年底，全国农田有效灌溉面积 10 亿亩，约占耕地面积的 52%。1984—2014 年 31 年间，我国农村一二三产业总产值年均增长分别 0.11%、23%、28%。与此同时，粮食生产能力进一步提升。2014 年全国建设 11876 个粮棉油糖高产创建万亩示范片，由点到面推进整建制试点；开展粮食绿色增产模式攻关；落实小麦“一喷三防[1]”、水稻集中育秧、重大病虫害统防统治等防灾减灾

[1] “一喷三防”，是在小麦生长期使用杀虫剂、杀菌剂、植物生长调节剂、叶面肥、微肥等混配剂喷雾，达到防病虫害、防干热风、防倒伏，增粒增重，确保小麦增产的一项关键技术措施。

关键措施；启动耕地质量保护与提升行动，划定永久基本农田。在一系列政策支持下，我国粮食和“菜篮子”产品生产能力持续提高，棉油糖、果菜茶呈现全面发展，肉蛋奶、水产品等主要农产品生产得到进一步加强，食物供给充裕，品种丰富，质量逐步提升。

（二）农民收入结构趋于优化

农民实现持续较快增收是全面建成小康社会的必要条件。根据国家统计局最新发布数据，2016年底农村居民人均可支配收入12363元，比上年增长8.2%，扣除价格因素实际增长7.5%，实现连续13年较快增长，增幅连续第7年超过城镇居民收入增幅，城乡居民人均收入倍差2.73。同时，不同收入来源对农民增收的贡献也发生了重要变化，主要表现在四个方面，即家庭经营收入保持稳定、工资性收入增幅趋缓、转移性收入增长面临挑战和财产性收入增长潜力较大（张红宇，2015）。从宏观形势来看，全球一体化对农民收入影响加大，国民经济发展与农民收入息息相关。在农民收入的四大构成中，家庭经营收入对粮食主产区农民增收影响显著；工资性收入是发达地区和中西部劳动力外出省份农民增收的重要支撑；伴随着农村综合改革力度加大，财产性收入潜力巨大；转移性收入需要继续强化。可见，不同地区农民收入的增长源不同，农民增收的动力也不再单纯依靠转移就业，收入结构趋于优化。

（三）农业产业结构不断优化

在农业生产环节，种植业比重不断降低，畜牧水产业比重相应上升，农业产业结构进一步优化。2016年，农（种植）、林、畜、渔在农业总产值中的比重分别为52%、4%、28%、10%，种植业与畜牧业产值之比由1995年的2∶1下降至2014年的1.89∶1。渔业、林业的产值比重虽然一直较小，但呈平稳上升趋势。在种植业内部，粮食作物比重总体呈下降趋势，经济作物比重持续上升，主要农作物的品种结构和品质结构不断优化，高效、优质的农、林、畜、渔业新品种得到大面积应用。在农业产后环节，农产品流通、加工业快速发展，农业产业链条不断拓展。中国农产品工与农业产值之比已由2010年的1.7∶1提高到2014年的2.1∶1，有力带动了农业发展，促进了现代农业建设。

（四）农业现代化进程加速

随着农业物质装备条件显著改善，科技支撑能力稳步提高，产业化经营水平大幅提升，我国农业现代化水平显著提高。2016年，全国农作物耕种收综合机械化水平和农机总动力分别达到65.19%、9.72亿千瓦。2015年，农业科技进步贡献率达到56%，比2010年提高4个百分点，成为推动农业发展的决定性力量。随着土地流转加速和适度规模经营的发展，新型农业经营主体迅速发展大，农业产业化模式日益多元化。目前，全国已有各类新型农业经营主体280万个，所提供的农产品及加工制品占农产品市场供应量的1/3以上，占主要城市“菜篮子”产品供给的2/3以上。

二、当前我国农业发展面临的问题

（一）粮食等主要农产品需求刚性增长，保障重要农产品有效供给的任务日益繁重

近年来，随着人口总量增长、城镇人口比例上升、消费水平升级以及农产品工业用途拓展，我国农产品总量需求刚性增长态势明显，农产品供求关系呈现出基本平衡、结构短缺的特征。有关方面预计，我国人口将在2030年前后达到峰值；预计到2020年我国人口将达到14.09亿。城乡居民

收入水平提高，对肉蛋奶等动物脂肪和蛋白食物的消费将明显增长，饲料粮需求将大幅增加。按照2020年城镇化率60%左右计算，还将有1亿左右的农村人口进入城市，进一步推动消费结构升级。此外，随着经济社会进一步发展，粮食加工转化需求还将增加。据有关测算，2020年我国粮食消费需求预计达到14400亿斤左右，棉油糖、肉蛋奶消费需求均有不同程度增长。而综合各方面实现基础和条件，预计到2020年粮食总产可达到13000亿斤左右，供需缺口约1400亿斤。这说明未来我国粮食供求将长期处于紧平衡状态，结构性短缺问题将更加突出，加强农业综合生产能力建设，进一步优化国内生产力布局，统筹利用“两个市场、两种资源”，确保粮食等重要农产品有效供给任务更加艰巨。

（二）农业生产成本快速上涨，国内外农产品价格持续倒挂

随着农业生产要素，特别是土地流转费用和劳动力成本不断提升，我国农业已经进入全面高成本时期。据农业部市场司数据，2006—2013年中国稻谷、小麦、玉米、棉花、大豆生产成本年均增长率分别为11%、11.6%、11.6%、13.1%和12%（张红宇，2015）。由于我国农产品价格形成机制还不完善，农业比较效益持续下降。自2004年我国粮食市场的全面放开后，特别是2006年中国“入世”过渡期结束，粮食国内外价格倒挂开始持续，并由部分品种倒挂转向全面倒挂。2013年7月大米、玉米国内价格开始持续高于配额内进口到岸税后价，2014年粮棉油糖肉等主要农产品呈现全面倒挂态势。部分品种价差（国内农产品市场价与国外产品配额内进口到岸税后价的差）逐步扩大。大米、小麦、玉米三大谷物2014年11月价差分别高达每公斤1.08元、0.58元、0.52元，均比2013年进一步扩大（张合成，2014）。在于我国农业物质成本、劳动力成本和环境成本的刚性上升和显性化，导致农产品内外价差的扩大不可逆转，成本地板与价格天花板给我农业持续发展带来双重挤压（钟真、孔祥智，2015）。随着资源环境约束的加剧和农产品供需结构进一步失衡，未来利用国际市场调节国内余缺的趋势不会改变，部分农产品进口总量可能进一步增加、自给率可能进一步下降。

（三）农业基础薄弱，资源偏紧和生态环境恶化的制约不断增强

我国耕地资源、淡水资源匮乏，农业可持续发展的基础十分薄弱。我国人均耕地面积仅为1.4亩，不足世界平均水平的40%。多年来农业资源条件日趋紧张，农业面源污染、耕地质量下降、地下水超采等问题日益突出（孔祥智、高强、刘同山，2014）。随着工业化、城镇化水平不断提高，守住18亿亩耕地红线压力越来越大。同时，耕地质量状况堪忧。根据农业部2014年年底发布的《全国耕地质量等级情况公报》显示，全国18.26亿亩中，耕地质量评价为七至十等（耕地基础地力相对较差，生产障碍因素突出，短时间内较难得到根本改善，应持续开展农田基础设施和耕地内在质量建设）的耕地面积为5.10亿亩，占耕地总面积的27.9%[1]。在水资源方面，全国农田灌溉用水缺口达到300多亿立方米，严重缺水期即将到来。水土流失、土地荒漠化加剧土地退化，90%以上的草原不同程度退化。农业面源污染态势尚未得到有效扭转，农业化肥利用率仅为40%，农作物秸秆60%以上未被有效利用，每年大约有1500万吨氮肥流失到农田之外，农药污染耕地面积达1.4亿亩左右，重金属污染国土面积达13%左右。在资源环境约束趋紧的情况下，依靠增加化肥、农药等投入品数量来提高农产品产量的潜力日益减少。

---

［1］ 参见农业部. 关于全国耕地质量等级情况的公报［EB/OL］. http://www.moa.gov.cn/govpublic/ZZYGLS/201412/t20141217_4297895.htm. 2014-12-17.

（四）各类风险威胁与日俱增，确保农产品质量安全难度加大

进入21世纪以来，农业生产经营的不确定性和限制性因素明显增加，且带有较强的阶段性特征。一是重要农产品价格波动加剧，调控难度加大。除稻谷、玉米价格趋势稳定上涨外，猪肉、棉花、油料、食糖和部分重要蔬菜价格涨跌频繁。二是自然灾害农业生产的威胁加剧。随着全球气候变化加剧，中国旱、涝等自然灾害呈多发频发态势，农作物病虫害、牲畜疫病防控等难度加大，农业生产的威胁与日俱增（高强、孔祥智，2014）。同时，我国的农产品质量安全形势不容乐观。农产品种类多、生产周期长、生产环节多，风险防控难度大。然而，在分散的农户经营模式下，农业标准化的推行、质量追溯系统的建立，面临层层阻力。随着现代信息技术的发展，特别是网络技术和媒介的发展，农产品质量安全问题更加敏感，传播速度更快、范围更广、放大效应更显著。多种因素相互叠加，致使农业风险防控形势日益严峻。

（五）农业对外开放进一步扩大，产业安全形势更加严峻

从2001年正式加入WTO开始，中国农业的对外开放进入了新阶段。在经济全球化的带动下，农产品国际贸易快速发展、贸易伙伴趋于多元，促进了农业增值增效，也推动了国内农业产业升级。统计数据显示，1998—2011年，每年农业领域外商直接投资额从6亿美元增长到20.1亿美元，累计外资流入量将近150亿美元。但同时，部分产品进口增速迅猛，威胁到国内相关产业安全。主要表现在：一是进口产品过度挤占新增需求市场，抑制了国内生产的发展。据统计，大豆和细羊毛新增市场全部被进口产品占领，棉花新增市场的60%~80%被进口产品占领；二是大量进口对国内趋势价格形成打压和抑制，导致产业发展缺乏必要的激励和动力；三是进口与外资进入相结合削弱了产业控制力，给农产品长期供给带来威胁。在大豆、食用油等产品领域，世界市场供求波动甚至已经成为影响国内价格走向的决定性因素。农产品期货市场的发展，使资本市场与农产品市场的联系和渗透进一步增强。随着农产品进口快速增长，贸易逆差保持高位，使得国际市场的波动性、不确定性和风险更直接地传导到国内市场，给产业稳定发展带来挑战（农业部编写组，2013）。

三、新一轮农业结构调整的政策框架

在第二节中，我们已经对2013年以来以国际市场为导向的新一轮农业结构调整进行了制度与背景分析。下面，我们着重以国务院以及农业部等相关部委发布的政策文件为依据，分品种、分类别对新一轮农业结构调整的目标原则、政策框架及初步效果进行分析。

（一）新一轮农业结构调整的目标原则

当前，农业主要矛盾由总量不足转变为结构性矛盾，主要表现为阶段性的供过于求和供给不足并存，突出表现为粮食库存过大，特别是玉米积压较多，大豆严重短缺，供求关系不匹配，种植结构不合理。为贯彻落实推进农业供给侧结构性改革的部署和要求，围绕"提质增效转方式、稳粮增收可持续"的工作主线，着力调整优化种植结构。与前两次农业结构调整，新一轮农业结构调整，更加突出发展理念创新，强调要拓展农业发展的广度深度；更加突出种养结合、循环发展，强调要调整优化种养结构、大力发展草牧业；更加突出一二三产融合，强调要发展农业产业化，拓展农业多功能；更加突出可持续发展，强调要建立与资源承载力相匹配的产业结构。

依据《全国种植业结构调整规划（2016—2020年）》，种植业结构调整的目标主要是"两保、三稳、两协调"。"两保"，即保口粮、保谷物。到2020年，粮食面积稳定在16.5亿亩左右，其中稻谷、小麦口粮品种面积稳定在 8 亿亩，谷物面积稳定在 14 亿亩。“三稳”，即稳定棉花、食用植物油、食糖自给水平。到 2020 年，力争棉花面积稳定在 5000 万亩左右，油料面积稳定在 2 亿亩左右，糖料面积稳定在 2400 万亩左右。“两协调”，即蔬菜生产与需求协调发展、饲草生产与畜牧养殖协调发展。到 2020 年，蔬菜面积稳定在 3.2 亿亩左右，饲草面积达到 9500 万亩。

新一轮农业结构调整的总体思路为：立足当前、着眼长远，以市场需求为导向，以深化农村改革为新动力，以绿色发展、提质增效、探索机制为方向，调整优化农业结构，推进体制机制创新，统筹稳产能、保供给、保收入、保生态，构建粮经饲统筹、农牧结合、种养加一体、一二三产业融合发展的格局，不断提高农业发展的质量效益和竞争力。

新一轮农业结构调整的基本原则包括：坚持底线思维，确保粮食安全；坚持市场导向，推进产业融合；坚持突出重点，做到有保有压；坚持创新驱动，注重提质增效；坚持生态保护，促进持续发展；坚持着眼全球，统筹两个市场等六项原则。

（二）新一轮农业结构调整的政策框架

近年来，围绕新一轮农业结构调整，有关部门不断加大政策研究，强化部门指导，扎实开展农业转方式、调结构、可持续的各项工作，制定并下发了系列文件，初步建立了以综合性政策为基础，以专项性政策为支撑，以支持性政策为配套的政策框架（见表 10-7）。

表 10–7　新一轮农业结构调整的政策框架

综合性政策	专项性政策	支持性政策
《关于进一步调整优化农业结构的指导》	《关于“镰刀弯”地区玉米结构调整的指导意见》	《关于调整完善农业三项补贴政策的指导意见》
《关于加快转变农业发展方式的意见》	《关于促进大豆生产发展的指导意见》	《关于全面推开农业“三项补贴”改革工作的通知》
《全国种植业结构调整规划（2016—2020年）》	《关于推进马铃薯产业开发的指导意见》	《关于推进农村一二三产业融合发展的指导意见》
《关于加快推进渔业转方式调结构的指导意见》	《关于促进草食畜牧业加快发展的指导意见》	《农村产业融合发展试点示范方案》
	《关于促进南方水网地区生猪养殖布局调整优化的指导意见》	《探索实行耕地轮作休耕制度试点方案》
	《全国生猪生产发展规划（2016—2020年）》	

1. 综合性政策

第一，在调整农业结构方面，2015 年，农业部发布《关于进一步调整优化农业结构的指导意见》（以下简称《意见》），对新时期调整优化农业结构进行了系统部署。该文件提出了进一步调整优化农业结构的指导思想、基本原则、主要目标。主要目标是实现“两稳两增两提”，“两稳”即稳定粮食产量和粮食产能，“两增”即农业增效、农民增收，“两提”即提高农业市场竞争力和可持续发展能力。在工作部署上，从调整优化确保国家粮食安全的实现路径、区域生产力布局、粮经作物生产结构、种养结构、产业结构、产品结构等方面提出了进一步调整优化农业结构的六项重点任务。

第二，在转变农业发展方式方面，2015 年 8 月 7 日，国务院办公厅印发了《关于加快转变农业发展方式的意见》，对新形势下转变农业发展方式的基本原则、主要目标和重点任务做出了部署。关于发展目标，该文件提出，“到 2020 年，转变农业发展方式取得积极进展。多种形式的农业适度规模经营加快发展，农业综合生产能力稳步提升，产业结构逐步优化，农业资源利用和生态环境保护水平不断提高，物质技术装备条件显著改善，农民收入持续增加，为全面建成小康社会提供重要支撑。到 2030 年，转变农业发展方式取得显著成效。产品优质安全，农业资源利用高效，产地生态环境良好，产业发展有机融合，农业质量和效益明显提升，竞争力显著增强”。

第三，在种植业结构调整方面，2016 年 4 月 28 日，农业部公布了《全国种植业结构调整规划（2016—2020 年）》，确定了构建粮经饲协调发展的作物结构、构建适应市场需求的品种结构、构建生产生态协调的区域结构、构建用地养地结合的耕作制度四大调整任务，为玉米、大豆、马铃薯等具体品种政策制定提供了依据。

第四，在渔业结构调整方面，2016 年 5 月 4 日，农业部制定了《关于加快推进渔业转方式调结构的指导意见》，提出了“十三五”期间持续推进“两减两提三转[1]”的目标任务，要求“到 2020 年，全国水产健康养殖示范面积比重达到 65%，重点养殖区域的养殖废水基本实现达标排放；国内海洋捕捞产量压减到 1000 万吨左右；渔民人均纯收入比 2010 年翻一番，渔业效益显著提升；二、三产业产值比重超过 50%；科技进步贡献率超过 60%”等主要目标。在推进策略上，该文件提出了优化养殖空间布局、转变养殖业发展方式、促进捕捞业转型升级、推进产业链延伸拓展、确保渔业安全、强化渔业资源和生态环境保护、提升支撑保障能力等重点任务。

2. 专项性政策

第一，关于调减玉米的政策。推进农业供给侧结构性改革，重点是调整优化玉米结构。2015 年 11 月 2 日，农业部公布了《关于“镰刀弯”地区玉米结构调整的指导意见》。调整目标是，力争到 2020 年，“镰刀弯”地区玉米种植面积稳定在 1 亿亩，比目前减少 5000 万亩以上，重点发展青贮玉米、大豆、优质饲草、杂粮杂豆、春小麦、经济林果和生态功能型植物等，推动农牧紧密结合、产业深度融合，促进农业效益提升和产业升级。总体思路是，保产能、适当调、产业化。保产能，就是巩固提升优势产区，加强基础设施建设，确保玉米生产能力。适当调，就是适当调减非优势区域特别是“镰刀弯”地区的玉米面积。产业化，玉米是高能量而且后续加工产业链很长的农产品，所以还要以产业的理念来推动玉米的转化，实现农民增收。

第二，关于促进大豆生产的政策。大豆在农业结构调整中占有重要地位。促进大豆生产发展，不仅是满足国内食用消费的需要，实现用地养地结合的需要，还是保护种质资源和传统产区农民利益的需要。2016 年 4 月 5 日，农业部制定了《关于促进大豆生产发展的指导意见》，提出“与 2015 年相比，力争到 2020 年大豆面积达到 1.4 亿亩，平均亩产达到 135 公斤，食用大豆蛋白质含量提高 2 个百分点，榨油大豆含油率提高 1 个百分点”的目标任务，并从调整优化区域布局、大力推进科技创新、强化大豆政策扶持、建立优质大豆保护区、加强大豆市场调控和科学引导健康消费等方面做出部署。

第三，关于马铃薯产业开发的政策。把马铃薯作为主粮产品进行产业化开发，对于顺应居民消费升级的新趋势，树立大食物观，全方位、多途径开发食物资源，具有重要意义。2016 年 4 月 5 日，农业部制定了《关于推进马铃薯产业开发的指导意见》，提出“到 2020 年，马铃薯种植面积扩大到 1 亿亩以上，平均亩产提高到 1300 公斤，总产达到 1.3 亿吨左右；优质脱毒种薯普及率达到 45%，

[1] “两减”即减少养殖排放、减轻捕捞强度；“两提”即提高渔民收入、提升质量安全水平；“三转”即由注重产量增长转到更加注重质量效益，由注重资源利用转到更加注重生态环境保护，由注重物质投入转到更加注重科技进步。

适宜主食加工的品种种植比例达到 30%，主食消费占马铃薯总消费量的 30%”的目标任务，并提出了优化主食产品原料布局、开发多元化主食产品、强化主食产品原料生产技术支撑、研发主食加工工艺和设备、引导居民消费主食产品等重点任务。

第四，关于促进草食畜牧业加快发展的政策。草食畜牧业是现代畜牧业和现代农业的重要组成部分。发展草食畜牧业是推进农业结构调整的必然要求，是适应消费结构升级的战略选择，也是实现资源综合利用和农牧业可持续发展的客观需要。2015 年 5 月 4 日，农业部制定了《关于促进草食畜牧业加快发展的指导意见》，提出“到 2020 年，草食畜牧业综合生产能力进一步增强，牛羊肉总产量达到 1300 万吨以上，奶类总产量达到 4100 万吨以上；饲草料供应体系和抗灾保畜体系基本建立，秸秆饲用量达到 2.4 亿吨以上，青贮玉米收获面积达到 3500 万亩以上，保留种草面积达到 3.5 亿亩，其中苜蓿等优质牧草面积达到 60% 以上”等目标。

第五，关于生猪发展的政策。为加快生猪养殖产业转型升级，2015 年 11 月 27 日，农业部公布了《关于促进南方水网地区生猪养殖布局调整优化的指导意见》，提出“到 2020 年，在南方水网地区，年出栏 500 头以上的生猪养殖比重达到 70% 以上，生猪规模养殖场粪便处理设施配套比例达到 85% 以上，生猪粪便综合利用率达到 75% 以上”等政策目标，明确了调整优化区域布局、提高科学养殖水平和促进粪便综合利用三项主要调整任务。2016 年 4 月 21 日，农业部公布了《全国生猪生产发展规划（2016—2020 年）》，进一步提出到 2020 年，生猪生产保持稳定略增，猪肉保持基本自给，规模比重稳步提高，规模场户成为生猪养殖主体，生猪出栏率、母猪生产效率、劳动生产率持续提高，养殖废弃物综合利用率大幅提高，生产与环境协调发展。该规划将全国生猪生产的区域布局划分为重点发展区、约束发展区、潜力增长区和适度发展区 4 个区域。并提出了促进生猪生产发展的重点任务。

3. 支持性政策

第一，补贴政策。推进农业补贴政策改革，是主动适应经济发展新常态、顺应农业发展新形势的重要举措，是供给侧结构性改革在农业生产领域的具体体现，是推进新一轮农业结构调整的重要支撑。与补贴政策改革相关的文件，主要包括 2015 年财政部、农业部印发的《关于调整完善农业三项补贴政策的指导意见》和 2016 年财政部、农业部下发的《关于全面推开农业“三项补贴”改革工作的通知》。补贴政策的主要政策要点为，全面推开农业“三项补贴”改革以绿色生态为导向，将农业“三项补贴”合并为农业支持保护补贴，政策目标调整为支持耕地地力保护和粮食适度规模经营。

第二，产业政策。2015 年 12 月 30 日，国务院办公厅印发《关于推进农村一二三产业融合发展的指导意见》。该《意见》分总体要求、发展多类型农村产业融合方式、培育多元化农村产业融合主体、建立多形式利益联结机制、完善多渠道农村产业融合服务、健全农村产业融合推进机制六部分 27 条。主要目标是：到 2020 年，农村产业融合发展总体水平明显提升，产业链条完整、功能多样、业态丰富、利益联结紧密、产城融合更加协调的新格局基本形成，农业竞争力明显提高，农民收入持续增加，农村活力显著增强。2016 年 4 月 15 日，国家发改委等七部门制定了《农村产业融合发展试点示范方案》，拟在全国范围内组织实施农村产业融合发展“百县千乡万村”试点示范工程，提出了农业内部融合型、产业链延伸型、功能拓展型、新技术渗透型、多业态复合型、产城融合型六大类型，确定了优化县域空间发展布局，推进产城融合发展；探索多种产业融合形式，构建现代农业产业体系；健全产业链利益联结机制，让农民更多分享产业增值收益；创新产业融合投融资机制，拓宽资金渠道；加强基础设施建设，完善产业融合服务等六大任务。

第三，轮作休耕政策。2016 年 6 月，农业部会同有关部门制定了《探索实行耕地轮作休耕制度试点方案》，主要目标在于，“力争用 3~5 年时间，初步建立耕地轮作休耕组织方式和政策体系，集成推广种地养地和综合治理相结合的生产技术模式，探索形成轮作休耕与调节粮食等主要农产品供求余缺的互动关系。在东北冷凉区、北方农牧交错区等地推广轮作 500 万亩；在河北省黑龙港地下水漏斗区季节性休耕 100 万亩，在湖南省长株潭重金属污染区连年休耕 10 万亩，在西南石漠化区连年休耕 4 万亩，在西北生态严重退化地区连年休耕 2 万亩”。2016 年，中央财政安排 14.36 亿元，其中轮作补助资金 7.5 亿元，休耕补助资金 6.86 亿元，支持开展耕地轮作休耕制度试点。

（三）新一轮农业结构调整的初步政策效果

第一，转变农业发展方式迈出步伐。在推动农业种植结构调整的基础上，组织农业面源污染防治治理。东北 4 省区 17 个县开展黑土地保护利用技术集成试点，黑龙江省开展玉米大豆轮作试点、河北开展地下水超采区综合治理试点，长株潭地区启动 170 万亩重金属污染耕地修复治理试点。近年来，中国持续开展农药及农药使用专项整治，落实 6 项婴幼儿配方乳粉奶源监管措施，农产品质量安全水平稳中有升。2018 年第一季度国家农产品质量安全例行监测情况数据显示，抽检总体合格率达到 97.3%。其中，蔬菜、水果、畜禽产品和水产品抽检合格率分别为 96.2%、96.9%、98.3% 和 98.6%

第二，农业结构调整取得初步成效。主要体现在两点：一是做好减法，调减玉米面积。从春夏播情况看，2016 年玉米面积调减趋势明显，特别是“镰刀弯”地区的玉米面积调减较多，结构调整初见成效。据农业部农情调度，预计今年全国玉米面积调减 3000 万亩以上。二是做好加法，调减的玉米主要改种市场需要的大豆、杂粮杂豆、马铃薯、优质饲草等作物。

四、以供给侧结构性改革为引领推进农业现代化

2015 年中央农村工作会议做出了推进农业供给侧结构性改革的战略部署。2016 年中央一号文件指出，用发展新理念破解“三农”新难题，厚植农业农村发展优势，加大创新驱动力度，推进农业供给侧结构性改革。这是经济新常态下，推进农业现代化，实现农业提质增效与转型升级的必然选择，也是当前和今后一段时期农业农村经济工作的重大任务。

农业供给侧结构性改革是生产领域的全方位变革，是供给领域的全产业链条变革，是改革领域的协同性变革。推进供给侧结构性改革，要重点关注三个方面：第一，着眼于供给侧，强调从生产端入手，从供给侧发力；第二，问题突出表现为结构性矛盾，要优化供给结构，以更好地适应消费；第三，根源都是体制问题，强调技术创新和制度创新，依靠改革创新来化解。从逻辑关系上看，供给侧是矛盾起点，结构调整是内容，转变方式是手段，三者互为因果、相互影响，共同构成农业供给侧结构性改革的重要内容。农业供给侧结构性改革，既强调农产品供给又关注消费需求，既突出发展生产力又注重完善生产关系，既发挥市场配置资源的决定性作用又更好地发挥政府的作用。因此，应摒弃简单理解和单线思维误区，按照“供给侧 + 结构性 + 改革”的思路，从生产端供需错配着眼，牢牢把握矫正农业要素配置扭曲这一主线，通过体制机制创新，以新的发展理念破解农业农村发展中面临的矛盾和问题。

在推进战略上，要以“五大发展理念”引领农业供给侧结构性改革，推进农业现代化。树立创新理念，加快实施创新驱动战略。树立协调理念，推进农村一二三产业融合发展，形成粮经饲统筹、

种养加一体、农牧渔结合的现代农业结构，最大限度地满足社会对农业的多元化需求。树立绿色理念，大力发展资源节约、环境友好、生态保育型农业，走生产发展、生活富裕、生态良好的文明发展道路，推进农业可持续发展和美丽乡村建设。树立开放理念，统筹利用好国际国内两个市场、两种资源，构建完善现代农业市场调控体系和对外开放体系。树立共享理念，实施包容性增长战略，加大脱贫攻坚工作力度，建立健全农业支持保护制度，促进农民持续增收，确保到2020年，贫困群众与全国人民一道同步进入全面小康社会（高强、张照新，2016）。

五、新时期推进农业结构调整的政策建议

经济发展转入新常态的一个显著特点，就是传统的产业结构和传统的经济增长点进入深度调整，新的产业业态和新的增长点加快孕育。这一战略性判断也为新一轮农业结构调整指明了方向。党的十七届三中全会把“推进农业经营体制机制创新，加快农业经营方式转变”作为稳定和完善农村基本经营制度的重要内容，并从“统”和“分”两个层次提出了“两个转变”的政策要求。2016年的中央1号文件强调指出：“大力推进农业现代化，必须着力强化物质装备和技术支撑，着力构建现代农业产业体系、生产体系、经营体系，实施藏粮于地、藏粮于技战略，推动粮经饲统筹、农林牧渔结合、种养加一体、一二三产业融合发展，让农业成为充满希望的朝阳产业。”这既指明了农业现代化的主攻方向，又明确了新一轮农业结构调整的实现路径。推进新一轮农业结构调整必须在坚持和完善农村基本经营制度的前提下，加快创新农业经营体制，构筑农业支持保护新机制，加快推进农业国际化进程。

（一）提升小规模农户竞争力，提高集约化水平

家庭经营是农村基本经营制度的基础。稳定和完善土地承包关系是家庭经营的核心。农户作为基本经营主体，不仅是由农业产业特征决定的，而且由农户家庭的社会经济属性决定的，并且符合世界各国农业发展经验。在“分”的层面，超小规模家庭经营生产投入多、耗时长、成本高，应对市场变化能力弱，难以适应现代农业发展的需要。2008年召开的中共十七届三中全会指出：“家庭经营要向采用先进科技和生产手段的方向转变，增加技术、资本等生产要素投入，着力提高集约化水平。”因此，一方面，要加快科技创新与推广体系建设，引导和支持小规模农户采用先进的科技和生产手段，加大资本、技术等生产要素投入，不断提高农户集约化经营水平；另一方面，要加大专业大户、家庭农场等新型经营主体的培育力度，完善财政、税收、金融、保险等扶持政策，造就一支建设现代农业的新型职业农民队伍（孔祥智等，2014）。

（二）发展农户联合与合作，提高农业组织化程度

统一经营是为了克服家庭承包经营规模小、组织化程度低与抗风险能力弱等缺点，实现小农户与大生产的对接而形成的一种生产经营形式。十七届三中全会指出：“统一经营要向发展农户联合与合作，形成多元化、多层次、多形式经营服务体系的方向转变。”一要培育农民新型合作组织，不断提升合作社规范化管理水平和自我发展能力，使之成为引领农民参与国内外市场竞争的现代农业经营组织。二要因地制宜探索集体经济多种有效实现形式，不断壮大集体经济，增强集体组织服务功能。三是按照现代农业的发展要求，培育经营性服务组织，从市场准入、税费减免、资金支持和人才培养等方面加大扶持力度，推进农业社会化服务主体多元化、形式多样化、服务多领域，使农民享受到低成本、便利化、全方位的社会化服务（农业部编写组，2013）。

（三）培育壮大农业产业化龙头企业，完善利益联结机制

农业产业化经营作为一种以市场为导向，将农产品生产、加工、销售各个环节有机结合起来的经营组织形式，是中国经济体制改革的一项重大创新。龙头企业拥有雄厚的资本、技术、人才等生产要素，带动农户发展专业化、标准化、规模化、集约化生产，是构建现代农业产业体系的重要主体。培育壮大农业产业化龙头企业，一要选择一些关系国计民生的重点行业和关键领域，打造一批引领行业发展的领军企业。在完善企业治理结构的基础上，推动跨区域、跨行业和跨领域的整合重组，组建一批大型企业集团。二是强化支持与服务，使企业成为科学技术创新的主体。加大财政支持与专利保护，鼓励龙头企业加大科研投入、组建科研机构，研发具有自主知识产权的新技术和新产品，培育自主创新能力。三是完善与农户利益联结机制，增强辐射带动能力。要通过大力发展订单农业、支持企业与合作社等生产组织对接、开展各类农业服务等途径，使龙头企业与农户形成更加紧密的利益联结关系。

（四）加大“三农”投入力度，构筑农业支持保护新机制

农业支持保护体系是以财政资金为基础、以政策调节为手段，对农业进行扶持、援助和保护，以保障国家粮食和产业安全、提高农业可持续发展能力的政策体系。改革开放以来，中国通过加大强农惠农富农政策投入力度，在提高粮食等重要农产品综合生产能力、促进农民收入持续增加、保障生态和产业安全等方面发挥了积极作用。推进农业新发展战略，必须围绕现代农业发展要求和国际竞争趋势，构筑农业支持保护新机制。一是要进一步完善农业补贴政策。科学配置存量补贴资源、优化补贴结构，合理利用WTO农业协议有关规则，加大“绿箱”政策投入，用足用好“黄箱”政策，充分发挥农业补贴的政策导向作用。二是要完善农业利益补偿机制。完善主产区利益补偿、耕地保护补偿、生态补偿办法，加快让农业获得合理利润，让主产区财力逐步达到全国或全省平均水平。三是优化农村金融生态环境，强化金融支持农业力度。四是完善农业保险制度，通过扩大保险覆盖范围、调整保费负担关系、健全风险分散机制等手段，让农业保险真正成为惠及农户、保障产业、平衡利益的灾害补偿制度。

（五）加快调整农业进出口策略，提升农业国际化水平

在当前和今后一段时期内，农产品需求刚性增长和农业发展面临的资源环境约束不断增强的双重压力将持续存在，统筹利用国际市场和资源对于保障国内粮食安全和农产品供给的作用越来越大。农业新发展战略的推进，需要加快调整农业进出口策略，在坚持立足国内保障基本供给、有效利用国际市场的前提下，有效统筹国内生产和进口需求，确保国内产业政策与贸易政策相衔接，国内生产力布局和国际市场开拓相匹配，国内消费趋势掌控与进出口调节相协调（程国强、朱满德，2014）。一是依据国内农产品需求结构、特点和趋势，优化进口农产品布局，确保产地多元和产品多样，缓解资源环境压力。二是要充分发挥国内劳动力丰富的比较优势，加强对优势农产品品牌开发支持力度，鼓励企业国际认证和注册，促进优势农产品出口，提升国际竞争力。三是要发挥企业主体作用，稳步推动农业企业“走出去”，开展水稻、大豆、棉花等资源密集型产品的生产和经营，主动参与国际分工与合作，提升农业国际影响力。

参考文献：

[1] 国务院发展研究中心，世界银行．中国：推进高效、包容、可持续的城镇化［M］．北京：中国发展出版社，2014.
[2] 孔祥智．农业农村发展新阶段的特征及发展趋势［J］．农村工作通讯，2012(2): 46-48.
[3] 孔祥智．新型农业经营主体的地位和顶层设计［J］．改革，2014(5): 32-34.
[4] 孔祥智，高强，刘同山．中国农业现代化：资源约束与发展方向［J］．湖州师范学院学报，2014(5):1-8.
[5] 高强，孔祥智．我国农业社会化服务体系演进轨迹与政策匹配：1978—2013年［J］．改革，2013(4):5-18.
[6] 高强，张照新．农业供给侧结构性改革与合作社创新发展［J］．中国延安干部学院学报，2016(4).
[7] 高强，孔祥智，邵峰．现代农业园区建设中的土地问题与对策分析［J］．农村经济，2012(11): 9-13.
[8] 高强，孔祥智，邵锋．工商企业租地经营风险及其防范制度研究［J］．中州学刊，2016(1): 43-48.
[9] 廖洪乐．中国农村土地制度六十年——回顾与展望［M］．北京：中国财政经济出版社，2008.
[10] 农业部编写组．农业农村有关重大问题研究［M］．北京：中国农业出版社，2013.
[11] 农业部农村经济研究中心编．中国农村政策执行报告：2009—2013［M］．北京：中国农业出版社，2014: 42.
[12] 宋洪远．农村改革三十年［M］．北京：中国农业出版社，2008: 218-219.
[13] 宋洪远等．改革以来中国农业和农村经济政策的演变［M］．北京：中国经济出版社，2000: 260.
[14] 宋洪远等．“十五”时期农业和农村回顾与评价［M］．北京：中国农业出版社，2007: 300.
[15] 宋洪远，赵海等．中国新型农业经营主体发展研究［M］．北京：中国金融出版社，2015.
[16] 叶兴庆．国家粮食安全战略的新变化及其实现路径［J］．中国党政干部论坛，2014(2): 41-44.
[17] 程国强，朱满德．中国农业实施全球战略的路径选择与政策框架［J］．改革，2014(1): 109-123.
[18] 陈锡文，韩俊．经济新常态下破解“三农”难题新思路［M］．北京：清华大学出版社，2016: 20-21.
[19] 郭玮．着力构建现代农业产业体系生产体系经营体系［J］．休闲农业与美丽乡村，2016(2): 22-23.
[20] 谭铁安．工商企业流转农业用地需注意三个倾向［N］．农民日报，2014-3-24.
[21] 钟真，孔祥智．经济新常态下的中国农业政策转型［J］．教学与研究，2015(5): 5-13.
[22] 张红宇，禤燕庆，王斯烈．工商资本如何发挥对现代农业的引领作用——联想佳沃集团发展蓝莓、猕猴桃产业情况的调查与分析［J］．农村经营管理，2014(11): 24-29.

第 11 章　农村金融创新

第 1 节　农村金融改革与农村土地承包经营权抵押融资模式创新

一、中国农村金融改革：2000—2016

据估算，1978—2012 年，通过财政、金融机构以及工农产品价格剪刀差等渠道，农村地区向城市地区净流入资金大约为 26.66 万亿元（周振等，2015）。但 1996 年之后，我国资金供求形势由短缺转向过剩，这就意味着国家以行政手段抽取农村剩余，以补贴城市及工业发展的动机已经失去。而此时，我国城乡收入比已经由 1985 年的 1.3684 逐步扩大到 2003 年的 2.5294。在此背景下，国家对农村的态度逐渐由"汲取"变为了"帮助"。但一种机制与思想观念一旦形成并长期存在，便拥有一定的惯性，不是短期内可以扭转的，更何况新的时代背景下，我们所面对的形势更加复杂，因此国家对农村地区金融体系的改革一直在曲折中前进着。理解 21 世纪以来我国农村金融改革的政策取向与脉络，可以从我国的利率市场化、农村要素资本化以及农村金融机构多样化这些方面着眼。

（一）利率市场化、要素资本化与金融机构多样化

1. 利率市场化

1993 年，十四届三中全会《关于建立社会主义市场经济体制若干问题的决定》提出了关于利率市场化的初步设想。1996 年，中国人民银行实现了同业拆借利率（Chibor）的完全市场化并正式启动利率市场化改革，中国利率的管制终于开始松动。

一是债券市场利率市场化进程。1996 年，财政部通过证券交易所市场平台实现了国债的市场化发行并完成了同业拆借利率的市场化。1997 年银行间债券回购利率放开。1998 年，国家开发银行在银行间债券市场首次进行了市场化发债。1999 年，市场招标的形式也开始被引入国债发行中。自此，银行间市场利率，国债及政策性金融债利率得以完全市场化。

二是金融机构存贷款利率市场化进程。1998—1999 年，中国人民银行连续三次扩大金融机构贷款利率浮动区间。1999 年，中国人民银行批准中资商业银行法人对中资保险公司法人试办由双方协商确定大额定期存款，存款利率改革开始破冰。2000—2003 年，中国逐步放开了外币存款利率的管制。2004 年，人民银行再次扩大金融机构利率浮动区间，并于同年取消金融机构的贷款利率上限及存款利率下限，开始对贷款利率及存款利率实行下限管理与上限管理。2006—2012 年，人民银行逐步放宽对利率的限制。2013 年取消金融机构贷款利率下限，改由金融机构根据商业原则自主确定贷款利率水平，其标志着我国贷款利率市场化得以实现。2014—2015 年，人民银行先后三次放宽存款利率的上限管理。2015 年《存款保险条例》的出台为存款利率市场化的完成做好了铺垫。2015 年 10 月，央行取消存款利率上限管理，我国利率市场化在形式上得以完成。

2. 农村要素资本化

从古至今，土地及其产权问题都是国家社会问题中的重中之重，也是“三农”研究中无法回避的问题。土地承包权、集体林权与农民的生产经营密不可分，农房产权也是农民必不可少的生活基本需求。这些问题如果处理得当，便会极大促进农民增收与农村地区的社会稳定，但如果处理不好，便会造成农村地区的社会经济秩序紊乱，甚至危及国家的稳定。因此，国家在农村要素资本化的问题上一直坚持极其谨慎的态度，推进得也一直比较缓慢。改革开放以来，我国的土地资本化进程其实一直在缓慢的推进中。从农村土地的家庭联产承包责任制到集体建设用地流转试点，再到十八届三中全会对农村土地确权流转的整体规范与推动，我国的土地资本化更加深化，正一步一步走向规范与合理。20 世纪 90 年代的“南海模式”，2001 年试行的“绍兴模式”，以及后来试点的“平罗模式”“徐庄模式”都代表着政府对土地资本化的积极探索与推进。

在原有的土地制度下，农民所承包经营的土地、住房以及宅基地作为可以带来长期收益的资产，其财产功能难以发挥。土地仅仅作为被耕作的对象，住房和宅基地也只是被当作居住、生活的场所，其抵押权、担保权等权利缺失严重。而这种抵押权、担保权的缺失又导致了农民难以获得贷款，其信贷需求就无法得到满足。这种抵押、担保品的缺失极大抑制了农民的信贷需求。

土地资本化作为解决农民合格担保物缺失问题的最有效的解决办法，其进程的加快已经是箭在弦上，不得不发了。因此，党的十八届三中全会《中共中央关于全面深化改革若干重大问题的决定》明确了土地资本化的改革方向，王曙光（2015）将其归纳为三条。其一，赋予农民对承包地的占有、使用、收益、流转及经营权抵押、担保权能。其二，保障农民集体组织成员权利。其三，推进农民住房财产权抵押、担保、转让，探索农民增加财产性收入渠道。

毫无疑问，十八届三中全会对于土地政策的改革将极大地推动农村要素资本化的进程，盘活大量土地，改善农民信贷需求的质量，这对于农村金融机构的发展与农民的增收都是很大的利好消息。然而，政策导向是好的，但如果配套的政策法规不能很好的制定与执行，“三权”抵押带来的正面效果也只能大打折扣。因此，如何保障政策的落实也是国家应该积极探索与求解的问题。

3. 农村金融机构多样化

新中国成立以来一直到 20 世纪 90 年代中后期，中国的农村金融机构一直都是国家在农村地区的“融资抓手”。以中国农业银行与农村信用合作社为代表的农村金融机构长期以来一直扮演着储蓄动员机器的角色，源源不断地将农村剩余资金输往城市以支持工业化进程。

农村地区的金融机构可就其是否拥有金融当局颁发的金融许可证，是否接受相关单位的金融监管分为正式金融与非正式金融两种。正式金融主要有农村信用合作社、中国农业银行、中国农业发展银行、中国邮政储蓄银行、村镇银行、贷款公司和资金互助社。非正式金融则比较复杂，但大致可分为亲友借贷、典当行、高利贷、合作基金会、合会、资金互助、小额信贷和股权融资。内生于农村的非正式金融长期受到政府的政策性压制，而政府压制农村地区非正式金融的目的是为了汲取农村剩余以支援国家工业化建设。这一情况在 20 世纪 90 年代中后期发生了逆转，国家资金由短缺转向剩余，再也不需要汲取农村剩余以支持工业发展。国家便推动了一系列金融机构改革政策来援助农村的建设。

一是农村信用社的发展与改革。经过 20 世纪 90 年代后期的规划与整顿，2003 年中共中央、国务院联合发布了《关于做好农业和农村工作的意见》《国务院关于印发深化农村信用社改革试点方案的通知》，2004 年国务院办公厅、人民银行、银监会（现银保监会）等部门发布了《国务院办公厅关于进一步深化农村信用社改革试点的意见》《银监会、人民银行关于明确对农村信用社监管管理职职责的指导意见》，开始推行全国范围内的农信社改革试点工作。这次改革的任务主要是明确农村信用合作社的产权制度与改善治理结构。2008 年银监会（现银保监会）召开全国农村中小金融机构监管会议提出了农信社的“二次改革”，提议建立省联社并坚持农信社股份制改革方向。2009—2014 年，农信社逐步改制为农商行。截至 2014 年年末，农村商业银行网点数已占涉农金融机构营业网点总数的 40.27%，而且之一比例将于未来几年持续上升。

二是新型农村金融机构的发展。伴随着我国金融机构商业化与利率市场化的不断深入，传统的以农信社为代表的服务“三农”的金融机构不断出现“资金离农”与“机构离农”的现象，这与资本的逐利性是完全相符的，但却非我们所希望的。无论从动机还是效果上看，传统金融机构在支持农村发展上已略显无力，它们不愿也不能带动农村经济发展。

2004 年至 2007 年的中央一号文件提出要进行农村金融体制的改革和创新，积极兴办直接为“三农”服务的多种所有制的金融组织。2005 年国务院发布《国务院关于鼓励支持和引导个体私营等非公有制经济发展的若干意见》，同年政府报告首次提出“金融机构所有制多元化”。2007 年，我国实行了农村金融“新政”，批准了农村资金互助社、村镇银行和小额贷款公司三种新型农村金融机构，并逐步开展了试点工作。2013 年十八届三中全会正式提出了发展“普惠金融”。

2014 年国办发布《关于金融服务“三农”发展的若干意见》，对深化农村金融体制机制改革、大力发展农村普惠金融、引导加大涉农资金投放、创新农村金融产品和服务方式、加大对重点领域的金融支持、拓展农业保险广度和深度、稳步培育发展农村资本市场、完善农村金融基础设施与加大对“三农”金融服务的政策支持这九个方面做了详细的要求。毫无疑问，农村金融体系的发展将金融一个崭新的篇章。

（二）农村信贷市场的变化

虽然，农村地区一直处在资金流失的状态中，但是，农村金融体系服务“三农”的广度与深度却在逐年拓展与深化（如表 11-1 所示）。就 2007 年至 2014 年年底来说，农村（县及县以下）贷款余额以年均增量 21.7% 的速度逐年上升，农户贷款余额的年均增速也达到了 22.0%。涉农贷款以及农户贷款的数量上的飞速增长在一定程度上说明了我国长期以来对农村地区的金融扶持政策是积极有效的，也表明均摊在每个农村人口上的金融服务与信贷数量有了一定的改善。另一方面，涉农贷款以及农户贷款占各项贷款数的百分比也在逐年扩大，这也表明了我国金融体系的服务倾向更加公平，城乡在金融资源的获取上日趋平等。

表 11-1　2007 年—2016 年农村及农户贷款变动情况分析表

时期	农村（县及县以下）贷款		农户贷款	
	本期数（亿元）	占各项贷款数（%）	本期数（亿元）	占各项贷款数（%）
2007年12月	50384	18.1	13399	4.8
2008年12月	55569	17.4	15170	4.7
2009年12月	74551	17.5	20134	4.7
2010年12月	98017	19.2	26043	5.1
2011年12月	121469	20.9	31023	5.3
2012年12月	145385	21.6	36193	5.4

续表

时期	农村（县及县以下）贷款		农户贷款	
	本期数（亿元）	占各项贷款数（%）	本期数（亿元）	占各项贷款数（%）
2013年12月	172938	22.6	45027	5.9
2014年12月	194383	23.2	53587	6.4
2015年12月	216100	23.0	61500	6.5
2016年12月	230000	21.6	70800	6.6

数据来源：中国人民银行调查统计司。

注：涉农贷款专项统计自2007年9月起开始实施，当年无法统计涉农贷款。

根据中国人民银行发布的《2017 年四季度金融机构贷款投向统计报告》显示，2017 年年末，金融机构人民币各项贷款余额 120.1 万亿元，同比增长 12.7%，增速比上年末低 0.8 个百分点；金融在支持“三农”方面不断加力，2017 年年末，本外币农村（县及县以下）贷款余额 25.1 万亿元，同比增长 9.3%；农户贷款余额 8.1 万亿元，同比增长 14.4%，增速比上年末低 0.8 个百分点，全年增加 1 万亿元，同比多增 880 亿元；农业贷款余额 3.9 万亿元，同比增长 5.7%，增速比上年末高 1.5 个百分点，全年增加 2187 亿元，同比多增 394 亿元。

在金融机构的覆盖方面，政府也推行了一系列行之有效的政策措施，取得了显著的成效。参考 2014 年《中国农村金融服务报告》相关内容，截至 2014 年年底，全国金融机构空白乡镇从 2009 年 10 月的 2945 个减少到 1570 个；实现乡镇金融机构和乡镇基础金融服务双覆盖的省份（含计划单列市）从 2009 年 10 月的 9 个增加到 25 个。2014 年，银监会（现银保监会）又启动实施了基础金融服务“村村通”工程，印发《关于推进基础金融服务“村村通”的指导意见》，引导和鼓励银行业金融机构用 3~5 年时间总体实现基础金融服务行政村全覆盖。通过设立标准化网点、开展简易便民定时定点服务、布设自助服务终端等多种服务形式，金融服务已覆盖 52 万个行政村。总体来说，尽管我国农村金融体系还存在很多不足，支农水平也很有限，其改革与推进有时也令人感觉“山重水复”“困难重重”，但却总是朝着正确的目标“百折不挠”地前进着。

二、农村土地承包经营权抵押融资模式创新

改革开放以来，农村土地家庭承包制的实行，在农村土地权利束中创设了一项全新的权利即农村土地承包经营权，此项权利自从设立以来，在政府和农民的双重推动下，权能不断确定并不断强化，与农村土地其他相关权利的界限也日益清晰，权利运行日益受到保障。尤其是 2007 年出台的《物权法》将农村土地承包经营权界定为用益物权，从法律高度确立了该项权利的性质和享有的权能。党的十八大以来，农村土地承包经营权的权能日益扩大，抵押权成为一项新的权能；同时，党的十八届四中全会明确制定《农村集体经济组织条例》，必将明确农村集体经济组织的组织设置和职能设置，农村土地承包经营权的抵押融资与新型农村集体经济组织相结合，必将推动农村土地承包经营权抵押融资模式的创新和发展，这对缓解长期以来存在的农村融资瓶颈，增加农民财产性收入，具有历史性的重大意义。

（一）农村土地承包经营权界定

从全世界范围内，农村土地承包经营权为我国所独有，是一项具有中国特色的农村土地权利；同时，农村土地承包经营权也不是在长久历史演变中自发形成的，而是伴随改革开放后农村土地家

庭承包制的实施而产生的，具有一定伴生性。但该项权利自产生以来，由于适应我国农村经济发展现实和且能满足政府、集体、农户三方的利益诉求，权能日益健全，自主性日益强化，在农村土地权利束中占有越来越重要的地位和作用。

从农村土地的角度，如图 11-1 所示，其权利束主要包括所有权和承包权两种，所有权是残缺的，承包权则是一种成员权，其特点可概括为：村集体有发包的义务，社区农民有承包的权力。从农村土地承包权的角度，其权利束或权能主要包括转让权[1]、经营权和继承权，其中继承权仅限于承包期内。从农村土地承包经营权的角度，其自身属于一种特殊的用益物权，权利束主要包括入股权、担保权、出租权、抵押权、使用权等，其中农村土地承包经营权能否抵押的问题，在法律上是禁止的，但从 2009 年 3 月，央行和银监会（现银保监会）联合下发《关于进一步加强信贷结构调整促进国民经济平稳较快发展的指导意见》开始到 2015 年的一号文件，从政策角度均允许开展农村土地承包经营权抵押融资试点。事实上，各地也进行了各种各样的探索，有成功的也有失败的。从党的十八大以来，农村土地承包经营权的抵押融资问题进入深化改革和全国试点的新阶段，在新常态下农村土地承包经营权抵押融资问题必将在农村土地整个权利束中占据日益重要地位。

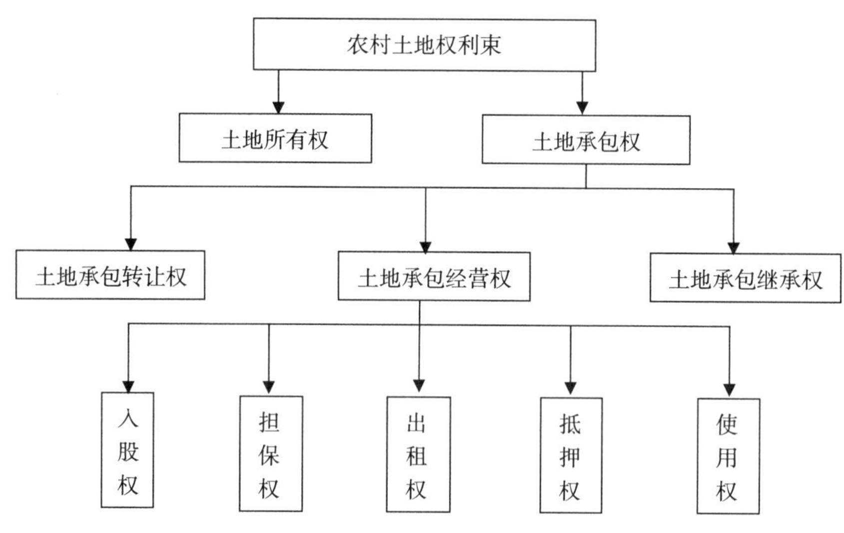

图 11-1　农村土地权利束[2]

（二）农村土地承包经营权抵押融资模式

农村土地承包 30 年不变或“长久不变”的土地政策和农村土地承包经营权用益物权的法律界定为农村土地承包经营权的抵押提供了前提和奠定了基础。从 2009 年政策允许试点开始，在农户贷款需求强烈、政府推动力度加大及银行流动性充足的共同作用下，各地积极探索，形成了多种农村土地承包经营权抵押融资模式。

[1] 根据《农村土地承包法》第三十二条和《农村土地承包经营权流转管理办法》第三十五条，虽然法律规定农村土地承包经营权有转让权，但实际上该项权利属于土地承包权，因为转让后原土地承包关系自行终止，即原转让方已经不享受承包权了，顾本文将转让权列为土地承包权的权能。

[2] 农村土地权利束是一个变动的概念，本文列举的具体权利只是到目前为止农村土地全部权利束的一部分，比如，农村土地承包抵押权只是政策文件中赋予的权能，尚未得到法律的确认，目前也仅处于试点阶段。

1. 国内抵押融资模式

新中国成立前，我国农村就存在土地融资问题，20 世纪 40 年代初，国民党政府宣布正式成立“中国土地银行”，当时的中国农民银行业也增设“土地金融处”，专办土地金融业务，这是我国最早的土地金融机构。新中国成立后，计划经济时期土地集体所有、集体经营，不存在土地融资问题。改革开放后，农村土地集体所有、家庭经营模式的确立为土地融资提供了制度环境。综合考虑目前各试点地区农村土地抵押融资模式，通过表 11-2 可看出，我国农村土地承包经营权抵押融资模式明显具有三个特点，即间接化、行政化和非链条化。

表 11-2 国内外农用地抵押融资模式

	抵押融资模式	试点区域	核心内容
国内抵押融资模式	农民—地方政府—土地金融机构	贵州湄潭	政府财政出资成立土地金融公司，以非耕地资源为抵押物
	农民—村委会—金融机构	山东寿光	村委会对申贷农户进行信誉评级，经管站丈量估价并办理抵押手续，银行放贷
	农民—专业合作社—金融机构	辽宁法库	承包土地作价入股成立专业合作社，专业合作社以入股土地做抵押申贷融资
	农民—金融机构	重庆市	土地承包经营权确权颁证，然后农民抵押申贷
	农民—担保公司—金融机构	四川成都	政府出资成立担保公司，申贷农民将土地承包经营权作为反担保物抵押给担保公司
	农民—土地抵押协会—金融机构	宁夏同心	成立土地承包经营权抵押协会，若出现呆坏账，申贷农民土地承包经营权转让给代还款者
国际抵押融资模式	土地抵押信用合作社+联合合作银行	德国	土地所有者成立土地抵押信用合作社，以土地为抵押发行土地债券筹集资金
	农业信用合作社+联邦土地银行	美国	农业信用合作社参与土地抵押贷款，共同组成联邦土地银行，负责发行土地债券

注：表中各种具体融资模式的运行机制详见王铁（2008），臧波、杨庆媛、周滔（2012），刘中杰（2013）和惠献波（2014）文章，本表就不详细赘述。

一是间接化。根据我国农村土地政策，农民拥有土地承包权和衍生的初始承包经营权。在抵押融资试点区域，作为资金需求方，农民可直接以自己拥有的土地承包经营权为抵押向金融机构申请抵押融资。但由于我国农户土地规模有限、价值评估较难、交易成本较高，这种直接性的融资模式不占主流，目前仅在重庆市开展了试点，适用范围也主要是家庭农场、种植大户等规模经营单位。通过村委会、专业合作社、担保公司等中介间接申贷是目前农村土地承包经营权抵押融资的主流模式，山东寿光、辽宁法库、四川成都、宁夏同心等都属间接融资模式。

二是行政化。在间接化抵押融资模式中，无论是村委会、专业合作社、抵押协会还是担保公司，都具有较强的行政化倾向，其中贵州湄潭实验更是地方政府深度参与。从各地试点看，试点均以政府推动为主，民间自发启动为辅，虽然从机构性质角度没有体现出行政化倾向，但从实质上都具有较强的行政化色彩，部分试点地区更是财政出资设立保障金或直接成立担保公司，如果没有政府的参与，抵押融资试点也许难以大范围开展，但贵州湄潭实验的失败也说明政府的深度参与对试点有利有弊，需要科学把握。

三是非链条化。我国目前的农村土地承包经营权抵押融资试点均仅限于资金需求方，而没有涉及资金供给方即金融机构。无论是农户借助中介抵押融资还是组建合作社集体抵押融资，试点都集中于如何简化抵押融资手续、解决呆坏账处理成本、降低申贷交易成本等前段环节，均没有涉及农户直接组建或通过合作社组建金融机构从市场直接融资的问题，属于不完整的融资链条创新。从试点区域看，贵州湄潭试点涉及了财政出资设立土地金融机构，但最终以失败告终，后续试点均未涉及土地金融机构问题。

由于农村土地承包经营权抵押融资处于试点阶段，各地取名也多种多样，规范性较低，但大多属于打“金融”的牌子干“流转”的事。比如，宁夏同心县试点的农村土地信用合作社、四川彭州市试点的农村土地银行及其他试点区域采用的农村土地信托机构等各种组织，虽然名称与农村金融貌似相关，但实质上均是农村土地流转中介机构，与农民融资尤其是土地抵押融资基本没有关系。对于宁夏平罗试点中的“存地证”抵押和重庆江津地区的股权抵押，前者只是规章内容，基本没有付诸实施；后者实质是农户土地承包经营权作价入股成立企业，然后企业股权抵押融资，实质是通过入股方式通过企业申贷，与通过专业合作社间接融资模式本质相同。

2. 国际抵押融资模式

鉴于农业的外部性、公益性和弱质性，国际上大多数国家尤其是发达国家均对农业融资提供了各种优惠扶持政策，原社会主义国家俄罗斯、越南等均允许土地抵押，美国、德国、日本等则设有专门的土地金融机构。总体上而言，国外以美国和德国为代表的国家农村土地抵押融资试点与我国有明显的不同，主要以信用合作社为基础，以民间需求为动力源泉，以自行发债为融资手段。

一是基础：信用合作社。如表 1 所示，国外发达国家主要是美国和德国的土地抵押融资均以组建土地信用合作社为基础，资金需求方通过集合各自拥有的土地成立土地信用合作社，然后以土地信用合作社为基础，组建更高层级的银行，比如，美国的联邦土地银行，德国的联合合作银行。国外的信用合作社总体具有较强的合作性和自发性。

二是动力：民间需求。国外成立土地金融机构的主要动力源自农民资金需求，具有较强的“自下而上”特点，需求资金的农民是最大受益者，也是最初的发动者，从发起成立环节政府干预较少。资金需求者自发成立信用合作社，然后统一进入金融市场，以信用合作社为基础直接融资满足自身资金需求，具有自我组织、自我服务、自我管理的特点。

三是融资：自行发债。对于美国、德国等发达国家，农村土地抵押融资的主要方式是抵押土地证券化，以土地信用合作社为基础，利用土地做抵押，通过金融市场发行债券筹集资金，属于直接融资范畴，融资成本较低。同时，政府通过提供担保或购买土地抵押债券等方式支持农村信用合作社的发展，以此解决农民融资问题。

总体上，从抵押物或抵押权利的角度，国内是农村土地承包经营权，国外是农村土地所有权。从融资方式角度，国内是借助村委会、专业合作社、抵押协会等中介组织以土地承包经营权做抵押向金融机构借款，属于间接融资，国外则是资金需求方直接成立土地信用合作社，然后通过发行债券自行融资。从启动方式角度，国内大多属于行政推动，采取“自上而下”的方式，具有较强的行政化倾向；国外主要是民间需求主导，采取“自下而上”的方式，政府主要是间接扶持，具有较强的合作性和自发性。从融资链条角度，国内土地抵押融资属于不完整链条，试点集中于解决资金需求方即农民的申贷手续、申贷成本、申贷方式等问题，土地是抵押给金融机构；而国外土地抵押则覆盖资金供需双方，属于全链条融资，土地是抵押给债券购买者，以土地为媒介自我满足资金需求。

（三）基于村集体经济组织的新型抵押融资模式

党的十八届四中全会明确提出要制定出台《农村集体经济组织条例》，条例内容目前尚不得而知，但条例的制定出台必将对农村集体经济组织的机构设置、功能定位、经营范围等内容做出明确规定。与村委会、专业合作社等组织相比，农村集体经济组织具有自身独特的市场定位和经营优势；同时，随着村集体经济组织的发展壮大，基于村集体经济组织的新型农地抵押融资模式必将成为新趋势和新亮点，为缓解农村融资难和解决呆坏账时抵押农地的处理问题提供一种新模式。基于村集体经济组织的新型农村土地抵押融资模式，村集体经济组织将成为为农民服务的担保融资平台，为村集体服务的农村土地资本化平台和为金融机构服务的呆坏账处理平台。

1. 为农民服务的担保融资平台

农村集体经济组织作为农村集体财产的所有者和经营者，可以突破村委会群众性自治组织的约束限制，以市场主体身份公开参与市场融资，将自身打造成一个为农民服务的融资平台，在目前统分结合的双层经营体制中，突出“统”的部分中金融合作的功能，搭建一个农民参与金融市场的平台和载体。

一是代为农户融资。农村集体经济组织作为农村承包土地的所有者，在所有权和经营权分离的经营状态下，贷款农户在保留自身承包土地承包权的基础上，让渡承包经营权给农村集体经济组织，然后农村集体经济组织将拟抵押的土地统一评估，与金融机构对接，贷款申请下来后，村集体经济组织依据农户抵押土地的数量按比例分配给农户。申贷农户将拟抵押土地先交由村集体经济组织，然后由村集体经济组织统一对接金融机构，有利于降低交易成本，简化申贷手续，提高申贷效率和成功率。

二是为农户申贷担保。农户作为申贷主体，即使愿意将土地承包经营权抵押给金融机构，鉴于土地承包经营权存在变现难、收益低、处置成本高等一系列问题，金融机构也不愿接受，即使接受土地作为抵押，抵押率也较低。在抵押物难以满足金融机构要求的情况下，担保便成为成功申贷的另一种可选择方式。农村集体经济组织可以农户拟抵押的承包地为反担保物，为申贷农户提供担保服务，解决农户单家独户抵押融资申贷难度大的问题，通过农村集体经济组织这一媒介，实现农户与金融机构的对接。

总体上，与村委会相比，村集体经济组织是经济实体，可直接参与市场融资，开展市场业务并可签订合同，村委会不能直接开展融资业务和担保服务。与合作社相比，村集体经济组织是农村承包土地的所有者，化解土地抵押纠纷的能力较强。与政府财政成立的担保公司相比，村集体经济组织担保可以市场方式提供有偿担保服务，对申贷农民的约束力较强，经营效率较高，出现呆坏账的概率较低。

2. 为村集体服务的土地资本化平台

自从农村税费改革以来，如何壮大农村集体经济实力成为急需解决的问题，在目前农村土地承包经营权市场化流转规模加大，工商资本不断下乡的新形势下，农村集体经济组织完全可以在承包权归农户的前提下，通过市场流转或量化入股等方式重新实现农村土地所有权和经营权的统一，从而作为独立的法人实体，以土地做抵押通过参与金融市场实现农村土地的资本化。

一是单个抵押融资。农村集体经济组织作为经济实体，可以直接参与市场开展经营活动，这是村委会或专业合作社所不具有的优势。通过量化入股或市场流转集合组织成员的承包土地，实现大规模经营，然后以其自身拥有的大量土地统一做抵押向金融机构融资，通过引入金融资本实施土地整理，购置大型机械，引进先进技术，培训现代农民等一系列改造项目，从而发展机械化、信息化、规模化、标准化的现代农业，通过大融资实现大发展和高起点发展，打造农村新常态下的新型经营主体，切实壮大农村集体经济实力。

二是联合抵押发债。农村集体经济组织可以在坚持集体所有、家庭承包的前提下，采用现代股份制，实现更大范围的联合，借鉴国有企业的经验，打造跨村庄、夸乡镇甚至跨县市的大型集体经济组织，大型集体经济组织既可以实施彻底的一体化经营方式，也可采用松散的企业联盟方式，但需作为一个统一的经济实体，直接参与金融市场，发行企业债券，以集体经济组织所拥有的土地经营权作为抵押，实现低成本大融资，将沉睡的巨额土地资产资本化，让农村集体经济组织直接进入债券市场。

总体上，与龙头企业相比，农村集体经济组织以承包土地抵押为手段实现土地资本化，鉴于其集体性，可以更有效的防止农地非农化和非粮化问题；同时，农村集体经济组织作为盈利性企业，通过土地资本化赚取的利润不是分配给农民就是分配给村集体，对增加农民收入，壮大农村集体经济实力意义重大。与农民合作社相比，农村集体经济组织是独立的经济实体，相对更方便参与市场融资。

3. 为金融机构服务的呆坏账处理平台

金融机构呆坏账是逾期超过一定期限无法还本付息的放贷，金融机构放贷出现呆坏账时，按照规定抵押物可以依法被拍卖，同时，担保主体应负责代偿。呆坏账出现时的处理方式及处理速度直接影响金融机构放贷的积极性，基于农村集体经济组织的抵押融资，出现呆坏账时，农村集体经济组织可以有效发挥呆坏账处理平台的作用，加速呆坏账的处理，解除金融机构的后顾之忧。

一是代偿农户抵押坏账，回收抵押土地统一经营。在国际上，孟加拉国乡村银行组织申贷农户成立“农民企业家互助信用组织”，农民贷款出现违约时，该组织有义务收购违约人抵押的土地。在我国，农村集体经济组织无论是代为农户融资还是为农户申贷担保，在出现呆坏账时，均可以代为农户偿还贷款，同时根据贷款协议拥有抵押土地若干年限的承包经营权，通过自营或出租的方式获取收益，用以补偿农村集体经济组织的代还本息，待收回本息后，农村集体经济组织将抵押土地的承包经营权归还先前的申贷农户。当然，为了便于呆坏账抵押土地收回后的统一经营，农村集体经济组织的呆坏账处理范围原则上应限定在本集体经济组织成员范围内。

二是收购金融机构不良资产，获取抵押土地经营权。依据《金融资产管理公司条例》，为处理国有银行不良贷款，成立四大资产管理公司，专门收购国有银行的不良贷款。对于涉农金融机构尤其是以土地承包经营权做抵押的农村不良贷款，农村集体经济组织可以依托自身优势实施回购，并获得抵押土地经营权，一方面缓解金融机构压力，另一方面维护农民金融信誉。考虑抵押土地的分布范围较广，为便于抵押土地的规模化经营，农村集体经济组织应通过入股或联盟的方式成立省级联合体或地县级联合体，与涉农金融机构统一对接，收购本行政区域范围内以土地承包经营权做抵押的呆坏账，然后交由呆坏账抵押土地所在村集体经济组织代偿并经营。

总体上，与专业合作社或抵押协会相比，农村集体经济组织作为呆坏账处理平台有先天优势，作为农村集体土地的所有者，代为农户偿还本息，不用担心申贷农户不偿还或抵赖不交出抵押土地承包经营权。与金融机构相比，农村集体经济组织处理抵押土地的方式、力度都比较大，除了出租之外，还可以自己经营，同时申贷农户作为村集体经济组织一员，在乡村熟人社会的制约下，会积极偿还转交给村集体经济组织的呆坏账，回购抵押土地的承包经营权。与村委会相比，村集体经济组织作为经济主体显然可以直接从事金融业务。

三、结论与政策启示

从1993年起，我国一直在推进以利率市场化、要素资本化与金融机构多样化为特征的农村金融改革。虽在金融机构渠道下，农村资金一直处于外流状态，但宏观金融市场数据反映，农村金融体系服务“三农”的广度与深度却在逐年拓展与深化。金融体系的服务倾向于更加公平，城乡在金融资源的获取上日趋平等。

改革开放后，农村土地家庭承包经营产生了农村土地承包经营权，而在农村金融需求强烈且抵押物缺乏的推动下，农村土地承包经营权虽未在法律层面明确是否可抵押，但在政策允许下各地进行了多年的试点，形成了一些模式，总结了一些经验，总体上国内抵押融资呈现间接化、行政化和非链条化的特点，国际抵押融资则以信用合作社为基础，以民间需求为动力源泉，以直接发债为主要融资方式。自从党的十八以来，在增加农民财产性收入的大背景下，农村土地承包经营权抵押融资问题又提上重要的议事日程。与此同时，党的十八届四中全会提出了制定《农村集体经济组织条例》的规划，传统的农村土地承包经营权抵押融资模式迎来了转型发展的契机，与村委会、专业合作社、抵押协会等机构相比，依托农村集体经济组织开展农村承包土地承包经营权抵押融资业务，具有天然的先天优势。首先，农村集体经济组织是农村集体土地的所有者，便于抵押土地的流转、经营和互换，从而推进土地的规模化经营和评估申贷；其次，农村集体经济组织是经济实体，可以直接从事金融业务，包括评估业务、融资业务和发债业务等；最后，申贷农户作为农村集体经济组织的成员，在熟人社会的制约下，村集体经济组织代为申贷农户偿还贷款后，贷款农户向村集体经济组织偿还欠款的动力较大，同时村集体经济组织拥有逼迫贷款农户交出抵押土地承包经营权的多种方法手段。总体上，在农村土地承包经营权的新型抵押融资模式中，村集体经济组织完全可以成为为农民服务的担保融资平台，为村集体服务的土地资本化平台和为金融机构服务的呆坏账处理平台。

第2节 银行类金融机构融资模式创新：农村零售贷款抵押品替代机制创新

农村贷款难问题的焦点主要集中于抵押品替代机制如何有效发挥作用。马九杰（2008）提出的抵押品创新就是要解决低收入群体零售贷款服务问题，使金融机构能够真正提供农村金融服务，从而争取更广阔业务市场。这对改善农村融资环境大有意义。农民虽然缺乏简单直观的传统抵押品，但他们拥有一些无形资产，包括社会资本、社会网络、人脉关系以及过往农业经营经验等。农民这些生产活动、社会地位等社会资源可发挥抵押品替代的作用。基于对农民这些无形资产的分析，金融机构可在农村地区尝试拓展可接受的抵押品范围。金融机构可接受的抵押品可以不局限于传统的土地、房产等，从而使自身在产品设计上更贴合农户实际。本节将分析邮政储蓄银行惠州市分行在农村零售贷款抵押品替代机制中的创新应用，以期为其他金融机构在农村地区的抵押品替代机制创新提供经验借鉴。

一、案例银行基本情况

中国邮政储蓄银行成立 8 年多以来，坚持服务“三农”、服务中小微企业、服务社区的定位，是一家坚持走“普惠金融”发展道路的大型国有商业银行。中国邮政储蓄银行服务网点遍及城乡，网点数量超过 4 万个，71% 的网点分布在农村地区，积极为广大农户以及农民务工群体提供全面金融服务，服务的客户数量超过 5 亿人。截至 2016 年年末，邮储银行拥有近 4 万个网点，覆盖 98.9% 的县域地区；服务个人客户达 5.22 亿，70% 的个人账户分布于县域地区；涉农贷款余额 9174 亿元，较 2015 年年末增长 22.7%，在全行贷款余额中占比达 30.5%。

中国邮政储蓄银行惠州市分行自成立以来累计投放贷款约 179 亿元，其中，累计投放涉农贷款（包括农民专业合作社贷款、家庭农场、专业大户、农户联保、农户保证、农机购置补贴贷款、政银保贷款等）约 24 亿元，涉农贷款投放量占累计投放贷款比例达到 13.41%；累计已为当地超过 1.5 万个涉农客户提供了融资支持，其中，个人农户的户均贷款金额约 4.5 万元，所投放的涉农贷款户数多、单笔金额不高、客户所在地较分散。从 2015 年以来，为了破解当地农业“融资难”困境，推进国家级现代农业示范区的建设工作，通过与农业局、保险公司合作推出“政银保”业务，由政府提供财政专项风险补偿资金、保险公司提供保证保险担保，银行按照补偿资金放大 10 倍或以上向示范园区内的农业企业发放贷款。基于当地现有涉农国家级龙头企业 4 家、省级 17 家、市级 69 家，农业生产和发展的基础稳固，邮政储蓄银行积极探索在一定程度上转变过往对“三农”传统抵质押物、保证人等的担保要求，引入政府、保险公司等外部力量提高农户、涉农企业直接融资的获得可能性。当地“政、银、保”平台合作的农业贷款迅速成为涉农企业融资破冰的利器，结合财政贴息等手段，缓解了涉农企业融资难、融资贵的问题，更好地帮扶和促进涉农企业发展壮大，带动一批农户脱贫致富；同时在一定程度上解决上下游农户土地流转的问题，充分挖掘农户贷款需求。

现行的农村零售贷款抵押品应用模式综述如下。

表 11-3 案例银行农村零售贷款抵押品替代机制创新汇总表

<table>
<tr><th colspan="2">依赖传统贷款产品的创新</th><th colspan="3">新贷款产品创新</th></tr>
<tr><th rowspan="2">种类</th><th rowspan="2">方式</th><th colspan="2">种类</th><th rowspan="2">方式</th></tr>
<tr><th>细分</th><th>产品</th></tr>
<tr><td>个人小额保证贷款</td><td>通过寻找保证人或交纳保证金来取得贷款</td><td rowspan="2">按客户群体分</td><td rowspan="2">农户贷款、农户联保贷款、法人农业贷款、公司加农户贷款、家庭农场（农业大户）贷款、农业合作社贷款、林权贷款、土地经营权贷款等</td><td rowspan="2">按不同的农户群体划分，对符合条件的群体进行授信</td></tr>
<tr><td>个人联保贷款</td><td>三个贷款人以上（含）的相互联合担保模式取得贷款</td></tr>
<tr><td>抵押类经营性流动资金贷款</td><td>金融机构将农户、涉农企业的经营要素视同工商企业进行审查，以抵押物评估价值的比例发放贷款</td><td>按合作媒介分</td><td>小额保证保险贷款、政银保贷款、农业专项基金保证贷款等</td><td>按政府、合作机构、政策性资金等不同合作媒介框定的贷款条件进行授信</td></tr>
<tr><td>信用卡类短期融资</td><td>农户通过信用卡衍生获得贷款</td><td rowspan="2">按生产流程分</td><td rowspan="2">农产品加工贷款、农业生产资料制造贷款、农产品出口贷款、农机购置补贴贷款、农业物资流通贷款等</td><td rowspan="2">按农户、农业企业在不同的生产流程状态对资金的需求模式进行授信</td></tr>
<tr><td>商业性担保贷款</td><td>通过第三方担保模式取得贷款</td></tr>
</table>

资料来源：根据本文研究需要整理制作。

二、主要业务类型及其抵押品替代机制运作模式

（一）家庭农场（专业大户）贷款

家庭农场是我国一类新型农业经营主体。其具有一定规模，主要从事农业集约化、商品化生产与经营，劳动力主要来源于家庭成员，家庭主要收入来源是农业经营的收入。专业大户主要是种植、养殖业达到一定规模，或专门提供农业生产经营服务的一类新型农业经营主体，专业化生产程度较高。对于这两种客户来说，由于种植、养殖已达一定规模，在经营上有盈利的积累，因此案例分行在抵押品的担保机制设计上包含的范围非常广泛，不仅限于住宅和土地使用权。

1. 信贷条件

在案例分行该贷款产品设计中，家庭农场（专业大户）贷款申请需满足如下条件（见表 11-4）。

表 11-4　家庭农场（专业大户）贷款申请条件

条件	具体要求	条件	具体要求
基本条件	具有完全民事行为能力	生产经营能力	较丰富的种养经验和技术
	年龄在20~60周岁		一定的生产经营资金
	当地农村户籍或从事农业生产满2年		专业技术人员和生产经营设施
	自有固定住所，已婚		从事农业种植业、养殖业的生产经营时间不低于2年、3年
农业生产经营规模	种植业：粮食作物、经济作物种植面积不低于50亩、30亩		从事农机服务、运输业服务、农作物经纪购销以及农产品初加工的经营时间不低于3 年
	养殖业：水产养殖30亩以上；养殖大中型动物和小型畜禽的，存栏量不低于300头、3000头	稳定的土地供给	长期、稳定、规范的土地承包协议
	种养结合：主要产业规模均达到上述标准下限的70%以上		土地承包经营权的剩余年限要达到3年以上
	农机或运输业服务：拥有20万元以上的农机具或交通工具	保障措施	生产经营的项目应积极参加政策性农业保险
	农作物经纪购销：粮食收购量、经济作物收购量总金额超过100万元		稳定的销售渠道
	农产品初加工：产值达到100万元以上		

资料来源：根据本文研究需要整理制作。

由表 11-4 所见，案例分行的这项贷款产品有特定服务对象，从基本条件、规模、生产经营能力、生产资源（土地）状况和保障措施方面均有明确要求，可以较精准地圈定符合条件的客户群，从而便于该分行实施贷款的抵押或担保措施。对于客户群的界定，一方面便于目标农户根据自身条件判别是否可以获得银行融资支持，也便于政府相关部门（农业局、中小企业局等）据此筛选出区域内符合大致条件的农户和涉农企业进行引导扶持；另一方面也有利于银行减少贷款在贷后期间不可预测的风险状况，对于贷后管理工作中外部风险和借款人履约能力变化的判断有一个清晰的方向，有效地对行业风险提前开展预估。

2. 抵押或担保方式

农村金融机构在涉农贷款抵押或担保方式方面的创新，大多体现在贴合目前“三农”实际的“三权抵押”模式的开发，体现出两大特点：一是根据农民、涉农企业持有的财产（包括土地承包经营权、宅基地使用权、农村住房所有权），开展应用探索和产品设计；二是为了尽量提高涉农贷款额度，

往往综合考虑农户的各项资源和社会关系，将这些资源与社会关系作为贷款发放的依据，常常将多种抵质押、担保方式进行组合，加大授信准入范围和额度支持。案例分行家庭农场（专业大户）贷款按照采用的抵押、担保方式的不同，可被分为担保贷款和信用贷款两类。

一是担保贷款采用的抵押、担保方式。

表 11–5 家庭农场（专业大户）贷款抵质押及担保方式汇总表

<table>
<tr><th>项目</th><th>内容</th><th>项目</th><th>内容</th></tr>
<tr><td>总体要求</td><td>应确保担保能力之和覆盖贷款本金</td><td rowspan="6">可接受的传统抵押品</td><td rowspan="6">房产所有权、国有建设用地使用权、厂房所有权等不动产，银行本票、定期存单、国债、银行或优质企业承兑的商业汇票、供应链融资业务指定商品目录中的动产及其货权（如仓单等）、通用设备、车辆等动产与权力</td></tr>
<tr><td rowspan="3">保证担保方式</td><td>自然人担保</td></tr>
<tr><td>农业龙头企业担保</td></tr>
<tr><td>融资性担保公司担保</td></tr>
<tr><td rowspan="4">抵押担方式</td><td>房地产、国有土地</td></tr>
<tr><td>交通运输工具</td></tr>
<tr><td>设备设施、大中型农机具</td><td rowspan="4">可接受的各项非传统抵押品</td><td rowspan="4">集体土地上面的房屋、厂房、仓库、林权、水域经营权、设施农业建筑、农业机械、专业设备、农业订单、土地承包经营权、农业补贴、担保金、应收账款和农业保险</td></tr>
<tr><td>林权、土地承包经营权</td></tr>
<tr><td>质押担保方式</td><td>存单、债券、仓单、应收账款等权利质押</td></tr>
<tr><td>组合担保方式</td><td>上述担保方式组合应用</td></tr>
</table>

资料来源：根据本文研究需要整理制作。

从表 11-5 来看，案例分行在该项贷款产品担保方式设计上比较灵活，且重视对农户自身社会关系资源的运用。基本上将现行金融市场中常见的担保方式都纳入其中，给借款人在担保方式选择上提供了较大空间。农户如果缺乏抵押品，可以考虑寻找担保人；如果与农业龙头企业发生产供销关系，可以要求龙头企业做出担保；如果资质较好，可以寻求银行准入合作的融资性担保公司为自己提供担保。质押担保方式接受的是存单、债券、仓单、应收账款等有价证券或权利质押，这些质押品既直接反映了借款人的资产能力状况，也利于银行充分参考和掌握农户的生产经营状况。从可接受的抵押品来看，案例分行除了接受传统的、可流通的动产、不动产外，还接受包含集体土地上的房屋、土地承包经营权、水域经营权、林权等一系列的农民权利资产；同时结合政府支持农业的政策资金作为风险敞口的覆盖，包括农业补贴、担保金等；对于规模农业企业，可以接受农业订单、应收账款等，从而将供应链融资、订单融资等模式融入产品设计中，进而为农场特定人群提供金融服务。

二是信用贷款信贷发放条件。

从图 11-2 来看，案例分行在信用贷款产品设计上，非常注重农户过往经营业绩和信用状况，这也是商业银行在大部分信用贷款产品中最常考量的因素。比如，在内部的信用评级上要求客户为 A 级以上，或与农业产业化龙头企业或其控股子公司签订了收购协议（订单农户），这两项是对农户过往经营历史和业绩的要求；在其他银行及我行未发生逾期记录的要求，也是出于银行对农户今后还款意愿的考虑。

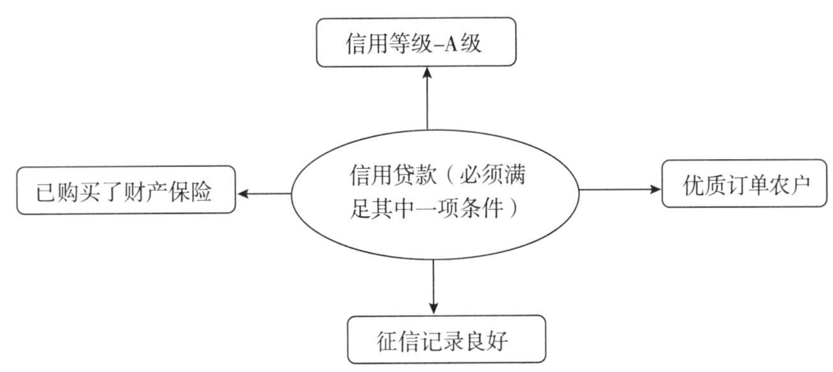

图 11-2　家庭农场（专业大户）信用贷款申请条件

（二）农民专业合作社贷款

根据农民专业合作社内部的利益分配机制，合作社可被区分为“松散型”合作社和“紧密型”合作社。其中，松散型合作社是指各社员之间只是在合作社组织内简单组合，在产权、服务和利益分享上关联较少，没有形成利益联结机制或者形成的利益联结机制不稳固；紧密型合作社是指各社员之间形成了较为稳固的利益联结机制。邮政储蓄银行的农民专业合作社贷款主要面向紧密型的合作社法人或实际控制人及其社员进行发放，尤其是针对“1+N”类型（1 指合作社实际控制人，N 指普通社员，两者均具有融资需求）的合作社，贷款用途被限定用于合作社及其社员日常农业生产经营。

1. 客户准入条件

该贷款产品主要面向依法成立的专业合作社，对专业合作社实行名单制管理，将获得国家、省或市级荣誉以及生产经营和内部管理较规范的合作社优先纳入名单。名单内的合作社法人代表和普通社员均为贷款适用对象，银行根据不同合作社农业生产经营规模给予授信。申请条件具体见表 11-6。

在农业合作社的选择上，该贷款业务主要是针对规范、结构严密、经营业绩好的合作社。该贷款业务实行“1+N 模式”。在这个贷款模式中，合作社本身就像一个集团公司，实际控制人和普通社员就像是分公司；在实际控制人发起后，所有符合条件的普通社员都可以申请贷款，“1+N 模式”实现了行业群体的共同融资；即使合作社普通社员中的很难获取银行贷款的微小农户也可依托合作社主体的实力，按自身授信承受能力取得相应贷款。

表 11-6　农民专业合作社法人贷款申请条件

项目	条件	项目	条件
基本条件	经工商行政管理部门核准登记	资产项目条件	拥有剩余3年以上的土地租赁权或承包权
	合法、健全的组织机构		
	固定办公场所		相应土地面积在30亩以上
	规范的合作社章程		可证实的地上物投资价值超过100万元
	规范、严密的内控制度和财务管理制度		
	过往的经营历史和经营业绩良好		拥有10台/套以上（含10台/套）的农业机械或农业机械价值超过100万元（农机合作社的要求）
	拥有稳定的销售渠道		
	至少一项荣誉奖励（或享受补贴）		

资料来源：根据本文研究需要整理制作。

2. 贷款调查审查要点与整体授信定额管理

一是贷款调查审查要点：借款人必须真实有效，成立的年限及经营状况达到银行的要求。在调查方面，可以根据农户的种养历史和经验、承包林地和土地的合法性和稳定性以及人品的了解和分析进行综合判断，贷款用途必须符合涉农要求。

二是整体授信定额管理：合作社贷款与其他零售贷款的最明显差别是对整体授信的定额管理，首先将合作社看作一个整体先进行授信评级，确定授信的总额度后，对社内成员进行分笔发放，在同一个合作社内的贷款总额不突破合作社整体授信总额度，贷款主体为合作社中的各个社员。在达到一定条件情况下，银行可增加合作社授信额度。

3. 抵押、担保方式

农民专业合作社贷款为抵押担保类贷款，接受的传统和非传统抵押品与上述家庭农场（专业大户）贷款基本相同。可以灵活采取抵押、自然人保证、联保、保证金以及合作社法人代表或龙头企业担保等方式。强调根据农户、合作社、农业企业的实际资产情况、人脉资源和内部评级，选择相应组合抵押担保方式，以降低银行面临的违约风险。

4. 风险控制机制

在外部信息反馈和定向资金回笼等方面，合作社贷款风险控制措施和上述政银保贷款基本一致，但银行的贷后管理上，除了要关注借款人的相关信息外，还要特别注重对担保企业的担保能力的评估。由于合作社社员与担保企业大多从事同一类农业种养殖项目，彼此之间的关联交易和资金使用不可避免出现交叉，一旦担保企业的经营和对外担保状况发生恶化，银行要提高警惕并采取措施提前收回贷款，否则难以保障贷款资金的安全回收；另外，贷后管理人员要注意行业市场风险变化，这种风险在同一个合作社的贷款中具有共性。

【案例】

惠州市惠东县被誉为广东的“马铃薯之乡”，沿海地区的铁涌、平海和稔山都是马铃薯种植的专业镇，年均种植面积在万亩以上；由于光照充足、气候适宜，在水稻收割后进行冬种马铃薯既不影响粮食作物的种植，又充分利用了环境和土地的资源，亩产鲜薯一般在1300~1600公斤，是当地一大优势农业产业，形成“产业化＋基地＋农户”的产业化发展格局。

九×公司是位于铁涌镇的马铃薯专业生产加工企业，公司相继被确认为惠州市农业龙头企业、广东省扶贫农业龙头企业、国家扶贫龙头企业等称号，该公司提出的“北繁南种”模式（北方育种、南方种植），其组建成立的合作社带动了惠东铁涌当地一大批农户加入马铃薯种植的行列，拥有普通社员近200名，普通社员由公司提供种薯、肥料和种植技术指导等，成品薯可由公司进行回购。该合作社2014年向惠州邮政储蓄银行提出贷款申请，贷款主体为合作社的50个农户社员，经过整体的评估授信，最终发放农民专业合作社贷款每户30万元，合计总贷款金额1500万元。贷款的担保方式是：各贷款农户之间采取相互联保的方式，并由九×公司进行担保，在不超过该合作社总体授信的情况下发放贷款。

这笔贷款采用“农户＋公司”的模式，双重担保机制的组合，在无实际抵押品的基础上同时解决了50个农户的种薯、肥料等农业生产资料的资金需求，改变了过往农业生产资料赊销各企业带来的难题：因龙头企业承担了育种、运输等前期费用，农户的赊销使企业长期面临运营资金短缺的状况。农业合作社贷款加快了龙头企业的产销资金回笼，也保证了最末端的微小种植农户的生产需求。

（三）小额农业机械购置补贴贷款

1. 业务定位

小额农业机械购置补贴贷款是案例分行近年来推出的基于小额贷款产品创新的一项业务。贷款面向的客户可以是农牧渔民、农场（林场）职工等个人，也可以是直接从事农机作业的农业生产经营组织（包括农业龙头企业、农民专业合作社、村经济合作社和农场等）；贷款产品设计针对性较强，是用于解决农户的农业机具购置资金需求而发放的短期贷款。国家的惠农政策中规定，农户及农业生产经营组织的个人股东在购置符合财政补贴政策的农业机具时，可以向当地财政部门申请领取一定限额的机具购置补贴款项。由于财政补贴的发放有一个审查公示的过程，中间有一段 6 个月到 24 个月时间差，这个贷款的创新点就在于解决购置者在补贴发放时间差里的资金需求。

农机补贴贷款的申请者必须具备的基本条件：必须是享受购机补贴政策的购机用户或农业生产经营组织的个人股东。基于这个条件，案例分行在实际操作中，与当地农业局保持密切联系，以便确认客户的购机行为和是否符合补贴条件，从而减低内部贷前调查成本，提高业务办理效率。

2. 担保方式

农机补贴贷款担保方式主要有以下 3 种，具体见图 11-3：

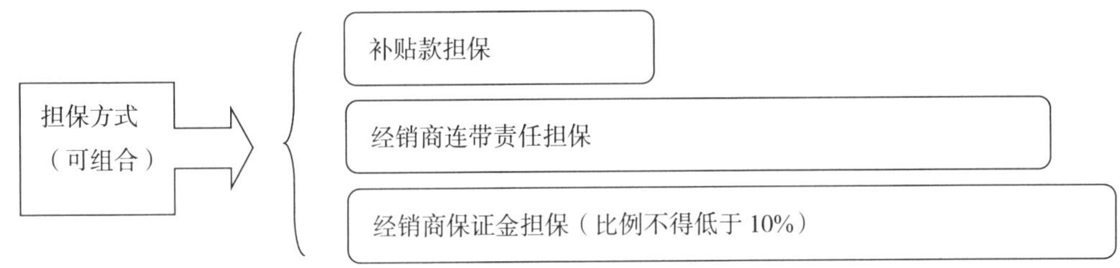

图 11-3　小额农业机械购置补贴贷款担保方式

资料来源：根据本文研究需要整理制作。

农机补贴贷款的 3 种担保方式可以单项或组合应用，由于有相应的补贴资金流作为保证，因此无须借款人或经销商拿出抵押品进行抵押担保，在抵押品替代机制上实现了有效创新。在经销商连带责任担保和保证金担保的方式上，尽管经销商不是直接的借款人，但由于借款用途仅用于解决购置农机的资金需求，相当于借款人在帮助经销商实现销售收入，经销商也会愿意推荐客户贷款并为其进行担保。在没有这一贷款业务时，如果农户在无贷款的情况下购置大型农机，往往只能向经销商申请分期付款或延期付款，这将造成经销商的运营资金短缺。农机补贴贷款在一定程度上促进了农民购置农机的消费行为，也缓和了经销商和农民之间的资金矛盾关系。

（四）政府、银行、保险合作贷款

政、银、保贷款业务主要借助了政府农业扶持的试点政策，通过准入保险公司参与，在遵循“政府参与”和“风险可控”的原则下，共同做到了多种担保模式的组合授信。该贷款产品设计的基础要素：贷款经办行与风险补偿基金管委会签订合作协议后，政府财政存入一定数额专项基金，作为政府风险铺底资金，贷款产品设计基础在于政府风险基金的风险共担机制。为了推进政、银、保贷款业务发展，政府规定：对于借款人产生的贷款利息，政府将按每年的惠农政策进行补贴，农户、农业企业不但能进入银行系统获得贷款，还可通过政府补贴减轻融资成本负担。

1. 客户准入条件与贷款用途设定

一是客户准入条件：借款人被要求必须是符合政府部门和银行准入条件的涉农企业或自然人。

在实际应用中，借款人大多为县级以上农业龙头企业或农业合作社下的普通社员，银行会结合政府推荐和自行开发等方式开展客户营销工作；自行开发的模式多为对通过行业协会或村委会主要成员获取的农户、农业企业信息进行筛选。

二是贷款用途：这是决定贷款是否发放的核心环节，贷款资金必须用于农业生产、加工、设备购置、采购和收购农产品、场所和网络平台建设等，预防农户将贷款挪用到消费、其他投资等领域。

2. 担保方式与风险控制机制

一是担保方式。主要有政府风险铺底资金质押、保险公司保证保险担保、借款对象连带责任保证、借款对象实际控制人及其配偶个人连带责任保证等几种担保模式。根据贷款农户的实际情况，银行考虑组合使用不同的担保方式。银行为了保证贷款的安全，且出于提高贷款额度的考虑，也可要求借款对象提供保证金质押、房地产抵押以及银行准入的融资性担保公司担保等风险缓释措施，以控制融资的风险。

二是风险控制机制。政府风险铺底资金：贷款银行视农户情况以及保险公司的参与程度与政府约定代偿比例，比例区间为 30%~80%。出现风险后，按比例补偿经办银行专项涉农贷款业务产生的贷款本息损失。

银行贷后管理要求：贷款银行通常会要求农户、农业企业按经营规模开立账户进行日常资金流动管理，以掌握监控客户经营资金流量流向的主动权；并定期检查客户的经营状况、征信情况、对外担保和贷款运用等情况；如果出现农户还款意愿、还款能力恶化情况，会及时采取措施冻结额度并提前回收贷款。

外部信息反馈：贷款银行积极通过监管部门、政府部门、公共网站和同业银行来了解借款人后续经营管理的实际情况和农产品行业市场变化，以降低信息不对称程度；关注贷款农户、农业企业在其他银行、民间借贷等方面的其他借款数额，及时调整本行的授信额度，防止过度授信现象发生。

定向资金回笼：针对农户、农业企业的固定上下游销售利润、政府补贴资金和订单应收款资金等，贷款银行可要求借款人通过监管账户进行收支，以便及时回收贷款。

【案例 1】“政银” + 抵押贷款

惠州市源 × 畜牧科技有限公司是一家从事食品流通、动物饲养、兽药经营和花木种植的农业企业，位于惠城区马安农业示范园区，是当地在养猪、兽药经营方面的知名企业，在养殖技术方面有较明显的优势。2015 年 8 月，企业在农业局的推荐下，向当地邮政储蓄银行申请贷款。企业只能够提供评估价 230 万元的房产抵押物，由于资质较好，且惠州市农业局对于区域内农业产业导向的从事农业生产、加工、流通和农业园区基础设施建设的优质农业企业、农民专业合作社等法人，以及区域范围内的家庭农场、种养大户等自然人可以提供农业风险补偿基金进行担保。经银行在贷前调查企业生产经营情况和近期项目开展情况后，决定给予企业 480 万元贷款。贷款的担保方式是：230 万元房产抵押物 +10% 保证金 + 政府风险补偿金敞口部分担保（担保额 200 万元）+ 企业实际控制人及其配偶提供连带责任担保。

如果单从传统抵押品评估角度来看，该企业抵押品的评估值是 230 万元，现行银行抵押授信制度规定，授信额一般为抵押物评估价值的 50%~70%，授信评级特别优质的企业抵押成数最高可上浮到 120%。在这个案例中，即使银行核算抵押成数达到 100%，企业也只能获得 230 万元的授信额。但通过政府政策性的扶持，在融入了政府风险补偿金、保证金等方式后，客户成功获得了案例分行超出抵押品两倍的融资额度。

这笔贷款运用了政府、银行和保险公司的组合担保方式。农业局和银行准入的保险公司共同为企业进行担保，从而使企业能够顺利取得银行贷款。在贷款风险承担上，政府、保险公司、银行各自约定相应风险承担限额。

三、抵押品替代机制运营实效

（一）运营实效

涉农贷款（包括农民专业合作社贷款、家庭农场、专业大户、农户联保、农户保证、农机购置补贴贷款等）累计发放1400笔，累计放款金额1亿元。在政、银、保贷款方面，案例分行与政府签订协议开办涉农政银保贷款已近两年时间，已为近30户符合条件的农场、农业产业企业、农业龙头企业和合作社成功发放贷款，户均放贷额达330万元，总授信额达到1亿多元。案例行抵押品替代机制的创新有效缓解了一部分农业经营主体的信贷约束。具体而言，案例分行在农村零售贷款中抵押品替代机制创新的实效主要体现在以下3方面。

1. 抵押品替代制度得到创新，担保机制的实施因地制宜

通过抵押品替代机制的推动，案例分行在内部授信制度上得到了非常大的调整和改变。比如，在客户的选择上，再不是以提供传统的抵、质押物为客户准入首要条件，而是基于当地经济环境、农业生产状况和产业结构特点以及借款人需求、信用特征等进行创新。银行在贷前调查时经常强调的“三品”（借款人人品、生产产品、抵押品）不再纯粹以传统抵押品作为贷款回收的最终保障，对抵押品概念的理解引入了集体土地上面的房屋、厂房、林权、水域经营权、农业机械、农业订单、土地承包经营权、农业补贴等，将关注重点放在农户的农业生产经营实质、人脉资源、产品优势等方面上来，在制度设计上让农民手中持有的抵押品范围进一步拓宽，在一定程度上发挥借款农户所在地村委、合作农户的交叉检验作用，减轻银行在贷前调查中的辨识难度和审贷成本。贷款要素符合政府政策、农户生产和金融机构意愿，使各方的利益得到相对平衡，实现多方共赢。

2. 组织模式得到创新，多种担保方式的组合分散了贷款资金风险

就政府、银行、保险合作贷款业务而言，政府、保险公司的参与使涉农贷款的投放风险不再像过去，仅由金融机构一家来承担，对重塑金融机构信贷支持农业的信心起到重要作用。贷款担保的参与者有政府、保险公司、企业和个人等，各方可相互监督，能有效地减低贷款违约风险。另外，“分散”是农村零售贷款的主要特点，如果仅依靠单干农民的需求来支撑银行涉农信贷的运作的话，将不利于金融机构风险管控和规模效益的取得。不同农业领域的农业大户、专业合作社的参与，能有效提升金融机构涉农贷款的规模，利于金融机构的风险分散和收益平衡。

3. 审查方式的创新，消除抵押品的局限性

在涉农零售贷款的审查审批上，关注点主要为客户的综合评分和贷款目的（用途），同时兼顾客户经营的行业地位、经验、信誉等非财务信息的真实反映进行判断，如果农户没有任何有利于农业生产流通的资源和保障，没有实质性的种养殖和农产品加工、流通等行为，或在当地的人品、信誉、家庭情况以及从业经历等方面有不良反映的，即使提供有效的传统抵押物，也无法获得银行的授信。从事贷前调查、贷后管理的信贷管户人员必须经常深入田间地头，长期融入农户实际生产的过程中去，充分了解农户生产经营的状况和信息，为审查审批决策以及保证贷后资金的顺利回收起到关键

性作用。

提高农民资产利用效率，找到了缓解农业资金需求的突破口。银行对抵押品替代方面的创新，扩大了农民自身有效抵押品的范围，用于做抵押品的各项动产和不动产，均以合规、合法的方式起到了作用，也是农民可接受的。因此随着新型涉农贷款产品的推广，越来越多符合条件的农户个人和企业受益，使解决农民贷款难问题在当地遇到的瓶颈。

注重贷款投放的实效，严格把控贷款用途。贷款的数额要根据农户、农业企业实际使用时的资金需求、销售产出周期等数据测算确定，不得凭信贷人员、审查审批人员的主观盲目授信；由于贷款的用途限制用于农业的生产经营领域，在一定程度上可以遏制农业信贷资金的挪用和外流，比如，政银保贷款发放后政府贴息时对借款农户的监督审核的牵制作用。在惠州邮储银行的贷后检查中发现，贷款挪作他用的客户占比不足 5%，贷款农户和企业的贷款资金用途主要用于扩大种植和养殖规模、投入新的农产品加工生产线或建设厂房、农业科技的研发经费等。贷款抵押品替代的创新有效地提高了农业生产的效率和农民收入，保证了金融机构融资资产安全、有效益。

（二）存在的问题

抵押品替代机制仍受到一定限制。由于惠州地区没有进行土地承包经营权、农民住房所有权和林权这“三权”的试点登记工作，目前不动产登记制度还处于改革期，评估和管理工作还有待完善，能够有效办理确权和抵押登记的只有林权。银行尽管在产品设计上已经将土地承包经营权等纳入其中，但在实际操作中无法实现，因此在传统抵押品的选择上，银行首选的还是房产或土地。

政府、保险公司的扶持资金参与度有限，无法满足农业生产旺盛的需求。政府在贷款经办行存入的风险铺底资金，受到当地财政对农业补贴的预算有限影响，基金往往在年初时按一定数额存入，当大量农户或涉农企业申请贷款时，很容易就会出现风险补偿基金不够覆盖总的担保额度；保险公司的保费虽然由政府缴纳，但保险公司对于全年的保险担保金额有严格的控制，这两项担保的总金额一旦触线，这类贷款的审批发放就面临叫停的局面。例如，2016 年惠城区政府的风险代偿总额为 500 万元，保险公司代偿总额为 150 万元，赔付后不足部分由贷款经办行承担，对于当地有贷款需求的农户来说，担保金额与贷款需求的数额有很大差距；同时也会引起金融机构由于扶持资金有缺口，造成对涉农金融服务存在观望、惜贷的情况出现。

贷款的风险需进一步把控。造成涉农贷款无法按期偿还的不确定因素很多，农产品价格波动、农业企业管理层变动、经营投资活动失败、农户沾染赌毒恶习以及参与民间借贷等现象，均会对农民的还款能力和还款意愿产生重大影响。例如农民专业合作社贷款合作社中的农户基本都从事同一行业的农产品生产、加工等，如遇到国家出台不利的行业政策或相关行业不景气的情况，会给银行带来行业性、系统性贷款的回收风险；在实际中就遇到了合作社贷款由于天灾霜冻，农作物大面积失收，农户在当年失去还款能力导致的逾期。因此金融机构除了在贷前合法合规地落实好相应的抵押担保手续，也要在贷后需定期密切关注农户的风险预警信息的出现，及时采取相应的防范措施。

征信环境有待加强，征信共享平台未有效搭建。部分边远农村信息较闭塞，农民对于银行贷款作为生产周转资金的服务含义还很陌生，经在惠州龙门县山区的实地采访中了解到，仍有低素质农民以为银行是国家机构，贷款和政府补贴款是一样的，无须偿还。因此在征信知识的推广宣贯上，还有很多领域要延伸顾及，农民对于违约成本的代价认识不足，将会直接导致金融机构失去信心。例如目前在惠州部分地区（比如龙门县），出现农户大面积违约现象，当地农村信用社、农业银行、邮政储蓄银行在2010—2013年，由于涉农贷款不良率严重恶化，小额贷款不良率达到60%以上，当地农民守信意识和信用环境非常恶劣，致使县域内这几家金融机构从2010年陆续关停涉农贷款。邮政储蓄银行在2013年恢复开办涉农小额贷款后，业务量直至2015年年底3年时间内仍停滞不前，信贷人员惧贷心理明显，导致拒贷现象也较为普遍，对银行业务发展的造成长期负面影响。

另外，征信平台的信息不够全面、准确，银行在征信系统中的查询对个人、企业的实际负债状况掌握不清楚，光凭基本面的判断有可能对农户和涉农企业过度授信。在实际贷款应用中，也出现了涉农企业多头贷款的现象，以规模龙头企业的包装在当地8家银行机构分别申请贷款总额达到1.5亿元，对当地银行造成一定的行业性金融危机。

四、结论与政策建议

（一）主要结论

抵押品替代机制的创新过程中，农村土地承包经营权、农房所有权的利用程度还有待加强。农业土地、房屋的资产在法律条约方面的不完善是制约其成为抵押品的关键所在，随着农业经济的不断发展，完善立法的诉求日益增长。农村金融抵押品替代机制的运用，为农业发展提供资金，使农村地区的金融服务注入活力，改善农村生产条件，提高农民的收入水平。抵押品替代机制尚处于初步发展阶段，可能发生的信用风险还有待观察和研究。农村金融体系中的信用风险是由农业特性、金融机构风险偏好等多种因素决定的，其成因较为复杂，有内部原因也有外部环境的影响，在信用风险缺乏统计数据说明和模型推论，这也是本文的不足之处，是需在今后加强的努力方向。

（二）对策建议

1. 完善和创新“三权”的抵押担保模式

一是规范“三权”抵押的相关管理制度，规范“三权”的评估机制。评估价格是确定贷款额度的一项主要数据，目前部分试点评估价值主要按照土地的位置、剩下的承包经营期限和面积平均收入来确定，这些指标还比较简单，不够客观，银行靠信贷人员的经验判断往往保守地进行估值和授信，将发放的贷款额度控制得很低，使农民的土地经营权等权利价值没有得到合理体现。因此“三权”评估需要有科学的评估依据和标准，须结合当地土地评估信息的大数据，建立起一套评估体系和标准，由具备相应资质的专业评估公司进行开展评估工作，由具备相应专业技能的评估人员来操作，切实保障和维护金融机构和农户的合法权益。

二是规范产权办证管理。全国各地已经有部分地市试点实行土地承包经营权、农房产权和林权的登记办证工作，但手续复杂烦琐、涉及的相关部门多，农民在办证时要花很大精力才能完成相关登记工作，在制度和流程上仍有待规范。而且农民的资本和产权意识较薄弱，对于自己持有的资产确权办证的热情不高，理解和消化国家的支农政策需要一个过程，主动申请办理产权证的还在少数，农村产权管理是个长期性的工作，任重而道远。

三是加快土地、农房流转市场的建立。无法流转和交易，银行的抵押品就失去生命力，会直接影响到农民融资的可行性和成功率。银监会（现银保监会）办公厅已经下发的《关于做好2013年农村金融服务工作的通知》中明确表示，支持在法律关系明确、清晰的地区探索开展“三权”抵押贷款业务，让农村地区长期“沉睡的资源”转变为农民可以为之利用的“真金白银”，必须真正让这些资源流转起来。地方政府应根据地域实际情况，搭建起土地、农房流转的服务平台，包括交易市场、网站、咨询中心等，为土地流转提供相关法律政策知识的宣贯、价格预估、流转交易、纠纷处理等提供服务，培育完善、规范的农村土地流转市场环境，保障农民在土地流转中的权益不受损害。

2. 探索“三权”结合的抵押品担保模式

在实际的融资运用中，除了考虑将土地经营权、农民住房所有权和林权能够运用起来作为抵押品，还可以在此基础上，结合农民的其他资产一并考虑，比如，社会关系、经营中产生的农产品流转额和利润等，可以争取更充足的贷款额度。结合工作中的实际情况构思，建议结合的创新模式如下：

一是“公司 + 农户 + 土地经营权”贷款方式。这里的创新点是把公司、农户视作一体，提出了土地经营权与传统抵押物置换的概念，有两种操作模式：第一种是农户将土地经营权、农房所有权等抵押给农业龙头企业或农业产业化企业，由企业置换自身其他传统抵押物作为担保主体，担保农户向银行申请贷款，企业也对贷款承担连带责任担保。由于涉农企业可运用土地经营权等作为自身扩大经营的重要生产资料，土地承包经营权对于银行来说可能是一个“烫手山芋”，但对涉农企业来说是可以产生效益的最佳资源；农户一旦违约，企业立即可处置或占有土地经营权等权利。银行方面则可以要求企业为农户代偿贷款，或处置企业提供担保、变现能力更强的传统抵押品，大大地降低了贷款的损失风险。第二种是农户将土地经营权等直接抵押给银行，获得的贷款用途专项用于与农业龙头企业或产业化企业发生供销关系的经营活动，由企业对贷款进行连带责任担保。

二是“合作社 + 农户联保 + 土地承包经营权抵押”贷款方式。由农民专业合作社中的法人或实际控制人、社员等所有的土地承包经营权共同进行抵押，采取“1+N”型模式（1 个合作社实际控制人 +N 个社员）向银行申请贷款；银行可以按土地承包经营权的价值给予较高比例的贷款或风险敞口，贷款社员间通过联保的方式，增加贷款安全系数。

三是“保险公司 / 政府补偿基金 + 土地经营权抵押”贷款方式。由保险公司、政府补偿基金提供一部分担保，剩余部分由农民或涉农企业以土地承包经营权、农村住房等进行抵押担保，当借款人丧失还贷能力或违约时，由保险公司、政府补偿基金对担保部分进行赔付或代偿贷款本金。

3. 加强农村征信环境建设

抵押品替代机制的创新，主要前提是农户都能做到“诚信守诺”，银行在贷款投放上尽其所能，假设农户出现主动违约的情况，会对银行信贷资金的回收造成严重的影响。

当一个群体都遵守市场信用准则和承诺时，降低了交易对手的信息成本和违约成本，经济量值才会有效增加；当一个群体中某些个体出现部分违约情况，会牵连到群体中其他成员的交易情况，违约成本也相应增高；当金融机构对农民失去信心时，就不会接受任何形式的信用担保，农民的融资成本和难度也会随之提高。因此，建立一个健康的农村信用环境势在必行。邮政储蓄银行在小额贷款开办初期，也与政府联合评比过一批“信用村”，通过政府造势加大征信宣传，取得了一定效果，但时间一长难以统计，缺乏大数据的支撑，使之流于形势。

长期来看，还是要以人民银行征信系统为载体，整合各家金融机构、各部门的信息，并建立起专门统计农业、农村、农民的征信信息数据库，充实收集农村经济主体的数据信息和参数，为农村经济主体建立信息连续完整的个人档案，达到农村征信信息的有效共享，避免因信息不透明出现涉农企业多头贷款现象。

在建立完备的数据库和信息平台的同时，要注重对个人、企业征信的重要性宣传，使农民知晓征信良好带来的便利和好处，以及征信出现瑕疵后引起的损失和局限，引导农民和涉农企业主动维护自我征信和个人声誉，承担起应有的社会责任，有效地构建“人人守信”的农村信用市场环境。

4. 加强抵押担保机制的组合应用

可通过政府补偿基金、保险公司、“三权”抵押融资担保机构等组合叠加，根据不同情况灵活运用，为涉农贷款提供多种担保方式。对于抵押物直接变现能力较差、资产实力弱但经营项目可行性高、前景较好的借款人，利用多种抵押品替代模式为其增加担保，金融机构可根据担保模式合理放大贷款发放额。

5. 进一步发挥农村金融抵押品替代机制中政府支持作用

建立定期预算拨款制度。在财政的资金补贴款方面合理预算安排，在可能的情况下，要按当地实际农业生产的需求来匹配资金。在预算额度上，可参考第一产业产值的一定比例来配置，衡量好补贴款和补偿款支出在带动第一产业产值增长之间的比值关系，真正起到润滑剂的作用。

对利息进行补贴。涉农贷款由于成本高、风险大，普遍利率都比其他类型贷款要高。为了让农民用得起贷款，金融机构又可以实现商业创收的特性，政府应加大与金融机构的合作和沟通，从金融机构取得准确的涉农贷款数据对农户进行补贴，通过金融机构将惠农政策传导到农民手中，使农民最终受益。

实行税收优惠。一是对提供创新金融产品和服务的金融机构，按已发放涉农贷款额度的一定比例，减免金融机构增值税及相关附加费用，减轻其运营成本，以此激励金融机构提高服务积极性；二是对于诚实守信履约涉农企业或农户，在一定时间内有条件地减免、降低或返还涉农企业或农民的所得税，减低农民负担。

建立涉农金融机构补偿基金。在省、市一级建立财政统筹的涉农补偿基金，加强使用的监管，专项用于涉农金融机构符合条件的农业损失贷款的核销补偿，缓解金融机构不良拨备和利润亏损的压力。

6. 完善抵押品替代的风险防范措施

各家金融机构在发放涉农贷款的过程中，都面临管理难、逾期风险高的难题，“提质增量”、降低涉农贷款的不良金额和不良率是金融机构迫切实现的愿望。因此，完善抵押品替代机制的风险防范措施，在实际工作的应用中很有必要。

建立健全农村抵押品的担保机制。结合农民资产现状的实际，创新探索多种抵押品的可行性，进一步解决农民抵押品匮乏、金融机构抓手少的问题，密切关注政府相关政策动向，关键是走通农房抵押、土地承包经营权抵押的道路，引进多种抵押品和担保方式，达到分散风险，保障金融机构的合法权益。

完善信贷管理体制，提升和优化涉农的资产质量。金融机构自身要根据当地农业现状，制定符合民情的农村信贷机制，做好贷前调查、审查审批和贷后管理工作。制定合理的贷前评估机制，完善对农户的评级体系，设计相应监督岗位做好贷前调查的监管；加强信贷人员队伍建设，培养一批高素质、熟悉农业实情的信贷调查、审查和审批人员，使涉农贷款达到结构合理化和风险分散化的要求。设置专门贷后管理人员，定期实地考察借款农户的经营情况，密切关注借款人的资信情况变化和信贷资金用途，及时了解和掌握农户还款能力、还款意愿的变动情况。同时也要防范和关注信贷工作人员的道德风险，完善内部考核和监管机制。

规范涉农贷款的不良责任认定制度。金融机构不良责任认定是针对贷款在贷前调查、审查审批和贷后管理中相关工作人员的失职行为而造成的贷款损失进行问责，是贷款管理中的惩罚制度。对于涉农贷款损失后进行的问责，除了要强调平等性、公平性等原则外，要结合农村金融的区域特点、农业发展的实际情况和抵押品替代机制的运用状况来开展问责工作，对于失职、存在道德问题的员工要从严追究；对于无过错的员工也应在核查后“尽职免责”，避免打击人员服务积极性，造成以后惧贷的心理。

关注政府部门宏观经济政策的变化情况。宏观经济政策对于优化农业产业结构，指引农业经济的发展起到了重要作用。金融机构随时关注宏观经济的动向，了解农业扶持的政策进度、落点和农业发展的形势变化，及时调整信贷投向，在一定程度上对控制信贷风险、提升管理水平有显著的效果。

第 3 节　农村信用社融资模式创新：合作社独立理事制度

自 2007 年 7 月 1 日《农民专业合作社法》正式实施以来，我国的农民专业合作社无论是在数量上还是在覆盖面上，都呈现出迅猛发展的态势。农民专业合作社的蓬勃发展，促进了农户之间的联合与协作，提高了农业生产的专业化和组织化程度，实现了小农户与大市场的有效对接，完善了农村经营体制，正成为发展现代农业的中坚力量和重要载体。充裕的资金是合作社成长壮大的物质基础，也是其能否持续发展的关键。然而，我国的农民专业合作社发展尚处于初级阶段，有相当一部分的合作社还尚未形成真正的盈利能力，从而没有稳定而充足的自有经济来源，在生产经营中普遍面临着融资贷款困难，尤其是购买农资、收购产品等短期周转性资金和推进农业标准化生产、改善技术服务设施等中长期投入性资金普遍缺乏。资金瓶颈已成为制约农民专业合作社进一步发展壮大的主要因素。

长期以来，具有互助合作性质的农村信用社一直是提供农村金融服务的主力军（谢平，2001；何广文，2001；Watson，2002）。尤其是在各大商业银行逐步撤出农村金融市场后，农村信用社作为“三农”部门获得信贷资金的主渠道更显得弥足珍贵。然而，由于农村金融市场存在信息不对称、抵押物缺乏、特质性成本与风险等问题，导致农村信用社在审核发放贷款时往往通过“惜贷”（提高贷款门槛，减少信贷供给量）等选择性放贷来控制信用风险，致使合作社的金融需求不能得到较好的满足。此外，农户受到正规信贷约束的现象也非常普遍和严峻（Braverman & Guasch，1986；韩俊，2008）。据调查，从正规金融机构申请过贷款的农户中，没有获得批准的农户占 41.97%；有借贷需要且最想从金融机构借款的农户中，40.42% 的农户没能够获得贷款，在获得金融贷款的农户中，35.63% 的农户指出贷款不能满足资金需求（国务院发展研究中心，2005）。

为加强对农民专业合作社的金融支持力度，从 2009 年年底起，山东省菏泽市农村信用社系统实施了以向合作社派驻独立理事为核心的金融服务方式创新。经过一段时间的发展，实践证明，这种由农村信用社向农民专业合作社派驻独立理事的制度创新，有效地控制了农信社对合作社放贷的成本和风险，增强了农信社的信贷供给意愿，从而大大缓解了当地合作社的资金约束，为突破合作社做大做强的资金瓶颈进行了有益的探索。本节拟结合垄断型、利率限制条件下的金融机构信贷合约行为理论，通过案例比较分析方法，探讨农信社派驻合作社独立理事制度有效缓解合作社信贷约束的作用机制。

对于农民专业合作社而言，拥有充裕资金是其发展壮大物质基础，具有决定成败的关键性作用。部分学者指出，现阶段合作社为实现规模经济和提高市场竞争力，会不断地追求规模扩张，导致其对信贷资金的需求日益旺盛（黄祖辉等，2002）。而孔祥智（2005）等学者通过实地调研发现，现实中约有 85% 的合作社未形成真正盈利能力，从而没有稳定而充足的自有经济来源。在这种境况下，大部分农民专业合作社自我积累和持续发展也就无从谈起。因此，吕献荣（2006）等学者就认为，资金短缺已成为我国农民专业合作社发展的瓶颈，使得广大合作社在扩大规模、实现可持续发展的过程中举步维艰。谢宁（2008）通过对山东省农民专业合作社的融资结构进行分析，指出了山东省农民专业合作社发展资金缺口较大，同时存在融资渠道狭窄、贷款难、担保难和缺乏资本市场融资渠道等主要融资问题。贾楠（2009）通过对 33 家农民专业合作社的调查，发现只有 7 家合作社获得了金融机构的贷款，共获得贷款 1552 万元，仅占其贷款需求量的 6.6%。

学者们对合作社信贷支持不足的原因给予了高度关注（于华江等，2006；李晓渝，2006；曹鸣凤，2007；田祥宇，2008；贾楠，2009)。制约合作社获得信贷支持的因素很多，既有内部原因，也有外部因素。从内部原因看，合作社之所以内部筹资有限，是因其独特的内部制度设计限制了合作社的筹资能力。合作社产权不明晰和运作不规范导致外部金融机构难以准确评价贷款风险，合作社又大多处于起步发展阶段，规模较小，财务制度不健全，难以提供符合金融机构要求的抵押担保品。从外部因素看，农村金融服务体系的不完善，导致了农民专业合作社的信贷需求很难得到充分有效地满足。如农业发展银行作为我国政策性金融机构之一，目前仅负责粮棉油的购销贷款；农业银行由于商业化改革，大量压缩农村分支机构，贷款业务基本退出了农村领域。在农村金融市场，信贷资金的主要供给者是农村信用社（部分地区已经改制为农村合作银行或农村商业银行），资金供给主体单一，信贷服务难以满足合作社的资金需求。此外，还有学者专门从农村信用社的角度阐述了合作社信贷支持不足的原因（如赵敏，2005；等）。一是合作社发展的外部环境较差，严重挫伤了农村信用社对合作社信贷供给意愿；二是农村信用社自身信贷供给能力有限，在一定程度上难以满足合作社发展的资金需求；三是出于信贷成本与风险的考虑，农信社对合作社缺乏信贷信心；四是在县、乡两级法人管理体制下，农村信用社整合信贷资源的能力较弱，无法将有限的信贷资金进行整体调度和优化配置，以重点支持农民专业合作社发展。

一、独立理事制度缓解合作社信贷约束的理论分析

（一）模型建立

现代金融机构信贷合约行为理论认为，商业性金融机构为了能够有效区分具有不同风险特征的借款者，在信贷方案中设计了信贷利率、抵押品价值和贷给概率三个要件，从而希望借助此三个要件的不同组合来达到借款者自行选择金融机构所期望的信贷合约的目的。但是，在我国贷款利率由中央银行统一划定的现实情况下，运用西方的商业银行信贷合约理论需要对其进行中国化的改进。孔刘柳（2000）在结合西方信贷合约行为理论和我国经济发展实际的基础上，构建了适合于我国现实情况的商业银行信贷合约行为理论模型，尤其是其中的垄断型、利率限制条件下的金融机构信贷合约行为模型很符合当前农村金融市场的实际，为本节的研究提供了重要参考。

在垄断型的信贷市场中，商业性金融机构保持风险中性。我们假定，金融机构的资金成本（存款利率）为 c_0，且拥有能够充分满足信贷需求的存款资金，即金融机构的信贷供给能力不影响其信贷决策的制定。r_0 表示金融机构的资金收益（贷款利率）；在这里，r 是外生变量，可以被看作常量，原因在于我国的信贷利率由央行统一制定，不属于金融机构信贷合约的设计变量。此外，金融机构

的存款资金也可以被用于投资其他无风险的项目，例如国债，因此将 r_0 作为无风险投资收益率。

同时，为方便起见，我们也假定借款者呈风险中性，且具有相同的期初抵押价值 W，W 无法用于投资无风险项目（这实际上比较接近于我国农村的现实情况）。假设借款者用从金融机构获得的信贷资金 S 与自有资产 W 一起投资于一个具有风险的项目。项目成功则产生回报 R，R 为项目收益率；项目失败则产生零回报。这样，即使借款者投资于有风险的项目也可以被认为是没有机会成本的。W 和 R 是借贷双方共同拥有的信息。

金融机构面对的是相对固定的借款者群体，其中包括高风险者和低风险者两种类型。我们用 φ_1 和 φ_2 分别表示高风险者和低风险者的项目成功概率，则 $0<\varphi_1<\varphi_2<1$；尽管借款者自身非常清楚自己的风险类型，但在信息不对称的情况下，金融机构却并不能有效区分他们，而是仅知道高风险者的比例为 λ，那么，低风险者的比例则为 $(1-\lambda)$。在信贷利率既定条件下，金融机构信贷合约的设计变量只能包括贷给概率 θ_i 和抵押要求 ω_i，$i\in\{1,2\}$。其中，抵押要求 ω_i 亦可表示为 S/k_i，k_i 为随机变量，$i\in\{1,2\}$，表示金融机构所要求的抵押率（通常所说的“垫头”）。同时，若借款者无法归还贷款，金融机构在变现抵押品时还需承担一定的交易费用，故对抵押价值有一个折扣 β，$\beta\in[0,1]$。因此，金融机构实际能够变现的抵押价值为 $\beta S/k_i$。此外，由于借贷双方存在信息不对称，金融机构为了控制和防范风险，需要进行贷前信息收集、贷中审核评估和贷后追踪催还等活动，均须承担相应的费用；因此，假设金融机构每笔贷款的信贷供给成本为 C_i。

故，商业性金融机构对 i 类借款者的期望收益目标函数为：

$$\theta_i[\varphi_i(r-r_0)S+(1-\varphi_i)\beta S/k_i-C_i]+(1-\theta_i)(r_0-c_0)S$$

去掉常数项，不影响结果，从而得到金融机构对所有借款者的目标函数：

$$\lambda\theta_1[\varphi_1 rS+(1-\varphi_1)\beta S/k_i]+(1-\lambda)\theta_2[\varphi_2 r+(1-\varphi_2)\beta S/k_i]$$

在利率限制与完全信息条件下，金融机构能够掌握所有借款者的类型。这时，垄断型信贷市场的均衡形式为：

$$\max\ \theta_i[\varphi_i rS+(1-\varphi_i)\beta S/k_i] \tag{11.3.1}$$

$$s.t.\ \varphi_i rS+(1-\varphi_i)\beta S/k_i\geq r_0 S \tag{11.3.2}$$

$$\theta_i[\varphi_i(R-r)S-(1-\varphi_i)S/k_i]\geq 0 \tag{11.3.3}$$

其中，$0\leqslant\theta_i\leqslant 1$，$0\leqslant S/k_i\leqslant W$，$i\in\{1,2\}$。

在以上三式中，（11.3.2）式表示金融机构的信贷预期收益必须大于其放贷的机会成本，（11.3.3）式表示不同类型的借款者都能够实现有利可图，即不同类型的信贷合约必须是各自合理的。

但在利率限制和不对称信息条件下，垄断型信贷市场中的金融机构信贷合约设计则由一组向量 $\{S/k_i,\theta_i\}$ 组成，$i\in\{1,2\}$。然而，若类型为 i 的借款者获取了金融机构为 j 型借款者设计的信贷合约，其中 $i\neq j$，且 $i,j\in\{1,2\}$，那么，i 型借款者的预期收益就将变为：

$$\theta_j[\varphi_i(R-r)S-(1-\varphi_i)S/k_i]$$

所以，为了确保借款者自行按照本身所属的风险类型申请信贷合约，金融机构的信贷合约方案必须同时满足下列两项激励相容的约束条件：

$$\theta_i[\varphi_i(R-r)S-(1-\varphi_i)S/k_i]>\theta_j[\varphi_i(R-r)S-(1-\varphi_i)S/k_i]$$

$$\theta_j[\varphi_j(R-r)S-(1-\varphi_j)S/k_i]>\theta_i[\varphi_j(R-r)S-(1-\varphi_j)S/k_i]$$

此外，不同类型的借款者均须有利可图，即不同风险类型的信贷合约还必须是各自合理的，即：

$$\theta_i[\varphi_i(R-r)S-(1-\varphi_i)S/k_i]\geqslant 0$$

是故，在利率限制和不对称信息条件下，垄断型信贷市场的均衡形式可以表示如下：

$$\max \lambda\theta_1[\varphi_1 rS+(1-\varphi_1)\beta S/k_i]+(1-\lambda)\theta_2[\varphi_2 rS+(1-\varphi_2)\beta S/k_i] \tag{11.3.4}$$

$$s.t.\ \varphi_i rS+(1-\varphi_i)\beta S/k_i\geqslant r_0 S \tag{11.3.5}$$

$$\theta_i[\varphi_i(R-r)S-(1-\varphi_i)S/k_i]>\theta_j[\varphi_i(R-r)S-(1-\varphi_i)S/k_i] \tag{11.3.6}$$

$$\theta_j[\varphi_j(R-r)S-(1-\varphi_j)S/k_i]>\theta_i[\varphi_j(R-r)S-(1-\varphi_j)S/k_i] \tag{11.3.7}$$

$$\theta_i[\varphi_i(R-r)S-(1-\varphi_i)S/k_i]\geqslant 0 \tag{11.3.8}$$

其中，$0\leqslant\theta_i\leqslant 1$，$0\leqslant S/k_i\leqslant W$，$i\in\{1,2\}$。

（二）模型改进

通过以上对垄断型信贷市场、利率限制条件下的商业性金融机构信贷合约行为模型的描述，可知，金融机构在进行信贷决策的制定实施时所要考虑的主要因素体现在以下两个方面：一是金融机构的预期收益要大于其信贷资金的机会成本，二是借款者的风险和收益水平，包括借款者项目成功概率及抵押担保能力等。

商业性金融机构进行信贷供给决策时所考虑的这些因素同样也适用于包括农信社和合作社在内的农村金融市场，但同时我们也必须要想到农村金融市场的信贷活动所具有的一些特点，这就是，农业的弱质性使得农业生产领域投资项目的风险较大，预期收益率较低，同时农信社和合作社以及农户之间的信息不对称程度也较非农领域更加严重。这种高风险、低回报的投资状况使得农信社更倾向于将合作社及其社员农户划入高风险借款者的范围之内，对其项目成功的概率做出较低的估计。现实中，农信社对合作社及其社员农户在通常情况下仅限于发放抵押（质押）和担保贷款便是明证。通过借鉴前面已分析过的商业性金融机构的信贷合约行为理论，我们可以建立起农信社对合作社的信贷合约行为模型。

首先，设定如下假设条件：①农信社和合作社是该信贷合约的参与人，且二者均为理性经济人，即寻求一定条件下的自身利益最大化。②借贷双方的信贷合约达成过程不受任何其他方的干预或影响。③每个合作社在一定时期内有并且只有一个投资经营项目。④合作社无初始资金，完全依靠银行贷款，项目成功后即可全额偿还贷款本息。

假设合作社与农信社双方顺利达成信贷合约的数量为 n(n 为大于 1 的整数)，贷款利率为 r，每个合作社贷款规模为 S_i，农信社要求的贷款抵押品价值为 ω_i，也可表示为 S_i/k_i，其中 k_i 为随机变量，表示银行要求的抵押率（通常所说的“垫头”）。当贷款无法归还，农信社在清算抵押时还需承担一定交易费用，故对抵押价值有一个折扣 β，$\beta\in[0,1]$；因此，农信社实际能变现的抵押价值为 $\beta S_i/k_i$。因此，合作社与农信社双方的效用都是关于借贷规模 S_i 和贷款利率 r 的函数。

考虑借款者合作社的收益情况。合作社将贷得的资金投入生产，假设其经营收入为 R_iS_i，其中 R_i 为随机变量，由于经营产出有一定的上限，所以 $R_i\in[1,K_i]$，$i=0,1,\ldots,n$。合作社需要用经营收入来偿还农信社的贷款本金和利息，因此最后可能出现的情况有两种：一是合作社的投资项目运营较为成功，经营收入可以足额偿还农信社的本金和利息，假设此种情况出现的概率为 P；二是合作社投资项目的运营出现失误，经营收入不足偿还农信社的全部本金和利息，因此农信社就需要将合作社的抵押品变现来弥补贷款损失，假设此种情况出现的概率为（$1-P$）。综合以上两种情况，得出合作社的预期收益为：

$$E_1 = P(R_i - 1 - r)S_i - (1 - P)S_i / k_i$$

再来考虑贷款者农信社的收益情况。假设农信社在这一时期内共放款 n 笔，在借贷双方存在信息不对称的情况下，农信社为了控制风险，在贷款前需要进行调查和评估，贷款中审核和拨付，贷款后监管和催还，因此假设每笔贷款发生的相关交易费用为 C_i。因此，农信社每发放一笔贷款的预期收益为：

$$E_2 = P(rS_i - C_i) + (1 - P)(\beta S_i / k_i - S_i - C_i)$$

因此，农信社向合作社发放 n 笔贷款的预期利润目标函数为：

$$V = \sum_{i=1}^{n} [P(rS_i - C_i) + (1 - P)(\beta S_i / k_i - S_i - C_i)]$$

再考虑模型的约束条件。对农信社来说：第一，预期收益 E_2 应该不小于其他所能得到的机会成本，即农信社将资金投放于其他高收益或低风险行业所能获得的收益，并假设此种收益率为 μ；第二，农信社的预期利润 V 应该大于零，从而保证农信社经营的可持续性；第三，考虑到信贷风险以及合作社的实际偿还能力，农信社会在贷款规模上进行一定的限制，参考指标即为本时期内农信社可用于借贷的资金总额 Q 和合作社能提供的抵押品价值或担保额度 W_i；第四，合作社的预期收益也应该大于零。综上，模型的约束条件为：

$$P(rS_i - C_i) + (1 - P)(\beta S_i / k_i - S_i - C_i) > \mu \cdot S_i$$

$$\sum_{i=1}^{n} [P(rS_i - C_i) + (1 - P)(\beta S_i / k_i - S_i - C_i)] > 0$$

$$S_i \leqslant \min(Q, W_i)$$

$$P(R_i - 1 - r)S_i - (1 - P)S_i / k_i > 0$$

基于以上分析，可以得到农信社信贷合约行为的规划模型：

$$\max V(S_i, r) = \sum_{i=1}^{n} [P(rS_i - C_i) + (1 - P)(\beta S_i / k_i - S_i - C_i)]$$

$$s.t.\ P(rS_i - C_i) + (1 - P)(\beta S_i / k_i - S_i - C_i) > \mu \cdot S_i$$

$$\sum_{i=1}^{n} [P(rS_i - C_i) + (1 - P)(\beta S_i / k_i - S_i - C_i)] > 0$$

$$S_i \leqslant \min(Q, W_i)$$

$$P(R_i - 1 - r)S_i - (1 - P)S_i / k_i > 0$$

其中，i=0, 1, …, n 。

只有当上述规划模型的四个约束条件所形成的解集空间非空时，规划方程才可能存在最优解。

通过以上建立的模型可以看到，影响农信社向合作社贷款合约达成的因素主要有：①农信社放贷的机会成本 μS_i；②合作社抵押担保价值 W_i；③农信社信贷支持合作社的交易费用 C_i；④合作社投资项目运营成功的概率 P。最近几年，随着邮储银行在农村地区大量铺设经营网点，力图开拓并抢占农村金融市场，农信社的传统优势地位日益受到了挑战。在强烈的竞争压力下，农信社放贷的机会成本不断降低，迫使其不得不调整经营策略，寻找农村金融市场中新的潜在客户。合作社作为新兴的农村经营主体，有着日益扩大的资金需求，自然成为农信社奋力争取的客户资源。但由于存在交易费用过高、抵押担保不足、农业生产风险较大等问题，农信社依然采取了“惜贷”“慎贷”的行为，而合作社的发展也面临着日益紧张的信贷约束。因此，本节着重从降低农信社交易费用、增强合作社抵押担保能力以及提高合作社经营成功概率三方面，探讨农信社派驻合作社独立理事制度对缓解合作社信贷约束的影响。

二、独立理事制度缓解合作社信贷约束平行案例分析

（一）独立理事制度的创立背景与发展现状

山东省菏泽市农村信用社共有 9 家县区联社，372 个营业网点，从业人员近 6000 人，是全市机构网点最多、服务范围最广、业务品种齐全、资金实力雄厚的农村金融机构。近年来，菏泽市农村信用社把信贷扶持农民专业合作社作为支持当地经济发展的重点，通过创新金融产品和改进服务方式，突破了金融机构支农的成本约束，并有效地控制了风险，促进了当地农民专业合作社的发展。总体来说，农信社派驻合作社独立理事制度就是在双方互有需求、资源互补的前提下应运而生的。一方面，这是农信社从信贷支农工作的实际需要出发进行的一项创造性尝试。支持农民专业合作社发展是建设新农村的重要任务，也是农村信用社创新贷款模式，开拓农村金融市场的重要平台，而派驻合作社独立理事制度就是农信社在新形势下对支持合作社发展进行的有益尝试。另一方面，这也是农民专业合作社自身规范化发展的客观要求。农民专业合作社是农村经济发展中的组织和制度创新，是国家支农政策扶持的重要载体，也是实现农村经济增长方式转变的有效形式。由于农民专业合作社是新生事物，许多土生土长的农民想组建、想参与，但受自身的局限性，在信息渠道、管理技能、专业知识等方面有所欠缺，不能很好地驾驭合作社的发展。另外，部分运作规范、制度完善的合作社在生产经营过程中也会或多或少的受到资金限制，拖慢了合作社发展的步伐，这些都是农民专业合作社在未来发展中亟待解决的问题。

正是在双方互有需求、资源互补的情况下，菏泽市农村信用社创造性的推行了派驻合作社独立理事制度，委派信贷人员入驻优质合作社并担任其独立理事，以此建立起农信社与合作社的沟通联系机制，实现对合作社生产经营的指导和贷款使用的监督，从而避免由于存在信息不对称而导致的不利影响，进一步密切合作社与农信社的信贷关系，探索新的信贷服务模式。

独立理事主要由三种类型的人员组成，包括乡镇分社客户经理、乡镇分社主任以及县级联社部门经理，在合作社自愿的基础上，由合作社理事会表决通过后正式聘请。独立理事不从合作社获取报酬。一方面，信贷人员受农信社委托，通过独立理事的身份参与合作社的经营决策和日常管理，从而监督合作社信贷资金的使用情况，确保资金用于合作社发展或社员自身扩大生产规模，准确掌握其经营运作和发展状况，以有效防范农信社信贷风险，保障合作社在风险可控的范围内进行生产经营活动。独立理事按照相关法律法规和合作社章程的要求，维护合作社的整体利益，关注中小股东的合法权益不受损害。另一方面，信贷人员又通过充分发挥自身社会资源的优势，为合作社发展注入所需的多种要素，包括资金、信息、技术、人才等，主要在协助合作社规范化运作、建立健全财务制度、监督信贷资金流向、指导制定发展规划等方面发挥作用，帮助合作社解决诸如融资能力较弱、市场信息滞后、运作不规范、监督管理不到位等问题。

（二）独立理事制度具体案例

【案例1】由乡镇分社客户经理担任独立理事的HFY种植专业合作社

HFY种植专业合作社位于菏泽市曹县古营集镇。早在2006年10月，为了降低农业经营成本，解决生产服务问题，在该乡农技推广站技术人员L的牵头组织下，当地108户种植农户联合起来，自发成立了该种植专业合作社。待《农民专业合作社法》颁布实施后，合作社又于2008年3月在当地工商部门进行了注册登记，初始注册资金为20万元。合作社制定了自己的章程，并将其业务范围规定为：农业生产资料的采购与供应，生产技术的服务与指导，农产品的收购与销售等。该合作社社员以种植粮食作物为主，包括小麦和玉米，同时兼种部分瓜果农产品，如特色香瓜等。2008年，该合作社注册了"红三村"商标，并于2010年6月通过了中国绿色食品发展中心绿色食品A级认证，准许使用绿色食品标志。该合作社社员主要由当地农户组成。

截至2010年11月调研时止，合作社资产总额达200余万元，其中固定资产80万元，流动资产120万元；全社共有社员1568户，其中农民成员占99%，覆盖周边1个县、3个乡镇和73个行政村。社员入社须由合作社社员代表大会批准。入社时，每户社员需要最少缴纳1股股金，每股金额为100元。目前，该合作社拥有优质小麦良种繁育基地1000亩，优质专用小麦生产基地5000亩，20000吨标准粮库一座。2009年，合作社经营纯收入达140余万元，其中对社员农户二次返利85万元，占总盈余的60%以上；平均每户社员全年农业纯收入约8000元，比当地非社员农户高出近20%。近年来，该合作社连续获得"市级优秀农民专业合作社""省级农民专业合作社示范社"等荣誉称号。

菏泽市农村信用社启动派驻独立理事实施计划后，决定将该合作社列入首批派驻的合作社名单中。2009年年底，经过双方协调沟通，合作社正式聘请S为合作社独立理事。S原为曹县某乡镇农信社的一名信贷人员，负责联系合作社所在片区的信贷业务。自合作社成立起，S就与该合作社的管理人员进行过多次接触，对合作社的生产经营情况比较了解。

S被聘请为合作社独立理事后，主要在以下几方面发挥了重要作用：①帮助合作社办理农业保险。在独立理事的斡旋协调和财政资金的强力扶持下，当地某保险公司与该合作社签订了合作协议，由社员农户、合作社和当地政府共同出资，为合作社全体社员农户购买了农业灾害保险，为合作社及其社员的生产经营活动提供了有效的保障。②建立健全合作社财务管理制度。独立理事S依托自身的专业优势，指导合作社建立健全内部财务管理制度，包括聘请专业财务人员，专职负责合作社内部财务管理事务；实施合作社年度财务审计制度，委托具有资质的会计师事务所对合作社的年度财务管理状况进行审计。③对社员集中开展信用评级。在独立理事直接参与下组建评级授信小组，根据资产负债、经营能力和个人品行等方面的情况，对提出贷款申请的社员以记名投票的方式，确定社员的信用等级和授信额度。单户社员贷款的授信额度一般为10万~30万元。在信用期（一般为1年）内，获得授信的社员农户可以随时到农信社柜台办理贷款手续，即时得到贷款。④设计适应合作社生产周期的贷款条件。独立理事经常参与合作社的经营管理，对合作社的生产运营状况十分了解，可以根据合作社的实际情况，设计适应合作社生产经营周期的贷款条件，如根据生产进度分阶段放款、贷款期限与生产周期同步等，帮助合作社及其社员农户最大程度地享受金融服务的便利。⑤帮助合作社拓宽产品销售渠道。在独立理事的直接策划下，合作社于2010年8月成功注册了"红三村"的产品商标，接着该品牌又通过了中国绿色食品发展中心的绿色食品A级认证，获准使用绿色食品标志。此外，独立理事积极与当地多家大型超市取得联系，为推动"农超对接"创造条件。

截至调研时止，在独立理事的直接协调与帮助下，该合作社先后与当地大型的HR食品公司、YZ超市、SX超市和SG超市等建立了合作关系，形成“超市＋合作社＋农户”的一体化生产营销模式。

【案例2】由乡镇分社主任担任独立理事的GX蔬菜种植专业合作社

GX蔬菜种植专业合作社位于菏泽市郓城县。2009年3月，为了统一购买农资和解决“卖难”问题，当地村委会牵头，并联合10户农户作为设立人，成立了这个合作社。合作社即时在当地工商部门登记注册，注册资金为200万元。目前，合作社共有成员300余户，全部为当地种植农户，社员分布横跨5个乡镇、20个行政村。截至调研时止，合作社实有资产近3000万元，其中，固定资产为2200万元，流动资产约800万元。成员入社不强制缴纳股金或会费，但需要具备一定的条件，如生产达到一定规模、产品达到质量要求以及在当地有较好的声誉等。

GX蔬菜种植专业合作社是菏泽市农村信用社实施派驻独立理事制度的首批试点合作社之一。2009年年底，经过双方充分沟通，合作社决定聘请郓城县某乡镇农信社副主任F为合作社独立理事。之后，凡遇合作社召开成员代表大会或理事会商讨重大事宜，均提前向独立理事F发出邀请，而F一般也尽量排出时间来参加合作社的相关活动。

F被聘请为合作社独立理事后，主要在以下几方面发挥了重要作用：①指导合作社制定中长期发展规划。独立理事F到任后，带领合作社管理人员和部分社员到山东寿光实地参观学习，并参照借鉴其先进做法，指导合作社制定了《GX蔬菜种植专业合作社中长期发展规划》，内容包括逐步实施蔬菜有机生产标准，申请创建自己的品牌商标，兴建农产品初级加工厂，发展“农社对接”“农校对接”“农餐对接”等直销模式等。②帮助合作社争取政策性农业保险补贴。在国家决定针对蔬菜产业实施农业保险保费补贴政策之后，合作社理事长Y便随即找到独立理事F，希望通过F的社会关系，帮助合作社争取到国家政策性农业保险的保费补贴。在F的居中联络和协调下，合作社为全体成员农户办理了农业保险，并成功争取到了上级财政的保费补贴。③对合作社贷款实行利率优惠。F担任该合作社的独立理事后，一边与合作社管理人员及其成员农户保持频繁的互动与交流，一边又通过当地乡镇部门和村委会等渠道获取情况反馈，逐渐对该合作社的发展背景和运营情况有了比较全面而准确的把握。F认为该合作社具有很好的发展前景，遂决定加大对该合作社的信贷支持力度，不仅为合作社评定了高达2000万元的授信额度，而且还对其实施下浮1‰的利率优惠。自2010年以来，合作社先后十几次获得农信社信用贷款，总贷款额度超过1200万元，主要用于统一采购、配送社员需要的种苗等农用物资和发展合作社内部资金借贷服务。④联系县专业协会为合作社提供技术支持。为了帮助合作社成员农户选择产量更高、品质更好的蔬菜新品种，并进行科学、规范地种植，独立理事F与县蔬菜种植协会联系，并极力促成了该专业协会与合作社结成技术帮扶对子。由县蔬菜协会向合作社推介优质品种，并定期派专家或技术人员到合作社进行现场教学和技术指导，帮助合作社提高技术服务能力和科学种菜水平，最大限度地满足成员农户的技术服务需求。⑤为合作社获取企业订单牵线搭桥。独立理事F运用自身的社会关系，介绍当地的一家农产品加工流通企业与合作社以产品订单的方式建立了稳固的供销合作关系，使合作社通过企业订单方式销售的蔬菜产量达到了50%以上，大大降低了合作社生产经营所面临的市场风险。

【案例3】由县级联社部门经理担任独立理事的XX养兔专业合作社

XX养兔专业合作社位于郓城县程屯镇西钱楼村，成立于2009年1月，共占地35亩，其中草地5亩、鱼塘占地10亩、兔场占地20亩，植树1200棵。合作社共投资30万元建设了占地约20亩的生产区及相关配套设施，包括樊中区5栋，育成区6栋，长毛兔区2栋，每栋前后都种有白杨树，是具有特色的林下养殖。合作社还购进了颗粒饲料机2台，粉碎机1台；并在养殖区室内安装有电热扇15台，保证了产房和保育舍的温度的平衡。同时，合作社还投资20余万元建设了管理区，包括办公室4间、消毒室1间、化验室和治疗室2间、仓库10间、活动室10间、食堂2间以及门卫室1间。此外，合作社还投资18万元，建成了国内先进的生态循环养殖系统，把兔尿和兔粪全部注入沼气池，为合作社及周边农户提供生产生活用气，每年可节约能源费用4万余元。此外，沼气渣还能用来种植杨树和生产绿色有机无公害蔬菜，产生了丰厚的经济效益。

XX养兔专业合作社由于经营规模较大、内部运作规范、发展前景看好而被菏泽市农村信用社确定为首批试点派驻独立理事的合作社之一。2009年年底，在双方几乎是一拍即合的情况下，合作社决定聘请郓城县农信社信贷业务部经理W为合作社独立理事。受聘为合作社独立理事后，尽管W在县城工作，平时的本职工作任务也十分繁忙，但他还是争取一切机会与该合作社保持了积极良性的互动；而合作社凡遇召开成员代表大会或理事会需要商讨重大事宜时，也都提前与独立理事W取得联系，让他尽量排出时间来参加合作社的会议或活动。

W受聘为合作社独立理事后，主要在以下几方面发挥了重要作用：①推广农业保险，有效防范养殖风险。为了减少养殖业承担的疫病风险，鼓励农户从事养殖生产，国家实行了专门针对养殖行业的农业保险保费补贴政策。鉴于这一有利的政策条件，独立理事W主动找到合作社负责人商量，并将相关政策文件在成员代表大会上进行了宣读。知道这一政策信息后，合作社社员的反响十分积极，都表示愿意加入农业保险。最终，在国家财政直接补助下，该合作社的全体社员都办理了农业保险，为日后的养殖生产吃下了定心丸。②给予授信额度，方便合作社灵活贷款。受聘为独立理事后，W亲自带队，组织信贷人员对该合作社进行了信用评级。经过严格的调查和审核后，农信社最终给予了合作社200万元的授信额度，即在一年的周期内，合作社可以随时到农信社获得贷款，但贷款余额不得超过200万元，且一年内必须还清，否则下一年度农信社将取消或减少对合作社的授信额度。③传递市场信息，提出合理发展建议。独立理事W所在的农信社部门——信贷业务部为了全面掌握各个行业市场动态，及时防控信贷风险，由专人负责信息收集与分析，定期出版了一份内部信息交流简报，以供农信社信贷人员参考。W遂将每期简报中涉及养殖业尤其是养兔业的市场信息和经营动态发送给合作社负责人，让其及时了解市场供求、养殖技术等相关信息，为合作社经营决策提供参考；同时，W也根据自身掌握的信息和经验，针对合作社经营中面临的现实问题，向其提出合理的发展规划或建议，帮助合作社集思广益。④联系技术专家，及时防治突发疫情。由于是集中养殖，因此合作社最怕的就是疫情风险；如一旦遭遇突发疫病，合作社承受的后果和损失将不堪设想。合作社负责人向独立理事W反映这一担忧后，W就与县畜牧局及其技术专家取得了联系。县畜牧局同意派遣技术专家每月下村进行一次现场技术指导和疾病义诊，并建立了合作社与畜牧局的联系热线。合作社一旦遭遇到突发疫情的影响，就可通过热线及时向县畜牧局通报；畜牧局接到疫情报告后，将会组织技术人员和专家到合作社现场进行有效指导和防治，帮助合作社将疫情损失减少到最低。

（三）案例总结

综上所述，本节运用案例间逐项复制的方法，对三个覆盖了不同农业生产领域和独立理事类型的农民专业合作社案例进行了详细的观察与分析，有效地验证了本节前面所提出的三项假说。即农信社派驻合作社独立理事制度能够充分利用其特殊机制下的制度优势：①降低农信社对合作社信贷支持的交易费用，包括信息收集费用、运营费用以及贷后催还费用等；②改善合作社自身的抵押担保能力；③减轻合作社在生产经营中遭受的自然风险、市场风险和管理风险损失，提高合作社投资项目的成功概率，从而提高农信社的信贷供给意愿，缓解合作社的信贷约束状况。表 11-7 总结了三个案例合作社中独立理事所发挥的主要职能及相对应的缓解效果。

表 11-7　独立理事发挥职能及其缓解效果总结

案例名称	独立理事类型	主要职能	缓解效果
HFY种植专业合作社	乡镇分社客户经理	经常参加合作社会议及相关活动	降低农信社信息搜集费用
		对社员集中开展信用评级	降低农信社运营费用
		设计适应合作社生产周期的贷款条件	降低农信社贷后催还费用
HFY种植专业合作社	乡镇分社客户经理	帮助健全合作社财务管理制度；利用声誉机制和动态威胁实现抵押替代	增强合作社抵押担保能力
		帮助办理农业保险	减轻自然风险损失
		帮助合作社拓宽产品销售渠道	减轻市场风险损失
		联系农业技术专家予以生产指导	减轻管理风险损失
GX蔬菜种植专业合作社	乡镇分社主任	通过乡政府及村委会获取合作社信息	降低农信社信息搜集费用
		农信社授信贷款，合作社开展“转贷”	降低农信社运营费用
		设计适应合作社生产周期的贷款条件	降低农信社贷后催还费用
		利用声誉机制和动态威胁实现抵押替代	增强合作社抵押担保能力
		帮助合作社争取政策性农业保险补贴	减轻自然风险损失
		为合作社获取企业订单牵线搭桥	减轻市场风险损失
		联系县专业协会为合作社提供技术支持	减轻管理风险损失
XX养殖专业合作社	县级联社部门经理	通过乡政府及村委会获取合作社信息	降低农信社信息收集费用
		农信社授信贷款，合作社提供内部资金服务	降低农信社运营费用
		授信机制激励合作社按时还款	降低农信社贷后催还费用
		利用声誉机制和动态威胁实现抵押替代	增强合作社抵押担保能力
		帮助合作社申请国家财政保费补贴	减轻自然风险损失
		提供市场信息和行业动态	减轻市场风险损失
		联系技术专家实施帮扶指导	减轻管理风险损失

同时，为了能够更清晰明了地展示案例分析对三项假说的检验情况，下文用表 11-8 进行了说明。其中，画“★”表示该行所示的合作社案例材料中有相应的内容来支撑该列所示的假说或假说细分指标，而每列假说或假说细分指标下的“★”越多，说明有多个案例材料以越强的支持力度对该项假说或假说细分指标进行了正向验证。

表 11-8　独立理事制度对合作社信贷约束缓解作用的案例统计

案例名称	独立理事类型	降低农信社对合作社信贷支持的交易费用			增强合作社自身的抵押担保能力	提高合作社投资项目的成功概率		
		信息收集费用	运营费用	贷后催还费用		减轻自然风险损失	减轻市场风险损失	减轻管理风险损失
HFY种植专业合作社	乡镇分社客户经理	★	★	★	★	★	★	★
GX蔬菜种植专业合作社	乡镇分社主任	★	★	★	★	★	★	★
XX养殖专业合作社	县级联社部门经理	★	★	★	★	★	★	★

三、经验与启示

融资困难特别是正规信贷融资困难是制约农民专业合作社发展的重要问题。在我国垄断型、利率限制的农村金融市场中，在农信社信贷供给能力和合作社信贷需求一定的条件下，合作社在向农信社借款过程中是否受到信贷约束以及受到约束的程度取决于农信社的信贷供给意愿，而农信社的信贷供给意愿又取决于制约农信社与合作社信贷合约达成的因素是否得到缓解。主要包括以下三个方面：一是农信社向合作社发放贷款的交易费用，包括信息收集费用、运营费用和贷后催还费用；二是合作社自身的抵押担保能力；三是合作社投资项目的成功概率，包括自然风险影响、市场风险影响和管理风险影响。而农信社向合作社派驻独立理事的制度能够充分利用其特殊机制下的制度优势，有效应对以上三方面的问题，从而提高农信社信贷供给意愿，缓解合作社的信贷约束。

（一）农信社向合作社派驻独立理事制度能够降低对合作社信贷支持的交易费用，从而增强农信社信贷供给意愿，缓解合作社的信贷约束

首先，独立理事可以利用所捕获到的信息，对借款合作社及其成员农户进行有效的甄别，从而最大程度上克服了因双方信息不对称而可能导致的逆向选择问题，并极大地降低农信社贷前信息收集与筛选的相关费用；同时，独立理事还能够及时准确地掌握合作社的生产经营情况，获取关于贷款使用的真实信息，从而降低贷后的监督检查费用，并有效防范道德风险的发生。其次，独立理事可以依托合作社这一新兴的农民经济组织载体，大力开展针对合作社成员农户的“批发贷款”（如合作社担保下的联户联保）或“转贷”（先贷款给合作社，再经合作社向农户贷款）等业务开展模式，从而降低运营费用，实现规模经济效益，提高农信社的盈利水平和市场竞争能力。最后，农信社通过独立理事这一沟通联系机制，可以全程掌控合作社的生产经营动态，根据实际情况适时调整贷款偿还方案，并利用对于合作社经营决策的一定控制权，督促合作社及时足额的偿还贷款本息，从而建立起一套行之有效的合约执行机制，大大降低贷款回收的成本费用。

（二）农信社向合作社派驻独立理事制度能改善合作社抵押担保能力，从而增强农信社信贷供给意愿，缓解合作社信贷约束

由于农信社可通过独立理事机制，及时准确地了解合作社的生产经营情况和贷款使用去向，因而降低了对合作社的担保抵押要求，甚至可接受其他金融机构所不愿接受的特殊类型抵押物，如合作社的生产管理用房、机械设备，成员农户的农机具、畜舍以及活牲畜等。这就有效地增强了合作

社担保抵押能力，促进合作社及其成员农户信贷需求的满足。

（三）农信社向合作社派驻独立理事制度能够提高合作社投资项目的成功概率，从而增强农信社信贷供给意愿，缓解合作社信贷约束

首先，独立理事可通过向广大农户介绍农业保险的重要性和积极作用，提高其对于农业保险的认知水平，促进农业保险的推广与普及，从而增强合作社及其成员农户抗拒自然灾害能力，降低自然风险对合作社生产经营的影响，提高合作社投资项目的成功概率。其次，独立理事往往能为合作社及其成员农户传递大量及时有效市场信息，帮助合作社开拓市场销售渠道，从而指导合作社根据市场需求组织生产，最大限度地规避市场波动的不确定性，减少市场风险对合作社生产经营的影响，提高合作社及其成员农户的履约能力。最后，独立理事可以依托自己的公职身份和社会网络，帮助合作社积极争取相关部门的有关技术培训、良种推广、标准化种养、科学管理以及基础设施建设等方面的项目扶持，帮助合作社降低管理风险，增强合作社及其成员农户的还款能力，从而减少农信社向合作社发放信贷所面临的信用风险。

第4节　合作社融资服务供给及其提供价值链融资的影响因素

农户作为农村金融需求者通常具有居住分散、收入低且单笔存贷款规模小、有明显季节性、生产项目的自然风险和市场风险较大、缺乏必要抵押品等特点（Hoffand Stiglitz，1990），正规金融机构向农户提供信贷要承担较高交易成本和面临较大风险，往往采取谨慎性风险控制策略和信贷供给行为。1984年以来的三次重大农村金融改革，开始力图解决农村融资难题，但成效甚微，农村“缺血”现象反而日益突出（周立，2007）。农户受到正规信贷约束的现象仍非常普遍和严峻（韩俊，2008）。出于对民间金融扩张内在机理（王曙光、邓一婷，2007）和农村金融市场固有问题（周立，2007）的考虑，有学者提出通过发展农村内生金融来化解农户金融困境（温铁军等，2007）。

近年来，随着合作社迅猛发展[1]，鼓励和支持合作社开展融资服务[2]，兴办资金互助社成为中国农村金融改革的一个重要方向，也是理论关注的热点问题。与合作金融组织一样，“熟人社会”基础上成长起来的合作社，其特有的自我选择（self-selection）机制（Smith and Stutzer，1990），成员长期互动关系（long-term interaction）和“社会惩罚”机制（Banerjee etc.，1994），以及成员间“同伴监督（peer monitoring）”效应（Stiglitz，1990）使其在约束社员违约行为和降低资金需求方和供给方两端交易成本和风险（Huppi、Feder，1990；Krahnen、Schmidt，1995）方面具有独特优势。基于此，一些学者指出依靠农民的力量，开展信贷合作，不仅符合合作社的自助理念，也符合市场经济发展的要求（国鲁来，2006）。夏英等（2010）也认为合作社内部开展资金互助作为民间融资的一种形式是发展合作金融及破解农村金融问题的一种有益探索。目前，一些地区的农民专业合作社已开始进行了融资服务实践（夏英等，2010；何广文，2009等）。随着合作社数量的迅速增加和服务功能的

[1] 据《中华合作时报》报道，截至2013年12月底，全国依法登记注册的农民专业合作社（下文简称合作社）达98.24万家。

[2] 本节的融资服务是指合作社为满足社员资金需求，为社员提供各种资金融通渠道的一项业务活动。具体包括提供贸易信贷（赊销农资、预付定金、基于订单农业或种养外包项目中互联机制的农业投入品信贷）；直接提供借款；贷款担保；开展内部资金互助；以合作社名义为保证，统一向金融机构借款等服务。

不断扩展，深入研究合作社融资服务供给状况及影响因素对促进合作社更好更快发展和进一步缓解农户信贷约束具有重大意义。

现阶段，学术界围绕农民合作经济组织的发展绩效、组织服务功能发挥状况及影响因进行了许多研究，取得了丰富成果（吴晨，2013；何安华等，2012；黄祖辉、高钰玲，2012；邓衡山等，2011；黄季焜等，2010；徐旭初、吴彬，2010；郭红东等，2009；黄祖辉，2008；张晓山等，2001；等）。但现有研究除了戎承法和楼栋（2011）对专业合作基础上发展资金互助的效果及其影响因素进行了实证分析，邓衡山等（2010）观察到诸如有股金组织向社员赊销农资情况多于无股金组织这样的现象外，还缺乏对农民专业合作社融资服务供给状况及影响因素的全面深入理论探讨和定量研究。本章将在已有研究基础上，运用判断抽样的 9 省 25 县 115 家合作社调查数据，分析合作社融资服务供给现状，并运用计量经济模型深入分析合作社融资服务供给的主要影响因素。

一、合作社融资服务供给情况

为深入分析近年来我国农民专业合作社融资服务功能供给情况，课题组于 2009 年 6—8 月对山东 42 家、山西 28 家、宁夏 26 家、辽宁 8 家、广西 8 家、内蒙古 6 家、甘肃 4 家、福建 4 家、重庆 4 家等 9 省 25 个县 130 家组织结构和规章制度较为健全、运作模式比较成型的合作社进行了典型调查和半结构式访谈，并于 2011 年 7 月、11 月进行了补充调研。调研共收集到 128 家合作社资料。其中，有 11 家行将消亡，另有 2 家所获资料存在信息矛盾问题。因此，后文分析仅基于剔除上述 13 家合作社后余下的 115 家合作社资料。

（一）合作社融资服务供给主要类型及方式

合作社开展的融资服务类型包括：赊销农资、预付定金、直接提供借款、贷款担保和开展内部资金互助等。合作社融资服务供给的主要类型和方式详见表 11.4.1。如忽略融资服务的具体类型，则共有 79 家合作社开展融资服务，占被调查合作社的 68.70%。其中，半数以上合作社（41 家）仅提供一种融资服务，也有相当数量合作社（26 家）提供两种融资服务，而提供三种及以上融资服务的合作社数量相对较少（13 家）。

表 11–9　农民专业合作社融资服务供给的主要类型和方式分析表

融资服务类型	家数（家）	占比（%）	服务对象	提供方式
赊销农资	53	46.1	两类：全体社员（86.8%），部分信誉良好或有特殊困难社员（13.2%）	有最大额度限制，从500元-4000元不等，有个别合作社根据耕地面积限制赊销额度，如每亩300元；偿还方式分为三种：合作社收购产品时从收购款中扣除、合作社销售农产品时从销售款中扣除、农户现金偿还等
预付定金	8	7.0	全体社员	5家预付定额定金，3家预付比例定金（分别为合同货款总额的10%、30%、70%）
直接提供借款	27	23.5	三类：全体社员（77.8%）、仅限入股成员（3.7%）、仅限与组织有交易的社员（18.5%）	借款用途不局限于社员农业生产方面，部分合作社发放社员生活借款；借款类型：以信用借款为主（66.7%），其次是小组联保借款和第三方担保借款（18.5%和11.1%），另有极小部分抵押借款（3.7%）；借款费率：参照同期信用社短期贷款利率来设定，一般在5.5%~6.5%，个别合作社免息。合作社年提供借款总额最高200万，最低4.5万，平均40.9万元，方差4578.5，其中44.4%的合作社年借款总额在25万元以下

续表

融资服务类型	家数（家）	占比（%）	服务对象	提供方式
贷款担保	32	27.8	三类：全体社员（50%）、仅限入股成员（12.5%）、仅限与组织有交易社员（37.5%）	绝大多数合作社有担保额度限制（71.9%），个别合作社要求被担保社员提供反担保（9.4%）。合作社年担保总额最高90万元，最低1万元，平均为12.4万元
建立内部资金互助机制	17	14.8	全体社员	绝大多数合作社不需社员缴纳互助金（76.5%），另有23.5%的合作社（4家）要求社员缴纳互助金，最低额度分别为5万元、1000元、500元和100元。一些合作社互助金除满足社员借款需求外，还被用于满足合作社临时资金周转需要和固定资产投资。截止调研之日，这17家合作社所拥有互助金总额平均为38.7万元，向社员贷放互助金总额平均为19.3万元

从合作社融资服务供给的具体类型看，最主要的是赊销农资服务，其次是贷款担保和直接提供借款服务。分别有 53 家、32 家和 27 家合作社为社员提供农资赊销、贷款担保和直接提供借款服务，分别占被调查合作社的 46.1%、27.8% 和 23.5%。此外，合作社内部资金互助正在兴起。有 17 家合作社建立了内部资金互助机制，占被调查合作社的 14.8%。

从融资服务广度上来看，合作社融资服务仅限社员，且绝大多数融资服务能覆盖全体社员。分别有 100%、100%、86.8%、77.8% 和 50% 的预付定金、内部资金互助、赊销农资、直接提供借款和贷款担保服务服务对象覆盖全体社员。而从融资服务深度上来看，合作社以各种方式为社员提供的融资额度差异大且平均额度小。例如，合作社提供的赊销农资服务均有最大额度限制，一般从 500 元到 4000 元不等；又如合作社年提供的直接借款总额最高 200 万元，最低 4.5 万元，平均仅为 40.9 万元，且其中 44.4% 的合作社年借款总额在 25 万元以下；再如合作社年提供的贷款担保总额最高 90 万元，最低 1 万元，平均仅为 12.4 万元。

（二）融资服务供给方式及成效的具体案例

1. 贸易信贷与直接借款——贺兰立岗永 × 粮食产销合作社和平原益农蔬菜专业合作社

【案例 1】贺兰县立岗永 × 粮食产销合作社

贺兰县立岗永 × 粮食产销合作社于 2005 年 12 月设立，注册资金 20 万元。该合作社最初由粮食加工厂和当地 4 位种植大户共同发起建成，目的是解决立岗地区农民余粮储存、加工和销售的困难。合作社的生产经营范围包括农产品加工及营销。合作社在成立之初吸收了 56 户社员，向政府申请了 16 亩荒地荒滩土地用于修建粮食储存仓库，积极探索发展"粮食银行"。经过 2007 年和 2008 年的发展，合作社共投资 86 万元建成了 1200 平方米的粮食存储仓库，粮食存储量达 1000 万吨。截至 2009 年 7 月，合作社社员发展到 262 户（其中包括 2 家粮食加工企业），覆盖 2 个县，4 个乡，21 个村。实有资产总额达 230 万元。拥有加工车间 29 间（共 9717 平方米），进口磨粉机 1 套。其产品大米、面粉注册了商标"精永 ×"，并通过了国家食品管理认证中心 ISO9001：2000 质量管理体系认证和 QS 食品安全认证；水稻通过农牧厅无公害产品认证。这些产品远销北京、山东、内蒙古、陕西、甘肃、新疆等地。

立岗永 × 粮食产销合作社的"粮食银行"开展于 2002 年，主要作用在于吸收农户存粮，农户将粮食自愿交到"粮食银行"代保管，"粮食银行"给农户发放"粮食存折"，分为"口粮代存"和

“余粮代存”。这一独具特色的粮食银行业务将企业、合作社和农户连成了一个统一体，形成了粮食产、加、销产业链，提高了农产品加工转化率，增强了抵御市场风险的能力，形成了以品牌优势占领市场，引导农业产业调整，实现了增加农民收入的目的。2008 年加入“粮食银行”的农民达到 330 户，存粮 456 万公斤。

第一，“粮食银行”设立目的和遵循的原则。贺兰县立岗永 × 粮食产销合作社经过多年的实践，积极探索发展“粮食银行”，按照“粮权不变、时间不限、落价保底、涨价顺价”的原则，吸收农户余粮存入“粮食银行”。第二，“粮食银行”运作方式。一是存取自由，农户存入的粮食，可随存随取、整存零取、零存零取；二是兑换现金，按市场价格随时领取现金；三是免费保管，对农户存入的粮食，不收取任何保管费用；农户代存的口粮可随时到“粮食银行”提取同等数量的面粉或大米，不收加工费和管理费。第三，“粮食银行”的实效。“粮食银行”有效地解决了农民储存粮食的难题，增加了农民收入。如果农民把粮食存放在自己家里，由于保管条件简陋，防化条件差，虫蚀、鼠咬、霉烂变质等，每年至少要损失产量的 5% 左右，从而使农民收入减少，损伤农民种粮的积极性，通过粮食银行，可以增加农民收入。此外，“粮食银行”还保护了农民种粮的积极性，支持了粮食生产。例如，2008 年农户水稻存入平均价格为 1.80 元 / 公斤，农户领取现金的平均价格则为 1.88 元 / 公斤，提取价比存入价高 0.08 元 / 公斤；小麦存入平均价格为 1.68 元 / 公斤，农户提取现金的平均价格则为 1.74 元 / 公斤，提取价比存入价高 0.06 元 / 公斤。同时，“粮食银行”还促进了粮食加工业的发展。“粮食银行”的发展既需要依托粮食加工企业，又能为粮食加工企业的发展提供支持；既能给粮食加工企业提供原料，又能给粮食加工企业提供由粮食运作转化的资金，有利于粮食加工企业的进一步壮大，从而带动和促进了当地粮食加工业的发展。

此外，该合作社还为社员农户提供直接借款和担保贷款服务。截至 2009 年，该合作社共向 66 位社员提供了总额为 60 万元的无息直接借款；同时还为 90 个成员 125 万元信用社贷款提供贷款担保，每户担保额度为 1.2 万元，有效缓解了社员户的信贷约束。

【案例 2】平原益 × 蔬菜专业合作社

2007 年 10 月天津德瑞 × 种业有限公司在后迟村设立后迟蔬菜育种基地，与后迟村村签订了 30 年的合作协议，租赁该村 200 亩土地建设黄瓜育种基地，专门进行黄瓜种子的培育。平原县益 × 蔬菜专业合作社便是在此基础上于 2008 年 7 月份由村干部和种植大户发起成立，成立时注册资金为 66 万元。合作社业务范围是黄瓜育种。合作社成立后，便与天津德瑞 × 种业有限公司采取“返租倒包”方式进行合作。即由公司以每亩地 800 斤小麦的市价价格租赁向农户租用土地，租期 30 年，然后再无偿承包给农户种植和管理。公司出资承担土地上的大棚和配套设施建设，并提供相关建设和种植技术支持。产品采取订单销售方式。合作社现有社员 44 户，分布于 4 个村。合作社与企业的这种合作给社员农户带来了巨大经济效益。2010 年，周边许多农户都表示了极大的参与热情，合作社与企业已计划进一步扩大规模。

合作社为社员提供和争取到的融资服务包括以下几种：第一，预支雇工费用。为减轻种植户黄瓜生产初期的人工授粉、缠秧等生产环节的雇工支出负担，公司通过合作社向农户预支 2 万元的雇工费用。第二，预付定金。合作社采用订单销售方式，订单公司在产出向社员户预付 50% 种子款，产后对产品检测合格后向农户支付另外 50% 种子款。第三，农资赊销。种子是由订单企业免费提供，灌溉器材也由订单企业一并投资供农户使用。在农药和化肥采购方面，合作社从农药厂、化肥厂按出厂价直接进货，然后以比优惠于市场价 10% 的价格赊销给农户，贷款可随时结算，也可在农户收获后支付（直接从种子款中扣除）。第四，贷款担保和直接借款。合作社由于资金有限，仅为社员提供有限的贷款担保和直接借款服务。贷款担保和借款对象侧重于信誉较好，有良好还贷能力的农户。担保额度最高为 10 万元 / 户。累计已为 4 户提供担保，总额为 16 万元。第五，组建贷款联保小组。合作社还在其内部积极推动建立贷款联保小组。合作社现已组织社员成立联保贷款小组 4 个。这 4 个联保小组 2008 年至今获得农村信用社总计达 10 万元的贷款。

2. 风险保证金与贷款担保——庆元创新竹 × 专业合作社与屏南长桥金森协会

【案例 1】创新竹 × 专业合作社的风险担保金与贷款担保

庆元创新竹 × 专业合作社成立于 2008 年 9 月 1 日，成立之初共有社员 10 人（全是合作社发起人），且均为各个村的村干部。其中现金出资社员 7 人，每人出资 10 万元，注册资金 70 万元。合作社设理事会，包括理事长 1 名，理事 8 名；执行监事 1 名（均由 10 位发起人分别担任）。截至 2009 年 2 月 6 日共有社员 28 人。合作社采取股份合作的方式，普通社员以每亩毛竹林作价 2000 元入股合作社，发起人除了以每亩毛竹林作价入股外，其 70 万注册资金也作为其股金。截至 2009 年 2 月 6 日合作社总股本达 205.4 万元，分为 100 股。其中，发起人的 70 万元现金股金占合作社总股金的 34.08%。这部分资金作为合作社贷款担保风险保证金和合作社的启动、运转资金。截至 2009 年 2 月 6 日，创新竹 × 合作社为社员提供抵押贷款担保 28 次，贷款担保总额约 110 万元，且社员未出现过逾期不还贷款的现象。

该合作社为社员提供贷款担保的具体运作方式如下：第一，险担保金的设立。林农向农信社的借款由合作社作为担保人。创新竹 × 合作社在县农村信用合作联社（下文简称农信社）开立基本存款账户，并保证存款账户内不少于 10 万元的风险担保金。农信社向合作社提供的担保总额控制在合作社存入农信社风险担保金的 10 倍以内。如创新竹 × 合作社有社员现金出资 70 万元，如果全部存入农信社，那么合作社向社员提供贷款担保总额达到 700 万元。如果林农贷款总额超过 700 万元，合作社要想继续为社员提供贷款担保服务，合作社还得另外筹钱存入农信社，否则合作社的贷款担保功能将会失效。第二，林权抵押反担保机制的设计。为了降低贷款风险，农信社通常在林农办理借款时要求追加农信社认可的合作社成员提供连带担保。在贷款额度上，单户林农的林权抵押贷款最高额度是其山林评估折价额的 50%，但最高也不能超过 5 万元。社员将林权抵押给合作社的时候，社员与合作社签订林权抵押贷款反担保合同。如果林农借款到期后逾期 3 个月还没有偿还，农信社会书面通知合作社，并从合作社的基本账户里扣划全部借款本息。林农把林权证抵押给创新竹 × 合作社，直至他把贷款本息还清，才能领回林权证。为降低林农的违约风险，鼓励林农建立良好的信用，农信社与合作社商议后决定，单户林农贷款遵循一贷一还原则，林农只有归还上次借贷的本息后才有资格向农信社申请下一次贷款，合作社才会为之提供担保服务。第三，违约林农山林林木采伐许可的优先安排。若林农逾期 3 个月还没有归还贷款本息，农信社就从合作社的账户里扣划担保金额的本息，同时合作社有权要求以采伐方式处置林农的山林，并按照国家有关法律、法规规定，向县林业主管部门申请办理林木采伐许可证。对符合采伐审批条件的，林业部门会优先给予安排。单次采伐结束后，如果采伐收益抵不上林农的贷款本息之和，合作社仍然扣留林农的林权证，直至采伐收益填补贷款为止。值得注意的是，造林仍由林农负责，采伐费用也不计入采伐收益。在这里，县林业局和乡政府只是起到协调山林处置的作用。第四，风险保证金出资社员的获益安排。风险保证金出资社员的获益来源：一是风险担保金可按农信社规定的存款利率获得利息；二是向社员收取的一定比例贷款担保费用。合作社每年向每笔贷款收取1.2%的担保服务费和0.2%的他项权证工本费。根据合作社2008年9月21日的补充协议，合作社每年所获得担保费用和风险保证金利息收入在扣除合作社的开支后全部分配给出资社员。

【案例2】屏南县长桥×森林业协会

屏南县长桥×森林业协会于2006年9月由屏南县大×工业原料林基地有限公司、屏南县仙×旅游开发公司、屏南县万×竹木加工厂三家龙头企业牵头成立。该协会自成立以来主要从事林业投融资服务、森林防火及科技示范三大业务。协会是一种社会团体性质，不存在利润分红，所有的盈利资金全部用于协会的运作。截至2009年9月，协会共吸纳林农40多户，共经营林地8万多亩，主要分布在长桥、路下、屏城等乡镇。协会设立常务理事会，设理事长1人，理事3人，秘书长1人，同时还建立了一支半专业的森林火灾消防中队，有应急消防队员50多人，并设立了专门的扑火器材室。该协会自成立以来，一直把林农投融资服务作为头等重点工作。协会成立3年以来，累计为林农推介担保林业小额信贷380笔，共计1125.4万元。

协会为林农提供贷款担保的具体运作方式如下：第一，林权抵押反担保资格的获取和保证金的缴纳。长桥×森协会是经屏南县信用联社审批的林权抵押反担保贷款中介机构。协会向农村信用社缴纳一定的保证金（屏南县执行中介机构保证金/贷款总额：1/10），并把会员拥有的林木资产评估后抵押在信用社，从而取得金融部门的林权抵押贷款担保授信。目前，×森协会已获得信用社340万~350万元的担保授信额度。金融机构在向农户发放林权抵押反担保贷款时，一般按照林木资产评估价值50%的上线拨付具体的贷款金额。第二，林权抵押反担保机制和流程的设计。协会运作林权抵押反担保贷款的具体流程是：首先，需求贷款的林农向村主干提交足够权属清晰的林木资产及身份证明等有关材料，村主干对申请人的林木资产权属情况、贷款用途和信用程度的进行初审；其次，村主干将本区域林农的需求情况及初审情况集中上报林业站和金森林业协会；再次，由林业站和协会安排，对申请人提供的林木资产进行实地核查并做出技术估价；然后，协会根据林业站提供林木资源资产技术估价情况，确定担保贷款额度，并分别与申请人和担保人（为林权抵押反担保贷款承担连带责任，且帮助协会进一步了解借款人信息）签订林木资源资产的抵押合同和担保合同，办理有关担保手续，向农村信用社出具推介、担保贷款承诺函；最后，林农凭借协会提供的担保贷款相关材料到农村信用社办理贷款手续。第三，优惠贷款利率和贷款贴息的获取。信用社为农户提供的林权反担保利率是8.49‰/月（与林权抵押贷款的利率相同），比普通的小额信贷利率（9.3‰/月）低0.84‰/月。当地林业部门对于专门用于培育林业资源的贷款可给予2.5‰/月的专项补贴，林权抵押反担保贷款中“贴息”的拨付则是由该协会统一向林业部门申请后分别发放到农户手中。第四，担保收益方式的确定。在提供贷款担保过程中，金森协会需要向农户收取1.67‰/月的评估费及担保手续费，该费用作为协会的一个利润来源，但不参与会员的分红，仅限于协会运作管理的费用支出。

3. 内部资金互助——小×庄村扶贫互助发展蔬菜协会与阜宁古×生猪专业合作社

【案例1】山东冠县桑阿镇小×庄村扶贫互助发展蔬菜协会

小×庄互助协会于2007年12月由县扶贫和财政部门牵头成立，主要是为会员从事生产经营性项目，包括种植业、养殖业、农副产品加工和销售等提供融资服务，以贫困农户为主体，按照自愿、自主、互利原则成立。

运作方式为：第一，资金来源。财政资金16万和社员自筹资金。协会规定每位会员至少缴纳资金1000元，最多缴纳资金2000元，贫困户可以不交（现3%~5%的会员不交钱）。每1000元返还的资金使用费为50~60元。第二，资金使用办法。资金使用期限为半年，金额上限5000元，半年办理一次借款。协会内分为若干贷款联保小组，有3户联保小组（小组贷款上限3000元）、4户联保小组（小组贷款上限4000元）和5户联保小组（小组贷款上限5000元）。每批次每组只能有一户可获得借款，组内自由轮换。

协会发展实效。截至2011年2月23日，入社农户157户，均为小×庄村农户，占小×村农户总户数的65.42%。其中，全额资助户12户，部分资助户136户，全额出资户9户，分别占入会总户数的7.64%、86.62%、5.73%。截至2011年2月23日，协会本金共计达33.60万元，累计为111个农户发放贷款111笔，所发放贷款金额共计48.8万元，按期还款比率达100%。已还款农户获得收益金额共计25.5万元。

【案例2】阜宁古×生猪专业合作社内部资金互助服务部

阜宁县古×生猪专业合作社前身是古×畜禽产销协会，于1998年8月由畜禽经纪人和饲养母猪大户牵头组建成立。在发展过程中，合作社为在一定程度上解决社员户生猪发展资金融资困难问题，于2007年7月成立了合作社资金互助部。截至2009年年底，合作社资金互助服务部共吸收互助金319万元，累计为600个社员户投放生产和担保资金580万元，按期还款比率达100%，每年能为成员增加收入180多万元。由于有了资金和技术等全方位的服务供给，合作社入社户数由2007年年底的300个增加到2009年年底的11154个。

第一，资金来源与互助金规模控制。为了确保信用合作服务工作稳健开展，降低风险，合作社严格控制互助金规模，合作社互助金主要来源于理事会成员和分会、产销组负责人。采用以股代存方式获取互助资金，股金设置分为资格股和投资股，资格股每股100元，每人仅限买1股，是取得社员资格的入股股金。投资股是在资格股金外进行投资所额外增加的股金，单个社员入股金额不得超过本社股金总额的10%。为防止股金分红支出过大和所有权稀释，目前合作社暂不对普通社员开放投资股认购权。第二，借款用途和对象设定。资金互助服务部仅对本镇社员开放，其目标客户主要是合作社200名核心成员，即业务能力比较强的经济大户和养猪大户。借款用途仅用于生猪生产，拒绝建房、婚丧等生活性借款要求。第三，借款限额、周期、利率和担保要求。每个成员最多融资不超过5万元。成员需求资金在其股金金额内实行信用制度。超过股金借款需有合作社成员用股金担保，担保人的股金总和必须大于或等于借款金额。借款周期通常为3个月到6个月，最多不超过1年。资金使用费略低于农村合作银行同期同档贷款利率。借款必须经过论证，论证人要有3个人，担保人必须是资金投放对象邀请的担保人，担保人必须以质押资产担保，审批人为协会理事长。

二、合作社开展资金互助的主要方式与模式创新

课题组于2014年6月8日—9月2日通过一对一典型调查和半结构式访谈对四川、贵州、广东、浙江、江苏、山东、山西、河南等8省22个县区（市）220余家合作社进行了调研。本节分析的案例资料均来自此次调研。

（一）合作社开展资金互助的主要方式

1. 多数合作社互助金主要源于社员，且一般有最低认缴额和分红

【案例 1】山东寿光市东酐 × 村蔬菜专业合作社

村党支部、村委会领办了 3 家合作社，分别是蔬菜专业合作社、土地合作社、资金互助合作社，三位一体。资金互助始于 2013 年 8 月。2013 年 8 月，社员入社需缴纳（600+1000）元，600 元为土地折价，1000 元为每户缴纳的互助金。如不参加资金互助，1000 元可以不交。互助金 100% 来源于成员缴纳的互助金，合作社本身并没有注入资金。每位成员最低需缴纳互助金 1000 元。社员缴纳的互助金额度有差异，最高 10 万元，最低 1000 元。共有约 200 人参与资金互助，其中，100 人左右缴纳的互助金超过 1000 元。互助金借款对象为合作社全体社员，放款最高限额为 5 万元 / 笔。借款期限为 12 个月。贷款利率无差别。贷款利率为月息 0.81 分。借款人借款必须与合作社签订标准纸质合同。社员借款如果违约，合作社将收回社员经营的耕地，并扣除该社员年底的股金分红。合作社不向非社员提供互助金贷款服务。

为了激励社员多交互助金，合作社对缴纳的互助金提供月息 0.51 分的回报，高于当地同期银行存款利率（同期银行存款利率为 3.3%）。互助金允许抽走。为了防止存款额远超借款额，合作社规定“以贷定存，先来后到”。一年变化一次，年底缴纳的互助金统一退回，有贷再存。平常愿意参加互助的社员随时报名，不可以重复报名，社员有贷款需求需要增补互助金时，按社员报名顺序，依次缴纳。互助金贷款的类型主要是信用贷款，互助金主要满足社员购买生产资料、购买生产设备与工具以及进行生产设施（主要是蔬菜大棚）建设与修缮的需要。

2013 年 8 月—2014 年 7 月，共有 40 人参与资金互助，资金互助总金额 168 万元。累计放款 35 笔，累计放款额度为 146 万元，其中，2013 年累计放款 10 笔，累计放款额度 46 万元；2014 年累计放款 25 笔，累计放款额度 100 万元。每笔已放贷款，最高额度为 5 万元，最低额度 2 万元。社员借款主要用途为蔬菜大棚的建设与修缮。目前所放款项未出现一笔不能按时还款的情况。

【案例 2】河南省漯河市绿 × 农产品专业合作社

互助金均来源于成员缴纳的互助金。每位成员最低需缴纳 2000 元互助金。社员缴纳的互助金额度有差别，最高 1 万元，最低 2000 元，一般缴纳 5000 元。合作社有激励社员多交互助金的机制，互助金参与利息分红，交多可多得分红。互助金允许抽走。互助金主要提供给社员用款。互助金放款最高限额为 2 万元。2011—2014 年，参与资金互助的社员分别为 20 人、30 人、40 人、50 人，互助金总额分别为 10 万元、15 万元、20 万元、25 万元，新增额度均来源于社员增缴的互助金。互助金放款额度最高 2 万元，最低 5000 元。

【案例 3】河南省漯河市咱家 × 蔬专业合作社

互助金来源于两部分：互助金 5% 来源于组织自有资金，互助金 95% 来源于成员缴纳的互助金。每位成员最低需缴纳 1000 元互助金。社员缴纳的互助金额度有差别，最高 5000 元，最低 1000 元，一般缴纳 1000 元。目前，互助金主要来源于核心成员。互助金主要提供给社员用款。

2. 少数合作社互助金仅源于组织自有资金或盈余，致放贷额度受限

【案例1】贵州遵义市虾 × 镇辣椒专业合作社

互助金均来源于组织盈余，合作社依据社员经济状况对社员进行筛选。互助金既可满足合作社用款需求，也可满足社员用款需求。合作社借款主要用于组织统一收购、销售社员农产品。社员借款主要用于进行生产设施建设与修缮。放款额度最高5万元，最低1000元。

【案例2】山西省运城市燕 × 蔬菜种植专业合作社

合作社于2012年5月成立，2014年由5名社员增长为54名社员。互助金均来源于组织自有资金。互助金总金额为30万元，放款额度最高限为3000元。互助金主要满足全体社员购买生产资料的用款需求，贷款类型为信用贷款。2014年，放款总额为30万元，最高放款额为3000元，最低放款额为1000元。

【案例3】衢州市衢江区渌 × 园柑橘专业合作社

合作社于2006年5月成立，成立之初到2014年7月社员一直为120人。互助金均来源于组织自有资金。互助金总金额2008年为20万元，2009年增长为40万元，2013年增长为100万元，新增互助金均来源于合作社主营业务盈余。互助金每年均能全额放出。2013年之前最高限额为1万元，2013年之后最高限额为2万元。2009年最低放款3000元，2013年最低放款5000元。互助金主要满足全体社员购买生产资料的用款需求，贷款类型为权证质押贷款。

（二）资金互助模式创新：互助金作为贷款保证金来撬动银行信贷支持

【案例】遵义县虾 × 辣椒专业合作社与贷款保证金

2013年，合作社下设一个业务部门：虾 × 辣椒专业合作社联合基金会。合作社互助金均来源于成员缴纳的互助金。社员缴纳的互助金额度有差异，最高40万元，最低15万元，一般缴纳20万元，共计缴纳了810万元。互助金允许抽走。合作社与贵州银行合作，将810万元互助金存放于贵州银行作为贷款保证金，银行以放大5倍的方式向合作社提供4050万元的授信额度。4050万元授信额度，合作社及其社员均可使用，贷款仅限于经营使用。合作社和银行共同对用款户进行资信考察，以合作社名义发放贷款，月息1.2分。合作社给银行年息7.8%。利差20%作为管理费用，其余年底按社员互助金出资比例分。

每年授信额度均使用完毕。如有社员借款，首先合作社要看授信额度是否用完，如果授信额度已经用完，社员则需等待；如果还有未使用完毕的授信额度，则按申请时间顺序获取贷款。合作社分成若干组，每组设一名小组长，各小组长均为合作社核心成员，社员申请互助金贷款必须首先向所在小组小组长提出申请，小组长结合对组员的了解对贷款进行初审，初审后组长将贷款提交基金会理事会审定。理事会审定后出具相应证明。互助金贷款期限不超过半年，贷款对象仅限缴纳互助金的社员。按社员互助金缴纳额确定对其放款额。对社员的放款额最高200万元，最低75万元。

（三）部分资金互助社以合作社名义开展资金互助，趋利性与分红资本有限原则明显

当然，还有一部分资金互助社以合作社名义开展资金互助，这些资金互助社产权结构更加有利于核心成员，股权结构更加完备，贷款利息水平也相对较高，趋利性更加明显，向社员贷款额度更高。

【案例1】江苏常州市××苗木专业合作社

其业务就是资金互助。其互助金总额及运作方式如下。

截至2014年7月，互助金总额达280万元，互助金主要来源于两个渠道：社员缴纳的互助金和存款，共计280万元，其中，10个股东（核心成员）共计100万元股金；一般社员每人100元股金，共计3000元股金。存款共计180万元。存款约占互助金总额的64.3%。10个核心成员10万元/股/人，每个股东只能拿一股，每个核心成员担保责任仅限10万元，如果其另有存款，可多承担担保责任。核心成员个人担保的总限额为10万元+自身存款。如果某笔贷款额度巨大，单个核心成员不能足额担保，需通过与其他9名核心成员讨论后，采取多人担保方式。单笔贷款最高限额为50万元。贷款利率月息1.5分，年底合作社盈余在扣除存款利息和运作经费后进行分红。分红方式采用"银行基准利息+分红"方式，实际上就是存款利息，这种设计主要是为了规避银监会（现银保监会）的监管规定。年底"银行基准利息+分红"保底收益为6.6%。调研时，当地银行存款基准利率为3.3%。

【案例2】河南信阳市××茶叶协会资金互助社

2014年股金总额为1000万元。入股社员由2010年的12人增加到2014年的312人。核心成员共5人，共拥有股金140万，除社长拥有股金100万元以外，其他4人均为10万元。非核心成员最多持股10万元，最少持股200元。初始社员每年享受10%的增股。原始股东股金不允许抽走，其他人允许抽走，股权转让和退出须经过理事会的同意。利率根据借款额度大小设定为月息1.2~1.8分，借款额度越高利息越高。借款类型为信用借款。借款采用标准纸质合同，借款最高限额为20万元，逾期实施罚息，目前未出现过违约现象。为了控制风险，组织统一为社员购买人身意外险，标准为每人每年100元。2011—2013年互助社年利息收入100万元左右，2011—2013年互助社年股金分红分别为58万元、58万元、98万元，未分红利润作为公共积累。

课题组认为这些组织严格意义上属于农村内生的非正规金融机构，不属于合作社内部的资金互助，也不属于合作社基础上成立的资金互助社。因此，本书未将他们列入合作社内部资金互助的研究范围。

三、农民合作社提供价值链融资的影响因素研究

（一）农民合作组织的价值链融资行为

由于传统农业金融供给不足或在价值链中分布不平衡，发展中国家的小农户和中小农业企业普遍面临较为严重的融资约束（Fries，2004）。有证据表明，由于较高的交易成本和风险，金融机构不倾向于提供农业信贷 (Armendariz and Morduch，2010)。在过去的20年中，公共部门的农村信用社和农业发展银行由于结构调整，数量也有明显的减少。然而，也有研究显示，在过去10年中，来自农民、经纪人、加工厂、冷链储运商和零售商的价值链投资出现了飞速的增长（Reardon et al，2012）。通过价值链融资实现对农业价值链各环节的技术和金融创新，这种方式已成为各国政府和发展机构关注的焦点 (Minten，2011)。

价值链融资相对于传统银行信贷有一系列优势，包括较低的交易成本、特有的违约控制机制等（Sinnons，2003）。赊账和订单农业是重要的价值链融资工具，在我国有久远而广泛的应用。赊账是以信用为基础的销售，赊销赊购使商品和货币进行交换在时间上有一定的分离期，可以缓解某一

方的现金流压力，润滑生产交易的进行（马九杰，2011），是一种初级并且普遍存在的价值链融资方式。相较于赊账融资方式，农业订单建立了贸易与信贷互联机制，这种机制起到了替代抵押品的作用，可以有效控制通常的信贷违约问题（Morduch，1997），因而具有一定的特殊性。从需求方来说，订单农业能够使得农民通过短期预付款、季节性商业信贷，解决生产性投入、技术服务问题（Pearce，2003）。从农业订单的提供方来说，对农户提供赊欠等信用方式，一是为了解决农户的资金困难，使他们加入产业化中来，稳定其原料基地；二是这种承担风险的做法能打消农户的疑虑，推广和加速种养业的发展；三是统一购买生产资料，能降低农业产业化的运行成本（McCullough，2008；鲍旺虎，谭晶荣，2005）。

很多学者都认为，小农户参与现代价值链升级的最佳途径就是通过产业集群和农业合作社。在中国，自《中华人民共和国农民合作社法》颁布以来，在工商部门注册的农民合作社的数量已超过50万家，全国有超过15%的农户入社。合作社提供产前、产中、产后服务的内容和功能也逐渐向一体化、多样化发展。一系列的研究成果（如张晓山，2009；黄祖辉，2012；孔祥智，2012）已经证明了农民通过参加这些经济组织并获得相关服务而进入现代农产品价值链可以提高收入。信任是农业价值链中农户和其他参与者间进行有效合作的纽带和保证（陈冬冬，2010）。农业价值链上的参与者之间进行交易或者借贷时，投入品供应商、加工商或者销售商通常是愿意与他们熟悉、信任的客户合作。他们之间生意上的往来关系使得他们更容易判断借款人交付产品的能力，也更容易了解市场环境和价格风险。农民合作社内部社员之间的信息不对称程度较低，与上下游合作时交易成本容易得到控制，因而无论在社员之间还是上下游之间，其在建立信任从而建立有效合作方面都有得天独厚的优势。因此，以合作社为载体的价值链融资具有较好的风险控制及偿还贷款的激励机制（宋亚楠，2012）。正规金融机构也更喜欢与组织化程度高的农民合作社、生产者协会发生金融交易。合作社以组织名义向金融机构借入总贷款，将减少农村金融机构的监督成本和信用风险。也有研究表明，合作社是否提供价值链融资等融资服务对其社员满意度和组织盈利能力都有显著影响（楼栋、孔祥智，2013）。

已有的文献中对价值链融资的接受方——农户的参与意愿、影响因素和效果的研究是大量的（郭红东，2005；徐健，2009；卢昆，马九杰，2010），对提供方的研究大多集中在金融机构与企业上（赵翠萍，2008；郭红东，2005），对合作社作为价值链融资提供方的影响因素定量研究还很少见到，或者仅限于对合作社提供包括融资服务在内的各项社会化服务功能的描述性分析研究（钟真，2013）。合作社相较于企业有一定的特殊性，其提供价值链融资到底取决于哪些因素？提供不同形式价值链融资的行为选择又受到合作社哪些特征的影响？本文以赊账和农业订单两种价值链融资形式为例，从合作社的资质特征、领导者特征和经营环境特征分析入手，对其提供价值链融资的影响因素进行计量分析，并对比其影响因素的异同。

（二）农民合作社提供价值链融资行为选择的理论分析

1. 农民合作社提供价值链融资服务的含义

农民合作社是在农村家庭承包经营基础上，同类农产品生产经营者或者同类农业生产经营服务的提供者、利用者，自愿联合、民主管理的互助性经济组织（《中华人民共和国农民合作社法》第一章第二条）。为社员提供服务是合作社的本质和宗旨。随着农业产业化的发展，农户在农产品生产经营过程中因规模扩大和技术升级需求而产生的资金需求不断增长，合作社提供融资服务的功能也日益受到重视。一方面，融资服务能够帮助农户降低加入生产的门槛，增强其生产资料的可得性，缓解其季节性资金约束（马九杰，2013）；另一方面，融资服务也能成为合作社价值链中产生利润的重要环节，以弥补其提供其他服务的各项成本。

农民合作社提供的融资服务一般包括直接为社员提供借款服务、资金互助服务、生产资料或设备的赊欠经营服务以及包含赊销赊购、技术支持等相关融资服务的农业订单服务等。其中赊欠经营服务和含有融资服务的农业订单服务是使用较普遍的价值链融资服务。赊欠经营服务是指农民合作社在社员通过合作社购买生产资料和设备时为其提供赊销，以缓解其季节性、阶段性资金约束，帮助社员加入生产中来。含有融资服务的农业订单服务则是交易与信贷互联的融资服务，即农民合作社与社员农户签订生产或销售订单时，附带为社员提供购买生产资料所需的贷款、赊销服务，或支付收购农产品预付款等服务，在收获季节以一定的价格收购农产品并结算融资服务的本金和利息。这种订单服务一方面能降低社员农户投资专用性资产的风险，扩大生产规模；另一方面也能保证在农产品生产经营环节实现一定程度的统一和标准化管理，便于得到高质量高附加值的农产品。

2. 农民合作社提供价值链融资服务的影响因素分析

一是信贷与交易不互联的融资服务。

农民合作社是否提供某种价值链融资服务（S）取决于其提供的能力 (K) 与意愿（W）。如下式：

$$S=f(K,W)$$

提供融资服务的能力 (K) 则取决于合作社的资源禀赋，即合作社拥有的资本资源、内部管理能力与运行机制。合作社的资产、成员结构及领导者资质等特征能反映其资源和管理特征；合作社的品牌效应和与政府的合作则体现了其社会认可度。这些特征能够在一定程度上反映其资源禀赋的特征。提供融资服务的意愿（W）则取决于其预期收益与提供成本的差。差值越大则越有提供的激励。

合作社提供价值链融资的预期收益（I）是还款概率（p）与利率（r）的函数，如下式：

$$I=f(p,r)$$

合作社提供融资服务的成本（C）是发放贷款的运营成本（X_1）、信息搜寻成本（X_2）和贷款回收成本（X_3）的函数，其各自的权重为 M_i，如下式：

$$C=\Sigma M_i X_i,\ i=1,2,3\cdots$$

当 $I-C>0$ 时，合作社才有提供融资服务的激励。

二是信贷与交易互联的融资服务。

根据 Braverman 和 Stiglitz 在 1982 年的研究显示，一定条件和数量的互联信贷可以引导农民按照贷款提供方的偏好从事生产，比如承担高风险高收益的生产项目。同时，当存在无法观测的道德风险时，互联交易有助于节约生产合同执行的成本并降低提供融资服务的成本。因为偷懒或赖账行为一旦被发现，在相对的熟人社区中信誉的损失会对其他交易产生溢出的威胁效应（袁立璜，纪梦晨，2010）。互联交易的正外部性使得合作社有激励提供互联信贷。

当合作社提供的融资服务与产品交易互联时，其总预期收益（I_0）不仅来源于提供融资服务的收益（I），而且来源于因提供融资服务而带来的产品经营收益（I^*）。比如，通过互联而实现的生产经营管理的标准化和一体化，使得农产品的质量和产量都得以提高，从而获得价格的增值（ΔA^*）与产出的增值（ΔQ^*）而增加的那部分经营收入。合作社可以根据获得产品经营收入的弹性与提供融资服务收入的弹性来调整提供融资服务的利率（r^*），此时的还款概率也相应变化为 p^*，则合作社的预期收益为：

$$I_0 = I + I^* = F(p^*, r^*, \Delta A^*, \Delta Q^*)$$

由于预期收益与成本难以直接观测和估算，我们利用合作社从事生产经营的市场和制度环境，如合作社经营产品特征、合作社对市场可得性以及对公共服务的评价等特征来间接体现其预期收益与提供成本。完善的市场环境意味着较好的市场可得性和高质量的公共服务，这种情况下产品得以顺利销售并回款，既能够得到较好的产品经营收入（I^*），还款概率（p^*）也会比较高。经营行业特性则反映了提供融资服务的不确定性、交易频率和资产专用性特征，即交易成本特征。较高的交易成本需要用较高的利率（r^*）来弥补。

同时，信贷与交易的互联的情况下，一方面互联订单能增强对借贷人信息流的控制，能有效克服信息不对称，降低合作社发放贷款的运营成本（X_1^*）和信息搜寻成本（X_2^*）；另一方面，由于农产品实物和订单都可以成为还款的保证，即具有特殊的抵押品，这就增加了社员赖账的成本，合作社在收购农产品时也便于收回实物或现金信贷，这也降低了贷款回收成本（X_3^*）。合作社提供融资服务的成本（C^*）也得以降低，即：

$$C^* < C$$

因此，在 $I - C \leqslant 0$ 的情况下，只要存在 $I + I^* - C^* > 0$，合作社仍有激励提供价值链融资服务。

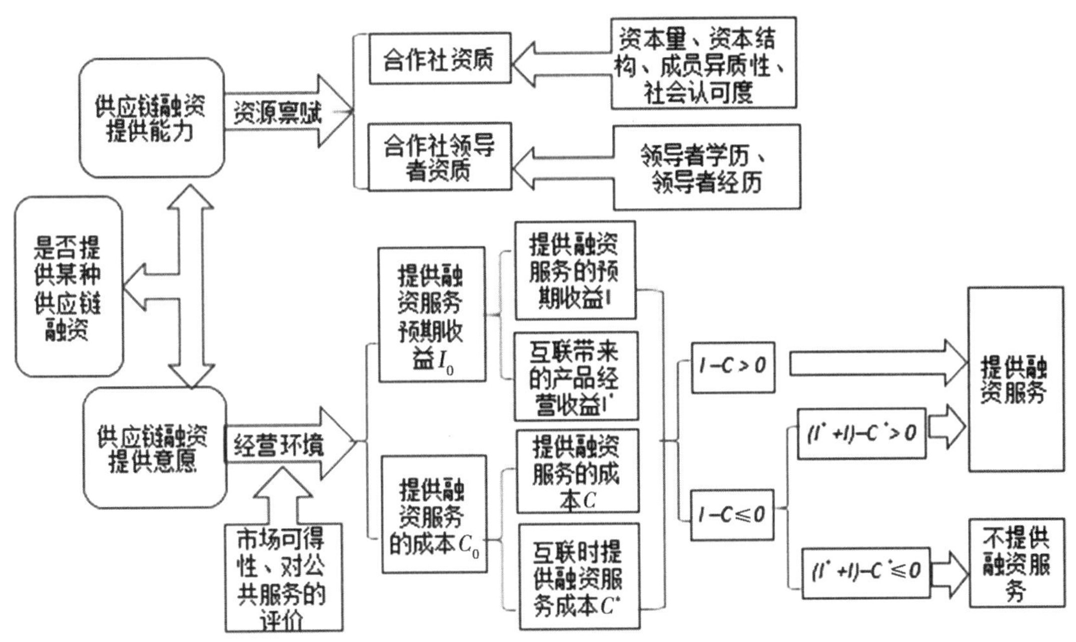

图 11-4 合作社提供价值链融资服务的影响因素分析

（三）数据来源及描述性分析

1. 数据来源

课题组于 2009 年 6—8 月进行了农民合作社分层抽样调查，共调查了山西、宁夏、山东 3 个省、12 个县、72 个村。抽样方式为先在各省将县市按照合作社发展程度好、中、差分成三类，在每一类总体中进行随机抽样；然后获得样本县的合作社名单，根据其领办性质将其分为能人领办、企业领办和村集体领办三类，在每一类合作社总体下进行随机抽样。2010—2013 年，课题组又陆续调研了内蒙古、新疆、安徽、河北、黑龙江等多个省市的农民合作社。

调查问卷采集了包括合作社基本信息、资本与股权、生产经营销售、投资与融资、提供社会化服务类型、周边基础设施等六个方面的信息。通过对调研数据及资料的整理，共抽取 114 家农民合作社作为实证样本。

2. 变量描述

在 114 个农民合作社样本中，提供了赊销赊购、农业订单、直接借款、融资租赁等各类农业价值链融资服务的合作社共有 78 家，其中提供赊账的合作社有 50 家，提供订单农业的合作社有 51 家。究竟哪些变量会影响合作社提供某种价值链融资的决策呢？本文从合作社资质特征、领办者特征、经营环境特征三个方面选取特征变量进行分析。

一是合作社资质特征。

本文选取了合作社实有资产、固定资产所占比例、出资人数、农民社员比例、合作社自有品牌商标数量、是否承担政府项目 6 个变量作为合作社资质变量。实有资产和固定资产占比在一定程度上反映了合作社的资本禀赋，出资人数和农民社员比例则反映了合作社的成员异质性程度。谭智心（2013）等学者的研究已经证明这些因素对合作社的行为决策存在影响。合作社是否拥有自有品牌商标、是否承担政府项目则在一定程度上反映了其现阶段的实力、发展能力和外部支持，即社会认可度。

表 11-10 变量说明

所属变量集	主要指标	变量定义	均值	标准差
合作社资质特征	实有资产（万元）	实际数额	459.7	912.9
	固定资产占比（%）	固定资产占总资产比例	62.3	32.9
	出资人数	实际人数	24.7	61.2
	农民社员占比（%）	农民社员占全部社员的比例	96.4	17.1
	自有品牌	0=没有自有品牌；1=有自有品牌	0.4	0.5
	政府项目	0=没承担过政府项目；1=承担过项目	31.9	46.8
合作社领办人特征	领办人性质	1=能人领办，2=企业领办，3=政府领办	1.9	0.9
	领导者学历	1=初中及以下，2=高中，3=大专及以上	1.8	0.8
合作社经营环境特征	从事行业	1=种植业，2=养殖业，3=奶业		
	合作企业数量	实际数量	4.2	19.2
	固定渠道销售占比（%）	固定渠道销售量占总销售量的比例	34.5	42.2
	贷款需求满意	0=不满意；1=满意	0.6	0.5
	基础设施满意	0=不满意；1=满意	0.8	0.3

二是合作社领办人特征。

合作社领办人是合作社的领导者。领导者特征会显著的影响团队绩效（邓显勇，2009）。本文选取合作社领办人职业性质、学历作为领导者特征变量，用以反映人力资本禀赋。

三是经营环境特征。

经营环境特征包括五个变量：合作社从事行业用来反映合作社经营产品的特性，合作社通过固定渠道销售产品的比例、合作企业数量等变量反映了合作社的销售特征及市场的可能性；贷款需求满足度和基础设施满意度是合作社对与其发展相关的公共服务的评价。

表 11-11 是对提供价值链融资的合作社的特征进行的描述性分析。在对提供了赊账服务的合作社特征变量进行 T 检验和 Pearson 检验时，将样本合作社分为未提供赊账和提供了赊账两组，其中

实有资产、自有品牌、承担政府项目、固定渠道销售比例 4 个变量的检验结果比较显著；其他变量则在该检验中不显著。

在合作社资质特征中，提供组实有资产的均值是未提供组的 2.1 倍，但固定资产占比的均值比未提供的低 10%；提供组出资人数均值为 33 人，比未提供组均值高 81%，提供赊账的合作社具有较明显的实有资本优势，但出资人也相对分散。两组农民社员占比的均值均超过了 95%，提供组比例稍高。提供组中有 67.4% 的合作社有至少一个自有品牌或商标，这是未提供组的 2 倍。提供组承担政府项目的比率为 42.9%，比未提供组高 83%，且这两个变量均在统计上显著。

表 11–11　变量描述性统计

主要指标	赊销（50户提供）			订单（51户提供）		
	未提供	提供	T值或Pearson值	未提供	提供	T值或Pearson值
实有资产（万元）	304.3	658.6	**-2.09****	414.1	696.05	-1.12
固定资产占比	65.05	58.75	1.01	60.92	66.14	-0.76
出资人数	18.17	33.0	-1.29	53.85	20.78	**1.98****
农民社员占比	95.8	97.1	-0.37	97.7	97.03	0.16
品牌拥有率（%）	31.2	67.4	**-3.17*****	3.33	64.71	**-2.74****
政府项目承担率（%）	23.4	42.9	**-2.22****	25.93	46	**-1.74***
领办人性质			0.89			0.82
能人领办（%）	42.19	48.00		48.15	43.14	
企业领办（%）	17.19	20.00		14.81	23.53	
政府领办（%）	40.63	32.00		37.04	33.33	
领导者学历			1.83			**6.92****
初中及以下（%）	43.75	38.00		59.26	31.37	
高中（%）	28.13	40.00		29.63	35.29	
大专及以上（%）	28.13	22.00		11.11	33.33	
从事行业			1.03			3.66
种植业（%）	73.02	64.58		84.62	66	
养殖业（%）	15.87	18.75		11.54	16	
乳业（%）	16.67	16.67		18	18	
合作企业数量	4.64	3.54	0.30	1.85	7.69	-1.07
固定渠道销售占比	22.2	50.3	**-3.72*****	13.52	65.06	**-6.18*****
贷款需求满意率（%）	57.8	56	0.19	59.26	58.82	0.04
基础设施满意率（%）	87.5	84	0.53	77.78	88.24	-1.21

*表示该变量在10%的水平上显著，**表示该变量在5%的水平上显著，***表示该变量在1%的水平上显著。

在合作社领导者特征中，提供组和未提供组的领办人占比最多的均为种养大户、销售大户等能人领办，提供组的占比略高于未提供组；其次为政府领办和企业领办，且比例相近。在领导者学历变量中，提供组占比最大的是高中学历，其次为初中及以下，最少的为大专及以上。未提供组中领导者学历占比最大的是初中及以下，高中学历和大专及以上学历占比相同。

在合作社经营环境特征中，两组合作社从事行业占比最大的均为种植业，其次为养殖业和奶业。但提供组中从事养殖业和奶业的占比明显高于未提供组。提供组的合作社合作企业数量比未提供组的少 1.1 个；提供组通过固定渠道销售产品的比例均值为 50.3%，是未提供组的 2.3 倍，这一变量的 T 检验在 1% 的水平上显著。即提供组的合作社更多地通过固定渠道销售产品。两组的贷款需求满意率和对基础设施的满意率相近，两者对经营环境的评价差异不大。

在对提供了农业订单的合作社特征变量进行 T 检验和 Pearson 检验时，将样本合作社分为未提供农业订单和提供了农业订单两组，其中出资人数、自有品牌、承担政府项目、领导者学历、固定渠道销售比例 5 个变量的检验结果比较显著；其他变量则在该检验中不显著。

在合作社资质特征中，提供组实有资产的均值比未提供组高 68.1%，其固定资产占比的均值也比未提供的高 8.6%；提供组出资人数均值为 20.78 人，不足未提供组均值的 40%，可见提供订单的合作社具有明显的资本优势，且集中度也明显较高。两组农民社员占比的均值均超过了 97%。提供组中有 64.71% 的合作社有至少一个自有品牌或商标，这是未提供组的 19.4 倍。提供组承担政府项目的比率为 46%，比未提供组高 80%。这在一定程度上反映了提供农业订单的合作社有更强的品牌意识、经营实力和社会认可度。

在合作社领导者特征中，提供组和未提供组的领办人占比最多的均为能人领办，提供组的占比略低于未提供组；两组领办人性质占比最少的均为企业领办，但提供组企业领办的比例为 23.53%，比未提供组高 60%，这与企业为了稳定上游生产基地而更有激励提供订单的文献结论一致。在领导者学历变量中，提供组占比最大的是高中学历，但三者基本各占 1/3。未提供组中领导者学历占比最大的是初中及以下，比提供组高 89%；其次为高中学历，为提供组的 84%；占比最少的是大专及以上学历仅为提供组的 33%。提供组领导者高学历占比优势明显，且这一变量 T 检验在 5% 的水平上显著。

在合作社经营环境特征中，两组合作社从事行业占比最大的均为种植业，但提供组中从事奶业的占比远高于未提供组。也就是说，由于奶业的产品易腐性、交易频率快、储运成本高等交易特性，从事奶业的合作社更倾向于提供订单以降低交易风险和成本，这与已有文献的结论一致（钟真，2011）。提供组的合作社合作企业数量均值为 7.69 个，而未提供组仅有不足 2 个；提供组通过固定渠道销售产品的比例均值为 65.06%，是未提供组的 4.8 倍，这一变量的 T 检验在 1% 的水平上显著。相较于未提供组，提供组的合作社具有相对更稳定的销售渠道和更多的交易对象选择。两组的贷款需求满意率均接近 60%，而提供组对基础设施的满意率略高，比未提供组高 13%。

（四）农民合作社提供价值链融资的影响因素实证分析

本文采用二项 Logit 模型，以赊账和农业订单两种价值链融资工具作为研究对象，进行合作社提供价值链融资的影响因素分析。因变量为该合作社是否提供某种价值链融资，提供某种融资定义为 1，不提供融资定义为 0。自变量包括上文介绍的三个变量集，即合作社资质特征（*Capital*）变量集、合作社领办人特征（*Leader*）变量集及合作社经营环境特征（*Environment*）变量集。模型表示如下：

$$logit\ (P) = a_0 + a_1{*}Capital + a_2{*}Leader + a_3{*}\ Environment + e$$

P 代表其提供某种价值链融资的概率，a_0 为常数项，a_i 为待估系数，*e* 为随机误差项。

本文采用逐步回归法，即模型 1 包括了上述自变量表中的全部变量进行回归，模型 2 剔除了最不显著的变量再进行回归，模型 3 在模型 2 的基础上继续剔除掉最不显著变量，最后得到的是农民合作社是否提供某种价值链融资的影响因素的逐步回归结果（见表 11-12）。

1. 农民合作社提供赊账服务的影响因素分析

通过样本分析得知，在 114 个农民合作社有效样本中，提供了各种形式的赊账服务的样本有 50 个，没有提供赊账服务的为 64 个。

在逐步回归过程中，模型 1 包括了上述自变量表中的全部变量，模型 2 剔除了合作社农民社员占比和领导者学历两个不显著变量，模型 3 在模型 2 的基础上剔除掉了领办人性质、合作企业数量和承担政府项目几个不显著变量，最后得到表 11-12。通过回归可以看到，在农民合作社资质变量集中，合作社实有资产、固定资产占比、有自有品牌在三个模型中对是否提供赊账形式的价值链融资都有显著影响，而是否参与政府项目在模型 1 中在 10% 的水平上显著，但在模型 2 中不显著。出资人数和农民社员占比两个变量均在统计上无显著影响。在领办人特征变量集中，领导者学历和领办人性质变量均无显著影响。在经营环境变量集中，通过固定渠道销售比例这一变量在三个模型中均显著。而合作社从事行业、合作企业数量、对贷款环境和周边基础设施的满意度则在统计上不显著。

表 11–12　农民合作社提供价值链融资的影响因素 Logit 模型分析

	赊账			订单农业		
	模型1	模型2	模型3	模型1	模型2	模型3
实有资产(ln值)	**0.356***	**0.308***	**0.330****	0.097	0.191	0.138
	（0.183）	（0.176）	（0.152）	(0.327)	(0.299)	(0.240)
固定资产占比	**-2.689*****	**-2.472*****	**-2.122*****	-0.141	0.401	0.449
	（0.911）	（0.864）	（0.795）	(1.424)	(1.370)	(1.200)
出资人数	0.005	0.003	0.002	**-0.016*****	**-0.013****	**-0.011****
	（0.005）	（0.004）	（0.004）	(0.006)	(0.005)	(0.005)
农民社员占比	2.046			9.617		
	（3.566）			(10.335)		
有品牌	**1.305****	**1.015****	**1.001****	1.187	1.279	
（对照无品牌）	（0.555）	（0.509）	(0.497)	(0.862)	(0.822)	
承担政府项目	**1.187***	0.717		0.806	0.697	
（对照无项目）	（0.644）	（0.583）		(1.052)	(0.897)	
企业领办	-0.250	-0.167		0.377	1.165	0.883
（对照能人领办）	（0.720）	（0.675）		(1.196)	(0.982)	(1.856)
政府领办	-0.180	-0.116		0.714	0.787	
（对照能人领办）	（0.584）	（0.550）		(0.996)	(0.965)	
高中	0.767			0.646	1.279	
（对照初中及以下）	（0.628）			(1.001)	(0.822)	
大专及以上	-0.826			**2.681***	**0.013****	**0.011****
（对照初中及以下）	（0.686）			(1.510)	(0.005)	(0.005)
养殖业	0.764	0.689	0.389	0.629	0.863	0.620
（对照种植业）	（0.675）	（0.655）	（0.591）	(1.126)	(1.079)	(0.926)
奶业	0.377	0.372	-0.079	0.896	1.916	0.883
（对照种植业）	（0.738）	（0.726）	（0.639）	(2.148)	(2.011)	(1.856)

续表

	赊账			订单农业		
	模型1	模型2	模型3	模型1	模型2	模型3
合作企业数量	-0.018	-0.017		-0.011	-0.003	
	（0.034）	（0.023）		(0.028)	(0.023)	
固定渠道销售比例	**1.248***	**1.274****	**1.466****	**4.935*****	**4.326*****	**4.189*****
	（0.665）	（0.627）	（0.581）	(1.477)	(1.240)	(1.097)
贷款满意	0.171	0.130	0.134	0.089	0.171	-0.119
（对照不满意）	（0.515）	（0.491）	（0.460）	(0.895)	(0.820)	(0.713)
基础设施满意	-0.074	-0.309	-0.367	0.844	1.022	1.205
（对照不满意）	（0.741）	（0.693）	（0.684）	(1.097)	(1.022)	(1.014)

注：括号内为标准误差* $p < 0.10$, ** $p < 0.05$, *** $p < 0.01$。

2. 农民合作社提供农业订单的影响因素分析

在 78 个提供了各类价值链金融的农民合作社中，有 51 个提供了附带融资服务的农业订单。通过使用 logit 模型进行逐步回归我们得到表 11-12，可以看到，在农民合作社资质变量集中，只有出资人数对是否提供农业订单形式的价值链融资有显著负影响，即出资人数越少的合作社越倾向于提供农业订单。而合作社实有资产、固定资产占比、农民社员占比、是否有自有品牌、是否参与政府项目等变量均在统计上无显著影响。在领办人特征变量集中，领导者学历在大专及以上的对照初中及以下是有显著正影响的，即领导者学历为大专及以上的合作社更倾向于提供农业订单。领办人性质变量在统计上无显著影响。在经营环境变量集中，通过固定渠道销售比例在三个模型中均为在 1% 的水平上显著。而合作社从事行业、合作企业数量、对贷款环境和周边基础设施的满意度则在统计上不相关。

四、结论与政策含义

本节运用 9 省 25 县 115 家农民专业合作社的数据，对合作社融资服务供给现状及影响因素进行了研究。研究发现：大部分合作社为社员供给融资服务，合作社供给的融资服务主要是赊销农资服务，其次是贷款担保和直接提供借款服务。并且，合作社内部资金互助正在兴起。从服务广度上来看，合作社融资服务仅限社员，且绝大多数融资服务能覆盖全体社员。但从服务深度上来看，合作社以各种方式为社员提供的融资额度差异很大且平均额度小。

通过以上分析可以得到以下结论：农民合作社向社员提供价值链融资受到该组织资质特征、领导者特征和经营环境特征的影响；尽管对不同形式的价值链融资，其影响因素也有差异，但无论对于哪种形式，稳定的销售渠道都是影响合作社提供融资的重要因素。回归结果显示，合作社通过固定渠道销售的产品占比越大，则越有可能提供赊账或农业订单服务。

赊账作为一种较为简单的价值链融资形式，更多地受到合作社资质特征的影响。有更大数量的实有资产额、但固定资产占比较少、有自有品牌和承担政府项目的合作社更有可能为社员提供赊账。相对于农业订单，赊账对合作社的流动资产有更高的要求，且具有相对较高的交易风险和运作成本，但在自有品牌和政府项目的支持下，这种风险和成本能够得到一定的平抑。

农业订单是契约设计更为严密的互联交易融资形式，更多地受到合作社出资人数、领导者学历和稳定销售渠道的影响。出资人数越少、领导者学历在大专以上的合作社越有可能提供农业订单。

出资人数少反映了该组织的股权集中度较高，有较高学历的领导者也更有可能采取更有效率的生产经营和风险控制的制度设计。这些特征使得资本数量对提供农业订单的影响变得不显著了。

第5节 政府农村金融扶持模式创新：要素资本化与互助担保

多年来，随着农村改革和金融改革的深入，农村金融改革的紧迫性更加强烈。一方面，农村改革、金融改革的深入为农村金融改革提供了一些必要条件，其中较为重要的是农村产权结构、农业经营结构的转变以及利率市场化等措施；另一方面，农村发展的现状与问题又倒逼农村金融必须做出改革。农村地区资金需求总量量大但分散，资金需求方多为农户及有关涉农中小企业。由于存在信息不对称、农村合格抵押品不足、农业贷款风险高等问题，参与农业贷款的金融机构不仅数量较少，而且贷款利率通常高于城镇，造成农村地区融资难、融资贵。为此，国家连续出台多项相关政策，确立了“建立现代农村金融制度”这一主题，目的在于通过探索创新农村金融体制、放宽农村金融准入制度、建立多元化可持续的农村金融体系，满足农民和农业发展多样化的需求，实现普惠金融。为了找寻政府支持新型经营主体发展的金融模式，课题组于2015年8月6—8日赴福建沙县就金融改革试验有关问题进行了调研，调研目的：主要是总结沙县金融改革的经验，找寻各种金融创新背后的逻辑、环境条件以及不同类型金融创新可能蕴含的金融风险，探讨农村金融风险防控的方式和方法等。

一、样本县概况与调查方法说明

此次的样本地区为福建省三明市沙县。沙县于2011年年底被农业部等四部门列为六个农村金融改革试点之一，经过将近4年的发展，其金融改革取得相当大的成绩，形成了一套成熟的农村金融体系，有力地缓解了当地融资难、融资贵的问题。沙县立足于当地实际，以解决“农村融资担保难和乡镇村金融服务薄弱”为切入点，积极推进农村金融产品和服务创新，建立政府搭台、多方参与、市场取向、政策扶持、广泛覆盖的工作机制，满足多元化的农村金融服务需求，形成了可复制、易推广的农村金融改革创新示范样本。故课题组选择了沙县作为此次调研的样本。此次调研采取深度访谈和焦点小组的方法。课题组不仅召开了县农金办（金融办）、县农业局、县林业局、县人行、县银监办参加的政府部门座谈会，而且还召开了县农行、县农商行、县邮储银行、渝农商村镇银行、三明农商行沙县支行、县人寿保险公司、县人保财险公司、金 × 小贷公司、沃 × 担保公司等民资公司参加的涉农金融部门座谈会。在此期间，课题组还对该县土地流转中心、官庄村级融资担保基金、明洋山新型社区金融服务站、郑湖乡郑墩村小额支付便民点、郑湖杜坑垚香胡记板鸭食品厂、南阳乡大基口葡萄园、乐子农场（际口）养殖基地、西霞村土地专业合作社等金融服务点和新型经营主体进行了实地调查。

沙县地区农业以种植业、畜牧水产业为主。种植业方面，粮食播种面积23.35万亩，粮食总产量10万吨；果树面积13万亩，产量16万吨：茶树面积3.26万亩，产量0.8万吨；蔬菜面积1.53万亩，产量7.34万吨；烟叶2.37万亩，产量5.8万担。畜牧水产业方面，畜禽肉蛋奶总产量3.43万吨；商品猪（苗）年出栏33.6万头，家禽年出栏273万羽；水产养殖面积12056亩，产量6990吨。截至2013年6月，沙县全县有214家农民专业合作社办理工商登记，其中种植业148家，林业生产

13家，养殖业38家，加工业4家，服务业11家。全县大约有6万人外出经营沙县小吃，约占全县劳动力的60%。土地流转率较高，达到69%。

二、样本县推进农村金融改革具体做法

沙县金融改革从一开始就遵循了3个密不可分的政策制定原则：问题导向、市场需求、产业引导。其采取主要改革措施与试图解决的问题，以及相对应的市场需求和产业如表11-13所示：

表11-13　样本县金融改革具体措施及其应对的主要问题

主要措施	针对问题	针对的市场需求及产业
丰富县域金融机构	金融资源不能满足资金需求	满足全县融资需求
构建农村信用评价体系	农村有效信用评价体系缺乏	金融机构对村民的信用评估
设立各类融资担保基金	农村合格抵（质）押品缺失	满足各村村民、行业会员等创业和发展生产启动资金需求
搭建农村产权交易中心	农户缺乏合格抵（质）押品	满足了农村地区融资需求
开展宅基地使用权的确权登记	农村合格抵（质）押品缺乏、生产与住房建设的资金矛盾	满足农民房产资金需求
实现金融服务不出村	农村基础金融服务缺失	满足农村地区基础金融服务需求

表11-14　沙县各个金融机构业务范围及性质

金融机构	沙县农信社（农商行）	农业银行	保险公司	三明农商行	邮储银行	渝农商村镇银行	行业性担保公司	小贷公司	民资公司
主要业务	融资担保基金、信用体系、农村住房抵押贷款、基本金融服务、小吃创业贷款	农村住房抵押贷款、土地流转项目贷款、订单农业贷款、产业性贷款、土地经营权抵押贷款	融资担保基金人寿保险、农村产权贷款	农业生产、经营性贷款、新农村住房贷款、定向扶贫贷款、金融服务车	新型经营主体贷款、三农抵押贷款、林权抵押贷款	存款、贷款结算	相关贷款的担保、小额贷款贴息、土地流转担保	林权抵押贷款、房地产抵押贷款、涉农企业贷款	私募、短期财务性投资、票据业务
性质	国有银行	国有银行	国有保险公司	国有银行	国有银行	国有银行	国有企业	国有企业	国有企业

（一）丰富县域金融机构

沙县政府根据自身实际，除了努力将原有农村信用社改制为“沙县农商银行”，还努力扩大金融机构业务范围和数量。如引导农行、邮储银行、人寿保险、人保财险等的开展更多涉农业务，引进三明农商银行、渝农商村镇银行，帮助建立金森小额贷款公司、民间资本管理公司、行业性担保公司等金融机构。引导它们结合各自业务特色，针对不同层次的融资需求，充分发挥它们在农村金融的作用。

通过建立和引入多元金融机构，可打破原有金融垄断格局，促进市场化竞争，使得金融资源能够更好地为民所用。沙县政府通过建立民间资本管理公司，既使得民间资本能够在阳光下运行，又使得当地活跃的民间资本得到充分利用，有利于社会稳定与经济发展。民间资金不仅找到了出路，且能较好满足当地资金需求。

（二）构建农村信用评价体系

信用是整个经济活动的基础，但是农村地区采集成本高、农村经济状况复杂、专业人才缺少以及农村地区信用意识不高等因素严重制约了农村地区的征信活动的开展，致使农村信用体系难以建立。沙县出台了一系列政策，制定出了一套农户信用评估标准，通过政府搭台，充分发挥农村地区“两委”的能动性的方式，力图为全县所有农户建立信用档案。具体做法：以村为单位，成立由金融机构负责人、信贷员、村干部、村民代表组成的农村信用等级评定小组，评定小组逐个对所在村农户建档、评级、授信。评价小组确保评定过程公开透明，且接受村民监督。沙县政府指定的农户信用评估标准涵盖了个人基本信息、家庭收支状况、家庭资产状况、家庭负债状况、家庭基本成员状况、村委会评价、评分细则等。评估后的农户信用评估等级包括从 AAA（95 分以上）到 C（60 分以下）7 个等级（详见表 11-15）。评估有效期 2 年。目前，样本县已建立农户信用档案 50387 册，覆盖了全县所有农户。政府还创建了农户信用信息管理系统，并将其接入政府 OA 网络，该系统向金融机构开放。这一工作从分利用了熟人社会信息筛选与同伴监督机制，既能很好控制成本，又能在很大程度上保证信息准确性，为该县后续金融改革的铺开奠定了良好信用基础。

表 11–15　样本县不同信用等级农户占比分析表

等级	AAA	AA	A	BBB	BB	B	C
户数（户）	5200	24051	11462	5666	2938	952	118
占比（%）	10.32	47.73	22.75	11.24	5.83	1.89	0.23

（三）设立各类融资担保基金

1. 设立村级融资担保基金

设立融资担保基金是一种抵押品替代机制创新。该县融资担保基金分为村级融资担保基金和行业性融资担保基金两种。村级融资担保基金，通常设立在一个优势产业明显、商贸活动较活跃、有效资金需求较旺盛的村。它以村民的信用档案为基础，只为信用等级为 A 级及以上的农户服务。村级融资担保基金设立过程与使用方法：每个农户出资 1 万~2 万元，经村民大会表决、乡镇政府审批后，与信用社签订合作协议，从而成立村级融资担保基金，信用社对村级融资担保基金进行专户管理，基金向农户提供贷款担保以帮助其获取 4 万~10 万元的贷款用于发展生产。各个农户贷款限额与他的信用等级挂钩，AAA 级农户最高 5 倍于自己的基金份额，AA 级农户最高 3 倍于自己的基金份额，A 级最高为 2 倍于自己的基金份额。贷款利率依据国家基准利率上浮 30%。村民存入担保基金的资金 1 年内不得支取，同时担保基金该村所有农户贷款未偿还完毕之前不能被解散或被挪为他用。一年后，贷款偿清或尚未取得贷款的农户，可取回自己的出资并获得相应利息。担保基金所产生的存款利息各村可根据各村实际选择投入担保基金，或发放给村民。

【专栏】村民贷款流程

首先，提出担保申请。加入基金的农户持身份证、担保申请书、贷款用途证明等材料向村级融资担保基金提出书面担保申请，村委会经过调查、审查后召开担保基金审批小组会议并出具同意担保意见书。其次，提出贷款申请。担保基金同意担保后，借款人持以上资料至所在乡镇信用社申请贷款，信用社受理贷款申请后进行贷款调查、审查、审批，依据农户信用等级和加入基金的金额进行授信。再次，签订反担保合同。借款人原则上必须找 2 个基金内的村民为其贷款签订担保协议，承担信贷连带责任。最后，发放贷款。借款人与信用社签订借款合同、借据等材料后由信用社发放贷款。

村级融资担保基金有如下的风险防控措施：一是农户互保。贷款农户必须找 2 名加入本基金农户作担保，贷款逾期 3 个月后仍未收回的，由担保基金代为其偿还，不足部分由村组织和信用社共同对借款人及反担保人进行追偿。二是利率杠杆。不良贷款率达到 10% 后，上调该村贷款利率 30%，不良贷款率达 15%，停发该村融资担保基金担保贷款。由于个人征信行为涉及全村，村民有相互监督的激励，风险防控更加严格。三是寿险保障。沙县人寿保险公司推出《国寿小额贷款借款人定期寿险》业务，借款人发生身故或者高度残疾，保险公司全额赔付贷款。保费由县财政补贴 2/3，农户只需承担 1/3（2015 年此项补助政策已取消）。四是风险保障金。政府设立 1000 万元风险保障金，在出现重大风险需要救助时，合作金融机构可提出风险救助申请，村级融资担保基金担保贷款当年度不良贷款率超 5% 时，对超过 5% 不良贷款损失部分可提出救助申请，单个基金风险救助上限为 10 万元。村级融资担保基金示范点（不含城中村）还可申请 10 万元的支农风险补偿拨备金。

目前沙县全县已有 68 个村设立村级融资担保基金，基金规模 4468.74 万元，县政府累计放贷 4064 笔 3.56 亿元。资金主要流向小吃业、种植业、养殖业等领域，改善了当地村民融资难、融资贵的问题。

建立基金正向考核机制县农金办、县农信社以信用信息系统为基础，加强信用工程建设，及时更新农户信用信息，特别是对设立村级融资担保基金的建制村，要加强信用和基金运行双考核，考核指标主要包括信用更新、不良贷款率、是否有归大堆现象等。并根据考核情况提供相应奖励：一是连续 2 年达标的，可提高该村村级融资担保基金的入股金额至 3 万元（信用放大倍数不变）；二是连续 3 年达标的，可提高该村村级融资担保基金的信用放大倍数至 A 级 2 倍、AA 级 4 倍、AAA 级 6 倍；三是连续 4 年达标的，可提高该村村级融资担保基金的信用放大倍数至 A 级 3 倍、AA 级 5 倍、AAA 级 8 倍；四是连续 5 年达标的，可提高该村村级融资担保基金的信用放大倍数至 A 级 4 倍、AA 级 6 倍、AAA 级 10 倍；五是对考核达标的村在年终评先评优、结对帮扶等方面将优先考虑。

加强基金资金监管处置。一是严管资金走向。将资金走向监管纳入各乡工作内容，实行乡镇挂村领导与村“两委”干部挂钩联系贷款农户制度，收集农户资金走向新信息、新问题，一旦发现资金异常走向，及时向乡镇所在地信用社反馈。二是严防非法融资。非法归集基金贷款资金行为是村级融资担保基金的“高压线”。凡涉及村级融资担保基金贷款资金归集的案件，经有关部门核实确认后，按以下规定处理。

一是若全村出现 1~3 户（含 3 户）参与资金归集活动，则由信用社提前收回参与农户的贷款本息，下调其个人信用等级，并立即退出村级融资担保基金，未来 5 年内信用社将不给予发放任何贷款；二是若全村出现 4 户以上参与资金归集活动，除给予以上个人处罚外，还将停止该村村级融资担保基金贷款业务。该项业务恢复，须经规范整顿后，由县农信社实施评估，视情况予以核准；三是对村级融资担保基金贷款资金进行归集的非法融资者将向县人行报备，并列入个人征信系统“黑名单”，停止其一切金融信贷服务；四是“归大堆”行为经有关部门核实确认后，情节严重且构成违法犯罪的，则交由公安局依法处理。

2. 设立行业性融资担保基金

我们以“小吃创业融资担保基金”为例进行分析。小吃创业融资担保基金借鉴村级融资担保基金的具体做法，以“合作互助”为原则，在沙县小吃业主数量较多、分布较集中、经营状况较好、资金需求旺盛的地区进行设立，按照“协会监管、会员担保、基金代偿”贷款模式，为特定区域小吃协会会员提供创业融资服务。但是，小吃创业融资担保基金在管理上与村级融资担保基金不同的是：一是会员缴纳的基金份额不同，为 2 万元或 3 万元。其贷款限额为 AAA 小吃业主 5 倍自己的基金份额，AA 小吃业主 4 倍自己的基金份额，A 小吃业主 3 倍自己的基金份额。贷款利率参照基准利率上浮 60%。二是基金存放农商行产生的存款利息不作他用，直接存放于专用账户中作为风险池资金。会员在退出基金时不取得利息。三是等级评定小组由银行和协会会员组成，负责审查业主资格和等级评定。同时将小吃业主的银行流水、店面、营业额纳入评定标准。四是银行为协会提供小吃基金年贷款总金额 1.2% 的劳务费，按年支付。劳务费中 50% 由协会自主支配，用于工作性开支，另外 50% 划入风险池。五是担保原则。原则上由加入基金的 2 个小吃业主提供担保，小吃业主之间不得互保。每个基金成员为他人担保金额不得超过 30 万元。六是贷款期限：原则上不超过 3 年。七是办理小吃基金贷款续贷的，可参与“星级信用户”评定。“星级信用户”是指已被农商行评定的且符合《沙县农村商业银行星级信用户评定标准》规定条件的信用户，主要分为“三星信用户”和“五星信用户”两类。对评定为“星级信用户”客户可以提高贷款额度，即“三星信用户”贷款额度可在原最高贷款额度的基础上增加 20%；“五星级信用户”贷款额度可在原最高贷款额度的基础上增加 50%。八是贷款条件：具有沙县籍户口并被评为 A 以上等级的小吃业主；申请人须年满 18 周岁，男不超过 60 周岁，女不超过 55 周岁，身体健康，有劳动能力，有小吃实体经营店；申请人家庭诚实守信，无不良记录，无未解决的经济纠纷；申请人须为经营所在地协会会员，通过小吃基金信用等级评级小组审核，并已加入基金；符合农商银行规定的其他条件。九是金融机构每个支行对应一个地区的小吃协会，一对一进行担保基金的建设、管理活动。

【专栏】小吃业主贷款流程

首先，贷款流程如下：小吃业主提交入会申请；其次，信用等级评定，接纳会员，向银行提供贷款申请；再次，银行利用移动终端进行二次审核，建立信用档案；最后，审核通过后授信放贷。贷款工作进度表详见表 11-16。

表 11-16　农村商业银行小吃创业融资担保基金贷款工作进度表

支行	（城市）地区	基金规模（万元）	贷款笔数（笔）	贷款总额（万元）
西门	上海	56	19	280
富口	金华	24	8	120
郑湖	合肥	70	32	344
高砂	苏州	51	24	255
合计		201	83	999

注：时间截至2015年8月15日。

小吃创业基金有以下风险防范机制：一是基金保障机制。小吃基金设立专项风险池，基金产生的存款利息不作他用，存放于专用账户中作为风险池资金。基金可以接受自然人或其他组织捐赠以及政策性补偿补助，以上资金列入风险池。二是基金叫停机制。为防范信用风险，减少损失，以不良贷款率 5 % 为风险警戒线，不良贷款率达 5%（含）~10% 时，新增贷款利率按银行同期贷款基准利率上浮 70% 执行；不良贷款率达 10%（含）~15% 时，新增贷款利率按银行同期贷款基准利率上浮 80% 执行；不良贷款率超过 15%，农商行可立即停止办理该小吃基金的贷款业务，收回逾期不良贷款，直至不良贷款率低于 5%。三是基金风险处置。如借款人逾期，农商行应及时采取催款措施，并通知协会共同对借款人和担保人进行催收。如借款违约，农商行可以直接扣除借款人和担保人的出资额，不足部分由风险池资金清偿，且以风险池资金余额为限。贷款损失追回的，优先弥补农商行损失部分，剩余的作为风险池基金存入基金专户。

由于融资担保基金贷款利率低，极有可能出现“套利”现象，即将通过融资担保基金得到的资金用于套取利差，不仅风险大，而且严重危害社会稳定与社会生产发展。为此，沙县出台了相应措施：一是强化入股农户风险意识。充分利用村主干在村里享有较高声望的作用，加大宣传力度，提高加入基金的农户风险意识，让农户认识到基金是农户利益的“共同体”。引导加入基金的农户诚实守信，增强诚信价值的自我保护。二是完善农户准入退出机制。其一，强化银村合作。各乡镇信用社与村主干要加强对接、沟通，共同对农户资产、信用、品行等情况进行严格审核。其二，注重再审核。基层信用社要落实农户信贷季度跟踪制度，信贷员要及时了解农户经营生产情况。在农户资产、信用、品行等审查基础上，对首批加入基金的农户进行再审核，加强资金使用、生产经营、偿还能力审查，县农信社比照标准，剔除不合格的入股农户。其三反担保。需要两户村民为贷款提供反担保，并且每户最多只能为 2 户提供反担保。其四严格督查和指导。县农信社定期对全县村级融资担保基金运作的规范化进行督查和指导。

调研中还涉及板鸭行业、葡萄行业等行业担保基金，其形式、规章制度基本与上述两个类似，故不再赘述。融资担保基金采取的是以互助担保为核心的抵押品替代机制。以基金成员内部的互助担保及基金担保向银行申请贷款，以互助担保替代抵押品，从而解决了因抵押品不足带来的贷款难、贷款贵的问题，促进了新型农业经营主体及农民个人的经验生产发展。

浙江舟山市普陀区“政银保”项目，该项目运作方式与沙县小吃融资担保基金运作方式又有何不同呢？两者运作方式的对比详见表 11-17。通过对比可以发现，两者在管理方式上有很大的相似性。政府与金融机构合作对经营者进行信用审核，根据信用确定贷款与否和贷款额度，并由政府出资设立风险担保金。所不同的是，在贷款方式上，沙县是由会员进行担保，金融机构发放担保贷款。而普陀区则是保险公司提供贷款保证保险，金融机构发放信用贷款。两地贷款都是针对当地特色产业，产业、市场需求针对性明显，并且没有采取传统抵押贷款，而是采取抵押品替代机制、互助担保机制解决融资难、融资贵的问题。

表 11–17　小吃融资担保基金与渔农“政银保”项目运作方式对比分析表

对比项目	沙县小吃融资担保基金	普陀区渔农政银保贷款
贷款主体	小吃协会成员	龙头企业及新型经营主体
担保基金来源	小吃协会会员+政府风险金	贷款保证保险+财政拨款
资金用途	小吃生产经营	渔农业生产经营
贷款条件	信用评级+资格审查	信用评级+资格审查
风险承担	担保基金、保险公司、银行	政府、银行、保险公司
利率水平	基准利率上浮60%，根据信用水平差别利率	≤基准利率30%，差别利率
风险控制	5%的不良率时上浮利率至70%，违约率10%~15%上浮至80%，15%以上停止业务	当“政银保”贷款逾期率超过5%时，应立即停办此项业务
贷款方式	担保贷款	信用贷款
信用额度	信用等级差别制，以基金份额放大	规模等级差别制，上限从20万至500万不等
贷款期限	3年	1年

（四）搭建农村产权交易中心

沙县政府则通过创造性搭建“沙县农村产权交易中心”这一产权认证、交易平台，在一定程度上赋予农村产权资产性、合法性。农村产权具体指的是农村土地承包经营权、林权、林地经营权、农村集体经营性资产和农业生产设施设备所有权等。全县所有居民可以在产权证明清晰可查的情况下，在沙县农村产权交易中心进行产权认定、评估，取得《农村产权交易鉴证书》和《林地经营权证》等。在申请贷款时，交易中心联合第三方评估机构对申请人相应农村产权进行评估。如果申请人提交的产权证明符合抵押登记条件的，交易中心将为其办理抵押登记手续，并出具《农村产权抵押登记证明书》，并及时向联合金融机构向借款人发放贷款。贷款金额不超过用于抵押的农村产权的市场公允价值或评估价值的50%，贷款仅限用于农业生产经营需要的各种支出，不得挪作他用。用于森林资源培育的最长贷款期限不得超过 15 年，其余的最长贷款期限不得超过 3 年。贷款利率由贷款人按国家规定，根据借款人的实际情况和风险覆盖状况自行确定。贷款过程中，如果要扩大贷款额，可以通过行业性担保机构进行反担保以扩大贷款额。目前最为成熟的是土地流转项目贷款与林权抵押贷款。目前，该县开展反担保业务较为成熟的公司是沃 × 担保公司，这家公司主要为土地流转贷款提供反担保。

沙县由于主要劳动力大量外出经营小吃，所以县内土地闲置率高，这为土地流转提供了优越条件。全县土地流转率在 2015 年已经到达 69%，土地合作社也十分发达。在此基础上，沙县政府在 2013 年进行土地承包经营权的确权及抵押登记业务，联合土地流转业主建立沃 × 担保公司，由沃 × 担保公司负责“新型大户”的土地流转与经营过程中的反担保业务。政府试图通过产权交易中心的认证、评估和沃 × 担保公司的担保，缓解新型农业经营主体信贷约束。同时，沃 × 担保公司与土地合作社及农户签订协议，保证并承担租金的按时给付。

【专栏】沃 × 担保公司土地流转过程中扮演的角色

土地合作社（农户）：

合作社与担保公司就租金价格达成协议，将土地交予担保公司统一对外流转；土地流转完成后，从担保公司获得租金及其他收入，不与承包人发生直接关系。

沃 × 担保公司：

发布土地流转信息，与流转业主签订协议，商定租金交付形式，确认土地承包经营权，在贷款时对流转户提供担保；将流转后的租金及其他收入按商定方式交予土地合作社。

新型经营主体：

通过土地流转中心及沃土担保公司进行承包，按双方合同交付租金；获得承包经营权申请贷款及贴息时，从沃土担保公司获得担保。若出现违约现象，由担保公司及流转业主处理，不涉及土地合作社及农户。

为抵御风险，政府设立专门的风险担保基金。如果贷款出现风险，对于农机具等便于拍卖的设备，在交易中心进行拍卖或交易处理，填补亏空，如果无法完全弥补，则按照5 ∶ 3 ∶ 2或5 ∶ 4 ∶ 1 的比例由政府风险基金、保险公司、银行分担。对于林权抵押贷款，由政府成立的专业林业收储公司对抵押的林地进行处置，以专业化的运营使得林产变现。如果土地流转项目贷款出现“跑路”现象，则通过担保公司通过法律手段进行解决，通过政府搭台的形式，沙县不仅成功将农业设施设备及农村产权纳入足值抵押品范围，而且成功防范风险，解决农村地区因抵押品不足带来的融资难问题，而且通过“一站式”产权中心，及时发布产权交易的信息，推进土地流转的进行，极大推动当地农业发展。

（五）开展宅基地使用权的确权登记

由于农村宅基地、农村集体建设用地的特殊性，附着其上的农村住房也同样具备了这种属性。因此，在相当长一段时间里，农村住房抵押贷款成了一个敏感的话题。多数农户缺乏可用于抵质押担保的财产，农民宅基地、房屋产权又无法抵押，使得相当一部分农户生产生活资金需求难以得到满足。然而农村宅基地和农房的权属抵押虽受限制，但其商业性质和市场价值却真实存在。正是在这样的背景下，沙县政府利用金融改革的契机，在国家及福建省政府的支持下，开展农村土地承包经营权和宅基地使用权的确权、抵押登记，开办土地承包经营权、宅基地使用权抵押贷款业务，在城中村、集镇所在地和“统规统建”的农村新型社区开展农房贷款。

农房贷款必须具备四个条件：①两证齐全。用于抵押的农房必须办理房产证和土地证；②范围设定。农房贷款的抵押物所在地必须是城中村、集镇所在地或“统规统建”农村新型社区；③居所证明。借款人在贷款时必须向银行提供“祖遗房”等第二居所证明，以保证农户的抵押房产处置变卖后仍有安居之地，更好地维护了农村社会的稳定；④授权处置。借款人在贷款时需与村委会签订《抵押农房处置委托书》。贷款若无法按时还贷，60 日内先由借款人自行处置农房；如果借款人处置不了，根据委托授权书由村委会进行处置，出售价款一部分用于归还银行贷款，一部分用于借款人的住房安置。但在现有政策条件下，村民的住房只能在同一个村的村民中流通。

农村个人住房贷款利率按基准利率上浮 30%，期限最长不超过 3 年，贷款金额不超过抵押房屋评估价的 50%，评估价格可以经过协商确定，也可以由第三方评估认定。如果通过沃土担保公司担保，可以将贷款额度提升至评估价的 100%。风险应对上，除了上述措施，对于不良贷款率设立 5% 的风险预警，5%~10% 内谨慎操作，超过 10% 立即停止办理该项业务。目前在沙县西郊、大洲、明洋山等地已经开展此项业务，效果较好，未出现不良贷款。沙县农村信用社农房抵押（担保）贷款开展情况详见表 11-18。

农村个人住房贷款的开展有利于农户改善居住条件，解决农户购房资金不足问题，使农户不会因购房而占用稀缺的生产性资金，间接地支持农户创业和提高农户生活水平，既有利于圆农民住房梦，又有利于为农户腾出资金用于发展生产。

但开展农村个人住房贷款仍然面临以下问题：①现行法律不予支持。《土地法》《担保法》和《物权法》都明确规定农村集体所有的土地使用权不能抵押。②传统的住房观念制约业务发展。农民对于自身住房非常重视，失去房屋意味着失去其在农村中的地位，非到迫不得已，不愿以住房来抵押贷款。③农民房屋处置变现难影响业务开展。依照集体土地所具有的特性，现阶段明确规定：“集体土地性质的农民安置房，通过村集体收回后，由村集体实行内部再分配。”这意味着，在现有政策条件下，村民的住房只能在同一个村的村民中流通，加上村民的宗族风俗、感情等原因，抵押房屋的处置变现工作较难开展。如果借款人赖账不还而又无法处置抵押物，联动效应立即影响同村其他借款人，甚至涉及其他乡镇，区域系统性风险极有可能发生。但不可否认，这一政策仍然对农村金融改革有借鉴意义。

从本质上讲，农村产权贷款及农村住房贷款实质上是以“农村产权资产化”为核心的贷款。由于产权界定受到现有政策的制约，因此就需要政府机构搭台，为资产化提供政策支持。通过资产化，农村产权被盘活，可在市场上进行流通，使得其可在一定程度上替代抵押品，能很好解决农村抵押品缺失问题，拓宽了抵押品范围，使得农民及新型农业经营主体可以获取抵（质）押贷款满足资金需求。

表 11–18　沙县农村信用社农房抵押（担保）贷款开展情况

信用社	××村管理委员会	是否召开村民代表大会	贷款笔数	贷款金额（万元）	备注
大洛	官昌村（农村住房按揭）	是	107	1483	担保
凤融	东山村（农村住房按揭）	是	358	4843	担保
西霞	北门村（农村住房按揭）	是	148	2011	担保
夏茂	儒元村（农村住房按揭）	是	4	78	担保
营业部	西山村（农村住房按揭）	是	338	5588	担保
凤融	东天岭	是	74	2125	抵押
高桥	明洋山新型社区	是	32	390	抵押
富口	白溪口	是	11	350	抵押
高砂社	高砂村	是	1	70	抵押
水南	水南	是	2	130	抵押
夏茂	东街村	是	6	220	抵押
夏茂	西街村	是	5	199	抵押
合计			1086	17487	

注：时间截至2015年8月15日。

（六）实现金融服务不出村

针对乡镇金融服务网点少，农村基础金融服务缺失问题，沙县开展“银店合作”和“银村共建”活动。农村居民日常基础金融需求主要是小额支付。政府根据农民自身需求，通过构建“一个小商铺＋一台电话 POS 机＋一根电话线”的模式，让广大农民在家门口就能实现转账、汇款、还款、缴费、余额查询和小额存取款。商铺方由于需要进行商品交易，通常会有较充分现金流；同时，商铺在日常经营中与村民建立了相对较好信用关系，这使得商铺拥有了提供金融服务的条件。通过电话 POS 机，商铺和银行对接，一些简单的储蓄卡、信用卡、缴费等小额现金业务在商铺即可完成。同时，三明农商行还开展了“金融服务车”下乡业务，农民在车上即可办理开卡等大部分非现金业务。这些业务虽无法涵盖银行所有业务，但却满足了村民基础金融需求。银行如贸然在偏远地区建立营业网点，不仅建设、管理成本极高，而且由于需求不足，可能造成金融资源的极大浪费。目前，全县 171 个建制村共聘请村级金融服务协管员 147 名、设立小额支付便民点 326 个和转账电话 574 台，实现了农村基础金融服务全覆盖，基本满足了农户日常生活所需金融服务需求。同时，政府支持农行建立“三农”金融服务工作室，成立专业流动客户组，搭建农村金融知识宣讲平台，进一步拓展农村金融服务范围和提升农村金融服务水平。使金融走入寻常百姓家中，共享金融改革红利。

三、改革成效及存在的问题

（一）改革成效

1. 农村信用体系建立起来，基本金融环境显著提升

通过建立农户的经济信用档案，大大降低了农户和金融机构之间的信息不对称现象。农村信用

体系的建立，使得沙县的其他金融创新能够得以深入开展，可以说，如果没有信用体系的建立，农村金融改革将寸步难行。沙县将信用和农民的切身利益紧密联系，贷款额、利率等均与信用等级挂构，同时将村民的共同利益与之结合，极大增强了村民信用意识。

2. 农村金融资源供给量明显增加，金融广度得到扩展

多元金融机构的引进与设立，大大增加了金融资源的供给。民间资本管理公司的成立，将民间资本充分利用起来，不仅满足了农民对金融资源的需求，而且规范了民间资本的运用、管理，促进民间借贷行为阳光化、合法化、规范化。3 年多来，农户贷款余额从改革前的 23.42 亿元，增长到 32.20 亿元，增长了 8.78 亿元，增长幅度达 37.49%。全县银行金融机构已达 10 家、营业网点 56 个，相比改革前增加了 3 家银行、4 个营业网点。成立了具有国有控股背景的沙县金森小额贷款公司，注册资本 2 亿元。在银根缩紧的环境下，公司已累计发放贷款 576 笔，共计 19.42 亿元。从近年数据（表 11-19）来看，全县金融机构的涉农贷款稳中有升，而且不良贷款率水平较低，风险处于可控范围。

表 11-19　2011—2013.6 沙县金融机构业务数据分析表

单位：万元

年份	存款余额	贷款余额	存贷余额差	存贷比	涉农贷款额	涉农贷款比	涉农不良贷款率
2011	471076	378460	92616	1.24	347323	0.92	0.0123
2012	574222	457990	116232	1.25	417184	0.91	0.0121
2013.6	635015	538666	96349	1.18	471418	0.86	0.0138

注：2011、2012年数据不包含金森小贷、三明农商行、渝农商村镇银行。其余金融机构为：沙县农商行、农行沙县支行、沙县邮储银行、金元小贷公司。存贷比、涉农贷款比结果保留两位小数，涉农不良贷款保留四位小数，计算方法为：涉农不良贷款额/总贷款额。

从表 11-19 数据中可以看到，改革两年，沙县金融机构存贷款余额、涉农贷款均呈现快速上升态势，存款余额 2012 年增加 21.9%，2013 年增长 10%，贷款余额在 2012 年增长 22.8%，2013 年增长 17.6%，涉农贷款 2012 年增加 20.1%，2013 年增长 13%。金融资源的供给量出现明显上升，涉农贷款额也有较大幅度的提高。从存贷关系上看，存款余额的增速明显要慢于贷款余额的增速，存贷比下降，有较大可能反映出改革实施以来，资金外流的速度减缓，农村地区对金融资源的吸引力有可能在加强，改革的成效已有所体现。从涉农不良贷款率看，涉农不良贷款占整体贷款额的 1.4% 以下，属于一个风险可控的范围，说明沙县政府在风险控制上取得比较理想的成绩。从农户申请贷款成功率数据来看（详见表 11-20），农户申请贷款成功比例较高，说明抵押品替代机制改革使得提高了农民贷款的成功率，贷款难度降低，金融资源的广度得到扩展，改革收到了一定成效。

表 11-20　申请贷款农户与获贷农户的情况分析表

单位：户，%

年份	申请户数	获贷户数	获贷比	申请户数占总户数比重	获贷户数占总户数比重
2011	33305	32106	96.40	66.10	63.72
2012	35399	34161	96.50	70.25	67.80
2013.6	35200	33964	96.50	69.86	67.41

注：2011、2012年数据不包含金森小贷、三明农商行、渝农商村镇银行。其余金融机构为：沙县农商行、农行沙县支行、沙县邮储银行、金元小贷公司。农户数按登记在册的信用档案数50387册计，结果保留两位小数。

3. 抵押品范围的扩大，一系列抵押品替代机制建立

抵押品不再是农民融资的“拦路虎”。农民融资难、融资贵的一个重要原因就是抵押品的缺失。抵押品缺失主要是源自农村产权的难以界定以及变现的困难。沙县政府通过划定产权，将农村种种要素资本化。同时，产权交易中心、专业性评估机构以及担保机构的介入，使得原来难以变现的林产、土地承包经营权得以通过专业化的运作得以变现。通过对农村住房的确权，以两证为抵押进行贷款，也是将房屋产权明确。同时创造了房产农户自行处理或在集体内部处理的可能性，提高了农村房产的变现能力，从而将这些物品及产权成功纳入抵押品的范围。另一方面，沙县开创性地利用“互助联保 + 信用”的形式开辟出了一套崭新的抵押品替代机制，这就是融资担保基金的设立。在申请担保基金贷款时，农民不需要提供任何抵押品，而潜在的“抵押品”是农民的信用和全村的共同利益。熟人社会中，村集体、互保小组对借款人的监督无处不在，同样违约带来的信用等级下降、全村贷款利率上浮的后果也对借款人有还款的激励。一旦发生违约，金融机构可以从担保基金中补偿损失，而违约农民的个人信用及在村集体中的名声会受到极大损害。这种无形而又特殊的关系成功替代了有形抵押品机制，带来农村融资新形式。总体来讲，沙县抓住了农村金融改革的机会，创新担保机制，将要素资本化，实行互助担保的合作金融，给农村经济发展注入了勃勃生机。

（二）存在的问题

1. 产权的颁证确认仍然存在法律风险

虽沙县在集体土地确权、个人住房确权上有了突破，但这是在国家试点基础上运行的，带有实验性、政策性。在目前法律下，这种确权方式仍存在违法风险。

2. 农村产权流动性依旧不足

农村产权资产化、产权交易中心的建立虽然使得农村产权的变现能力得到加强，但是从整个市场来看，可供变现的市场空间依然狭小。以农村住房贷款为例，由于受到集体产权的限制，其房屋只能在村集体内部交易变现，市场仍然狭小。因此，在资产变现上仍然需要得到加强，尤其要搭建和扩大农业资产的市场。

3. 更有效的风险化解机制仍然缺失

融资担保基金和政府担保资金事实上承担违约风险，金融机构实现了风险转移，而更有效的风险化解机制仍然缺失。沙县政府通过增加担保、加强资格审查、跟踪资金使用、设立违约高压线以及风险保障金的方式来防范风险。但是，融资担保基金的违约风险并没有消除，而是一种风险的转移。在传统的抵押贷款中，风险发生后，由风险带来的损失直接影响到的是银行等金融机构，金融机构将抵押品处置来填补损失。当大规模违约发生时，最先受到冲击的是金融机构。而在沙县模式下，风险发生后由担保基金来偿还，这样风险首先对基金造成冲击，进而再对金融机构造成冲击。当大规模违约发生时，就会从基金开始，自下而上产生系统性风险。虽然政府有风险保障金来作为风险屏障，并且通过增加基金份额及担保人数加强了对风险的承受能力，但当大规模风险发生时，风险保障金无法完全保证不会导致系统性金融风险的发生。虽然整个社会来抵御风险的能力强于单独的金融机构，但仍然要看到风险始终存在，并且这种自下而上的系统性风险一旦发生，危害性远远大于自上而下的系统性风险，因此在实践中仍然要加强对系统性金融风险的防范。

4. 金融覆盖面仍然不足，涉农贷款高风险依旧存在

从上文“金融机构业务分析表”中可以看到，涉农贷款的增加速度远低于贷款余额增速，并且

所占贷款额的比重呈现下降趋势。可见，在政策推广的过程中，贷款很可能更多地流向其他领域，流入农业领域的仍然不足。当然也不排除当地农业资金需求增长较低的可能，使得涉农贷款受到了当地农业资金需求的制约。

从申贷农户与获贷农户的情况分析表（见表 11-20），改革后，提出申请的户数占到总户数的 70% 左右，较改革初有所提升。但效果一般，农户对贷款的信心提升不够强烈，激发出的生产资金需求量并不明显。当然，有一部分原因是受制于信用等级，资信条件较好的户数（A 级及以上）占总户数 80.80%，剩余资信条件相对较差的可能申请量较少；也有可能是原本基数大，导致上升速度减慢。

从涉农不良贷款情况（详见表 11-21）来看，涉农贷款高风险依旧存在。沙县政府在金融改革过程中虽然秉持"制度先行，风险可控"的原则，但不可否认，涉农不良贷率仍然不低（注意，我们不能忽视金融机构通过转贷、续贷的方式减少账面上的不良资产这一情况）。同时还可以看到，涉农不良贷款在涉农贷款中的比例也比较大，风险存在聚集的可能，因此沙县的改革并没有彻底消除涉农贷款的高风险，对风险的防控还需进一步加强。

表 11-21　涉农不良贷款分析表

单位：万元，%

年份	不良涉农贷款	不良贷款	不良涉农贷款的比重	涉农不良贷款率
2011	4654	4661	99.85	13.39
2012	5547	5623	98.65	13.30
2013.6	7443	7676	96.96	15.79

注：2011年、2012年数据不包含金森小贷、三明农商行、渝农商村镇银行。其余金融机构为：沙县农商行、农行沙县支行、沙县邮储银行、金元小贷公司。此处涉农贷款率计算为：涉农不良贷款额/涉农贷款总额。结果均保留两位小数。

5. 信用体系维护成本与金融服务成本高

调研发现，信用体系建设与"金融服务不出村"项目的维护成本过高。如信用体系更新方面，由于农户的经济情况处于动态变化之中，其信用状况也处于动态变化中，如何实现动态更新，保证信用体系的可信性、时效性成为一个重要的问题。如果实时跟踪，跟踪成本、各部门协调成本高昂；如果定时更新，首先更新频度难以确定，再有就是调查同样成本过高。沙县政府表示，在初次建立信用档案的过程中，人力、财力都受到了巨大的考验。而目前最为准确、最具时效性的央行征信系统又与农村实际存在偏差，所以信用体系的维护是一个巨大问题。另一方面，农村基础金融服务建设过程中也出现了成本过高现象。电信服务商资费政策与银行定期维护方式推动了成本的上升，沙县政府曾试图与电信服务商达成合作意向，降低电信服务商在便民金融服务点的资费水平，但没有成功。加之银行自身的技术限制，成本短期内很难下降。

四、结论与政策启示

基于对沙县农村金融改革的调研，得出如下研究发现：政府可以通过丰富县域金融机构，构建农村信用评价体系，设立村级与行业性融资担保基金，搭建农村产权交易中心和开展宅基地使用权确权登记（推动农村要素资本化），引导金融机构铺设金融服务终端（实现金融服务不出村）等方式来提升农村金融市场竞争，减少借贷双方信息不对称，丰富抵押品替代机制，从而达到缓解农村信贷约束这一目的。从效果来看，样本县农村信用体系初步建立起来，基本金融环境显著提升，农村金融资源供给量明显增加，金融广度得到扩展，抵押品范围显著扩大，一系列抵押品替代机制得以建立。但样本县金融改革仍存在以下问题：产权的颁证确认仍存法律风险；农村产权流动性依旧不足；融资担保基金和政府担保资金事实上承担违约风险，金融机构实现了风险转移，而更有效的风险化解机制仍然缺失；金融覆盖面仍然不足，涉农贷款高风险依旧存在；信用体系维护成本与金融服务成本高。

此外，通过对沙县金融改革试点工作的分析也可以得出如下政策启示。

（一）提供强有力的政策支持

在要素资本化过程中，尤其是在土地及住房确权中，由于触及“敏感区”难度较大。为此沙县政府通过下发政策文件，坚决推动改革进行。在互助担保过程中，同样加大政策支持，在符合条件地区给予充分政策，放手创新，促成改革。

（二）合理的组织与强大的执行力

改革初期，由于涉及部门广，协调难度大，改革推进迟缓。后来在沙县政府的组织下，形成以“沙县金融改革办公室”为中心的改革领导小组，将各个职能部门统一于此，以便于协调，提升效率。在具体执行改革措施时，基层干部充分发挥积极性，各项措施的推进也较为迅速。

（三）政府对改革的定位要合理准确

在调研过程中，领导小组的成员多次强调“加强顶层设计”的重要性。沙县政府的改革以问题为导向，针对市场需求，结合产业发展要求，从实体经济角度出发，实行金融改革，使得改革既富有效率，又不浪费社会资源。沙县政府在改革中坚持“制度先行，风险可控”的原则，在实行每一项改革措施时，都将风险的防控摆在首位，在制度设立后由政府出资设立风险保障金，作为防范系统性风险发生的坚实屏障，坚决维护广大农民的利益。

（四）明确政府在改革中的定位

沙县政府在改革中更多在扮演“顶层设计者”的角色，通过下发政策、提供风险保障等方式，搭建平台，让专业金融机构“唱主角”，让市场的主体、专业性人才发挥作用，广集民意、广集民智，从市场中来，又回到市场中去。农村金融改革涉及面广，政策性、专业性强，不仅需要领导组织，而且需要很多部门的支持。所以政府部门要“给枪给子弹”，给很多政策支持，同时还要发挥新型经营主体的产业支持、市场支持。

第6节　我国政策性农业保险主体利益协同度分析

一、问题提出

我国政策性农业保险自2004年试点以来发展较为迅速，2009年农业保险已经基本覆盖全国所有省区，成为稳定农业生产的重要工具，2013年共实现保费收入306.7亿元，同比增长27.4%，为2.14亿农户次提供风险保障近1.4万亿元，为3367万户次提供赔偿208.6亿元，我国已成为全球第

二、亚洲第一的农业保险市场[1]，但是必须看到，在市场信息不完善的情况下，农业保险主体忽视整体利益，过度追求自身利益最大化往往产生道德风险和败德行为，这也是我国政策性农业保险运行效率低下、市场供需不足的深层次原因，这也可以说政策性农业保险主体利益不协同。各主体能否实现利益协同不仅关系到农业保险政策的绩效评价，也会影响该政策的顺利实施，而如何实现这一目标也引起了广大学者和政策制定者的关注。当前该方面研究成果日益丰富且主要集中于两个方面，一是通过博弈论方法分析农业保险主体利益路径选择问题，认为在农业保险实施过程中各主体为追求自身利益进行相互博弈，政府出局情况下，参保群体和保险公司双方利益不可能同时出现最优，政府介入情况下，政府补贴可以实现三方利益的均衡。二是根据农业保险主体或行为特征分析三方利益最优选择的可能性，主要认为参保者尤其是农户具有脆弱性和高风险性，亟须农业保险的保障，而保险公司以追求利润最大化为首要原则，农业保险的高赔偿率和高成本往往导致保险公司利润损失，因此供给意愿不强，而政府为保障社会利益必须要实施农业保险，最终政府提供农业保险财政补贴实现三方利益协同。

当前研究强调了参保者参保、保险公司投保前提下政府财政支持在主体利益协同中的作用，这具有一定合理性，对协调各主体利益和促进政策性农业保险发展具有较强的政策启示，但由于大部分研究以定性分析为主，缺乏数据和有效的实证检验，进而可能忽略了两个问题：第一，在政府财政支持的现实背景下，目前农业保险主体利益是否实现了协同，该如何度量和评价？第二，孤立地分析政策性农业保险各主体利益不符合现实和理论需求，那么该如何系统研究农业保险主体利益协同问题？事实上，随着各主体联系日益紧密，可将政府、保险公司和参保者利益作为一个整体系统来进行研究，而针对开放系统各子系统利益度量和研究问题，可以应用协同学理论，该方法已经比较成熟。协同学兴起于20世纪70年代，由德国物理学家H. 哈肯教授提出，该学科主要研究开放系统通过内部各要素、各系统协调合作并形成有序结构的规律和机制，主要有两层含义：一是系统中的各要素、各系统的协调合作；二是系统内部各子系统由杂乱无序到协调一致引起系统质变，系统从一种无序状态到达另一种相对稳定状态。当前该学科在物理、化学、计算机、军事、社会学和经济学等领域得到了广泛应用，在农业保险领域，相关研究还比较少，国外学者 Mirrless、Grossman.s.、Hart、John Dunacan 开始运用协同学理论对保险学中不对称问题进行分析，国内学者更多地运用协同学理论研究企业管理、区域经济、产业经济、供应链演化等方面。2013年开始运用协同学理论分析我国保险—经济系统演化协调的内在过程和规律，认为系统的持续演化有利于经济的可持续发展。黄亚林、李明贤2014年对我国2004—2011年政策性农业保险系统各主体利益进行了评价，认为各主体利益一定时期内关联度不强，处于低有序发展状态，但文章在模型选取序参量上，存在一些问题。本文将在以前学者研究的基础上，借鉴协同学理论，构建协同度（SAR）模型分析2004—2014年我国政策性农业保险主体利益协同问题。

二、理论分析与模型构建

（一）理论分析

协同学原理基本原理和主要思想是序参量、伺服原理和自组织能力：在系统临界过程中，系统

[1] 数据来源于2014年《中国农业保险市场需求调查报告》。

参数按照衰减快慢可分为快变量和慢变量，衰减速度慢或几乎不衰减的变量是序参量，它可以描述系统宏观有序程度，反映新结构的形成。序参量形成以后，可以支配其他子系统，这就形成了伺服过程。协同学研究系统由无序状态到有序状态的演化，各系统的协同作用也是系统的自组织能力。政策性农业保险系统分为政府、保险公司和农户三个子系统[1]，根据伺服原理，政策性农业保险系统运行如图 11-5 所示。涨落表示系统宏观量的瞬时值偏离了平均值而出现的起伏，是系统有序发展的动力，农业保险实施过程中产生“涨落”，政府投入政策、资金来加以引导和控制，农业保险公司和农户把政府投入进行分配，相互协作，最终保障政策的顺利实施，尤其是实现农户利益。政策实施结果由市场进行反馈，与输入进行比较，进而影响政策制定。

政策性农业保险系统是一个开放的系统，政府、保险公司和农户等各子系统通过非线性的相互关系，使子系统相互协调，共同发展，最终使整个系统在宏观上有序，达到农业保险保障农户收入，稳定农业生产的目的。在系统运行过程中，各子系统需有明确的定位和分工。

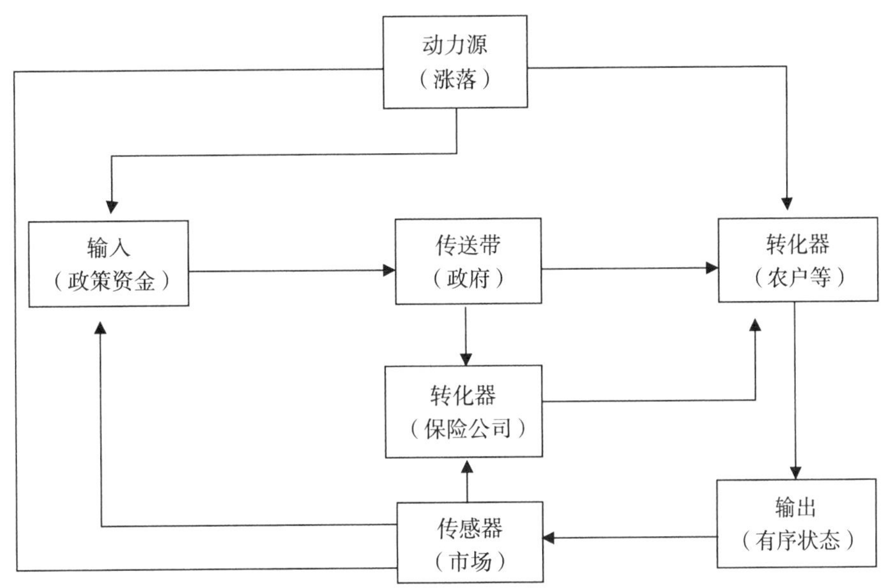

图 11-5 政策性农业保险系统运行过程

1. 政府的定位和分工

政府包括中央政府和地方政府，本文主要讨论中央政府。农业保险是国家支持农业发展的重要手段，属于世贸组织允许的“绿箱政策”，对农业生产和农业经济发展有重要作用。由于农业保险的外部性和准公共品特性及农业保险赔付率高等因素，农业保险实施面临“供需双冷”局面，这就需要中央政府的政策和资金等支持。中央政府主要体现政策导向性，提供政策设计和资金保障，引导农业保险从无序走向有序。农业保险推广中会产生许多“涨落”，中央政府需合理处置。在推广农业保险政策的同时，应加大财政补贴，减少农户成本支出，弥补保险公司亏损。对农业保险政策实施加大监管力度，提高补贴资金使用效率，杜绝政策实施过程中“损农”“坑农”现象。另外，根据农业保险市场反馈结果，借鉴国外农业保险政策实施的先进经验，不断创新农业保险制度，增加农业保险品种，进一步完善我国农业保险政策。

[1] 其实政府可以分为中央政府和地方政府，二者利益也存在差距，另外参保者不仅包括农户，还包括一些农业组织和团体，考虑到数据可得性，本文将政策性农业保险主体主要划分为政府（中央）、保险公司和农户三部分。

2. 保险公司的定位与分工

保险公司是农业保险市场的供给者，其主要目的在于提高农业保险市场占有率，增加企业收入。在财政补贴支持下，保险公司作为系统中的“转化器”，应严格贯彻落实中央、地方关于农业保险的各项政策，合理的输出给农户。在市场上提供符合农户需求的保险品种，扩大投保范围；合理收取保费，降低农户准入门槛，提高保费额和服务水平，减少增加农户投保率；依法推广农业保险，保障农户和国家利益。保险公司在系统中所处的地位对促进系统有序发展至关重要。

3. 农户的定位与分工

农户是农业保险市场的需求者，也是农业保险政策的最终承担者，其主要目的是通过参保，降低自身农业经营风险，稳定收入。在政府和保险公司的推广下，农户承担着“转化器”的最终作用，把各种输入转化为有序的输出，进而影响着政府下一步的政策制定。总体上，农民在系统中主要定位有：①诉求输出。针对农业保险制度设计、理赔过程、保险标的等内容都可以有合理诉求，并通过市场反馈。②抑制道德风险。遵守政府和保险公司的有关规定，合理投保。③协作共赢。与保险公司相互协作，共同推动农业保险政策协调发展。

4. 政府、保险公司与农户的协同方式

协同方式主要包括并行协同、串行协同和混合协同三种方式。本文认为农业保险实施过程中，保险公司和农户是保险市场的主要参与者，虽然政府支持对农业保险发展至关重要，但在市场经济中，应主要起引导和辅助作用，因此本文采用混合协同方式，即保险公司主体和农户主体处于平等状态，政府一方处于辅助地位。协同方式如图 11-6 所示。

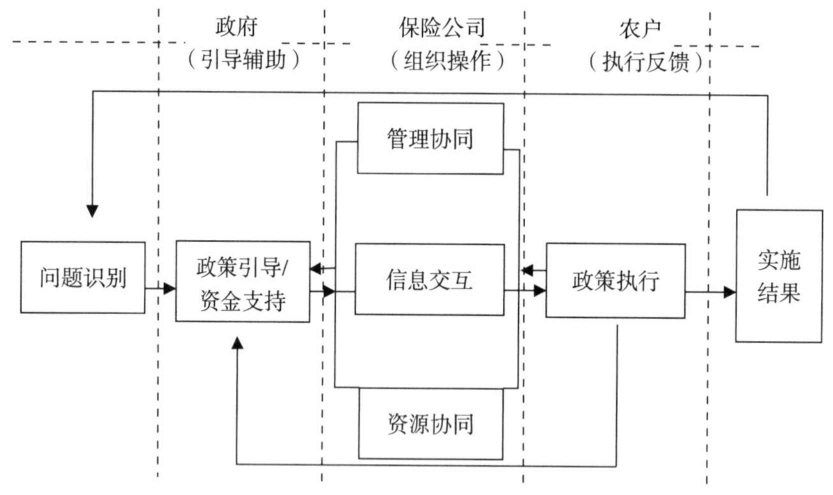

图 11-6 政策性农业保险系统协同方式

（二）模型构建

孟庆松、韩文秀在协同学理论的基础上，构建了复合系统的协同度模型。复合系统是由不同属性的各子系统及各要素相互协调、相互作用形成的，求整体目标最优化和各系统最终的和谐一致，政策性农业保险系统是由不同属性的各子系统相互支持、相互配合构成的复合系统，因此可以利用复合系统模型建立政策性农业保险主体利益协同度模型，农业保险主体利益协同度模型可以定义为农业保险系统各子系统和谐一致、相互配合的程度。借鉴孟庆松、韩文秀等人方法，数学表达式如下。

（1）政策性农业保险系统。

设复合系统$S=\{S_1,S_2,\cdots,S_j\}$，j=1，2，…，k，（11.6.1）

S_j表示复合系统S的第j个子系统，S_1、S_2、S_3分别表示政府子系统、保险公司子系统、农户子系统的状态参量，而$S_j=\{s_{j1},s_{j2},\cdots,s_{jk}\}$，$s_{jk}$表示$S_j$的序参量，理解为子系统$S_j$的运行状态。假定n ≥ 2，$\beta_{jk}\leqslant s_{jk}\leqslant\alpha_{jk}$，$k\in[1, n]$。那么称$\beta_{jk}$为序参量的下限值，而$\alpha_{jk}$为序参量的上限值，假设描述运行状态指标有正向指标和负向指标，那么存在两种情况：当其运行状态指标为正向指标时，其取值越大，则表示子系统有序程度越高；当运行状态指标为负向指标时，取值越小，则表示子系统有序程度越高。模型合理的关键在于序参量上下极限值的选取和系统各指标的选取，可以根据数据的可获得性和系统实际情况来确定。

（2）子系统有序度模型。假设存在正向指标集$\overline{p}$和负向指标集$\overline{q}$，那么序参量s_{jk}的有序度表示为：

$$f_j(\mathrm{s}_{jk})=\begin{cases}\dfrac{\mathrm{s}_{jk}-\beta_{jk}}{\alpha_{jk}-\beta_{jk}} & \mathrm{s}_{jk}\in\overline{p}\\[2ex] \dfrac{\alpha_{jk}-\mathrm{s}_{jk}}{\alpha_{jk}-\beta_{jk}} & \mathrm{s}_{jk}\in\overline{q}\end{cases}\tag{11.6.2}$$

从公式（11.6.2）可以看出$f_j(\mathrm{s}_{jk})$取值范围为[0，1]，值越接近1，说明序参量对子系统有序“贡献”就越大。另外，序参量对子系统有序程度的贡献可以通过$f_j(\mathrm{s}_{jk})$来完成，系统总体目标的实现取决于序参量数值的大小和它们的组合形式，由序参量的组合形式可以表示$f_j(\mathrm{s}_{jk})$的集成，即可以通过几何平均法求子系统的有序度。

$$f_j(\mathrm{s}_\mathrm{j})=\sqrt[n]{\prod_{j=1}^{\mathrm{n}}f_j(\mathrm{s}_{jk})}\tag{11.6.3}$$

公式（11.6.3）表示，$f_j(\mathrm{s}_j)$越大时，s_{jk}对系统有序“贡献”越大，系统有序度也就越高，反之，$f_j(\mathrm{s}_j)$越小时，s_{jk}对系统有序度作用就越小，系统有序度就越低。

（11.6.3）政策性农业保险主体利益协同度模型。根据公式（5.2.3），假设在特定时刻t_0，政策性农业保险子系统有序度为$f_j^{t_0}(\mathrm{s}_j)$，在农业保险发展演化过程中的特定时刻t_j，政策性农业保险子系统有序度为$f_j^{t_j}(\mathrm{s}_j)$，那么可以定义政策性农业保险各主体利益协同度（SAR，Synergy of Agent Revenues）模型为：

$$SAR=\theta\sqrt[n]{\left|\prod_{j=1}^{n}[f_j^{t_j}(\mathrm{s}_j)-f_j^{t_0}(\mathrm{s}_j)]\right|}\tag{11.6.4}$$

$$\text{其中}\ \theta=\frac{\min\limits_j[f_j^{t_j}(\mathrm{s}_j)-f_j^{t_0}(\mathrm{s}_j)\neq 0]}{\left|\min\limits_j[f_j^{t_j}(\mathrm{s}_j)-f_j^{t_0}(\mathrm{s}_j)\neq 0]\right|}\quad \mathrm{j}=1,2,3;\tag{11.6.5}$$

公式（11.6.4）可以看出：

（1）SAR取值范围为[-1，1]，取值越接近于1，系统整体上协同度越高，取值越小于1，系统整体上协同度越低。

（2）$f_j^{t_j}(s_j) - f_j^{t_0}(s_j)$ 表示子系统 f_j 在时间段 [t_0，t_j] 内系统有序度的变化幅度，在 $f_j^{t_j}(s_j) - f_j^{t_0}(s_j) > 0$ 时，系统协同度为正。

（3）如果系统在 t_j 时刻呈现无序状态，那么政策性农业保险主体利益系统度取值范围在 [-1，0]。

三、模型分析

（一）政策性农业保险各主体序参量确定

实际应用中，各子系统序参量通常选择对子系统有重要影响或者起决定性作用的指标，并且坚持具有可操作性、数据可量化和评价数量不宜过多的原则。政府推广政策性农业保险目的是缓解农业风险，保障农民收入和农业生产稳定，因此我们选取财政补贴、家庭农业收入和保险品种产量等指标[1]，农业保险公司参与农业保险以获取利润为主要目的，指标可以选择农业保险保费收入、农业受灾赔偿支出、农业保险深度和宽度等，农户参与农业保险以预期收益为目的，指标可以包括农业保费支出、农业受灾损失、农业受灾赔付率等。

本文共选取 13 项指标作为政策性农业保险各主体利益的序参量，其中保险品种产量指标主要选择了水稻、小麦、棉花和猪肉定基增长速度等指标，水稻、小麦、棉花、猪肉产量在我国农业生产中比重大，且纳入投保时间长，具有一定的代表性，本文中家庭农业收入是家庭农、林、牧、副、渔收入总和，同样选取了其定基增长速度为指标。虽然指标选取的多少可能会使模型结果存在一定的偏差，但是各主体利益主要指标的确定会保证结果不会偏离太多。各指标及其属性描述如表 11-22 所示。

表 11-22　政策性农业保险主体利益序参量及属性描述

子系统	序参量	标记	说明	属性
政府子系统	财政补贴	x_{11}	政府对农业保险的补贴金额，单位：亿元	负向指标
	家庭农业收入定基增长速度	x_{12}	反映家庭农业收入增长速度，单位：%	正向指标
	水稻定基增长速度	x_{13}	反映水稻产量增长速度，单位：%	正向指标
	小麦定基增长速度	x_{14}	反映小麦产量增长速度，单位%	正向指标
	棉花定基增长速度	x_{15}	反映棉花产量增长速度，单位：%	正向指标
	猪肉定基增长速度	x_{16}	反映猪肉产量增长速度，单位：%	正向指标
保险公司子系统	农业赔偿支出	x_{21}	农业受损，保险公司进行赔付，单位：百万元	负向指标
	农业保费收入	x_{22}	主要是农户所交保费和政府财政补贴等，单位：百万元	正向指标
	农业保险宽度	x_{23}	农业保费收入/农业人口，单位：元/人	正向指标
	农业保险深度	x_{24}	农业保费收入/农业总产值，单位：%	正向指标

[1] 尽管当前农业保险对作物生产、农民收入是否有显著影响仍存在争议，但在理论上有显著影响是成立的，实证分析的不成立恰恰说明了农业保险主体利益的不协同。

续表

子系统	序参量	标记	说明	属性
农户子系统	农户所交保费	x_{31}	农户投保费用，单位：万元	负向指标
	农业受灾损失	x_{32}	用农业成灾面积表示，单位：千公顷	负向指标
	农业受灾赔付	x_{33}	受灾赔偿/农业成灾面积，单位：%	正向指标

（二）数据整理

我国政策性农业保险从 2004 年开始推广，本文以 2004—2014 年我国政策性农业保险实施情况为研究对象分析农业保险主体利益协同度，数据主要来源于《2015 年中国保险年鉴》《2015 年中国统计年鉴》和《2015 年中国农业年鉴》，对部分数据做了整理。

1. 政府子系统序参量原始数据

其中定基增长速度 = t 年产量 / 基期产量 ×100%，本文以 2004 年水稻、小麦、棉花和猪肉产量及家庭农业收入作为基期产量，在家庭农业收入统计时，首先消除了通货膨胀影响。统计数据见表 11-23。

2. 农业保险公司子系统序参量

农业保险公司序参量指标农业广度 = 农业保费 / 收入农业人口，表示一个国家或者地区农业保险的普及程度和发展程度，农业保险深度 = 农业保费收入 / 农业总产值，表示经济发展中农业保险发展不断加强和深化的过程。统计数据如表 11-24 所示：

表 11–23 政府子系统序参量原始数据

年份	财政补贴[1]（亿元）	家庭农业收入定基增长速度（%）	水稻定基增长速度（%）	小麦定基增长速度（%）	棉花定基增长速度（%）	猪肉定基增长速度（%）
2004	0	100.00	100.00	100.00	100.00	100. 00
2005	0	102.86	100.84	105.97	90.35	96.89
2006	0	104.90	101.47	113.61	119.12	98.91
2007	21.5	114.17	103.88	118.86	120.56	91.20
2008	78.44	119.53	107.15	122.31	118.47	98.28
2009	99.7	122.50	108.94	125.19	100.84	104.02
2010	101.5	132.68	109.31	125.26	94.26	107.86
2011	131.3	141.65	112.24	127.68	104.19	107.47
2012	182.72	149.29	114.07	131.62	108.16	113.47
2013	234.95	135.25	113.69	132.6	99.78	116.83
2014	250.7	142.63	115.27	137.22	97.41	120.62

注：数据来源于《2015中国统计年鉴》《2015中国农村统计年鉴》《2015中国保险年鉴》等。

[1] 2004年政策性农业保险开始试点，主要是在九个试点省区推广地方政府补贴为主的农业保险政策，因此本文将2004—2006年财政补贴假定为0。

表 11-24　农业保险公司子系统序参量

年份	农业赔偿支出（亿元）	农业保费收入（亿元）	农业人口（万人）	农业保险广度（元/人）	农业保险深度（%）
2004	2.81	3.77	75705	0.53	0.02
2005	5.67	7.29	74544	0.94	0.03
2006	5.91	8.49	73160	1.09	0.03
2007	32.8	51.8	71496	7.46	0.19
2008	70	110.65	70399	15.72	0.33
2009	101.9	133.91	68938	19.43	0.38
2010	100.6	135.68	67113	20.22	0.34
2011	89	173.80	65656	26.47	0.37
2012	142.2	240.60	64222	37.46	0.46
2013	208.6	306.7	62961	48.71	0.54
2014	214.6	325.7	61866	52.65	0.56

注：数据来源于《2015中国统计年鉴》《2015中国农村统计年鉴》《2015中国保险年鉴》等。

3. 农户子系统序参量

根据 2007—2012 年《财政部关于印发〈中央财政农业保险保费补贴试点管理办法〉的通知》及 2008 年《财政部关于印发〈中央财政养殖业报喜那保费补贴管理办法〉的通知》等政策相关规定，农户种植业所交保费比例为 20%~30%，养殖业保费比例为 20% 左右，为方便计算，本文统一规定农户所交保费比例为 25%。统计数据如表 11-25 所示：

表 11-25　农户子系统序参量

年份	农业保费收入（亿元）	农户所交保费（亿元）	农业受灾损失（千公顷）	农业赔偿收入（亿元）	农业受灾赔付率（元/公顷）
2004	3.77	1.01	16297	2.81	17.24
2005	7.29	1.74	19966	5.67	28.4
2006	8.49	2.00	24632	5.91	23.99
2007	51.8	13.34	25064	32.8	130.87
2008	110.65	27.66	22283	70	314.15
2009	133.91	33.48	21234	101.9	479.89
2010	135.68	33.92	18538	100.6	542.67
2011	173.80	43.45	12441	89	715.38
2012	240.60	60.15	11475	142.2	1239.22
2013	306.7	76.68	14303	208.6	1457.44
2014	325.7	81.43	13000	214.6	1650.77

注：数据来源于《2015中国统计年鉴》《2015中国农村统计年鉴》《2015中国保险年鉴》，并做了计算。

（三）模型结果

序参量指标应根据数据的可得性来选取，指标上限值参照指标未来预测值或者标准值，下限值从历史数据中选择。本文采用时间序列预测方法和曲线拟合方法估计了指标 2018 年值作为上限值。模型结果如下：

$f_j(s_{jk})$ 和 $f_j(s_j)$ 取值范围为［0，1］，值越大对系统有序度“贡献”越大，从表 11-26、表 11-27 和图 11-7 可以得出：

表 11–26　序参量有序度

年份	$f_1(x_{11})$	$f_1(x_{12})$	$f_1(x_{13})$	$f_1(x_{14})$	$f_1(x_{15})$	$f_1(x_{16})$	$f_2(x_{21})$	$f_2(x_{22})$	$f_2(x_{23})$	$f_2(x_{24})$	$f_3(x_{31})$	$f_3(x_{32})$	$f_3(x_{33})$
2004	1.00	0.14	0.30	0.16	0.32	0.26	1.00	0.001	0.0004	0.01	1.00	0.62	0.00
2005	1.00	0.18	0.33	0.26	0.01	0.18	0.99	0.01	0.0058	0.03	0.99	0.36	0.01
2006	1.00	0.20	0.35	0.39	0.94	0.23	0.99	0.01	0.0077	0.03	0.99	0.03	0.004
2007	0.93	0.33	0.42	0.47	0.99	0.03	0.88	0.13	0.0911	0.23	0.88	0.003	0.05
2008	0.76	0.40	0.52	0.53	0.92	0.21	0.73	0.28	0.1992	0.41	0.75	0.20	0.12
2009	0.70	0.45	0.58	0.58	0.35	0.36	0.60	0.34	0.2477	0.47	0.69	0.27	0.18
2010	0.69	0.58	0.59	0.58	0.14	0.46	0.61	0.35	0.2581	0.42	0.69	0.47	0.21
2011	0.60	0.71	0.68	0.62	0.46	0.45	0.65	0.45	0.3399	0.46	0.60	0.90	0.28
2012	0.45	0.81	0.73	0.68	0.59	0.61	0.44	0.62	0.4837	0.58	0.44	0.97	0.48
2013	0.48	0.62	0.72	0.70	0.32	0.69	0.50	0.60	0.6309	0.68	0.29	0.77	0.57
2014	0.45	0.72	0.77	0.77	0.24	0.79	0.55	065	0.6825	0.69	0.24	0.86	0.64

注：结果由表11-23，表11-24，表11-25计算所得。

表 11–27　子系统有序度

年份	$f_1(x_1)$	$f_2(x_2)$	$f_3(x_3)$
2004	0.29	0.01	0.08
2005	0.18	0.03	0.12
2006	0.43	0.04	0.05
2007	0.35	0.22	0.05
2008	0.51	0.36	0.26
2009	0.49	0.39	0.33
2010	0.45	0.39	0.41
2011	0.58	0.46	0.53
2012	0.63	0.53	0.59
2013	0.52	0.49	0.50
2014	0.52	0.50	0.51

注：结果由表11-26计算所得。

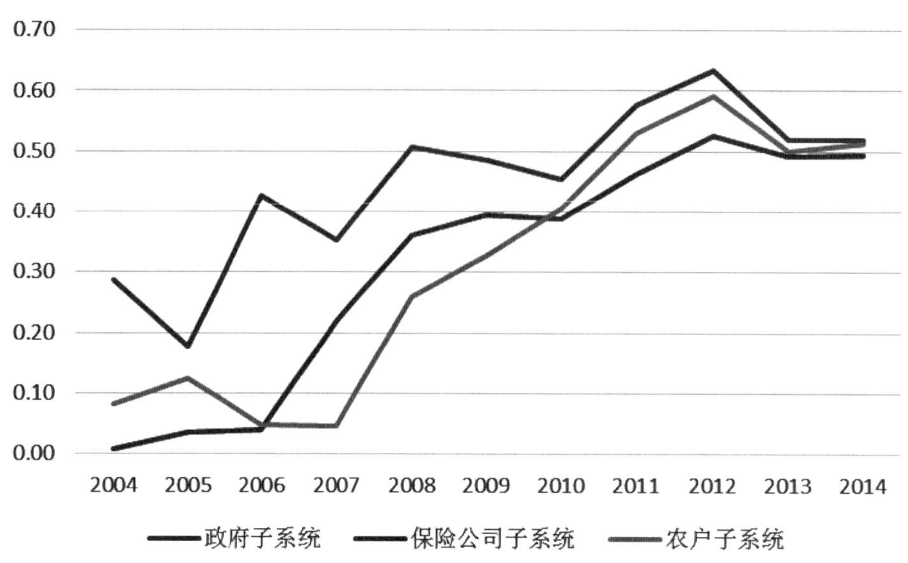

图 11–7　子系统有序度曲线图

1. 农业保险各子系统有序度总体上呈上升趋势，但发展有差异

具体表现为：

第一，政府子系统有序度在 2005 年以后上升趋势明显，2012 年达到最大值。说明农业保险补贴一定程度上满足了政府稳定农户收入和农业生产尤其是种植业生产的要求，从表 11-26 可以看出，家庭农业收入定基增长速度、小麦定基增长速度、水稻定基增长速度与农业保险补贴呈正相关。而财政补贴、棉花定基增长速度 f1(x15)、生猪定基增长速度 f1(x16) 增长速度不明显，财政补贴、棉花和生猪保险效率不高等问题。

第二，实施政策性农业保险后，农业保险公司子系统有序度增长加快，在 2006 年以后，这种趋势较明显，但总体发展速度远低于政府子系统和农户子系统。财政补贴增加了保险公司保费收入，2007 年以后，保险公司各序参量发展较有序，但农业保险支出、农业保险宽度和深度等指标仍处于较低水平。当前农业保险公司保费收入和赔偿额度较低，补偿作用小，农业保险功能不能有效地体现出来。

第三，农户子系统有序度从 2007 年以后发展较迅速，农户所交保费和农业受灾损失等指标向更有序状态发展，但是农户受灾损失较大，而农业保险赔率太低，不能满足农户需求，最终从总体上降低了农户子系统有序度。

2. 农业保险各子系统有序度值仍然较小，农业保险仍处于低水平发展状态。各子系统有序度值越接近 1，系统就越有序，从表 11-27 可以看出，农业保险各子系统有序度值仍然较小，这说明农业保险各主体仍处于竞争无序状态，在农业保险实施过程中，各主体协调性、配合性差。各子系统有序度都超过了 0.5，但值并不高，可以认为农业保险并没有完全发挥其作用，另外包括农业保险深度和密度指标的农业保险公司子系统有序度发展最为缓慢，成为农业保险系统有序度的“短板”，最终可能拉低系统主体利益协同度。

以 2004 年为基准，根据公式（11.6.4）、公式（11.6.5）求出农业保险主体利益协同度，见表 11-28。

表 11-28 农业保险主体利益协同度

年份	2004	2005	2006	2007	2008	2009	2010	2011	2012	2013	2014
SAR	0.00	0.050	0.053	0.078	0.239	0.265	0.274	0.389	0.450	0.361	0.365

注：根据公式（11.6.4）和公式（11.6..5）求得。

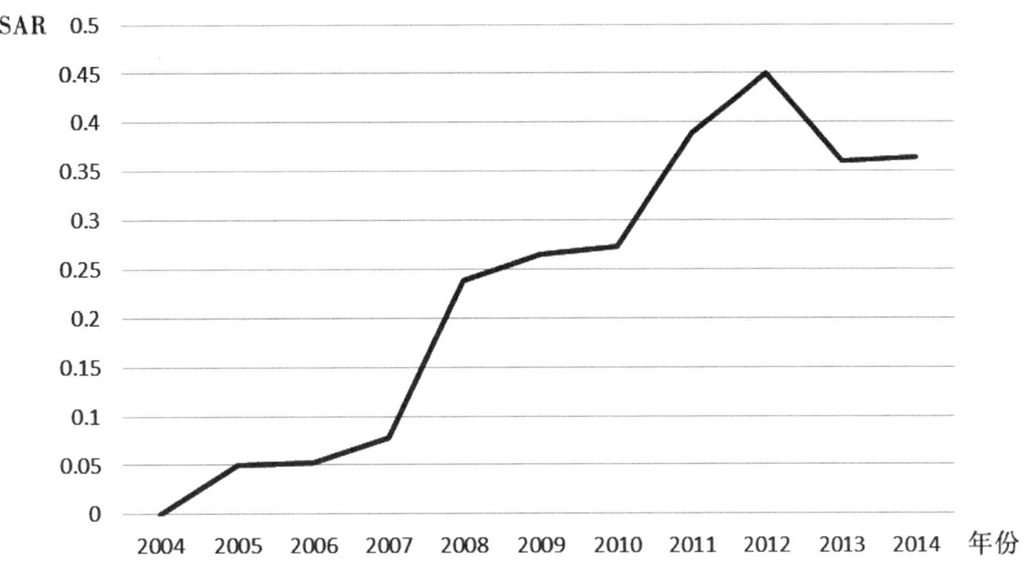

图 11-8 农业保险主体利益协同度曲线图

由表 11-28 和图 11-8 可以看出，当前我国农业保险主体利益协同度呈上升趋势，尤其是在 2007 年以后，发展速度明显加快（由 2006 年的 0.053 上升为 2007 年的 0.078），但是系统主体利益协同度仍然很低，2012 年协同度达到最大值，为 0.45，2014 年协同度仅有 0.365，表明农业保险各主体相互协调、相互配合性差，农业保险系统仍处于混沌状态，各子系统未能实现系统从一种无序状态到达另一种相对稳定状态的转变，这会阻碍农业保险政策的进一步发展。

四、结论与政策含义

通过建立 SAR 模型度量我国政策性农业保险主体利益协同度，本文认为尽管当前我国政策性农业保险主体利益协同度呈上升趋势，但是协同度非常低，各子系统协调程度差。主要体现在三个方面，第一，政府加大农业保险财政补贴一定程度上实现了稳定农业生产和农户收入的目标，但是存在补贴种类补贴效率不高等问题。第二，实施农业保险财政补贴，农业保险公司子系统有序度上升明显，保费收入增加，但是农业保险宽度和深度仍然较小，这使得农业保险公司子系统有序度发展最为缓慢。第三，政策性农业保险增加了农户投保积极性，降低了农户受灾损失，但是农户受灾赔偿率低，不能满足农户需求。根据本文主要结论，结合我国政策性农业保险发展实际情况，所提政策建议如下。

第一，坚持农业保险财政补贴，提高补贴效率。财政补贴对实现农业保险系统有序发展有促进作用，政府应坚持推广政策性农业保险制度，提供政策引导和资金支持，推动农业保险市场正常运行。设立农业保险监管机构，引入绩效考核，专家评估等制度，对农业保险政策各环节进行引导和监督。出台操作性强的政策法规，依法协调农业保险供需方的利益纠纷，提高政策性农业保险实施效率。通过农业保险市场反馈结果，借鉴国内外先进经验，创新农业保险政策。

第二，扩大保障范围，提高农业保险投保率。农业保险公司在遵守相关政策的前提下，因地制宜，创新农业保险产品，以适应农户不同时期的目标需求，增加农户投保积极性和保费收入。合理设计政策性农业保险合同，降低农户准入门槛，优化合同条款，保障双方利益。采用承包到户和理赔到户的“双到户”模式，加大农业受灾赔偿标准，提高保险服务水平。引入智能系统实现保险公司和农户信息的双向透明，降低道德风险和逆向选择。

第三，增加投保热情，积极反馈市场结果。政策性农业保险有利于缓解农业受灾风险、稳定农户收入，农户应转变思想观念，了解农业保险政策，减少农业保险排斥，增加投保积极性。在投保过程中，遵守合同规定，减少道德风险——多重投保和骗保等行为。同时，合理运用合同法规，有效参与和监督农业保险公司政策实施。针对骗取财政保费补贴、强制农户投保等违规行为以及农业保险政策实施结果，要有效表达自身诉求，以推动农业保险政策的进一步完善，保障自身利益。

参考文献:

[1] 鲍旺虎，谭晶荣. 赊欠经营——农业企业作为信用中介的研究［J］. 财贸研究，2005(6): 28-34.

[2] 初春. 基于协同学视角下的保险经济长期发展研究［J］. 统计决策，2013(20): 168-170.

[3] 陈冬冬. 农户信任关系及其演化：基于农业供应链的研究［J］. 商业研究，2010(4): 83-87.

[4] 邓衡山，徐志刚，黄季焜，宋一青. 组织化潜在利润对农民专业合作组织形成发展的影响［J］. 经济学(季刊)，2011(4): 1515-1532.

[5] 邓衡山，徐志刚，柳海燕. 中国农民专业合作经济组织发展现状及制约因素分析——基于全国 7 省 760 个村的大样本调查［J］. 现代经济探讨，2010(8): 55-59.

[6] 冯玉华，张文方. 土地金融与农村经济发展［J］. 农业经济问题，1996(5): 40-43.

[7] 国鲁来. 农民合作组织发展的促进政策分析［J］. 中国农村经济，2006(6): 4-11+37.

[8] 郭红东，陈敏，韩树春. 农民专业合作社正规信贷可得性及其影响因素分析——基于浙江省农民专业合作社的调查［J］. 中国农村经济，2011(7): 25-33.

[9] 郭红东. 农业龙头企业与农户订单安排及履约机制研究［M］. 北京：中国农业出版社，2005.

[10] 郭红东. 我国农户参与订单农业行为的影响因素分析［J］. 中国农村经济，2005(3): 24-32..

[11] 韩俊. 加快构建普惠农村金融体系研究［J］. 中国农村信用合作，2008(12): 21-23.

[12] 黄季焜，邓衡山，徐志刚. 中国农民专业合作经济组织的服务功能及其影响因素［J］. 管理世界，2010(5): 75-81.

[13] 黄亚林. 政策性农业保险各主体利益协同研究［M］. 北京：中国金融出版社，2014.

[14] 黄祖辉，徐旭初，冯冠胜. 农民专业合作组织发展的影响因素分析——对浙江省农民专业合作组织发展现状的探讨［J］. 中国农村经济，2002(3): 13-21.

[15] 黄祖辉，高钰玲. 农民专业合作社服务功能的实现程度及其影响因素［J］. 中国农村经济，2012(7): 4-16.

[16] 黄祖辉. 中国农民合作组织发展的若干理论与实践问题［J］. 中国农村经济，2008(11): 4-7+26.

[17] 黄英君，李江艳. 农业巨灾保险行为主体博弈分析及对策研究［J］. 探索，2014(1): 101-104.

[18] 黄晓伟，何明生. 供应链资源协同程度测度模型的构建与应用［J］. 哈尔滨工业大学学报(社会科学

版), 2010, 12(1): 110-115.

[19] 黄亚林 , 李明贤 . 基于协同度提高的政策性农业保险问题研究［ J ］. 保险研究，2014(1): 29-39.

[20] 何广文 . 中国农村金融供求特征及均衡供求的路径选择［ J ］. 中国农村经济，2001(10): 40-45.

[21] 何广文 . 农民专业合作社金融服务模式探析［ J ］. 中国农村信用合作 , 2009(3): 26-28.

[22] 何安华 , 孔祥智 , 王舒婷 . 市场壁垒、制度性激励与合作社成长——红顺农民专业合作社案例研究［ J ］. 中国软科学 , 2012(3): 60-68.

[23] 惠献波 . 农村土地抵押融资实践模式的探索及路径选择——基于农地金融试点的实证观察［ J ］. 西南金融 , 2014(3): 66-71.

[24] 姜俊臣 , 乔丽娟 , 杜英娜 . 农业保险中主体行为的博弈分析［ J ］. 安徽农业科学 , 2007(9): 2747-2749.

[25] 孔祥智 , 张小林 , 庞晓鹏 . 陕、宁、川农民合作经济组织的作用及制约因素调查［ J ］. 经济理论与经济管理 , 2005(6): 52-57.

[26] 孔刘柳 . 商业银行的信贷合约设计与中小企业信贷问题［ J ］. 上海理工大学学报 , 2000(3): 239-242.

[27] 吕献荣 . 制约农民合作经济组织发展的瓶颈及对策分析［ J ］. 生产力研究 , 2006(12): 52-53.

[28] 李明 . 试析农业保险三方困境的破解［ J ］. 农村财政与财务 , 2007(1): 24-26.

[29] 龙文军 . 农业保险行为主体互动研究［ D ］. 武汉：华中农业大学 , 2003.

[30] 刘妍 . 江苏省政策性农业保险“联办共保”模式探讨——基于政府，保险公司与农户的行为分析［ J ］. 农村经济与科技 , 2010, 21(8): 73-76.

[31] 刘成玉 , 杨琦 . 对农村土地流转几个理论问题的认识［ J ］. 农业经济问题 , 2010(10): 48-52.

[32] 刘中杰 . 论我国农村融资担保法律制度的改革与创新［ J ］. 农业经济问题 , 2013(1): 27-33+110.

[33] 兰虹 , 陆松新 , 徐红 . 从经济机制的视角看成都农村土地抵押贷款［ J ］. 西部经济管理论坛 , 2014(2): 3-7.

[34] 卢昆 , 马九杰 . 农户参与订单农业的行为选择与决定因素实证研究［ J ］. 农业技术经济 , 2010(9): 10-17.

[35] 楼栋 , 高强 , 孔祥智 . 价值链整合与农民专业合作社竞争力提升——基于 138 家农民专业合作社的调查［ J ］. 江西农业大学学报 (社会科学版), 2013(1):12-20.

[36] 孟庆松 , 韩文秀 . 复合系统协调度模型研究［ J ］. 天津大学学报 , 2007, 33(4): 444-446.

[37] 马九杰 . 订单农业与价值链金融：贸易和信贷互联的交易制度及其影响［ M ］. 北京：中国农业出版社 , 2013.

[38] 马九杰 , 张永升 , 佘春来 . 基于订单农业发展的农业供应链金融创新策略与案例分析［ J ］. 中国农村金融，2011(7): 11-17.

[39] 戎承法 , 楼栋 . 专业合作基础上发展资金互助的效果及其影响因素分析——基于九省 68 家开展资金互助业务的农民专业合作社的调查［ J ］. 农业经济问题 , 2011(10): 89-95+112.

[40] 谭智心 , 孔祥智 . 不完全契约、内部监督与合作社中小社员激励——合作社内部“搭便车”行为分析及其政策含义［ J ］. 中国农村经济 , 2012(7): 17-28.

[41] 温铁军 , 姜柏林 . 把合作金融还给农民——重构“服务三农的农村金融体系”的建议［ J ］. 农村金融研究 , 2007(1): 43-44.

[42] 王曙光 , 邓一婷 . 民间金融扩张的内在机理、演进路径与未来趋势研究［ J ］. 金融研究 , 2007(6): 69-79.

[43] 王曙光 , 王丹莉 . 土地资本化与农村金融创新机遇［ J ］. 银行家 , 2014(4): 110-111.

［44］王铁．建立农村土地银行的战略构想［J］．管理世界，2008(11): 176-177.

［45］王彦，唐汇龙．政策性农业保险中各方博弈关系分析［J］．保险职业学院学报，2010, 24(5): 62-64.

［46］吴好，梅伟伟．协同学视阈下的乡村治理模式研究——基于乡镇政府与农民组织关系的探析［J］．经济与管理研究，2010(3): 20-25.

［47］吴晨．不同模式的农民合作社效率比较分析——基于2012年粤皖两省440个样本农户的调查［J］．农业经济问题，2013(3): 79-86.

［48］谢平．中国农村信用合作社体制改革的争论［J］．金融研究，2001(1): 1-13.

［49］夏英，宋彦峰，濮梦琪．以农民专业合作社为基础的资金互助制度分析［J］．农业经济问题，2010(4): 29-33+110.

［50］徐旭初，吴彬．治理机制对农民专业合作社绩效的影响——基于浙江省526家农民专业合作社的实证分析［J］．中国农村经济，2010(5): 43-55.

［51］徐健，汪旭晖．订单农业及其组织模式对农户收入影响的实证分析［J］．中国农村经济，2009(4): 39-47.

［52］杨新华．农业保险的利益主体联动及其运行机制［J］．重庆社会科学，2010(6): 56-60.

［53］张世花，吴春宝．政策性农业保险：政府，保险公司与农民的博弈分析［J］．重庆理工大学学报(社会科学)，2010, 24(7): 56-59.

［54］张倩倩，陈盛伟．政策支持下的农业保险参与主体行为特征分析［J］．山东农业大学学报(社会科学版)，2012(4): 19-24+117.

［55］张晓山，罗远信，国鲁来．两种组织资源的碰撞与对接——四川射洪棉花协会的案例研究［J］．中国农村经济，2001(4): 17-23.

［56］张晓山．农民专业合作社的发展趋势探析［J］．管理世界，2009(5): 89-96.

［57］赵翠萍．农业企业参与小麦订单影响因素的实证分析［J］．经济经纬，2008(6): 132-136.

［58］臧波，杨庆媛，周滔．国外农村土地证券化研究现状、前景及启示［J］．中国土地科学，2012(10): 23-28.

［59］赵枫．我国农业保险供求主体有效合作模式的思考［J］．中国渔业经济，2013(5): 38-44.

［60］钟真，程瑶瑶．奶农专业合作社的农业社会化服务功能研究［J］．农业经济与管理，2013(4): 12-20.

［61］周延，王瑞玲，田青．我国政策性农业保险主体有效合作的博弈分析［J］．西南金融，2010(4): 62-66.

［62］周立．农村金融市场四大问题及其演化逻辑［J］．财贸经济，2007(2): 56-63+128-129.

［63］Armendariz B., J. Morduch. Rethinking Banking［J］. The Economics of Microfinance, 2010.

［64］Bruce D Smith, Michael J Stutzer. Adverse selection and mutuality: The case of the farm credit system［J］. The Journal of Finance, 1990.

［65］Banerjee A V, Besley T, Guinnane TW. The neighbor's keeper: the design of a credit cooperative with theory and a test［J］. Quarterly Journal, 1994.

［66］Braverman A., J. L. Guasch. Rural Credit Markets and Institutions in Developing Countries: Lessons for Policy Analysis from Practice and Modern Theory［J］. World Development, 1986(14).

［67］Fries R., B. Akin. Value chains and their significance for addressing the rural finance challenge. 2004.

［68］Grossman S., Hart. An Analysis of The Principal-agent Problem［J］. Econometirc Society, 1999.

［69］Jan P. Krahnen, Reinhard H. Schmidt. On the theory of credit cooperatives: equity and onlending in a multi-tier system—a concept paper［Z］. 1995.

［70］John Duncan, Robert J. Myers. Crop Insurance under Catastrophic Risk［J］. American Journal of Agricultural Economics, 2010.

［71］Hoff Karla, Joseph E Stiglitz. Introduction:Imperfect Information and Rural Credit Markets: Puzzles and Policy Perspectives［J］. The World Bank Economic Review, 1990.

［72］Huppi Monika, Gershon Feder. The Role of Group and Credit Cooperative in Rural Lending［J］. The World Band Research Observer, 1990.

［73］PEARCE. Contract farming, small holders and rural development in Latin America: The organization of agroprocessing firms and the scale of orrtgrower production［J］. World Development, 2003.

［74］Reardon T., B. Minten, K. Chen. The Quiet Revolution in Staple Food Value Chains in Asia: Enter the Dragon，the Elephant，and the Tiger［R］. Asian Development Bank, 2012.

［75］Stiglitz, Joseph E. Peer Monitoring and Credit Markets［J］. The World Bank Economic Review, 1990.

［76］Simmons Phil. Overview of Smallholder Contract Farming in Developing Countries［Z］. 2003.

［77］Minten B. K., A. S Murshid, T. Reardon. The Quiet Revolution in Agri-food Value Chains in Asia: The Case of Increasing Quality in Rice Markets in Bangladesh［Z］. 2011.

［78］Mc Cullough E. B., Pingali P. L., Stamoulis K. G. The Transformation of Agri-Food Systems: Globalization［J］. Supply Chains and Smallholder Farmers, 2008.

［79］Mirrless J. A. The Optimal Structure of Incentive and Authority Within an Organization Bell［J］. Journal of Economics, 1976.

［80］Watson A. Financing Farmers: the Reform of the Rural Credit Cooperative and Provision of Financial Services to Farmers［M］. Asia Pacific Press, 2003.

第12章　现代农村商品流通体系建设

“洪范八政，食为政首。”吃饭问题是治国安邦的头等大事。而《尚书·洪范》所称“八政”中，“一曰食，二曰货”，包括农产品在内的商品流通是我国古人治国理政关注的又一件大事。在当前商品生产已经比较丰富的情况下，农村电子商务迅速崛起，农业供给侧改革正在深入推进，一二三产业深度融合，如何更高效地促进农户与市场对接，建设现代农村商品流通体系也就成了重要课题。正因如此，政府在现代农村商品流通体系建设方面先后出台一系列政策，规范、促进农村商品流通。

第1节　现代农村商品流通体系的内涵及特点

一、农村商品流通体系的内涵

现代农村商品流通体系，就是在农产品、农业生产资料、农村消费品和再生资源产品等垂直流通系统内，商品价格传导与物理流通的系统。现代农村商品流通政策针对的是农村商品流通过程。

农村商品流通主要分为两个维度，一是价格信号在消费者和生产者之间的传导；二是商品在生产者和消费者之间的物理传输。后者又可进一步分为三个维度，即在时间、空间和形态的传输，意味着消费者可以在非农民收获、销售的时间，在不同于农民销售的地点，获得农民初级销售产品的其他形态如进一步加工过的农产品，同时也意味着农业生产者可以不必自行生产农业生产资料，从而获得生产资料的过程。

二、农村商品流通体系的特点

农村商品物理传输的三个维度各有特性，涵盖了农村商品物理传输的各种活动。时间维度上，主要涉及季节性与年度存储活动。存储的成本主要包括存货资金的利息成本、随着时间增长的产品质量与数量损失、存储设备的折旧等。存储的风险也就在于存货的未来增值未必能弥补存储成本。

空间维度上，农村商品流通空间大，风险高。商品流通主要涉及从产地到最终消费地的运输活动。运输的距离和成本与产地的盈余短缺水平、产品特性有关。同样地，运输的风险也在于产地与目的地的价格差距是否能弥补运输成本。当出现基础设施建设滞后、燃油短缺、产品运输限制等困难时，运输的风险就会更大。

形态维度上，农村商品流通形式多样，成本高。农村商品流通的形式是主要生产者与消费者之间的所有物理变化，不仅包括直接加工，也涵盖初加工、分类、标签、包装、装罐、再加工等工艺。随着人们收入水平提高，消费者对形态维度的多样性需求越来越大。也正因为如此，商品形态流通的成本与边际收益在不同产品间变动很大。农村商品流通产品多样，形式变化多端，导致成本较高。

价差维度上，农村商品流通环节多，差价大。农村商品在生产者销售价格与消费者购买价格的差距可称为运销价差。在时间、空间、形态上流通的价差难以区分，更多以垂直销售系统或流通渠道来衡量价差，也就形成从农资生产者到农户，再到加工业、批发商、零售商与出口的垂直流通系统。由于农村商品流通环节较多，导致农村流通成本较高。

第 2 节　我国农村商品流通体系的历史沿革

新中国成立之初，为了快速实现工业化，建立比较完整的工业化体系，国家维持了农产品的低价格，以积累初始工业资本。为了维持农产品不符合市场的低价格，国家建立起没有自主权的微观经营体制[1]，垄断农产品和农资流通，实施高度集中的统购统销制度，建立不平衡的工农产品比较关系，这种情况一直延续到了 1978 年之后。[2] 自从 20 世纪 70 年代末开始，家庭承包经营开始在全国范围内推行，同时国家提高了农产品收购价格，逐步放开农产品和农资的价格与购销。在此之后，我国农村商品流通政策大致经历了三到四个阶段的发展，形成基本市场化的农村商品流通体制。

一、粮食流通体系建设

第一阶段是 1978—1984 年，粮食流通的逐步搞活阶段。1979 年尽管维持了粮食统购统销政策，但大幅提高了粮食收购价格，从 1979 年夏粮上市起提高 20%，超购部分在新的统购价格基础上加 50%（之前是 20%）。[3] 部分产品允许议购议销和自由购销，逐步缩小农产品统派购的范围，并在 1982 年，明确实行“粮食征购、销售、调拨包干一定三年”的粮食管理办法。但该阶段仍强调以计划经济为主，市场调节为辅的方针。

【专栏 1】1978—1984 年，农业产值提高的源泉

农民收入得到大幅改善，包干到户也使种粮积极性提高，粮食产量在之后几年较快提高，供求关系缓解，为之后的统购统销政策改革打下经济基础。其中，家庭承包制度改革对农业产值提高的贡献率达到 42%，收购价提高则为 15%，如图 12-1[4]。实际上，在常规趋势与未解释的部分当中，还包括化肥等农资的广泛使用。

---

[1] 蔡昉, 林毅夫（2003）：传统经济体制的三个组成部分，即扭曲价格的宏观政策环境、高度集中的资源计划配置制度与缺乏自主权的微观经营体制。

[2] 林毅夫, 蔡昉, 李周. 中国的奇迹：发展战略与经济改革（增订版）[M]. 上海：上海三联书店, 上海人民出版社, 1999: 28-66.

[3] 张晓涛等. 大国粮食问题：中国粮食政策演变与食品安全监管 [M]. 北京：经济管理出版社, 2009: 80.

[4] 林毅夫. 中国农村改革与农业增长 [M]. 上海：上海三联书店, 上海人民出版社, 1994.

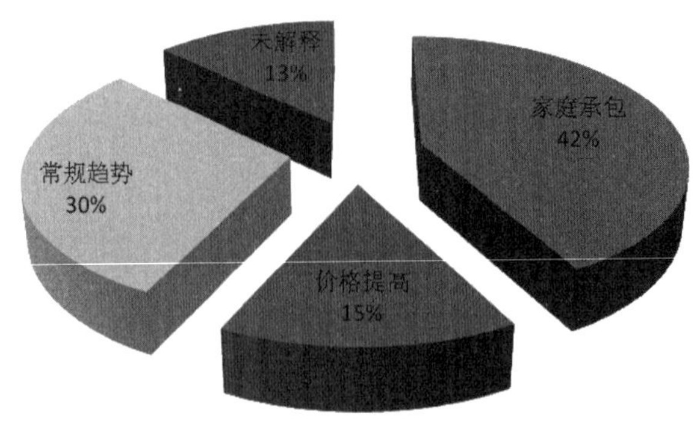

图 12-1　1979—1984 年农业产值提高的源泉

资料来源：林毅夫. 中国农村改革与农业增长［M］. 上海：上海三联书店, 上海人民出版社, 1994.

第二阶段，1985—1997 年，反复市场化阶段。农村统购、超购价格的上升，和城市统销价格的固定，引起购销价格差异扩大，加上粮食产量的大幅增加，造成了国家沉重的财政负担。1985 年国家要求以合同定购制度代替统购制度，定购的粮食国家按"倒三七"比例计价，即三成按统购价，七成按原超购价，而且放开流通渠道，允许订购以外的粮食自由上市，保护农民的利益。但粮食减产造成粮价回升，国家财政无力提高订购价，而重新赋予合同定购以"国家任务"的性质，并提出了"逐步缩小合同定购数量，扩大市场议购"的方针，形成粮食购销的"双轨制"。但过高的财政负担又促成了"减购、压销、提价、放开"的粮食购销体制改革。1992 年实现购销同价，到 1993 年底，放开粮食购销价格的县（市）占到了 98%。相应地，城镇居民口粮定量办法也被打破，结束了粮食统购统销体制。从 1994 年起，国家定购的粮食全部实行"保量放价"，建立国家对粮食的保护价制度，并相应建立粮食风险基金和储备体系。为保障合理的种植结构，从 1995 年开始实行粮食地区"米袋子"省长负责制。

第三阶段，1998—2003 年，市场化攻坚阶段。由于粮食购销体制问题和国有粮食部门的效率低下、资金运营混乱情况，1992—1997 年粮食系统亏损挂账高达 2140 亿元，令财政背上了沉重的负担。因此 1998 年国务院提出，贯彻"四分开、一完善"原则，要求实施"三项政策、一项改革"为主要内容的政策措施，加快国有粮食企业自身改革。并成立中国储备粮管理总公司，负责中央储备粮的调运、轮换、仓储管理和粮食的进出口。2001 年确定"放开销区、保护产区、省长负责、加强调控"的粮改思路。加入世贸后为履行入世承诺并保障国内生产，我国自 2002 年 4 月 1 日对铁路运输的稻谷、小米、大米、小麦粉、玉米、大豆等实行铁路建设基金全额免征，批准对大米、小麦和玉米实行零增值税税率政策，并且出口免征销项税。同年，试行对粮食主产区种粮农民的直接补贴政策。

第四阶段，2004—2014 年，市场起基础性作用阶段。从 2004 年开始，国家全面放开粮食收购与销售市场，实行购销多渠道经营。并加快国有粮食购销企业改革步伐，转变企业经营机制，完善粮食现货和期货市场，严禁地区封锁，搞好产销区协作，优化储备布局，加强粮食市场管理和宏观调控。自此，我国进入了供求决定粮价、市场配置粮源的新时期。而粮食保护价收购制度逐步调整为最低收购价制度，农业支持补贴制度发展为"粮食直补、良种补贴、农机具购置补贴，农资综合直补"四大补贴体系，有力促进农民种粮积极性。

第五阶段，2014 年至今，市场机制新一轮改革。国家于 2014 年取消大豆的临时收储政策，改为目标价格政策。2014 年至今，小麦和中晚稻的最低收购价维持在 2013 年的水平上，早稻价格于 2016 年年初小幅降低，基本终止了最低收购价只升不降的政策制定模式。2016 年年初，国家还决定取消玉米的临时收储政策，改为“市场化收购 + 生产者补贴”的模式。

二、棉花流通体系建设

第一阶段，1978—1984 年，棉花流通在统购统销下试探改革阶段。从 1979 年开始，国家将棉花收购价格提高了 15.2%，对超够部分再加 30%，对华北棉区在收购价格基础上再补贴 5%。[1] 并缩小棉花的收购范围，从全额收购到定基数收购，即根据其计划前若干年（一般为 3 年）的平均产量收购，并按照一定的勾留比例，对超购部分予以奖励。此外，又对棉花、糖粮专项用粮进行了奖售粮的规定，絮棉由凭票供应改为敞开供应，允许等外棉上市交易。到 1984 年出现棉花大丰收，国家储备棉花大幅度增加，国家财力难以承受，政策改革的压力加大，已经到了不得不改的地步。

第二阶段，1985—1997 年，棉花流通体制松动阶段。1985 年中央取消棉花统购，改为合同定购。但由于同年棉花生产下滑，国家连续 3 年逐渐严格棉花的计划管理，规定在全国棉花合同定购任务完成前，不开放棉花市场，由供销合作社统一收购、统一经营。实际上直至 1995 年，仍坚持“不放开市场、不放开价格、不放开经营”，其间只适当提高棉花收购价格。直到 1996 年，出台了棉花市场交易制度，即以棉花市场交易形式，搞活棉花销售环节，保留原有的棉花收购政策，使棉花流通体制改革终于走出了关键的一步。

第三阶段，1998—2014 年，市场配置起基础性作用阶段。在棉花产量连续多年供大于求下，从 1999 年起，放开棉花购销价格，拓宽流通渠道。政府主要做好市场准入资格的审定和强化棉花质量管理，从 2000 年起在全国开展棉花打假专项行动，维护棉花市场的正常秩序。2001 年进一步深化改革，要求采取“一放、二分、三加强，走产业化经营路子”方式[2]，彻底结束计划经济，走向市场化。2002 年起改革供销社，发展棉花企业，组建中储棉公司作为国家宏观调控的载体。并在 2007 年提出棉花的良种补贴政策。

第四阶段，2014 年至今，价格形成机制市场化改革阶段。随着国内外棉价倒挂加剧和国家收储政策的连续亏损，2014 年国家取消了棉花临时收储政策，改为在新疆地区实施目标价格政策。新疆大部分地区将按交售量对棉农进行补贴。此后，国家综合考虑棉花市场供求、生产成本收益等因素，制定棉花目标价格，以价差补贴给棉农。

三、鲜活农产品流通体系建设

第一阶段，1978—1984 年，鲜活农产品稳步市场化阶段。1978 年对蔬菜实行城郊生产并就地供应的原则，蔬菜产销仍以统购包销为主。1979 年后作为逐步开放的补充措施，农村的农贸集市相继恢复，市场交易情况得到了空前的活跃，改变了国营蔬菜公司垄断蔬菜市场流通的局面。而且大幅提高肉、禽蛋、水产类产品统购与销售价格，除鲜蛋外实行派购与议购相结合的购销政策。中央要

[1] Sicular T. Agricultural Planning and Pricing in the Post-Mao Period [J]. The China Quarterly. 1988(116): 671-705.

[2] 即放开棉花收购，实行社企分开、棉花储备与经营分开，加强和改进对棉花市场的宏观调控，兼顾棉农和纺织企业的利益，加强棉花市场管理和质量监督，加强棉花信贷资金管理，“以市场为导向，实施科技兴棉，发展订单农业，培育棉农合作组织，积极推进产业化经营”。

求搞活商品流通，调整购销政策，打破城乡分割和地区封锁，广辟流通渠道。要求尽量放活鲜活产品，减少环节，组织产区、销区直接流通。

第二阶段，1985—1997 年，进一步市场化阶段。1985 年开始开放蔬菜的经营与价格，国营蔬菜公司仅对主要品种采取"定购包销"的方式。同时，在大城市和主产地开始建立蔬菜批发市场，出现大范围长距离的广域流通。1997 年年底，我国农副产品批发市场发展到约 4000 家，初步形成以中心批发市场为核心，连接生产基地和零售市场的稳定的"菜篮子"市场体系。[1] 肉类产品的流通自 1985 年进入"双轨制"阶段，直到 1992 年完全放开。肉、禽蛋、水产品这些农副产品成为我国最早放开市场流通的农产品。

第三阶段，1998 年至今，保证质量安全，深度市场化阶段。继续坚持以批发市场为中心的"菜篮子"产品市场体系建设，切实解决乱设卡、乱收费问题，在产销区之间建立起畅通无阻的"绿色通道"，并进一步实施"三绿工程"。[2] 此外，积极扶植发展产业化经营龙头企业，扩大和完善农产品市场信息系统，规范和完善农产品期货市场。除注重数量外，更加注重农产品质量、卫生与安全，加快实施无公害食品行动计划，进一步加强农产品质量安全管理。

四、农资流通体系建设

第一阶段，1978—1984 年，零星调整阶段。1979 年的 1 号文件指出，农机、化肥、农药、农用塑料等农用工业品，在降低成本的基础上降低出厂价和销售价，在 1979—1980 年内降低 10%~15%，把降低成本的好处基本让给农民。但国家计划调拨的生产资料不允许议价。

第二阶段，1985—1997 年，体制松动阶段。1985 年，随着其他商品"双轨制"的实施，国家对化肥也开始实施了计划内与计划外的"价格双轨制"。1986 年，化肥与柴油等生产资料与订购合同挂钩。为维护农资市场政策秩序，市场主体先放开后收紧，尤其是化肥、农药的经营仅限于农业生产资料公司和各级供销合作社、农业技术推广部门和农垦直供垦区、肥料和农药生产企业三条渠道，并要求有效控制农业生产资料价格，逐步缩小"剪刀差"。

第三阶段，1998 年至今，市场化阶段。1998 年提出，改革农业生产资料流通体制，并从化肥开始，取消国产化肥指令性生产计划和统配收购计划，由市场形成价格。并于次年规范农药生产经营。种子也于 2006 年完全市场化，种子公司开始了"政企分开"和产权改革。此外，加强农资流通监管力度，严厉打击农资造假行为，发展农资连锁经营。且在 2007 年，对农民实施农资补贴。这阶段，总的政策目标是保证货源充足、价格基本稳定，保障农民生产资料的使用。

五、农村消费品流通体系

第一阶段，供销合作社专营农村消费品市场。在 20 世纪 80 年代前，供销社完全垄断了几亿中国农民的生活用品和生产资料，1978 年改革开放以后，国家逐渐取消商品统购统销政策，计划和票证逐渐退出经济领域，供销社的经营规模和经济效益逐渐下降。在此阶段，农村消费品市场几乎成为剪刀差的一个重要工具。

第二阶段，多元化市场主体阶段。供销社逐步丧失优势地位，超市、农家店、个体户等迅速崛

[1] 菜篮子工程［EB/OL］. http://www.cctv.com/lm/797/-1/54219.html, 2013-09-02.

[2] "三绿工程"指提倡绿色消费，培育绿色市场，开辟绿色通道。

起，成为农村消费品市场的主力。随着我国向市场经济体制转型，农村市场逐步繁荣，打破了国有企业“一家独大”的局面，越来越多的流通主体进入农村市场，如私营、民营、外资等。据商务部统计，2014 年农村消费品市场门店达到 72 万家。

第三阶段，实体市场与虚拟市场结合阶段。以连锁经营、电子商务、物流配送为主的现代农村消费品流通方式发展迅速。农村互联网的普及率直线上升，2014 年达到 28.8%。增长速度较快，较 2007 年上升了近四倍。

第 3 节　现代农村商品流通体系的现状及问题

一、农村商品流通体系的现状

改革开放以来，我国农村商品流通产业无论在规模、速度还是经济效益及社会贡献等方面都出现了较好的发展态势，农村居民消费水平不断提高，消费结构不断改善，成为拉动内需，促进经济增长的一个重要因素。但随着农村流通结构调整的深度和广度不断加大，从所有制结构、行业结构、业态结构到组织结构、网点结构都经历了翻天覆地的变化，在“去组织化”的过程中，传统的国有垄断和高度集权的体制机制已不复存在，但这一进程中微观上以资本追求利润最大化的改革又导致了新的问题出现，流通网络现代化程度低、流通成本高、流通渠道混乱，特别是部分农村流通主体还存在盲目布点、盲目扩张的情况，流通网络布局缺乏规划依据，存在较大的主观随意性，流通网络结构不合理，网络经营效率比较低，造成农村流通成本较高、农村消费环境不佳等问题，制约着农民消费水平的提升。

（一）我国农村商品流通总量大、种类多

2016 年，我国城镇消费品零售额 285814 亿元，比上年增长 10.4%；乡村消费品零售额 46503 亿元，增长 10.9%。2015 年我国乡村消费品零售额占全国比重增长至 13.99%。我国是农产品的生产、流通、消费大国，据统计，2016 年我国粮食产量 63.09 万吨，2016 年我国农产品进出口额为 1875.6 亿美元。具体见表 12-1。

表 12-1　2010—2015 年我国乡村社会消费品零售额统计表

单位：亿元

年份	城市	乡村
2010	136123	20875
2011	156908.3	24317.5
2012	179318	27849
2013	202462	31918
2014	226368	36027
2015	258999	41932
2016	285814	46503

资料来源：国家统计局，中国经济社会发展统计公报。

（二）农村商品流通主体多元化、形式多样化

30多年市场化改革真正搞活了农产品流通经济，经营主体多元化发展，带来流通形式的多样化。目前，以农村经纪人和运销队伍为主体的经纪、贩运流通形式，以龙头企业为组织形式的加工贸易型流通形式，以农产品批发市场为核心的市场带动性流通形式，以专业合作组织为载体的合作型流通形式，以连锁超市为龙头的生产基地及联合采购型流通形式等，极大地促进了农产品流通市场的发展。[1]到2014年年末，农产品经纪人队伍约有600多万人，各级供销合作社领办的农产品流通经纪人协会1511个，供销系统组织农民兴办的各类专业合作社114326个，比上年增加20835个；其中，农产品类99435个，农业生产资料类5113个，入社农户1238.1万户。各级政府和省以上有关部门认定的农业产业化龙头企业2422个，共带动农户1746.4万户，帮助农民实现收入683亿元。全系统连锁企业6732家；拥有配送中心12397个；发展连锁、配送网点105.5万个。其中，农业生产资料连锁经营企业2484家；配送中心6318个；连锁、配送网点37.3万个，其中，县及县以下网点36.5万个。[2]而据商务部统计，截至2015年8月，“农超对接”在农产品流通中的占比已达15%，超过1000家连锁企业与约1.6万个农民合作社实现对接。[3]

（三）全国性流通网络基本形成

交通基础设施建设发展迅速，特别是农村公路与硬化路建设。“绿色通道”覆盖面增加。据交通运输部统计，仅2014年一年，全国就减免了鲜活农产品运输车辆通行费248.4亿元，占通行费减免总额的52.4%，[4]在鼓励鲜活农产品流通方面发挥了积极作用，为新时期农村改革发展创造了良好的政策环境。目前国内上市农产品期货品种已有15个，占商品期货市场的一半。农产品期货市场也充分完善起来。2015年全国大宗农产品期货市场成交量超过7.73亿手[5]，成交额接近31.71万亿元，已成为全球第二大农产品期货市场。[6]

（四）流通设施升级改造取得巨大成就

近年来，我国农村商品流通设施不断改进。以批发市场为例，近年来农产品批发市场数量增长快，投资规模大，成交额大，充分发挥了市场集散功能。截至2015年，我国共有农产品批发市场4469家，年交易额亿元以上的达1790家，成交额2.5万亿元；全国有各类农贸市场2.7万个，其中综合性市场占82%，专业市场占18%；全国通过批发市场交易占总量的70%以上，各种集贸市场占近20%，超市、电子商务、农社对接等新型流通方式约占10%。[7]2016年，全国农产品批发市场经销商数明显提升，销售额超亿元的经销商数同比增长15.3%；0.5亿~1亿元的经销商数同比增长

---

[1] 张红宇, 赵长保编. 中国农业政策的基本框架［M］. 北京：中国财政经济出版社, 2009: 136.

[2] 中国供销合作网. 全国供销合作社系统2014年基本情况统计公报［EB/OL］. http://www.chinacoop.gov.cn/HTML/2015/02/26/99203.html.

[3] 商务部. 全国农产品市场体系发展规划（2015—2020）［R］. 2015-8-31.

[4] 交通运输部. 2014年全国收费公路统计公报［EB/OL］. http://www.moc.gov.cn/zfxxgk/bnssj/glj/201506/t20150630_1841938.html.

[5] 大连商品交易所的黄大豆1号、黄大豆2号、玉米、豆粕、棕榈油、豆油，郑州商品交易所的棉花、菜籽油、早籼稻、白糖、强麦.

[6] 郭凡礼, 马遥等. 2013—2017年中国农产品期货市场投资分析及前景预测报告［NL/OL］. http://www.ocn.com.cn/reports/2009950nongchanpinqihuo.htm, 2013.

[7] 农业部. 关于印发《全国农产品产地市场发展纲要》的通知（农市发〔2015〕2号）［Z］. 2015-5-22.

22.9%；0.1 亿~0.5 亿元的经销商数同比增长 24.2%。2016 年全国农产品批发市场交易额达 4.7 万亿元，交易量达 8.5 亿吨。据农业部市场与经济信息司报告数据显示，截至 2013 年，农产品专业批发市场 1019 个，其中，粮油 103 个，肉禽蛋市场 134 个、水产品市场 150 个、蔬菜市场 312、干鲜果品市场 137 个[1]。

（五）农村商品流通质量安全水平进一步提高

政府高度关注农村商品流通质量安全水平。2015 年 11 月 24 日，国家工商总局（现国家市场监督管理总局）公布 2015 年农村商品质量专项整治行动情况。在为期 3 个月的专项行动中，各地工商、市场监管部门运用大数据分析等信息化手段，查处案件 11108 件，案值 9575.96 万元，为消费者挽回经济损失 5137.4 万元。经过不懈努力，我国农村商品质量安全总体上得到了保障。以农产品为例，2015 年全年，农业部农产品质量安全例行监测显示，总体合格率为 97.1%。其中，蔬菜、水果、茶叶、畜禽产品和水产品例行监测合格率分别为 96.1%、95.6%、97.6%、99.4% 和 95.5%，农产品质量安全水平继续保持稳定。“十二五”期间，蔬菜、畜禽产品和水产品例行监测合格率分别上升 3.0、0.3 和 4.2 个百分点，均为历史最好水平[2]。

（六）政府治理能力增强

农村商品流通环节复杂，主体多元。为了保障商品的安全、稳定、有效供给，国家通过建立和完善农村商品流通政策体系，提高了市场宏观调控能力，而且调控手段越来越倾向于市场化，由对购销、计划的管制向对质量、市场秩序的监管转变，更多运用经济手段间接调控市场。以农产品市场为例，不直接对价格进行行政指令限制，而通过对重要农产品和农资建立储备制度以及最低价收购托市政策，吞吐调节粮食、棉花、肉类等产销，稳定或提高农户收入，防止供求不平衡造成的市场波动，促进农产品在时间上的供需平衡与市场稳定；对各种农产品和农资的流通补贴，逐渐从补贴流通主体转向直接补贴生产者，通过影响生产者扩大生产，并进入流通领域的决策来有效增加产品供给；通过完善全国质量监测预警、市场准入等质量安全法律制度，加强质量安全监管，保障农产品质量安全水平；通过产销地批发市场和期货市场的建设、交通基础设施的完善和“绿色通道”网络的构建，形成全国性流通网络，提高农产品全国供应能力。

二、当前农村商品流通体系存在的问题

（一）农村商品流通市场主体发育不够完善，组织程度低

我国农产品市场经营主体进一步多元化，但代表农户利益的市场组织数量还比较少。前述提到的农民经纪人、农业产业化龙头企业、超市等流通环节经营主体更多追求自身利润的增长，与农户形成的利益联结机制与风险分担机制还比较薄弱，而且分布不均、规模小、辐射与带动能力弱。而本应最代表农户利益的专业合作社有时部分或完全被龙头企业操控，未能真正强化农民谈判地位。

目前，农村商贸流通企业进货渠道主要是批发商和区域代理商，增加了其进货成本；农村日用

[1] 农业部市场与经济信息司. 中国农产品批发市场发展研究报告［EB/OL］. http://www.scagri.gov.cn/zwgk/zcfg/dzfz/201506/P020150623523738180432.pdf.

[2] 农业部按季度组织开展了4次农产品质量安全例行监测，共监测全国31个省（区、市）152个大中城市5大类产品117个品种94项指标，抽检样品43998个。

消费品的进货渠道不规范，使得农村成为假烟、假酒、私盐、假冒洗涤用品以及走私的二手家电、服装等商品的主要销售区。

（二）农村商品流通环节仍然较多

农产品从田间地头到餐桌要经过农产品经纪人或运销商、批发市场、二级批发市场、农贸市场等 5~6 个环节。每个环节涉及人工费、加工费、存储费、摊位费、进场费运输费等，而后层层加价，每个环节通常加价 10%~20%，最终导致消费者支付了较高的价格，而农民却无法从中获益，农产品市场呈现出“中间笑，两头叫”的局面。

农资、日用消费品的流通则要经过区域经销商—省级经销商—市县代理商—经销商—农家店等多个环节，每一个环节都有一定程度的加价，造成了最终农户购买价格居高不下。

（三）农村商品流通质量安全形势严峻

城乡二元结构情况下，我国农村商品流通质量安全形势依然不容乐观。据调研，局部地区假冒伪劣商品在农村市场约占 20% 甚至更高。而且流通环节监管存在薄弱环节。容易产生“人人都管事，事事无人管”的监管盲区。监管人力短缺，执法装备匮乏，导致安全隐患难以及时发现。安全标准、检验检测、风险预警等技术体系尚需完善，很难实现事前防范、科学管理。另外，有的执法人员法制观念淡薄，存在有法不依、执法不严的现象。

（四）流通基础设施依然薄弱

农村基础设施薄弱制约日用消费品市场规范化进程。随着农民改善型消费需求的增加，对洗衣机、空调、电脑等家用电器的需求逐步增加，这类商品对基础设施的要求较高。调查中发现，不少农民不愿购置家电的原因是由于农村基础设施建设滞后，导致一些家电买回后无法使用。例如，电脑的联网服务，由于农村电信网络建设滞后，不少农村地区网速较慢、上网费用高、安装不便利，限制了消费需求。水电管网的不完善使很多农村用户不能正常使用冰箱、洗衣机等家用电器，影响了农民购买家电的积极性。

由于基础设施建设仍不到位，特别是农村道路设施仍然比较落后。前文提到农村通硬化路的建制村仅占 84%，而且承载力低，道路狭窄，坑洼较多，路况糟糕，缺少道路养护，增加运输困难。而且，有些大中城市要求“货车限行”，不利农产品快速运输。此外，流通设施如保鲜储藏、冷链物流系统等因成本较高，普及率较低，尤其不利于鲜活农产品的流通。造成我国农产品进入流通领域后损失严重，果蔬、肉类、水产品流通腐损率分别达到 30%、12%、15%，仅果蔬一类每年损失就达到 1000 亿元以上。

（五）农村消费市场体系难以支撑日益扩大农村消费

农村日用品消费市场支撑配套体系不健全制约日用消费品市场规范化进程。由于我国城乡二元结构的长期存在，农村的市场化进程起步较晚，进入 21 世纪以来随着农民收入的大幅提高，农村消费品市场开始快速发育，农村消费潜能大量释放。但与此同时农村市场发展的薄弱环节也凸显起来，支撑现代市场发展的物流体系、售后服务、信息对接等市场服务机制、支撑体系尚不完备，影响了农村消费品市场的健康发展。

农村消费信用制度发展滞后制约日用消费品市场规范化进程。就目前我国农村的消费特征来看，近年来农村消费信贷虽有不断增长的态势，但总体滞后于农民消费需求增长。如果没有消费信贷体系支持，在现阶段要进一步扩大农村消费需求是难以实现的。这就要求消费模式向信用支持模式过渡。但是目前，我国农村金融资源供给与需求严重不平衡，农业银行经营方向着重在城市，邮政储蓄在农村只存不贷，其他的商业银行基本上没有在农村开展消费信贷业务，农村信用社成为办理农村消费信贷的主要机构。但农村信用社资金实力有限，并在很大程度上担负着支持农业生产的任务。目前发放的消费贷款主要是农民自建房贷款和助学贷款，而且这类贷款的准入条件相当高，金额偏小，期限过短，对其他类消费贷款尚未形成系统的管理和操作办法。消费信贷的缺失，使得农民的流动性约束难以消除，这无疑是扩大消费的重要制约因素。

（六）流通市场治理机制亟待改善

一是重视程度不够，管理体制不顺。长期以来，受历史、文化等因素的制约和影响，我国“重生产、轻流通”的思想根深蒂固，流通业长期得不到应有的重视。一方面，由于流通行业平均利润率仅为 1% 左右，低于国际 2.5% 的平均水平，也低于其他行业利润率，在“求速度、讲政绩”的影响下，流通业长期得不到重视；另一方面，由于流通业一直是国民经济的末梢产业，很多政府官员认为流通业应该是充分竞争的行业，政府没必要投入太多精力，从而极大地抑制了流通业的规范、有序发展。目前我国的行业管理体制基与现代流通业发展还不适应。工商、规划、商务、发改、财政、税务等部门对流通业进行多头管理，行业管理职能分散，政出多门、部门分割时有发生，大部制改革亟待进一步深化。

在重要商品产量和价格波动异常的时候，政府缺乏有效的调节手段，只能采取临时性的补救措施。公益性设施特别是物流设施少，政府投入不足，政府调控失去了一个重要抓手。目前，除了政府的商品储备粮库，其他商品流通设施基本上都丧失了公益性质，一些政府投资或资助的流通设施也实行完全的商业化运营。国家出台的促进农村商品流通的政策措施不少，但由于没有明确的实施细则，以及地方利益平衡问题没有根本解决，政策执行大打折扣。

二是政策法规不完善。与其他行业政策措施相比较，流通业发展的政策法律尚不完善，还没有形成有机、系统的政策体系。虽然国家近几年先后出台了《行政许可法》《反垄断法》《商业特许连锁经营管理条例》等一系列与流通领域相关的政策法律，但总体而言流通业立法相对落后。此外，政策之间的协调、配合还亟待加强。据资料显示，流通企业税收种类 12 种，行政事业性收费 19 项。此外，各种银行卡刷卡费、用水用电费、过路过桥费等负担较重。土地使用、税费等优惠政策尚未完全落实。

三是地方利益保护。一方面，国家虽然对跨区域经营的统一核算的连锁企业统一申报缴纳增值税和企业所得税有明确规定，但由于税源利益分配、地方利益保护等，各地执行不到位；另一方面，不少地方政府片面地重视外资、外商，实行非国民待遇，不仅在税收上内外不一样，而且在选择地段、土地出让价格上也给予特殊优惠，甚至个别地方提出对世界著名零售业实行 10 年免租的待遇，把内外资零售业置于完全不平等的地位。

四是人才缺，融资难。一方面，从事农村流通业的专业人才极度缺乏。零售业、餐饮业、门店店长、专职采购、营销策划等高素质复合型人才严重不足，许多企业招聘难，甚至有的流通企业高管岗位缺编率达到 15% 以上；另一方面，流通企业大多是小微企业，资金来源渠道较窄，经营资金基本靠自有资金、经营薄利、亲属借款、地下钱庄、高息贷款等渠道获得，造成流通企业，特别是小微企业融资风险较大。

第4节 现代农村商品流通体系的主要政策及评价

一、农村现代流通体系的主要政策

根据对近年来中央连续颁布实施的1号文件和其他相关政策文件的梳理，农村现代流通体系建设的主要政策包括以下几个方面。

一是加快农产品批发市场升级改造，完善流通骨干网络，加强粮食等重要农产品仓储物流设施建设。推动公益性农产品市场建设。具体见表12-2。

表12-2 关于农产品批发市场建设的部分政策文件

年份	政策文件
2000	农业部关于加强农产品产地批发市场建设的意见农市发〔2000〕14号
2005	农业部关于印发《农产品批发市场建设与管理指南（试行）》的通知
2011	国务院办公厅关于加强鲜活农产品流通体系建设的意见国办发〔2011〕59号
2013	商务部关于加强集散地农产品批发市场建设的通知商建函〔2013〕191号
2014	商务部等13部门联合印发《关于进一步加强农产品市场体系建设的指导意见》
2015	《商务部办公厅关于印发〈公益性农产品批发市场标准（试行）〉的通知》（商办建函〔2015〕693号）
2016	中华全国供销合作总社关于加强农产品批发市场建设的意见
2016	商务部等关于加强公益性农产品市场体系建设的指导意见商建函〔2016〕146号
2016	财政部关于继续实行农产品批发市场农贸市场房产税城镇土地使用税优惠政策的通知

二是完善跨区域农产品冷链物流体系，开展冷链标准化示范，实施特色农产品产区预冷工程。支持农产品营销公共服务平台建设，开展降低农产品物流成本行动。具体见表12-3。

表12-3 关于农产品冷链及物流的部分政策文件

时间	政策文件
2016年2月29日	国家发改委、商务部、工信部等十部委联合发布《关于加强物流短板建设促进有效投资和居民消费的若干意见》中重点任务提出，支持集预冷、加工、冷藏、配送、追溯等功能于一体的农产品产地集配中心建设
2010年	发改委颁布的《农产品冷链物流发展规划》
	国家发展改革委、财政部、商务部、央行、证监会等10部门联合发布《关于进一步促进冷链运输物流企业健康发展的指导意见》，旨在进一步提升冷链运输物流业发展水平
	《物流标准化中长期发展规划（2015—2020年）》明确了物流业在中国国民经济发展中的基础性、战略性地位，极大地提升了产业地位，也对冷链物流业发展提出了新的要求

三是促进农村电子商务加快发展，形成线上线下融合、农产品进城与农资和消费品下乡双向流通格局。鼓励大型电商平台企业开展农村电商服务，支持地方和行业健全农村电商服务体系。建立健全适应农村电商发展的农产品质量分级、采后处理、包装配送等标准体系。深入开展电子商务进农村综合示范，加大信息进村入户试点力度。具体见表12-4。

表 12-4　关于农村电商的部分政策文件

年份	政策文件
2015	共青团中央办公厅、商务部关于实施农村青年电商培育工程的通知
2015	国务院关于大力发展电子商务加快培育经济新动力的意见
2015	商务部“互联网+流通”行动计划
2015	农业部、国家发展和改革委员会、商务部推进农业电子商务发展行动计划
2015	国务院关于促进农村电子商务加快发展的指导意见
2015	农业综合开发扶持农业优势特色产业促进农业产业化发展的指导意见
2015	国务院关于积极发挥新消费引领作用加快培育形成新供给新动力的指导意见
2015	财政部和商务部以财建办〔2015〕60号印发《关于开展2015年电商进农村综合示范工作的通知》

四是加强商贸流通、供销、邮政等系统物流服务网络和设施建设与衔接，加快完善县乡村物流体系。实施“快递下乡”工程。

表 12-5　关于供销社和快递下乡的部分文件

年份	文件
2015	《中共中央国务院关于深化供销合作社综合改革的决定》
2015	国务院以国发〔2015〕61号印发《关于促进快递业发展的若干意见》
2015	国家邮政局、商务部关于推进“快递向西向下”服务拓展工程的指导意见

综上，近年来关于农村商品流通的政策密集，尤其是关于农村电商的政策更是不断出台，未来一段时间农村商品流通必将出现大的变化。

二、农村商品流通体系政策的评价

（一）政策起作用的环节已经脱离生产环节

目前，仍实施的商品流通政策主要体现在物流、加工、销售环节，较少涉及生产环节。例如，粮食三大调控政策如最低价收购政策，良种补贴、农机具购置补贴等只是通过提高农民种粮积极性，来间接刺激生产。

（二）农村商品流通政策影响商品价值的实现，但不影响商品价值的生产

农村商品流通政策主要为了保障供求平衡，通过培育各类流通主体，促进批发市场升级改造、建设全国性绿色通道网络等来解决“买难”“卖难”问题，确保商品以合理的价格畅通销售，因而影响商品价值的实现过程，而非前期生产过程。

（三）农村商品流通政策与商务、交通、质检等部门互动最多

农村流通政策主管部门除农业部门外，还要求商务部门监督流通销售环节、交通部门协调物流运输方面 、质检部门监督商品质量等。

（四）农村商品流通政策必须维护交易规则

高效履行各种交换职能，就必须形成各种交易规范、规则以及习惯做法等，而这些规范、规则、习惯做法必须法规化、制度化，才能保证有法可依，有据可循。部分商品流通政策就是将这些交易规则进行完善后形成，其他政策则配套实施。

（五）农村商品流通政策将三次产业有机地联系起来

首先，农村商品流通包括农产品的流通，因而农村商品流通政策是一项农业政策。其次，农产品进入流通之前又往往进行农业生产与初加工，农资也要经过工业生产，同时需要建筑业配合仓储、运输业配合物流等，所以又联系到第二产业。而流通如批发销售等，本身又是一项服务业，属于第三产业。因此，农村商品流通政策需要三次产业的综合支持，全面发展。

（六）农村商品流通政策与国家粮食安全和重要农产品有效供给紧密相关

农业生产关系到农民种粮务农积极性和地方重农抓粮积极性，从而也就关系到国家粮食安全与重要农产品有效供给。尤其是，农产品流通政策关系到食物获取权。[1]一个人要满足“吃饭”需要，可以生产农产品，也可以购买农产品。购买农产品满足自身需要与农产品流通直接相关。如果一个国家粮食安全或重要农产品供给出现问题，那么，有三种可能性：一是农业生产出现问题，农产品供给减少；二是相对于人民收入，农产品价格过高；三是农产品供应体系扭曲。

总之，目前农村商品流通政策作用还远远没有发挥出来，特别是在供给侧改革和一二三产业融合方面发挥的作用不够，如何创新性地推出具有重大作用的政策文件是摆在政府部门面前的一个重要任务。

第 5 节　农村商品流通体系建设的目标

计划经济时期，国家干预商品流通的主要目标是积累工业化初始资本。但进入市场化改革后，国家的政策目标更多考虑农业部门的长期发展需要和城乡居民安全有效的农产品和商品供给。在新常态下，农村商品流通体系的环境发生了翻天覆地的变化，政策目标也许要相应的变化。具体地说，期望通过政策规范和引导，增加农民收入，保护农民种粮积极性，稳定粮食生产。保障农民生活水平不断提升，获得与城里人相同的消费服务，分享小康社会。同时，通过市场化改革，搞活农产品流通。并减少运销价差，平抑物价。同时提高农产品质量安全水平，使消费者获得放心、可靠的农产品。带动农村经济社会发展，共享现代商业文明。在操作过程中，流通政策与其他政策如价格政策互相配合，以形成政策合力，实现共同目标。

一、增加农民收入，保护和调动农民生产积极性

一般，农产品的价格需求弹性比较小。当产量上升引起供给增加，价格下降的程度容易大于交易量增加程度，而使农民收入下降，即所谓“谷贱伤农”问题，会极大损伤农民种粮积极性。因而，以最低收购价政策稳定或提高农民的销售价格，保障农民的基本收入不因丰收下降。同时，配合农业补贴支持制度，提高农民收入，可有力调动农民生产积极性。这不仅涉及农产品价格或生产政策，也要求政府流通干预的支持。如最低价收购政策需要有专门的收购主体与流通渠道。另一方面，为解决区域性、时期性农民“卖难”问题，国家可利用粮食收储政策、绿色通道、批发市场与期货市场等运输渠道建设政策，促进农产品在地域与时间上的余缺调配，从而逆向促进农民的销售，进而增加农民收入。

---

[1] 关于食物获取权的理论详见阿马提亚·森. 贫困与饥荒［M］. 王宇，王文玉译. 北京：商务印书馆，2001.

二、保障农民生活水平不断提升，获得与城里人相同的消费服务

要为进城农民提供公平就业和生活环境，鼓励乡镇发展农产品加工业和农村服务业，形成符合地方特点、具有地方特色的支柱产业，为农村城镇化提供产业支撑和剩余劳动力转移的载体，增强农村居民消费能力。

通过发展农村教育和培训等方式提升文化素养，活跃文化生活，改善消费结构，满足发展型消费。加快发展农村电商以激活商品流通和促进农民增收。发展农村消费信贷，适度引导农村居民超前消费，提高消费意识。

三、平抑物价，保障农产品安全有效供给

“仓廪实、天下安”，农产品有效供给关乎经济社会稳定发展。国家宏观调控首要保障粮食安全，保证13多亿中国人在任何时候既买得到又买得起他们所需的基本食品，要求确保生产足够数量的粮食，最大限度地稳定粮食供应，同时要确保所有需要粮食的人都能获得粮食。因而在流通方面，要能建立重要农产品的储备体系，吞吐调节季节余缺；要加快基础交通设施与流通市场体系建设，推动农产品的全国性快捷低成本流通。同时，要求稳定农产品价格，保障城市居民的基本食物消费。然而，农产品价格上涨总是周期性出现，从中国古代“米贵伤民”，到21世纪一二十年代网上流行的“豆你玩”“蒜你狠”“向钱葱”，对居民消费购买力造成很大冲击。供求失衡是推动农产品价格上涨的长期因素，但短期价格暴涨除了气候影响外，更多来自社会资金的炒作。即利用部分农产品产地集中、季节性强、产量下降、市场信息不对称等特点，恶意囤积，哄抬价格。因此，需要扩大政府对流通市场的监管，维持流通市场秩序，从根本上解决人民的吃饭问题，保障农产品的有效供给。

四、革除弊端，促进农产品流通的市场化

传统经营体制强调以统购统销等计划指令为主的政策取向，但农业生产制度的变迁内生了对农产品流通制度变迁的需求。旧的制度造成财政负担过重，人民生活水平低下，农民收入增长缓慢，经济发展结构性失调。因而，顺应经济发展规律的以市场化为取向的农产品流通体制改革就越发关键，从取消鲜活农产品的统购统销政策，缩小粮食计划管理范围、扩大市场调节比重，到全面放开粮食购销市场，市场机制在农产品配置中的基础性作用不断突显，不仅释放了经济活力，还提高了农民收入，人民生活水平不断提高，真正防止“与民争利”。

五、减少运销价差，合理分配销售利润

保护农民与生产者免受中间商压榨，是政府干预流通市场的最古老的原因。在分散、小规模、信息闭塞的农户与消费者之间，中间商容易利用信息与谈判优势掠夺垄断利润。在这样的私人运营下的运销价差远大于完全竞争或政府操作的市场。在我国粮食产销链条的总成本收益中，生产环节付出73.9%的成本，却仅获得26.45%的利润。[1]农民投入最多，却获利最少。而同时消费者也付出很高的购买价格，以致出现“中间笑、两头叫”局面。因而，政府会选择流通政策干预，培育多元

[1] 农业部. 农产品价格形成及利润分配调查［EB/OL］. http://www.moa.gov.cn/fwllm/jjps/200804/t20080429_1026601.htm, 2008-04-29/2013-08-27.

化市场主体，增加市场的竞争性。或发展“农超对接”模式缩减流通环节，减少各环节税费支出等，来提高生产环节的利润分配比例，以经济行政手段保护农民与生产者的合理剩余。

六、提高商品质量安全水平，保障生产和消费安全

商品质量安全是商品流通体系建设的重要一环。其中，食品安全是关系千家万户的大事。国际国内层出不穷的食品安全事件更是引发群众对于农产品质量安全的担忧。知名品牌一再曝出质量问题，如2008年三鹿奶粉“三聚氰胺”事件、2011年双汇“瘦肉精”事件、2013年产稻大省湖南“镉超标毒大米”事件等引起社会极大震动，还有更多无证经营的黑作坊与假冒伪劣商品，不断考验消费者的承受力与政府的监管能力。因而，政府流通干预的共同目标就是要提高商品质量，保证消费者安全。而且，出口商品在国际市场上要面对更严格的质量要求，甚至是技术性贸易壁垒。为提升国家国际竞争力，更需要对生产与流通环节进行监管，确保质量安全。

第6节　现代农村商品流通体系建设的具体内容

经过三十年市场化改革，目前已基本建立起以现代物流、连锁配送、电子商务、期货市场等现代市场流通方式为先导，以批发市场为中心，以集贸市场、零售经营门店和超市为基础，布局合理、结构优化、功能齐备、制度完善、有较高现代化水平的统一、开放、竞争、有序农村商品流通体系。鉴于新常态下农村商品流通环境的巨大变革，现代农村商品流通体系建设的主要内容包括以下几个方面。

一、培育多元化市场主体，搞活现代农村商品流通

顺应市场化经济发展要求，我国农产品流通主体由单一经营发展为多元化、多渠道齐头并进，积极鼓励和扶持具备资格的经营主体进入市场，包括农产品经纪人、农业专业合作社和协会、农业产业化龙头企业等流通中介组织。并鼓励“农超对接”，缩短中间环节，进一步丰富农产品流通形式。

（一）培育农产品经纪人队伍

农产品经纪人也称农民经纪人或农村经纪人，主要从事农产品流通、科技、信息等一系列服务。在中央第一次提出商业流通体制改革后，农产品经纪人队伍迅速发展。“十二五”期间，国家高度重视农产品经纪人队伍培养，持续推进地方农产品经纪人协会的建设，全国供销合作社系统2014年基本情况统计公报显示，全国农产品流通经纪人协会有1511个。2015年，中国农产品流通经纪人协会农村电商委员会成立，通过建立线上和线下平台的互动，促进农产品流通现代化的进程。此外，农产品经纪人还享受税收优惠与融资优先政策。

（二）大力扶持合作社从事农产品流通

2006年我国通过农民专业合作社法，规定农民专业合作社是在农村家庭承包经营基础上，同类农产品的生产经营者或者同类农业生产经营服务的提供者、利用者，自愿联合、民主管理的互助性经济组织。以其成员为主要服务对象，提供农业生产资料的购买，农产品的销售、加工、运输、储

藏以及与农业生产经营有关的技术、信息等服务。此后，国家继续对农民专业合作社的经济活动给予税收减免优惠政策。一是对农民专业合作社销售本社成员生产的农业产品，视同农业生产者销售自产农业产品免征增值税；二是增值税一般纳税人从农民专业合作社购进的免税农业产品，可按13%的扣除率计算抵扣增值税进项税额；对农民专业合作社向本社成员销售的农膜、种子、种苗、化肥、农药、农机，免征增值税；对农民专业合作社与本社成员签订的农业产品和农业生产资料购销合同，免征印花税。

（三）扶持农业产业化龙头企业发展

国家对龙头企业的政策支持主要表现在税收减免与金融支持上。2012年，《国务院关于支持农业产业化龙头企业发展的意见》（国发〔2012〕10号）发布，尤其支持龙头企业创新流通方式，完善农产品市场体系。尤其是，支持大型农产品批发市场改造升级，鼓励和引导龙头企业参与农产品交易公共信息平台、现代物流中心建设，支持龙头企业建立健全农产品营销网络，促进高效畅通安全的现代流通体系建设。鼓励龙头企业，发展连锁店、直营店、配送中心和电子商务等新型流通业态。支持龙头企业改善农产品储藏、加工、运输和配送等冷链设施与设备。支持符合条件的国家和省级重点龙头企业承担重要农产品收储业务。探索发展生猪等大宗农产品期货市场。鼓励龙头企业利用农产品期货市场开展套期保值，进行风险管理。对龙头企业从事生鲜农产品的生产与流通的，率先进行农业保险试点。对从事种植业、养殖业和农林产品初加工所得，免征企业所得税。农业发展银行为符合条件的龙头企业收购资金给予支持，提供高质量配套金融服务。国家开发银行创新信贷担保方式，帮助企业与农户解决抵押困难。对符合条件的龙头企业流通或加工转化所需的流动资金、技术改造等提供短期与中长期优惠贷款。对季节性原料储备资金需求发放准政策性贷款（粮棉收购贷款和调销贷款）；承担粮棉油储备任务的，可发放储备贷款，一般可采取信用贷款方式，实行基准利率，并能享受便捷的业务流程，快速地获得资金。此外，还发放农村流通体系建设贷款。对龙头企业开展的工业品下乡、农产品购销、农副产品配送、农业生产资料配送以及订单农业、电子商务等活动，主要通过发放农村流通体系建设流动资金贷款予以支持。

（四）大力促进“农超对接”

“农超对接”是指连锁超市以订单方式从生产端直接采购农产品，或者农业生产者直接向零售端供应农产品的一种流通模式。商务部、农业部自2008年起启动“农超对接”试点工作，确定了山东家家悦超市有限公司等9家首批试点企业。“农超对接”试点工作主要从加大鲜活农产品现代流通设施投入、增强鲜活农产品加工配送能力、提高鲜活农产品经营信息化水平、培育农民专业合作社自有品牌、调整连锁超市商品经营结构、建立“农超对接”渠道几个方面加大建设力度，有助于促进产销对接，减少流通环节，可平均降低成本10%~15%。为加快农产品现代流通体系建设，2009年商务部、财政部、农业部开始在河北、吉林等省（市）开展“农超对接”试点工作。提出每个“农超对接”项目原则上按200万元的标准予以支持，且不得超过总投资额的70%。其中，鲜活农产品冷链系统或农产品配送中心项目原则上按每个150万元的标准予以支持；鲜活农产品快速检测系统项目原则上每个支持30万元；基地农产品品牌建设项目原则上每个支持20万元，但不得超过项目总投资的50%。2010年4月1日，商务部启动了“农超对接信息服务系统”以进一步规范“农超对接”项目管理，积极推动“农超对接”工作。2011年，商务部、农业部提出，全面推进“农超对接”工作，2011年2月，商务部、农业部发布《商务部、农业部关于全面推进农超对接工作的指导意见》

（商建发〔2011〕43号），提出全面推进“农超对接”工作。具体包括搭建对接平台，畅通农超对接渠道，使更多的超市和农民专业合作社参与农超对接，并发展农产品电子商务；培育对接主体，提升农超对接水平，扩大农超对接规模，加强对农民专业合作社的指导和扶持；加强指导监督，规范农超对接行为，严禁超市向合作社收取进场费、赞助费、摊位费、条码费等不合理费用，严禁任意拖欠货款，鼓励超市缩短账期，同时大力支持农民专业合作社率先实施标准化生产，加强安全生产记录管理。“十二五”期间，大中型城市生鲜农产品经超市销售比重翻一番，达到30%。

（五）积极发展农村电子商务

2014年全国农产品电子商务交易额超过870亿元，电子商务成为农产品流通创新的重要推动力。2016年一号文件中提到，开展降低农产品物流成本行动。促进农村电子商务加快发展，形成线上线下融合、农产品进城与农资和消费品下乡双向流通格局。加快实现行政村宽带全覆盖，创新电信普遍服务补偿机制，推进农村互联网提速降费。加强商贸流通、供销、邮政等系统物流服务网络和设施建设与衔接，实施“快递下乡”工程。鼓励大型电商平台企业开展农村电商服务，支持地方和行业健全农村电商服务体系。

二、健全农村市场体系，促进农产品批发市场升级改造

健全农产品市场体系，首先要建立现代化农产品现货批发市场。2001年开始农产品批发市场建设由数量扩张转向质量提升，在抓好基础设施升级改造同时，重点完善市场信息化、质量安全监管等现代物流功能，建立健全适应现代农业发展要求的大市场、大流通。财政部从2005年起，每年安排农村物流服务体系建设专项资金，重点扶持含农产品批发市场在内的农产品和农资物流配送企业的公共信息服务平台、配送中心和冷链系统建设。农业部自1995年起在全国推行定点农产品批发市场联系支持制度，在全国选择一批规模大、设施条件较好、管理比较规范的农产品批发市场作为农业部定点市场。至2008年年底，经各省农业部门初审上报、农业部审核批准的定点市场共14批708个。商务部于2006年开始组织实施“双百市场工程”，重点扶持100家农产品批发市场和100家大型农产品流通企业。同时，组织实施“万村千乡市场工程”，扶持有实力的流通企业在乡镇和行政村开设面向农民的生活消费品和农业生产资料供应连锁店。同年，农业部组织实施了农产品批发市场“升级拓展5520工程”，即在5年内通过多方筹资重点扶持建设500个农产品批发市场，推进设施改造升级和业务功能拓展20项工作。此外，2013年国务院终于发布降低流通环节费用的具体方案，特别关注农产品批发市场运营成本问题。主要有四方面，一是农产品批发市场、农贸市场用电、用气、用热与工业同价。农产品批发市场、农贸市场用水，在已按要求简化用水价格分类的地区，执行非居民用水价格；在尚未简化分类的地区，按照工商业用水价格中的较低标准执行。二是降低农产品批发市场、农贸市场和社区菜市场摊位费收费标准。三是自2013年1月1日至2015年12月31日，对专门经营农产品的农产品批发市场、农贸市场使用的房产、土地，暂免征收房产税和城镇土地使用税。四是，城市人民政府在制定调整土地规划、城市规划时，要优先保障农产品批发市场、农贸市场、社区菜市场和便民生活服务网点用地。

三、以基础设施建设为核心，构建全国性流通网络

我国农产品全国性流通网络的构建基本基于以下三条发展路径：一是通过前述农产品现货产销批发市场的建设，充分发挥市场集散功能；二是通过加快交通基础设施建设，减免税费构建绿色通道网络，实现农产品在全国范围的快速便捷低成本流通；三是通过建立农产品期货市场，实现资金与信息的全国甚至世界范围内的流通。

（一）加快交通基础设施建设

近些年，我国交通基础设施建设发展迅速，客流与货物运输能力大幅提高。据交通部统计，2017 年全国铁路完成货运总发送量 36.89 亿吨，比上年增长 10.7%，公路完成货运量 368.69 亿吨，增长 10.3%，水路货运量 66.78 亿吨，增长 4.6%。[1] 农村公路建设经历了“十一五”时期的“五年千亿元工程”和“十二五”期间的继续投入，取得了可喜成绩。如图 12-2，2017 年，全国通公路的乡（镇）占全国乡（镇）总数 99.99%，其中通硬化路面的乡（镇）占全国乡（镇）总数 99.39%；通公路的建制村占全国建制村总数 99.98%，其中通硬化路面的建制村占全国建制村总数 98.35%，比 2016 年提高了 1.66 个百分点。[2] 目前已基本形成城乡公交资源相互衔接、方便快捷的运输网络，为农产品从产地运往全国，减少运输损耗继而提高市场竞争力创造了条件。2012 年，开展“南菜北运”“西果东送”现代流通综合试点，2013 年，在“南菜北运”“西果东送”的基础上，继续实施“北粮南运”、万村千乡市场工程、新农村现代流通网络工程，启动农产品现代流通综合示范区创建。2014 年，在上述工程基础上提出加强粮食产区的收纳和发放设施、南方销区的铁路和港口散粮接卸设施建设，解决“北粮南运”运输“卡脖子”问题，加强“南糖北运”及产地的运输、仓储等物流设施建设。继续支持“南菜北运”等设备设施建设。[3]

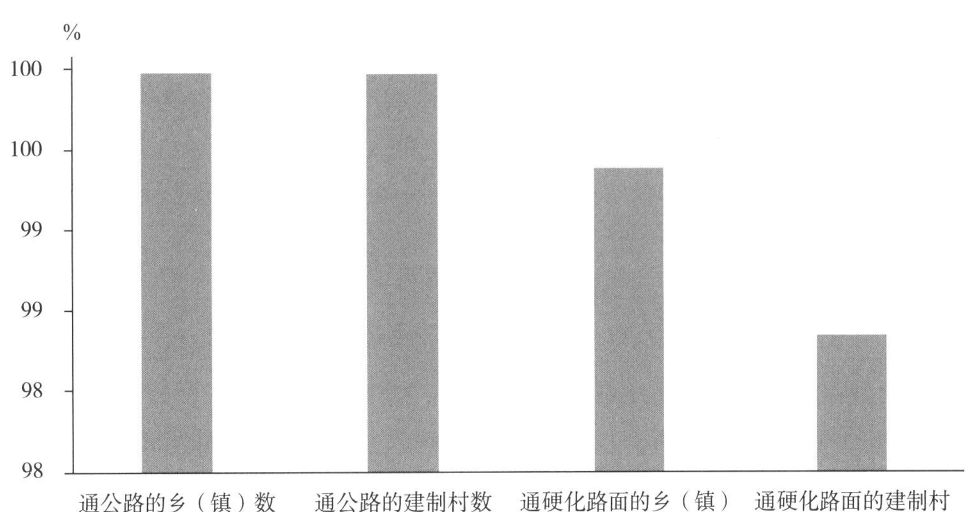

图 12-2　2017 年农村通公路与通硬化路的比例图

[1] 交通运输部.2017年交通运输行业发展统计公报［EB/OL］. http://zizhan.mot.gov.cn/zfxxgk/bnssj/zhghs/201803/t20180329_3005087.html

[2] 交通运输部. 2014年交通运输行业发展统计公报［EB/OL］.http://www.moc.gov.cn/zfxxgk/bnssj/zhghs/201504/t20150430_1810598.html.

[3] 国务院. 关于印发物流业发展中长期规划(2014—2020年)的通知(国发〔2014〕42号)［Z］.2014-9-12.

（二）开通鲜活农产品“绿色通道”输网络

鲜活农产品运输的“绿色通道”政策是指，确定以国道网为基础，结合主要鲜活农产品的流量和流向，在全国建立鲜活农产品流通的“绿色通道”网络，对整车合法装载运输鲜活农产品的车辆免收通行费。而且逐步建立以自动检测为主、人工查验为辅的鲜活农产品运输“绿色通道”检测体系，利用科技手段，尽可能缩短鲜活农产品运输车辆的查验时间，提高合法运输车辆的通行效率。

（三）发展农产品期货市场

我国自 20 世纪 90 年代开始发展农产品期货市场，已初步涵盖了粮棉油糖四大系列农产品期货品种体系。“十二五”期间，中央对农产品期货市场发现价格与风险规避的功能愈加重视，一号文件连续强调要逐步扩大期货品种，培育具有国内外影响力的农产品价格形成和交易中心。目前，我国共有郑州商品交易所、大连商品交易所、上海期货交易所、浙江舟山大宗商品交易所、新华商品交易所等农产品期货交易所，共上市了小麦、玉米、棉花、大豆、白糖、豆油、豆粕、菜籽油、棕榈油、油菜籽、菜籽粕、晚籼稻、粳稻、木材、天然橡胶等农产品期货品种。2013 年大连商品交易所正式上市鸡蛋期货合约，并且生猪期货合约也已经基本完成设计，正在积极地研究开发之中。

（四）建立农产品冷链物流体系

农产品冷链物流是指使肉、禽、水产、蔬菜、水果、蛋等生鲜农产品从产地采收（或屠宰、捕捞）后，在产品加工、储藏、运输、分销、零售等环节始终处于适宜的低温控制环境下[1]。我国现代农产品储藏、保鲜技术起步于 20 世纪初，自 20 世纪六七十年代开始在生鲜农产品产后加工、储藏及运输等环节逐步得到应用。2010 年发改委编制了《农产品冷链物流发展规划》,《规划》提出到 2015 年，果蔬、肉类、水产品冷链流通率分别提高到 20%、30%、36% 以上，冷藏运输率分别提高到 30%、50%、65% 左右，流通环节产品腐损率分别降至 15%、8%、10% 以下。2014 年，国务院发布《物流业发展中长期规划（2014—2020 年）》[2]，指出加强鲜活农产品冷链物流设施建设，支持大宗鲜活农产品产地预冷、初加工、冷藏保鲜、冷链运输等设施设备建设，形成重点品种农产品物流集散中心，提升批发市场等重要节点的冷链设施水平，完善冷链物流网络。近几年来的中央一号文件里也都提到了关于完善跨区域农产品冷链物流体系，开展冷链标准化示范，实施特色农产品产区预冷工程等内容。

四、以法治建设为保障，建设农村法制化营商环境

从质量安全标准化建设、法律制度建设、机构建设等方面，国家为促进农产品质量安全采取了一系列重大措施，努力确保不发生重大农产品质量安全事件，为消费者提供安全可靠的农产品供给。

（一）制定高水平的农产品质量标准

早在 2005 年，我国已基本建立起以农业国家标准为龙头、农业行业标准为主体、地方农业标准为基础、企业标准为补充的全国农产品质量标准体系框架。目前新制定农业国家标准和行业标准 730 项，完成了农药残留限量标准的清理整合，发布 322 种农药的 2293 个最大残留限量，基本实现

[1] 国家发展改革委. 关于印发农产品冷链物流发展规划的通知（发改经贸〔2010〕1304号）[Z].2010-6-18.

[2] 国务院. 关于印发物流业发展中长期规划（2014—2020年）的通知（国发〔2014〕42号）[Z].2014-9-12.

对常用农药和大宗农产品全覆盖，有效解决了农药残留标准并存、交叉、老化等问题。并积极建立无公害农产品、绿色食品和有机农产品的国内认定标准，争取与国际接轨。2012 年，国务院发文督促完成食用农产品质量安全、食品卫生、食品质量标准和食品行业标准中强制执行标准的清理整合工作[1]。2014 年，农业部表示，将以农兽药残留标准制修订为重点，力争在 3 年内构建科学统一并与国际接轨的食用农产品质量安全标准体系[2]。2015 年 12 月，国务院表示将在 2020 年前，使农业标准化生产普及率超过 30%，制定和实施农兽药残留限量及检测、农业投入品合理使用规范等领域标准，继续健全和完善农产品质量安全标准体系。[3] 2016 年，农业部启动实施《加快完善我国农药残留标准体系工作方案（2015—2020 年）》，完成 1000 项农兽药残留标准制修订任务。[4]

（二）加强法律制度建设，保证有法可依

2006 年国家颁布了《农产品质量安全法》，明确农产品质量安全标准制定方式，对农产品产地与生产过程的安全提出要求。2009 年，国家颁布了《食品安全法》，并进一步颁布了《食品安全法实施条例》，明确食品安全风险监测和评估责任、食品安全标准制定方式等，提出对食品生产经营者的管理要求与食品安全事故处置办法，严厉查处违法经营者并追究其法律责任。2012 年，商业部发布了《黄瓜流通规范》《鲜食马铃薯流通规范》《番茄流通规范》《青椒流通规范》《洋葱流通规范》《豇豆流通规范》《冬瓜流通规范》等 7 项国内贸易行业标准，在农产品质量安全标准基础之上，对农产品质量等级、包装、标识、采购、运输、储藏、批发、零售等方面给出了具体要求，实现流通过程全程可追溯，确保流通过程中的农产品质量安全。经过“十一五”和“十二五”两个五年建设规划，截至 2014 年，两期规划已投资建设各级农产品质检项目 2548 个[5]，2015 年 4 月 24 日，《中华人民共和国食品安全法》[6] 修订通过，修订后的《食品安全法》增添了网购、婴幼儿食品、保健品、转基因食品、添加剂等领域的新规定，对于保健食品、网络食品交易、食品添加剂等食品监管难点问题都有涉及，理顺了食品监管体制，明确了各监管部门职责。

（三）加强质量安全监管，专人统筹食品安全

从 2006 年开始由农业部组织质检机构对全国范围的城市蔬菜农药残留等进行监测，并将检测结果通报各地，督促改进农产品质量。针对九龙治水容易出现监管漏洞的问题，国家开始筹建专门单位负责食品安全监管。2010 年，国务院食品安全委员会成立，研究部署、统筹指导食品安全工作。同年试行《食品安全风险评估管理规定》。并于次年建立国家食品安全风险评估中心，如天气预报般对灾难性食品安全问题做出监测。监管过程中，深入开展农药及农药使用、畜产品“瘦肉精”、生鲜乳违禁物质、兽用抗菌药、水产品禁用药物和有毒有害物质、农资打假等 6 项专项整治活动，严厉查处和打击蔬果生产以及畜禽、水产养殖中非法添加、违规用药等问题，确保生产环节质量安全。

[1] 国务院. 关于加强食品安全工作的决定(国发〔2012〕20 号)［Z］.2012-06-23.

[2] 农业部. 农产品质量安全监管局发布《农业部关于加强农产品质量安全全程监管的意见》(农质发〔2014〕1 号)［Z］.2014-01-24.

[3] 国务院办公厅. 关于印发国家标准化体系建设发展规划（2016—2020年）的通知（国办发〔2015〕89号）［Z］. 2015-12-17.

[4] 农业部. 农业部关于扎实做好2016年农业农村经济工作的意见（农发〔2016〕1号）［Z］. 2016-01-29.

[5] 农业部. 农业部关于加强农产品质量安全检验检测体系建设与管理的意见(农质发〔2014〕11号)［Z］. 2014-6-5.

[6] 全国人民代表大会常务委员会通过，于2015年10月1日起施行《中华人民共和国食品安全法（2015）》(中华人民共和国主席令第二十一号)［Z］. 2015-04-24.

同时，尽快启动国家农产品质量安全监管示范县创建活动，落实属地责任，强化源头监管。2010 年，国务院食品安全委员会成立，研究部署、统筹指导食品安全工作。同年试行《食品安全风险评估管理规定》。2011 年，国务院食品安全委员会建立国家食品安全风险评估中心，如天气预报般对灾难性食品安全问题做出监测。监管过程中，深入开展农药及农药使用、畜产品“瘦肉精”、生鲜乳违禁物质、兽用抗菌药、水产品禁用药物和有毒有害物质、农资打假等 6 项专项整治活动，严厉查处和打击蔬果生产以及畜禽、水产养殖中非法添加、违规用药等问题，确保生产环节质量安全。同时，尽快启动国家农产品质量安全监管示范县创建活动，落实属地责任，强化源头监管。2012 年，农业部颁布了《农产品质量安全监测管理办法》[1]，对农产品质量安全风险监测和农产品质量安全监督抽查工作进行了细致的规定：由农业部统一管理全国农产品质量安全监测数据和信息，并指定机构建立国家农产品质量安全监测数据库和信息管理平台，承担全国农产品质量安全监测数据和信息的采集、整理、综合分析、结果上报等工作；并规定了农产品质量安全监测计划编制工作方案的具体内容。2013 年，国务院就加强农产品质量安全监管工作，提出强化属地管理责任、推进农业标准化生产、加强畜禽屠宰环节监管、要深入开展农产品质量安全专项整治行动，严厉查处非法添加、制假售假等案件，切实解决违法违规使用高毒农药、“瘦肉精”、禁用兽药等突出问题。[2] 2014 年，国务院第一次明确要求乡（镇）政府和街道办事处要将食品安全工作列为重要职责内容，并提出要使严惩重处违法犯罪行为成为食品安全治理常态。[3] 同年，农业部发文表示，将用 3~5 年的时间，使农产品质量安全标准化生产和执法监管全面展开，专项治理取得明显成效，违法犯罪行为得到基本遏制，突出问题得到有效解决，用 5~8 年的时间，使我国农产品质量安全全程监管制度基本健全，农产品质量安全法规标准、检测认证、评估应急等支撑体系更加科学完善，标准化生产全面普及，推行产地准出和追溯管理制度，依托农业产业化龙头企业和农民专业合作社启动创建一批追溯示范基地和产品，逐步实现农产品生产、收购、储藏、运输全环节可追溯[4]。

五、坚持市场化改革方向，提高政府治理能力

搞活农产品流通是农业农村经济发展的重要任务，加强政府对农产品市场的宏观调控是稳定农民收入、推进农业稳定发展的重要手段。为了在农产品市场化、国际化的新形势下加强宏观调控，防止农产品价格大起大落，国家逐步构建涉及粮棉油糖等大宗农产品的市场调控政策体系。其中主要包括粮食市场调控的三大政策，与国际贸易政策。

（一）粮食最低收购价政策

最低收购价政策始于 2004 年，其指向是主产区的稻谷和小麦。在执行过程中，该政策形成了以下几个特点：第一，各粮食品种的最低收购价逐年提高，根据品种的余缺情况，提高幅度有所不同。例如，针对近两年稻谷市场“籼强粳弱”尤其是早籼稻价格上涨较快的情况，国家在公布 2012 年稻谷最低收购价时，就将早籼稻最低收购价提高 17.6%，晚籼稻最低收购价提高 16.8%，而供求相对平

[1] 农业部. 农产品质量安全监测管理办法(农业部令2012年第7号) [Z]. 2012-08-14.

[2] 国务院办公厅. 国务院办公厅关于加强农产品质量安全监管工作的通知(国办发〔2013〕106号) [Z]. 2013-12-2.

[3] 国务院. 国务院关于加强食品安全工作的决定(国发〔2012〕20 号) [Z]. 2012-06-23.

[4] 农业部农产品质量安全监管局. 农业部关于加强农产品质量安全全程监管的意见(农质发〔2014〕1 号) [Z]. 2014-01-24.

衡的粳稻则提高了 9.4%。第二，最低收购价的公布时间在粮食播种之前。例如，小麦最低收购价公布时间在冬小麦播种之前，稻谷最低收购价公布时间在早籼稻播种之前。第三，最低收购价的执行时间基本明确为新季小麦和稻谷集中上市的时间。小麦最低收购价执行时间为当年度 5 月 21 日至 9 月 30 日，早稻最低收购价执行时间为当年度 7 月 16 日至 9 月 30 日，江苏、安徽、江西、河南、湖北、湖南、广西、四川 8 省（区）为当年 9 月 16 日至 12 月 31 日，辽宁、吉林、黑龙江 3 省为当年 11 月 16 日至次年 3 月 31 日。第四，收购粮食的标准也会根据情况灵活掌握。例如，2009 年小麦收获期间，部分地区由于受连日阴雨天气影响，小麦出现大面积麦穗发芽等情况，小麦品质下降，给农民收入和小麦收购工作带来不利影响。为保护农民利益，减少农民损失，国家有关部门同意将不完善粒 20% 以内的等内小麦列入最低收购价收购范围。

【专栏 2】粮食最低收购价政策“托市”原理

图 12–3 给出了粮食最低收购价政策能够产生“托市”效果的原理。一般状况下粮食收购市场处于 A 点的市场均衡水平，而粮食最低收购价政策针对相关粮食品种制定了特定的收购价格标准 P'，当政府认为由市场形成的粮食收购价格 P^* 过低，并希望将粮食收购价格维持在至少等于 P' 的水平上时，便启动粮食最低收购价政策预案，由中储粮及其委托机构执行政策，通过人为增加收储量 $Q'Q^*$ 这一手段来拉抬粮食收购价格水平，从而实现“托市”的政策目标。

出于政策的初衷，政策制定者希望粮食最低收购价托底的价格信号能够激励售粮农户在政策执行期内，按照不低于相应的最低收购价水平，将政府因“托市”需要而收储的量 $Q'Q^*$ 出售给国有粮食收购点，让售粮农户成为粮食最低收购价政策的实际受惠主体，进而使政策在农户原粮收购价格层面实现真正的“托市”[1] 效果。

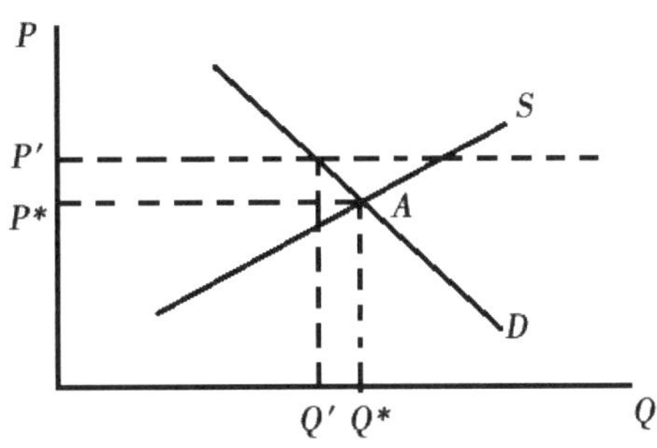

图 12–3　粮食最低收购价政策“托市”原理

Sadoulet, Fukui & Janvry（1995）认为，现代社会中初级农产品市场体系与已有的社会网络和传统制度日益分离，加重了市场参与者的成本。当发展中国家分散的小农家庭面对粮食这一最具代表性的初级农产品时，将其放入市场交易后获得的利润较微薄，交易成本便更能凸显其重要地位。当进行市场交易的成本超出其产生的价值时，农民将不会进入市场。而位于中国粮食主产区的农户，大部分处于分散生产经营的状态，从事其他经济活动的机会有限，同时又面临当地市场发育相对滞后等问题，粮食销售、流通的难易程度对种粮农户能否真正参与市场交易产生至关重要的影响。

[1] 如果售粮农户并未将手中粮食直接出售给国有指定粮食收购点，那么一般情况下其获得的粮食收购价格不会高于最低收购价水平，政策的实际受惠主体将很可能变为乡村粮食经纪人等其他的中间流通主体。从政策制定的初衷而言，这样的结果实际上并不表明政策起到了“托市”效果。

（二）临时存储粮食收购计划

临时存储粮食收购计划始于2007—2008年，其政策指向是主产区的玉米和大豆[1]，也曾经将东北粳稻和南方稻谷纳入其执行范围，甚至还包括少量的小麦。总的来看，国家临时储备粮食收购计划具有三个特点。第一，临时收储主要针对玉米和大豆等未纳入最低收购价政策执行范围的粮食品种，适当的时候也为局部地区承受价格下跌压力的稻谷、小麦等粮食提供价格支持，此外还为油菜籽、棉花等非粮食作物提供托市。[2]第二，临时储备粮食收购计划相对地独立于中央储备粮食轮换收购工作，目标指向是粮食价格暂时性下跌或者下跌趋势，一般在每年主产区粮食集中上市的时期下达。第三，根据市场行情，临时收储价格也保持了逐年上调的态势，而且稻谷和小麦的价格一般高于当年的最低收购价。

（三）政策性粮食竞价交易

政策性粮食竞价交易上升为一种市场调控手段始于2006年。最低收购价收购、进口临时存储、临时收储、跨省移库的储备粮食，相继成为政策性粮食竞价销售的标的，相关交易细则不断得到修订和完善。该政策具有以下三个特点：第一，政策性粮食投放市场的数量随调控需要和国家库存而定，一定程度上实现了对粮食市场供给的数量调节，为国家调控粮食市场提供了一种公开市场操作手段；第二，各种收储政策形成的粮食储备在粮食批发市场上常年常时公开竞价销售，交易底价和投放数量也根据市场需要进行调整，对市场也释放了一种关于价格调整和国家库存情况的信号；第三，政策性粮食竞价交易与最低收购价、临时收储计划等政策相互配合，实现了国家储备的吞吐调节。

（四）进口调控政策

进口调控政策主要包括进口配额与关税政策。到2005年我国加入WTO的后过渡期基本结束，大部分农产品关税削减已经到位，进口配额也已固定在入世承诺的水平。因而主要调整关税政策调控进口。但根据入世承诺，大豆进口执行3%的单一关税税率，豆油、棕榈油、菜籽油施行9%的单一关税税率。与其他大宗农产品不同，国家仅对棉花实施了超配额进口滑准税制度[3]，配额内棉花的进口关税率为1%，配额外实施基本范围为5% ~ 40%的滑准税税率。征收的目的是在大量棉花进口的情况下，减少进口棉对国内棉花市场的冲击，确保棉农收益。这相当于为进口棉花价格设置了底限，可对国内棉花市场价格形成支撑。

（五）出口调控政策方面

主要包括出口关税政策和出口退税政策。最近五年，出口政策分为两阶段，一是2007—2008年，小麦减产引发全球性粮食危机爆发，国家限制出口阶段；二是2009年至今，粮食危机缓解，国家促进出口阶段。

出口退税方面：第一阶段，财政部、国家税务总局连续下发《关于取消小麦等原粮及其制粉出口退税的通知》和《关于取消部分植物油出口退税的通知》，取消了小麦、玉米、大米及其制品，豆油、玉米油、花生油、橄榄油等部分植物油的出口退税。但粮食危机得到缓解后，国家于2009年提

[1] 从2014年起，大豆改为目标价格制度；2016年起，玉米改为生产者补贴加市场价格收购制度。

[2] 小麦的临时收储政策主要是实施地区是新疆等地。

[3] 滑准税也称为滑动税（sliding duty），是一种关税税率随进口商品价格由高到低而由低至高设置计征关税的方法。

出《关于进一步提高部分商品出口退税率的通知》，自2009年1月1日，罐头、果汁、桑丝等农业深加工产品出口退税率提高到15%，玉米淀粉、酒精的出口退税率提高到5%。后者于2010年7月15日起取消。

出口关税与配额方面：第一阶段，2008年1月，海关总署公布《粮食原粮及其制粉出口暂定关税税率表》，决定从2008年1月1日至12月31日，对小麦、玉米、稻谷、大米、大豆等原粮及其制粉共57个8位税目产品征收5%~25%的出口暂定关税；2008年1月19日，商务部公布《2008年粮食制粉出口配额申请条件和申报程序》，规定出口企业在没有获得配额的情况下，一律不得对外签订新的出口合同。第二阶段，粮食危机缓解后，国务院关税税则委员会开始调整出口关税，自2008年12月1日起，取消包括玉米、杂粮及其制粉等粮食产品的出口关税或特别出口关税，降低部分化肥及其原料以及小麦、大米及其制粉等出口关税，对我国对外无偿援助的粮食，免征出口关税。2009年6月进一步提出，自2009年7月1日，取消小麦、大米、大豆及其制粉的出口暂定关税，取消部分化肥及化肥原料的特别出口关税，调整尿素、磷酸一铵、磷酸二铵等3项化肥产品征收出口关税的淡、旺季时段，但次年提出在2010年12月内按35%的暂定税率征收出口关税，并征收75%的特别出口关税。

（六）生猪价格调控预案

2012年国家发布了《缓解生猪市场价格周期性波动调控预案》。预案确定，当猪粮比价处于绿色区域之间时，做好市场监测工作，密切关注生猪生产和市场价格变化情况。各部门根据职责定期发布生猪生产和市场价格信息。中央和地方正常冻猪肉储备规模分别保持在一定水平，以应对可能出现的价格过快上涨，同时满足应急救灾需要。见表12-6。其他情况下，根据相应等级不同，及时通过中国政府网等媒体向社会发布预警信息，适时投放或增加一定数量的中央冻猪肉储备等预案。

表12–6　缓解生猪市场价格周期性波动调控预案

猪粮比	对应区域	响应预案
>9.5:1	红色区域	一级响应：由发展改革委牵头会商，提出增加中央冻猪肉储备投放计划，由商务部牵头组织实施
9:1~9.5:1	黄色区域	二级响应：由发展改革委牵头会商，提出中央冻猪肉储备投放计划，由商务部牵头组织实施
8.5:1~9:1	蓝色区域	三级响应：发展改革委及时通过中国政府网等媒体向社会发布预警信息
5.5:1~8.5:1	绿色区域	正常情况，做好市场监测工作，密切关注生猪生产和市场价格变化情况
5:1~5.5:1	蓝色区域	三级响应：发展改革委及时通过中国政府网等媒体向社会发布预警信息，引导养殖户合理调整生产，避免出现大的亏损
4.5:1~5:1	黄色区域	二级响应：由发展改革委牵头会商，提出中央冻猪肉储备收储计划，由商务部牵头组织实施
<4.5:1	红色区域	一级响应：由发展改革委牵头会商，提出增加中央冻猪肉储备收储计划，由商务部牵头组织实施，最高可增加至25万吨。如有需要，由发展改革委会同商务部、财政部报请国务院同意，继续增加储备规模，具体数量根据当时市场情况确定。研究采取临时性措施，加强猪肉进口管理，鼓励猪肉及其制品出口，减少当期市场供应

资料来源：国家发展和改革委员会，财政部，农业部，商务部. 缓解生猪市场价格周期性波动调控预案(2015年第24号公告)。

六、整合农村商品流通渠道，扩大农村消费

近年来，我国大力推进农村现代流通网络建设，并将其纳入新农村建设的重要内容。目前，多形式、多渠道的农村商品流通网络体系初步建立。私营企业、个体工商户、农产品经纪人数量庞大，供销合作社流通渠道优势明显，部分大中型流通企业开始向三线、四线城市渠道下沉，少数外资企业通过投资、参股等方式开始进入农村流通市场，从网点数量、零售额、市场占有率看，农村流通市场基本上形成多种流通渠道相互竞争、共同发展的局面。然而由粮食、物资、供销、邮政等演变而来的协会、企业、科研院所等仍然没有得到有效的整合，各个部门、各种所有制、各种形式的流通组织数量众多。据商务部估计，2012 年连锁化农家店将达 52 万家，覆盖全国 80% 乡镇和 65% 行政村；而农业系统的基层农技、畜牧、水产、农机、经管等约近 20 万个组织；林业系统的基层林技推广、种苗、林产品购销等服务组织 3.8 万多个；水利系统的设计施工、物资供应等服务组织 4.8 万个；供销合作社系统的数据则显示其拥有 100 多万个农村商品流通网点，其中县及县以下达到 61 万个；邮政系统则称其拥有大约 24 万个为农服务网点；另外，近 12 万家的农业产业化龙头企、大约有 4500 个农产品批发市场和 2.5 万个农贸市场和将近 2 万家第三方物流商。

在互联网时代，渠道的界限日趋模糊，用户的重要性愈加凸显。农村商品流通亟待进行全渠道整合。一个销售服务平台，围绕着多个渠道（N），提供线上线下的各种服务（n），都能够融合到一起，为农村的消费者服务，也就是从原来简单的零售逐步过渡到渠道融合的过程。

第 7 节　现代农村商品流通体系建设的对策建议

农村商品流通是引导农业生产、调节工农产品供求最直接、最管用的杠杆和信号。今后，应当在农村商品流通按摩方面持续推进农业供给侧结构性改革，要以市场需求为导向调整完善农业生产结构和产品结构。

第一，积极推进农产品流通主体的发展培育，在资金和政策上给予倾斜，提高组织型流通主体的规模与辐射带动能力，增加分散型流通主体的数量与分布率，强化生产主体与流通主体的利益联结与风险共担机制。同时，提高农户的组织参与程度，增强农户进入市场、获取市场信息、参与市场谈判和市场竞争的能力。

第二，围绕“农超对接”流通模式，进一步丰富农产品直销渠道，发展“农餐对接”“社区直送”“订单生产”“网上直销”“周末市场”“产销联盟”等多种方式，以减少流通环节。另外，尽量降低每个环节的成本，继续“绿色通道”网络建设，并打通农产品流通“最后一公里”，落实批发市场税费优惠减免政策。从而降低流通成本，缩小运销价差。

第三，在农业生产者与经营者中间普及农产品质量安全卫生知识与法律知识，提高经营者法律道德素质。要提高舆论宣传监督力度，合理利用网络、媒体、社会大众增加对质量安全事件的曝光率。要加强法律制度建设，增大执法力度。要切实提高监管水平，坚持农产品质量安全检验检测体系建设和市场准入制度建设，建立质量安全检验检测机构，配备监测技术力量，监督生产、流通各环节卫生安全水平。

第四，根据过往经验教训，坚持市场化改革方向，增加政策调整弹性，分品种施策，渐进式推进。继续执行主要粮食品种最低收购价政策，完善大豆、棉花目标价格试点政策，玉米要按照市场

定价、价补分离的原则，实行“市场化收购＋补贴”，让价格回归市场，同时保护农民利益。增强对国有收储企业的内部控制制度与外部监督机制建设，从纵向控制扩展横向监督，提高国有收储企业的合规合法水平，确实起到政策初衷。加快政策调整落实过程，提高办事效率，同时做好市场信息体系建设，保证政策能及时、有效地解决问题。

第五，充分认识农村商品流通的重要作用，在完善法律法规的基础上，理顺各方之间的关系，加大投入力度，科学规划网络布局，大力发展新型流通业态，积极引入现代流通方式，规范市场秩序，建立“布局合理、规范有序、高效畅通、管理科学”的现代农村商品流通新体系。建立健全中小微型流通企业的扶持机制。研究界定农村商品流通的经营性和公益性、明确宏观调控的范围尺度，不断完善宏观调控的组织工具和经济手段，通过透明的、规范的市场准入管理方式，规范市场秩序。

第六，加大各种政策协调整合力度，充分发挥政策组合效应。从整体上理顺和协调农村商品流通链条各环节主体的利益关系出发，清理整顿并制定法律法规，制定统一的农村商品流通规划。整合财税、金融、土地等政策，出台相互配套、紧密衔接的农村商品流通的法规、规划、政策、标准规范，充分发挥政策组合的系统效应。建立专项基金，向农村流通的关键节点和薄弱环节倾斜。变“撒胡椒面”的扶持方式重点区域、重点市场、物流设施、检测检疫、质量追溯、信息化等流通链条关键节点倾斜转变。对于东中西部，尤其是东北、西北、东部沿海等差异较大的地区实施不同的政策，同时，加大对网络薄弱县、空白县的扶持力度，鼓励农民专业合作社的联合合作，提高市场主体的组织化程度，实现重点突出、均衡发展的流通格局。加大对农村流通中公益性基础设施建设的扶持力度，进一步增强财政政策和扶持资金的针对性和连贯性，提高财政资金使用效率。要尽快研究制定连锁企业统一纳税后地区间财政利益的调整和补偿办法，完善流通物流企业增值税抵扣政策，进一步扩大农产品增值税免税范围。要努力探索财政资金与金融服务的有机结合，通过财政资金担保、资金互助社、小额信贷等方式支持农民专业合作社。支持供销社农资、棉花流通企业开展供应链金融试点。

第七，积极扶持推进一网多用，提升流通网络的综合服务功能。积极引导，加大扶持，因地制宜，“一网多用”，综合经营，努力把“农家店”构建成集日用消费品销售、农资品经营、科技信息服务、农产品收购营销、文体健身于一体的综合服务中心。充分发挥各个产业网络优势，形成相互融合，相互促进，一网多用，双向流通的物流网络体系。通过物流平台而实现农资、农产品、日用消费品、再生资源网络的融合，特别是扶持大型物流园和第三方物流配送中心，可实现不同产品的物流配送，季节平衡和双向流通。通过支持电子商务信息网络的渗透而实现农资、农产品、日用消费品、再生资源网络的融合，实现一网多用，相互促进。

参考文献：

[1] 程国强 . 我国农村流通体系建设：现状、问题与政策建议 [J]. 农业经济问题 , 2007(4): 59-62.

[2] 黄国雄 . 转变观念构建多元化的农村市场结构 [J]. 商业时代 , 2013(4): 4-5.

[3] 刘兵 , 胡定寰 . 我国“农超对接”实践总结与再思考 [J]. 农村经济 , 2013(2): 109-112.

[4] 刘根荣 . 转型时期农村现代流通体系建设 [J]. 中国流通经济 , 2012(8): 25-29.

[5] 马龙龙 . 以流通为突破口破解“三农”问题［N］. 人民日报 , 2010.
[6] 孔祥智等 . 崛起与超越［M］. 北京：中国人民大学出版社 , 2008.
[7] 宋洪远 .“十一五”时期农业和农村政策回顾与评价［M］. 北京：中国农业出版社 , 2010.
[8] 张红宇 , 赵长保等 . 中国农业政策的基本框架［M］. 北京：中国财政经济出版社 , 2009.

第 13 章　农业补贴：现状与改革方向
——以农机具购置补贴政策为例

农业补贴政策是市场经济条件下政府调控农业、农村经济发展的重要手段，是农业支持政策的重要组成部分，是国家与农业、农村和农民之间“取予”关系转折的重要体现。进入新世纪以来，随着我国开始进入“以工补农、以城带乡”的发展阶段，各种农业补贴政策相继出台，补贴力度不断加大，补贴领域不断拓宽，逐步形成了综合性收入补贴和生产性专项补贴相结合的农业补贴制度基本框架。2004 年，我国出台了“粮食直补、农资综合补贴、良种补贴、农机具购置补贴”为内容的四项补贴政策。

农业对于建设现代农业、促进农民增收、统筹城乡发展起到了重要作用。当前，随着资源环境约束不断加剧，国际国内竞争日趋激烈，进一步健全我国农业补贴政策体系，对于加强对农业、农村发展的宏观调控，加快农业发展方式转变，具有重要意义。

2015 年，我国了启动了“粮食直补、农资综合补贴、良种补贴”三项补贴合一的改革措施。这三项补贴的改革思路很明确，因此本将以农机具购置补贴为例，分析农业补贴的现状与展望改革方向。

第 1 节　农机具购置补贴政策变迁与实施现状

从农机购置补贴政策实施的方式及特征来看，政策实施大体可划分为三个阶段：1998—2003 年为补贴项目试验阶段；2004—2011 年为补贴政策实施推行阶段；2012 至今为补贴政策优化调整阶段。

一、第一阶段：补贴试验阶段（1998—2003）

从“九五”时期开始，我国大型拖拉机日益老化、保有量不断减少，特别是大型拖拉机不足，无法实现土地深耕深翻，东北等地区土壤板结、土质退化等问题日益严重。为稳定提高农业生产力水平，1998—2000 年，中央财政每年投入 2000 万元，在黑龙江、吉林、辽宁、山东、河南、内蒙古和新疆等 7 省区实施了“大中型拖拉机及配套农具更新补助”项目。2001—2002 年，为适应我国农业结构调整的需要，完善和优化农业机械化发展结构，中央财政设立了“农业机械装备结构调整补助经费”，资金规模仍为每年 2000 万元，补助范围在原 7 个省份的基础上，增加了陕西和湖北两省。2003 年，结合优势农产品区域布局规划，原项目更名为“新型农机具购置补贴”项目，实施范围由 9 个省扩大到 11 个，增加了湖南和重庆两省市，中央财政投资总规模保持 2000 万元的水平。

这一阶段的主要特征有：①资金投入规模小，每年中央财政投入总规模为 2000 万元，省均投入不足 300 万元，县均投入 50 万元左右。②实施范围窄，仅限于部分粮食主产省的个别粮食生产大县。③补贴机具种类少，主要是大中型拖拉机及配套机具，包括部分耕作机械、播种机械、收获机械。④补贴标准为定额补贴或不超过价格的30%，前期为定额补贴（大中型拖拉机一般单台补贴2万元）。⑤操作方式是按项目进行管理，没有全国统一的项目管理办法，各地操作办法不同，补贴资金兑现方式主要有两种：报账制和直接支付制。报账制，即农民全价购机，然后凭发票领补贴，实施中各地反映补贴资金落实手续繁杂，也出现了一些造假行为。直接支付制，即农民差价购机，省级农机管理部门与供货厂家结算补贴款。由于报账制实践中出现的问题较多，2001—2003年，项目省普遍采取了直接支付制的方式。

二、第二阶段：补贴推行阶段（2004—2011）

农机购置补贴政策实施的主要环节包括："在哪补（补贴地域）""补给谁（补贴对象）""补什么（补贴目录）""补多少（补贴标准）"以及"怎么补（补贴方式）"的问题。为此，本文将从这几个构建介绍此阶段农机购置补贴政策的实施特征。

（一）补贴区域

农机购置补贴政策实施区域的选择具有如下特征：第一，补贴政策并不是在全国各地同时实施，而是各县市依次逐步铺开。2004年，农机购置补贴在66个县试点实施（如表13-1所示）；2009年，农机购置补贴已覆盖到全国所有县市区。第二，政策实施中实行地区普惠制原则。具体而言，以县市区为补贴实施范围，凡该区域内的户籍农民或直接从事农业生产的组织，都能申请补贴，其他县区的则不能申请。在实际操作中，一般是农民根据拟购买农业机械的型号先申请购机补贴[1]，然后再行购买农机。当补贴资金不充裕时，则采用"先到先得"的资金分配机制。

表13-1　农机购置补贴实施范围

年份	实施县级单位数量	补贴区域
2004	66	河北、内蒙古、辽宁、吉林、黑龙江、江苏、安徽、江西、山东、河南、湖北、湖南、重庆、四川、陕西、新疆16个省（区、市）；主要为粮食主产区
2005	500	围绕南方水稻生产机械化和北方旱区机械化的发展重点，按照突出重点与兼顾特色相结合的原则，确定2005年专项实施范围及分省、自治区、直辖市、计划单列市和新疆生产建设兵团（以下简称省、区、市）实施控制规模
2006	1126	围绕发展南方水稻生产机械化和扩大北方保护性耕作实施面积，按照突出重点与兼顾特色相结合的原则，确定2006年专项实施范围及分省、自治区、直辖市、计划单列市和新疆生产建设兵团（以下简称省、区、市）实施资金控制规模
2007	1716	进一步扩大补贴区域，重点要将农业部血防规划中的164个血防疫区县（场）全部纳入农机补贴实施范围。在具体操作中，要优先满足重疫区村农民购买机具，优先满足已经处理耕牛的养牛户的购机需求。要积极开展"以机代牛"整村推进试点，在有条件的重疫区村，加大投入和示范引导力度，以点带面，全面推进
2008	2653	农机购置补贴原则上覆盖全国所有农牧业县；围绕发展南方水稻、油菜生产机械化，推进北方保护性耕作和玉米生产机械化以及血防疫区"以机代牛"工作，按照突出重点与兼顾特色相结合的原则，确定实施范围
2009	全部	覆盖到全国范围

资料来源：农业部及财政部历年发布的"农业机械购置补贴实施指导意见或实施方案"。

[1] 农机购置补贴针对农业机械实行分类分档补贴的方式，不同类不同档的机械补贴额度不同。

表 13-1 展示了农机购置补贴政策实施区域的变迁，根据表中内容，补贴实施区域变化体现出了如下规律：第一，粮食主产区先行实施。据笔者从农业部调研获悉，2004 年先行实施补贴的 66 个县级地区大多为粮食主产区。这些地区耕地资源相对集中，农业生产对机械服务需求较大。第二，突出重点粮食品种。如 2005 年、2006 年在选择补贴实施区域时，均提及要“围绕发展南方水稻”，这体现出了补贴政策对重点粮食品种机械化的支持。第三，体现出对特殊地区扶持。2005 年在选择补贴实施区域时提出要以“北方旱区”为重点之一；2007 年提出要将血防疫区县（场）全部纳入补贴实施范围。这充分显示了补贴政策对特殊地带的倾斜。

（二）补贴对象

2004 年，农机购置补贴政策实施初期，补贴对象仅限于“农民个人和直接从事农业生产的农机服务组织”。2004—2011 年，补贴对象总体保持稳定，但是扶持重点逐年有所变动（见表 13-2）。

表 13-2　2004-2011 农机购置补贴对象的变化

年份	补贴对象	优先补贴对象
2004	农民个人和直接从事农业生产的农机服务组织	
2005	纳入实施范围并符合补贴条件的农民（含地方农场职工）和直接从事农业生产的农机服务组织	农机大户（种粮大户），配套购置机具（主机和与其匹配的作业机具），列入农业部科技入户工程中的科技示范户等
2006	纳入实施范围并符合补贴条件的农民（含地方农场职工）和直接从事农业生产的农机服务组织	农机大户（种粮大户），配套购置机具的（购置主机和与其匹配的作业机具），列入农业部科技入户工程中的科技示范户，农机作业服务组织等
2007	纳入实施范围并符合补贴条件的农民（含地方农场职工）和直接从事农业生产的农机服务组织	农机大户（种粮大户），配套购置机具（主机和与其匹配的作业机具），列入农业部科技入户工程的科技示范户，农机服务组织，“平安农机”示范户
2008	纳入实施范围并符合补贴条件的农牧渔民（含地方农场职工）和直接从事农业生产的农民专业合作组织	农机大户（种粮大户），农民专业合作组织，配套购置机具的（购置主机和与其匹配的作业机具），列入农业部科技入户工程中的科技示范户，“平安农机”示范户
2009	纳入实施范围并符合补贴条件的农牧渔民（含农场职工）、直接从事农机作业的农业生产经营组织，以及取得当地工商登记的奶农专业合作社、奶畜养殖场所办生鲜乳收购站和乳品生产企业参股经营的生鲜乳收购站	农机大户、种粮大户；农民专业合作组织（包括农机专业化组织）；乳品生产企业参股经营的生鲜乳收购站、奶农专业合作社、奶畜养殖场所办生鲜乳收购站；配套购置机具的（购置主机和与其匹配的作业机具）；列入农业部科技入户工程中的科技示范户；“平安农机”示范户
2010	纳入实施范围并符合补贴条件的农牧渔民、农场（林场）职工、直接从事农机作业的农业生产经营组织、取得当地工商登记的奶农专业合作社、奶畜养殖场所办生鲜乳收购站和乳品生产企业参股经营的生鲜乳收购站	农民专业合作组织；农机大户、种粮大户；乳品生产企业参股经营的生鲜乳收购站、奶农专业合作社、奶畜养殖场所办生鲜乳收购站；列入农业部科技入户工程中的科技示范户；“平安农机”示范户
2011	纳入实施范围并符合补贴条件的农牧渔民、农场（林场）职工、直接从事农机作业的农业生产经营组织	在申请补贴人数超过计划指标时，要按照公平公正公开的原则，采取公开摇号等农民易于接受的方式确定补贴对象；对于已经报废老旧农机并取得拆解回收证明的农民，可优先补贴

资料来源：农业部、财政部历年发布的“农业机械购置补贴实施指导意见或实施方案”。

2005—2007 年，农机购置补贴政策扶持对象在 2004 年的基础上扩展到“农民（含地方农场职工）和直接从事农业生产的农机服务组织”。明确提出对农机服务组织的扶持，体现了以农机社会化服务促进农业机械化的机械化发展方针（宗锦耀，2008；孔祥智等，2015）。2008 年扶持对象的内容仅将2005—2007年的“农机服务组织”改为“农民专业合作组织”。这一变化旨在引导农机服务组织在组织形态上向合作组织转变，以此提高服务水平。2009—2010年扶持对象专门提及“奶农专业合作社、奶畜养殖场所办生鲜乳收购站和乳品生产企业参股经营的生鲜乳收购站”，这与2008年“三聚氰胺”事件爆发后，加强乳品生产质量安全相关联。2011年，扶持对象简化表述为“纳入实施范围并符合补贴条件的农牧渔民、农场（林场）职工、直接从事农机作业的农业生产经营组织”，农业生产经营组织范围较宽，既包含了农机服务组织，也涵盖了农民专业合作组织。宽泛的表述体现了扩大地方政策执行中自主决策权的政策内涵。

值得关注的是，政策优先补贴对象基本稳定但逐年有所变动。农机大户（种粮大户），配套购置机具（主机和与其匹配的作业机具），列入农业部科技入户工程中的科技示范户等，多年来均是优先补贴对象。2007年、2008年在此基础上增加了“平安农机”示范户；2009—2010年，补贴政策特别突出了对乳品生产者的优先扶持。不过，2011年优先补贴对象较前几年不同，仅提出“对于已经报废老旧农机并取得拆解回收证明的农民”可优先补贴，这是由于2011年补贴已覆盖到全国范围，并且补贴强度较前几年进一步加大，而且过去优先补贴对象大多获得了政策支持，因此2011年的补贴侧重点转移到机械的报废更新。

（三）补贴目录

农机购置补贴政策旨在支持农户购置农业机械，但是并不是农户购置的所有机械都能享受到补贴，只有当农户购置的机械纳入补贴目录之内，农户才能申请到中央补贴资金。补贴目录由部（农业部）、省两级农机部门分别确定，并共同组成。一般而言，农业部组织制定年度的《全国通用类农业机械购置补贴产品目录》，简称《通用类机具补贴目录》；省级农机部门依据地方特点，组织编制《其他类农业机械购置补贴产品目录》，或称《其他类机具补贴目录》，也称《自选机具补贴目录》。《通用类机具补贴目录》和《自选机具补贴目录》共同构成了补贴目录，供农民选择。

补贴目录一般分大类、小类和品目三个层次。如表13-3所示，耕整地机械为大类，耕地机械为小类，铧式犁为品目。此外，品目还可以依据机具的动力、性能细分为不同的档位。在操作中，不同档位的补贴额度不同。

表13-3　2011年全国农机购置补贴机具种类范围（部分）

1. 耕整地机械	1.1.12机滚船
1.1耕地机械	1.1.13机耕船
1.1.1铧式犁	1.1.14联合整地机
1.1.2翻转犁	1.2 整地机械
1.1.3圆盘犁	1.2.1钉齿耙
1.1.4旋耕机	1.2.2弹齿耙
1.1.5耕整机（水田、旱田）	1.2.3圆盘耙
1.1.6微耕机	1.2.4滚子耙
1.1.7田园管理机	1.2.5驱动耙
1.1.8开沟机（器）	1.2.6起垄机
1.1.9浅松机	1.2.7镇压器
1.1.10深松机	1.2.8合墒器
1.1.11浅耕深松机	1.2.9灭茬机

资料来源：农业部办公厅财政部办公厅关于印发《2011年农业机械购置补贴实施指导意见》的通知。

2004—2011年，伴随农机购置补贴政策的不断推进，补贴目录的范围也在逐步扩大和完善。

2004 年，补贴目录仅涵盖了拖拉机、联合收割机及深松机等 6 种农业机械；到 2009 年，补贴机具的范围已经扩大到了 12 大类 38 个小类 128 个品目，并且形成了 12 大类补贴目录的整体框架。2010—2011 年，补贴小类逐步扩大，补贴品目进一步增加。2011 年，形成了 12 大类 46 小类 180 品目的补贴机具种类。

表 13-4　2004-2011 农机购置补贴机具种类的变化

年份	补贴机具种类
2004	6大类
2005	6大类18个品种
2006	6大类19个品种
2007	7大类24个品种
2008	9大类33种机具
2009	12大类38小类128品目
2010	12大类45小类180品目
2011	12大类46小类180品目

资料来源：农业部、财政部历年发布的“农业机械购置补贴实施指导意见或实施方案”。

（四）补贴标准

农机购置补贴政策至实施以来，补贴标准逐年有所变动，整体呈现出如下几方面的特征。

第一，补贴标准逐步提高。中央资金补贴率基本稳定在机具价格 30% 的水平，但是补贴强度的提升则是补贴标准变迁过程中显现的较为突出的特征。2007 年之后，单机补贴限额从 3 万元提高到了 5 万元。2008 年始，针对一些大型和重点农业机械的补贴限额也逐渐，如 100 马力以上的大型拖拉机，补贴限额从 2008 年的 8 万元提升至 2009—2012 年的 12 万元（见表 13-5）。

第二，补贴标准从比例补贴转向定额补贴。2004—2009 年，虽然补贴政策明确指出，中央资金补贴率不超过机具价格 30%，但是在执行中绝大部分地区补贴率均是机具价格的 30%，即补贴标准执行的是比例补贴。但是在实践中，比例补贴表现了明显的推高机具价格，扭曲市场定价，削弱补贴对购机户扶持力度的缺陷[1]；为此，2010—2011 年逐步探索定额补贴。2010 年，补贴率总体上仍然执行补贴率不超过 30% 的比例补贴方式，但是规定“同一种类、同一档次的产品在全省实行统一的定额补贴标准”，这一规定初具定额补贴特征。2011 年，明确提出“中央财政农机购置补贴资金实行定额补贴，即同一种类、同一档次农业机械在省域内实行统一的补贴标准。定额补贴按不超过本省（区、市、兵团、农垦）市场平均价格 30% 测算。”至此，定额补贴的方式正式确立实施。相比比例补贴，定额补贴弱化了补贴对价格的扭曲程度。

第三，补贴标准从允许地方累加补贴到不再鼓励。2008 年，补贴政策首次提出“各地可利用地方财政资金给予适当累加补贴，累加补贴的补贴率和补贴额度等由地方自行确定”。允许累加补贴，体现了加大对购机户扶持力度的政策决心。如黑龙江省在中央财政补贴基础，加大累加补贴实施力度，机具总补贴率一度高达 50%~80%。不过，2011 年起，补贴政策不再提允许地方财政资金给予累加补贴。这是由于累加补贴在实施中遭遇了两大困境：一是出现了农机具倒卖现象。即投机分子

[1] 采用比例补贴方式时，农机具一旦纳入补贴目录，价格随之上涨；有时，购机户实际出资与机具纳入补贴目录前，相差无几。即购机户实质上未享受到补贴扶持，补贴资金流向了农机制造商或经销商。

在补贴率高的地方申请购机补贴后，转手到补贴率低的省份倒卖机具，严重干扰了农机具市场。二是高补贴率扶持下，出现了购机户不爱惜、暴力使用农机等不良现象。

第四，限定购机户享受补贴机具数量到不再限制。2005—2009 年的补贴政策，均明确限定了购机户可享受到补贴机具的数量。如 2005 年的“一户农民或一个农机服务组织年度内享受补贴的购机数量原则上不超过一套”，2007 年、2008 年的具备一定规模的农机服务组织分别可补贴购置农机具 2 套与 3 套（见表 13-5）。2010—2011 年的补贴政策，则不再如此限定。这种变化体现了补贴扶持力度由弱到强的含义。购机主体补贴机具限定数量由少到多比较明显地显示出了这样的政策意图；2010—2011 年不再规定数量，体现了给予地方充足的自主决策权，这蕴含着地方可根据情况提高购机主体补贴机具的含义。

表 13-5　2004—2011 年农机购置补贴标准变化情况

年份	中央补贴资金（亿元）	补贴率（额）	备注
2004	0.70	中央资金的补贴率不超过机具价格的30%，且单机补贴额不超过3万元	每个项目县重点补贴2~3种机具，中央财政投入50万元左右
2005	2.50	中央资金的补贴率不超过机具价格的30%，且单机补贴额不超过3万元	1. 每县可安排中央补贴资金30万~70万元 2. 一户农民或一个农机服务组织年度内享受补贴的购机数量原则上不超过一套（4台，即1台主机和与其匹配的3台作业机具）
2006	5.40	中央资金的补贴率不超过机具价格的30%，且单机补贴额不超过3万元	1. 每县可安排中央补贴资金30万~70万元。对耕地面积在300万亩以上的农业大县，每县可安排补贴资金100万元 2. 一户农民或一个农机服务组织年度内享受补贴的购机数量原则上不超过一套（4台，即1台主机和与其匹配的3台作业机具）
2007	11.09	中央资金的补贴率不超过机具价格的30%，且单机补贴额不超过5万元	1. 一户农民年度内享受补贴的购机数量不超过1套（4台，即1台主机和与其匹配的3台作业农具） 2. 具备一定规模的农机服务组织可补贴购置农机具2套（8台，即2台主机和与其匹配的6台作业农具）
2008	37.20	1. 中央资金的补贴率不超过机具价格的30%，且单机补贴额不超过5万元 2. 血吸虫病综合治理重点县（场）农民购置农田作业机具给予50%的补贴 3. 各地可利用地方财政资金给予适当累加补贴，累加补贴的补贴率和补贴额度等由地方自行确定 4. 大型自走式棉花采摘机补贴限额可提高到20万元；100马力以上大型拖拉机和高性能青饲料收获机补贴限额可提高到8万元	1. 一户农民年度内享受补贴的购机数量原则上不超过一套（4台，即1台主机和与其匹配的3台作业机具） 2. 具备一定规模的农机服务组织年度内享受补贴的购机数量原则上不超过3套（12台，即3台主机和与其匹配的9台作业机具）

续表

年份	中央补贴资金（亿元）	补贴率（额）	备注
2009	130.00	1. 全国总体上继续执行30%的补贴比例 2. 血防疫区继续执行“以机代牛”50%的补贴政策 3. 汶川地震重灾区县补贴比例提高到50% 4. 各地可利用地方财政资金给予适当累加补贴，累加补贴的补贴率和补贴额度等由地方自行确定 5. 单机补贴额最高不超过5万元的标准，并根据实际需要，将100马力以上大型拖拉机、高性能青饲料收获机、大型免耕播种机、挤奶机械补贴限额提高到12万元	1. 一户农民年度内享受补贴的购机数量原则上不超过一套（4台，即1台主机和与其匹配的3台作业机具） 2. 直接从事植保工作的植保作业服务队年度内享受补贴购置植保机械的数量原则上不超过10台套 3. 一个生鲜乳收购站年度内享受补贴的购机数量不超过1套［3台，即1台挤奶机、1个储奶（冷藏）罐、1个运输奶罐］ 4. 一户农民（渔民）年度内补贴购置增氧机、投饵机、清淤机的数量分别不超过6台、6台和1台
2010	154.93	1. 全国总体上继续执行不超过30%的补贴比例汶川地震重灾区县、重点血防疫区补贴比例可提高到50% 2. 单机补贴额原则上最高不超过5万元。100马力以上大型拖拉机、高性能青饲料收获机、大型免耕播种机、挤奶机械、大型联合收割机、水稻大型浸种催芽程控设备、烘干机单机补贴限额可提高到12万元；大型棉花采摘机、甘蔗收获机、200马力以上拖拉机单机补贴额可提高到20万元 3.各地可利用地方财政资金对当地农业生产急需和薄弱环节的机具给予累加补贴	同一种类、同一档次的产品在全省实行统一的定额补贴标准
2011	175.00	1. 定额补贴按不超过本省（区、市、兵团、农垦）市场平均价格30%测算，单机补贴限额不超过5万元 2. 汶川地震重灾区县、重点血防区补贴比例可提高到50% 3. 100马力以上大型拖拉机、高性能青饲料收获机、大型免耕播种机、挤奶机械、大型联合收割机、水稻大型浸种催芽程控设备、烘干机单机补贴限额可提高到12万元；大型棉花采摘机、甘蔗收获机、200马力以上拖拉机单机补贴额可提高到20万元	1. 中央财政农机购置补贴资金实行定额补贴，即同一种类、同一档次农业机械在省域内实行统一的补贴标准 2. 通用类农机产品补贴额由农业部统一确定，非通用类农机产品补贴额由各省（区、市、兵团、农垦）自行确定

资料来源：农业部、财政部历年发布的“农业机械购置补贴实施指导意见或实施方案”。

（五）补贴方式

2004—2011 年农机购置补贴实施的是“差价购机”的补贴方式。差价购机的特点有两点：一是先申请补贴后购买农机，即“先补贴，后购机”；二是购机户购买农机仅需支付机具价格与补贴资金的差价。

差价购机下购机户购机与补贴发放一般流程如下：①购机户填写购置农机具申请书，申请书涉及购机户基本信息与购置农机具信息。②购机户向村委会提交申请书，村委会审核信息并盖章。③购机户携带身份证或户口簿等有效证件至户籍所在地乡镇或县级农机部门，提交申请书；县级农机部门根据农民提交的申请，审核信息并分配购机补贴指标（金额）；若购机补贴指标（金额）不够，一般采用“先到先得”或抓阄，或其他方式分配；购机指标分配公示；公示无异议后，购机户签订购机协议。④购机户凭相关购机补贴指标证明材料，以农机具价格与补贴资金的差价向经销商或农机企业购买农机具。⑤企业凭补贴指标确认通知书和发票存根定期向省（县）级农机化主管部门提出结算申请，农机主管部门核实无误后，出具结算确认清单，并向省级财政部门提出结算申请。⑥省级财政部门进行审核并及时与经销商或企业结算补贴资金（见图 13-1）。

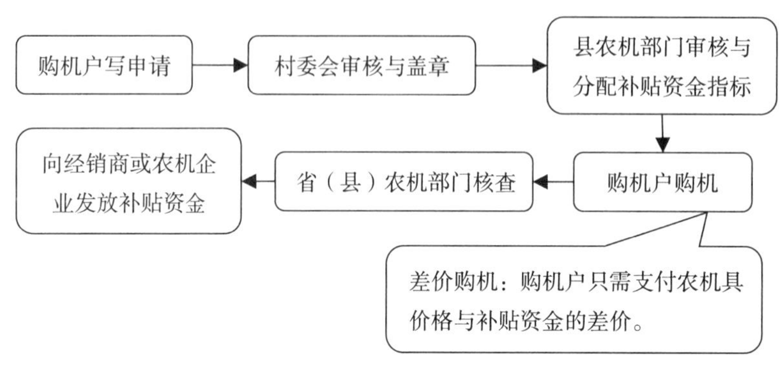

图 13-1　差价购机下购机户购机与补贴发放流程图

2011 年，购机补贴实施流程的一个变化是：公示无异议后，不再签订购机补贴协议，而是由县级农机化管理部门办理补贴指标确认通知书，经同级财政部门联合确认后，由农机化管理部门交申请购机农民。购机农民在补贴指标确认通知书规定的时限内，携带身份证等相关证件和补贴指标确认通知书向供货企业缴纳差价款购机。对价值较低的机具可采取购机与公示同时进行的办法。同年，在部分省还开展了资金结算层级下放、选择少数农业生产急需且有利于农机装备结构调整和布局优化的农机品目在省域内满足所有农民申购需求等操作方式创新试点。

三、第三阶段：补贴优化阶段（2012 年至今）

2012 年，补贴方式从差价购机向全价购机发生了重大转变，这标志着农机购置补贴政策进入了优化的全新阶段。这个阶段内，除补贴方式发生重大变化外，补贴政策实施的其他主要环节均发生了不同程度的变化。

（一）补贴对象

2012 年以来，农机购置补贴对象主要发生了如下几方面的变化。

第一，补贴对象扩大到所有从事农业生产的个人和组织。2015 年农业部办公厅、财政部办公厅联合下发关于《2015—2017 年农业机械购置补贴实施指导意见》（以下简称《意见》）的通知，改变了以往每年发布一次农机购置补贴实施指导意见的工作做法。《意见》最大的变化是对补贴对象进行了修改，将补贴对象从“农牧渔民、农场（林场）职工、农民合作社和从事农机作业的农业生产经营组织”改为“直接从事农业生产的个人和农业生产经营组织”。其中，个人既包括农牧渔民、农场（林场）职工，也包括直接从事农业生产的其他居民；农业生产经营组织的界定可与农业法衔接，既包括农民合作社、家庭农场，也包括直接从事农业生产的农业企业等。这主要是考虑到目前从事农业生产的主体不仅仅是农牧渔民，越来越多的农业生产任务为合作社、农业企业等新型农业经营主体承担。另外，户籍制度改革后，农民只是一种职业划分，很难再从居住地和户籍上区分。

第二，补贴对象拓展到农机报废更新者与深松整地作业者。2012 年，农业部、财政部联合发布的农机购置补贴指导意见提出“对于已经报废老旧农机并取得拆解回收证明的农民，可优先补贴”，这表明农机报废更新已成为了政策扶持的重要对象之一。同年，农业部、财政部、商务部联合制定了《2012 年农机报废更新补贴试点工作实施指导意见》，对农机报废更新的总体要求、实施范围、机具种类、补贴标准、操作程序、工作要求等做出了细致规定。

2013 年，农业部、财政部发布《农业部办公厅关于开展农机深松整地作业补助试点工作的通知》，决定对 2013 年在东北、黄淮海等适宜地区开展的秋季农机深松整地作业进行补助试点，补助资金在 2014 年全年中央财政农机购置补贴资金中统筹安排。这标志着除购机与报废更新者外，农机购置补贴政策扶持对象再度拓宽。2014—2015 年的农机购置补贴实施指导意见都对深松整地作业补贴进行了规定，对补贴资金、对象、要求等做出了具体部署。

表 13–6　2012–2017 农机购置补贴对象的变化

年份	补贴对象	优先补贴对象
2012	纳入实施范围并符合补贴条件的农牧渔民、农场（林场）职工、直接从事农机作业的农业生产经营组织	对于已经报废老旧农机并取得拆解回收证明的农民，可优先补贴
2013	纳入实施范围并符合补贴条件的农牧渔民、农场（林场）职工、从事农机作业的农业生产经营组织	对已经报废老旧农机并取得拆解回收证明的，可优先补贴
2014	纳入实施范围并符合补贴条件的农牧渔民、农场（林场）职工、农民合作社和从事农机作业的农业生产经营组织	对已经报废老旧农机并取得拆解回收证明的补贴对象，可优先补贴
2015—2017	直接从事农业生产的个人和农业生产经营组织	对已经报废老旧农机并取得拆解回收证明的补贴对象，可优先补贴

资料来源：农业部、财政部历年发布的“农业机械购置补贴实施指导意见或实施方案”。

（二）补贴目录

2012—2014 年，农机购置补贴政策补贴机具种类稳定在 12 大类、48 个左右的小类范围内；相比 2009—2010 年，补贴机具种类变化不大。《2015—2017 年农业机械购置补贴实施指导意见》发布后，补贴政策发生了重要变化，其中，补贴目录与补贴机具种类均有较大变化。

第一，地方根据中央发布补贴目录选择部分品类列入地方中央资金补贴范围内。过去，均是地方在中央发布的补贴目录内，适当增加部分品类，作为地方中央资金支持补贴机具（见表 13-4 与表 13-7）。2015 年始，地方补贴目录在中央补贴目录基础上“做加法”的方式改变为“做减法”。这种变化体现了农机购置补贴政策对重要机械、关键机械补贴的扶持思路。

第二，补贴机具范围压缩。2015—2017 年中央财政资金补贴机具范围由 2014 年 175 个品目压缩到 137 个品目。2015 年的《意见》提出，按照“谷物基本自给、口粮绝对安全”的目标要求，中央财政资金重点补贴粮棉油糖等主要农作物生产关键环节所需机具，兼顾畜牧业、渔业、设施农业、林果业及农产品初加工发展所需机具。这种变化是为了突出重点，加快推进粮棉油糖等主要农作物生产全程机械化，提高政策的指向性和精准性。

第三，对重点品目实施敞开补贴。2015 年《意见》中还有一个亮点，即对重点品目敞开补贴。实行重点品目敞开补贴、普惠制，一方面能集中资金补重点，提升主要农作物生产全程机械化，提升我国主要农产品的生产能力。另一方面，能简化手续，减少确定补贴对象等审批环节，防范权力寻租。2014 年的农机购置补贴实施指导意见也提及过敞开补贴，如“提倡有条件的省份选择部分粮食生产耕种收及烘干等关键环节急需的机具品目敞开补贴”。不过，2014 年的范围仅限于有条件的地区；2015 年，则在全国范围内要求对重点品目实施，政策实施范围之广、力度之大，均比 2014 年显著。

第四，鼓励对新产品实施补贴。由于过去新产品纳入补贴范围，需要经历鉴定、推广等多个环节，流程多、周期长等因素不利于企业研发创新。2015 年的《意见》首次提出“引导和鼓励农机生产企业加强研发创新”，这在推进新产品研发、应用中迈出了坚实的一步。

表 13-7　2012-2017 农机购置补贴机具种类的变化

年份	补贴机具种类	备注
2012	12大类46个小类180个品目	1. 除12大类46个小类180个品目外，各地可以在12大类内自行增加不超过30个品目的其他机具列入中央资金补贴范围。 2. 各省（区、市、兵团、农垦）结合本地实际情况，合理确定具体的补贴机具品目范围。
2013	12大类48个小类175个品目	1. 除12大类48个小类175个品目外，各地可在12大类内自行增加不超过30个品目的其他机具列入中央资金补贴范围。 2. 各省应结合本地实际情况，在农业部确定的175个品目中，选择部分农业生产急需、农民需求量大的品目纳入中央财政补贴机具种类范围。
2014	12大类48个小类175个品目	1. 除175个品目外，各地可在12大类内自行增加不超过30个其他品目的机具列入中央资金补贴范围。 2. 各省应在农业部确定的175个品目中，缩小范围，选择部分农业生产急需、农民需求量大的品目作为本省中央财政补贴机具种类范围，对于价格较低的机具可以不列入补贴范围，具体由各省确定。 3. 提倡有条件的省份选择部分粮食生产耕种收及烘干等关键环节急需的机具品目敞开补贴，满足省域内所有申购者的需求。
2015—2017	11大类43个小类137个品目	1. 各省应根据农业生产实际，在137个品目中，选择部分品目作为本省中央财政资金补贴范围；并要根据当地优势主导产业发展需要和补贴资金规模，选择部分关键环节机具实行敞开补贴。 2. 粮食主产省（区）要选择粮食生产关键环节急需的部分机具品目敞开补贴。 3. 棉花、油料、糖料作物主产省（区）要对棉花收获机、甘蔗种植机、甘蔗收获机、油菜籽收获机、花生收获机等机具品目敞开补贴。 4. 有条件的省份，围绕主导产业，按照补贴资金规模与购机需求量匹配较一致的原则，选择机具品目试行全部敞开补贴。 5. 其他地方特色农业发展所需和小区域适用性强的机具，可列入地方各级财政安排资金的补贴范围，具体补贴机具品目和补贴标准由地方自定。 6. 为引导和鼓励农机生产企业加强研发创新，选择若干省份开展农机新产品中央财政资金购置补贴试点。新产品补贴试点，要突出当地粮棉油糖等主要产业发展和农机化新技术推广的需要，进行科学论证、集体研究决策，确保技术先进和风险可控。具体办法可由试点省农机化主管部门、财政部门共同制定。

资料来源：农业部、财政部历年发布的“农业机械购置补贴实施指导意见或实施方案”。

（三）补贴标准

2012 年以来，农机购置补贴中央补贴资金稳定 200 亿元规模以上（见表 13-8），补贴标准仍执行定额补贴。机具补贴标准相比以前，发生了变化。

第一，通用类农机产品补贴额由农业部统一确定，且单机补贴限额不超过 5 万元。2012 年以前，无论是通用类机械还是非通用类的，补贴标准大致维持着中央资金的补贴率不超过机具价格 30% 的基本原则。2012 年后，这种补贴标准改为通用类农机产品补贴额由农业部确定且单机不超过 5 万元，而非通用类农机产品补贴标准则继续执行补贴率不超过近三年平均销售价格的 30%（血防区与地质灾害区除外）。

第二，非通用类重点机械补贴标准继续提升。如 100 马力以上大型拖拉机单机补贴限额从 2012 年的 12 万元，分别提高到 2013 年的 15 万元；甘蔗收获机单机补贴额限额从 2012 年 20 万元，分别提升至 2013 年的 20 万~25 万元，2015 年的 40 万元；大型棉花采摘机单机补贴限额从 2012 年的 30 万元，分别增加到 2013 年的 30 万~40 万元，2015 年的 60 万元。

表 13-8　2012—2017 年农机购置补贴标准变化情况

年份	中央补贴资金（亿元）	补贴率（额）	备注
2012	215.00	1. 通用类农机产品补贴额由农业部统一确定，且单机补贴限额不超过5万元。 2. 非通用类农机产品补贴额由各省（区、市、兵团、农垦）自行确定，非通用类农机产品定额补贴不得超过本省（区、市、兵团、农垦）近三年的市场平均销售价格的30%。 3. 重点血防区非通用类农机产品主要农作物耕种收及植保等大田作业机械补贴定额测算比例不得超过50%。	1. 中央财政农机购置补贴资金实行定额补贴，即同一种类、同一档次农业机械在省域内实行统一的补贴标准。 2. 100马力以上大型拖拉机、高性能青饲料收获机、大型免耕播种机、挤奶机械、大型联合收割机、水稻大型浸种催芽程控设备、烘干机单机补贴限额可提高到12万元；甘蔗收获机、200马力以上拖拉机单机补贴额可提高到20万元；大型棉花采摘机单机补贴额可提高到30万元。
2013	217.55	1. 通用类农机产品最高补贴额由农业部统一确定。 2. 非通用类农机产品补贴额由各省自行确定，相邻省份应加强沟通、相互协调，防止出现同类产品补贴额差距过大。每档次农机产品补贴额按不超过此档产品在本省域近三年的平均销售价格的30%测算，重点血防区主要农作物耕种收及植保等大田作业机械补贴定额测算比例不得超过50%。	1. 中央财政农机购置补贴资金实行定额补贴，即同一种类、同一档次农业机械在省域内实行统一的补贴标准。 2. 一般机具单机补贴限额不超过5万元；挤奶机械、烘干机单机补贴限额可提高到12万元；12元；200马力以上拖拉机单机补贴限额可提高到25万元；甘蔗收获机单机补贴限额可提高到20万元，广西壮族自治区可提高到25万元；大型棉花采摘机单机补贴限额可提高到30万元，新疆维吾尔自治区和新疆生产建设兵团可提高到40万元。
2014	237.50	1. 通用类农机产品最高补贴额由农业部统一确定。 2. 纳入多个省份补贴范围的非通用类农机产品最高补贴额由农业部委托牵头省组织，有关省份参加共同确定；其他非通用类和自选品目农机产品补贴额由各省自行确定。 3. 要按照“分档科学合理直观、定额就低不就高”的原则，科学制定非通用类和自选品目机具分类分档办法并测算补贴额，严禁以农机企业的报价作为平均销售价格测算补贴额。测算每档次农机产品补贴额时，总体应不超过此档产品近三年的平均销售价格的30%，重点血防区主要农作物耕种收及植保等大田作业机械和四川芦山、甘肃岷县漳县地震受灾严重地区补贴额测算比例不超过50%。相邻省份应加强沟通、相互协调，防止出现同类产品补贴额差距过大。	1. 中央财政农机购置补贴资金实行定额补贴，即同一种类、同一档次农业机械在省域内实行统一的补贴标准。 2. 一般机具单机补贴限额不超过5万元；挤奶机械、烘干机单机补贴限额可提高到12万元；100马力以上大型拖拉机、高性能青饲料收获机、大型免耕播种机、大型联合收割机、水稻大型浸种催芽程控设备单机补贴限额可提高到15万元；200马力以上拖拉机单机补贴限额可提高到25万元；甘蔗收获机单机补贴限额可提高到20万元，广西壮族自治区可提高到25万元；大型棉花采摘机单机补贴限额可提高到30万元，新疆维吾尔自治区和新疆生产建设兵团可提高到40万元。

续表

年份	中央补贴资金（亿元）	补贴率（额）	备注
2015-2017	236.45*	1. 通用类机具最高补贴额由农业部统一发布。各省农机化主管部门结合本地农机产品市场售价情况进行测算，在不高于最高补贴额的基础上，负责确定本省通用类农机产品的补贴额。 2. 各省农机化主管部门负责制定非通用类机具分类分档办法并确定补贴额。对于部分涉及多省需求的机具分类分档及补贴额可由相关省协商确定。 3. 一般农机每档次产品补贴额原则上按不超过该档产品上年平均销售价格的30%测算。	单机补贴额不超过5万元；挤奶机械、烘干机单机补贴额不超过12万元；100马力以上大型拖拉机、高性能青饲料收获机、大型免耕播种机、大型联合收割机、水稻大型浸种催芽程控设备单机补贴额不超过15万元；200马力以上拖拉机单机补贴额不超过25万元；大型甘蔗收获机单机补贴额不超过40万元；大型棉花采摘机单机补贴额不超过60万元。

资料来源：（1）农业部、财政部历年发布的"农业机械购置补贴实施指导意见或实施方案"；
（2）*为2015年中央财政补贴资金金额。

（四）补贴方式

补贴方式是第三阶段农机购置补贴政策的最大变化，具体表现在两个方面：一是从"差价购机"转向"全价购机"，二是从"先补贴，后购机"到鼓励"先购机，后补贴"。

第一，补贴方式从"差价购机"转向"全价购机"。2012 年，农机购置补贴政策在部分提出开展了"全价购机、县级结算、直补到卡"的资金兑付方式。即购机户需先支付补贴机具的全部价格（全价），而不再是支付价格与补贴资金的差价；当购机户购买机械后，然后再由县级财政部门统一结算，将资金发放到购机户银行卡内。2013 年，农机购置补贴政策指导意见强调，"倡导各地试行'全价购机、县级结算、直补到卡'的兑付方式"，至此全价购机的补贴方式正式确立并在全国范围内正式确立。

全价购机下购机户购机与补贴发放一般流程如下（见图 13-2）：①②③与差价购机一致，这里不再赘述；④购机户支付农机具全部价格向经销商或农机企业购买农机具；⑤县级农机部门核查，检查购机户是否购机；⑥县级财政部门进行审核并向购机户银行卡内发放资金。

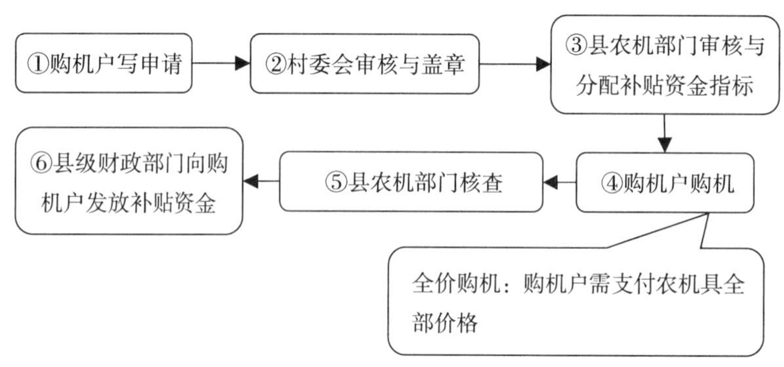

图 13-2　全价购机下购机户购机与补贴发放流程图

除全价购机与差价购机的区别外，结算方式的不同也是此阶段补贴方式的一项重要变化。过去的结算方式是"省级结算"，即省级财政部门与农机经销商或农机企业结算，由省际财政部门将资金发放给农机经销商或农机企业。如今的结算方式是"县级结算"，结算的主体与客体均发生变化，主体由省级财政部门变为县级财政部门，客体由农机经销商或农机企业转变为购机户。

差价购机向全价购机转变基于如下理由：一是为了提高资金的安全性，增强补贴资金是时效性。2011 年前实行的“差价购机，省级结算”，目的是减轻农民筹款压力，同时也防止资金下拨到市县后被挤占、挪用。从实践看，这两个目的都达到了。但是，“差价购机，省级结算”在执行中面临了严重的困境：在与农机经销商或农机企业补贴资金结算中，出现了寻租与设租的现象，行政部门与企业利益勾结，侵蚀了补贴资金。为此，2012 年提出了全价购机，将结算环节调整到县级财政部门与购机户之间，割裂了政府部门与企业之间的直接联系。二是但随着我国经济快速发展，近年来市县级财政状况有了很大改善，农民收入也明显提高，补贴资金下放到市县结算，农民全价购机后领取补贴，有了可行性。三是随着补贴资金规模扩大，省级农机化主管部门、财政部门资金结算的工作量十分繁重，为更好地发挥省级部门的监管作用，下放结算级次日显必要。

不过，差价购机和全价购机两种兑付方式各有利弊（见表 13-9），但从全价购机补贴试点情况来看，总体利大于弊，各方反映良好。农业部、财政部将在全国倡导推行“全价购机、定额补贴、县级结算、直补到卡”操作方式，并要求各地不断完善相应的配套措施，积极协调当地金融机构创新信贷服务，缓解农民筹资压力；鼓励企业与农民自主议价。

表 13–9　全价购机与差价购机比较分析

方式	优点	缺点
差价购机 省级结算	1. 降低农民购机筹款难度。 2. 确保资金安全，防止地方相关部门或个人挤占补贴资金。 3. 对农民而言，补贴手续相对简便，减少时间和跑路。	1. 与农机经销商或企业补贴资金结算过程中，行政部门容易与企业产生利益勾结。 2. 对供货企业来讲，差价购机存在资金回笼缓慢、增加企业垫资压力，影响企业资金周转，不利于组织再生产。 3. 省级购机补贴资金结算审核工作量大、行政成本高。 4. 农民对所获补贴优惠缺乏直观感受。
全价购机 县级结算 直补到卡	1. 直补到卡，增加了套取购机补贴资金的难度。 2. 农民选购机具的自主权更大，农户与经销商议价能力增强。 3. 一定程度上减轻了企业垫资压力。 4. 企业不用再向管理部门申办结算，能够投入更多的精力开展产品研发和市场营销。 5. 资金下达地方后，地方管理部门积极性增强，监管主动性提高。 6. 有利于遏制机具倒卖。	1. 农民筹措资金压力加大。 2. 增加了基层农机部门补贴审核工作量。 3. 基层农机部门基础设施薄弱，人员力量不足，服务能力有待提高。 4. 农户需办理补贴资金申领手续，增加了程序。

第二，从“先补贴，后购机”到鼓励“先购机，后补贴”。由于农机购置补贴资金有限，补贴政策在推行之初采取的是“先补贴，后购机”的模式，即购机户在确定获得补贴指标后，然后才购买农机。随着补贴资金投入的增加，有些地区具备了“先购机，后补贴”的资金实力。为此，2014 年的农机购置补贴政策指导意见提出“补贴对象先申请补贴再购机还是先购机再申请补贴，由省级农机化主管部门结合实际自主确定”，这说明“先购机，后补贴”的模式已得到认可。2015 年《意见》进一步指出，“提倡补贴对象先购机再申请补贴，鼓励县乡在购机集中地或当地政务大厅等开展受理申请、核实登记‘一站式’服务”。这意味着“先购机，后补贴”模式进入了鼓励与推行阶段。相比“先补贴，后购机”，“先购机，后补贴”模式流程简便，手续简化，减少了农民申领奔波的次数。

第 2 节　农机购置补贴政策实施效果评价

2004—2015 年，中央农机购置补贴投入从 0.7 亿元增长到 236.45 亿元。据统计，2004—2014 年中央财政共安排农机购置补贴资金 1200 亿元，而 2015 年中央安排 237.548 亿元，2016 年补贴总额高达 237.37 亿元。补贴购置各类农机具超过 3500 万台（套）。全国农作物耕种收综合机械化水平由 2003 年的 33% 提高到 2016 年的 66%，为保障我国粮食安全、加快农业现代化提供了坚实的支撑。本节将从农业机械化、粮食产出、农民增收三个层面评价农机购置补贴政策。

一、农机购置补贴政策与农业机械化

（一）描述性分析

1. 农机购置补贴政策与农机总动力

在农机购置补贴政策的带动下，我国农机总动力增长迅速，农机装备结构日趋优化。

第一，农机总动力快速攀升。从图 13-3 和表 13-10 可以看出，全国农机总动力保持持续增长。农机总动力的增长大致可以分为以下两个阶段：第二阶段（2004—2007），农机购置补贴推行阶段。在这一阶段中我国农机补贴开始在全国 66 个县的范围开展政策的试点，全国部分地区农业总动力有了明显提升，而且增加速度也显著高于未实施补贴政策前，农业总动力从 2004 年的 6.41 亿千瓦增加到 2007 年的 7.69 亿千瓦，年均增长率达到 5%。第二阶段（2008—2014）随着农机购置补贴试点的成功，2008 年开始，该政策在全国范围内推广实施，中央拨付的资金也大大增加，农业总动力显著增涨。从 2008 年的 8.22 亿千万时增加到 2016 年 9.7 亿千万瓦。回顾我国农机购置补贴政策实施以来的十多年，我国农机总动力增长了 1.68 倍，很多农业机械实现了从无到有，从有到优过程的转变，使我国向农业现代化迈出更为坚实的一步。

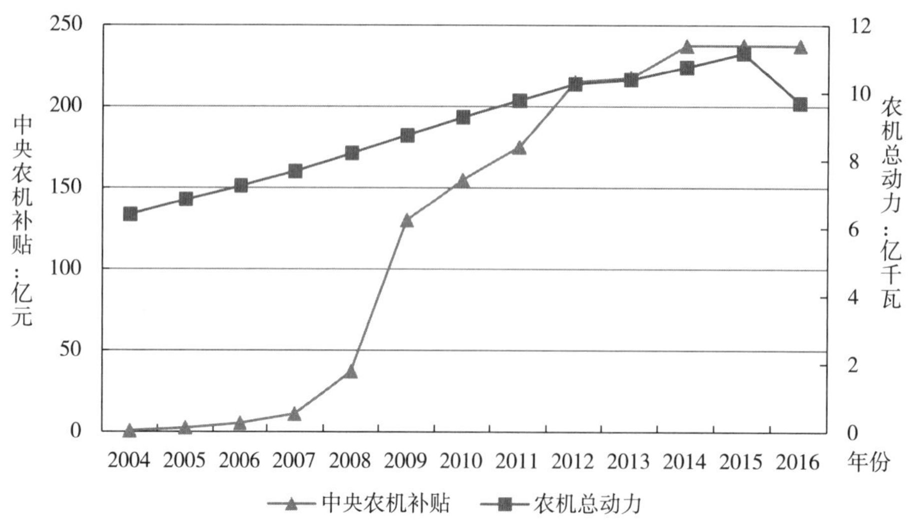

图 13-3　2004—2016 年中央农机购置补贴与农机总动力

数据来源：2004—2016年《全国农业机械化统计年报》。

表 13-10　2001—2016 年中央农机购置补贴与农机总动力

单位：亿元；亿千瓦

年份	中央农机补贴	农机总动力
2004	0.70	6.41
2005	2.50	6.85
2006	5.40	7.26
2007	11.09	7.69
2008	37.20	8.22
2009	130.00	8.75
2010	154.93	9.28
2011	175.00	9.77
2012	215.00	10.26
2013	217.55	10.39
2014	237.50	10.76
2015	237.55	11.17
2016	237.37	9.7

数据来源：历年《全国农业机械化统计年报》。

第二，实施农机购置补贴十多年来，不仅农机购置总量发生了突飞猛进的变化，总动力突破 10 亿千瓦，农机结构也不断优化。早期农机购置补贴的重点是补贴粮食类机械，2010 年中央“一号文件”提出：“进一步增加农机具购置补贴，扩大补贴种类，把牧业、林业、抗旱和节水机械设备纳入补贴范围。”畜牧、林果业、渔业的机械化水平迅速提高，在某些行业，如奶牛养殖、生猪养殖、家禽养殖等，部分养殖场机械化程度已经接近甚至达到了国际先进水平。在集体林权制度改革的大背景下，随着林业经济结构的调整，林下经济快速发展，机械化水平也在不断提高。2016 年，在种植业领域，表 13-11 中所示的耕整机数量达到了 897.57 万台，是 2002 年的 8.42 倍；联合收获机达到 173.9 万台，是 2002 年 5.57 倍。耕、种两大环节机械化水平的提升保障了种植业尤其是粮食产业连续 10 年的大丰收。表 13-11 还显示了水稻工厂化育秧设备变化的情况，早期设备的性能较差，并且随着时间的推移逐渐淘汰了落后的设备，从而使水稻育秧发生了革命性变化，达到了苗早、苗壮的效果，大大增强了水稻秧苗抗寒的能力，对于 10 年来水稻的丰收，尤其是北方低温地区水稻的丰收作出了重要贡献。农用运输车的数量也有较大的增加，在很多粮食主产区，畜力运输已经基本绝迹，这对于减轻农民的劳动强度、节省运输成本、提高农产品运输效率起到了重要作用。由于容量的关系，大部分农业机械没有在表 13-11 中列出，如棉花采摘机，2002 年全国只有 0.01 万台，动力 2.12 万千瓦，到了 2013 年达到了 0.27 万台，动力 39.30 万千瓦，极大地推动了棉区（尤其是西北棉区）节劳降本、提升效率。很多机械，如茶叶采摘机、青饲料收获机、牧草收获机等在过去 10 多年间实现了从无到有，提高了该领域的生产效率，同时也促进了农村劳动力转移和农民收入的提高。在农业机械结构的变化上，一个突出的特点是大中型拖拉机数量增长快，2013 年达到了 527.02 万辆，这主要是由于中共十七届三中全会以来土地流转加快而引致的新型农业经营主体的成长，如农民合作社、家庭农场等，一些农业产业化龙头企业也到农村流转土地。截至 2015 年年底，全国家庭承包耕地流转面积达到 4.47 亿亩，极大地推进了农业的规模化经营，从而需要大中型农业机械作为支撑。此外，全国 500 多万家农机专业户一般都拥有 1 台以上大型农业机械为其他农民提供服务。

表 13-11　2002—2015 年农业机械结构表

单位：万台；万套；万辆

年份	大中型拖拉机	小型拖拉机	耕整机	联合收获机	水稻工厂化育秧设备	农副产品加工动力机械	畜牧业机械	林果业机械	渔业机械	农用运输车
2002	90.35	1355.73	106.57	31.21	0.86	809.08	294.61	2.79	79.21	953.47
2003	97.26	1396.8	104.36	36.22	0.52	845.29	317.23	4.41	84.17	1028.59
2004	111.56	1468.03	123.84	40.66	0.52	901.31	368.03	4.27	96.47	1119.34
2005	139.56	1539.81	138.69	47.70	0.42	1004.12	427.45	5.73	95.16	1199.40
2006	167.63	1560.71	167.23	56.78	0.32	1074.12	489.63	6.72	115.07	1236.16
2007	204.79	1629.52	194.58	63.24	0.51	1133.60	528.00	8.16	121.79	1295.70
2008	299.52	1722.41	257.63	74.35	0.26	1215.76	545.30	9.47	193.47	1320.80
2009	350.52	1750.90	330.00	85.84	0.45	1296.64	577.05	13.36	216.56	1345.04
2010	392.17	1785.79	420.78	99.21	0.55	1364.28	607.81	17.36	247.56	1361.40
2011	440.65	1811.27	528.90	111.37	0.79	1421.70	637.70	21.15	301.56	1381.54
2012	485.24	1797.23	667.60	127.88	0.96	1461.71	661.70	27.62	348.78	1396.23
2013	527.02	1752.28	765.41	142.10	1.28	1467.54	686.47	33.60	375.39	1385.55
2014	567.95	1729.77	865.43	158.46	1.42	1501.15	710.82	42.72	402.99	1377.70
2015	607.29	1703.04	897.57	173.9	1.68	1527.69	727.28	44.6	416.34	1364.62

资料来源：农业部农业机械化管理司编：历年《全国农业机械化统计年报》。

第三，拖拉机、耕整地机械、种植施肥机械以及收获机械数量快速增长。其中，各农业机械的增长都经历了前期缓慢增长，中期快速增长，后期增长速度减缓的规律。如表 13-12 所示，2004—2006 年，我国各农业机械增长缓慢，例如收获机械数量在 2006 年出现减少现象，从 2005 年的 136.75 万台减少为 131.93 万台。2007—2016 年，随着农机购置补贴的全面实施，各机械数量开始大幅度增加，以种植施肥机械和收获机械尤为突出。例如，2012 年我国种植施肥机械 1136.79 万台，是 2007 年的 2.11 倍；2015 年我国收获机械达到 509.37 万台，是 2004 年的 4 倍以上。

表 13-12　2004—2015 年全国农业机械分类及数量

年份	拖拉机（万台）	拖拉机动力（万千瓦）	拖拉机配套农具（万部）	耕整地机械（万台、套、艘）	种植施肥机械（万台）	收获机械（万台）	收获机械动力（万千瓦）
2004	1506.33	64140.92	2498.72	1945.85	421.47	134.30	1313.92
2005	1679.37	68549.35	2706.47	2119.14	461.10	136.75	1619.92
2006	1728.34	72635.96	2868.54	2240.51	502.54	131.93	1961.12
2007	1834.31	76878.65	3059.05	2403.21	539.14	132.17	2268.15
2008	2021.93	70410.41	3229.91	2573.46	592.89	192.93	2942.90
2009	2101.42	87496.10	3422.62	2742.88	637.32	218.20	3677.02
2010	2177.96	92780.48	3605.41	2952.72	686.46	250.35	4416.94
2011	2251.91	97734.66	3760.96	3124.68	719.24	273.30	5160.75
2012	2282.47	102558.96	3812.73	3296.70	1136.79	307.13	6193.77
2013	2279.30	103906.75	3907.24	3379.79	1183.07	333.61	7152.19
2014	2297.72	108056.58	3943.29	3649.01	833.75	469.45	7642.81

续表

年份	拖拉机（万台）	拖拉机动力（万千瓦）	拖拉机配套农具（万部）	耕整地机械（万台、套、艘）	种植施肥机械（万台）	收获机械（万台）	收获机械动力（万千瓦）
2015	2310.41	111728.07	4003.51	3577.89	853.83	509.37	8632.01

注：1. 数据来源：历年《全国农业机械化统计年报》；

2. 拖拉机及配套机械分为大中型（14.7千瓦及以上）、小型（2.2-14，7千瓦，含2.2千瓦）与变形拖拉机；

3. 耕整地机械包括耕整机、机耕船、机引犁、旋耕机、深松机与机引耙6类；

4. 种植施肥机械包括播种机、水稻种植机械、化肥深施机与地膜覆盖机4类；

5. 收获机械包括联合收获机、割晒机与其他收获器械，其他收获机械指大豆收获机、油菜收获机、马铃薯收获机、甜菜收获机、花生收获机、棉花收获机、蔬菜收获机、茶叶采摘机、青饲料收获机、牧草收获机、秸秆粉碎还田机、秸秆捡拾打捆机、玉米收获专用割台、大豆收获专用割台与油菜收获专用割台。

第四，拖拉机及其配套机械的动力保持着逐年增长的态势，2009—2013 年增长尤为迅速。在数量几乎不变的情况下，拖拉机动力却在逐年增长，由此可见拖拉机设备正在逐步向大功率型发展。表 13-13 的数据进一步说明了这一点：一是 2004—2015 年，全国大中型拖拉机的数量与总动力持续保持增长的态势，2009 年始大型拖拉机的平均动力也在持续增长。二是小型拖拉机的数量自 2011 年开始增长速度减缓，但平均动力却在增长，总动力也保持着增加。

表 13-13 2004—2015 年全国拖拉机数量机动力

年份	大中型拖拉机			小型拖拉机		
	数量（万台）	动力（万千瓦）	平均动力（万千瓦）	数量（万台）	动力（万千瓦）	平均动力（万千瓦）
2004	111.56	3686.59	33.05	1394.77	2317.44	1.66
2005	139.56	4315.68	30.92	1539.81	14796.22	9.61
2006	167.63	5154.47	30.75	1560.71	15044.05	9.64
2007	204.79	6113.77	29.85	1629.52	15754.97	9.67
2008	299.52	8186.50	27.33	1722.41	16647.66	9.67
2009	350.52	9742.10	27.79	1750.90	16922.69	9.67
2010	392.17	11166.99	28.47	1785.79	17278.39	9.68
2011	440.65	12850.15	29.16	1811.27	17420.97	9.62
2012	485.24	14436.39	29.75	1797.23	17467.36	9.72
2013	527.02	15957.58	30.28	1752.28	17065.67	9.74
2014	567.95	17529.27	30.86	1729.77	16908.45	9.77
2015	607.29	19202.22	31.62	1703.04	16668.48	9.79

数据来源：历年《全国农业机械化统计年报》。

2. 农机购置补贴政策与主要农作物耕种收综合机械化率

农机购置补贴增强了农民农机购置能力，增加了农业机具的数量与种类。随着农业机械总动力的增加，我国主要农作物耕种收综合机械化率水平快速提升。

首先是主要农作物耕种收综合机械化水平快速提升。2004—2013 年，是改革开放以来中国农业生产机械化快速发展的十年。如图 13-4 所示，这十年内主要农作物耕种收综合机械化水平增长速度明显高于其他年份，该项指标从 2004 年的 34.32% 增长到 2013 年的 59.48%，年均增长 6.30%，年均增加 2.80%。其他年份（1978—2003）主要农作物耕种收综合机械化水平年均增长仅 1.87%，不及 2004—2013 年的三分之一。值得注意的是，在农机购置补贴实施的前几年内（1999—2003），中国农业综合机械化水平出现了短暂的下落；但是随着购机补贴政策的实施，迅速扭转了农业生产机械化水平下降的趋势。从图 13-4 能清晰地看到，2004 年是主要农作物耕种收综合机械化水平增长的转折点，此后曲线上扬，这一年正值农机补贴政策实施初年；2008 年、2009 年也是主要农作物耕种收综合机械化水平快速增长的转折点，这两年内国家加大了对农机购置补贴的财政资金投入，2008 年的补贴总额比 2007 年增长近 3 倍，2009 年又比 2008 年增长 3 倍有余。

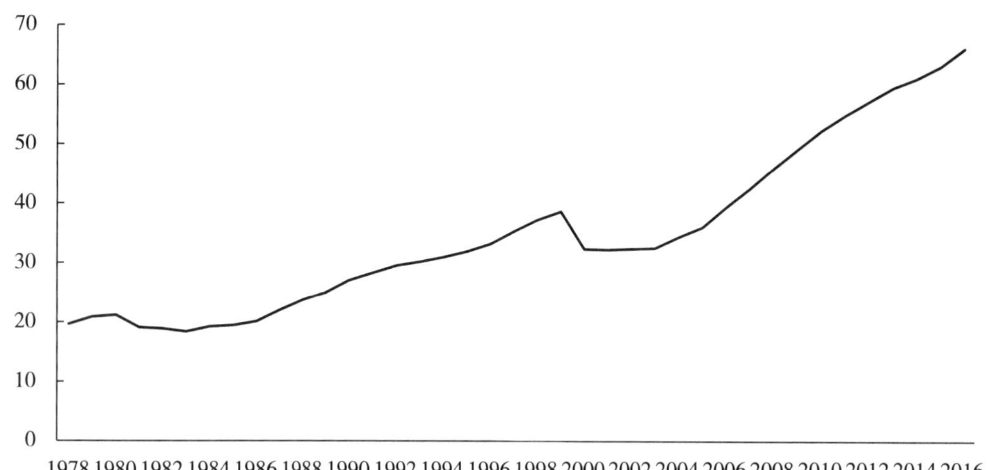

图 13-4　1978—2016 年中国主要农作物耕种收综合机械化水平

数据来源：《国内外农业机械化统计资料：1949-2004》与历年《全国农业机械化统计年报》。其中，主要农作物耕种收综合机械化水平计算方法是按照机耕、机播、机收水平分别以0.4、0.3、0.3的权重计算。

其次是农业生产主要环节机械化快速发展。如图 13-5 与表 13-14 所示，2004—2013 年内农业机耕、机播与机收水平都得到了快速的发展。10 年内，机耕水平从 2004 年的 48.90% 增长到了 2013 年的 76.00%，年均增长 5.02%，年均增加 3.01%；机播水平从 2004 年的 6.01% 增长到了 2013 年的 48.78%，年均增长 6.01%，年均增加 4.75%；机收水平从 2004 年的 20.36% 增长到 2013 年的 48.15%，年均增长 10.04%，年均增加 3.09%。

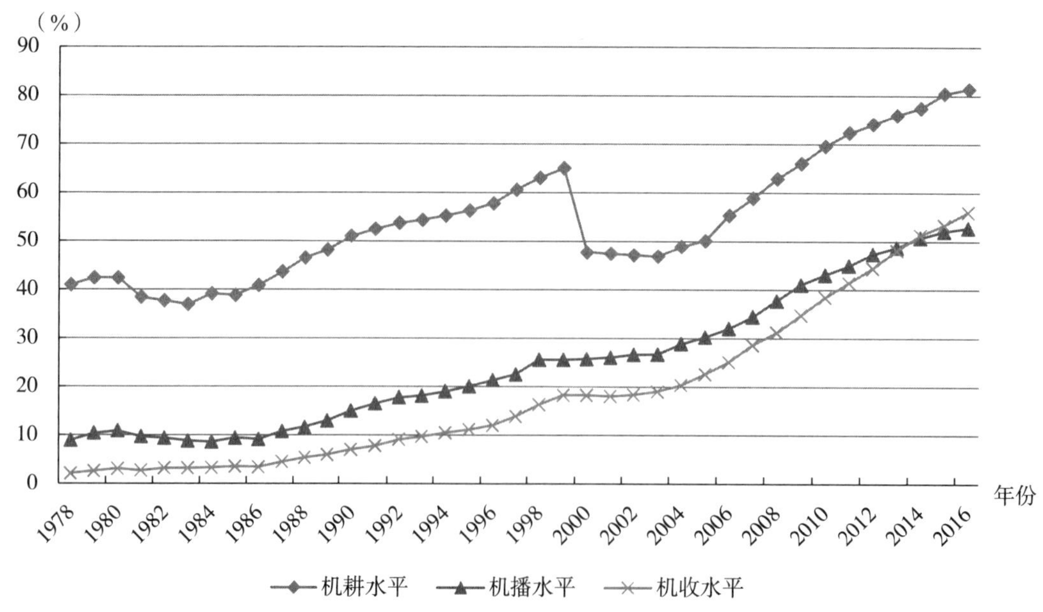

图 13-5　2000—2016 年中国农业生产机耕、机播与机收水平

数据来源：《国内外农业机械化统计资料：1949—2004》与历年《全国农业机械化统计年报》。

表 13-14　2000—2013 年中国农业生产机耕、机播与机收水平

单位：%

年份	机耕水平	机播水平	机收水平
2000	47.75	25.75	18.26
2001	47.41	26.06	17.99
2002	47.13	26.64	18.33
2003	46.84	26.70	19.00
2004	48.90	28.84	20.36
2005	50.15	30.26	22.63
2006	55.39	32.00	25.11
2007	58.89	34.43	28.62
2008	62.92	37.74	31.19
2009	65.99	41.03	34.74
2010	69.61	43.04	38.41
2011	72.29	44.93	41.41
2012	74.11	47.37	44.40
2013	76.00	48.78	48.15
2014	77.5	50.8	51.30
2015	80.43	52.08	53.40
2016	81.40	52.76	56.01

数据来源：《国内外农业机械化统计资料：1949—2004》与历年《全国农业机械化统计年报》。

第三，三大主粮作物的农业机械化水平迅速提升。从表 13-15 和图 13-6 可以看出，在补贴政策实施后，尤其是 2008 年农机补贴政策全面铺开以来，三大主粮作物的机械化水平迅速提高。提高最快的是玉米机收水平，2001 年只有 1.63%，政策实施前的 2003 年只有 1.89%，2016 年达到了 66.68%，即一半以上的玉米收获作业均实现了机械化，提高了 35.28 倍。水稻的机播率 2001 年只有 5.62%，2003 年为 6%，增长较为缓慢，但实施农机购置补贴政策后，2016 年达到了 44.45%，提高了 7.4 倍左右。水稻收获环节的机械化也提高得较快，2003 年只有 23.4%，2016 年达到了 87.11%，提高了 3.72 倍。10 多年来，三大主粮作物关键环节的机械化得到了大幅度提高，如玉米机收，水稻机收、机播等，极大地修补了主粮作物机械化的短板。按照机耕、机播、机收水平 0.4、0.3、0.3 的权重，本文可以计算出三大主粮作物的综合机械化水平分别为：小麦 93.7%、水稻 73.1%、玉米 79.8%。水稻的机械化水平低也与这一作物相当一部分分布在南方丘陵地带，不利于机械作业。三大主粮作物的播种面积占总播种面积近 60%，主粮作物机械化水平的提高对于农业现代化贡献最大。

表 13-15　三大主粮作物机械化水平表

单位：%

年份	小麦			水稻			玉米		
	机耕	机播	机收	机耕	机播	机收	机耕	机播	机收
2001		72.90	69.72		5.62	18.02		45.43	1.63
2002		72.99	69.89		6.10	20.60		46.64	1.74
2003		74.08	72.79		6.00	23.40		46.85	1.89

续表

年份	小麦			水稻			玉米		
	机耕	机播	机收	机耕	机播	机收	机耕	机播	机收
2004		80.90	76.20		6.30	27.30		7.93	2.50
2005		79.54	76.14		7.14	33.50		52.69	3.11
2006		79.57	78.32		9.00	38.80		58.72	4.73
2007		78.01	79.17		11.06	46.20		60.47	7.23
2008	92.51	81.28	83.84	79.19	13.73	51.16	73.03	64.62	10.61
2009	95.58	84.37	86.07	83.27	16.71	56.69	83.55	72.48	16.91
2010	97.82	85.32	88.46	87.27	20.86	64.49	88.11	76.52	25.80
2011	98.79	85.95	91.05	91.00	26.24	71.56	93.77	79.90	33.59
2012	98.90	86.52	92.32	93.29	31.67	73.35	93.79	82.30	42.47
2013	98.90	86.69	93.82	95.09	36.10	80.91	97.67	84.08	51.57
2014		86.98	95.08	97.37	39.56	84.63	97.37	83.86	57.78
2015					42.26	86.21			64.18
2016					44.45	87.11			66.68

数据来源：历年《全国农业机械化统计年报》。

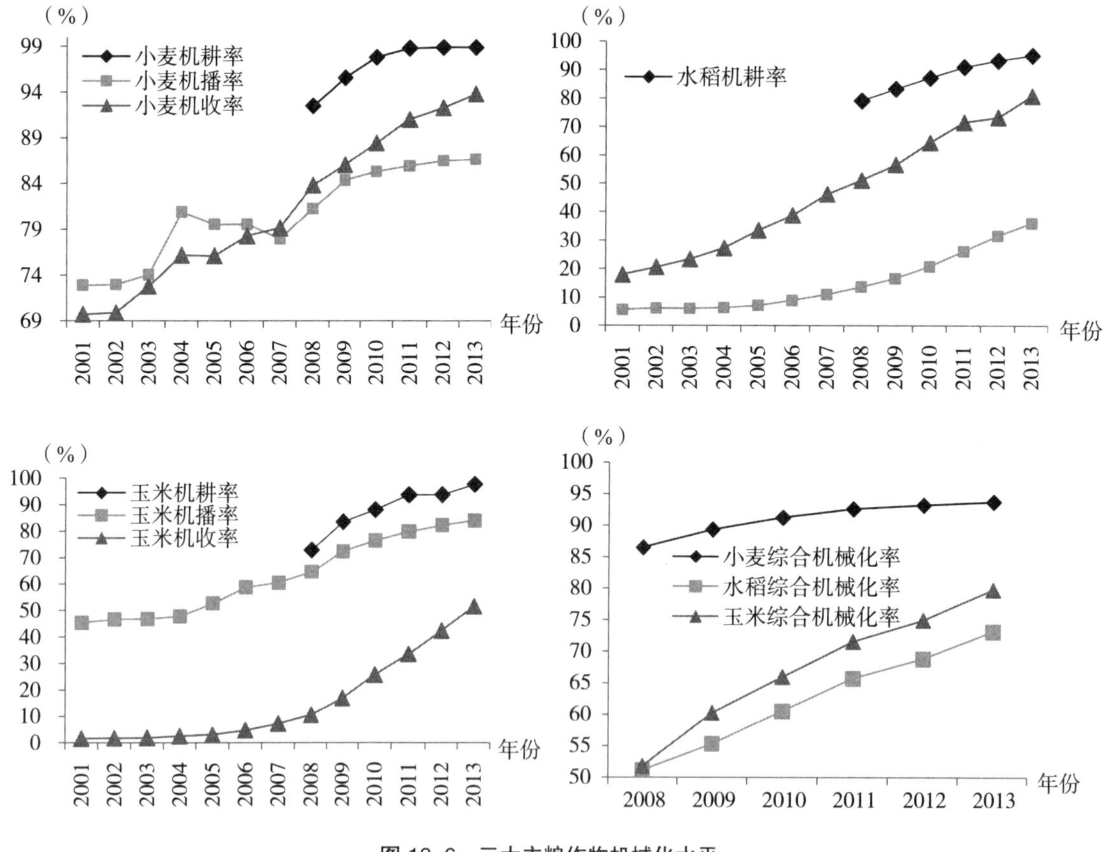

图 13-6 三大主粮作物机械化水平

（二）实证分析

上述部分从数据的相关性揭示了农机购置补贴政策对农业机械化的作用效果。但是并未对补贴政策在农业机械化方面的作用效果进行评价。为此，本部分将通过计量模型评估补贴政策对农业机械化的实际效果。

1. 研究模型

本文将运用双重差分法，如式（3），评价补贴政策对农业机械化的作用效果。目前，越来越多的学者采用了这种双重差分的办法，对某个经济现象或某项政策进行了研究或评估，如 Galiani *et al.*（2005）研究了供水私营化对儿童死亡率的影响，Bai & Wu（2014）分析了新型农村合作医疗保险对农户消费的影响，Nunn & Qian（2014）探讨了食物援助项目与社会冲突的关系。双重差分法适合分析或评价外生事件带来的影响，相对农业机械化而言，农机购置补贴政策是一个外生事件。由于农机购置补贴政策采用的是逐县推进的实施机制，这为使用双重差分法评价其对农业机械化的效果提供了“准实验”条件。基于这一特点本文将构建全国县级层面的面板数据，建立双重差分模型对此问题进行分析。双重差分模型的优势在于能够消除所有不随时间变化的选择性偏差。

$$Ln\ y_{it}=\beta\ p_{it}+\gamma\ X_{it}+\mu_i+\theta_t+\varepsilon_{it} \qquad 13\text{-}2\text{-}1$$

式 13-2-1 中，i 代表县，t 代表年份。因变量 y_{it} 代表第 i 个县 t 年的农业机械化情况。P_{it} 是本文关注的重要的自变量。P_{it} 为取值为 *0* 或 *1* 的变量，当 *Pit* 等于 *1* 时，表示第 *i* 个县 *t* 年时已实施农机购置补贴；当 P_{it} 等于 *0* 时，表示第 *i* 个县 *t* 年时还没有实施农机购置补贴。X_{it} 是向量矩阵，表示随时间变动、可能会影响到农业机械化状况的县级特征。μ_i 表征地区固定效应，θ_t 代表时间固定效应。在面板数据中，双重差分模型可以通过控制地区和时间固定效应来实现。如此，所有不随时间变化的影响被地区固定效应所控制，如地区地形等特质性因素；而所有地区共同的年度变化由时间固定效应控制。ε_{it} 表示误差项，误差项可能与地区或时间相关。为此本文采用 Galiani 等 (2005) 的研究方法，在模型估计中选择县级层面的聚类标准误，这样处理可以满足协方差的结构随着时间、地区而变动的要求。

在估计模型中，系数 β 表示农机购置补贴对因变量 y_{it} 的作用效果。在估计中，本文以 y_{it} 的对数形式作为因变量，$\hat{\beta}$ 是 β 的估计量。若 $\hat{\beta}$ 显著大于 *0*，意味着由项目实施带来的 y_{it} 的平均增长率为 $\hat{\beta}$。双重差分法的实质是测算出试点县与非试点县在补贴实施前后农业机械化的差异。假设其他条件不变，试点县相比非试点县在实施补贴后，农业机械化发生了显著的变化，那么本文可以断定农机购置补贴的作用是有效的。

2. 变量选择与数据来源

农机购置补贴政策于 2004 年试点实施并于 2009 年覆盖到全国全部县级地区，为了保证研究样本尽可能多的变化，本文研究的时间段为 2003—2008 年。农机购置补贴试点县逐年推进名单来自农业部，根据名单本文构造了研究变量 P_{it}。本文以农机总动力（*power*）衡量县级地区农业机械化水平，数据来自《中国县域统计年鉴》。由于 2003—2008 年间我国少数县域区划发生了合并、拆分等变化，为此本文研究数据为非平衡面板数据。

本文选择了如下随时间变动、可能会影响到农业机械化状况的控制变量。

（1）耕地面积（*land*）。耕地面积是影响农业机械化的重要变量，由于耕地占用、整理、复垦等因素，各县耕地数量在逐年变动。各县耕地面积数据来自《中国区域经济统计年鉴》。

（2）农业劳动力（*labor*）。劳动力也是影响农业机械化的重要替代变量，本文以“农林牧渔业从业人员数量”作为劳动力衡量指标，数据来自《中国区域经济统计年鉴》。

（3）农民收入（*income*）。选择农民收入作为农业机械化的控制变量，本文认为至少有两个重要理由：第一，收入水平直接关系着农民农业机械化服务的购买与使用。我国农业机械化道路不同于发达国家每家每户购买农业机械自我经营的方式，而是少数农户购置农机并提供农机化服务，普通农户购买服务的方式。因此，农民收入水平直接影响着农业机械化水平。第二，农机购置补贴政策实施同期农村地区还有其他重要的政策变化，如粮食直补、农资综合补贴等政策，这些政策通过收入补贴的方式刺激农户农业生产行为，因而也能对农业机械化造成影响，为此就有必要对农民收入水平进行控制。本文中以“农村居民人均纯收入”表征农民收入水平，数据来自《中国区域经济统计年鉴》，并通过各省 CPI 指数进行折算成可比价格；考虑到农民收入与农业机械化（农机总动力）之间存在的内生性关系，在模型估计时本文对 *income* 做了滞后一期处理。

（4）地区财政收入（*fiscal*）。财政收入水平能折射出各县财政支农的能力，因而也能对农业机械化造成影响。本文将以各县“地方财政一般预算收入”作为财政收入衡量指标，数据来自《中国区域经济统计年鉴》。

为了消除异常值的影响，本文对所有连续变量在 1% 和 99% 分位上进行了 winsorize 处理。

3. 数据描述性分析

表 13-16 报告了主要变量对数值的描述性统计结果。粮食产量对数值（*lngrain*）的均值为 0.0714，最大值和最小值分别为 9.1855 和 13.3928，表明总体样本县粮食产量波动不太大。农机总动力对数值（*lnpower*）的均值为 3.0053，均值几乎为最小值与最大值的平均值，这表明样本县农机总动力分布相对均匀。试点变量（*P*）的均值为 0.4225，这表明实验组样本量与控制组样本量大体相当。其余变量取值均在正常范围内，不存在极端异常值。

表 13–16　变量描述性统计

变量	样本量	均值	标准差	最小值	最大值
lngrain	11197	11.8829	1.0457	9.1855	13.3928
lnpower	11197	3.0053	0.8897	0.9163	5.3706
p	11197	0.4225	0.4940	0	1
lnland	11197	10.2317	1.1003	0.6931	16.1011
lnlabor	11197	11.4903	0.8266	6.4135	13.5993
lnincome	11197	7.9327	0.4101	7.2504	8.6181
lnfiscal	11197	10.5733	0.7122	5.7398	13.7840

表 13-17 报告了各变量间的相关系数。无论是 *spearman* 相关系数还是 *pearson* 相关系数，*lnpower* 均与 *p* 显著正相关，说明在农机购置补贴试点县地区，农机总动力较高，这可能是因补贴实施而产生的效果，这与本文的假设预期是一致的。*lnland*、*lnlabor*、*lnlabor*、*lnincome*、*lnfiscal* 与 *lnpower* 也显著相关，这表明这些变量很有可能是影响农业机械化水平与粮食产出的重要控制变量，这与本文的分析相一致。另外，*p*、*lnland*、*lnlabor*、*lnlabor*、*lnincome* 和 *lnfiscal* 两两之间均显著正相关，这表明本文选择的自变量可能存在着严重的多重共线性问题。为此，在模型估计中本文有必要逐步添加这些变量，并观察随着变量个数的增加对估计造成的影响。倘若随着变量个数的增加对模型估计造成了较大影响，这说明它们不适合于纳入同一个回归模型。

表 13-17　相关系数

	lnpower	p	lnland	lnlabor	lnincome	lnfiscal
lnpower		0.247***	0.698***	0.584***	0.456***	0.542***
p	0.246***		0.199***	0.0795***	0.289***	0.546***
lnland	0.591***	0.189***		0.571***	0.200***	0.414***
lnlabor	0.618***	0.090***	0.552***		0.087***	0.455***
lnincome	0.457***	0.290***	0.153***	0.099***		0.528***
lnfiscal	0.544***	0.522***	0.365***	0.458***	0.535***	

注：右上角为spearman相关系数，左下角是pearson相关系数；*、**、***分别表示在1%、5%和10%水平上显著。

4. 模型估计结果

依据式 13-2-1，表 13-18 报告了农机购置补贴试点对县级农业机械化的作用效果。从模型（1）-模型（5）的估计来看，补贴对农机总动力具有显著的正向作用，估计系数稳定在 0.027 左右，这表明由项目实施带来的农机总动力的平均增长率约为 2.7%。这充分说明农机购置补贴确实提高了试点县的农业机械化水平。

模型（2）至模型（5）增加了可能影响机械化水平的控制变量。模型（2）考虑了补贴试点、农民收入对农机总动力的影响，估计结果表明农民收入水平与农机总动力具有显著的正向关系，这与现实相符合，农业机械一般价格较高，较高的收入水平是购置农业机械的前提条件。模型（3）考察了耕地面积、农业劳动力、补贴试点对农机总动力的影响，估计结果显示耕地面积是影响农机总动力的显著正向因子，这反映了耕地资源禀赋与农业机械的关系。当前农村劳动力大量向非农领域转移，耕地资源丰富的县域迫切需要农业机械以补充劳动力不足对农业生产造成的影响。模型（4）分析了地方财政收入、补贴试点对农机总动力的影响，财政收入对农机总动力的作用效果并不显著，这表明财政收入较高地区并没有显现出显著支农的特征。模型（5）则综合分析了这些因素对农机总动力的作用效果。从变量的增减时序来看，自变量间的相关性并未对模型的估计结果造成严重的影响。模型（1）与模型（2）、模型（3）、模型（4）相比较，在增加不同控制变量时，补贴 p 估计系数的显著性水平几乎未发生变化，并且估计系数值也未出现较大的波动；模型（2）、模型（3）、模型（4）与模型（5）相比较，即单独考虑某类控制变量与综合考察所有控制变量作用效果时，各控制变量估计系数及其显著性水平也未出现较大的变化。进一步，本文对模型（5）做多重共线性检验，VIF 报告值仅为 2.34，这表明自变量间并不存在较强的多重共线性。

此外，模型（1）至模型（5）均考虑了时间固定效应对农机总动力的影响。估计结果表明（时间固定效应结果表 13-18 未报告），随着时间的推移各县农机总动力均在逐年增加。这折射出了技术进步，尤其是农机工业技术进步对农业机械化的作用效果。

表 13-18　农机购置补贴与农机总动力的实证分析

	因变量：lnagrpower				
	模型（1）	模型（2）	模型（3）	模型（4）	模型（5）
p	0.0276***	0.0269***	0.0275***	0.0277***	0.0268***
	(3.21)	(3.11)	(3.19)	(3.22)	(3.10)
lnincome		0.0669***			0.0647***
		(2.88)			(2.75)

续表

	因变量：*lnagrpower*				
	模型（1）	模型（2）	模型（3）	模型（4）	模型（5）
lnland			0.0182*		0.0185*
			(1.93)		(1.96)
lnlabor			0.0071		0.0099
			(0.43)		(0.59)
lnfiscal				0.0264	0.0223
				(1.27)	(1.07)
_cons	2.8565***	2.3363***	2.5876***	2.5915***	1.8258***
	(671.93)	(12.90)	(14.29)	(12.43)	(5.38)
地区固定效应	Yes	Yes	Yes	Yes	Yes
时间固定效应	Yes	Yes	Yes	Yes	Yes
N	11197	11197	11197	11197	11197
R^2	0.2829	0.2842	0.2834	0.2833	0.2851
R^2_adjust	0.2825	0.2838	0.2829	0.2828	0.2844
F	262.5035	227.0083	198.9631	228.7534	163.4246

注：括号外的数值为估计系数，括号内为该系数下的t值，其中*$p<0.1$，**$p<0.05$，***$p<0.01$。

表 13-18 的估计结果验证了农机购置补贴对农业机械化的促进作用。估计结果显示，因农机购置补贴政策实施带来的农机总动力的平均增长率约为 2.7%。

二、农机购置补贴政策与粮食产出

农机购置补贴政策已实施了十多个年头。我们有必要对政策的实施效果进行评估，尤其是评价农机购置补贴政策是否对粮食生产起到了促进作用？如果发挥了作用，那么作用效果又有多大？虽然，农机购置补贴政策与粮食产出之间的文献研究比较薄弱，但是围绕农业机械化与粮食产出之间的讨论还比较多。由于农机购置补贴政策是通过影响农业机械化进而作用于粮食产出的，因而总结农业机械化与粮食产出之间关系的文献也有助于我们的研究。不过，目前学术界对农业机械化在粮食产出中的作用效果却给出了两种截然不同的答案（Binswanger，1986；Pingali，2007；Ito，2010；Yang et al.，2013；Yamauchi，2014）。这也进而体现了本文研究的必要性。

（一）研究设计

农机购置补贴政策对粮食产出的作用机制如图 13-7 所示。首先，农机购置补贴政策最直接的效果是增强了农户农业机械购置能力，起到了提高粮食作物农业机械化水平的作用。其次，随着农业机械化水平的提升，必然会影响到粮食作物的播种面积与单产。①播种面积。农业机械化对减少土地撂荒，扩大粮食播种面积有着明显的作用。当前中国农村劳动力大量转移，给粮食生产带来了冲击。然而，正是因为粮食生产环节机械替代劳动力步伐持续加快，粮食生产中劳动强度较大的环节机械化取得了重大突破，从而保障了粮食生产面积不萎缩。笔者调研获悉，湖南、浙江等一些地方近年已将单季稻恢复为双季稻种植，机械化水平快速提高是其中一个重要因素。②粮食单产。传统的观念认为，提高粮食单产的关键是水、种、肥、药等要素。事实上，农业机械化对提高粮食单产也有着显著的成效。农业部实验数据对比表明[1]，相同的施肥量，用机械深施基肥可以增产 5%~10%；水稻机插秧比人工插秧每亩可以增产 50 公斤；在同等生产条件下，水稻、小麦、玉米生产全程机械化可实现节种增产减损综合增产能力分别为每亩 53 公斤、37 公斤、72 公斤。在土地资源紧缺，水、肥等资源投入对增产约束增强的情况下，农业机械化已然成为提高粮食单产的理想选择。最后，农业机械化对粮食作物播种面积与单产的作用效果最终反映到了粮食总产出上。

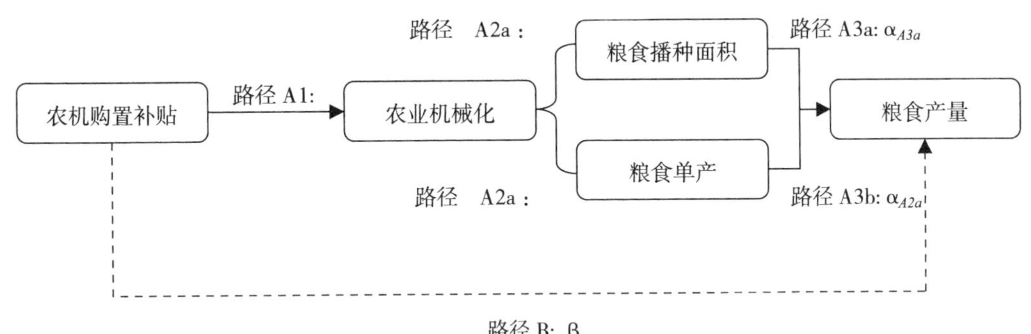

图 13–7　农机购置补贴对粮食产出的作用机制

研究农机购置补贴对粮食产量的作用效果，除了单独分析补贴对粮食产出作用外，更为重要的是验证补贴对粮食产出的作用机制。不过，由于本文的数据中没有粮食播种面积数据，我们采用了如下方式进行处理：根据农机购置补贴对粮食产出的作用机制，假设每个环节的作用系数如图 13-7 所标示，那么补贴对粮食产出的总效果 η 可表达成 13-2-2 式。另一方面，单独估计补贴对粮食产出的作用效果，假设为 β，理论上而言 β 满足 13-2-3 式。由于本文暂时无法对图 13-7 中的路径 A2a、A3a、A2b、A2b 进行验证，但是我们的数据可以验证路径 A1 与路径 B。由于本文已经验证了农机购置补贴对农业机械化有显著的影响即路径 A1 作用机制成立，倘若本文能够证明路径 B 对粮食产出有着显著的作用效果，那么我们可以认为路径 A2a、A3a、A2b、A2b 也是有效果的；否则，就会与路径 B 的估计结果相矛盾。如此，本文也就完成了作用机制的论证过程。

$$\eta = (\alpha_{A2a} \times \alpha_{A3a} + \alpha_{A2b} \times \alpha_{A3b}) \times \alpha_{A1} \quad 13\text{-}2\text{-}2$$

$$\eta = \beta \quad 13\text{-}2\text{-}3$$

为此，运用双重差分法我们构建了与式（1）相同的式子，式 13-2-4。

$$Ln\ y_{it} = \beta\ p_{it} + \gamma\ X_{it} + \mu_i + \theta_t + \varepsilon_{it} \quad 13\text{-}2\text{-}4$$

式 13-2-4 中，i 代表县，t 代表年份。因变量 y_{it} 代表第 i 个县 t 年的粮食产出。P_{it} 是我们关注的重要的自变量。X_{it} 是向量矩阵，表示随时间变动、可能会影响到粮食产出的县级特征。μ_i 表征地区固定效应，θ_t 代表时间固定效应。本文仍然采用 Galiani et al. (2005) 的研究方法，在模型估计中选择县级层面的聚类标准误。

在估计模型中，系数 β 表示农机购置补贴对粮食产出 y_{it} 的作用效果。在估计中，我们以 y_{it} 的对数形式作为因变量，$\hat{\beta}$ 是 β 的估计量。若 $\hat{\beta}$ 显著地大于 0，意味着由项目实施带来的 y_{it} 的平均增长率为 $\hat{\beta}$。

研究数据与评价农机购置补贴政策对农业机械化时的数据相同。其中，本文以各县粮食总产量

[1] 实验数据来源：http://www.moa.gov.cn/zwllm/zwdt/201011/t20101110_1698014.htm.

（*grain*）表征粮食产出，数据来自《中国县域统计年鉴》。本文选择了与影响农业机械化状况相同的控制变量。

（二）基础模型估计

表 13-19 报告了农机购置补贴政策对粮食产出的作用效果。在表 13-19 模型（1）- 模型（5）中，从 p 的估计系数来看，本文发现农机购置补贴对粮食产量的作用效果并不稳健，如模型（2）、模型（5）的估计结果就与模型（1）、模型（3）、模型（4）的不一致。然而，在对表 13-17 的分析中，我们知道各变量间的多重共线性并没有对模型估计产生较大影响，因此可以排除补贴试点 p 与收入滞后变量 $lnincome_{t-1}$ 的共线性造成的干扰。为此，本文认为这种现象可能与补贴对粮食生产作用效果的时滞性相关联。据笔者实地调查获悉，农机购置补贴在实施中具有明显的周期性，一般而言 3—4 月与 8—9 月是农民申请购机补贴款并购置农业机械的集中时期。结合粮食作物的生长周期，当年的补贴试点可能并不能对本年的粮食生产起到较大的促进作用；相反，补贴对粮食产出的作用效果很有可能在第二年里发挥作用，即农机购置补贴对粮食产出的作用效果具有滞后性。为此，本文分析了补贴试点滞后一期变量 P_{t-1} 对粮食产出的作用效果，如模型（6）- 模型（10）所示。

表 13-19 模型（6）- 模型（10）中，P_{t-1} 对粮食产出的作用效果非常显著并且高度稳健，显著性水平均达到了 1% 以下。P_{t-1} 的估计系数值也非常稳定，位于 0.0326~0.0362，这表明因农机购置补贴项目的实施带来的粮食产出的平均增长率为 3%~4%。值得注意的是，模型（6）- 模型（10）补贴试点的估计系数均高于模型（1）至模型（5）中的。这表明 P_{t-1} 对粮食产出的作用效果比 P_t 更为明显，即补贴试点对粮食产出的作用效果的确存在时滞性。这也表明本文对补贴试点做滞后一期的处理是合适的。

模型（6）至模型（10）逐次增加控制变量时，各变量估计系数并没有出现明显的变化，再次说明各变量间的共线性并未给估计带来严重的干扰。控制变量中仅 $lnincome_{t-1}$ 对粮食产出有显著的正向作用。这反映出了如下事实：高收入地区的农民具有较强的农业投入能力，因而能通过增加农业投入提升粮食产出，这种投入既包括农业资本投入也包含对农业机械化服务的购买。

表 13-19　基准模型：农机购置补贴与粮食产量

	因变量：*lngrain*									
	模型（1）	模型（2）	模型（3）	模型（4）	模型（5）	模型（6）	模型（7）	模型（8）	模型（9）	模型（10）
p	0.0268***	0.0012	0.0266***	0.0266***	0.0007					
	(2.86)	(0.13)	(2.85)	(2.86)	(0.08)					
P_{t-1}						0.0339***	0.0326***	0.0339***	0.0362***	0.0351***
						(3.53)	(3.36)	(3.55)	(3.73)	(3.58)
$lnincome_{t-1}$		0.0653***			0.0705***		0.0605**			0.0659***
		(2.74)			(2.83)		(2.51)			(2.62)
lnland			0.0111		0.0017			0.0030		-0.0001
			(0.81)		(0.09)			(0.17)		(-0.01)
lnlabor			0.0043		0.0118			0.0080		0.0143
			(0.26)		(0.55)			(0.39)		(0.67)
lnfiscal				-0.0544	-0.1009				-0.1023	-0.1036
				(-0.76)	(-1.21)				(-1.23)	(-1.24)
_cons	11.7406***	11.3618***	11.5770***	12.2858***	12.1961***	11.8695***	11.3985***	11.7472***	12.9123***	12.2504***
	(1983.16)	(61.08)	(58.70)	(17.12)	(14.51)	(2810.45)	(60.49)	(53.23)	(15.15)	(14.53)
地区固定效应	Yes	Yes	Yes	Yes	Yes	Yes	Yes	Yes	Yes	Yes
时间固定效应	Yes	Yes	Yes	Yes	Yes	Yes	Yes	Yes	Yes	Yes
N	11197	9321	11197	11197	9321	9321	9321	9321	9321	9321
R^2	0.1059	0.0249	0.1061	0.1074	0.0309	0.0260	0.0271	0.0260	0.0321	0.0334
R^2_adjust	0.1055	0.0243	0.1055	0.1068	0.0300	0.0255	0.0264	0.0253	0.0315	0.0325
F	112.9612	35.0487	87.1180	98.7292	28.2520	43.4095	38.0064	32.5614	41.1073	29.9682

注：括号外的数值为估计系数，括号内为该系数下的t值，其中*$p< 0.1$，**$p< 0.05$，***$p< 0.01$。

表 13-19 中模型（1）- 模型（10）也均考虑了时间固定效应对粮食产出的影响。估计结果显示（时间效应结果表 13-19 未报告），随着年份的推移，相比 2003 年或 2004 年，时间因素对各县粮食产出总体上表现出显著的正向促进作用。这反映了农业技术进步对粮食产出的贡献。

（三）稳健性检验

使用双重差分模型估计农机购置补贴政策对粮食产出作用效果时，尤其要关注补贴试点县的选择问题。现有研究表明，使用双重差分模型的重要前提条件是实验组（试点县）和参照组（非试点县）存在共同趋势（Angrist and Pischke，2008）。然而，由于农机购置补贴政策试点县在选择上遵循了试点地区耕地相对集中、粮食生产能力强，农业机械服务需求强，具有实施补贴的财政实力三个规则。因而农机购置补贴试点县的选择可能不符合双重差分模型的假设，这必然会给我们的估计带来一定的偏差。虽然在基准模型与情境模型中，我们控制了一系列能够对应这三条规则的变量，如耕地面积，农业从业人员数量，农村居民人均纯收入和县级财政收入，但是仍需要筛选出一个随机的“实验组”与“对照组”，以此满足双重差分模型的前提条件。为此，本文首要的是对样本进行再抽样以满足模型估计的前提，其次是使用新样本进行再估计。

1. 倾向值匹配与样本再抽样

在对样本再抽样之前，本文以 2004 年所有县是否纳入补贴试点为因变量，以 2003 年各县耕地面积、粮食单产、财政收入为自变量，做了简单的回归分析。回归结果表明试点县在选择中确实遵循了上述三个规则。为此我们将使用倾向值匹配（*Propensity Score Matching*）的方法来对已有样本进行筛选，使得筛选出的样本满足试点县与非试点县在耕地资源、产粮能力与财政水平上不存在着明显的差异的特征。

倾向值匹配（*PSM*）是 Rosenbaum and Rubin (1985) 提出的一个处理干预效果的分析方法，代替前项的参数估计。假设试点筛选规则变量为 X^T，*PSM* 就是通过倾向值的方法找到具有相同的 X^T 变量特征的试点县组与非试点县组，即试点县与非试点县在筛选规则变量上无显著差异，如此试点县与非试点县的选择就处在了随机状态。具体实现方法如下：由于农机购置补贴是一次干预性实验，接受试点的条件概率是通过是否为试点（*P*）的二分变量 *logistic* 回归来进行估计的。记第 *i* 个县的试点类别为 *P*，*P* 是取值为 0-1 的虚拟变量，取值为 1 表示 *i* 县实施了试点，取值为 0 表示尚未实施试点。那么，*i* 县接受试点的条件概率表达如式 13-2-5，这个概率即为倾向值。

$$P(W_i | X_i = x_i) = E(W_i) = \frac{e^{x_i \beta_i}}{1 + e^{x_i \beta_i}} = \frac{1}{1 + e^{-x_i \beta_i}} \qquad 13\text{-}2\text{-}5$$

在估计得到倾向值之后，本文将选择半径匹配的方法来匹配试点县和非试点县（Rosenbaum and Rubin，1985）。假设 P_i 和 P_j 分别是试点县组和非试点县组的倾向值，I_I 和 I_0 分别是试点县组和非试点县组成员的集合。当 *i* 和 *j* 之间倾向值之差的绝对值小于某一个数 ε 时，*j* 看作是 *i* 的一个匹配，如式 13-2-6 所示。在使用卡尺匹配时，试点县组和非试点县组需要有比较大的共同支持域（common support），也就是说我们要在试点县组和非试点县组倾向值相重叠的部分进行回归分析。对于倾向值不能重叠区域的观察个体，应从分析样本中剔除，如此也就完成了重新抽样的过程。

$$\|P_i - P_j\| < \varepsilon, \mathrm{j} \in I_0 \qquad 13\text{-}2\text{-}6$$

在匹配过程中，本文并没有选择逐年匹配的方式，而是以 2006 年样本县是否实施了补贴试点为二分变量，以 2003 年各县耕地面积、粮食单产（等于粮食产量除以耕地面积）、财政收入、南北方位、地形为匹配协变量，一次性地构建出新的面板数据。这样处理有如下两方面的理由：第一，由于农机购置补贴是以县为单位逐步推进的，2004—2005 年的试点县必然也是 2006 年的试点县，因此选择 2006 年作为匹配基准年也能为 2004—2005 年的试点县找到与之相匹配的非试点县；另一方面，选择 2006 年为基准也是为了保证尽可能多地为试点县找到与之相应的非试点县。这是因为 2006 年时农机购置补贴已覆盖了全国 1126 个县，即一半以上的县都实施了试点。而 2007 年时，覆盖范围增加到 1716 个县，近乎 80% 以上的县级区划单位（市辖区除外）都实施了购机补贴。选择 2006 年能构建出样本数量几乎相当的实验组与对照组。第二，以各县耕地面积、粮食单产、财政收入、南北方位、地形为匹配协变量[1]，主要是为了使得试点县与非试点县在选择规则上不具备差异，这是实施匹配的关键；此外选择 2003 年主要是考虑到该年农机购置补贴尚未实施，因此各县并没有因补贴实施后带来的农业机械化、粮食产出方面的差异。

在半径匹配中，本文选择的匹配卡尺大小 ε 为 0.0003，卡尺大小远小于样本估计倾向值标准差的四分之一，因此本文的匹配尺度是合适的（Rosenbaum and Rubin，1985）。另一方面，为了验证本文匹配后的实验组与控制组在试点筛选规则变量上无明显的差异，本文对匹配后的样本做了属性一致性检验（Balancing Property Test），属性检验结果表明试点县组与非试点县组在耕地面积、粮食单产、财政收入、南北方位、地形上等变量没有显著的差异，各变量的显著性程度均在 10% 以上。这说明本文已筛选出了一个随机的实验组与对照组。图 13-8 给出了匹配前后试点县与非试点县倾向值的分布图，匹配后试点县与非试点县在倾向值分布上几乎相同，这也表明本文匹配后的样本是合适的。

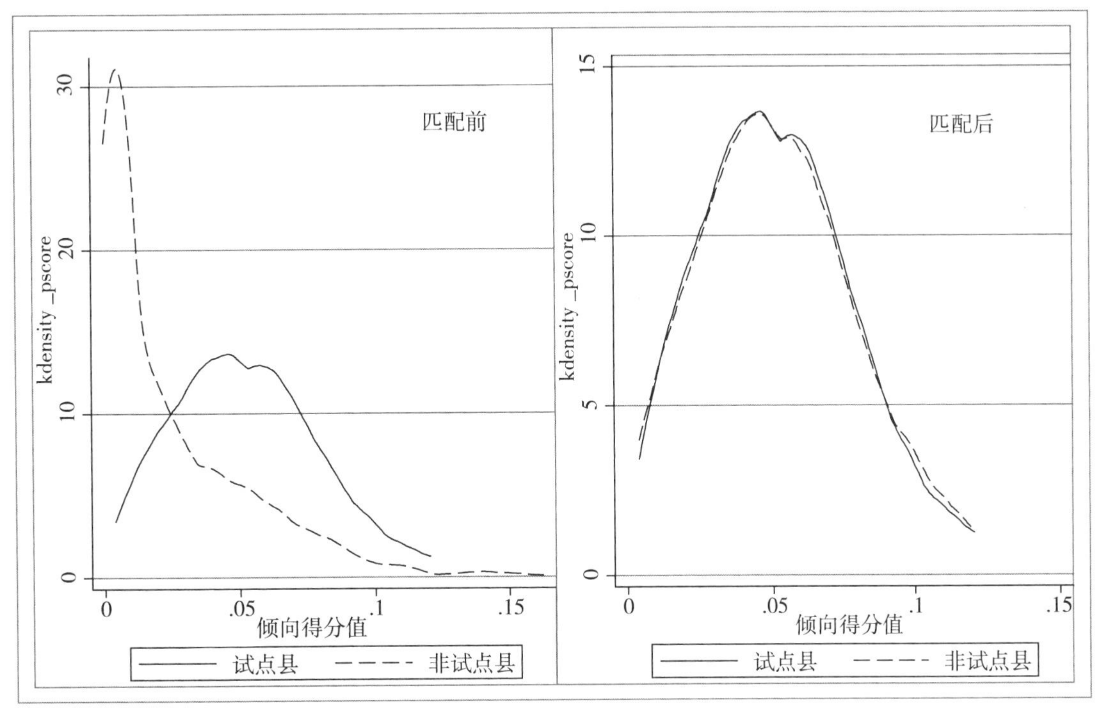

图 13-8 倾向值匹配前后试点县与非试点县分布

[1] 选择耕地面积、粮食单产作为协变量还有控制各县分配到的中央农机购置补贴资金的含义，正如本文第二部分所言中央财政在补贴分配上以各县耕地面积与粮食产出为主要依据，补贴资金的多少也是影响农业机械化的重要因素。

经匹配筛选后，本文得到了试点县组与非试点县组名单，如此也就保证了试点县组与非试点县组在规则筛选变量上无差异的双重分模型的估计前提。这样双重分模型也就能够估计出补贴试点对粮食产出的净效应。根据这些名单本文构造出了这些县 2003—2007 年的面板数据[1]。

2. 双重差分模型估计

表 13-20 报告了新样本基准模型的估计结果。模型的估计结果再次证实了农机购置补贴提升农业机械化水平，进一步促进试点县的粮食产出的结论。值得一提的是，本文发现表 13-20 估计出的补贴试点对粮食产出的作用效果明显高于表 13-19 中的。在表 13-19 模型（10）中，补贴试点（pt-1）对粮食产出（*lngrain*）作用系数为 0.0351，而在表 13-20 模型（4）中该系数值达到了 0.0438；考虑到两个模型估计年份跨度还并不相同，本文对表 13-19 模型（10）进行了重新估计，估计年份跨度与表 13-20 的保持一致，重新估计出的系数值为 0.0298。这说明倘若不对试点县样本选择问题进行处理，容易低估补贴试点对粮食产出的效果。事实上，补贴试点县在选择中若遵守产粮大县优先的原则，那么基准模型估计必然会低估补贴对粮食产出的增产效果，这是由边际产量递减的规律决定的。

此外，新样本基准模型的估计结果也证实了农机购置补贴政策对农机总动力的作用效果，不过若不对试点县样本选择问题进行处理，易略微高估补贴对农业机械化的作用效果。

值得注意的是，模型（2）与模型（4）中的控制变量如 *lnland*、*lnlabor*、*lnfiscal* 的估计系数均不显著，这也表明在新样本中试点县与非试点县在筛选规则变量上是无差异的。

表 13-20　匹配双差法：基准模型

	因变量：*lnagrpower*		因变量：*lngrain*	
	模型（1）	模型（2）	模型（3）	模型（4）
P	0.0234**	0.0221**		
	(2.11)	(2.01)		
lnincome		0.0386		
		(1.39)		
P_{t-1}			0.0432***	0.0438***
			(2.91)	(2.80)
$lnincome_{t-1}$				0.0734**
				(2.19)
lnland		0.0034		-0.0129
		(0.33)		(-0.34)
lnlabor		-0.0124		0.0126
		(-0.38)		(0.32)
lnfiscal		0.0312		-0.1455
		(1.23)		(-0.98)
_cons	2.9632***	2.4549***	12.0456***	12.9515***

[1] 在模型估计中，我们需要对补贴试点做滞后一期处理，因为2006年新增的补贴试点实际上需要到2007年才能发挥了促进粮食生产的作用。另外，新样本中2008年已实施补贴的县个数占当年总数的97%以上，为保证每一年内都有足够的对照组，新样本的时间跨度选择为2003—2007年。

续表

	因变量：*lnagrpower*		因变量：*lngrain*	
	模型（1）	模型（2）	模型（3）	模型（4）
	(545.45)	(4.48)	(1979.01)	(8.95)
地区固定效应	Yes	Yes	Yes	Yes
时间固定效应	Yes	Yes	Yes	Yes
N	4284	4284	3426	3426
R^2	0.2717	0.2731	0.0231	0.0347
R^2_adjust	0.2708	0.2715	0.0219	0.0324
F	115.8789	66.3903	11.1573	9.3546

注：括号外的数值为估计系数，括号内为该系数下的t值，其中$^*p<0.1$，$^{**}p<0.05$，$^{***}p<0.01$。

此处研究结果表明农机购置补贴政策有效提升了试点县农业机械化水平，进一步促进了试点县的粮食产出。稳健性检验结果显示，因农机购置补贴政策实施带来的粮食产出的平均增长率均至少为4%。

三、农机购置补贴政策与农民收入

农业增效、农民增收一直以来都是农业补贴追求的两个政策目标。那么，农机购置补贴政策是否对我国农民增收起到了促进作用？为此，本文将对此进行实证分析。

（一）研究设计

此处仍选择双重差分模型来估计农机购置补贴对农民收入的影响。研究思路与评价农机购置补贴政策对农业机械化、粮食产出一致。估计模型如式13-2-7所示。

$$Ln\ y_{it}=\alpha\ p_{it}+\mu_i+\theta_t+\varepsilon_{it} \qquad 13\text{-}2\text{-}7$$

式（7）中，i表示各县，t表示各年份。因变量y_{it}代表第i个县第t年农民收入，P_{it}为取值仅为0或1的二分类变量。$P_{it}=1$，表示第i个县在第t年已实施农机具购置补贴政策；$P_{it}=0$，表示第i个县在第t年还没有实施农机具购置补贴政策。μ_i表示地区固定效应，θ_t代表时间固定效应，ε_{it}表示误差项，误差项可能与地区或时间相关。在面板数据中，双重差分模型可以通过控制地区和时间固定效应来实现[1]。

理论上而言，农机购置补贴政策可能通过两个途径[2]影响着农民收入（见图13-9）。第一，农机购置补贴通过作用农业机械化进而影响农业产出，继而影响农民农业收入。关于这一点，本文已证实了农机购置补贴政策分别对农业机械化、粮食产出的正向促进影响，另一方面由于多年来我国粮食临时收储政策与最低价格政策的托底，一般而言粮食增产对农民增收效果较为明显。因此，农机购置补贴可能会通过作用农业产出影响农民收入。第二，农业机械化有助于农业劳动力转移，有促

[1] DID模型中所有不随时间变化的影响被地区固定效应所控制，例如，地区地形等特质性因素；而所有地区共同的年度变化由时间固定效应控制，例如，粮食生产中的技术进步。

[2] 由于中国农业机械化具有“农机手购买农机，农户购买农业机械服务”的典型特征，并且农机手占农户比例非常小，因此农机作业服务收入对全体农民平均收入的影响较小。为此，本文不讨论农机购置补贴政策通过农机作业服务收入途径对农民收入的影响。

于农业人口工资性收入的增加。Jabbar et al.（1983）、Martin and Olmstead（1985）、Krishnasreni and Thongsawatwong（2004）、Pingali（2007）、晖峻众三（2010）等的研究对此进行了证实，他们的研究都指出农业机械化促进了农业劳动力的转移，增加了农民工资性收入。在模型估计中，我们将综合估计农机购置补贴政策对农业机械化的影响。

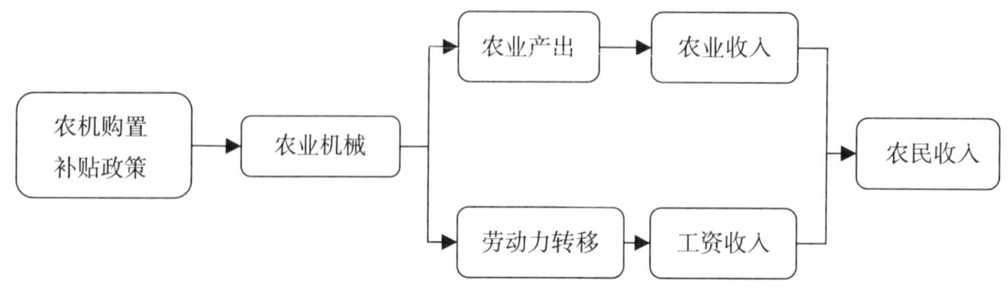

图 13–9　农业机械化对农民收入的作用机制

模型估计数据中，本文选取农民总收入（*income*）作为衡量农民收入状况的指标[1]，数据来自历年《中国区域经济统计年鉴》。其他数据来源与评价农机购置补贴政策对农业机械化、粮食产出时一致。

影响农民收入的因素很多，然而，在本文模型中却仅讨论了农业机械化对农民收入的作用效果，并未控制其他能够影响农民收入的变量。本文如此处理的理由如下：倘若农机具购置补贴试点县的选择是随机的[2]，那么，即使不控制其他影响农民收入的变量，也能通过双重差分法得出农业机械化对农民收入的净效应（参见 Angrist and Pischke，2008）[3]。

其证明过程如下所示：式 13-2-8 与式 13-2-9 分别表示 a 县第 t-1 年、t 年农机购置补贴与农民收入的关系式。其中，X 为影响农民收入的控制变量。进一步我们假设 t-1 年时，a 县尚未实施补贴，即 $P_{at-1}=0$；再假定第 t 年时，a 县实施了补贴，即 $P_{at}=1$。

$$Ln\ y_{at-1}=\beta\ p_{at-1}+\gamma\ X_{at-1}+\mu_a+\theta_a+\varepsilon_{at-1} \quad 13\text{-}2\text{-}8$$

$$Ln\ y_{at}=\beta\ p_{at}+\gamma\ X_{at}+\mu_a+\theta_a+\varepsilon_{at} \quad 13\text{-}2\text{-}9$$

同时，存在任意一个 b 县，在第 t-1 年与 t 年时，都没有实施补贴，那么有 13-2-10 式与 13-2-11 式，此时 $Pb_{t-1}=P_{bt}=0$。b 县即为 a 县的对照组。

$$Ln\ y_{bt-1}=\beta\ p_{bt-1}+\gamma\ X_{bt-1}+\mu_b+\theta_b+\varepsilon_{bt-1} \quad 13\text{-}2\text{-}10$$

$$Ln\ y_{bt}=\beta\ p_{bt}+\gamma\ X_{b}+\mu_b+\theta_b+\varepsilon_{bt} \quad 13\text{-}2\text{-}11$$

由于在估计中本文选择的是双重差分法，即同一个县级单位时间上的做差与不同县级单位之间的再次做差，如式 13-2-12 所示。倘若补贴试点县在选择中是随机的，那么在大样本下补贴试点县 a

[1] 由于县级层面的统计年鉴并没有对农民的工资性收入、农业收入进行分类统计，因而本文分析仅探讨各个作用机制对农民总收入的影响。

[2] 本文在分析中先假设农机具购置补贴试点县的选择是随机的；然后放宽这个约束，讨论在试点县非随机选择的情况下，农业机械化对农民收入的净效应。

[3] 农机具购置补贴政策实施之际，中国政府还实施了其他有利于农民收入增长的政策。但是，只要农机具购置补贴试点县的选择是随机的，就可以通过DID模型差分掉其他政策的干扰，测算出农机具购置补贴政策对农民收入的净效应。许多学者都采用了这种方法来评估政策效果，例如，Galiani et al.（2005）、Nunn and Qian（2014）。

与非补贴试点县 b 必然存在如下关系，$X_{at}=X_{bt}$ 与 $X_{at-1}=X_{bt-1}$。如此，13-2-12 式可简化为 13-2-13 式。

$$(Ln\,y_{at}-Ln\,y_{at-1})-(Ln\,y_{bt}-Ln\,y_{bt-1})=\beta\left[(p_{at}-p_{at-1})-(p_{bt}-p_{bt-1})\right]+\gamma\left[(X_{at}-X_{at-1})-(X_{bt}-X_{bt-1})\right]+(\varepsilon_{at}-\varepsilon_{at-1})-(\varepsilon_{bt}-\varepsilon_{bt-1}) \quad 13\text{-}2\text{-}12$$

$$(Ln\,y_{at}-Ln\,y_{at-1})-(Ln\,y_{bt}-Ln\,y_{bt-1})=\beta\left[(p_{at}-p_{at-1})-(p_{bt}-p_{bt-1})\right]++(\varepsilon_{at}-\varepsilon_{at-1})-(\varepsilon_{bt}-\varepsilon_{bt-1}) \quad 13\text{-}2\text{-}13$$

式 13-2-13 即式 13-2-7 的一种变形。因此，当县级农机购置补贴的试点在选择中是随机的，那么在不考虑其他影响农民收入的因素时，本文的估计亦然能测算出农机购置补贴政策对农民收入的净效应。

（二）基础模型估计

表 13-21 报告了农机具购置补贴政策（P_{it}）这一核心自变量对县级农民收入（*income*）的作用效果。在模型估计中，本文采用 Galiani et al.（2005）的方法，选择县级层面的聚类标准误，以此获得稳健的估计结果。

表 13-21　基准模型：农业购置补贴政策对农民收入的作用效果

	因变量：农民总收入对数	
	方程（1）	方程（2）
P_t	0.000	—
	（0.090）	—
P_{t-1}	—	0.013***
	—	（3.010）
2004. *year*	—	—
	—	—
2005. *year*	0.073***	0.072***
	（16.220）	（16.490）
2006. *year*	0.164***	0.161***
	（32.530）	（33.460）
2007. *year*	0.286***	0.279***
	（47.030）	（47.380）
2008. *year*	0.420***	0.410***
	（57.790）	(57.910）
常数项	7.882***	7.882***
	（1989.510）	（1990.540）
地区固定效应	Yes	Yes
观测值量	11391	9473
R^2	0.749	0.749
F值	1520.860	1540.708

注：括号外的数字为估计系数，括号内的数字为该系数下的t值；*、**、***分别代表10%、5%、1%显著性水平。

表 13-21 中，方程（1）与方程（2）汇报了农机具购置补贴政策对农民收入的作用效果。在方程（1）中，该项补贴对农民收入的作用效果并不显著；不过，方程（2）考察了农机具购置补贴政策的滞后一期变量（P_{t-1}）对农民收入的影响，该变量通过了 1% 水平的显著性检验，回归系数为 0.013，表明该项试点的滞后一期能够显著提高农民收入，农机具购置补贴政策实施所带来的农民收入的平均增长约为 1.300%。方程（1）和方程（2）的估计结果表明，农机具购置补贴政策实施对农民收入的影响具有滞后效应。本文认为，这种滞后性是由农机作用发挥的时间滞后性与农业生产的长周期性所决定的，为此在后续分析中也将继续考察补贴试点对农民收入的滞后效应。

在方程（1）和方程（2）中，均考虑了时间固定效应与县级地区固定效应的影响。时间固定效应各年份的估计系数均为正且通过了 1% 水平的显著性检验，表明随着年份的推移，所有县农民收入水平都呈现逐年增加的趋势。这也说明，随着农机技术进步，农民收入也持续增长。

（三）稳健性检验

同样，考虑到补贴政策在县级层面样本选择偏差的问题。此处，采用与估计农机购置补贴对粮食产出的办法，对样本重新筛选后再行估计。筛选的方法与筛选后的样本与上文估计的一致。

表 13-22 是新样本下基准模型的回归结果。需要指出的是，在参数估计中，本文仍然选择县级层面的聚类标准误，以得到稳健的估计结果。

表 13–22　基准模型稳健性检验：农机购置补贴政策对农民收入的作用效果

	因变量：农民总收入对数	
	方程（1）	方程（2）
P_t	-0.004	—
	（-0.820）	—
P_{t-1}	—	0.012**
	—	（2.070）
2004. *year*	—	—
	—	—
2005. *year*	0.079***	0.077***
	（12.780）	（12.890）
2006. *year*	0.172***	0.166***
	（24.740）	（25.110）
2007. *year*	0.299***	0.289***
	（35.740）	（35.330）
2008. *year*	0.431***	0.417***
	（45.170）	（43.620）
常数项	7.900***	7.900***
	（1440.030）	（1441.710）
地区固定效应	Yes	Yes
观测值量	5951	4950
R^2	0.755	0.756
*F*值	837.148	847.253

注：括号外的数字为估计系数，括号内的数字为该系数下的t值；*、**、***分别代表10%、5%、1%显著性水平。

在表 13-22 的估计结果中，农机具购置补贴政策的当期变量（P_t）没有通过统计检验，说明农机具购置补贴政策的当期变量对农民总收入的作用效果并不显著；但是，农机具购置补贴政策的滞后一期变量（P_{t-1}）通过了 5% 水平的显著性检验，估计系数为 0.012，说明农机具购置补贴政策对农民收入的作用具有滞后效应。

表 13-22 的估计结果表明，农机购置补贴政策的实施带来的农民收入平均增长率约为 1.2%。与表 13-21 的 1.3% 相比，估计结果大致相同。

通过上述分析，不难发现农机购置补贴政策已成为增强农业生产能力、提高农民收入的重要政策工具。实证研究结果表明，农机购置补贴政策对推动中国农业机械化发展进程，促进粮食增产，提高农民收入等方面表现出了显著的促进作用。

第 3 节　农机购置补贴政策改革方向

一、农机购置补贴政策存在问题

农机购置补贴政策在实践中取得了非常不错的成绩，推动了中国农业现代化的发展进程，但是补贴政策在实践中仍然存在些许问题。总体而言，问题表现在三方面：一是政府的作用在补贴实施中没有得到更好地发挥；二是市场在资源配置中没有有效发挥其决定性作用；三是中央与地方事权和支出责任不匹配。

（一）政府作用没有得到充分发挥

第一，新产品难以进入农机补贴目录。现有的农机补贴目录内容丰富，但是存在的突出问题是新型农机产品较难进入目录，还无法满足农户对新型农机产品的需求。现有的补贴机具目录有 11 大类 43 个小类 137 个品目，农机种类与品目已然非常丰富，补贴目录发挥着国家推荐、引导农民购买先进适用农业机械的指导性作用，但是农机新产品不断出现，补贴目录的更新调整难以适应农民的需要。以广西壮族自治区为例，2010 年始甘蔗装载机因其可观的收益，开始在广西地区兴起，但是甘蔗装载机始终没有被列入补贴目录。此外，补贴目录还束缚了新型农机具的普及。以广西为例，农机补贴目录中的专用植保机非常昂贵，约 300 万元，而且体积较大，并不适应广西地情。而当地合作社经过长期实践研制出的车载喷雾机既符合当地实际情况，又具有较好的功效，可是因无法进入补贴目录而得不到普及。虽然，2015 年的《意见》提出各地可根据实际情况，对新产品进行试点补贴。但是，烦琐的机具鉴定程序给新产品进入补贴目录抬高了门槛。

第二，补贴资金地区间缺口过大与剩余过多现象并存。在实地调查中，笔者发现有的地区农机购置补贴资金缺口很大，而有的地区补贴资金剩余却很多，即存在着补贴资金地区分配不合理的问题。

一是部分地区补贴资金缺口较大。随着农机工业和农业新型经营主体的发展，土地流转促进土地经营规模的扩大，使得农机操作条件更加有利。农业机械技术的突破，农机农艺的融合，使得农业机械的适用性更强，可以应对更多复杂的农业生产工序。尽管农机购置补贴总额不断增加，但补贴资金的数额仍不能满足农民的需求。以山东省高唐县为例，2014 年第二批补贴资金申报人数 400 余人，而最后获得补贴的仅有 180 余人，远远不能满足全部的购机需求。由于缺口较大，并且在补贴申报开始的第一天前往高唐县农机局排队的农民过多，而不得不在公证人员在场的情况下，实行摇号抽签的办法以确定补贴资格。还有河南省滑县，作为粮食主产区近几年农机化水平虽然迅速提高，但水稻机播、玉米机收环节的机械化水平还很低，养殖业和农产品初加工领域的农业机械需求还很大，植保、灌溉、田间管理、保护性耕作类的农用机具还有很大发展空间。农业机械的不断更新换代、总量持续上升、结构逐步优化的趋势导致了农业机械需求的稳定增长，与之相比，现有的农机购置补贴金额还是远远不能满足农民的购机需求。2014 年补贴资金仅够满足全县三分之一的购机申请，购机指标只有通过公开摇号的形式来分配。

二是部分地区补贴资金充足，农机部门存在“完成补贴发放任务”的压力。例如，四川省乐至县与梅州市东坡区农机补贴资金就非常充足，农机部门面临着“补贴资金花不完”的压力（上一级农机部门要求县级农机部门必须完成每一年所有的农机补贴资金发放任务，并以此作为部门绩效考核指标，因而县级农机部门存在较大压力感）。据乐至县农机部门人员介绍，2014 年 7 月底，全县农机补贴资金仅发放了四分之一，完成补贴资金发放任务的压力非常大。

由此可见，一方面是补贴资金缺口较大，农机部门只能通过“摇号”或“排序”的方式满足农民购机需求；另一方面却是农机部门担心补贴资金过剩。这充分反映了当前农机补贴资金在地区配置间的低效率现象。

第三，农机购置补贴操作环节问题较多。农机购置补贴政策在实际操作中，仍存在着许多问题。通过调研，各地集中反映的问题有以下两方面。

一是申请补贴环节多，审批手续烦琐。由于“先购机，后补贴”的补贴模式还没有全面推行。按照目前补贴政策的要求，农民获得农机补贴，需经过申报、领取补贴资格、报送结算材料等多个审批程序。许多地方出现了农民多次“跑县城”的现象，增添了农民的负担。特别地，农民购买补贴额度较小的农业机械时，也需要经历同样的烦琐的流程。结果是农民为办理购机补贴审批手续而往返县城的成本差不多已经抵消了补贴优惠额度，特别是对于像“微耕机”这样的小机械而言，也需要通过如此的繁杂手续。据广西贵港市覃塘区农机局局长介绍，为了办理农机补贴审批手续，农民至少要往返县城 4 次，而县农机局办理农机购置补贴手续的工作人员只有 3 人，每个窗口一天要办理 100 户，任务量极大。此外，对经销商而言，负责录入购机核实表和扫描人机合影照片也存在着许多操作方面的问题。

二是补贴款结算周期长，资金拨付慢。据调研获悉，农机补贴款结算周期一般在 3 个月到半年不等，有些县区甚至会有近一年的结算期，这主要是农机补贴手续复杂、环节过多所造成的。补贴资金下放慢是农机部门、经销商和购机户普遍反映的问题，这既影响农民购机的积极性，也给为农民垫支补贴款的经销商带来了不便。据河南省滑县的几位农机大户与农机合作社反映，补贴资金一般在 2~3 个月后到账，有时时间会更长，甚至会延至 1 年。

第四，农机补贴资金安全性仍有待提高。

一是对于农民套取农机补贴的事件，农机补贴监管力度弱但责任大。农机部门对补贴资金的发放和使用缺少有效的监督和评价体系，同时缺乏必要的追踪反馈。另外，监管执法的权责不匹配、不明晰，给监督检查工作也带来了很大的不便。目前由乡镇农机站进行农机补贴的监督检查工作，但是由于这些部门不具有执法权，当发现在农机补贴过程中的违规行为时只能以今后 3 年或者 5 年内不得本人申请作为惩罚，但是在广大农村这样一个熟人社会中，这种惩罚基本上是没有任何效果的，而农机部门却没有权利实施更为有效的行政、经济惩罚。对于少数骗取国家补贴的事件，由于受制于取证等方面的问题，公安与司法机关也不愿意受理。

二是农机企业套取骗取补贴资金时有发生。有些农机生产、经销企业与不法人员勾结，弄虚作假，骗取补贴资金。例如，有的企业或经销商通过更换铭牌、降低配置、以小抵大等方式，骗取高额补贴；有的企业借农民身份证办理虚假手续，空套补贴资金；有的企业与其他不法分子合谋，有组织地倒卖机具，从中牟利。

三是农机部门干部违纪违法问题时有发生。受利益驱动，近年来，部分地方农机购置补贴管理人员收受企业贿赂，失职渎职，甚至参与违规操作。主要表现在：有的省级农机部门干部收受企业好处，利用职权将特定关系企业产品列入补贴范围，擅自调高补贴额度；有的县级农机部门干部违规指定经销商，并在产品销售、资金结算等环节与企业形成利益联结；有的对违规操作行为监管不严，甚至纵容或参与骗取补贴资金。特别是少数省份的基层农机部门工作人员大面积发生问题，影响恶劣。

（二）市场在资源配置中的决定性作用没有得到有效发挥

第一，补贴机具的价格机制不健全。当前国内农机市场中补贴机具的价格形成机制还不健全，补贴即涨价的现象经常发生，最终使得农户仅能享受到补贴中的一小部分。在调研过程中，有许多农民都反映了补贴目录内农机价格虚高问题。可以说，国家的大部分农机补贴都落入了厂家和经销商之手，农民购置机具实际享受的购置补贴数额大打折扣，农民得到的真正利益较少。据调查，不少农民反映，部分农机具在农民享受补贴后的购置价格并不比未纳入补贴的农机要便宜。

第二，补贴机具市场竞争机制不完善。国内农机具市场竞争机制还不完善，主要表现在两个方面。一是农机企业寻租，通过不正常竞争来获得市场份额和企业利润。许多农机企业热衷于与农机部门干部和工作人员“搞关系”“弄指标”，通过不正常竞争来获得市场份额和企业利润。二是补贴的机具质量不高，并且还存在“劣币驱逐良币”的现象。许多地方都反映了补贴机具质量不高的事情。以江苏省宝应县为例，县农机局每年都会收到反映补贴机具质量问题的投诉，如发动机动力不足，液压系统漏油，加工工艺粗糙等。更为严重的是，农机市场里出现劣质农机驱逐优质农机的现象，这种现象在小型农机行业里尤为突出。由于小型农机技术简易，生产过程易模仿、复制，受补贴的驱使，许多小型生产企业竞相模仿。不少小企业在生产过程中偷工减料，节约了生产成本，进一步拉低了农机市场价格，从而挤压了许多优质企业的生存空间，最终导致优质企业因利润空间狭窄而退出生成。四川省乐至县内，这种现象较为突出。据当地五一机械有限责任公司的负责人介绍，质量好的小农机卖不出去成为当地一件常见的怪事。其他农机企业也反映了，近年来小型农机具的市场价格在逐年下降，根本原因也是农机生产企业不良竞争导致的。

第三，农民购机信贷扶持机制尚未有效建立。根据笔者在各地调研情况来看，国内仅有少数地区建立了农民购机的信贷扶持机制，信贷市场在支持农户购机上的作用没有得到发挥。自 2013 年实行“全价购机”政策以来，大多数农民都面临着购机资金不足的状况。相比“差价购机”，“全价购机”给农民增添了购机压力，但是在政策转换之际，还缺少相应的保障机制——农民购机的信贷扶持机制。目前，金融机制在支持农民购机上的作用还没有得到体现。在调研中，笔者发现部分地区“全价购机”的资金筹措压力转移给了农机经销商。即经销商为了竞争顾客资源，都会帮助农民垫支部分购机款，一般是补贴的额度。这在一些经销商看来，仍然是差价补贴的模式，因为很少有农民会全价提机。这种方式在一定程度上削弱了“全价购机”的政策目标。

（三）中央与地方事权和支出责任不匹配

农机购置补贴涉及多级政府部门，不同层级的政府部门拥有不同的权限、承担不同的责任。目前，较为突出的问题是中央和地方在事权和支出责任上不匹配。

第一，中央和地区共管事权缺位。主要表现为：一是对于农机具的监督检查缺位。当前农机具跨省倒卖的现象仍比较严重，而中央与地方两级政府在农机具监督检查上还存在缺位现象。这是因为当前省级农机部门没有跨省行政执法权，而中央农机部门又缺乏相应的执法手段和资源，从而客观上姑息了农机具跨省倒卖的现象。二是农机部门忙碌于农机补贴政策的实施，忽略了对全国农机行业公共服务能力和水平的提高。目前农机购置补贴的中央事权集中在确定补贴农机目录与资金分配等事务上，地方农机补部门的事权则是在补贴实施与购机信息录入等细节上，尤其是地方农机部门无暇聚焦于如何提高农机行业的公共服务能力。从而导致了农机部门重补贴，轻农机化服务能力建设的现象发生。三是农机质量鉴定问责制缺位。当前，对于补贴机具有农机质量鉴定工作机制，但是没有质量鉴定问责机制，这也是造成许多补贴机具质量差的问题原因之一。

第二，地方在补贴机具质量管理上事权错位。从政府各部门的职能划分来看，农机质量本因由质检与工商部门监督管理。但是，由于农机部门是补贴工作的实施单位，从而使得许多农民产生了一种错觉——出现补贴农机具质量问题时，就找农机部门投诉。许多地方农机部门不得已承担着部分农机具质量管理的事情。实际上，从政府各部门的事权划分上来看，农机质量监管是由质检与工商负责，农机部门承担补贴机具质量管理实为政府各部门间的事权错位。而另一方面，从行政资源来看，农机部门也不具备补贴机具质量监理的条件。

第三，地方在农机市场运行上事权越位。由于现行补贴政策运行机制存在一些薄弱环节，直接导致了政策落实中，特别是执行层面上对市场干预过多。这主要表现在基层农机主管部门在补贴实施过程中，可以对企业在本区域内销售施加较大的影响，从而导致相当一部分厂家、经销商没有把精力放到市场上，反而热衷于与农机部门干部和工作人员“搞关系”“弄指标”。这也是上文提及的农机企业不正常竞争问题的原因。总体而言，这些不良后果形成的根本原因就是政府事权越位于市场机制。

第四，地方事权财权不匹配。地方农机部门承担着农机购置补贴发放、审核等相对较为细节的工作，在农机购置补贴中事务重，但却缺少相应的财力支撑。在实地调查中，地方普遍反映了如下两个问题。

一是地方农机部门工作量大，但工作经费不足。农机购置补贴政策的有效实施需要市县乡三级农机部门承担大量工作，一般中央下拨到县财政局的农机购置补贴资金的3%作为农机局经费，资金规模较小，在农机购置补贴政策实行之初，甚至没有工作经费。农机部门核查监管职责在逐年加大，却一直没有配套的工作经费。从补贴机具申请初审、已购补贴机具逐台核实、镇村公示、资金结算，再到材料上报、档案管理、办公装备等工作程序所需费用较多。尤其是在补贴机具核查中牵涉上门入户的调查走访，由此产生的交通、伙食等费用都是农机部门无力自身支出覆盖的。以江苏省为例，虽然近年来江苏省农机局对各县（市、区）安排了部分农机购置补贴工作经费，但是对于区镇农机部门实际产生的费用来说是杯水车薪。还有，河南省长垣县某位基层农机工作人员诉苦道，上级要求入户核查，但是购机农民居住分散，地处偏僻，又没有拨付相应的办公经费，骑摩托车的油费都是自掏腰包。申请补贴的农民名单需在村里公示，责任落到农机工作人员身上，而乡镇的农机工作人员数量很少，有些还是兼职，有时工作要求紧急，几天之内就要反馈，乡镇农机工作人员分身乏术，反馈结果难免打了折扣。

二是基层农机服务体系不健全，工作人员积极性不高。经过多次的乡镇区划调整和机构改革，目前，乡镇农机管理服务体系正面临着“线断、网破、人散”的局面，大多数乡镇只有 1~2 人从事农机管理服务工作，且年龄偏大。以江苏省为例，农机购置补贴操作主体主要在各乡镇，他们平时既要承担农机推广、农机安全监理、还要承担农机购置补贴机具 100% 核查的任务，工作任务繁重。加之，农机购置补贴工作涉及面广、工作量大、政策性较强，对基层农机工作人员工作要求高，承担责任大。与此同时，他们的工资得不到相应的保障。由于是事业编制，财政只拨付了他们 70% 的工资，而 30% 则交由乡镇解决。一些收入效益不高的乡镇，这 30% 的工资就容易落空，容易造成基层农机工作人员的工作积极性下降。

二、农机购置补贴政策改革方向

农机购置补贴政策对我国农业现代化发展起到了明显的推动作用。下一阶段的补贴政策应围绕当前农业生产新形势，锁定新的补贴目标，界定补贴对象，突出补贴重点方向，优化补贴程序。

（一）补贴目标：农机装备水平进一步提升，粮棉油糖生产全程机械化

农机购置补贴政策实施以来，我国农机装备水平得到了大幅度提升。但是与国外发达国家相比，仍然还存在较大的差距。因此，未来农机补贴的目标仍然要致力于提升农机装备水平。具体而言：第一，根据农业生产发展的要求，坚持农机装备总量稳步增长与结构优化并举，以增量调整带动存量优化，以存量优化促进结构升级。第二，补贴资金要向大马力、高性能、复式作业及适合丘陵山区作业的机械倾斜，以此提升机械的保有量。第三，分拨出部分补贴资金，健全完善农机报废更新补贴机制，鼓励农民使用新型机械，加快老旧农业机械的更新换代。

2013 年小麦耕种收综合机械化水平已达到 93.71%，已基本实现了全程机械化。在小麦全程机械化基本实现的基础上，补贴资金继续集中力量支持提升水稻育插秧、玉米收获、马铃薯播种和收获、棉花育苗移栽和收获、油菜播种和收获、甘蔗和甜菜收获及主要农作物产后处理等环节机械化水平，并由耕种收环节机械化向产前、产中、产后全过程机械化延伸。

（二）补贴对象：传统农民与新型农业经营主体

2005 年，财政部、农业部印发的《农业机械购置补贴专项资金使用管理暂行办法》规定，补贴对象是符合补贴条件的农民（农场职工）和直接从事农业生产的农机服务组织。在实际操作中，各个地区往往将补贴对象界定为本地区的农村居民。然而，当前有大量的城镇人口以农业企业的组织形态进入农村从事农业生产，因户籍的问题，这些农业企业一般很难享受到农机补贴政策。2015 年的《意见》提出，补贴对象为直接从事农业生产的个人和农业生产经营组织。这表明补贴对象已发生变化，从户籍概念转变到职业概念。目前，以专业大户、家庭农场、合作社、农业企业为内涵的新型农业经营主体在我国农业生产中正发挥着重要的作用。因此，农机补贴的对象应从传统的农民向农民与重点突出新型农业经营主体并重转变。

（三）补贴资金：继续增加补贴资金投入，资金分配与粮棉油糖产量相挂钩

继续加大补贴资金投入，保持补贴额度稳定增长。坚持自主购机、定额补贴、县级结算、直补到卡（户）。各地普遍反映，目前针对补贴机具进行分类分档、定额补贴的做法是合理的，对分档科学合理直观、定额就低不就高的要求也应坚持。农机购置补贴资金分配要与粮食安全责任相挂钩，

与粮棉油糖产量相联系，同时参考农地经营规模，扩大粮棉油糖主产区的农机购置补贴资金分配比例，逐步提高粮食大省的农机购置补贴中央支付比例。

（四）补贴方向：薄弱地区、薄弱品种、薄弱环节

截止到2013年底，全国综合农业机械化水平已经达到59.48%。按照《国务院关于促进农业机械化和农机工业又好又快发展的意见》（国发〔2010〕22号）的要求，到2020年，主要农作物耕种收综合机械化水平达到65%，为实现这一目标就必须找到影响农业机械化水平进一步提高的主要因素，抓住薄弱环节，补齐农业机械化的“短板”。因此，未来的农机补贴工作应瞄准农业生产中的薄弱地区、薄弱品种与薄弱环节。

第一，薄弱地区的补贴仍应坚持补小型机械。薄弱地区主要是农业机械化水平低的山地和丘陵地区。这类地区地形复杂，耕地质量较低并以小块为主，适用价值较低的小型农业机械。但是，目前出现了一些不利于小型机械适用的现象：一方面农业机械制造商因盈利性低的原因而不愿意对小型机械进行投入生产，另一方面现行的农机补贴政策也由于手续烦琐而倾向于取消小型机械。因此，在未来的补贴工作中，应重点发展薄弱地区的农机化工作，通过优惠政策引导农机制造企业研发高效、优质的小型机械；继续坚持在薄弱地区对小型机械的补贴工作；小型机械的补贴手续应尽可能地精简，可以尝试对小型机械的实行先购机后补贴的工作机制。

第二，薄弱品种补贴的基础是进一步完善农机农艺融合的合作机制。农艺是农业生产过程以及相应操作技术的总称，农机的出现就是为了提高农艺的效率。然而，农机和农艺的融合不足是我国农业机械化水平低的重要因素之一。目前，棉花收获环节机械化水平低，其根本原因在于农艺不能适应农机技术的要求。农机、农艺的不配合，在微观上主要表现为农业生物技术进步不能满足机械操作的要求（当然也有相反的情况）；在管理体制上表现为农机部门和农业生产（技术）部门在绝大多数市、县的分设，人为地割裂了二者之间的协同关系。因此，薄弱品种补贴工作首要是完善农机农艺融合机制。一是要建立不同科研单位协作攻关机制，整合现有院所力量，组织农机和农业科研推广单位、生产企业等联合攻关。二是建立各级农机与农艺融合联席会议制度，形成农机与农艺科技人员技术研讨和交流的平台，并将机械适应性作为科研育种和栽培模式推广的重要指标。三是发挥国家和地方科研投入项目的导向作用，重点扶持现阶段农机与农艺融合的重大课题，激励和支持农机与农艺科技人员合作研究，推进农机与农艺技术一体化进程。四是农业机械技术需要进一步创新，尤其在一些重要作物上，如西北地区玉米种业机械化水平低的主要原因是机械不过关，现有玉米收获机械不是针对育种玉米设计的，种子企业只好雇用当地农民手工收割，大大提高了企业成本。大部分经济作物都很难实现机械化收获，主要原因就是机械技术不过关。五是农机和加工技术相结合。有些作物运用在收获环节的农业机械技术已经过关，推广也不存在障碍因素，但收获的产品不符合加工技术的要求。这就需要农机技术和加工技术的协同，从目前的情况看，主要是加工技术的改进。

第三，补贴还应瞄准农业生产的薄弱环节。在三大作物中，水稻的机械化水平低于小麦和玉米。单个作物的机械化水平低主要表现在薄弱环节上，如水稻机播环节的机械化。按照《意见》的要求，2020年，水稻种植环节的机械化水平要达到60%，2013年只有36.1%，差距较大，必须加大投入力度，农机补贴政策也要向这一环节倾斜。此外，如秸秆还田、保护性耕作、高效施肥和高效植保等增产增效、环境友好型农机化技术环节也是需要大力推广的薄弱环节。

（五）补贴程序：简政放权、抓大放小、优化程序、强化市场

根据课题组的调研情况，农机补贴政策的问题大多表现在执行层面，问题的根源在于政府职能与市场机制没能有效地得到发挥。课题组认为，未来的补贴工作在程序设计上应围绕“简政放权、抓大放小、优化程序、强化市场”这16字展开。

1. 简政放权

当前农机补贴工作涉及多级政府，补贴工作的核心权限都集中在中央与省级政府手中，如制定补贴目录、发布补贴指导意见等；而作为一线政策执行的县级政府仅仅有执行权。在今后的补贴工作中，应充分发挥县级政府的权限，做到简政放权。

第一，把《国家支持推广的农机产品目录》作为产品补贴范围的前置条件，改为通过部省鉴定的农机产品都纳入补贴范围。过去，补贴《目录》发挥着国家推荐、引导农民购买先进适用农业机械的指导性作用，但农机新产品不断出现，一年一度的《目录》难以适应农民选机的需要，应采用定期公布、适时调整的静动态结合方式。2015年出台的《2015—2017年农业机械购置补贴实施指导意见》将一年一度的《目录》的调整为三年一期的《农机购置补贴工作指南》。政策目录改为《指南》已属必要。《指南》既体现国家意志和政策重点，同时指导各地工作，提出要求。例如，《指南》可体现出保证粮食安全、产业结构调整、解决区域差异、突破薄弱环节等重点要求，同时发出预警信号和限制某些领域。

实行这项政策需要几个条件：一是严格农机分类。这是农机鉴定机构开展企业鉴定申请的范围，非农机类不得受理，避免偏离政策目标。新产品、新技术的创新成果，通过企业申请可以组织省级专家评审论证，纳入省级的补贴范围。经过省级推荐，通过农业部组织的国家级评审论证，可以纳入全国补贴范围，成熟技术即可正式进入分类。二是改革鉴定方法，科学制定大纲；简化鉴定内容、突出适用性、安全性、可靠性；开展农机具适用性调查，逐步推进鉴定工作社会化。以现有的农机鉴定机构为主承担农机产品鉴定任务，逐步放开和推进有条件的社会检测鉴定机构开展农机产品鉴定工作，以解决农机工业发展快、农机产品更新换代快与系统鉴定能力不足之间的矛盾，同时创造农机鉴定机构在市场竞争中成长壮大的长效机制。加快建立农机鉴定终生问责机制。

第二，权力下放，强化县级政府执行事权。将农机购置补贴发放方式确定、补贴机具确定、审批权力等下放到县一级，充分发挥地方的自组织性。

2. 抓大放小

农机补贴工作涉及面较广，很难做到面面俱到，同时也不宜事事俱细，应做到抓大放小：适当精简补贴机具种类范围，对粮食生产关键环节机械敞开补贴。

根据补贴政策目标，为最大限度发挥补贴资金效应和防范廉政风险，应对目前补贴机具种类和各省自选品目进行适当调整，净化补贴种类。一是重点补贴农业生产专用机具，将既可用于农业生产又可以用于其他工程建设等领域的机具从补贴范围剔除，如挖掘机、设施农业钢架等。二是进一步加大对粮食生产关键环节的机械实施敞开补贴力度，尤其是对水稻插秧机、玉米收获机、大马力拖拉机等机械实施累进补贴，提高自走式玉米收获机和半喂入式水稻收割机的国家补贴限额和省级项目配套额度，多措并举提高保护性耕作、大型植保机、微灌滴灌设备等农业机械的普及率和使用效率，农机购置补贴向技术上已经成熟的深松整地、秸秆综合利用、航空植保等重点农机具倾斜。三是加大对粮食烘干机的补贴力度，并逐步向粮食加工机械拓展。四是待粮食作物关键环节生产机具装备量基本满足后，再逐步向大宗经济作物及畜牧、水产领域等重点机具拓展，有重点分阶段推

进政策目标实现。五是不再将价格较低、一般农民买得起的机具列入补贴范围，地方可考虑对市价多少元以下的农机不再实施补贴（山区丘陵地区可尝试对小型农机实行先购机再补贴的办法）。

3. 优化程序

进一步简化农民农机购置补贴程序，探索乡镇办理的工作机制。许多地区的购机程序主要集中在县一级，乡镇一级仅仅负责身份核实，从而导致农民多次跑“县城”，增添了农民购机负担。建议：一是实施农机购置补贴审批一站式服务，在农民购机并确定补贴资格后，由县级农机部门牵头，财政、审计、工商、银行等部门参与，将发票验真、数据填写、资料上传等集中在固定地点全部解决，减少农民往返奔波。二是补贴具体工作可由乡镇负责办理，节省农民往返县城成本。三是尝试开发农机购置补贴信息录入手机应用程序，与计算机系统相结合，简化购置补贴信息上传程序。探索农机购置补贴申请滚动机制，即当年全价购机无法获得补贴的农民，可以凭相关证明在来年再次申请农机购置补贴资格。

4. 强化市场

党的十八届三中全会明确提出，要充分发挥市场在资源配置中的决定性作用。农机购置补贴政策也是资源配置的一个方面，在具体实施中也要突出市场在资源配置中的作用，减少政府干预。凡是能通过市场竞争解决的问题交给市场去解决。

第一，保障农机主管部门更准确地职责定位。给农机主管部门加压减权，逐步限制和规范基层农机部门行政权力，把基层农机部门的工作重心转变到加强市场监管，保证市场规范有序运营上来，其角色从市场参与者和决定者转变为市场监管者，从热衷与农机企业打交道转变为与农民打交道。概括起来，农机部门职责主要是保证补贴政策实施的“入口”和“出口”，“入口”即要按照农机技术规范和要求，确定好中央、省两级补贴范围和补贴额，保证补贴机具符合国家推广许可和先进技术导向；“出口”即按照强农惠农政策落实的要求，加强补贴政策落实情况的监督检查，保证补贴资金充分有效落实。把产品选择、产品价格、售后服务这些问题交给市场来决定。须知，减少农机主管部门对市场干扰，在给市场“松绑”的同时，也是给农机主管部门“松绑”，把他们从烦琐的工作和无限的责任中解放出来，从企业公共和利益诱惑的高风险处境中解放出来，农机部门不应是农机市场“管家”，而只能是监管市场、制定规则、评判是非的“裁判”。

第二，保障企业更佳的自由竞争市场环境。由于基层农机主管部门在补贴实施过程中，可以对企业在本区域内销售施加较大的影响，导致相当一部分厂家、经销商没有把精力放到市场上，反而热衷于与农机部门干部和工作人员“搞关系”“弄指标”，通过不正常竞争来获得市场份额和企业利润。要通过减少农机主管部门对农机市场的操控力和影响力，促使企业把主要精力转到市场行为上来，通过降低成本、降低价格、提高质量、科技创新等市场手段来获得市场份额和竞争优势，对不公平竞争、破坏市场秩序行为的企业，认真调查处理，严厉打击，维护市场秩序和政策严肃性，为企业营造更好的市场环境。

第三，坚持农民自主购机、常态化购机。随着农民购机理性、企业生产营销理性的增强和市场成熟度增加，现在已经到了对购机补贴的政策执行和操作办法进行大胆改革和调整完善的时候了。建议尽快全面推行“自主购机、定额补贴、县级结算、直补到卡”的改革总思路和“改革创新、分级负责、简化程序、防范风险”的制度设计原则。改革总思路的核心是“自主购机”。所谓“自主购机”就是要真正尊重和保障农民在享受补贴购买农机具时的自主权，政府部门不能因为给予农民补贴就剥夺或干预农民选购机具的自主权，农民对通过政府补贴购买的机享有全部的物权，应当得到完全的尊重和保障。此外，对于资金充足的地区，可尝试常态化购机，只要农民有需求，一年之中任何时间内农民都能申请到购机补贴；并探索实施“先购机，再申请补贴”。

三、改革实施保障措施

农机购置补贴政策改革，不是孤立的政策事件；改革置身于经济发展大环境中。因此，需要相关配套政策措施予以支持。

（一）深入贯彻十八届四中全会依法治国精神，依法保障农机补贴政策实施

党的第十八届四中全会对全面推进依法治国做出重大部署，强调把法治作为治国理政的基本方式。农机补贴涉及主体众多，牵涉利益也很广泛；近年来农机主管部门寻租和个人以权谋私违纪违法问题突出。因此，保障购机补贴政策的健康实施，首要的是坚持依法办事。

第一，严格执行农机购置补贴的有关法律法规，对购机补贴中出现的违法乱纪现象进行严厉惩处。建立农机购置补贴跨省监督协调机制，对农机倒卖、农机事故等进行跨省联合执法。

第二，创新农机部门执法监察机制。进一步赋予农机部门执法监察权力，将农机执法重心和执法力量向县市下移，在农业机械化领域实施“国家监察、地方监管、主体负责”的执法体制，将农机执法纳入综合执法监管机构。在严格依法监管农机的同时，创新农机执法方式，充分发挥行业组织自律作用、市场专业化服务组织调查作用、舆论和社会公众监督作用，加快农机市场主体信用信息平台建设，建立健全守信激励和失信惩戒机制。

（二）合理界定四级政府部门职责分工

1. 农财两部：制定发布《指南》，因为不涉及具体操作内容，可及时发布指导全国补贴工作。根据中央“一号文件”精神和农业部工作要点，在总结上年各地执行情况的基础上，分配补贴资金；开展检查督导；调整定额标准；组织新产品、新技术专家论证，发布纳入或者取消产品名单；查处典型案件，制定《负面清单》。

2. 省级农财两部门：制订省实施方案（重点、限制、累加等）；分配资金到县；组织新产品、新技术专家论证，发布省内纳入或者取消产品名单；检查督导进度和规范执行情况；查处案件，制定省内《负面清单》。

3. 县级农财两部门：开展宣传培训、示范推广（农机部门）；公布补贴信息（农机、财政）；系统录入数据，及时公开信息，拨付到卡（财政）；检查乡镇确定补贴对象的合规性（农机部门）；查处违法违规案件，制定县级《负面清单》（农机部门）。

4. 乡镇政府（农技或农机部门）：受理农民购机申请，确定对象并公示，执行购机程序，对反映投诉进行调查处理；对购买人完成购机进行核查。

（三）农机、工商、司法多部门全力配合

建立农机、工商、司法多部门权利配合的补贴工作机制。农机部门具体负责补贴的发放工作；工商部门负责补贴机具的质量监督管理，较为重要的是建立起补贴机具质量鉴定问责机制，从源头上把控好补贴机具的质量；司法部门对农机领域的坑农害农行为，实施阶段性全面围剿、常态化精准打击。

（四）强化县乡政府对补贴对象确定的责任

县乡政府本来就有社会管理的职责，购机补贴同样也是一项民生事务，县乡政府责无旁贷。农民通过村委会向乡镇政府提出申请（机型、品种、价格区间、筹资渠道等）—乡镇政府审核后在乡村公示—乡镇政府对提出异议的做调查处理，无异议的上报县农机审核备案—备案后通知乡镇并由乡镇政府通知农民可以购买—购买后购机人凭发票、购机合同到财政部门申请补贴（按照申请顺序优先的原则办理，制定限期办结的制度，受理后几个工作日补贴到卡）。受理补贴申请不限当年购买。只计算申请时间的先后（受理序号、时间、机具种类、价格等信息），实行这种购置办法的前置条件是，定额补贴标准应稳定几年不变。

实行县级资金批次到位：补贴资金使用到一定比例时，应及时发布提醒并预告下批申请时间、额度。完成全部额度时应及时发布停止受理通知并公告社会。

放开购买机具的地区限制：农民可以在全国范围购买，也可以直接到厂家购买、团购、网购，只要符合相关规定即可作为补贴依据。这样一定程度上可以约束地方保护。

（五）保障地方购机补贴工作经费

工作经费不足是许多地方农机部门普遍反映的问题。目前，县乡两级部门工作繁重，工作人员紧缺；再加上受工作经费约束，更无财力雇用人员。因此，在购机补贴工作中，应加大对地方工作经费的保障。建议在农机购置补贴和其他农业机械化促进政策中单列工作经费，与农机购置补贴额度和执行效能相挂钩，充分调动地方积极性。

（六）建立农民购机扶持机制

从差价购机转变为全价购机后，农民需要事先支付比以前更多的现金用于购买农机。政策的转变增大了农民的购机压力。在许多地方，这种压力无形之中都转移到了经销商上。建议建立农民购机扶持机制。

与农机购置补贴相结合，鼓励银行和金融机构研发大型农机融资租赁、农机债务证券化等新型农机购置信贷产品和服务，支持金融租赁公司从事农机购置相关服务，同时建立并完善农民信用档案。以财政部门农业补贴数据库为基础，摸清农民补贴收益，探索以农业补贴为农机购置抵押物的信贷制度。制订并落实针对合作社的农机购置补贴方案，鼓励农民合作经营、集中资金，并按照股份和贡献大小享受提供农机服务带来的收益。在农业银行“三农事业部”中下设农机购置补贴科室，专门负责对农机购置进行服务。将农机购置信贷纳入定向降准范围，对农机购置贷款实施差别化较低的存款准备金率，将涉农金融机构对新型农业经营主体农机购置贷款纳入支农再贷款适用范围。尽快出台农机购置贷款风险担保和补偿政策，鼓励组建政府出资为主、重点开展农机贷款担保业务的县域融资性担保机构或担保基金。

（七）着力发展农机社会化服务

农机购置补贴政策致力于提升农业生产机械化，提高农业产出。为保障政策目标的实现，着力发展农机社会化服务尤为关键。2013 年，全国农民为 42386670 个，其中农机专业户为 5242735 个，后者购买农机的目的就是为其他农民服务，因此，这就要构建一个有利于农机社会化服务的体制机制。具体说来，主要有五方面。

第一，大力发展农机专业合作社。农机专业合作社是农机手的联合组织，有利于提高农业机械作业效率、农机手技术水平和农机手的收益水平，尤其是对于跨区作业，合作社相对于单个农机手，在作业信息的有效性、作业量、作业效率、经济效益等各个方面都具有明显的优越性。目前，相当一部分农机合作社仅仅在较为松散的层面上进行合作，在就极大地影响了农机社会化服务水平，也极大地影响了农机效率的发挥。因此，如何引导和规范农机合作社的发展，是今后农机化政策的一个重要着力点。

第二，切实解决农机专业合作社和农机户面临的实际问题，如农机停放的地点问题。目前，绝大多数农机合作社和农机大户没有专门的地方停放农业机械，大多数停放在自家院子里或村道旁，既影响农机寿命，又影响村容村貌。2013 年，全国农机总动力已经达到了 103906.75 万千瓦，大中型拖拉机达到了 527.02 万台，大中型拖拉机配套农具 826.62 万部，还有其他农业机具。这些机械都需要有一个存放的地方，广大农机手普遍反映了其对农机存放基地的需求。这就需要调整农业用地政策，用创新和改革的思维解决这一难题。

第三，强化对农机人员的培训。加强多层次、多小时的培训，提高农机人员的技术水平，造就一大批精通农机驾驶技术、维修技术，同时又掌握农艺栽培技术的新型农机手，促进农机手社会化服务水平的提高。

第四，建立健全农机保险政策。将农机互助合作保险纳入农机购置补贴等农业机械化扶持政策范围，提高保险公司对农机化服务主体的服务水平，严格保险监督，严禁农机交强险搭售其他保险的行为。在有条件的地方，直接为农机手和其他农机化服务主体免费或低费率配套人身安全保险。支持农机互助合作保险健康发展，为农机田间作业提供保险。充分发挥地方农机互保协会作用，鼓励农机专业合作社带动农机户参加农机互助保险，在有条件的地方，由财政给予参加农机互助保险的农机户会费补贴。建立农机事故定损补偿监督员制度，有农机户保协会会员选举监督员，防止农机保险中的骗保行为。强化农机互助保险组织内部风险防控，规范业务流程，强化内部监督。将农机互助保险的风险准备金、再保险等纳入农业大灾风险分散机制范围，强化农机作业风险管理。

第五，完善农业机械维修和培训等售后服务体系。将农机售后服务作为农机企业资信评估标准，与农机企业诚信“黑名单”制度相结合，鼓励农机企业扩大售后服务范围。在农忙季节，由县级修理厂在乡镇或者重点村开办临时农机维修服务点。强化与农业院校、科研部门、社会办学机构的合作，对农村中等农机职业教育免收学费，在每个村至少培训两名既从事农业生产又懂简单机械维修的农民，逐步实施农村新成长劳动力免费农机技术预备培训。在农民获得补贴并购机之后，及时安排企业对农民进行新型机械操作及安全培训。

（八）加强组织领导

按照《国务院关于促进农业机械化和农机工业又好又快发展的意见》要求，各级地方政府要把发展农业机械化和农机工业提上重要议事日程，建立工作责任制，结合本地情况，将农业机械化发展纳入各级国民经济与社会发展建设规划，明确发展目标，加强组织协调和相关机构队伍建设，充实工作力量，改善工作条件，保障工作经费，切实解决农机科研、生产、流通、推广应用、社会化服务等方面存在的突出问题，扎实推进本地区农业机械化和农机工业又好又快发展。各级农业机械化主管部门要认真履行规划指导、监督管理、协调服务职能，做好技术推广、生产组织、安全监理等工作，抓紧修订完善农业机械化统计指标体系。积极协调发展改革、财政、科技、工业、水利、商务等相关部门按照各自职责，通力合作，共同支持农业机械化发展。充分发挥有关行业协会的协调、服务、维权、自律的作用。要加强农业机械化信息宣传，积极营造农业机械化发展的有利环境。

参考文献：

[1] Angrist J D, Pischke J S. Mostly harmless econometrics: An empiricist's companion [M]. Princeton university press, 2008.

[2] Bai C E, Wu B Z. Health insurance and consumption: evidence from China's New Cooperative Medical Scheme [J]. Journal of Comparative Economics, 2014, 42(2): 450-469.

[3] Binswanger H. Agricultural Mechanization A Comparative Historical Perspective [J]. The World Bank Research Observer, 1986, 1(1): 27-56.

[4] Galiani S, Gertler P, Schargrodsky E. Water for life: The impact of the privatization of water services on child mortality [J]. Journal of political economy, 2005, 113(1): 83-120.

[5] Ito J. Inter-regional difference of agricultural productivity in China: Distinction between biochemical and machinery technology [J]. China Economic Review, 2010, 21(3): 394-410.

[6] Jabbar M A, Bhuiyan M S R, Bari A K M. Causes and consequences of power tiller utilization in two areas of Bangladesh [J]. International Rice Research Institute and Agricultural Development Council Consequences of Small Farm Mechanization. Manila, Philippines: International Rice Research Institute, 1983: 71-83.

[7] Krishnasreni S, Thongsawatwong P. Status and trend of farm mechanization in Thailand [J]. Agricultural Mechanization in Asia, Africa and Latin America, 2004(1): 59-66.

[8] Martin P L, Olmstead A L. The agricultural mechanization controversy [J]. Science, 1985, 227(4687): 601-606.

[9] Nunn N, Qian N. US food aid and civil conflict [J]. The American Economic Review, 2014, 104(6): 1630-1666.

[10] Pingali P. Agricultural mechanization: adoption patterns and economic impact [J]. Handbook of agricultural economics, 2007(3): 2779-2805.

[11] Rosenbaum P R, Rubin D B. Constructing a control group using multivariate matched sampling methods that incorporate the propensity score [J]. The American Statistician, 1985, 39(1): 33-38.

[12] Yamauchi F. Wage growth, landholding, and mechanization in agriculture: evidence from Indonesia [J]. World Bank Policy Research Working Paper, 2014 (6789).

[13] Yang J, Huang Z, Zhang X, Reardon T. The rapid rise of cross-regional agricultural mechanization services in China [J]. American Journal of Agricultural Economics, 2013, 95(5): 1245-1251.

[14] 晖峻众三 . 日本农业 150 年 (1850-2000) [M]. 北京：中国农业大学出版社 , 胡浩 , 周应恒 , 王志刚等译 , 2011.

[15] 孔祥智 , 周振 , 路玉彬 . 我国农业机械化道路探索与政策建议 [J]. 经济纵横 , 2015(7): 65-72.

[16] 宗锦耀 . 坚持走中国特色的农业机械化发展道路——在中国农业机械学会 2008 年学术年会上的演讲 [J]. 农业机械 , 2008(29): 19-23.

第 14 章　农村集体产权制度改革

农村集体产权制度改革是全面深化农村改革的重大任务。推进农业现代化，产权清晰是一个重要前提。推进农村集体产权制度改革，是贯彻落实党的十八大和十八届三中、四中、五中全会精神的重要举措，对于全面深化农村改革、激发农业农村发展活力具有重要意义。习近平总书记在安徽凤阳县小岗村的农村改革座谈会上指出，深化农村改革需要多要素联动，要在坚持和完善农村基本经营制度的同时，着力推进农村集体资产确权到户和股份合作制改革。这项改革是对现有农村社会生产关系的重大调整，影响面广、难度较大、利益关系复杂，目前对很多重大问题尚未达成共识。推进农村集体产权制度改革，必须在保护农民合法权益、尊重农民意愿的前提下，发展多种形式的股份合作，赋予农民充分权能，探索集体经济有效实现形式。

第 1 节　产权改革、制度变迁与农业现代化

一、农村集体产权制度改革的理论命题

（一）面临的制度约束

我国农村改革是围绕产权重建而展开的制度变迁。从目前来看，制约农村集体产权改革的制度安排至少包括以下四个方面：一是集体产权归谁所有不清晰。根据《宪法》第六条规定，集体所有制是我国两大公有制形式之一。但长期以来关于农村集体资产归谁所有、集体所有权的权利主体是谁，一直没有一个明确、统一的说法。在正式的法律规范中，集体产权的权利主体存在“劳动群众集体所有”“村农民集体所有”“农民集体所有”和“成员集体所有”等不同表述。在实践中，集体产权的权利主体更是模糊不清。当农村土地的权属边界及用途发生变化时，产权不清的弊端更加凸显。二是集体产权由谁行使不清楚。按照现行法律，村（组）集体经济组织或者村民委员会（村民小组）都可以经营管理土地等集体资产。2014 年，全国有 59.8% 的村有村民委员会代行村集体经济组织职能，形成“政社合一”的管理模式。然而，村民委员会与村集体经济组织是两类不同属性的组织，在农村集体资产处置上具有不同的法律效力。尤其是在一些涉及村庄合并、农民集中居住的地区，集体产权行使主体缺位越位的问题更加突出。三是集体产权的成员资格不明晰。成员资格界定涉及每个农民的切身利益，是农村集体产权制度改革的关键环节。由于农村集体经济组织立法缺位，现实生活中村规民约对农村集体经济组织成员身份界定发挥重要影响，但是村规民约具有局限性，有的甚至与法律法规相冲突。同时，随着经济社会的快速发展，城乡、地区之间人口流动日益频繁，村组集体经济组织“成员”与“村民”的身份不再同一。尤其在一些发达地区，出现了“成员”与“村民”人口数量倒挂现象，给农村集体产权的折股量化带来挑战。四是成员权与用益物权

不衔接。农村集体经济组织成员享有的成员权具有身份依附性，其指向的集体资产不可分割；而土地承包经营权、宅基地使用权等集体资产产权作为用益物权具有明显的财产属性，应当允许继承和转让。在实践中，两种权利之间的冲突时有发生。

（二）面临的现实挑战

自 20 世纪 80 年代起，珠江三角洲地区就率先开始了改革试点。但从目前来看，推进这项改革还面临一系列的现实挑战，主要有以下四点：一是各地改革基础条件和实际情况千差万别。农村集体资产按照与经济社会活动的关系，可分为资源性资产、经营性资产和公益性资产三大类。不同地区农村拥有上述三类集体资产的属性、构成以及规模各不相同。截至 2014 年年底全国农村集体账面资产村均 447.3 万元，但东部地区资产总额超过了全国的 3/4，部分发达村资产数以亿计，但大多数均为空壳村、负债村，区域、个体差别较大，情况十分复杂。二是改制后的法人治理结构尚未有效建立。新成立的集体经济组织在形式上普遍按照现代企业制度设立了股东代表大会、董事会和监事会，有的还设立了集体资产管理委员会。但从实际运作来看，股份合作社在人事安排上仍然受到行政力量的干预，村社干部交叉任职现象严重。有的股份合作社更像一个巨型的家族企业，民主决策、民主管理和民主监督等问题突出。三是农民股份权能实现缺乏有效途径。农民对集体资产股权主要包括占有权、收益权、有偿退出权以及抵押权、担保权、继承权。由于集体资产股份具有福利分配性，为了防止社区利益外溢，一般严格限制股东的独立处置权。目前，现行法律对集体资产股份的有偿退出和继承没有明确规定，各地尚未明确有偿退出的范围、条件和程序，也没有解决具备法定继承人资格的非集体成员的继承问题。同时，由于担心成员无力偿还抵押融资的贷款，大多数农村集体经济组织不允许成员将其集体资产股份作为抵押担保物。四是集体经济缺乏长效发展机制。有的地区农村集体产权制度改革虽然已经基本完成，但在集体经济可持续发展方面面临着巨大的挑战。一些集体经济薄弱村，基本上无任何资产可言，有的甚至负债累累；一些集体经济发达村，往往以租赁物业为主，产业结构单一，缺乏优良的经营性资产，没有形成稳定收入来源。同时，这些村分红压力普遍较大，存在“重分配、轻积累”现象，制约了集体经济的发展后劲。

二、产权改革与制度变迁

（一）基于产权理论的解释

根据阿尔钦的定义，产权是一个社会所实施的选择，一种经济品的使用的权利。我们可以将其理解为，人们对物的使用所引起的相互认可的行为关系。产权由所有权、处分权、收益权和处分权四部分构成。它的权能是否完整，可以从所有者对它具有的排他性和可转让性等角度进行衡量。产权结构既是多重的、多层次的，又是动态的、不断变化的。它会随着技术进步、要素变动与社会经济条件改变而发生权利的重组和制度的变迁。

以集体土地为例，土地产权是指围绕土地的使用而产生的一系列规则。它用来界定人们围绕土地资源开展的经济活动中如何受益、如何受损，以及相互之间如何补偿的权利关系。我国农村土地实行的是集体所有、家庭承包的制度安排。这意味着农村集体经济组织成员都有权享有本集体的土地权利，排除了外界成员对该村集体任何成员行使权利的干扰。我国拥有农村集体经济组织成员身份的农民个人拥有承包土地的权利，但必须以户的形态主张权利。这就要求搞清楚两个“产权边界”，一个是村集体的产权边界，一个是农户的产权边界。

从经济学角度看，一种产权结构是否有效率，关键在于看它是否能够提供将外部性较大地内在化的激励。目前，我国现行的农村基本经济制度，使得村集体、农户和个人都不具备充分的权能。对于农户而言，从权能角度看，农户拥有的土地产权是残缺的；从权利角度看，农户对土地权利的行使是有限合约。在这种制度安排下，一方面，为实现统一行动，集体成员需要为达成最优谈判支付高昂的成本；另一方面，为实现资源有效利用，集体所有者也需要支付高昂成本，以最大限度地减少"搭便车"行为，而集体所有者缺位无疑又加重了这一成本。可见，产权模糊不清存在极大的外部性，有巨大的潜在收益。

同时，随着经济社会发展和城镇化进程的推进，土地变得更为稀缺，对土地的使用需要更为有效的控制和更为集约的经营。这就是农村集体产权制度演进的推动力所在，也是更准确地定义与配置产权的根源所在。从农户视角看，农村集体产权制度改革通过作用于农户综合决策，不仅可以影响农业资源的配置方式与效率，还会显著改变农户的经济社会考量，对其劳动力转移、财产性收入、进城落户等产生深远影响。

（二）产权制度改革是一种系统性制度变迁

制度安排是特定群体相互认可的应对不确定性、增加个人效用的行为规则，也是获取集体行动收益的手段。制度安排可以是正式的，也可以是非正式的。制度变迁是从一种制度安排转变到另一种制度安排的过程。要素和产品相对价格的长期变动，是制度安排变迁的主要原因之一。在这个过程中，制度不均衡产生的获利机会是制度变迁的动力，而交易费用的存在是制度安排是否变迁，以及如何变迁的重要决定因素。根据诺斯的观点，制度变迁不仅会影响资源的使用，而且其本身也是一种资源消耗性的活动。

林毅夫将制度变迁划分为诱致性制度变迁和强制性制度变迁。诱致性制度变迁指的是现行制度安排的变更或替代，或者是新制度安排的供给，是由一群人在响应制度不均衡引致的获利机会时所进行的自发性变迁；强制性制度变迁指的是由政府动员或法律颁布引起的变迁。虽然现有的集体产权结构存在潜在获利机会，但是当前的农村集体产权制度改革更多地表现为对不同群体之间产权关系的重构和确认。由于所有权是一种仅受那些政府规定限制的排他性权利，因此产权内容的变化就必然包括政府干预。同时，作为一种制度变迁，产权改革是一个资源、时间和努力消耗的过程，短期内农民可能无法获得潜在收益，而且某些个人有可能遭到损失。

因此，产权制度改革不可能是一个自发的过程，必然依靠政府支持与动员。推进农村集体产权制度改革，应把握确权赋能这一核心，以建立农村产权交易平台为重要支撑，全力构建权属清晰、权责明确、监管严格、分配规范、流转顺畅的更具活力的现代农村产权制度（如图 14-1）。

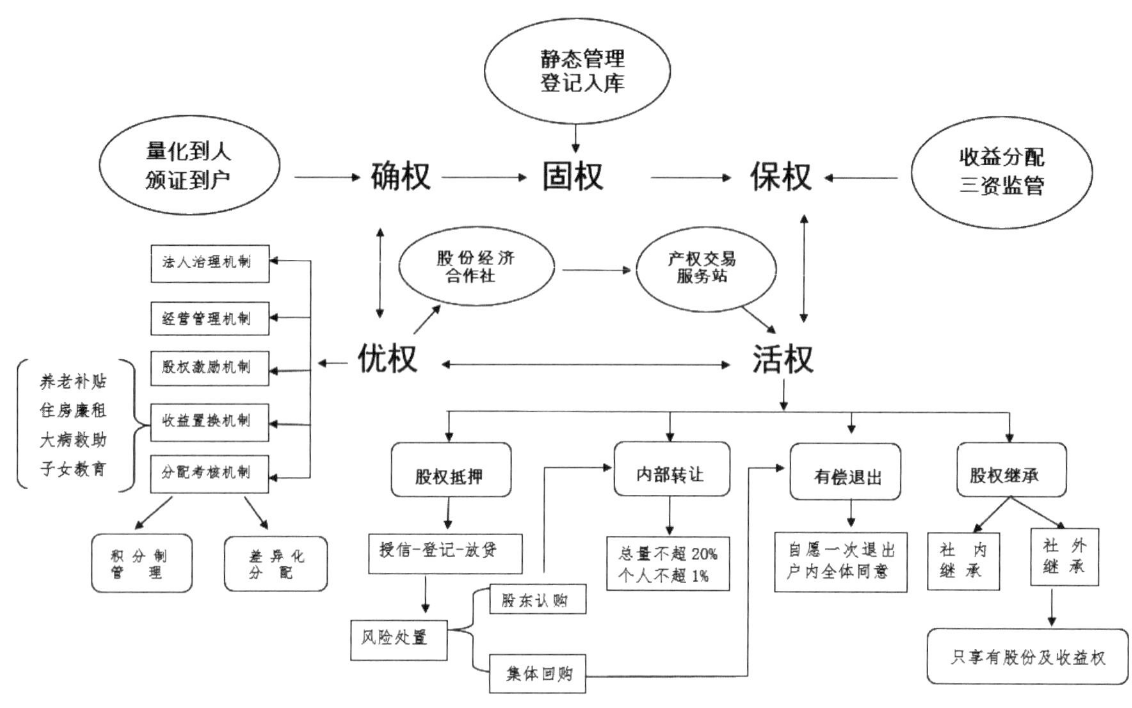

图 14–1　农村集体产权制度改革路径图

三、产权制度改革与农业现代化

（一）产权制度改革与农业增效

农村集体产权制度改革对于现代农业发展具有重要推动作用。其一，产权制度改革为包括耕地在内的各种农业农村资源的流转提供了平台，使规模经营和各类新型经营主体的发育成为可能，这是现代农业发展的基础性条件。经营主体的发展，使现代农业发展所需要的物质条件、科学技术、产业体系、经营形式成为现实。其二，资金变股金不仅盘活了集体闲置资金，解决了财政支农资金（包括扶贫资金）的使用效率和持续性问题，而且在一定程度上解决了新型经营主体的流动资金不足且贷款难问题，有利于新型经营主体的发展。其三，农村集体产权制度改革，激活了农村各类生产要素，吸引了能人进入农业、经营农业，通过发展体现资源优势、具有市场竞争力的农业优势产业，促进了农业标准化、特色化、专业化生产，有利于实现农村一二三产业融合发展。

农村集体产权制度改革还有助于培育新型职业农民。在发展农民股份合作过程中，各地涌现出了许多农民合作社、农业产业化龙头企业等新型经营主体。这些经营主体的负责人多是有文化、懂技术、有资金、会经营的本地企业家，他们既熟悉农村实际情况，又善于捕捉市场信息，能够根据市场需求安排生产，运营现代化管理理念经营农业，成为名副其实的职业农民。此外，农村集体产权制度改革还转变了农民的思想观念，相当一部分农民开始摆脱千百年来形成的小农经济思想的束缚，或者转出土地自己外出打工或者就地打工，或者把土地等农业生产资源投资入股，或者联合起来组建农民专业合作社。尤其是，一部分外出打工的青年农民开始返乡创业，大大增添了农业的活力。可以预料，在产权制度改革的推动下，一个新兴的职业农民阶层正在形成，而这正是现代农业发展的基础。

（二）产权制度改革与农民增收

我国农村居民的收入构成主要包括家庭经营性收入、财产性收入、工资性收入以及转移性收入。而农村集体产权制度改革可以通过影响农民的财产性、工资性和家庭经营性收入促进农民收入增长。刘祥琪（2014）的研究表明，集体产权股份化改革有利于实现土地、劳动力等要素的市场化配置，激发各种生产要素的潜在价值，实现农民增收的目的。那么，产权明晰在实际中又是如何优化资源配置，提高农民收入的呢？为此，我们建立了如图 14-2 所示的逻辑框架以讨论集体产权制度改革促进农民增收机制。

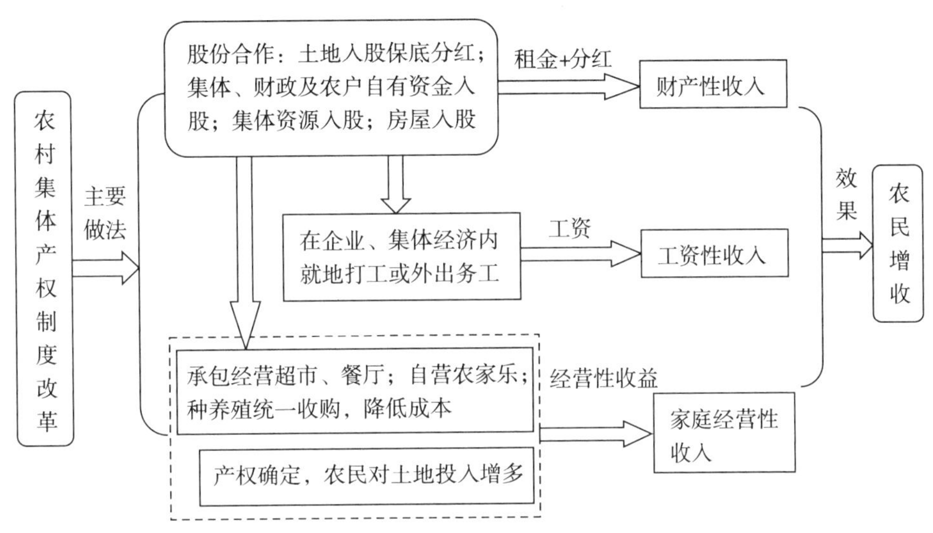

图 14-2　农村集体产权制度改革促进农民增收的逻辑框架

农村集体产权制度改革提高了农民的财产性收入水平。农村集体产权制度改革使得农村集体资产确权到户，农民的财产权利得到了保障。实践中，多数集体经济组织又依靠股份合作的方式鼓励农民以资金、土地等入股合作社或企业等集体经济，通过资源的优化配置，促进了农民增收。大量研究表明，农村集体经济组织实施股份制改革有利于促进农民增收和调整收入结构（贾春梅等，2012；蒋占峰，2004；潘长胜，2004）。具体而言：①农民通过以自己的土地入股集体经济、合作社或者企业等投资主体，在获得土地租金的基础之上，还可以享受部分股份分红，即“保底租金 + 分红”，增加了财产性收入。②部分村集体还以荒山等集体资源入股，获得股份收益之后再在村委会和农民个人之间进行二次分配，也增加了农民的财产性收入。③资金入股，一般是指由村委会将集体经济积累和财政资金进行入股，然后再将分得的收益在村委会和农民个人之间进行二次分配。此外，农民还可以自有资金入股以获得分红，增加财产性收入。④房屋入股，尤其对于开展乡村旅游或农业示范园区建设的集体经济而言，需要大量的房屋以便游客进行住宿。一些长期在外务工的农民，为了不使房屋闲置则用来入股，经过集体翻修装饰后统一供园区经营使用，而农民也可以从园区的经营收益中获取部分股份分红。

农村集体产权制度改革可以提高农民的工资性收入。农村集体经济产权制度进行股份合作化改革之后，农民多数将土地入股或出租给了集体经济组织、合作社或企业。土地流转后，让农民在获得更多租金收入的基础上拥有了工资性收入，促进了农民向二三产业转移（陈伯君等，2009）。金智青等（2013）以上海市闵行区为例，通过案例研究也发现，农村集体经济组织产权制度改革促进了农村富余劳动力向非农产业和城镇转移，增加了农民的劳动收益。农村集体产权制度改革下的劳动力转移主要有两种途径：一是就地转移，由于合作社以及企业等股份合作经济的发展需要大量的农业和非农业劳动力，因此很多从土地中解放出来的剩余劳动力可以直接在本村及周边村实现转移就业。这部分劳动力既可以在集体经济组织的种养基地继续从事农业生产，也可以在集体经济的企业内打工，实现产业转移。二是外出务工，即农民在将土地流转之后，进入城市的二、三产业打工，获得工资性收入。无论是以上哪种就业形式的转移，农民的工资性收入水平都可以得到大幅度地提高。

农村集体产权制度改革可以提高农民的经营性收入。农民的家庭经营性收入是指农村住户以家庭为生产经营单位进行生产筹划和管理而获得的收入[1]。在集体产权制度改革的过程中，一些地区的农户可以通过经营农家乐、采摘园等提高家庭经营性收入水平。例如，在以发展乡村休闲旅游观光为主的村集体或园区中，可以把园区内的餐厅、超市等承包给农户个体经营，集体从中赚取承包费并对入股农民进行分红。另一方面，对于部分没有进行土地流转的农户，其在股份合作经济的带动下，可以通过降低农业生产成本、提高农产品价格，增加家庭经营性收入。

（三）产权制度改革与农村发展

农村集体产权制度改革可以为推进城乡一体化搭建平台。一直以来，城乡二元制度安排，阻碍了农村产权的价值实现，制约了集体资产财产性功能的发挥。围绕产权制度改革，各地加紧建立农村产权交易市场体系，促进了城乡要素有序流动。例如，苏州市出台了“一村二楼宇”政策，按照人均不少于 3 平方米的标准安排留用地，鼓励集体经济组织加快闲置或低效集体资源资产的优化整合，盘活集体存量建设用地，建设社区服务用房和经营性物业用房，增加集体经济组织财产性收入，促进富民强村。四川省成都市充分运用产权制度改革成果，积极探索产权转让、抵押融资、信贷担保、产权入股、流转保险等途经方式，扩展农村产权权能，盘活农村资源。目前，成都市采取农户自筹、产权融资、社会资金参与相结合的方式，实施土地整理，建设幸福美丽新村 839 个，占成都市行政村总数的 36%。

农村集体产权制度改革有助于完善乡村治理体系。一方面，产权制度改革后，可以充分发挥股份经济合作组织股东代表大会、董事会、监事会“三会”相互制衡的监督作用，建立重大问题决策、重要人事任免、重大项目投资决策、大额资金使用等“三重一大”集体决策监管制度，提高农民参与社区管理的能力和水平，为实现民主决策、民主管理、民主监督提供重要保障。同时，通过农民股份合作，可以增强农民群众的集体意识、合作意识、大局意识，调动农民参与乡村自治的积极性、主动性和创造性，推动村级公益事业发展，促进农村社会更加和谐稳定。

农村集体产权制度改革，有利于实现精准扶贫和精准脱贫。产权制度改革后搭建的股权平台，能够把贫困群众与企业、合作社、家庭农场等经营主体有机连接起来，改变以往点对点的扶贫模式，扩大贫困群众的生产空间、生存空间和发展空间。一方面，通过资金整合与机制创新，贫困群众可以通过把扶贫资金转变为股价入股到经营主体，获得长期、稳定和可持续的收入，变“输血”为“造血”。另一方面，贫困群众通过创办新型经营主体可以通过扶贫资金的投入和资源整合，获得更多更好的发展机会，为精准扶贫和精准脱贫提供强大的物质支撑。

---

[1] http://www.stats.gov.cn/tjsj/zbjs/201310/t20131029_449516.html.

第 2 节 全国农村集体产权制度改革的总体进展与实践模式

20 世纪 80 年代以来，广东、北京、上海、浙江等部分省市就开始率先进行农村集体产权制度改革探索。近年来，一些地区主动适应城乡统筹发展、农村经济社会结构深刻变化的新形势，进一步深化农村产权制度改革实践，取得了很好的效果。

一、全国农村集体产权制度改革进展情况

2007 年，农业部《关于稳步推进农村集体经济组织产权制度改革试点的指导意见》下发后，各地开始加快推进以股份合作为主要形式，以清产核资、资产量化、股权设置、股权界定、股权管理为主要内容的农村集体产权制度改革。“十二五”时期，党中央、国务院进一步高度重视农村集体产权制度改革工作，在中央决定和有关文件中提出了明确要求。

（一）政策内容和主要措施

1. 制订下发试点方案

2007 年，在农业部出台的《关于稳步推进农村集体经济组织产权制度改革试点的指导意见》中提出，要引导有条件的地方开展以股份合作为主要形式，以清产核资、资产量化、股权设置、股权界定、股权管理为主要内容的农村集体经济组织产权制度改革。2014 年 11 月，农业部、中央农办、国家林业局正式联合下发《关于印发〈积极发展农民股份合作赋予农民对集体资产股份权能改革试点方案〉的通知》（农经发〔2014〕13 号）。改革试点方案经中央审议通过以后，全国共有北京市等 29 个省份各选定 1 个县（市、区）开展试点。《积极发展农民股份合作赋予农民对集体资产股份权能改革试点方案》的出台，也为各地组织开展相关改革试点和制订具体试点方案提供了有力的政策指导。各试点地区在确定集体经济组织成员身份时，充分依靠群众，统筹考虑户籍关系、农村土地承包经营权情况、对集体积累做出的贡献和有关法律政策规定等条件，明确要求，妥善处理好包括出嫁女、新生儿、入赘婿等特殊群体的成员身份界定问题，保护妇女儿童权利，防止多数人侵犯少数人权益。

2. 部署全国农村产权流转交易市场建设情况摸底调查

为全面了解各地农村产权流转交易市场建设情况，掌握农村产权流转交易基本数据，分析产权流转交易存在的问题，推动农村产权流转交易公开、公正、规范运行，农业部制定下发《关于开展全国农村产权流转交易市场建设情况摸底调查工作的通知》（农办经〔2014〕18 号），部署在全国范围开展农村产权流转交易市场建设情况摸底调查，重点对各地农村产权流转交易市场建设基本情况及成效、农村产权流转交易市场的交易品种及交易情况、农村产权流转交易市场存在的突出问题及相关建议等情况进行摸底调查。

表 14–1　近几年农村集体产权制度改革有关政策措施

年份	文件名称	政策内容
2010	《关于加大统筹城乡发展力度进一步夯实农业农村发展基础的若干意见》	鼓励有条件的地方开展农村集体产权制度改革试点。
2013	《关于加快发展现代农业，进一步增强农村发展活力的若干意见》	建立归属清晰、权能完整、流转顺畅、保护严格的农村集体产权制度，是激发农业农村发展活力的内在要求。必须健全农村集体经济组织资金资产资源管理制度，依法保障农民的土地承包经营权、宅基地使用权、集体收益分配权。
2013	《中共中央关于全面深化改革若干重大问题的决定》	保障农民集体经济组织成员权利，积极发展农民股份合作，赋予农民对集体资产股份占有、收益、有偿退出及抵押、担保、继承权。建立农村产权流转交易市场，推动农村产权流转交易公开、公正、规范运行。
2014	《关于全面深化农村改革加快推进农业现代化的若干意见》	推动农村集体产权股份合作制改革，保障农民集体经济组织成员权利，赋予农民对落实到户的集体资产股份占有、收益、有偿退出及抵押、担保、继承权，建立农村产权流转交易市场，加强农村集体资金、资产、资源管理，提高集体经济组织资产运营管理水平，发展壮大农村集体经济。
2014	《国务院关于进一步推进户籍制度改革的意见》	推进农村集体经济组织产权制度改革，探索集体经济组织成员资格认定办法和集体经济有效实现形式，保护成员的集体财产权和收益分配权。建立农村产权流转交易市场，推动农村产权流转交易公开、公正、规范运行。
2015	《关于加大改革创新力度加快农业现代化建设的若干意见》	探索农村集体所有制有效实现形式，创新农村集体经济运行机制。出台稳步推进农村集体产权制度改革的意见。开展赋予农民对集体资产股份权能改革试点，试点过程中要防止侵蚀农民利益，试点各项工作应严格限制在本集体经济组织内部。健全农村集体“三资”管理监督和收益分配制度。充分发挥县乡农村土地承包经营权、林权流转服务平台作用，引导农村产权流转交易市场健康发展。完善有利于推进农村集体产权制度改革的税费政策。
2016	《关于落实发展新理念加快农业现代化 实现全面小康目标的若干意见》	到2020年基本完成土地等农村集体资源性资产确权登记颁证、经营性资产折股量化到本集体经济组织成员，健全非经营性资产集体统一运营管理机制。 探索将财政资金投入农业农村形成的经营性资产，通过股权量化到户，让集体组织成员长期分享资产收益。制定促进农村集体产权制度改革的税收优惠政策。

资料来源：根据历年中央一号文件整理而成。

（二）进展情况

各地通过开展农村集体资产清产核资工作，全面清理了各项资金、资产、资源，债权债务和所有者权益；通过清查、盘点、核实，摸清了农村集体资产和资源的存量、分布、结构状况；通过公开、公示、整改，保证了清产核资结果准确无误和老百姓认可。清产核资后，村集体的固定资产有照片资料和电子台账，集体土地、四荒地、滩涂、水面、建设用地等资源的区位和面积有详细的登记，为明晰农村集体资产权属，推进农村集体产权制度改革奠定了坚实的工作基础。据不完全统计，截至 2015 年年底，全国已有 5.8 万个村和 4.7 万个村民小组完成股份合作制改革，村组两级共量化集体资产 7417.5 亿元，累计股金分红 2591.6 亿元，其中 2015 年股金分红 411.1 亿元。全国共建立省级农村产权流转交易市场 7 个、地市级农村产权流转交易市场 77 个、县级农村产权流转交易市场 1070 个、乡镇级农村产权流转交易市场 13142 个。北京、苏州以及珠江三角洲等地区已经全面推开，改革覆盖面达到 95% 以上，工作成效显著。

表 14-2　农村集体产权制度改革进展情况

项目	2010	2011	2012	2013	2014
完成产权制度改革的村数（万个）	1.29	1.66	2.4	2.8	4.7
量化资产总额（亿元）	2528.1	3295	3618.6	3671.2	4873.2
量化设立股东个数（万个）	1718.6	2315.7	3710.2	3830.3	6235.3
完成产权制度改革的村累计分红（亿元）	440.6	548.7	812.8	924.1	1342.8
平均每股分红（元）	511	492	346	525	370

资料来源：农业部历年《全国农村经营管理统计资料》。

注：本统计为对30个省市区（不含西藏）农村经营管理情况统计年报数据审核汇总结果。

二、农村集体产权制度改革的实践模式

本节选取了浙江温州、北京海淀和贵州六盘水三地的案例，分别从确权赋能、法人治理和农民增收三个角度，分析农村集体产权制度改革的核心主线、存在问题与制度绩效。另外，为全面理解农村集体经济的多元发展路径，我们还对河南漯河干河陈村的发展模式进行了分析。该村属于自发型股份制合作制，蹚出一条农村集体经济发展的新路子。

（一）浙江温州的“确权、赋能、活权”发展路径

浙江省温州市坚持以“赋予农民更多财产权利”为取向，以“确权、赋能、活权”为主线，全面深化农村产权制度改革，通过一系列的制度安排和机制创新，构建起了比较完整清晰的现代农村产权制度体系和产权价值实现体系。

1. 以确权为基础，明晰农户承包地和集体资产权属

按照权属合法、确权精准、登记完整、权证适用、信息管理的要求，积极推进农村土地承包经营权确权登记，目前温州市村社承包地“确权登记、入册上图”比率达 60.5%。同时，全面推进集体资产股份合作制改革，通过将村集体经营性资产量化到人（户），明确集体经济组织成员权，实现对集体资产产权长久化、定量化享有，目前温州市村集体经济组织股改完成率达 99.75%，量化集体净资产 170 亿元、持股社员 690 万人。具体做法有：一是在股权设置上，原则上不设集体股，只设个人股，个人股一般由人口福利股和劳动贡献股构成，人口福利股占比不宜低于 60%，倡导股权“生不增、死不减”静态管理，股权可继承、转让和赠予。二是在量化对象的确认上，强调村规民约、村民会议不能违反法律法规，防止多数人剥夺少数人的合法权益，严格规定一人不能在两个以上的村享有股份；重点落实妇女权益保护，温州中院制订了针对性的指导意见，规定“在册农业户口的农嫁女、丧偶妇女、离异妇女、入赘女婿及其子女等群体同样享有与本集体经济组织成员同等的分配权”。三是在具体操作上，尊重农民主体地位，确保农民知情权、决策权、参与权和监督权；区分集体经济状况不同类型，采用“一村一策”分类指导，制订不同的股改方案；规范股改具体操作步骤，规定“任一程序未经通过，不得进入下一步骤”。

2. 以赋能为重点，促进权能显化发挥

按照“三权分置”要求，进一步拓展土地经营权权能。一方面，引导农户以经营权入股参与农业产业化经营，主要有经营权作价入股和收入入股两种方式；另一方面是开展土地经营权抵押试点，主要有流入方将流转土地的经营权用于抵押和承包户将经营权用于抵押两种方式。在基本完成村集体资产股份合作制改革基础上，探索权能显现新形式。具体做法有：一是赋予农民对集体资产股份

占有、收益的权能。目前有稳定经营收入的村社逐渐从传统福利分配向实行按股分红转变。二是开展股权流转交易试点。乐清市长虹村开展股权内部转让，规定个人股权转让不能超过50%，股东个人持股不得超过全社总股本的10%。三是鼓励开展股权抵（质）押试点。苍南县河底高村以社员股权及村集体安置房为标的物进行抵（质）押，获得苍南县农商银行授信2.5亿元，用于村民安置房建设和村集体农贸市场提升改造。四是探索股权增值新途径。洞头县岙仔村1025个社员股东，以量化集体资产股份300万元组建资金互助会，明确互助资金用于本社社员海产养殖及捕捞、发展渔家乐等，两年半时间通过投放资金利息收入120万元，股权增值40%。

3. 以活权为导向，推进农村产权交易流转

一是建立农村产权交易体系。组建温州市农村产权交易管理委员会，设立市农村产权服务中心，明确其信息发布、产权交易、法律咨询、资产评估、抵押融资等基本功能。下辖县（市）也相应成立农村产权交易分中心，其中，苍南、永嘉、平阳3县探索政府购买社会化服务，通过竞争评审，选择苍南金融超市公司、温州嘉诚拍卖行、温州八方拍卖行3家民营企业组建农村产权交易平台。同时依托乡镇公共资源管理中心、农村“三资”管理中心、土地流转服务中心等平台，在全市108个乡镇（涉农街道）建成了农村产权交易服务站。二是健全农村产权交易机制。出台《温州市农村产权交易管理暂行办法》，制定农村产权交易规则、转让拍卖办法及交易资金结算、经纪会员管理等一系列配套制度。同时编制转让意向书、信息发布申请书、交易意向书和确认书、委托书、登记表、鉴证书等一系列格式化文本。积极培育各类中介服务组织，引导拍卖机构、评估机构、招投标代理机构、金融机构、担保机构及经纪人进驻农村产权中心。三是组织农村产权交易流转。按照“总体规划、分步实施、由点到面、由易到难”的工作要求，从农村集体经营性资产、土地承包经营权入手，制定相应的流转交易实施细则，特别是针对当前农村腐败现象、“三资”管理不规范等问题，市纪委出台文件，规定“村集体经营性资产交易，应在依法设立的农村产权交易服务机构中公开进行”。目前温州市农村产权交易平台共完成交易3445宗、金额15.06亿元，其中土地经营权流转1188宗、面积19.7万亩、金额4.13亿元；村集体经营性资产交易2257宗、金额10.93亿元。

（二）北京海淀股份社法人治理结构的案例分析

1. 海淀区农村集体产权制度改革历程

2000年左右，海淀区开始在一批撤销行政建制、经济实力较强、集体土地大部分被征用、村民大部分已转居的村集体试点推行农村集体产权制度改革。2002年6月，海淀区政府出台了《关于我区城乡接合部地区乡村集体资产处置及集体经济体制改革试点工作的意见》。该文件就集体资产处置和集体经济体制改革两项工作做出了明确部署。2002年，海淀区确定的首批改革试点单位包括玉渊潭、东升乡（现东升镇）的大钟寺和太平庄、海淀乡（现海淀镇）的西苑和肖家河。按照“近郊全面推开、远郊扩大试点”的方针，改革主要在城市化和工业化进程较快、集体经济实力较强、集体资产数额较大、农民又有强烈要求的村集体进行。到2007年，东升的清河和太平庄率先完成改革。2010年，东升、玉渊潭以及西北旺镇的安宁庄完成改革。2011年5月海淀区政府常务会审议通过产权制度改革工作方案以后，改革进程明显加快，不到两年时间全区村级改革基本完成。截至2013年9月，全区累计有76个单位完成改革，完成率为78%；累计登记注册股份经济合作社39个。另有西二旗等单位完成集体资产处置后，不再成立股份经济合作社。

据统计，海淀已完成改革的76个单位累计账面净资产1115760万元，核实净资产1372836万

元，应退老股金 7746 万元，应支付补贴 13474 万元，预留专项基金 23331 万元，可量化资产总额 1287731 万元，股权设置 628541 万元，应转专项基金 101593 万元，应兑现金额 559132 万元。参加资产处置人员总数 183623 人，其中非社员 63406 人、已亡故人员 36397 人。2012 年，玉渊潭股份经济合作社、东升镇的 10 个股份经济合作社、安宁庄股份经济合作社共计 12 个单位实现按股分红，约 1.1 万人，人均税前分红 2.23 万元，正好与当年全区农村居民人均纯收入 22364 元相当。

2. 海淀区股份社法人治理结构面临的挑战

尽管海淀区股份合作社法人治理结构建设取得了明显进展，但仍存在不少问题，具体表现为以下三方面。

一是政府职能定位不明，过度干预与政经不分并存。在集体资产监管方面，政府职能定位不明，对股份合作社及集体资产的监管存在过度干预现象。例如，海淀区建立了备案、审核、实地检查等制度，规定了股份经济合作社应就股本变更、因故不能执行章程规定、修改章程、整体改建为公司制企业法人等事项向区级主管部门进行请示，经核准后方可实施。改制后新成立的股份合作社在人事安排上仍然受到行政力量的干预，特别是高层管理人员常由所在政府部门决定，而不是市场资源配置的结果。股份经济社作为一种经济组织，拥有独立的法律地位，能以自己的名义从事经营管理活动，不应受到政府的直接领导和管理。同时，政经不分是股份经济社法人治理结构的最大制约因素。党组织、村民自治组织和集体经济组织三位一体，"政经混合"、职责不清，容易出现"集体经济问题绑架基层组织"现象，影响基层稳定。在这种情况下，新型集体经济组织的法人财产权以及相应的法人治理结构难以真正确立，而组织的经济目标也很难按照市场规律达成[1]。

二是管理运作不规范，缺乏长效发展机制。在治理结构方面，新成立的集体经济组织在形式上普遍按照现代企业制度设立了股东代表大会、董事会和监事会等组织结构，有的还设立了集体资产管理委员会。但从实际运作来看，民主决策、民主管理和民主监督等问题依然突出。例如，玉渊潭农工商总公司在实际运行中更像一个巨型的家族企业，强调"内部提拔、政府任命"，离真正实现"产权明晰、责权明确、运行规范、管理科学"的现代企业管理模式，还有很大距离。海淀区集体资产经营普遍以对外租赁为主，经济合同管理不规范、用地手续不健全、承包期过长、管理粗放、不按规定履行合同等问题时有发生。海淀区村级集体产权制度改革虽然已经基本完成，但是新型集体经济在可持续发展方面面临着巨大的挑战。对于集体经济薄弱村，基本上以租赁物业为主，产业结构单一，缺乏优良的经营性资产，没有形成稳定收入来源。对于一些经济实力较强的村，分红压力普遍较大，制约了集体经济的发展后劲。在分红率刚性递增的压力下，新型集体经济组织面临着投资决策"只能成功、不许失败"的制约，农村集体经济组织管理人员面临巨大的压力。

三是村社干部交叉任职现象突出，专业人才不足。在推进农村集体产权制度改革过程中，为降低管理成本，部分村采取"三块牌子、一套人马"的方式，实行干部交叉任职。据统计，北京市村党支部书记兼任董事长的占 93.8%。村党支部书记兼任集体经济组织负责人固然可以加强党对农村集体经济组织的领导，便于协调各组织之间的关系，但也会带来干部权责不清、决策不民主、资产管理不透明等问题，有的村甚至集体资产控制权集中在村干部等少数人手中，致使集体资产面临流

[1] 政经不分与社区封闭二者之间存在互为因果的关系，政经不分导致社区组织无法对外开放而维持封闭状态；而封闭的产权结构又进一步固化了社区集体经济组织与行政组织"天然合一"的体制性弊端。参见：郭光磊. 北京农村研究报告(2013)［M］. 北京：社会科学文献出版社, 2014: 52.

失的危险。从市场角度看，专业人才不足成为制约股份合作社发展的重要因素。一方面，原有的村社干部缺乏资本运营、管理分配与市场拓展等专业性知识，加大了集体资产运营管理上的风险；另一方面，新型集体经济组织也缺乏引进人才、留住人才的机制。

3. 基于案例的进一步分析

（1）苏家坨镇案例分析

2011 年，苏家坨镇开始着手准备推进农村集体产权制度改革。与海淀区其他乡镇类似，苏家坨镇农村集体经济产权制度改革大致可分为 7 个阶段：①成立改革领导小组和工作机构，明确改革主体；②制订改革方案；③进行清产核资，这一阶段也可以同时进行老股金和劳龄的登记及确认；④退偿老股金（一般以 16 倍的比例，采用一次性现金全额兑付的方式进行退偿）；⑤量化集体资产份额及个人资产份额（集体资产份额主要用于已经退休人员的费用、集体经济组织补缴和欠缴的费用、一些必要的社会性支出和不可预见问题的处理，其比例一般不超过退偿老股金之后净资产的 30%。扣除退偿老股金和集体资产量化份额之后的净资产全部量化给个人，按照个人的身份和实际参加集体劳动的年限分为基本份额、资源份额和劳龄份额三种份额进行量化）；⑥个人量化资产份额的自愿流转；⑦成立新型集体经济组织。经过对苏家坨镇农村集体产权制度改革的分析，可以得出以下几点结论。

第一，集体经济实力是影响治理结构优化的重要因素。苏家坨镇经济发展水平较低，大多数改制村的集体经济以租赁物业为主，几乎没有什么产业，其中一部分还属于违章建筑。改制之后，村民也没有分红。因此，有的村民认为，改制没有任何意义，而有的乡镇干部进一步指出，改制不仅不能增加收益，反而提高了行政成本，容易激化农村潜在的矛盾。这种情况在远郊县或中西部地区较为常见，一般多发生在集体资产很少或为负的“空壳村”。这类村集体改制的主要重心应在于清产核资、明晰产权，重点是抓紧抓实农村土地承包经营权确权登记颁证工作，并在此基础上搭建股份合作组织。一般而言，资产量较少的村进行改制，具有客观、公平等优势，也更容易组建规范的长效治理机制，但必须解决改制动力不足问题。因此，政府部门一方面要积极宣传、强化引导，让村民意识到改制的长久收益，主动参与改制；另一方面有条件的地区要列出专项经费或奖补资金，对资产薄弱村予以补助。

第二，村级组织关系是法人治理结构的重要内容。村级组织的稳定是改制成功的基础。随着村民权利意识的觉醒，每次村级选举的过程，都是“揭老底”的过程。在每届村委会选举时，乡镇政府都会面临很大的压力。由于存在历史遗留问题，有些村委会选举可以如期举行，而有些村委会则不敢贸然换届。然而，在整个乡镇层面上，各村换届的进度不一致也会受到村民的质疑，给乡村治理带来了挑战。村集体经济组织改制后，按照股份合作制原则，新成立的股份合作社需要执行民主程序，选举产生合作社理事长。从政府角度来看，这无疑将加大基层工作难度，激发一些潜在性的不稳定因素。如果协调不好，极易引发社会矛盾。调研中了解到，苏家坨镇村集体经济完成改制之后，需要每一位村民签字。但是，有些村民对于补贴标准不满意，有的村民对于补贴方式不认可。截至目前，没有一个村的村民全部签完。因此，推行集体经济组织改制，要坚持统一性和灵活性相结合的原则，要注意轻重缓急、改进工作方法方式，通过“一村一策”、民主协商和分类推进，在改制的过程中化解历史矛盾，依靠群众构建新型合作关系。

第三，“政经不分”依然存在，集体经济组织功能定位模糊。长期以来，农村地区“政经不分”问题一直普遍存在，农村的各项事务实际上主要靠党组织和村民委员会正常运转，村务决策程序替代集体经济组织决策程序，重大事项往往由党组织和村委会决定。在计划经济时期，社区自治组织与社区集体经济组织一本账，起到了维护农村社会稳定的作用，也为城镇化、工业化做出了贡献。然而，在全面深化农村改革新阶段，“政经不分”容易引发矛盾，造成干部腐败、集体资产经营效率低等问题。调查中了解到，苏家坨镇改制后的大多数村，仍然由村委会、党支部和合作社共用一本账。村集体承担着巨大的社会性负担。村里每年只有12万元的办公补助和2万元的村干部补助，却要承担几十万的公共公益性支出。而如果“分账”后，村委会就面临“断炊”的威胁。调查中了解到，也有一些股份社存在把社会服务当作股东福利，主观上不愿意分离的现象。在法人治理结构建设方面，由于村民和社员身份高度重合，在实际操作过程中，往往以村民代表作为社员代表。如果村委委员本身是股东的话，则自动转为合作社董事会。同时，村务监督委员会直接转为监事会。这样操作固然可以降低成本，有利于改制平稳推进，但是村干部交叉任职的问题将更加突出。同时，村民委员会属于基层自治组织，与股份合作社具有不同的属性、目标和功能定位。两种村级组织对人才的需求也不尽相同，简单的人事任免也容易滋生权力寻租的空间。

可见，“分账”的背后涉及的是村级治理模式的变革问题。从目前来看，村委会将经济职能剥离交给股份合作社，仅承担公共事务管理等职能，代表了乡村治理结构变革的一种方向。只有剥离社会性负担，集体经济组织才能作为一个纯粹的经济组织，平等地参与市场竞争。从现实看，剥离方法要多元化，可以行政式移交，也可以产业化运作。然而，村级公共负担问题就会凸显出来，是全部由财政兜底，还是从村级收入中提取，亟须进一步探讨。另外，暂不具备剥离条件的地区，要统筹安排、分步推进。

（2）玉渊潭农工商总公司案例分析

玉渊潭公社自1958年起一直实行公社一级核算，集体经济发达、资产量较大。作为海淀区首批改革试点单位，以2002年6月30日为时点，玉渊潭开始进行集体产权制度改革。到2010年，基本完成了改制任务。改制共涉及4万余人，其中有3.6万人申请资产份额变现，有4000人入股，成为股东。2012年玉渊潭控股集团成立，进一步推动了集团化、专业化发展。2013年，玉渊潭总分红金额为4亿元，分红率为25%，缴纳红利税8000万元。玉渊潭在“撤乡”背景下完成乡级整体改革，其资产规模之大、矛盾之尖锐、实施之艰难、成效之显著，都是十分罕见的。目前，集体经济组织已发展成为规模庞大的企业集团，主要涉及酒店、置业和物业管理三大板块，下属近百家子公司。在金融投资方面，总公司采用“借船出海”的方式参与对外财务金融投资业务，参股投资的海淀科技金融资本控股集团、鑫泰小额贷款公司、中海创业投资公司运营平稳。

由于玉渊潭实行“乡镇一级所有”体制，在改制之初选择进行乡级整体改革，将乡镇集体净资产直接量化或兑现给每个集体经济组织成员。主要做法如下：第一，出台专门文件并组织实施，成功完成玉渊潭“撤乡”背景下的乡级整体改革。根据玉渊潭实际情况，创造性实施“玉渊潭股份经济合作社授权及委托玉渊潭农工商总公司代表其对资产进行经营与管理”，玉渊潭农工商总公司行使出资人产权，在理论与实践之间找到了联结点。第二，划分三种个人份额，即基本份额、资源份额和劳龄份额，其中基本份额8-15%、资源份额不超过20%、劳龄份额不低于65%，规定“除老股金外其他资产不进行现金量化，只量化为股权”，设置普通股和优先股，预留30%的集体股。实行“同股同利”，收益水平不低于银行同期利息。村改居后，农民这一身份消失，创新设立“在职职工”概念，将已转居人员的劳动力安置费留在集体。第三，恢复村经济合作社，成立“玉渊潭股份经济合作社”，作为产权代表。玉渊潭股份经济合作社行使集体所有权。2010年4月，将1986年成立的镇级实业公司改组为玉渊潭农工商总公司，成立董事会和监事会。在农村集体产权制度改革尤其是法人治理结构方面，玉渊潭农工商总公司主要存在以下问题。

第一，新型集体经济组织的内部治理不够规范，法律地位不明确。在内部治理机制方面，玉渊潭农工商总公司努力向公司制靠拢，建立了董事会、监事会、总经理等机构设置及其运行机制。在高管管理方面，仿照国有企业的管理模式，探索实行股份经济合作社董事长人选由上级党组织提名、总经理实行聘任制、镇级股份经济合作社的董事长和总经理应当分设等具体做法。虽然玉渊潭参照现代企业制度设立了相应的组织架构，但在实际运行中更像一个巨型的家族企业。《北京市农村集体资产管理条例》从集体资产所有权和经营管理权的角度，对村经济合作社和乡合作经济联合社做出了相关规定。而改革后形成的新型股份合作经济组织则尚未进行立法规范，导致新型集体经济组织登记管理不统一、投资主体地位不明确。建议海淀区率先出台地方性文件，对新型经济组织的法人地位、性质、功能和职责予以明确，落实税收优惠政策。同时，在原有的行政隶属关系弱化的情况下，明确对新型经济组织外部监督管理主体，健全民主管理、民主监督的企业法人治理结构。

第二，产业结构单一、分红压力较大。从调研情况看，与其他乡镇相比，玉渊潭集体经济发展水平较高，但以酒店和物业管理为主，产业结构单一，运行管理不规范，在城市化进程中难以获得持续稳定收益。同时，股份合作社的分红压力较大，制约了集体经济的发展后劲。此外，新型集体经济组织在项目管理、资本运营与市场开拓等方面经验不足，也加大了集体资产运营管理上的风险。2013 年年底海淀区成立了“农村集体资产管理委员会”。农村集体资产管理委员会作为一个议事协调机构，负责对成员单位 1 亿元以上的重大投资决策进行审核备案。因此，建议充分利用这一平台，将其打造为扶持与规范集体经济组织投资行为的载体，加大对村集体经济的扶持力度，规范对外投资行为，帮助集体经济组织制订产业发展规划，实现产业结构优化、转型、升级，促进集体资产保值增值。

第三，集体股占比较高，政策风险依然存在。玉渊潭改制较早，由于当时政策不完善，在股权设置上保留了 30% 的集体股，尚未达到明晰产权的目的，还需要进一步深化改革。同时，在改制过程中，玉渊潭严格坚持“封闭性”“内改制”原则，无论是资产处置、份额流转，还是股权管理，都限定在集体经济组织内部、成员之间进行。然而，随着人口流动加速，部分转出人员强烈要求将个人资产量化份额进行兑现。为了克服这一矛盾，2005 年，海淀区曾发布了《关于加快城乡接合部地区乡村集体在资产处置及深化集体经济体制改革的指导意见》，规定“允许资产量化份额在主体之间自由有序流转”。该文件在份额流转方面具有一定的突破性，但集体经济组织的外部成员仍不属于政策适用对象。随着人口老龄化加剧以及新生代人口的成长，集体成员界定和股权边界必然面临新的挑战。同时，如何在集体经济组织发展壮大过程中，创新股份管理形式，调动企业高管和职业经理人的积极性，也是一项重要课题。针对这些问题，建议地方政府指导集体股持股比例较高的集体经济组织减持集体股比例，组织早期完成改革的村开展股权继承、流转试点和高管持股试点，进一步明晰股东产权，探索股东退出机制。

（3）东升镇案例分析

东升镇于 2003 年年初正式启动了集体资产处置及经济体制改革试点工作，以“资产变股权、农民当股东”为方向，采取自下而上的方式分两个阶段推进。第一阶段，首先在村级层面实施。经过清产核资、预留社员社保基金和个人量化资产份额流转等 7 个步骤，于 2008 年年底陆续完成了 9 个村级集体经济组织的产权改制。第二阶段，继续在镇级层面深化。按照“先重组、后改制”的思路，先将镇属50多个企业分为科技服务、商贸服务和物业服务三个产业方向，依此组建了东升博展、新东源和海升三个新公司，继而改制成股份合作社，于2010年年底完成了产权改革任务。

东升镇集体产权制度改革由集体资产处置和集体经济体制改革两部分组成，并分别以《东升乡经济合作总社集体资产处置及经济体制改革实施方案》和《中共东升乡委员会关于将各经济分社改建为股份经济合作社的指导意见》两份纲领性文件为指导，重点完成了以下几项改革任务：一是结合上级文件精神和本乡实际情况，制订清产核资方案，按照乡、村两级“分级核算”的原则，完整准确、不重不漏地核算集体净资产；二是按1∶16倍现金全额一次性退偿合作化时期老社员的入股金；三是区分不同类型确认成员身份，并以1956年起至改革时点止（6个月以上算1年）计算登记个人劳龄；四是预留基本社保基金、量化集体和个人资产份额，并进行个人资产份额流转；五是将各经济合作分社改建为股份经济合作社。值得一提的是，完成农村集体经济产权制度改革后，东升镇紧抓国务院批复建设中关村国家自主创新示范区和核心区的历史机遇，坚持高端引领，打造科技园区，实现了由低端“瓦片”经济向高端科技服务型经济的成功转型。具体做法是，以新成立的东升镇股份经济合作总社为园区开发建设主体，采取集体开发、自主运营的开发模式。园区一期工程于2007年9月开工建设，先后投入5.5亿元完成园区及周边环境和硬件建设，2010年起陆续投入使用。建成后，由总社下属的东升博展科技发展有限公司负责园区日常运营管理。2011年东升科技园总产值近31亿元，上缴税收达3.8亿元。在农村集体产权制度改革尤其是法人治理结构方面，东升镇主要存在以下问题。

第一，集体资产监管仍不完善，管理不规范问题依旧突出。近年来，伴随集体经济发展壮大，东升镇顺应形势需要，与时俱进地加强了对集体资产的监督管理，率先在全区成立镇农资委，出台工作规则；建立集体经济组织重大事项审议备案制度，健全农村集体资产监督管理体系；指导股份社建立监管机构，加大对股份社的审计工作，重点解决财务管理、合同管理和专项资金使用等方面的突出问题。但与此同时，农村集体资产粗放管理还没有根本转变，管理不规范等问题仍然存在。下一步，建议完善农资委运作机制，严格落实重大事项审批备案制度，逐项整改审计报告反映的问题，从资金支出、合同签订和资产管理等方面细化监管内容，从制度设计、人员配置、过程控制等方面落实监管责任，增强化对集体“三资”的监管力度。同时，以建立现代企业制度为方向，进一步优化股份社“三会”运作机制，强化监事会的监督职能，提高效率，控制风险，确保集体经济安全健康发展。

第二，低端低效业态仍然存在，实现高端转型任务艰巨。2007年年底，东升镇领导班子研究决定，由乡镇下属的农工商总公司与改制后新成立的北京东×博展科技发展有限公司共同对园区项目原有规划进行重新定位，从“安置原有乡镇工业企业”调整为“高新科技产业园区”，并以此为契机，着力推动产业结构优化升级，大力发展科技金融服务业，不断增强园区品牌影响力和创新服务能力。同时，加快退出低端产业，坚决关停低端有形市场，用高端的服务科技产业代替低端的传统“瓦片”经济，实施主动融入中关村自主创新示范区的发展战略。仅2014年，全镇就关停低端有形市场7家，经营面积12.7万平方米，清退摊位1.1万个，疏解外来人口3万人。但也要看到，目前全镇仍有低端有形市场22家，经营面积超过30万平方米，推动提质增效、实现高端转型仍面临较大压力。下一步，建议加快盘活存量资源，继续关停低端市场，推进业态置换，提升产业品质，扩大创新产业发展空间，持续优化产业布局。

第三，人才队伍建设与发展需求仍有差距，行业领军人才缺乏。在园区入驻企业的选择上，东升镇严把入门关，坚持“引领高端发展方向、代表行业一流水平”的优质企业作为重点招商对象，积极引入高端科技型企业，促进高新科技企业总部和研发中心落地，为园区发展储备了大量科研技术型人才。同时，园区服务管理机构广泛聘请专业团队和专业人才，为入园企业提供专业化、差异化的全产业链保障服务，真正为企业提供了从科研服务到产业发展的优质环境。但同时，园区内管理经验丰富、熟悉市场情况、具有创新开拓能力的高水平专业型人才仍不够多，在行业内起领军作用的高端人才尤其缺乏，制约了新常态下园区的优质高效发展。下一步，建议以适应新常态下经济发展要求为导向，制订好人力资源规划，完善职业经理人聘任管理制度，优化人才引进、培养和任用机制，强化人才培养管理，健全镇域内专业技能人才交流和交叉培养机制，为持续发展提供人才支撑。

（三）贵州六盘水“三变”下的改制增收模式

1. 案例介绍

近年来，六盘水市积极探索和推进农村资源变股权、资金变股金、农民变股民的“三变”改革，对于充分发挥统分结合的双层经营体制的优越性，推动农村规模化、组织化和市场化的发展产生了重要的作用。

（1）六枝特区新华乡

六枝特区地处贵州省西部，是六盘水市的东大门。近年来，特区通过实施资源变股权、资金变股金、农民变股民的农村集体产权制度改革，带动了农民增收致富。新华乡则位于六枝特区北部，当地气候尤其适合发展高山生态有机茶产业。在“三变”改革中，新华乡田坝村、新平村和王家冲村 3 个村的“村两委”，通过引入新华永兴种养殖农民专业合作社，构建了“支部 + 合作社 + 基地 + 农户”的新型农业经营模式。在这种经营模式下，村集体积极组织农户以土地经营权入股合作社以发展茶叶产业。而田坝村、新平村和王家冲村作为六枝特区新华高山生态茶叶产业园区的核心区，目前一共拥有茶叶基地 13800 亩，其中有 8000 亩是农户以土地经营权入股的形式建设的。

（2）盘县普古乡舍烹村

盘县普古乡舍烹村位于普古乡东部，该村在“三变”改革中采取的是“合作社 + 园区 + 基地 + 农户”的股份合作经济模式。2012 年 5 月，舍烹村的乡村能人陶正学牵头成立了盘县普古银湖种植养殖农民专业合作社，并依托当地的资源优势建设了普古娘娘山生态农业示范园区。舍烹村是娘娘山园区的核心村，并于 2015 年被农业部评为“一村一品”示范村。目前，园区流转土地 2.18 万亩，种植刺梨 11000 亩，红心猕猴桃 4200 亩，红豆杉 800 亩，其他精品水果及蔬菜 2300 亩；景点则主要有娘山湿地、天山飞瀑、六车地缝、天生云桥以及凉山茗镇等。在股份合作方面，银湖合作社积极吸收农户、村集体以各种方式参与入股以促进园区的建设。自 2012 年 8 月园区开始建设至今，合作社已共计投资了 5.8 亿元。

（3）盘县淤泥乡岩博村

盘县淤泥乡岩博村位于淤泥乡西北部，在村党支部书记余留芬的带领下，岩博村形成了“村集体 + 企业 + 农户”的集体经济发展模式。岩博村一共拥有小锅酒厂、矸石砖厂、山庄、特种养殖场及岩博火腿加工厂等 5 家村集体企业，且养殖场和火腿加工厂是由村集体与村民共同出资成立的特种养殖专业合作社领办。其中，小锅酒厂是岩博村集体经济中最重要且投资最大的企业，2015 年 3 月正式建设完成开始投入生产，预计当年的纯利润可达 2000 万元左右。养殖场主要进行鸡苗培育，共拥有 8 栋鸡舍，全部采用自动化的设施设备；火腿加工厂的产量较小，但火腿质量较好并于 2012 年申请了地理标志产品。砖厂现在则基本处于停产的状态，山庄效益同样不是很大。在股份合作方面，村集体积极鼓励农民以土地、资金等入股集体企业。同时，岩博村也通过集体林权抵押贷款以及整合财政扶贫资金来进行集体经济建设，并按股在村集体、企业与农民之间进行分红。目前，岩博村村集体一共流转了 400 亩土地，入股的有 200 亩，另外 200 亩则是集体以买断的方式流转而来。

（4）水城县勺米镇坡脚村

水城县位于贵州省西部，素有贵州“高原明珠”、祖国“西南煤海”之称，其在六盘水的农村“三变”改革中也取得了比较显著的效果，促进了农民增收。其中，水城县勺米镇坡脚村的集体产权制度改革便是典型案例之一。坡脚村位于勺米镇东南部，该村村支两委通过成立民裕种养殖农民专业合作社，引进六盘水聚亨投资有限责任公司，构建了“支部 + 合作社 + 企业 + 农户”的集体经济发展模式。在这种模式下，村支两委积极组织本村农户以土地、资金等入股合作社以发展茶叶种植产业，并按股份在社员和村集体之间进行分红。目前，合作社的茶叶基地已经投资 360 余万元，种植茶叶 1956 亩。此外，村集体还整合各项政府财政资金以及集体积累资金近 130 多万元，建设了坡脚村“民裕农贸市场”和“林下养殖”项目，所得收益按股比在村集体、合作社社员及村贫困户之间进行分红。

（5）钟山区月照社区双洞村

钟山区位于川、滇、黔、桂结合部，是贵阳、昆明两大城市的中心点。在六盘水的“三变”改革中，不仅钟山区的农村集体经济得到了极大发展，其农民收入也得到了显著提高。其中，位于钟山区月照社区东北部的双洞村便是从集体产权制度改革中获益的村庄之一。为了更好地整合资源以进行集体经济建设，双洞村组建了六盘水市钟山区银睿志农综合发展有限公司。公司注册资金为 500 万元，主要负责吸收农户的土地、资金以及房屋等入股，并同时整合集体资源、集体积累资金、政府财政资金和各种社会资金，然后进行水果、花卉种植项目以及其他各种乡村旅社（农家乐）的建设。目前，双洞村总共流转了 562 亩土地，涉及农户 418 户。由此来看，我们可以将双洞村的“三变”改革总结为“村集体 + 微型企业 + 农户”的农旅一体化发展模式。

表 14–3　六盘水“三变”改革的调研情况

编号	地点（名称）	改革的模式	增收的原因	收入（2014）
1	六枝特区新华乡	支部+合作社+基地+农户	土地入股保底分红； 基地的打工收入	人均年增收900余元
2	盘县普古乡舍烹村	合作社+园区+基地+农户	土地入股保底分红； 农民、财政资金入股分红； 农户自营实体经济收入； 园区内的打工收入	人均年增收3500元
3	盘县淤泥乡岩博村	村集体+企业+农户	土地折价入股分红； 农户、扶贫资金入股分红；共同贷款入股分红； 企业的打工收入	人均年收入12000元
4	水城县勺米镇坡脚村	支部+合作社+企业+农户	土地入股分红； 农户、财政资金入股分红；集体资源入股分红； 合作社和公司的打工收入	人均年增收706元

续表

编号	地点（名称）	改革的模式	增收的原因	收入（2014）
5	钟山区月照乡双洞村	村集体+微型企业+农户	土地入股保底分红； 集体、财政资金入股分红； 农家乐等基地的打工收入	人均年增收2088元

资料来源：笔者根据调研结果整理

2. 增收机制分析

（1）集体产权制度改革对财产性收入的影响机制

集体产权制度改革主要通过增加农民的租金收入和股份分红收益而促进了农民财产性收入的增加。在六盘水“三变”改革中，农民参与入股的方式有很多，包括土地经营权、自有房屋、自有资金、集体经济积累、财政资金以及集体资源等。通过入股变身为股东，农民得以获得集体经济的盈余收益，从而提高了自身的财产性收入。此外，部分村集体还对以土地经营权入股的农民支付保底租金。如六枝特区新华乡，村集体在引导农民以土地入股合作社的过程中，采取的就是“保底 + 分红”的收益分配方式。在合作社茶叶基地建设的前 3 年，农民可以在自己入股的土地里套种农作物，并由合作社按保底价收购，如果市场价高于保底价则按市场价收购；基地 3 年之后便会产生效益，此时，村集体、农民和合作社再按照 1 ∶ 3 ∶ 6 的比例进行股份分红。预计在茶叶基地能够产生效益之后，人均增收可达 900 余元。

在盘县普古乡舍烹村，农民入股合作社的方式则更加多元化。对农民个体来说，其既可以用土地入股，也可以以现金入股。合作社的每股股金为 20 万元，如果农民自有资金不足，其可以选择几户合伙认购一股；也可以由合作社借钱给资金短缺的农户进行入股。通过土地入股的农户，合作社会在每年付给其土地流转费的基础之上，再按 8 ∶ 2 的比例在合作社与农户之间进行盈余分红。此外，由于农民具有集体收益分配权，所以村集体入股所得收益也可以算作是本村农民收入的一部分。对舍烹村村集体来说，其主要利用集体资源和政府投入本村的财政扶持资金来入股。如村集体已将本村银湖水面共 120 亩承包给园区用于游船、垂钓等旅游项目经营，合作社每年则按水面开发纯收益的 10% 提交给村集体，目前舍烹村已分得有 2 万余元的收益；而财政资金入股可为舍烹村村集体带来的收入预计也有近百万元。

与舍烹村类似，水城县勺米镇坡脚村的“三变”改革也采取了多种股份合作的方式。首先，坡脚村村支两委通过组织村民以土地入股到合作社，2014 年使本村村民获得了 46 万元的租金收入，受益农户有 116 户 430 人。其次，坡脚村村支两委以合作社为投资主体，通过整合政府建设资金 15 万元、集体现金 8 万元以及村集体河沙坝 3.66 亩入股建设了“民裕农贸市场”，涉及村民 56 户 206 人，项目建成后，每年将为 56 户村民增收 22 万元，人均增收 3929 元。此外，坡脚村还利用集体林地和财政资金 100 万元投资建设了林下养鸡场项目，收益则按照约 3 ∶ 7 的比例在村集体和合作社成员之间进行分红。其中，村集体所得收益的 80% 归村集体所有，主要用于村公共事业建设、村民分红以及生产再投资；另外 20% 属于全村的贫困户所有，从而实现了精准扶贫，并提高了农民的财产性收入水平。

钟山区月照社区双洞村在“三变”改革中所采取的股份合作方式也是比较典型的。在促进农民及其他社会组织等参与双洞村村集体经济投资建设的过程中，银睿志农综合发展有限公司整合了村集体积累资金、财政扶贫资金以及政府征地费用集体提留资金等[1]共计约400万元用于水果、花卉种植及农家乐等项目建设，项目收益则在公司、村集体与农民之间进行分红，比例一般是5∶3∶2，而且获得分红的农民多数是本村贫困户。双洞村的项目大多都承包出去而并非由村集体经营，集体只收取承包费然后进行分红。如村集体户外运动基地每年可为双洞村带来10万元的承包费收入。此外，农民本身也可以用自己的房屋入股到公司，然后由公司对外承包，承包费用所得则按一定的比例在公司、集体和农民之间进行分成。土地入股在双洞村也比较普遍，入股农民每年可以在获得600元/亩的租金基础上再享受分红。

值得注意的是，在盘县淤泥乡岩博村的改革中，其不仅采取了在以上几家村集体经济中提到的入股方式，还创造了共同贷款入股[2]的模式。在岩博村，村委会利用集体林场以及企业进行抵押，获得贷款资金共计1000万元，然后将资金按1万~50万元的份额分配给了农民，并要求农民必须将资金入股到村集体企业。贷款本金由企业偿还，利息由入股农民承担；而对于个别经济能力有限，无法偿还利息的农户，企业也会帮助偿还。此外，岩博村也整合利用国家扶贫资金近300余万元，全部都投资入股到了村集体企业中。同时，农民还可以自有资金和土地入股从而获得股份分红。

（2）集体产权制度改革对工资性收入的影响机制

集体产权制度改革通过实行股份合作促进了农民转移就业及其工资性收入的增加。六盘水产权制度的“三变”改革使当地农民拥有了较多进行产业转移就业的机会，从而导致其工资性收入得到了大幅度提升。新华乡在茶叶基地建设中，便通过吸收入股农民参与基地管理，解决了当地13008名农民的就地转移就业问题，提高了其工资性收入水平。

同样地，在普古乡舍烹村，合作社通过将入股农民聘用为社里的固定员工，每月可以为其带来不低于1500元的固定工资收入。在勺米镇坡脚村，农民通过在合作社的茶叶基地务工也极大地提高了自己的收入水平，2014年其务工总收入为132万元；此外，坡脚村的林下养殖场项目建成投产后，预计至少可以为20人提供转移就业的机会，并能够使其每年平均增加2.8万元以上的收入。双洞村的“三变”改革则不仅为本村农民提供了就地转移就业的机会，同时也促进了剩余劳动力进行外出打工。目前，双洞村的村民在本村农家乐打工的就有35人，月工资为1500元加提成；社区环卫工人有3~5人，也是本村农民；另外有44名农民在土地流转之后选择了外出打工。此外，也有相当一部分农民通过参与村集体的景区建设而赚取工资收入。对于既参与土地入股分红，又在农家乐等微型企业打工的农民，其人均年收入可达2.5万元。

岩博村由于村办企业较多，在解决农民转移就业问题，提高其工资性收入水平方面的贡献也尤为突出。如岩博酒厂的烤酒环节为本村近200名妇女提供了就业机会，且工资至少为2000元/月；养殖场则解决了20多名农民的就业问题，工资3500元/月，另外根据鸡的成活率和产蛋率，还会有提成；在岩博火腿厂打工的农民较少，只有6人，工资为3000元/月。如果将岩博村的所有集体企业都考虑在内，其一共解决了本村和周边村寨将近250余人的转移就业问题，极大地提高了当地农民的工资性收入水平。

[1] 双洞村一总共被政府征用了有140亩土地，每亩地的征地费用总共是4.45万元，其中有0.2万元被村集体抽取充当集体积累。

[2] 岩博村对共同贷款入股的定义是指村集体利用集体资源进行抵押贷款，贷款所得再按照不同的份额在农民之间进行分配并要求入股到集体经济，本金由村集体负担偿还，利息则由农民自己支付。

（3）集体产权制度改革对家庭经营性收入的影响机制

集体产权制度改革对农民家庭经营性收入的积极影响也是通过股份合作经济而间接产生的。"三变"改革中的各种股份合作经济模式，为农民创造了很多经营个体工商业经济的机会。同时也有一些村集体通过帮助从事农业生产的农民降低生产成本，提高产出，从而促进了其家庭经营性收入的增加。例如在双洞村，很多农民会利用村集体发展农家乐的机会，自己投资经营一些小生意（如练摊），而其针对的顾客则主要是到本村旅游的游客。通过这种方式，农户的家庭经营性收入在一定程度上得到了增加。

然而，"三变"改革能够促进农民家庭经营性收入增加的更为典型的案例是舍烹村和岩博村。在舍烹村的娘娘山生态农业示范园区，农民可以通过承包园区的餐厅、超市等进行经营来拓宽增收渠道。截至目前，舍烹村娘娘山园区已经开办农家乐 20 家，农家旅馆 12 家，农家超市 5 家，实现营业收入 50 万元，而其中的绝大部分都是由农户独自承包经营的。在岩博村，家庭经营性收入的增加则主要来自农业。岩博村特种养殖专业合作社通过统一发放种苗、种猪，统一提供技术指导，带动了本村和周边村寨的很多农户从事养猪业，合作社保价回收，从而保证了农民收入。此外，岩博酒厂还通过连接其上下游产业，也为农民增收提供了可能。首先，酒的生产需要高粱做原料。根据岩博酒厂的生产力，其能够覆盖约 12 万亩高粱地，并且酒厂的高粱收购价要比市场价高出 0.3 元 / 斤，从而增加了高粱种植农户的农业经营收入。其次，酒厂在生产过程中产生的酒糟可以充当牲畜饲料且价格便宜。通过购买酒糟饲喂牲畜，养殖场的成本能够降低 1/3。此外，为了帮助本村农民的养殖场起步，酒厂在第一年会免费供给酒糟给养殖场，到养殖场发展的第二年才开始收费。岩博村集体股份合作经济的这些间接影响极大地提高了农民的家庭经营性收入水平。

（4）小结

农村集体产权制度改革使得农民的土地承包经营权、宅基地使用权以及集体收益分配权得到了保障。同时，股份合作制的实行又将农民的各种权利得以盘活，促使其通过市场化入股的方式参与到集体经济建设中，从而拓宽了农民的增收渠道。在本文对六盘水"三变"改革的分析中，可以明显得出：首先农民通过土地、资金以及集体资源入股促进了财产性收入的增加；其次农民通过自营工商业或者继续从事农业促进了家庭经营性收入的增加；最后农民通过转移就业促进了自身工资性收入的增加。在以上三种收入的综合作用下，农民的总收入水平得到了大幅度提高，如舍烹村，与当地普通农民相比，其人均年增收可以达到 3500 元（见表 14-4）。

表 14-4 农村集体产权制度改革促进农民增收情况

地名	土地入股	资金入股	集体资源入股	自营经济	转移就业	增收效果
新华乡	人均增收900余元				13008人	人均年增收900元
舍烹村	保底+分红	集体收入预计近百万	集体收入2万余元	共计收入50万元	不低于1500元/月	人均年增收3500元
岩博村	按股分红		集体林场、企业贷款入股分红	养殖场和高粱种植	250人；平均3000元/月	人均年收入12000元
坡脚村	人均收入1070元	人均增收3929元	收益按照3：7的比例分红		2014年共计132万元	人均年增收706元
双洞村	600元每亩+分红	收益按照5：3：2的比例在公司、村集体、农民之间分红		练摊等小生意	35人；1500元/月+提成	人均年增收2088元

资料来源：笔者根据调研结果整理。

（四）河南漯河干河陈村的自发型股份合作

1. 发展前提

从 20 世纪 90 年代末开始，河南漯河干河陈村集体经济发展取得明显成效，正是基于以下特定前提：

第一，地理位置是村集体经济发展的独特优势。地理位置对一个村庄的发展有重要影响。一般而言，离城市比较近的农村往往最先被纳入城镇化进程。依托地缘区位优势，这些农村最容易承接城市的二、三产业，成为农村集体经济增长突破点。干河陈村位于漯河市源汇区西南郊，20 世纪 90 年代，该村与漯河市区仅有一路之隔，处于市整体规划区内。2000 年，干河陈村决定拆迁 100 多户，自主修路，修筑了 6 条、总长 11 千米的道路，主动对接城市，带动市区向南扩展 6 平方公里，使村庄和城区融为一体。10 余年来，干河陈村通过逐步融入城市，走出了一条城市近郊村城镇化发展新路子。

第二，村干部是村集体经济发展的关键因素。发展村级集体经济，需要有一个强有力的领导班子，更需要有一个思路清、懂经济、肯实干的带头人。受市场经济和打工潮的影响，许多年富力强、有头脑的农村能人纷纷外出务工或创业，导致农村发展后继乏人。干河陈村党委书记林东风，在干河陈村集体经济发展过程中发挥了巨大的带动作用。1993 年 9 月，他放弃“铁饭碗”回乡带领村民创业，历任干河陈村党支部副书记、村委会主任、村总支书记、村党委书记、开源集团董事长、总经理。归纳林东风的领导能力，可以看出，他搞过经营、有一定的管理经营，部队转业、有一定的文化基础，有胆略、敢于打擦边球，并且愿意带领全体村民艰苦奋斗，成为农村集体经济发展的关键因素。

第三，村办企业是村集体经济发展的物质基础。村办企业是村级集体经济的主体，是实现共同富裕的基础。村办企业归村集体所有，每年的利润可由村里统一支配用来改造村级设施和提高村民生活福利。90 年代初，干河陈村里靠征地补偿款办了 7 家小企业。当时，村里有 11 个村民小组，每个村民小组有一部分资产，小组长在集体资产管理方面也有一部分权力。1993 年，村集体经过一系列改革，把企业收归集体运营，当年村集体收益 6 万元。1994 年，村集体将村小组长的权力收回，实现了村集体资产所有权的上移。当前，集体收益达到 40 多万元。1996 年，干河陈村成立开源实业有限公司。1998 年，公司收入达 180 多万元。目前，村办集体企业开源集团，已经成为集房地产业、旅游业、商业三大产业、十二家公司为一体的集团公司，2015 年净资产近 20 亿元，实现年营业收入 10.7 亿元。

第四，外部支持是村集体经济发展的必要条件。改革开放以来，农村不再是传统的封闭空间，必然与外界发生关联。尤其是对于城郊村来说，在发展的起步时期，外部的支持与肯定更是必不可少。在干河陈村发展的关键时期，漯河市长带来各部门就该村的发展模式进行专门调研，并形成一个会议纪要，初步确认了干河陈村自主开发、自主建设的城镇化道路。2002 年 5 月，时任河南省省长李克强到干河陈村视察调研，进一步肯定了该村的发展思路，推动了村集体经济发展。

2. 农村集体经济的阶段性发展

我国农村集体经济发展是改革开放以来农村经济发展成就的生动体现。实践中，农村集体经济发展既与宏观政策变化紧密相关，又与社会主义市场经济的深入发展密切相连，呈现出明显的阶段性特点。干河陈村围绕共同富裕的奋斗目标，有计划、有步骤地推进土地和集体产权制度改革，主要经历了三个阶段。

第一，初期起步阶段。发展初期，干河陈村集体经济薄弱，几乎没有什么收入，村里用卖地款办的几家小企业只有投入，没有产出，成为个人发家致富的工具。为了改变这种局面，干河陈村党支部决定将个人承包的企业收归集体所有，清缴承包费用，理顺集体产权关系，仅仅一年就使集体企业扭亏为盈。为了更快推进农村集体经济发展，该村又把村民分散经营的土地收归村集体统一管理，并鼓励村干部、党员等带头以现金入股形式筹集资金 300 万元，组建了村集体控股的企业开源集团。随着《关于村属企业改制暨推行股份制的决定》的出台，干河陈村初步形成了以股份合作制推动集体经济发展的模式，集体经济取得快速发展。

第二，摸索改进阶段。随着集体经济发展的深入推进，2006 年干河陈村进行了第二次股权改造，建立了科学的市场化运营体制，使企业所有权与经营权分离。同时，干河陈村又完善了规章制度，先后制定了《股东代表会议制度》《股份制管理规定》《员工持股权管理规定》等五项制度，优化了股权结构，促进了村集体经济发展。

第三，提升完善阶段。为促进村集体企业持续健康发展，2014 年年底该村进行了第三次企业股权改造，早期带头入股的村干部带头退股，明晰了产权归属，使村集体成为开源集团独家股东，拥有 15 亿元资产的村集体企业全部对村集体所有。同时，为了进一步促进企业市场化运营，企业内部设立了进退自如的激励股，吸纳在职骨干入股，选举了新一届董事会、监事会，完善了股东会议制度，规范了法人治理结构。这一系列改革，稳固了村集体企业的发展根基，建立了产权明晰、权责明确、管理科学、运行高效的管理体系，走上了现代企业发展轨道。

3. 制度建设和发展绩效

经过多年的发展，干河陈村农村集体经济制度建设取得了明显成效，突出表现在以下三个方面：

第一，实行股份分红制度。村集体资产，尤其是土地资产是农村集体经济发展的重要基础。实施股份制之前，干河陈村有 930 亩耕地、700 亩宅基地。改革之初，实行的是“村按户走、户按人走、人按地走”的原则，将有承包地和宅基地的村民划定为村集体经济组织成员。《关于村属企业改制暨推行股份制的决定》出台后，“户口在村、关系在册”的村集体经济组织成员成为股东，并实施静态管理。为了保证村民有事做、有活干，干河陈村对愿意到村集体企业上班的村民，优先录用，参与企业管理。目前，在开源集团上班的村民占全体员工的五分之一。2015 年，股东年均分红 6000 元。据估计，根据现有资产，如果全部持股清算的话，每股可分得 50 万元以上的资产。

第二，建立在职持股制度。为了激发企业员工的积极性，设立“在职股份”，吸引在职骨干职工入股。该种股份仅作为分配依据，不可分割集体资产。一方面，这种股份类似于企业年金，规定员工干够一定的年限，可以增加一定的系数，在离职时候可以一次性获得一定的奖金；另一方面，这种股份可以起到员工保证金的作用，如果在职期间违法企业规定或给企业造成损失，将扣掉相应的股份。同时，为了防止两极分化，干河陈村实行“企业领导收入低于市场水平、企业员工收入高于市场收入”的分配制度。

第三，设定村民退养制度。为了确保高龄村民的收入，50 岁以上村民全部成为企业内退员工，50 岁、60 岁、70 岁以上的村民，每月可以享受 1600 元、1800 元、2000 元的退养金，不再享有股份分红收益。享受 10 年退养金的股东，其股份归村集体所有，不得再进行继承或转让。退养制度对于保障老年人福利待遇，维护家庭和谐起到积极作用。

第四，完善监督制度。一方面，村级组织建立村民代表评议党员干部等规章制度，规范村党委议事规则和决策程序，使村民依法享有知情权、决策权、管理权和监督权；另一方面，开源集团制定了离任审计制度、涉亲登记制度、吃请报告制度和受礼登记制度等一系列企业监督管理制度，规范了企业管理层的行为。

4. 面临的问题

调研中发现，尽管干河陈村集体经济取得了积极发展，法人治理结构也有了良好开端，但总的看仍处于初期阶段，在发展中还存在着许多问题。特别农村集体产权制度改革仍比较之后，给村集体经济持续健康发展带来较大挑战。

第一，产权制度改革比较滞后。改革开放以来，干河陈村先后进行了三次股权改造，进行了成员身份界定，并完善了分配制度。然而，从总体上看，这些改革是不彻底的、不完全的，该村集体所属企业虽然建立起了股份合作制，但并未形成现代企业制度；虽然实行按股分红，但并未把集体资产折股量化到集体成员。

第二，法人治理结构尚未健全。在治理结构方面，开源集团在形式上按照现代企业制度设立了股东代表大会、董事会和监事会等组织结构，但从实际运作来看，民主决策、民主管理和民主监督等问题依然突出，离真正实现“产权明晰、责权明确、运行规范、管理科学”的现代企业管理模式还有很大距离。党组织、村民自治组织和集体经济组织三位一体，实行干部交叉任职、职责不清，容易出现“集体经济问题绑架基层组织”现象，影响基层稳定。

第三，专业人才缺乏。从市场角度看，专业人才不足成为制约农村集体经济发展的重要因素。一方面，原有的村社干部缺乏资本运营、管理分配与市场拓展等专业性知识，加大了集体资产运营管理上的风险；另一方面，新型集体经济组织也缺乏引进人才、留住人才的机制。

第四，企业发展后劲不足。干河陈村抓住城镇化发展契机，培育了以房产、建筑、园林、物业为主的房地产业，以超市、百货商场、旅游产品为主的商业，以景区景点、餐饮住宿、会务会展为主的旅游业。在经济新常态下，这些企业的投资回报率偏低，但分红压力普遍较大，制约了集体经济的发展后劲。在分红率刚性递增的压力下，新型集体经济组织面临着投资决策“只能成功、不许失败”的制约，农村集体经济组织管理人员面临巨大的压力。

第 3 节　农村集体产权制度改革中的关键问题

我国农村集体产权制度改革取得了一定的进展，也积累了一些好的经验和做法，但由于现行法律、政策等制度性约束，各地在推进改革过程中都遇到一些亟待解决的关键问题。其中，土地确权是农村集体产权制度改革的重要内容，而农村集体经济组织成员身份界定既是推进农村集体产权制度的前提，又是解决其他问题的基础。对于这些关键问题，需要深入探讨，逐步统一认识，推动改革进程。

一、土地确权与产权制度改革

在中国特色农村制度体系中，土地制度居于基础性地位，而土地确权是基础中的基础。明晰农村集体产权归属的重点是清晰界定农村集体土地的产权归属，实现集体土地产权主体清晰。按照属性划分，土地确权包括耕地和建设用地两类。耕地确权的主体部分在于承包地，包括农村集体土地所有权和农户承包经营权确权两个维度，涉及确权、登记、颁证三个相互联系的重要环节。建设用地确权主要包括宅基地和集体建设用地使用权确权登记颁证两方面的内容。本节主要分析农村土地承包经营权确权登记颁证的进展情况与主要特征，讨论目前暴露出的有关问题，并就其重要意义与影响进行进一步的讨论。

（一）土地承包经营权确权登记颁证进展情况

以家庭承包经营为基础、统分结合的双层经营体制是我国农村基本经营制度。家庭承包制对农民有显著的激励作用，取得了巨大的制度绩效。现有农村土地承包关系是在一轮承包基础上，通过延长土地承包期 30 年形成的。由于二轮延包时没有重新丈量承包地，加之当时需要缴纳农业税费，各地普遍存在承包地面积不准、四至不清、空间位置不明、登记簿不健全等问题。这些问题引发了大量土地承包纠纷，既影响了农民土地承包权益维护和农村社会稳定，也成为土地有序流转、发展适度规模经营的制约因素[1]。

从 2009 年开始，我国开始以村组为单位开展农村土地承包经营权确权登记颁证试点工作，然后逐步扩大试点范围。目前，全国有黑龙江、河南等 22 个省份开展了土地承包经营权确权登记颁证整省试点。截至 2016 年 6 月底，全国试点范围扩大至 2488 个县（市、区）、2.7 万个乡镇、46.6 万个行政村，分别占应开展工作总数的 90%、78%、79%，实测承包地面积 9.3 亿亩，已完成确权面积 6.5 亿亩，占全国二轮家庭承包面积约 51%。

（二）试点工作的主要特征

从目前来看，农村土地承包经营权确权登记颁证试点工作进展顺利、平稳有序，呈现出多层次、差异性等特征。

1. 各地进展不平衡，推进方式不同

从全国层面看，整省试点与非整省试点之间、省内不同区域之间进展不平衡。例如，贵州全省 9 个市州，贵阳、六盘水、遵义三市总体进展较快，已开展入户调查、清理档案累计分别达到 53.8 万户、54.4 万册，分别占全省的 89%、93%。黔西南州、黔东南州相对进展缓慢，黔西南州只完成入户调查 312 户、清理档案 444 册，而黔东南州至今基本还未启动。在试点地区选择上，不同省份的推进方式各异。以同样完成 10% 试点任务为例，有的省份是选择一些重点市县进行重点推进，有的省份则是全面铺开，在所有的市县都选取一定的区域开展试点工作。甘肃省从 2015 年起在全省全面推开农村土地承包经营权确权登记颁证工作，计划到 2017 年年底前全面完成；其中，在 2014 年完成金川区、临夏县、金塔县 3 个县试点工作的基础上，2015 年完成 40% 的县 (35 个)；2016 年完成剩余县；2017 年总结验收。而河北省则不同，2014 年该省确定了 10% 的目标任务，选择全面推开的方式，要求辖区内的各县（市、区）都要选择 10% 的村开展试点工作。

2. 各地测量手段更加规范，技术路线选择各异

根据调查，2015 年之前，试点地区普遍开展实测工作，选择不同测量方法。大体归纳为三大类：以海南省三亚市为代表聘请专业队伍选择用现代科学技术重新实测；以青海省为代表的由乡镇农经工作人员用皮尺或手持 GPS 设备进行测量；以天津宝坻为代表的由村干部采用皮尺测量。从试点情况看，各地在比选各种测量方法时，资金、精度、数据建库是考虑的因素，但往往因资金问题而放

[1] 高强，张琛. 确权确股不确地的理论内涵、制度约束与对策建议——基于广东省珠三角两区一市的案例分析［J］. 经济学家，2016(7): 32-40.

弃精度和数据建库。2015 年，中央明确要求，将工作经费纳入地方财政预算，中央财政给予补助。尤其是农业部印发《农村土地承包经营权确权登记颁证成果检查验收办法（试行）》及相关技术规程之后，各地测量手段更加规范，但不同地区测量技术路线不同。以辽宁省为例，辽宁地矿测绘院等 4 家技术服务单位为铁岭市提供“航飞 + 图解”的测绘方法；辽宁宏图创展等 2 家单位为朝阳市部分地区提供“航测法”测量农户承包地；其他技术服务单位按照委托方要求，采用 RTK—GPS 全实测法测绘承包地块。在招标方式方面，既有省级统一招标，又有区县自行招标，不同省份的招标主体不同。宁夏回族自治区全区统一进行航飞，将 1 ： 2000 航飞数据作为工作底图，下发各区县；由自治区推荐 13 个作业单位，区县自行招标。山西省以市为单位进行航拍获取数字正射影像工作底图。目前，11 市全部实施航飞，其中阳泉、长治、临汾、晋中和吕梁已经完成航飞。甘肃省则由各区县自行招标航飞公司。由于时间紧各县分标段进行招标，全部以 1 ： 2000 比例尺的航飞数据作为工作底图。

3. 信息化应用平台试点顺利，具体建设模式不同

建立农村土地承包经营权信息应用平台，形成标准统一、内容全面、覆盖全国、相互关联、布局合理、实时更新、互通共享的农村土地承包经营权确权登记数据库体系，是完成确权登记颁证任务的基本要求。目前，山东、江苏、湖北、四川、河北等 8 个省级试点，辽宁省大连市、浙江省丽水市、江苏省泰州市、四川省广元市、陕西省渭南市 5 个试点市，黑龙江方正县等 10 多个试点县，已经完成或正在开展平台建设。从平台模式看，各地已经探索出了以下五种不同的建设模式：第一种为两级建库、四级应用，代表省份（市或自治区）为山东、湖北两省，即省、县两级分别建数据库，基于专网实现数据汇交更新，省级建立基于互联网的全省信息应用平台，供省、市、县、乡四级使用。第二种为三级建库、四级应用，代表省份（市或自治区）为江苏省，即省、市、县分别建设数据库，省级建立基于网络的全省应用平台，市县办理业务时只能访问本级数据库。第三种为两级建库，省级建平台和交换网络，代表省份（市或自治区）为四川省，即省、市两级建设数据库，省级建立省级平台，提供数据统计、查询、业务监管、数据汇交等功能，但不含县级业务办理功能。第四种为省级建库建平台，代表省份（市或自治区）为上海、宁夏，即集中建设一个省级数据库、一个信息应用平台，区县不建数据库，县级通过互联网或专网访问省级平台和数据库。第五种为依托国土现有资源建库建平台，代表省份（市或自治区）为浙江省丽水市，即依托国土专网在市级建设数据库和信息应用平台，实现市、县、乡三级互联互通。

4. 积极拓展承包权能，各地成果应用进度不一

在土地承包经营权权能拓展方面，各地积极拓展土地承包经营权权能，有些省份还要求在做好确权登记颁证工作的同时，与土地经营权流转、农业适度规模经营一同研究，与农村集体产权制度改革、农村土地经营权抵押担保等配套推进，取得了积极成效。江西省将开发省、市、县互联互通、由农经人员操作的业务管理平台，应用确权登记成果，实现农村土地承包合同管理、权属登记、变更换证、土地流转、纠纷仲裁等业务工作信息化管理。四川省着力拓展确权成果应用，实现对土地流转和适度规模经营的监测和管理、农业区域发展规划空间化查询和土肥信息的实时监测。吉林省在确权登记颁证过程中，与中国农业银行合作，同步开展土地经营权抵押担保。然而，从目前情况来看，各地在确权成果应用方面尚处于初级阶段，应用方式和领域比较单一，特别是没有在确权过程中统筹考虑成果应用，既造成确权工作的积极性，又降低了成果应用的时效性。

（三）确权工作中面临的困难

总体上看，我国农村土地承包经营权确权试点取得了一定成效，但在制度层面和实践层面还面临一系列困难，突出表现在以下几个方面。

1. 制度不完善制约试点进展

制度不完善主要是指，农村土地承包经营权确权工作是在农村土地制度顶层设计相对滞后的背景下开展的。一是“三权分置”的有关政策。“三权分置”是家庭承包经营制度适应经济社会发展要求而不断变革创新的结果，是农村土地承包关系方面的重大决策。然而，当前中央尚未针对“三权分置”做出具体规定。因此，承包权、经营权的权能属性与权利分割等，与承包经营权的权能如何协调，能否颁发《经营权证》以及其效力如何，等等，尚无定论。二是“长久不变”的具体政策含义。一种理解认为，现有土地承包关系长久不变，就是以土地确权为契机，把二轮承包期从原来规定的 30 年延长为“长久”，例如成都市在开展土地确权登记颁证时就将土地承包年限定位“长久”。然而，当前是否将土地确权作为“长久不变”的起点，各界认识尚未统一。三是农村集体产权制度改革滞后。当前，我国农村集体经济组织条例尚未出台，确权试点工作是在集体经济组织界定、成员资格界定还不清楚的情况下开展的，这必然会影响到土地产权边界与权利边界的划定，为日后产生矛盾纠纷带来隐患。

2. 认识不到位影响推进力度

一是有的地方领导干部思想认识不到位。一些干部认为当前的土地承包关系复杂，历史遗留问题多，思想上存在畏难情绪，担心确权登记颁证引发矛盾纠纷，试点工作进展较慢，如贵州、湖南有些地市基本没有启动。广东省调研发现，一些地方尤其是党政主要负责人还不同程度地存在“三怕”，即怕确权工作会引起农村长期积累的矛盾集中发生，怕确权工作会对今后征地工作增加难度，怕确权工作会对原来已经获得流转土地经营权的经营者造成影响，因而推进确权工作不主动、不积极、慢作为，成为部分试点县（镇）开展工作的最大障碍。二是一些地方县级主体责任落实不到位。河北的保定、邢台、张家口等地没有把确权登记颁证工作摆上重要位置，工作拖沓、等待观望，迟迟没有进展。三是有的地方盲目扩大试点范围，随意加快进度。部分领导干部把确权登记颁证简单地理解为换发农村土地承包经营权证书，不需要通过烦琐的工作步骤查清每个地块的实际面积，从而出现操之过急、急于求成的行为，甚至提出了“一年之内全部完成”的目标口号。

3. 技术不统一影响工作质量

承包地确权登记颁证工作专业性强，特别是在实地测绘、数据处理、软件开发与信息应用平台建设等环节，技术要求高。由于受招投标管理不统一、低价竞争、政府资金不到位等多种原因，导致中标的企事业单位出现不按标准作业、项目亏损、垫资严重等问题，危及确权登记工作质量。一是个别地方工作质量不高。有的地方图省钱省事，简化操作规程，压低招标底价，内业外业全部下来每亩不足 15 元，不实地指认地块，测量精度达不到调查规程要求。低于中标的直接后果，就是企业为了压缩成本，简化环节，不按标准作业。二是流标现象较多。四川省反映，在部分县（市、区）进行招标的过程中，无法一次性招到满足条件的公司，造成流标现象，或者有的公司因是低价中标，即使中标了也由于公司在省内多处中标、人力不足等原因拖延工作进度。三是地方产生新的政策需求。随着试点工作不断深入，一些新的需要进一步明确政策和操作方式的问题产生，如确权登记颁证纸质和电子档案的形成、存储、使用相关规定和要求，测绘技术单位多地中标难以确保按时保质履行职责，数据库建设中因每个县基本都是分多标段实施而形成的数据汇总难以统一入库，土地承包经营权信息应用平台建设的标准以及与中央平台、不动产登记平台衔接问题，等等。四是航测进度不容易把控。由于地理位置敏感，北京市不能申请航拍。受气候和军方训练影响，四川、福建等省份反映航测工作难度加大，有的市已经中标，也取得摄区范围空域批件，仍无法开展航测工作。显然，这些问题如果不能及时纠正，势必影响确权登记颁证成果质量。

4.“面积不准”增加工作难度

“面积不准”是指实测面积与原合同面积存在差异。从调研情况看，该问题存在多方面原因。其中，分地时“折产分地”“账实不符”和分地后“四至漂移 ”是形成“面积不准”问题的历史原因，而此次确权登记采用的技术手段、基层干部的畏难情绪，是强化该问题的现实原因。我们在河北调研了解到，为减少工作阻力，一些基层干部倾向于不公示实测面积，而是按二轮合同面积确权，而一些基层政府对此采取默许态度。可见，确权中的“面积不准”问题能否有效解决，直接关系到能否“确实权”“颁铁证”。按照基层同志的说法，同时公示两个面积，会把潜在的矛盾激化，引发纠纷，影响工作进展。因此，许多基层干部提出，在登记簿中同时记载合同面积和实测面积，但只将二轮合同面积作为确权面积登记发证。农户仍按目前地块面积的经营权，面积差异暂不处理，以后如果发生征占补偿等，实测比二轮合同多出的面积收益归集体所有。

5. 权属纠纷影响工作进度

土地权属纠纷具有复杂性、普遍性、多元性等特征。根据华中师范大学的一项调研结果，在108个调查样本中，存在权属纠纷的村庄有46个，占42.99%，而北方地区在土地确权中面临的权属纠纷相对更多。我们在调研座谈中发现，贵州省各试点地区在工作初期即产生了大量的纠纷，如六盘水市水城县副县长黎家胜反映，去年县里选择2个乡镇进行试点，老百姓积极性高，分地必争，引发了大量的矛盾纠纷，一半时间都是在搞调解，影响了进度。受政策调整等历史遗留因素的影响，各地二轮延包政策不一、时点不同，普遍存在多地少地、土地调整、卖房带地、承包权未落实、企业占地、参军转农、独生子女多分地等问题。例如，山东省反映部分地方对“两田制”问题没有整改到位，对村里称为“专业承包”的菜园地、果树地等难以确权。安徽、陕西、云南等省反映一些山区地区二轮延包时是承包耕地，之后由于各种因素影响现在已经种上果树、茶树成了园地。内蒙古等地有些地区外出务工的农民举家进城弃耕、撂荒承包地，村集体为完成农业税费任务，将这部分土地发包给了其他在村的农民，现在外出务工的农民要求返还原来的承包地。这些问题时间跨度长、涉及广大农民切身利益。

（四）进一步的讨论

一是承包地确权与农村基本经营制度的稳定和完善。农村基本经营制度是党在农村的基本经济制度，是党的农村政策的基石。它不仅涉及土地等生产资料占有、使用、处置并获得收益等一系列经济权利的实现，还涉及经济活动如何组织、经济利益关系如何协调，以及经济活动成果如何分配等内容。土地制度是农村基本经营制度的核心。随着农村土地的确权登记颁证，以及“长久不变”政策的落实，逐步、有条件地赋予土地处分权，使农民真正享有占有、使用、收益和处分“四权统一”的承包权，农村土地承包经营会更加稳定，制度才会更完善。“确实权、颁铁证”以后，农户和集体之间的承包关系（包括承包地块、面积等）都不会再发生变化，农民土地承包经营权的退出才变得可能，这也是农民财产权利实现的重要内容。

二是承包地确权与现代农业发展。土地是农业生产经营最基础的生产要素，承包地确权将会有助于现代农业发展。作为一场社会动员，承包地确权在实测基础上进行权属确认，会显著增强农户的产权意识，并通过改变农户生产决策，进而影响资源的配置方式与效率。一方面，承包地确权通过明晰土地产权和强化农户对土地产出预期收益的方式，进而影响农业生产投资、农地生产率变化和土壤保护等农户生产经营行为。另一方面，承包地确权能够稳定农户心理预期，促进劳动力外出转移，并通过解决土地纠纷等方式降低交易成本，促进土地流转，从而有助于农业规模经营。

三是承包地确权与农村集体产权制度改革。承包地确权本身就是农村集体产权制度改革的重要内容。土地是农村集体最主要的资源性资产，也是农村集体经营性资产和非经营性资产的重要来源和承载基础。产权制度改革的主要目的是解决农村集体资产产权归属不清晰、权责不明确等问题。农村土地承包经营权确权就是针对农村占比最大、涉及范围最广的承包地进行权属确认，并通过政府颁证的方式予以法定证明。因此，对土地等资源性资产，重点是抓紧抓实土地承包经营权确权登记颁证工作。对于广大农业占比较高的农村地区来说，承包地确权工作搞好了，农村集体产权制度改革就完成了一大半。同时，承包地确权的过程必然会涉及农村集体经济组织成员身份的界定，这将为农村集体产权制度改革奠定坚实的基础。事实上，许多开展集体产权制度改革的地区，正是把拥有农村土地承包经营权的承包户作为集体成员，采取“按人量化、按户确权”的方式，实施“股权到户”，赋予农民对集体资产股份权能。

二、农村集体经济组织成员身份界定

深化农村集体产权制度改革，赋予农民更加充分而有保障的财产权利，其首要前提是清晰界定成员身份。在实践中，无论是集体经营收益及征地补偿费的分配、土地承包经营、宅基地使用，还是社会救济和社会保障，甚至土地承包合同纠纷的解决，无不与成员资格界定紧密相关。2013 年中央一号文件提出，“探索集体经济组织成员资格界定的具体办法”。2015 年中央一号文件提出，“抓紧研究起草农村集体经济组织条例”。从目前看，全国层面成员身份界定原则不明确。一些省份和基层组织虽进行了有针对性的试点探索，但操作方法和界定标准各异，有的甚至争议性较大，引发权益纠纷。农村集体经济组织成员身份界定，成为事关农民财产权利实现、改革深入推进和农村社会稳定的重要因素。因此，加快制定相关法律，解决农村集体经济组织成员资格的界定问题。

（一）农村集体经济组织成员与成员权

农村集体经济组织成员是指特定农村社区范围内以农民集体所有的财政和资源为基本生存保障，并与特定农民集体发生权利义务关系的自然人。农村集体经济组织成员具有社区共同体性、自然形成性、生存依赖性、成员同质性等特点，与农民、村民、农户等概念具有一定的联系，但又具有不同内涵。

农村集体经济组织成员权是指以成员身份为基础，且具有身份专属性的民事权利。它是指农民集体成员与特定的农民集体之间，在集体财产和集体事务管理等方面所享有的复合性权利。因此，农民集体的内涵和法律地位对农村集体经济组织成员权的设计以及农村集体经济组织成员身份界定有重要影响。农民集体主要有传统的农村社区成员集体和合作性的农村成员集体两类。合作性农村成员集体一般称为农村集体经济组织，实践中也有经济合作社、股份合作社、经济联合社、经济联合总社和股份合作经济联社等不同表现形式。

成员权作为一种独立于财产权与人身权的独立民事权利，具有不同于一般民事权利的特征。这些特征决定了农村集体成员权应具有特殊的法律调整机制。因此，农村集体经济组织成员资格问题事关广大农民的基本民事权利，涉及面广、影响深远，依据《立法法》，其法律解释权在全国人大常委会，不能由司法解释进行规定。建议全国人大常委会做出立法解释或者相关规定。

（二）农村集体经济组织成员身份界定的制约条件

一是农村集体经济组织立法缺位。农村集体经济组织由农村集体经济组织成员构成。根据现行法律规定，农村集体经济组织是农村集体资产管理的主体，依法代表全体成员行使农村集体资产所有权。然而，现实中农村集体经济组织不健全，有法律地位而没有法人地位。截至2014年年底，全国有59.8%的村由村民委员会代行村集体经济组织职能，形成“政社合一”的管理模式。目前，我国尚无有关农村集体经济组织及成员资格认定的全国统一性立法。实践中，北京、广东等地通过政府颁发组织证明书的方式，虽然可以暂时缓解集体经济组织的市场主体缺位的问题，但仍不能解决成员身份界定问题。

二是村规民约的局限性。村规民约是一种非正式制度。作为一种村民自治的重要方式，村规民约在约束村民行为、维护农村社会秩序等方面发挥了积极作用。由于农村集体经济组织立法缺位，现实生活中，村规民约对农村集体经济组织成员身份界定具有重要影响，但是村规民约具有局限性，有的甚至与法律法规相冲突。例如，实践中，有的村集体经济组织往往依据村规民约，剥夺或限制外嫁女、新生儿童、服刑人员、服兵役人员等群体的成员权，侵犯合法权益。村规民约应当基于法律授权而制定的，用来填补法律空白。因此，村规民约拥有法律效力，但其法律效力是受到制约的，不应与法律法规相冲突。因此，应该加强对村规民约的合法性审查。

（三）农村集体经济组织成员身份界定标准与地方做法

1. 界定标准

目前，关于农村集体经济组织成员身份的界定标准有单一标准和复合标准之分，具体来看主要有以下三类：①户籍标准。即认为成员身份界定应以户口所在地为标准，凡是户口在农村集体的人，都是该农村集体经济组织成员。②生活来源标准。即认为成员身份界定应以是否以集体土地以及其他集体资产为基本生活保障为标准，凡是以集体土地以及其他集体资产为基本生活保障的人，都是该农村集体经济组织成员。③权利义务标准。即认为成员身份界定应以是否尽相应的义务为标准，凡是对集体经济组织尽义务的，也就应该享有相应的权利，属于该集体经济组织成员。这些标准都有其历史合理性和现实正当性，但在实践中都有其不足之处。

农村集体经济组织成员资格的判断应当以我国农村集体经济组织所具有的自然共同体特征出发，以成员权理论为基础，以是否形成较为固定的生产、生活为基本条件，并结合是否具有依法登记的集体经济组织所在地的常住户口，作为是否具有农村集体经济组织成员资格的一般原则。同时，考虑到农村劳动力向外流动的趋势以及农村土地承包经营权对未丧失集体经济组织成员资格的人所具有的基本生活保障功能，对一些特殊情形，可做有针对性的特别处理。

2. 地方做法

为了推进农村集体产权制度改革或迫于解决纠纷的现实需要，一些省份制定了农村集体经济组织成员身份界定的地方性文件。例如，2015年四川省在全国率先出台《农村集体经济组织成员资格界定指导意见》，规定成员资格取得包括初始取得、法定取得、申请取得三类，并要求准确把握政策界限，结合户籍关系、土地承包、居住状况以及义务履行等情况，兼顾各类成员群体的利益，特别注重保护妇女、儿童等群体利益。有的地方还做出了积极探索，如上海市闵行区以“特定时间集体经济组织所在地农业户口和对集体资产贡献大小”为依据，计算农龄，将其作为认定农村集体经济组织成员资格和量化资产的依据。

总体上看，现阶段，农村集体经济组织成员身份的认定，受当地乡规民约、传统观念和历史习惯等因素影响较大，“乡土”气息较浓。虽然一些地方政府出台了地方性标准，但这些标准依据的要么是地方性法规或省级法院的司法指导意见，要么是地方政府文件，其权威性相对较低，与农民集体成员权这项重大民事权利不匹配，亟须国家层面制定出全国性的统一规定。

（四）集体经济组织成员身份资格认定的主要形态

1. 成员资格的取得

农村集体经济组织成员资格的取得方式主要有以下四类：①出生取得。即父母双方或一方具有成员资格且依法登记为本集体经济组织所在地常住户口，则该父母之子女在出生之日起取得成员资格。这里要注意的是，这里的子女既包括婚内子女，也包括非婚子女，且不论是否违法计划生育政策。这主要是因为成员资格涉及公民基本民事权利，不能因为父母违法计划生育政策而剥夺，而事实上一些村集体经济组织在产权制度改革中往往针对超生人口做出特殊性安排。②婚姻、收养取得。即因与集体成员达成合法的婚姻、收养关系，且在本集体所在地生产、生活，并将户口迁入本集体经济组织所在地的人员，取得本集体经济组织成员资格。这种取得方式适用复合标准。③政策行为取得。即由于国家建设、国防建设等政策性原因，通过移民方式将户口迁入农村集体经济组织所在地，并在本集体参与生产、生活的人员。④集体同意取得。即经过农村集体经济组织一定比例的成员同意而取得成员资格。这类取得方式一般较少，但在一些地方性立法已有相关规定 。需要注意的是，如果被接纳的人纳入国家公务员序列或城镇企业职工社会保障体系，应该在资格认定的时候区别对待。

2. 成员资格的丧失

农村集体经济组织成员资格的丧失情形主要有以下四类：①死亡丧失。与出生取得相对应，集体成员死亡，集体成员的资格自然丧失。②取得其他集体的成员资格而丧失。一个自然人取得另一个农村集体经济组织的成员资格即丧失原来所在农民集体的成员资格。这是因为集体成员资格具有唯一性，不允许一个人同时具有两个及以上的集体成员资格。③因取得非农业户口且获得城镇生活保障而丧失。这主要是从农民集体成员权的生存保障功能出发而做出的规定。④集体经济组织终止而丧失。现实生活中，因国家整体征收集体土地、村改居、整体移民搬迁或者集中居中等原因，原集体经济组织失去继续存在的条件而终止。农村集体经济组织出现合并、分立、解散等终止后，成员的集体经济组织资格自然丧失。

值得注意的是，现实生活中，农村集体经济组织成员身份界定往往超出一般标准的限定，面临多种多样的特殊情形。这时候，成员身份界定的争议最大、矛盾也最复杂，在符合相关法律政策精神的前提下，应当充分尊重农村集体经济组织的自主权（方志权，2014）。这种特殊情形一般包括基于婚姻关系产生的特殊情形，如外嫁女、入赘男的成员资格；在读大学生、服兵役、服刑等情形；“空挂户”的情形；超生人口的情形；外出务工、经商的情形；回乡退养人员的情形。这些特殊情形的处理，应本着平等原则、生存保障原则的基本精神，按照民主表决程序，交由农村集体经济组织成员讨论决定。

（五）相关建议

总结地方实践，成员身份界定应把握以下几项原则：一是尊重历史。即尊重农村集体经济组织形成、发展及演变历史；尊重以户口为表现形式长期固定生产、生活的民间习惯；尊重与农村集体经济组织形成权利义务关系的客观事实。同时，把握集体资产形成的历史脉络，综合考虑各个时期成员对集体经济组织的劳动贡献。二是照顾现实。充分考虑社会主义市场经济条件下形成的新的农村经济秩序和现实状况，统筹兼顾考虑外嫁女、入赘男等特殊群体的利益诉求。三是严格程序。严格按照公告、登记、审核、公示、档案管理、上报备案等程序开展，做到流程严格、标准一致、民主公开、合法规范，重大事项必须交由全体成员充分协商，既不能由内部人控制、少数人决定，也要防止多数人侵犯少数人权益。四是权利义务对等。履行义务是享受权利的前提，成员享有的权利应与其对集体经济组织承担的义务、做出的贡献相当（课题组，2014）。

农村集体经济组织成员资格问题事关广大农民的基本民事权利，只能由全国人大制定的法律规定。现阶段条件还不成熟时，建议由各地因地制宜，根据实际情况出台地方性法规或规范性文件，明确农村集体经济组织成员资格认定条件，规范成员资格认定和取消、登记、变更等程序，坚持公平公正。待条件成熟后，由全国人大出台原则性的认定标准。具体操作上，考虑到农村各类人员的情况千差万别，农村集体经济组织成员身份的认定，应充分尊重农民意愿，坚持程序合法、公开，由农村集体经济组织成员充分协商、民主决定，明确农村集体经济组织成员边界，建立成员登记备案制度，编制成员名册，建立成员档案。切实保障农村集体经济组织成员合法权利。

三、农村集体产权制度改革的其他核心问题

（一）如何确定农村集体经济组织的法律地位、性质

目前，我国农村集体经济组织的概念界定不清、法律名称不统一、财产权利不完全，导致法律地位模糊，亟待立法明晰。法律法规和政策文件中虽多次提及农村集体经济组织，但多数未明确给出这一概念的定义，内涵和外延均不明确。现有法律法规和政策文件中，“农村集体经济组织”“农业集体经济组织”“农民集体经济组织”等不同概念并存混用，法律名称不统一，容易产生认识上的混乱。乡（镇）集体经济组织、村集体经济组织和村民小组集体经济组织呈平行格局，但三者的法律关系也不明确。法律法规还没有指明农村集体经济组织的财产范围，以至于财产权利不完全，集体收益遭受少数人侵占。概念不清、地位模糊等立法缺陷，导致农村集体经济组织在发展过程中缺乏有效的法律支撑和保障。

集体经济组织既不同于《民法通则》规定的机关法人、事业法人，也不同于一般的企业法人，规范这些法人组织的法律并不适用于集体经济组织。正是农村集体经济组织没有法人地位，在法律层面是无法成为市场主体进入市场参与竞争的。但实践中，农村集体经济组织作为集体资产的管理主体，参与市场竞争的活动越发频繁，急需明确法人地位。对此，农村集体经济组织的性质应定位成一种特殊形态的独立法人，在法律中明确农村集体经济组织的性质，赋予其法人地位，使其实名化、实体化、法人化，真正成为从事集体资产经营管理活动的自主经营、独立核算、自负盈亏的法人。

农村集体经济组织不仅承担着集体资产经营管理职能，还承担着农村公共服务供给职能，公共服务支出严重制约了集体经济自身的发展壮大。现有法律的规定中，农村集体经济组织和村委会均

有权管理集体资产，两类组织对集体财产的权利范围边界不清晰，职责存在交叉重叠。同时，集体经济组织因主体缺位，其对集体资产的经营管理职能被村委会、村党支部、乡镇政府等取代，引发农村基层组织权力混乱，既不利于集体经济发展壮大，也容易损害集体经济组织成员的集体权益。建议从法律上明确农村集体经济组织和村委会、乡镇政府之间的关系，特别是对集体资产权利范围的划分要明晰，明确规定农村集体经济组织是农村集体资产财产权行使主体（经营管理主体）的唯一法定主体，在法律上明确农村集体资产归农民集体所有，农村集体经济组织代表农民集体行使财产权，具有依法、独立行使集体财产权的权利，任何公民、法人和其他组织不得侵犯。农村集体经济组织承担经济管理职能，不再承担公共服务职能；村委会承担村民自治的政治职能；农村公共服务由国家承担。

（二）如何划定集体资产折股量化范围

划定集体资产折股量化范围，首先要确定“集体”的边界。从目前来看，“集体所有权”落实到哪一个层级的集体不清楚。人民公社时期，农村土地和其他集体资产实行“三级所有，队为基础”，生产队一级是农村土地所有权的主体。农村实行家庭联产承包责任制以后，集体土地所有权主体究竟落实到哪一个层级，法律上并没有统一明确的规定。《土地管理法》第 10 条规定：“农民集体所有的土地依法属于村农民集体所有的，由村集体经济组织或者村民委员会经营管理；已经分别属于村内两个以上农村集体经济组织的农民集体所有的，由村内各该农村集体经济组织或者村民小组经营管理；已经属于乡（镇）农民集体所有的，由乡（镇）农村集体经济组织经营管理。”目前，我国存在着村民小组、村集体经济组织和乡镇集体经济组织三种形态。在实践中，农村土地集体所有制的“集体”边界已悄然发生变化：在一些地区土地的最终权属已从生产队 (村民小组) 一级过渡为生产大队 (行政村) 一级。当农村土地的权属及用途发生变化 (如农地被征用) 时，尤其是涉及利益分配问题时，这种所有制变迁的后遗症往往就会凸现出来。对于此类问题，目前在理论上并没有得到很好地回答，在实践中也没有找到有效的解决办法，迫切需要在今后的改革中进行探索和实践，并纳入立法议题中。

集体资产的范围有狭义与广义之分：狭义的集体资产仅指集体账面资产，包括经营性资产和非经营性资产；广义的集体资产还包括土地等资源性资产，资源的使用、处置、经营收益分配也是集体资产管理的重要内容。可见，农村集体资产可以划分为经营性资产、非经营性资产和资源性资产三类。土地等资源性资产是农民最重要的生产资料，重点是抓紧抓实土地承包经营权确权登记颁证工作，在充分尊重承包农户意愿的前提下，探索发展土地股份合作等多种形式。经营性资产是村集体收入的重要来源，重点是明确产权归属，将资产折股量化到成员，发展农民股份合作，健全集体资产运营的管理、监督和收益分配机制。非经营性资产是为集体成员和社区居民提供公益性服务的，重点是探索集体统一运营管理的有效机制，更好地为集体经济组织成员及社区居民提供公益性服务。

对于集体资产折股量化的范围，在中央没有制定统一标准之前，对这三类资产既可以分类量化，又可以同步量化，还可以有序量化。各地可以先量化经营性资产，暂不量化非经营性资产和资源性资产。如重庆市梁平县把集体经济组织适合量化的经营性净资产、可转化利用的闲置非经营性资产两类资产纳入了折股量化范围。资源性资产可以不量化，但因土地被征用等集体经济组织所得的土地补偿费和集体资产置换增值等增加的收益，应及时足额追加到集体资产总收益中，以保障成员的集体收益分配权（课题组，2014）。

（三）采用哪种集体资产折股量化方法

由于农村集体资产构成具有复杂性、成员资格具有模糊性、村级组织具有多样性等特点，各地关于农村集体资产折股量化的方法也多种多样。上海市闵行区针对不同类型的村，在农村资产量化改革中采取了不同的形式：一是在撤制村，对集体资产实行全额折股量化。二是在不撤制村，对集体资产实行部分折股量化。一些村将经营性资产折股量化，而对土地和非经营性资产实行入台账不量化，在使用时提取资源占用费，由原所有集体成员共同享有。三是在以农业为主的地区，实行土地承包经营权折股量化。如上海市闵行区浦江镇的5个村，采取土地承包面积入股的方式，每亩为一股，收益来源主要为土地流转费用。针对上海市闵行区的探索和实践，各地可以进行参考和借鉴，也可以根据自己的情况探索新的途径和方法。集体资产股权设置应以个人股为主，是否设置集体股，归根结底要尊重农民群众的选择，由集体经济组织通过公开程序自主决定。

在股权管理方面，应尽快研究出台《农村新型集体经济组织股权管理办法》，对人员界定、股权结构、增资扩股以及新增资产股份量化等问题作出明确规定。通过股权管理做大做强集体经济，增强集体经济的竞争能力、发展活力和对成员的服务能力。尽快研究出台《农村新型集体经济组织收入分配管理办法》，对于改制后的集体经济组织收入分配进行规范，逐步缩小集体福利分配的范围。在把集体财产权转变为共同持有股份的时候，对集体组织共同的持有股份应分配给集体成员持有。对实行股份合作制进行集体产权制度改革的，对股份分红征收的税收给予返还或减免，切实减轻农民负担。

（四）改革后的集体资产管理组织如何构建

对于完成产权制度改革的新型集体经济组织，如何明晰和确定农村集体产权制度改革后的组织形式，各地的做法主要有三种：一是成立村级经济合作社，由县级以上人民政府确认并颁发证书；二是依据农民专业合作社法，登记为社区股份合作社；三是按照公司法，登记为企业法人。此外，还有一些实行农村集体产权制度改革的集体经济组织，仍依托原有的集体经济组织开展生产经营活动。

上海市闵行区则根据撤制村、不撤制村、城中村等不同类别，采取组建社区股份合作社、股份有限公司、有限责任公司、村经济合作社等多种组织形式。从目前来看，由集体经济组织成员入股，采取股份合作制，对集体资产使用、管理和分配是一种有效形式。这种形式对解决目前集体资产由少数村干部支配和实际控制、多数村集体组织成员不能分享收益等问题具有重要意义。借鉴闵行经验，农村集体产权制度改革要区分不同地区的资产状况和经济发展水平，分类指导，有序推进，应针对广大农区、经济发达地区以及村改居地区等不同情况，探索实施适合本地区发展水平及经济特征的法人形式。

（五）集体资产股权能否流转

在市场经济体制下，集体资产股权只有自由流转，才能实现生产要素的优化组合，体现农民持有股权的市场价值。按照党的十八届三中全会《决定》的要求，赋予农民更充分的财产权利，重点要赋予农民对集体资产股份的六项权利，即占有权、收益权、有偿退出权及抵押权、担保权、继承权。其中，有偿退出权和继承权，就涉及股权流转问题。

目前，现行法律对农村集体资产股份的有偿退出权和继承权没有明确规定，各地实践中也存在一定差异。宁夏平罗县在基本完成农村集体土地、建设用地和农民房屋等产权确权登记颁证工作的基础上，先行先试，大胆探索，积极开展进城农民农村合法权益自愿有偿退出试验，共有 1718 户农民自愿有偿退出产权，退出耕地 9690 亩，插花安置移民 1174 户，为深化改革积累了实践经验。主要做法是：一是农民将承包土地经营权在二轮承包期内退出；二是农民将承包土地经营权、宅基地使用权、房屋所有权全部永久退出；三是农民将宅基地使用权、房屋所有权同时退出和部分承包土地退出。在退出中坚持五个必须：一是退出的土地承包经营权必须经过确权颁证；二是必须在城镇有固定住所并有稳定非农收入；三是老年人必须参加职工养老保险；四是必须经村集体“一事一议”同意；五是永久退出全部产权的农户，必须放弃村集体经济组织成员身份。

作为全国农村改革试验区的重庆梁平县，围绕进城农民工的集体收益分配权处置问题，对农民集体资产股份股权退出进行了探索创新。主要做法如下：一是界定对象、范围和条件。退出集体收益分配权的农户有稳定的非农职业或有稳定的收入来源，生活不再依赖土地；引导已进城落户、长年在外经商务工的农民退出收益分配权。二是建立规范的退出程序。制定统一的退出申请表、协议、备案登记表、公告等文本格式，建立规范的退出流程，严格按程序处理农民集体收益分配权退出工作。明晰相关部门、人员的权责，各司其职，规范操作，确保农民集体收益分配权权的退出规范有序。三是建立补偿机制。集体经济组织成员会议民主讨论确定，形成合理的退出补偿标准，按退出时其预期收益年限计算出补偿金额。补偿金来源由所在集体经济组织筹集，集体经济组织确实无力全部出资的，可通过融资、县镇财政借资或补助等方式筹集周转金。四是探索建立退出农民社会保障机制。开展多层次、多领域、多形式的职业教育、技能培训，提高就业竞争力。建立健全社会保障体系，逐渐扩大社保覆盖面。

现阶段，对于大多数农村地区，农村集体资产股份流转应严格限定在集体经济组织成员之间。要有条件地开展有偿退出权、继承权试点，明确集体资产股份有偿退出的范围、条件和程序，为防止外部资本侵占农民利益。此外，还要在尊重本集体成员意愿的基础上制定股份继承的具体办法。要慎重开展抵押权、担保权试点，探索农民以其所持股份向金融机构申请抵押、担保贷款的具体办法，严格防范金融风险，避免对集体经济的产权结构造成冲击。

第 4 节　推进农村集体产权制度改革的思路与建议

一、基本原则

鉴于农村集体产权制度改革的复杂性和艰巨性，推进农村集体产权制度改革必须坚持以下基本原则：一要坚持以市场化为导向，充分遵循市场规律，发挥股份合作社的经营自主性，释放市场对资产运营维护、集体实力壮大和利益分配共享的配置作用。二要坚持公开、公平、公正，充分尊重农民群众的创造与选择。推进农村集体产权制度改革，不能搞强迫命令、不预设目标进度，应当尊重群众的创造和自主选择，守住防止集体资产流失和农民利益受损底线，探索各种风险化解有效途径。要及时发现典型、总结上升为政策、再用于指导实践，确保改革经得起历史考验。三要坚持制度设计优先、统筹兼顾，处理好加强顶层设计与摸着石头过河的关系，建立健全相关制度，允许在关键环节先行先试。四要坚持因地制宜、循序渐进，分阶段分区域分步骤地推进改革。这项改革涉及农村经济社会的方方面面，不能一蹴而就，而应是一个循序渐进的长期过程。改革的顺序应当依据改革的基础条件、紧迫程度与成本收益等综合确定。对于资源性资产，重点是搞好确权登记颁证，实现物权化保护；对于经营性资产，重点是将资产折股量化，发展股份合作，健全集体资产运行管理和收益分配机制；对于公益性资产，重点是提高服务水平，探索集体统一运营管理的有效机制。

二、创新思路

推进农村集体产权制度改革，要鼓励大胆创新，深化改革，着力在关键环节、重点领域争取突破，配套推进相关改革。集体所有制是我国一项特殊的制度。在现有的集体资产管理体制下，政府与市场边界不清、集体范围与成员资格不明、所有权各项权能相互混淆。这既不利于政府宏观战略目标的实现，又不利于企业微观经济目标的达成，也不利于农民权益的保护。因此，应以资本为纽带，通过集体资产管理体制变革，建立政府与市场权责明确、集体资本所有权权能相互分离、个人集体与政府公共目标兼顾的集体资本授权投资运营新机制。新的集体经济组织法人治理结构构建，要求实现集体资本所有权管理职能的横向“三分开”与集体资本所有权权能纵向“三分置”。

（一）集体资本管理职能的横向“三分开”

集体资本所有权的管理主要包括宏观管理、资本运营和监督评价三种职能。宏观管理着重从国家战略和区域发展高度对集体资本进行宏观规划、调节和管理。资本运营主要通过具体投资管理、资本运作等方式来实现资产保值增值、股东福利实现等战略目标。监督评价主要通过对集体资本所有权管理过程及结果的监督评价来确保集体资本战略目标的实现。可见，三种职能既相互独立，又紧密联系，共同构成一个完整的管理体系。集体资本管理职能的横向“三分开”主要是指宏观管理、资本运营和监督评价三种职能不能相互交叉，宏观管理不能直接干预资本运营，资本运营必须要与监督评价互相分离，宏观管理与监督评价要相互独立。

一是宏观管理职能要与资本运营职能分开。村集体成员（或者乡镇集体成员）是集体资本的终极所有权人，集体经济组织是集体资本所有权的代表。集体资本所有权的宏观管理职能应由地方政府履行。地方政府通过制定集体资本投资运营规则、对资产管理与利润分配提出建议等手段，来实现对辖区内集体资本的管理。集体资本的投资运营职能应为集体经济组织或改制后的股份合作社履行。对于一些市场化程度高、资产量大、所属企业层级多的集体经济组织，可以依法授权成立资本运营公司和资本投资公司，专门负责集体资产投资运营职能。在设立这两类公司的过程中，应取消行政级别，并实现财务信息的公开透明，使其成为真正的市场主体。地方政府与集体经济组织的关系类似于教练员与运动员的关系。地方政府追求公共利益的特性决定了其不能既是集体资本投资运营规则的制定者，又是投资运营的执行者。政府不仅应该将集体资本的投资运营职能交给集体经济组织或股份社，还要确保投资运营职能落到实处，实现宏观管理职能与资本运营职能的真正分开。

二是资本运营职能与监督评价职能要分开。资本运营职能是集体资本的所有主体或被依法授权的市场主体依据相关法律法规 对自身所有的资本进行投资和运营的行为。监督评价职能是集体资本监督评价机构（集体资产监督管理委员会）对资本投资运营是否符合相关规定，是否完成相关社会使命和战略目标进行监督和评判。二者关系类似于运动员与裁判员的关系。目前，由于各地集体资本监督评价机构建设滞后，在集体产权制度改革过程中可由地方政府代行其职能，但一旦改制完成，地方政府应组织成立专门的“集体资产监督管理委员会”。股份社作为市场主体，具有逐利性、利己性和局限性等特征，不能对自身进行有效监督，特别是在社区建设、社会公共利益与区域经济发展等方面。反过来，监督评价主体也不能干预集体资本的具体运营，否则就会违背市场原则。因此，资本运营职能应当与监督评价职能分开。

三是宏观管理职能与监督评价职能要分开。根据分权制衡理论，调控权与监督权只有相互分开，才能相互制衡。集体资本的宏观管理主体和监督评价主体不能是同一个部门和机构。监督评价主体可以由地方政府牵头组织，但应当是一个包括政府官员、专家学者、辖区内各股份社法人代表广泛参与的专门机构。宏观管理主体和监督评价主体二者的关系类似于教练员与裁判员。若由一个部门或机构同时行使这两项职能，必然会影响集体资本所有权的公平、公正。因此，应彻底改变政府集宏观管理与监督评价职能于一身的管理模式，使宏观管理职能和监督评价职能相互分开并互相制衡。

总之，集体资产由于其具有特殊属性，决定了其既不能照搬发达国家的资产管理模式，也不能模仿国有资本的管理方式。我们应该统筹考虑集体资本的经济目标、集体属性和社会使命，建立既符合市场经济规律，又能服务于区域战略布局的以管资本为主，横向管理职能分开制衡的集体资产管理新体制。

（二）集体资本所有权权能的纵向“三分置”

所有权权能纵向“三分置”是指集体资本所有权通过资本所有权、出资人产权和企业经营权三种不同形式存在。三种权能相互分离，明确权责界限。资本所有权是集体资本投资运营的前提和基础，其终极所有权人为集体，集体经济组织或村经济合作社代表集体行使所有权；出资人产权是出资人代表集体完成集体资本各项使命和目标的权利，主要体现为对集体资本的投资运营权，一般由股份社行使；经营权则是资本所有权和出资人产权得以实现的重要保障。经营权一般由社办企业行使 。资本所有权、出资人产权和企业经营权是集体资本所有权衍生出的三项权能，三者紧密联系、相互依存共同构成一个完整的产权体系。资本所有权不能直接干预出资人产权的行使，而出资人产权要维护企业的经营自主权。同样，资本所有权更不能越过出资人直接干预企业经营权的行使。

一是资本所有权要与出资人产权相分离。在当前的法律环境下，集体的虚无性和所有权权能的可分割性决定了集体不能，也不必行使集体资本所有权的各项权能。集体只能通过授权，将其所有权的部分权能交给具有市场法人地位的主体代其履行出资人职责，并完成集体资本保值增值和社区发展。出资人可以为股份社，也可以为专门成立的资本投资公司和资本运营公司。授权以后，集体和出资人之间就构成了委托代理关系。这样集体获得资本所有权，出资人获得集体资本的投资运营权，集体不能干涉出资人的具体运营管理行为。

二是出资人产权要与企业经营权相分离。作为集体代表的出资人享有的产权包括两个层次：一种是被授权的对集体资本的投资运营权，即出资人的自身法人财产权；第二种是作为出资人对所投企业的股权。出资人与所投企业之间联系的纽带是资本，二者是平行的市场主体。企业享有独立的经营权，在法律框架内，依据章程自主开展经营，出资人不能以出资的名义干预企业的具体经营行为。

三是资本所有权与企业经营权相分离。资本所有权是出资人产权的前提，出资人产权是企业经营权的基础，但资本所有权并不与企业经营权发生直接联系。资本所有权与企业经营权之间的唯一联系纽带是资本。那么，依据资本属性，一方面具有生产要素的属性，另一方面有参与分配的属性。因此，资本所有权获得参与分配的权利，而企业经营权实现生产要素的属性。因此，资本所有权人既不能直接参与出资人的具体投资运营行为，也不能越过出资人直接干预企业的经营行为。

新的集体资产管理体制的建立要求以资本为纽带，实现集体资本所有权权能的三权分置。通过三权分置，集体资本就可以进军多个领域，成为混合所有制经济的重要力量。横向“三分开”与纵向“三分置”都是强调分工基础上的协同，是不同维度确保集体资本所有权、社会属性与战略目标达成的制度保障。在当前的情况下，健全完善法人治理结构必须要求制度创新，而集体资本横向“三分开”与纵向“三分置”提供了一条可行路径。在制度创新的基础上，辅以配套制度的完善，才能真正理顺集体资产管理的关系。

三、相关配套措施

农村集体产权制度改革是一项重大的产权制度创新，需要法律保障、政策支持、政府指导等多方面的配套措施。具体来看，主要有以下五个方面。

一是加快农村集体经济组织立法。通过立法，对农村集体经济组织的名称、概念、成员范围、组织形式、组织机构、经营机制、财务管理、责任财产范围和责任形式、权利、义务等内容，以法律条文的形式做出明确规定。同时，农村集体经济组织成员资格也必须由全国人大制定的法律规定。现阶段条件还不成熟时，可以由各地因地制宜，根据实际情况出台地方性法规或规范性文件，建立成员登记备案制度。待条件成熟后，由全国人大出台原则性的认定标准。

二是科学设置股权规范股权管理。现阶段，集体资产股权设置应以个人股为主，是否设置集体股，要尊重农民群众的选择，由集体经济组织通过公开程序自主决定。但当一些农村完成“村转居”，集体经济组织的社会性负担逐步剥离后，应当逐步取消集体股以达到产权的彻底清晰。集体经济组织还可以探索设置募集股、风险责任股等其他股权类型。有条件的企业或股份社可以面向企业经营管理、专业技术、高技能等三类岗位上的高级人才试行员工持股，同时加快探索建立集体股权有偿退出机制。

三是创新运行管理机制，加快分配制度改革。创新运行管理机制，重点应推进集体所有制企业领导人员去行政化改革，尤其是解决干部之间交叉任职的问题，增加市场选聘比例。应尽快研究出台专门文件，对于改制后的集体经济组织收入分配进行规范，逐步缩小集体福利分配的范围，通过完善激励机制，确保股份制管理人员收入与选任方式、经济效益相匹配，探索采取期股期权、岗位分红、激励基金等中长期激励方式，并健全与激励机制相配套的约束机制。

四是完善财税和信贷支持政策。对新设立的农村集体经济组织，政府应当在一定的期限内给予一定的支持和优惠政策。应该通过政府与社会资本合作、政府购买服务、担保贴息、以奖代补、民办公助、风险补偿等措施，带动金融和社会资本投向农村产权交易，发挥财政资金的引导和杠杆作用。应将财政项目资金向改制后的股份合作社倾斜，并将财政补助形成的资产折股量化到成员。现阶段，建议股份分红暂不征收个人所得税，或者采取“先征后返”的方式用于农村公共服务供给和农村社会事业发展。

五是培育和发展农村集体产权交易市场。农村产权交易市场是构建归属清晰、权责明确、流转顺畅的现代农村产权制度的重要内容。第一，要加快农村集体土地所有权和集体建设用地使用权的确权颁证工作，维护农民和集体对土地的完整权益。第二，要研究集体建设用地同地同价同权的政策机制，加快农村产权交易管理平台建设，确保农村产权流转顺畅。第三，实施征占地留用制度，保障集体经济的发展后劲和农民的长期利益。第四，要积极探索农民宅基地集约化使用方法，创新征地安置补偿模式，确保农民拥有稳定可靠的资产收益。

参考文献：

[1] 黄延信，余葵，师高康，王刚，黎阳，胡顺平，王安琪．对农村集体产权制度改革若干问题的思考［J］．农业经济问题，2014(4): 8-14.

[2] 陈雪原．关于“双刘易斯二元模型”假说的理论与实证分析［J］．中国农村经济，2015(3): 34-43.

[3] 贾春梅，葛杨．农地股份合作制的农民增收效应研究：基于1992—2009年佛山四市（区）的实证分析［J］．南京师大学报（社会科学版），2012(1): 58-65.

[4] 蒋占峰．农地产权制度变革与农民增收［J］．理论学刊，2004(9): 55-58.

[5] 潘长胜．江苏农村社区股份合作制的实践与思考［J］．农业经济问题，2004(11): 43-46.

[6] 陈伯君，邓立新，余梦秋，杜兴端．成都农村土地产权制度改革与农民增收关系的实证分析［J］．探索，2009(3): 93-98.

[7] 刘祥琪．农村集体产权制度股份化改革的障碍因素与对策分析［J］．农业经济，2014(9): 39-40.

[8] 金智青，钱小敏，关元妹．农村集体经济组织产权制度研究——以闵行区改革为例［J］．农业经济，2013(5): 12-14.

[9] 中国社会科学院农村发展研究所“农村集体产权制度改革研究”课题组．关于农村集体产权制度改革的几个理论与政策问题［J］．中国农村经济，2015(2): 4-12.

[10] 黄延信，余葵，师高康，王刚，黎阳，胡顺平，王安琪．对农村集体产权制度改革若干问题的思考［J］．农业经济问题，2014(4):8-14.

[11] 刘尚希．国有资产管理体制改革要实现横向三分开与纵向三分离［J］．改革内参，2015-3-13.

[12] 宋洪远，高强．农村集体产权制度改革轨迹及其困境摆脱［J］．改革，2015(2): 108-114.

[13] 何丕洁．明确农村集体经济组织成员身份认定条件［N］．人民政协报，2015-07-06.

[14] 方志权．农村集体经济组织产权制度改革若干问题［J］．中国农村经济，2014(7):4-14.

[15] 高强．农地确权成果应用的制度基础与实践形式［J］．农村经营管理，2016(8): 18-20.

[16] 高强，张琛．确权确股不确地的理论内涵、制度约束与对策建议——基于广东省珠三角两区一市的案例分析［J］．经济学家，2016(7): 32-40.

[17] 孔祥智，穆娜娜．农村集体产权制度改革对农民增收的影响研究——以六盘水市的“三变”改革为例［J］．新疆农垦经济，2016(6): 1-11.

第 15 章　农业现代化过程中对国际资源和市场的利用

第 1 节　资源禀赋与中国农产品对外贸易[1]

一、资源禀赋理论

20 世纪初瑞典经济学家赫克歇尔和俄林提出了各国生产要素的相对丰裕程度（即资源禀赋状况）是决定国际贸易产生和流向的根本原因，这一表述被称为赫克歇尔——俄林 (H-O) 定理或 (H-O) 模型。该理论可概述为："不同的商品需要不同的生产要素比例，而不同的国家拥有的生产要素比例是不同的。因此，各国在生产那些能够比较密集地利用其较充裕的生产要素的商品时，就必然会有比较利益产生。因此每个国家应该出口能利用其充裕要素的那些商品，以换取那些需要比较密集地使用其稀缺生产要素的进口商品。"[2]

赫克歇尔和俄林认为生产商品需要不同的生产要素，而不仅仅只是劳动力，资本、土地以及其他的生产要素也都在生产中起到了重要的作用，并影响到劳动生产率和生产成本。而且，他们提出，不同的商品需要不同的生产要素的配置来生产，那些需要大量的机器设备和资本投入的产品被称为资本密集型产品，那些需要大量体力劳动来生产的产品，可以称之为劳动密集型产品。由于各国的生产要素的储备比例不同，所以有的国家资本雄厚，而有的国家则是劳动力相对充足所以前者生产资本密集型的产品相对成本较低，而后者生产劳动密集型的成本更具有竞争优势。因此，国际贸易的基础是生产资源配置或要素禀赋上的差别[3]。

资源禀赋是决定中国农产品比较优势，最终决定中国农产品的对外贸易格局的关键性因素。比较优势事实上反映了国家之间由于资源禀赋的差异所导致的产业以及对外贸易结构模式的差异。一国资源禀赋不同，例如，劳动力要素丰裕的国家和土地要素丰裕的国家将会选择不同的劳动密集型产品或者土地密集型产品进行生产和对外贸易。也就是说一国有什么样的资源优势，就会选择什么样的生产，从而确定什么样的贸易模式[4]。

根据比较优势理论，考察一国产品是否具有比较优势，主要考察该国生产该产品所需要的资源禀赋情况。一国的资源禀赋决定其要素丰度，从而决定其要素价格即成本价格。如果用一国某产品生产所需所有要素成本（机会成本）与该种产品的进口价格或者出口价格进行比较，若所需的单位资源成本小于进口或出口价格，则表明，该生产是有比较优势的。因为，以机会成本形式表现的国

[1] 孔祥智. 农业现代化国情教育读本［M］. 北京：中国经济出版社, 2015: 278-284.

[2] 贝蒂尔.奥林. 地区间贸易和国际贸易［M］. 北京：首都经贸大学出版社, 2001: 79-95.

[3] 曹靖. 中国农产品国际贸易二十年变迁及其成长环境研究(1982-2001)［D］. 北京：中国农业大学, 2004: 71-73.

[4] 于爱芝. 中国农产品比较优势与对外贸易结构整合研究［D］. 武汉：华中农业大学, 2002: 20.

内资源成本，即所有国内资源（要素）应该获得的报酬在机会成本等于边界价格时，可以从边界价格中得到实现；如果在机会成本低于边界价格时，则可以从边界价格中得到差额利益，即比较利益。

二、中国农业资源禀赋现状分析

农业生产是人类有意识地利用动植物生长机能以获得生活所必需的食物和其他物质资料的经济活动，它是自然再生产过程和经济再生产过程的交织。消耗资源和利用环境是农业生产的必要条件。农业生产最基本的资源要素是耕地、水、劳动力，这三种农业资源禀赋的富裕程度在很大程度上决定着农业生产和农产品供给。下面将具体分析这三种资源禀赋的现状及变化趋势。

（一）耕地资源的现状及变化趋势

中国人口约占世界总人口的21%，但耕地面积仅占世界的7%[1]。与一些农业生产大国相比，加拿大、美国和澳大利亚等国家不仅在人均耕地水平上（依次为1.463hm^2/人、0.636hm^2/人和2.451hm^2/人）高于中国，而且在劳动力负担耕地水平上（115.051hm^2/人、59.459hm^2/人和108.796hm^2/人）更是远远高于中国，与这些国家相比，中国农业处于土地资源极度稀缺的这样一个资源禀赋约束状态；与日本和印度这样的与中国一样属于土地资源稀缺的国家相比，尽管印度的人均耕地水平（0.16hm^2/人）和劳均耕地（0.609hm^2/人）虽然也不及世界平均水平（分别为0.226hm^2/人和1.033hm^2/人），但却高于中国（分别为0.097hm^2/人和0.242hm^2/人），尤其是日本，其人均耕地水平（0.036hm^2/人）仅为中国的37.1%，但劳动力平均负担耕地（1.631hm^2/人）却是中国的6.74倍。以上情况说明，中国农业生产的土地资源高度稀缺性的特点极为显著[2]。

此外，除耕地资源在国家间不均等分配的固有资源禀赋约束外，中国的城市和工业扩张都需要地理空间，进一步强化了农业生产的土地资源约束。随着经济的发展和城镇化、工业化、现代化的快速推进，农业与非农产业、农村与城镇在耕地和水资源等自然资源方面的竞争将日益激烈。由于农业比较利益低、农业对地方财政收入的贡献低于非农产业，在与非农产业和城镇的耕地争夺战中，农业和农村的弱势地位逐渐凸显，进而导致农业生产的耕地面积减少。由表15-1可知，2010—2015年，我国年末耕地总面积共减少405.7万亩，降幅为1.00%；人均耕地面积虽变化不大（人均下降0.04亩），但呈逐年减少趋势。未来，城镇和农村的各项建设将继续占用耕地，生态退耕和灾害损毁等因素也将减少耕地。我国耕地质量总体偏低，中低产田占三分之二，土壤有机质普遍下降，水土流失、荒漠化、石漠化日趋严重，耕地退化面积已占耕地总面积的40%以上。可利用的天然草原出现退化，中度和重度退化的草场面积占70%左右。《耕地占补平衡考核办法》实施以来，“占多补少”“占优补劣”问题极为突出。因此，在经济高速发展的驱动下，耕地面积在短期内将一直处于下降状态，且耕地质量有进一步下降的趋势，今后中国农业发展的耕地资源约束将会进一步强化。

[1] 张晓松，刘铮等. 写在田野上的壮丽诗篇——新中国“三农”发展成就综述［EB/OL］. 新华网，http://news.xinhuanet.com/politics/2009-08/12/content_11870863.htm, 2009-08-12.

[2] 辛贤. 中国主要农产品的完全生产成本及其对农产品贸易的含义［D］. 北京：中国农业大学，2003: 19-21.

表 15-1　2003—2016 年我国耕地总面积和人均面积变化情况

单位：亿亩；亩 / 人

年份	年末耕地总面积		人均耕地面积	
	面积	比上年增减	面积	比上年增减
2003	18.509	—	1.43	—
2004	18.367	-14.22%	1.41	-1.90%
2005	18.312	-5.42%	1.40	-1.30%
2006	18.266	-4.60%	1.39	-1.00%
2007	18.261	-0.54%	1.38	-0.80%
2008	18.258	-0.30%	1.38	-0.70%
2009	18.258	0	1.37	-0.70%
2010	20.290*	—	1.51	—
2011	20.286	-0.02%	1.51	0.50%
2012	20.274	-0.06%	1.50	0.55%
2013	20.275	0.00%	1.49	0.49%
2014	20.259	-0.08%	1.48	0.60%
2015	20.250	-0.04%	1.47	0.46%
2016	20.238	-0.05%	1.46	0.68%

数据来源：（1）年末耕地面积源自知网《中国经济与社会发展统计数据库》（2003—2016年）；

（2）人均耕地面积根据历年《中国统计年鉴》人口数据计算得到；

（3）*—2010年及以后的耕地数据源自《2015年国土资源公告》。

（二）水资源的现状及变化趋势

中国是个水资源短缺、水旱灾害频繁的国家，人均水资源占有量只有 2200 立方米，仅相当于世界人均水资源占有量的 1/4[1]，是世界 13 个贫水国之一[2]。全国地下水超采面积愈 23 万平方公里，主要分布在华北、西北地区，每年超采量近 160 亿立方米，大部分为农业用水。河北地下水超采面积达到 6.7 万平方公里，其中超过 1000 平方公里的漏斗区就有 7 个[3]，河南地下水超采区总面积达到 4.4 万平方公里，占国土面积的 1/4[4]。部分地区灌溉水井已深至地下数百米的地质承压层，超采的地下水上亿年都难以回补。今后一个时期，我国面临的现实是，既要优先保障基本生态用水，又要满足城镇化、工业化快速发展的用水需求，增加农业灌溉用水的潜力十分有限。此外，由于我国水资源空间分布不均衡，东多西少、南多北少，北方地区耕地面积占 64%，水资源仅占 19%；南方地区耕地面积占 36%，水资源却占 81%。随着粮食生产重心从东南发达地区向干旱缺水的北方地区转移，水资源短缺对粮食生产的影响将愈加突出。预计到 2030 年，农业用水量配置为 4078 亿立方米，农业年用水量增加 374 亿立方米，其中粮食灌溉用水量可微增 5%，明显低于 13 个粮食主产省粮田灌溉用水需要增长 16% 的需求[5]。

[1] 金碚. 资源与环境约束下的中国工业发展［J］. 中国工业经济, 2005(4): 5-14.

[2] 贾大林. 农业用水危机与粮食安全对策［J］. 农业技术经济, 1999(2): 1-5.

[3] 白林. 河北地下水超采危机重重［N］. 中华工商时报, 2014-5-12.

[4] 宋晓东. 河南公布地下水超采信息［N］. 中华工商时报, 2015-4-1.

[5] 来源于水利部相关测算。

2014年全国农业用水总量3870亿立方米，占全国用水总量的63.5%[1]；1997年以来，全国农业用水总量占全部用水总量的比重在60%~70%，总体呈下降趋势。2010年，新增有效灌溉面积163.4万公顷，新增节水灌溉面积197.5万公顷，节水灌溉面积增加幅度大于有效灌溉面积，反映出我国不但加快了水利建设步伐，而且更加注重农业用水方式的转变和水资源的节约。但是，就目前总体而言，其中节水灌溉工程面积约占有效灌溉面积的43.0%，喷灌、微灌面积仅占有效灌溉面积的11.0%[2]，灌溉水有效系数仅0.53，节水灌溉现状不仅难以保证现代农业精耕细灌和高保证率的要求，而且不符合我国水资源短缺和农业高度依赖灌溉的基本国情。据水利部《21世纪中国水供求》预测，2010年中国工业、农业、生活及生态环境总需水量在中等干旱年为6988亿立方米，供水总量6670亿立方米，缺水318亿立方米，自2010年起中国将进入严重缺水期，并于2030年出现缺水高峰[3]。此外，根据中国科学院农业政策研究中心的调查[4]，1995—2005年，井灌区77%的村地下水位都呈现了下降趋势。在下降的村中，年均下降速度为1.02米；甚至于还有14%的村水位下降幅度已经超过了国家警戒线（1.5米/年）。从流域层面来看，水位下降是很多流域面临的普遍问题。

随着城市的不断扩张和工业的发展，城市和工业用水量急剧增加，持续恶化的生态环境的修复也需要更多的生态环境用水，而我国未来可供水量已不会再有过大增长。由此导致，城市和工业用水与农业用水的矛盾越来越尖锐。由于农业比较利益低、农业对地方财政收入的贡献低于非农产业，在与非农产业和城镇的水资源争夺战中，农业和农村的弱势地位逐渐凸显，进而导致农业生产用水将面临更加严峻的挑战。

（三）劳动力资源的现状及变化趋势

劳动力是农业生产的主体，也是影响农业综合生产能力的重要因素之一。2015年，农业劳动力为21919万，占我国劳动力总数的28.3%以上，农业劳动力比重不仅远远高于世界发达国家如美国的2.6%、法国的3.9%，日本的5.3%，也大大高于世界平均水平。经过30多年的改革开放和经济高速增长，目前我国农村劳动力的基本情况是总量依然供大于求，但总供给增速有所放缓，且结构性供求矛盾日益突出。随着非农收入与务农收入比较收益差距的扩大，农村劳动力从事农业生产的机会成本逐年增加，致使越来越多的优秀青壮年农民丧失了务农积极性，进而选择从事非农产业；从事农业生产的劳动力基本上是农村妇女和老人。

表15-2显示了2005—2016年我国农村劳动力供给市场的变化情况。统计数据表明，从劳动力绝对数量的变化角度看，虽然我国农村劳动力总供给量不断增加，但其每年增速总体呈下降之势，而且真正从事农业的劳动力由2005年占总劳动力人数的72.29%下降到2014年的60.06%。与之相反，从事非农业的劳动力比重由27.71%显著升到39.94%。另据有关专家测算目前真正直接从事农业劳动的人口为2.4亿人，其中很大一部分是兼业农户。这说明近10年我国农村劳动力仍然处于大规模地从农业向非农业转移的状态，这一转移使得务农劳动力老龄化问题逐渐突显，并可能对农业生产带来一定隐患，因为如果劳动力要素的投入数量和质量有限，那么农业生产的效率会相应受到限制。

---

[1] 中华人民共和国水利部.2014年中国水资源公报［M］.北京：中国水利水电出版社, 2015: 1-9.

[2] 于文静.水利部：2020年全国农田有效灌溉面积达到10亿亩［EB/OL］. 新华网, http://news.xinhuanet.com/2015-03/22/c_1114721714.htm, 2015-3-22.

[3] 何安华, 楼栋, 孔祥智. 中国农业发展的资源环境约束研究［J］. 农村经济, 2012(2): 3-9.

[4] 曹建民, 王金霞. 井灌区农村地下水水位变动：历史趋势及其影响因素研究［J］. 农业技术经济, 2009(4): 92-98.

表 15-2 2003—2016 年农村劳动力供给变化

单位：万人

年份	农村劳动力总供给		农业劳动力			非农劳动力		
	人数	比上年增长	人数	比上年增长	比重	人数	比上年增长	比重
2005	46258	—	33442	—	72.29%	12816	—	27.71%
2006	45348	-1.97%	31941	-2.57%	70.44%	13407	6.71%	29.56%
2007	44368	-2.16%	30731	-1.66%	69.26%	13637	3.96%	30.74%
2008	43461	-2.04%	29923	-0.60%	68.85%	13538	1.35%	31.15%
2009	42506	-2.20%	28890	-1.28%	67.97%	13616	2.84%	32.03%
2010	41418	-2.56%	27931	-0.78%	67.44%	13487	1.65%	32.56%
2011	40506	-2.20%	26594	-2.64%	65.65%	13912	5.47%	34.35%
2012	39602	-2.23%	25773	-0.87%	65.08%	13829	1.67%	34.92%
2013	38737	-2.18%	24171	-4.12%	62.40%	14566	7.68%	37.60%
2014	37943	-2.05%	22790	-3.74%	60.06%	15153	6.21%	39.94%
2015	37041	-2.38%	21919	-3.82%	59.17%	15122	-0.20%	40.82%
2016	36175	-2.34%	21496	-1.93%	59.42%	14679	-2.93%	40.46%

数据来源：《中国统计年鉴》(2006—2016年)，表中“农村劳动力总供给”指“乡村从业人员数”，“农业劳动力”是指第一产业从业人员数。

从中国的基本国情和农业发展现状来看，现阶段农业资源禀赋的基本特征是耕地资源、水资源短缺而劳动力资源相对富裕但务农劳动力的质量在下降。

三、资源禀赋对中国农产品对外贸易的作用

中国农产品国际贸易的比较优势的显现，是对中国对外贸易格局变迁的另一种表现。通过对中国农产品国际贸易显示性比较优势和相对贸易优势的计算，可以把握中国农产品的基本变动趋势。中国农产品国际贸易的格局变动，是依据比较优势的变化而变化的，但比较优势的计算指标只不过是一种指标的变化，真正能影响和决定比较优势长期的变化趋势的，是隐藏在比较优势背后的农业生产资源禀赋。也是说，农业生产的资源禀赋是影响和决定农产品对外贸易格局的变迁。

在中国农业生产中，与发达国家相比较，中国的农业生产拥有比较丰富的人力资源，而在人均土地和人均资本的拥有量上，却与世界的美、澳、欧、加等国相去甚远。这种要素禀赋的基本构成决定了中国进行农业生产的基本类型，必然是充分利用中国的丰富的农村劳动力资源，进行劳动密集型的农业生产，以求得农业的合理发展。

实行改革开放政策前，农业生产计划和贸易计划均由中央政府控制，那时的农业资源的配置，是以国家计划为主，是在“以粮为纲”的思想下进行的，这导致了中国农业生产的资源配置极不合理，造成了大量资源的浪费。当中国农业转向市场导向时，农业生产格局就发生了向合理配置资源的方向变化，而这种转化的依据便是生产要素禀赋的变化所导致的比较优势的变动。中国生产要素禀赋的变化是导致比较优势改变的主要原因。随着中国经济实现快速发展，农业生产所依赖的土地和水资源数量下降，物质资本和人力资本则实现了快速积累。20 世纪 90 年代以来，中国农产品的出口已逐渐从土地密集型转向劳动密集型这一点适合中国劳动力资源丰富、土地及相关资源稀缺的资源禀赋特征，说明经过改革开放，中国农产品出口已逐步趋于符合比较优势法则，且这一趋势正

进一步得到加强。特别是入世以后，农产品进口结构与中国资源禀赋特征日趋吻合，进口的主要是油料和棉花等土地密集型产品，出口的主要是劳动密集型农产品。这种贸易增长总体上有利于增加农产品有效供给，减缓农业对环境资源的压力。2015 年我国进口谷物 3272 万吨、大豆 8169 万吨、油菜籽 447 万吨、食糖 485 万吨、棉花 176 万吨，食用油八九百万吨，如果将上述进口的农产品折合成土地，它大约相当于 8 亿多亩的播种面积，至少折合成 7 亿亩耕地，相当于使用了 7 亿亩外国耕地[1]；按每亩用水 300 立方米计算，则相当于节约国内农业用水 2100 亿立方米。农产品对外贸易格局正越来越反映其资源禀赋特征，即主要出口畜产品、水产品和蔬菜等高附加值劳动密集型产品，而进口粮棉油糖等土地密集型产品。

第 2 节　加入 WTO 以来中国农产品对外贸易格局的变化[2]

一、加入 WTO 以来中国农产品进出口贸易概况

20 世纪 90 年代以来，我国农产品进出口贸易总额不断扩大，尤其是 2002 年入世以后，进出口贸易总额增长较快（见表 15-3、图 15-1）。1995 年到 2001 年，农产品进出口总额由 268.7 亿美元上升到 279.2 亿美元，年均增幅仅为 0.65%，农产品进出口贸易波动徘徊阶段。2002 年入世后，我国农产品进出口贸易进入快速发展阶段，2014 年达到历史最高峰 1945.8 亿美元，是 2002 年 306.1 亿美元的 6.3 倍，年均增长 44.63%。2015 年我国农产品进出口贸易出现负增长，进出口总额下降到 1877.5 亿美元，比上年下降 3.5%；尽管 2015 年我国农产品进出口贸易总额有所下降，但依然处于世界第三位，出口额世界排名第四，进口额世界排名第二。

我国农产品进出口贸易额下降的主要原因是：受世界宏观经济和农业环境的影响，我国农产品的竞争优势正在被削弱，农产品出口下降；受国内多数农产品生产能力较强、库存水平较高、国内农产品市场消费需求增长缓慢影响，国内对农产品进口需求下降，这两方面的力量共同作用而使得我国农产品贸易总量下降。

在农产品进出口贸易持续增长的同时，我国农产品进出口总额占全国商品进出口总额的比重却在逐年下降，从 2001 年的 5.48% 下降到 2007 年的 3.59%，之后呈现出上升趋势（见图 15-1）。

表 15-3　1995—2015 年我国农产品进出口情况

单位：亿美元，%

年份	商品进出口总额	农产品进出口总额	出口		进口		净进口	
			出口额	增幅	进口额	增幅	净出口额	增幅
1995	2808.6	268.7	146.9	-	121.8	-	-25.0	-
1996	2898.8	251.4	143.0	-2.60	108.3	-11.05	-34.7	38.49
1997	3251.6	250.5	150.5	5.18	100.1	-7.64	-50.4	45.22

[1] 韩长斌. 人民大会堂“展望十三五”系列报告会第二场——农业部韩长斌部长解读农业现代化（演讲全文稿）[EB/OL]. 农村发现网, http://www.crnews.net/323/23046_20160411105218.html, 2016-04-11.

[2] 孔祥智. 农业现代化国情教育读本[M]. 北京：中国经济出版社, 2015: 285-302.

续表

年份	商品进出口总额	农产品进出口总额	出口		进口		净进口	
			出口额	增幅	进口额	增幅	净出口额	增幅
1998	3239.5	222.5	138.9	-7.69	83.7	-16.40	-55.2	9.63
1999	3606.3	218.5	136.0	-2.06	82.4	-1.47	-53.6	-2.95
2000	4742.9	269.4	156.8	15.24	112.7	36.67	-44.1	-17.71
2001	5096.5	279.2	160.7	2.52	118.5	5.18	-42.2	-4.28
2002	6207.7	306.1	181.4	12.86	124.7	5.24	-56.7	34.25
2003	8509.9	402.7	213.0	17.44	189.7	52.13	-23.3	-58.88
2004	11545.5	514.1	233.6	9.67	280.5	47.84	46.8	-301.02
2005	14219.1	563.4	275.6	17.98	287.8	2.61	12.1	-74.08
2006	17604.4	635.7	314.0	13.90	321.7	11.80	7.8	-35.92
2007	21765.7	781.8	369.9	17.81	411.9	28.02	42.0	440.07
2008	25632.6	992.9	405.0	9.49	587.9	42.73	182.9	335.28
2009	2075.4	922.9	395.8	-2.26	527.0	-10.36	131.2	-28.30
2010	29740	1219.6	493.9	24.77	725.7	37.70	231.8	76.72
2011	36418.6	1556.3	607.4	22.99	948.9	30.75	341.4	47.29
2012	38671.2	1756.2	631.9	4.03	1124.4	18.50	492.5	44.23
2013	41589.9	1867.5	678.4	7.36	1189.0	5.75	510.6	3.69
2014	43015.3	1945.8	719.7	6.09	1226.1	3.12	506.4	-0.83
2015	39586.4	1877.5	707.5	-1.71	1170.1	-4.57	462.6	-8.64

资料来源：中国海关总署。

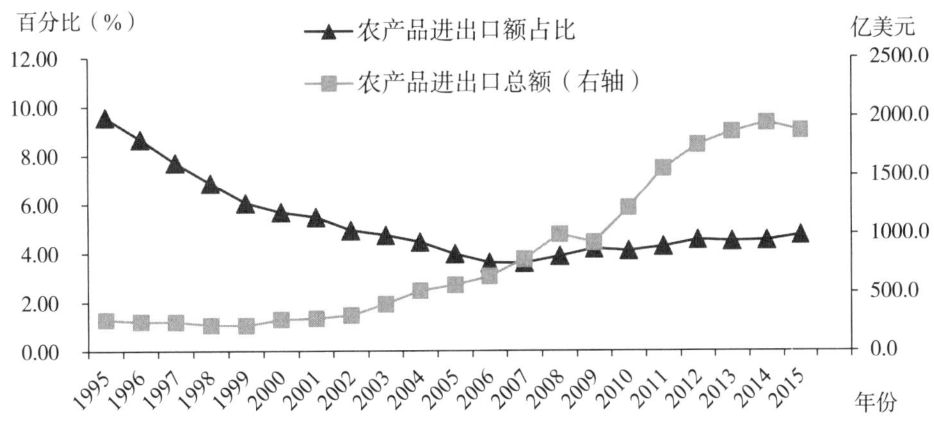

图 15-1　我国农产品进出口总额占商品进出口总额比重

资料来源：根据历年中国统计年鉴、中国海关总署数据计算而得。

同时，我国农产品进出口贸易发生了一个不容忽视的重要变化。由表 15-3 可看出，2000 年至今，我国农产品进口、出口均处于增长态势，但进口增幅显著超过出口增幅。在进出口双增长的情况下，2004 年我国农产品贸易首次出现逆差，由 2003 年的顺差 23.3 亿美元变为逆差 46.8 亿美元，此后我国农产品一直处于贸易逆差状态，经过 2005、2006 年贸易逆差额缩小后，自 2007 年开始至 2015 年，贸易逆差额持续扩大，2015 年贸易逆差额已达 462.6 亿美元，比 2004 年扩大了 8.9 倍，年均增长 80.76%。

二、加入 WTO 以来中国农产品进出口贸易的新变化

（一）农产品进出口结构发生显著变化

1. 土地密集型产品：出口明显下降，进口大幅增长

第一，粮食进口量大幅度增加，出口量大幅度减少。根据近年来我国粮食行情，国内并未出现明显的供需矛盾，粮食大量进口主要是受价格因素的影响。由于美国、加拿大、欧盟等世界粮食主要出口国的农业基础设施条件好、农业补贴高且粮食生产规模大、效率高，其粮食生产成本相对较低，粮食出口价格也较为低廉。而我国农业生产基础设施条件差、农业补贴低且生产规模小、效率低，再加上农资价格、劳动力成本和土地租金连年上涨，为保护种粮农民获得合理收益，国家不断提高最低收购价和临时收储价格，致使国内粮价普遍高于国际粮价，小麦、大豆国内外价格从 2012 年开始持续倒挂，大米和玉米国外价格从 2013 年开始连续倒挂。此外，人民币升值又进一步拉大了国内外粮食价差，近年来全球谷物产量呈上升态势，谷物供给相对宽松，库存消费比不断回升，世界主要粮食作物价格将继续下跌，这一差距又有所扩大。由表 15-4 可看出，2009 年我国玉米、小麦、大米的价格先后出现高于国际价格，并且国内外价差呈现出持续扩大的趋势，2014 年分别高出国际价格 923.9 元 / 吨、451.0 元 / 吨和 318.3 元 / 吨。在价差驱动下，我国粮食进口量明显增加，并呈现出持续增加的趋势。

表 15–4　粮食国内外差价情况

单位：元 / 吨

年份	大米	小麦	玉米	大豆
2008	-2333.9	-610.3	-100.8	52.2
2009	-1031.0	317.5	509.5	698.6
2010	-857.5	466.5	613.7	827.0
2011	-839.7	35.5	236.7	589.9
2012	-120.3	188.9	338.9	994.6
2013	208.8	305.4	532.9	1264.1
2014	318.3	451.0	923.9	1484.0

数据来源：农业部农业贸易促进中心. WTO多哈农业谈判与中国参与研究［R］. 2014(12).

注：价差=中国国内价格-国际离岸价格。

稻米：长期以来，稻米一直是我国的第一大粮食品种。但近年来随着玉米种植面积和产量的不断增加，玉米产量于 2012 年超过稻米，成为我国第一大粮食品种。尽管稻米退居第二位，但稻米在粮食生产和消费中依然居于重要地位。在过去 30 年中，稻谷种植面积占我国粮食总面积的 28.3%，稻谷产量占粮食总产量的 40.9%。2015 年，全国稻谷播种面积为 30215.7 万公顷，单产 459.4 公斤 / 亩，总产量 2.08 亿吨（折合大米 14576 万吨），占世界总量的 31.0%，位居世界第一。

从 20 世纪 90 年代以来，我国大米基本上一直处于净出口状态。从图 15-2 可看出，2004 年我国大米出口量骤减，由 2003 年的 260.5 万吨下降到 89.8 万吨，减少近 2/3，之后逐年呈下降趋势，2015 年大米出口量仅为 28.7 万吨。2012 年大米进口量骤增，由 2011 年的 59.8 万吨上升到 236.9 万吨，增幅达 294%，之后也呈逐年上升趋势，2015 年大米进口再创新高，达 337.7 万吨。总体上看，我国稻米的国际竞争力在减弱，出口量连年下降。

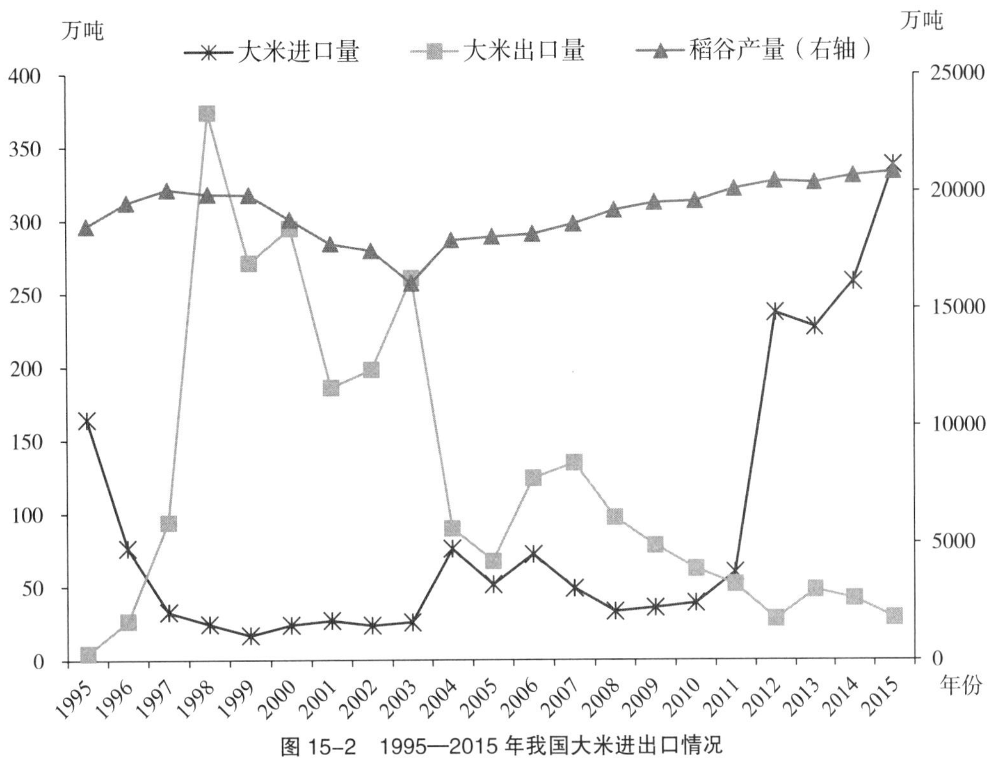

图 15-2　1995—2015 年我国大米进出口情况

资料来源：《中国粮食年鉴》（1996—2016年）。

小麦：我国一直是小麦进口国。从图 15-3 可看出，从 1995—2001 年我国一直是小麦的净进口国，且进口幅度较大，远远超过出口量。仅 2002—2003 年、2006—2008 年小麦出口量大于进口量。2004 年我国小麦进口量骤增，由 2003 年的 44.7 万吨骤增至 725.8 万吨，增量 16 倍，由净出口转变为净进口。2006 年后，我国小麦出口量增加，进口量下降，又转变为净出口状态，并持续至 2008 年。2008 年以后，我国小麦出口量持续增加，进口量则不断下降，2015 年小麦进口量和出口量分别为 300.6 万吨和 12.2 万吨。

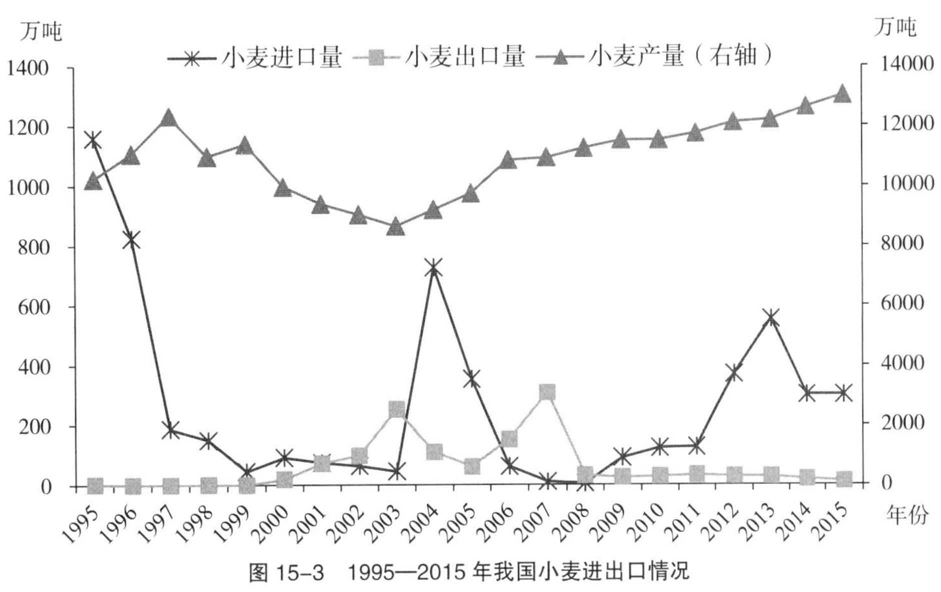

图 15-3　1995—2015 年我国小麦进出口情况

资料来源：《中国粮食年鉴》（1996—2016年）。

玉米：我国是世界第二大玉米生产国和消费国，玉米是我国第一大粮食作物，在粮食生产和消费中占据重要地位，同时又是重要的工业原料和饲料来源。近年来，随着玉米种植收益不断增加，玉米种植面积不断扩大，产量也持续增加（见图 15-4）。2007 年玉米种植面积达 2947.8 万公顷，超过稻谷种植面积 2891.9 万公顷，2012 年玉米产量达 20561.4 万吨，超过稻谷产量 20423.6 万吨，成为我国第一大粮食作物。2015 年玉米产量达 22463.2 万吨。

从图 15-5 中可看出，我国基本上一直是玉米的净出口国，但自 2004 年起，玉米出口量骤减，由 2003 年的 1640.1 万吨下降至 232.4 万吨，出口量减少了 1400 多万吨，将近 90%。2004 年后一直呈下降趋势，2008 年出口量再次骤减，2010 年出口量下降到 12.7 万吨，而进口量骤增，由 2009 年 8.4 万吨上升到 2010 年 157.3 万吨，之后呈现出持续增加的趋势，2015 年玉米进口量达 473 万吨。之所以出现国内玉米产量持续增加，进口量也不断增加的反常现象，主要是因为国内玉米价格高于国际价格，例如，2015 年玉米临时收储价格为 1 元 / 斤，而美国玉米到中国口岸后的完税价格 0.8 元 / 斤。

2016 年我国开始推进玉米价格形成机制改革，按照“市场定价、价补分离”原则，推进玉米临时收储制度改革，玉米价格开始显著下降，由 2015 年 1 元 / 斤下降到 2016 年 10 月 0.8 元 / 斤，玉米价格下降有助于抑制玉米及其替代品进口。此外，2016 年 8 月 19 日，财政部发文《关于恢复玉米深加工产品出口退税率的通知》，自 9 月 1 日起，将玉米淀粉、酒精等玉米深加工产品的增值税出口退税率恢复至 13%，这有助于刺激玉米加工产品的出口。

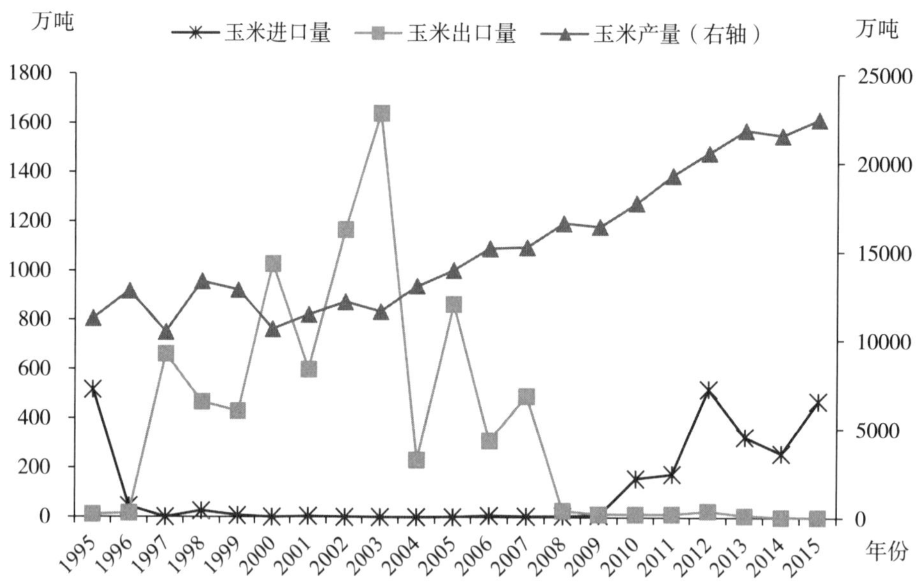

图 15-4　1995—2015 年我国玉米进出口情况

资料来源：《中国粮食年鉴》（1996—2016年）。

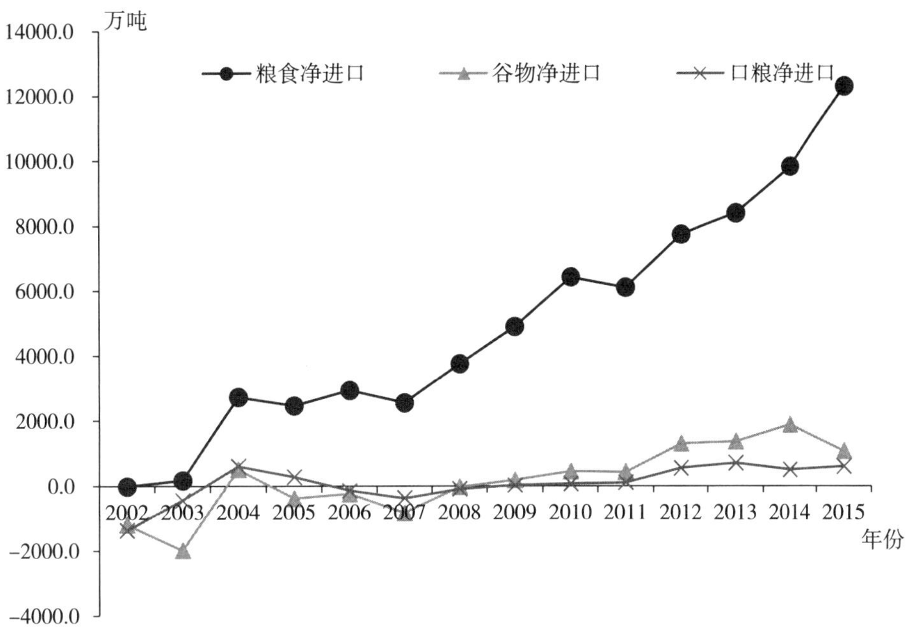

图 15-5　2003—2015 年我国粮食、谷物、口粮净进口情况

数据来源：根据《中国粮食年鉴》（2004—2016年）的数据，计算而得。

总体来看，近年来我国粮食出口明显下降，进口大幅增加，呈净进口格局（见图 15-5）。2015 年粮食净进口 12314 万吨，12 年间增长 72 倍。谷物和口粮自 2009 年开始持续净进口，净进口量呈现不断增长趋势，2015 年谷物和口粮分别净进口 1069 万吨、597 万吨。这与中国的资源禀赋相符，我国土地资源紧张，耕种规模小，粮食作为土地密集型产品，正在逐步丧失国际竞争力，大量出口将越来越困难。在我国粮食连续 12 年增产的情况下，玉米和稻谷出现阶段性供过于求，玉米库存积压严重，而我国粮食出口不力，进口大幅增加，主要是国内外价格倒挂所致。随着粮食价格形成机制的改革，粮食价格逐渐与国际接轨，我国粮食进口量会逐渐减少，尤其是玉米和稻谷进口量会明显下降，玉米出口量可能出现增加。

第二，我国食用油籽出口下降，进口增长，且进口会继续保持在较高水平上；食用植物油进出口均增长，但进口幅度远高于出口幅度。

大豆：大豆是我国重要的油料作物，是豆油和豆粕的加工原料，在中国居民的膳食结构和饲料工业中占据重要地位。大豆是我国最主要的进口农产品，我国大豆消费量的 50% 以上源于进口。20 世纪 90 年代以来，随着我国植物油消费需求的增加和畜牧业的发展，我国大豆需求剧增，产需缺口迅速扩大。1993 年以来，我国大豆的整体供需趋势表现为供不足需，中国大量进口大豆以满足国内需求，1995 年大豆出现净进口。1996 年，由于我国大幅削减大豆及豆粕的关税水平，仅 3%，1996 年大豆进口量大幅增加。至 2003 年，大豆进口数量达 2074 万吨，超过欧盟成为世界最大的大豆进口国。从图 15-6 可看出，我国大豆进口量呈现出持续高速增长的态势。2015 年，我国大豆进口量高达 8169 万吨，是同年国内产量 1179 万吨的 7 倍还多，占世界大豆贸易量的 70%，目前大豆对外依存度已经达到 85%。而我国大豆的出口量较少，基本属于调节性贸易活动。大豆进口的激增，加大了国内食用油市场和饲料市场的不稳定性，不利于我国食用油市场和畜牧业生产的稳定性，我国大豆高度的对外依存度值得关注。

尽管我国大豆产不足需，但在一些年份，国产大豆被大豆加工企业冷落，国产大豆出现“卖豆难"的问题。我国大豆的主要消费途径是豆油和豆粕。目前，全球 90% 的大豆用来榨油，我国油脂加工占大豆加工总量的 90.5%[1]。美国大豆的出油率一般为 19%，而我国大豆的出油率近为 15%，低 4 个百分点。国内的大豆通常从不同农户处收购，品种混杂，质量难以保证。另外，我国大豆生产成本较高，价格比进口大豆高，把进口大豆到岸价同国内大豆批发价做比较，前者仍低 20%。因此，质高价廉的进口大豆在国内市场很受欢迎，国产大豆相比之下缺乏竞争力。

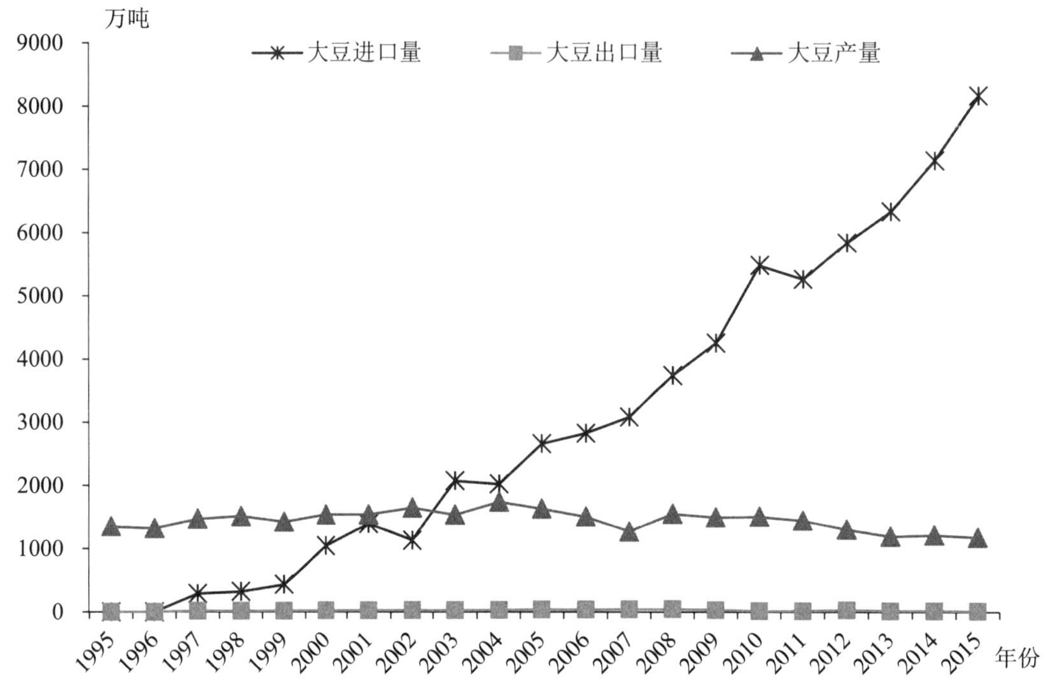

图 15-6　1995—2015 年我国大豆进出口情况

资料来源：《中国粮食年鉴》(1996—2016年)。

我国是大豆生产国中唯一尚未进行转基因大豆商品化生产的国家，在欧盟、日本等国抵制转基因食品的国际贸易环境中处于品质优势。但我国非转基因大豆缺乏认证，而且品质良莠不齐，品质优势并未形成竞争优势。从我国大豆产业的发展来看，根据我国居民特有的膳食结构，对豆油的需求量将呈刚性需求，畜牧业的快速发展也将带动对豆粕需求的持续增长。目前我国大豆单产为 1.6~1.8 吨 / 公顷，仅为美国、巴西、阿根廷等主产国单产水平的 70% 左右。随着我国农田水利设施的建设和品种的改良，我国大豆单产仍有增长潜力，但仍难满足国内消费需求。可以预见，未来的 5~10 年，我国大豆仍将产生巨大的供需缺口，仍保持在 8000 万~9000 万吨，仍将大量依赖进口。

食用植物油：从图 15-7 可看出，我国自 2000 年以来，食用植物油进口量快速增长，2004 年达到小高峰 529 万吨，随后 2005 年进口量略有下降，2006 年又开始快速增长，2012 年达到历史最高峰 845 万吨，随后进口量呈现出下降趋势，2015 年进口量 677 万吨，相比 2012 年减少 168 万吨，但大大高于进口量 14 万吨。食用植物油出口量一直处于低位徘徊。

近年来，食用油籽价格下跌进一步刺激了进口，进口油籽加工扩大产生对食用植物油进口的替代效应，因此，今后植物食用油进口量将呈现下降趋势。

[1] 谭林, 武拉平. 中国大豆需求及供需平衡分析 [J]. 农业经济问题, 2009(11): 98-101.

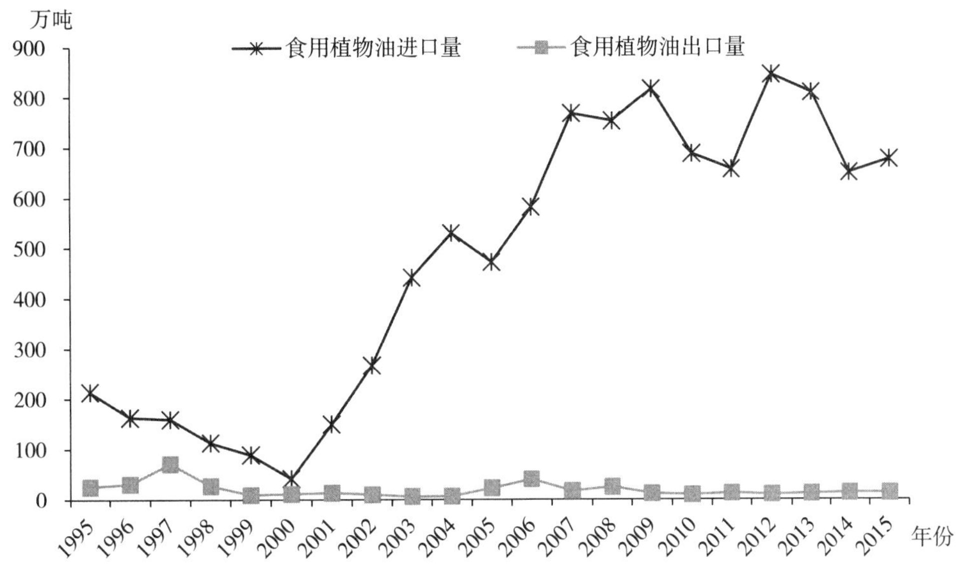

图 15-7　1995—2015 年我国食用植物油进出口情况

资料来源：《中国粮食年鉴》（1996—2016年）。

第三，棉花和食糖均为贸易逆差，棉花逆差有缩小趋势，食糖逆差有扩大趋势。

棉花：棉花是我国第一大经济作物，是纺织品最重要的工业原料。我国棉花自 1999 年来，连续 10 年消费量超过生产量，供需紧张，进口连年增加。我国自 2001 年起成为棉花净进口国，之后进口量大幅上涨。2003 年起，棉花进口量呈井喷式增长。2003 年我国成为世界第一大棉花进口国，2006 年棉花进口量达到历史最高峰 364 万吨，是 2001 年 6 万吨的 60 倍之多，2012 年棉花进口量再创历史新高 513 万吨（见图 15-8），之后棉花进口量呈现下降趋势，棉花贸易逆差呈现缩小态势。

纺织品用棉达棉花消费量的 94% 左右。自 2002 年起我国加入世贸组织以来，我国质优价廉的纺织品大量出口，对棉花的需求量急剧上升，导致国内棉花供不应求，只能大量进口棉花以平衡国内需求。2011—2014 年，我国棉价与国际棉价差距不断拉大，致使我国棉纺企业大量进口棉花，而大部分国产棉进入国储，导致库存消费比不断攀升，出现了产量、进口量、库存量“三量齐增”的反常现象。2011—2013 年，国内外棉价差分别达到 5639 元 / 吨、4411 元 / 吨和 5536 元 / 吨（1 月）[1]。高价差导致我国棉花进口量激增。随着 2014 年我国对棉花实行目标价格改革，国内外棉花价差不断缩小，国内棉花产量和进口量均呈下降趋势。

从图 15-8 中可看出，我国棉花出口量一直在低位徘徊，棉花基本一直处于贸易逆差状态，且逆差呈现出扩大——缩小轮换出现的趋势。2004 年，棉花出口数量由 2003 年的 11.2 万吨骤降至 0.9 万吨，之后便一直在 1 万吨左右徘徊，2014 年我国棉花出口呈现增长趋势，2015 年出口 2.89 万吨。

[1] 张杰.我国棉花产业的困境与出路研究(续)[J].中国棉麻产业经济研究, 2016(1): 20-27.

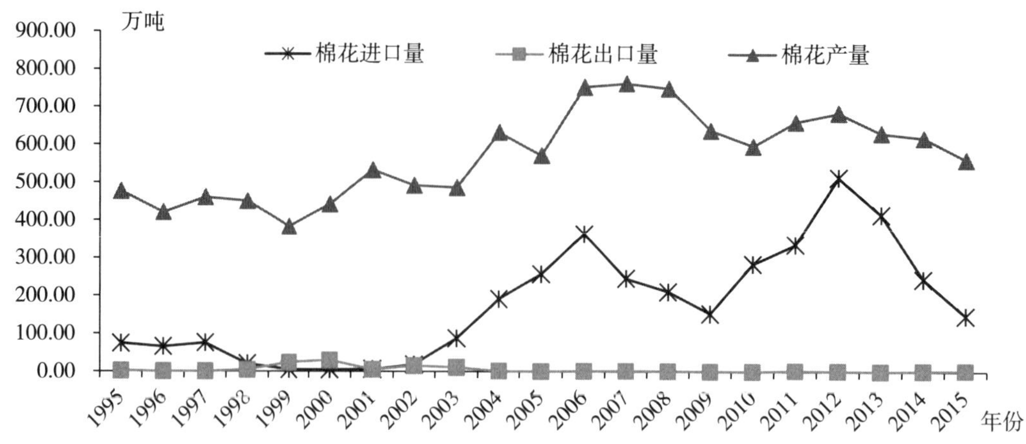

图 15-8　1995—2016 年我国棉花进出口情况

资料来源：中经网。

食糖：我国食糖自 1994 年起便处于贸易逆差状态，每年净进口食糖。从 2003 年开始，食糖进口量大幅增长，贸易逆差额快速扩大，1999 年逆差额仅 5 万吨，2009 年逆差额即上升为 100 万吨，2015 年逆差额达到历史最高峰 477 万吨，相比于 1999 年的逆差额扩大了 95 倍（见图 15-9）。同时，我国食糖出口量自 1993 年起就呈不断下降趋势，2008 年起持续低迷，至 2014 年已下降到历史最低点，仅为 4.6 万吨，相比 1993 年 185 万吨的出口量，其降速不得不说迅猛。近年来食糖之所以出现大幅度进口主要是因为：国内食糖价格持续走低、糖农收益连年下降，造成糖料种植面积大幅缩减，国内食糖产量持续下降，而国内食糖需求却不断增长，国内食糖产需缺口不断扩大，加之国际食糖价格明显低于国内价格，这些因素叠加在一起推动了食糖进口大幅度增加。

用于生产蔗糖的主要农产品是甘蔗和甜菜，二者均属于土地密集型产品，我国糖农种植规模小、效率低，糖价显著高于国际价格，国际竞争力连年下降，因此，我国食糖进口大幅增加，出口大幅减少，贸易逆差连年呈扩大趋势。

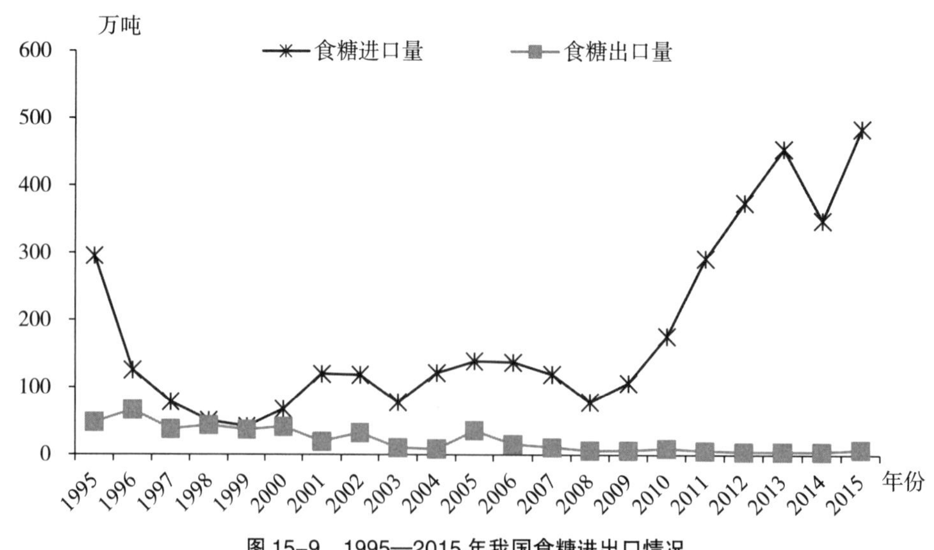

图 15-9　1995—2015 年我国食糖进出口情况

资料来源：中经网。

总的来说，粮食、大豆、棉花、食糖等均属于土地密集型农产品。我国土地资源紧缺，生产规模较小，生产土地密集型农产品不具有国际贸易比较优势。另外，随着化肥、农药、种子、人工成本、土地租金的提高，这些大宗农产品的生产成本不断提高，其在国际市场上的竞争力越来越弱。这些农产品的进口量将不断增加，出口大幅减少。

2. 劳动密集型产品：进出口双增长

第一，蔬菜出口一直保持增长，贸易顺差持续扩大。

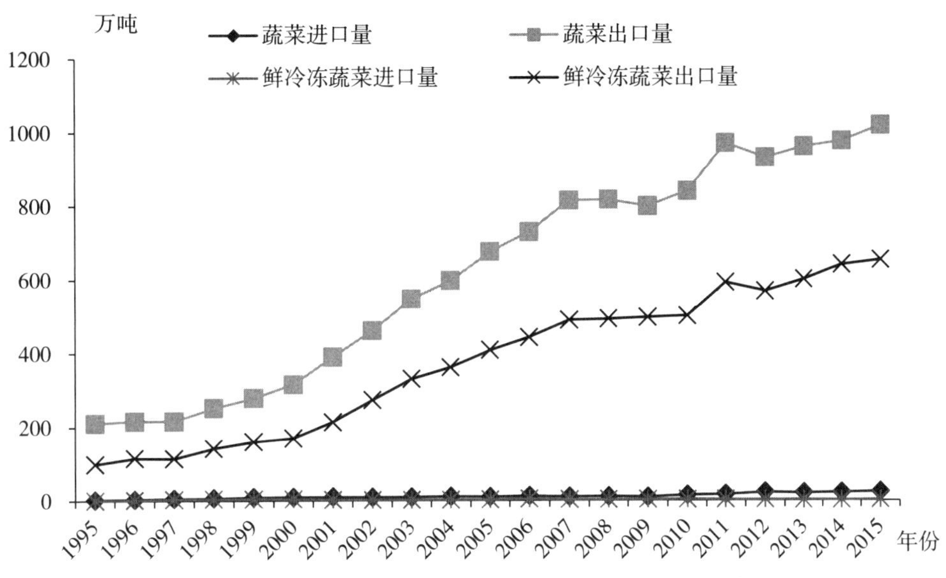

图 15-10　1995—2015 年我国蔬菜、鲜冷冻蔬菜进出口情况

资料来源：农业部贸易促进中心

自 20 世纪 90 年代中期以来，我国蔬菜出口量一直保持增长势头（见图 15-10），尤其是 2000 年后，蔬菜出口量更是连年大幅增长。2001 年蔬菜出口量 390 万吨，比上年增长了近 29%，2008 年蔬菜出口量达到一个小高峰 816 万吨，之后蔬菜出口量在波动中增长，且增速放缓，2015 年我国蔬菜出口量达 1019 万吨，是 2001 年的 2.6 倍。鲜冷冻蔬菜在蔬菜出口量中占了较大份额，约占 60%，我国鲜冷冻蔬菜出口量也保持较快的增长势头，2015 年出口量达到历史最高峰 654 万吨。值得一提的是，随着城乡居民生活消费水平的提高，健康、营养消费知识的宣传，人们对进口蔬菜的消费越来越多，进而拉动了蔬菜进口量增长，2009 年蔬菜进口量仅为 10 万吨，2015 年达到历史最高峰 24 万吨，6 年增长了 2.4 倍。

第二，近年来水果出口持续下降，贸易逆差呈现缩小趋势。

由图 15-11 可看出，我国水果出口可以划分为两个时段。1995—2009 年，我国水果出口一直保持良好的增长势头，尤其是 2002 年我国加入 WTO 后，出口量增长更加迅速。以我国水果中的桔、柑、橙和苹果为例，2002 年后，出口量增长都非常迅速，苹果增长量尤为迅猛，2002 年苹果出口量为 4.3 万吨，2009 年达到历史最高峰 117 万吨，进口量增长将近 3 倍。此外，橘、柑、橙出口量也在 2009 年达到历史最高峰 98 万吨。2010—2015 年，我国水果出口在波动中下降，2015 年苹果出口量下降到 83 万吨，橘、柑、橙出口量下降到 75 万吨，相比 2009 年分别减少 34 万吨和 23 万吨。我国水果出口量下降的根本原因是我国水果价格竞争优势在减弱。我国水果出口很大程度上依靠低成本、低价格优势。但是随着我国人口红利的消失，劳动力成本不断上升，作为劳动密集型产品的水果生产成本刚性增长，价格竞争力被不断削弱，导致出口优势下降。

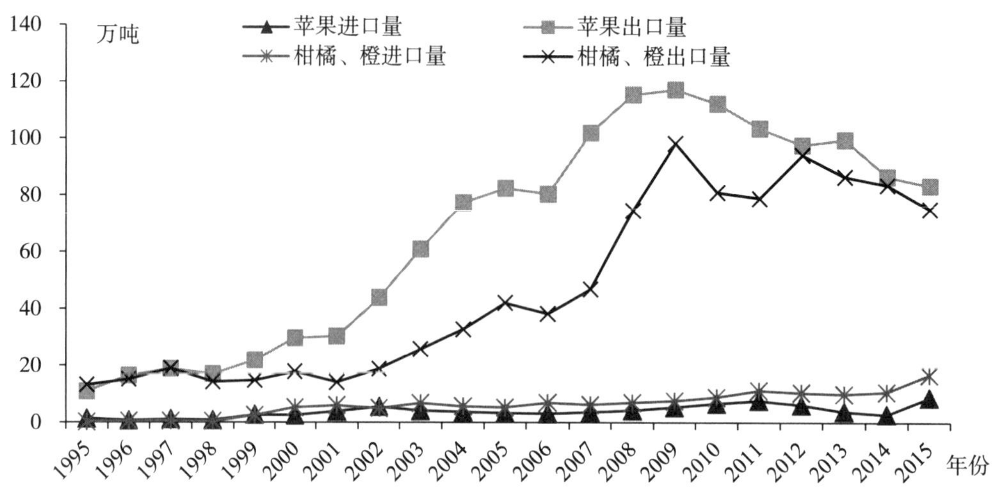

图 15-11　1995—2015 年我国水果进出口情况

资料来源：农业部贸易促进中心。

第三，畜产品进出口数量均有所增长，进口增长幅度远超过出口幅度，处于贸易逆差状态，且贸易逆差额有扩大趋势

从图 15-12 中可看出，我国畜产品自 2003 年起至今，一直处于贸易逆差状态，但进口额和出口额均有所增长，004 年的贸易逆差为 8 亿美元。2005 年畜产品出口 36 亿美元，进口 42.3 亿美元，逆差有所减少。但 2006 年后，我国畜产品贸易逆差额不断扩大，至 2008 年，已达 33.4 亿美元，比 2004 年扩大了 4 倍之多。2009 年以后，我国畜产品进口量急剧增长，2010 年畜产品进口额 965969 万美元，比上年增长 46.4%，2014 年达到历史最高峰 2216149 万美元。

值得一提的是，自 20 世纪 90 年代中期以来，家禽类畜产品基本上一直处于贸易顺差，而且贸易顺差额呈现出先缩小后扩大的特点。2004 年家禽类畜产品出口额和进口额骤减，分别为 65053 万美元和 16839 万美元，与 2003 年相比分别下降 65% 和 24%。这与 2004 年的禽流感疫情暴发关系密切。2005 年家禽类畜产品进出口恢复性反弹，进口额快速增长，并于 2008 年达到历史最高峰 113191 万美元，之后则在波动中下降，2015 年出口额降至 95317 万美元；出口额也出现快速增长，并于 2012 年达到历史最高峰 187385 万美元，之后也不断下降，2015 年进口额降至 164989 万美元。与此相反，我国鲜蛋出口额连年上升，尤其是 2002 年后，出口幅度大幅上升（见图 15-13），并于 2014 年达到历史最高峰 12044 万美元。

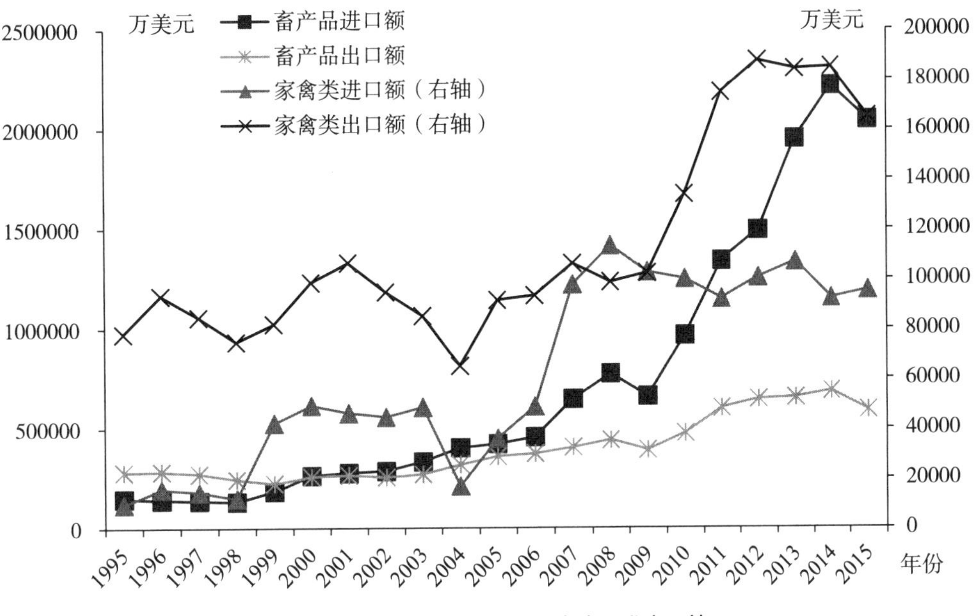

图 15-12　1995—2015 年我国畜产品进出口情况

资料来源：农业部贸易促进中心。

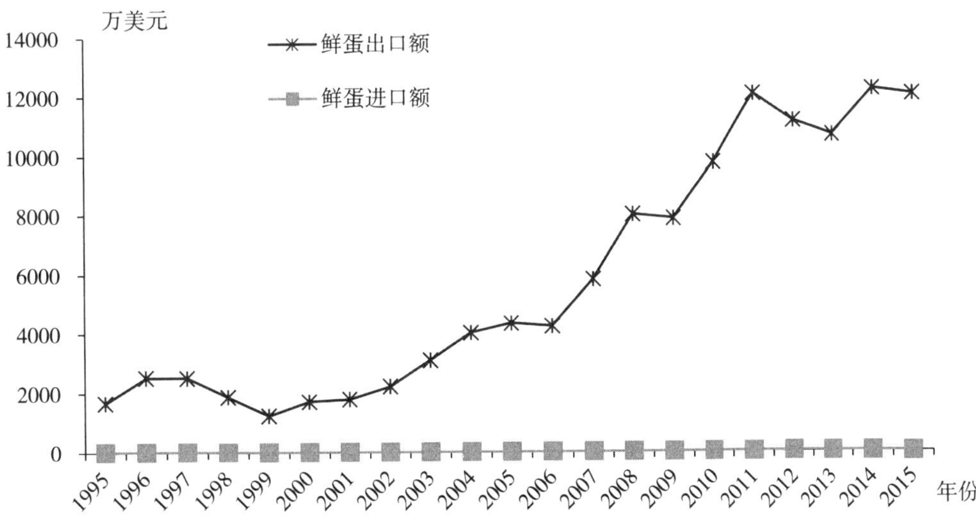

图 15-13　1995-2015 我国鲜蛋进出口情况

资料来源：农业部贸易促进中心。

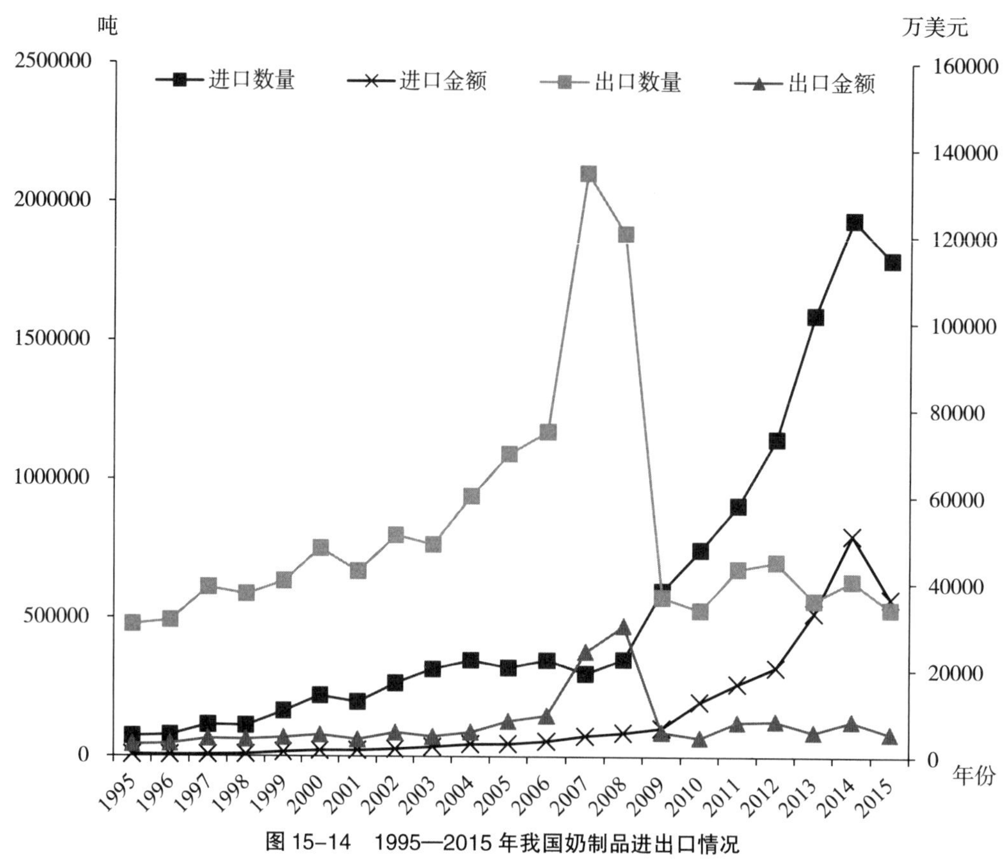

图 15-14　1995—2015 年我国奶制品进出口情况

资料来源：农业部贸易促进中心。

近年来，随着国内奶制品需求持续增长和市场不断开发，奶制品进口快速增加。从 1995 到 2015 年，中国奶制品进口量和金额从 7.2 万吨和 5804.5 万美元增至 179.1 万吨和 569866.1 万美元，分别增加了 23.9 倍和 97.2 倍；出口量和金额则从 3.0 万吨和 2727.9 万美元增至 3.4 万吨和 5364.4 万美元。值得一提的是，2009 年奶制品进出口出现逆差，并且之后一直扩大，2015 年进出口逆差达 175.7 万吨。奶制品进口以奶粉和乳清为主，二者合计占进口总量达到 70%。

第四，水产品出口大幅增长，贸易顺差额继续增大

由图 15-15 可看出，自 20 世纪 90 年代中期以来，我国水海产品出口额一直不断增长，并出现两次快速增长，第一次是 2004 年，比上一年增长 25%，之后快速增长，2007 年速度放缓，这一阶段水海产品成为我国农产品出口中的一大亮点；第二次是 2010 年，比上一年增长 28% 左右，之后以更快的速度增长，于 2014 年达到历史最高峰 2170024 万美元，出口量 416.3 万吨。相比出口，我国水海产品进口额缓慢增长，2014 年达到历史最高峰 919671 万美元，进口量 428.1 万吨。2014 年水海产品贸易顺差高达 125.1 亿美元，是我国第一大顺差农产品。我国水海产品出口已连续 12 年居世界首位，约占世界水海产品贸易总额的 1/10。

受全球经济复苏缓慢、国内养殖和加工成本上升以及人民币汇率变动等因素影响，2015 年我国水海产品进出口从 2014 年的高峰回落，量额双双下降，我国水海产品贸易面临近二十年来最为严峻的形势。2015 年我国水海产品进出口总量 814.15 万吨，进出口总额 293.14 亿美元，同比分别下降 3.59% 和 5.08%。贸易顺差 113.51 亿美元，同比减少 11.61 亿美元。我国水海产品出口竞争优势依然存在，但成本提升、汇率波动、融资困难、结构性产能过剩、同构竞争等问题必须引起高度关注。

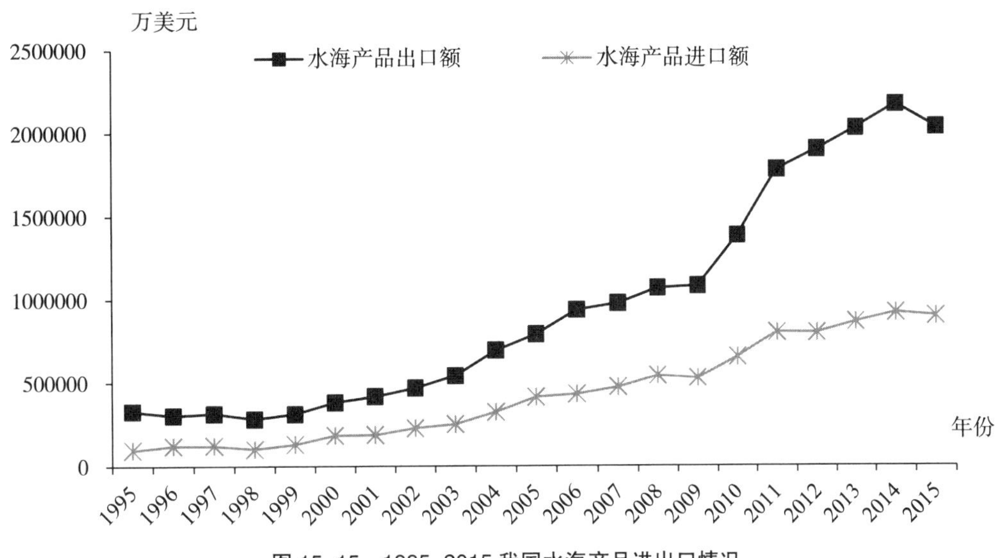

图 15-15　1995-2015 我国水海产品进出口情况

资料来源：农业部贸易促进中心。

综上所述，我国土地密集型农产品的进口大幅增加，基本呈净进口格局。劳动密集型的农产品出口大幅增长，蔬菜、水果、水产品等出口优势明显，贸易顺差额继续扩大。这一贸易结构的变化和我国的资源禀赋是契合的。我国的土地资源紧张，劳动力资源相对丰富，生产粮棉油等土地密集型农产品无比较优势，而蔬菜、水果等劳动密集型产品充分发挥了我国的劳动力资源优势，价格低廉，品质优良，在国际市场上竞争力较强。我国应充分发挥农产品的比较优势，加强特色农产品的出口来促进农产品出口，维持贸易平衡。

（二）进出口市场进一步多元化

2003—2016 年，我国农产品出口市场由以前的亚洲市场占绝对份额发展为亚洲市场为主、美国市场不断扩大、欧洲市场稳定增长的格局。亚洲市场由原来的日、韩两国占绝对主导发展为以东盟、日本和中国香港三足鼎立的格局，分别占农产品出口总额的 18.9%、15.5% 和 12.1%[1]。农产品进口来源地也日益广泛，除欧美市场外，来自亚洲、南美洲、大洋洲和非洲地区的进口不断增加，尤其是欧洲对我国的农产品出口额增长迅速，由 2003 年 21.1 亿美元增长到 2015 年 175.2 亿美元，增长 730%。农产品贸易伙伴量 5 年来明显增多。

从表 15-5 中可看出，亚洲一直是我国第一大出口市场，对亚洲出口额持续增长，市场份额占我国对全球农产品出口总额的比重不断下降。进口方面，2003—2015 年亚洲基本都保持我国农产品第三大进口市场的地位。

对欧洲进出口双增长。欧洲是中国第二大农产品出口市场。我国农产品对欧洲的出口额一直在增长，2015 年上升至 103.8 亿美元，是 2003 年的 3.4 倍。欧洲作为我国农产品进口第三大市场，欧洲对我国的进口额也持续快速增长，2015 年上升至 175.2 亿美元，是 2003 年的 8.3 倍。

从北美洲、南美洲出口幅度略有增加，进口农产品大幅增长。北美洲基本上一直是我国的第一大农产品进口市场，从 2003—2015 年，进口额持续增加，2003 年为 55.6 亿美元，2015 年即快速上升到 303.1 亿美元，是 2003 年 5.5 倍。其中，中国对东盟出口农产品一直在增长，2014 年其在中国

[1] 农业部农产品办公室、农业部农业贸易促进中心.中国农产品贸易发展报告［M］. 北京：中国农业出版社, 2015: 104.

农产品总出口额所占比重达到18.9%，稳居第一位。南美洲作为第二大农产品进口市场，有赶超北美洲之势，进口幅度增长更快，2015年进口额高达312.2亿美元，成为我国第一进口市场。东盟、中国香港、美国等市场份额的增加，对日本市场依赖性的降低，说明我国出口市场结构进一步趋于合理，有利于规避贸易壁垒，降低出口风险。

表 15-5　2003—2015 年我国农产品进出口地区

单位：亿美元

地区	2003	2004	2005	2006	2007	2008	2009	2010	2011	2012	2013	2014	2015
出口额													
亚洲	114.1	109.6	116.3	102.5	100.4	115.9	116.0	131.3	147.6	159.6	181.6	193.2	223.1
欧洲	30.3	33.8	45	55.2	70.1	83.2	72.9	88.7	106.3	100.8	108.0	113.0	103.8
北美洲	22.8	26.2	32.2	42.3	49.4	61.6	57.2	70.8	83.1	87.8	90.0	91.8	90.7
南美洲	2.68	4.03	5.22	8.08	8.9	9.2	7.5	12.0	15.2	16.0	18.3	16.4	15.9
非洲	2.2	1.8	2.2	3.0	4.1	4.6	4.3	4.5	6.5	6.0	6.7	9.0	11.4
大洋洲	0.7	0.7	0.9	0.9	1.0	1.0	1.3	1.6	2.6	3.0	3.4	4.8	6.0
进口额													
亚洲	31.8	25.0	24.2	21.4	20.8	22.7	23.9	27.1	39.8	55.6	57.1	80.2	102.2
欧洲	21.1	25.8	33.8	36.7	45.0	53.5	50.9	69.0	94.9	107.5	131.3	142.5	175.2
北美洲	55.6	91.6	78.9	84.2	104.1	163.2	168.0	218.2	267.9	344.4	328.0	346.4	303.1
南美洲	50.2	66.1	75.3	76.8	115.3	194.6	142.3	194.7	249.9	284.8	328.7	320.2	312.2
非洲	2.1	2.0	2.5	1.1	1.1	1.9	1.9	2.8	5.2	9.3	10.8	12.1	9.4
大洋洲	10.3	17.0	12.6	9.2	11.3	17.0	17.2	18.4	17.7	32.2	31.2	30.8	35.0

资料来源：中国商务部。

三、我国农产品进出口格局展望

今后，我国将更加注重农业资源环境保护，更加注重统筹利用国内外“两种资源、两个市场”，在农产品国内外消费较速增长并日益多样化的需求拉动下，农产品进出口贸易将保持稳定增长态势。特别是随着中国与东盟、新加坡、新西兰、巴基斯坦、智利、瑞士、韩国、秘鲁和澳大利亚等一系列多双边自贸区及“一带一路”建设的快速推进，国内农业发展与全球农业的互动融合将明显加强。油料、水果、肉类、乳制品等农产品进口过来源也将从传统的美洲、澳洲、东南亚国家逐步扩展到中亚、澳洲和欧洲国家，呈现品种、来源“双增”的格局。此外，随着中国人民生活水平的提高，消费能力增强，购买优质的进口水果、食品的强大需求也将带动进口的迅速增长。我国农产品贸易逆差常态化现象，说明我国农产品供求存在较大缺口，并且已经形成对国际市场较大程度的依赖，特别是资源密集型农产品表现尤为突出。

由图15-16可知，2004年我国农产品首次出现贸易逆差，2005年、2006年逆差额逐步回缩，2007年之后农产品贸易逆差迅速扩大，于2013年达到历史最高峰510.6亿美元。这与我国整体的贸易顺差不同，我国农产品已连续12年处于贸易逆差状态，我国的农产品贸易逆差是基于进出口都在迅速增长，但进口增速远超过出口增速的基础上形成的。但是，2014年我国农产品进口增速慢于出口增速，农产品贸易逆差开始缩小，2015年农产品进出口均出现负增长，且进口负增长更快，农产品贸易逆差进一步缩小。但是从长远来看，受我国资源环境约束，农产品贸易逆差将成为常态，而且逆差额有可能呈扩大趋势。

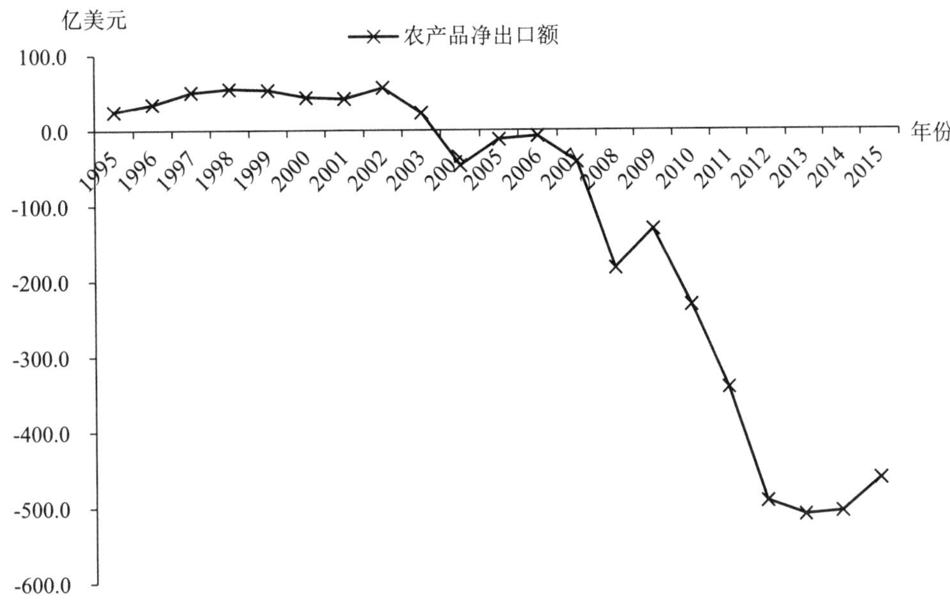

图 15-16　1995—2015 年我国农产品净出口情况

资料来源：中国海关总署。

农产品贸易逆差状态是我国农业资源刚性约束矛盾的突出表现。随着经济的发展，城乡居民生活水平的提高，我国对农产品的需求将不断扩张，对加工产品的需求越来越多样化，尤其是优质农副产品需求将持续增长。而同时，从中长期角度看，今后稳定和增加主要农产品供给的难度将会不断加大：随着工业化、城镇化的加快推进，大宗农产品增加供给的难度更大；主要农产品市场价格经常大涨大落，种植的风险明显增加。另外，我国农业生产规模小、综合效益不高、国际竞争力不强难以在短期内解决，出口额将继续低迷，所以未来一段时间内我国贸易逆差将成为常态。

随着 WTO 多哈回合谈判渐入尾声，我国与有关国家和地区对双边贸易协定的有效实施和谈判的积极推进，以及“一带一路”倡议的纵深推进，国内外农业互动融合发展的不断加强，我国农产品贸易总量仍将保持快速增长。尤其是随着我国及世界经济复苏，农产品贸易面临更好的国际环境。主要农产品未来的进出口走势如下。

第一，我国的劳动密集型农产品，尤其是蔬菜、水果、水海产品等在未来一段时间内在国际市场上仍然具有明显的价格优势，国际竞争力较强，市场前景看好。目前，我国主要产品的成本和价格仍低于目标市场。因此，劳动密集型产品在未来一段时期内出口将继续增长，贸易顺差额会继续扩大。随着我国一系列对外贸易协定的实施和对外贸易环境的改善，“一带一路”和农业“走出去”的加快推进，国内蔬菜、水果品牌化、标准化的发展和整体质量水平的提高，我国蔬菜、水果的国际竞争力将持续提升，这将有力地推动蔬菜、水果及制成品出口增长；城乡居民收入水平提高和对高品质、多元化蔬菜、水果需求的增加也将推动蔬菜、水果进口增长，因此，未来蔬菜、水果及制成品进出口量会持续增长。由于全球经济复苏乏力，加之国内加工成本不断上升，部分加工企业向周边国家转移，我国水海产品进出口面临巨大的下行压力，因此，未来我国水海产品进出口将出现先减后增，净进口量不断增加。

第二，粮食、棉花、油料和食糖等土地密集型农产品进口将进一步增加。近年来，我国大力扶持粮食生产，实施粮食直补、提高最低收购价格和临时收储价格等，我国粮食生产已实现“十二”连增，玉米、水稻出现阶段性供大于求，库存消费比持续上升，粮食供求比较宽松。随着我国粮食价格形成机制改革不断深入，国内外粮食价差将逐步缩小，粮食进口量将有所减少。但从长期看，随着我国人口不断增长，工业化、城镇化深入推进，城乡居民食物消费结构升级，以及粮食用途多元化及其工业用粮增多等因素影响，我国粮食供求将处于紧平衡状态。因此，未来我国粮食进口量将进一步增加。短期看，为消化超过1000万吨的棉花库存，我国棉花进口量将有所下降，但从长期看，国内棉花生产总量有下滑趋势，部分纺织企业对进口棉花有一定需求，未来棉花进口量又会出现增长态势。随着我国人民生活水平的提高，膳食结构不断调整，对蛋白质、植物油的消费需求进一步增长，而我国大豆将继续出现产需缺口，因此，大豆和植物油进口量继续保持高位，但增速进一步放缓。由于国内食糖生产不能满足国内日益增长的消费需求，因此，对食糖进口存在刚性需求，加之国内外价差的客观存在，我国将长期面临较大的食糖进口压力，综合以上因素，未来我国食糖进口规模将不断扩大。

第三，畜产品将长期处于逆差状态，进口量将保持稳定增长。尽管猪肉消费需求增速放缓，但受猪肉产量下降和国内外猪肉价差的影响，猪肉进口量将稳中有增，而猪肉出口量将保持稳定。受国际经济环境、国内消费需求等因素影响，我国禽肉进口规模相对稳定，年均增速比较缓慢；随着我国畜禽产业绿色化、品牌化、全产业链发展，我国畜禽产品仍具有市场开拓潜力，禽肉出口将小幅增加。随着中澳自贸协定降税政策的推进、进口来源国的恢复和扩展、“一带一路”倡议的实施，越来越多的牛羊肉将进入我国，进口牛羊肉将成为常态[1]。预计未来，我国禽蛋贸易以出口为主，但随着冷链储存、运输技术发展，蛋品加工业的发展，禽蛋出口市场结构有望进一步拓展、丰富。

综上所述，自20世纪90年代以来，我国的农产品国际贸易状况发生了日新月异的变化，尤其是2004年后我国农产品贸易由顺差转为逆差，更是深刻地影响着我国经济的运行。未来我国如何提高农产品国际竞争力，保障粮食安全、农业产业安全，降低对外依存度，保障国民经济的健康稳定运行，仍是十分重要的战略性问题。受国内奶制品需求提升和国内外价差的双重驱动，中国奶制品进口仍将增加，其中鲜奶、乳酪和奶粉预计成为进口增长加快的奶制品。

第3节　中国农产品对外贸易发展战略[2]

一、中国农产品对外贸易面临的新形势

受国内资源约束、农业生产效益低、全球气候变暖、生物质能源发展、贸易自由化程度提高等因素的影响，中国农业贸易发展受到了严峻挑战。

（一）国内资源约束愈加明显，保障有效供给任务越来越艰巨

中国人口众多，以土地资源和水资源为主的农业资源人均占有量严重不足，经济的快速发展使

[1] 曲春红，司智陟. 各路资本布局肉牛产业提质降本是关键［N］. 农民日报，2016-6-26.

[2] 孔祥智. 农业现代化国情教育读本［M］. 北京：中国经济出版社，2015: 302-310.

本来就比较紧张的中国农产品供给面临更多的约束。从耕地资源看，中国耕地面积已从2010年的20.29亿亩减少到2015年20.25亿亩，平均每年净减少81万亩，而且仍将继续减少，目前人均耕地面积只有世界平均水平的40%。从水资源看，中国人均水资源仅为2300立方米，为世界平均水平的1/4，是全球13个水资源最贫乏的国家之一，越来越多的地区农业发展开始受到缺水的制约。从劳动力资源看，中国农业劳动力成本也出现了快速上升趋势，据调查，在粮棉主产区打短工的日工资水平已由2003年的15~20元/天上升到2015年的60~80元/天。

从需求看，中国对农产品的需求将呈刚性增长，据预测[1]，到2020年，中国谷物需求将达到49623万吨，年均增长1076万吨；食用植物油需求增至3239万吨，年均增长18万吨；食糖需求增至1666万吨，年均增长31万吨；奶制品需求量将达到5661万吨，年均增长150万吨；猪肉需求量增至6335万吨，年均增长67万吨；牛羊肉需求量增至823万吨和537万吨，年均增长23万吨和14万吨。

可以看出，随着水、土以及劳动力等基本资源约束的不断加强，立足国内保障中国主要农产品的供应难度也越来越大。

（二）农业生产效益仍然偏低，农民增收难度不断增加

中国农产品市场开放后面临的竞争主要来自美国、澳大利亚、加拿大、巴西、阿根廷等农产品出口大国，与之强大的资源优势相比，中国农业经营规模小，生产效益较低。中国家户的平均经营规模仅0.5公顷，而美国、澳大利亚、加拿大、巴西、阿根廷的农场规模通常为100~500公顷。生产成本方面，除了农村劳动力价格、土地租金快速上涨外，近年来国内生产资料价格的大幅度上涨也弱化了惠农政策的实效，进一步降低了农业生产效益，减少了农民收入。价格方面，随着我国棉花、大豆实行目标价格改革，粮食价格形成机制改革深入推进，大宗农产品取消临时收储政策，我国大宗农产品的价格大幅下降，逐渐与国际市场接轨，农民收益受到严重影响，中国农民收入的40%以上来源于农业收入，因此未来中国农民收入增长的难度将不断加大。

（三）非传统因素不断增加，国际市场波动愈加频繁

在当前形势下，国际农产品贸易不仅受传统的市场供需因素影响，而且还受到气候变化、技术壁垒、石油价格、生物质能源、国际投机资本等许多非传统因素的重要影响，这些非传统因素极大地增加了国际农产品贸易的不确定性。全球气候变暖会增加水资源紧缺的风险，还会导致自然灾害频繁发生或灾害程度加重及农业生产资源缩减，使得未来农业生产发展面临极大的不确定性，甚至可能造成灾难性后果；食品安全标准的不断提升和技术壁垒的不断升级将成为阻碍农产品贸易的重大障碍；在2008年爆发的粮食危机中，石油矿物能源价格的大起大落通过化肥、农药、农膜等农业生产资料生产及农产品运输的直接作用对国际粮食市场造成了巨大而显著的影响；生物质能源的发展不仅增加了对农产品的非传统需求，而且打通了农产品市场与能源市场的分隔使其密切关联，石油价格的频繁波动对一些玉米、大豆、食糖和油菜籽等农产品价格影响越来越大；金融投机资本在农产品和能源两个市场上的大进大出也成为农产品价格大幅波动的重要因素。这些非传统因素的出现和对国际农产品市场主导作用的增强大大增加了国际农产品市场的变数和不确定性，中国农产品贸易将面临更多的挑战。

[1] 农业部市场专家咨询委员会. 中国农业展望报告（2016—2025）[M]. 北京：中国农业科学技术出版社, 2016: 194-198.

图 15-17　2011 年 12 月—2015 年 12 月国内外小麦价格月度变化情况

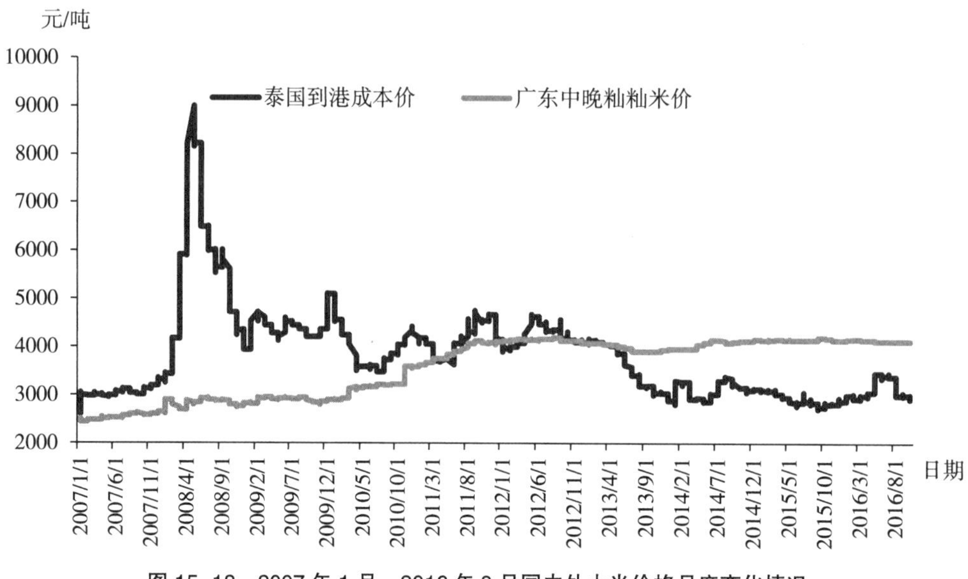

图 15-18　2007 年 1 月—2016 年 8 月国内外大米价格月度变化情况

图 15-19　2010 年 1 月—2016 年 8 月国内外玉米价格月度变化情况

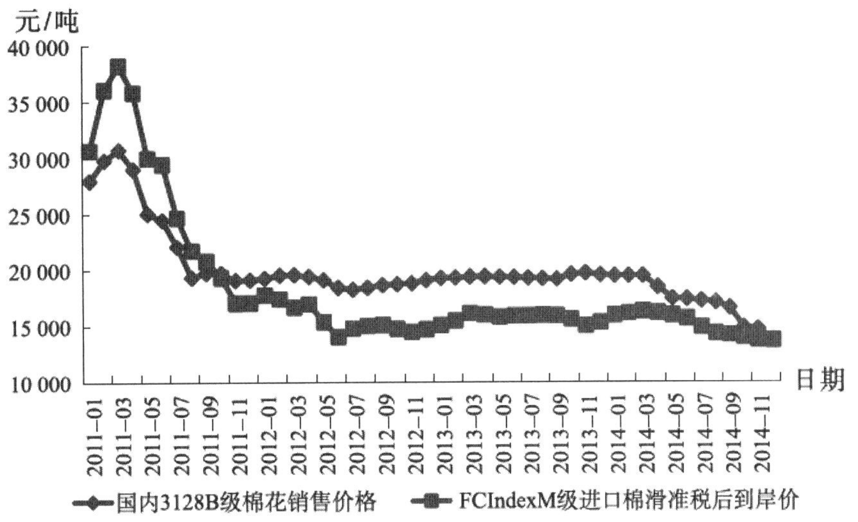

图 15-20　2011 年 1 月—2014 年 11 月国内外棉花价格月度变化情况

注：由于采用滑准税政策，国内外棉花价格变化也呈高度关联。

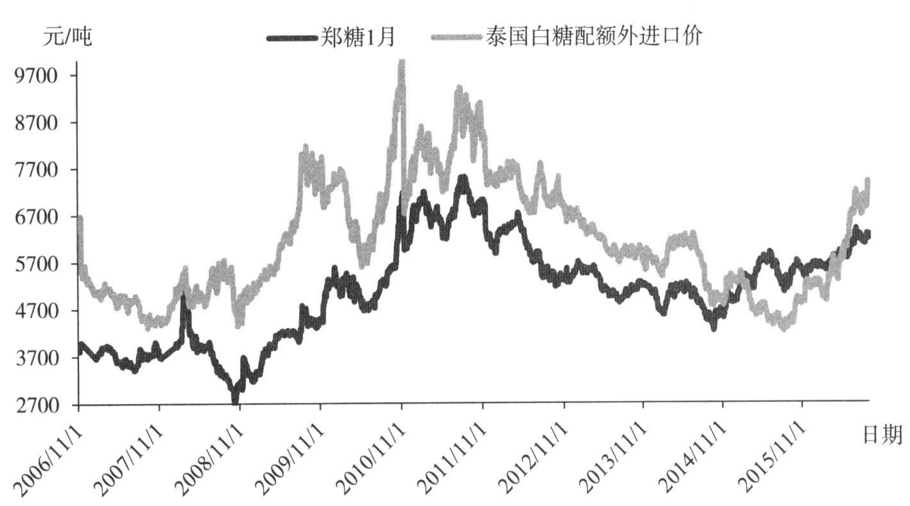

图 15-21　2006—2015 年国内外白糖价格月度变化情况

注：中国白糖还是具备一点优势的加之有关税配额保护，国际白糖进入国内后价格还是略高一些。

（四）短期内贸易保护主义抬头，长期来看贸易自由化程度将不断提高

随着金融危机的蔓延以及世界农产品市场供求形势发生变化，为了稳定国内农业生产和市场，各国纷纷出台了提高关税、增加补贴等具有贸易保护性质的政策措施，国际贸易保护主义明显加剧，在短期内影响了中国农产品出口贸易发展。但长期来看，和平、发展、合作仍是当今时代的主流，经济全球化和区域经济一体化的趋势不可逆转，世界农产品贸易自由化程度将进一步提高。特别是我国积极推进自贸区和“一带一路”建设，先后与东盟、智利、巴基斯坦、新西兰、新加坡、秘鲁、哥斯达黎加、冰岛、瑞士、韩国、澳大利亚等国双边 / 区域自贸协定，由于自由贸易区的市场准入条件比 WTO 多边贸易体制更为优惠，市场开放程度更高。2010 年 1 月，中国—东盟自贸区如期全面建成，双方对超过 90% 的产品实行零关税，中国对东盟平均关税从 9.8% 降到 0.1%，东盟六个老

成员国对中国的平均关税从 12.8% 降到 0.6%[1]。关税水平大幅降低有力推动了双边贸易快速增长。

二、促进中国农产品对外贸易发展的战略举措

十八届五中全会提出，奉行互利共赢的开放战略，发展更高层次的开放型经济。这就要求我们既要顺应农村改革发展的必然要求和世界农业发展的必然趋势，坚定不移地推进农业对外开放，充分利用两个市场、两种资源，不断拓展开放的广度和深度；又要在开放中注意趋利避害，加强政策调控，加强对农业的合理保护，更加有效地利用国际市场和资源，确保农业产业和农产品贸易的健康、稳定、可持续发展。具体而言，农业对外开放要努力实现如下目标。

一是保护农业产业安全。在进口满足国内需求和合理利用外资的同时，保证国内产业健康发展，防止行业主导权的丧失，防范化解产业风险。二是转变贸易发展方式。转变过度依赖低成本低效益的数量速度型贸易增长，牢牢把握我国农业的比较优势，扩大优势农产品参与国际竞争，合理调整进出口结构，为充分利用世界市场创造有利条件。三是增创国际竞争优势。在世界范围内配置农业资源，提高农业综合生产能力和产业化水平，促进结构优化升级，改善农产品的品种和质量，全面提升农业国际竞争力。四是保护好农业政策和产业升级空间。通过积极参加国际磋商谈判，施加影响，争取农业支持调控和扩大贸易的空间，充分运用国际规则维护自身利益。贯彻互利共赢的开放战略，统筹好农业对外开放与国内农业农村经济发展两个大局。

为完成上述任务目标，应采取以下几项重要措施。

（一）加强对农产品出口企业的财税金融政策扶持

一是全面提高农产品出口退税率。在已出台相关政策的基础上，将农产品出口退税率上调的范围由深加工农产品扩大到初级农产品，将退税率由部分上调提高到“全征全退”，帮助企业降低出口成本、缓解出口困境。

二是提升农产品贸易便利化水平。改善出口农产品的物流条件，提高通关速度，降低出口成本。对通过质量体系和环境认证，质量好、守信誉的农产品出口企业，简化检验检疫程序。继续减免农产品出口检验检疫费。

三是加大政策性金融支持力度。研究制定对农产品出口提供政策性金融扶持的具体办法，加大对农产品出口的信贷支持力度。继续完善农产品出口政策性保险制度，探索出口信用保险与农业保险相结合的风险防范机制。扩大农产品出口信用保险的承保范围，有效提高企业投保比率，增强农产品出口企业的风险防范能力。

四是扩大国家外贸发展基金对农产品出口企业支持份额。每年在中央外贸发展基金中安排一定比例，作为农产品出口发展基金，专门用于支持扩大农出口。适度扩大农产品外贸发展基金规模，重点支持中小企业开拓国际市场和培育出口品牌。

（二）进一步强化农产品贸易促进和信息服务

一是强化政府对优势农产品营销促销的支持力度。通过建立财政专项，对农产品出口企业开展品牌建设和开展国内外产品质量认证等给予补贴。进一步加大对企业和行业组织开展多种形式的产

[1] 背景资料：中国—东盟自由贸易区［EB/OL］. 新华网，http://news.xinhuanet.com/world/2013-10/09/c_117641113.htm, 2013-10-09.

品推介和市场营销活动的支持力度。引导企业实施出口市场多元化战略，积极开拓新兴市场。

二是加强国际市场监测和完善贸易信息服务体系。加强对重点国家、重点市场、重点品种的农产品贸易情况监测，做好国际市场价格、贸易形势以及国外贸易政策等动态信息的收集整理，为企业提供农产品贸易指南、月报等公共信息。积极跟踪了解国外农产品质量法规、技术标准等信息，及时向出口企业通报相关国家的疫病疫情、质量卫生标准、检验检疫措施、贸易摩擦等动态情况。鼓励和指导地方、行业组织和专业机构，开展区域性农产品信息咨询服务，逐步构建多层次、一体化的农产品进出口信息服务体系，为企业经营提供参考。

（三）强化农业贸易谈判、产业安全预警和贸易救济工作

一是做好多双边贸易谈判，保有必要的政策调控空间。强化多双边农业贸易谈判和贸易规则制定参与力度，始终坚持把农业作为保护的重点，在争取优势农产品出口准入机会的同时，维护好中国非常有限的国内支持和贸易调控政策空间。在WTO多边谈判中，力争中国农产品特别是关系国计民生的大宗重要农产品不做减让或只做象征性减让。在自贸区谈判中，按照互利互惠互补的原则，借鉴其他国家自贸区谈判农业处理的做法和经验，寻求对重点大宗产品特殊、灵活的解决办法。继续加强与主要国际农业机构的合作，广泛参与涉农国际谈判和协作，争取对我有利的国际规则。

二是加强对主要农产品产业安全的监测和预警，提高调控水平。要加强部门间的配合，完善中国农产品监测预警系统，充分发挥农业部市场预警专家咨询委员会的作用，重点对粮棉油糖等国际竞争力弱、进口压力明显的大宗农产品的国内外价差和供需走势密切跟踪，及时分析、研判、预警并制订相应应急预案，为复杂形势下中国农业产业健康发展保驾护航。

三是加快农业贸易救济体系建设，妥善应对贸易摩擦。建立健全农业贸易争端解决和贸易救济的专门机构、队伍和体系。完善农业产业损害监测预警体系建设，加强农产品进口的跟踪预警，开展产业损害调查和国外贸易壁垒调查等所需的基础性工作，有效利用反倾销、反补贴、保障措施等合法手段，及时实施贸易救济，特别要总结我国对美国白羽肉鸡产品发起的“双反”调查经验，妥善应对与国外贸易摩擦。运用多边机制、新闻宣传、外交磋商等多种渠道反击歧视性贸易保护措施，维护中国农产品出口利益。

四是高度重视和充分利用各种技术手段，保护国内产业与食品安全。大力加强技术性标准以及相关法律法规的研究和制定，为合理运用技术手段调控农产品贸易奠定科学的法律基础。加强技术手段应用的部门协调，扩大相关领域国际交流合作，积极参与国际技术标准和技术规则制定。加强对大豆、棉花、乳制品、禽杂等重点进口农产品的质量监控和检验检疫，运用合法手段保护国内产业。

（四）加强国内价格政策、贸易政策、国内支持和补贴政策的紧密衔接

在总结棉花、大豆目标价格改革经验的基础上，积极推进粮食价格形成机制改革，要充分考虑国内市场调控与相关进口政策的紧密衔接，促进大宗农产品价格与国际市场接轨，有效阻挡粮食及替代品进口，理顺粮食产业上下游价格关系，促进我国粮食产业经济健康发展。此外，我国要充分利用黄箱政策，加大对种粮农民的直接补贴力度，确保农民获得合理种粮收益。

（五）全面提升中国农产品的国际竞争能力

一是不断提高中国农业科技自主创新能力。农业国际竞争的核心和焦点是农业科技竞争。要通过深化体制机制改革以及大力增加投入不断提高中国农业科技自主创新能力，降低农业生产成本，

提高农业资源利用效率，从根本上提高中国农业综合生产能力。

二是逐步完善与农产品市场开放水平相适应的农业支持保护体系。按照制度化、法律化和规范化要求，充分利用国际贸易规则赋予的权利，进一步健全完善农业支持保护政策体系；争取投入、补贴、金融、价格、税收等多方面政策向农业和农村重点倾斜；在农产品市场开放过程中逐步建立对受影响较大的产区、产业和生产经营者的利益补偿机制。

三是高度重视和不断提升农产品质量安全水平。加强出口示范基地建设，推行农业标准化生产，推进出口农产品质量追溯体系建设，从根本上提高农产品质量安全水平，突破进口国的贸易壁垒。强化监管能力，加快出口农产品质量安全监管体系建设，建立健全农产品质量安全检验检测体系，不断提高农产品质量安全执法能力和水平。

第4节 “一带一路”与农业“走出去”

1992年邓小平南方谈话后，我国进入改革开放深化时期，对外贸易政策进行深入调整，在吸引外资、扩大出口的同时，提出了“走出去”的构想，也就是要利用国际、国内两个市场、两种资源，优化资源配置；赋予具备条件的企业对外经营权，发展一批国际化的综合贸易公司，扩大企业的对外投资和跨国经营。2000年又明确提出要实施“走出去”。2001年，“走出去”首次写入“十五”规划。2006年，“十一五”规划将“走出去”的内容进一步拓展。2007年中央1号文件首次提出加快实施我国农业“走出去”，并出台了多项措施支持农业“走出去”。2010年中央一号文件更是提出，要加快国际农业科技和农业开发合作，制定鼓励政策，支持有条件的企业“走出去”。党的十八届三中全会和十三五规划进一步提出加快农业“走出去”步伐。

中共十八届五中全会提出推进“一带一路”建设。在“十三五”规划中提出，构建全方位开放新格局，以“一带一路”建设为统领，丰富对外开放内涵，提高对外开放水平。

“一带一路”倡议对我国未来发展将具有重要现实意义，“一带一路”沿线国家市场潜力巨大，沿线国家总人口约44亿，经济总量约21万亿美元，分别约占全球的63%和29%。在这条经济走廊上，2014年中国与沿线国家的货物贸易额达到1.12万亿美元，占我国货物贸易总额的四分之一。因此，“一带一路”倡议为企业“走出去”提供了前所未有的机会。

一、农业“走出去”情况及相关支持政策

近年来，我国农业对外投资的规模不断扩大，投资主体多元，领域和区域不断拓展，投资模式多样，“走出去”层次不断升级，影响力逐步增强。

（一）农业“走出去”情况

截至2013年年底，我国农业对外累计投资总额39.56亿美元，共有373家境内投资机构在境外投资设立了443家农业企业。农业对外投资主体以国营农垦、种子、渔业企业为主体并发挥示范带动作用，同时民营农业企业的“走出去”步伐也在加快。投资领域涉及种植业、畜牧业、渔业、林业等多个领域，且从生产环节逐渐向农产品加工、农业管理服务、农业供应链管理、跨国粮商贸易等全产业链延伸。投资区域已遍及全球80个国家和地区，主要集中在亚非发展中国家和大洋洲，重点投资国家集中在东盟地区、俄罗斯及部分非洲国家。投资方式从“绿地投资”逐渐向“褐地投资”

转变，“走出去”层次不断升级，从最初的合作开发资源逐渐向资本合作经营转变，推动国际产业并购。2010年至2014年我国涉农海外并购高达近200亿美元，远高于2010年的存量20.29亿美元，影响力不断增强。

（二）我国支持“走出去”相关政策

进入新世纪以来，随着我国“走出去”的实施和推进，农业“走出去”基本上与其他行业一样，对外直接投资政策由严格审批、严格监督和限制，逐步向简化审批、规范管理、放松限制和支持发展转变。

1. 简化对外投资审批程序

改组后的商务部2003年发布《关于做好境外投资审批试点工作有关问题的通知》，在北京等12个省市进行下放境外投资审批权限、简化审批手续的改革试点，地方外经贸部门的审批权限由100万美元提高到300万美元。国务院2004年7月做出的《关于投资体制改革的决定》，进一步把对外投资项目从审批制转向核准备案制。2009年5月1日正式实施的新的《境外投资管理办法》，进一步放宽地方对外投资审批权限，同时简化审批程序和审查内容，缩短并严格明确审批时间。如对于1000万美元以下的非能源类、资源类对外直接投资，商务部和省级商务主管部门的核准和审查时间由原来的15~20个工作日缩短到3个工作日，并且只需在商务部的“境外投资管理系统”中填写申请表即可，不需要提交额外的申请材料。中美投资协定谈判商定的“国民待遇+负面清单”模式，也将进一步推动政府的简政放权和对外开放。

2. 放宽对外投资外汇管制

2003年，国家外汇管理局取消境外投资外汇风险审查、境外投资利润汇回保证金等26项行政审批项目，退还已收取的境外投资的汇回利润保证金，并允许境外企业产生的利润用于境外企业的增资或者在境外再投资，境外投资外汇资金来源审查手续得到逐步简化和最终取消。国家外汇管理局2004年发布的《关于跨国公司外汇资金内部运营管理有关问题的通知》，允许境内成员企业利用自有外汇资金以及从其他境内成员公司拆借的外汇资金，对境外成员企业进行境外放款或者境外委托放款。2005年5月，国家外汇管理局将外汇资金来源审查权限由300万美元提高至1000万美元。2006年7月，国家外汇管理局彻底取消境外投资外汇资金来源审查和购汇额度的限制。2009年8月1月新的《境内机构境外投资外汇管理规定》正式实施，其最大的特点是拓宽对境外直接投资的用汇渠道，以前境外直接投资的资金主要是自有外汇资金，现在还可以用符合规定的国内外汇贷款、人民币购汇或实物、无形资产及经外汇局核准的其他外汇资产等进行境外直接投资。国家不仅在企业对外投资前期给予政策支持，而且提供后续的资金支持，同时加强事后监管。

3. 给予财政金融政策支持

一是政府专项资金支持。2000年10月，原外经贸部和财政部联合制定《中小企业国际市场开拓资金管理（试行）办法》，对中小企业到海外投资办企业予以前期费用等资金补助；财政部和商务部2004年10月联合下发的《关于做好2004年资源类境外投资和对外经济合作项目前期费用扶持有关问题的通知》以及商务部和财政部2005年12月出台的《对外经济技术合作专项资金管理办法》，都明确对包括农业在内的有关境外投资等业务给予直接补助或贷款贴息。

二是产业投资基金支持。响应国家政策，国家开发银行自1998年以来，与其他国内外机构合资设立4只产业投资基金，即中瑞合作基金、中国—东盟中小企业投资基金、中国比利时直接股权投资基金和中非发展基金有限公司，以股权和准股权投资等方式支持中国企业“走出去”。

三是信贷融资支持。2004 年 10 月，国家发改委、进出口银行等颁布《关于对国家鼓励的境外投资重点项目给予信贷支持的通知》，每年安排“境外投资专项贷款”，享受出口信贷优惠利率；2005 年 8 月商务部和中国出口信用保险公司做出《关于实行出口信用保险专项优惠措施支持个体私营等非公有制企业开拓国际市场的通知》，支持非公有制企业“走出去”。此外，中国出口信用保险公司为中国的境外投资企业承包对外投资战争、罢工、政治等险种。

尽管这些对外直接投资政策并不仅仅是针对农业或者农业企业，但整体政策的变化也对农业“走出去”提供了较好的政策环境。除了这些政策外，为了促进我国农业“走出去”，我国还专门针对农业“走出去”出台了相关政策措施，完善了协调机制，加大了支持力度。

四是针对农业“走出去”的相关政策。为了促进中国农业“走出去”，国家出台了多项相关政策。农业部还专门制定了农业“走出去”和“一带一路”农业领域的发展规划和倡议等。2015 年，农业部启动了农机购置补贴的境外延伸政策和境外保费补贴政策。

4. 成立农业“走出去”工作机制

2006 年商务部、农业部和财政部牵头成立了由 10 个部门组成的农业“走出去”工作部际工作协调领导小组，农业部、商务部、外交部等 33 个部门组成的援外工作部际联系会议制度，以及 14 个部门组成的农业“走出去”工作部际协调机制。2008 年商务部和农业部牵头成立了由 14 个部门组成的境外农业资源开发部际工作机制。农业部认真实施国务院批准的《我国远洋渔业发展规划》，积极争取有关部门支持和推动实施。国家开发银行、进出口银行加大金融支持力度，对农垦等有实力的企业在粮食、棉花、油料、橡胶、糖、可再生能源等境外农业资源开发方面给予投融资支持。2010 年中央一号文件更是提出，要加快国际农业科技和农业资源开发合作，制定鼓励政策，支持有条件的企业“走出去”。2014 年年底，会同发展改革委、外交部等成立了农业“走出去”工作部际协调领导小组。农业部牵头，外交部、发改委、商务部、财政部等 18 个部门参加的农业对外合作部级联席会议机制的成立，为协调推进农业对外合作开创了新局面。

二、“一带一路”来历及农业合作的地位

促进农业技术交流和农产品贸易是古代丝绸之路的重要功能。中国借丝绸之路从西域引入了胡麻、石榴、葡萄、苜蓿等作物品种，并把丝绸、茶和冶铁、掘井等农产品和农业技术带到了中亚、西亚和南亚，促进了各国间农业技术的传播与交流。同样，农业在当代“一带一路”倡议中也有特殊地位，并将发挥重要作用。

（一）“一带一路”来历

“一带一路”由古代丝绸之路而来，两千多年前开始，各国人民就通过海陆两条丝绸之路开展商贸往来。2100 年前，张骞出使西域开辟了以长安为起点，经甘肃、新疆，到中亚、西亚，并联结地中海各国的陆上通道。后来因北方地区战火连年，经济中心南移，以及指南针在航海上的应用，海上贸易开始繁荣。600 多年前郑和下西洋，开辟了海上丝绸之路。海陆两条丝绸之路把中国的丝绸、茶叶、瓷器等输往沿途各国，带去了文明和友好，赢得了各国人民的赞誉和喜爱。“一带一路”倡议也是沿承丝绸之路文明友好精神，共同建设利益共同体，命运共同体。

“一带”倡议是习近平主席 2013 年 9 月 7 日在哈萨克斯坦发表演讲，首次提出了加强“五通”，

共同建设“丝绸之路经济带”的倡议，这就是“一带”。哈萨克斯坦与中国西部新疆相邻，是古丝绸之路的必经之地，习近平主席在这里提出了加强丝绸之路经济带建设的倡议。10月3日，习近平主席在印度尼西亚国会发表重要演讲时提出，提出“中国致力于加强同东盟国家的互联互通建设，愿同东盟国家发展好海洋合作伙伴关系”，共同建设“21世纪海上丝绸之路”，这就是“一路”。

“一带一路”的顶层设计完成后，为更有力与陆上和海上支点国家合作，达到示范作用，又提出了“六廊六路、多国多港”。

“六廊”是指打通六大国际经济合作走廊，包括新亚欧大陆桥、中蒙俄、中国—中亚—西亚、中国—中南半岛、中巴、孟中印缅经济走廊。“六路”是指畅通六大路网，推动铁路、公路、水路、空路、管路、信息高速路的互联互通。“多国”是指培育若干支点国家，根据推进“一带一路”建设的需要，结合沿线国家的积极性，在中亚、东南亚、南亚、西亚、欧洲、非洲等地区培育一批共建“一带一路”的支点国家。“多港”是指构建若干海上支点港口，围绕“一路”，推动优势突出，支撑作用明显的重要港口建设。

（二）“一带一路”农业领域合作的意义

1. 农业合作有利于满足“一带一路”沿线国家的关切

“一带一路”目标是要共同建设成“利益共同体、命运共同体和责任共同体”，农业合作可以说是三个共同体的最佳结合点之一。

“一带一路”沿线的国家大部分是发展中国家，解决粮食安全和减少贫困人口仍是他们最关切的问题之一。目前世界上还有8亿贫困人口面临着食物不足、营养不良的威胁。保障粮食安全也是全球关注的热点和难点问题，联合国2030可持续发展目标，G20峰会都把消除贫困和饥饿，保障粮食安全作为重要任务和目标。

2. 农业“走出去”有助于保障国内粮食安全

2014年，中央农村工作会议提出了“以我为主”“适度进口”的国家粮食安全战略。在新的国家粮食安全战略中，不仅首次将“粮食基本自给”调整为“谷物基本自给、口粮绝对安全”，而且首次将“适度进口”视作粮食安全战略的重要组成部分。提出在提高国内产能的同时，还积极参与国际贸易，广辟粮食进口渠道，使我国粮食供给更加可靠、市场更加稳定。

一是农业“走出去”有助于缓解国内农业资源压力。我国国内农业资源恶化，农业水资源、土地资源受限，耕地质量退化严重，资源“红灯”约束逐步加紧。确保国家粮食安全和主要农产品有效供给与资源约束的矛盾日益尖锐。为缓解国内资源压力，2015年5月，农业部联合七部委共同颁布了《全国农业可持续发展规划（2015—2030年）》，提出：“合理利用国际市场，依据国内资源环境承载力、生产潜能和农产品需求，确定合理的自给率目标和农产品进口优先序，合理安排进口品种和数量，把握好进口节奏，保持国内市场稳定，缓解国内资源环境压力。”因此，利用“两种资源、两个市场”、通过“转方式、调结构”“缓解资源环境压力”将成为未来农业发展新思路。《十三五规划》提出“在土地出现的生态严重退化地区，探索实行耕地轮作休耕制度试点”。农业部提出“一控两减”，“一控”，控制农业用水总量，“两减”，就是要减少化肥、农药的使用量。因此，为缓解国内资源、环境问题，需要利用国内国外两个资源。

“一带一路”沿线的亚非国家土地资源较丰富，哈萨克斯坦人均耕地2公顷。俄罗斯人均耕地约1公顷，还有世界上面积最大的黑土带。乌克兰人均耕地面积超过0.7公顷有全世界四分之一的黑土地。中国与“一带一路”沿线国家农产品贸易增长迅速，2014 年，中国对“一带一路”65 个出口额占中国农产贸易出口额的 92.5%，进口额占 69.2%。所以，利用境外资源满足国内市场需求具有现实可行性。

二是有助于提高国内粮食供给。中国是人口第一大国，也是粮食生产和进口第一大国。2015 年，中国农产品进口额达 1169 亿美元，2003—2014 年进口额是十一连增。因此，进口成为满足国内需求的重要手段之一，当然，中国也为世界农产品提供了市场。以大豆为例，2015 年，中国大豆进口 8169 万吨。按照目前 8 亩地可生产 1 吨大豆来计算，进口大豆相当于利用了国外 6.5 亿亩的播种面积。从这个角度看，进口农产品对解决国内粮食安全发挥了重要作用。另一方面，中国虽然是世界第一大粮食进口国，但却没有定价权。尽管中国进口了全球 70% 的大豆，但中国对大豆仍没有定价权。所以，要保障中国粮食安全，还需要提高自己在国际市场上的话语权。与“一带一路”沿线国家合作有利于提高全球产量，保持全球市场价格稳定，也有利于实现进口来源的多元化，从而保障国内粮食有效供给。

3. 农业对外援助有助于服务国家外交战略

新中国成立以来，农业是中国对外援助的优先领域，是我国整体外交中的重要组成部分。70 多年来，中国通过无偿援助、技术援助、培训等方式，在亚洲、非洲、拉美、太平洋等地区近 100 个国家，建立了农业技术示范中心、农业技术实验站和推广站等 220 多个农业领域项目，先后派遣农业专家和技术人员 3 万余人次，同时帮助这些国家培养了一大批农业技术人员。中国通过对外援助一方面提高了受援国当地农业发展水平，又增加了当地民众收入、扩大了就业、帮助当地人民摆脱贫困。

中国通过推行家庭承包经营制度等改革，成功解决了温饱问题，提前实现联合国千年发展目标，中国是实现联合国千年发展目标最大贡献国。中国通过发展农业减少贫困人口的经验被世界各国学习称赞，发展中国家争相学习中国减贫经验。2014 年 10 月，李克强在联合国粮农组织宣布，未来 5 年，中国政府将向联合国粮农组织捐赠 5000 万美元用于开展农业南南合作，推广中国农村发展和减贫经验。我国地域辽阔，积累了在各种气候、不同经营规模下从事种植、养殖的先进技术，沿线国家对我国农业机械，海水养殖、设施农业等产品和技术都有强烈需求。中国传统农业生产技术大都具有成本低、容易学、简单易行的特点，具有发达国家难以比拟的优势，较适合在广大发展中国家进行推广和普及。

三、农业“走出去”具备的基础条件

（一）对外援助提供了合作基础

中国通过援助，亚洲、非洲、拉丁美洲及南太平洋等地区近 100 个国家，建立了 220 多个农业领域项目，这 100 多个受援国其中有一部分是“一带一路”沿线国家。中国对外援助为企业走出去提供了基础，体现在两方面。

1. 农业对外援助为农业企业“走出去”提供了良好的氛围

中国通过帮助受援国建设农业技术示范中心，提供农机农具、节水灌溉设施、良种、农药、化肥，派遣专家，培训农业人才等方式，为当地提供了简单实用易学的农业技术，巩固和发展了与广大发展中国家的友好合作关系，树立了中国“一个负责任大国”的形象，为我国农业“走出去”提供了良好的环境和氛围。

2. 援外项目为“走出去”企业提供了技术支持和基础设施条件

农业技术示范中心的专家在国外工作1~2年后，对所在国国情、政策、市场，以及中国技术在国外的适用性都比较了解。这些专家可以为企业对外投资农业提供信息咨询服务和农业技术支持。

而我国企业走出去最缺乏的懂技术、懂法律、懂人文的专家，援外项目专家和技术员恰恰能够满足企业人才需求，可成为农业投资“走出去”的后备人才。如中国在塔吉克斯坦农业投资，从农业资源来看，塔吉克斯坦并不是一个农业资源丰富的国家，但中塔关系友好，中国对塔吉克斯坦进行了多个项目援助，带动了的项目，中国新疆中泰化学在塔吉克投资了丹加拉新丝路纺织产业有限公司，是塔吉克斯坦独立23年以来最大的投资项目，还有丽华棉业等多个大型农业投资项目。

对外援助项目在国外示范农业技术，改善基础设施，为农业“走出去”奠定了基础。如中国援建的加纳布维水电站就具备水力发电、农业灌溉、渔业发展等功能，改善了当地农业灌溉设施。

（二）政府双边农业合作为农业企业“走出去”提供了保障

对外合作机制层面，2001年以来签订各类农业国际合作框架性和实体性多双边协议156个，组建农业联委会或工作组33个，进一步拓展和加深了合作伙伴关系。双边机制方面，我国已与全球140多个国家建立了长期稳定的农业合作关系，与60多个国家成立了农业合作联合委员会或工作组。商务部、农业部、质检总局还通过各自牵头的多双边机制积极为“走出去”农业企业提供服务和保障，商务部已与200多个国家和组织建立了多双边经贸机制，质检总局也与多数贸易合作国家及地区建立质检合作机制，签署了500余份检验检疫议定书等协议，不少涉及进出口农产品。多边机制方面，我国与上合组织、联合国粮农组织（FAO）、世界银行（WB）、联合国世界粮食计划署（WFP）、非洲联盟等组织或国家建立了长期稳定的农业合作关系，签订了多个农业多边合作协议，形成了东盟与中日韩（10+1）农业合作、上海合作组织农业合作、中国与FAO“粮食安全特别计划”框架下的“南南合作”、中国与中东欧国家农业合作论坛等机制。

通过多双边政府合作和高层领导对话，有利于加强政策沟通，解决农业合作中出现的难题。

（三）农业科技合作为“走出去”提供了技术支撑

我国已与140多个国家，以及主要国际农业和金融组织建立了长期稳定的农业科技交流合作关系，签署了合作协议与备忘录；与欧盟（EU）、联合国粮农组织（FAO）、国际农业研究磋商磋商组织（CGIAR）及其下属研究中心等国际组织或机构开展了务实的农业科技合作和交流。与有关国家、国外农业机构和国际组织建立了60多个联合实验室和国际科技合作中心，吸引一批国际农业科研机构在中国建立研发中心。同时依托重大联合研究项目进行全球农业科技交流与推广。

我国已累计向世界各国派出访问学者、留学生和各类短期培训人员14000多人次，请进专家30000多人次，这些专家大多已成为我国农业科研领域的领军人物和骨干力量。截至2013年，我国引进国际先进农业技术约2000多项，囊括了农业产前、产中和产后加工的所有技术，特别是地膜覆盖、保护性耕作、节水灌溉、设施农业等技术已在我国广泛推广应用，产生了巨大的经济社会效益。据估计，国际合作缩短我国与世界先进国家的差距达15~20年，也为农业“走出去”提供了技术支撑。

（四）农业对外投资积累了经验

近年来，我国农业产业化经营发展迅速，涌现出了一大批产品有竞争力、国际市场开拓能力较强的外向型产业化龙头企业，其中部分企业已经在境外投资、合作。根据农业部 2015 年《中国对外农业投资合作报告》，截止到 2014 年年底，中国对外农业投资已经遍及全球 85 个国家和地区，对外农业投资累计达 57.79 亿美元，我国投资者在境外设立了 505 家农业企业。中国农业“走出去”实力不断提升，从农民个体“走出去”从事简单的种植到企业到境外开展农业全产业链生产，走出去领域也从最初的单一产业和单一环节发展到多个行业和精细加工行业。

四、农业“走出去”面临的制约因素

尽管我国农业“走出去”已经有了一定的发展，并在参与全球农业资源和市场方面获得了一定进展，但总体来看，我国农业“走出去”还处在初期阶段，存在规模小、竞争力弱、秩序差、缺乏总体规划等多方面制约因素，影响了我国农业“走出去”的健康快速发展。这些制约因素主要体现在三个方面：外部投资环境、国内政府层面以及企业本身。

（一）外部投资环境

外部投资环境方面存在的制约因素主要表现在四个方面。

一是贸易保护导致壁垒森严。一个时期以来，特别是在当前世界经济形势日趋严峻的背景下，一些经济体对本国农业和农产品市场采取保护政策，人为地对外国企业、产品和劳务输入设置障碍，比如，在投资比例、税费征缴、准入领域、劳务卡发放和签证期限等方面的规定都非常严格。如最近俄罗斯出台政策，实行劳务大卡，压缩了对外劳务指标，而在俄罗斯当地很难雇到合适的劳动力。这已成为困扰在俄罗斯进行粮食种植的企业的主要问题之一。

二是制度环境差异引发纠纷。目前，发展中国家是我开展农业境外投资开发活动的主要目标区域。但一些发展中国家法律法规不健全，行政效率低下，合同执行率较低，社会治安混乱，导致我国“走出去”的企业权益受损。

三是舆论压力干扰政府决策。由于农业“走出去”项目多涉及土地等重要资源，关系粮食等战略物资，当地一些不了解实际情况甚至是别有用心的个人或团体，纷纷提出质疑，对一些有合作意向的国家形成政府决策造成不利的舆论压力。

四是政局不稳影响项目合作。有的国家政局变化太大，政策缺乏连续性，许多合作项目被迫中断，企业损失巨大。例如在前任领导人任期内签订的协议，一旦领导人发生变更，原先的合同等都失效，企业前期投入的大量基础设施建设就完全泡汤。

（二）国内宏观指导与政策体系

1. 国家层面总体规划的缺失

目前，我国企业开展农业对外直接投资和境外农业合作开发，大多是自发行为，还没有国家层面的总体规划作指导，包括国别投资规划、产业投资规划、重点产品投资规划等。由于缺乏整体规划的指导和协调，我国企业在开展农业对外直接投资中时常是一哄而上，有时甚至为了赢得合作机会进行恶性竞争，结果导致企业很难在当地扎根生存，甚至产生了一些不良的国际影响。

2. 政府支持农业对外直接投资的扶持政策力度不强

企业跨国投资会遇到更多的风险和困难，离不开母国的支持。但从我国目前对农业“走出去”

的支持政策看，还非常不完善。

（1）财政政策

农业“走出去”项目不同于其他项目，前期的市场开发成本很高。如农作物种子的合作开发，要经历多个季节的试种，要投入大量的资金和人力，如果没有财政支持，一般企业很难有能力去开发国际农业市场。因此世界很多国家都对农业涉外项目建立了专项基金补贴政策鼓励农业企业开拓国际市场。如韩国在20世纪80年代设立了对外合作基金，专门资助韩国投资者在发展中国家从事资源开发和股权投资。美国、欧盟等都对农业海外市场的开拓投入了大量资金，在促进其农业项目的国际合作中发挥了重要作用。而我国目前在这方面除了一些零散的政策和地方政策外，还缺乏完整的体系和稳定的资金来源，缺乏像国外对涉外企业开拓国际市场的补贴政策体系，如补贴行业组织和企业参展、促销，参与国际认证，对渔业企业海外资源的探测、开发补贴等；在发生突发性动植物疫病疫情灾害、重大食品安全和公共卫生安全事件、技术壁垒、紧急贸易摩擦和反倾销应诉时，对出口企业实施紧急援助等；对一些在境外、国外建立农业生产基地、加工农副产品的企业没有给予等同国内的待遇等，不利于农业企业快速“走出去”。目前，我国只有财政部和商务部出台的直接补助费用，用于补助企业在海外的前期开发、资源回运、境外突发事件处置费用等，这些政策不仅支持的比例小、范围窄，而且要求非常严格，很多中小型企业特别是农业企业实际上很难申请到。

（2）金融政策

资金缺乏、规模小、竞争力低是我国农业“走出去”企业面临的最普遍问题。由于企业规模普遍偏小，境外融资能力极弱。而国内贷款由于银行抵押担保条件限制很难获得，资金不足严重制约了农业“走出去”企业的发展，往往停留在小打小闹的地步，企业竞争力、信誉度，产品质量、品牌都难以取得大的提升。很多企业都是因为资金问题难以快速“走出去”。如果资金瓶颈不尽快解决，必将放缓企业发展速度而痛失开发海外农业资源和市场的大好时机。当前我国对“走出去”企业仅有贷款贴息政策，缺乏专门针对农业“走出去”企业特点的融资支持政策，导致我国农业对外开发项目投资规模小、发展速度慢。

（3）保险政策

农业“走出去”直接参与国际经济竞争，要承担更多的风险和压力。美国、欧盟等国家和地区都对农业涉外项目建有一套优惠保险体系，政府承担一部分保费补贴。尽管我国已经出台了相关保险政策，但险种少、范围窄，帮助企业规避风险的功能还很弱。目前还没有针对非常风险[1]的农业对外投资保险险种。从国际经验看这种险种对帮助企业规避海外风险有很大作用。缺少对外投资专门的保险险种无疑使我国农业涉外企业缺少了一道风险防范屏障。

（4）税收政策

税收优惠是促进农业“走出去”的一个重要措施，我国已做了不少工作，例如，和其他国家签订避免双重征税协定等。但在实践中还存在很多问题。主要表现在以下几个方面：首先是我国还与相当一部分国家没有签订避免双重征税协定，在操作中仍存在对涉外企业双重征税问题。其次是返销产品进口环节的税收优惠不够。国家现在对境外农业生产基地的产品均按同类进口商品办理，需要缴纳各种进口税费，大米、玉米、小麦、蔗糖等产品还需申请进口配额。大大增加了境外基地产

[1] 主要指因战争、内乱导致不能执行合同的政治性风险；企业经营者的对外投资被没收、征用造成的风险；东道国因外汇不足而限制外汇兑换、拖延付款以及限制进口造成的经济性风险。

品回运的难度和农业开发的成本支出，压缩了合理的利润空间。还有木材、油棕、矿石等运回国内都必须交纳相应税收，增加了企业成本。这种税收体制不利于开发国外资源，尤其是战略性资源。

三是政府支持农业“走出去”的服务水平不高。从服务管理来看：①缺少统一的管理协调机制。我国对农业“走出去”项目的管理权限分布在多个行政管理部门，存在多头管理、沟通不力的问题，导致一些“走出去”项目的审批程序繁多、耗时较长，甚至延误商机。特别在出现突发事件时，难以及时有效应对。②监管服务不到位。对农业境外投资企业的登记注册、经营状况、变更情况等缺乏跟踪指导，还没有建立专门针对涉外企业进行农业投资的咨询服务机构。③法律体系不健全。现有的法律法规体系对促进农业“走出去”的信用担保制度、海外农业直接投资法律制度、法律援助制度等方面还没有明确的规定，对农业技术转让、物种资源保护等规定也不够适应。④信息服务能力较差。目前我国在对涉外企业的信息服务方面严重不能满足企业需求，国际信息来源基本上是靠企业自身搜集。其他诸如市场信息、法律分析、资源状况、风土人情等根本没有系统权威的来源渠道。“走出去”的企业之间也缺乏互相沟通交流的渠道。⑤部分管理制度难以适应企业走出去的要求。如现行外汇管理制度报批手续正常需要 20 个工作日才能完成，对人员的出境手续也有严格限制，审批制度烦琐且耗时较长，严重影响了对项目的有效管理。另外海外农业基地所需的种子、农药、化肥、农机等物资和设备，办理出关手续烦琐，有些农作物如水稻杂交种不让出关，影响境外基地的正常生产。

（三）企业方面

企业是农业“走出去”的实施主体，企业经济实力的强弱直接关系到“走出去”成功与否。但是目前我国农业“走出去”企业的整体实力和竞争力仍然不强。主要表现在以下几个方面。

1. 企业规模小，投资能力弱

根据邓宁的投资发展理论，伴随着人均 GDP 的增加，人均资本流动也不断增加。国际经验一般认为，人均 GDP 超过 4750 美元，对外直接投资会快速增长。目前我国正处于这一快速增长阶段，但我国“走出去”的时间晚，对外直接投资规模还比较小。据统计，我国海外项目平均投资额约为 100 万美元，国际上平均项目投资额发达国家约为 600 万美元，发展中国家约为 260 万美元，大大超过我国。而我国农业对外直接投资规模更小，由于规模小，企业抗御各种自然风险和市场风险的能力较弱。2010 年我国农林牧渔业对外直接投资存量达到 26.12 亿美元，但仅占当年全国对外直接投资存量的 0.82%,2010 年的农林牧渔业对外直接投资流量也仅占当年全国对外直接投资流量的 0.78%。2010 年，在 1.6 万多家境外企业中，农林牧渔业企业占 4.8%。我国农业对外直接投资的总体规模和发展势头与农业的基础地位、巨大的农产品需求规模、日益严峻的国内国际农产品供给形势要求不相适应。

2.“走出去”的层次较低

从国际情况看，大型跨国投资企业的发展和壮大，很大程度上都依靠高科技产品和资本、知识、技术密集型产品。农业中农产品深加工、新产品培育等在现代国际农业直接投资企业中逐步成为支柱产业。但我国的情况则截然相反，我国自然资源、劳动力资源丰富，劳动密集型产业即传统产业具有比较优势，因此我国农业对外直接投资项目目前主要集中在附加值不高、技术含量较低的劳动密集型行业。另外，由于我国农业对外直接投资规模都偏小，集约化程度偏低，不具备规模经济优势，企业无法与其他国家较大的跨国公司竞争，因此在对外投资的行业和区位选择上都受到很大限制。

3. 技术创新能力弱

尽管我国在农作物育种、田间管理、植物保护等方面的技术水平处于国际先进行列，但多数企业还没有建立起完整的自主技术研发和推广体系，导致企业在技术应用上成本较高且适应能力较差。目前农业对外直接投资行业主要集中在传统领域，技术附加值不高。

4. 经营管理能力不足

由于企业在“走出去”过程中普遍缺乏国际经营管理的经验，经常导致经营决策失误。一些企业对项目没有进行深入分析和思考就盲目进行海外投资，还有的企业缺乏对市场、行业及自身能力的系统分析，投资重点不明，浪费了不少人力、物力和财力。另外，多数企业缺乏熟悉国际经贸知识、通晓外语和专业技术知识、富有竞争意识和吃苦精神的复合型人才，严重影响了我国在境外的各种农业经济活动，导致企业经营管理能力有限。

5. 行业自律性差

目前，我国能够为境外农产品基地建设企业提供服务的行业协会数量少，功能比较单一，难以发挥行业自律、价格协调、应对贸易纠纷、抵御海外风险和提供各种服务的作用，导致“走出去”企业仍处于各自为战、无序竞争的状态。

五、“一带一路”带给农业的发展机遇

（一）政策融通为农业“走出去”提供良好的政策环境

中国“一带一路”倡议提出以来，得到了沿线大部分国家的积极响应，并与部分国家，如哈萨克斯坦、塔吉克斯坦、巴基斯坦等签署了共建“一带一路”合作备忘录。国家领导人出访期间多次与有关国家元首和政府首脑进行会晤，深入阐释“一带一路”的深刻内涵和积极意义，达成了广泛共识。“政策沟通”将引领构建多层次政府间政策交流机制和联动机制，为农业“走出去”营造良好的投资氛围和舆论环境。

（二）设施联通为农业“走出去”提供关键保障

大宗农产品，如粮、棉、油，以及生鲜蔬菜水果、水产品的贸易对道路、港口基础设施依赖比较大。“一带一路”沿线国家多属于发展中国家，公路、铁路、港口，以及农田水利设施落后，基础设施落后已成为制约我国农业“走出去”的瓶颈因素。“设施联通”是“一带一路”建设的优先领域，将为大型农业项目提供优良的投资基础，逐步形成连接亚洲各区域以及亚非欧之间交通运输网络，为农产品贸易降低物流成本，也为企业实现全球化营销，打造跨国型农业企业提供基础条件。

（三）“资金融通”为农业“走出去”提供了重要支撑

“资金融通”为农业“走出去”提供了重要支撑。同“一带一路”密切关联的“三行一金”：亚洲基础设施投资银行、金砖国家开发银行、上合组织开发银行和丝路基金四个平台，以及地方政府及其他基金的建立、银行等社会资本的融入、人民币国际化的推进都将为“一带一路”倡议输送源源不断的资金。

除了规模宏大的“三行一金”，还有一些对外援助资金，如对外经济技术合作专项资金、中国向FAO捐赠的5000万美元信托基金、上合组织5000万美元农技推广和人员培训基金等合作援助基金，这些基金将为推动农业国际合作发挥重要作用，用知识、经验、政策、技术和专业资源等与发展中

国家之间相互分享和交流。

（四）“贸易畅通”为农业投资和贸易消除壁垒

为推动投资贸易便利化水平，将加强信息互换、监管互认、执法互助的海关合作，以及检验检疫、认证认可、统计信息等方面的多双边合作。改善边境口岸通关设施条件，降低通关成本，提升通关能力。降低非关税壁垒，共同提高技术性贸易措施透明度，提高贸易自由化便利化水平。

（五）“民心相通”为农业“走出去”提供友好的文化生态和舆论环境

文化交流、学术往来、人才交流合作、媒体合作、青年和妇女交往、志愿者服务、旅游等为深化双多边合作奠定坚实的民意基础，增进两国人民之间的相互信任和理解。

六、农业“走出去”面临主要风险

农业投资不仅受制于土地、气候、土壤等自然因素，还受投资目的国政治、法律、宗教，以及国际市场汇率的影响。下面来具体分析农业“走出去”面临的风险。

（一）一般风险

1. 政治风险

投资国发生政权更迭、政局动荡不安、爆发战争或发生国家（地区）间的政治冲突等。如乌克兰东部边境战争冲突对中农发在乌投资产生了较大的影响。中农发集团 2012 年在乌克兰投资 400 多万美元成功注册全资子公司，经营土地面积已达到 2600 公顷，原计划 2014 年正式将种植、养殖、贸易等环节投入运营，但因为政局不稳，无法继续经营，部分管理人员已经撤回，给企业带来了很大损失。中国成套工程有限公司与乌克兰乌粮集团合作的 15 亿美元买方信贷粮食贸易进展也受战争影响，进展不顺利。除了战争，政党更换也是影响双方合作的重要因素。如哈萨克斯坦政治风险问题，老强人纳扎尔巴耶夫已经 74 岁，接班问题已经成为哈萨克斯坦政局最大的不稳定因素。

2. 经济风险

税收政策的变动、外汇政策的变动，对外商投资企业中股权政策的变动、国际贸易政策的差异政策等都会影响到农业投资，如俄罗斯在粮食受灾年份就会启动禁止粮食外运政策。哈萨克斯坦法律对环保要求比较高，一旦农业生产或加工违反了环保要求，就会收到法律严重惩罚。而我国农业生产环保标准要求不高，农业生产者惯用化肥、农业高投入模式，如果采用国内农业种植方式，将受到哈法律惩罚。

3. 法律风险

如东道国法制建设滞后，无法可依或有法不依甚至执法不严等给外来投资者造成的损失。如俄罗斯腐败严重，地方政府、警察不依法行政，在办理劳务签证和在当地经营时对中国投资企业索要贿赂。俄罗斯地方政府和企业履约意识也不强，俄土地租金上涨，个别地方政府擅自收回与中方企业签订的土地租赁合同，改为按土地所有权重新发包，变相提高土地租赁价格，土地租赁价格由 2005 年每公顷 150 元左右上涨到 2009 年的 300 元左右，目前每公顷上涨到 1000 元左右。

其他风险也是“走出去”企业常面临的风险，如宗教与资源冲突、动植物病疫、民族冲突、自然灾害、突发事件等。

（二）农业“走出去”的面临的特殊风险

1. 土地的敏感性

因为农业投资需要土地面积比较大，粮食主产国对于中国企业投资防范心理仍然较重，大部分国家都限制国外投资者直接购买本国的土地，特别是对国有企业投资比较谨慎，担心中国攫取该国的土地。这也是制约中国企业开展境外直接投资的重要因素。发达国家指责中国境外农业投资对是海外屯田，宣传“中国威胁论”“资源掠夺论”和“新殖民主义”，使中国农业投资面临较大的国际舆论压力。如哈萨克斯坦在 2015 年 5 月本来打算推行《土地改革法》，目的是鼓励外国投资者投资农业，提高闲置土地的利用效率，但遭到民众的游行示威反对，其中，有些人直接反对把土地租为中国人，担心中国攫取该国广袤的土地，也怕把土地污染。

2. 粮食的敏感性

由于粮食产业具有基础性和战略性的产业属性，大多数国家都有掌控本国粮食生产主动权的政治利益冲动，有的东道国政府对海外农业投资行为采取相关限制措施。在发生灾害或战争时，对外国企业往往采取非常态限制措施，禁止粮食出口或出口征税。世界粮食市场的主动权掌握在农业发达国家手里，它们拥有相当大的国际市场势力，粮食被一些农业发达国家视为政治“武器”。

3. 劳务签证手续办理烦琐

境外农业投资需要劳动力数量较大，但投资国为解决本国就业，提高当地农民收入，一般限制国外劳动力的数量。如哈萨克斯坦对季节性外国劳务人员工作许可期限最多为 12 个月，且不能延期。俄个别州政府大幅度缩减劳务指标和对工种实行限制，阿穆尔州政府 2009 年农业种植劳务大卡指标 1500 个，已缩减到 2012 年的 147 个，无法满足企业需要。此外，办理劳务签证手续烦琐，在俄办理一个劳动大卡时间最长需 8 个月。

4. 投资回报期长

农作物生产周期长，投资回报周期也较长，比如棕榈油，如果从绿地投资开始，前 4 年只有投入，没有任何回报，第 5 年才开始逐渐有回报，但是棕榈油可以持续产油 25 年，即后 20 多年可以持续有回报。如果要实现国家战略目标，需要进行大规模投资，但是，现行国有企业对境外投资负责人考核制度为一年一考核，大规模的、投资回收期较长的“走出去”投资将给企业带来较大的压力，制约企业“走出去”步伐。

5. 农业技术适应周期长

农业种植、养殖技术应用需要与光、热、土、肥等自然条件结合，从试验到示范再到推广需要 3—5 年时间。有的企业不经过试验就直接把国内种子带到国外种植，风险较大。

七、“一带一路”背景下农业企业“走出去”的建议

农业“走出去”应发挥市场决定性作用，充分利用农业发展援助和对外合作的机制、投资基础，立足企业自身优势，选择投资国关注的项目，构建共赢的商业模式。这里对“走出去”农业企业提出几个建议。

（一）立足当前农业合作基础，争取早期收获

“一带一路”倡议不是另起炉灶，是通过在现有机制平台的“瓶子”中装入“一带一路”的“新酒”，鼓励企业在农林牧渔业、农机及农产品生产加工等领域深度合作。2100 年前，张骞出使西域

并不是新建了一条丝绸之路，只是把中原与中亚的贸易道路连起来，并让中国人知道这条路的存在。同样，中国当前企业“走出去”也应立足前期合作基础，充分利用和挖掘合作潜力。

（二）规划先行，明确发展目标和重点

企业“走出去”首先目标得明确，到对象国是搞联合种植，还是联合养殖，还是做农业技术输出，合作的方向首先得明确。投资之前应充分论证如何规避风险，发挥当地资源优势，并考虑当地市场、国际市场和国内市场的需求，充分调查分析市场机遇和风险、投资潜力等因素，做出完善的规划，再开展下一步投资。

（三）强化“大农业”海外投资的力度

要放弃将农业“走出去”视为海外种植业的观点，将农业上下游产业链的投资纳入农业“走出去”的整体布局中，企业向加工、物流、仓储、码头等资本和技术密集型行业以及种子、研发等科技含量较高的关键领域投资，提升投资层次，增强企业境外竞争力，扩大投资收益。打破中国农业企业自己单打独斗的心态，以开放的心态，互通信息，互相交流，共同携手“走出去”。

（四）遵守当地文化风俗，履行社会责任

尽社会责任，更好地融入当地社会。在东道国，中国企业要承担企业的社会责任，为当地社会做公益事业；尊重东道国的文化，尊重当地宗教、传统习俗、文化礼仪等，积极融入当地社会环境中。

（五）严格遵守国外环保标准

企业在境外投资农业应严格按照当地环保标准，把控生产流程和生产要素，保证产品达到绿色安全标准。避免破坏对当地土壤、水带来污染。对可能发生的环境问题及时预防，以避免事后给企业带来不必要的损失。企业投资生产中要处置好产生的污染问题，保护好当地生态环境。

中国“一带一路”给企业带来了“走出去”贸易和投资的机会，贸易便利化措施的推进，老百姓也将买到更多价廉物美的产品，签证便利化让老百姓出国旅游更方便，还有可能去国外也花人民币，省去兑换外币的损失和麻烦。“一带一路”倡议的实施，将为农业发展、农民增收提供更多的机会和实惠。

参考文献：

[1] 孔祥智 . 农业现代化国情教育读本［M］. 北京：中国经济出版社 , 2015: 278-310.

[2] 谭林 , 武拉平 . 中国大豆需求及供需平衡分析［J］. 农业经济问题 , 2009(1): 98-101.

[3] 孔祥智 , 丁玉 . 我国农产品进出口贸易的特点与趋势：1998-2011［J］. 经济与管理评论 , 2013(1): 103-112.

[4] 孔祥智 . 农业农村发展的阶段性特征及发展趋势［EB/OL］. 中国共产党新闻网 , http://theory.people.com.cn/GB/16721982.html, 2011-12-27.

[5] 于敏 .“一带一路”带农业走出去［N］. 农民日报 , 2015-04-08.

[6] 农业部国际合作司 , 农业部对外经济合作中心编著 . 中国对外农业投资合作报告 (2014 年度)［M］. 北京：中国农业出版社 , 2015: 3-4.

［7］新华网 . 中国的对外援助 (2014) 白皮书［EB/OL］. 新华网 , http://news.xinhuanet.com/politics/2014-07/10/c_1111546676.htm, 2014-07-10.
［8］张德元 . 农业经济学刊［M］. 北京：社会科学文献出版社 , 2016: 128-135.
［9］张杰 . 我国棉花产业的困境与出路研究 (续)［J］. 中国棉麻产业经济研究 , 2016(1): 20-27.
［10］农业部市场专家咨询委员会 . 中国农业展望报告 (2016—2025)［M］. 北京：中国农业科学技术出版社 , 2016: 1-5+194-198.
［11］农业部农产品办公室 , 农业部农业贸易促进中心 . 中国农产品贸易发展报告［M］. 北京：中国农业出版社 , 2015: 117-123.

第 16 章　工业化、城镇化对农业现代化的拉动作用

党的十七届五中全会通过的《中共中央关于制定国民经济和社会发展第十二个五年规划的建议》和十一届全国人大四次会议通过的《国民经济和社会发展第十二个五年规划纲要》提出：在工业化、城镇化深入发展中同步推进农业现代化。党的十八大报告再次指出：坚持走中国特色新型工业化、信息化、城镇化、农业现代化道路，推动信息化和工业化深度融合、工业化和城镇化良性互动、城镇化和农业现代化相互协调，促进工业化、信息化、城镇化、农业现代化同步发展。“三化同步”和“四化同步”是党中央、国务院科学把握现代化建设规律、立足全面建设小康社会战略全局做出的重大决策，充分肯定了工业化、城镇化和农业现代化协同发展的重要作用。在我国改革开放后，工业化的发展和城镇化的推进是否拉动了农业现代化的进程呢？

第 1 节　文献回顾

自党中央提出“三化同步”以来，很多学者对工业化、城镇化与农业现代化相关问题进行了研究，这些研究主要集中在“三化”的互动关系、“三化”协调发展评价、工业化与城镇化对农业现代化的影响以及“三化同步”的主要问题等几个方面。

一、工业化、城镇化与农业现代化的互动关系

“三化同步”是中央在新形势下作出的重大战略决策。同步推进我国工业化、城镇化与农业现代化，对于在新的历史起点上加快转变经济发展方式，解决经济社会发展深层次矛盾具有非常重要的指导意义（赵鹏，2011）。工业化、城镇化和农业现代化是工业革命所开启的人类现代化进程的具体表现，也是推动现代化发展的重要因素（贺叶玺，2011）。农业部长韩长斌（2011）指出：加快推进农业现代化是实现工业化、城镇化、农业现代化同步发展的重大任务。国际经验表明，在现代化进程中必须坚持工业化、城镇化与农业现代化同步发展，必须加强对农业的支持和保护，必须正确发挥政府职能和市场作用（韩长斌，2011）。

工业化、城镇化与农业现代化的互动关系广受学者关注。夏春萍（2010）认为：工业化发展推动城镇化进程、提升农业现代化水平；城镇化是伴随工业化发展而产生并加速发展起来的，但是城镇化进程的推进又对带动工业化发展和农业现代化发展有着重要的促进作用；农业现代化发展对工业化的深入发展和城镇化水平的加速发展也有着重要的协助、推动作用；因此，工业化、城镇化与农业现代化发展是协调统一的关系。党的十八大报告提出“四化同步”战略思想后，徐君、高厚宾和王育红（2013）进一步界定了新型工业化、信息化、新型城镇化、农业现代化的基本内涵，系统探究了新型工业化、信息化、新型城镇化与农业现代化四者之间的耦合互动机理和规律，建立了四者之间的耦合关系模型。

在“三化”互动关系中，城镇化与农业现代化的关系得到了更多学者的关注。赫修贵（2013）的研究提出：城镇化与农业现代化相互联系、相互依存、相互作用、相互促进，关联度高；城镇化和农业现代化协同推进的实质是人、资本和产业的积聚配置，是人口的城市化和人的现代化。李静和高继宏（2014）的研究发现：城镇化能够吸纳农村剩余的劳动力，为农业现代化提供科技、资金等的支持，促进其快速发展；而农业现代化的最直接表现是农业产品的剩余，这为城镇化的发展奠定了坚实的物质基础；农村剩余劳动力的转移也在一定程度上满足了城镇化对于人口的集聚需求，且农业产业化的发展也充当了城镇化发展的催化剂；因此，城镇化与农业现代化之间是相互促进，互相辅助的关系。曹俊杰和刘丽娟（2014）强调新型城镇化是农业现代化的必由之路，农业现代化是新型城镇化的重要基础和条件。胡若痴（2014）则论述了马克思经典文献对工业化、城镇化与农业现代化的关注。

二、工业化、城镇化与农业现代化协调发展评价

许多学者通过构建指标体系，对“三化”协调发展程度进行了评价。钱丽、陈忠卫和肖仁桥（2012）构建了“三化”耦合协调度评价模型和指标体系，进而探索1996—2010年中国省际“三化”耦合协调度的时空变化差异，发现我国“三化”耦合协调度差异不明显，仍处于初级协调状态，而农业现代化发展滞后是制约“三化”协调发展水平提升的主要因素。周建群（2013）运用系统耦合理论，从产业耦合、要素耦合、市场耦合三个层面，对“三化”协同发展进行了学理分析，发现在研究期内，我国工业化与城镇化基本上协同发展，但是农业现代化发展严重滞后。贺翀和肖功为（2015）构建了“三化”协调发展评价模型，测度出中部六省2001—2012年的“三化”发展水平及“三化”协调发展度进程，发现我国中部六省“三化”发展水平进程虽然都是稳步向前的，但“三化”协调发展程度却呈现逐年递减趋势。李文忠、游斌（2014）构建了天津市“三化”发展的指标体系，采用1992—2011年度的数据测度了各年度“三化”的协调度，发现自2005年起，天津市“三化”协调度和发展协调度失调现象日趋严重。徐君（2012）建立了中原经济区“三化”协调发展评价指标体系，对中原经济区18个主要城市的“三化”协调发展水平进行了评价，发现18个城市整体的“三化”发展程度较低，省会郑州与其他城市的差距不明显。

在“三化”协调发展评价中，城镇化与农业现代化的协调发展得到了特别重视。汪晓文、杜欣（2015）通过对城镇化与农业现代化协调度概念的界定，建立“二化”协调发展评价指标体系，选择基于隶属度的模糊综合评价方法对中国2000—2011年城镇化和农业现代化协调发展进行考察和测量，发现进入21世纪以来，中国城镇化与农业现代化协调发展经历了“严重失调—初级失调—低度协调—中度协调”的进程，要真正实现城镇化与农业现代化发展的高度协调任重而道远。韩国明和张恒铭（2015）运用耦合协调度模型，测度2005—2012年我国31个省份新型城镇化与农业现代化协调度，分析城镇化和农业现代化协调发展的空间格局分布特征和区域差异演化趋势，发现我国城镇化与农业现代化协调发展的空间格局呈现出“东部高、中部低、西部最低”的逆地势阶梯分布状态，优质协调发展地区仍未出现。

“四化同步”提出以后，“四化”协调发展的评价也进入研究者的视野。黄安胜和许佳贤（2013）通过“四化”发展水平的评价指标体系，进而基于熵值法，运用统计数据对全国各省域“四化”发展水平进行综合评价，并且对评价结果进行聚类分析和离散系数分析，发现我国“四化”高度协调发展的省份还很少且均分布在东部沿海发达地区。王新利和肖艳雪（2015）通过建立农业现代化、

城镇化、工业化与信息化协调发展评价指标体系和协调度模型，测算农业现代化、城镇化、工业化与信息化中各子系统的发展指数及系统间协调发展度，进而判断其总体是否协调发展，发现农业现代化、城镇化、工业化与信息化大系统的协调发展与其子系统的协调发展相互依赖，农业现代化与工业化、信息化之间的协调发展至关重要。张林、冉光和和郑强（2015）通过构建复合系统耦合协同度测度模型，利用我国1998—2013年的时间序列数据对农业现代化与工业化、信息化、城镇化的协调发展情况进行了实证分析后发现，尽管考察期内我国农业现代化、工业化、信息化和城镇化都得到了快速发展，但系统间的耦合互动效应不明显。

徐维祥、舒季君和唐根年（2014）以2010年287个地级及以上城市为研究对象，采用PLS通径模型和空间距离测度模型对我国"四化"同步发展水平进行测度和评价，发现我国"四化"发展呈现地区间发展不均衡和地区内发展不同步的双重矛盾；总体上，城镇化落后于工业化，农业现代化发展相对滞后；信息化融合城镇化、工业化、农业现代化程度及其推动作用地区差异明显，中国"四化"发展的质量及同步水平有待提高。进一步，徐维祥、舒季君和唐根年（2015）运用空间计量分析方法对我国"四化"协调发展的时空特征与发展格局进行初步探索，并进一步采用非参数核密度估计和重心曲线演变的方法对其动态演化进行了分析，发现尽管我国的"四化"发展水平总体上扬，但地区差异明显，"四化"协调发展水平存在较强的空间自相关性，发展水平相似区集聚明显；"东高西低"态势依然显著，但南北发展逐渐趋于平衡，在此过程中低级别重心逐渐向西南方向移动，高级别重心较为明显地由南向北移动。

三、工业化、城镇化对农业现代化的影响

一些学者着重阐述了工业化、城镇化对农业现代化的影响。徐大伟、段姗姗和刘春燕（2012）对工业化、城镇化、农业现代化之间的相互关系进行论证后提出：工业化是农业经济发展的手段，城镇化是农业经济发展的外在体现，农业现代化是农业经济发展的目标；利益趋于一致是"三化同步"的内在基础，信息充分和对称是"三化同步"有效实现的必要条件。杨曙辉等（2012）不仅论述了工业化与城镇化在发展理念、市场空间、生产方式、科学技术和资金保障等诸方面给现代农业建设带来的显著积极的推动作用，也指出工业化、城镇化在侵吞或掠剥土地、淡水、劳动力、资本等农业自然与社会资源，胁迫农业农村生态环境与农产食品质量安全等方面对农业农村现代化建设产生多层面的明显消极影响。

大量的研究通过数据分析，发现了工业化、城镇化和农业现代化之间的长期均衡关系。夏春萍、刘文清（2012）结合我国1978—2009年的样本数据，在建立VAR模型的基础之上，采用协整分析、脉冲响应、方差分解等方法对三者之间的关系进行了实证分析，发现农业现代化、城镇化和工业化三者之间具有长期均衡关系，总体而言三者之间存在明显的相互促进作用。苏发金（2012）通过对我国1978—2009年工业化、城镇化与农业现代化之间的互动关系进行实证分析后进一步发现，我国工业化、城镇化与农业现代化三者之间在短期和长期内具有不同的相互影响关系，并且相互影响的程度存在差别。方健雯（2014）建立SVAR模型，对城镇化、工业化和农业现代化协调发展进行实证研究后发现，城镇化、工业化、农业现代化之间存在长期均衡关系，工业化会对城镇化和农业现代化产生正向而持久的冲击。王春丽（2013）的研究也注意到我国城镇化与农业现代化之间具有明显的正向互动作用，而且，长期来看，这种互动作用趋向均衡发展。在信息化上升为国家战略后，部分学者研究了工业化、信息化、城镇化和农业现代化的互动关系，发现长期内城镇化、工业化和

信息化都能提升农业现代化水平（董梅生，杨德才，2014）。

工业化、城镇化与农业现代化之间是否存在格兰杰因果关系，相关研究的结论不一。周战强和乔志敏（2012）利用1978—2010年的全国数据，构建向量自回归模型，分析了工业化、城镇化对农业现代化的影响，发现：工业化、城镇化变动是农业现代化变动的格兰杰原因，农业现代化变动不是工业化、城镇化变动的格兰杰原因；从脉冲响应看，来自城镇化、工业化的冲击对农业现代化变动的影响持续较长，但前者的作用更大；从方差分解看，城镇化变动比工业化变动对农业现代化变动的贡献度要高得多。与此结论相反的是，王贝（2011）通过对我国1995—2009年工业化、城镇化和农业现代化动态关系进行研究后发现：尽管三者之间存在长期的协整关系，但农业现代化与工业化、城镇化呈反向变动趋势，工业化和城镇化不是农业现代化的格兰杰原因，而农业现代化是工业化和城镇化的格兰杰原因，工业化和城镇化发展对农业现代化的冲击总体上并不显著。此外，董梅生和杨德才（2014）对我国工业化、信息化、城镇化和农业现代化的互动关系进行分析后发现，短期内只有农业现代化、工业化和信息化是引起城镇化的原因，其他“三化”之间不存在这种因果关系。

四、工业化、城镇化与农业现代化同步发展的主要问题

农业现代化发展滞后于工业化和城镇化发展。宋洪远和赵海（2012）通过分析我国“三化”发展的现状及特征，发现农业现代化发展明显滞后于工业化和城镇化。陈俊梁、陈瑜（2012）通过实证研究后提出，我国“三化”之间发展极不平衡，农业现代化显著落后于城镇化，城镇化显著落后于工业化，导致国内经济结构失衡，影响经济社会可持续发展。黄祖辉、邵峰和朋文欢（2013）也指出了中国“三化”的主要问题：从总体上看，城镇化滞后于工业化，农业现代化滞后于工业化和城镇化；从动态的角度看，相对于工业化和城镇化的发展水平，中国农业发展的滞后性在加剧，而相对于工业化的发展水平，中国城镇化的滞后性则在缓解。周建群（2013）应用分析软件对1978—2000年、2001—2011年我国“三化”发展情况进行实证研究后发现在研究期内我国工业化与城镇化基本上协同发展，但是农业现代化发展严重滞后。曾福生和高鸣（2013）依据2000—2010年30个省份的面板数据进行研究后发现，中国现代农业发展没能为工业化、城镇化提供坚实的保障，是“三化”中的“短腿”和“三化”协调发展的瓶颈。马敏娜、李国荣和罗胜（2013）以吉林省为例的研究发现，工业化、城镇化的发展对农业现代化发展缺乏有效的支持。

“三化”协调发展水平存在空间不平衡现象。钱丽、陈忠卫和肖仁桥（2012）通过对我国1996—2010年省际“三化”耦合协调度的时空变化差异进行研究后发现，我国各省份“三化”的耦合协调度存在一定差异，东中西部地区依次递减。曾福生、高鸣（2013）对我国农业现代化、工业化和城镇化的区域之间和区域内部协调发展问题进行研究后发现，我国“三化”存在失衡现象，东部、中部、西部地区之间及各地区内部发展不协调。韩国明和张恒铭（2015）的研究也表明，我国城镇化与农业现代化协调发展的空间格局呈现出“东部高、中部低、西部最低”的逆地势阶梯分布状态，优质协调发展地区仍未出现。吴振明（2012）运用系统论的思想构建系统协调状态测度模型对我国西部地区“三化”协调发展情况实证分析发现，西部地区“三化”协调发展水平与经济发展水平分布存在一定程度的空间错位，工业与农业发展的不协调是制约西部地区“三化”协调发展的关键因素，西部地区也存在过度城镇化现象，统筹城乡发展对促进城镇化与农业现代化协调发展有重要作用。

五、文献评述

文献回顾结果表明，已有相关研究分析了工业化、城镇化与农业现代化之间的内在联系，评价了“三化”协调发展的程度，测量了工业化与城镇化对农业现代化的影响，并指出了我国“三化”同步发展的主要问题。这对于我们深入认识工业化、城镇化与农业现代化之间的互动关系具有重要的意义。

然而，已有相关研究的结论差异很大甚至完全相反。例如，部分研究证实工业化、城镇化和农业现代化之间存在长期均衡关系，但另外的研究却没有发现这种关系；部分研究认为工业化、城镇化变动是农业现代化变动的格兰杰原因，农业现代化变动不是工业化、城镇化变动的格兰杰原因（周战强和乔志敏，2012），但另外的研究却认为工业化和城镇化不是农业现代化的格兰杰原因，而农业现代化是工业化和城镇化的格兰杰原因（王贝，2011）。

因此，构建适当的指标体系，采用我国较长时期的样本数据，对工业化、城镇化与农业现代化之间的关系进行深入研究，验证工业化与城镇化是否对农业现代化具有拉动作用，仍具有重要的理论价值和现实意义。

第 2 节　分析框架

一、工业化、城镇化与农业现代化的概念

（一）工业化

工业化通常被理解为一国（或地区）的工业（特别是其中的制造业）在国内生产总值（或国民收入）中的比重不断上升的过程，以及工业就业人数在总就业人数中比重不断上升的过程。张培刚最早在其 1949 年出版的哈佛大学博士论文《农业与工业化》中将工业化定义为一系列基要生产函数连续发生变化的过程（张培刚，1991）。根据张培刚的工业化理论：通常包括交通运输、动力工业、机械工业、钢铁工业等工业部门在内的“基要的”生产函数的变化，引起并决定了其他“被诱导的”生产函数的变化；农业经营也受到了来自基要生产函数的影响和控制（张培刚，2008）。因此，工业化与农业改造是一个问题相互连接的两个部分，工业化不仅包括制造业的工业化，也包括农场经营的工业化（张培刚，2008）。与此观点类似的是，罗森斯坦 - 罗丹（Rosensten-Rodan）在《东欧和东南欧国家工业化的若干问题》一文中提出了“大推进理论”，认为在发展中国家的工业化过程中，对农业进行结构改造是实现城市和农村地区共同大发展的重要路径（Rosensten-Rodan，1943）。

与张培刚等人从探索农业国如何实现工业化的道路不同，美国学者钱纳里（Chenery）等人则运用当时流行的投入产出分析、一般均衡分析和经济计量模型等定量分析方法，尝试通过一系列工业化国家或地区的比较研究来阐述工业化在经济发展中作用。在《工业化与经济增长的比较研究》一书中，钱纳里通过对经济增长的结构主义分析，将发展中国家的经济增长进程理解为经济结构全面转变的一个组成部分，重点强调工业部门是经济增长的主导力量，提出应通过工业化过程实现经济结构的转变，进而推动区域经济的发展（Chenery et al，1975）。钱纳里指出：在工业化过程中，工业部门比非工业部门具有更高的边际要素生产率，出口部门比非出口部门具有更高的边际要素生产率，将有限的资源投向工业部门和出口部门可以取得更好的经济增长效果（Chenery et al，1975）。

（二）城镇化

与工业化过程相伴的是城市化进程。城市化一般指农村人口不断向城市转移，第二、三产业不断向城市聚集，从而使城市数量和规模不断扩大的历史过程。从世界范围内来看，一个国（或地区）的工业化过程与城市化过程通常发生在同一历史时期，二者密不可分。刘易斯（Lewis）、拉尼斯（Ranis）与费景汉（Fei）、乔根森（Jorgenson）以及托达罗（Todaro）等学者，从城乡人口流动的角度研究城市化问题，揭示了人口从农村（传统部门）向城市（现代部门）转移的基本过程和动力机制，表明城市化的过程就是二元经济转换的过程（Lewis，1954；Ranis and Fei，1961；Jorgenson，1967；Todaro，1969）。缪尔达尔（Myrdal）、赫希曼（Hirschman）以及弗里德曼（Friedman）等学者，从经济发展引起资源空间配置变化的角度研究城市化问题，揭示了资源空间配置变化的原理和过程，表明城市化的过程就是城乡区域空间一体化的过程（Myrdal，1957；Hirschman，1958；Friedman，1966）。

"城镇化"是对应于西方"城市化"概念的中国提法。费孝通从中国农民创造的经验中总结了从传统农业社会向现代工业社会转型的路径，提出了以农村工业化为基础的"农村内生城镇化"思想（费孝通，2010）。我国的"城镇化"在城乡人口比重这个基本概念上与西方的"城市化"并无差异，但在实现方式上却体现出了中国特色，表明处在工业化不同阶段的中国试图以农村"城镇化"发展作为缓解三农困境和推进人口城市化的路径，以此规避其他发展中国家城市化与大型贫民窟同步、社会失衡难以逆转等严峻问题（温铁军，温厉，2007）。我国作为世界上人口最多的大国，实现和平崛起，既不能盲从以美国为首的西方列强作为城市化先行国家采用的"A 模式"，也要摆脱以美国生态学家布朗教授为首的众多学者倡导的"B 模式"的诱惑，坚持走自己的城市化道路——"C 模式"（仇保兴，2009）。

（三）农业现代化

美国学者舒尔茨（Schultz）批评了当时盛行的轻视农业和片面强调工业化作用的观点，反对将农业视为工业的附属，认为发展中国家的经济成长有赖于农业的迅速稳定增长，而由于传统农业并不具备这种潜力，因而需要将传统农业改造成现代农业，即实现农业的现代化（Schultz，1964）。在《改造传统农业》一书中，舒尔茨驳斥了两个关于传统农业的流行观点，一个是传统农业中生产要素配置效率低下，另一个是传统农业中存在隐蔽失业；他认为传统农业中的农民并不愚昧落后，他们能对市场价格的变动做出迅速而正确的变动；发展中国家不可能通过有效地配置现有的农业生产要素来大幅度增加农业生产（Schultz，1964）。在此基础上，舒尔茨提出改造传统农业的关键是要引进新的现代农业生产要素，从而使农业成为经济增长的源泉，包括建立一套适合传统农业改造的制度与技术保证、从供给与需求两方面为引进现代生产要素创造条件、对农民进行人力资本投资等（Schultz，1964）。

由于现代农业是相对于传统农业而言的，因而农业现代化是一个相对、动态的历史性概念，人们对于农业现代化的理解会随着时代背景和发展条件的不同而不断扩展和演变（毛飞、孔祥智，2012）。在新中国成立初期，无论是在学术界还是在政策领域，实质上将"农业现代化"等同于"农业机械化"，认为当把农业生产中机械技术的应用提高到某种程度时，农业现代化就自然实现了，进而将能够促进农业现代化实现的措施概括为机械化、化肥化、水利化和电气化，侧重于现代工业技术在农业生产中的运用（张冬平，2012）。就当前而言，农业现代化通常指传统农业向具有机械化、集约化、市场化、社会化特征的现代农业转化的过程。可见，我国当前的农业现代化，不仅包括农业生产技术或生产手段的现代化，还包含了组织管理、市场经营、社会服务乃至国际竞争的现代化（毛飞、孔祥智，2012）。

二、工业化与城镇化对农业现代化的影响

（一）工业化与城镇化对农产品供给能力提出了更高的要求

我国的工业化、城镇化进程提高了我国的经济发展水平和城乡居民的生活水平，带来了我国城乡居民食品消费结构的升级和变化，不仅直接导致肉、奶、水产等动物蛋白和食用油、食糖等产品的消费数量逐步上升，还通过产业链的传导带动了大豆、玉米等粮食品种消费数量的增长（孔祥智、毛飞，2014）。2001 年，我国的猪牛禽肉消费总量为 5466 万吨，液态奶消费总量为 1121 万吨，食用油消费总量 1352 万吨，食糖消费总量为 865 万吨，大豆消费总量为 2670 万吨，玉米消费总量是 12024 万吨，而到了 2011 年，上述指标分别增长到了 6854 万、3199 万吨、2769 万吨、1400 万吨、6595 万吨和 18000 万吨，分别提高了 25.4%、185.4%、104.8%、61.9%、147.0%、49.7%（孔祥智、毛飞，2014）。提高农业的现代化水平是提高我国主要农产品供给能力，满足人民群众升级后消费需求的主要途径。

（二）工业化与城镇化提高了农业发展所需技术装备的供给能力

工业化的发展不仅可以保障我国农业现代化生产所需的化肥、农药、种子等农业物资和耕种、施肥、收割等技术装备的充分供给，可以提高我国农业集约生产的节地、节水、节肥、节种、节能、省工的技术水平，还可以为农业的规模化经营提供社会化生产的组织经验，为我国农业发展方式的转变奠定了基础（毛飞、孔祥智，2012）。与此同时，我国城镇化水平的不断提高，不仅为农业提供了稳定的产品销售市场，提高了农产品的需求数量，还有助于促进农业企业等新型农业经营主体和农业中介组织组织的发展，促进农业社会化服务体系的构建，提高农业的社会化服务水平。在工业化、城镇化的带动下，我国农业科技进步的基础越来越坚实，科技贡献率进一步提高，农业科技应用广度和深度不断拓宽，新品种、生物技术、人工智能等现代要素在农业生产中的地位越来越重要（毛飞、孔祥智，2012）。据农业部统计，2014 年我国农业科技进步贡献率已经达到 56%[1]。

（三）工业化与城镇化促进了农村剩余劳动力转移和农民收入增长

改革开放以来，我国工业化与城镇化进程大大提高城镇就业人数和二三产业就业人数，促进了农村剩余劳动力向城镇和二三产业的转移。1978 年，我国城镇就业人员占全国就业人数的比重为 23.7%，而到了 2014 年，这一比例提高到了 50.9%。1978 年，我国二三产业就业人数站全国就业人数的比重为 29.5%，而 2014 年增长到了 70.5%[2]。特别是，大量在城镇务工的农村劳动力形成了庞大的农民工队伍。到了 2014 年，我国的农民工总量已经达到 27395 万人。农村劳动力向城镇和二三产业转移，增加了农村居民家庭的工资性收入数量，提高了农村居民家庭的总体收入水平，改善了农村居民家庭的收入结构。1992 年，我国农村居民家庭人均纯收入仅有 784.0 元，其中工资性收入的比例为 23.5%，家庭经营收入的比例为 71.6%。而到了 2013 年，我农村居民家庭人均纯收入增长到

[1] 数据来源：蒋建科. 农业科技进步贡献率达56%［N］. 人民日报, 2015-01-27.

[2] 数据来源：国家统计局. 中国统计年鉴［Z］. 北京：中国统计出版社, 1978-2015.

了 8896 元，其中工资性收入的比例达到 45.3%，已经超过了家庭经营收入的比例 42.6%（中国社会科学院农村发展研究所，国家统计局农村社会经济调查司，2014）。

（四）工业化与城镇化促进了农村土地流转和农业适度规模经营实现

工业化与城镇化的发展促进了农村土地资源的重新配置，有利于推动农村的土地流转和技术进步，为培育新型农业经营主体，实现土地适度规模经营，促进农业生产经营专业化、标准化、集约化发展创造了有利条件。第一，农民收入水平的提高和收入来源的多样化降低农民对土地和农业生产的依赖，增加了农民进行非农职业选择机会，提高了农民的土地流转意愿，促进了土地的相对集中（徐珍源、蔡赟和孔祥智，2009）。2014 年，全国家庭承包耕地流转面积达到 4.03 亿亩，流转比例达到 30.4%（李光荣，2016）。第二，土地的流转和相对集中，促进了专业大户、家庭农场、农民合作社等新型农业经营主体的发展，有利于实现农业的适度规模经营，有利于新型农业生产技术的采用，有利于提高农业生产经营效率。第三，由于工业化和城镇化的发展积累了大量的社会资金，土地流转与集中有利于吸引各类社会资本投向农业，为农业现代化发展提供了资金保障（毛飞、孔祥智，2012）。

三、工业化、城镇化与农业现代化指标体系构建

为了量化分析工业化、城镇化对农业现代化的影响，本章分别用 INL、URL 和 AML 代表工业化水平、城镇化水平与农业现代化水平变量，然后为三个变量分别选取了两个最有代表性的指标。如表 16-1 所示。

表 16–1　工业化、城镇化与农业现代化指标体系

变量	指标名称	指标说明
工业化水平（INL）	二三产业就业人数比重	二三产业就业人数/一二三产业就业总人数
	二三产业增加值比重	二三产业增加值/一二三产业总增加值
城镇化水平（URL）	城镇人口比重	城镇人口数量/全国人口数量
	城镇就业人口比重	城镇就业人口数量/全国就业人口数量
农业现代化水平（AML）	机械动力使用强度（千瓦/公顷）	农业机械总动力/农作物总播种面积
	人均农业产值（万元/人）	农林牧渔业总产值/第一产业就业人数

工业化水平（INL）主要表示工业产值在国内生产总值中的比例或工业就业人数在总就业人数中比例。但由于在工业化后期，大量从第二产业衍生出来的第三产业比重越来越高，也会对农业的现代化进程产生影响。仅仅用第二产业的产值或就业人数来代表工业化水平有失偏颇。因此，本章中采用同时包含了第二产业和第三产业信息的“二三产业就业人数比重”和“二三产业增加值比重”来代表工业化水平（INL）。

城镇化水平（URL）主要表示人口在城镇空间的聚集程度。尽管很多研究通常直接采用“城镇人口比重”代表我国的城镇化水平，但这有可能将未能在城镇实现就业的流动人口父母、配偶和子女也计算为城镇人口，从而可能高估了城镇化水平。因此，本章同时选取了“城镇人口比重”和“城镇就业人口比重”来代表城镇化水平（URL）。

农业现代化水平（AML）主要表示传统农业向现代农业转化的过程。农业生产机械化水平和集约化水平通常是现代农业的重要特征。因此，本章选取单位播种面积的“机械动力使用强度”和“人

均农业产值”来代表农业现代化水平（AML）。

四、数据来源与测算方法

考虑到研究数据的可获得性和测度的可操作性，本文选取了我国统计年鉴数据较为完整的1978—2014年作为研究样本期间。各年度数据均来源于国家统计网站所载的1979—2014年的《中国统计年鉴》。各指标的主要数据特征如表16-2所示：

表16-2　工业化、城镇化与农业现代化指标统计特征

指标	N	最小值	最大值	平均值	标准差
二三产业就业人数比重（%）	37	0.2950	0.7050	0.4761	0.1162
二三产业增加值比重（%）	37	0.6697	0.9083	0.8056	0.0813
城镇人口比重（%）	37	0.1792	0.5477	0.3380	0.1125
城镇就业人口比重（%）	37	0.2369	0.5088	0.3260	0.0834
机械动力使用强度（千瓦/公顷）	37	0.7828	6.5036	3.1003	1.7793
人均农业产值（万元/人）	37	0.0493	4.4856	0.9605	1.1710

本章采用因子分析法中的主成分分析法，应用上述数据，对代表我国工业化水平（INL）、城镇化水平（URL）与农业现代化（AML）变量的不同指标找出影响变量的主成分进行降维，将代表变量的2个指标转化为1个指标，然后进行下一步的分析。由于以上指标的量纲不一致，各指标数据之间不具有可比性，进行主成分分析时首先要对代表工业化水平（INL）、城镇化水平（URL）与农业现代化（AML）变量的各项指标进行标准化处理，以消除各指标的量纲。

在确定了工业化水平（INL）、城镇化水平（URL）与农业现代化（AML）变量数值后，首先，进行变量水平序列平稳性检验，若水平序列不平稳再进行一阶或二阶差分序列的平稳性检验。然后，根据变量序列平稳性检验结果进行各变量关系的后续分析，包括格兰杰（Granger）因果关系分析、协整分析、相关分析。最后根据数据分析结果判断工业化和城镇化是否对农业现代化具有拉动作用，进而提出相应的政策建议。

第3节　数据分析

一、确定工业化、城镇化与农业现代化变量数值

第一步，确定工业水平（INL）的数值。

在SPSS软件中对标准化处理后的工业化水平（INL）2个指标数据进行主成分分析。分析结果表明，第一主成分的初始特征值（方差）分别是1.950，方差的累积贡献率已经达到97.509%，即第一主成分提取了2个指标全部信息的97.509%，可以用这一主成分作为新的变量代替原来的2个指标对工业化水平（INL）进行评价。

将因子载荷矩阵（成分矩阵）抽出的一个主成分，设定为变量B_1，对应的特征值为K_1。输入SPSS软件，依照如下公式进行转换：

$$A_1=\frac{B_1}{\sqrt{K_1}}$$

得到新的特征向量 A_1。

A_1=［0.7068，0.7068］

用 A_1 分别乘以工业化水平（INL）2 个指标的标准化值 $ZINL_1$ 和 $ZINL_2$，得出工业化水平（INL）的主成分 F_1 的表达式。

$F_1=0.7068ZINL_1+0.7068ZINL_2$

第二步，确定城镇化水平（URL）的数值。

在 SPSS 软件中对标准化处理后的城镇化水平（URL）的 2 个指标数据进行主成分分析。分析结果表明，第一个主成分的初始特征值（方差）是 1.980，方差的累积贡献率已经达到 98.980%，即第一个主成分提取了 2 个指标全部信息的 98.980%，可以用这一个主成分作为新的变量代替原来的 2 个指标对城镇化水平（URL）进行评价。

将因子载荷矩阵抽出的第一个主成分，设定为变量 B_2，对应的特征值为 K_2。输入 SPSS 软件，依照如下公式进行转换：

$$A_2=\frac{B_2}{\sqrt{K_2}}$$

得到新的特征向量 A_2。

A_2=［0.7071，0.7071］

用 A_2 乘以城镇化水平（URL）的 2 个指标的标准化值 $ZURL_1$ 和 $ZURL_2$，得出主成分 F_2 的表达式。

$F_2=0.7071ZURL_1+0.7071ZURL_2$

第三步，确定农业现代化水平数值。

在 SPSS 软件中对标准化处理后的农业现代化水平（AML）的 2 个指标数值进行主成分分析。分析结果表明，第一个主成分的初始特征值（方差）是 1.918，方差的累积贡献率已经达到 95.920%，即第一个主成分提取了 2 个指标全部信息的 95.920%，可以用这一主成分作为新的变量代替原来的 2 个指标对农业现代化水平（AML）进行评价。

将因子载荷矩阵抽出的第一个主成分，设定为变量 B_3，对应的特征值为 K_3。输入 SPSS 软件，依照如下公式进行转换：

$$A_3=\frac{B_3}{\sqrt{K_3}}$$

得到新的特征向量 A_3。

A_3=［0.7069，0.7069］

用 A_3 乘以农业现代化水平（AM）的 2 个指标的标准化值 $ZAML_1$ 和 $ZAML_2$，得出主成分 F_3 的表达式。

$F_3=0.7069ZAML_1+0.7071ZAML_2$

最后，通过以上过程形成的 F_1、F_1、F_3，就是提取主成分后形成的工业化水平（INL）、城镇化水平（URL）与农业现代化水平（AML）新的变量数值。如表 16-3 所示。

表 16-3 提取主成分后的 INL、URL 和 AML 变量数值

年份	工业化水平（INL）	城镇化水平（URL）	农业现代化水平（AML）
1978	-1.8377	-1.7542	-1.4707
1979	-2.0603	-1.6311	-1.4177
1980	-1.8986	-1.5634	-1.3714
1981	-2.0091	-1.4785	-1.3382
1982	-2.1378	-1.4218	-1.3069
1983	-2.0578	-1.3850	-1.2610
1984	-1.7779	-1.2917	-1.2116
1985	-1.3640	-1.2214	-1.1629
1986	-1.1588	-1.1501	-1.1017
1987	-1.0745	-1.0837	-1.0417
1988	-0.9362	-1.0402	-0.9729
1989	-0.9301	-1.0362	-0.9319
1990	-1.1023	-0.9974	-0.9239
1991	-0.8544	-0.9344	-0.9050
1992	-0.5449	-0.8737	-0.8617
1993	-0.2397	-0.8115	-0.7798
1994	-0.1250	-0.7525	-0.6460
1995	-0.0076	-0.6921	-0.5085
1996	0.1193	-0.5235	-0.4190
1997	0.2802	-0.3598	-0.3152
1998	0.3506	-0.1980	-0.2368
1999	0.4271	-0.0411	-0.1529
2000	0.5532	0.1113	-0.0579
2001	0.6133	0.2884	0.0304
2002	0.6724	0.4792	0.1281
2003	0.7759	0.6749	0.2576
2004	0.8932	0.8524	0.4732
2005	1.1323	1.0383	0.6483
2006	1.3548	1.2495	0.8535
2007	1.4939	1.4802	1.1317
2008	1.5704	1.6672	1.4482
2009	1.7008	1.8759	1.6413
2010	1.8077	2.1163	1.9808
2011	1.9312	2.3197	2.4267
2012	2.0051	2.5176	2.7771
2013	2.1493	2.7017	3.1185
2014	2.2858	2.8689	3.4801

对 INL、URL 和 AML 三个变量在 1978—2014 年的数值在坐标中描点，变化趋势如图 16-1

所示：

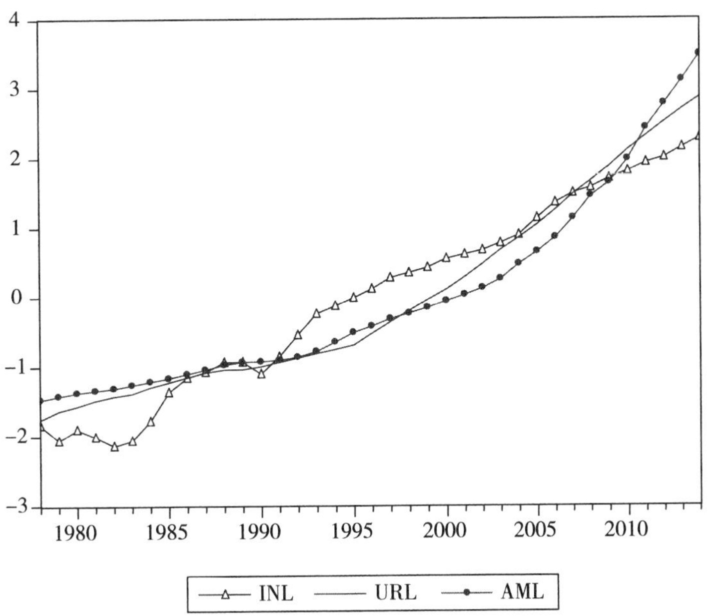

图 16–1　INL、URL 和 AML 变量变化趋势

二、进行农业化、城镇化与农业现代化变量序列平稳性检验

通过 EViews 软件对工业化水平（INL）、城镇化水平（URL）与农业现代化水平（AML）三个变量进行单位根检验，以判断其平稳性。

首先进行水平序列的单位根检验，若水平序列不平稳进行一阶差分后序列的单位根检验，若一阶差分后的序列仍不平稳则进行二阶差分后序列的单位根检验。

若检验的数据平稳（不存在单位根），可以直接进行格兰杰因果关系检验。若检验的数据非平稳（存在单位根），并且各个序列是同阶单整，可以进行协整检验。如果不检验序列的平稳性直接 OLS 易导致伪回归。

为了确保单位根检验结果的稳健性，本章采用 Augmented Dickey-Fuller（ADF）检验和 Phillips-Perron（PP）检验两种方法进行单位根检验，综合判断检验结果。

INL、URL 和 AML 三个变量的 ADF 检验结果如表 16-4 所示。

表 16–4　INL、URL 和 AML 的 ADF 检验结果

变量	T检验值	截距项、趋势项、滞后期	临界值（5%）	检验结论
INL	-0.7364	0，0，1	-1.9507	不平稳
D(INL)	-3.7785	1，0，1	-2.9511	平稳
URL	-0.1229	0，0，1	-1.9507	不平稳
D(URL)	-1.2420	1，0，0	-2.9484	不平稳
D(URL，2)	-4.9435	1，1，1	-3.5530	平稳
AML	-0.2497	0，0，3	-1.9513	不平稳
D(AML)	0.6541	1，0，2	-2.9540	不平稳
D(AML，2)	-7.4998	1，1，1	-3.5530	平稳

INL、URL 和 AML 三个变量的 PP 检验结果如表 16-5 所示。

表 16-5　INL、URL 和 AML 的 PP 检验结果

变量	T检验值	截距项、趋势项、滞后期	临界值（5%）	检验结论
INL	-0.2704	0，0，1	-1.9504	不平稳
D(INL)	-9.5350	1，0，1	-2.9484	平稳
URL	0.2486	0，0，1	-1.9504	不平稳
D(URL)	-1.1840	1，0，0	-2.9484	不平稳
D(URL，2)	-7.0889	1，1，1	-3.5485	平稳
AML	-0.9654	0，0，3	-1.9504	不平稳
D(AML)	-0.5947	1，0，2	-2.9484	不平稳
D(AML，2)	-10.5011	1，1，1	-3.5485	平稳

从 ADF 检验和 PP 检验的结果可知，在 5% 的显著性水平下，INL、URL 和 AML 三个变量的水平序列都不平稳。INL 一阶差分序列平稳，而 URL 和 AML 的二阶差分序列平稳。因此，既无法同时对三个变量进行格兰杰因果关系检验，也无法同时对三个变量进行协整检验。但由于 URL 和 AML 都是二阶单整，可以对 URL 和 AML 进行协整检验，而 INL 和 AML 不是同阶单整，可以采用其他非协整方法进行分析。

三、对 URL 和 AML 进行协整检验

首先，对 URL 和 AML 的二阶差分序列进行格兰杰因果关系分析，以判断变量的先后变化时序。将 URL 和 AML 的二阶差分结果定义为新的序列 D^2URL 和 D^2AML，分析 D^2URL 和 D^2AML 的 Granger 因果关系。在滞后 1 期情况下，D^2URL 和 D^2AML 的格兰杰因果关系检验结果如表 16-6 所示。

表 16-6 D^2URL 和 D^2AML 的格兰杰因果关系检验结果

原假设	滞后期	F统计量	概率	结论
D^2URL不是D^2AML的格兰杰原因	1	7.86560	0.0086	拒绝原假设
D^2AML不是D^2URL的格兰杰原因	1	2.69584	0.1107	接受原假设

从表 16-6 的检验结果可知，“D^2URL 不是 D^2AML 的格兰杰原因”的原假设被拒绝，而“D^2AML 不是 D^2URL 的格兰杰原因”却未能被拒绝。可见，D^2URL 是 D^2AML 的格兰杰原因，D^2URL 的前期变化有效地解释了 D^2AML 的变化，反之则不成立。

然后，以 AML 为因变量，以 URL 为自变量进行 OLS 回归。回归结果显示，模型的 R2 为 0.9714，模型显著。变量系数的回归结果如表 16-7 所示：

表 16-7　URL 和 AML 的 OLS 回归分析结果

变量	系数	标准误	T值	P值
URL	0.9700	0.0277	35.0061	0.000

接着，对 OLS 回归的残差序列进行单位根检验。将 OLS 回归的残差定义为新的序列 RESID，对 RESID 进行 ADF 单位根检验。检验结果表 16-8 所示：

表 16–8　残差序列 RESID 的 ADF 检验结果

变量	T检验值	截距项、趋势项、滞后期	临界值（5%）	检验结论
RESID	-2.1495	0，0，3	-1.9513	平稳

因此，由于 URL 和 AML 都是二阶单整，D^2URL 是 D^2AML 的格兰杰原因，URL 和 AML 的 OLS 回归残差水平序列平稳，可以判断出我国的城镇化水平（URL）和农业现代化水平（AML）存在协整关系。

最后，对 URL 和 AML 建立向量误差修正模型（Vector Error Correction，VEC）并进检验。模型估计结果如表 16-9 所示。

从表 16-9 结果可知，VEC 模型的拟合优度很高，同时模型的 AIC 标准和 SC 标准都比较小，说明该模型的估计比较合理。

由此可见，在样本期间（1978—2014），我国城镇化水平（URL）与农业现代化水平（AML）之间存在着协整关系。换言之，我国城镇化水平（URL）与农业现代化水平（AML）之间存在着长期稳定的均衡关系，城镇化水平（URL）的提高能够促进农业现代化水平（AML）的提高。

表 16–9　URL 和 AML 的 VEC 模型估计结果

Error Correction:	D(URL)	D(AML)
CointEq1	0.018127	0.086522
	(0.02264)	(0.03129)
	[0.80073]	[2.76535]
D [URL(-1)]	0.693548	0.378690
	(0.20553)	(0.28405)
	[3.37445]	[1.33316]
D [URL(-2)]	0.093810	-0.599688
	(0.19634)	(0.27135)
	[0.47779]	[-2.20998]
D [AML(-1)]	-0.170663	0.569954
	(0.12734)	(0.17599)
	[-1.34020]	[3.23849]
D [AML(-2)]	0.116187	-0.130075
	(0.11963)	(0.16533)
	[0.97125]	[-0.78676]
C	0.038446	0.109987
	(0.03339)	(0.04615)
	[1.15141]	[2.38335]
R-squared	0.846780	0.902120
Adj. R-squared	0.819419	0.884641
Sum sq. resids	0.024069	0.045974
S.E. equation	0.029319	0.040521
F-statistic	30.94879	51.61284
Log likelihood	75.06036	64.05880

续表

Error Correction:	D(URL)	D(AML)
Akaike AIC	-4.062374	-3.415224
Schwarz SC	-3.793017	-3.145866
Mean dependent	0.130362	0.142691
S.D. dependent	0.068994	0.119303

四、对 INL 和 AML 的关系进行分析

由于工业化水平（INL）和农业现代化水平（AML）的水平序列不平稳且不是同阶单整，无法对二者之间的关系进行协整检验，但可以应用其他数据分析方法对工业化水平（INL）和农业现代化水平（AML）的关系进行分析。

首先，分析 INL 和 AML 的相关性。INL 和 AML 的相关性分析表明，两个变量存在高度的正相关性。分析结果如表 16-10 所示。

表 16-10　INL 和 AML 的相关分析结果

	INL	AML
INL	1	0.9241
AML	0.9241	1

然后，构建向量自回归模型（Vector Autoregression，VAR）来考察 INL 和 AML 的关系。

以往的许多研究表明，工业化水平（INL）和农业现代化水平（AML）都是相互产生影响的内生变量（夏春萍，刘文清，2012）。尽管 INL 和 AML 不是同阶单整，但 DINL 和 D^2AML 都是平稳变量，可以构建 VAR 模型进行分析。VAR 模型形式如下。

$$D^2AML_t=\alpha_1 D^2AML_{t-1}+\alpha_2 D^2AML_{t-2}+\alpha_3 DINL_{t-1}+\alpha_4 DINL_{t-2}+\mu_{1t}$$

$$DINL_t=\beta_1 D^2AML_{t-1}+\beta_2 D^2AML_{t-2}+\beta_3 DINL_{t-1}+\beta_4 DINL_{t-2}+\mu_{2t}$$

对 VAR 模型进行估计。模型估计结果如表 16-11 示。

表 16-11　DINL 和 D2 AML 的 VAR 模型估计结果

	DINL	DDAML
DINL(-1)	0.602644	0.091536
	(0.14992)	(0.07221)
	[4.01979]	[1.26769]
DINL(-2)	-0.467271	0.021545
	(0.15163)	(0.07303)
	[-3.08157]	[0.29500]
DDAML(-1)	0.078533	-0.292447
	(0.33496)	(0.16133)
	[0.23446]	[-1.81274]
DDAML(-2)	0.070914	-0.516807
	(0.33323)	(0.16049)

续表

	DINL	DDAML
	[0.21281]	[-3.22008]
C	0.112450	0.003342
	(0.02582)	(0.01243)
	[4.35578]	[0.26877]
R-squared	0.405659	0.317470
Adj. R-squared	0.320753	0.219966
Sum sq. resids	0.243521	0.056491
S.E. equation	0.093259	0.044917
F-statistic	4.777749	3.255964
Log likelihood	34.17451	58.28293
Akaike AIC	-1.768152	-3.229269
Schwarz SC	-1.541408	-3.002525
Mean dependent	0.130148	0.009952
S.D. dependent	0.113155	0.050858

从表16-11结果可知，模型的拟合优度较高，同时AIC标准和SC标准都比较小，说明该模型的估计也比较合理。

由此可见，在样本期间（1978—2014），我国的工业化水平（INL）和农业现代化水平（AML）之间也存在很强的相关性，前期的工业化水平（INL）对农业现代化水平（AML）也产生了正向的影响。

第4节　结论与建议

党的十七届三中全会通过的《中共中央关于推进农村改革发展若干重大问题的决定》指出要“统筹工业化、城镇化、农业现代化建设，加快建立健全以工促农、以城带乡长效机制”，因而探索工业化和城镇化对农业现代化的影响非常必要。

一、研究结论

本章在对工业化、城镇化与农业现代化相关文献进行回顾后，选取了合适的指标来代表工业化水平（INL）、城镇化水平（URL）与农业现代化水平（AML），并通过因子分析法降维形成了三个变量数值后，分析了工业化、城镇化与农业现代化的关系。分析结果表明：

第一，样本期间，我国的城镇化水平（URL）和农业现代化水平（AML）之间存在协整关系，因而城镇化水平（URL）和农业现代化水平（AML）之间存在长期稳定的均衡关系，城镇化水平（URL）的提高能够促进农业现代化水平（AML）的提高。该结论与夏春萍和刘文清（2012）、王春丽（2013）、方健雯（2014）等学者的研究结论一致。

第二，样本期间，我国的工业化水平（INL）与农业现代化水平（AML）之间也具有很强的相关性，前期的工业化水平（INL）对当期农业现代化水平（AML）产生了正向影响。但是，数据未能证实工业化水平与农业现代水平之间的长期均衡关系，与夏春萍和刘文清（2012）、方健雯（2014）等学者的研究结论相左。

值得注意的是，由于已有的研究关于工业化、城镇化与农业现代化之间的格兰杰因果关系具有截然相反的结论（周战强和乔志敏，2012；王贝，2011），本书样本数据未能揭示出城镇化、工业化水平与农业现代水平之间的格兰杰因果关系，可能与实际情况更为接近。

二、政策建议

本研究的理论结论证实了城镇化和工业化发展对农业现代化的积极作用。因此，各级部门应当充分利用新常态下的发展机遇期，充分利用我国城镇化与工业化发展对农业现代化创造的有利条件，促进农业现代化的快速发展，最终实现“三化同步”发展。

第一，夯实现代农业发展基础，提高我国农业生产竞争力。鉴于我国当前现代农业发展基础总体依然薄弱，农业生产的竞争力总体依然不高，各级部门应充分挖掘、积极利用、有效转化城镇化和工业化发展对农业现代化的积极影响，积极强化物质装备和技术支撑，积极推进现代农业科技创新推广体系建设，积极构建现代农业产业体系、生产体系、经营体系，积极发挥多种形式农业适度规模经营的引领作用，推动一二三产业融合发展，为持续提高我国农业生产的竞争力创造条件。

第二，加快农业供给侧改革步伐，促进新型农业经营主体发展。21 世纪以来，我国的农产品供给能力不断提高，粮食产量实现了“十二连增”，但是，农产品供给的结构性问题依然突出。在当前形势下，各级部门应用发展新理念破解“三农”新难题，加大创新驱动力度，推进农业供给侧结构性改革，加快转变农业发展方式，鼓励专业大户、家庭农场与农民合作社等新型农业经营主体发展，促进农业适度规模经营，提高农业生产经营的组织化程度，优化农业生产结构和区域布局，提高农业生产综合效益，走产出高效、产品安全、资源节约、环境友好的农业现代化道路。

第三，推动农村集体产权制度改革，促进城乡要素的公平交换。我国已有的农村集体产权制度在历史上曾经为稳定我国农村社会局面、促进农业生产发展发挥了重要的作用。在当前实施新型城镇化战略和推进农业供给侧改革步伐的背景下：应进一步推动我国当前的集体产权制度改革，落实集体所有权，稳定农户承包权，放活土地经营权，推进土地经营权有序流转，促进土地适度规模经营实现；进一步明确农村集体建设用地和宅基地使用权，完善农村土地征收的农民利益保障机制。

参考文献：

［1］曹俊杰，刘丽娟．新型城镇化与农业现代化协调发展问题及对策研究［J］．经济纵横，2014(10): 12-15.

［2］陈俊梁，陈瑜．“三化”同步及其策略选择［J］．求实，2012(11): 43-45.

［3］董梅生，杨德才．工业化、信息化、城镇化和农业现代化互动关系研究——基于 VAR 模型［J］．农业技术经济，2014(4): 14-24.

［4］方健雯．城镇化与工业化、农业现代化协调发展研究——基于 SVAR 模型的实证分析［J］．科技与经济，2014(6): 76-80.

［5］费孝通．中国城镇化道路［M］．呼和浩特：内蒙古人民出版社，2010.

［6］韩长斌．加快推进农业现代化努力实现“三化”同步发展［J］．农业经济问题，2011(11): 4-7.

［7］韩国明，张恒铭．我国新型城镇化与农业现代化协调发展空间分布差异研究［J］．吉林大学社会科学

学报 , 2015(5): 36-46.
[8] 赫修贵 . 城镇化和农业现代化协同推进研究 [J] . 理论探讨 , 2013(6): 96-99.
[9] 贺翀 , 肖功为 . 中部六省工业化、城镇化和农业现代化协调发展测度研究 [J] . 南通大学学报 (社会科学版), 2015(3):16-22.
[10] 贺叶玺 . 工业化、城镇化和农业现代化共生关系研究 [J] . 理论与改革 , 2011(5): 54-58.
[11] 胡若痴 . 新型城镇化与工业化、信息化、农业现代化关系的马克思主义分析 [J] . 科学社会主义 , 2014(4): 134-137.
[12] 黄安胜 , 许佳贤 . 工业化、信息化、城镇化、农业现代化发展水平评价研究 [J] . 福州大学学报 (哲学社会科学版), 2013(6): 28-33.
[13] 黄祖辉 , 邵峰 , 朋文欢 . 推进工业化、城镇化和农业现代化协调发展 [J] . 中国农村经济 , 2013(1): 8-14.
[14] 孔祥智 , 毛飞 . 中国农村改革之路 [M] . 北京：中国人民大学出版社 , 2014.
[15] 李光荣 . 土地市场蓝皮书：中国农村土地市场发展报告（2015—2016）[M] . 北京：社会科学文献出版社 , 2016.
[16] 李静 , 高继宏 . 城镇化与农业现代化协调发展研究 [J] . 理论与改革 , 2014(2): 62-66.
[17] 李文忠 , 游斌 . 天津市工业化、城镇化和农业现代化发展协调度的研究 [J] . 经济问题 , 2014(4): 116-119.
[18] 马敏娜 , 李国荣 , 罗胜 . 工业化、城镇化、农业现代化关联研究——以吉林省为例 [J] . 税务与经济 , 2013(4): 102-108.
[19] 毛飞 , 孔祥智 . 中国农业现代化总体态势和未来取向 [J] . 改革 , 2012(10): 9-21.
[20] 钱丽 , 陈忠卫 , 肖仁桥 . 中国区域工业化、城镇化与农业现代化耦合协调度及其影响因素研究 [J] . 经济问题探索 , 2012(11): 10-17.
[21] 仇保兴 . 应对机遇与挑战：中国城镇化战略研究主要问题与对策 [M] . 北京：中国建筑工业出版社 , 2009.
[22] 宋洪远 , 赵海 . 我国同步推进工业化、城镇化和农业现代化面临的挑战与选择 [J] . 经济社会体制比较 , 2012(2): 135-143.
[23] 苏发金 . 工业化、城镇化与农业现代化互动关系实证研究 [J] . 大连理工大学学报 (社会科学版), 2012(3): 45-50.
[24] 王贝 . 中国工业化、城镇化和农业现代化关系实证研究 [J] . 城市问题 , 2011(9): 21-25.
[25] 王春丽 . 城镇化与农业现代化协调发展的机理与实证检验 [J] . 江汉论坛 , 2013(11): 60-64.
[26] 王新利 , 肖艳雪 . 农业现代化、城镇化、工业化、信息化协调发展评价研究——以黑龙江农垦为例 [J] . 农业技术经济 , 2015(6): 91-98.
[27] 汪晓文 , 杜欣 . 中国城镇化与农业现代化协调发展的测度 [J] . 统计与决策 , 2015(8): 121-124.
[28] 温铁军 , 温厉 . 中国的“城镇化”与发展中国家城市化的教训 [J] . 中国软科学 , 2007(7): 23-29.
[29] 吴振明 . 工业化、城镇化、农业现代化进程协调状态测度研究——以中国西部地区为例 [J] . 统计与信息论坛 , 2012(7): 101-105.
[30] 夏春萍 . 工业化、城镇化与农业现代化的互动关系研究 [J] . 统计与决策 , 2010(10): 125-127.
[31] 夏春萍 , 刘文清 . 农业现代化与城镇化、工业化协调发展关系的实证研究——基于 VAR 模型的计量分析 [J] . 农业技术经济 , 2012(5): 79-85.

[32] 徐君 . 中原经济区新型工业化、新型城镇化、农业现代化协调发展评价 [J]. 技术经济 , 2012(3): 72-75.

[33] 徐君 , 高厚宾 , 王育红 . 新型工业化、信息化、新型城镇化、农业现代化互动耦合机理研究 [J]. 现代管理科学 , 2013(9): 85-88.

[34] 徐大伟 , 段姗姗 , 刘春燕 . "三化" 同步发展的内在机制与互动关系研究——基于协同学和机制设计理论 [J]. 农业经济问题 , 2012(2): 8-13.

[35] 徐维祥 , 舒季君 , 唐根年 . 中国工业化、信息化、城镇化、农业现代化同步发展测度 [J]. 经济地理 , 2014(9): 1-6.

[36] 徐维祥 , 舒季君 , 唐根年 . 中国工业化、信息化、城镇化和农业现代化协调发展的时空格局与动态演进 [J]. 经济学动态 , 2015(1): 76-85.

[37] 徐珍源 , 蔡赟 , 孔祥智 . 改革 30 年来中国农地制度变迁、评价及展望 [J]. 中共济南市委党校学报 , 2009(1): 10-14.

[38] 杨曙辉 , 宋天庆 , 陈怀军 , 欧阳作富 . 工业化与城镇化对农业现代化建设的影响 [J]. 中国人口、资源与环境 , 2012(S1): 398-403.

[39] 曾福生 , 高鸣 . 中国农业现代化、工业化和城镇化协调发展及其影响因素分析——基于现代农业视角 [J]. 中国农村经济 , 2013(1): 24-39.

[40] 张冬平 . 农业现代化问题：研究综述与展望 [A]. 载 : 中国 "三农" 问题解析：理论述评与研究展望 [C]. 杭州：浙江大学出版社 , 2012.

[41] 张林 , 冉光和 , 郑强 . 农业现代化与工业化、信息化、城镇化的耦合协调发展研究 [J]. 农村经济 , 2015(8): 89-93.

[42] 张培刚. 发展经济学通论：农业国工业化问题 [M]. 长沙：湖南出版社 , 1991.

[43] 张培刚. 工业化的理论 [J]. 社会科学战线，2008(7): 221-228.

[44] 赵鹏 . 同步推进中国工业化城镇化农业现代化 [J]. 中共中央党校学报 , 2011(4): 44-48.

[45] 中国社会科学院农村发展研究所，国家统计局农村社会经济调查司 . 农村绿皮书：中国农村经济形势分析与预测 (2013-2014) [M]. 北京：社会科学文献出版社 , 2014.

[46] 周建群 . 我国新型工业化、城镇化和农业现代化 "三化" 协同发展理论与实证研究 [J]. 科学社会主义 , 2013(2): 110-115.

[47] 周战强 , 乔志敏 . 工业化、城镇化与农业现代化 [J]. 城市发展研究 , 2012(10): 12-15.

[48] Chenery H. B., Syrquin Moises and Elkington Hazel. The Patterns of Development1: 950-1970 [M]. London: Oxford University Press, 1975.

[49] Friedman, J. Regional Development Policy: A Case Study of Venezuela [M]. Cambridge, Mass: M. I. T. Press, 1966.

[50] Hirschman, A. O. The strategy of Economic Development [M]. Yale University Press, 1958.

[51] Jorgenson, D. W. Surplus Agricultural Labor and the Development of a Dual Economy [J]. Oxford Economic Papers, 1967, 19(3): 249-284.

[52] Lewis, W. A. Economic Development with Unlimited Supplies of Labor [J]. The Manchester School of Economic and Social Studies, 1954, 22(2): 139-191.

[53] Myrdal, G. Economic Theory and Underdeveloped Regions [M]. London: Duckworth Press, 1957.

[54] Ranis G. and John C. H. Fei. A Theory of Economic Development [J]. The American Economic Review,

1961, 51(4): 533-565.

[55] Rosenstein-Rodan P. N. Problems of Industrialization of Eastern and South-Eastern Europe [J] . Economic Journal, 1943, 53(1): 43-50.

[56] Schultz T. W. Transforming Traditional Agriculture [M] . New Haven CT: Yale University Press, 1964.

[57] Todaro M. P. A Model of Labor Migration and Urban Unemployment in Less Developed Countries [J] . The American Economic Review, 1969, 59(1): 138-148.

第 17 章　农业信息化：现状、效应与发展趋势

第 1 节　概念界定

一、农业信息化与农村信息化

信息化一词在中国出现早于城镇化，但迟于工业化。我国在 1986 年 12 月国家科委发展研究中心召开的“首届中国信息化问题学术讨论会”上，提出了中国信息化问题。学术界最早提出信息化内涵的是国内学者钟义信（1994），他认为“信息化是指在每个经济领域和绝大多数社会行为领域中广泛、有效地采用先进的信息技术，从而全面地、极大地扩展和提高社会生产效率，管理、教育和创新效率，以及生活的质量的一个历史过程”。1997 年，首届全国信息化工作会议明确了信息化的定义，即：“信息化是指培育、发展以智能化工具为代表的新的生产力并使之造福于社会的历史过程。”2006 年《2006—2020 年国家信息化发展战略》对国家信息化做了如下定义：“国家信息化是充分利用信息技术，开发利用信息资源，促进信息交流和知识共享，提高经济增长质量，推动经济社会发展转型的历史过程。”

信息技术逐渐渗透到农村经济社会、生产生活、民主政治、文化教育等各个领域。“农业信息化”“农村信息化”“农村农业信息化”等概念纷纷出现在政府文件、研究文献中。农业信息化是农业全过程的信息化，是现代信息技术在农业生产、流通、交易、消费等各个环节全面地发展和应用，迅速地改造传统农业，大幅度地提高农业生产效率，促进农业持续、稳定、高效发展的过程。

实践表明，农村信息化与农业信息化既存在不同之处又是相互交叉和互为促进的关系。随着农业信息化的发展，信息基础设施和涉农数据库建设不断加强，各种政策相继出台，相关规章制度建立健全，农民信息素质得到提高，多种因地制宜的信息服务模式不断出现。这些为农村信息化的建设和发展奠定了坚实的基础，提供了宝贵经验。同时，农村信息化的发展又为农业信息化发展不断拓展新的领域。农村信息化的大力推进，又进一步促进农村信息基础设施、信息资源、信息服务体系、信息技术应用、信息化发展环境等方面的大力改观，有力地促进了农业生产、加工、储存、销售等方面的信息化程度的不断提高和实现农业信息化在空间上向老少边穷地区的拓展。农村信息化与农业信息化不仅在基础设施、信息技术、信息资源、服务体系等方面相互交叉和互为影响，共同促进工业化、信息化、城镇化、农业现代化同步发展。

农业信息化与农村信息化在理论研究上不断拓展和在实践探索上不断前进，二者交叉融合的趋势越来越显著，相关研究者和主管部门提出“农业农村信息化”概念。2010 年，农业部在《中国农业农村信息化发展报告（2009）》中首次提出农业农村信息化的概念，指出农业农村信息化是现代信息技术在农业生产经营、政务管理及农村信息服务中实现应用普及的程度和过程。农业农村信息化

的内涵包括以下四方面。

一是农业生产信息化，包括农业基础设施装备信息化和农业技术操作全面自动化。农业基础设施装备信息化如农田灌溉信息的自动传输和智能管控，畜禽棚舍饲养环境的自动监测、精细化管理和远程遥控。农业技术操作全面自动化是指农作物栽培管理的自动化，如多媒体小麦管理系统、棉花生产管理系统、农作物自动施肥管理，农作物病虫防治信息化、畜禽饲养管理信息化和自动化等。

二是农产品流通信息化。农产品电子商务的发展，农产品产后加工、储藏、保鲜技术的开发和推广等。利用信息技术建立可以提供政策、市场、资源、技术、生活等信息的网络体系，及时准确地向农民提供政策信息、技术信息、价格信息、生产信息、库存信息以及气象信息，提供中长期的市场预测分析，指导帮助农民按照市场需求安排生产和经营，解决分散的小农生产和统一的大市场之间的矛盾；利用信息技术还可以把农业融入经济全球化的竞争中发展；把强优农业企业联合起来，形成跨国竞争的巨大优势；可以开发网上贸易，直接建立农产品和农业服务贸易的快速交易通道。

三是农业管理信息化。利用先进的信息收集、处理和传递技术有效克服农业生产的分散化和小型化的行业弱势；强大的计算能力、智能化技术和软件技术，使农业生产中极其复杂和多变的生产要素定量化、规范化和集成化，改善时空变化大和经验性强的弱点；将信息技术与航空航天遥感技术、农业地理信息系统技术以及全球定位系统等相结合，大大加强对影响农业资源、生态环境、生产条件、气象、生物灾变和生产状况的宏观监测和预警预报，提高农业生产的可控性、稳定性和精确性，对农业生产过程实行科学、有效的宏观管理。

四是农村社会服务的信息化。农民生活的改善，正在扩大利用现代信息技术提供的生活消费领域。一些发达地区的县级文化娱乐媒体，实现电视网、广播网和计算机互联网的三网合一，农民可以利用这些媒体，了解国内外社会、经济和科学技术动态，有条件的地方可以通过互联网，了解国内外农业、农民和农村生活的发展动态，还可以丰富农民的文化娱乐生活，为农村儿童的学习生活提供了广阔的新天地，具有指导农民生活和农村社会活动的作用。

物联网、大数据、云计算等信息技术正逐步渗透农业全产业链，信息化与农业现代化正加快融合发展，“互联网＋农业”的新业态正逐步形成。

二、农业信息技术的主要特性

农业信息技术是以通信技术和电子信息技术为基础的现代高新技术，可以有效消除农业发展约束，进一步优化农业资源要素配置，其不断的产业化过程是国家高新技术发展的象征，也是国民经济现代化的重要体现。随着农业信息化政策环境进一步优化，现代信息技术改造传统农业必将成为持续提升农业综合生产能力、带动农业经济发展的先导力量。总体来看，农业信息技术产业具有“高投入、风险大、更新快、系统性强”等特征。

（一）农业信息技术开发投入高

由于当前农业信息化严重滞后、信息化水平地区差异性大、技术复杂性强、科研成果转化难度高等特点，不论是农业信息化基础设施建设，还是信息技术及其产品的研发、推广和应用，都需要稳定的政策保障、持续的高额资金以及强力的人力支撑等投入。

（二）农业信息技术具有高风险性

农业信息技术产业化过程，是研究、试用、应用推广、再创新等阶段的完整循环过程，其周期相对较长，技术上的研发费用高且技术研发的失败率也高。另外，农业信息化不同于国民经济其他部门的信息化，它受到很多自然因素、技术因素和市场因素的限制和影响，整个生产过程还具有明显的季节性；而且农业信息化这一重大工程本身实施比较迟，农业的公益性与弱质性，农村经济发展较城市发展落后，其地域特殊性和复杂性也很强，这就必然存在许多项目的经济可行性不高，产品研发失败率高、技术利用率低、应急能力脆弱和服务短效等的高风险。

（三）农业信息技术产品生命周期短，工艺更新快

信息技术的高速发展，随之带来的软件、硬件和系统建设的更新速度越来越快；基于各地农村的生产特点和经济运作方式，面对农村巨大信息量需求和不同信息类型的需求，农业信息技术发展迅速，创新技术、组装改进技术、技术发明层出不穷，原有农业信息技术被后继技术竞相替代，因而所研发的产品、设备和工艺生命周期短，更新换代日新月异。

（四）农业信息技术产业综合性、系统性强

农业信息技术产业化是一个涉及多部门、多学科、多主体的综合性系统工程，也是一项知识高度密集的、大规模综合集成的系统工程。对信息技术的需求覆盖了农业生产和农民生活的全过程，农业信息资源的获取、开发以及利用都需要多种现代技术的协同和融合。而且农业信息技术产业还受政策、体制、人才、资金、软硬件环境和市场等多因素的驱动，只有这些因素之间相互协调、相互配合，才能保证农业信息技术产业的持续、健康发展。所以，农业信息化高新技术不断的产业化过程是技术层面、资金层面、政策层面、管理层面等多方面综合作用的结果。

三、农业信息技术的应用特点

（一）信息技术广泛应用于农业生产和农村生活诸多领域

目前，欧美国家的农业信息技术已进入产业化阶段，部分国家农业信息化强度高于其他产业。这些国家通过利用信息技术，对农村资源开发和生态环境保育进行辅助决策，对气象灾害、生物灾害提供相关信息与预测，根据预测结果辅助决策等目标已得到实现，致力为农民生产、生活提供全方位的服务。如美国利用全国作物品种资源信息管理系统，专门向农民提供育种技术服务；日本农民通过计算机网络能够便捷地获取耕作技术、良种、气象预报、市场价格等信息。

（二）大批公共数据库支撑着农村信息化

世界各国正在加紧建设农业信息服务系统数据库，数据存储不断扩大、信息资源不断增加、网络资源实现共享。如美国国家海洋与大气管理局数据库 (NO-AA)、地质调查局数据库 (USGS) 等数据库，英联邦农业局 (CAB) 等数据库，对世界农村科技信息高效共享具有重大推进作用。

（三）技术趋向集成化、专业化、市场化

发达国家在推进农村生产、管理、经济、文化、服务等农业信息化过程中，摆脱单一技术的束缚，加强对多项技术的综合化和集成化，例如，精准农业集成 3S、人工智能、自动化控制等多项技术；同时开发研制出多项专业化的系统模型和技术，在农业生产管理、安全监控、流程追溯等领域得到专业化、市场化的应用，为农民对接市场发挥了重要作用。

（四）重视信息化高新技术在环境保护和农业可持续发展领域的应用

国外农业信息技术的应用正逐步向生态型发展，计算机数据模型、生产诊断决策系统及农作物病虫害预警预报等多项技术在研发应用过程中，注重考虑环境保护和可持续发展的需求。如精准农业技术，能够控制同一地块中不同位置所需施肥量和农药的施用量，以避免由于过多施用所造成的环境污染和经济浪费。

（五）农业物联网技术示范应用效果显著

物联网又称为传感网，是继计算机、互联网与移动通信网之后的又一次信息产业浪潮。农业物联网是指物联网技术在农业生产、经营、管理和服务中的具体应用，是用射频识别、传感、网络通信等技术，对农业生产经营过程涉及的内外部信号进行感知、传输和处理，并根据一定的协议授权，使在农业生产中的任何人、任何物，在任何时间、任何地点，实现信息互联互通，以实现智能化生产、生活和管理。在发达国家，物联网技术发展较快，如美国加州的草莓生产商安装了作物管理物联网系统，可以实时追踪植物的生长状况；根据空气和土壤的状况，可自动触发相关行为，如灌溉、调节温度等。近年来，全国各地坚持“全要素、全系统、全过程”的理念，在农业物联网应用示范上取得较大成就，开发完善了一批应用系统，集成熟化了一批关键技术产品，研究制定了一批标准规范，实践探索了一批产业应用模式，涌现出了一批好的市场化解决方案，在支撑农业现代化发展方面取得了明显成效。

（六）“互联网 +”为农业信息化增添新动力

“互联网 +”行动计划明确提出要利用互联网提升农业生产、经营、管理和服务水平，加快完善新型农业生产经营体系，发展精准化生产方式，培育多样化农业互联网管理服务模式，逐步建立农副产品、农资质量安全追溯体系，促进农业现代化水平明显提升。信息化改造提升传统农业建设是一项长期、复杂、艰巨的系统工程，以新一代信息技术、互联网 2.0 技术的开创发展和普及应用，将进一步提升现代农业装备“中国制造 2025”，加快推进农业全程机械化水平，提升农业工程科技创新，进而促进以农业创业创新、物质生产、益民服务、绿色生态、电子商务等为主的农业发展模式向以信息生产、信息服务为主的融合发展模式转变。

四、农业信息产业的分类

综合上述对农业信息技术的定义以及农业信息化自身的特殊性及应用特点，农业信息产业的内涵是采用先进的信息技术（云技术、物联网技术、遥感技术、通信技术、光电技术等）提高农业生产、经济、科技、文化、政治、社会、综合等多方面信息化水平，不断形成新的产业形态与产业模式，为农业现代化建设提供关键科技支撑，本书将农业信息产业分为三个部分：农业信息硬件产业、农业信息软件产业、农业信息咨询服务产业（见图 17-1）。

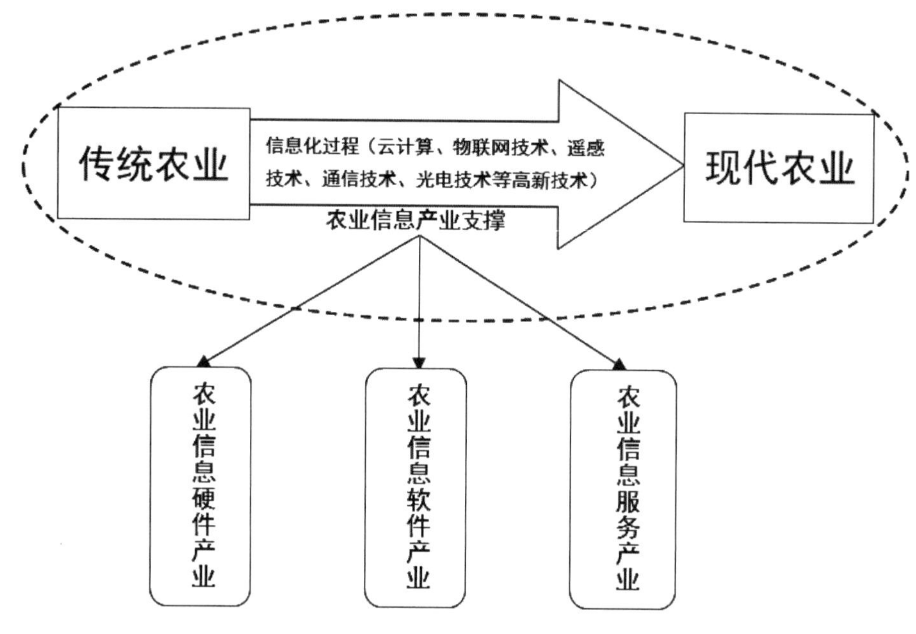

图 17-1　农业信息技术产业分类示意图

农业信息化硬件产业主要包括各类硬件系统和农业智能装备产业。据《中国制造 2025》重点领域技术创新绿皮书介绍，农业装备是融合生物和农艺技术，集成机械、电子、液压、信息等高新技术的自动化、信息化、智能化的先进装备，发展重点是粮、棉、油、糖等大宗粮食和战略性经济作物育、耕、种、管、收、运、储等主要生产过程使用的装备。本书重点介绍农业信息获取与解析技术装备、精准农业技术装备、农业智能装备、物联网技术装备、自动控制技术装备等。

农业信息化软件产业是指利用计算机编制程序、软件包的产业。目前我国农业应用软件的开发出现了良好的发展势头，研制出一批有实际应用价值的农牧业管理软件和专家系统，如水稻高产栽培计算机模拟模型（RSM）、现代家畜育种专家决策系统、农场计算机管理系统等。许多农业软件系统应用于农业生产实践，产生了较好的经济效益。此外，农业信息数据库将向多元化、规模化、全球化和商品化发展，随着我国信息化、网络化、数字化的进程加速，我国农业信息资源的开发与利用，农业信息数据库的建设，将会出现一个飞速发展时期。数据库作为一种重要商品，有其自身的价值，这一观念被普遍接受。农业信息数据库从文献型、数值型、事实型发展到今天的智能型、多媒体型。农业多媒体数据库产品在国外发达国家已经发展到一定水平，各种各样的多媒体产品纷纷面世。我们应借鉴国外的先进技术和经验，推出适合我们农业发展的多媒体产品。

农业信息咨询服务业是指围绕农业产前、产中、产后为其提供高附加值、高层次、知识型、资本型等相关服务的服务业，是传统农业服务业深入应用高新技术和信息平台的现代化升级和在经济全球化和信息技术高速发展的背景下产生的新兴农业服务业的结合。现代农业服务业相比传统农业服务业，在服务体系上具有多成分、多渠道、多形式和多层次等特点，服务手段具有新技术性、信息化和创意性等特点，服务主体更多元化、专业化和社会化，服务对象更具针对性和广泛性。农业信息咨询服务业不以土地（耕地）作为主要生产要素，而是以技术、信息、智力和资本作为主要生产要素；它是以产业链延伸为特点，实现科技与服务结合、科技与金融结合、知识与农业结合、会展与农业结合，促进第一、二、三产业融合，进而促成“六次产业”的形成。

五、农业信息化发展的阶段与特征

伴随国家信息化战略的全面展开，我国农业信息化步伐也逐渐加快，2004年以来，我国加大力度对农业信息化建设的支持，农业信息化已从过去单纯注重硬件投入进入信息系统开发和信息资源建设并重，从单纯应用互联网到多种信息技术集成组装，从单纯提供信息服务到全面推进农业生产、经营、服务、管理全过程和全要素信息化的发展阶段，农业信息化实现了由单一技术向综合集成发展的过渡。农业系统模型建设、集成信息系统开发应用等方面取得较大成效，农业信息网络平台初具规模，农业信息采集与资源开发渠道日趋完善，初步建立了以中国农业信息网为核心，以30多个专业网站为支撑，覆盖部、省、地、县四级的农业网站体系，覆盖全国主要粮食主产区和主要农业行业的农业数据库、农业信息管理系统、农业决策支持系统以及农业市场信息监测预警系统等初步建成，精准农业技术、农业物联网技术、3S技术、农业专家系统和农业智能装备开始在我国部分地区进行示范推广和集成应用，农业信息化步入农业信息技术集成开发与应用中期阶段。

发达国家已将3S技术（遥感、地理信息系统、全球定位系统）广泛用于农业资源和生态环境调查与动态监测、气象与生物灾害测报、水土资源的科学管理，以及农作物种植状况的监测与估产。美国60%以上的家庭农场和70%以上的奶牛场已应用计算机管理生产和享受到各种网站的信息服务。在国内，自20世纪70年代末80年代初我国引进遥感技术，到90年代激光控制平地技术、变量作业技术装备等引进以来，各地开始对信息技术在农业领域中的应用展开研究，精准农业技术、农业物联网技术、农业信息服务与软件技术等逐渐成为解决现代农业发展关键问题的重要手段。

有关学者通过测算农业机械产业的成熟度来测算农业信息产业的成熟度[1]。模拟预测结果显示，自20世纪80年代我国引进精准农业理论以来，我国农业信息产业开始孕育萌芽，并在各地开展了应用示范。目前，我国农业信息产业正处于产业成长期初期阶段，其中2014年产业成熟度约为0.405，人均GDP为7575美元，农业信息产业技术特征表现为农田信息快速获取与农情监测技术、智能农机具、农业物联网技术及装备等在经济较发达的地区、粮食主产区得到推广及成熟化应用，技术进步迅速并且日益成熟，产业的工艺流程不断升级，该产业在整个产业结构中的作用和影响明显扩大。预计到2020年，我国人均GDP将突破1万美元，农业航空、农业复合传感器技术与装备将得到大面积应用。到2030年，人均GDP将突破2万美元，农业物联网智能装备将实现规模化推广应用，产业发展将进入成熟期。

总体来看，我国农业信息化整体水平与发达国家相比仍有较大差距，农业信息化建设以政府推动为主，仍处于试点示范阶段，产业化、市场化程度低，持续发展的动力机制不足。在新常态经济下，未来5年，我国农业信息化将保持较快速度发展，随着现代农业的快速推进以及农业产业链的集群化规模化发展，农业信息产业对农产品生产、食品加工、物流运输等产业具有较强的带动作用，农业航空植保、精准农业、农业复合传感器技术与装备、农业物联网技术及智能装备的自主创新能力将得到有效提高，应用推广面积将大幅增加，产业发展进入快速成长期，农业信息化将进入全过程全要素发展阶段。

[1] 资料来源：国家农业信息化工程建设研究中心。

第 2 节　我国农业信息化取得的成就

随着信息技术的不断发展，我国农业信息化已从过去单纯注重硬件投入进入信息系统开发和信息资源建设并重，从单纯应用互联网到多种信息技术集成组装，从单纯提供信息服务到全面推进农业生产、经营、服务、管理全过程和全要素的发展阶段，农业农村信息化在不断探索和实践中取得了长足的发展。

一、农业信息化基础保障能力明显增强

目前，全国 32 个省级农业行政主管部门（含新疆生产建设兵团）均设有信息化行政管理机构或信息中心，超过 55% 的县设有农业信息化行政管理机构，39% 乡镇有农业信息服务站。农户固定电话、移动电话、电脑等家用信息化设备具备一定基础，农村移动电话快速增长，每百户已超过 200 部；农村网络接入初具规模，“村村通电话”“乡乡能上网”完全实现，广播电视“村村通”基本实现，截至 2013 年年底，3G 网络已经覆盖到全国所有乡镇，宽带在行政村的覆盖率已经达到 91%，宽带接入农村用户已超过 4700 万户；截至 2017 年 12 月，我国农村网民规模达 2.09 亿，占全国网民的 27%，农村互联网普及率达到 35.4%。以国家和省级农业科研院所、大中专院校以及信息化骨干企业为核心的农业信息化创新体系基本形成，农业信息化标准体系、网络安全监管体系以及评价体系建设不断强化。

二、农业信息资源不断汇聚

信息资源采集渠道不断完善。农业部在全国农业系统建设了近 40 条信息采集渠道，自下而上涵盖了种植业、畜牧业、渔业、农垦、农机化、乡镇企业、农村经营管理、农业科教、农产品市场流通等主要行业和领域；部署信息采集点 8000 多个，建立了信息采集指标体系和报送制度，通过远程联网采集、报送农村各行和领域的生产动态、供求变化、价格行情、科技教育、自然灾害、动物疫情、农民收入、质量安全、资源环境等信息。

近年来，我国加大农业信息资源整合的力度，依托国家农业数据中心、科技数据分中心的建设，已在农业、畜牧、水产、农垦、农机等领域形成近 40 个比较稳定的信息采集渠道、8000 多个信息采集点，建立起了较为完善的信息采集和报送机制，每天海量的农业信息数据源源不断地进入 14 个大型农业数据库。

农业农村资源信息数据库建设内容逐渐丰富，涵盖了农村发展各领域，对土地资源、动植物品种、气候资源、人力资源、政策法规、农业标准、涉农机构、农产品市场信息、农资信息和农业科技等信息都加强了数据库建设。农业部相继建设了农业政策法规、农产品价格、农村经济统计、农业科技与人才等 50 多个数据库。目前，已有包括农药监管、农产品质量安全追溯、农民负担、农村土地流转等 31 个业务系统陆续上线。各省级农业部门也相继建设了涵盖农村生产、农产品供求、农产品价格、农业科技以及农业政策等各领域的数据库系统。

从数据库种类上看，综合类数据库以农村新闻、科技动态、技术培训、特色资源为主，此外还

涉及地方经济、中小企业和人才供求。专业类数据库内容以农业技术为主，种植技术、植保技术、养殖技术等均占到85%以上。市场类数据库以价格行情和供求信息为主，政策类数据库以政策法规、规章制度和标准规范为主。信息资源共建方面，部委方面已建成国家农业电子政务支撑平台、农业数据中心、农业科技数据分中心，实现了农业部与国家粮食局、海关总署相关数据的互连互通；县市方面全国90%的省、62.45%的县实现了信息资源共建共享。

三、农业生产信息化取得突破性进展

“十二五”时期，国家发改委、农业部等部门围绕农业信息化推广应用进行有效实践，促进了大数据、物联网、云服务、移动互联、智能农机具、农用航空等现代信息技术与装备在大田种植、设施园艺、畜禽水产养殖和育种信息化等领域的应用取得突破，特别是在北京、天津、内蒙古、黑龙江、上海、江苏、安徽、新疆等8省（区、市）组织实施的农业物联网应用示范和区域试验工程取得重要阶段性成果，在支撑现代农业发展方面取得了显著成效。

（一）大田种植信息化

近年来，在旱情和土壤墒情等农情监测、重大病虫害监测预警、粮油作物高产创建、蔬菜花卉生产等方面，各级农业部门积极应用信息技术成果，促进了种植业信息化的全面发展。

1. 总体情况

农情信息体系建设成效显著。农情信息采集渠道不断拓宽，农业部初步建立农情调度电子网络系统，基本实现部、省（区、市）、地市、县四级联网传输，在全国500个农情基点县建立1.35万个农情信息固定监测点，由乡村农技人员按照统一的规范要求，对主要农作物面积、苗情、灾情、产量等情况进行定点监测。2012年，农业部种植业司通过农情信息调度系统共调度40多万个农情数据、收集2万多件（条）文字信息。除农业部确定的500个农情田间定点监测试点县市外，我国农田信息管理系统开始在农场使用，内蒙古、新疆生产建设兵团、黑龙江农垦等使用农田信息管理系统对农田地块及土壤、作物、种植历史、生产等进行数字化管理，实现了信息的准确处理、系统分析和充分有效利用，并及时对电子地图进行不断地更新维护，确保农田一手数据的时效和准确性。农情信息采集内容更加全面，不仅加大了对土壤墒情监测、重大病虫害疫情监测的力度，更加注重农作物苗情监测工作，逐步将现代信息技术应用到作物苗情监测和灾害预测预报以及灾害风险评估工作中。全国农情调度体系逐步健全，县级以上农业部门均有负责农情调度的机构和1~2名信息员，乡、村均有负责农情调度的农技人员。基层农情信息服务体系逐步建立，形成了村—乡（镇）—县—市—省（区）五级信息畅通的农情报送网络。

土壤墒情监测网络加快建立，在全国400个县开展土壤墒情定期监测工作，据不完全统计，全年采集数据6万多个，发布简报、报告4000多期（次）。2013年农业部建立了全国墒情与旱情监测平台，该平台以墒情和旱情信息自动采集系统为基础，建立基于网络的信息管理系统，为全国农业节水、水资源优化配置和合理灌溉提供服务。目前已在四川、上海、湖北、山东、江苏、河北、河南、北京等20个省市开展应用，在全国建立示范点500多处，覆盖400多个县。

全国植保信息化网络体系初步构建。我国病虫害预测预报与防控平台建设日益完善，初步构建了以“中国农作物有害生物监控信息系统”为核心，地方和专业病虫害监控系统为补充的监测预警体系，建成了农作物重大病虫害监控信息系统、蝗虫防控指挥系统、全国植物检疫计算机管理系统和全国病虫测报数据库，实现了重大病虫害监测预警数据的网络化报送、自动化处理、图形化展示预警和可视化发布。各地重大病虫害监测预警网络体系初具规模，截至 2012 年 10 月，共有 27 个省级单位开发建设了病虫测报数字化系统，应用对象覆盖主要粮食、经济作物以及果树、蔬菜病虫害近百种，年均积累病虫测报数据 60 多万条。目前，国家系统平台及 20 多个省级系统已在 1340 多个病虫测报区域站（监测点）推广使用，主要对小麦条锈病、赤霉病、稻瘟病、稻飞虱、稻纵卷叶螟、玉米螟、蝗虫、草地螟、马铃薯晚疫病等重大病虫害展开专业化统防统治，并对粮食主产区、经济作物优势区和病虫害源头区实施了重点监测，中短期预报准确率达到 90% 以上。

农资监管信息化覆盖范围更广。2012 年，国家工商总局（现国家市场监督管理总局）启动了全国农资市场监管信息化建设工作，下发了《关于开展农资市场监管信息化建设的指导意见》以及《农资市场监管信息化功能指南（试行）》和《农资市场监管数据标准（试行）》，明确了全国农资市场监管信息化建设的基本原则、总体目标、主要任务和实施步骤。同时在山东、黑龙江、河南、湖北、广东开展全国农资市场监管信息化建设试点，山东、广东、湖北等地探索建立了全省农资市场监管系统，河南省濮阳市以农资商品标识二维码为切入点开展了信息化探索，为农资监管信息化提供了成功经验。目前我国在农资市场信息化监管软件及农资市场监管信息化平台的开发、示范应用推广方面已取得阶段性进展。

农药监管系统初步建立，监管力度进一步增强。我国已初步形成了以农药登记审批电子化系统为核心，以中国农药信息网为政务公开平台，以农药试验单位管理系统、全国农药价格和供求采集系统、农药监管联动系统、农药综合查询系统等为补充，集市场准入备案、农药条码统一标识、追溯查询等功能为一体的农药监管综合信息服务系统。目前，农药登记审批电子化系统中登记的农药品种近 650 种、农药产品 25000 个，涉及的产品登记信息达 500 万条以上。全国农药价格和供求采集系统覆盖全国 30 个省（市、区），拥有近 300 家信息采集点。针对高毒农药的监管网络化管理和联防联控能力有效加强。

水肥药的精准控制在设施生产中的应用初见成效。以实现水肥药精准控制为代表的农业信息化技术在设施农业生产中的应用初见成效。精准灌溉监控系统、变量施肥系统、精准施药系统已应用于设施生产，通过对作物、土壤、环境从宏观到微观的实时监测，定期获取病虫害、水肥状况以及相应生态环境的实时信息，并通过对农业生产过程的动态模拟和对生长环境因子的科学调控，能显著降低生产成本、改善生态环境、提高农产品产量和品质。智能化温室综合控制系统可使运作节能 15%~50%，节水、节肥、节省农药，有效提高作物抗病性。

测土配方施肥及信息化应用进一步普及。我国建立了县域测土配方施肥专家系统、测土配方施肥智能系统、测土配方施肥数据管理系统、测土配方施肥项目统计管理系统等一系列信息系统，从专家咨询、智能决策、数据管理和项目管理等方面初步构建了我国测土配方施肥信息化体系。随着测土配方施肥技术在地方的深入推广，我国测土配方覆盖面积进一步扩大。据统计，2012 年全国推广测土配方施肥技术 13 亿亩（次）以上，免费为 1.8 亿农户提供技术服务。

高产创建综合信息服务平台全面提升。高产创建综合信息服务平台于 2009 年建立，2012 年在原有基础上调整了模块结构，完善了任务管理、数据填报、信息交流、统计分析四大主体功能；进一步强化信息规范力度，改进县级填报、部省（市）把关的数据信息实时上报系统；进一步理顺任务程序，有效管理 1.25 万个万亩示范片的任务落实、标牌图像、推广品种、技术措施、测产数据等基本内容；进一步畅通信息渠道，集中粮棉油糖各试点责任人，及时发布通知、动态、措施、总结等文字消息；进一步强化统计分析，分别形成万亩示范片和整建制推进高产创建的独立系统及综合统计数据库。

2. 重点技术与产品应用

节水灌溉自动化。节水灌溉信息化设施装备在农田墒情实时监测、灌溉自动化控制以及用水计量高效管理方面发挥了重要作用。近年来，我国在农业节水灌溉信息化建设方面取得较大进展，2013 年农业部建立了全国墒情与旱情监测平台，该平台以墒情和旱情信息自动采集系统为基础，建立基于网络的信息管理系统，为全国农业节水、水资源优化配置和合理灌溉提供服务。目前已在四川、上海、湖北、山东、江苏、河北、河南、北京等 20 个省市开展应用，在全国建立示范点 500 多处，覆盖 400 多个县。随着我国对节水灌溉技术研发和示范推广力度的加大，节水灌溉自动化控制系统已经在我国大面积推广应用。新疆兵团农八师 20 多万亩棉花田种植安装了膜下滴灌的智能灌溉系统，集墒情监测、用水调度、灌溉控制于一体，实现了滴水、施肥电脑自动控制，每亩省水肥 10% 以上，棉花产量提高 10% 以上；北京大兴区采育镇鲜切菊花生产基地 170 栋温室采用网络型精准灌溉管理系统，节水量节省了 69%，年节水 1.4 万吨。另外，我国在推广农村机井用水计量及信息化管理系统方面也取得良好成效。北京市通州区在宋庄镇、西集镇、永乐店镇、于家务乡、漷县镇、张家湾镇安装了农村灌溉用水计量管理系统，农民只要将“农业灌溉 IC 卡”在设备上一刷便可取水灌溉，通过管道直接进入农田菜地，同时通过机井信息化管理软件，市水务局可以准确地掌握区内农业用水量，详细、准确地记录用水户、作物及取水量等信息，提高了水资源管理水平。随着传感器技术、自动控制技术、通信技术等在农业领域中的进一步应用，通过实时监测土壤墒情和农作物生长数据信息，实现对灌溉用水的自动化管理，为农业灌溉从传统充分灌溉向局部控制点灌溉发展提供了重要基础条件。

精准农业智能装备。随着自动控制技术的快速发展，精准农业智能装备得到大范围研发，其推广应用对于提高我国农业机械装备的智能化水平起到了示范作用。继实施国家 863 计划“精准农业技术与装备”重大专项以来，在全国启动了我国主要粮食作物（水稻、小麦、玉米和大豆）和设施农业产区的精准农业技术应用示范，开展了农机装备的总线技术研究，开发出水稻智能对行插秧机、圆盘式变量施肥抛撒机、小麦半预置式变量施肥机等一批精准农业智能装备。初步形成从数字化设计到大型农机先进制造及产业化应用示范的配套集群。并在生产中创造性地推出了技术套餐模式，不同应用领域或区域采用不同的套餐组合，采用技术集成模式、技术“套餐组合”模式和单项技术模式，在大田作物管理、测土配方施肥、设施农业建设等方面发挥了重要作用。目前，精准农业在大型农场、农垦以及现代农业示范园区取得了良好的应用成效。黑龙江红星农场和国家农业信息化工程技术研究中心合作，进行了大田精准施药技术的应用示范，建立了红星农场作物病虫害采集管理与远程诊断系统，系统支持典型作物病虫害信息现场定位、拍照、业务数据快速采集和无线传输，并能实时接收病虫害状况诊断处理信息，将作物病虫害信息采集、传输和诊断管理等业务过程完整的组织在一起，显著提高了植保信息服务的效率。河南滑县开展了精准施肥应用示范，建设了面积 2 万亩的李营小麦精准作业示范区，采用土壤自动化采样系统获取了大量土壤的样本点，使用 GIS 软件对数据进行空间分析，获得土壤养分空间分布情况。在示范区配备了变量施肥机，建设了基于 WEBGIS 技术的网络推荐施肥系统，可以在线实施处方图和养分分布的获取和下载，根据农田实际的养分空间差异实现自动化变量施肥，直观的指导田间作业生产，累计示范运行 3 年来，节省化肥投入约 30%，同时产量保持稳产状态。

农业物联网。一方面，农业物联网区域试验工程深入实施。2013 年 5 月，农业部启动农业物联网区域试验工程，并提出率先在天津、上海、安徽三省市开展试点试验工作，支持三地分别开展试验示范，探索农业物联网的推广应用模式，构建相关理论、技术等体系，并在全国范围内分区分阶段推广应用，同时并认定了 40 家农业农村信息化示范基地，这标志着我国农业物联网进入试验示范阶段。自此，各地纷纷推进农业物联网，北京、天津、上海、安徽、江苏、黑龙江农垦、福建、山东、内蒙古、新疆兵团、宁夏等省（直辖市、自治区）农业物联网进入示范推广阶段，规模不断扩大，涉农领域不断拓展，开发完善了一批应用系统，集成熟化了一批关键技术产品，研究制定了一批标准规范，实践探索了一批产业应用模式，涌现出了一批好的市场化解决方案，在支撑农业现代化发展方面取得了明显成效。另一方面，积极推广应用农业物联网技术产品，在全国范围内组织征集农业物联网成果，组织专家从先进性、实用性、成熟度、可推广价值等方面进行评选，从中选出了 148 个硬件设备、80 个软件设备、39 个应用模式、43 个市场化解决方案和典型应用案例，集中编入《全国农业物联网产品展示与应用推介汇编 2014》。为加快农业物联网成熟应用模式的推广应用，2015 年 9 月 8 日，农业部推出了《节本增效农业物联网应用模式推介汇编 2015》，集中发布了大田种植、设施园艺、畜禽养殖、水产养殖和综合 5 大类共 116 项可复制、可推广的节本增效农业物联网应用模式。这些模式重点围绕在农业种植养殖和生产加工等全过程中应用物联网技术，实现智能监测、智能防治、智能控制和智能决策。

3. 典型案例——黑龙江七星农场

（1）农场基本情况[1]

七星农场地处黑龙江省三江平原腹地，隶属建三江农场管理局，现有耕地面积 122 万亩，人均产粮 4.9 万斤，口粮品种的优质粳稻占 93% 以上，粮食商品率 98% 以上。七星农场是黑龙江垦区水稻种植面积最大的农场，是我国重要商品粮基地和国家粮食安全战略基地。2008 年以来，七星农场开展了信息技术在农业上的示范应用，2009 年建立了第四十三作业站寒地水稻高科技信息化园区，建立了综合数据采集系统、水稻生长参数检测系统、智能灌溉控制系统、井水增温控制系统、水稻生长跟踪系统、气象环境监测系统、生物预警决策系统、水稻生长咨询系统、“4S” 应用管理系统、数据终端显示系统 “十大系统”。近年来，七星农场从农业生产管理、农情预报、信息查询、专家咨询、远程培训等服务功能着手，累计投资 4000 万元建立了网络基础数据库，并完善了智能化芽种生产管理系统、智能化秧田管理系统、水稻智能化循环节水灌溉系统、水稻生长生态环境监测系统，建立了基于 GIS 技术的机车作业农田视频监控系统和精准农业管理系统，在大田农业生产全程信息化方面发挥了重要示范作用。

（2）生产信息化

育种信息化。2011 年起，黑龙江农垦在七星农场建设了智能化芽种生产系统，采用电脑自动控制系统进行温度调节，采用工厂化方式日产芽种能力达到 150 吨，实现了全场芽种 100% 统一供应；建设了基于 CDMAEV － DO3G 网络和移动终端水稻智能育秧大棚 6 栋，通过布置在大棚内的光照、温、湿度传感器、摄像头、无线控制器实时采集相关数据，使农场管理者可以随时随地通过 3G 手机或电脑，进行远程监控、远程控制浇灌，实现了智能微喷及电动卷帘通风控制，促进秧苗的均匀、健壮、整齐生长，为水稻生产提供了高质量的秧苗。

[1] 数据资料由国家农业信息化工程技术研究中心提供。

农田生态环境监测。在水稻核心示范区，农场建立了大田墒情综合监测站，推广应用了墒情监控系统、农田气象监测系统，实现了对环境的实时定点采集，并将采集数据无线回传到生态环境监测系统。并通过布设地下水位监测网络，实时感知土壤地下水位变化，指导合理用水。

农田生产视频监控。针对水稻长势过程中面临的主要病虫害、应急事件等，农场采用了基于GIS的农田视频监控系统，通过集成应用GIS、无线传输网络、视频监控等技术，开发了病虫害远程诊治与预警系统，对生产作业、作物生长、病虫草害的发生与防控、重大事故等重要视频信息通过GIS进行空间定位显示。根据这些实时、直观的视频信息，生产管理者可以及时地掌握生产进度、作物长势、灾害情况以及重大突发事件等具体情况，提高了农田生产决策指挥的准确度和灵活性。

农机作业自动导航驾驶。农场建立了精准农业农机中心，开发了精准农业管理系统，应用3S技术和无线传输技术，实现机车作业的远程监控、视频对话、自动控制。同时，农场建设了精准农业试验示范基地、精准农业示范区GPS差分站，应用并推广了基于GPS定位的大马力拖拉机装载系统，通过卫星导航实现播种、整地、收获等农机高精度导航作业全程自动化。此外，农场还应用农业航空播种、施肥和喷洒农药，有效提高了农药利用率。（见图17-2。）

a	b	c	
d	e	f	g

a. 水稻智能育秧大棚；b. 芽种生产车间；c. 智能化芽种生产系统；d. 农田生态环境监测；e. 农田生产视频监控系统；f. 种植业物联网实时监控系统；g. 农机指挥调度中心。

图17-2　七星农场精准农业技术应用

（3）应用成效

七星农场将物联网技术应用于农机作业过程中，通过卫星导航作业使得在播种、整地等农业作业往复接合垄均匀一致，误差小于2厘米，极大降低了驾驶员劳动强度，作业效率由过去的每天650亩提高到1000亩，机械化信息化水平不断提高。与一般大田相比，七星农场“种植业物联网应用示范园区”的农田亩均减少农药、化肥施用量10%以上，单产提高5%~10%，每亩可节约用水150立方米；通过大力引进国内外先进现代农机装备，水稻生产机械化率达97%，百万亩水稻芽种生产、秧田播种、搅浆平地、机械插秧、机械收获和秋整地“六个”关键环节能在10天内完成，劳动力投入减少了35%，单位面积土地水稻产出超900公斤/亩，比黑龙江垦区平均单产600公斤/亩高33.33%，亩节本增效可达95元以上。

（二）设施园艺信息化

1. 总体情况

温室设施装备水平不断提高。随着中国设施园艺产业化发展，设施装备水平也逐渐提高。现代化连栋温室、日光温室的设计和建造水平不断提高，温室的各项性能显著改善。同时，温室建设、保养、维修的相关企业也快速增长，为设施园艺发展提供了有力的保障。针对温室、大棚等特殊耕作环境，研制生产了一些有多种作业功能的小型耕作机械，小型整地起垄覆膜机、小型移栽机等。同时注重开发适合中国不同区域设施栽培的新材料、新设备，如温室降温保温材料、温室骨架复合材料、加温保温设施、遮阳设施、灌溉设施、肥水一体化施肥机、机械卷帘机等。开发了一系列的温室采摘运输、穴盘播种机，果蔬清洗分级机等装备系统，并应用于设施园艺生产中。国家把设施农业设备列入全国农机购置补贴机具种类范围，有力地支持了设施园艺的发展。

无土栽培技术已获广泛应用。中国无土栽培系统主要包括水培和基质栽培两大类，其中基质栽培占 95% 以上。由中国农业科学院蔬菜花卉研究所研发的有机生态型无土栽培是中国无土栽培的主要形式，占全国无土栽培总面积 75% 以上；目前中国无土栽培技术主要用于设施园艺中番茄、黄瓜、甜椒、甜瓜、生菜等蔬菜作物及花卉植物，在园艺植物育苗上也有一定的应用。由于无土栽培在防止肥料导致的环境污染、节约水资源、提高作物产量方面的潜在优势，也越来越受到各地政府的重视。近年来，中国设施园艺无土栽培面积不断扩大，已成为设施作物生产的重要栽培方式。

物联网技术应用于设施农业生产中。物联网技术的发展不仅实现了种植业生产的智能化监测，而且在设施园艺生产中应用最为广泛。通过各种传感器实时监测温室大棚内温度、湿度、光照、土壤水分等环境因子数据，在专家决策系统的支持下进行智能化决策，通过电脑、手机、触摸屏等终端实时远程调控湿帘风机，喷淋滴灌、内外遮阳、加温补光等设备，调节大棚内生长环境至适宜状态，弥补了传统设施农业参数采集监控的不足，实现了科学监视、科学种植、提高农业综合效益。设施园艺中通常采用的传感器有温度传感器、湿度传感器、pH 传感器、光照传感器、离子传感器、生物传感器以及 CO_2 气体传感器等，目前我国已有传感器种类共 10 大类 42 小类近 6000 种产品，广泛应用于我国温室中，比如，北京、山东、上海、江苏等地，能够对设施温室内环境进行实时监测。在 2015 年 9 月农业部召开的全国农业市场与信息化工作会议中推广的全国 116 项农业物联网模式中，52 项设施园艺模式中全部采用无线传感网络，实时监测设施环境中的各个因素的变化，根据监测数据进行环境的管理与控制，使设施环境达到设施作物的最优生存环境，无线传感网络已然成为设施园艺的必然条件之一。

水肥一体化技术进一步推广。水肥一体化技术在实际应用过程中能够省水、省肥、省工，提高水肥利用率，增加作物产量，减少环境污染，我国水肥一体化技术在引进国外先进技术的基础上加以改进，研发微灌设备，通过压力系统，将可溶性肥料按照作物种类和生长的需肥规律配对的肥液，随灌溉水通过可控管道提供水肥，目前应用较为广泛的水肥一体化技术有滴灌水肥一体化技术、微喷灌水肥一体化技术、膜下滴灌水肥一体化技术三类，通过水肥一体化技术应用，水分利用率提高 40%~60%。目前应用较为成熟的设施作物包括黄瓜、番茄、西瓜、草莓等，通过测土配方施肥，氮、磷、钾及微量元素合理配方施用，肥料利用率可提高 25% 左右，减少了土壤的硝酸盐的含量，可降低温室内相对湿度 18%~20%，有效减少病虫害的发生，降低了农药残留 18% 左右，减少农药使用量 35% 左右，通过示范区的记录，种植设施蔬菜，按照每年两茬计算，使用水肥一体化后，平均每栋温室可增收 4000 余元，有效实现了节本增效的目的，在东北、华北、西北、南方等地区有较好的应用。

设施园艺管理信息平台应用到实际生产管理过程中。随着政府加大设施园艺建设的推广力度，涌现出了一批以农业信息化为核心的农业龙头企业，通过与政府、科研单位和大专院校的合作开发、联合示范以及成果转化等方式实现了设施装备产业在全国范围内的大范围推广应用。北京派得伟业、江苏中农信联、浙江托普云农、安徽朗坤、浙江托普等公司，根据设施农业发展实际要求，综合应用传感器感知技术、物联网技术、云计算技术、大数据等技术，集成开发了一系列设施农业监测预警系统、网络传输系统、智能控制系统及综合管理平台。浙江托普云农科技股份有限公司开发的“现代园区物联网应用平台”，通过对监测区域的土壤资源、水资源、气候信息及农情信息（苗情、墒情、虫情、灾情）等进行统一化监控与管理，构建以标准体系、评价体系、预警体系和科学指导体系为主的网络化、一体化监管平台，以技术手段完成农业生产活动全程实时监测、危害状况及时预警、管理人员与专家指导人员多方面信息共享、农事生产过程管理远程化、经营管理标准化等过程，实现农作物逆环境因子生长，达到提高农作物产量、改善农作物品质、节约农资成本的目的。

2. 重点技术与产品应用

自动控制技术与装备。目前我国农业自动控制技术研发已进入蓬勃发展时期。研发出 WJG-1 型实验温室环境监控计算机管理系统、植物工厂系统、日光温室环境数字式监控系统等设施农业典型产品，新一代监控设备成本低，部分产品已经开始对外出口。沿海发达地区和内地部分地区创办的农业高新技术园区和现代农业示范园区，“国家农业智能装备技术研究中心”“中国农业科学院设施农业环境工程研究中心”“国家设施农业工程技术研究中心”等科研机构，积极组织高校、科研单位、龙头企业、示范基地，投资大量人力和物力，运用自动控制技术与装备提高了设施产品的科技含量和生产效益；以节能为中心、低投入和高产出等具有高附加值的设施园艺和渔业等成为园区的特色，设施类型向大型化、自动化和智能化发展。

专家系统。人工智能（专家系统技术）在世界农业领域中的应用始于 20 世纪 70 年代末。目前，应用已遍及作物栽培管理、设施园艺管理、畜禽饲养、水产养殖、植物保护、育种以及经济决策等各方面。由于知识工程或专家系统在处理不完全信息和数据上的潜在能力，该项技术特别受到农业科学家的青睐，发展很快。专家系统在灌溉、施肥、栽培、病虫害的诊断与防治、作物育种、作物产量预测、畜禽饲养管理和水产养殖管理等方面，已经展示出强大的生命力和无限广阔的应用前景。

温室娃娃。温室娃娃是一种环境监测仪器，该仪器可对温室内的空气温度、空气湿度、露点温度、土壤温度、光照强度等环境信息进行实时监测。测量信息在显示屏上直观地显示，同时根据用户设置的适宜条件判断当前环境因素是否符合种植作物的当前生长阶段，并通过语音方式把所测环境参数值、管理作物方法及仪器本身的工作情况等信息通知用户。仪器可定时将所测量值存入存储器中，同时通过通信接口把数据发送给计算机。仪器配有上位机软件，可以对设备进行参数设置；历史数据分析；实时数据列表和曲线显示等操作。

设施农业物联网。运用物联网技术，实时远程获取温室内部的空气温湿度、土壤水分、土壤温度、CO_2 浓度、光照强度及视频图像等参数信息，通过 WSN 和 GPRS 网络传输到设施农业智能管理系统，远程自动控制湿帘风机、喷淋滴灌、内外遮阳、加温补光等设备，保证温室内环境最适宜作物生长，从而实现设施生产智能化管理、设施环境远程感知调控、设施病虫害预警及防控、农学专家远程可视指导、自然灾害预警与救灾指导、农药投入安全监管和溯源、生产储运过程质量安全实时监测等。近年来，国家农业智能装备工程技术研究中心根据我国设施农业生产需求和技术现状，围绕感测、控制和实施三个关键环节开展科学研究，其中在感测环节中，力求突破生物与环境信息获取技术瓶颈；重点研究基于决策模型的智能控制技术，开发环境 / 水控制设备；在实施环节，构建测控技术平台，提供标准技术接口，定制专业系统。技术成果在上海、新疆、黑龙江等 19 个省市进行了推广应用，其中北京市大兴区采育鲜切菊花出口生产基地应用本成果后，实现了菊花生长环境和生育进程的科学调控，不但每年节省能源 30 多万元，还缩短了花期，满足了出口市场需求，同时提高了菊花品质，产品合格率提高了 20%，经济效益显著。

3. 典型案例——天津生宝谷物种植基地

（1）基本情况[1]

天津生宝谷物种植农民专业合作社是一家集规模种植、节能日光温室工程、无公害菜果配送、新品种研发、残疾人扶贫于一体的农业产业化龙头企业，涉及面积约 2020 亩，投资 1.13 亿元，建有日光节能温室 589 栋，配有育苗温室大棚 5600 平方米，检测室、物联网室、蔬菜交易市场冷库、恒温库及蔬菜整理加工车间等累计达 2.4 万平方米。

2013 年，合作社完成了农业部蔬菜标准园的创建工程，并取得了农业部农产品质量安全中心“六个蔬菜品种”的无公害标识认证和“天津市放心菜基地产品”认证，建立了无公害蔬菜二维码追溯；静海县大邱庄生宝谷物园区作为天津市与农业部、中科院开展合作，共同推进农业物联网建设的试点之一，2014 年 2 月，基地四十多个大棚安装了传感设备，纳入天津农业物联网中，成为静海县首家使用这一先进技术、设备的农业园区。

为了满足人们对食品绿色、优质、安全的需求，基地在棚区推广实施变频集中供水等一系列科技管理技术，进行绿色、无公害蔬菜规模化生产。为了确保消费者吃上“放心菜”，基地提高蔬菜生产的“信息化、精确化、智能化”水平，构建了生产一线的物联网设施农业生产智能化监控管理系统，构建了集农业生产、观光采摘、示范展示和科普教育为一体的现代化农业示范基地，实现设施生产管理过程中的信息采集、监控、信息传输、自动化控制。

（2）农业物联网技术应用

合作社于 2013 年承担了“物联网设施农业生产智能化监控管理”项目，实现设施蔬菜生产管理过程中的信息采集、监控、自动化控制，并与农业物联网平台相结合，构建了具有决策分析和内外综合服务功能的农业物联网应用模式。

环境信息采集监测。采用智能温室显示控制系统及基于 GPRS 的无线数据采集系统，通过传感器、GPRS 无线通信模块等，实时监测温室内部的空气温度、空气湿度、光照强度、二氧化碳浓度、土壤温度、土壤含水量等环境参数，通过网络同步实现监控中心的数据监测。

高清视频监控。温室内安装高清视频监控球机，进行包括种植作物的生长情况、投入品使用情况、病虫害发生情况等的实时监测；植保专家通过高清视频图像可进行远程病虫害诊断；实现了现场无人值守情况下，管理人员对作物生长状况的远程在线监控。

温室设备智能化控制。温室安装滴灌、倒挂微喷灌溉系统，以及补光系统和卷帘系统，根据日光温室作物种植情况，结合温室环境信息采集实时数据，可远程通过计算机或手机，控制灌溉、补光、卷帘等设备的开启与关闭。

物联网综合服务平台。开发了物联网综合服务平台，具备空间分布、环境监控、视频监控、智

[1] 数据资料由国家农业信息化工程技术研究中心提供。

能控制、监测预警、市场信息、专家指导等功能模块，开发了计算机端和 Android 手机端两个版本。可直观获取监测点的环境数据和生产情况，对现场数据信息和图像信息进行分析处理，对温室设备运行模式进行设置；可进行环境预警和病虫害预警，提供预警指导措施，进行短信和大屏幕显示设备信息推送。

服务中心及监控室。大屏幕信息展示系统可对所有温室内部环境数据、图片、视频、环境预警、病虫害预警等信息进行集中展示，提供视频语音对讲服务，以及远程数据访问服务等。监控中心可以通过三联台、大屏展示设备进行农业生产的全局把控，实现了“统一展现、统一调度、统一集成”。

在加快推进农业产业化发展进程中，该合作社通过“公司＋合作社＋农户”的运营模式，带动周边近 500 个农户发展无公害蔬菜生产基地 1000 亩，形成了稳定的利益共同体。同时，采取“农超对接”“农校对接”“农企对接”和直达配送等营销模式，实现产、供、销一条龙。目前，该合作社在全县率先使用标准化自动化展示温室及园区局域骨干网络系统等多项管理系统，蔬菜基地信息化、精确化、智能化水平极大提高。

（三）畜禽水产养殖信息化

近年来，我国畜禽水产养殖信息化建设已经取得实质性进展，在养殖业生产经营、生态环境监测预警、畜禽产品和水产品质量安全监管等信息化建设中均有所突破，农业物联网技术在水产、生猪、奶牛等养殖行业的使用已较为成熟。

1. 养殖环境监测

畜禽养殖正逐步由小规模向集约化、工厂化发展。养殖环境调控是决定畜禽生产水平高低的重要因素。通过对畜禽养殖有害气体、气压、噪声、粉尘等环境参数进行实时监测，并根据畜禽生长的需要进行优化控制，实现畜禽环境参数的精细管理和调控。通过对水产养殖水体光照、溶解氧、水温、pH 等信息的实时获取和汇聚分析，从而获得水体适宜环境，实现集约、高产、高效、健康养殖的目标。北京资源集团和中国农业大学组成联合研发团队，开发生猪养殖养猪物联网系统，可对猪只进行身份识别、发情监测、营养调控、疾病诊断和环境控制，实现动态、远程和智能化管理。

江苏省宜兴市高塍镇徐家桥村建成的智能养猪项目则是典型代表。在猪场分娩舍和保育舍，对温湿度、二氧化碳、氨氮、硫化氢等参数在线监测，同时联动猪舍内部的红外灯、风机等设备进行加温和通风，以改善舍内环境。在养殖场监控室，养殖管理员能通过智能养殖管理平台软件界面的折线图和彩色图，掌握天气预报和养殖场的实际状况，通过手动自动控制和切换，进行报警和广播通知等，大大提高工作效率。常州市康乐农牧有限公司从国外整体引进母猪大群饲养智能化管理系统，通过对母猪耳标识别及 GPS 信息系统的操作控制，能对所有母猪进行单独饲喂，从而获得良好的母猪体况，对母猪、猪舍环境异常自动报警，母猪生长性能数据自动汇总标识，可通过互联网、手机等远程调控猪舍内温度、湿度、饲料、饮水等。

2. 养殖精细化管理

运用 RFID 技术、条码技术、数据库技术、网络技术、管理信息系统等对畜禽养殖场的畜禽个体情况、出栏情况、饲料、人员、市场等方方面面的信息进行科学的管理和配置。采用动物生长模型、营养优化模型、传感器、智能装备、自动控制等现代信息技术，根据畜禽的生长周期、个体重量、进食周期、食量以及进食情况等信息对畜禽的饲喂时间、进食量进行科学的优化控制，实现自动化饲料喂养。通过动物体温信息的实时获取和分析，实现畜禽个体生理信息精细管理，有效预警重大疫情。通过建立畜禽信息化健康档案，利用个体定位与溯源管理系统对畜禽产品从生产到流通全过程进行监管，实现畜禽疫病和畜禽产品安全管理。

【典型案例】——江苏泗洪县金水集团河蟹养殖

（1）基本情况[1]

金水集团位于江苏省泗洪县现代渔业产业园区，成立于1998年，核心养殖基地面积1.75万亩，养殖面积1.35万亩。集团集淡水水产品养殖、加工、销售和出口贸易为一体的大型企业，实现“公司＋合作社＋农户”的经营模式。主要产品有金水牌大闸蟹、甲鱼、小龙虾，洪泽湖黄颡鱼等系列产品，集团被农业部等九部委认定为农业产业化国家重点龙头企业。集团自2013年相继完成了养殖基地的水质在线监测和安全监控安装，河蟹出口基地加工车间、冷库、苗种繁育中心、综合服务中心等基地配套设施建设。2014年基地引入并完善了水产品质量安全可追溯体系建设，同时进行电子商务产品销售。

（2）物联网技术应用

水质在线监控系统，主要用于监测水质中的溶氧、pH、氨氮及温度等水化学指标，可及时反馈出养殖基地的水质情况，便于养殖户及时调节水质，避免因水质恶化而造成经济损失，该系统的应用可大量节约人工检测水质成本，同时可降低养殖发病率，提高养殖产量，使得养殖户效益最大化。

安全监控系统，实现基地主要路口及养殖区全覆盖，实时监控养殖区动态，为广大养殖户提供了安全的养殖环境，避免因盗窃现象造成养殖户的经济损失。

水产品质量安全可追溯体系，用于建立企业水产品质量安全信息数据库，从养殖到餐桌全过程的可追溯，提升企业的质量管理水平，提升产品内在价值，通过标准化工作模式和信息化管理手段，提高劳动生产率。

电子商务中心，主要致力于集团在天×和京×两大电商平台产品的运营和管理，通过在天×及京×两大知名网络销售平台上发布养殖产品，拓展了更多的销售渠道，缓解了产品销售压力。仅2014年上线第一年就实现了50万元销售额，预计2015年销售额可达到300万元。

（3）取得成效

物联网模式的应用保证了产品100%的合格率，满足了消费者对产品质量的需求，保证了养殖水质及养殖基地治安的安全，养殖过程中药物使用量降低了30%，避免了因养殖水体水质恶化后排放对环境造成的污染，降低了养殖风险，养殖户亩均收益可达5200元，同时带动了基地周边500户约20000亩的养殖面积并可使户均年增收2万余元。

四、农业电子商务迅猛发展

近年来农产品电子商务发展迅猛，为传统农产品营销注入了现代元素，在减少农产品流通环节、降低流通成本、促进产销衔接和公平交易、增加农民收入、倒逼农业生产标准化和农产品质量安全等方面显示出明显优势。据不完全统计，目前全国农产品电商平台已逾3000家，农产品网上交易量迅猛增长，以阿×巴巴平台为例，2013年阿×平台上的农产品销售继续保持快速增长，比2012年增长112.2%。

---

［1］数据资料由国家农业信息化工程技术中心提供。

从交易品种看，耐储易运的干货和加工品占主体，生鲜农产品增势迅猛。电子商务交易的农产品主要是地方名特优、“三品一标”农产品等，如大枣、小米、茶叶、木耳等干货及加工品占农产品电子商务交易总额的80%以上。近两年在大城市郊区涌现出了一批如北京×我在线、上海菜×家、武汉家×易、辽宁笨×道、海南惠×网等为市民提供日常生鲜农产品的电商企业，且发展势头强劲。

从交易模式看，多样化发展趋势明显。比较典型的有：一是入驻淘×、京×、1×店等成熟电商平台开设网店模式，是当前农产品电子商务的主流模式；二是农业企业自建平台模式。如中粮我×网、顺×抢鲜购等有生产、仓储、物流基础设施的农业公司通过自建平台销售自家生产、加工的产品；三是垂直电商模式，如大连菜×家、武汉家×易等，以网络为交易平台、以实体店或终端配送为支撑的“基地+终端配送”模式；四是网络代销商模式，如“世×之村”利用村级信息服务站点开展农产品、农村消费品网络代销代购；五是供应链整合模式，如天×、河南×品食业的产品供应商与批发商的B2B电子商务模式。此外，农产品批发市场电子交易平台也有所发展。

从生产经营主体看，部分农民、合作社、批发市场开始尝试电子商务。山东、浙江等地出现许多大型“淘×村”“淘×镇”，并带动周边物流、金融及上下游产业发展。农产品批发市场开始转型探索线上交易，如茶×网聚集安溪茶叶批发市场的1860家实体店，形成了全国茶叶电子商务平台，年交易额达2亿元。四川中药材天×网依托全国药材市场设立分支机构和信息站点，形成了庞大的线下服务网络，2012年入驻商家突破9000家，注册会员达28万。

从支撑环境看，服务和支撑体系有了一定基础。城市冷链物流、宅配体系以企业自建方式快速发展，农村物流网点迅速增加，部分地方利用农村信息员开展草根物流服务，在很大程度上弥补了农村物流的空缺。资金支付手段进一步完善，支付宝、网银、手机钱包等金融服务开始向农村延伸。电商服务业快速发展，为电子商务的发展提供了良好的交易环境和服务。

五、农产品质量安全监管应用日益重视

农产品质量安全不仅关系到公众的身体健康和生命安全，也关系到国家发展和社会稳定，具有重要的现实意义。目前，中国农产品质量安全水平整体稳定向好，在2014年农业部组织开展的质量安全例行监测中，蔬菜、畜禽产品和水产品的监测合格率分别为96.3%、99.2%和93.6%。农产品质量安全贯穿“从田间到餐桌”的整个供应链，包括生产、加工、流通和消费等多个环节。农产品质量安全可追溯体系贯穿农产品的全链条，可有效破解各环节之间信息不对称问题，建立起各环节的质量信息互通机制和质量安全责任潜在惩罚机制。

（一）国家层面农产品质量安全可追溯体系建设

国家质检总局下属单位中国物品编码中心，从实施“中国条码推进工程”以来，在全国建立了100多个产品质量安全追溯应用示范基地，覆盖肉禽类、蔬菜水果、加工食品、水产品、医疗产品及地方特色食品等多个领域，如在陕西建立“牛肉质量与跟踪系统”，在北京建立金维福仁清真食品有限公司“牛肉产品跟踪与追溯自动识别技术应用示范系统”，在上海建立“上海超市农产品查询系统”，在山东寿光建立“蔬菜质量安全可溯源系统”，在广西建立“米粉质量安全跟踪、追溯与监管体系”等。

农业部自2004年实施“城市农产品质量安全监管系统试点工作”，开展了农产品质量安全追溯

体系试点建设，试点探索建立种植业、农垦、动物标识及疫病、水产品四个专业追溯体系。2006年开始，农业部在四川、重庆、北京和上海四省市进行试点标识溯源工作。2006年以来，农业部优质农产品开发服务中心在全国八个省市开展种植业产品质量可追溯制度建设试点，建立“农业部种植业产品质量追溯系统”。2008年以来，农业部农垦经济发展中心建立“农垦农产品质量追溯展示平台”，在米面、水果、茶叶、畜肉、禽肉、蛋类、水产品等七类农产品建立农垦系统质量安全可追溯系统。2010年，农业部下属单位中国动物疫病预防控制中心建立“动物标识及疫病可追溯体系”；2010年，农业部下属科研单位中国水产科学院和全国水产品质量安全追溯体系建设项目组通过在广东省和天津市的41家水产品企业进行的养殖、加工、批发、零售一体化追溯试点，构建水产品质量安全可追溯体系，建立“水产品质量安全追溯网”。

2004年4月，原国家食品药品监督管理局等八个部门确定肉类行业作为食品安全信用体系建设试点行业，开始启动肉类食品追溯制度和系统建设项目。

2010年以来，商务部、财政部开展肉类蔬菜流通追溯体系建设，建成以中央、省、市三级平台为主体、全国互连互通、协调运作的追溯管理网络，形成生产与流通有效衔接的肉类蔬菜流通追溯体系。至2014年年底，共分五批在58个城市开展肉菜流通追溯体系建设试点，有2000多家流通企业纳入了追溯体系。下一步将从肉菜追溯体系建设逐步扩大到中药材、酒类、奶制品、水果以及水产品等品种。

（二）地方农产品质量安全可追溯体系建设

2004年，北京市农业局和河北省农业厅共同承担了农业部的“进京蔬菜产品质量追溯制度试点项目”，由河北六县市蔬菜试点基地使用统一的包装和产品标签信息码，向北京市新发地和大洋路两个批发市场供货。2005年，北京市开展了自产蔬菜产品质量追溯试点。2008年，北京市建立并启用奥运食品安全监控和追溯系统，实施奥运食品安全追溯制度，实现奥运食品从生产基地到最终消费地的全程监控，是追溯系统应用的成功范例。2013年，北京市以平谷大桃为试点，建成首个国家级出口农产品可追溯体系。目前，“北京市农业局食用农产品质量安全追溯系统”和“北京市肉类蔬菜流通追溯平台”等运行良好，对农产食品质量安全的管理横跨生产、包装、加工及零售等各个环节，并覆盖蔬菜、水果、畜禽和水产等多个领域。

天津、上海等地也在农产品质量安全可追溯体系建设方面进行了大量的工作，如“上海超市农产品查询系统”“天津无公害蔬菜安全追溯系统”“山东食品质量安全溯源系统”“江苏南京农产品质量安全IC卡监管系统”“海南热带农产品质量安全追溯系统”“江西脐橙质量追溯查询系统”“陕西牛肉质量与跟踪系统”“四川茶叶制品跟踪与追溯系统”“云南普洱茶信息跟踪与追溯管理系统”“福建远山河田鸡供应链跟踪与追溯体系”“新疆吐鲁番哈密瓜追溯信息系统”等。

农产品追溯系统作为质量安全管理的重要手段，越来越受到有关部门和消费者的普遍关注。天津加强农产品质量安全追溯示范应用，利用4年时间建设了20万亩放心菜基地，搭建了天津市放心菜基地信息管理平台，基地全部实现了生产档案全程在线采集管理与在线检测，放心肉鸡、放心水产品产量也在大幅增加。北京农业信息技术研究中心利用物联网技术建成以保障农产品质量安全为核心的全国农业物联网应用示范基地，基地以“黄河三角洲农产品安全追溯平台”为核心，在禾丰园韭菜基地、亿利源肉牛基地、沾化冬枣基地和国丰蔬菜基地建设特色农产品物联网应用系统，将不同基地的视频和生产、加工及物流数据汇聚到数据平台形成中心数据库，进行视频监控、产品追溯和综合服务。追溯平台的应用提高了各基地视频信息、环境信息和生产履历信息的实时感知能力和生产管理效率，提升了中心平台的数据汇聚与决策能力，为政府监管和消费者溯源提供了良好支撑。

六、农业管理信息化进一步完善

农业部门系统推进农业政务信息化始于“金农”工程一期，“金农”工程一期建设完成且顺利通过验收，“金农”工程二期正在积极筹备。“金农”工程是国家电子政务“十二金”之一，历时10年，先后投入5.8亿元，初步建成了农业电子政务支撑平台，构建了国家农业数据中心和国家农业科技数据分中心，开发农业监测预警、农产品和生产资料市场监管、农村市场与科技信息服务三大应用系统，建立了统一的信息安全体系、管理体系、运维体系和标准体系。通过“金农”工程一期项目的实施，农业部门信息化基础设施建设明显加强，政务信息资源建设和共享水平明显提高，部省之间、行业之间业务系统能力明显提升，有效提高了农业部行政管理效率，提升了服务三农的能力和水平，为农业农村经济社会平稳健康发展提供了有力保障。

（一）农业信息采集系统

完成报表指标调整、填报流程优化、组织机构更新等工作；开发了农情采集移动客户端填报服务接口，实现了移动端用户登录、数据填报、数据查询及消息管理等业务功能；改造完成了企业对外农业投资采集子系统。通过持续优化和不断完善，用户应用范围不断扩大，其中农村经管统计系统用户覆盖到全国31个省，乡镇一级起报的省份已达15个。截至2014年3月，系统填报用户近3.7万个，共下发各类采集任务1321次，累计完成省、地、县、市、乡镇、村等各级报表采集近395万张（日均3000余张）。与国家粮食局数据共享工作进展顺利，实现了与国家粮食局的主要粮食品种的购、销、收购价等数据共享。通过农业信息采集系统进行数据采集，同以往的数据指标直报或纸质填报方式相比，极大地提高了工作效率和数据正确率，为农业管理部门进行决策提供了有力依据。

（二）农产品监测预警子系统

截至2014年3月，已发布预警报告、新闻、数据分析报告等3092篇，对18类农产品从供求安全、生产波动、市场价格波动、国际价格竞争力、进口影响指标等方面建立了预警模型，建设了农村经济、农产品贸易、农产品价格、成本收益等14类数据集市，提高了农业部门对农产品市场风险的监测能力和先兆预警能力，为政府宏观决策提供了依据，保障了农产品安全。

（三）农产品和农业生产资料市场监管系统

农机监理子系统。系统功能不断完善且运行稳定，具备了向全国推广的条件和对农业机械等的部、省、市、县四级监管能力。系统在黑龙江省的推广应用取得了良好的效果，全省98%的农机监理机构在系统中进行了注册，82%的机构已通过系统办理相关业务，并在全国试用农机监理行政许可品模块。截至2014年3月，全国1378个农机监理机构在系统中进行了注册，注册用户数2247个，共办理拖拉机注册登记179457件，联合收割机注册登记11132件，驾驶证申领340519件，行政许可品订单2291件。

农药管理信息系统。该系统已在全国推广使用，其中农药进出口审批已陆续延伸到山东、江苏、上海、浙江、天津、河北等省（市），现实了部、省两级审批管理。截至 2014 年 3 月，已通过农药网上审批系统实现农药网上审批受理 37378 件，办结 18725 件；与海关总署建立了信息共享机制，农业部已给海关电子口岸发送放行通知单 356256 条，其中，出口放行通知单 342418 份，进口放行通知单 13838 份，并收到海关电子口岸回送的每一笔农药进出口货物通关回执，大大提高了两个部门的协同办公效率。据农业部农药检定所反馈："金农工程监管系统所实现的农药行政审批多次在国际会议介绍与演示，得到许多国家同行的赞许，其应用达到世界领先水平。"

"三品一标"监管认证系统。该系统全面上线，农业部农产品质量监管系统基本形成。其中绿色食品监管系统的业务单位包括中国绿色食品发展中心及各省级绿色食品办公室，截至 2014 年 3 月，注册用户 626 个，累计办理认证审核业务 3370 余件，绿色食品审核与管理业务办理效率明显提高。

（四）农产品市场与科技信息服务系统

农村市场供求信息全国联播服务子系统。该系统在原有农村市场供求信息全国联播"一站通"系统基础上进行了全面改进。截至 2014 年 3 月，注册会员 65 万，发布供求信息 20 多万条，网上展厅发布企业信息 12000 余条；农产品信息 19000 余条；外文版（英、日、韩、俄文）平均月点击量 22.6 万人次，访问用户现已覆盖到世界 50 多个国家和地区。农产品促销平台共发市场流通信息 7500 多条，图片信息 652 条，乡村旅游点和仓储运输企业信息 1000 多家；农产品交易会网上注册参观 2 万人次，为 6700 余家参展企业提供网上申报；现场直播发布文字及图片信息 1.7 万条；制作发布视频 400 多个。

农产品批发市场价格信息服务子系统。实现了每日价格行情数据的在线填报，设立了两家电子结算系统的批发市场（上海农产品批发市场、无锡朝阳批发市场）的电子结算数据的上报试点。价格数据经整理后由国家农业综合门户网站、农民日报、中央电视台 2 套经济频道等媒体统一对外发布。截至 2014 年 3 月，联网批发市场数量已达 700 余家，农产品 550 余种，平均日报价数据 8000 余条，平均日电子结算信息 7 万余条。

农业科技信息联合服务子系统。完成了全国省级部署，部级应用采集发布文本科技信息 2.1 万余条、多媒体视频科技信息 255 条，系统业务用户 1135 个。各省级科技平台发布科技信息 1.8 万余条，完善了农业科技基础数据库，建立了由国家农业数据中心、农业科技数据分中心及各省级农业数据中心等构成的农业科技信息联合服务系统，拓宽了直接面向社会公众的服务咨询渠道。

（五）国家农业综合门户系统

发挥了宣传农业部、引导公众有序参与及综合信息服务的主要作用。与项目建设前相比，通过规划、整合，版面布局更加合理、展示效果更加突出，集政务版、服务版、繁体版和英文版等版本于一体，最终建成了农业部国家农业综合门户网站群。2010 年 6 月正式上线运行，网站群 2014 年 4 月日均点击量约为 900 万次，日均信息发布量超过 2000 篇。

"金农"工程在组织模式、技术架构、创新应用和解决技术难题方面进行了成功的实践，改善了各级农业部门信息化基础设施水平，提升了信息资源建设和业务协同能力。通过项目建设，有效提高了农业行政管理效率，有效提升了服务"三农"的能力和水平，为进一步加快推进现代农业和农业信息化提供了有力支撑和良好基础。

七、农业信息服务成效显著

政府农业网站体系初步建成。随着“金农工程”的顺利实施，成功实现了做大一个国家农业数据中心，做强一个国家综合农业门户网站，完善一个农业电子政务支撑平台的基本目标。目前，覆盖部、省、地、县四级的政府农业网站群基本建成，初步建立起以中国农业信息网为核心、集30多个专业网为一体的国家农业门户网站，全国31个省级农业部门、超过四分之三的地级和近一半的县级农业部门都建立了局域网和农业信息服务网站。这些网站的政务信息发布功能基本完善、在线政务审批和管理功能不断加强。初步实现了农业行政管理与为民服务的信息化、专业化与标准化，行政效率显著提高。与此同时，农业部先后搭建了7个省级、78个地级和324个县级“三农”综合信息服务平台。在农业部的领导下，各地农业部门充分利用电话、电视、电脑等信息载体的优势，因地制宜构建了符合当地农业生产和生活需求的信息服务平台。农业部建立和完善了各类专业信息平台，如中国动物卫生监督网，目前，网络已覆盖至31个省级单位，362个市级单位，3100个县级单位，构建成了全国动物卫生监督信息平台，提高了监管水平，完善了监管手段。

社会化涉农信息服务平台异军突起。为开拓农村信息服务市场、助力农村信息化，中国移动、中国联通、中国电信等电信运营商成功打造了各自的农村信息服务平台。中国移动“农信通”平台在全国27个省进行了推广；中国电信“信息田园”平台整合声讯系统、短信系统及各类、各级网站系统，为广大农民、涉农企业、农民合作组织提供了市场行情、农业气象、乡镇企业、名优特产等方面的信息服务；中国联通“农业新时空”覆盖了全国26个省份。随着互联网在农村地区的普及，众多涉农企业认识到网络宣传、网络营销的重要性，纷纷打造具有展示企业形象、发布产品信息等功能的网络信息服务平台，涌现了中华名 × 土特产网、中国大 × 网、中国 × 网、猪 × 网、中华 × 果网等一批网络信息服务平台。各涉农企业通过自己的信息服务平台宣传公司产品，开展网上服务、电子商务等经营活动，不仅方便了国内外客商及时了解农产品供需状况，还有效解决了部分农产品外销难的问题这些信息服务平台，为广大农民带来了最便利、最有效的信息服务，有效推动了信息的进村入户。

信息服务体系逐步健全。中央部委及地方各级政府继续实施农业农村信息化项目和工程，新建和完善了一批以农村综合信息服务站、农村党员远程教育终端接收站点、村级商务信息服务站等不同类型的基层信息服务站点。投身于农业农村信息化建设的一批企事业单位利用各种方式建设了一批基层信息服务站点。同时，各省在推进农业农村信息化的过程中，依托咨询热线、呼叫中心、信息服务平台以及各种信息化项目强化专家咨询队伍建设，专家咨询队伍发展迅速。地方各级政府继续从农业产业化龙头企业、农产品批发市场、农民专业合作社、村干部、农村经纪人、种养大户、大学生村官等群体中培养了一批农村信息员。

2014年，农业部以“12316”服务基础为依托在10个省（市）22个县开展了“信息进村入户”试点工作，农业生产技术、农产品市场营销、农资供求、农业政策、法律法规等信息每天通过12316推送到千家万户。截至目前，已有1000多个村级信息服务站建成并投入运营，全国所有省、58.9%的县已开通“12316”三农信息服务热线，惠及了全国1/3以上农户。辽宁、吉林等省“12316”总话务量均已突破200万人次，目前日话务量在3000个以上。此外，信息进村入户工作和村级信息员2个微信群，“12316”微信公众号等服务模式不断创新。据了解，全国信息进村入户总平台经过浙江、江苏5个试点县2个月的试点工作，顺利完成测试并获农业部认可。目前总平台已开通益农社

1364家、信息员2163人，信息社服务关联农户超过35000人，具备全国推广运行的条件。

基于云计算和大数据的信息通道服务正在起步。为深入推进“国家农业科技服务云平台”建设，着力搭建中央与地方、专家与农技员、农技员与农民、农民与产业间高效便捷的信息化桥梁，全面提升农业科教服务“三农”的信息化水平和效能，实现“互联网+农业科技”发展的新格局，2015年5月，农业部研究制定了《国家农业科技服务云平台建设方案（试行）》。《方案》以云计算和大数据为支撑，有效整合各类农业科教信息资源，构建起农业科技创新、成果转化、农技推广、农民培训与农业生产各环节上下贯通、优势互补、管理科学、运转高效的现代农业科教信息管理与服务系统，提高农业科教服务信息化水平。制定了包括1个大数据平台、6个专业子云和16个核心业务应用系统的总体框架。

八、“互联网+”农业农村信息化

2015年7月，国务院出台了《关于积极推进“互联网+”行动的指导意见》，作为11个重要战略行动之一，“互联网+农业”是互联网理念、技术和方法在农业领域的实践。“互联网+”现代农业的发展涉及农业资源、环境、气象信息采集、动植物生产过程管理、收获、加工、存储、机械化以及农产品供应链、销售、市场价格监测等各环节，是加快推进农业现代化与信息化的深度融合的重要切入点，对于转变农业发展方式、促进农业可持续发展、培育农业战略性新兴产业、推进农村大众创业、万众创新“双创”具有深远影响，将为“三农”发展带来新契机。

（一）互联网+农业生产

互联网的信息集成、远程控制、数据快速处理分析等技术优势在农业中得到充分发挥，3G、云计算、物联网等最新技术也日益广泛地运用于农业生产之中，集感知、传输、控制、作业为一体的智能农业系统不断涌现和完善，自动化、标准化、智能化和集约化的精细农业深度发展。在一些现代化的种养殖基地中，早已告别传统的人力劳动场景，养殖场管理人员只要打开电脑就能控制牲畜的饲喂、挤奶、粪便收集处理等工作，农民打开手机就能知晓水、土、光、热等农作物生长基本要素的情况；工作人员轻点鼠标，就能为远处的农作物调节温度、浇水施肥。而基于互联网技术的大田种植、设施园艺、畜禽水产养殖、农产品流通及农产品质量安全追溯系统加速建设，长期困扰农业的标准化、安全监控、质量追溯问题正因为互联网的存在而变得可能与可操作。

【典型案例】密云爱×养殖基地

课题组走访调研了爱×养殖基地。爱×养殖基地2001年成立，养殖北京油鸡、节粮型蛋鸡10万余只，是密云三大蛋鸡养殖基地之一，年销售鸡蛋等农产品100余万公斤。2010年，在电商还未兴起时，基地就已进入电子商务领域，建立爱×场网站，并与“中粮×买网”等合作，成功实现线上农产品销售。2013年，基地又建立了×农微商城。尝到互联网甜头的基地管理者并不满足于这些发展，积极引入物联网技术，让基地产品实现从产地到餐桌全程可追溯。

2014年，基地管理者陈连山找到国家农业信息化工程技术研究中心合作，在鸡舍里引进温湿度传感器、光照传感器、氨气传感器、土壤信息传感器、高清网络摄像头等一系列的先进设备，开发了实时视频传输、实时监测、GPS管理定位等系统，并将它们与电子商务和订单系统连接在一起，组成了基地物联网综合管理平台。

走进基地管理中心，墙上一块5平方米大的显示屏上，育雏舍、饲料加工车间以及各个鸡舍、分散养殖户的实时视频一一呈现，每只鸡的喂养、活动以及工作人员的操作情况显示得清清楚楚，甚至连每根鸡毛都清晰可见。10分钟后，屏幕切换至实时监测系统，鸡舍内光照强度、空气温湿度、二氧化碳浓度等情况一目了然。系统能够实现24小时连续自动监测，鸡舍“缺啥补啥”，只要一台电脑就能操控所有设备，并且可以实现遥控管理。

为了使产品达到从产地到餐桌全程可追溯，基地不仅在生产、加工环节用上物联网，而且在产品配送环节上也利用物联网技术。所以，基地为20辆冷链物流车全部安装了GPS管理定位系统。牵手物联网，不但让每只鸡的养殖、配送过程尽在掌握中，他们还用此服务于营销，将养殖场实时环境在爱农场网站现场直播，消费者可以随时观看，现在很多客户信任他们的产品。2015年产品的销售额同比提高了20%，爱农场网站注册用户达到15万人，活跃用户3000余人，每天有500余消费者向基地订货。

（二）互联网＋农产品流通——农产品电商

电子商务是基于电子信息网络的新兴交易模式，它通过网络在一个广阔的市场中实现产品展示、查询、交易等贸易活动，从而消除了时空因素对产品流通的限制，有利于减少产品流通环节和降低产品流通成本。在互联网的催化下，农产品的流通模式也在发生嬗变，以电子商务为主要形式的新型流通模式快速崛起，在流通主体、组织方式、上下游影响等方面都呈现了积极的创新和变化。以菜×家、我×网、易×网、天×配等为代表的农产品电子商务网站不断丰富电子商务业务，实现了网上选购、物流配送、电子支付等全程服务；以新希望、爱农驿站等为代表的农产品生产经营企业纷纷自建电子商务运营支撑平台，推进物联网技术在农产品供应链管理、农产品冷链物流全程监控、农产品安全追溯中应用，实现了自有农产品产供销环节的电子化，从而形成了多层次的农产品电子商务网络体系，部分已取得良好效益，形成了信息环境下的全国性和区域性市场，成为农产品信息发布和交易的活跃地带。

目前农产品电商的模式主要有四种。一种是B2C模式，典型代表为顺×优选、本×生活、京×，这类平台本身不参与农产品的种植，产品均来自其他品牌商或直接采购自某些农场。第二种也是B2C模式，但是自身有农场，平台亲自参与到农产品的种植和牲畜的饲养中，代表平台有联想控股的“佳×市集”。第三种是B2B模式，深入到供应链的管理环节，通过电商平台撮合供应商和采购商进行交易，一亩田就是这种模式。第四种是O2O与B2C混合模式。

【典型案例】天×果园

天×果园成立于2009年4月1日，是一家基于互联网技术的现代鲜果服务供应商，提供高品质鲜果产品和个性化鲜果服务。据介绍，截至目前，天×果园非水果生鲜品类已覆盖5000万人群，达数百款品类，其中，最受用户欢迎的，有北极甜虾、新西兰翡翠、新西兰银鳕鱼、澳洲谷饲西冷牛排等。天×到家拥有全供应链式的O2O，除自己把控后端供应链外，还自建前置仓，不用众包物流，所有环节都由自己把控。在北京、上海、广州、成都有四家天×果园的仓库，每个仓库大约覆盖三百公里直径范围的消费群体。目前，天×果园在上海地区已经开设了30多家品牌店，这些实体店承担的功能就是打通“最后一公里”。线上下订单、线下取货，集中配送、用户自提等丰富了农产品电商营销模式。

（三）互联网 + 农资——农村电子商务

在互联网快速渗透和政策扶持下，农资电商正在步入快速发展的黄金期，已经改变农资行业传统的运营模式、流通模式和合作模式。农村电子商务不仅为农村与城市搭建了互通有无的桥梁，也为农业产业的发展创造了更多机遇。从传统的一些农资信息网站，到传统农资企业开办电商平台，再到电商巨头进入农资行业，热潮迭至，随着淘 × 农资频道的上线，“农商 × 号”上线，“互联网 + 农资”平台日渐增多，“互联网 + 农资”的部分领域已呈现“红海”迹象。

涉农电商平台已经进入快速膨胀期。据农业部数据统计，国内网络购物人数约 3.5 亿，网店数量超过 300 万家，涉农电商平台超过 3000 个。我国农资电商的市场潜力巨大。有数据显示，以种子、农药、化肥、农机具四大品类为代表的农资行业市场空间约为 2 万亿元。2015 年被称为我国农资电商发展的元年。在尚未被完全渗透的农资领域，各路电商纷纷“亮剑”，云 × 场、云 × 社、农 × 网、种 × 宝、村 × 通、易 × 商城等农资电商平台顺势而生，加上新上线的京 × 农资频道，农 × 网上市场正显示出强大的生命力。

“互联网 + 农资行业”的 N 种模式：

云 × 场。云 × 场是国内成立较早的一个网上农资交易及科技服务平台，主要为农民提供化肥、种子、农药、农机交易及测土配肥、农技服务、农场金融、乡间物流、农产品定制化等多种增值服务，并建立全天候在线客服体系。目前已建立 200 多家县级服务中心，2 万余家村级服务站。

农 × 网。农药电子商务平台农一网首创“县域工作站 + 乡镇服务专员 + 村级代购员（点）”的三级构架“农 × 模式”。通过发展村级代购员（点），帮助农民在线下单购买、农药品牌推广及产品知识的普及、植保信息及方案的推广实施等，实现电商落地和线下服务。目前已建立工作站 700 余家、村级代购员（点）约 4000 人。

农 × 生。2014 年 11 月，首创移动互联网远程诊断技术服务模式的手机 APP“农 × 生”正式上线，它建立了种植户与专家对话的平台，实现了农业病虫害远程诊断的目的。作为开放共享、互动免费的农技服务平台，农医生上线至今已认证专家 10 万人，注册用户突破 500 万。

× × 农服。2015 年 3 月，江苏克胜集团发布了“× × 农服”农业服务交易平台。主要内容包括综合植保服务、农资超市、锦绣农场、互联网农村金融、乡村旅游等，目前正广泛吸引为农服务机构、农业科研院所、农资厂商、农产品平台、文化创意团队进入。

点 × 网。2015 年上线的综合性涉农电子商务交易平台点 × 网以 PC、移动 APP、物联网三网合一推广运营模式服务三农，“一村一站”智慧农业服务站实现商品直达，通过“线上自助下单体验”和“线下专有直达配送”的线上线下无缝对接模式，有效降低农资产品购买成本。

【典型案例】诺 × 信

2015 年，深圳上市企业、国内最大的农药制剂企业诺 × 信启动了“田 × 圈”互联网发展战略，计划利用其长期以来销售农药制剂的经销商渠道，推广其全方位对接农户需求的互联网生态系统“田 × 圈”。田 × 圈这一生态系统将包括线上 PC 端的农产品电商网站农 × 网、移动端 APP 田 × 圈、线下的田 × 圈农业服务中心店等，共同对接农户的产品、技术、金融、农产品销售等需求。在这个平台上，可以接入农村物流、农村金融、种植技术服务、农产品流通甚至是农村就业等，做到一体多业。目前田 × 圈已经辐射全国 27 个省 / 市 / 区，与当地最优秀的农资经销商已建成县级运营中心 400 余个，田 × 圈门店 2000 多个，已拥有 PCA/ 田哥田姐 10000 余名，服务农户超 500 万人。

田 × 圈手机 APP 的平台上，有种田经、问专家、买农资、来聊天、送福利等几大板块，用户可以了解实时的农业资讯和种植技术、向专家咨询问题和远程诊断、选购农资产品等。田 × 圈 APP 为农户提供技术咨询和解决方案；农 × 网电商平台为农户提供优质实惠的农资产品；农发贷向农户提供资金支持；田 × 券把优惠摇到农民手中。

田 × 圈改变了以往各级代理层层加价的模式，和县级经销商深度合作，双方共同出资成立县域综合服务中心，加盟的零售商则变身为田 × 圈农业服务中心的员工，厂家、经销商、零售商共同把以往中间环节的差价让利给农民。不光价格优惠，田 × 圈的会员制度也颇具吸引力：办会员卡可免费用新电动喷雾器，预存 3000 元送智能手机、预存 5000 元除送手机还补贴利息。田 × 圈还提供免费测土配方服务，每月还有技术培训和会员日优惠活动。

田 × 圈引入 PCA，为农民提供技术服务，解决农民种植过程中的疑难问题，定期开展农民会和观摩会，建立示范园，推广优秀的农资产品。在美国，PCA 专指经过政府资格认证的植保技术专家，专门服务于大农场主、种植基地等。农民在手机上打开田 × 圈 APP，就能及时把病虫害预报和农事操作提醒用图片或语音发送到网上，还能随时回复别人提出的问题。田 × 圈就是要汇聚大批作物专家和种植达人，利用田 × 圈平台和互联网工具线上线下为农户服务。

（四）互联网 + 农村小额信贷——农村互联网金融

农村互联网金融是农村、互联网与金融相结合的产物，农村指服务的对象，互联网指明服务的手段，金融指出服务的内容。由于互联网低成本、高效率和跨时空的特性，互联网企业纷纷以其技术优势和平台优势争先进入农村金融领域，填补了大量农村金融服务的空白。

同时长期服务三农领域的三农服务商，也纷纷利用互联网手段服务客户，此外再加上互联网金融机构及传统金融机构的共同参与，构成了目前四类农村互联网金融主体：三农服务商、电商平台、P2P 平台和传统金融机构。

1. 以村 × 乐、大 × 农、新 × 望为代表的三农服务商

大 × 农集团依托平台交易数据，进行大数据分析，具备了对养殖户和经销商的信用了解，搭建农村信用网作为大北农的资信管理平台，建立以信用为核心的普惠制农村互联网金融服务体系。农 × 网具体嫁接了农富贷、农银贷、农富宝、扶持金四个服务板块。大 × 农集团提供的农村互联网金融产品中，农银贷为银行放贷提供信用数据，农富贷直接为生产者与经销商提供小额贷款，扶持金提供赊销服务，农富宝提供理财服务。大 × 农基于自有的大数据资源提供农村金融解决方案，不仅服务了客户，而且还延伸产业链服务。加表 17-1。

表 17-1　大 × 农农村互联网金融解决方案

信贷服务	运行模式
农银贷	农银贷以客户在农信商场的交易数据和自身信用为依据，与农信网有合作关系的银行等金融机构为客户提供无抵押、无担保贷款
农富贷	农富贷是大北农旗下农信小额贷款公司为使用猪联网或进销财管理系统的用户提供的小额贷款服务，用于满足种植户、养殖户及经销商向供应商支付采购货款等短期资金需求
扶持金	扶持金是农信网与供应商合作，为采购商量身打造的一种“先拉货、后付款”的赊销供货体验，完成农信金融认证并获得资信评估的客户，即可获得一定额度、赊期的赊销
农富宝	农富宝是大北农与银华基金合作推出的理财产品，致力于为客户实现利用进货的钱生钱的理财模式

2. 以阿 ×、京 ×、一亩 ×、云 × 场为代表的电商平台

借 ×：借 × 是蚂蚁 × 服集团的信贷服务，将“芝麻信用分”与金融消费挂钩，芝麻分 600 分以上，就可以赊账消费、申请贷款。与传统的个人贷款相比，“借 ×”不需要用户提交复杂的个人材料和财力证明，凭借芝麻信用分就能对用户的做出信用判断和把关，3 秒完成放贷。

云 × 场：云 × 场是全国第一家网上农资交易服务平台，提供化肥、种子、农药、农机交易及测土配肥、农村金融、乡间物流等多种增值服务，利用村村通业务推广服务方式，拥有百万级别种植农户，累积了丰富的农户交易数据。云 × 场利用云农场平台大数据的优势，与农业银行、华夏银行、山东农村信用联社等多家金融机构合作；云 × 场负责提供授信考察依据，银行负责向农户及村站提供低息贷款，并监管贷款有效用于农业种植。这种模式有效解决了银行对农放贷信用数据缺乏难题，深受银行金融机构及对农贷款服务部门欢迎。

3. 以宜 ×、开 × 贷、翼 × 贷等为代表的 P2P 平台

翼 × 贷是联想集团战略投资企业，2007 年成立以来，一直走农村路线，其近 90% 借款用户为农业生产者，线下运营中心由各级加盟商（代理商）组成，代理机构承担项目发掘、风控、贷后管理、债权回购等职责，翼 × 贷则成为一个很轻的线上平台，主要承担资金和项目整合工作，加盟商与翼 × 贷之间按照 8 ∶ 2 的比例进行利润分成。因此，形成了一套独具特色的农村互联网金融运营模式，强调农村熟人社会的作用，强调加盟商的本地属性。

P2P 网贷平台通过互联网将资金需求端与资金供给端实现有效对接，是实现普惠金融的一个有效手段，其更加关注低端客户，而中国最庞大的低端客户群无疑是来自广大的农村地区，因此这也是大量的 P2P 平台以农村居民为主要服务群体的重要原因。

4. 以信用社、农行、邮储等为代表的传统银行

面对阿 ×、村 × 乐、宜 × 等互联网平台对农村传统金融服务商的冲击，以农村信用社、农业银行、邮政储蓄银行等为代表的传统金融服务机构，纷纷加大对农村互联网金融的投入，响应国家政策号召，全力推进农村普惠金融。

各方采取措施大体如下：①运用第三方支付技术，通过拉卡拉等为村民提供日常生活所需的金融服务，比如，电费、水费缴纳、手机充值、社保缴纳、机票火车票购买等服务；②利用自动化设备、远程通信技术等设立农村服务站，每个站配置 1~2 名工作人员，借助服务站一方面能够宣传金融理财方面的知识，另一方面为农村居民办理日常的基金、储蓄等业务；③推出网上金融店，将线上线下有力结合起来，农民实现网上业务申请、自助缴费、购买机票、网上购物等，为农村居民提供更为便捷的金融服务。

例如，中国农业银行推出的助农取款服务采用类似 O2O 的业务模式，坚持“平等自愿、风险可控”的原则，采取村委会推荐、乡镇政府优选、银行实地考察确认等方式，选择信誉良好、经营规范、具备固定场所的农家小超市、农资店、村委会等作为助农取款服务点，利用电话线和相对简单的机具，布放“智付通”（转账电话），为农村居民提供小额取现服务。

（五）互联网 + 农村——智慧乡村

2015 年 8 月，腾讯公益正式启动“互联网 + 农村”行动计划，旨在通过腾讯自身这个强大的“连接器”，推动乡村借助移动互联网实现跨越式发展。在“互联网 +”的改造下，贵州省黔东南州黎平县铜关村这个大山深处的古村落焕发了前所未有的全新活力，建立了中国第一个认证的村级公

众服务号“贵州黎平铜关村”。村寨通知下发、投票调查、活动召集、公共事务意见交流、文化活动分享、特产推荐等工作，均可通过微信展开。风铃移动互联科技有限公司（简称风铃 ××）提倡下的智慧乡村解决方案，具有信息储量大、信息全面、查询方便、信息更新及时等特点的网站，其接入微信公众平台，可实现多屏互动，提供展示乡村的政治、经济、文化、生活娱乐的方方面面窗口。

【典型代表】风铃 ××

乡村农业智能化。智能农业主要包括农业资源利用、农业生产精细化管理、生产养殖环境监控、农产品质量安全与产品溯源等。农村智能农业建设，针对农村区域位置的特点，优势产业的不同，重点提高优势产业的智能化，并坚持多产业结合发展，从而实现农村独有的智能化农业发展之路。

乡村基础设施智能化。发展特色产业、以小区模式打造和管理村民住宅区，改造村内道路和地下排水、排污设施，统一进行商业板块设计，进行美化、绿化、亮化、净化配套建设，为智慧乡村发展打造特色居住、观光、饮食项目。同时建设自动监控系统，以满足环保管理与业务应用的需求，对乡村进行环境质量监测、污染源监控、环境应急管理、排污收费、污染投诉、建设项目审批结果公布，建立了环境保护电子政务信息平台，政务信息发布和共享，加强与村民的交流沟通。

乡村互联网信息化。目前，农村信息化有了较大的发展，智能手机普及率大幅度提高，移动 4G 网络大范围覆盖，为农村移动电商的开展提供了良好的环境，农村电子商务开展大势所趋。依托于手机建设农产品直销商城，成为发展农村电子商务高效便捷的途径。

乡村村居智能化。智慧乡村生活将“互联网 + 学校”“互联网 + 医院”和电子商务搬入乡村，解决乡村封闭经济发展受阻、学生上学难、病人看病难等问题。“互联网 + 学校”提供新版北斗定位安全系统、网上授课系统、移动端视频采集传播系统、配套智能摄像头、互联网移动书库、百度百科时时调用等多元化综合体，将校园安保、授课等功能与家长手机联合在一起，家长可以通过手机观看孩子在学校的情况，出校门后有新版北斗定位为孩子保驾护航。“互联网 + 医院”利用移动端预约排号系统、智能小票打印机、移动端寻医问诊、在线查看医生资质、线上预付款、送药上门服务等贴近生活的医院服务。在电子商务环境下，农户在自己家中，通过市场化的公共电子商务平台，可以直接对接市场。农民通过电子商务找到了产品销售的突破口，供需双方无须经由第三方中介，这是以最直接的方式从根本上解决了信息不对称问题。由于减少了中间环节，产品定价更低，买卖双方互相受益。农民在家中就可以创业致富，农业生产销售方式发生了翻天覆地的改变，农民实现了充分就业，有的农民网商甚至还需要从城里招工补充人手。农户收入增长、生活改善、家庭幸福，社会安定和谐，构建幸福村居典型。

乡村旅游智能化。以满足旅游者现代信息需求为基础，以提高旅游便利化水平和产业运行效率为目标，以实现旅游服务、管理、营销、体验智能化为主要途径，以完成旅游商线上线下结合为根据。对乡村智慧旅游的设计，提高完善技术水平，多方整合信息资源，有序推进智慧旅游持续健康发展，不断提升旅游信息化发展水平。围绕“文明、有序、安全、便利、富民强国”5 大目标，打造一个内容涵盖乡村旅游景点交通住宿信息查询数据体系、游客信息服务体系、智慧旅游管理体系、智慧旅游营销体系、智慧旅游推广体系、景区门票预约体系、720 度全景看景区体系等一体化、全方位、多层次的便捷体验平台。

风铃 ×× 倡导的乡村智慧名片支持在电脑、平板、智能手机等显示屏中显示，实现多屏互动，随时随地可以浏览。另外，还能点播观看，网页内容可时时更新，且乡村农特产商城可实现手机在线支付等功能。

（六）互联网 + 农民——新农人

新农人概念的兴起，其背景是互联网经济正在深刻影响中国经济的各行各业。在过去几年中，“互联网 + 农业”催生了农产品电子商务热潮，“互联网 + 农村”产生了淘 × 村奇迹，“互联网 + 农民”则推动了农民网购热。在互联网赋能三农的过程中，催生了一个充满朝气和活力的新群体——新农人。

2015 年 2 月 7 日，由阿 × 研究院和南方农村报社联合主办的“首届中国新农人大会”在广州举办，会上阿 × 研究院正式发布了《中国新农人研究报告（2014）》，报告指出，中国新农人的规模已达百万级，新农人是互联网赋能三农的必然产物，是农民群体中先进生产力的代表。阿 × 研究院认为，新农人的定义有狭义和广义之分。狭义的新农人，指的是以互联网为工具，从事农业生产、流通、服务的人，其核心是“农业 + 互联网”。广义的新农人，指的是具备互联网思维，服务于三农领域的人，其核心是“三农 + 互联网”，从事非农产业的农村网商也涵盖在内。

从规模来看，新农人处于快速增长阶段。据阿 × 研究院统计，截止到 2014 年年底，阿 × 零售平台农产品卖家数量达 75 万家，同比增长达 98%，这也印证了近年来农产品电子商务旺盛的发展势头。参考以上数据，按照狭义新农人的定义，结合淘 × 网店的就业带动效应，仅阿 × 零售平台上的新农人数量就已突破 100 万人，此外，还有相当数量的新农人以微博、微信为主要的活跃平台。

新农人一群行走在中国土地上的追梦人和创业者，是中国当代乡村建设新一波的推动者和引领者，是传统农民和新型职业农民的颠覆者和升级版。他们来源广泛，不少人跨界而来，包括返乡创业大学生、城市白领、大学生村官、网商、科研技术人员、NGO 及其他各界人士。

新农人的价值十分巨大。在改变农业生产和流通模式、拉动农民创业就业、保障食品安全、推动生态环境保护、建立新型互联网品牌等方面，新农人都扮演了极其重要的角色。新农人是农民的新群体、农业的新业态、农村的新细胞。

第 3 节　国外农业信息化现状及启示

一、发达国家农业信息化的进程

世界农业信息技术的发展大致经过三个阶段：第一个阶段是 20 世纪 50—60 年代的广播、电话通信信息化及科学计算机阶段；第二个阶段是 20 世纪 70—80 年代的计算机数据处理和知识处理阶段；第三个阶段是 20 世纪 90 年代以来农业数据库开发、网络和多媒体技术应用、农业生产自动化控制等的新发展阶段。目前，在农业信息技术方面处于世界领先地位的国家有美国、德国、日本等。美国是农业信息技术的领头羊，德国、日本、法国等发达国家紧随其后；印度等发展中国家虽然起步较晚，但发展较快。

（一）美国农业信息化历程

从 20 世纪 50 年代开始，随着广播、电话的发明应用，美国农业信息化进入广播、电话阶段。当时，电视基本在美国农村普及。1954 年农村居民的电话普及率为 49%，1968 年达到 83%。从

1962年开始，美国开始资助在农村建立教育电视台。电话和声像广播在农村的普及，把大量的农产品市场信息和科技信息传递给农民，对促进农业科技进步和稳定农产品市场行情起到了很大作用。20世纪70—80年代，计算机的商业化和实用化推广，带动了美国农业数据库、计算机网络等方面的建设。1985年，美国对世界上已发表的428个电子化的农业数据库进行了编目。在当代最重要的农业信息数据库中，最著名、应用最广的是：美国国家农业书馆和农业部共同开发的A — GRICOLA数据库，它存有10万份以上的农业科技参考资料。数据库应用系统服务于农业生产、管理和科研。如美国所建的全国作物品种资源信息管理系统，管理60万份植物资源样品信息，可通过计算机和电话存取，在全国范围内向育种专家提供服务。20世纪90年代以来，随着计算机逐步应用到农场，美国农业信息化迈入自动控制技术的开发及网络技术应用阶段。到1985年，美国已有8%的农场主使用计算机处理农业生产，其中一些大农场则已经计算机化。如今，计算机等高技术的应用，给美国农场管理与生产控制、研究和生产带来了高质量、高效率和高效益。

（二）德国农业信息化历程

20世纪50年代中期至70年代是德国农业广播、电话、电视等通信技术在农村地区普及的初级阶段。70年代中期至80年代中期，是德国电子计算机数据处理，建立数据存储等农业信息化技术从初级阶段走向成熟的阶段。如1976年就使用计算机登记每块地的类型及价值，建立了各地区、村庄、道路的信息系统。80年代中期建立了全德国的地区农业经济模型，目前已成为很成熟的农业信息处理系统，为有关决策提供服务。80年代中期至90年代，德国电子计算机数据处理、电子数据模拟模型技术从研究开发走向应用，使农业信息技术从初级阶段走向成熟的阶段。在此时期，德国在农业的数据库技术建设方面做了很多工作，如害虫管理数据库系统、农药残留数据库、作物保护剂数据库和作物保护文献数据库等。进入90年代，信息技术一直是德国政府发展科学技术的重点领域，特别是1995年12月，由科尔总理倡导成立的咨询机构——“研究、技术和创新委员会”发表“信息社会——机遇、创新和挑战”报告之后，政府进一步明确了发展“信息社会”的战略目标。经过几年的努力，德国已拥有了发展“信息社会”的雄厚基础。德国政府在继续改善信息基础设施的同时，加强了信息及多媒体技术的应用和推广，数字广播和数字电视的技术已经成熟。近年来，德国加快进入信息社会的步伐，德国政府发表的《INF02000：通往信息社会的德国之路》成为政府迎接信息社会挑战的行动纲领，也成为政府关于信息社会的白皮书。

（三）英国农业信息化历程

英国是世界上最早进入工业化阶段并完成工业化发展转型的国家，得益于其雄厚的工业实力和成熟的工业化技术，推动农业农村较早开始了信息化技术的应用。20世纪30—50年代，英国率先在农村普及了黑白电视，实现了电视网络农村全覆盖。二战以后，英国急于摆脱农产品高度依赖进口的局面，采取了一系列支持和保护农业发展的政策措施，对农场开展农田水利设施、农业电气化设施建设等给予补贴支持，20世纪60—70年代，彩色电视和电话在英国农村全面普及。自20世纪90年代中后期以来，电子邮件、互联网、移动电话和数字电视在农村基本普及。1999—2006年，英国政府提供了3亿英镑的税收优惠，启动了“家庭电脑倡议”计划，鼓励企业尤其是农村地区的企业，无偿出借办公电脑和网络给雇员或居民晚上使用，以提高全民的信息技术能力，促进了家庭上网的快速普及。此后，英国政府推出了“家庭培训倡议”，通过税收优惠和资金扶持，对企业雇员和农业劳动者应用信息技术进行培训，极大地提高了农业劳动者应用信息技术的技能水平。目前英国农场

100% 拥有电脑，99% 能上网（其中超过一半是宽带上网），超过 50% 的农民通过互联网的运用获得收益。据欧洲农业食品及环境信息科技联合会介绍，英国 100% 的农民拥有手机，其中大部分是智能手机，82% 的农民使用手机上网。据英国广播电视监管机构 OFCOM 公布的报告，截至 2010 年 6 月，92.7% 的英国家庭已经开通了数字电视服务。2011 年年底，OFCOM 完成英国从模拟信号到数字信号电视的转换，实现英国全面普及数字电视目标，英国人家里的电视机都可以收看到数字卫星电视、有线数字电视或是通过电信网络传输的数字网络电视（IPTV）。

（四）日本农业信息化进程

日本农林水产省对农村地区的信息化建设从 20 世纪 50 年代中期的农事广播（有线放送）的基础建设开始。到了 20 世纪 60 年代后期，日本提出“GreenUtopia 构想”，顺应了当时新闻传媒的潮流，对农村信息化的发展起到了巨大的推动作用。到了 80 年代末，由于各种信息技术的迅速普及网络化的发展，农村信息化政策也不断地进行扩充，农村地区的信息化程度也进入快速发展阶段。日本 20 世纪 90 年代初建立了农业技术信息服务全国联机网络，即电信电话公司的实时管理系统(DRESS)，其大型电子计算机可收集、处理、储存和传递来自全国各地的农业技术信息。每个县都设 DRESS 分中心，可迅速得到有关信息，并随时交换信息。到 1998 年年底，在日本各都道府县建立的与农业信息化相关的网络中心等机构有 67 个，平均每个县有 1.5 个农业信息中心。目前，日本的农业信息服务主要由市场销售信息服务系统和“日本农协”两个系统组成。尤其乡镇级以及地方综合农协在信息通信设施建设方面发展迅速。凭借着两个系统提供的准确的市场信息，每一个农户都对国内市场乃至世界市场每种农产品的价格和生产数量有比较全面准确的了解，由此调整生产品种及产量。

二、发达国家农业信息化建设的现状及经验

（一）美国

1. 网络基础设施建设完善

美国政府十分重视农业信息化网络基础设施建设，从 20 世纪 90 年代中期起，美国政府每年拨款 15 亿美元建设农业信息网络，进行技术推广和在线应用。2007 年，美国配有互联网接口的农场数量从 2005 年的 51% 上升到了 55%；拥有计算机或租用计算机的农场数量从 2005 年的 55% 上升到了 59%。美国农村高速上网日益普及，其中使用拨号上网的比例从 2005 年的 69% 下降到了目前的 47%。ADSL、光缆、卫星和无线上网更加普及，ADSL 上网人数已占农村网民的 27%，比 2005 年增长了 1 倍，光缆、卫星和无线上网人数也增至 7%。2010 年美国每千人互联网用户数为 742.47 户，是世界互联网用户数的 2.47 倍，居世界前位；2012 年每千人宽带用户数为 276 户，是世界平均宽带用户的 3.58 倍；安全互联网服务器数逐年稳步增加，2011 年每百万人安全互联网服务器达到 1563.16 个，是世界互联网平均水平的 8.5 倍。2010 年美国信息和通信技术产品出口占产品出口总量的 10.54%，基本上保持相对稳定趋势；信息和通信技术产品进口占产品进口总量 14.24%，信息和通信技术服务出口占服务出口的 4.66%。

2. 农业信息资源高效共享

随着互联网和计算机技术的高速发展，美国利用自动控制技术和网络技术实现了农业数据资源的社会化共享。美国在农业数据资源采集及存储方面采取以政府为主体，构建规模和影响力较大的

涉农信息数据中心（库），全面采集、整理、保存了与美国及国际有关的大量农业数据资源。以美国的 AGNET 系统为例：该系统是目前世界闻名的农业计算机网络系统。该系统于 1975 年由内布拉斯加大学创建，现有 200 多个适合于不同用途的应用软件为开发者所有，覆盖美国 46 个州，联通美国农业部、15 个州的农业署、36 所大学和大量的农业企业。用户通过家中的电话、电视或微型计算机，再加上一个专门的装置，便可同主机连接并共享 AGNET 的数据和软件资源。此外，由联合国粮农组织生产的 AGRIS，存有 10 万份以上的农业科技参考资料；信息研究系统 CRIS 可提供美国农业所属各研究所、试验站、学府的研究摘要；全国作物品种资源信息管理系统储存有 60 万份植物资源样品信息，可在全国范围内向育种家提供服务。另外，美国还有国家农业数据库（AGRICOLA）、国家海洋与大气管理局数据库（NOAA）、地质调查局数据库（USGS）等规模化、影响大的涉农信息数据中心（库）。这些数据库实行“完全与开放”的共享政策，给美国的农业生产带来了高质量、高效率和高效益。

3. 现代农业智能装备水平高

美国现代农业智能装备技术日趋成熟，农业决策支持系统得到广泛应用，有力地促进了农业整体水平的提高。美国农业装备迅速向大型、高速、复式作业、人机和谐与舒适性设计方向发展。美国农民可利用全球定位系统、农田遥感监测系统、农田地理信息系统、农业专家系统、智能化农机具系统、环境监测系统、系统集成、网络化管理系统和培训系统等，对农作物进行精细化的自适应喷水、施肥和撒药。目前已有 50% 以上的农场采用全球卫星定位系统辅助农业生产，可以依据定位系统，有针对性地施肥、灌溉，大大提高了整片土地的生产率。美国农业中还广泛使用农业生物技术，降低自然灾害发生率，美国目前全部农作物的 67% 都是具有耐除草剂、抗虫剂、杀虫剂等基因改性农作物，直接改善了生态环境。已经有 20% 的美国农场开始用直升机进行耕作管理，很多美国中等规模的农场和几乎所有大型农场都已经安装了 GPS 定位系统。

在美国，农业科技贡献率近 70%。联邦政府通过在各地建立农业院校、农业试验站和农业技术推广站三级机构，推动农业生产水平和生产率持续提高，充分体现了生产手段机械化、智能化，生产技术化学化、生物化的特点。近年来，更是综合运用土壤保护、生化防虫、测土施肥、卫星定位等先进技术，依据定位系统测得有关土壤的技术数据对耕地“对症下药”，有针对性地施肥、浇灌、除草，大力发展精细化农业，提高土地生产率。目前已有 50% 以上的农场采用全球卫星定位系统辅助农业生产。农业生产中还广泛使用农业生物技术和转基因技术等，大幅提高大豆、玉米等农作物产量，有效降低了自然灾害发生率，美国目前全部农作物的 67% 都是具有耐除草剂、抗虫剂、杀虫剂等基因改性农作物，很好地保护和改善了生态环境。

4. 电子商务建设效益高

Rockwood 调研公司针对美国商业农场主的一项调查显示，美国农户已经将因特网作为了解商品价格、天气、农药、机器等信息的重要手段。而且，越来越多的农户正在快速转向基于网络的交易手段，比如通过因特网购买种子、农药和农业设备等。2007 年美国国家农业统计服务机构（NASS）的数据表明，美国农场接入计算机水平已经达到 59%，农场接入因特网水平已经从 2003 年的 48% 上升到 2007 年 55%，农场通过网络购物的比例从 2003 年 8% 上升到 2005 年的 9%，另外 2005 年网上营销的比例达到 9%。农场使用计算机开展农场业务的比重从 2003 年的 30% 上升到 2007 年的 35%。美国农场无论规模大小均广泛使用计算机、因特网开展业务。2007 年，美国大型农场（销售额及政府支付达到或超过 25 万美元）中，有 80% 可以接入计算机，78% 拥有或租有一台计算机，

66% 的农场将计算机用于农场业务中，75% 的农场可以接入因特网。中型农场（销售额等在 10 万到 25 万以下）中，有 70% 可以接入计算机，66% 拥有或租有计算机，51% 用于农场业务，61% 接入因特网。小型农场（销售额等在 10 万元以下）中，62% 可以接入计算机，57% 拥有或租有计算机，36% 用于农场业务，53% 可以接入因特网。

5. 农业信息服务体系完善

美国农业信息服务体系主要有 4 个主体构成：政府部门的农业信息收集发布系统；政府支持下的农业教育科研推广系统；融科研、生产、推广于一体的公司系统；以农场为主体的民间自我服务组织系统。

——政府部门的农业信息收集发布系统。美国农业部认为，如果大量的市场和生产信息不由政府部门来组织，就无法保证信息使用的公平性、及时性、真实性。所以，尽管有很多私人公司向社会发布市场信息，但农业部仍然在全国建立了庞大的市场信息网络，收集和发布官方的信息。美国农业部从 1862 年成立至今，已形成了庞大、完整、健全的信息体系，建立了手段先进和四通八达的全球电子信息网络。美国的农业信息体系由五大部门组成：①国家农业统计服务局及各州的农业统计办公室；②经济研究局；③世界农业展望委员会；④农业市场服务局；⑤外国农业局。它们分别负责收集、处理和加工全美及全球农业信息，协调美国农业部的商品预测项目和遥感工作，提供市场研究报告、现状和经济统计数据和专题报告，为美国农业提供全面、准确、客观的官方农业信息和服务，以确保美国农产品在世界市场中的主导地位。

——政府支持下的农业教育科研推广系统。该系统主要包括两个部门：一是联邦农业部的农业研究服务，下设国家农业科学研究院和国家农业图书馆。国家农业图书馆建有全国农业网站信息中心、农业数据库和技术标准库。二是以赠地大学为中心，与县合作推广体制。科研成果推广主要通过赠地大学与先合作建立的农业合作推广站进行。

——融科研、生产、推广于一体的私人公司系统。主要是一些大型或跨国的私人公司，他们是美国农业科技商品化、产业化的执行主体，主要集中在开发研究和创新技术商品化领域，集科研、推广、经营于一体，通过提供技术性很强而外部性较小的产品来获取利润，是一种完全的市场化行为。

——以农场为主体的民间自我服务组织系统。这种自发组织形成的民间农业社会化服务对美国农产品称雄国内外市场提供了强有力的外围保护。这种民间组织一类是各种专业协会，这类组织侧重于提供宏观的、大范围的、长远的对策和方法；另一类是民营性质居支配地位的决策咨询机构，这类主要侧重于提供微观的、具体的、短期、深入到农业每个环节的各种服务。二者共同构成美国民间农业社会化服务体系。

（二）德国

1. 基础设施完备，体系健全

一是信息服务设施全面。通信（含移动通信）、信息技术、互联网发展和网络应用水平较高，网络基本达到 100% 覆盖，电脑的普及率较高，农民电脑拥有比例高达 95% 以上，多数农业企业是通过电脑来完成经营核算及日常的生产管理，80%~90% 以上农户接入互联网，使用网络报送信息的仅占 15%~30%，多数农民还使用原始的纸质或传真报送信息。二是体系队伍健全。联邦、州以及地方的农业部门均建有网站，且有专职人员进行管理；各类农业协会也有专人负责信息服务，建有自己的网站，用来服务会员；绝大多数的农业企业、家庭农场的负责人，以及职业农民都会接受政府、协会提供的职业培训，提高自己的管理能力和技术水平，农业企业和家庭农场的负责人也是多面手，生产、经营、管理以及信息应用水平较高，信息设备拥有量和使用率普遍较高。总之，按照全面、系统、方便、实用的原则，从联邦、州、地方，以及协会、联盟、大学、科研单位、农场都有机构和人员从事这方面的工作。三是服务覆盖面广泛。目前，德国农业信息服务范围覆盖政策制定、技术研发、数据分析、信息发布、经营决策、技术推广、机械采购、农产品销售以及加工出口各个方面，且机构之间既互相关联又相对独立，充分体现出德国农业信息服务灵活的特点。农业企业和农民均可通过网络、媒体、信函、电话等形式得到联邦政府、州或者协会提供的各类信息服务。总体看，德国已经形成了较完善的农业信息服务体系。

2. 农业信息资源建设成效显著

信息采集系统完善。德国在基础信息数据获取方面，拥有先进的遥感技术和地理信息系统，用来完成土地面积、自然环境等数据采集、储存、分析、加工；应用卫星系统实现土地资源管理、规划、作物测产等，为制定农业有关的补贴政策和土地利用规划提供可靠的技术保证和数据支撑。同时联邦、州、地方以及农业企业，依法承担了信息报送与信息发布的任务，受补贴的农业企业有责任将基础数据和需要了解的情况，向上一级农业部门报送，农业基础数据最终汇总在联邦数据局，数据局具有较完整的数据分析、整理和发布系统。

在政策服务方面，建有包括欧盟的地理信息系统、欧盟的农业补贴申报审查系统、联邦电子文献（数据）检索系统、农业统计系统、农业科技文献电子信息网络服务系统等。德国联邦农业科技文献中心（ZADI）的网络系统是基于互联网络之上的农业文献信息管理系统。该系统可随时接收欧盟的法律法规，联邦各州都可以通过农业文献信息中心系统得到该中心的库存文献资料。

3. 农业生产信息化水平高

在农业生产中，注重信息技术和农机的融合。装备“3S”信息技术的大型农业机械，可以在室内计算机自动控制下进行各项农田作业，完成诸如精准播种、施肥、除草、采收、畜禽精准投料饲喂、奶牛数字化挤奶台等多项功能。特别是德国的农业生产机械化程度很高，农业信息技术在机械设备上实现集成化、高度自动化和智能化。如，在吉森大学试验农场（独立企业）考察的全息制种收割机，该机器集成了多项信息技术，在作业同时可实现对所收获的作物实现精细化处理，并得到收获作物的产量、含水量、等级等具体数据，实现农业生产的精准机械化，有效提高了劳动生产率。再如，在黑森州卡尔农庄考察的奶牛饲喂环节的信息化，他们采用耳标、项圈、计步器等多种传感器，用以监测牛的营养、进食、健康、产乳、繁殖等情况，并将这些数据传到分析系统，饲养员会根据数据的变化，进行科学的喂养。牛舍内配有计算机控制的机械清粪系统，机械自动刷拭牛体系统，就连待挤奶间的奶牛驱赶、站位、挤奶、数据采集等均实现了机械化，挤奶时的装置，可测得牛的产奶量，以及奶品的质量。这些智能设备，在农业生产中发挥了重要的作用，不仅减少了大量的人工，并实现对牛生长发育的实时测控与监测。

4. 农业经营信息化成效显著

包括农户经营核算系统、协会产品集中储运销售管理系统、农资管理系统（土地监测、农机销售、质量安全监测系统等）、税务系统等。在德国，无论是小农庄还是农业生产企业，都建有自己的经营核算系统，用于实现经营管理、记账以及会计核算等。同时，还建有农资管理信息平台，实现农机具设备、零配件的网上购置、置换、维修等。政府对企业的税务管理，通过网上上报核收系统来实现，农产品销售批发市场则采用网络、电话、传真、信函等相结合方式，开展全方位营销、促销。例如，在法兰克福鲜活乐园受训期间，我们注意到该市场是专门经销家禽、肉类、奶制品和海鲜等鲜活农产品的销售企业，通过空运从65个国家进货，年销售额达1700万欧元，拥有员工上百名。他们除了采用了世界最先进的SAP企业物流管理系统外，更是从实用性出发，雇佣厨师利用电话采集需求信息，推介产品，不仅物流管理科学合理，而且沟通人性化，推介人情化，大大提高的农产品销售效率。

5. 农产品质量安全监管信息化水平高

目前德国基本实现食品安全可追溯管理，其商店出售的农产品（或食品）在包装盒上都贴有可供识别的条形码或者数字，通过扫描条形码或在计算机上输入数字即可以检索到该农产品的来源和生产方式等信息，一旦发生质量安全问题，即可进行追溯。例如，在德国超市出售的鸡蛋上，都印有一串数字，表示鸡蛋的产地、喂养方式、饲料种类等。

（三）英国

1. 农业农村信息化基础设施比较完善

自20世纪90年代以来，随着以互联网为代表的信息化浪潮到来，英国进一步加强了农业农村信息化基础设施建设。2011年英国宽带网已经可以接入全国99%的家庭，成为G8国家中宽带网络最密集的国家。英国的家庭宽带网络普及率2002年只有1.2%，2005年增至28%。到2012年年底，英国家庭互联网普及率和家庭宽带普及率据估算分别达到85%和80%，领先于欧洲其他国家。目前，英国农村地区的互联网、3G无线网络等已经基本全面覆盖。

2. 精准农业得到全面发展

在英国，集卫星定位、自动导航、遥感监测、传感识别、智能机械、电子制图等技术于一体的精准农业得到全面发展，成为信息化高新技术与复杂农艺技术深度融合的典范，促进了农业生产效率的提高和农业经营方式的改变。全英已经有超过1/5的农场全面实现精准农业生产，其余农场也都不同程度地在农业不同领域和生产环节应用精准农业技术。信息化的农业机械设备设施在英国得以普遍应用，英国的农田作业拖拉机全部装备了卫星定位系统，田间耕作、播种、松土、收获、施肥、施药等机械全部加装了内置的电脑控制系统和软件应用系统。这些高度信息化的机械设施，结合相应的信息服务系统，不仅能根据不同地块的地貌状况、地形特征、地力肥沃程度、土壤墒情、作物种类等采取不同的作业方案，确保最佳效果；而且在同一地块内，也会根据不同点的土壤情况实现自动化耕作、精量化点播、变量化施肥施药，确保"恰到好处"，使投入最佳化，既可减少生产费用，又防止过量使用肥药造成环境污染。同时，这些信息化的机械设施在作业过程中，还能自动全过程收集不同地块或者同一地块每隔几米一个样方点的产量、地力、墒情、作物长势等信息，并存储或者传输到数据中心，以便制作成不同地块的产量电子地图、地力电子地图、酸碱度电子地图、氮磷钾分布电子地图等，为农业机械精准作业提供依据。

3. 智能农业得到快速发展

以专家系统、智能机器人、自动控制技术为代表的智能农业在英国得到了较快发展。英国的许多大型农场使用专家系统开展辅助决策和农场管理。目前，仅使用一种叫作"门卫"（GateKeeper）专家系统的大型农场就达到4000多家。这种专家系统融合了英国许多农场20多年的生产经验和基础数据，并依托一大批农学家、农技推广专家、软件工程师，为农场提供高质量的决策支持和农场管理服务。农场主只要把本农场的具体基础数据输入软件系统，系统就会提供不同地块的最佳种植方案、最佳施肥施药方案、农田投入产出分析、农场成本收益分析等辅助决策。一些农场利用智能化、自动化控制技术开展生产作业。有些种植农场在作物施肥喷药机械中加装土地智能扫描仪器，在作业过程中，土地扫描仪器对土地状况、作物长势等进行自动扫描和数据处理，并将数据即时传输给施肥喷药设备，施肥喷药设备根据扫描数据精准区别不同位置作物生长状况，进行变量精准施肥施药，很好地解决了因土地多样性、复杂性带来的施肥不均、施药不匀等问题。英国的玻璃温室和塑料盖结构保护菜地，已基本实现自动控温、控湿和通风。自动挤奶设备在养殖场的普及率达到90%，先进的挤奶机器人开始在一些农场使用。一些养殖场还利用电子智能机械手和自动配料机、送料机等进行自动化的饲料配合、运输和饲料分发。一些农场使用智能饲喂机器，这种机器会自动采集来到机器前的牛、猪等动物个体信息，并根据每头动物的具体情况给出不同的饲料组合和饲喂量，保证同一群体中的每个个体都能得到最合理的营养，提高牲畜生长速度和质量。据悉，目前英国的大多数养牛、养猪、养鱼场等实现了在饲料配制、分发、饲喂、挤奶到粪便清理、圈舍管理等方面不同程度的智能化、自动化管理。

4. 物联网技术在农业领域得到广泛应用

以自动感知技术为代表的物联网技术在英国农业中得到广泛应用。在英国农场中广泛使用的施肥机械、施药机械宽度大都在24米左右，在24米宽幅的范围内作物生长高度、密度等不完全一样，机械施肥、施药的高度、倾斜度等需要随着作物长势而不断调整。为此，这些作业机械上都加装了很多感知作物高度、倾斜度、密度的传感器，在机械行进过程中，这些传感器会自动感知作物长势，在24米宽幅内以2米为一个单元自动调节作业机械的高度、倾斜度、肥药喷嘴开关等，确保精准用肥用药。一些农场使用传感器、无线视频设备等对农场进行全方位无线监控和管理。二维码技术在英国农产品销售、仓储管理、物流配送与追溯中得到广泛使用，消费者可以通过手机扫描农产品包装上的二维码，方便地追溯到每个产品的身份信息；工作人员可以通过网络对处在运输、加工车间、仓储场所标有电子标识的产品进行监控和信息调度。英国在农产品仓储设施、冷库冷链系统中，已经全部使用传感器技术，实时自动感知谷物、薯类、果蔬、肉类等的仓储温度、湿度等主要指标，并与网络或者手机联网，实行远程报警和自动控制。目前，英国养羊业已经全部推广应用了电子耳标，通过无线技术记录动物出生、转运、免疫等个体信息，并与网络数据中心相连接；部分牛的饲养也已经开始使用电子耳标，部分养殖场给牛佩戴电子项圈，能够收集、储存更多动物个体信息。一些养猪场、家禽养殖场的动物圈舍比较普遍地使用传感器自动感知圈舍温度、湿度等环境指标。

5. 农业数据资源建设成效显著

英国农业信息化从起步开始就一直非常注重和加强基础数据建设。从政府、学校到企业、农场等，都根据不同需求目标，围绕产前、产中、产后不同阶段，建设了大量基础性数据库。国际英联邦农业局（CABI）建立了庞大的农业数据库系统，包括农业环境、作物种植、动物科学、食品营养等各方面信息，每年更新数据超过35万条，自1973年以来已经为690万农业科研人员提供了数据查询和科研服务。英国政府还统一规划建设并运行了“全国土壤数据库”“农业普查数据库”“单一补贴支付数据库”等基础数据库系统。其单一补贴支付数据库包含了英国每个农场的基本信息，包括农场规模、牲畜数量、农机具情况、每一地块的具体信息（编号、面积、边界、拥有者、耕种者、用途等）等，数据非常翔实，是政府发放农业补贴的重要依据。

6. 农民信息服务渠道比较健全

经过多年的发展，英国基于早期建立的完善的农技推广服务体系，借助信息化手段建立了非常便捷、高效的现代化农业信息服务体系。根据不同的信息内容，主要分为三类。一类是政府组织，主要是以英国环境、食品与乡村事务部为主的政府部门，开发建设了权威的农业农村信息服务网站或者综合信息服务平台，免费为农民、农业科研工作者提供政策、科技、天气等方面的公共服务信息。英国政府还和有关机构合作建设了网络化的农业经济评价系统，任何农场都可以把自己的投入产出等经济数据输入系统，可以方便地与系统中的标准数据以及其他农场的经营数据进行对比分析，以确定自己农场的经营水平和状况。第二类是各种独立于政府的农业社会化专业服务组织，主要通过低价有偿或者会员方式为农民提供市场动态、农场生产经营分析、农业技术咨询、农民维权援助等信息服务。如英国国家农民联合会（NFU），已有104年历史，在英国有255个分部，有农民、农场、乡村机构等个人或者团体会员9万多个，覆盖英国农民总数的70%以上，每年仅提供的电话咨询服务就超过10万个。第三类是各种商业公司等市场主体，通过商业化模式建立了有影响力的农业技术专家团队和针对性较强的专业性农业信息服务平台等。

（四）日本

1. 重视农业数据资源建设

20世纪90年代日本就已经建立起了农业信息技术服务全国联机网络系统（DRESS），在日本电信公司KDDI、SOFTBANK的支持下，将大容量处理计算机与农林水产省大型农业数据库、气象信息系统、温室无人管理系统、高效农业生产管理系统及个人电脑相连，为用户提供农业技术、农业市场、农业文献、气象预报、病虫害预报等信息。在各县建立了DRESS分中心，可以及时检索及更新，并相互交换及共享。国家农业科研机构、各县农业科研中心及各市农业信息中心实施纵向联网，农户可以按照农作物品种或地区信息在该网络上及时查询有关农作物生产、市场需求及销售等方面的信息资料。

2. 农业信息服务网络健全

日本于20世纪90年代初建立了农业技术信息服务全国联机网络，可收集、处理、贮存和传递来自全国各地的农业技术信息，每个县都设有DRESS分中心，可迅速得到有关信息，并随时交换信息，政府公务员、研究和推广公务员、农协和农户可随时查询、利用入网的各种数据。除此以外，日本农林水产省信息网络（MAFFIN）是日本农业信息服务重要的网络系统，该网络与29个国立农业研究机构、381个地方农业研究机构及571个地方农业改良普及中心全部实现了联网，271种主要农作物的栽培要点按品种、按地区特点均可在网上得到详细的查询。其中570个地方农业改良普及中心与农协及农户之间可以进行双向的网上咨询。网上数据库有DNAbank、AGRIS、CAB和BIOSIS等。农业信息服务主要由市场销售信息服务系统和“日本农协”两个系统组成。尤其乡镇级以及地方综合农协在信息通信设施建设方面发展迅速。凭借这两个系统提供及时、准确的市场信息，每一个农户都对国内市场乃至世界市场每种农产品的价格和生产数量可以有比较全面准确的了解，由此调整生产品种及产量。

日本农业市场信息服务系统主要有2个：①由农产品中央批发市场联合会主办的市场销售信息服务系统。日本现已实现了国内82个农产品中央批发市场和564个地区批发市场的销售数量及海关每天各种农产品的进出口通关量的实时联网发布，农产品生产者和销售商可以方便地从网上查出每天、每月、年度的各种农产品的精确到千克的销售量。②由日本农协主办的全国综合农协信息系统。日本农协在日本有着特殊及重要的地位，该系统在全国有2000个分支系统，其对各种农产品的生产数量、品质及市场需求有准确而严密的预测，能够及时为农户提供较为权威的市场信息，最大限度地降低农业生产及经营风险，对整个农业起到了良好的指导作用。

3. 网络辅助决策技术应用广泛

网络辅助决策技术以 2012 年北海道道厅实施的“家畜防疫地图系统”及“营农支援系统”最为典型，这 2 个系统的运行有效地促进了农牧业生产网络化的进程。北海道地区是日本主要的农牧业产区，“家畜防疫地图系统”是在防治口蹄疫及疯牛病的基础上发展起来的家畜保健综合系统，该系统将北海道内大约 18000 家养殖场的牲畜资料、健康状况、饲养情况及每家养殖场拥有的牲畜数量、养殖场基本信息、地址和联系方式等资料综合起来，养殖户可以及时了解疫情暴发、牲畜健康、药物防疫等情况，各家信息共享，且与农林水产省 MAFFIN 网络相连。“营农支援系统”是北海道道厅与日本气象协会共同建设的农业信息综合系统，该系统将北海道历史上发生的病虫害、气候条件等数据收集整理，并根据当下气候条件分析病虫害发生的可能性及预测措施，各农户可以通过电脑、电视获得预测及预防信息，还可以收到有关施肥、喷洒农药、水稻长势等相关信息。

4. 食品质量安全追溯信息化

在农产品可追溯系统应用方面，日本不仅制定了相应的法规，而且在零售阶段，大部分超市已经安装了产品可追溯终端，供消费者查询信息。在政府的带动下，日本从 2006 年起在肉牛生产供应体系中全面引入信息可追踪系统，消费者可以通过网络查询其购买牛肉的原始生产信息。农林水产省从 2002 年开始对蔬菜水果、水产品等的“可追溯系统”开发进行补助。2002 年 8 月 23 日，由公益法人食品流通结构改善促进机构和食品综合研究所等共同开发的免费农产品数据库（青果网络产品目录，简称青果）正式公开。这是一个果蔬产品的生产者、流通业者和消费者交换信息的场所。蔬菜水果的生产者和发货方在注册成为用户后，每登录 1 件产品的信息，都会得到一个 8 位数的“目录号”，将这个号码贴到产品包装上，消费者和流通业者就能够通过该号码在青果上查阅产品的登录信息。登录信息主要由农产品信息、生产者信息和出货信息这 3 个项目组成。农产品信息包括品种、分类、产地、栽培面积、栽培方法、农田地址和照片、堆肥成分和特征、作业计划、安全卫生措施、保鲜措施等。生产者信息包括生产者姓名、出生年月、家庭地址、从业年限、耕地面积、年产量、从业人口以及生产者照片等。出货信息则包括产地、出货组织、该组织下属生产者数量、联系方式、包装照片、出货计划和配送方法等。这些信息均可以图片和音视频等多种形式上传。对于消费者来说，青果可以提供详细的产品“简历”，作为选购放心产品的一个参考；对于流通业者来说，能够有效检索和调度所需产品；对于生产者来说，可以根据消费者的需求安排生产，为自己的产品打开销路。

5. 精准农业高效发展

为适应传统农业改造、全面实现高效农业和向精准农业发展等对先进农业机械装备的需要，日本将全球定位系统、地理信息系统等信息化技术以及智能机器人等智能化技术应用于新型农业机械装备，开发出集自动化、智能化和信息化于一体的多种类型的农业机械装备，如适用于旱田作物的智能变量施肥播种机，具备土壤调查功能的耕作机械和适合各种农业作业的智能机器人，包括具有超级感应、巨大数据储存和快速分析反应的育苗机器人、管理收获机器人和产品筛选机器人等。日本在 20 世纪末已经在技术密集型的设施园艺领域开发了多种生产机器人，如嫁接机器人、扦插机器人、喷药机器人和采摘机器人。机器人可利用感应电缆导航，实现无人驾驶，利用速度传感器和方向传感器判断转弯或直行。

（五）印度

印度通过建立农村信息服务网络来推动农产品市场的建立和农村的发展，已经做了不少有益的尝试，在政策支持、信息传输渠道建设、数据库建设、网站建设、信息技术培训等方面取得了一定的成绩，形成了有自己特点的农村信息服务体系，农村信息服务主体和信息收集、处理、发布系统特征鲜明。信息技术传输渠道建设方面：开通中央政府农业部门之间的网络。80%农业研究委员会通过拨号实现了连接，其他通过卫星实现了联接。国家信息中心的网络与一个区级机构和一个地区的70个村庄实现了连接。借助中央—联邦政府—地区农业发展部和村民自治组织的行政运行体系，建立了21个农业信息中心，主要为贫困地区的农业与部落服务。信息服务的费用少，随时接收，没有时间限制。使得农民有很强的上网积极性。在数据库及网站建设方面，由国家农业研究委员会统管，将全国的研究机构和区域试验站、农业大学有机地组织起来，分工协作、各负其责、实行统一的软硬件和标准的录入格式，所建立的7个数据库实现全国资源快速传递和共建共享。一些农业网站已经开通并开始为用户提供服务。

三、国外农业信息化的发展趋势

（一）农业信息技术将向集成化、高度自动化、专业化方向发展

农业计算机网络技术、电子自动化控制、作物模拟模型、计算机辅助决策技术、遥感技术、精确农业技术等单项技术在农业领域的应用已取得成功和良好应用效果，未来将会努力将几项或多项技术集成在一起，以提高智能化，实现高度的自动化。并开发研制多种用于专业化生产的系统模型，指导农业的专业化生产。

（二）农业信息技术产品将向普适化、低成本化方向发展

目前，国内外农业信息技术产品及装备的研制及应用大多还只局限于科研院所及示范基点。针对当前发达国家农业信息化普遍存在的科技成果转化率低，产品专业化程度不高，相关技术产品应用成本高等问题，以及应用主体所在地域的复杂性和人口分散性等特点，具有专业化、实用化与普适化特点的农业信息技术产品及装备的开发及推广将成为农业信息化的重要内容，适合终端用户使用的先进、适用、低成本的信息技术产品及装备将得到大力推广。

（三）精准农业技术将进一步得到广泛应用

目前，精准农业技术除在美国、加拿大、法国等国家广泛应用外，其他国家仍处于研究示范试验阶段，或者小规模使用阶段，还没有得到大面积推广使用。未来几年，针对农田产前平地效率较低的现状，激光控制平地系统开发、土地精细平整设备、变量作业装备、农用车辆自动导航等高度智能化的农田作业智能技术将得到进一步发展；针对畜牧业养殖环节众多、管理耗工等问题，畜牧业精细化管理中将围绕畜禽品种、繁育、饲料、饲养、防疫、设备、环境和工艺等环节，大范围地应用计算机技术、自动控制技术、网络技术和相关的生物技术，实现畜禽饲养全程的数字化、科学化、精细化和优质高产化；针对水产养殖过程中水域环境污染，水资源、水域利用率低等现象，以海洋网箱集约化高效、生态、健康养殖为目标，进行大型网箱及配套设施系统化的技术攻关将成为重点，如挪威、美国、加拿大、丹麦、日本、爱尔兰、德国、意大利、智利等国，网箱养殖普遍使用自动投饵装备，从饵料的运输、储存、输送以及投放都有精确的数量控制。

（四）农业物联网技术将获得快速应用

物联网技术通过环境信息、生命体信息等农业全产业链信息的感知、识别与控制，实现农业全过程信息采集、传输、存储、处理、显示、发布的实时在线化、数字化，实现各种要素的数字化设计、智能化控制、精准化运行、科学化管理，为农业精准生产与智能控制提供了重要手段。近年来，世界农业物联网技术不断发展，在农业物联网感知技术、数据传输技术、智能处理技术等方面取得了很大的进展。国外农业物联网在农业资源监测和利用、农业生态环境监测、农业生产精细管理、农产品安全溯源、农业物联网云服务等领域已取得一些应用。接下来将进一步加大农业物联网技术产品研发，提高农业资源利用效率，推动精准农业、智慧农业发展，保障农业可持续发展。

四、对我国的启示

（一）加强组织领导，强化顶层设计

各国实践表明，农业信息化是一个涉及多部门、多学科的综合性系统工程，离不开政府相关部门在多规融合“一张图”中的统筹规划与布局。美国、德国、荷兰、韩国、日本等政府将农业信息化列入政府战略规划，并建立了强有力的管理体系，强化对农业信息化的组织管理。我们应借鉴其经验，加强行政协调，推动应用系统互联互通，规范农业行业系统信息管理，应加快制定多规融合的中长期农业信息化“一张图”的顶层设计，同时要注重规划落实中的组织管理，切实做好信息化系统工程的建设。

（二）加强基础设施建设和资金投入

国外在农业信息化初试和普及阶段，十分重视农业信息基础设施的建设。目前，我国农业信息化基础设施建设已有一定基础，但村级信息化服务网络仍不健全，农村地区信息传播能力仍有待提升，不少欠发达地区存在设备陈旧和应用软件缺乏等问题，我们应借鉴国外农业信息化发展经验，加大农业基础设施的投入力度，健全完善农业信息服务网络，制定出台信息消费补贴政策，加快实现各类网络互联互通，推进农业信息技术产品的普及应用。

（三）加快农业信息技术研发和成果转化

发达国家现代农机装备正朝着大型、高效、智能化和机电液一体化方向发展。在农业信息化软硬件产业发展上，无论是欧美、日韩等发达国家，还是印度等发展中国家都高度重视自主科技创新和推广应用，因此我国要坚持不断推动科技创新和推广应用，通过政策引导、资金支持和税收优惠等，充分发挥企业进行技术创新的主体作用，支持产学研结合，鼓励根据不同的农业生产条件和农民需求，研究开发先进适用、安全高效的农业智能装备。

（四）打造多层次的信息服务体系

从各国农业和农村信息化工作推广中，我们可以清楚地看到，生产者、经营者的信息需求多种多样，这就需要信息服务主体多元化，信息服务形式多样化，服务内容上有所侧重。这就要求我们不同层次、不同部门设立的农业信息服务机构（部门），应根据各自的职能和服务对象，确定信息服务的领域和范围。在服务内容上，农业和农村信息服务涵盖农业产前、产中、产后各个环节，包括国家宏观决策、生产者微观决策，法规、政策、市场、技术、气象、灾害等信息。建立和完善政府、协会、企业、院校共同参与，多层次的农业信息服务体系。创新农业信息传播方式，促进农业信息

进村入户，着力解决农业信息“最后一公里”问题。

第 4 节　农业信息化推动现代农业发展的效应分析

农业信息化是改造传统农业、促进现代农业发展的客观需要。当前，国际经济形势复杂严峻，全球气候变化影响不断加深，现代农业发展面临着资源、环境、市场等多重约束。大力发展农业信息化，推动信息技术在农业生产经营领域的广泛应用，能大大提高农业生产经营的标准化、智能化和组织化水平，加快农业发展方式向规模化、集约化转变，提升资源利用率、劳动生产率和经营管理效率。农业信息化对于加快转变农业发展方式、建设现代农业具有重要的牵引和驱动作用。

一、信息化提高农业资源利用效率，促进农业发展方式转变

我国发展现代农业面临着资源紧缺与资源消耗过大的双重挑战。我国人均占有水资源只有世界平均水平的四分之一，农业用水占总用水量的 70%，灌溉水利用率为 47%；其次，我国消耗了世界 25% 的化肥和 30% 的农药，但化肥、农药利用率则不足 35%。同时，改革开放以来，我国人口的城镇化率迅速提高，大批农村劳动力进入了城市，农业必须依靠提高劳动生产率来找出路。

农业信息化通过对农业生产的各种要素实行数字化设计、智能化控制、精准化运行、科学化管理，可大大提高农业资源利用效率，如通过采用智能化标准型微灌技术、水肥耦合精准灌溉等精准节水灌溉技术可减少农业用水量 30%~70%，土地利用效率提高 10% 以上；通过激光平地技术可减少畦埂占地面积，提高土地利用率提高产量 20%~30%，节水 30%~50%，进而提高土地产出率；通过深入开展测土配方施肥，应用推广精准施肥施药系统，加快推进设施园艺、规模养殖小区农业物联网，强化森林、草原、耕地等防灾减灾预警监测，可有效解决农业生态环境保护与农业经济持续增长的矛盾；利用精准农业技术可以进行变量施肥、播种和喷药，可以进行土壤有机质的监控，从而达到省种、省工，提高水肥利用率的作用。据估算，通过信息采集、智能决策和精准作业，可以减少种子浪费 50%，降低农药 95% 使用量和 70% 化肥使用量，节水 12%~38%，可以大大提高资源利用效率，保护脆弱的农业生态环境。在自然环境约束下，在农业作业全链条各个环节推进农业信息化，实现各类投入要素的高度精细化管理，进一步推进农业生产方式逐渐由经验型、定性化向知识型、定量化转变，农业生产管理方式由粗放式向精细化转变。

二、信息化提高农业生产经营管理水平，助力智慧农业发展

面对经济发展新常态，要加快转变农业发展方式，从主要追求产量增长和拼资源、拼消耗的粗放经营，尽快转到数量质量效益并重、注重农业基础创新和可持续的集约发展上来，集成运用 3S 技术、云计算、大数据、物联网技术和农业智能装备等信息化技术和产品，加快推进智慧农业发展。

利用信息技术加强农业产前信息化水平，通过建设高标准农田建设与管理信息服务平台，实现对高标准农田建设、管护和利用等全面的监测与管理，提升高标准农田建设工程的服务效能；利用现代信息采集技术、远程视频监控、先进感知与遥感技术、智能处理决策技术等，大大提高农情监测精度和预警决策能力；推广应用育种资源管理系统、育种过程管理系统、育种数据分析系统等专用软件，加快推进育种流程的规范管理；加快农资市场信息化监管软件及农资市场监管信息化平台

的开发、示范应用推广，提高农资监管信息化水平。

利用现代感知技术、通信技术、精准农业技术、自动控制技术等实现农业生产过程的自动化、精准化和智能化。通过实时监测土壤墒情和农作物生长数据信息，研发推广节水灌溉信息化设施装备，实现灌溉用水的自动化管理；通过现代精准农业技术体系中的精量播种、精准施肥、精准调控、精准喷洒、精准收获等技术的集成，推广有价值的智能机具和应用系统，提高精准管理系统智能化程度，早日实现精准农业全覆盖；同时，提高农机调度、管理、作业、科技和服务水平，为推进现代农业提供了重要支撑。大力发展设施园艺信息化，提高设施园艺产业的智能化装备水平和农民的信息消费能力；积极推进养殖业生产信息化，加强养殖环境监测和精细化管理，应用物联网技术对畜禽、水产养殖中的各类环境参数进行实时监测、获取和汇聚分析，实现养殖远程监测、自动控制、生产性能测定监控、精细饲养等信息化管理，发展优质安全高效高产的现代农业。

信息化是大市场和生产者结合的纽带，信息技术向农业农村领域的渗透，通过对各类信息资源的开发利用和对业务流程系统的信息化改造，可以提高生产、经营、管理、决策的效率，降低各项农业生产经营成本，建立完善的农业生产过程及流通过程的标准化体系，形成覆盖整个农业生产中决策、咨询、执行和监控全过程的信息化、数字化、集成化和科学化，从而提高农业生产的产业化程度。农产品电子商务的全程化服务，有力地促进农业产业结构的优化调整，改善农业生产经营中的薄弱环节，极大地增强农产品在世界市场上的竞争力。

三、信息化提高农业市场流通效率，助推农业电子商务发展

近年来农产品电子商务蓬勃发展，为传统农产品营销带来新渠道、新客源和新市场，有效促进了产销衔接，显著减少流通环节和成本，实现“最少环节、最短距离、最低费用、最快速度、最透明信息”，同时对稳定市场预期、减缓价格波动，破解买难卖难问题提供了新的解决思路，成为现代农产品市场流通体系不可分割的重要部分。

目前，绝大多数农业经营主体是分散的农户，一家一户所能了解的农业信息是有限的。而农业生产经营中所需要掌握的信息却是大量的、多变的。比如，农业资源条件信息、投入品信息、发展要素信息、相关政策信息、品种质量信息、产品价格信息、同行竞争信息、供需变化信息、自身管理信息等，都需要及时了解和掌握。只有这样，才能有针对性地制定生产经营措施，创造竞争优势，提高经营效益。

以信息化引领新型农业现代化，需要政府部门、社会组织、农业经营主体三个层面的共同努力。政府部门应着眼于适应农业市场经济发展，打造农业生产资料供求及农产品市场流通、物联网络、质量监管、电子商务等公共信息服务平台，为推进新型农业现代化提供政策性、基础性、系统性的信息服务。社会组织应充分发挥涉农行业综合或专业技术协会的作用，及时搞好经营管理、市场营销、结构调整、供需变化等方面信息的沟通交流，通过行业内部的自我服务，促进新型农业产业化、现代化的持续协调发展。农业经营主体，要在经营决策、生产管理、市场营销、资源配置等多方面，推进信息管理的规范化、制度化，提高经营管理素质和综合经济效益。

四、信息化带动农民生活素质现代化，促进信息消费

农业信息化和信息农业要求劳动者具有更高的知识和技术水平，也许必须具备大专专业水平才能取得经营管理农场的资格证书，超过了发达国家现代农业要求的中专毕业生水平，才能掌握新兴

的信息化和自动化技术，才能成为信息农业的经营管理者，信息时代的合格劳动者。近年来信息技术领域的新兴产品和新服务层出不穷，使得信息消费内涵不断扩大，规模迅猛增长，对农业提升生产管理水平、扩大销售渠道、提高物流效率和推动信息共享等诸多方面具有重要的推动作用。

农业领域的信息消费主要包括农民、农业企业、农民专业合作社和涉农政府部门对信息产品和信息服务的消费。对信息产品的消费主要包括手机、电脑、农村信息服务终端、各类农业物联网终端设备等；对信息服务的消费主要包括对语音通信、网络接入及数据传输、涉农信息内容、涉农软件、涉农电子商务、农业物联网等相关服务的消费。具体来说，这些信息消费在以下四个方面推动着农业现代化发展。

第一，农业企业对信息产品和信息服务的消费能够明显提升农业生产管理效益。近年来，物联网技术的不断发展催生了对农业物联网基础设施、通信网络、感知终端、平台构建与运营等产品和服务的大量消费需求，推动了诸多地区在农产品质量安全管控、生态环境监测、动植物远程诊断、自动化节水灌溉等领域的创新发展。

第二，农业企业和农户的信息消费能够扩大农产品电子商务应用，切实增加生产经营者收入。农业生产经营者通过扩大对智能手机、平板电脑、网络设备的采购和消费，可以提升对电子商务平台的使用率，增加交易机会。更重要的是，农业企业通过购买电子商务平台服务，以及农产品信息管理系统等电子商务技术产品，可以拓宽交易渠道，提升企业管理水平，增强企业市场竞争力。

第三，农业企业加大信息消费能够提高农产品物流的流通效率和质量，降低流通成本。农业生产经营者通过采购物流调配信息系统或公共物流平台信息服务，能够推动企业在农产品识别、接收、分拣、装卸和存运等物流作业中实现智能化运营。对于从事生鲜食品、加工食品和生物药品等农产品生产经营的企业来说，采购用于冷链储藏的物联网终端设备和用于车辆监控调度的系统软件，可以在农产品出库到交付用户进库环节对冷藏环境的温度湿度、车辆行驶线路、车辆停靠时间、车辆油耗等信息进行全程监管。

第四，信息消费对农业信息传播与共享的推动作用也是十分重要的。农村网民是目前发展最为活跃的信息产品和服务使用群体。随着农民对智能手机、平板电脑等产品消费规模的扩大，农业信息服务消费需求也会相应增长，围绕农产品生长、交易、流通、管理等环节的信息量规模将会急速增长，这对我国推进农业信息共享、提升农业信息服务水平具有基础性作用。

五、信息化带动农业生态环境改善，保障农业可持续发展

过去在进行林业资源调查时，是依靠大量的人力进行调查获得数据，并用人工方式填写表格，标绘图纸，然后到室内进行加工处理，不仅需要大量的人力，而且需要很长的时间过程。现在以信息化为基础，先后建成了全国森林资源数据库、国家级森林资源管理系统、林火监测预警系统、林业信息系统等多种计算机管理系统。林火监测预警系统应用了卫星遥感技术，能在卫星过境后 10 分钟内发现火点，确定火区范围，输出监测图像，在 30~40 分钟内提供详细的林火态势图，并及时把林火有关信息传送到各有关部门和有关地区。这种早期预警系统显著提高了应变能力。

由此可见，农业信息化与农业现代化结合，确实起到了倍增器的效果，显示出巨大的叠加效应。通过互联网思维的导入，传统农业可以从生产、经营、销售和其他配套领域实现新营销策略的改变。通过农资电商、农业精准生产、土地流转电商、农业互联网金融平台等“互联网 +”现代农业模式重新打造农业互联网生态圈，利用互联网信息技术，突破时空限制实现信息的适时沟通，利用开放

和对称的信息流打通农业的各个环节，从而促进了农业技术知识、农业资源、农业政策、农业科技、农业生产、农业教育、农产品市场、农业经济、农业人才、农业推广管理等各方面信息的有效传递。因此，在努力加快农业现代化建设的过程中，必须加快农业信息化的进程，把握住这一难得的历史机遇，以农业信息化带动农业现代化，选择一条适合中国国情的非传统的农业现代化道路，以实现跨越式发展。

参考文献：

[1] 欧阳劲松 . 智能制造装备产业发展现状、趋势及投资机会分析 [R]. 中国证监会创业板专家咨询委 , 2012.

[2] 杨为民 , 李天石，贾鸿社 . 农业机械机器视觉导航研究 [J]. 拖拉机与农用运输车 , 2004(1): 13-18.

[3] 齐江涛 . 玉米果穗产量实时监测方法及其应用研究 [D]. 长春：吉林大学 , 2011.

[4] 乌欣 . 畜牧机械发展现状及趋势 [J]. 畜牧与饲料科学 , 2006(5): 92-94.

[5] 徐皓 . 我国渔业装备与工程学科发展报告 (2005-2006) [J]. 渔业现代化 , 2007, 34(4): 1-8.

[6] 杨敏群 , 杨妍 , 李勃 . 精准农业在中国现代设施农业生产中的应用 [J]. 三农论坛 , 2010(7): 13-15.

[7] 孙忠富 , 曹洪太 , 李洪亮等 . 基于 GPRS 和 WEB 的温室环境信息采集系统的实现 [J]. 农业工程学报 , 2006, 22(6): 131-134.

[8] 唐辉宇 . 农业机器人 [J]. 湖南农机 , 2006(5): 38-39.

[9] 杨宝珍 , 安龙哲 , 李会荣等 . 农业机器人的应用及发展 [J]. 农机使用与维修 , 2008(6): 103.

[10] 何志文 , 吴峰 , 张会娟等 . 我国精准农业概况及发展对策 [J]. 中国农机化 , 2009(6): 23-26.

[11] 齐江涛 . 玉米果穗产量实时监测方法及其应用研究 [D]. 长春：吉林大学 , 2011.

[12] 赵春江 . 农业智能系统 [M]. 北京：科学出版社 , 2009.

[13] 吴华瑞 , 赵春江 , 王纪华 . 基于规范化软构件技术的农业专家系统开发平台研究 [J]. 计算机与农业 , 2003(1): 15-19.

[14] 吴炳方 , 蒙继华 , 李强子 . 国外农情遥感监测系统现状与启示 [J]. 地球科学进展 , 2010, 25(10): 1003-1012.

[15] 孙九林 . 中国农作物遥感动态监测与估产总论 [M]. 北京：中国科学技术出版社 , 1996.

[16] 王人潮 , 黄敬峰 . 水稻遥感估产 [M]. 北京：中国农业出版社 , 2002.

[17] 徐新刚 , 吴炳方 , 蒙继华 . 农作物单产遥感估算模型研究进展 [J]. 农业工程学报 , 2008, 24(2): 290-298.

[18] 安森东 . 国外农业信息化的主要经验 [N]. 经济日报 .

[19] 霍韵婷 . 从国外经验谈如何实现中国农业信息化 [D]. 长春：吉林大学 , 2012.

[20] 郭利朋 , 黄媛 , 杨英茹等 . 典型国外农业信息化发展的经验探究 [J]. 安徽农业科学 , 2014(14): 4472-4473.

[21] 伊沙贝拉·塔斯科克 . 美国农业转型：特征和政策 [J]. 大国经济研究 , 2012(00): 145-150.

[22] 陈威 , 杨立新 . 美国农业农村信息化建设新经验透视 [J]. 河北农业大学学报 , 2013(06): 128-132.

[23] 王晓明 . 美国农业信息化及对我国的启示研究 [J]. 黑龙江科技信息 , 2013(19): 142.

[24] 章冠博 . 美国农业现代化的历程及对我国的启示 [J]. 湖北函授大学学报 , 2015(3): 68-69.

[25] 曹俊杰 . 农业信息化建设的国际经验与中国模式 [J]. 经济问题探索, 2008(3): 52-56.
[26] 张忠德 . 美、日、韩农业和农村信息化建设的经验及启示 [J]. 科技管理研究, 2009(10): 279-281.
[27] 郭永田 . 发达国家农业信息化发展实践与经验 [J]. 农村工作通讯, 2011(23): 75-76.
[28] 刘丽伟 . 美国农业信息化促进农业经济发展方式转变的路径研究与启示 [J]. 农业经济, 2012(7): 40-43.
[29] 李伟克, 李崇信, 娄晓岚等 . 韩国农业信息化经验及启示 [J]. 农业网络信息, 2010(2): 41-44.
[30] 李瑾, 赵春江, 秦向阳等 . 现代农业智能装备应用现状和需求分析 [J]. 中国农学通报, 2011(30): 290-296.
[31] 李奇峰, 李瑾, 马晨等 . 我国农业物联网应用情况、存在问题及发展思路 [J]. 农业经济, 2014(4): 115-116.
[32] 李瑾, 崔利国 . 我国农业信息化发展阶段研究 [J]. 广东农业科学, 2014(20): 227-232.
[33] 李瑾, 冯献, 郭美荣 . 我国农业信息化发展的形势与对策 [J]. 华南农业大学学报 (社会科学版), 2015(4): 9-19.
[34] 李瑾, 郭美荣, 高亮亮 . 农业物联网技术应用及创新发展策略 [J]. 农业工程学报, 2015(S2): 200-209.
[35] 杨军, 董婉璐, 王晓兵 . 美国农业发展战略及其启示 [J]. 农业展望, 2015(2): 18-21.
[36] 农业部农业信息化专题研究班课题组 . 借鉴发达国家经验构建农业信息化高地的思考与建议 [J]. 世界农业, 2013(9): 3-5.
[37] 肖黎, 刘纯阳 . 发达国家农业信息化建设的成功经验及对中国的启示——以美日法韩四国为例 [J]. 世界农业, 2010(11): 16-20.
[38] 张新俊, 孙双娣, 靳翠芳等 . 加快农业信息化建设助推现代农业发展 [J]. 河南农业, 2015(16): 23-24.
[39] 路辉, 刘伟 . “互联网 +”在现代农业中的应用现状及发展对策 [J]. 现代农业科技, 2015(15): 333-334.
[40] 贾兆颖, 张金乐 . “互联网 +”模式下现代农业发展研究 [J]. 合作经济与科技, 2015(20): 8-9.
[41] 王小兵, 夏青, 王小兵 . “互联网 +”农业的三个维度 [J]. 农经, 2015(8): 92.
[42] 刘玉忠 . “互联网 + 农业”现代农业发展研究 [J]. 创新科技, 2015(7): 69-72.
[43] 张红菊 . 提升农业信息化水平，促进现代农业发展 [J]. 现代园艺, 2014(19): 106-108.
[44] 王大山, 肖金科, 邓蓉 . 试论现代农业发展中的农业信息化 [J]. 现代化农业, 2014(6): 46-49.
[45] 韩炳华 . 关于农业信息化服务现代农业的思考 [J]. 黑龙江科技信息, 2013(16): 290.
[46] 唐珂 . 国外农业物联网技术发展及对我国的启示 [J]. 中国科学院院刊, 2013(6): 700-707.
[47] 戴宴清 . 美国、日本都市农业信息化实践与比较 [J]. 世界农业, 2014(5): 24-28.

第 18 章　农民收入：农业现代化的目标

“十三五”规划纲要指出，要“在提高发展平衡性、包容性、可持续性基础上，到 2020 年国内生产总值和城乡居民人均收入比 2010 年翻一番，主要经济指标平衡协调，发展质量和效益明显提高。”推进现代农业发展、实现农业现代化，其目标就是提高农民收入，实现“十三五”规划纲要所确定的 2020 年发展目标。综合地看，在最后 4 年的时间里，世界经济发展低谷和中国经济发展新常态相互影响，我国实现 2020 年农民收入的增长目标尚存在着许多不确定性因素，有一定难度，必须综合运用各种政策手段。

第 1 节　21 世纪以来我国农民收入的变化

21 世纪以来，中央政府为了提高农民收入实施了一系列重大政策。2004—2016 年连续十三年发布的中央一号文件都明确提出了多渠道增加农民收入的措施，“十三五”纲要更是将农民收入问题上升到国家战略层面，这表明了中央政府增加农民收入的决心。2015 年，我国农民收入实现“十二连增”，农民人均可支配收入 11422 元，连续六年农民收入增幅高于 GDP 增幅，农民生活水平有了显著提高。伴随着农民收入的增加，我国农民的收入结构也发生了深刻的变迁。21 世纪以来，随着经济社会的发展及国内外政策环境的变化，我国农民收入已呈现出明显的阶段性和结构性特征，这使得农民收入问题日益复杂，将直接影响我国“三农”及与农村制度创新、区域经济发展、非农就业等密切相关的一系列问题，因此正确认识新时期农民收入变化特征，把握其背后的政策性、体制性动因，将有助于推动农村经济全面发展，提高农民收入和消费水平（包总顺等，2007）。基于此，本节将梳理新世纪以来我国农民收入政策的演变历程，重点分析新时期农民收入变化特征等问题，以期解释农民收入增长的深层次原因。

一、21 世纪以来农民收入变化状况

21 世纪以来，我国农民收入在总体水平不断提高的过程中，收入水平、增长趋势、来源结构等方面都发生了变化。本节将通过分析农民收入[1]变化状况，总结我国“三农”发展成果，探讨农民收入可能存在的问题。

[1] 根据国家统计年鉴指标，文中农民收入指农村居民人均纯收入，是农民家庭收入扣除各项费用后剩余的纯收入，不同于上文提到的农民可支配收入，下文中如无特殊说明，都是指农民纯收入。

（一）农民收入增长的趋势变化

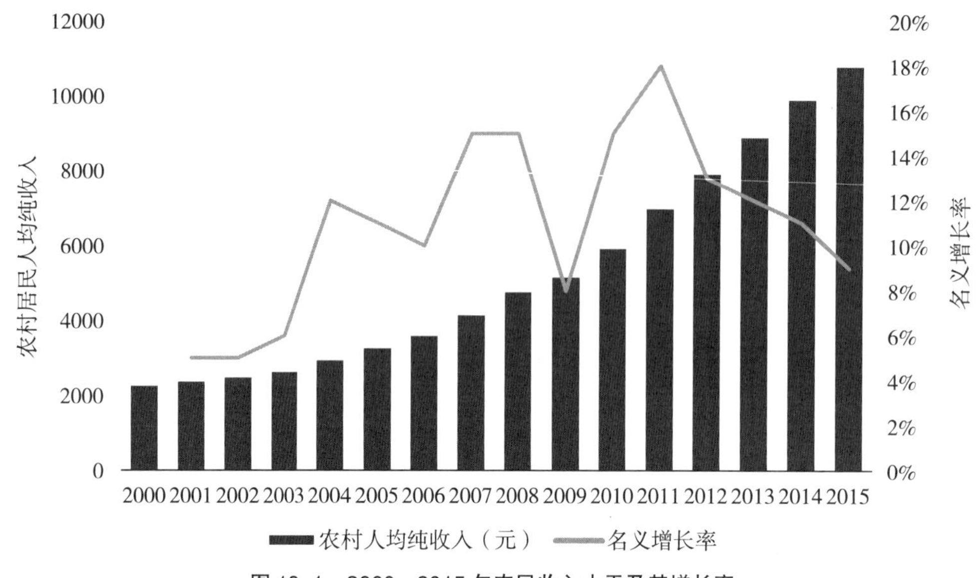

图 18-1　2000—2015 年农民收入水平及其增长率

1. 2000—2016 年农民收入水平的增长

2000 年以来我国农民收入呈上升趋势，增幅速度较快，农民收入水平大幅提高，究其原因主要表现为：第一，惠农政策的支持。21 世纪政府出台了一系列涉及农村政治、经济、社会发展的支农政策，在不同时期对农民增收发挥了重要的保障作用。第二，农村产业和就业结构的变化。产业结构的不断优化培育了多种形式的农业经营主体，拓宽了农民的收入渠道。第三，国民收入分配格局的不断调整。建立农产品价格和低收入群体生活补助联动机制，推动农村产业融合发展等，建立公平合理的收入分配制度。第四，农民增收外部环境的改善。城乡统筹、推进公共资源均衡配置等措施缩小了城乡差距，降低农民生产生活成本。

2000—2016 年，我国农民收入总体上呈现以下特点：第一，农民收入渠道多元化。随着农业结构和产业结构的不断调整，农民收入来源不再局限于传统的种植业，林业、牧业、渔业的收入增长较快；在家庭经营收入不断增长的基础上，非农收入逐渐增加，且在农民人均纯收入中的比重不断上升。第二，农民收入增长趋势不稳定，呈周期性波动。我国农民收入依然缺乏稳定的支持系统，受政策调控及市场周期变化影响较大。第三，农民增收的外在环境不容乐观。农业生产仍然是多数农民收入的重要来源，但高昂的农业成本和低效率的小规模生产都阻碍了农户的可持续经营；农户自身能力的欠缺及部分体制、机制的限制使得农村剩余劳动力转移和就业困难重重。

2. 2000—2016 年农民收入增长的阶段性分析

从增长趋势来看，我国农民收入增幅具有明显的阶段性特征，根据农民收入增长变化的特点和原因，可以初步分为两个阶段。

第一个阶段（2001—2003）——农民收入恢复增长阶段。1997—2000 年，我国面临农产品市场供过于求以及经济增速放缓的境况，农副产品出现“卖难”，农产品价格下滑，同时农民劳动力转移和就业也受到影响，农民增收困难，增幅出现“四连降”，1997 年农村人均纯收入 2090 元，2000 年为 2253 元，平均增长率仅为 2.5%。为提高农民收入，在该阶段国家出台了一系列惠农支农政策，包括农村税费改革、农业税减免[1]、农业生产资料税收优惠[2]、提高农产品出口退税[3]、增加农业财政投入（粮食直补试点、增加农业基础设施投资）等政策，农民收入增速有所回升。2001—2003 年农民人均纯收入分别为 2366 元、2476 元、2622 元，平均年增长率为 5.2%，扭转了连续四年下滑的局面。此阶段农民收入主要特点有：一是农民收入增速虽然回升，但依然缓慢，增长幅度远低于 1997 年之前的农户收入增长率，增幅较小；二是在农业收入减少的条件下，非农收入逐渐成为农民收入的主要来源。

第二阶段（2004—2016）——稳步增长阶段。农村人均纯收入由 2004 年的 2936 元增至 2014 年的 9892 元，增加额度达 6956 元，年平均实际增长率为 11.7%。该阶段农民增收主要取决于三个因素：一是 2004 年以来，国家坚持工业反哺农业、城市支持农村和“多予、少取、放活”的方针，出台了一系列支农惠农政策，增加农业财政补贴，减少农民税收，极大地刺激了农户种粮积极性，进而直接增加了农民收入。二是推广农业技术，鼓励农业创新发展，实施价格保护制度，发挥金融支持和保障作用，农产品价格托市及农业保险等政策稳定了农产品价格和农民收入。三是随着城镇化的兴起和经济的不断发展，农民外出务工规模扩大，工资水平提高，土地、房屋租让市场逐渐兴起，农村新型经营主体增加。此阶段农民收入特点主要包括：一是农民收入大幅增加，创历史新高，增长幅度大；二是农民政策收入大量增加，农民农业补贴逐年提高；三是农民工资性收入逐步成为农户收入的主要来源；四是粮食主产区和低收入农户的收入增长幅度高于平均水平，分配差距逐步缩小。

表 18-1　相关经济变量统计

时间（年）	粮食产量（万吨）	粮食播种面积（千公顷）	粮食单位面积产量（公斤/公顷）	农村人均纯收入（元）	城镇人均可支配收入（元）	城乡居民收入比
2000	46218	108462.54	4261.15	2253	6280	2.79 : 1
2001	45262	106080.03	4266.94	2366	6859.6	2.90 : 1
2002	45711	103890.83	4399.4	2476	7702.8	3.11 : 1
2003	43070	99410.37	4332.5	2622	8472.2	3.23 : 1
2004	46947	101606.03	4620.49	2936	9421.6	3.21 : 1
2005	48402	104278.38	4641.63	3255	10493	3.22 : 1
2006	49804	104957.7	4745.17	3587	11759.5	3.28 : 1
2007	50160	105638.36	4748.3	4140	13785.8	3.33 : 1
2008	52871	106792.65	4950.8	4761	15780.8	3.31 : 1
2009	53082	108985.75	4870.55	5153	17174.7	3.33 : 1
2010	54648	109876.09	4973.58	5919	19109.4	3.23 : 1
2011	57121	110573.02	5165.89	6977	21809.8	3.13 : 1
2012	58957	111204.59	5301.76	7917	24564.7	3.10 : 1
2013	60193.5	111955.56	5376.8	8896	26955	3.03 : 1

[1] 自2000年开始，农业税减免政策开始推行，2000—2005年，农业税由1201亿元减少至324亿元，2004年农业税为582亿元。

[2] 财税〔2001〕113号 关于若干农业生产资料征免增值税政策的通知。

[3] 财税字〔1999〕17号 关于提高部分货物出口退税率的通知、国税发〔2001〕74号 关于提高部分棉纺织品出口退税率的通知。

续表

时间（年）	粮食产量（万吨）	粮食播种面积（千公顷）	粮食单位面积产量（公斤/公顷）	农村人均纯收入（元）	城镇人均可支配收入（元）	城乡居民收入比
2014	60709.9	112722.58	5385	9892	28844	2.92：1
2015	62143.5	113340.5	5482.9	——	31195	——
2016	61625	113034	5451.9	——	33616	——

注：数据主要来源于历年《中国统计年鉴》《中国农村统计年鉴》。

（二）农民收入结构变化

农民收入水平增长的背后，是其收入来源结构发生了显著变化（马凌等，2011）。随着经济社会的发展，农民收入越来越受到国民经济和全球经济一体化的影响，农村剩余劳动力逐渐向城镇转移，从第一产业流向二三产业，兼业农民、新型农业主体大量涌现，农民收入来源日益多元化。农民收入结构的变化不仅客观上反映了经济、社会、生活等方面的变迁，还影响着农户的生产生活，关系着国家农业政策的进一步调整和走向。本节将主要分析农民收入结构变动及其影响因素。

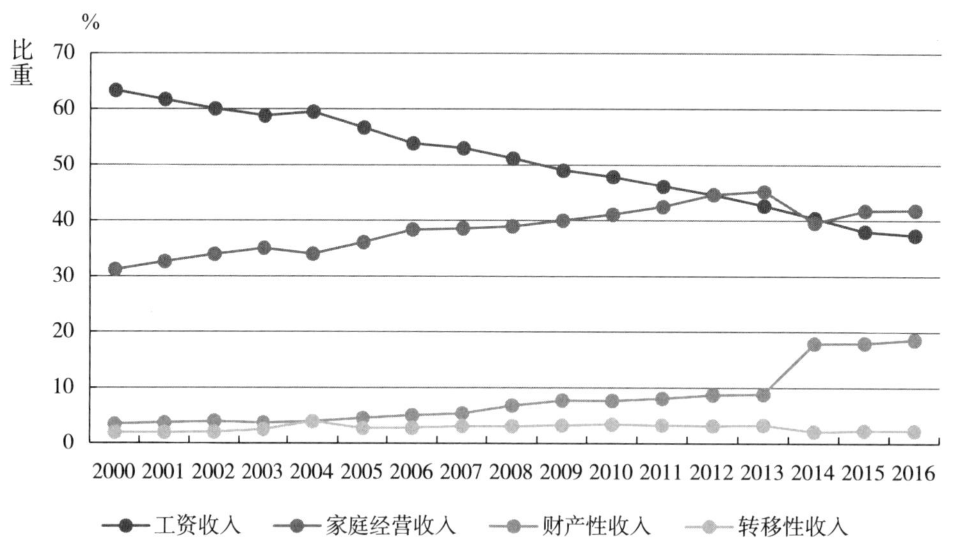

图 18-2　2000—2016 年农民收入结构变化趋势[1]

注：2000—2016年数据主要来源于历年《中国统计年鉴》《中国农业统计年鉴》。

从农民收入来源看，我国农民收入构成具有以下特征：

1. 农民工资性收入比重不断增加

随着农村税费改革的落实和农村市场经济的发展，城乡二元体制受到很大冲击，农村剩余劳动力的大量转移带动了农民工资性收入的大幅增长。20 世纪 90 年代，农民工资性收入比重在 20% 左右，2000 年这一比重达到 31%，2013 年农民人均工资性收入为 4025.4 元，占总收入比重 45.2%，首次超过家庭经营收入成为农民收入的主要来源，2016 年农民人均工资性收入增加至 5021.8 元。工资性收入增长主要原因：一是农民工就业人数继续保持增长，2016 年农民工总量 28171 万人，其中，本地农民工 11237 万人，外地农民工 16934 万人。二是地方在 2013 年上调了最低工资标准和企业指

[1] 2013年之后统计口径发生变化，农民人均纯收入指标被农民可支配收入指标替代，为保证文章内容的统一性和科学性，本文主要讨论农民人均纯收入变化，下同。

导线，农民工工资水平保持了稳定上升，2016年农民工月均收入水平3275元。由于经济的放缓以及产能结构的调整，近年来农民工资性收入有所放缓，但随着土地流转的加剧、农业生产技术的推广以及户籍制度的改革完善，未来农民工资性收入的比重可能会持续增加。

表 18-2　　农民工数量及收入水平

年份	农民工总量（万人）	农民工月收入水平（元/人）
2008	22542	1340
2009	22978	1417
2010	24223	1690
2011	25278	2049
2012	26261	2290
2013	26894	2609
2014	27395	2864
2015	27747	3072
2016	28171	3275

注：数据主要来源于历年《中国统计年鉴》

2. 家庭经营收入仍是农民收入的主要来源，但比重逐渐降低

改革开放以来，我国长期落后的基本国情和城乡二元体制导致了我国农民收入在很长一段时间内主要来源于家庭经营收入尤其是家庭经营中第一产业收入。1983年农民家庭经营纯收入比重为73.5%，1994年为72.2%，21世纪以来，这一比重仍然维持在40%~60%。2013年农民家庭经营纯收入3793.2元/人，同比增长7.35%，占比42.6%。按照人均可支配收入统计，2014年农民人均经营净收入增长7.7%。农民增收主要原因：一是农村个体工商户税负进一步减轻。二是农村居民人均一产经营收入增加，其中种植业净收入增长6.8%。三是2014年农业生产资料价格降低，减少了农业生产成本。但随着农业生产要素的进一步转移，家庭经营比重将日趋下降，2013年农民家庭经营纯收入比重首次低于农民工资性收入，这一趋势预计将持续下去。

从家庭经营性收入内部构成来看，家庭第一产业收入仍是农户家庭经营性收入的主要来源，这一比重高达近80%。从变化趋势来看，家庭经营第一产业收入比重在2008年之后有轻微下降，家庭经营第三产业收入比重则相应上升，家庭经营第二产业收入比重也有轻微变化，但规律不明显，不过从总体上看三者比重变化不大。

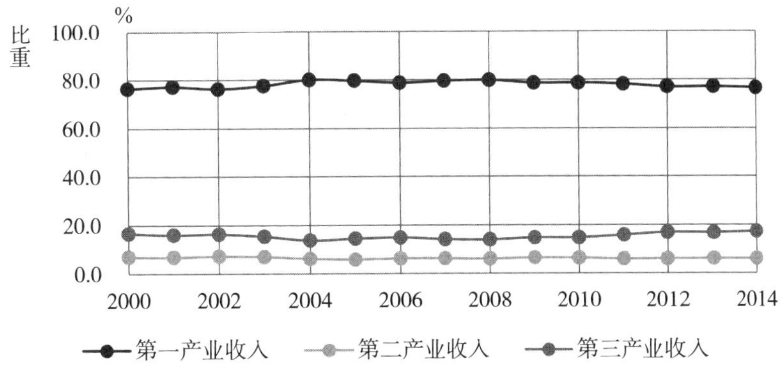

图 18-3　2000—2014 年农民家庭经营性收入构成比重

注：2000—2014年数据来源于历年《中国住户调查年鉴》。

从家庭第一产业收入构成来看，农业收入[1]的占比最大，2000 年农民农业收入 833.9 元，占家庭第一产业收入的 76.5%，2012 年农业收入 2106 元，比重达到 77.4%。其次是牧业收入，2000 年和 2012 年农民牧业收入分别为 207.4 元和 441 元，占比分别为 19% 和 16.2%，比重有所降低，原因主要包括，一是我国当前奶业市场不景气，二是国外市场的冲击。相比较而言，近年来农民林业收入和渔业收入的比重变化不大，2000 二者比重为 2.1% 和 2.5%，2012 年比重分别为 3.8% 和 2.6%。从收入增量来看，2000—2014 年农民农林牧渔业收入都呈上升趋势，但林牧渔业收入绝对值仍然较低。

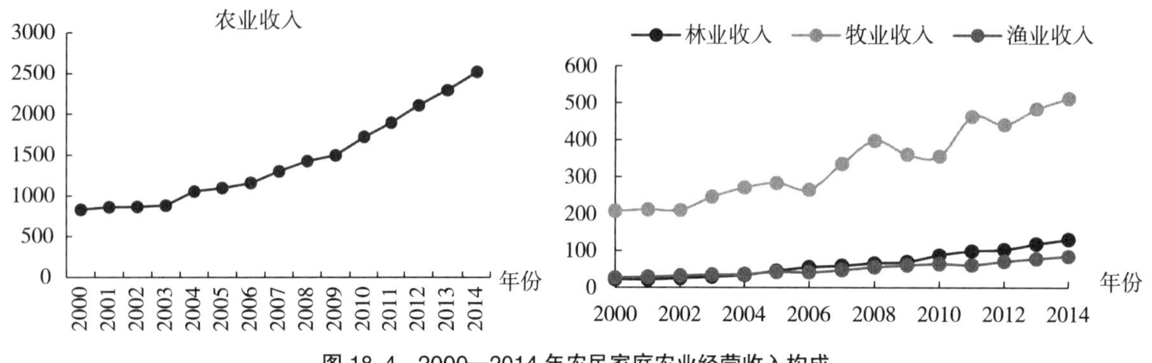

图 18-4　2000—2014 年农民家庭农业经营收入构成

注：数据主要来源于历年《中国住户调查年鉴》。

3. 农民财产性收入变化不大，转移性收入略有提高

我国农民财产性收入和转移性收入比重一直保持在 10%~11%，二者当前虽然不是农民收入的主要来源，但也是农民收入的重要补充。前者包括农民出租土地、房屋、农业机械设备等获取的收入，后者包括国家财政补贴，即农民在二次分配中的所有收入。由于国家的财力总是有限的，转移性收入不可能在短期内大幅度增加，而从增长趋势看，农民财产性收入增长的潜力很大。2013 年召开的中共十八届三中全会提出"赋予农民更多财产权利"，包括"保障农民集体经济组织成员权利""保障农户宅基地用益物权"，以及土地承包经营权利，"建立农村产权流转交易市场，推动农村产权流转交易公开、公正、规范运行"。概括来看，农民财产性收入的进一步增长要靠改革，通过增加改革红利提高农民收入。农民财产性收入一直处于低水平，自 2006 年以来基本没有变化，可见农民投资渠道并不畅通。转移性财产收入有小幅增长，占比有 2006 年的 5% 提高到 2013 年的 8.8%，政府支农效果有所显现。

4. 农民收入结构变化的影响因素分析

根据孙华臣（2008）、武鹏鹏（2012）等学者的研究成果，本文选取的农民收入结构影响因素有：经济发展水平（X_1）、财政支农支出（X_2）、农村固定投资（X_3）、农产品价格指数（X_4）。被解释变量选择农民收入结构变迁程度（Y），用农民基本层面收入（家庭经营收入和工资性收入）和非生产性收入（财产性收入和转移性收入）之比表示。数据来源于 2000—2014 年《中国统计年鉴》。

经济发展水平用人均 GDP 来替代。经济发展水平越高，农民就越能享受到经济快速发展的成果，这主要表现为农民收入如工资性收入和财产性收入的提高，本文假定经济水平越高，农民收入结构变化程度越大。财政支农支出主要用于农业基本建设、农业补贴和农业科技投入，增加财政支持可以提高农民的家庭经营收入以及转移性收入，但由于农业基本建设和农业科技投入需要一定周期才

[1] 主要指种植业收入。

能发挥作用，所以财政支出对当期农户转移性收入增加更加明显，本文假设财政支农支出越多，农民收入结构变化程度越小。农村固定投资尤其是村集体和乡镇企业投资可以增加农民的工资性收入，本文假设农村固定投资越多，农民收入结构变化程度越大。农产品价格是影响农户农业收入和生产积极性的重要因素，在生产成本固定的情况下，农产品价格上升，农民家庭经营收入就会增加，本文假设农产品价格对农民收入结构变动有正向影响。

表 18–3　变量统计

年份	农民收入变化程度	人均实际GDP（元）[1]	财政支农支出（亿元）	农村固定投资（亿元）	农产品生产价格指数
2000	17.20	2206.43	307.84	2904.3	409.23
2001	16.54	2372.60	1231.54	2976.6	421.91
2002	15.63	2570.86	1456.73	3123.23	420.65
2003	15.13	2810.76	1754.45	3200.96	439.03
2004	14.29	3075.86	2337.63	3362.67	496.50
2005	12.80	3404.77	2450.31	3940.61	503.40
2006	11.75	3815.42	3172.97	4436.2	509.44
2007	10.81	4334.55	3404.70	5123.29	603.64
2008	9.10	4727.25	4544.10	5951.8	688.53
2009	8.12	5138.28	6720.41	7434.51	672.01
2010	8.04	5657.04	8129.58	7885.97	745.52
2011	7.81	6163.95	9890	9089.07	868.16
2012	7.46	6609.36	11903	9840.59	891.99
2013	7.26	7082.28	13799	10546.7	920.72
2014	4.00	7684	14173.80	502005	99.8
2015	3.94	8070	17380.49	551590	101.7
2016	3.80	8126	18587.36	596501	103.4

数据来源：《中国统计年鉴》《中国农村统计年鉴》《中国人口和就业统计年鉴》。

模型：$Ln(Y)=A+B_1Ln(X_1)+B_2Ln(X_2)+B_3Ln(X_3)+B4Ln(X_4)+\mu$

其中 X_1、X_2、X_3、X_4 分别代表经济发展水平（人均实际 GDP）、财政支农支出、农村固定投资和农产品价格指数。运用 Eviews 软件进行回归分析，回归结果如下。

表 18–4　模型结果

解释变量	系数	T值
常数项	8.62	11.94***
经济发展水平（X_1）	-0.58	-2.08*
财政支农支出（X_2）	0.01	0.23
农村固定资产投资（X_3）	-0.40	-2.11*
农产品价格指数（X_4）	0.30	1.10
Adjusted R-squared	0.983	

[1] 以1978年为基准计算的人均实际GDP。

续表

解释变量	系数	T值
F-statistic	188.2864	

注：*表示在10%的显著性水平显著，***表示在1%的显著性水平显著。

从结果来看，经济发展水平的对数和农村固定投资的对数在1%的水平下通过检验，但两个变量对数的符号与预期不一致，主要原因可能是：第一，2000—2013年，经济的快速发展增加了农民工资性收入的比重，同时也降低了农民家庭经营性收入比重，二者的此消彼长使得农民的基本层面收入相对稳定，而非生产性收入比重总体上呈上升趋势，因此经济发展水平对数的符号呈负，但如果进一步扩展时间序列数据，该符号可能会符合预期。第二，农村固定资产投资对农民增收作用具有滞后性，当期农民收入结构受上一期或上几期固定资产投资影响，因此分析当期内二者之间关系，可能会出现符号偏差。

财政支农支出的对数和农产品价格指数的对数没有通过检验，可能的原因是财政支农支出中直接用于补贴、救济等的费用比例较小，对农民收入结构变动影响不够显著。而农产品价格对农民收入的影响不仅受到农业生产资料价格上涨的"抵消"，还受到农业生产技术和农产品交易市场制度的约束，许多学者也证明了我国农产品价格波动并没有有效增加农民收入的结论（杨丽莎，2011，刘耀森，2012）。

（三）农民收入贡献来源分析

本节主要分析农民收入结构的变化对农民收入增长的贡献，其贡献主要包括相对贡献和绝对贡献。假设GY_t为t年农民收入的累计增长率，GY_{ti}为第i项收入的累计增长率，q_{ti}为第i项收入所占比重，则GY_t可以表示为：

$$GY_t = \sum_{i=1}^{n} q_{ti} \times GY_{ti} \qquad 18\text{-}1\text{-}1$$

其中，$q_{ti} \times GY_{ti}$表示第i项收入对农民收入增长的绝对贡献，则相对贡献可以表示为：

$$q_{ti} \times GY_{ti} / GY_t \times 100\% \qquad 18\text{-}1\text{-}2$$

根据式1和式2，文章分别测算农民收入结构变动对收入增长的绝对贡献和相对贡献。

1. 农民收入结构变动的绝对贡献

从图18-5可以看出，新世纪以来，工资性收入对我国农民收入的贡献率是最大的，以2000年为基准值，2001年工资性收入贡献率为3.23%，2013年达到214.11%，工资性收入逐渐成为农民收入增长的主要支撑因素，这与前文分析的内容是一致的，随着经济的发展，农村劳动力不断向二、三产业转移，农民收入渠道拓宽。

家庭经营性收入仍然是农民收入的重要来源，2001—2011年家庭经营性收入对农民增收的贡献率仅次于工资性收入，2011年贡献率为58.07%。但2011—2013年，转移性收入贡献率开始超过家庭经营性收入，2013年达到78.93%，略高于同期家庭经营性收入70.68%的贡献率，这除了与基期[1]的选择有关外，也反映了家庭经营性收入在农民收入中比重不断降低的趋势以及财政支农惠农

[1] 我国农业补贴政策主要开始于2004年，2000年农民获得的直接补贴非常少，因此以2000年为基准，2004年之后的农民转移收入增幅相对更大。

政策对农户收入的影响。

财产性收入贡献率虽然有一定增长，但是贡献值相对较小，2013 年贡献值仅为 18.15%，这与其在总收入中所占的比重一致。

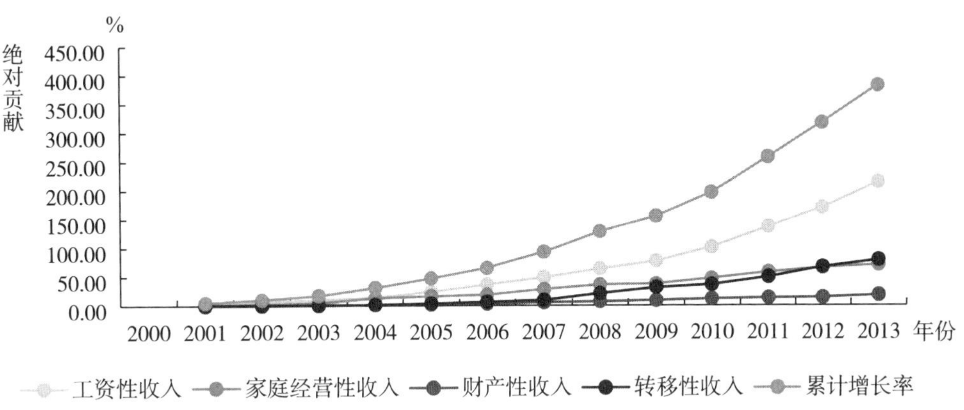

图 18-5　2001—2013 年分项收入对农民收入增长的绝对贡献

2. 农民收入结构变动的相对贡献

各项收入的相对贡献更能够反映各收入对农民收入增长的重要程度及变化趋势，本节重点讨论各收入的相对贡献的变化。如图 18-6 所示，工资性收入对农民收入增长的贡献率一直居于首位，贡献值远远高于其他收入，2001 年贡献率达到 62.82%，此后虽然略有跌幅，但贡献率依然维持在 50%~60% 左右。同时应该看到，工资性收入的相对贡献存在一定的波动，这与经济发展情况以及其他收入变动有关。以 2004 年为例，该年度工资性收入的相对贡献值降到 21 世纪以来最低点，为 45.86%，而同期家庭经营性收入的相对贡献则提高到 21 世纪以来最高点，为 42.42%，主要原因可能是 2004 年一系列惠农政策的实施调动了农民农业生产的积极性，农业收入增加。

家庭经营性收入的相对贡献在 2011 年之前仅次于工资性收入，但贡献率呈下降趋势。2001 年家庭经营性收入的相对贡献率为 27.13%，2004 年达到新世纪最高值 42.42%，2004 年之后相对贡献逐步降低，2012 年降至 20.16%，并首次低于转移性收入。在新世纪，随着城乡一体化的进一步发展，家庭经营性收入的相对贡献在未来会进一步走低。

农民转移性收入当前主要表现为财政支农补贴，2004 年之后，国家加大了财政支农力度，转移性收入的相对贡献开始逐步提高，2003 年仅为 4.83%，2012 年增加为 21.09%，可见支农补贴对农户收入有一定影响[1]。新时期我国财政支农的思路是加大对新型农业主体的倾斜力度，降低 WTO“黄箱”支持水平，这一定程度上会减少我国大部分小规模农户的转移性收入，因此在未来一段时间，转移性收入对农民收入的相对贡献可能会趋于平缓，甚至会有所降低。

财产性收入的相对贡献变化不大，在 2003—2013 年，贡献率基本维持在 4%~5% 左右。农民财产性收入主要来源于农户动产和不动产收入，在新世纪，城乡统筹进程加快，农村土地流转加剧，因此后期农民财产性收入可能会有所增加。

[1] 虽然转移性收入的相对贡献增速快，但是在农民收入中的比重仍然较小（见图18-6），可见该阶段财政直接补贴对农民收入作用仍然是有限的。

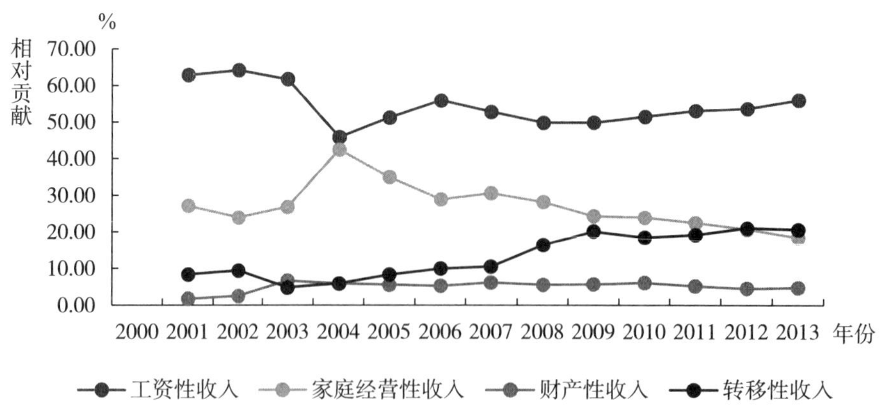

图 18-6 分项收入对农民收入增长的相对贡献

（四）农民收入差异分析

1. 城乡收入差异分析

（1）农民居民收入增速连续 5 年超过城镇居民收入增幅

2010 年，我国农民收入增幅首次超过城镇居民，增幅 10.9%，高于同期城镇居民收入 7.8% 的增幅。2011—2014 年，农户人均纯收入增幅继续高于城镇居民收入增幅，增幅分别为 11.4% 和 8.4%、10.7% 和 9.6%、9.3% 和 7%、9.2% 和 6.8%。

（2）城乡居民收入之比不断缩小

2016 年城乡居民收入比为 2.72 ∶ 1，为 15 年来最低值，城乡居民之间相对差距逐渐缩小。

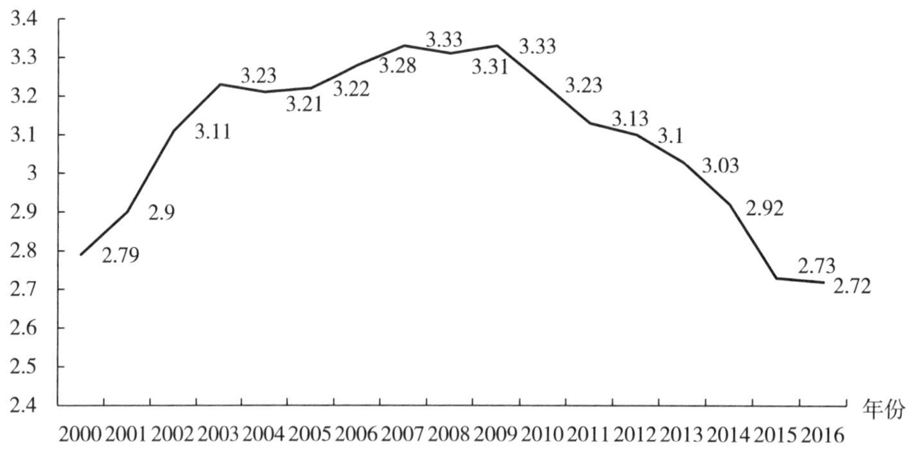

图 18-7 城乡居民收入差距

数据来源：《中国统计年鉴》。

2. 按收入五等份分组的农村居民人均纯收入比较

根据农村居民人均纯收入，将农户划分为低收入户、中低收入户、中等收入户、中高收入户及高收入户。分析不同收入水平农户的收入增长和差异问题，有助于促进农村政策的调整和完善，有助于构建公平合理的农民收入体系。

表 18-5　2000—2016 年分组农户人均纯收入

年份	低收入户收入（元）	中低收入户收入（元）	中等收入户收入（元）	中高等收入户收入（元）	高收入户收入（元）
2000	802	1440	2004	2767	5190
2001	818	1491	2081	2891	5534
2002	857	1548	2164	3031	5903
2003	865.9	1606.5	2273.1	3206.8	6346.9
2004	1007	1842.2	2578.6	3608	6931
2005	1067.2	2018.3	2851	4003	7747.4
2006	1182.5	2222	3148.5	4446.6	8474.8
2007	1364.9	2581.8	3658.8	5129.8	9790.7
2008	1499.8	2935	4203.1	5928.6	11290.2
2009	1549.3	3110.1	4502.1	6467.6	12319.1
2010	1869.8	3621.2	5221.7	7440.6	14049.7
2011	2000.5	4255.7	6207.7	8893.6	16783.1
2012	2316.2	4807.5	7041	10142.1	19008.9
2013	2583.2	5516.4	7942.1	11373	21272.7
2014	2768	6604	9504	13449	23947
2015	3085.6	7220.9	10310.6	14537.3	26013.9
2016	3006.5	7827.7	11159.1	15727.4	28448

注：2013年统计口径发生变化，2014年数据为农民人均可支配收入。

（1）2000 年以来，各分组农户的收入都有明显增长，农民生活水平有了较大提高。以低收入户和高收入户为例，2000 年低收入户人均收入为 802 元，2014 年上涨为 2768 元，平均涨幅为 10%；高收入户人均收入在 2014 年达到 23947 元，为 2000 年收入的 4.6 倍，年平均增长率为 12.48%。

（2）各分组农户收入的增长趋势基本上保持一致（除个别年份外）。如图 18-7 所示，在 2003—2010 年及 2012—2013 年，各分组农户收入的变化趋势非常相似，在 2004 年、2007 年和 2010 年都有较大增幅，在 2009 年都出现大幅降低，这主要是因为 2004 年以后，国家实施了一系列惠农政策，实现了粮食产量和粮食价格“双提高”，而农民外出务工比例也不断增加，农民收入增幅较大。而 2008—2009 年，受国际粮食价格下调及国际金融危机的影响，农户家庭经营性收入和工资性收入都有所降低。这也可以反映出当前我国各收入水平农户的收入来源和影响因素存在很大的共性。

（3）与其他分组农户相比，低收入农户收入的波动性更大。2000—2013 年，低收入农户收入的增幅或者降幅都远高于其他分组农户（如 2004 年增幅达到 16.3%，高于其他分组农户，2009 年增长率只有 3.3%，低于其他分组农户），并且波动更加频繁，收入更加不稳定（2011—2012）。新世纪以来，低收入农户共出现 9-10 次较大的收入波动，而其他分组农户只有 5~6 次收入波动。低收入农户收入波动大主要是因为，第一，低收入农户局限于自身能力和经济社会地位，收入来源相对比较单一；第二，低收入农户风险抵抗能力弱，更容易受到自然条件和市场环境的影响。

（4）近年来各分组农户收入增长率出现了不同程度的降低，这与我国日益放缓的经济形势以及农业生产的低收益率等因素有关。2011 和 2013 年，中低收入户、中等收入户、中高收入户及高收入户收入增长率分别为 17.52% 和 14.75%、18.88% 和 12.8%、19.53% 和 12.14%、19.46% 和 11.91%，降幅较明显。

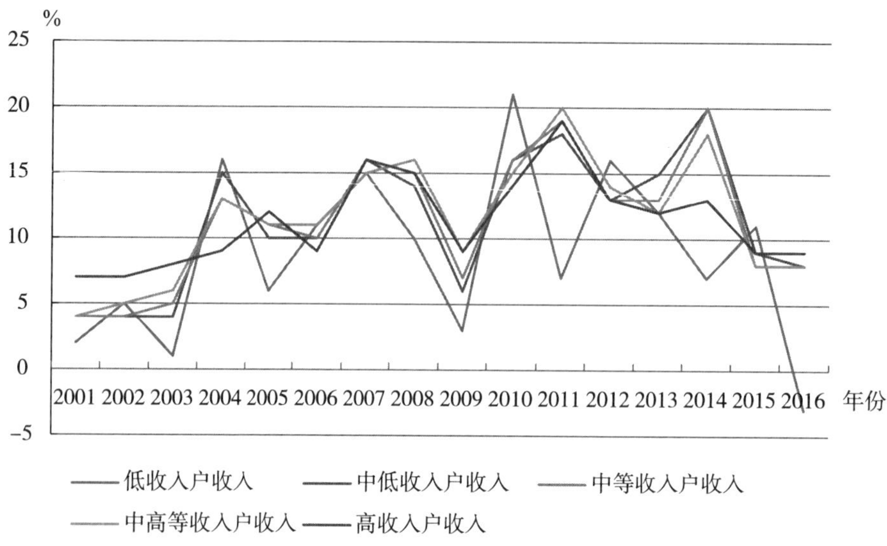

图 18-8 各分组农户的人均纯收入增长率

注：数据来源于《中国统计年鉴》《中国统计年鉴》。

3. 农民收入区域差异分析

（1）按三大经济带划分的农民收入差异分析

表 18-6 按三大经济地带划分的农民人均纯收入

（单位：元）

年份	东部	中部	西部
2000	2993.65	2029.87	1556.47
2001	3232.75	2163.52	1570.04
2002	3404.19	2274.78	1765.6
2003	3616.6	2382.1	1878.9
2004	3986.82	2727.63	2090.8
2005	4416.6	2999.5	2300.4
2006	4858.97	3331.33	2487.02
2007	5504.9	3896.9	2908.8
2008	6223.4	4530	3381.7
2009	6472.8	4864.8	3685.6
2010	7348.122	5608.301	4183.882
2011	8106.424	6319.328	4697.432
2012	8923.526	7095.011	5256.58
2013	9799.428	7935.35	5861.326
2014	10734.13	8840.345	6511.67

注：2000—2009年数据来源于历年《中国统计年鉴》，2010—2014年数据通过预测得到。

近年来我国东、中、西部农民人均纯收入都实现了较快增长。2014 年三大经济带农民人均纯收入分别为 10734 元、8840 元和 6511 元，分别是 2000 年的 3.59 倍、4.36 倍和 4.18 倍，平均增长率达到 9.55%、11.08% 和 10.74%，中部农民人均纯收入增长速度率高于东部和西部。

从农民人均纯收入水平来看，东部农民收入高于全国平均水平，中部和西部农民收入低于全国平均水平，而中、西部在相同年份农民收入增长率基本接近。近年来各经济带农民收入增长放缓，持续增长基本平衡。

（2）按四大经济区域划分的农民收入差异分析

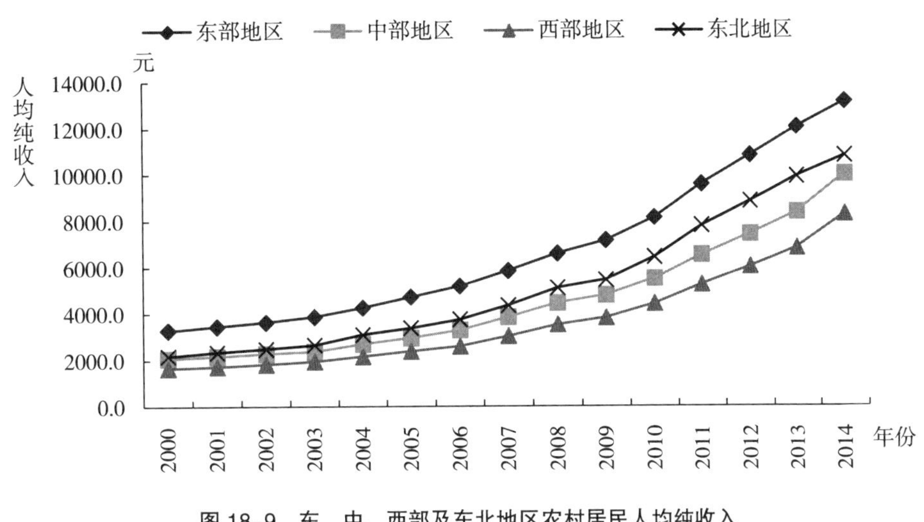

图 18-9　东、中、西部及东北地区农村居民人均纯收入

注：数据来源于历年《中国统计年鉴》。

第一，从农民收入水平来看，2000—2014 年我国各经济区域农民人均纯收入都实现了持续增长。其中东部地区农民人均纯收入最高，2014 年达到 13145 元，其次是东北地区，2014 年农民人均收入为 10802 元，最后是中部和西部地区，2014 年农民人均收入分别为 10011 元和 8295 元。该阶段各地区农民人均纯收入排名没有发生变化，可见各地区农民收入增长基本平衡。另外，各地区农民人均纯收入差距近年来呈缩小趋势，2014 年东部地区农民人均纯收入是西部地区农民的 1.6 倍，高于 2000 年的 2 倍。

第二，从农民收入增幅来看，① 2000—2014 年各地区农民人均纯收入增长趋势基本一致，其主要原因是各地区农民人均收入来源与影响因素非常相似[1]，见图 18-9。②各地区农民人均纯收入增长率存在较大波动，农民收入增长机制并不稳定。③近年来东部地区农民人均纯收入的增长率一直低于其他地区，2004 年东部地区这一增长率为 10.1%，而东北及中西部地区这一增长率为 17%、13.7% 和 11.5%，2014 年东部、东北、中部和西部地区的分别为 9.1%、9%、19.5% 和 21.4%，东部地区与东北地区增长率远低于中西部地区。

[1] 各地区农民收入劳动报酬增长率逐年增加，家庭经营收入比重逐渐降低。

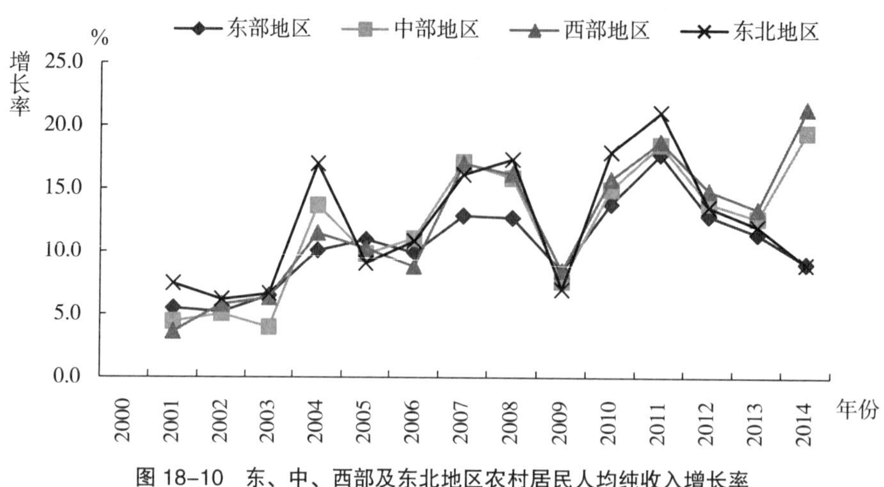

图 18-10 东、中、西部及东北地区农村居民人均纯收入增长率

第三，从各地区农民收入来源来看，东、中、西部及东北地区存在较大差别（见附录 1）。①近年来，工资性收入已成为东部地区农民收入的最主要来源，其比重逐年增加并远大于其他收入来源比重，2005 年这一比重为 46.6%，家庭经营性收入比重为 45.3%，2012 年这一比重增至 53.5%，而家庭经营性收入比重降至 34.3%。②西部及东北地区农民工资性收入比重虽然也有所增加，但是农户收入最主要来源仍是家庭经营性收入，2005 年，西部及东北地区家庭经营性收入比重分别为 64.6% 和 68.45，而工资性收入比重仅有 28.4% 和 21%，2012 年西部及东北地区家庭经营性比重和工资收入比重分别为 51.2% 和 59.7%、35.3% 和 26.9%，工资性收入比重仍然低于家庭经营性收入比重。③中部地区农民工资性收入比重增长较快，逐渐超过家庭经营性收入比重，2012 年该比重达到 44.8%，略低于家庭经营收入比重（46.8%），按照这一趋势，预测 2013 年之后，这一差距会逐渐缩小并反超。

二、21 世纪农民收入增长的特征

21 世纪，我国农民收入面临新的机遇和挑战，正确把握新常态下新机遇，合理解决相关重要问题，将会促进农民收入的进一步增长。

（一）农民增收的整体形势总体有利

1. 从农民增收的内部因素来看

（1）政府政策性支持力度不断加大。21 世纪以来政府出台了一系列支农惠农政策，有效地增加了农民收入。其中主要包括：一是农业补贴政策。农业补贴政策提高了农民收入的积极性，降低了农民生产风险，对增加粮食产量、稳定农民收入有显著作用。二是农产品价格支持政策。这主要包括价格托市政策和 2015 年实施的目标价格政策，价格托市政策可以防止价格的过高过低，而目标价格政策则是在坚持市场定价的基础上补贴农民收入。三是增加农民就业增收的渠道。主要包括农村户籍改革、城乡社会保障改革、培养农民技能等内容。

（2）农村经济新业态不断壮大。新形势下我国农村社会经济发生了很大变化，农民生产要素及生产方式等都发生了改变，并深刻影响着农民收入。第一，农业新型经营主体增加。家庭农场、专业大户、农业合作社、农业龙头企业等规模经营组织发展迅速，农业组织化程度逐步提高，农业生产能力和农户规模效益明显增强。第二，农业生产要素不断调整。农村劳动力更多向非农产业转移，工资性收入不断增加；农业技术应用更加广泛，农业科技成为农业生产的重要方式（张红宇等，

2013）；农村金融和农业保险在农业发展中作用不断增强，有力地保障了农业经济的发展。

2. 从农民增收的外部因素来看

（1）农产品价格持续走高。21 世纪以来，在国家不断加大惠农政策、农产品成本上升、市场需求等因素的作用下，我国农产品价格上涨较快，高价农业特征显现。以三大粮食为例，以 1994 年 6 月为基期（=100），2014 年普通小麦批发价格指数为 219.77，平均年增幅为 0.91%，玉米批发价格指数为 233.66，平均年增幅 1.46%，晚籼米批发价格指数为 243.77，平均年增幅 1.83%。同国际农产品价格相比，我国大宗农产品价格在 2013 年已经超过国际价格，2014 年前 5 个月，小麦、玉米、大米分别比同期国际价格每吨高 451 元、924 元、318 元。尽管 2015 年我国开始调控农产品尤其是玉米种植结构，粮食价格会有所降低，但短期来看我国粮食价格依然维持较高水平，农产品价格的上涨对增加农民收入有积极影响。

（2）劳动力和土地价格不断提高。随着农村劳动力数量的减少、结构的变化及物价水平的上涨等因素，我国农村劳动力工资水平快速提高，2005 年我国农民工平均工资仅有 875 元，而 2015 年已经达到 2864 元。而随着《土地管理法》《物权法》的实施和完善，以及城镇化建设用地的增加，我国土地价格也在稳定上升，这对于农户工资性收入和财产性收入作用较大。

（二）农民增收依然面临许多挑战

1. 农民收入增长困难

近年来，我国农民收入增速放缓，2011 年农民名义收入增长率为 18%，2014 年已经降为 11%，并有进一步下降的趋势。农民增收困难主要原因包括：一是农业生产资料成本过高。当前我国已经入高成本时代，人工成本、土地成本、能源原材料价格及农业机会成本都有了明显提升，以粮食为例，2007—2012 年三大粮食作物平均成本增长约 1 倍（武拉平，沙敏，2015）。二是农民增收渠道依然较少。当前农民增收来源主要是工资性收入和家庭经营收入，但城乡二元体制造成了农民与城镇居民“同工不同酬”、社会保障双轨并行的局面，另外，农业增产难度的加大和农产品供给结构的不合理都降低了农户的农业收入。三是产业分配不合理。在农业价值产业链分配过程中，农户农业生产当前依然处于最底层，这不仅增加了收入差距，也降低了农户从事生产的积极性。

2. 农民收入不平等差距扩大

（1）城乡居民收入绝对差距不断扩大。近年来虽然我国城乡居民收入相对值有所缩小，但绝对值差距呈增大趋势。2014 年城乡农民收入绝对值差距为 18952 元，而 2001 年绝对值差距仅有 4493.6 元。2014 年全国基尼系数高达 0.469，远高于 0.4 这一国际警戒线，城乡差距问题日益严重。

（2）农民收入地区差异明显。2000—2014 年，东、中、西及东北地区农民收入增长率分别为 10.5%、12%、12.3% 和 12.2%，中、西及东北地区农民收入增速超过东部地区，但农民收入绝对值差距逐渐增大，2014 年东西部农户收入绝对值为 4850 元，高于 2001 年的 1729.3 元。

（3）农村内部收入存在较大差距。把农户按收入水平五等分，2003 年高等收入农户是低等收入农户的 6.88 倍，绝对值差额为 5923.78 元，2012 年这两个数字分别变为 8.29 和 16892.68，差距进一步扩大。从农村内部基尼系数来看，2014 年高达 0.481，比 2001 年提高 0.111，也高出了 0.4 的国际警戒线。

（4）农民收入结构不平衡

东、中部地区农民收入主要来源是工资性收入，而西部和东北地区农民收入主要来源于家庭经营性收入，另外，财产性收入差距也比较明显。2012 年东部和西部工资性收入、财产性收入之比分别为 1.74 和 3.98（低于 2005 年的 2.09 和 4.34），但绝对值差额达到 2462.9 元和 338.4 元（2005 年差额为 1145.5 元和 122.9 元）。从农民内部收入来看，不同群体工资性收入和财产性收入比重也在逐步扩大。2012 年高收入农户与低收入农户工资性收入比值和差额分别为 8.16 和 7715.98 元，财产性收入比值和差额分别为 16.18 和 832.67 元，而 2003 年高收入农户与低收入农户工资性收入比值和差额仅为 5.88 和 5923.78 元，财产性收入比值和差额分别为 15.81 和 256.14 元。

表 18–7　全国和农村基尼系数

年份	全国基尼系数	农村基尼系数
2000	0.452	0.36
2001	0.453	0.37
2002	0.456	0.384
2003	0.479	0.41
2004	0.473	0.412
2005	0.485	0.414
2006	0.487	0.419
2007	0.484	0.424
2008	0.491	0.432
2009	0.49	0.44
2010	0.481	0.449
2011	0.477	0.457
2012	0.474	0.465
2013	0.473	0.473
2014	0.469	0.481
2015	0.462	——

注：全国居民基尼系数：2000—2002年来源于世界银行、2003—2015年来源于国家统计局，农村基尼系数：2000—2014年来源于周云波，覃晏. 中国居民收入分配差距实证分析［M］. 天津：南开大学出版社，2008.

第 2 节　新常态下促进农民增收的动力机制与政策选择

中共十八大提出了全面建成小康社会的奋斗目标，在收入指标上要求到 2020 年城乡居民人均收入比 2010 年翻一番。从目前城乡居民的收入现状看，实现此目标的重点和难点均在农村。虽然十六大以来，在国民经济快速增长的拉动下，我国农民收入实现“十一连增”，但城乡收入差距较大、农民增收长效机制尚未建立、贫困落后地区农民增收困难等问题仍然成为我国全面建成小康社会过程中的短板。与此同时，2010 年我国步入工业化后期[1]，产能过剩、产业结构转型升级和以现代信息技术与制造业融合为特征的第三次工业革命对我国经济快速增长形成了新的挑战。从 2012 年开始，我

［1］ 2014年12月15日，中国社科院对外发布了《中国工业发展报告2014》，报告指出：2010年中国的工业化水平综合指数已经达到66，这意味着2010年以后中国进入工业化后期。

国经济增速出现明显回落[1]，经济发展步入新常态[2]，增长速度换挡、发展方式转变、经济结构调整、增长动力转换等新常态新特征，又为农民收入实现快速增长提供了重要机遇。在此背景下，研究我国农民增收的动力机制及政策选择，既是实现收入倍增计划的重要举措，也是我国全面建成小康社会的必然要求。

一、新常态下农民收入增长的主要特征

新常态是中国经济发展到一定阶段后出现的新变化，不仅意味着经济增速的放缓，更意味着经济增长动力的转换和经济发展方式的转变。农业和农民收入作为国民经济的基础产业和国民收入分配的重要组成部分，如何适应经济发展新常态带来的机遇和挑战，首先需要从国民经济发展宏观背景的角度了解农民收入增长的趋势性和结构性特征。

（一）农民收入增长与国民经济发展密切相关

农民收入增长与国民经济发展息息相关。相关性分析表明，1991—2014 年我国农民收入增长率和 GDP 增长率之间呈显著的正相关关系[3]。值得一提的是，在党的十六大、十七大期间（2003—2011），国民经济实现了年均 10.76% 的增长率高速增长，为农民增收提供了良好的经济基础、制度环境和政策空间。自 2004 年开始，每年的中央一号文件都聚焦三农，强农、惠农、富农政策不断出台，农业转移支付金额不断增加，农村改革不断深化，农民收入也持续向上攀升，2011 年农民人均纯收入达到 6977 元，是 2003 年（2622 元）的 2.66 倍，年均增长 13%，7 年内就实现了收入翻番。

2012 年以后，经济发展进入新常态，基本特征之一就是经济增速从高速增长转为中高速增长。中国经济在经历了 21 世纪以来（2000—2011）年均 10.2% 的高速增长后，2012 年增速开始显著回落[4]，2014 年降至自 1991 年以来的最低水平 7.4%。与经济增长速度放缓相适应，农民人均纯收入（可支配收入）[5]增速也出现放缓迹象，2012 年开始明显回落（2011 年、2012 年、2013 年、2014 年增速分别为 18%、13%、12%、11%，依次降低）。可见，新常态下农民收入的提高也将会进入一个新的增长阶段，呈现出新的特点。

（二）农民收入是国民收入分配的重要组成部分

农业是国民经济的基础产业，农民收入与国民收入分配密切相关。按照来源渠道划分，农民收入可分为经营性收入、工资性收入、转移性收入和财产性收入四个部分。其中，农民通过生产经营获得的经营性收入，外出打工获得的工资性收入，以及房屋土地租金、获得的股息和红利等财产性收入都是依靠劳动、技术、资本等生产要素投入社会生产和生活活动后产生的要素报酬，属于国民

---

[1] 2012年我国GDP增长率为7.65%，之前的10年（2002—2011年）每年的GDP增长率均高于9%。

[2] 2014年5月，习近平总书记在河南考察时首次提及“新常态”。当年9月的亚太经合组织（APEC）工商领导人峰会上，习近平总书记首次系统地阐述了“新常态”，他表示：“新常态将给中国带来新的发展机遇。”他指出中国经济进入新常态有如下几个特点：速度从高速增长转为中高速增长；经济结构不断优化升级；动力从要素驱动、投资驱动转向创新驱动。2014年10月，经济发展新常态写入中共十八届四中全会公报。

[3] SPSS 19.0统计软件分析表明，农民收入增长率和GDP增长率之间的Pearson相关系数为0.487，并在0.05水平（双侧）上显著相关。

[4] 2011年至2014年，中国GDP增长率分别为9.3%、7.65%、7.7%、7.4%。

[5] 2014年国家统计局正式启用城乡口径统一的统计指标“农村常住居民人均可支配收入”，之前指标名称为“农民人均纯收入”。

收入初次分配范畴；而通过财政直接投入、补贴、奖励等转移支付方式获得的转移性收入则属于国民收入再分配的范畴。

初次分配讲究效率，体现生产要素价值。由于我国现阶段实行的是按劳分配为主体、多种分配方式并存的分配制度，与之相适应，以劳动力生产要素为核心的农民经营性收入和工资性收入成为农民收入的两大主要来源，并随着国民经济的发展和国民收入分配制度的改革而不断调整。近年来，城镇化进程的加快使得农民的工资性收入在比重和增长速率上都呈现加快上涨势头，2013 年，农民工资性收入占总收入的比重达到 45.3%，增速达到 13.6%，成为农民收入结构中增长最快的部分（2014 年占比略有回落）。此外，国民经济和现代农业的快速发展，使得农民家庭经营性收入也实现了大幅增长，2014 年农民家庭经营性收入达到 4237.6 元，占总收入比重为 40.4%，是 2000 年的 2.66 倍，与工资性收入并列成为农民增收的“两轮驱动”格局。农民财产性收入作为国民收入初次分配的组成部分，由于受体制制约[1]，占总收入比重一直较低（历年财产性收入占比没有超过 4%）。随着 2007 年党的十七大报告首次提出“创造条件让更多群众拥有财产性收入”，农村财产性收入改革大幕开启，2014 年农民财产性收入增速是家庭经营性收入增速的 3 倍。

再次分配讲究公平，体现国家经济实力和收入分配制度走向。农民转移性收入来自国家财政资金。近年来，受益于国家经济快速发展和对农业的大力支持，从 2003 年至 2013 年，中央财政用于“三农”的转移资金数量稳定增长，累计支出达到 7.2 万亿元，年均增速均超过 20%。同时，农民转移性收入也实现快速增长，占农民总收入的比重从 2003 年的 3.7% 上升到 2013 年的 8.8%。

（三）新常态下农民收入的结构特征

从农民收入结构看，2016 年农村常住居民人均可支配收入为 12363 元，其中工资性收入、经营性收入、转移性收入、财产性收入分别为 5021.8 元、4741.3 元、2328.2 元、272.1 元，占农村常住居民人均可支配收入的比重分别为 40.6%、38.3%、18.8%、2.2%。

1. 工资性收入成为农民增收的重要引擎

随着我国城镇化的快速推进，越来越多的农民进入城市，农民工资性收入快速增长。2013 年，农民工资性收入首次超过经营性收入，成为农民收入占比最大的组成部分。2014 年由于统计口径的变化，工资性收入占比仅次于经营性收入，但仍然比 2013 年提高了 0.9 个百分点。2015、2016 年工资性收入占比均超过经营性收入。新常态下，虽然经济增速放缓，但劳动力仍然是农民创造收入的主要生产要素，工资性收入将继续成为农民增收的重要来源，并随国民经济发展和城镇化战略的推进而持续成为农民增收的重要引擎。

2. 家庭经营性收入仍然是农民收入的主要来源

自 20 世纪 80 年代初，农村实行家庭承包责任制以来，农民生产积极性得到极大释放，经营性收入占农民人均纯收入比重大幅增加，从 1978 年的 26.8% 增加到 1990 年的 75.6%。之后，随着市场经济改革的深入推进和农民工资性收入的显著提升，农民家庭经营性收入占比持续下降。2014 年调整统计口径后，农民经营性收入达到 4237.6 元，占人均纯收入的 40.4%。2016 年农民经营性收入达到 4741.3 元，占人均纯收入的 38.3%。新常态下经济增速放缓虽会对农产品需求造成一定影响，但从中长期看，农民家庭经营性收入仍将是农民收入的主要来源。

[1] 在传统城乡二元体制下，农民的土地、房屋等财产均不能进入市场交易，从而限制了农民获得财产性收入的权利。

3. 转移性收入的比重不断增加

21 世纪以来，随着国家经济实力的增强和农村税费改革的深入推进，中央从 2004 年开始对种粮农民实行直接补贴，而且补贴科目和补贴资金数额逐年增加。从 2004 年至今，转移性收入对农民每年增收的贡献率基本都稳定在 10% 以上。2014 年农民转移性收入达到 1877.5 元，占农民人均纯收入的比重为 17.9%，比 1993 年分别增长 44 倍、2.98 倍。2016 年农民转移性收入达到 2328.2 元，占农民人均纯收入的比重为 18.8%。经济发展进入新常态以后，国家财政收支压力加大（2014 年全国一般公共财政收入增长 8.6%，比 2012 年、2013 年分别回落 4.3% 和 1.6%，增速创 23 年以来的新低），虽然中央支农资金不会减少，但农业补贴资金的增速将受到影响。

4. 财产性收入的增长潜力有待释放

受城乡二元体制制约，农民财产性收入与其他类型收入相比，不论是从数额还是占比看，都处于较为薄弱的水平。2014 年农民财产性收入 220.3 元，占农民人均可支配收入的比重为 2.1%。2016 年农民财产性收入 272.1 元，占农民人均可支配收入的比重为 2.2%。虽然比重较小，但从农村改革的发展趋势看，未来农民财产性收入增长潜力巨大，农民获得土地、房屋的市场收益和股息、红利等收入来源的增长潜力都将陆续释放，当然这部分收入的增长也是建立在国民经济发展之上的。

二、新常态下农民增收的动力机制

经济发展进入新常态，除了经济增长速度从高速增长转为中高速增长外，还有一个典型特征，就是经济发展动力从传统增长转向新的增长点。世界经济发展规律表明，各国的经济增长可按照发展程度分为要素驱动、效率驱动和创新驱动三个特定的阶段：要素驱动，指在要素市场本身发育不完全的情况下，通过非市场行为扭曲要素价格而产生的阶段性有效的竞争优势，随着中国人口红利、资源红利、环境红利等要素红利的逐步减弱，这一模式将无法继续成为中国发展的主要驱动力量；效率驱动，指市场在资源配置中起到决定性作用阶段，充分的市场竞争产生效率；创新驱动，指通过市场经济中企业的创新活动，获得持续的竞争优势，从而推动经济快速发展。国际经验表明，新常态下的中国经济将向着效率驱动和创新驱动的方向转变，产业结构、发展方式、资源配置将进行相应的调整。为适应上述调整，农民增收的动力机制也将随之发生相应的转变。

（一）工资性收入的驱动将转为依靠技术能力和创新思维实现

新常态下，国内宏观经济形势复杂严峻，稳增长调结构促转型任务艰巨，经济增长下行压力加大，加上 2008 年世界金融危机对中国的负面影响还未消除，经济平均增速下降，农民工资性收入增幅趋缓。2012 年至 2016 年，农民工工资收入名义增长率分别为 16.3%、16.8%、9.8%、7.2%、6.6%、6.4%，均呈下降趋势。今后，随着农村剩余劳动力转移速度的放缓以及国内国际经济环境的影响，农民工转移就业和工资收入要保持持续增长，将经受严峻考验。

从就业结构看，2008 年金融危机以后，政府为刺激宏观经济，将公共投资的着力点放在高铁、水利等基础设施和房地产等领域，从而导致农民工就业结构发生相应变化，2009 年至 2016 年，从事建筑业的农民工比例从 15.2% 上升到 19.7%，而从事制造业、居民服务业的农民工比例分别从 36.1%、12.7% 降至 30.5%、11.1%。新常态下中国推进经济结构调整，以节能环保、新一代信息技术、高端装备制造、新能源新材料等为代表的战略性新兴产业，将呈现良好的发展势头，或将成为未来中国经济增长的主要驱动力。这些新兴产业雇用的产业工人，不再像建筑业、低端制造业等行业，以劳动力密集型为主，而是更加倾向于雇佣技术型和创新型的产业工人。因此，适应新常态下经济转型的变化，农民工未来的转移方向除了建筑业外，将重点向高端制造业、批发零售业和居民服务业转移，这些领域对用工的需求也将从简单劳动型向技术型乃至创新型转变：高端制造业更多的实行机器替代人力，需要技术型工人；批发零售和居民服务业则需要不断创新商业模式和提升服务质量。适应这种转变，农民工资性收入增长的驱动力将来自农民务工技能水平的提升和创新性思维的发挥。

（二）经营性收入的驱动将依赖于农业转方式和调结构实现

经营性收入在经济发展新常态下仍将是农民增收的主要来源。随着土地流转适度规模经营和新型农业经营主体的发育，家庭经营性收入的增加将得益于规模化产生的规模经济；农业产业结构调整和节本降耗技术的应用，也将为经营性收入带来生产效率改进的效益。但是，新常态下，经济增速放缓，农产品价格受成本“地板”和价格“天花板”双重挤压的影响，农民经营性收入增长的空间越来越窄。所以，促进农民经营性收入快速增长的关键是破除农业生产经营的重重障碍，降低“成本”地板，提升农产品价格“天花板”，拓宽农业经营收入的空间。

新常态下，提高农民经营性收入仍然要靠效率驱动和创新驱动。一是要转变农业发展方式，依靠农业科学技术，降低成本，激发要素活力，提高农业劳动生产率和土地生产率。创新农产品营销模式，广泛应用“互联网+”、农业物联网、移动营销平台、农产品电子商务等手段，强化信息技术在农业生产、流通领域的应用。二是要加快构建新型农业经营体系，积极培育农民合作社、家庭农场、新型职业农民等生产经营主体，大力发展农业社会化服务组织，促进产业链条上各主体的形成稳固的利益联结机制，通过组织创新，节约农业生产经营交易成本，提高经营效率。三是调整农业产业结构，在确保粮食安全的前提下，通过补贴、税收、金融等手段，发展优质高效和生态环保的品牌农业，提升农产品附加价值。

（三）转移性收入的驱动要依靠创新农业补贴方式实现

农民转移性收入的数额和占比虽然增长较快，但从拉动农民收入增长的角度来看（转移性收入对农民增收的贡献率为10%左右），力量仍然较为薄弱。此外，中国在加入WTO时承诺“黄箱”补贴上限不超过农业总产值的8.5%，现在补贴的空间已非常有限，有些农产品如棉花的特定补贴已经逼近黄线。而且，农民的转移性收入全部依靠国家政策支持，当经济发展进入新常态以后，国民经济增速特别是财政收入增速有所放缓。[1]在此背景下，依靠农民转移性收入推动农民增收将面临较大压力。

基于上述分析，新常态下必须要创新农业补贴方式，充分发挥农业补贴在促进农业生产主体积极性方面的激励作用，从而间接地促进农民收入增长。一是农业补贴的目标要围绕提高农业生产能力来设计，比如，提高农业生产机械装备、农田基础设施建设、信息化平台的搭建等；二是要通过补贴优化农业生产结构，比如，通过补贴政策，促进油、糖、盐向优势产区集中，这也是今后农业产业结构调整的一个突破口；三是补贴向新型农业经营主体倾斜，通过补贴引导农业生产经营方式转型，同时将补贴存量中的一部分用于支持规模化粮食生产；四是补贴资金向农业可持续发展方向倾斜，特别是资源的养护、环境污染的治理；五是创新农业补贴方式，国家给予农业的补贴要从现

[1] 2015年上半年全国一般公共预算收入79600亿元，比2014年同期增长6.6%，增幅回落4.1个百分点。

在的偏重"黄箱"向"绿箱"转化，这样才能进一步加大国家对农业的支持保护力度，有利于农业的健康发展和农民的持续稳定增收。

（四）财产性收入的驱动依赖于土地价值的充分挖掘

国民财产性收入的比率，是衡量一个国家市场化和国民富裕程度的重要标志。市场经济发达国家的经验表明，财产性收入是家庭收入的重要组成部分，所占比重仅次于薪资收入。但从中国目前情况看，不论数额还是占比，财产性收入都是农民收入结构中最为薄弱的部分。经济发展新常态下，中国经济进入效率驱动和创新驱动阶段，市场经济发挥决定性作用，改革将全面深化。这要求健全法制、明晰产权、维护市场公平正义，让市场经济的效率得到充分发挥。从这个意义上讲，农民财产性收入增长的潜力一旦释放，将成为农民增收的强大引擎。

当前，我国农民的财产性收入主要来自土地、集体经济、自有资金等方面，具体来说，主要集中在土地承包经营权转让收入、征地补偿款、房屋租金、集体经济分配的股息红利、自有资金的银行存款利息等。据全国农村固定观察点调查数据，2014 年农民财产性收入中来自征地补偿的占 28.9%，土地流转收益占 25.1%，两者占农户财产性收入的 54.0%；此外，租赁收入占 15.6%，股息、利息等占 12.3%，集体组织分红占 10.7%，其他占 15.4%。可见，来自土地或与土地相关的收益（征用土地、农用地、宅基地）是农民财产性收入的主要来源。所以，深入推进农村土地制度改革和农村集体产权制度改革，完善农用地征用制度、赋予土地承包经营权完整的权能、探索农村集体经营性建设用地入市、改革完善农村宅基地制度，将成为未来农民财产性收入获得大幅提升并成为农民增收稳定来源的重要驱动力量。

三、新常态下农民增收的短板：农村贫困人口

全面建成小康社会的本质和精髓是实现共同富裕，也就是农村人口不仅得到全面覆盖，也应该得到全面发展。2014 年农民人均纯收入为 9892 元，2015 年农民人均纯收入为 10772 元。要实现 2020 年农民人均纯收入比 2010 年翻一番的目标（11838 元）[1]，则 2017 年至 2020 年，这 4 年农民人均纯收入的平均名义增速需达到 6%（通货膨胀因素按 3% 计算）。虽然 6% 的增速目标与近几年农民人均纯收入的平均增速相比，实现的压力不大，但平均水平并不能代表全面水平，要实现全面建成小康社会的目标，短板在农村，最艰巨最繁重的任务在农村，特别是在农村贫困地区。[2]

（一）农村贫困人口增收前景堪忧

按照 2010 年中央确定的国家贫困线标准 2300 元（2010 年不变价），截止到 2014 年年底，全国有 14 个集中连片特殊困难地区、592 个国家扶贫开发工作重点县、12.8 万个贫困村、2948.5 万个贫困户、7017 万贫困人口。其中河南、湖南、广西、四川、贵州、云南 6 个省份的贫困人口都超过 500 万人。2016 年，全国农村贫困人口减少了 1240 万人，超额完成 1000 万人的目标任务，中央和省级两级财政投入超过了 1000 亿元。在 428 个贫困县开展电商扶贫试点，261 个扶贫县列为电子商务进农村综合示范县，旅游扶贫覆盖到 2.26 万个贫困村。光伏扶贫下达项目总规模 516 万千瓦，受

[1] 2010年农民人均纯收入为5919元，到2020年翻一番则为11838元。

[2] 习近平总书记2015年6月在贵州考察时指出："'十三五'时期是我们确定的全面建成小康社会的时间节点，全面建成小康社会最艰巨最繁重的任务在农村，特别是在贫困地区。"

益贫困人口 766 万人，为 28 万多建档立卡贫困人口安排了护林员的岗位。

1. 低收入农户收入水平与其他农户差距悬殊

2013 年，贫困地区农民人均纯收入为 5519 元，仅为全国农民平均水平的 62%，且农民内部收入差距较大。按农村居民人均纯收入五等份分组情况看[1]，20% 低收入农户人均纯收入为 2583.2 元，仅比国家贫困线高出 12.3%，可见农村贫困人口全部位于此区间内。从收入的绝对差距看，高收入户与低收入户的差距由 2000 年的 4388 元扩大到 2013 年的 18689.5 元，差距扩大了 4.26 倍；从收入的相对差距看，2013 年，年低收入农户收入水平分别相当于中等偏下户、中等收入户、中等偏上户、高收入户的 46.8%、32.5%、22.7%、12.1%，差距较为悬殊。

2. 低收入农户收入增速较慢

2013 年，低收入农户人均纯收入增长率为 11.5%，低于中等偏下户（14.7%）、中等收入户（12.8%）、中等偏上户（12.1%）、高收入户（11.9%）的平均水平。从 2000 年到 2013 年，全国农民人均纯收入增长了 3.95 倍，中等偏下户、中等收入户、中等偏上户、高收入户分别增长了 3.83 倍、3.96 倍、4.11 倍、4.10 倍，而低收入户仅增长 3.22 倍，低于全国和其他各组平均水平。增长速率的差距将导致低收入农户平均收入水平与其他农户的差距越来越大。

（二）农村贫困人口增收的动力机制

2013 年农村贫困地区农民人均家庭经营性收入、工资性收入、转移性收入、财产性收入分别为 2636 元、2269 元、535 元、79 元，与上年相比分别增长 11.3%、22.7%、21%、9.4%。从收入的绝对数量看，家庭经营性收入和工资性收入是农村贫困人口收入的主要来源，两项加起来占到农民人均纯收入的 88.9%；从各项收入的增长率看，工资性收入增长最快，对农民增收的贡献率达到 53.3%，成为农村贫困人口增收的主要来源。其次是转移性收入，这与国家财政对农村贫困地区的倾斜有关。

我国农村贫困人口绝大部分分布在革命老区、少数民族地区、边疆地区和欠发达地区，这些地区或者自然环境恶劣、不利于发展生产，或者远离城市、交通不便，加之农村贫困人口大部分为丧失劳动能力或残疾人群，要实现这些地区农村贫困人口的小康目标，在增收动力机制方面要分类考虑。

1. 具有劳动能力的贫困人口

一是对于生活在自然生态环境不利于从事农业生产经营活动地区的农村贫困人口，政府要通过有序引导和培训，使其进入劳动力密集型行业，成为产业工人，或是出台优惠政策鼓励其创业，通过工资性收入或经营性收入的提升来实现收入增长。这部分人群增收的动力机制就来自于劳动力要素价值的充分挖掘。二是对于居住地适合发展种养等农作活动的地区，政府要通过引入合适的产业，促进该地区贫困人口通过农业生产经营活动，实现经营性收入的提升。此部分人群增收的动力机制在于生产效率驱动。

2. 丧失劳动力能力的农村贫困人口

此部分人群增收的主要来源在于转移性收入和财产性收入。具体来说，要创新扶贫手段，提高

[1] 数据来源：《中国统计年鉴2014》，五等份分组将农民分为低收入户、中等偏下户、中等收入户、中等偏上户、高收入户。

扶贫的准确性。新常态下，尽管经济增速放缓，但对此部分人群的转移支付不能减少。要逐步提高农村最低生活保障和五保供养水平，切实保障没有劳动能力和生活常年困难农村人口的基本生活。加快新型农村社会养老保险制度覆盖进度，支持贫困地区加强社会保障服务体系建设。发挥专项扶贫、行业扶贫和社会扶贫的综合效益。实现开发扶贫与社会保障的有机结合。

四、新常态下促进农民增收的政策选择

经济发展新常态给农民增收带来了新的机遇。结合当前农民收入结构的变动趋势和各类型收入增长的动力机制，要实现2020年农民收入倍增计划和全面建成小康社会的宏伟目标，“十三五”期间，必须紧紧依靠稳步增加农民经营性收入和快速提升农民工资性收入两大主线，同时补齐农村贫困人口收入偏低的短板。从中长期看，在完善上述增收路径的基础上，还要通过转变方式提高农民转移性收入、改革创新激活农民财产性收入，变“双轮驱动”为“多轮驱动”。政策选择上，要从加快发展现代农业、稳妥推进新型城镇化战略、完善农业支持保护体系、全面深化农村改革等方面加强政策设计。

（一）转变农业发展方式，加快发展现代农业

转变农业发展方式是发展现代农业的内在要求，也是实现农民家庭经营性收入稳步增长的有效途径。面对农产品价格“天花板”和农产品成本“地板”的双重挤压，只有转变农业发展方式、加快发展现代农业，注重农业发展的质量和效益，才能提高农业的国际竞争力，拓宽农民经营性收入的增收空间。

第一，进行农业产业结构的深度调整，延长农业产业链条，大力推进农业标准化品牌化建设，提升农产品质量和效益，促进一二三产融合发展。第二，要加快构建新型农业经营体系，培育新型农业经营主体，提升经营者素质和职业化水平。发展适度规模经营，构建适应现代农业发展要求的农业社会化服务体系。第三，要完善农产品价格形成机制。深入探讨农产品目标价格改革试点，发展适应现代农业要求的农产品流通体系，让市场在农产品价格形成机制中起决定性作用。第四，依靠科技创新，提高农业资源利用效率。提高农业生产的物资技术装备水平，加强农业公益性科研投入，加快推进以企业为主导的农业科技研发体制。第五，促进农业发展由主要依靠资源消耗向资源节约型、环境友好型转变。加强无公害、绿色、有机食品基地建设，积极推广生态生产、健康养殖等先进实用技术。积极推进农业废弃物循环利用，改善农业生态环境，促进资源永续利用。

（二）以人为本，积极稳妥推进新型城镇化战略

新型城镇化战略是扩大内需拉动经济的重要手段，也是实现农民工资性收入快速增长的重要引擎。新型城镇化的关键是以人为核心，遵循发展规律，稳妥推进，提升质量，着重解决好以农民为主体的“三个1亿人”问题。[1]

有序推进农业转移人口市民化，要为农民工创造公正公平的就业环境，建立健全社会保障制度。就业方面，通过劳动力市场和搭建供需对接平台，合理引导农民工与用人单位衔接。实施农民工职业技能提升计划，根据市场需求，培养适应工作要求的产业技术工人；户籍制度改革方面，实施差

[1]“三个1亿人”问题指促进约1亿农业转移人口落户城镇，改造约1亿人居住的城镇棚户区和城中村，引导约1亿人在中西部地区就近城镇化。

别化落户政策，把有能力、有意愿并长期在城镇务工经商的农民工及其家属逐步转为城镇居民；子女教育方面，完善义务教育管理体制，使更多进城务工人员随迁子女纳入城镇教育、实现异地升学；农民工权益保护方面，完善法律法规，出台相关政策，切实保护农民工合法权益。稳步推进城镇基本公共服务常住人口全覆盖，使农业转移人口和城镇居民共建共享城市现代文明。此外，要提高大城市周边的小城镇产业发展和集聚人口能力，通过发展合适的产业政策，促进农业转移人口就近转移从业。

（三）完善农业支持保护体系，加强农村社会保障力度

农业的基础地位和产业特性决定了现代农业建设离不开政府的支持和保护。我国农民转移性收入来源于国家财政，其增长速度与经济发展水平密切相关。21 世纪以来，随着国民经济的高速发展和国家对农业的高度重视，农民的转移性收入出现了较大幅度的提升。然而，随着时间的推移，农业补贴对提高农民生产积极性的政策效应出现了递减趋势，加之转移性支付的数量不多，对农民增收作用有限。所以，新常态下要通过改革农业补贴方式，完善农业支持保护体系，加强农村社会保障力度，促进农民转移性收入的数量和效能同步增长。

在完善农业支持保护体系方面：第一，完善种粮直补、农机补贴、农业生产资料综合补贴办法，逐步建立与农业生产资料价格上涨挂钩的农资综合补贴动态调整机制。扩大农作物良种补贴的实施范围，对主要农作物实行良种补贴全覆盖。扩大农业补贴范围，重点是农业保险保费补贴，如牲畜家禽、森林保险等。第二，扩大农业支持保护对象范围，加大对农业龙头企业、农民合作社、家庭农场、新型职业农民等新型农业经营主体的补贴力度。第三，完善主产区利益补偿机制，增加粮油大县、生猪大县奖励资金，建立完善生态补偿和耕地保护补偿机制，使主产区达到地区或全国平均水平。第四，创新体制机制，提高财政支农资金使用效率。改变以往单一的政府投入机制，采用民办公助、以奖代补、贷款贴息、政府购买服务等方式，吸引信贷和其他社会资金投入农业。

在加强农村社会保障方面：首先，加大对农村低保和贫困人群的转移支付标准，创新农村扶贫方式，加大开发式扶贫力度，继续实施扶贫开发攻坚工程，在产业合作、转移就业、基层建设等方面实现新突破。力争在 2020 年将中国绝对贫困人口发生率降到 1% 以下，绝对贫困人口降到 1000 万以下。其次，努力实现新型农村合作医疗和新型农村社会保险的全面覆盖，提高新农合门诊报销比例，适当提高农村低保和基础养老金补助标准，力争早日将新农合和城镇居民基本医疗保险制度整合为城乡居民社会保险制度。

（四）创新体制机制，全面深化农村改革

财产性收入是未来农民收入的重要增长点。党的十七大报告首次提出“创造条件让更多群众拥有财产性收入”，说明增加居民财产性收入已经进入了中央层面的战略部署。经济发展新常态下，农民财产性收入快速增长的动力要依靠创新体制机制，全面深化农村改革来实现，关键是要在农村土地制度和金融制度方面加大改革力度。

土地制度改革方面，核心是要盘活农民的土地财产权。第一，稳定和完善农村土地承包制度。按照 2014 年中央一号文件的要求，稳定农村土地承包关系并保持长久不变，赋予农民对承包地占有、使用、收益、流转及承包经营权抵押、担保权能。第二，改革农村宅基地制度。在保障农民宅基地用益物权前提下，慎重稳妥推进农民住房财产权抵押、担保、转让试点，实现城乡土地、房屋等资产同权同价。第三，引导和规范农村集体经营性建设用地入市。在符合规划和用途管制的前提下，

允许农村集体经营性建设用地出让、租赁、入股，实行与国有土地同等入市、同权同价，加快建立城乡统一的建设用地市场。第四，加快推进征地制度改革。改革的核心是保障农民公平分享土地增值收益，保障被征地农民的知情权、参与权、申诉权、监督权。第五，推进农村集体产权制度改革。盘活集体资产，赋予农民对集体资产占有、收益、担保、继承等权利。建立农村集体产权交易市场，创新农村集体经济管理体制。第六，全面深化农村金融改革。强化金融机构服务“三农”职责，发展新型农村合作金融组织，鼓励农村金融产品创新。

第 3 节　农村居民收入差距研究

中国的改革开放与体制转型带来了经济的高速发展，居民整体收入水平普遍提高的同时，也导致了全社会收入差距的拉大。作为整体经济的重要组成部分，我国农村居民的收入分配体系同样经历了发展变化。新常态下，目前我国农村居民收入差距到底有多大？是否存在区域差别？现有的收入差距是如何导致的？主要的影响因素是什么？本节拟对上述问题展开讨论。

一、文献综述

（一）农村居民收入差距的阶段性波动

改革开放以前，我国农村内部居民收入差距还比较小，但随着改革开放的深入，各地区农民收入都实现了快速增长，农村居民收入差距开始扩大。尽管众多文献对农村居民收入差距总体扩大的趋势已达成共识，但对农村居民收入差距的阶段性波动各持己见。

张平（1992）通过测算基尼系数分别发现 1980—1990 年、1986—1992 年（1990 年例外）中国省际间农村居民收入综合差异不断扩大。魏后凯（1996）通过测算泰尔系数也发现 1985—1995 年（1994 年例外）中国省际农村居民收入综合差异在迅速扩大。基于 CHIP 数据，Gustafssion & Li（2002），Khan & Riskin（1998）分别计算了全国各省份的泰尔系数和变异系数，他们都认为 1998—1995 年中国农村居民收入省际综合差异在迅速扩大。

万广华（1998）将收入数据转化为以 1981 年的不变价，重新测算了 1984—1996 年的基尼系数，他认为 1984—1996 年，我国各个省之间农村居民收入差距总体上呈上升的趋势，但在 1984—1985 年、1988—1990 年、1995—1996 年还出现过三次缩小。刘慧（2008）测算了 1980—2005 年的基尼系数，指出农村居民收入综合差异总体上升，但在 1984—1985 年、1989—1990 年、1996—1998 年、2003—2005 年出现了四次短暂下降。邹薇、张芬（2006）测算了 1995—2003 年对数收入的变异系数、泰尔系数等指数，发现此期间中国省际农村居民收入综合差异总体上扩大，在 20 世纪 90 年代中期出现过减弱趋势，但自 20 世纪 90 年代末又开始上升。高连水、周云波和武鹏（2010）通过测算 GE 指数和基尼系数，认为 1997—2000 年收入的综合差异缩小，2001—2005 年又开始扩大。李晓西等（2010）用威廉逊系数测算的收入差距显示 1988—2002 年综合差异扩大，2002 年后综合差异缩小；但用基尼系数测算的结果表明 1996 年出现了拐点，2000—2008 年省际综合差异稳定。魏后凯（2011）测算变异系数后，则认为 1978—2010 年中国农村居民收入省际综合差异呈“M”型变化。

程永宏（2007）依据其计算的基尼系数，将农村居民收入差距的发展总结为四个阶段，并论述了农村居民收入分配演变过程与中国农村改革进程是如何吻合的。他总结我国农村基尼系数的演变基本上可以分为四个阶段：1978—1982年，农村基尼系数出现下降趋势，1981年达到最低点0.250；1982年后持续快速上升，1989年达到0.323；1989—1998年基本围绕这一水平小幅波动，且略有上升；1999年以后再次迅速上升，2005年达到最高水平0.384。

以上四个阶段的划分与我国农村改革进程基本吻合。程永宏（2007）认为：承包制改革初期是我国农村种植业普遍发展的时期，农村内部收入差距出现下降趋势。1984年以后，农村经济开始发生分化，乡镇企业的发展促生了农村地区间的差距，农村总体差距出现扩大趋势。1989年以后农村经济基本上处于徘徊不前的状态，农户收入差距也没有发生太大变化。1999年以后农村差距的进一步扩大则可能与城镇经济迅速增长、城镇差距扩大对农村的渗透影响有关，还可能与农村经济发展缓慢、农村劳动力流动性加大有关。由于从20世纪90年代末期开始，我国农民很大一部分收入来自在城镇获得的非农就业，城镇经济的迅速发展，以及城镇差距的扩大会通过这类渠道把收入差距渗透到农村，影响到农村内部的收入差距。

（二）农村居民收入差距的区域性差别

关于农村居民收入差距的区域性研究，相关的学术专著、论文和研究报告十分丰富。郭叶波、魏后凯（2012）对研究我国农村居民收入地区差异的文献进行了详尽地总结发现：农村居民收入的地区差异按衡量方法可分为绝对差异、相对差异和综合差异（魏后凯，1990；1996）；按空间尺度可分为大区域、省级、地级、县级、乡镇级和村级地区间差异。限于数据的可得性，已有文献大多只研究大区域或省际差异。由于所选择的衡量方法、空间尺度、时间尺度、不平等指数以及数据处理方法等不同，学者们得出的结论也不尽相同。然而，通过对现有研究的总结，可大致认为改革开放以来，我国农村居民收入地区差异不断扩大。总的来说，农村居民收入差距的区域性特征可通过图18-11显示：

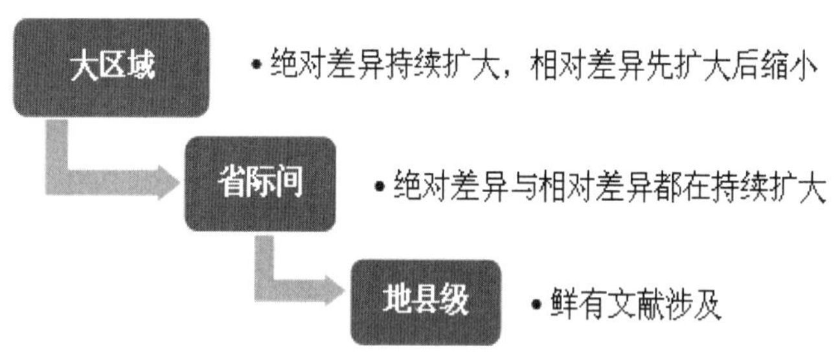

图18-11　农村居民收入差距的区域性差别

1. 农村居民收入差距的大区域研究

农村居民收入差异就大区域来说，相关研究发现绝对差异在持续扩大，相对差异先扩大后缩小。主要的研究成果包括：白志礼、王青、来国超（1993）用各省农业人口和农民人均纯收入加权平均计算东、中、西三大地带和南、北两大区域的农民人均纯收入，通过测算绝对差、相对变动指数等，他们发现1998—1990年大区域间绝对差异主要表现为东西差异，这期间绝对差异扩大程度的排序为：东西差异＞东中差异＞南北差异＞中西差异。唐平（1995）采用1980—1993年数据，同样发现我国东部与西部地带间的农户收入绝对差异在扩大。魏后凯、刘楷、周民良等（1997）的研究剔除了价格因素的影响（数据折算为1980年价格水平），结果仍发现1980—1995年的绝对差异主要表现为东西差异，并且绝对极差持续扩大。李晓西等（2010）用1988—2008年的当年价数据，仍然显示东部地带农村居民收入水平最高，西部地带最低，绝对差异逐年扩大。

与按三大地带划分结果相似，魏后凯等（2011）按四大区域划分也发现2005—2008年东部与中西部地区农村居民收入的绝对差异仍在不断扩大。至于大区域间的相对差异，一般认为总体趋势在扩大，但呈阶段性变化。魏后凯、刘楷、周民良等（1997）通过计算三大地带的收入比，发现1980—1995年东部、中部与西部地带的相对差异不断扩大（个别年份除外）。赵人伟、李实（1997）基于中国社会科学院经济研究所中国住户收入分配项目数据，印证了这一结论。但1996年、2006年可能是转折点。李晓西等（2010）认为，1996年以来三大区域间的农村居民收入相对差异变动幅度保持在较小范围。魏后凯等（2011）按四大区域划分，他们认为2006年以来东部与中、西部地区间农村居民收入相对差异在减小，然而这种态势缺乏稳定性。

2. 农村居民收入差距的省际和地县级研究

对于省际农村居民收入差异，一般认为绝对差异和相对差异持续扩大，综合差异变动呈现阶段性特征。自改革开放以来，中国省际农村居民收入绝对差异一直在扩大。无论用当年价或可比价数据都显示，1978—2008年中国农村居民收入最高省份与最低省份的绝对差异不断扩大。省际农村居民收入相对差异也不断扩大，但近年来保持稳定。1978—1995年最高收入省份与最低收入省份的相对极差迅速扩大；而1996—2008年相对差异比较稳定。对于省际农村居民收入综合差异，不同学者由于采用的测度指数、数据来源及处理方法不一致所得结论不尽相同（唐平，1995；魏后凯、刘楷、周民良等，1997；李晓西等，2010）。

局限于研究数据的可得性，到目前为止，鲜有文献涉及地、县级及以下空间的农村居民收入差异的研究。一些研究尝试以部分地区为样本容量考察农户收入差距。例如，Gustafssion and Li（2002）基于中国家庭收入调查（CHIP）在2002年的抽样调查数据，测算了我国18个省的县级地区间泰尔系数，结果发现：1988—1995年间，我国县际农村居民收入差异迅速扩大。Scott（1994）基于对我国江苏省64个县的村庄调查数据，发现1983—1989年我国农村居民收入的县际差异、乡际差异和村际差异都在上升。Cheng（1996）使用中国农业部关于广东、吉林、山东、四川、江西五省1000个家庭收入数据，测算了各省1994年的县际泰尔熵指数，他发现1994年按照农村人均收入测算的基尼系数为0.36。

3. 农村居民收入差距的微观研究

对收入差距的微观研究是基于抽样调查的样本数据上，如何合理的抽取样本，准确地获得农户收入数据和选择合适的收入差距指标都对微观提出了挑战。对农村内部收入不平等的考察较少文献采用了住户调查数据（陈建东，2012）。据Gustafsson和Li（2002）总结，1991—2001年共有16篇英文文献从空间层次的角度分析农村内部的收入不平等，其中使用省级或省级以下行政区域（含县、城市、村庄）样本数据的文献共有12篇，而使用住户调查数据的仅有4篇。这其中，不同层次的数据又可以分为两种类型，一是住户调查数据，一是按组分类的数据（grouped data），这两类数据都各自存在优缺点：住户调查数据虽然在细节上比较丰富，但是样本的覆盖面很小，仅仅是个别年份、个别省份的数据，而按组分类的数据虽然覆盖面很广且很容易获得，但是这类数据是以群组的形式公布的，这就把各个群组内的收入视为等同，扭曲了真实的收入分布状况（Chotikapanich et al.，2007; Wang et al.，2009）。另外，研究使用的数据来源也有所不同，Zhong（2011）指出，大多数关于中国农村居民收入不平等研究所使用的数据主要基于以下三个数据来源：国家统计局（NBS）的农村住户调查数据、中国家庭收入项目（CHIP）以及由中国农业部下属的农村经济研究中心（RCRE）

提供的家庭调查数据。

Benjamin 等（2004）选取来源于的农村经济研究中心的具有全国代表性的住户调查数据，分析了 1987—1999 年间中国农村居民收入分布的变化趋势，结果显示 1988—1995 年间农村的收入分配状况得到明显的改善，因为在这一时期农村居民的平均收入大幅上升，而收入差距只是略微扩大；然而以 1995 年为转折点，农村居民收入分配状况开始恶化，农村内部的收入不平等显著上升并且还出现了低收入群体绝对收入的下降。基于《中国农村住户调查年鉴》的数据，Wang et al.（2009）认为中国农村内部收入的基尼系数从 1980 年的 0.24 上升至 2006 年的 0.37，上升幅度超过 50%。他们发现，1980—2006 年中国农村贫困人口是中国经济改革的损失者，农村低收入人群的总收入份额在缩小；这一时期农村居民收入不平等急剧上升，而且收入不平等的上升阻碍了中国农村反贫困事业的发展。不过他们也指出，尽管在这一期间农村内部的收入不平等在上升，但农村人口的整体福利水平都得到了提升。2013 年，由西南财经大学中国家庭金融调查与研究中心（CHFS）进行了广泛的中国住户调查，他们公布了中国居民收入分配的基尼系数：2010 年全国的基尼系数为 0.61，城镇的基尼系数为 0.56，农村的基尼系数为 0.60；而国家统计局公布的同期数字为 0.481。岳希明和李实[1]则认为前者的估计存在高估问题，后者存在低估问题，真实的基尼系数应该介于两者之间。无论采用何者的估计结果，都可以看出，我国农村地区目前已经处于一种较为不平等的收入分配状况。

二、农村居民收入差距的区域差距和收入来源分解

改革开放以来，我国农村经济发展迅速，农村居民收入水平普遍提升。国家统计局的数据显示：截止到 2014 年底，我国农村居民人均纯收入达到 9892 元，扣除价格因素实际增长 9.2%，高出 GDP 实际增速 1.8 个百分点。邓小平提出的“让一部分人先富起来，先富带动后富”思想，在改革开放之初起到了积极的作用，实现了一部分人的富裕。但经济发展也导致农村社会收入差距的不断扩大。然而新常态下，我国农村居民收入差距的发展具有怎样的趋势呢？我国东、中、西部地区的农村居民收入差距是否存在差异？近些年随着我国城市化进程的加快，农户家庭收入结构也发生了较大变化。农户家庭的收入构成中哪些因素导致了农村居民收入差距的进一步扩大？

（一）农村居民收入差距走势和地区差异

1. 目前我国农村居民收入差距的走势

以往关于农村居民收入差距的研究从不同角度论述了我国农村居民收入差距的程度和影响农村居民收入差距的诸多重要因素，为解决我国不断扩大的农村居民收入差距问题提供了重要参考。新常态下，我国农村居民收入差距的发展具有怎样的趋势呢？基于近年来我国省级面板数据，本研究测算了 1997—2013 年我国农村居民收入差距，用以反映我国农村居民收入差距的新趋势。

（1）农村居民收入与收入差距指标的确定

农村居民的收入通常被分为总收入和纯收入。农村居民总收入是指农村居民全年从各种收入来源中获得的全部实际收入。农村居民纯收入则是指从农村居民总收入中相应地扣除所发生的费用后的收入总和。由于我国各个地区之间存在较大差异，获取同等收入产生的费用存在差异，本研究认为使用“农村居民人均纯收入”指标能够更好地反映不同地区农村居民真正可以支配的收入，并可

[1] 岳希明, 李实, 关于基尼系数争论的回顾［EB/OL］. 财新网, 2013.

以体现农户可以进行扩大再生产和改善生活的能力。因此，本研究选用农村居民家庭人均纯收入作为评价地区间农村居民收入水平差异的指标。

反映农村居民收入差距的指标多种多样，本研究拟采用以往文献中普遍采用的基尼系数和泰尔指数同时测算我国农村居民收入差距。

基尼系数作为采用最广泛的衡量居民收入分配不均等程度的相对统计量指标，取值范围在 0~1。基尼系数值越小，则表明收入差距越小，反之则越大。通常认为：$G < 0.2$ 表示收入分配高度平均，$0.2 < G < 0.3$ 表示收入分配相对平均，$0.3 < G < 0.4$ 表示收入分配比较合理，0.4 为收入分配差距的警戒线，表示收入差距两极分化。

以往基尼系数的计算方法大体上可以划分为两种，一种是根据洛仑兹曲线图中的面积直观表述的基尼系数，这种几何方法比较直观、并不具有实际的计算可操作性；另一种是根据数据计算测定，这种计算测定的方法目前有很多种，基于现有的计算公式，并结合农村居民收入区域差距研究需要，我们采取不分组计算法对基尼系数进行测定，计算方法如下：

第一，将区域内不同省份按照农村居民人均收入水平 Y_i（$i=1,2,3,\cdots,n$）从低到高排序：$Y=\left(Y_1,Y_2,\cdots,Y_n\right)$，其中 $Y_1 \leqslant Y_2 \leqslant \cdots \leqslant Y_n$；

第二，分别计算出各省人均农民纯收入占该区域人均农民纯收入总和的比重：$R_k<0$，其中 y_i 为所占比重，Y_i 为第 i 个省份农民人均纯收入，Y 为区域人均纯收入总和，$Y=\sum_{i=1}^{n} Y_i$；

第三，基尼系数的计算公式为：

$$Gini = aU_y - b$$

其中，$Gini$ 为基尼系数，$a=2/n$，$b=\left(n+1\right)/n$，n 为省份的个数，$U_y=\sum_{i=1}^{n} c_i y_i$，$c_i$ 为收入等级数，$c_1=1, c_2=2, \cdots, c_n=n$，$y_i$ 为第 i 个省份人均农民纯收入占该区域人均农民纯收入总和的比重。

泰尔指数经常被用于分析地区间收入差异情况，既可以分析区域内农村居民收入差异的总体情况，又可以分析区域间和区域内农村居民收入差距的变化情况，以及不同区域收入差距对农村总体收入差距中的贡献程度。泰尔指数表示的区域收入差距总水平等于各省份的收入份额与人口份额比的对数的加权总和，权数是各省份的收入份额，泰尔指数的计算公式为：

$$Theil = \sum_{i=1}^{n} Y_i \log \frac{Y_i}{P_i}$$

其中，为泰尔指数，n 为省份数，为第 i 个省份人均农民收入占整个区域人均农民收入的份额，P_i 为第 i 个省份人口占整个考察区域的份额。$Theil$ 值越大表明收入区域差异越大，相反则越小。泰尔指数通过每一单位收入除以平均收入值反映变异性，消除了通货膨胀因素对居民收入差异的影响，且具有等价尺度独立性，即每单位农村居民收入均按照同比例变化时，泰尔指数值不变。此外，泰尔指数具有较好的分解性，对组内和组外分解分析较为方便，但泰尔指数计算相对复杂、且计算结果的准确性受样本容量影响较大。

（2）近年来我国农村居民收入差距走势

基于《中国统计年鉴》1994—2013 年的我国省级农村居民收入数据，我们测算了收入经 CPI 调整前后的反映农村居民收入差距的基尼系数（*Gini*）和泰尔指数（*Theil*）请参见图 18-12 和图 18-13。需要说明的是由于直辖市没有农村单独的 CPI，本研究计算的反映农村居民收入差距的基尼系数和泰尔指数均不包括直辖市的数据。1994—1996 年，计算基尼系数和泰尔指数时将重庆包含在四川的数据中。

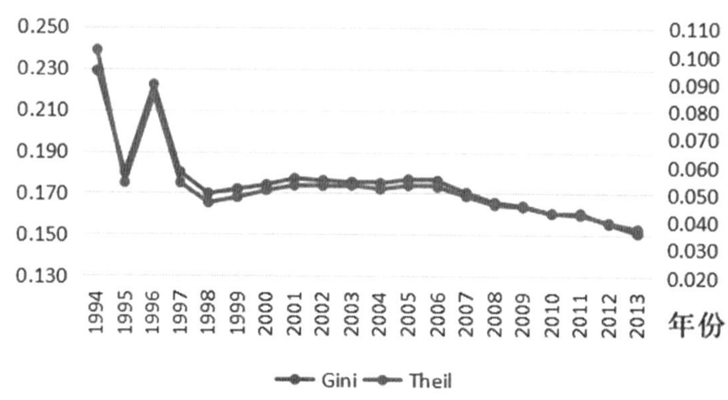

图 18-12　收入未经 CPI 调整的农村居民收入差距（1994—2013）

从图 18-12 可见，农户人均纯收入未经 CPI 调整之前，全国总体的农村居民收入差距在 1994—2013 年大致出现逐步下降的趋势。基尼系数和泰尔指数的走势基本一致。1996—1998 年，基尼系数和泰尔指数骤降，表明农村地区收入差距下降。1998 年之后，收入差距先表现为先上升、后下降的趋势。1998—2006 年，我国农村居民收入差距持续走高。2006 年之后，农村居民收入差距缩小，农村社会的收入不平等现象缓和。

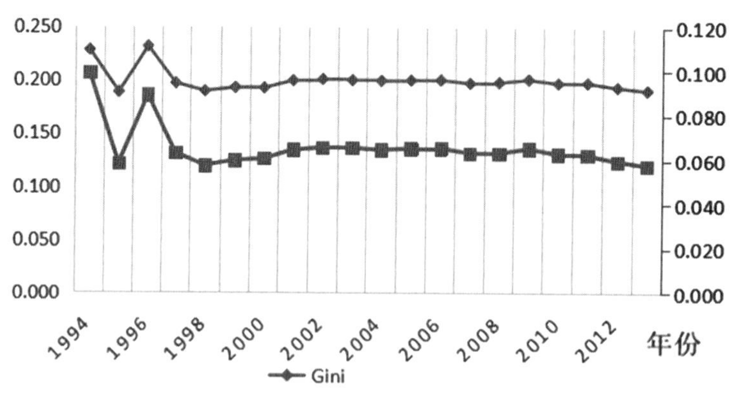

图 18-13　收入经 CPI 调整后的农村居民收入差距（1994—2013）

图 18-13 反映了人均农民纯收入经 CPI 调整后计算的基尼系数和泰尔指数在 1994—2013 年的走势。收入调整后的基尼系数和泰尔指数相比收入调节前的收入差距程度都略有上升，但收入差距的总体走势更加清晰。1997—2013 年我国农村居民收入差距呈现出轻微的倒“U”形走势。2009 年后，全国范围内的农村居民收入差距下降趋势明显。截止到 2013 年年底，基尼系数和泰尔指数分别为 0.191 和 0.058，基本与 1998 年的基尼系数和泰尔指数持平。

2. 不同地区农村居民收入差距的变化

农村居民收入差距的区域性差异反映了不同区域农村居民的生活水平和收入情况，体现了区域农村经济的发展。为进一步分析不同区域内农村居民收入差距的走势，我们按照我国经济发展的东部、中部和西部三大区域分别计算各地区内的基尼系数和泰尔指数（人均农民收入经 CPI 调整后）来反映区域内的农民收入差距的走势（请参见图 18-14，图 18-15 和图 18-16）。东部地区包括河北、辽宁、江苏、浙江、福建、山东、广东和海南；中部地区包括山西、吉林、黑龙江、安徽、江西、河南、湖北和湖南；西部地区包括内蒙古、广西、四川、贵州、云南、西藏、陕西、甘肃、青海和宁夏。

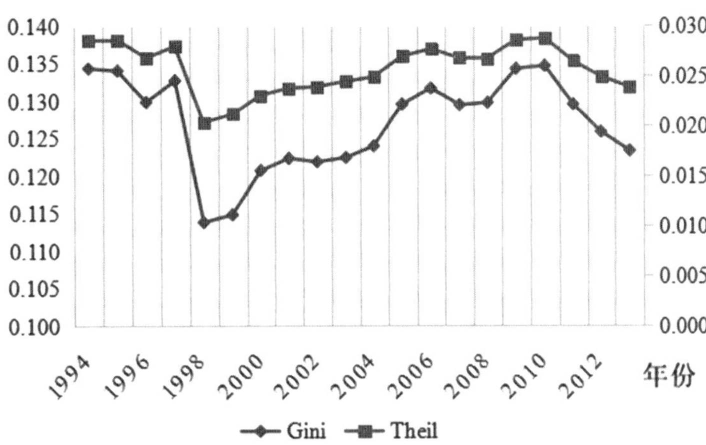

图 18–14　我国东部地区农村居民收入差距走势（收入经 CPI 调整）

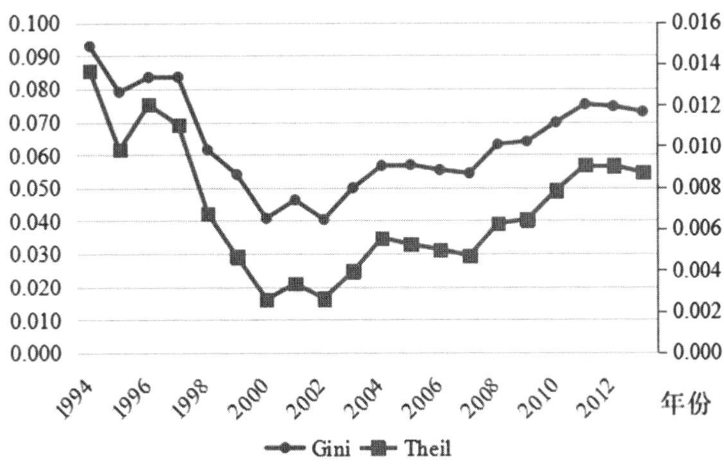

图 18–15　我国中部地区农村居民收入差距走势（收入经 CPI 调整）

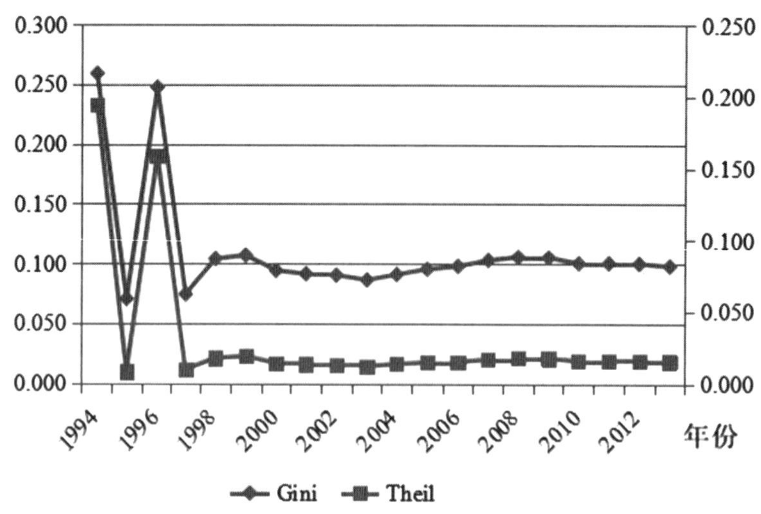

图 18-16　我国西部地区农村居民收入差距走势（收入经 CPI 调整）

比较我国东部、中部和西部地区的农民收入差距走势，可以看出：

第一，我国东部地区各省份之间的农村居民收入差距在 1994—2013 年，平均的基尼系数为 0.127，泰尔指数为 0.026。农村居民收入差距走势大致表现为下降—上升—再下降的走势。

第二，中部地区各省份之间的农村居民收入差距在 1994—2013 年间，平均的基尼系数为 0.064，泰尔指数为 0.007，远远低于东部地区的农村居民收入差距。中部地区各省农村居民收入差距的走势与东部地区差异较大，1997—2002 年，中部地区农村居民收入差距有一个下降的过程，2002—2013 年间，中部地区农村居民收入差距经历了上升—下降—再上升—再下降的过程。

第三，我国西部地区各省份之间的农村居民收入差距在 1994—2013 年，平均的基尼系数为 0.111，泰尔指数为 0.031，西部各省份之间的农村居民收入差距程度介于东部和中部之间。西部地区各省份间的农村居民收入差距 1994—1997 年经历了跌宕起伏的过程后，自 1998 年之后，西部地区的农村居民收入差距发展处于长期平稳的状态。

（二）农村居民收入差距的来源分解

随着我国农村居民收入水平的不断提高，农村居民的收入结构也发生了较大变化。由于农村居民收入中的各个组成部分对农村居民收入差距的影响不同，把握农户不同类型收入来源的变化对总体农村居民收入差距的影响对于政府出台相应的政策减少农村居民收入差距将提供重要参考。

1. 农村居民人均纯收入及构成情况

从 1993 年以后，《中国统计年鉴》开始对农村居民和城市居民的“人均转移性收入”进行统计，因此，实证研究使用的分省农村居民人均纯收入数据及分项收入数据来自国家统计局 1994—2013 年《中国统计年鉴》，参考《中国统计年鉴》对农村居民收入来源的分类，将农村居民人均纯收入划分为工资性收入、家庭经营纯收入、转移性收入和财产性收入四类。

表 18-8 列出了 1994—2013 年中国各地区农村居民人均纯收入和分项收入的均值以及构成比重变化情况。显然，家庭经营收入仍然是我国农村居民人均纯收入最重要的组成部分。但过去 20 年中，我国农村家庭经营纯收入在家庭总纯收入的比重持续下降，家庭经营纯收入从 1994 年的 67.79% 下降到 2013 年的 38.93%，下降了近 30 个百分点。同时，工资性收入占人均纯收入的比重迅速增加，绝对值从 1994 年的 337.96 元增加到 2013 年的 4444.34 元，占农村居民人均纯收入份额也从 1994 年

的 25.66% 增加到 2013 年的 46.59%。同时，转移性收入所占相对比重也有明显提高，从 1994 年的 3.80% 先下降到 1999 年的 1.44%，然后又增加到 2013 年的 10.45%。财产性收入所占总收入比重则呈现平稳渐增趋势，财产性收入波动过去 20 年中比较平稳。从表 18-8 还可看出，工资性收入份额的不断增加与家庭经营性收入在农村居民收入中所占份额的降低呈现对称变化，这表明工资性收入已经成为农村居民人均纯收入构成中最重要的收入来源。

表 18–8　我国农村居民人均纯收入及构成

年份	农村居民人均纯收入构成				
	纯收入(元)	工资性收入（%）	家庭经营纯收入（%）	转移性收入（%）	财产性收入（%）
1994	1317.081	25.660	67.790	3.800	2.520
1995	1680.605	26.460	66.960	3.600	2.990
1996	2031.192	27.420	66.570	3.540	2.470
1997	2188.781	29.220	65.740	3.730	1.300
1998	2301.434	30.570	63.700	1.580	4.140
1999	2340.669	33.030	61.080	1.440	4.460
2000	2400.595	35.850	58.520	3.460	2.170
2001	2525.465	37.100	56.820	3.920	2.160
2002	2674.759	38.700	54.830	4.140	2.340
2003	2841.139	39.630	53.680	3.900	2.790
2004	3161.400	38.170	54.540	4.360	2.920
2005	3511.549	39.710	51.910	5.090	3.290
2006	3871.046	41.360	49.430	5.880	3.330
2007	4443.526	41.130	48.890	6.300	3.680
2008	5090.645	41.270	47.090	7.710	3.930
2009	5513.405	42.160	44.990	8.940	3.910
2010	6326.766	42.960	44.070	8.970	4.000
2011	7480.230	44.300	42.270	9.400	4.030
2012	8495.287	45.150	40.860	10.070	3.920
2013	9539.421	46.590	38.930	10.450	4.040

资料来源：历年《中国统计年鉴》。

2. 农村居民收入差距的收入来源分解

衡量收入差距最常用到的指标是基尼系数。假设总收入（ $x=\sum_{i=1}^{k}x_i$ ）由 k 个部分构成（ $x_1,x_2,\cdots,x_k$ ），F 为总收入的累积分布函数，F_k 为收入来源 k 的累计分布函数，同时 x_k 与 F_k 相对应。已知总收入，利用协方差的性质推导出常规的基尼系数计算公式为：

$$G=\frac{2\times\sum_{k=1}^{k}\operatorname{cov}\left(x_k,F\right)}{m}$$

其中，m 为总收入的平均值，$\operatorname{cov}(x_k,F)$ 为某项收入来源 k 与总收入累计分布的协方差。为了进一步分析各项收入组成部分（ x_k ）对总收入基尼系数（ G ）的贡献，Lerman 和 Yitzhaki（1985）将某项收入来源对总收入不平等的贡献分解为三个因素：该项收入来源的相对规模（S_k）、该项收入来源自身的不平等（G_k）和该项收入来源与总收入分布的相关关系（R_k）。其中，R_k是决定某项收入来源k是否可以降低农村居民收入差距以及程度如何的关键因素。

Lerman & Yitzhaki（1985）对基尼系数的分解如下：

$$G=\sum_{k=1}^{k}\left[\frac{\operatorname{cov}(x_k,F)}{\operatorname{cov}(x_k,F_k)}\cdot\frac{2\operatorname{cov}(x_k,F_k)}{m_k}\cdot\frac{m_k}{m}\right]=\sum_{k=1}^{k}R_k\cdot G_k\cdot S_k$$

其中，R_k（$=\dfrac{\operatorname{cov}(x_k,F)}{\operatorname{cov}(x_k,F_k)}$）表示某项收入来源$k$与总收入的基尼相关系数，且$R_k\in[-1,1]$。当$R_k>0$时，说明该收入来源k的增加将会引起农村居民收入差距的增加，并且R_k越趋近于1，这种促进收入差距增加的作用越强；相反，当$R_k<0$时，则该收入来源k的增加会引起收入差距的减少，且R_k越趋近于-1，其降低收入差距的作用越强；如果R_k趋向于0，说明该收入来源k基本没有变化，这时该收入来源k占总收入的比重越大，越利于消除差距。G_k ($=\dfrac{2\operatorname{cov}(x_k,F_k)}{m_k}$) 为收入来源$k$自身的基尼系数，$S_k$ ($=\dfrac{m_k}{m}$) 为收入来源k在总收入中的比重。

某项收入来源k作为总体收入的一部分对总体不平等的基尼系数的贡献可以表示为：

$$I_k=\frac{R_k\cdot G_k\cdot S_k}{G}$$

进一步假设为对某项收入来源k所征收的税率，对求导，可以得到：

$$E_k=\frac{\partial G/\partial e_k}{G}=\frac{R_k\cdot G_k\cdot S_k}{G}-S_k=I_k-S_k$$

即为征税后收入来源k的变动对总体基尼系数的边际效应，称之为“不平等弹性”(Rozelle,1994)。不平等弹性 (E_k) 可用来分析税收变化的分配效应。当$E_k>0$时，说明对某一收入来源k进行征税将会减少整体的不平等程度；当$E_k<0$时，意味着对某一收入来源k进行征税将会增加整体的不平等程度。补贴与税收的作用正好相反，即$E_k>0$时补贴扩大不平等程度，$E_k<0$则补贴减少不平等程度。

基于省级平均的农村居民人均纯收入数据，应用Lerman & Yitzhaki（1985）分解基尼系数的方法，将农村居民收入差距（按照省级人均纯收入计算的）依据不同的收入来源进行分解后，得到以下结果：

第一，农村居民各项收入来源内部不平等程度

基尼系数（G）分解后的第一个不平等因素为各项收入来源（k）自身内部的不平等（G_k）。1994—2013年农村居民的主要四类收入来源的基尼系数走势见图18-17。

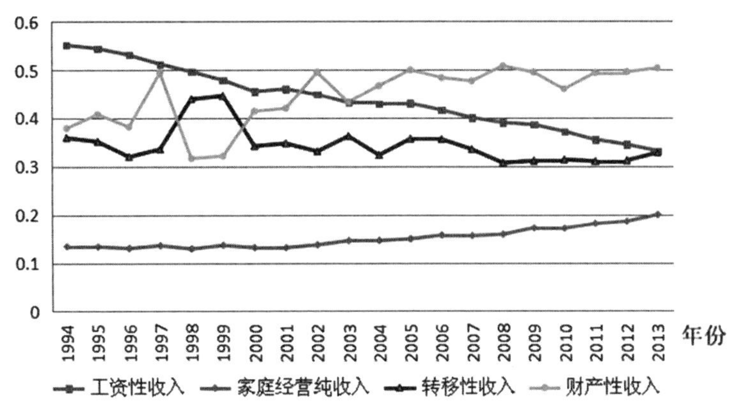

图 18-17　各种收入来源内部的基尼系数

由图 18-17 可以看出：1994 年农村居民的工资性收入在四类主要收入来源中自身的基尼系数最大。随着时间的推移，工资性收入的基尼系数持续降低，到 2013 年已经低于财产性收入的基尼系数，与转移性收入的基尼系数持平，这一定程度上反映了我国工资性收入的分配合理化。家庭经营纯收入的基尼系数较为平稳，近 20 年以来一直保持在 0.1~0.2，与其他收入来源相比，这部分收入的差距较小，不平等程度较低，但有轻微的上升趋势。转移性收入的基尼系数基本保持在 0.3~0.4，1998 年和 1999 年超过了 0.4，近年来的走势较为平稳，并无明显的上升或下降趋势。财产性收入的基尼系数在 1996—1998 年波动较大，近 10 年来一直处于较高的水平，2013 年达到了 0.504，不平等程度超过了其他三种收入来源。

第二，各项收入来源与人均纯收入的相关关系分析

相关系数（R_k）表示收入来源 k 与农村居民人均纯收入分布的相关关系，是决定某项收入来源 k 是否具有均等化效应以及程度如何的关键因素。R_k 为正说明收入来源 k 与人均纯收入分布有正的相关性，R_k 越大表明随着该项收入的增加，人均纯收入的非均等性越高（参见图 18-18）。

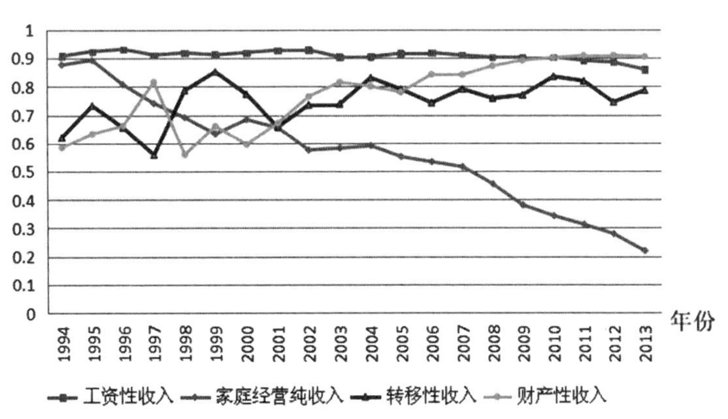

图 18-18　各项收入来源与人均纯收入的相关关系

由图 18-18 可知，长期以来，农村居民的工资性收入与人均纯收入的相关关系较强，持续处于 0.9~1，自 2011 年起略有降低，但也在 0.8 以上。家庭经营纯收入与人均纯收入的相关关系持续降低，从 1994 年的 0.877 降至 2013 年的 0.219，成为与人均纯收入相关关系最弱的收入来源。转移性收入与人均纯收入的相关性在 2000 年前波动较大，总体上处于较高水平，近 10 年来趋于平稳，在

0.8上下浮动，表明农村居民转移性收入与人均纯收入有较强的相关性。农村居民财产性收入与总收入的相关性总体上处于上升趋势，目前已经超过工资性收入成为与人均纯收入相关性最高的收入来源，因此，财产性收入的差距过大会显著影响到人均纯收入的分配差距，必须针对这部分收入采取相应的措施促进分配的公平性。

第三，各项收入来源对收入差距的贡献度

贡献度（I_k）为收入来源k作为总体收入的一部分对农村居民收入差距（基尼系数G）的贡献，反映了该项收入来源对农村居民收入差距的综合效果。贡献度的作用机制包括该收入来源自身的不平等（G_k），该收入来源与人均纯收入的相关性（R_k）及该收入来源占总收入的份额（S_k）。I_k越大表示该收入来源对收入差距的贡献度越大。图18-19描绘了各项收入来源对农村居民收入差距的贡献度。

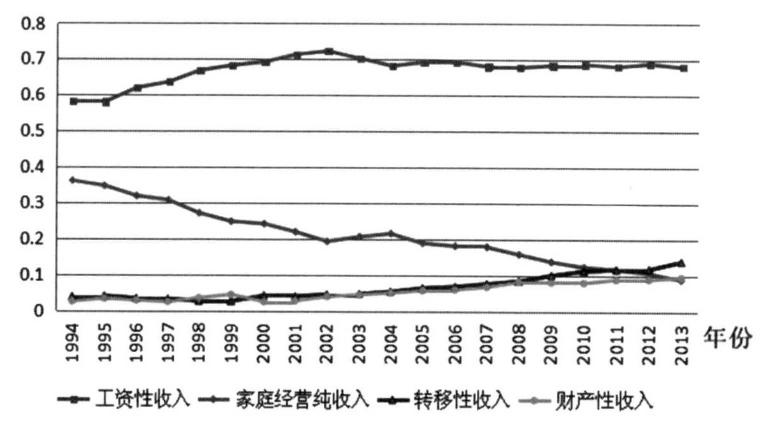

图18–19　不同收入来源对收入差距的贡献度

图18-19显示：1994—2013年农村居民工资性收入对收入不平等的贡献度并没有随着它在农民人均纯收入比重的增加而出现上升的趋势，2002年后工资性收入的贡献度微弱减小，之后趋于平稳，表明工资性收入对不平等的贡献既取决于其比重的增加而产生收入差距的扩大，又取决于其自身基尼系数的下降而产生收入差距的缩小。家庭经营性收入对农村居民收入差距的贡献度持续下降，从1994年的0.361下降为2013年的0.088，这是由于家庭经营性收入占人均纯收入的比重和与人均纯收入的相关关系都在不断下降，虽然自身基尼系数略有上升，但并没有抵消这种下降的趋势。财产性和转移性收入对农村居民收入差距的贡献比较小，尚未成为影响农村居民收入差距形成的主导因素，但近年出现了稳步的上升趋势，这取决于占收入比重的不断增加、自身基尼系数的不断扩大以及与人均纯收入之间相关性的增加。

第四，各项收入来源影响农村居民收入差距的弹性分析

各项收入来源对农村居民收入差距（人均纯收入不平等程度）的影响效果通过不平等弹性(E_k)来度量。将不平等弹性的概念用税收和补贴的方法来解释有利于政策分析的进行，收入差距（收入不平等）弹性也可以解释为该项收入来源增加1%导致的人均纯收入基尼系数变化的百分比。E_k为正表示增加该项收入会增强不平等程度，E_k为负表示增加该项收入会减弱不平等程度，$|E_k|$越大表明1%的收入来源k的增加对人均纯收入不平等程度的作用越大。图18-20为各项收入来源的不平等弹性。

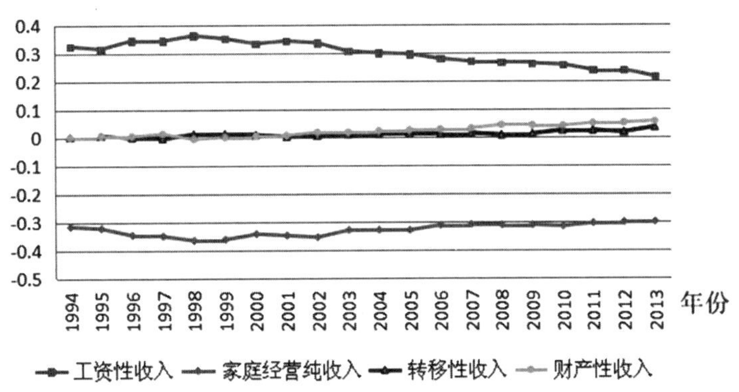

图 18–20　各项收入来源的不平等弹性

图 18-20 表明：农村居民各项收入来源的不平等弹性在过去的 20 年中都较为稳定。工资性收入在四种收入来源中不平等弹性最大，对收入差距的影响也最强。然而，自 2002 年起工资性收入的不平等弹性持续降低，2013 年，工资性收入的不平等弹性为 0.214，表明工资性收入每增加一个百分点，会导致农村居民收入差距的基尼系数增加 21.4%。家庭经营纯收入的不平等弹性一直为负值，波动较小，始终处于 –0.4 到 –0.3 之间，表明家庭经营纯收入的增加实质上会缩小农村居民收入差距，家庭经营纯收入在收入差距中起到重要的均衡作用。转移性收入和财产性收入的不平等弹性几乎为 0，近几年有轻度上升趋势，目前对农村居民收入差距的影响效果并不明显。

总的来说，我国农村居民的家庭经营收入在农村居民收入差距中起均衡作用。尽管家庭经营性收入在农民收入构成中的比重不断下降，但它仍然占近 40% 的份额，是农村居民收入最重要的来源之一。从 1994—2013 年我国农村居民各项收入来源不平等弹性来看，工资性收入、财产性收入和转移性收入的不平等弹性均大于 0，表明给定其他因素，增加这三项收入来源对农村居民收入差距具有拉大差距的作用。同时，家庭经营收入的不平等弹性小于 0，说明家庭经营收入对缩小农村居民收入差距起到重要作用。从 2002 年以来的情况看，虽然家庭经营收入的基尼系数集中度均小于 0，但呈逐步提高的趋势，由 2001 年的 –0.355 提高到了 2013 年的 –0.302，说明家庭经营收入在均衡收入方面的作用在降低，这主要是相对于其他三项收入来源增长速度过慢造成的。因此，多方面积极支持落后地区发展家庭经营，普遍提高农村居民家庭经营增收的能力，促进家庭经营收入增长，将对缩小我国农村居民收入的差距起到积极作用。

截止到 2013 年，农村居民工资性收入在农村居民收入中的比重为 46.6% 左右，但其对农村居民收入差距的贡献率却达到 68.0% 以上，是影响农村居民收入差距最重要的因素。尽管工资性收入在总收入中的比重逐年上升，但其对收入差距的贡献率和自身的基尼系数逐年下降，说明了工资性收入对收入差距变化的贡献既取决于自身比重增加引起的收入差距的扩大，又取决于其自身基尼系数下降产生的收入差距的缩小。只要自身基尼系数下降的影响大于其比重增加的影响，就会使整体差距缩小。因此，促进农村欠发达地区人口流动增加、推进城市化和工业化的进程、迅速发展农村工业，促使这些地区农民的工资性收入迅速增长是缩小农民收入差距的重要举措。此外，近年来农村居民的转移性收入大幅提高，外出务工劳动力的增加，引起来自转让土地承包经营权的财产性收入增加，使转移性收入和财产性收入从一定程度上在扩大收入不平等、拉大差距方面的作用日益增强。但是，随着国家对落后地区的财政转移和公共服务设施建设投资的不断增加，将会有效缩小转移性收入和财产性收入对农村居民收入差距的影响程度。

三、农村居民收入差距的主要影响因素研究

目前很多文献基于微观数据对我国农村居民收入差距的影响因素进行了广泛分析。然而，哪些因素对地区性农村居民收入差距产生了显著影响？本研究基于我国近些年的区域面板数据分析影响地区区域收入差距的主要因素。

（一）数据来源及描述

实证研究数据来源于中经网统计数据库。选取 1994—2013 年除去北京、天津、上海、重庆四个直辖市以外 27 个省区的农村居民人均纯收入、经济增长率、转移支付金额、农业固定资产投资等数据，进行农村居民收入差距的影响因素分析。分析中略去北京、天津、上海和重庆是因为《中国统计年鉴》没有统计这四个直辖市的农业固定资产投资。

根据经济划分的东、中、西三个地区，每个地区的基尼系数与泰尔指数通过地区所包含省份的农村人均纯收入计算得出（收入经过 CPI 调整）。其他的经济指标通过计算地区内各省分该项指标的算术平均数求得。其中，吉林、黑龙江、浙江、山东、湖北、湖南、广西、四川、贵州、甘肃的农户投资可得数据开始于 1999 年，在计算 1994 年至 1998 年各部分平均农户投资时未包含。城市化率和农村居民受教育程度根据《中国统计年鉴》和《新中国六十年统计资料汇编》整理得到，回归变量的统计描述见表 18-9。

表 18-9　变量定义与描述

变量	定义	平均值	标准差	最小值	最大值
基尼系数	使用各省农村居民人均纯收入计算的我东、中、西三大区域的基尼系数	0.090	0.046	0.028	0.261
泰尔指数	使用各省农村居民人均纯收入计算的我国东、中、西三大区域的泰尔指数	0.019	0.032	0.001	0.201
教育程度	根据《中国统计年鉴》中各地区按受教育程度分的人口，按照小学6年、初中9年、高中12年、中专以上16年计算三大区域人均受教育年限（单位：年）	7.644	0.897	5.741	9.223
转移支付	参照各省的地方公共财政支出减去收入的差值估算出各省份转移支付额，根据各省份转移支付额分别求出东、中、西三大区域的平均转移支付额，并取自然对数［单位：ln（亿元）］	5.682	1.132	3.927	7.670
城市化率	户籍人口中非农人口比率	0.408	0.085	0.267	0.597
投资	根据各省农业固定资产投资额分别计算中、东、西三大区域农业固定资产平均投资额，并取自然对数［单位：ln（亿元）］	4.932	0.777	2.924	6.175
经济增长率	根据统计年鉴中各省的经济增长率，分别计算东、中、西三大区域的平均经济增长率	0.115	0.019	0.076	0.163

资料来源：课题组整理得到。

（二）计量模型分析

采用面板数据模型进行农村居民收入差距的区域影响因素分析，构建模型：

$$y_{i,t} = \alpha + \beta X_{i,t} + \varepsilon_{i,t}$$

被解释变量，$y_{i,t}$ 反映了农村地区性的收入差距，用第 i 个地区第 t 年的基尼系数或泰尔指数表示

（基尼系数和泰尔指数的计算是基于 CPI 调整过的收入计算得到）。$X_{i,t}$ 为影响农村居民收入差距的一系列解释变量，包括地区内农村居民的平均受教育程度、地区转移支付、城镇化水平（城市化率）、地区内农业固定资产投资、地区平均的经济增长率，$\omega_{i,t}$ 为随机扰动项。

使用面板数据模型中的混和普通最小二乘估计（Pooled OLS），固定效应估计（Fixed effect）和随机效应估计（Random effect）同时对模型进行估计，以验证不同因素对地区农村居民收入差距的影响。面板数据模型的实证估计结果请参见表 18-10。

表 18–10 农村居民收入差距的影响因素分析（随机效应、固定效应和最小二乘估计）

	基尼系数			泰尔指数		
变量	随机效应	固定效应	最小二乘	随机效应	固定效应	最小二乘
教育水平	-0.063*** (0.014)	-0.040** (0.019)	-0.063*** (0.014)	-0.018 (0.013)	-0.027 (0.018)	-0.018 (0.013)
转移支付	0.018*** (0.007)	0.009 (0.024)	0.018** (0.007)	0.012** (0.006)	0.028 (0.023)	0.012* (0.006)
城市化率	0.864*** (0.112)	0.641** (0.259)	0.864*** (0.112)	0.443*** (0.102)	0.389 (0.244)	0.443*** (0.102)
农业固定资产投资	-0.050*** (0.017)	-0.040* (0.023)	-0.050*** (0.017)	-0.054*** (0.015)	-0.066*** (0.022)	-0.054*** (0.015)
经济增长率	0.118 (0.206)	0.154 (0.216)	0.118 (0.206)	0.052 (0.189)	-0.002 (0.205)	0.052 (0.189)
常数项	0.363*** (0.050)	0.274*** (0.098)	0.363*** (0.050)	0.171*** (0.046)	0.239** (0.093)	0.171*** (0.046)
观测值	60	60	60	60	60	60
R-squared	—	0.276	0.575	—	0.302	0.374

Standard errors in parentheses, *** $p < 0.01$, ** $p < 0.05$, * $p < 0.1$。

综合分析表 18-10 中随机效应、固定效应和最小二乘估计结果，可得到以下结论。

第一，采用基尼系数反映农村居民收入差距时，固定效应、随机效应和混合最小二乘估计结果都显示出，农村居民受教育水平对基尼系数具有反作用。农民居民平均的受教育程度越高，基尼系数越低，意味着农村居民收入差距缩小。但当使用泰尔指数度量农村居民收入差距时，固定效应和随机效应的估计值不显著，混合最小二乘的估计结果也显著为负，表明提高农村地区平均的受教育程度将有利于降低农村居民收入差距。

第二，转移支付对农村居民收入差距的影响显著为正。表明目前中央对地方政府的转移支付不仅没有降低、反而加大了地区间的农村居民收入差距。我们的研究与黄祖辉、王敏和万广华（2003）研究相一致（他们的研究也发现转移性收入加大了农村居民收入差距）。转移支付对地区农村居民收入差距的正影响可能是由于我国转移支付制度本身的设计。正如官永彬（2011）的研究发现，我国旨在调节地区间财力差距的财力性转移支付未能从根本上实现预期的政策意图，现有的转移支付体系不但不能有效发挥平衡地区之间财力差距的作用，反而拉大了地区间农村居民收入差距的扩大。

第三，不同地区的城市化水平显著地影响农村居民收入差距，地区城市化水平越高，农村居民收入差距越大。这个结果与现有文献中非农收入对农村居民收入差距的正向影响相一致。通常来说，城市化率越高的地区，农户获得非农收入的机会越多。因传统农业所导致的农村居民收入差别不大，非农产业收入是造成农户家庭收入差异的主要原因。当农户更多地依赖非农收入取得收入时，农村居民收入差距也相应扩大。

第四，无论使用基尼系数还是泰尔指数，农业固定资产投资对农村居民收入差距都表现为显著的降低作用。因此，加强农村基础设施建设和增大对农业的投入，都有利于降低农村居民收入差距。

第五，尽管经济增长率对农村居民收入差距的影响为正，但回归系数并不显著。因此经济发展并不必然带来农村居民收入差距先升后降的结果。

四、政策建议

基于1994—2013年我国省级的人均农民纯收入数据，本研究初步估算了过去20年中收入经CPI调整的基尼系数和泰尔指数。在此基础上对农村居民收入差距根据农村居民的主要收入来源进行分解，并进一步分析了影响区域农村居民收入差距的影响因素。根据以上研究，我们提出以下政策建议。

第一，依据省级人均农民纯收入测算的基尼系数和泰尔指数表明，尽管全国的收入差距不断扩大，农村范围内的收入差距自2009年以来出现逐渐下降的趋势，且下降趋势明显。这种收入差距下降的趋势在我国东部、中部和西部地区存在较大差异。这说明政府在处理收入差距问题时，应看到城市与农村的不同。此外，农村居民收入差距在我国东、中、西部走势的差别表明，即使处理农村内部的收入差距问题，也要采取不同的区域政策区别对待。

第二，分析农村居民的主要收入来源，并对农村居民收入差距（基尼系数）依据收入来源进行分解后可以看到：在家庭经营纯收入持续下降的过程中，农村居民的工资性收入、转移性收入和财产性收入不断上升。工资性收入内部的基尼系数持续降低，一定程度上反映了农村工资性收入的分配合理性。而财产性收入内部基尼系数的不断扩大，当财产性收入所占比重较低时，可以不予关注；一旦财产性收入在人均纯收入中的占比提高，需要政府予以关注。农村居民的家庭经营收入自身的基尼系数较低，且农村家庭经营收入在总收入的比重较高，在农村居民收入差距中起到了长期均衡的作用。转移性收入自身的基尼系数较低，尽管近年来转移性收入比例略有提高，也在整体上对农村居民收入差距起调节作用。就各项收入构成对农村居民收入不平等的边际贡献来看，工资性收入对农村居民收入差距的贡献为正。给定其他因素，增加工资性收入在总收入的份额将加大农村居民收入差距。由于家庭经营收入的不平等弹性小于零，继续增加家庭经营收入的比重，将有利于降低农村居民收入差距。

第三，使用面板数据模型，本研究发现提高农村居民的受教育程度和加大农村固定资产投资将有利于缩小区域农村居民收入差距。因此加强农村地区的人力资本投入，加大对农村教育的投入，通过推广农村职业教育及培训，改善中低收入户的就业结构，促进农民提高收入，可以缩小与高收入户的收入。重视农业技术的普及和农业机械化的推广，通过各种途径加大对农民的教育培训，提高农民运用现代农业技术的本领，让更多的农民从农业技术进步中获益。另一方面，应进一步加强对农村地区的基础设施建设和固定资产投资，彻底改善农村地区的道路交通状况，加强农村与大城市的沟通，降低农产品生产与运输成本，创造有利环境，鼓励农户的生产经营活动，促进低收入农户获得更多的非农就业机会。此外，政府还要创新扶贫开发机制，通过多种渠道加大扶贫资金的投入，加强贫困地区的基础设施建设，推动中西部地区的贫困人口尽快脱贫致富。

回归结果显示，我国目前的转移支付与快速的城市化进程促进了区域农村居民收入差距的扩大。这说明旨在调节地区间财力差距的中央政府转移支付未能从根本上实现预期的政策意图，不但不能有效发挥平衡地区差距的作用，我国现存的转移支付体系实质上促进了区域农村居民收入差距的扩大。因此，建议进一步完善中央对地方政府的转移支付体系，财政转移支付必须形成明确的原则、使用方向、操作规则和监督检查制度，否则可能造成资源分配不当和浪费。变革税收返还、各种补助以及专项转移支付等转移支付形式可以适度降低区域间的农村居民收入差距。政府在财政转移支付、投资项目及税收政策等方面加大对中西部农村地区的扶持力度，促进东中西部地区经济的协调发展。此外，在我国快速的城市化进程中，政府应出台相应的对策保证低收入农户向城市转移的过程中，提供充足的就业机会，使农户得到稳定的收入来源。配合城市化进程，建立农村居民的社会保障制度和医疗保障制度，使农村农民的基本利益得到保障。最后，我们的实证研究中，并未发现经济增长对地区间农村居民收入差距具有显著的影响，这与王小鲁、樊纲（2005）的研究结果相一致。我们认为经济发展并不必然带来收入差距先升后降的结果，尤其是对于农村居民收入差距的影响。

第4节 城乡关系视野中的农民收入问题及其发展趋势研究

对于中国这样一个经历了并仍将保持较高速增长却又具有典型的城乡二元结构的经济体而言，农民收入增加既是一个绝对的概念，也是一个与城市居民收入增加相对的概念。研究我国的农民收入问题，既要从农业、农村、农民的自身情况出发，更要跳出“三农”，充分注重城乡关系乃至国际农业关系在其中的重要作用。为了深化新形势下的农民收入问题研究，我们首先考察城乡收入差距，进而分析城市对农村的反哺及其效果，最后总结城乡一体化背景下农民收入的发展趋势。

一、我国的城乡收入差距

城乡差距是影响经济持续增长的一个重大现实问题。西方发达国家的经验表明，消除城乡收入差距是经济发展和城乡一体化的基本要求。美国的城乡居民收入差距，在20世纪70年代至90年代一直在1.28~1.33波动，但到21世纪初，其农业人口的人均可支配是非农人口的1.17倍，即农村居民的人均可支配收入超过了城市居民。与我国土地资源等情况更为相似的日本，在1980年日本的城市化率达到76.2%，城乡一体化基本实现，大部分农村地区居民的收入及生活品质与城市居民趋于一致。

自农村改革以来，我国城镇居民和农村居民的收入一直存在着明显的差距。虽然近几十年来我国经济快速增长、城镇化进程不断提速——GDP从1985年的9039.95亿元增加至2016年的744127亿元、城镇化率从1985年的23.71%增加至2016年的57.35%，但城乡居民的收入差距并没有随之消减，反而有持续扩大的趋势。中国依然是世界上城乡差距最大的国家（约翰逊，2001）。

图 18-21 我国的城镇化率（1980—2016 年）

数据来源：国家统计局.《中国城镇化率历年统计数据（1949年—2016年）》。

从衡量城乡收入差距最直观的指标——城乡居民收入比来看，即使在城乡收入差距最小的 1985 年，城镇居民人均可支配收入也是农村居民人均纯收入的 1.86 倍。尽管 1994—1997 年，我国城乡居民收入比连续三年走低，但是自 2002 年起，城乡居民收入比连续 12 年在 3 以上，2009 年更是达到 3.33 的最高点。这表明期间我国的城乡收入差距不断扩大。不过，近年来，随着各项改革的深化和城乡一体化的推进，我国的城乡居民收入比近年来逐渐降低。2014 年，我国城镇居民人均可支配收入为 28844 元，农村居民纯收入为 9892 元，城乡居民收入水平比再次下降到 3 以下。从图 18-22 呈现出趋势来看，自 2009 年以来，我国城乡居民收入似乎进入了持续缩小的新阶段。

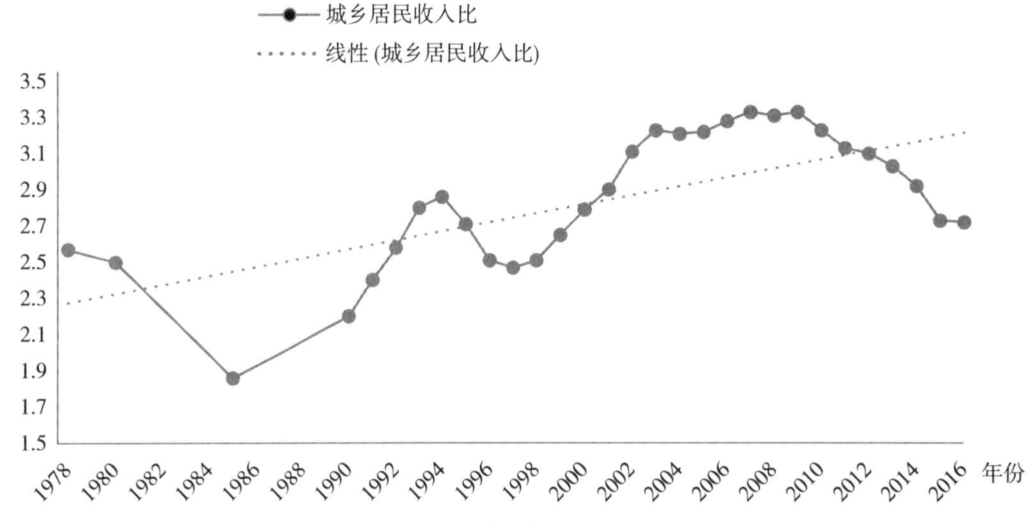

图 18-22 改革开放以来我国城乡居民收入比

数据来源：国家统计局.《中国统计年鉴2015》《新中国60年统计资料汇编》。

从收入的增长速度来看，在“六五”计划期间（1981—1985），农村土地改革释放了农村经济活力，农民的人均纯收入年平均递增 10.9%（按可比价格计算），而城市居民人均可支配收入平均增速只有 4.3%。这一时期，城乡收入差距明显减小。在“七五”计划时期，受货币供给量的大幅增加影响，我国通货膨胀严重。城市物价飞涨影响了城市居民的真实收入，而农村经济的自给性较强，受到的影响较小。农村居民收入增长率高于城市居民。此后的 20 多年间，以可比价格计算的城市居民的可支配收入增长率，一直明显高于农村居民的纯收入增长率。尤其是“十五”计划时期，城市居民可支配收入的增长率比农村居民纯收入的增长率平均快 2.46%。这造成了我国城乡居民的收入差距的持续扩大。不过，“十一五”计划时期，农村居民的收入增长迅速，开始接近城市居民收入增长率。“十二五”计划的前期，农村居民的收入增长速度再次超过城市居民。这种趋势再次表明，我国进入了城乡收入差距缩小的通道。

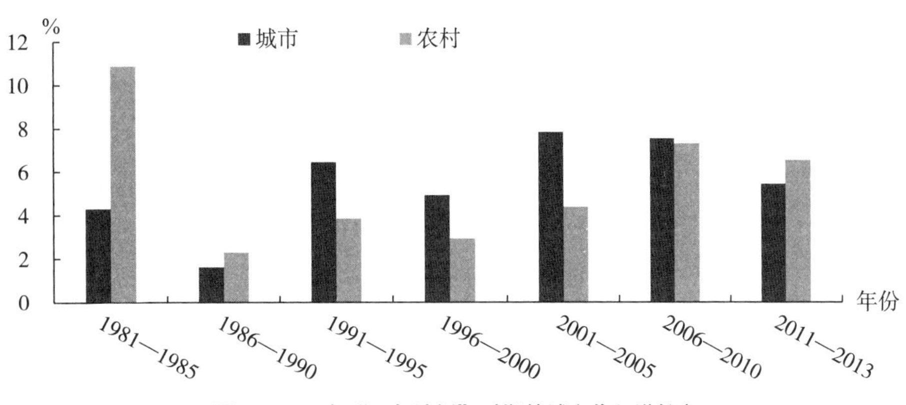

图 18–23　各“五年计划”时期的城乡收入增长率

数据来源：国家统计局.《中国统计年鉴2015》《新中国60年统计资料汇编》。

当然，必须认识到，与城镇居民的可支配收入不同，农村居民的人均纯收入不仅要用于生活支出，还要拿出相当比例作为农业生产的投入，再考虑到城镇居民比农村居民在医疗、住房等方面间接得到的福利性收入补贴，以收入水平及其增长速度比较城镇居民和农村居民的收入，实际上会严重低估城乡收入差距。不过，也应该注意到，目前抽样计算城镇人均可支配收入时，是按照户籍人口而不是常住人口，即没有包括流动人口样本。由于城镇流动人口的收入一般会低于户籍人口，一旦考虑到大量无户籍的城市人口，当前的统计口径也有高估城乡居民收入差距的可能。但无论如何，农民作为一个与城镇居民向对应的社会群体，其人均收入水平、收入增长速度乃至收入的稳定性都与后者存在巨大的反差。

学界普遍认为是市场机制的不完善、国民收入分配的不公平等造成了城乡收入差距。比如，蔡昉等（2006）认为如果产品和要素市场是完善的，资源配置的结果所造成的城乡收入差距就是合理的。但是，如果产品和要素市场受到限制甚至被人为扭曲，那么这种限制或者扭曲的程度和方向都会对城乡收入差距产生巨大影响。就我国农村发展的实际情况而言，工农业产品交换长期存在“剪刀差”，而农村土地市场、金融市场乃至劳动力市场，都受到多种限制，即使农村劳动力向城镇迁移和土地流转也是20世纪的最后几年才开始获得发展。张晓山等（2007）进一步指出，农民收入增加既是生产（效率）问题，更是国民收入分配（公平）问题，因此建立农民增收的长效机制，要着眼于解决城乡分割社会、经济二元结构问题，改变国民经济初次分配和再分配的扭曲状况，建立一个更为公平的国民收入分配体系。

结合我们前期的研究，我国城乡收入差距之所以没有随城镇化而变小，主要有以下四个方面的因素。

一是工农产品价格“剪刀差”汲取了农村的财富。1952—1997年，农民以工农产品价格“剪刀差”的方式为国家工业化提供资金积累12641亿元，平均每年274.8亿元。其中，1978—1997年国家以工农产品价格剪刀差方式从农村抽离资金9152亿元，平均每年457.6亿元。从1993年起剪刀差的相对量（剪刀差与农业创造的所有价值的比值）逐渐下降，1997年降到2.2%，但绝对额仍高达331亿元。一旦考虑到财富增值效应，按8%的复利计算，农民以工农产品“剪刀差”为工业、为城市提供的剩余将增加数倍。国家实行的工业化优先和城市偏向的政策，通过工农产品价格“剪刀差”

将原本就比较落后的农村地区的财富转移向城镇地区，无疑是城乡居民收入差距形成并得以长期保持的重要因素。

二是受户籍制度、劳动力市场等制约，农村进城劳动力获得的工资更低。2004 年中国企业联合会对 1270 个企业调查发现，农村户口的工人主要集中在体力消耗较大、工资水平较低的建筑业（79.8%）、加工制造业（68.2%）等第二产业以及批发和零售业（52.6%）等附加值较低的第三产业。户籍制度极大地妨碍了农民为适应经济增长而进行的劳动力转移（约翰逊，2004）。而且农民工还经常面临“同工不同酬”和工资被拖欠等问题。据国务院研究室 2006 年发布的《中国农民工问题研究总报告》，农民工月平均收入不到城镇职工平均工资的 60%，实际劳动小时工资只相当于城镇职工的 1/4。另据国家统计局 2004 年抽样调查，仍有 10% 的农民工人均被拖欠 7 个月工资。据我们测算，改革开放以来因工资差异而“截留”在城镇的资金量高达 5 万亿元，成为城乡居民收入差距的推手。

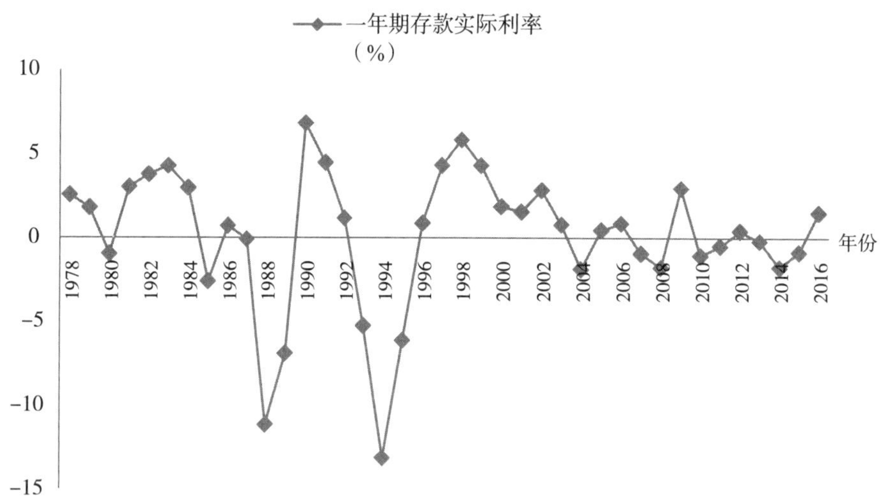

图 18-24 改革开放以来我国银行一年期存款的实际利率

数据来源：实际利率=人民银行公布的一年期名义利率-CPI，如某年利率有调整，则选择年中的利率。居民消费价格指数（CPI）来自《中国统计年鉴2015》，银行一年期存款利率来自中国农业银行官方网站：http://app.abchina.com/historyrateinfo/RMBhistorysaverate.aspx.

三是农村资金长期大量的净流出，以极低利率为城镇发展提供动力。农村资金外流主要有财政渠道和金融机构渠道。据我们测算，1978—2012 年，农村资金通过财政渠道净流出 110269.11 亿元，年均 3150.55 亿元；农村资金通过农村信用社、中国农业银行和邮政储蓄银行等金融机构渠道净流出 66256.89 亿元，年均 1893.05 亿元。国家为了降低国企的融资成本，有意压低了存款利率和贷款利率。我国银行的一年期定期存款在 0 附近（如图 18-24 所示），相当于让本就缺乏发展资金的农村地区免费为城市发展提供资金。与劳动力、技术一样，资本或曰资金是经济增长的重要源泉。以农村的发展为代价，支持工业和城市，这无疑会加大城乡收入差距。

四是农民以低廉的价格为城市提供土地。据我们估计，1987—2007 年的 30 年间，农民通过放弃土地为城市或者说国家做出的资本贡献，约为 44235 亿元。2011 年和 2012 年，征地总费用和国有土地出让金的差额分别在 27128.15 亿元和 23902.59 亿元，远高于 2003 年的 3752.94 亿元。根据当前的国家征地补偿标准，被征地农民的补贴仍然很低，他们拿到的只是土地在农业用途上的价格，有时甚至拿不到最低标准的补偿，土地改变用途而发生的增值并没有流入农民的口袋。如果考虑土地从农民手里流到政府手里，再从政府流到开发商的整个过程，土地收益增长了几十倍甚至上百倍，而农民却将这部分增值收益几乎全部留给了城市，留给了国家。实际上，进城的农民工还需要高价从开发商手里购买或者从城市居民手中租用房屋。因土地征用造成的城乡收入差距将会更加明显。

此外，教育、医疗、养老保障等方面的差异，也会加大城乡收入差距，但其影响力度较小，故不做详细分析。

二、城市对农村的“反哺”及其效果

新时期以来，随着我国工业自身积累和发展能力不断增强，考虑到在工业优先、城市偏向政策下农业的巨大贡献以及城乡差距的持续扩大，中央充分借鉴和反思国内外发展经验，逐渐形成了“工业反哺农业、城市支持农村”的大政方针。2002 年，党的十六大首次提出了“要统筹城乡经济社会发展”。2003 年十六届三中进一步提出了“五个统筹”的改革发展要求。在 2003 年年底召开的中央农村工作会议上，胡锦涛同志在讲话中首次明确提出“要坚持多予、少取、放活的方针，采取综合措施，努力增加农民收入”。“多予、少取、放活”作为统筹城乡关系的重要方针，进入 2004 年中央一号文件。2004 年 9 月，在十六届四中全会上，胡锦涛同志深刻阐述了“两个趋向”的重要论断，即“在工业化初始阶段，农业支持工业、为工业提供积累是带有普遍性的趋向；但在工业化达到相当程度以后，工业反哺农业、城市支持农村，实现工业与农业、城市与农村协调发展，也是带有普遍性的趋向”。在 2004 年 12 月的中央经济工作会议上，胡锦涛同志进一步提出我国现在总体上已到了以工促农、以城带乡的发展阶段的重大判断。此后，合理调整国民收入分配格局，实行“工业反哺农业、城市支持农村”成为新阶段处理我国工农关系和城乡关系、促进农村经济社会全面发展的重要指导方针。

在统筹城乡经济社会发展，坚持“工业反哺农业、城市支持农村”方针的发展思路下，近年来，国家通过一系列支农惠农强农的政策，逐步加大农业领域的国家财政资金投入，不断改善农业生产条件，实现了粮食产量的连续增长和农民收入的持续增加，进而有效扭转了城乡收入差距扩大的趋势。

表 18–11 历年国家财政支农资金及其结构表

单位：亿元

年份	财政用于农业的总支出	占财政支出的比重(%)	农业生产支出和各项农业事业费	基本建设支出	农业科技三项费用	农业救济费
1978	150.66	13.43	76.95	51.14	1.06	6.88
1980	149.95	12.2	82.12	48.59	1.31	7.26
1985	153.62	7.66	101.04	37.73	1.95	12.9
1989	265.94	9.42	197.12	50.64	2.48	15.7
1990	307.84	9.98	221.76	66.71	3.11	16.26
1991	347.57	10.26	243.55	75.49	2.93	25.6
1992	376.02	10.05	269.04	85	3	18.98
1993	440.45	9.49	323.42	95	3	19.03
1994	532.98	9.2	399.7	107	3	23.28
1995	574.93	8.43	430.22	110	3	31.71
1996	700.43	8.82	510.07	141.51	4.94	43.91
1997	766.39	8.3	560.77	159.78	5.48	40.36

续表

年份	财政用于农业的总支出	占财政支出的比重(%)	农业生产支出和各项农业事业费	基本建设支出	农业科技三项费用	农业救济费
1998	1154.76	10.69	626.02	460.7	9.14	58.9
1999	1085.76	8.23	677.46	357	9.13	42.17
2000	1231.54	7.75	766.89	414.46	9.78	40.41
2001	1456.73	7.71	917.96	480.81	10.28	47.68
2002	1580.76	7.17	1102.7	423.8	9.88	44.38
2003	1754.45	7.12	1134.86	527.36	12.43	79.8
2004	2337.63	9.67	1693.79	542.36	15.61	85.87
2005	2450.31	7.22	1792.4	512.63	19.9	125.38
2006	3172.97	7.85	2161.35	504.28	21.42	182.04
2007	4318.3	8.7	1415.8	513.6	1801.7	587.2
2008	5955.5	9.5	2072.8	1030.4	2260.1	592.2
2009	7253.1	9.5	2723.2	1274.5	2679.2	576.2
2010	8579.7	9.5	3350.3	1225.9	3427.3	576.2
2011	10497.7	9.6	4381.5	1406.0	4089.7	620.5
2012	12387.6	9.8	5339.1	1643.0	4785.1	620.5
2013	13349.55	9.52	6051.12	1700.55	5426.83	620.5

数据来源：2007年起，财政支农结构统计口径发生变化,因财政支农资金有其他项目支出，故总支出大于各项支出之和；2006年以前的数据来自《中国统计年鉴（2007）》，2007—2013年的数据来自《中国农村统计年鉴（2014）》。

从表 18-11 可知，总体来看，自 1980 年以来，国家财政用于农业的总支出持续增加，至 2013 年已经增加为 13349.55 亿元。支农资金占国家财政支出的比重也明显增加，从 21 世纪之初的 7.7% 左右，增加为 2013 年的 9.5%。分项来看，统计口径改变后，从 2007 年到 2013 年，除农产品储备费用和利息支出没有太大变化外，农村社会事业发展支出、农业四项补贴、农业生产支出的额度都有了显著增加。当然，不同支出在国家财政支农总支出中的比重有所调整：农村社会事业发展支出的比重从 32.8% 增加为 45.3%；粮食、农资、良种、农机具四项补贴支出的比重从 11.9%，小幅增加到 12.7%；农业生产性支出、农产品储备费用和利息支出占国家支农资金的比重则有所降低。这表明，支持农村社会事业发展已经成为国家财政支农的主要渠道和方式。

为了整体考察城市“反哺”对农民收入变化的影响，借鉴现有文献的研究思路，使用 1978 年以来数据，以农村居民人均纯收入为被解释变量（Y），国家财政支农资金总支出为总体解释变量（X）建立回归模型。对变量数据进行自然对数处理以消除时间序列数据存在的异方差。由于财政支出和农民人均纯收入都以当年价格计算，故可以不考虑通货膨胀因素的影响。为了保证模型的有效性和计量结果的可信性，我们采用 ADF 方法对各变量的数据序列进行平稳性检验。结果显示，滞后 1 期后，财政支农资金（X）和农民人均纯收入（Y）的一阶差分 $\triangle X$ 和 $\triangle Y$ 都在 5% 的置信水平下大于临界值，表明两个变量的一阶差分序列的平稳性良好，均为一阶单整序列，可以对它们进行协整检验，以分析两个变量之间是否存在长期均衡的关系。我们采用“Engle-Granger”两步法对 Y 和 X 进行协整检验。

第一步，使用 Stata 软件将 Y 对 X 进行 OLS 估计，得到如下回归结果（括号内为 t 值及其对应的 p 值）：

$$Y(+1) = 2.800 + 0.682X$$
$$(10.53)\quad(18.66)$$
$$(0.000)\quad(0.000)$$
$$R^2 = 0.931 \quad F = 348.07$$

上式中的括号中的 +1 表示当期的 X 对下一期 Y 的影响（下同），以考虑到国家财政支农资金对农民增收效应的滞后性。计量结果显示，财政支出 X 的 t 值在 1% 的水平下显著，R^2 的值超过 0.9，数据的拟合度较好，且 F 检验也通过了给定的显著性水平，说明国家财政支农资金对农民收入有显著的正向作用。

第二步，对第一步回归得到的残差序列进行单位根检验，结果在 5% 的置信水平下拒绝了存在单位根的原假设，表明残差序列是平稳的，故变量 Y 和 X 的数据序列间有协整性，即二者存在长期稳定的协整关系。

上述结果表明，整体来看，近 30 年来，国家财政支农资金的数量会对农民的人均纯收入产生显著的正向作用。具体而言，（由于所有数据已经取对数）结果意味着财政支农资金每提高 1 个百分点，将会促进农民人均纯收入增加 0.918 个百分点。

假定国家财政支出的增收作用要滞后一期才能显现，即本期财政支农资金对农民下一期的收入产生影响，我们可以通过一个简单的增收系数来考察不同时期国家财政支农资金的增收效果：

该指标表示当期每单位财政支出引发的下一期农民人均纯收入增长情况，系数值越大表明国家财政的增收效果越好，反之，则表明财政支农的增收效果差。1990—2013 年的财政支农的增收系数见表 18-12。

表 18-12　1985—2013 年财政支农支出的增收系数

年份	增收系数	年份	增收系数
1990	0.206	2002	0.696
1991	0.824	2003	1.091
1992	2.144	2004	0.326
1993	1.896	2005	2.116
1994	1.391	2006	0.523
1995	2.805	2007	0.415
1996	0.390	2008	0.218
1997	0.365	2009	0.682
1998	0.044	2010	0.978
1999	-0.326a	2011	0.602
2000	0.373	2012	0.687
2001	0.252	2013	1.442

数据来源：根据《中国统计年鉴2007》《中国农村统计年鉴2014》及国家统计局有关数据计算整理。

由表 18-12 可知，在 20 世纪的最后 10 年间，我国财政支农资金的增收系数波动较大，最大时达到 2.805，最低时为负的 0.326（因 1999 年的国家财政支农资金低于 1998 年）。这表明，这一时期国家尚未形成稳定连续的对农支持政策，财政支农资金安排的随意性较强。新时期以来，随着国家“工业反哺农业、城市支持农村”方针的形成和落实，国家财政的增收效应稳中有升，长期在 1 左右波动，在 2013 年达到了 1.442，为我国农民增收和城乡收入差距缩小发挥了积极作用。

总体考察国家财政支农资金对农民收入的作用，虽然有助于我们理解城市“反哺”对农村发展的重要性，但由于财政支农资金是各项支农资金的加总，仅分析整体的支农效应，会掩盖各支农项目支出的具体作用。如果想进一步分析各具体项目支出对农民收入的作用，还必须针对各项支农支出进行细分。考虑到统计口径的变化，我们先把 2006 年（含）以前的数据分为一组，再把 2007—2013 年的分为一组。故被解释变量仍为农民人均纯收入（Y），解释变量则变为农村社会事业发展支出（X_1）、农业四项补贴（X_2）和农业生产支出（X_3）和解释变量则为农业生产支出和各项农业事业费（M_1）、基本建设支出（M_2）和农业科技三项费用（M_3）。

首先需要检验各细分变量的平稳性。ADF 法检验结果显示，滞后 1 期后，农业生产支出和各项农业事业费（M_1）和基本建设支出（M_2）的一阶差分序列ΔM_1、ΔM_2分别在 5%、10% 的置信水平下通过了平稳性检验，均为一阶单整序列。但农业科技三项费用（M_3）的一阶差分在给定置信水平下未通过平稳性检验，故只能考察 M_1、M_2 和 Y 三个变量间的协整关系。同样采用 E—G 两步法，得到如下估计结果：

$$Y(+1) = 2.390 + 0.886M_1 - 0.103M_2$$

$$(7.04)\quad(5.91)\qquad(-0.68)$$

$$(0.00)\quad(0.00)\qquad(0.51)$$

$$R^2 = 0.925 \quad F = 110.02$$

对回归的残差序列进行单位根检验，发现残差序列是平稳的，因此 Y 与 M_1、M_2 之间存在着稳定的协整关系。

综合上述结果，发现国家财政支农资金不同的支出类别对农民人均纯收入的影响力度和方向都存在很大差异。当期的国家财政支援农村生产支出和各项农业事业的费用支出（M_1）对下一期的农民收入增长有显著的正向作用，其每变动 1%，将会促进农民人均纯收入增加 0.88.6%；当期的农业基本建设支出（M_2）对下一期的农民收入增长有负向作用，不过，这种负向作用很小，且在给定水平下未通过显著性检验；农业科技三项费用支出（M_3）具有很大的不确定性，因而它与农民收入变化之间并不存在长期稳定的关联性。

另外，由于改变统计口径后细分的财政支农只有 2007—2013 年共 7 年的数据，样本太少无法进行协整分析，而且变量间可能存在同期相关性（当期随即误差项与解释变量存在相关性），为了定量分析新的统计口径下各项财政支农支出对农民收入的影响，我们可以使用似不相关回归（SUR）法对数据进行参数估计，求出各变量的反应弹性（罗东、矫健，2014）。设定回归模型如下：

$$Y(+1) = C + C_1X_1 + C_2X_2 + C_3X_3$$

利用 Stata12.0 分析软件的 sureg 命令，对 2007—2014 年我国农村居民人均纯收入与国家财政支农资金中最主要的三部分的数据（考虑到增收效应的滞后性，农农村居民人均纯收入数据为 2008—2014）进行模拟。

$$Y(+1) = 4.128 + 0.357X_1 - 0.200X_2 + 0.399X_3$$

$$(8.06)\quad(1.62)\qquad(-3.55)\qquad(1.67)$$

$$(0.00)\quad(0.10)\qquad(0.00)\qquad(0.09)$$

$$R^2 = 0.998 \quad chi_2 = 4460.1 \quad P=0.000$$

在 10% 的显著性水平下，三个变量的 t 值检验都大于临界值，R_2 达到 0.998，且卡方检验的 P

值小于 0.01，说明模型较好地拟合了样本数据，回归系数具有经济学意义。计量结果表明，国家的农村社会事业发展支出（X_1）会对下一期的农村居民人均纯收入产生正向作用，其增收系数为 0.357，即农村社会事业发展支出每提高 1%，就可以在下一期让农民的人均纯收入提高 0.357%；国家的粮食、农资、良种、农机具四项补贴（X_2）会对下一期农民的人均纯收入提高产生负向作用，四项补贴每提高 1% 会让下一期的人均收入降低 0.2%；国家支持农业生产的支出资金（X_3）会对农村居民下一期的人均纯收入产生正向作用，其增收系数为 0.399，即支持农业生产支出每提高 1%，就会让下一期农民的人均纯收入提高 0.399%。可见，就增收效果而言，不同的财政支农资金的作用方向和作用力度都存在明显差异。

为什么同样是财政支农资金实现城市“反哺”农村，不同的支农方式的农民增收效果会存在如此大的区别，尤其是粮食、农资、良种、农机具四项补贴还会抑制农民增收？理解上述问题，必须把财政支农资金的具体使用方向和当前农村居民收入构成及其增量来源结合起来进行分析。

首先，农村社会事业发展支出的主要目的促进农村教育发展、做好农民合作医疗及低保、五保供养工作，支持农民培训和农村劳动力转移就业等，具有典型的双重政策作用：①通过教育和就业培训提高农村劳动力的素质和竞争力，促进农村劳动力向城市部门转移；②保障农村低水平收入群体的正常生活。显然，无论“促高”，还是“保低”，这部分财政支农资金都可以增加农民的收入。其次，支持农业生产的支出主要用于健全农业服务体系、强化农田水利建设和综合开发、支持中低产田改造、支持地方优势农业发展、提高农业生产组织化程度等。这部分支出可以提高农业生产率、增强农业市场竞争力，因此对农民增收有正向作用不难理解。最后，与上面两种方式不同，粮食、农资、良种、农机具四项补贴，或者是直接向农民发放种粮补贴，或者是让市场想农民提供更廉价、更优质的农资、良种和农机服务，这些措施可以让“种地更容易”，从而提高农民务农的积极性。孤立地从农业农村来看，四项补贴显然有利于提高农民收入，但是一旦考虑到城乡一体化背景下农村居民的收入构成及其增收来源，我们就可能得出截然不同的结论。

以 2013 年上半年为例，农村居民人均纯收入 4817 元，其中家庭经营收入达到 2434 元，同比增长 7.6%；农民人均工资性收入达 1851 元，名义增长 16.8%。可见，尽管家庭经营收入仍然占据农民收入的“半壁江山”（50.5%），但工资性收入对农民增收的贡献率高达 51.8%，才是农民增收的最大动力来源。农业四项补贴让“种地更容易、种粮效益更高”的同时，会提高农民务农的积极性，从而抑制其向城镇和非农产业转移。一旦考虑到工资性收入对农民增收的贡献率高达 51.8%，四项补贴虽然能够增加农民的家庭经营收入，但不利于提高农民的整体收入。这就解释了为何农业四项补贴会对农村居民的人均纯收入有负向作用。

三、城乡一体化背景下农民收入的发展趋势

20 世纪 80 年代末，隔离城乡发展的二元经济社会结构引发了多种社会矛盾，城乡一体化思想逐渐受到重视。针对不断扩大的城乡差距，2002 年，党的十六大提出了“统筹城乡经济社会发展”，并将其作为“全面建设小康社会的重大任务”。十七大报告从农业自身发展和城市支持农村两个角度出发，首次提出“城乡经济社会发展一体化”的新思路。十七届三中全会在此基础上形成了“城乡发展一体化”的系统理论，并对城乡发展一体化做了具体部署。党的十八大指出，要推进城乡发展一体化是解决“三农”问题的根本途径，是加快完善社会主义市场经济体制和加快转变经济发展方式的重点工作之一。十八届三中全会进一步要求，必须健全城乡发展一体化的体制机制，形成以工

促农、以城带乡、工农互惠、城乡一体的新型工农城乡关系，让广大农民平等参与现代化进程、共同分享现代化成果。

从中央的思路来看，城乡一体化的重要目的，是解决城乡二元结构下农民增收和农业农村发展相对滞后的问题。农民增收是“三农”问题的核心，城乡收入差距是农业农村发展滞后的重要体现，因此，加快推进城乡居民收入均等化，让农村从事农业的群体（农民）和城镇从事非农产业的群体（市民）获得大致相同的工资，是城乡发展一体化的应有之义。或者说，逐步消减城乡差距，体现了城乡一体化的应然性。当然，需要明确，城乡发展一体化有一个重要的前置条件，即进一步发挥市场在资源配置中的决定性作用，加快城乡资源要素的双向流动。否则，城乡一体化将成为无源之水。正因如此，十八届三中全会提出要“推进城乡要素平等交换和公共资源均衡配置”。

分析农民收入问题，必须首先界定何为农民，何为市民。只有清晰界定农民群体，谈农民收入问题及其发展趋势才更有意义。而且，前文已经指出，当前按户籍选择城镇居民和农村居民的统计口径，有扩大城乡居民收入差距的趋势。为了避免上述问题，同时考虑到越来越多农民迁移至城市工作和生活（而未获得城镇户籍），2012 年 12 月 1 日，国家统计局实施了城乡一体化住户调查。根据日本的城镇化经验，从兼到兼，农户兼业是一个由浅及深的、不可逆的过程。随着以及农户兼业程度的加深和越来越多农民举家迁入城镇，我们认为，应该从收入和居住地两个维度重新界定农民。符合一定条件，比如，家庭收入主要来农业（＞50%）且其家庭每年在城镇居住 6 个月以下的，才认为是农民。对于以非农收入为主、间或从事农业的进城农户，农业实际上是他们的“第二职业”，可以认为该农户已经转变为市民。按照上述标准，农民将成为一个可以转换的职业概念。

基于上述讨论，结合既定的政策框架和当前展现出的改革取向，我们判断，城乡一体化可能会让农民收入问题呈现出如下发展趋势。

一是农民群体间的收入将进一步分化，一部分农民与城市居民的收入差距会很快减小，但另一部分农民与城市居民的收入差距将不断扩大。

按照国务院发布的《国家新型城镇化规划》，到 2020 年我国将实现常住人口城镇化率 60%。另据 2014 年 7 月份联合国经济和社会事务部发布的《世界城镇化展望》，至 2050 年，我国将会再增加 3 亿城镇人口。可见，我国农村人口向城镇迁移将长期持续，农村的人口将持续减少。当前正在推进的户籍制度改革将进一步打破城乡壁垒，加快人口迁移的步伐。上述进程意味着我国农民群体的分化仍将加快。农民群体分化为已经融入城镇进城农民（市民）和不愿或不能向城镇迁移的专业大户、生存农户、兼业农户等（如图 18-25 所示）。

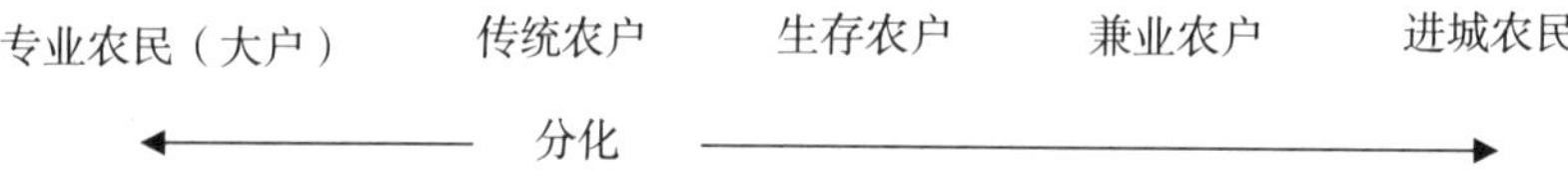

图 18-25　城镇化推动的农民群体分化

从根本上讲，农民之所以分化为不同类型、获得不同的收入，主要是由其资源禀赋差异决定的。比如，拥有更多种养殖技术和较多商业头脑的农民，可能会选择在农村做一个种养殖大户或者创办农业企业；文化程度较高但不擅长经营农业的农民可能会选择迁往城镇、进入工厂；各方面资源禀赋都较欠缺的农民，只能是以农业为主要生活来源，以兼业收入补贴家用。资源禀赋差异决定的就业状况进而又决定了农民的收入。

随着城乡一体化发展，一方面农村的基础设施和公共服务等会逐渐改善，另一方面农村资源也因一些农户进城而得到了释放，这都有利于从事规模化种养殖和农村商业的专业农民获得更多的经营收益，使其收入与进城农民的可支配收入相差不大，甚至略高于后者。否则，作为乡村骨干、拥有更多资源禀赋的他们也会放弃农业农村向城镇迁移。就这部分农民而言，城乡一体化会缩小城乡收入差距。但从事种养殖和农村商业的农民毕竟是少数，更多的农民受自身和家庭条件的限制，既难以成为专业大户，也无力向城镇迁移。这些农民或者处于社会底层，难以在城市立足（生存农户），或者仍需要借助兼业这根“拐杖”才能应付家庭开支（兼业农户）。除国家加大转移支付（或者以完善的社会保障体系吸引底层农民进城，但这显然很难实现），他们几乎没有机会让自己的收入比城镇居民增长的更快。因此，这部分农民与城镇居民的收入差距可能将长期存在并有扩大的趋势。

二是农民的财产性收入、非农经营收入和转移支付收入会逐渐增加，务工性收入对农民增收的贡献将显著下降。财产性收入增加，是受国家当前推进农村改革的影响。近年来，国家有关农民财产权利尤其是农村土地权利的政策密集出台。从承包地流转权，到宅基地用益物权，再到农村住房财产权和集体资产收益权，农民获得的权利权能越来越多。据杨小凯测算，如果 1987 年允许土地自由贸易，我国农民的人均真实收入将增加 30%。这一结论让学界对赋予农民土地财产权利所蕴含的巨大经济潜能有了直观感受。毋庸置疑，随着农民财产权利的增加和有关交易市场的完善，财产性收入占农民收入中的比例将不断提高。

非农经营收入的增加，源自城乡一体化和新一轮农村改革带来的商业机会。公路、铁路网络的城乡全覆盖，实现了城市与农村的无缝对接。在城市商业机会的日趋饱和的情况下，农村基础设施的改善加上其各种资源环境优势，比如，良好的生态环境、廉价的土地租金和相对较低的劳动力价格，吸引大量城市工商资本下乡和农村外出务工人员回流，直接推动了乡村旅游、度假养老等“六次产业”的兴起和农村工商业的复苏。上述产业不仅给经营者带来收益，还为其他农民创造了新的就业机会，并有利于农民获得更多财产性收入，正在成为农民收入新的增长点。

务工性收入贡献降低，是因为从收入和居所限定进行后，农民群体不再包含在城镇长期（半年以上）居住且家庭主要收入来自非农产业的迁移人口，而剩下的兼业农户则是以农业经营（收入）为主的兼农户。因此，务工性收入的增收贡献将会变小。不难理解，因被划定为农民的人口持续减少，即“分蛋糕”的人越来越少，在国家财政支农资金不变的情况下，也可以让农民人均获得的财政转移支付有所增加。

三是农业的规模效益和品牌（品质）效益会明显增加，粮食生产的比较效益将持续走低。

近年来，随着国家政策支持力度的加大，农民专业合作社、家庭农场、专业大户、农业企业等新型农业经营主体大量涌现，我国农业经营的规模化、组织化程度迅速提高。据农业部的数据，截至 2014 年底，全国注册农民专业合作社 128.88 万家，经营 200 亩以上的家庭农场 87.7 万个。以黑龙江省克山县仁发农机合作社为例，2013 年，由 46 个经营管理人员（8 个管理者、21 个机车驾驶员、5 个机务经理、12 个片区负责人）和 200 多个临时工作人员组成的专业团队，统一经营成员的 10000 亩土地，成员以地入股后不必参与生产，每年每亩土地即可获得 920 元的收益，比分散经营高出 400 元。可见，借助新型经营主体，农业的规模效益得以实现，农民的收入也有了明显改善。

品牌或说其指代的农产品品质也正在成为影响农业经营效益的重要因素。由于经济状况的改善，从“吃得饱”到“吃得好”“吃的安全”，人们的食物消费需求已经变化。在农业转型升级的新阶段，农业发展将从主要追求数量增长向更加注重质量和效益转变。超市出现的“德青源”生态鸡蛋、“绿富隆”有机蔬菜等优质农产品品牌体现了上述趋势。一些农户或新型经营主体开始注重打造农产品品牌，并从中获得了良好的经济效益。例如，河南省偃师市“唐韵”家庭农场主李双雷，不仅注重提高葡萄、苹果品质，还积极对“唐韵”进行广告宣传，并通过农场采摘、果品礼盒包装等方式提升农场的品牌知名度。凭借良好的品质和品牌，2013 年李双雷的农场经营收入比周边普通的葡萄种植户高出近 30%。

种植粮食的比较效益的下降，是国内外农产品市场双重作用的结果。受恩格尔定律的作用，人们对农产品的消费不会随着家庭收入的增长而增长。这就导致粮食的“增产不增收”甚至“增产减收”（蔡昉，2006）。而且，经济状况的改善，会让人们消费更多的水果、蔬菜和禽蛋奶，从而相对推高这些农产品的种植、养殖收益，并粮食消费需求产生替代。另外，在加入 WTO 时，我国在农业领域尤其是粮食市场做出了巨大牺牲以换取谈判筹码，国家粮价成了我国粮食价格的“天花板”。总体来看，一方面是国内粮食连续增产，收储和管理成本大幅上升，另一方面是国际粮价不断下行，进口粮食及其替代品大量涌入，我国粮食价格受国家粮价冲击严重，面临长期下行的压力。正因如此，2015 年 9 月份，国家自 2008 年以来首次下调了玉米收储价格，并在中共十八届五中全会提出了尽快调整农业结构的要求。总之，受国内外供求关系的影响，不难想象，种植粮食的比较收益将持续走低。

当然，上述趋势的形成发展，有赖于户籍制度改革、土地规模经营、资产资源确权赋能、农业结构转变、农民工返乡创业等多方面的因素，可能会因改革形势的变化呈现出新态势。另外，因精力所限，我们主要从国内城乡关系的视野考察了农民收入问题，而没能深入分析我国农民收入与世界农业以及世界市场的关系。

参考文献：

[1] Benjamin D., Loren B., John G. Did Higher Inequality Impede Growth in Rural China? [J]. Economic Journal, 2011, 121 (557): 1281-1309.

[2] Cheng, Y. S. (1996). A decomposition of income and well-being in rural China [Z]. MPRA paper No. 20587.

[3] Chotikapanich D., D. Rao, K. Tang. Estimating income inequality in China using grouped data and the generalized beta distribution [J]. Review of income and wealth, 2007(53): 127-147.

[4] Gustafsson B., Li S. Income inequality within and across counties in rural China 1988 and 1995 [J]. Journal of Development Economics, 2002, 69(1): 179-204.

[5] Hussain A., P. Lanjouw, N. Stern. Income inequality in China: evidence from household survey data [J]. World Development, 1994, 22(12): 1947-1957.

[6] Khan A.R. , C. Riskin. Income and inequality in China: Composition, distribution and growth of household income, 1988 to 1995 [J]. China Quarterly, 1998(154): 221-253.

[7] Lerman R. I., S., Yitzhaki. Income inequality effects by income source: a new approach and applications to the United States [J]. The Review of Economics and Statistics, 1985: 151-156.

[8] Myrdal G. Asian Drama：An Inquiry into the Poverty of Nations [M]. New York: Pantheon Books, 1968.

[9] Perroux F. Economic space: theory and applications [J]. Quarterly journal of economics, 1950, 64(1): 89-

104.
［10］Rozelle S. Rural industrialization and increasing inequality: Emerging patterns in China's reforming economy［J］. Journal of Comparative Economics, 1994(19): 362-391.
［11］Wan G. H. Changes in Regional Inequality in Rural China: Decomposing the Gini Index by Income Sources［J］.The Australian Journal of Agricultural and Resource Economics, 2001, 45 (3): 361-381.
［12］Wang Z. R., Smyth, Y. Ng. A new ordered family of Lorenz curves with an application to measuring income inequality and poverty in rural China［J］. China Economic Review, 2009(20): 218-235.
［13］Zhong H. The impact of population aging on income inequality in developing countries: evidence from rural China［J］. China Economic Review, 2011(22): 98-107.
［14］白志礼，王青，来国超．我国地区间农村居民收入差异变动趋势与因素分析［J］．农业经济问题，1993(10): 30-35.
［15］包总顺，金高峰．江苏农民收入差距新特征及增收对策［J］．农业现代化研究，2007, 28(3): 285-288.
［16］程永宏．改革以来全国总体基尼系数的演变及其城乡分解［J］．中国社会科学，2007(4):45-60+205.
［17］高连水，周云波，武鹏．中国农村地区收入差距解释：1997—2005［J］．当代经济科学，2010(3):86-95+127.
［18］关浩杰．收入结构视角下我国农民收入问题研究［D］．北京：首都经贸大学，2013.
［19］官永彬．财政转移支付对省际间财力不均等的贡献——基于基尼系数的分解［J］．山西财经大学学报，2011(1): 9-15.
［20］郭叶波，魏后凯．中国农村居民收入地区差异研究评述［J］．经济学动态，2012(6): 68-76.
［21］国家统计局．全国农民工监测调查报告［R］.2009-2013.
［22］国家统计局．中国统计年鉴 2014［M］．北京：中国统计出版社，2015.
［23］李晓西等．中国地区间居民收入分配差距研究［M］．北京：人民出版社，2010.
［24］刘纯彬，陈冲．我国省级间农民收入差距的地区分解与结构分解：1996—2008［J］．中央财经大学学报，2010(12): 67-72.
［25］刘慧．中国农村居民收入区域差异变化的因子解析［J］．地理学报，2008(8): 799-806.
［26］刘耀森．农产品价格与农民收入增长关系的动态分析［J］．当代经济研究，2012(5): 43-48.
［27］马凌，朱丽莎等．江苏省农民收入结构的演变、成因与优化对策［J］．华东经济管理，2011(12): 16-20.
［28］世界银行．中国：推动公平的经济增长［M］．北京：清华大学出版社，2004.
［29］孙华臣，王晓霞．中国农民收入结构的变迁及影响因素分析：1987-2006［J］．财政研究，2008(03): 33-36.
［30］唐平．我国农村居民收入水平及差异研析［J］．管理世界，1995(2):173-181.
［31］田国强，陈旭东．中国改革历史、逻辑和未来［M］．北京：中信出版社，2014.
［32］万广华．中国农村区域间居民收入差异及其变化的实证分析［J］．经济研究，1998(5):37-42+50.
［33］王小鲁，樊纲．中国收入差距的走势和影响因素分析［J］．经济研究，2005(10):24-36.
［34］魏后凯．论我国经济发展中的区域收入差异［J］．经济科学，1990(2):10-16.
［35］魏后凯．中国地区间居民收入差异及其分解［J］．经济研究，1996(11):66-73.
［36］武拉平，沙敏．农业高成本的影响及其对策研究［J］．农业经济与管理，2015(2): 49-55.
［37］武鹏鹏．重庆市农民收入结构变化研究［D］．重庆：重庆师范大学，2012.

[38] 习银生等 . 新形势下农民收入倍增目标实现途径研究 [J]. 中国农村研究 , 2014(59).
[39] 杨丽莎 . 农产品价格变动对农民收入的影响研究 [J]. 改革与战略 , 2011(9): 96-98.
[40] 张红奎 . 促进农民财产性收入快速增长对策研究 [R]. 农业部"十三五"规划编制前期重大研究课题《农民收入增长趋势与构建农民增收长效机制研究》结题报告 .
[41] 张红宇 , 张海阳等 . 当前农民增收形势分析与对策思路 [J]. 农业经济问题 , 2013(4): 9-14.
[42] 张平 . 中国农村居民区域间收入不平等与非农就业 [J]. 经济研究 , 1998(8): 59-66.
[43] 张平 . 中国农村区域间居民的收入分配 [J]. 经济研究 , 1992(2): 62-69+61.
[44] 赵人伟 , 李实 . 中国居民收入差距的扩大及其原因 [J]. 经济研究 , 1997(9): 19-28.
[45] 邹薇 , 张芬 . 农村地区收入差异与人力资本积累 [J]. 中国社会科学 , 2006(2): 67-79+206.

附录:

附录 1　2005—2012 年我国农村居民家庭收入按等级分的人均纯收入及其分类　（单位：元）

指标		低收入户	中低收入户	中等收入户	中高收入户	高等收入户	最高最低收入比值	库兹涅茨指数	收入不良指数
2004年	平均农民纯收入	1006.87	1841.99	2578.49	3607.67	6930.65	6.881	0.434	6.883
	工资性收入	284.64	542.54	854.11	1307.85	2952.18	10.589	0.485	10.589
	家庭经营纯收入	584.26	1208.15	1601.88	2116.93	3548.93	5.187	0.387	5.187
	财产性收入	16.2	26.67	38.25	62.97	272.34	16.811	0.854	16.811
	转移性收入	41.77	64.63	84.25	119.92	307.2	7.355	0.497	7.355
2005年	平均农民纯收入	1067.72	2018.31	2850.95	4003.33	7747.35	7.259	0.438	7.259
	工资性收入	321.72	572.22	1043.14	1538.84	3096.99	9.626	0.454	9.626
	家庭经营纯收入	662.6	1230.66	1651.88	2230.97	3966.85	5.985	0.407	5.985
	财产性收入	21.93	32.35	46.41	90.9	304.03	13.854	0.626	13.854
	转移性收入	60.97	83.09	109.52	152.63	380.48	6.24	0.484	6.24
2006年	平均农民纯收入	1182.46	2222.03	3148.5	446.59	8474.79	7.167	0.435	7.167
	工资性收入	386.03	814.13	1230.54	1806.95	3495.24	9.054	0.452	9.054
	家庭经营纯收入	698.86	1265.72	1731.32	2356.46	4172	5.97	0.408	5.97
	财产性收入	19.9	32.64	51.81	91.07	359.36	18.058	0.548	18.058
	转移性收入	77.67	109.52	134.84	192.1	448.2	5.771	0.456	5.771
2007年	平均农民纯收入	1345.89	2581.75	3658.83	5129.78	9790.68	7.269	0.435	7.269
	工资性收入	447.26	959.75	1450.08	2141.95	3930.43	8.788	0.44	8.769
	家庭经营纯收入	788.43	1428.45	1977.97	2635.68	4857.05	6.321	0.416	6.321

续表

指标		低收入户	中低收入户	中等收入户	中高收入户	高等收入户	最高最低收入比值	库兹涅茨指数	收入不良指数
2007年	财产性收入	29.89	47.67	63.88	115.85	451.5	15.106	0.535	15.106
	转移性收入	101.31	135.88	164.91	236.28	551.69	5.446	0.464	5.446
2008年	平均农民纯收入	1499.81	2934.99	4203.12	5928.6	11290.2	7.528	0.437	7.528
	工资性收入	528.65	1096.21	1636.69	2494.84	4525.14	8.56	0.438	8.56
	家庭经营纯收入	781.15	1580.11	2169.31	2945.41	5512.62	7.067	0.424	7.057
	财产性收入	30.75	45.96	81.53	132.93	534.28	17.375	0.647	17.375
	转移性收入	159.25	213.72	265.58	355.42	718.16	4.51	0.419	4.51
2009年	平均农民纯收入	1549.3	3110.1	4502.08	6467.56	12319.05	7.951	0.441	7.951
	工资性收入	561.83	1201.07	1865.55	2805.42	4993.68	8.588	0.437	8.838
	家庭经营纯收入	767.34	1607.96	2238.29	3031.12	5778.58	7.531	0.429	7.531
	财产性收入	25.81	49.57	85.25	144.1	629.72	24.398	0.673	24.398
	转移性收入	194.33	251.49	311.98	436.91	917.07	4.719	0.434	4.719
2010年	平均农民纯收入	1859.8	3621.23	5221.66	7440.56	14049.69	7.514	0.436	4.719
	工资性收入	675.39	1431.58	2219.47	3289.8	5895.83	8.707	0.435	8.707
	家庭经营纯收入	939.35	1828.35	2496.55	3462.2	6419.4	6.834	0.424	6.834
	财产性收入	44.11	73.26	120.82	186.8	702.09	15.917	0.623	15.917
	转移性收入	210.94	288.04	364.82	502.76	1047.37	4.965	0.434	4.965
2011年	平均农民纯收入	2050.51	4255.75	6207.68	8893.5	16783.06	8.389	0.44	8.339
	工资性收入	861.02	1792.19	2739.84	4083.7	6943.62	8.064	0.423	8.064
	家庭经营纯收入	824.87	2018.59	2856.74	3947.58	7784.39	9.437	0.447	9.437
	财产性收入	49.58	84.25	142.42	212.07	791.71	15.968	0.619	15.968
	转移性收入	255.04	350.71	468.69	650.24	1263.35	4.767	0.42	4.767
2012年	平均农民纯收入	2316.21	4807.47	7041.03	10142.08	19208.89	8.207	0.439	8.207
	工资性收入	993.42	2033.75	3196.41	4789.21	8109.4	8.163	0.424	8.163
	家庭经营纯收入	937.74	2216.22	3124.74	4330.36	8500.49	9.064	0.445	9.064
	财产性收入	52.66	84.76	143.18	236.67	885.33	16.812	0.631	15.812
	转移性收入	332.39	452.74	576.7	785.83	1513.87	4.554	0.413	4.554

注：数据来源于历年《中国住户调查年鉴》，库兹涅茨指数及收入不良指数来源于张章（2015）：我国区域经济增长与收入差距收敛性及相关关系研究，云南大学。

第 19 章　日韩农业现代化经验及其对中国的借鉴

农业现代化是世界农业发展的基本方向。世界各国选择的农业现代化道路无不与本国特定的社会历史背景与资源禀赋特征紧密相关。日本、韩国由于与我国地域相近，文化同源，具有相似的农耕传统和人多地少的农业资源禀赋特征，因而其农业经营模式在较长时间内成为我国农业现代化过程中主要的比较和借鉴对象。

第 1 节　日韩农业经营模式形成的历史过程

“日韩模式”是美国主导的东亚格局和日韩本土特色在农业经济领域的集中体现，深受两国历史传统和现代化进程的影响，是两国政策制定者与各种农业经营主体长期动态博弈的结果，具有一定的历史必然性。

一、日韩战后的农地均分政策是日韩农业生产经营模式的制度起点

美国主导下的战后日韩土地改革，废除了封建土地所有制，建立了农民土地所有制度，为自由资本主义经济体系在日韩的确立和发展奠定了必要的基础，顺应了东亚地区当时的社会经济发展要求，满足了广大农民“耕者有其田”的基本诉求，扩大了战后日韩的政权基础，有利于维护日韩社会的长久稳定，形成了当今农业生产经营“日韩模式”的制度起点。

（一）日本战后的土地改革

作为二战后日本民主化改造的一部分，1945—1947 年，日本在盟军总司令部的要求下，实施了废除地主制度、提高耕作者地位的农地改革。改革过程中，政府强制征收了在乡地主超过一定面积的佃耕地和不在乡地主的全部佃耕地，并将其有偿分配给农民。同时，政府还强制征收了适于开垦的山地和荒地卖给开垦者。改革后，日本全国耕地面积中自耕地和佃耕地的比例发生了重大变化，在 1945 年是 54% 对 46%，而到了 1950 年该比例是 90% 对 10%。从自耕农与佃耕农户数上看，自耕农户数由 1945 年的 172.9 万户上升到 1950 年的 382.2 万户，在总农户数中所占的比例由 31% 上升到 62%（关谷俊作，2004）。为了汇集日本战前、战中、战后的所有农地立法，维护农地改革的积极成果，1952 年，日本制定了《农地法》，形成一个完整的农村土地管制制度。《农地法》严格限制了农地所有权的流转，防止农地再次集中到少数人手中（王裕雄等，2013），除了规定农地买卖必须由政府进行之外，还对购买农地的农户资格和购买农地的审批权限进行了严格的规定（张桂林，1994）。

（二）韩国战后的土地改革

作为二战前日本殖民地，韩国在二战后实行的土地改革增加了消除日本殖民土地制度的环节。

1948 年，在第一阶段土地改革中，韩国首先没收了日本殖民者手中的“归属土地”，有偿分配给本国农民。1949 年，韩国颁布了《土地改革法》，以“废除租佃制、耕者有其田”的宗旨开始了以本国人占有的农地为对象的第二阶段土地改革。政府以低廉的价格收购地主超过 3 公顷以上的土地，以更低的价格卖给佃农。经过两个阶段的土地改革，韩国也基本实现了均田制目标。到了 1963 年，占有耕地在 0.5 公顷以下的农户占 41.8%，占有耕地 0.5~1.0 公顷的农户占 31.5%，超过 1 公顷的农户只占 26.7%（张桂林，1994）。韩国的《土地改革法》尽管赋予了农民土地所有权，但禁止土地租赁转让（王裕雄等，2013）。政府还保留了重新安排土地的权利，在农民改变职业、停止耕种等情况下，政府可以部分甚至全部收回土地（董正华，1994）。

二、日韩政府长期以来致力于土地流转和农业规模经营的努力收效甚微

有利于维护日韩社会稳定的土地均分政策并非是最有效率的农地制度安排。日韩分别从 20 世纪五六十年代开始的工业化和城市化过程，一方面需要大量的农业劳动力向工业和城市转移，同时也对农产品的种类、数量和品质提出了更高要求。而一家一户在各自分得的小块土地上进行耕作的小农经济既不利于农业剩余劳动力的释放和转移，也不利于实现更多的农业产出。基于土地均分基础上的小农生产经营形态已经越来越无法满足日韩工业化和城市化过程对农业的要求。

（一）日本的土地流转政策

随着日本工业化和城市化的快速推进，农业劳动力开始大量向工业部门转移。这本来为土地的规模经营创造了有利条件，但由于《农地法》对土地流转的限制，农业与其他产业之间的生产力和收入水平差距不断扩大（关谷俊作，2004）。因此，日本在 20 世纪 60 年代以后颁布了一系列的法规和政策来促进农地流转和农业生产经营规模的扩大。最初，日本推动农地集中和规模经营的政策重点在于农地所有权的流转，主要体现在 1961 年出台的《农业基本法》、1962 年《农地法》第一次修改和 1963 年创立的改善农林渔业经营结构资金融资制度。但由于农地所有权流转的政策实践效果不够理想，20 世纪 60 年代中期以后日本政府将农业规模经营的重点转向鼓励农地使用权流转方面，主要体现在 1967 年农林水产部制定的“结构政策的基本方针”、1970 年《农地法》第二次修改和创设农业人养老金制度、1980 年《农地法》第三次修改和出台《增进农用地利用法》。90 年代初以后，为了适应 WTO 对农业的要求，日本促进农业规模经营的重点是促进“有效稳定的农业经营体”发展，主要体现在 1992 年农林水产部发表的《新食品・农业・农村政策的方向》、1993 年《农地法》第四次修改和出台《农促法》、1998 年《农地法》第五次修改、1999 年出台《食品・农业・农村基本法》、2000 年《农地法》第六次修改和 2009 年《农地法》第七次修改。

（二）韩国的土地流转政策

与日本直接放开了农地所有权流转不同，韩国在处理土地流转实务方面更为谨慎。这一方面是由于韩国传统的土地公权观念更为深入人心，另一方面也可能由于韩国吸取了近邻日本直接进行土地所有权流转并不成功的经验教训。韩国首先于 20 世纪 70 年代末废除土地最高限制和对租赁的限制，放开了农地使用权流转，同时大力发展多种类型的农业生产协作和合作组织来实现农业规模化经营。1980 年修订后的《宪法》允许农地的租借和委托经营。1986 年制定的《农地租借管理法》，把保护租地人为主的农地租借政策制度化。鉴于仅仅放开农地的使用权流转对于促进农业规模化经营的效果不够理想，1994 年，韩国发布了新的《农地基本法》，放开了农地所有权流转，鼓励土地

集中和规模化经营。为鼓励高龄农民退出土地，推动农地流转，韩国政府于1997年制订了“农民退休支付计划”，鼓励年龄超过65岁以上的农民将土地流转给专业农民。2002年韩国农林部提出了《土地法》的修正案，通过吸引非农部门的投资等措施，废除农田拥有上限制度，促进农场规模的扩大。

因此，当稳定的社会局面已经成为一种制度性常态后，提高农地制度安排的效率将会是农地制度改革的主要方向。随着工业化和城市化的接近完成，日韩政府对于农业土地流转的限制逐步放松，并鼓励土地的集中和农业规模经营。但是，日韩政府关于促进土地流转和农业规模经营的政策最终都收效甚微。半个多世纪后，日韩两国的农业生产依然保持了典型的分散经营特征，相比于欧美发达国家，农业生产效率低下，农产品自给能力严重不足。

三、农地流转不畅与日韩的文化传统和快速的现代化进程紧密相关

从日韩两国农地制度的变迁过程可知，两国在工业化完成后采取的了大量的措施鼓励土地流转和农业集中生产经营，甚至是先放开土地经营权流转还是先放开土地所有权流转都进行了路径不同的尝试，但政策效果都差强人意。按照欧美主要发达国家的发展经验，随着农村劳动力向城市大量转移，继续从事农业生产经营的劳动力迅速减少，农场的土地经营规模会明显提高。但是，劳动力转移导致土地经营规模扩大的西方经验在日韩等东方国家的城市化过程中为什么失灵了呢？这涉及多方面的原因。

（一）农户兼业获得的收入水平较高

农户兼业获得的收入水平明显高于单纯地从事农业或其他产业，造成农户参与土地流转动力不足。由于战后日韩农户获得的土地面积大都在1公顷以下，因而普通农户家庭中一部分劳动力即可比较轻松地完成小块土地上的农事活动，势必造成农家庭中存在剩余劳动力，即使农村从事农业劳动的劳动力也会存在比较多的闲暇时间。农户的兼业行为，不仅使农户可以分享快速的工业化和城市化过程创造的非农就业机会而获得非农收入，同时也可以因参与农业生产而享有农业收入和依附于农业的高额补贴收入，甚至还可以通过保有农地而获得土地财产的增值。因此，农户兼业获得的收入水平要高于单纯地从事农业或单纯从事非农就业获得的收入水平，选择兼业是日韩两国农户在快速的工业化和城市化过程中最大化家庭收益的理性决策结果。这在客观上造成日韩农户参与土地流转的动力不足，固化了日韩土地分散经营的现状，不利于土地的集中和农业规模经营。

（二）农地的财产价值较高

农地的财产价值使很多农户对农地转用的潜在价值充满期待，对于农业经营性流转没有兴趣。农地在日韩是农户的私有财产，除了作为耕地具有可以用来进行农业生产经营的生产价值外，同时还具有土地的一般性财产价值。随着20世纪60年代以后日韩城市化和现代化过程的推进，城市的扩张和基础设施建设导致日韩两国的土地价格飞涨，尤其是在城市近郊和基础设施建设涉及的地区，农地的生产价值相比于其财产价值已经微不足道。很多农户保有农地的主要目的就是财产保值，并期待在今后的土地升值和用途转用过程中获得巨额财富。在战后日本的政治力学结构中，农业协同组合在选举过程中组织农户将选票团结一致地投给自民党候选人，而当选的自民党候选人则通过安排基础设施建设的形式使农户获得农地转用收入，实现其保有农地的财产价值（神门善久，2013）。

（三）东亚的亲地文化

东亚地区亲地的文化传统也是农户不愿转出土地的重要原因。东亚地区人多地少，农地通常是农户安身立命最主要的生产资料和生活依托。“耕者有其田”是东亚农民数千年来的夙愿，一旦得偿所愿就不愿随意放弃。在日本，土地通常被视为最重要的家产，珍惜祖宗传下来的土地，并使之世代相传是家族成员特别是长子至高无上的使命，废弃土地被视为家族的衰败，是极不光彩的事（刘国华等，2010）。

因此，日韩的文化传统和快速的现代化进程形成了其明显有别于欧美国家的制度环境。而日韩政府长期致力于农地流转和土地规模经营的努力被制度性消解。形成了农民即使无力耕种也要保有土地，宁可田地荒芜也不出卖的独特现象。

四、对农业生产的高额补贴和贸易保护使日韩农业失去了产业活力

由于土地规模经营的效果不佳和农户兼业行为等因素的影响，日韩的农业生产长期处于高成本、低效率的状态。本国主要农产品生产能力有限，自给率持续下降，不仅难以向国外出口，还不得不直面国外进口农产品的竞争。因此，日韩两国通过高额的生产补贴和贸易壁垒来保护本国的农业生产。

（一）生产补贴

为了鼓励本国农户进行农业生产的积极性，确保本国主要农产品（尤其是稻米）供给，并获得农户在政治上的支持。日韩政府投入了大量财政补贴用于主要农产品（尤其是稻米）的生产和流通。日本甚至不惜通过农协和政府力量形成产销价格倒挂的大米市场。据经济合作与发展组织（OECD）的估算，2007年日本的“农产品生产者支持补贴等值”（PSE）总额有4.2兆日元，而当年日本农业的附加值则仅有3.0兆日元（神门善久，2013）。这意味着，若仅从经济角度考虑，日本政府对农业的补贴已经远远超出了农业对经济的贡献，放弃农业反倒意味着总体国民财富的增加。日韩政府的高额农业补贴让本国的农产品在国内市场中维持了畸形的高价格，让那些即使效率低下的小型农户也能够维持可以盈利的低水平农业生产。尽管这在一定程度上有利于缩小城乡居民收入差距，形成相对和谐的城乡关系，但严重扭曲了日韩国内资源的配置，客观上阻碍了农地的流转和农业的规模经营，实质上背离了鼓励农户开展农业生产的初衷，扼杀了本国农业生产的活力。我们把日韩疏于制度创新，从而造成农业发展效率低下的现象称为“日韩陷阱”（楼栋等，2013）。

（二）贸易保护

为了抑制国外农产品进口对本国农业生产的冲击，日韩政府采取了关税高峰、关税配额、通关限制、卫生标准等各种贸易壁垒继续对农业进行保护。目前日本对进口大米征收的关税标准是341日元/公斤，折合人民币约为20元/公斤，是国际市场大米价格的数倍，使进口到日本市场中的大米毫无价格优势可言，尽管如此，日本仍然通过国内贸易措施使这些进口大米进入养殖饲料领域而非口粮领域，进一步降低了大米进口对本国大米价格的冲击。日本于2006开始实施的“食品中农业化学品肯定列表制度”，也给亚洲国家（地区）农产品和食品对日出口带来了巨大的负面影响。日韩对于农业的贸易保护政策，不可避免地造成了与美国、欧盟和中国等主要农产品出口国家（地区）的农产品贸易纠纷。

随着日韩积极争取在TPP谈判中取得突破，日韩对农产品的贸易保护措施将会不可避免地在其

他谈判国家（地区）的施压下降低。日韩农业在完全自由贸易条件下的发展情况，将为检验“日韩模式”的成色提供了绝佳的机会。

第 2 节　中国的农业经营不能复制日韩模式

二战后 70 多年来，日韩两国政府通过高额的财政补贴和高强度贸易保护措施支持本国农业发展，保证了主要口粮（稻米）的基本自给，提高了农户的收入水平，基本实现了农业现代化，鼓舞了其他落后的农业国家。但是，“日韩模式”的另一面更应引起我们的警惕：粮食自给率持续下降，大量农产品依赖国际进口；高额补贴抬高了国内农产品价格，扭曲了资源配置，形成了巨大的财政负担；采用关税高峰和其他贸易壁垒对本国农业进行保护，不仅引发了很多贸易纠纷，从长远角度也不可持续。

一、中国大量的农产品需求无法像日韩一样通过贸易解决

（一）日韩大量农产品依赖进口

当前日韩两国农业的一个非常重要的特征就是农产品自给率很低，大量依赖进口。根据联合国粮食及农业组织（FAO）统计数据，2011 年按照产量指标计算的日本主要农产品自给率，谷物为 21%（其中：稻米 94%，小麦 10%，玉米 0），大豆为 7%，蔬菜为 79%，水果为 40%，肉类为 50%，植物油为 61%；按照产量指标计算的韩国农产品自给率，谷物为 23%（其中：稻米 83%，小麦 1%，玉米 1%），大豆 10%，蔬菜为 90%，水果为 68%，肉类为 60%，植物油为 18%。

包括大米、小麦、玉米在内的谷物是日韩两国国民的主要粮食，但日韩两国的谷物自给率一直都很低并呈现继续下滑的趋势，如图 19-1。尤其是，日韩的玉米和韩国的小麦自给率接近 0，几乎全部依赖进口。在国内生产无法实现农产品自给的情况下，只能通过农产品的国际贸易来解决。2011 年，日本进口谷物 2600.8 万吨，是世界上进口谷物数量最多的国家，韩国进口谷物 1356.2 万吨，也是世界上主要的谷物进口国。其中，日本和韩国分别进口了 1528.5 万吨和 775.9 万吨的玉米，分别占当年世界玉米进口总量的 14% 和 7%，分列世界第 1 位和第 3 位；日本和韩国分别进口 621.4 万吨和 467.1 万吨小麦，分别占当年世界小麦进口总量的 4% 和 3%，分列世界第 4 位和第 8 位。

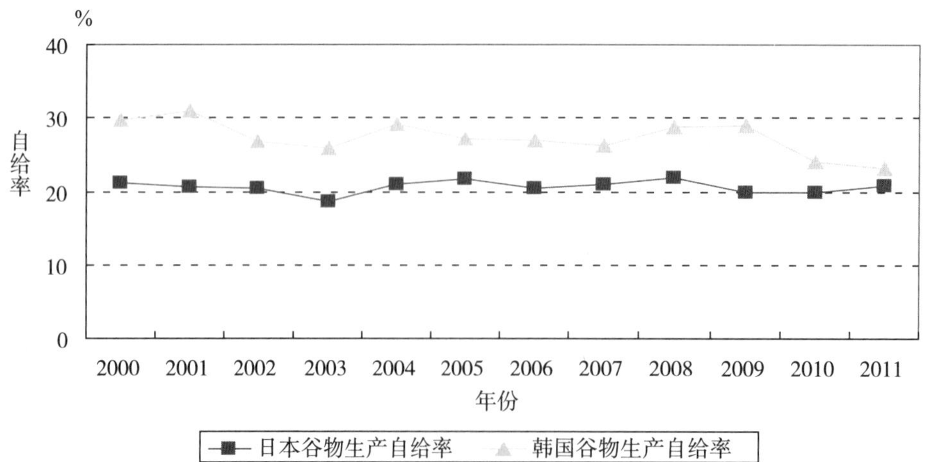

图 19-1　2000—2011 年日本和韩国的谷物生产自给率

数据来源：FAO。

（二）中国无法通过进口解决粮食供给

首先，世界粮食贸易总量远远无法满足我国的巨额粮食需求。近年来，全球粮食贸易总量基本在25000万~30000万吨，这相对于日、韩两国的粮食需求量来说确实很多，但相对于我们这样一个粮食需求量接近60000万吨的人口大国来说却显得十分有限。根据我国统计局的数据，2012我国粮食产量创纪录地达到了58957.97万吨，其中的主粮稻谷、小麦、玉米三大谷物产量也分别达到20423.59万吨、12102.32万吨、20561.41万吨的历史新高。即使如此，2012年我国依然净进口了1302.00万吨的谷物，其中净进口稻谷208.93万吨、小麦341.51万吨、玉米495.05万吨。这说明2012年我国自产粮食的供给仍然处于紧平衡状况，国内粮食需求量略大于国内粮食供给量。据联合国粮农组织的数据，2011年全球的稻谷、小麦和玉米三大谷物的总出口量为分别为3410.62万吨、14827.07万吨和10964.60万吨。由此可见，2011年全球出口的稻谷、小麦和玉米三大谷物总量还达不到我国半年的粮食需求量。尤其是我国最主要的口粮大米，全球一年的贸易量也仅相当于我国2个月左右的需求量，更不能依赖国际市场进行供给。因此，我国粮食供给的外向性不足，利用国际市场增加粮食供给的空间有限，我国必须立足于本国农业解决13亿人口的吃饭问题（程国强，2011）。

其次，我国大规模进口粮食既不现实，也不安全，更不可持续。第一，我国大规模进口粮食必然使全球粮食供求关系更加紧张。2006年以来，国际粮食市场的供求关系日趋紧张，粮食价格大幅度走高。农业部长韩长斌指出：以我国目前的粮食消费总量，如果从国际市场上大量采购粮食，势必引起国际市场粮价大幅度上涨，不仅要付出高昂的代价，也会影响我国与一些不发达和发展中国家的关系。第二，国际垄断资本控制下的国际粮食贸易是为了追求超额利润。当前，全球的粮食贸易主要由美国ADM、美国邦吉、美国嘉吉、法国路易达孚等四家跨国公司所控制。这是美欧国际垄断资本在农业领域的延伸。国际垄断资本通过粮食的能源化、金融化和政治化来攫取超额利润。如果我们的饭碗端在这些国际垄断资本手中或者装着这些国际垄断资本的粮食，能否吃饱、能否吃好都将仰人鼻息。第三，粮食贸易很多时候与国际政治关系存在千万缕的联系。目前，美国是全球最大的粮食出口国，小麦、玉米的出口均居全球第一。大规模的粮食进口绕不开美国因素。而美国为保持自己全球霸主的地位，正在从政治、军事、经济、文化、外交等多个领域对我国的和平崛起设置阻碍。如果我国出现大规模的粮荒。美国主导下的国际粮食贸易将是卡住我们喉咙的绳索。

二、中国难以在现有世贸规则中复制日韩的农业保护政策

（一）日韩对农业的保护力度很大

由于农业具有先天的弱质性和外部性，而且具有典型的政治经济学特征，因此当一国工业化发展到一定阶段的时候，要实现工农业的协调发展，就必须加强对农业的扶持和保护（楼栋等，2013）。日韩两国由于率先在亚洲完成工业化，因此在农业保护方面也走在亚洲前列，这些保护措施主要包括农业补贴、关税和非关税壁垒等。

第一，农业补贴。日本长期对本国主要口粮稻米实施“高价收购、低价销售”的双重购销价格制度。2007—2009年，日本平均每年用于农业补贴支持的总支出（TSE）达到5.4万亿日元（折合519亿美元），相当于农业总产值的65%；其中，对生产者补贴（PSE）达4.3万亿日元，农户收入的47.3%来源于农业补贴政策。紧随日本之后，韩国在20世纪70年代初也从提高大米收购价开始

了对农业的补贴。2007—2009 年，韩国平均每年用于农业补贴支持的总支出（TSE）达到 24.3 万亿韩元（折合 224 亿美元），相当于农业总产值的 64%；其中，对生产者补贴（PSE）为 20.9 万亿韩元，农户收入的 52.1% 来自农业补贴支持（朱满德等，2011）。

第二，关税。日韩两国长期采用关税高峰、关税配额等措施保护本国农业。2011 年日本农产品的平均关税为 23.3%，大大高于美国的 5.0% 和欧盟的 13.9%。而且，日本实施高关税的农产品也非常多。2011 年，日本关税超过 100% 的农产品比例达到 5.1%，而美国仅为 0.5%，欧盟为 1.2%；日本谷物的平均关税为 68.3%，个别品种的关税高达 827%，居全球之首（李勤昌等，2014）。

第三，非关税壁垒。日韩两国都制定了比较完整的保障食品安全的法律、法规和标准体系，通过设置较高的技术性贸易壁垒、卫生检疫和农药残留标准等措施，将很多国外农产品挡在了国门之外。

（二）我国无法效仿日韩的农业保护政策

第一，农业补贴受到了我国政策惯性、财政能力和入世承诺的多重限制。新中国成立后的相当长一段时间，在“赶超战略”的主导下，国家通过“剪刀差”的形式剥夺了农业剩余支持工业发展，农业部门的资金流出远远大于流入。一直到 1993 年，我国的农业支持总量（TSE）仍为 -933 亿元，农业总支持率（%TSE，国民收入中用于农业补贴支持的比例）为 -2.64%；从 1994 年到 2000 年，我国从农业“负保护”向“正保护”进行了转变，农业支持总量（TSE）在 328 亿元至 1776 亿元之间波动，农业总支持率在 0.37% 至 2.58% 之间徘徊，其中农业生产者补贴（PSE）从 1994 年的 103 亿元增加到 2000 年的 774 亿元，农业补贴率（%PSE，农业总收入中来源于农业补贴政策的比例）从 0.07% 上升到了 3.5%；从 2001 年开始，我国农业补贴支持水平进入了快速增长阶段，农业支持总量从（TSE）2001 年的 2415 亿元增加到 2010 年的 11286 亿元，农业总支持率（%TSE）从 2.20 上升到了 3.01%，其中农业生产者补贴（PSE）从 2001 年的 1360 亿元增加到 2010 年的 9239 亿元，农业补贴率（%PSE）从 5.9% 提高到 16.1%（程国强，2011）。一方面，尽管 21 世纪以来我国农业补贴率已经大幅度提高，但农业补贴率相对于日本的 47.3% 和韩国的 52.1% 依然很低，如果将我国的农业补贴率提高到日韩两国的水平，那就意味着我国的农业生产者补贴（PSE）每年至少再增加 20000 亿元左右，这显然超过了我国财政能力的承受范围。另一方年，由于我国在加入 WTO 的农业协议中承诺对农产品的补贴（“黄箱”）不超过农业总产值的 8.5%，而我国目前实行的价格支持政策（粮食最低收购价制度和临时收储制度）都是典型的 WTO“黄箱”政策，考虑目前这些价格支持占我国农业生产者补贴（PSE）额度的一半以上，因而我国的农业补贴额度很快将会触碰到我们在加入 WTO 时承诺的补贴上限。

第二，在现有世贸规则中难以对个别农产品进行高度的关税保护。一方面，我国已经努力兑现的入世承诺关税水平不仅不能上调，还继续面临着削减压力。早在“乌拉圭回合”谈判期间，我国为推动“复关”进程，从 1992 年就开始主动下调农产品的平均关税水平。2001 年，我国在加入 WTO 的农业协议中承诺：对进口关税实行上限约束，将平均关税水平由 2001 年的 19.9% 降至 2004 年的 15.5%。2001 年开始的“多哈回合”谈判，美欧等发达国家继续对包括中国在内的发展国家削减关税进行施压。为此，我国做出了极大努力。到 2002 年，我国农产品平均关税水平已经降为约束关税水平的 2 倍左右，到 2004 年，我国农产品的关税水平已经基本下调到承诺的水平（李勤昌等，2014）。到 2011 年，我国农产品的简单平均税率已经降到了 15.6%，加权平均税率已经降到了 11.7%

（王琦，2014）。另一方面，我国的农产品关税水平设置关注对整个行业的保护而非个别农产品。中国与日韩两国的税率设置策略差异很大。日韩两国对一部分本国敏感农产品（如稻米）设置了极高的税率进行高度保护，然后再通过设置较多的零税率税目进行对冲，从而实现降低总体关税水平的目标。而我国由于对各种农产品的需求量都很大，因此并未在设置关税水平时刻意对某种产品进行保护，这就造成了各种农产品的关税水平都比较均衡。如图 19-2 所示。2011 年，我国进口农产品中的零税率税目比例只有 5.9%，大大低于日本的 34.9%，也低于韩国的 6.1%；同时，我国也没有超过 100% 的高关税税目，最高税率仅有 65%，而日本有 5.1% 的农产品税目税率超过 100%，最高税率达到 827%，韩国有 8.3% 的农产品税目税率超过 100%，最高税率达到 887%（王琦，2014）。

第三，我国采取非关税措施保护本国农业的政策效果不够理想。近年来，随着 WTO 框架内的多轮贸易谈判，无论是发达国家还是发展中国家的关税水平都呈下降趋势。通过关税措施进行保护的空间很小，非关税措施由于其隐蔽性和有效保护性而备受关注。我国和世界其他国家一样，加入 WTO 后在降低关税的同时也调整了一些非关税措施，如进口配额制、食品安全法规、动植物检验检疫、技术标准等，甚至对进口散装食用植物油的运输工具还有限制性规定（罗兴武等，2014）。但总的来看，这些非关税措施还不够多，对国外产品进入的阻碍和对我国农业的保护效果还不够显著。

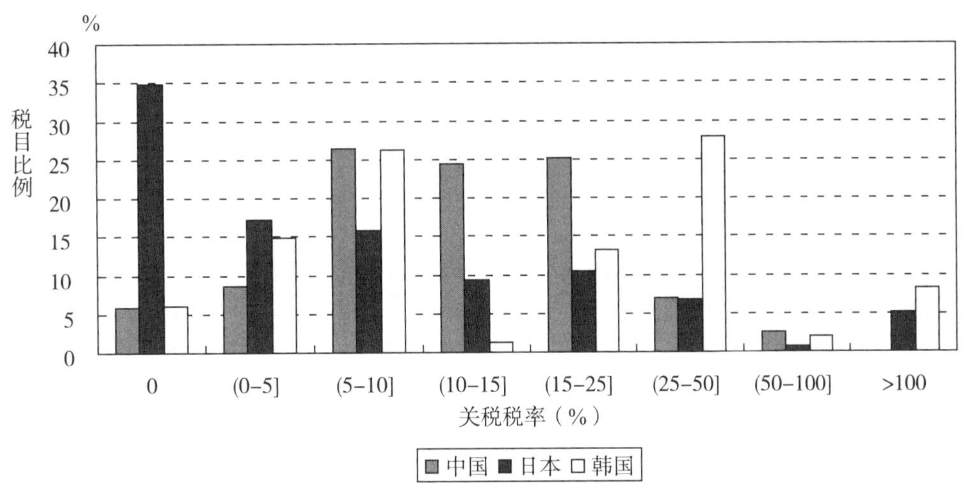

图 19-2 2011 年中国、日本和韩国农产品不同关税水平的税目比例分布图

数据来源：Word Tariff Profiles 2012。

第 3 节 中国与日韩农业现代化路径的异同

对我国而言，走什么样的农业现代化道路不仅仅是一个关乎农业生产的经济问题，更是关乎国家的政权基础、社会安定、发展战略与粮食安全的政治问题。因此，自新中国成立以来，我国在不断探索符合中国实际情况的农业现代化道路。这不仅与日韩两国的农业现代化过程具有若干相同点，也具有若干不同点。

一、中国与日韩农业现代化路径的相同点

尽管中国和日本、韩国各自具有不同的国情，但在探索各自农业发展道路的过程中仍有很多相同点。

（一）中国和日韩农村土地制度的起点基本相同

中国和日韩农村土地制度的起点都是源于战后的土地均分和土地农民私有制。中国共产党领导下的解放区土地改革，没收了地主的土地无偿分配给无地少地的农民。美国占领当局主导下的日本政府制征收了在乡地主超过一定面积的佃耕地和不在乡地主的全部佃耕地并将其有偿分配给农民。韩国政府没收了日本殖民者手中的“归属土地”和收购了本国地主超过 3 公顷以上的土地，有偿分配或出售给本国农民。通过战后这些土地改革措施，中国和日韩均实现了“耕者有其田”的目标和土地私有制。

（二）中国和日韩追求农业规模经营的手段基本相同

中国和日韩追求农业规模经营的手段都是鼓励土地流转和培育农业经营主体。日本于 20 世纪 60 年代至 80 年代出台《农业基本法》和《增进农用地利用法》，三次修改《农地法》，创立改善农林渔业经营结构资金融资制度和农业人养老金制度，都是为了促进土地的所有权或经营权流转，于 20 世纪 90 年代后出台《农促法》和《食品·农业·农村基本法》，四次修改《农地法》都是为了发展“有效稳定的农业经营体”以实现农业规模经营。韩国 1986 年制定《农地租借管理法》，1994 年发布新的《农地基本法》，1997 年制订“农民退休支付计划”和 2002 年提出了《土地法》的修正案，都是为了促进土地经营权或所有权流转和土地集中。我国近年来则通过中央政策文件的形式，鼓励土地流转和发展新型农业经营主体，推动土地适度规模经营。

二、中国与日韩农业现代化路径的不同点

中国与日本、韩国的基本社会制度不同。不同的基本社会制度反映在农地制度和生产经营领域也形成了各自的特点。

（一）中国的土地所有制度发生了重大变化

尽管战后中、日、韩通过推行“耕者有其田”的政策确立了农民土地所有制，但后来的发展方向却大相径庭。实行社会主义制度的中国为了实行农业社会化生产，在 20 世纪 50 年代对农业进行了社会主义改造，通过鼓励和引导农民参加合作社的形式，将农民土地所有制变化为集体土地所有制，并由此确立了中国影响至今的农地制度的基础。而实行资本主义制度的日韩则一直坚持土地私有制度。

（二）中国的土地流转政策较日韩更加谨慎

20 世纪 60 年代初期，日本农地流转政策的重点首先是推动农地所有权的流转。由于农地所有权流转政策的效果不佳，从 20 世纪 60 年代中期以后，日本农地流转政策的重点才转向了农地使用权流转。相比日本，韩国的土地流转政策比较保守。20 世纪 70 年代末，韩国则首先放开了农地使用权流转，而从 20 世纪 90 年代中期后才放开了农地所有权流转。中国相比韩国更加谨慎。目前中国的农地政策只允许农地的经营权进行流转，还不涉及农民的土地承包权甚至土地的所有权流转问题。

（三）中国的农业生产经营制度具有更多的社会经济内涵

日韩的农业生产经营制度的主要目标为了促进本国农业的发展和农民收入的提高。而中国基于国情和发展战略的差异，赋予了农业生产经营制度更多的社会经济内涵。在改革开放前，土地集体所有制和土地集体经营制度，能够确保政府对农村劳动力和农业生产经营的内容及过程实施完全的管制，最大程度上创造农业剩余支持城市和工业发展。改革开放后，基于土地集体所有制的家庭承包制度，成为调节中国劳动力供给的“蓄水池”，能够防止赤贫者大规模出现，维护中国社会的稳定。温铁军认为，任何时候，农村和农业都要承担城市改革转嫁的制度成本（温铁军，2012）。

第4节 日韩两国农业现代化的经验借鉴

尽管日韩两国的农业经营依然存在问题，但日韩两国在小农经营的基础上率先完成了农业现代化，极大地鼓舞了东亚地区其他经济体的农业发展，并提供了许多可资借鉴的经验。

一、日本农业现代化的主要经验

由于日本人多地少，农业资源极度匮乏，所以日本主要通过依靠技术创新和大量的资本投入来提高有限资源的使用效率从而实现农业的现代化。日本农业现代化的主要经验包括以下几方面。

（一）形成完善的农业立法

日本在实现农业现代化的过程中，加强农业的立法是实现农业现代化的有效手段。日本的每一项农业立法都是针对当时的实际情况制定的，每项立法都明确写入违反法律的民事和刑事责任，具有一定的权威性。另外，立法不仅包括一些政策、制度、方针等原则性问题，也包括了实施的措施、方法、程序等，操作性很强。1961年日本政府颁布实施了《农业基本法》，确立了日本农业的基本方针、政策和基本经济制度。20世纪70年代，日本开始推行综合农业政策，80年代实行长期农业政策。这些法律化措施较好地保证了农业政策的稳定性与连续性，是日本实现农业现代化的有效手段。

（二）通过政策倾斜全面扶持农业发展

首先，在财政政策方面，日本是世界上少数几个对农业实现高补贴的国家之一。在基础设施建设上，大型水利工程都是由国家财政直接投资建设，小型水利工程国家补贴80%左右，其余的由地方政府承担。为了推动农业机械化的发展，对于农户在生产过程所购置的拖拉机、收割机等设备，中央政府给予50%的补贴，地方政府给予25%的补贴。为了促进农业发展，政府还给予农产品价格进行补贴。日本70%以上的农产品在价格上受到政府的扶持。然后，针对农业过程中贷款难的问题，日本政府积极进行信贷扶持。首先为了降低银行贷款给农民的风险，国家对银行涉农贷款的损失给予一定补偿，鼓励银行向农业进行贷款；其次引导农协系统金融机构的资金以低息投入农业，国家给予利息差补贴，对因故无法收回的农协贷款政府承担其损失；由各级农林渔业金融公库发放财政资金贷款，利息率低，使用期限长，主要用于农业基础建设、土地开垦、救灾等项目。

（三）积极发展农民合作组织

从“二战”结束到20世纪70年代中期基本实现农业现代化，最主要的原因就是日本在充分吸收西方国家农业发展经验的基础上独创了一套适合本国国情的农协制度。这一制度形成于“二战”以后，其范围包括农业生产资料供应、农业技术推广、农产品销售、农村金融、农村保险等各个方面，甚至后来发展为了代表农民政治利益的准政治团体，并且自上而下形成了独立而完整的体系。在日本，99% 的农民都加入了农民合作经济组织。农民合作经济组织对会员所提供的服务从生产资料的购置到技术指导到农产品的销售，基本上无所不包。在生产资料的购置方面，农民合作组织以较低的价格提供给农民。在资金方面，农民合作经济组织的金融系统开展以农民合作组织会员为对象的信贷业务，存款利率高于银行的 0.1%，贷款利率则低于银行的 0.1% 左右，而且贷款无须担保；在生产中，农民合作经济组织专门聘请技术指导员，协助新品种和新技术的推广；在销售方面，为了减少农户市场风险，农民合作经济组织进行无偿的委托销售。此外，对于一些大型生产工具、设施等，如收割机、保温库等，由农民合作经济组织投资购买或建设，有偿提供给会员使用。

（四）加强农业技术推广体系的建设

日本有一套从中央到地方完整的农业技术推广体系，推广工作由政府的农业改良普及事业部和农协共同完成。为了加强农业技术推广工作，日本于 1991 年对《协同农业普及指南》进行了全面的修改，把加强推广组织和人才的建设放在首位。在日本，“地域农业改良普及中心”拥有数百个经过国家考试的专门技术员、1 万多名经过地方考试的改良普及员，农协系统拥有近 2 万名营农指导员，他们构成了战后日本农业技术推广的基本体系，也是战后日本迅速实现农业现代化的基本保障。

（五）通过科技进步提高土地生产率

日本是世界上人均耕地数量最低的国家之一，人均耕地只有 0.58 亩，土地供给又比较缺乏弹性。日本农业现代化的起步是从突破土地资源的束缚开始的。为了解决土壤资源的改良问题，日本加速发展化工业，使得化肥价格下降，有效补偿土壤资源的耗竭。同时积极研发生物技术，通过生物技术不断改良农作物品种，从而使得日本的土地生产率大幅度上升。另外日本采用小型机械来克服土地资源少的限制，对土地进行精耕细作，有效改善了农作物的生长环境和条件，大幅度地提高农作物的单位面积产量。

（六）发展多层次的农村职业技术教育培训

在农业现代化进程中，日本非常重视对农村人力资源的开发。日本建有政府、学校和民间力量共同构成的农村职业教育培训供给体系，包括农业类大学 42 所、农业职业学校 434 所，有各级农业科技教育培训中心、企业与民间办的各类培训服务机构、农民协会以及各级农业技术推广服务体系和农业改良普及系统。日本农林水产省设有农林水产技术委员会，专门负责研究、策划农业科研政策和发展规划，对国立科研机构的运作进行指导，对地方及民间企业科技工作给予指导与帮助。另外日本政府还定期在全国各地举办各种形式的教育培训，向农民传授科学技术知识。多层次的教育培训体系使得日本农民的素质得到迅速提高，培养了大量实用型农业科技人才和经营人才，而且使得农业科技的最新成果得到迅速的推广。

二、韩国农业现代化的主要经验

从 20 世纪 70 年代到 1997 年的亚洲金融危机，韩国通过“新村运动”等措施使农业保持了长达 30 多年的高速发展态势，并使韩国一举实现了农业现代化，其发展的持续高速特性被学术界称誉为

“汉江奇迹”。韩国实现农业现代化的主要经验如下。

（一）注重农业政策的扶持

政府的物质支持与资金投入是韩国农村发展最直接的动力。1990 年，韩国政府颁布了《农村振兴特别法》，此后连续出台了一系列惠农政策。进入 21 世纪后，韩国政府不断增加对农业和农村社会发展的投入。韩国政府以“直付制（直补）”形式，大幅增加预算，投入 12.924 万亿韩元，保障农民生产经营和收入的稳定的增长；投入 9245 亿韩元，支援农村地区开发与福利改善。韩国政府还采取多种宏观措施，通过价格支持提高农民收入。政府对粮食、蔬菜都颁布最低价格，若市场价格低于最低价格时，国有大型农产品贸易企业则采取收购办法进行干预。为促进农产品的流通，政府与民间共同投资建设农产品批发市场，全国各地已建有近百个现代化的批发市场。为减少农产品在流通过程中的损耗，根据相应的农产品包装法，由政府出资 80%、农户出资 20% 对出售前农产品进行包装。韩国还十分重视农业科技开发，建有较多的专门科研机构。这些科研机构的经费都是由中央和政府全额拨付，农业技术成果均向农户无偿提供。另外，韩国政府通过国家财政信贷为现代农业提供大量信贷支持。1970—1980 年，韩国政府通过财政拨款累计向“新村运动”投入 28 万亿韩元。

（二）改善农民生活环境

在“新村运动”初期，韩国政府把工作的重点放在改善农民生活环境上，实施了一系列农村开发项目。1970 年 10 月，政府第一次向全国 34665 个农渔村免费提供 300~500 袋水泥，用于乡村桥梁、饮水条件、道路等公共设施的建设。1971—1975 年，全国农村共架设了 65000 多座桥梁，各村都修筑了宽 3.5 米、长 2~4 千米的进村公路，除特别偏僻的农村之外，全国所有的村庄都通上了汽车。在这期间，农民的居住环境也得到改善。1970 年，全国 250 多万户农民中有 80% 住在稻草茅房中，到 1977 年所有农民都住进了瓦片和铁片屋顶的住房，1978 年全国 98% 的农户都安装了电灯，并普遍使用了吸取地下水的井管挖掘机，农村的饮水条件得到进一步改善。

（三）积极推广农业机械化

韩国的农业机械化开始于 20 世纪 70 年代。80 年代，随着农村人口大量向城市迁移，农业人口大幅度减少，在政府的政策扶持下，农业机械化得到了全面发展。90 年代，水稻基本实现了生产全程机械化。农业机械化产品主要以小型、先进、适用为主。主要的农业机械有拖拉机、半喂入联合收割机、水稻插秧机和其他农田专业化作业机械。与此同时蔬菜种植、园艺栽培等农业机械化也陆续发展起来。除此之外，还运用生物技术领域的机械化技术对植物生产工厂进行实际运作。为了促进机械化的普及，政府还加大提供优惠贷款政策的力度。农民购买农机业机械，只需首付 20%~30% 资金，其余可全部采用抵押的方式向银行贷款，贷款期限为 5-8 年，贷款利息一般为 4.5%，而其他非农行业贷款利息一般在 6.5% 以上。同时，在农业用油料供应上也制定了“无税价”的优惠政策，农业机械农田作业用油只需支付基本价格（约为油价的 40%），而税收加价部分（约油价的 60%）则全部免除。

（四）提高农业的技术含量

为提高农产品自给率，韩国积极发展先进技术，通过推广无土栽培、保护地栽培、工厂化设施农业等先进农业栽培技术，提高土地利用率。为了提高农户应用新技术的积极性，政府还为采用新技术的农户提供财政补贴。另外为了克服土地资源稀少的不利条件，韩国积极研究生物技术，韩国农业研究部门将广泛收集到的遗传因子保存在种子银行，通过评价分析研发出水稻遗传检测技术。在农作物的种植中，韩国农业研究开发部门加强基因性物质的研发，开发出抗病虫水稻、富含高维生 E 的生菜等转基因品种，并组织对优良品种的家禽遗传因子结构进行分析，开发体细胞复制牛的生产技术，大大提高了家禽品种质量及其生产能力。除此之外，为了提高农产品的附加值，韩国加强蔬菜、水果等优良品种的培育，并不断开发出适合消费者口味的各种品种，如栽培彩色米等，这不仅能满足市场需求，而且也提高农业竞争力和农民收入。

（五）注重农业环境的保护

为了保护环境，韩国政府建有一个土壤环境信息网，专门组织人员对土壤信息进行调查分析，并把有关的土壤养分、农药等相关的信息放到这个网上，供人们查询。为了实行农业的可持续发展，韩国政府发布了进行各种农作物栽培的环保技术标准，向农民普及各种农作物栽培作业的环保农业标准技术。在农药生产方面，韩国开发生产了具有安全性、公害少的环保型农药，并加强对农药与肥料的检测。同时，在农业生产管理中，广泛使用抗病虫害技术和有助于高效利用肥料的农作物养分综合管理技术等，以达到生产无公害的目的，从而达到保护环境，实现农业的可持续性发展。

（六）提高农产品流通效率

在农业发展过程中，韩国政府主动采取了一系列措施建立起体系完整、成本低、效率高的农产品流通体系，提高了农产品的流通效率。第一，提高农民的市场选择权。在生产前，农户和农协签订生产合同，规定生产的品种、数量及价格。在收获期，农户可以根据市场价格的变化做出选择，即当市场价格低于与农协约定的价格时，农户可以按约定的价格，把产品卖给农协，当市场价格高于约定价格时，农民也可以把产品卖给其他买主。这项措施使农民有较大的选择权，保障了农民的利益，又能使农产品的流通得以活跃和发展。第二，确立以产地为中心的运销体系。韩国政府为农产品的流通建立起了比较完备的市场设施，通过农协把农民组织起来，建立农产品综合处理场所，对农产品进行筛选，分级、包装后，直接销售给批发商、大型商场、超市或出口国外。第三，加强农产品批发市场建设。农业财政用于农产品批发市场建设的资金就达 30%，建立起了由外贸市场、中心市场、批发市场、超级市场、零售市场等组成的网络化市场体系。第四，改善农产品销地市场的流通环境。通过建设大规模的农产品物流中心和农协交易市场，保证农产品生产者销售渠道的畅通。

三、日韩两国农业现代化经验对我国的启示

（一）农业现代化路径的选择必须依据本国国情

农业现代化的推进离不开各种农业生产技术的广泛采用，而采用何种技术需立足于本国国情。日本从 1868 年“明治维新”以后就开始了农业改革，而日本农业现代化的真正展开是在 1955 年以后。在日本实现农业现代化的进程中，刚开始曾效仿欧美国家发展农业，从欧美各国大量输入农具、肥料、种子资源等农业现代化要素，模仿欧美设立了农具制造厂、育种场、试验场等。几年后实践证明，欧美的农业现代化方式对于经济落后、人多地少、农田规模小的日本并不适用。于是，日本根据自己的禀赋条件，从本国的国情出发，选择了一条不同于欧美的农业现代化道路，采用的是“土地节约型”的模式来发展，其发展农业现代化的重点是先实现生物化学技术现代化，后才发展机械

化和生产精确化，同时政府加大对农业的投入。实践证明日本的这种农业现代化发展模式是有效的，使得日本迅速实现了农业现代化。所以农业现代化道路的选择应植根于本国的现实条件，因地制宜地逐步实施。

（二）农业政策必须具有有效性

东亚国家在实现农业现代化的进程中，通过财政信贷支持为实现农业现代化提供了大量的资金支持。20 世纪 60—70 年代，日本每年对农业的投资都相当于当年农业总产值 1.5 倍以上，最多的一年竟达 6 倍。日本政府充分利用财政金融手段，不仅直接对农业实行国家补贴，以保护和促进农业发展，还通过发放低息政策贷款，投入大量的资金帮助农民建设基础生产设施、修建农业大型水利工程等。为了调动农民的积极性，农民在农地改良中，95% 的经费由中央政府和地方政府资助，农民联合购买拖拉机等机械设备也可得到 50% 的政府补贴。在实现农业现代中，政府的支持是实现农业现代化的动力。

（三）大力培育发展农民合作经济组织

东亚国家农业现代化进程表明，一个有效的农业合作体系的建立，对于加快传统农业向现代农业的转变起着决定性的作用。农业的组织化程度是现代农业发展的标志，现代化农业发展离不开外部合作经济组织体系的支持。日本农协、韩国的农业协调组织都在实行农业现代化历程中立下汗马功劳。这些中介组织把农业的产前、产中、产后各个环节有机地连为一体，为农民提供了生产经营中各类社会化服务。日本的农户虽然小而分散，但他们有着完善和强大的农协组织体系，日本的农业社会化服务主要由日本农协提供。日本农协不仅是由农民按地域组织起来的合作经济组织，还兼有帮助政府贯彻农业政策和代表农民向政府施压的双重职能，因而具有“准政府机构”和“政治团体”的性质。日本农协在全国形成一个庞大的垄断组织体系，覆盖了整个农村地区。中国的农户经营规模比日本更小、更分散，但却没有像日本那样的合作协作组织体系。因此，现阶段中国实施农业现代化的关键是促进农村合作经济组织迅速发展，使一家一户的小生产与大市场相衔接，提高农业生产的组织化程度。

（四）重视科技进步，培养高素质农业人才

农业现代化离不开科学技术现代化和劳动者现代化。没有强大的科技支撑和高素质的农业人才，单靠资金、耕地和劳动力数量的增加是难以实现农业现代化的。提高农业的技术含量是世界农业发展的方向，只有依靠科技才能提高劳动生产率和市场竞争力。韩国在农业科研上的投入很大。日本的农业科研机构和专业设置齐全，设备和研究手段先进，经费充足，多年来为农林水产业提供了大量研究成果。而科技成果的开发和推广都离不开农业高素质的人才。同时日本强大的农村职业教育培训供给体系为日本培养了大批农业人才，也对农业技术改造、农民技能提高和农业劳动生产率的增长起到了重要作用。

参考文献：

[1] 关谷俊作 . 日本的农地制度［M］. 北京：生活・读书・新知三联书店，金洪云译，2004.
[2] 王裕雄，林岗 . 对当前中国农地制度改革争议中几个核心判断的验证——基于东亚先发经济体的经验

证据［J］. 青海社会科学 , 2013(2): 15-20.
［3］张桂林 . 东亚农地制度改革［J］. 中国农村经济 , 1994(9): 61-64.
［4］董正华 . 小农制与东亚现代化模式——对台湾地区和韩国经济转型时期农业制度的考察［J］. 北京大学学报 (哲学社会科学版), 1994(3): 66-78.
［5］神门善久 . 日本现代农业新论［M］. 北京：文汇出版社 , 董光哲等译 , 2013.
［6］刘国华 , 李永辉 . 论战后日本农户的兼业现象及对中国农业现代化的启示［J］. 农业现代化研 , 2010(1): 47-50.
［7］楼栋 , 孔祥智 . 新型农业经营主体的多维发展形式和现实对照［J］. 改革 , 2013(2): 65-77.
［8］程国强 . 中国农业补贴制度设计与政策选择［M］. 北京：中国发展出版社 , 2011.
［9］韩长斌 . 新形势下国家粮食安全战略［J］. 求是 , 2014(19): 27-30.
［10］朱满德 , 刘超 . 经济发展与农业补贴政策调整——日韩模式的经验［J］. 价格理论与实践 , 2011(1): 46-47.
［11］李勤昌 , 石雪 . 日本强化农业保护的经济与政治原因［J］. 现代日本经济 , 2014(2): 48-58.
［12］张莉琴 . 我国农产品的进口关税水平及税率结构安排［J］. 中国农村经济 , 2005(7): 51-57.
［13］王琦 . 中国农产品关税水平及结构分析［J］. 世界农业 , 2014(1): 100-106.
［14］罗兴武 , 谭晶荣 , 杨兴武 . 中国大宗农产品进口非关税措施的效应分析——以大豆、棉花、植物油、谷物、食糖为例［J］. 农业经济问题 , 2014(3): 62-67.
［15］孔祥智 , 刘同山 . 论我国农村基本经营制度：历史、挑战与选择［J］. 政治经济学评论 , 2013(4): 78-133.
［16］张新光 . 中国近 30 年来的农村改革发展历程回顾与展望［J］. 中国农业大学学报 (社会科学版), 2006(4): 19-23.
［17］温铁军 . 八次危机 : 中国的真实经验 1949—2009［M］. 北京：东方出版社 , 2012.